Walter Koschmal / Marek Nekula / Joachim Rogall (Hrsg.)
Deutsche und Tschechen

Schriftenreihe   Band 512

Walter Koschmal / Marek Nekula /
Joachim Rogall (Hrsg.)

Deutsche und Tschechen

Geschichte – Kultur – Politik

bpb:
Bundeszentrale für politische Bildung

Bonn 2005
Lizenzausgabe für die
Bundeszentrale für politische Bildung

© Verlag C.H. Beck 2001

Umschlaggestaltung: Michael Rechl, Kassel
Umschlagfoto: © Alfred Buellesbach/buchcover.com
Druck und Bindung: Druckerei C.H. Beck, Nördlingen
ISBN 3-89331-637-X

Geleitwort

Als ich im Mai diesen Jahres die mittelalterliche bayerische Stadt Regensburg besuchte, wurden mir jene alten kulturellen und geistigen Bindungen, die die Tschechische Republik mit dieser schönen Ecke Europas verbinden, besonders deutlich bewusst. Mit Hochachtung registrierte ich die Bemühungen der dortigen kulturellen Einrichtungen, die deutsche Öffentlichkeit mit der tschechischen Gegenwartskultur, mit Reichtum und Vielfalt unseres historischen „Mit- und Gegeneinanders" vertraut zu machen. Ein besonderes Erlebnis war für mich die Diskussion mit Studenten der Regensburger Universität, viele davon begeisterte Bohemisten und Slawisten mit profunden Kenntnissen. Im Gespräch mit dem Ministerpräsidenten der bayerischen Staatsregierung Edmund Stoiber äußerte ich meine Freude über die großzügige Unterstützung, die der Bohemistik und Slawistik in Regensburg aus den Mitteln des Freistaats Bayern zuteil wird.

Ich freue mich, den positiven Beiträgen zum gegenseitigen Kennenlernen und zur Zusammenarbeit diesen Sammelband mit dem Titel *Deutsche und Tschechen* hinzufügen zu können. Redigiert und herausgegeben wurde er von der Regensburger Bohemistik mit Unterstützung der Robert Bosch Stiftung. Ich freue mich um so mehr, als sich dieser Band nach Konzeption und Inhalt von anderen Projekten zu diesem Thema erheblich unterscheidet. Auf seinen Seiten findet sich eine bunt gemischte Gesellschaft ein - nicht nur namhafte Historiker und Politologen, auch bekannte Literaturhistoriker, Kunsthistoriker, Denkmalpfleger, Soziologen, Schriftsteller, Dichter und Übersetzer, selbst der eine oder andere Politiker, der dieser guten Gesellschaft jedoch keinen Abbruch tut (und dies sicher auch nicht will).

Eine Reihe von Themen finden im tschechischen Kontext erstmalig Behandlung; etliche weniger bekannte Stereotypen vom Nachbarn machen wir uns erst heute klar. Wenn wir in so überzeugender Weise sehen, dass viele Tschechen und Deutsche in Wahlverwandtschaft lebten und zusammen arbeiteten, wie die Dichter Jan Skácel und Reiner Kunze, dann können wir auch der Hoffnung Ausdruck geben, dass diese Wahlverwandtschaft unsere bisherige Schicksalsgemeinschaft und unsere jahrhundertealte, wenn auch nicht immer einfache Nachbarschaft in der Mitte Europas bereichern und ergänzen wird.

Prag, den 20. September 2000   Václav Havel

Vorwort

Der vorliegende Band ist in seiner Zielsetzung kühn und bescheiden zugleich. Er wendet sich in einer deutschen und in einer - parallel erschienenen - tschechischen Version (Paseka Verlag, Prag) an ein breiteres interessiertes Publikum in Deutschland und Tschechien. Absicht ist es, das Bild vom unmittelbaren, bekannten und doch wieder wenig bekannten Nachbarn zu konturieren. Gilt doch auch hier, dass der jeweils andere und seine Wahrnehmung der Welt erst einmal verstanden sein will - dann wird sich Prag nicht mehr nur geographisch in der Mitte zwischen Berlin und Wien befinden.

So behandeln deutsche und tschechische Autoren eine Vielzahl von ausgewählten Fragen des deutsch-tschechischen Mit- und Gegeneinanders. Eine Reihe von Themen blieb trotz ihrer kulturhistorischen Bedeutung oder ihrer Aktualität in der Gegenwart unberücksichtigt oder findet nur am Rande Erwähnung. Dieser Sammelband will aber weder eine Bilanz der gemeinsamen Geschichte ziehen noch eine Zukunft der deutsch-tschechischen Beziehungen entwerfen.

Um eine geschichtliche Bilanz hat sich die Deutsch-tschechische Historikerkommission in ihrer 1996 veröffentlichten Skizze *Konfliktgemeinschaft, Katastrophe, Entspannung* bemüht. Um die deutsch-tschechischen Beziehungen als Ganzes zu bilanzieren, ist die deutsch-tschechische Perspektive im übrigen viel zu eng, zugleich aber viel zu weit. Zu weit ist sie, weil die unmittelbare Begegnung der deutschen und der tschechischen Kultur über Jahrhunderte an die Böhmischen Länder gebunden und in einen österreichischen Kontext eingebettet war. Zu eng ist sie, weil beide Kulturen auch in andere Zusammenhänge eingebunden waren und es zwischen Tschechen und Deutschen auch um Werte geht, die den Horizont beider Nationalkulturen übersteigen.

Für die Zukunft bleibt nur zu hoffen, dass sich die deutsch-tschechischen Beziehungen in einer demokratischen Welt entfalten. Die europäische Dimension dieser Beziehungen, ihre europäische Verankerung und ihr europäischer Charakter standen stets außer Zweifel: im Europa der Aufklärung nicht weniger als im nationalistischen oder geteilten Europa. Die Weite dieser europäischen Dimension und die bereichernde Unmittelbarkeit, mit der man sich wechselseitig erfährt, ist beiden Nachbarn auch künftig zu wünschen.

Inhalt

1. Geschichte und Geschichtsbewusstsein

Čech, český, Čechy, Česko: Ein Land und seine Namen ... 14
A. Stich, Prag

Großmähren: Ein frühmittelalterlicher Staat zwischen
Ost und West 24
Z. Měřínský, Brünn

Die Přemysliden und die deutsche Kolonisierung 33
J. Rogall, Stuttgart

Kaiser Karl IV. 41
J. K. Hoensch, Saarbrücken

Jan Hus und Martin Luther 50
W. Eberhard, Leipzig

Land und Dynastie: Böhmen, Habsburg und das *Temno* ... 57
J. Bahlcke, Leipzig

Tschechische und deutsche Gelehrte 66
N. Nübler, Kiel

Der Austroslawismus und seine Anfänge 73
Z. Šimeček, Brünn

Tschechen, Deutsche, Österreicher und T. G. Masaryk 81
J. Opat, Prag

Tschechoslawismus und Tschechoslowakismus 91
J. Rychlík, Prag

Die Tschecho-Slowakei 102
J. Rychlík, Prag

Unter deutschem Protektorat 111
D. Brandes, Düsseldorf

Die Juden zwischen Deutschen und Tschechen 117
M. Kárný, Prag

Das Ghetto Theresienstadt 1941-1945 124
K. Braun, Berlin

Mitteleuropa - historisch 133
P. Theiner, Stuttgart

2. Kultur und Gedächtnis

Deutsch-tschechische Sprachkontakte 148
D. Šlosar, Brünn

Mittelhochdeutsche Ritterdichtung in Böhmen
im 13. und 14. Jahrhundert 155
V. Bok, Budweis

Landesheilige in Böhmen: Das Denkmal und die Denkmäler 162
K. Kallert, Regensburg

Konfession und Nation in den böhmischen Ländern 179
M. Schulze Wessel, Halle

Sprache und Nation 186
T. Berger, Tübingen

Die deutsche Muse ließ sich in Böhmen küssen:
Tschechische Sujets in der deutschen Oper 192
J. Trojan, Brünn

Goethe und die Tschechen 200
K. Krolop, Prag

Der tschechisch-deutsche Bilinguismus 208
M. Nekula, Regensburg

Kafka und Prag 217
J. Čermák, Prag

Der Golem: Kommt der erste künstliche Mensch und
Roboter aus Prag? 235
A. Wöll, Regensburg

Deutsche und die bildende Kunst in Böhmen:
Von *Osma* bis zur *Prager Sezession* 245
V. Lahoda, Prag

Kuboexpressionismus und Rondokubismus 253
V. Lahoda, Prag

Auf der Höhe der europäischen Avantgarde: Poetismus 259
R. Ibler, Marburg

Der Prager Linguistik-Zirkel 267
K.-H. Ehlers, Berlin

Der tschechische Film der 60er Jahre:
Im Zeichen der Neuen Welle 275
J. Voráč, Brünn

Der tschechische Film im deutschen Exil und Vojtěch Jasný 283
J. Voráč, Brünn

Tschechische Literatur in deutscher Sprache 290
Z. Fišer, Bochum / K. Horáčková, Brünn

3. Gesellschaft, Alltag, Lebensstil

Domov - otčina/Heimat - Vaterland 304
A. Götz, Berlin

Böhmen und Mährer 309
F. Mezihorák, Olmütz

Baiern und Preußen 316
L. Zehetner, Regensburg

Die Roma: Im Teufelskreis der Stigmatisierung 327
J. Keller, Ostrau

„Man hat Arbeitskräfte gerufen, aber es kamen Menschen":
Türken in Deutschland 333
Y. Haack, Passau

Feminismus im Postkommunismus:
Ein deutsch-tschechischer Vergleich 341
J. Šiklová, Prag

Der neue Mensch: Familie und Partnerschaft im Wandel ... 351
I. Šmídová / A. L. Rychtecký, Brünn

Jugendkultur - Subkultur 358
Ch. Bartmann, Kopenhagen

Unbelastet in eine gemeinsame Zukunft?
Jugendliche und die deutsch-tschechische Nachbarschaft .. 364
C. Lenk, Regensburg

Noch warten die Tschechen auf Grün 372
J. Keller, Ostrau

Hier spricht man nicht nur Deutsch: Deutsch- und anderssprachige Medien in der Tschechischen Republik 377
J. Herda, Regensburg / G. Pacurar, Prag

4. Politik und Wirtschaft

Vergangenheitspolitik - Vergangenheitsbewältigung 388
Ch. Brenner, München

Sudetendeutsche im Nachkriegsdeutschland 395
T. Grosser, Mannheim

DDR und ČSSR:
Eine sozialistische Vernunftehe mit Beziehungskrisen 408
W. Schwarz, Prag

Die Berliner Mauer 417
W. Thierse, Berlin

Vereinigung aus deutscher Sicht:
Die Einheit Deutschlands und Europas 425
H.-D. Genscher, Berlin

Deutsche und Tschechen - ein Neubeginn 430
J. Dienstbier, Prag

Die Deutsch-tschechische Erklärung oder Mensch bleiben   443
T. Kafka, Prag

Die Deutsch-Tschechische und Deutsch-Slowakische
Historikerkommission 449
S. Biman, Prag

Das Wirtschaftswunder in Westdeutschland und die
ökonomische Transformation in der Tschechoslowakei
nach der „Samtenen Revolution" 458
J. Kosta, Frankfurt

Neue Partner in der Wirtschaft 466
S. Höhne, Weimar

Deutsche Mark, tschechische Krone, Euro 473
F. Vencovský, Prag

Prag zwischen Ost und West? 489
M. Lobkowicz, Prag

Deutsche und Tschechen im vereinten Europa 496
P. Fiala, Brünn

5. Stereotypen

Der Mythos vom deutschen Feind 506
J.Kořalka, Prag

Tschechen und Deutsche in wechselseitigen Karikaturen
von 1848 bis 1938 512
J.Kořalka, Prag

Deutsch-tschechische Spiegelbilder 516
O.Šmídová, Prag

Abschiebung oder Vertreibung? 528
T.Staněk, Troppau

Prager Fensterstürze 535
J.K.Hoensch, Saarbrücken

Die Wahrheit siegt 542
V.Macura

Samtene Revolution - samtene Scheidung 548
V.Macura, Prag

Schwejk und der tschechische Humor 554
M.Suchomel, Brünn

Kommt die Musik aus Böhmen? 561
J.Fukač, Brünn

Böhmens Bäder oder Eine Postkarte aus Böhmen
(via Amerika) 569
W.Bubriski, Washington

Prager Cafés 574
J.Kroutvor, Prag

6. Miteinander und Gegeneinander

Böhmerwald: Grenzwall und Brücke 584
V.Maidl, Prag

„Böhmerwald ohne Grenzen":
Der Landschaftsname gestern, heute und morgen 591
B.Stallhofer, Regensburg

Böhmisch-bayerische Wallfahrten 598
Ch.Daxelmüller, Würzburg

Die Choden 603
E. Maur, Prag

Euregio Egrensis 610
F. Kubů, Prachatitz

Sorben und Tschechen 618
T. Meškank, Bautzen

Böhmische Utopien:
Der Bohemismus-Diskurs in der Zeit der Restauration 624
S. Höhne, Weimar

Die Handschriften oder Mystifizierung auf Tschechisch ... 637
V. Macura, Prag

Die Teilung der Prager Universität 1882:
Zerfall eines Universums oder natürliche Entwicklung? ... 645
J. Havránek, Prag

Die Anfänge der tschechischen Germanistik und ihre
herausragenden Vertreter (bis 1945) 651
L. Pokorná, Prag

Übersetzen zwischen Deutsch und Tschechisch 663
W. Koschmal, Regensburg

Wahlverwandte: Reiner Kunze und Jan Skácel 678
R. Kopřiva, Brünn

Die Autoren 693
Personenregister 715

1. Geschichte und Geschichtsbewusstsein

Čech, český, Čechy, Česko:
Ein Land und seine Namen

Alexandr Stich

Der Raum, den František Palacký in der Einleitung seiner *Dějiny národu českého v Čechách a v Moravě* (Geschichte des böhmischen Volkes in Böhmen und Mähren) in so klassizistisch suggestivem Stil beschreibt, macht nicht nur in politischer, sozialer, ökonomischer und militärischer Hinsicht Schwierigkeiten, sondern erweist sich auch in den sprachlichen Benennungen als problematisch. Im Grunde geht es um ein Land mit vielen Namen, die sich überdies bisweilen mit Bedacht uneindeutig geben, in ihrer Bedeutung schillernd sind, verschwimmen und sich nur schwer fassen lassen. Und diese eigenartige Situation bei der Benennung besteht seit frühesten Zeiten bis in die jüngere und jüngste Gegenwart. Sie währt also bis in die Phase der Sprachkultur, die sich durch eine deutlich erkennbare Tendenz zur Normalisierung auszeichnet, und das nicht nur in Technik und Produktion, sondern auch in der Terminologie und in den sprachlichen Bezeichnungen.

Worum es geht, demonstrierte unfreiwillig eine der führenden tschechischen Zeitungen nach dem Januar 1993, also nach der Teilung der Tschechoslowakei. Sie wollte ihren Lesern das Verständnis derjenigen Artikel erleichtern, die über internationale Ereignisse in Europa berichteten, und druckte daher in der Wochenendausgabe eine schöne, bunte Karte ab. Diese zeigte den Alten Kontinent in seiner staatlich-territorialen Verfassung am Ende des zweiten Jahrtausends. (Es wäre eine lehrreiche und wohl auch reizvolle Idee der Redaktion gewesen, hätte sie daneben ein staatlich-territoriales Bild dieses Erdteils abgedruckt, wie es sich beispielsweise zu Beginn des Jahres 1914 bot.) Der aufmerksamere Leser, der über ein gewisses Sprachgefühl verfügt, wird wohl gestutzt haben, denn die Namen der abgebildeten Staaten offenbarten eine Asymmetrie in ihrer begrifflichen Struktur. Die überwiegende Mehrheit nämlich waren Ein-Wort-Namen; nur drei aus dem bunten Mosaik des territorialen Fleckerlteppichs konnten sich eines Mehr-Wort-Namens rühmen: *Severní Irsko* (Nordirland, wörtl.: ‚Nördliches Irland'), *Bosna a Hercegovina* (Bosnien und Herzegowina) und... *Česká republika* (Tschechische Republik). Und nicht einmal diese drei Benennungen sind sprachlich homogen.

Bei den ersten beiden handelt es sich immerhin noch um ein Benennungsverfahren, das sich an der benannten Wirklichkeit selbst orientiert: im ersten Fall wird der Bedeutungsumfang verringert, im zweiten erweitert. Im dritten Fall haben wir ein Staatsgebilde vor uns, das lediglich über eine rein offizielle Benennungsform verfügt (oder zu verfügen meint). Es mangelt ihm - in der eigenen Landessprache - an einer nicht-offiziellen Benennung mit einem Wort, an einem alltäglichen Namen, der auch etwas Intimes in sich birgt und in dem die lebendige Erfahrung von Heimat mitschwingt.

Um diese Misere entfachte sich in der Republik, die seit dem 1. Januar 1993 als völlig souveräner Staat ihr eigenes Leben führt, eine ungewöhnlich leidenschaftliche Diskussion, die bis heute andauert. Seit 1968 hatte die *Česká socialistická republika*, die Tschechische Sozialistische Republik, als Teil der Zweierföderation bestanden, 1990 war sie bereits in *Česká republika* (Tschechische Republik) umbenannt worden. Der 1. Januar 1993 stellt daher vom rein sprachlichen Standpunkt aus keinen Markstein dar; ein Umbruch erfolgte nur in Bezug auf das Maß an Souveränität, mit dem dieses staatlich-politische Gebilde ausgestattet ist. Nun aber tauchte einerseits der Wunsch nach einer ebenso intimen, vertraulichen Ein-Wort-Benennung auf, wie sie das Tschechische für andere europäische Staaten hat, einschließlich derer, die beispielsweise - wie Belgien - zwei verschiedene Nationalitäten und Sprachen vereinigen. Auf der anderen Seite zeigte sich, dass die Bevölkerung des tschechischen Staates nicht in der Lage ist, sich auf einen solchen, sozusagen für den Alltagsgebrauch bestimmten Namen zu einigen. Der hoffnungsvollste Kandidat, das Wort *Česko*, wurde durch jedes Schmutzwasser und über alle Misthaufen gezogen, die im Umkreis der Diskussion auftauchten. Es behielt seine Funktion zwar bei und gewinnt sogar eher an Autorität, vor allem in den Augen der jüngeren Generation, aber ihm war das Schlimmste widerfahren, was einem Wort in dieser Funktion widerfahren kann: Es hatte den Status einer neutralen, stilistisch und emotional nicht markierten Benennung eingebüßt. Und was noch bedenklicher stimmt: Jenes ganz natürliche Bedürfnis nach einer Ein-Wort-Benennung führte logischerweise zu einer Übereinkunft im Sprachgebrauch, so dass überall dort, wo die offizielle, verfassungsmäßige Bezeichnung *Česká republika* unangebracht ist oder als zu gehoben, zu gestelzt oder auch zu administrativ unpersönlich empfunden wird, sich mehr und mehr das Wort *Čechy* (eigtl.

‚Böhmen', im Unterschied zu ‚Mähren' und ‚Schlesien') einzunisten beginnt. Die polysemantische Aufspaltung dieses Begriffs allerdings ist in einem Bereich, der sich den terminologischen Charakter erhalten will, nicht nur unangebracht, sondern, vom Standpunkt staatlichen Interesses aus gesehen, sogar gefährlich: sie birgt eine potenzielle Verunsicherung in sich, sogar eine potenzielle Desintegration des Staates selbst. Ein und dasselbe Wort kann *ex principio* und *ex definitione* nicht sowohl das staatliche Ganze als gleichzeitig auch einen territorialen Teil desselben bezeichnen.

Es ist hier allerdings nicht unsere Absicht und Aufgabe, diese drängenden sprachlich-politischen Fragen zu lösen. Es geht lediglich darum anzudeuten, wie verzwickt und von welch enormer Dringlichkeit, ja Tragweite der Prozess einer sprachlichen Fixierung ist, die folgendes begrifflich fassen soll: das Territorium und die staatspolitischen Verhältnisse innerhalb dieses Territoriums, über das sich die *Česká republika* heute erstreckt, sowie auch die Territorien, die einst mit ihm zusammenhingen.

Schwierigkeiten bei der sprachlichen Grenzziehung bestehen aber nicht nur auf der synchronen Ebene, sondern auch in diachroner Hinsicht. Der Ausdruck *Česko* kann in der umgangssprachlichen Kommunikation offenbar ohne Probleme nur das erfassen, wofür auf offizieller Ebene die Bezeichnung *Česká republika* existiert (ab 1968 bzw. ab 1993). Mit gewissen Einschränkungen und Vorbehalten könnte die Mehrheit der Bevölkerung *Česko* vielleicht sogar für den Zeitraum seit 1918 akzeptieren - wollen wir hoffen, dass dies in der Zukunft allen möglich sein wird -, in erster Linie wohl als sprachlichen Komplementärausdruck zu *Slovensko* (Slowakei). Allerdings waren in der Sprachpraxis der Vergangenheit im Bedarfsfall auch zusammengesetzte Benennungsbildungen üblich, wie *české země* (Böhmische Länder) bzw. das wenig glückliche *historické země* (historische Länder). Für die Zeit von 1939 bis 1945 kann, als nicht vollwertiges Äquivalent, die Bezeichnung *Protektorát Čechy a Morava* (Protektorat Böhmen und Mähren) gelten, auch verkürzt zu *protektorát* mit meist kleinem Anfangsbuchstaben. Berücksichtigen wir jedoch die verfassungsrechtliche Kontinuität der Tschechoslowakischen Republik, so erweist sich die Bezeichnung Protektorat dort als ungeeignet, wo der Sprecher jene Ganzheitlichkeit des Staates meint, die sich aus der Nichtigkeit des Münchener Abkommens von Anfang an ergibt.

Für die Jahrhunderte vor 1918 zeigt sich die Not, einen passenden Namen zu finden, noch viel deutlicher. *Česko* ist beispielsweise für das 14. Jahrhundert oder auch das 18. Jahrhundert nur schwer vorstellbar. Es hatte Vorschläge gegeben, in Nachahmung der sprachlichen Situation in Polen die Doppeldeutigkeit der Wörter *Čech* (Böhme, Tscheche), *Čechy* (Böhmen, Gesamtheit der Länder der ehemaligen böhmischen Krone) und *český* (böhmisch, tschechisch) zu beseitigen, d. h. diese Bezeichnungen dem staatlich-politischen und sprachlich-nationalen und somit dem übergeordneten Verständnis vorzubehalten. Für *Čechy* im rein territorialen Sinne des historischen Königreichs hätte sich die Bezeichnung *Koruna* (Krone, Kronland) angeboten; ein Bewohner der *Koruna* wäre dann ein *Korunář* (Kronländer) usw. Schon Karel Havlíček hatte provisorisch eine solche Lösung ins Auge gefasst, denn er war sich der Gefahren einer derartigen Benennungsunsicherheit sehr wohl bewusst. Die Vorschläge fanden jedoch keine Beachtung, obwohl sie aus theoretischer Sicht und in Bezug auf die der Sprache eigenen Fähigkeiten und Möglichkeiten zur Benennung durchaus von Interesse sind.

In bestimmten sprachlichen Situationen und Kontexten, wo der Bezug auf die Vergangenheit und geschichtliche Relevanz explizit gegeben ist, muss man zu Umschreibungen greifen, die aus mehreren Wörtern bestehen: *země koruny české* (Länder der böhmischen Krone), *země koruny svatováclavské* (Länder der Krone des heiligen Wenzel), *české soustátí* (das böhmische Staatengebilde), *Čechy (království) a země inkorporované* ((Königreich) Böhmen und die ihm inkorporierten Länder). Ein analoges Bild finden wir im polnischen Sprachgebrauch, wo man nicht nur von *Polska* (Polen), *Rzeczpospolita polska* (Polnische Republik), sondern auch vom Staat „beider Nationen" spricht. Natürlich kann man sich in eine Aufzählung flüchten und von ‚Böhmen, Mähren und Schlesien' sprechen, aber auch diese Behelfslösung hat ihre Tücken: der Bedeutungsinhalt des Wortes ‚Schlesien' ist aus unserer heutigen Sicht vor und nach dem Jahr 1742 ein radikal anderer, und die Situation vor 1635 bleibt in derartigen Umschreibungen vollends unberücksichtigt, denn sie übergehen die Ober- und die Niederlausitz.

Verschwommenheit und Veränderlichkeit charakterisieren nicht nur die gegenwärtige Suche nach einem Namen für den tschechischen Staat. Deutliche Signale für eine ähnliche Situation gibt es auch in der

Vergangenheit. Meist sind die Gründe hierfür außersprachlicher Natur und wurzeln in der zu benennenden Wirklichkeit selbst. Wenigstens ein Beispiel sei angeführt: Das böhmische Staatengebilde, die Gesamtheit der Länder, die zur Krone des heiligen Wenzel gehörten, existierte de iure kontinuierlich vom Mittelalter bis hin zu dem legislativen Akt, mit dem der tschechische Nationalausschuss am 28. November 1918 die Tschechoslowakei als unanfechtbare Nachfolgerin dieses Staates proklamierte. In diesem Sinne spricht auch die gegenwärtige Verfassung der Tschechischen Republik vom Dezember 1992 mit voller Berechtigung von der Tschechischen Republik als Trägerin der traditionellen tschechischen und tschechoslowakischen Staatlichkeit. De facto jedoch galt die übergeordnete tschechische Staatlichkeit mit der Liquidierung der böhmischen Hofkanzlei 1749 gleich Null. Wiederum also blieb es bei einer janusköpfigen, halbgaren Bestimmtheit. Dadurch dass es, vor allem auf Grund des anhaltend zähen Widerstands seitens der Deutschböhmen, nicht gelang, die Habsburger Monarchie zu trialisieren, also in Österreich, Ungarn und in die slawischen Gebiete aufzuteilen, was einer der Hauptgründe für den Untergang der Donaumonarchie sein dürfte, blieb faktisch und sprachlich ungeklärt, wie was zu benennen sei.

Das trat sekundär auch an anderer Stelle zutage, zum Beispiel in der inhaltlichen Besetzung von Wörtern wie *národ* (Volk, Nation), *národní* (Volks-, National-) usw. Was eigentlich bedeuten Eigennamen wie *Národní divadlo* oder *Národní muzeum*? Wieder haben wir es mit der proteischen Doppeldeutigkeit zu tun: das *Museum regni Bohemiae* war ganz eindeutig ein Unternehmen des Landes Böhmen, das Königreich richtete es ein und zahlte auch dafür. Mit dem Übergang zu der Bezeichnung *Národní muzeum* verband sich ein ganz anderes Verständnis, nämlich ‚alle Tschechen betreffend', und zwar mehr und mehr nur die Tschechen, die sich sprachlich als solche auswiesen; eventuell konnte es auch heißen ‚das tschechische Staatengebilde' betreffend. Heutzutage steht so gut wie außer Zweifel, dass die absolute Mehrheit der Bevölkerung in Mähren und im tschechischen Teil Schlesiens das Prager *Národní divadlo* und das *Národní muzeum* in genau diesem Sinn versteht, eben als ‚Nationaltheater' und als ‚Nationalmuseum', auch wenn daneben Institutionen wie das *Moravské národní divadlo* (Mährisches Nationaltheater) u. ä. existieren. Hier muss der Bedeutungsgehalt des Wortes *národní* zwangsläufig anders umrissen werden.

Dies ist nur ein Problemkreis. Wie man sieht, sind die sprachlichen Komplikationen, die sich daraus ergeben, nicht gerade gering, aber auch nicht unüberwindbar. Die Gegenwart kann sich des komplementären Pärchens aus offizieller *Česká republika* und nicht-offiziellem, umgangssprachlichem *Česko* bedienen. Für die Übersetzung in andere Sprachen existiert bereits ein ganzer Satz angemessener Äquivalente, nur das polnische *Czechya* und das russische *Čechija* werden für Schwierigkeiten sorgen, sollten sie nicht durch unproblematische Ausdrücke ersetzt werden. Für den deutschen Sprachraum steht das neutrale *Tschechien* zur Verfügung. Die Wortbildungsvariante *Tschechei* ist vom tschechischen Standpunkt aus sowohl in staatlicher als auch sprachlicher Hinsicht abzulehnen, und das aus außersprachlichen Gründen: Der Name *Tschechei* ist im tschechischen Sprachraum mit negativen Assoziationen belastet, weil er mit dem Sprachgebrauch des Dritten Reichs verbunden wird, und daher untragbar.

Damit jedoch sind die Probleme, die uns die Wortbildungsfamilie *Čech-* bereitet, noch lange nicht am Ende. Bisher haben wir uns lediglich im Bereich der tschechischsprachigen Benennungen aufgehalten. Vor uns aber gähnt der Abgrund der sprachlichen Diskrepanzen, die sich daraus ergeben, dass verschiedene Sprachen in ihren einzelnen Elementen nicht äquivalent sind. Das zeigt sich sowohl in der Beziehung des Tschechischen zu slowakischen als auch zu deutschen Sachverhalten, wobei sich diese beiden Problemkreise interessanterweise nicht völlig voneinander trennen lassen.

Die Versuche, die Wörter *český* (tschechisch/böhmisch), *slovenský* (slowakisch), *československý* (tschechoslowakisch), *slovanský* (slawisch), *českoslovanský* (tschechoslawisch) und vor allem ihre lateinischen Äquivalente inhaltlich bis ins Letzte klar zu definieren, gehörten zu den Evergreens der tschechischen und slowakischen, mitunter auch der slawistischen Sprachwissenschaft, und das schon mindestens zwei Jahrhunderte lang. Der Kontext schafft glücklicherweise meist Klarheit, welche der potenziellen Bedeutungen dieser Wörter jeweils vorliegt. Was gemeint ist, mag ein derzeit wieder aktuelles, strittiges Beispiel verdeutlichen: Pavel Doležals 1746 erschienene *Grammatica slavico-bohemica* ist nicht primär eine ‚tschecho-slowakische' Grammatik, also eine Grammatik zweier Sprachen; vielmehr ist sie eine ‚tschechoslawische' Grammatik, d. h. eine Grammatik des Tschechischen, wie es von der slowakischen

Ethnie in Oberungarn als Kultursprache gepflegt wurde. Dabei berücksichtigt die Grammatik auch Varianten dieser tschechischen Kultursprache im Sprachgebrauch der gebildeten Westslowaken. Auch die adjektivische Bezeichnung *českoslovanský* (tschechoslawisch) wurde offenbar auf die Sphäre der nationalen, sprachlichen, politischen und staatlichen Beziehungen zwischen Tschechen und Slowaken bezogen. Gleichzeitig wurde sie jedoch zum wichtigen Hilfsmittel im Rahmen der Benennungen des „deutsch-tschechischen" Verhältnisses. Das Tschechische nutzte nämlich die Möglichkeit zu einer konzeptuellen Differenzierung des Begriffspaars *Čech-Bohemus* im territorialen und sprachlichen Sinne zunächst nicht. In den tschechischen Texten (*Čech*) und lateinischen Texten böhmischer Provenienz (*Bohemus*) überwog die sprachliche Verankerung der Bezeichnung. Das Deutsche verfuhr auf den ersten Blick lange Zeit ganz ähnlich, nur dass es für sich die lateinische Benennungsform zum Ausgangspunkt nahm. So entstand die Wortbildungsreihe *Böhmen, Böhme, böhmisch*.

Das Wort *Böhmen* und seine Ableitungen wurden in deutscher Sprachumgebung eindeutig territorial bzw. staatlich verstanden, während für nationalsprachliche Dinge die Benennung *teutsch* diente (die auf eine stärkere Gemeinschaft jenseits der Grenzen verwies.) Diese Konzeption war für die Bedürfnisse des böhmischen Landespatriotismus sehr nützlich. Dem Bedarf, „sprachlich zweierlei Volk" zu differenzieren, diente dann die Opposition *deutsch - böhmisch* (in zweiter Bedeutung!), erst später wurden beide Adjektive in ihrer Bedeutung dadurch getrennt, dass man begann, neben *böhmisch* auch *tschechisch* zu verwenden (bzw. *čechisch*); analog erschien im Lateinischen das Adjektiv *czechicus*. Das hatte sowohl positive (Differenzierung von territorial-staatlicher und nationalsprachlicher Konzeption) als auch negative Auswirkungen (d. h. sprachlicher Ausdruck der Dualität in der sprachlich-ethnischen Realität der Böhmischen Länder). Einerseits wurde von einer nationalen deutschböhmischen Gruppe gesprochen (*českoněmecká národnostní skupina*), dazu existierte auch das Substantivgebilde *Čechoněmec* (‚Deutschböhme', wörtlich ‚Böhmendeutscher' bzw. ‚Tschechendeutscher') - so wurden die Deutsch sprechenden Bewohner der Böhmischen Länder lange (sicherlich bis April 1848, teilweise auch noch später) bezeichnet. Andererseits erschien an der Wende vom 19. zum 20. Jahrhundert die Bezeichnung *Sudetendeut-*

scher, die den früheren *Čechoněmec* sowohl von der mehrheitlichen tschechischsprachigen Bevölkerung als auch von der territorialen Bezeichnung (*Böhmen, böhmisch*) abtrennte und schließlich zur stammgebundenen Auffassung führte, bei der die Beziehung nach außen (d. h. außerhalb der Böhmischen Kronländer) gegenüber der früheren staatlich-territorialen Auffassung überwog.

Ein anderes Problem weist eine staatlich-territoriale, nationale und sprachliche Dimension auf. Zum guten Ton der ahistorischen Publizistik gehört heutzutage die Behauptung, die Spannungen in den Ländern der böhmischen Krone, also des heutigen *Česko*, seien eine erst relativ späte Erscheinung. Sie seien einem Denken entsprungen, das sich erst vor ungefähr zweihundert Jahren in den Köpfen der hier lebenden Menschen breit zu machen begann. Stets aufs Neue ist zu hören, dass es die romantischen Nationalisten gewesen seien, die als diabolische Initiatoren die Aufspaltung der böhmischen Krone in zwei antagonistische Gruppen ins Werk gesetzt hätten: allen voran der Deutsche Johann Gottfried Herder, gefolgt von dem Tschechen Josef Jungmann. Diesen Standpunkt vertraten *mutatis mutandis* auch zwei große - in dieser Hinsicht freilich ahistorisch argumentierende - tschechische Philosophen: Emanuel Rádl und Jan Patočka. Aus welchem Blickwinkel auch immer wir diese problematische Verstrickung, ja diesen gordischen Knoten der tschechischen und böhmischen Staatlichkeit betrachten, man kann diesem Standpunkt einfach deshalb nicht zustimmen, weil er im Widerspruch zu historischen Textquellen steht.

Der (Pan-)Slawismus ist nicht die Frucht der schwärmerischen Phantasien Herders und Kollárs, er resultiert ganz natürlich aus der kontinuierlichen Entwicklung des tschechischen Slawismus, den die Quellen über die gesamte Geschichte hin belegen: von den kirchenslawischen Anfängen über das tschechische Mittelalter - mit einem deutlichen Erstarken unter den letzten Přemysliden und Kaiser Karl IV. - bis hin zum Slawismus des Barock und der Aufklärung. Und ebenso ist auch der tschechische „Bohemismus" oder auch „Tschechismus" ein Prinzip, das im Kessel des böhmischen Königreiches und im weiteren Raum des tschechischen Staatengebildes kontinuierlich präsent war und in den Quellen ab dem 14. Jahrhundert nachgewiesen werden kann.

Wir können und wollen hier nicht die Entwicklung des mentalen Prozesses verfolgen, in dem sich das Tschechentum während des vorigen Jahrtausends staatlich-territorial und sprachlich-national reflektiert und manifestiert hat. Wir wollen jedoch wenigstens einige der Schlüsselmomente erwähnen, die diesem geschichtlichen Prozess seine Richtung gaben.

Von Anfang an wurde es ohne Bedürfnis nach tieferer Reflexion für selbstverständlich erachtet, dass dieser Staat tschechisch ist, weil er nach Nationalität und Sprache tschechisch ist. Das machte seinen spezifischen Charakter aus, seine historische Aufgabe, sein moralisches Pathos und manchmal auch sein Elend. Die Beziehungen zur deutschen Ethnie waren seit der großen Kolonisation im 13. Jahrhundert mannigfaltig, sehr fruchtbar und von großer Offenheit, aber auch sehr widersprüchlich bis hin zur Grausamkeit. Immer jedoch stand im Hintergrund, dass das Königreich und die ihm inkorporierten Kronlande sprachlich tschechisch seien, was sich in Hinblick auf Schlesien und die Lausitz bizarr ausnimmt. Deshalb bestand man auch über Jahrhunderte hinweg darauf, dass das Tschechische als Amtssprache, also als offizielle Sprache des Staates, gesetzlich zu verankern und praktisch durchzusetzen sei. Das bekannte Gesetz zur Sprachregelung von 1615 brachte dies in extrem harter Weise zum Ausdruck. Es war keineswegs nur ein proklamatives Gesetz, sondern zog drastische repressive Maßnahmen nach sich.

Zu einer radikalen Wende kam es durch die grundlegenden verfassungsrechtlichen Änderungen, die das *Obnovené zřízení zemské,* die *Verneuerte Landesordnung* von 1627 bzw. 1628, mit sich brachte. Beide im Land gebräuchlichen Sprachen waren nun gleichberechtigt. Im sprachrechtlichen Bereich war das der heftigste Eingriff, den das Land vor dem 1920 verabschiedeten Gesetz zur Sprachregelung erlebte. Dieser konstitutionelle Akt hätte über Jahrhunderte hin zum Ausgangspunkt für ein harmonisches Zusammenleben und Zusammenarbeiten zweier Ethnien werden können; leider wurde er es nicht, denn er ging mit einer allseitigen Einengung der tschechischsprachigen Bevölkerung einher. Nach und nach zeichnete sich in den Böhmischen Ländern eine weitgreifende Beschränkung der Tschechischsprachigkeit ab; die Tschechen wären sprachlich in die gleiche Situation gedrängt worden, in der sich heute die Lausitzer Sorben befinden.

Aber auch in dieser unguten Zeit resignierte das tschechische Volk nicht, trotz der mächtigen Emigrationswelle, die die kulturschaffenden und kulturtragenden Schichten ausdünnte, trotz des überraschenden Schlags, dass sich der Adelsstand im Unterschied zum Adel in Polen und Ungarn als sprachlich-ethnisch nicht resistent erwies. Es erhob vielmehr weiterhin darauf Anspruch, dass der *český stát*, also das Böhmische Königreich und die ihm inkorporierten Länder, tschechisch sei, und es vertrat diesen Anspruch sogar sehr deutlich und selbstbewusst.

Ein Beleg ist für diesen widerspruchsvollen Prozess von größter Bedeutsamkeit: Es handelt sich um ein Buch, das gerade jetzt umso wichtiger ist, als es nach fast einem Vierteljahrtausend in einer Neuausgabe aus dem Dunkel des Vergessens geholt wurde. Dieses Werk eines anonymen Verfassers war 1754 erschienen unter dem Titel *Země dobrá, to jest země česká, do které semeno z dobroty božské hojně vsaté učinilo užitek stý* (Ein gutes Land, das ist das böhmische/tschechische Land, in dem der aus göttlicher Güte reich gesäte Samen hundertfach Nutzen wirkte). Diese Schrift schuf eine Synthese aus tschechischen Staats- und Sprachauffassungen, wie sie sich von den Anfängen des böhmischen Staates bis zur Mitte des 18. Jahrhunderts herausgeformt hatten, und eröffnete gleichzeitig einen Weg für die zukünftige Entwicklung. Der Anonymus argumentiert folgendermaßen: Die Tschechen haben ein Königreich und einen Königsthron, und zwar mit Krone und Sprache, d.h. mit den Juwelen des Hl. Wenzel haben sie ihre „Muttersprache, die Sprache des Hl. Wenzel" bewahrt. Sprache und Krone werden somit gleichgesetzt, sie werden zu Äquivalenten, die sich untrennbar miteinander verbinden. Gott feierte die tschechische „Sprache und Zunge" in der Krone, d.h. durch die Staatlichkeit, so wie das auch in den Königreichen Spanien, Frankreich, Ungarn, Polen und anderswo der Fall ist. Sprache findet sich hier mit Staatlichkeit vorbehaltlos gleichgesetzt.

Das gesamte 19. Jahrhundert, besonders aber die zweite Hälfte ab 1860, ist in den Böhmischen Ländern vom Kampf um das Recht der tschechischen Sprache geprägt. Dieser Kampf spielt sich nicht auf einer rechtlich-ideellen Grundlage ab, die ideologisch so maximalistisch gefasst gewesen wäre wie 1754 in der *Země dobrá*. Er bewegt sich vielmehr in den Grenzen der realen rechtlichen Basis der *Verneuerten Landesordnung* von 1627. Aber er endet tragisch. Nicht einmal dieses realistisch-minimalistische Programm – zunächst eigentlich der siegreichen Habsburger – erweist sich nach dem endgültigen Scheitern der Ausgleichsverhandlungen Anfang der 90er Jahre als realisierbar. Damit ist die Chance einer gleichberechtigten Existenz und Kooperation der beiden Sprachen innerhalb des einen Staates, der als großes, einheitliches und unteilbares historisches Werk bereits ab dem 10. Jahrhundert existierte, verspielt.

Die Folgen sind bekannt: die nationale und sprachliche Dominanz der Tschechen bzw. der Tschechoslowaken als Staatsvolk im westlichen Teil der Tschechoslowakei nach 1918 und die sprachliche Unifizierung dieses Gebiets nach 1945.

Großmähren: Ein frühmittelalterlicher Staat zwischen Ost und West

Zdeněk Měřínský

Als gegen Ende des Jahres 822 die Mährer neben weiteren Abgesandten der östlichen Völker des Fränkischen Reiches - den Obodriten, Veleten, Serben, Böhmen/Tschechen, Praedenesenten (Abodriten in Dakien) und Awaren aus Pannonien - am Reichstag Ludwigs I. in Frankfurt teilnehmen, ist dies das erste Mal, dass ihr Name in den schriftlichen Quellen und damit in der Geschichte auftaucht. Zu diesem Zeitpunkt hatte die slawische Gemeinschaft, die auf dem Gebiet des heutigen historischen Mähren ansässig war, bereits eine ziemlich komplizierte und langwierige geschichtliche Entwicklung hinter sich. Vor allem die Ergebnisse der archäologischen Forschungen und die Untersuchung von Kulturgegenständen und Kulturdenkmälern aus der Zeit der Völkerwanderung und des beginnenden Mittelalters geben uns darüber Aufschluss.

Die ersten slawischen Bewohner siedeln sich spätestens ab den 30er und 40er Jahren des 6. Jahrhunderts n.Ch. auf mährischem Gebiet an. An Intensität gewinnt dieser Prozess im südmährischen Raum allerdings erst ab der Mitte dieses Jahrhunderts, als die dort ansässigen Langobardenverbände und die verbliebenen Teile anderer germanischer Stämme nach Pannonien abwandern. In dieser Zeit werden die Grundlagen geschaffen für die nun fast schon anderthalbtausend Jahre währende Besiedlung unserer Länder, für deren weitere gesellschaftliche und wirtschaftliche Entwicklung; auch die Staatsbildung und die nationale Genese nehmen hier ihren Anfang. Der Beginn der slawischen Expansion fällt zeitlich mit dem

Entstehen des sog. „klassischen Urslawisch" zusammen bzw. schließt daran an. Das Urslawische ist für die Zeit zwischen 400-800 n.Ch. anzusetzen und in Zusammenhang mit der vollzogenen Ethnogenese der Slawen zu sehen.

In der ersten Hälfte des 7. Jahrhunderts konstituiert sich in Mitteleuropa das erste slawische Reich, Samos Stämmebund. Zumindest teilweise entstand dieses Reich zur Verteidigung gegen die nomadisierenden Awaren, die sich nach der Abwanderung der Langobarden nach Norditalien im Jahre 568 endgültig im Pannonischen Becken ansiedeln, und gegen den Druck der westlichen Nachbarn, der Franken. Diskutiert wird in diesem Zusammenhang vor allem, wo Wogastisburg zu lokalisieren ist. Dort hatten die Franken 631 eine Niederlage erlitten. Auf Grund der historischen Gegebenheiten kann man das zentrale Territorium von Samos Stämmebund am mittleren Donaulauf vermuten, das nördlich und nordwestlich davon liegende Mähren gehörte ihm somit zweifellos an. Wogastisburg selbst jedoch befand sich mit allergrößter Wahrscheinlichkeit am nordwestlichen Rand des Stämmebunds, vielleicht in Westböhmen oder am Obermain. Für diesen Zeitraum ist mit einer gesellschaftlichen Entwicklung zu rechnen, in deren Verlauf ein nicht allzu festgefügtes vorstaatliches Gebilde entstand, das nach Samos Tod um 660 n.Ch. verfiel.

Wenn wir in diesem Zusammenhang von einem Stämmebund sprechen, so muss darauf hingewiesen werden, dass sich ein Stamm traditionell durch folgende Merkmale definiert: gemeinsames Gebiet, gemeinsame Sprache und Kultur, gemeinsamer Name und Tradition eines gemeinsamen Ursprungs. Das Wirkungsfeld von Sprache, Kultur und wirtschaftlichen Beziehungen kann über das Stammesgebiet hinausreichen. Primäre Kriterien sind daher das Territorium, das hier siedelnde Volk und vor allem die Tatsache, dass dieses sich seiner Eigenständigkeit bewusst ist - ein unverzichtbares, wesentliches Element von Stamm und Nation. Das Stammesterritorium ist als Boden ausschließlich in kollektivem Besitz: Der Stamm ist übergeordneter Besitzer und Verteidiger des Bodens all jener, die ihm angehören. Derartige Stämme, von den Römern *gentes* genannt, müssen als ethnische und politische Einheiten gesehen werden, und zwar im Sinne eines Zusammenschlusses von Menschen der gleichen Ethnie, die unter einer Herrschaft ein bestimmtes Territorium bewohnt. Diese Struktur war der Ausgangspunkt für die weitere

Entwicklung, hin zu den Anfängen eines Staates, in dem das Volk nicht mehr von einer einzigen Ethnie gebildet werden muss.

Das Volk mit der ältesten slawischen Gebrauchskultur im böhmischen Becken, der sogenannten Keramik des Prager Typs, das von Norden her über die Mährische Pforte und die Karpatenpässe in die Slowakei vordrang, verkörperte mit größter Wahrscheinlichkeit vor allem die bäuerliche Schicht der slawischen Bevölkerung und war mit Blick auf Mähren wohl nicht der allerälteste Repräsentant der slawischen Gebrauchskultur. Man vermutet außerdem eine jüngere Besiedlungswelle über das Pannonische Becken, die auch nichtslawische Elemente mit sich brachte: unter anderem Kunsthandwerker aus dem Pannonischen Raum und auch eine höhere gesellschaftliche Schicht, der letztendlich die Entstehung befestigter Siedlungen zu verdanken ist und jene Fundamente, auf denen sich ein Staat entwickeln konnte. Diese neu eingewanderte Bevölkerung steht in Verbindung mit dem slawischen Siedlungsgebiet zwischen mittlerer Donau und Schwarzmeerküste, das den ursprünglich am Dnjepr siedelnden, historisch belegten Anten zugeschrieben wird.

In der Zeit vor dem Großmährischen Reich, also im letzten Viertel des 7. Jahrhunderts und im 8. Jahrhundert, werden weiterhin die Kontakte zu den Awaren aufrecht erhalten, obwohl die eigentliche Kontaktzone südlich und südöstlich Südmährens in der südwestlichen Slowakei und im österreichischen Weinviertel lag. Die Grenze zum Awarischen Kaganat wurde praktisch von der Donau gebildet. In jener Periode, vor allem im letzten Drittel des 8. Jahrhunderts, entstanden im Gebiet oberhalb des mittleren Donaulaufs die Voraussetzungen für die Herausbildung eines Staates. Als grundsätzliche Kriterien der Staatlichkeit werden bisweilen Territorium, Bevölkerung und eine oberste Regierung angeführt. Dies ist eine viel zu stark vereinfachende Sichtweise, die eine noch in den Anfängen ihrer Staatsbildung steckende Stammesgesellschaft nicht von einem Staat abgrenzt. Entscheidend für das Entstehen eines Staates ist nicht die allmähliche Herausbildung von Elementen, durch die sich die Regierung vom Volk absondert, auch nicht ein Autoritäts- und Machtzuwachs der Fürsten, der Aufbau einer Gefolgschaft oder ihnen vergleichbarer Gruppen. Zu einer wirklichen Regierung wird fürstliche oder königliche Macht erst dann, wenn sie die Stammesstrukturen als Ganzes restlos beseitigt. Dieser Prozess jedoch vollzog sich im mährischen Raum sehr langsam. In der großmährischen

Epoche befindet er sich noch in den Anfängen. Zu einer definitiven Wende kam es erst im 11.-12. Jahrhundert, genauer gesagt in der zweiten Hälfte des 12. Jahrhunderts. Es muss wohl nicht betont werden, dass eine Gesellschaft, die auf eine staatliche Organisation zustrebt, ein wirtschaftliches Niveau erreicht haben muss, das ihr erlaubt, in Form von Steuern, Gebühren und verschiedensten Dienstleistungen den Staatsapparat zu unterhalten. Andererseits bedienten sich alle im Frühmittelalter entstehenden Staaten einer bewährten Methode, um die Mittel sicherzustellen, mit denen die Gefolgschaft und die Ämter der führenden Männer finanziert werden konnten. Es war dies die territoriale Expansion, deren Anfänge im Falle Großmährens gerade bis in die Zeit der Wende vom 8. zum 9. Jahrhundert zurückreichen. Daher können wir sagen, dass genau dieser Zeitraum die Anfangsphase des staatsbildenden Prozesses darstellt bzw. die Vollendung jener Anfangsphase. Sie hatte sich aus inneren Kräften und Quellen gespeist und von der günstigen Konstellation profitiert, die dadurch gegeben war, dass im Pannonischen Becken in der zweiten Hälfte des 8. Jahrhunderts die awarische Macht verfiel.

In Mitteleuropa kam es im Zuge der Eroberungen Karls des Großen in Pannonien und nach dem Untergang des so genannten Zweiten Awarischen Kaganats in den Jahren 791-796 bzw. 803 zu einer durchgreifenden Veränderung der politischen Situation. Das verlieh dem staatsbildenden Prozess insgesamt Dynamik, denn gerade die oberhalb der Donau ansässigen Slawen füllten sehr schnell das Machtvakuum, das nach der Niederlage der Awaren in diesem Raum entstanden war. Die archäologischen Funde und Untersuchungen weisen darauf hin, dass gerade das Land an der March (Morava), besonders der untere Abschnitt, zum zentralen Teil des Territoriums gehörte, dessen wirtschaftliche und soziale Strukturen und Besiedlung besser entwickelt waren. Dort entstanden noch in vorgroßmährischer Zeit befestigte Zentren, von dort nahm auch der weitere Einigungsprozess seinen Ausgang. Die befestigten Zentren im Marchland stellten bereits im 8. Jahrhundert eine neue Qualität der gesellschaftlichen und wirtschaftlichen Entwicklung dar. Entscheidenden Einfluss darauf hatten vermutlich die oben erwähnten kriegerischen Reitertrupps, die vom Pannonischen Becken her in den slawischen Raum des Marchlands und des Thaya-Schwarza-Tals (Dyje-Svratka-Tal) vordrangen. Im gesamten Zeitraum unmittelbar vor der Entstehung des Großmährischen Reichs wurden unabdingbare Voraussetzungen für eine Reihe von Veränderungen im 9. Jahrhundert geschaffen.

Mit den Kämpfen zwischen Awaren und Franken an der Wende vom 8. zum 9. Jahrhundert, die mit allergrößter Wahrscheinlichkeit die Anfangsphase des Einigungsprozesses beeinflusst und die Eroberungszüge entlang der Donau nach Süden ausgelöst haben, korrespondieren die Funde geflügelter Lanzenspitzen. Auch Sammelfunde von eisernen Gegenständen, die noch der vorgroßmährischen Schicht und damit der Zeit der Wende vom 8. zum 9. Jahrhundert zugeordnet werden, gehören eventuell in diesen Kontext. Für die 20er und 30er Jahre des 9. Jahrhunderts ist die Herausbildung eines Staates auch für das Gebiet um Neutra (Nitra) belegt, das unter der Herrschaft von Fürst Pribina stand. Es wurde allerdings unter dem ersten historisch belegten großmährischen Fürsten, Mojmír I., in den Jahren 832-833 dem zentralen Teil des großmährischen Staatsgebildes angegliedert.

Den Kern des gesamten Gebietes bildeten ohne Zweifel das Marchtal und das Thayatal, genauer gesagt das gesamte Tal von Thaya (Dyje) und Schwarza (Svratka). Doch nimmt man an, dass das ursprüngliche alte Mähren im Westen von der Böhmisch-Mährischen Höhe, im Norden vom Gesenke und im Süden von der Donau begrenzt wurde; die Grenze im Osten bildete das Hügelland am linksseitigen Ufer der Waag (Váh).

In jüngerer Zeit versuchte man wiederholt, Großmähren an der serbischen March (Morava) und im angrenzenden Gebiet von Obermoesien zu lokalisieren, wie zu Beginn der 70er Jahre völlig unbegründet der amerikanische Ungar Imre Boba, wobei er das Zentrum des Reichs in das antike Sirmium (Sremska Mitrovica in Jugoslawien) verlegte. An derartige Versuche knüpfte Martin Eggers an, der jedoch - anders als Boba - das gesamte Staatsgebilde mit einer sehr halsbrecherischen Argumentation in die madjarische „Puszta" zwischen Donau und Theiß, einen Teil nach Bosnien verlagert. Nach dem Fall des Awarischen Kaganats soll der Stamm der Mährer mit Erlaubnis der Franken in dieses ursprünglich awarische Gebiet umgesiedelt und dort um das Morava genannte Zentrum ansässig geworden sein. Im 11. Jahrhundert nannte man Morava Marosvár und schließlich Csanád. Ohne eingehendere Auseinandersetzung mit dieser Hypothese mag der Verweis auf eine Tatsache genügen, die diese nur sehr schwer erklären könnte: dass nämlich auf dem Gebiet der Tschechoslowakei in den letzten fünfzig Jahren archäologische Funde gemacht wurden, die der materiellen Kultur des Großmährischen Reiches entstammen.

Die Schaffung des großmährischen Staatsgebildes war für die wirtschaftliche und soziale Entwicklung der slawischen Gesellschaft von enormer Bedeutung, auch für die von Kultur und Bildung. Diese basierte auf der christlichen Mission durch iroschottische, bayrische und aus dem südlichen Mittelmeerraum stammende Missionare, nach 863 dann vor allem auf der byzantinischen Mission durch die Brüder Konstantin und Method, die Fürst Rastislav ins Land gerufen hatte. Eine eigenständige kirchliche Organisation unter römischem Supremat wurde allerdings erst unter Papst Hadrian II. (867-872) erreicht, und zwar durch die Erneuerung des pannonischen Erzbistums, dem Method als Erzbischof vorstand. Dessen Sitz verlegte Johannes VIII. (872-882) nach Mähren und 873 wurde es unter den Schutz Svatopluks gestellt, der 871, nach den kriegerischen Ereignissen von 870-71 und der Gefangennahme Methods durch den bayrischen Klerus (870-873), an die Macht gekommen war. Um 874 wurden laut den Legenden der přemyslidische Fürst Bořivoj und seine Frau Ludmila (später heilig gesprochen), die Großeltern des später heilig gesprochenen Wenzel/Václav, persönlich von Method getauft. Die so konstituierte kirchliche Provinz bestätigte der Papst im Jahre 880 durch ein neues Privileg. In Nitra wurde Viching zum Bischof geweiht, ein oder zwei weitere Bistümer sollten eingerichtet werden und das Altkirchenslawische mährischer Redaktion wurde als Literatursprache, teilweise auch als Liturgiesprache zugelassen. Die Priorität des Lateinischen blieb jedoch unangetastet. Der erste Teil des Privilegs wurde 885 bestätigt, doch nach dem Tod Methods im gleichen Jahr setzte sich die römische Richtung endgültig durch. Den erzbischöflichen Stuhl bestieg Viching, das Lesen der Messe in slawischer Sprache wurde von Papst Stephan V. (885-891) verboten und die Priester slawischer Liturgie wurden einschließlich des von Method als Nachfolger vorgeschlagenen Gorazd vertrieben.

Als im Frühjahr 894 König Svatopluk starb, hinterließ er ein großes Staatsgebilde, dessen Macht sich nicht nur auf das eigentliche Kernland des alten Mähren im Marchtal und das niederösterreichische Gebiet nördlich der Donau, im Südwesten der Slowakei und um Neutra erstreckte; sie reichte vielmehr bis zum Oberlauf von Oder und Weichsel, umfasste die tschechischen und sorbischen Stämme an der Saale und in der Lausitz, unterwarf Pannonien mit dem Plattensee, und nicht auszuschließen ist, dass zum großmährischen Einflussbereich außer der heutigen Ostslowakei auch das Gebiet am Mittellauf der Theiß gehörte. Zahlreiche Erscheinungen, wie die Besiedelung, das wirtschaftliche Leben und seine Strukturen, die kirchliche Organisation und die politische Macht, deren Apparat ein beträchtliches Territorium verwaltete, zeigen deutlich, dass es sich nicht einfach nur um einen barbarischen Staat gehandelt hat. In einer so strukturierten Gesellschaft kristallisierten sich, vor allem in den zentralen Teilen Großmährens (Marchland, Südwestslowakei, Neutratal und Pannonien), erste Elemente eines feudalen Besitz- und Verwaltungswesens heraus, die für die gesellschaftliche Entwicklung im frühen Mittelalter typisch sind. Großmähren nähert sich vor allem seit der Zeit Svatopluks einem frühfeudal ausgeformten Staat an.

Mit dem Umbruch vom 9. zum 10. Jahrhundert befinden wir uns für gut hundert Jahre in einer Epoche, die zu den von der historischen und archäologischen Forschung am wenigsten untersuchten Abschnitten der mährischen Geschichte gehört. Svatopluks Nachfolger wurde sein Sohn Mojmír II. Der jüngere Sohn, Svatopluk II., erhielt, wie verschiedentlich vermutet wird, Neutra. Den dritten Sohn, von dem erst die spätere Überlieferung berichtet, kennen wir dem Namen nach nicht; an seiner Existenz bestehen berechtigte Zweifel. Nach Svatopluks Tod brachen vielerlei Gegensätze und Konflikte auf. Der Mächteverbund lockerte sich: örtliche Stammesfürsten, Gefolgsleute und vermutlich auch der mährische Adel strebten nach Dezentralisierung, zwischen den beiden Vertretern der herrschenden Dynastie gab es Streitigkeiten. All das hatte die allmähliche Ablösung und den schließlichen Abfall der Randgebiete zur Folge und führte das gesamte Staatsgebilde in eine schwere innere Krise. So unterstellten sich die tschechischen Fürsten unter der Führung von Bořivojs Söhnen Spytihněv und Vratislav bereits 895 auf dem Reichstag in Regensburg dem ostfränkischen König Arnulf (887-899, 898 Kaiser), der aus den inneren Konflikten im großmährischen Staat Vorteil zog. Die Kämpfe, die zwischen den beiden Brüdern 898 entbrannten, führten zwischen 898 und 899 zur offenen Intervention Arnulfs: Die Bayern unternahmen mindestens drei Kriegszüge nach Mähren. Mojmír II. konnte sich behaupten und versuchte den Rest des Staates und die mährische Kirche zu konsolidieren. Besonders nach Arnulfs Tod im Dezember 899 griff er bis zum Jahr 901 wiederholt in die Angelegenheiten der Bairischen Ostmark ein, die sich zeitweilig unter seinem Schutz befand. Von 899-900 waren in Mähren außerdem römische Sonderlegaten tätig, die von Johannes IX. ausgesandt worden waren. Auf Ansuchen Mojmírs II. sorgten sie für die Errichtung kirchlicher Strukturen und ordinierten einen Erzbischof und drei Bischöfe. Nach dem Kriegszug der Bayern im Jahr 900 wurde ein Jahr später zwischen ihnen und Mojmír II. Frieden geschlossen. Dazu hatte mit Sicherheit auch die wachsende Bedrohung durch die nomadisierenden Madjaren beigetragen, die gegen Ende des 9. Jahrhunderts - erste Nachrichten haben wir aus den Jahren 862 und 881 - als neues ethnisches Element aus dem Osten im Pannonischen Becken auftauchen. Noch um 905 jedoch erscheinen die Verhältnisse in jenem Gebiet stabil. Fest steht allerdings, dass gerade die Kämpfe zwischen den zwei mächtigsten Staatsgebilden am Mittellauf der Donau einen überraschenden Erfolg der Madjaren ermöglichten, der schließlich den Untergang Großmährens nach sich zog. Unter normalen Bedingungen hätte dieses Reich, das gerade die für einen solchen frühmittelalterlichen Staat typische dynastische und politische Krise durchmachte, seine inneren Schwierigkeiten überwunden, wie es später einer Reihe von ähnlichen Staatsgebilden im Umfeld gelang.

Am 4. Juli 907 erlitt das bayrische Heer bei Bratislava eine vernichtende Niederlage gegen die Madjaren. Die Mährer sind unter den Teilnehmern der Schlacht nicht angeführt; noch davor, spätestens jedoch für das Jahr 906, wird der Tod Mojmírs II. angesetzt. In den Jahren 906-907 beherrschen die Madjaren das Pannonische Becken bereits definitiv und die historischen Quellen über Mähren verstummen für lange Zeit.

In einem breiteren kontinentalen Kontext gesehen steht der Untergang Großmährens jedoch auch in Zusammenhang mit den umfassenden politischen und ethnischen Umstrukturierungsprozessen, die Europa an der Wende vom 9. zum 10. Jahrhundert erfassen und die erst mit der Jahrtausendwende ihren Abschluss finden. Für Mittel- und Osteuropa, aber auch für Skandinavien und andere Gebiete gilt das in besonderer Weise. Bereits um das Jahr 1000 existiert die heute gegebene staatliche und ethnische Struktur, wenn auch erst im Keim. Sie unterscheidet sich völlig von den Strukturen, die im mitteleuropäischen Raum bis zu Anfang des 9. Jahrhunderts das Fränkische Reich Karls des Großen, bis zum Ende des 8. Jahrhunderts das Awarische Kaganat und dann das ostfränkische und das großmährische Nachfolgereich bestimmt hatten. Außerdem verlagern sich die Zentren der politischen Entwicklung nach Norden und Nordwesten, in unserem Fall aus den südmährischen Tälern mit ihren engen kulturellen Bindungen an das hochentwickelte Donauland nach Böhmen, das von den Grenzgebirgen und Markwäldern wie von einem Ring umschlossen und abgeschottet wird. Sie bieten natürlichen Schutz vor den Einfällen nomadisierender Raubzügler, aber sie isolieren auch und verhindern die Übernahme fortschrittlicher Anregungen aus der Nachbarschaft. Erst das 10. Jahrhundert schafft die Basis für die gesamte weitere Entwicklung zum Nationalstaat. Die mitteleuropäischen Staaten an der Peripherie des spätantik-karolingischen Reichs traten in diesen Prozess praktisch gleichzeitig oder nur mit geringer Verspätung gegenüber der Entwicklung im Zentrum ein.

Das Vermächtnis des Großmährischen Reichs an das Mittelalter besteht vor allem in seiner mitteleuropäischen Modellfunktion: Es ist ein mit Hilfe eines Beamtenapparats zentral regierter Staat ohne Adel und Leibeigenschaft. Dieses Modell, ergänzt um einige heimische Neuerungen wie das Dienstleistungswesen oder die sich auf ein konsequentes Burgensystem stützende Landesverwaltung, kann nur aus dem karolingischen Bereich übernommen worden sein, denn das ottonische Reich repräsentierte bereits einen ganz anderen Typ von Staat. Zu dieser Übernahme muss es jedoch bereits im 9. Jahrhundert, und zwar in Großmähren, gekommen sein. Und gerade von Mähren müssen die neu entstehenden Nachfolgestaaten Böhmen, Polen und Ungarn dieses Modell übernommen haben. Das Großmährische Reich selbst ging im 10. Jahrhundert unter, doch hat es auf vielen Gebieten vor allem die sozialen, wirtschaftlichen und kulturellen Grundlagen für die weitere Entwicklung im gesamten mitteleuropäischen Raum geschaffen.

Die Přemysliden und die deutsche Kolonisierung

Joachim Rogall

Die von deutschen und tschechischen Historikern noch bis zur Mitte unseres Jahrhunderts kontrovers diskutierte Frage, wer zuerst in Böhmen war, die Deutschen oder die Tschechen, wird heute übereinstimmend beantwortet mit: weder noch. Böhmen war in vorchristlicher Zeit von Kelten besiedelt, nach deren bedeutendstem Stamm, den Bojern, Tacitus das Land *Boiohaemum* (Böhmen) benannte. Seit Beginn unserer Zeitrechnung wurden die Kelten von germanischen Stämmen wie den Markomannen und später den Langobarden verdrängt. Auf sie bezogen sich einige deutsche Forscher, wenn sie diese als Vorfahren der Deutschen vereinnahmten und daraus eine Siedlungskontinuität von Deutschen in Böhmen herleiten wollten. Auch wenn die Völkerwanderung der Germanen, die die Langobarden im 6. Jahrhundert aus Böhmen nach Norditalien führen sollte, wie ein bis heute wirkendes urdeutsches Erbteil scheinen mag, hat sie in Böhmen jedenfalls keine tieferen Spuren, etwa in Ortsnamen, hinterlassen.

Im 9. Jahrhundert wurden die nach Böhmen seit dem 6. Jahrhundert eingewanderten westslawischen Stämme von den an der mittleren Moldau lebenden Tschechen unter der Fürstensippe der Přemysliden vereinigt. Sie führten ihre Herkunft auf einen sagenhaften Urvater Čech zurück, dessen Enkeltochter Libussa einen Bauern namens Přemysl geheiratet und sich mit ihm am Moldauübergang beim späteren Prag niedergelassen haben soll.

Ähnlich wie im benachbarten Polen, wenngleich fast einhundert Jahre früher, stand am Beginn dieser Herrschaftsbildung auch die Übernahme des Christentums. Dieses kam nach Böhmen aus zwei Richtungen: zum einen aus dem römischen Westen über die Reichskirche in seiner lateinischen Form, zum anderen aus dem Osten, aus Byzanz, mit der von den beiden Missionaren Kyrill und Method entwickelten slawischen Liturgiesprache. Nicht nur die räumliche Nähe, sondern vor allem der mit der Kirche verbundene politische bayerisch-fränkische Einfluss dürfte letztlich entscheidend für den Sieg der ersten Richtung gewesen sein. Dass die Etablierung des Christentums nicht ohne Konflikte vor sich ging, zeigt der Märtyrertod der Heiligen Ludmila, der Großmutter des Heiligen Wenzel

(Václav), vor dem Hintergrund des kirchlich-politischen Richtungsstreits: Anlehnung an den Westen, hierfür stand Ludmila, oder politische Unabhängigkeit der Přemysliden mit Anlehnung an die Elbslawen. Für letzteres stand Ludmilas Schwiegertochter Dragomira, selbst Tochter eines elbslawischen Fürsten, die Ludmila ermorden ließ.

Die Ermordung Wenzels durch seinen Bruder Boleslav wiederum mag auch mit konkurrierenden Einflüssen auf Böhmen aus Bayern und Sachsen zusammenhängen, wobei Wenzel mit Sachsen sympathisierte. Dass beide, Ludmila wie Wenzel, nach ihrem Tod alsbald als Heilige verehrt wurden, trug zur Verbindung von Christentum und tschechischer Nation bei und stabilisierte auch die Herrschaft der Přemyslidendynastie. In den folgenden drei Jahrhunderten entwickelte sich der Přemyslidenstaat teils in Anlehnung, teils in Konkurrenz mit den beiden Nachbarstaaten Polen und dem Heiligen Römischen Reich deutscher Nation vom Herzogtum zum Königreich und wurde bei aller inneren Selbstständigkeit ein Teil des westlichen Kaiserreiches, nahm schließlich unter dessen weltlichen Fürstentümern sogar den vornehmsten Rang ein. Der Böhmenkönig Přemysl Otakar II., der auch der „Goldene König" genannt wird, war in der Zeit des sogenannten Interregnums 1256-1273 einer der mächtigsten Fürsten des Reiches und herrschte über Böhmen, Mähren und Österreich, also den Kern des späteren habsburgischen Imperiums. Im Kampf mit einem Habsburger, Rudolf I., verlor er 1278 jedoch die entscheidende Schlacht auf dem Marchfeld, in der er auch den Tod fand. Sein Sohn Wenzel II. konnte sich gegen die nach Otakars Tod erstarkte Adelsopposition durchsetzen, wurde nach Kriegszügen ins benachbarte Polen 1300 in Gnesen auch zum König von Polen gekrönt und erreichte, dass sein mit einer ungarischen Prinzessin verheirateter Sohn Wenzel als Ladislaus V. den ungarischen Thron besteigen konnte. Der Traum vom přemyslidischen Großreich in Mitteleuropa dauerte aber nicht lange. 1305 starb Wenzel II. und ein Jahr später endete mit der Ermordung Wenzels III. die Přemyslidenfamilie in männlicher Linie. Die Nachfolge trat nach kurzem Interregnum durch Heirat mit einer Přemyslidenprinzessin 1310 Johann von Luxemburg an. Der bedeutendste Vertreter der Luxemburger auf dem böhmischen Thron war sein Sohn Wenzel, der als Karl IV. seit 1346 nicht nur böhmischer, sondern auch deutscher König war und 1355 zum Kaiser gekrönt wurde.

Von in Böhmen lebenden Deutschen wird bereits seit dem 10. Jahrhundert berichtet. So kamen im Gefolge der Christianisierung deutsche Geistliche ins Land, die zunächst auch höchste Kirchenämter innehatten. Aufgrund der Eheverbindungen des böhmischen Adels mit deutschen Adelsgeschlechtern gelangte neben den jeweiligen deutschen Prinzessinnen auch weiteres deutsches Gefolge nach Böhmen. Und schließlich hatten sich deutsche Kaufleute in Prag seit der zweiten Hälfte des 10. Jahrhunderts angesiedelt. Ihnen war es gestattet, nach ihrem Recht in einer eigenen Gemeinde zu leben, d. h. sie unterstanden nicht dem einheimischen Recht. Dies wurde ihnen von Herzog Soběslav II. im Jahre 1175 unter Bezug auf ein - nicht erhaltenes - einhundert Jahre älteres Privileg bestätigt: Ihr sollt wissen, dass die Deutschen freie Leute sind.

Die stärkere Einwanderung von Deutschen in die böhmischen Länder ist verbunden mit einem europäischen Vorgang, der das Gesicht des Kontinents entscheidend veränderte.

So wie die letzten zweihundert Jahre, das 19. und 20. Jahrhundert, von der industriellen Revolution und ihren Folgen geprägt wurden, hatte im Mittelalter vom 11.-14. Jahrhundert bereits eine ähnlich dynamische, Europa kulturell, wirtschaftlich und politisch grundlegend umgestaltende Entwicklung stattgefunden. Der große Entwicklungsunterschied zwischen den Teilen Mitteleuropas, die früher zum Heiligen Römischen Reich gehört hatten, und den östlich davon gelegenen Gebieten setzte damals einen gewaltigen Prozess von Kulturexpansion und Kulturangleichung in Gang, einen regelrechten Wettlauf der neuen Staaten im östlichen Mitteleuropa wie Polen, Ungarn und Böhmen um die Aufholung des Entwicklungsrückstandes zum Westen.

Es handelte sich um einen gesamteuropäischen Vorgang, ausgehend von dem durch seine römische Vergangenheit geprägten heutigen Nordfrankreich, der sich in den nächsten Jahrhunderten in mehreren aufeinanderfolgenden Wellen bis an die Peripherie des Kontinents ausbreitete. Das im 10. Jahrhundert aus dem ostfränkischen entstandene Heilige Römische Reich deutscher Nation wurde, da dem kulturellen Epizentrum am nächsten gelegen, in seinen Gebieten östlich von Rhein als erstes von dieser Revolution erfasst. Von hier aus kamen die Neuerungen im 12. Jahrhundert, vor allem durch Einwanderung von Deutschen, nach Böhmen, begünstigt durch zahlreiche politische, dynastische, kirchliche und wirtschaftliche Bindungen.

Kennzeichen der Entwicklung waren technische Neuerungen, die zu einer agrarischen Revolution durch Vervielfachung der Getreideproduktion führten: so unter anderem die Ersetzung des Ochsen als Zugtier durch das Pferd, die Einführung von eisernem Pflug und Egge und dadurch die Möglichkeit der Bearbeitung größerer Ackerflächen, die Erleichterung der Ernte durch die Sense anstelle der Sichel. Aufgrund der vergrößerten Nahrungsgrundlage kam es zu einem Anwachsen der Bevölkerung. Bisher ungenutztes Land wurde urbar gemacht, Sümpfe wurden entwässert, Wälder gerodet, Bodenschätze gehoben. Unternehmungslustige Siedler ließen sich anwerben, um neues Land zu erschließen und zogen dafür oft weit in den Osten, der unerschöpfliche Siedlungsreserven bot. So wich auch der den größten Teil von Böhmen bedeckende Wald in Ebene und Mittelgebirge dem Ackerland, aus verstreuten Siedlungsinseln an Flüssen entwickelte sich ein immer dichter werdendes Netz von Städten und sie versorgenden Dörfern.

Klöster von sogenannten Rodungsorden wie den Zisterziensern und Prämonstratensern wurden in unwirtlichen Grenzgebieten gegründet und zogen ihrerseits Siedler nach. Die ersten Prämonstratenserklöster waren Strahov bei Prag, Doxan/Doksany, Leitomischl/Litomyšl, Mühlhausen/Milevsko, Tepl/Teplá und Hradisch/Hradisko bei Olmütz. Die Zisterzienser gründeten zuerst Sedletz/Sedlec, dann Nepomuk und Plaß/Plasy. Nicht nur der Gründungskonvent, sondern auch der Nachwuchs dieser Klöster kam zunächst aus deutschen Mutterklöstern.

Es entstand die Stadt als rechtlich privilegierte Gemeinde mit Rechtsgleichheit ihrer Bürger, freiem Eigentum, Selbstverwaltung, Markt und Mauer („Stadtluft macht frei"), von deren wirtschaftlichem Aufschwung der Landesherr so profitierte, dass er ihr Privilegien garantierte und weitere Städtegründungen anregte. Das Handwerk entwickelte sich durch immer größere Spezialisierung, die Handelsverbindungen wurden durch das Städtenetz verstärkt, desgleichen die Landesverteidigung.

In Böhmen bestanden für die Teilnahme an dieser Entwicklung ideale Voraussetzungen. Neben den bereits genannten Verbindungen nach Westen zu den deutschen Nachbarn gab es in der Dynastie der Přemysliden tatkräftige, ehrgeizige Landesherrn, die mit den westlichen Nachbarn gleichziehen wollten. Im Innern des Landes herrschte zwischen den Přemysliden und der Landgemeinde des

Adels eine Konkurrenz, die auch auf dem Gebiet der Landeserschließung ausgetragen wurde.

Die Nachbarschaft zu den Deutschen bestimmte deren Anteil an der Entwicklung, da die benötigten Siedler zunächst vor allem aus den deutschen Nachbargebieten mit ihrem Bevölkerungsüberschuss angeworben wurden. Dies betraf vor allem die Städte, die gewissermaßen als Importartikel zum Teil komplett mit deutscher Bevölkerung in das Land geholt wurden, auf diese Weise den westlichen Entwicklungsstand mitbringend.

Vor dem 13. Jahrhundert bereits bestehende vorstädtische Siedlungen an verkehrsgünstigen Orten und Burgen wurden durch diese Städte neuen Typs ersetzt. Dies traf u. a. für Prag, Brünn, Olmütz, Troppau, Leitmeritz, Königgrätz und Znaim zu.

Dass die deutsche Einwanderung schon relativ früh eingesetzt haben muss, ist u. a. an den Ortsnamen ablesbar, so bei Prag, dessen deutscher Name auf Praga zurückgeht, wie die Stadt bis ins 12. Jahrhundert von den Tschechen genannt wurde. Da die spätere Entwicklung der tschechischen Aussprache Praga in Praha veränderte, müssen die Deutschen bereits vorher den Namen in ihre Sprache übernommen haben.

Orts- und Familiennamen verraten im übrigen auch, dass Deutsche und Tschechen in vielen Fällen nicht getrennt, sondern zusammen wohnten.

So wurden neue Gründungsstädte oftmals neben älteren Siedlungen angelegt, die neben der Neugründung rasch an Bedeutung verloren und in diesen aufgingen. Beispiele dafür sind Mährisch-Neustadt/Uničov (1223), Friedland/Frýdlant (1278) und Pilsen/Plzeň (1295). Echte Neugründungen dagegen waren Klattau/Klatovy (1260), Politschka/Polička (1265), Nimburg/Nymburk (1265) und Budweis/České Budějovice (1265).

Die Zahl der einwandernden Deutschen war nicht so groß, wie früher vermutet wurde. Erst die rasche Bevölkerungsvermehrung der Einwanderer führte allmählich dazu, dass die Randgebiete Böhmens eine deutsche Bevölkerungsmehrheit bekamen. Die Einwanderung von Deutschen in den böhmischen Kessel erfolgte seit dem 12. Jahrhundert zunächst aus dem Westen, Bayern und Österreich, dann aus dem Norden, Franken, Thüringen und Sachsen, und schließlich, nachdem die deutsche Kolonisation in Schlesien bereits Tochtersiedlungen hervorbrachte, ab dem 13. Jahrhundert auch von Osten.

Abgesehen von der unmittelbaren Nachbarschaft kamen deutsche Siedler aber auch aus weiter entfernten Gebieten wie dem Rheinland oder Flandern. Angeworben wurden diese Siedler zumeist von sogenannten Lokatoren, Siedlungsunternehmern, die sich im Auftrag des Grundherrn mit eigenem Grundkapital betätigten und dafür bei erfolgreicher Ansiedlung in der Regel das erbliche Schulzenamt, bei Städten das Richteramt und einträgliche Rechte wie das Schankrecht und größeren Landbesitz erhielten. Im Märchen des Rattenfängers von Hameln ist die in den Heimatgemeinden keineswegs immer positiv beurteilte, erfolgreiche Tätigkeit eines Lokators festgehalten, der die unternehmungslustigen jungen Burschen und Mädchen aus Westfalen nach Osten zu locken verstand. Die Namen der Lokatoren sind oft in den Ortsnamen bewahrt, Beispiele dafür sind Kunzendorf, Heinrichsgrün oder Hermannseifen. Für die Anteile der jeweiligen Nationalitäten bei der Siedlung können die Namen der Lokatoren ein Anhaltspunkt sein. So waren im 13. Jahrhundert von 24 Lokatoren 17 Deutsche und 7 Tschechen. Ein Jahrhundert später waren von 42 Lokatoren 26 Tschechen und 16 Deutsche.

Wenn auch ein bedeutender Teil der Städte in Mähren und Böhmen zunächst von Deutschen gegründet wurde, so traf dies nicht auf alle „nach deutschem Recht" gegründeten Städte zu. Das „deutsche Recht" war ein Modell, wie es sich in deutschen Gebieten bei der Stadtentwicklung gebildet und bewährt hatte. So wurde es als rechtlicher Rahmen auch nach Osten exportiert. Es war aber keineswegs an Deutsche als Träger gebunden, sondern auch Tschechen konnten nach deutschem Recht siedeln. Dass dies von den Landesherrn zunächst nicht gefördert wurde, sondern die neuen Rechte nur den Zuwanderern gewährt wurden, hatte mit der Abgabenpflicht der Einheimischen zu tun, die der Herrscher nicht aufheben wollte. Nachdem der Nutzen der neuen Siedlungsformen auch wirtschaftlich für den Landesherrn überwog, wurde zunehmend auch Siedlungen von Einheimischen in Rodungsgebieten das neue Recht zugestanden.

Noch vor Böhmen wurde das südliche Mähren seit dem Ende des 11. Jahrhunderts von deutscher Siedlung aus Niederösterreich erfasst. Bis 1150 waren das Gebiet von Nikolsburg/Mikulov und Znaim/Znojmo von Deutschen besiedelt, in der zweiten Hälfte des 12. Jahrhunderts und Anfang des 13. Jahrhunderts entstanden die

Städte Brünn/Brno und Olmütz/Olomouc, Iglau/Jihlava und Troppau/Opava. In Westböhmen wurden zu gleicher Zeit die Gebiete um Karlsbad/Karlovy Vary, Duppau/Doupov und Tepl/Teplá und der Südhang des Erzgebirges mit deutschen Siedlern erschlossen.

Besonders interessiert waren die Landesherrn an der Gewinnung der Bodenschätze. Im Westen Böhmens waren bei Mies/Stříbro Silbervorkommen entdeckt worden, Anfang des 13. Jahrhunderts auch bei Iglau/Jihlava, Deutsch-Brod/Havlíčkův Brod und Mährisch-Neustadt/Uničov. Zur Erschließung der Silberminen wurden deutsche Bergleute aus dem Harz, dem Erzgebirge und aus Tirol angeworben. Iglau entwickelte sich dadurch zu einer bedeutenden Bergbaustadt. Das Stadtrechtsprivileg von 1249 enthält die älteste Kodifizierung des Bergrechts in Mitteleuropa. Seit dem Ende des 13. Jahrhunderts wurde Iglau in seiner Bedeutung von Kuttenberg/Kutná Hora eingeholt, dessen Silbervorkommen 1280 entdeckt worden waren. Die Kuttenberger Bergleute kamen zunächst aus Freiberg. König Wenzel II. ließ 1300 das Iglauer Bergrecht in Kuttenberg kodifizieren. Es fand weite Verbreitung und wurde in großen Teilen Ostmitteleuropas als Vorbild herangezogen.

Die großen Bergstädte wie Iglau und Kuttenberg waren bedeutende finanzielle Stützen des Herrschers und wurden entsprechend gefördert. Die mit dem Wachsen der Städte erfolgte Einwanderung aus dem bäuerlichen Umland änderte die ethnische Struktur, sofern das Umland tschechisch war. Im Falle Iglaus war die Stadt von einem Kranz deutscher Dörfer umgeben, so dass sie bis ins 20. Jahrhundert eine deutsche Sprachinsel blieb.

Ein Charakteristikum der deutschen Siedlungen in Böhmen und Mähren war, dass sie, aus unterschiedlichen Richtungen in das Land gekommen, nicht zu einer Einheit zusammenwuchsen. Sie hatten in der Regel stärkere Verbindungen in ihre Herkunftsgebiete bewahrt, dagegen kam es nicht zu engeren Verbindungen deutscher Städte innerhalb des Landes über die Siedlungsgebiete hinaus.

Eine wichtige Rolle spielten die Stadtrechtsfamilien, d. h. der Ursprung des jeweiligen Stadtrechts - Magdeburg für den Norden des Landes, Nürnberg und Wien für den südlichen Teil. Auslegungen des jeweiligen Rechts konnten von sogenannten Oberhöfen eingeholt werden. So wurde in Leitmeritz, Olmütz, Troppau nach dem Magdeburger, in Eger, Prag, Iglau und Brünn nach dem Nürnberger bzw. Wiener Recht entschieden.

Mitte des 13. Jahrhunderts erfolgte ein weiterer Zuzug von Deutschen, so aus dem Raum Meißen elbeaufwärts, von der Oberlausitz nach Reichenberg/Liberec und Friedland/Frýdlant, aus Schlesien von Landeshut aus nach Trautenau/Trutnov und das Glatzer Becken, aus dem Süden nach Landskron/Landškroun, Zwittau/Svitavy, Mährisch-Trübau/Moravská Třebová und Böhmisch-Trübau/ Česká Třebová.

Bedeutendster Förderer der deutschen Kolonisation Mährens war der aus Holstein stammende Bischof von Olmütz, Bruno von Schauenburg (1245-1281), der zu den Ratgebern König Otakars II. gehörte und mit diesem bei der Siedlungspolitik Hand in Hand arbeitete.

Es sollte deutlich geworden sein, dass es sich bei der so genannten Ostsiedlung des Mittelalters um einen dynamischen Prozess handelte, der bald aus sich selbst heraus lebte und sich weiter entwickelte. Es war auch keine böhmische Besonderheit, sondern die lokale Ausprägung eines kontinentalen Vorgangs. Voraussetzung war die Stabilisierung der politischen Verhältnisse gewesen, die es erlaubte, machtpolitische Bestrebungen vom kriegerischen in den ökonomischen Bereich zu verlagern.

Hervorzuheben ist die relativ hohe Geschwindigkeit der Entwicklung. Vom 12. bis zum 14. Jahrhundert hatte sich ein Netz von rund 100 Städten entwickelt.

Die Landesherrn förderten die Ostsiedlung aus persönlich-dynastischen Motiven. Nationale Triebkräfte spielten zu jener Zeit keine Rolle. Es wäre ein völliger Anachronismus, würde man den böhmischen Landesherrn unterstellen, sie hätten bewusst die Germanisierung ihres Landes betrieben. Tatsächlich hat diese Siedlung des Mittelalters aber die Bevölkerungsverhältnisse in Böhmen und Mähren bis in die Mitte des 20. Jahrhunderts und die deutsch-tschechischen Beziehungen bis in die Gegenwart geprägt.

Kaiser Karl IV.

Jörg K. Hoensch

Kaiser Karl IV. (14.5.1316 - 29.11.1378), Sohn des aus dem Hause Luxemburg stammenden Königs Johann der Blinde von Böhmen (dort wegen seiner häufigen Abwesenheit auch „König Fremdling", *král cizinec* genannt) und der Přemyslidenprinzessin Elisabeth (Eliška), gilt als eine der herausragenden Kaisergestalten des mittelalterlichen Reiches und als der bedeutendste Träger der St. Wenzelskrone. Das ursprünglich nach dem Landespatron Wenzel (Václav) benannte Kind wurde bereits 1319 aus der Obhut der Mutter genommen und 1323 vom Vater zur weiteren Erziehung nach Paris gebracht, wo er den Namen des königlichen Firmpaten Karl IV. von Frankreich annahm und in Kinderehe mit der gleichaltrigen Blanca von Valois, Stiefschwester des Königs Philipp VI. (1328-1350), verheiratet wurde. Seine sorgfältige Ausbildung, die Kardinal Pierre Roger de Beaufort, der spätere Papst Clemens VI., überwachte, wurde 1330 beendet, als ihm der Vater die Verwaltung der luxemburgischen Stammlande übertrug und ihn der Aufsicht seines bedeutenden Großonkels, des Erzbischofs Balduin von Trier, unterstellte; dabei erlernte Karl auch die deutsche Sprache. Im Folgejahr berief ihn der Vater als Statthalter nach Oberitalien, wo er auf verlorenem Posten erste militärische Erfahrungen sammelte und zum Ritter geschlagen wurde.

Von den Ständen gerufen, kehrte Karl im Oktober 1333 nach Böhmen zurück. Als Landeshauptmann und Markgraf von Mähren hatte er die undankbare Aufgabe zu lösen, „der Gerechtigkeit wieder zu gebührendem Ansehen" zu verhelfen, weil „bisher die Barone größtenteils Tyrannen im Lande gewesen waren". Bei der Wiederherstellung eines geordneten Verwaltungsganges und der Rechtssicherheit sowie bei der Konsolidierung der Staatsfinanzen bewies er so großes Durchsetzungsvermögen, dass der wegen der Erfolge und der Beliebtheit des Sohnes misstrauische Vater ihm nur die Regierung Mährens überließ. Immer häufiger setzte er ihn bei diplomatischen Missionen ein, wodurch Karl Schlesien, Litauen und Ungarn, Bayern, Österreich und Tirol kennenlernte und sich mehrfach in Paris und am Sitz des Papstes in Avignon aufhielt. Erst nach seiner Erblindung stimmte Johann 1341 zu, dass Karl zum Erben und Nachfolger proklamiert wurde und die gesamten Regierungsgeschäfte in den um den Hauptteil Schlesiens erweiterten Ländern der böhmischen Krone wahrnahm. Danach rückte mit päpstlicher Unterstützung der Kampf gegen Kaiser Ludwig IV. den Bayern um die römisch-deutsche Krone in das Zentrum seines politischen Handelns. Nachdem der Wittelsbacher abgesetzt und gebannt worden war, rief Papst Clemens VI. die Kurfürsten zu einer Neuwahl auf und präsentierte Karl als seinen Kandidaten. Am 11.7.1346 wurde Karl in Rhens am Rhein von fünf der sieben Kurfürsten gewählt und, da ihn Aachen nicht aufnahm, am 26.11. in Bonn gekrönt. Inzwischen war König Johann in der Schlacht von Crécy am 26.8. gefallen, so dass sich der dort verwundete und der englischen Gefangennahme nur knapp entkommene Karl, dessen Regierung im Reich noch auf unsicheren Füßen stand, am 2.9.1347 in Prag endlich mit der St. Wenzelskrone krönen lassen konnte. Erst der Tod seines Widersachers Ludwig der Bayer am 11.10.1347 eröffnete ihm die Möglichkeit, die allgemeine Anerkennung seines Königtums durchzusetzen. Dank einer großzügig gehandhabten Privilegienvergabe und Pfandpolitik konnte er den anfänglichen Widerstand im Reich abbauen, den Gegenkönig Günther von Schwarzburg zum Verzicht bewegen, durch die überraschende Vermählung mit der Erbtochter Anna von der Pfalz 1349 die wittelsbachische Opposition spalten und seine Regierung außenpolitisch absichern. Nach der Wiederholung einer diesmal einstimmigen Königswahl am 17.6.1349 in Frankfurt und der Krönung in Aachen war seine Herrschaft so unangefochten und fest verankert, dass er am 5.4.1355 in Rom die Kaiserkrönung vollziehen lassen konnte. Durch eine geschickte Heirats- und Hausmachtpolitik gelang es Karl, ohne großen Aufwand und fast ohne militärischen Einsatz einen gewaltigen Territorialverband aufzubauen. Nach weiten Teilen der Oberpfalz (Neuböhmen) fiel ihm durch seine dritte Ehe mit Anna von Schweidnitz (1353) das letzte noch nicht zur Krone Böhmens gehörende schlesische Herzogtum zu; 1366/67 erwarb er von den Wittelsbachern die Niederlausitz und 1373 die Kurmark Brandenburg. Seinem Bruder Johann Heinrich hatte er die Markgrafschaft Mähren, seinem Halbbruder Wenzel das zum Herzogtum erhobene Luxemburg überlassen. Durch den Abschluss von Erbverträgen mit den Habsburgern 1364 und der ungarischen Königsdynastie Anjou konnte Karl hoffen, dass dem

Haus Luxemburg eines Tages auch die Herrschaft über Österreich und Ungarn sowie, nach der vierten Eheschließung mit der Piastin Elisabeth von Pommern 1363, auch über Polen zufallen werde.

In bewusster Anknüpfung an eine auf Karl den Großen (771-814) zurückführende karolingische Traditionslinie verstand sich Karl auch in den böhmischen Ländern als der Vierte und nicht als der erste Träger dieses Namens. Obgleich er tief religiös war, benahm er sich weder gegenüber Papst noch Kirchenfürsten unterwürfig. Ohne konkreten Anlass regelte er bald nach der Rückkehr von seinem ersten Italienzug in dem mit einer Goldbulle besiegelten Reichsgesetz am 10.1.1356 die Modalitäten der Wahl zum deutschen König, die künftig den drei geistlichen (den Erzbischöfen von Mainz, Trier und Köln) und den vier weltlichen (Böhmen, Pfalz, Sachsen, Brandenburg) Kurfürsten mit Stimmenmehrheit in Frankfurt vorbehalten war. Durch die großzügige Privilegierung der Kurfürsten wurde faktisch die Machtstellung des *rex Romanorum* erheblich eingeschränkt, weil er künftig höchstens *primus inter pares*, der erste unter gleichen, war. Dem König von Böhmen wurde in diesem bis zum Ende des Alten Reiches 1806 geltenden zentralen Verfassungsdokument der erste Rang unter den Kurfürsten eingeräumt und sein Land als „vornehmstes Glied des römischen Reiches" bezeichnet. Obgleich die Wahl eines Nachfolgers zu Lebzeiten des Monarchen nicht üblich war, bemühte sich Kaiser Karl IV. mit Nachdruck um die Absicherung des luxemburgischen Länderkomplexes und um die Thronfolge des 1361 geborenen Sohnes Wenzel, der bereits 1363 zum König von Böhmen gekrönt und 1376 einstimmig zum römisch-deutschen König gewählt wurde. Wie zu Beginn seiner Regierungszeit sah sich Kaiser Karl zu einschneidender Privilegienerteilung und Verpfändung von Reichsbesitz an weltliche und geistliche Fürsten gezwungen, wodurch die verbliebenen bescheidenen Reste des Königsguts fast vollständig verloren gingen und künftige Monarchen ausschließlich auf ihre Territorialmacht als Grundlage der Herrschaftsführung angewiesen waren.

Diese Maßnahmen im Interesse seines Hauses und die bevorzugte Förderung der böhmischen Belange veranlassten 150 Jahre später Kaiser Maximilian zu dem Ausspruch, Karl sei zwar Böhmens Erzvater, aber des Reiches Erzstiefvater gewesen: *pater Bohemiae - vitricus imperii*. Noch zu Lebzeiten des Vaters Johann, aber auf Karls Insistieren hin konnte bereits 1344 in Prag ein eigenes Erzbistum für die Länder der böhmischen Krone errichtet werden. Die Grundsteinlegung für eine neue, St. Veit geweihte Kathedrale auf dem Hradschin stellte ebenso wie der in nächster Nachbarschaft vorangetriebene prunkvolle Neubau des Königspalastes ein Symbol für die Eigenständigkeit und Unabhängigkeit Böhmens und seiner Kirchenorganisation von den Einrichtungen im Reich dar und ließ früh Karls Tendenz erkennen, Prag als kaiserliche Residenzstadt zum administrativen und kulturellen Zentrum seiner Herrschaft, aber nicht etwa zur „Reichshauptstadt" auszugestalten. Diesem Anliegen diente auch die 1348 verfügte Anlage der Prager Neustadt, durch die das städtische Areal fast verdreifacht wurde. Die als uneinnehmbar geltende Feste Karlstein, einen Tagesritt von Prag entfernt in einem Seitental der Beraun gelegen, war als Aufbewahrungsort der deutschen und der böhmischen Kroninsignien sowie der von Karl in unermüdlicher Sammlerleidenschaft zusammengetragenen Reliquien vorgesehen. 1356 wurde als Nachfolger des verstorbenen Matthias von Arras der geniale junge Baumeister Peter Parler aus Schwäbisch Gmünd nach Böhmen berufen, der zudem den Wiederaufbau der steinernen Moldaubrücke übertragen bekam. Selbst in der Provinz setzte sich der hochgotische Baustil durch, von dem bis heute das Gesicht vieler Städte geprägt ist. Auch in Aachen, Nürnberg, Ingelheim und Tangermünde ist Karl als Stifter und Bauherr hervorgetreten. Karls Hofmaler Nikolaus Wurmser und Theoderich von Prag trugen mit ihren unverwechselbaren Arbeiten ebenso wie die namenlos gebliebenen Illustratoren, Goldschmiede, Bildhauer und Bronzegießer zur Entwicklung des „Karolinischen Zeitalters" in der Kunst bei. Durch sie erreichte die Frührenaissance in Mitteleuropa Vervollkommnung und Einmaligkeit. Die am 7.4.1348 vollzogene Gründung einer Universität mit den vier Fakultäten Theologie, Philosophie (*artes*), Jurisprudenz und Medizin, dem ersten Generalstudium nördlich der Alpen und östlich des Rheins, sollte vorrangig der Ausbildung der benötigten qualifizierten Fachkräfte dienen. In ihrer Blütezeit um 1380 dürften rund 1200 Studenten von 50 Magistern im Professorenrang und von etwa 200 promovierten Dozenten betreut worden sein. Das von Karl 1366 errichtete Collegium Carolinum als gemeinsamer Lehr-, Studien- und Wohnort für Professoren und Studenten besaß Modellcharakter für künftige Universitätsgründungen, von denen der Kaiser weitere neun initiierte.

Während seit 1349 im westlichen Mitteleuropa die Pest zahllose Opfer forderte und - begünstigt durch Karls Untätigkeit, ja sogar geschürt durch seine vorab gegen einen Anteil am geplünderten jüdischen Eigentum gewährten Amnestiezusagen - eine schlimme Welle von Judenverfolgung im Reich stattfand, blieben die böhmischen Länder von Seuche und Pogromen vorerst weitgehend verschont. Karl nutzte diese Jahre, obschon er 1350/51 über ein Jahr lang durch eine geheimnisvolle Krankheit, vielleicht ein Nervenleiden oder die Folgen eines Giftanschlags, in seinen Aktivitäten zu schwer beeinträchtigt war, um konkrete Maßnahmen zum Aufbau einer geordneten Landesregierung durch eine Reform der königlichen Kanzlei sowie des Finanz- und Gerichtswesens einzuleiten. Neben dem ersten Erzbischof Ernst von Pardubitz hat Johann von Neumarkt, 1347 in Karls Dienst getreten und 1353 zum Bischof von Leitomischl und später von Olmütz aufgestiegen, der von ihm seit 1354 geleiteten Regierungszentrale durch seine staatsprogrammatisch formulierten Texte Glanz verliehen und durch seine humanistischen Interessen die Hofkultur geprägt; sein Einfluss auf die Entwicklung der deutschen Hochsprache dürfte früher freilich überschätzt worden sein. Das religiöse Herrschaftsverständnis Karls, seine Vorstellungen von den zentralen Aufgaben des Königs, seine theologischen und philosophischen Reflexionen sowie das Sichversenken in eine mystische Gedankenwelt und ausgedehnte Bußrituale sind stark von Johann von Neumarkt beeinflusst worden. Durch den sich über zwölf Jahre hinziehenden Briefwechsel mit dem Literaten Francesco Petrarca und den Aufenthalt des römischen Volkstribunen Cola di Rienzo in Prag (1350-1352) fand die Geisteswelt des Humanismus Zugang nach Mitteleuropa.

Karls Bemühungen, den Einfluss des Hochadels auf die Landespolitik zurückzudrängen und durch ein Lehnsrecht westlichen Zuschnitts den alten Dualismus zwischen dem Fürsten und den Baronen zu beseitigen, blieben erfolglos. Dieses Scheitern dokumentiert die Ablehnung des Gesetzeswerkes der *Maiestas Carolina*, mit der Karl die königliche Zentralgewalt zu stärken versucht hatte. Diese zwischen 1349 und 1353 entstandene Kodifikation mit ihren 127 Statuten sollte nicht nur den Landfrieden sichern, die Ketzerbekämpfung vereinheitlichen und die Rückerwerbung verpfändeten Königsguts erleichtern, sondern auch den privilegierten Adel in den Landesdienst eingliedern. Die stark betonte königliche Fürsorgepflicht für alle Bürger sowie der Anspruch auf eine oberste königliche Gerichtsgewalt mögen neben der Abneigung der Adligen gegen jedes geschriebene Recht 1355 der Anlass für die Zurückweisung der Vorlage durch den Generallandtag gewesen sein. Karl hat es im Laufe der Jahre dennoch verstanden, durch eine verbesserte Finanzverwaltung das Steueraufkommen zu erhöhen, das verpfändete Krongut auszulösen und besonders durch den Einsatz bürgerlicher Fachleute seine Kassen so weit zu füllen, dass er seine das ganze Land umspannende Baupolitik durchführen und die Gebietskäufe zur Abrundung seiner Territorien vornehmen konnte. In die vom Hochadel beanspruchten einflussreichen und prestigeträchtigen hohen Landesämter wusste Karl ihm ergebene Barone einzuweisen und ihr Bestreben, die Vererblichkeit einer Position in ihrer Familie zu etablieren, in seinem Interesse zu nutzen. Um die positiven Züge des sich damals herausbildenden Landespatriotismus zu nutzen, wurde Karl nicht müde, die Sonder- und Vorrangstellung des Königreichs Böhmen als Glied des Reichsverbandes zu betonen. Die durch den Landespatron St. Wenzel geheiligte Staats- und Reichsidee der *corona regni Bohemiae* wurde nicht mit dem Königtum gleichgesetzt, sondern als ein höherwertiges Symbol der Monarchie verstanden, das alle Untertanen veranlassen sollte, im Interesse des Staatsganzen zu wirken und sich dem rechtmäßig gekrönten und gesalbten Monarchen zu unterwerfen. Karl hat die Grundlagen dieser religiös fundierten Staatlichkeit bereits im Sommer 1347, vor seiner eigenen Krönung, in einer unter Rückgriff auf die přemyslidische Praxis entworfenen Krönungsordnung niedergelegt.

Nicht zuletzt finanzielle Zwänge bewogen Karl, eine auf Friedenssicherung und Vereinbarungen angelegte Außenpolitik zu verfolgen. Er lockerte die von seinem Vater gepflegte enge Bindung an das von seinem Schwager Philipp VI. regierte Frankreich, nicht zuletzt um die französischen Ostexpansionspläne eingrenzen zu können, und bemühte sich um einen Freundschaftsbund mit England. Auf seinen beiden Italienzügen 1354/55 und 1368/69 standen Friedenssicherung und Rechtswahrung im Vordergrund. Trotz der engen Zusammenarbeit mit der Kurie, wodurch er 1367 die zeitweilige Rückkehr Papst Urbans V. nach Rom ermöglichte, konnte Karl in seinem letzten Lebensjahr den Ausbruch der großen Kirchenspaltung (Schisma) nicht verhindern. Kein Erfolg war auch seinen Bemühungen beschieden, das Arelat, die deutsch-französische Zwischenzone, dem Reich zu erhalten: Obgleich er sich 1365 in Arles in wohlberechneter Demonstration gegen französische Ansprüche zum König krönen ließ, übergab er 1377/78 bei seiner letzten Reise nach Paris in realistischer Einschätzung der Machtverhältnisse das Reichsvikariat über die Gebiete im Rhônetal dem französischen Thronfolger und erhielt dafür dessen Versprechen, die luxemburgischen Ansprüche auf die Thronfolge in Polen zu unterstützen. Die 1372 ausgehandelte Ehe seines Sohnes Sigismund mit Maria, der Tochter des söhnelosen Königs Ludwig von Ungarn und Polen, boten günstige Aussichten, das Erbe der Piasten und des Hauses Anjou anzutreten.

Zwar war Karls Kulturverständnis stark religiös geprägt, doch galt sein Interesse allen geistigen Strömungen seiner Zeit. Der Kaiser verfasste nicht nur eine Autobiographie *Vita Caroli* und eine neue Fassung der Wenzelslegende *Historia nova de sancto Wenceslao*, sondern griff auch in die Fortschreibung der Chroniken ein, die erkennen lassen, wie frühnationale Spannungen das Verhältnis zwischen tschechischen und deutschen Landesbewohnern zu beeinträchtigen begannen. Selbst polyglott, ließ er sich die Pflege des Tschechischen angelegen sein. In dem von ihm in der Prager Neustadt gestifteten Hieronymus- und Emmaus-Kloster wurden mit Hilfe südslawischer Benediktinermönche die Pflege der slawischen Liturgie und die Bibelübersetzung ins Tschechische vorangetrieben. Neben der Übertragung deutscher und lateinischer Dichtungen und Lieder förderte der Kaiser die Verbreitung der auf Tschechisch verfassten Passions- und Osterspiele, der Heiligenleben und -legenden, aber auch der Prosa und Verse weltlichen Inhalts. So trug Karl maßgeblich dazu bei, dass sich das Tschechische rasch zu einer ausgereiften Schriftsprache entwickelte. Das so gestärkte Selbstbewusstsein der Tschechen beschwor ebenfalls nationale Spannungen herauf. Sozialer Neid zwischen der gut fundierten Geistlichkeit und pfründenlosem Klerus, ein genereller Verfall der Kirchenzucht und der allgemeinen Moralvorstellungen ließen antiklerikale Strömungen entstehen und verschafften der Verbreitung von Häresien einen günstigen Boden. Der von Karl aus Österreich geholte Augustinermönch Konrad Waldhauser rief in seinen Predigten die Prager zur Umkehr auf und fand in Jan Milíč von Kremsier einen kompromisslosen, charismatischen Fortsetzer seiner von Visionen des nahenden Weltuntergangs geprägten Reformappelle.

Die durch die Pestwellen verursachten Bevölkerungsverluste und der damit verbundene Rückgang des Zuzugs von Neusiedlern trugen zu einer Verlangsamung des Landesausbaus und einer spürbaren wirtschaftlichen Stagnation in Böhmen bei. Unter Landflucht sowie einem zunehmenden Arbeitskräftemangel hatten besonders die weltlichen und geistlichen Großgrundbesitzer zu leiden. Der langsame Ausbau der Wirtschaftsbeziehungen zwischen Land und Stadt begünstigte den allmählichen Übergang zur Marktproduktion und schuf die Voraussetzung für einen größeren Geldumlauf. Die weiterhin hohe Silberproduktion, die rund ein Drittel der europäischen Fördermenge lieferte, stellte den relativ großen Wohlstand des Landes sicher und garantierte dem König von Böhmen bedeutende Dauereinkünfte. Noch kurz vor seinem Tod sah sich Karl jedoch gehalten, durch eine Münzreform dem Wertverfall des allseits geschätzten Prager Groschens Einhalt zu gebieten, denn der enorme Geldbedarf des Hofes, der durch die Wahl Wenzels zum römisch-deutschen König noch gesteigert worden war, hatte eine Inflation ausgelöst.

Das Handwerk konnte sich nur im Rahmen der Zunftordnung entfalten, die aber einer Konservierung der Sozialstruktur, einem schwerfälligen Wirtschaftsmechanismus und dem weiteren Wachsen frühnationaler Spannungen Vorschub leistete. Die vollen städtischen Bürgerrechte standen aber allein den finanzstarken Patrizierfamilien zu, die meist deutscher Herkunft waren und eifersüchtig darüber wachten, dass die über die Zünfte aufgestiegenen Handwerker und die vermehrt in die Städte vordringenden tschechischsprachigen Bürger von der Mitwirkung am Stadtregiment ferngehalten wurden. Durch die Berufung einzelner Patrizier in Hofämter und durch die Förderung von Städtebünden schuf sich der Kaiser ein überregionales Machtinstrument, das ihm half, in Verbindung mit dem von der Verarmung bedrohten kleinen Landadel die hochadligen Großgrundbesitzer in die Schranken zu weisen.

In einem ein Jahr vor seinem Tod angefertigten Testament hatte Karl IV. eine Aufteilung seiner Territorien unter seine vier lebenden Söhne verfügt. Er hinterließ dem Thronerben Wenzel zwar den Hauptteil der böhmischen Länder, bedachte aber Sigismund, der sich Hoffnungen auf die Nachfolge in Polen und Ungarn machen konnte, mit der Mark Brandenburg, Johann als Herzog von Görlitz mit Teilen der Ober- und der Niederlausitz und seinen gerade erst geborenen Jüngsten Heinrich mit dem - allerdings noch von seinem kinderlosen Halbbruder Wenzel regierten - Herzogtum Luxemburg. Die Nachkommen seines Bruders Johann Heinrich blieben als Markgrafen von Mähren ebenso der Lehnsoberhoheit des Königs von Böhmen unterstellt wie die schlesischen Herzogtümer und die „neuböhmische" Oberpfalz. Die Kinder konnten allerdings den größten Territorialbesitz, über den bis dahin ein deutsches Herrschergeschlecht geboten hatte, nicht zusammenhalten, so dass er nach dem Tod des ungarischen, römischen und böhmischen Königs und Kaisers Sigismund 1437 zu weiten Teilen an das Haus Habsburg fiel. Karl, jahrelang von der Gicht geplagt, starb an den Folgen eines Sturzes vom Pferd und einer Lungenentzündung am Abend des 29.11.1378 im Alter von 62 Jahren in Prag und wurde nach prunkvollen Trauerfeierlichkeiten am 15.12. vor dem Hauptaltar der von ihm als Familiengrablege bestimmten St. Veitskathedrale beigesetzt.

Keiner seiner Vorfahren und Nachkommen hat als Staatsmann und Mäzen in nimmermüdem Einsatz so viel für das Image seiner Dynastie, aber auch für das Reichsganze und den in sakrale Überhöhung gesteigerten Glanz des Kaisermythos getan wie Karl IV. Der im 19. und frühen 20. Jahrhundert sowohl in der tschechischen wie in der deutschen Historiographie erbittert ausgetragene Streit, welcher „Nationalität" der Kaiser selbst zuzurechnen gewesen sei und welches Volkstum er durch seine Politik gefördert habe, wird seinem Anliegen, einen die Gesamtbevölkerung Böhmens umfassenden Landespatriotismus zu entwickeln, nicht gerecht. Er war die markanteste politische und geistige Persönlichkeit seines Jahrhunderts und wird zu Recht als Wegbereiter der Neuzeit gerühmt, weil er in nüchterner Weise Haus-, Landes-, Reichs-, Europa- und Kirchenpolitik zu verbinden verstand und es ihm gelang, eine Epoche des Friedens in Mitteleuropa aufzubauen. Als Intellektueller und Grübler bevorzugte er diplomatische Lösungen, weil er mehr der Kraft der Argumente denn der Waffen vertraute - deshalb hat er auch keinen „richtigen" Krieg geführt. Er hat den weltlichen Herrschaftsanspruch des Papsttums geschickt umgangen und das Gesichtsfeld der europäischen Politik - nicht zuletzt zum eigenen Nutzen - in das östliche Mitteleuropa hinein erweitert. Aus seiner tiefen Religiosität heraus fühlte er sich von Gott für die Krone bestimmt und hat sein Leben und seine Regierung dementsprechend eingerichtet. Seine fromme Nüchternheit, seine oft gerühmte Nachdenklichkeit, seine Kompromissbereitschaft und Geduld, aber auch die Fähigkeit, im richtigen Augenblick vernunftgemäß, entschlossen und zielbewusst zu handeln, verliehen ihm seine Größe und machten ihn zu einem „Meister der Politik, der sich des Räderwerks der Geschichte in der richtigen Weise für seine Zwecke" zu bedienen wusste.

Jan Hus und Martin Luther

Winfried Eberhard

Der Epoche der Reformation wird im tschechischen wie im deutschen Geschichtsbewusstsein die Schlüsselrolle des nationalen Erwachens und des Aufbruchs zur Moderne zugewiesen, vor allem seit der Zeit der nationalen Erweckung und Bewusstseinsbildung im 19. Jahrhundert. Eine entsprechende Personalisierung erfuhr diese Rolle in den jeweiligen Reformatoren Jan Hus (ca. 1371-1415) und Martin Luther (1483-1546). Hegel hatte die Reformation noch als entscheidenden Schritt in der Entwicklung des menschlichen Geistes bei der Verwirklichung der Freiheit als Ziel der Geschichte aufklärerisch und universalgeschichtlich gedeutet. Die Nationalisierung Luthers und der Reformation begann mit den Feiern von 1817, in denen Luther zum Vorkämpfer der geistigen und der politischen Freiheit in Deutschland avancierte. Leopold v. Ranke verband in seiner epochemachenden *Deutschen Geschichte im Zeitalter der Reformation* (1839-47) beide Aspekte, indem er die deutsche Reformation als Beitrag der deutschen Geschichte zur Weltgeschichte, zur allgemeinen Zivilisation wertete. Diese Interpretationsentwicklung kulminierte im Kulturprotestantismus nach 1871, als sich das protestantische nationalliberale Bürgertum als zivilisatorischen Träger des neuen deutschen Kaiserreichs sah und Friedrich v. Bezold in seiner *Geschichte der deutschen Reformation* (1886) markant formulieren konnte: „Aus dem deutschen Protestantismus ... sind unsere Nation, ihre heutige Kultur und ihr nationaler Staat erwachsen. Ohne Luther hätten wir keinen Kant und Goethe, ohne die protestantische und antikaiserliche Herkunft des preußischen Staates nicht unser neues deutsches Reich." Diese zivilisatorisch-nationale Rolle Luthers im deutschen Geschichtsbild wird noch in ihrer negativen Umwertung nach dem Zweiten Weltkrieg deutlich, als man gelegentlich für die autoritäre, obrigkeitsstaatliche Tradition Deutschlands eine Kausalkette von Luther über Preußen (Friedrich II., Bismarck) bis Hitler konstruierte, da Luther ja den Gehorsam gegenüber den Fürsten propagiert und deren Erhöhung zu Oberbischöfen betrieben habe. Viel mehr jedoch hat die Verlagerung des historischen Interesses hin zur Sozialgeschichte auf Kosten der Geistes- und Kirchengeschichte Luther in den Hintergrund des deutschen Schulgeschichtsbildes treten lassen. Und in der DDR waren - trotz der kurzfristigen Lutherrenaissance um 1983 - der Reformator und seine Reformation nur im Zusammenhang mit frühbürgerlicher Revolution und Bauernkrieg von Bedeutung.

Während in Deutschland nur noch die östlichen Bundesländer am Reformationsfest des 31. Oktober den mythologisierten Thesenanschlag staatlich feiern, ist der Todestag von Jan Hus am 6. Juli wie in der Ersten Tschechoslowakischen Republik auch im heutigen Tschechien wieder ein gesamtstaatlicher Feiertag. Bereits im 15./16. Jahrhundert war Hus an diesem Tag bei den Utraquisten als Heiliger und Märtyrer verehrt worden, und dann wieder von den Protestanten der Böhmischen Länder nach dem Toleranzpatent Kaiser Josephs II. von 1781. Seit etwa 1870 veranstalteten die tschechischen Auslandsvereine, teilweise nach Jan Hus benannt, am 6. Juli ihre jährlichen Gedenkfeiern. Das Geschichtsverständnis der tschechischen Nationalbewegung war von dem Grundgedanken geprägt, die Epoche der nationalen Unterdrückung des *Temno* (Finsternis) seit 1620 zu überwinden, indem man an die vorangegangene große Zeit der böhmischen Reformation anknüpfte und sie als Epoche der „nationalen" Eigenständigkeit verstand. So wurde Hus zur Zentralfigur und zum Patron des nationalen Selbstverständnisses und Geschichtsbewusstseins. Der große böhmische Historiker Franz Palacky (František Palacký) hatte dafür in seiner fünfbändigen weitverbreiteten *Geschichte von Böhmen* (1836-67) die wegweisende Konzeption erarbeitet. Er sah die böhmische Reformation als „Emanzipation des Menschengeistes von der mittelalterlichen Autorität", da hier die Böhmen „das Recht der freien Forschung und Überzeugung in Sachen des Glaubens und der Religion" beansprucht hätten. Die Hussitenkämpfe seien „Kriege um Interessen und Güter des Geistes" gewesen, in denen es den Böhmen gelang, die übrige Christenheit „zur Anerkennung der Berechtigung einer anderen Überzeugung" zu zwingen. Da die Hussiten also um Menschheitswerte gekämpft hatten, die es nun zu erneuern galt, bildete die Hussitenzeit die Grundlage für den Stolz der tschechischen Nation. Dementsprechend war Jan Hus für Palacký wie für die tschechischen Anhänger der Aufklärung und des Frühliberalismus der Märtyrer der Gewissensfreiheit. Er hatte den kirchlichen Autoritäten widerstanden und freie Diskussion über seine Lehren gefordert, hatte sich nicht dem Richterspruch von Papst und Konzil gebeugt und war für seine Überzeugung in den Tod gegangen. Auf dem Scheiterhaufen starb er nicht als Besiegter, sondern als Zeuge für die Wahrheit, deren Anerkennung seine Anhänger durchsetzten. Hus und seine Reformation hatten damit den angeblichen mittelalterlichen Dogmatismus und die Universalautoritäten Papst und Kaiser besiegt. Für die Tschechen besaß Jan Hus so eine vergleichbare Funktion wie Luther für die Deutschen, er verkörperte den Sieg der nationalen Selbstbehauptung. Stärker als bei den Deutschen wurde dieser nationale Kampf jedoch als Sendung auch für die Werte der Menschheit verstanden.

Für die Formierung des Nationalbewusstseins wurde Palackýs Konzeption vom Philosophen und späteren Staatspräsidenten Tomáš G. Masaryk funktionalisiert (in zwei Abhandlungen über die tschechische Frage und über Jan Hus 1895/96). Ausgehend von den Prinzipien der Reformation und der Gegenreformation als zwei gegensätzlichen Grundtendenzen der tschechischen Geschichte sah er in der böhmischen Reformation einen Fortschritt in Richtung Humanität, die für ihn menschliche Brüderlichkeit und demokratische Gleichheit bedeutete, vor allem aber auch ethisch konsequentes Handeln und Freiheit des Denkens. In solcher Humanität bestand für ihn die Durchsetzung der göttlichen Ordnung, der „Wahrheit", für die auch Hus eingetreten sei. In diesem Sinne sah auch er Hus als Märtyrer der Wahrheit und als Kämpfer für echte Sittlichkeit, Wahrhaftigkeit und Gewissensfreiheit; und in diesem Sinne konnte er später seinen Staat unter den hussitischen Wahlspruch „die Wahrheit siegt" stellen. Wegen der Bedeutung von Reformation und Gegenreformation für die böhmische Geschichte sei das tschechische Problem ein religiöses, die „tschechische Frage" eine religiöse Frage, die für die Nation die größte Bedeutung habe. Um im Sinne der böhmischen Geschichte zu leben, müssten die Tschechen - wie Hus - die Wahrheit suchen und verteidigen. Religion und Wahrheit beinhalteten freilich für Masaryk keine bestimmten Lehren oder gar Kirchen, sondern das sittliche Ideal sozialer und demokratischer Humanität und Brüderlichkeit, in moderner Fortsetzung seiner Auffassung von der alten hussitischen Brüderunität. Masaryk destillierte somit aus der böhmischen Reformation und aus Hus eine anthropologische Idee der Humanität als moderne Religion. Die historische Ideenkette Reformation - Humanität - Demokratie stellte Masaryk ins Zentrum seiner Propaganda für die Mission der tschechischen Nation.

Auch für den im 20. Jahrhundert bedeutenden tschechischen Historiker Josef Pekař bildete das Hussitentum den bedeutendsten Anteil der Tschechen „am Werk der europäischen Aufklärung" und daher die größte Geschichtsepoche der Tschechen. Er kritisierte jedoch scharf und zurecht Masaryks oft inhaltsarme und verschwommene Rhetorik und besonders seine Verfälschung der historischen Wirklichkeit. In der Tat ging es Hus in seinem Widerstand gegen Papst und Konzil nicht um die Abschaffung von Autorität, sondern um die Wiederherstellung der obersten Autorität Christi und der Heiligen Schrift. Ebensowenig war die Wahrheit des Jan Hus moralische Wahrhaftigkeit oder wissenschaftliche Vernunftwahrheit, sondern es war die inhaltlich bestimmte Wahrheit Christi und des Evangeliums, des „Gesetzes Gottes". Sein Kampf für diese Wahrheit war denn auch keiner um die moderne Gewissensfreiheit, sondern um die Freiheit der Verkündung des Evangeliums. Nur wenn man die theologischen Inhalte der Husschen Lehre unberücksichtigt ließ - und auch Palacký hatte sich nicht um diese gekümmert - konnte man sie, formalisiert und anthropologisiert, in die Moderne überführen.

Anders als in der offiziellen Geschichtspropaganda für die tschechische Nation blieben für deren katholischen Teil Hus und sein Feiertag freilich weithin problematisch. Hier hat andererseits wiederum Pekař versucht, Jan Hus für die katholische Kirche zu rehabilitieren. Im Jahr 1935 machte er nämlich darauf aufmerksam, dass Hus auf dem Boden der katholischen Kirche stand und keine andere Kirche gründen wollte, ja dass er bereit war, sich dem Papst zu unterstellen, sofern dieser mit der Wahrheit des Evangeliums übereinstimmte. Schließlich sei Hus ja auch durch die Kompaktaten des Basler Konzils bereits von kirchlicher Seite rehabilitiert worden. In der tschechoslowakischen Gegenwart werde Hus jedoch verfälscht, um ihn im Kampf gegen die katholische Kirche missbrauchen zu können.

Ablehnend standen auch die Deutschböhmen Hus gegenüber. Ihre Historiker kritisierten ihn nämlich als tschechischen Nationalisten und Deutschenhasser. Die entsprechenden Attacken Constantin v. Höflers, der dabei von Hus' Stellung im Stimmenstreit der Universitätsnationen und vom folgenden *Kuttenberger Dekret* (1409) ausging, nahm bereits František Palacký 1868 zum Anlass, Hus zu verteidigen, obwohl er sonst den Gegensatz zwischen dem friedlichen, demokratischen slawischen und dem kriegerischen, herrschsüchtigen deutschen Element als Konstante der böhmischen Geschichte betonte. Palacký hob in seiner Stellungnahme gegen Höfler zum einen zu Recht hervor, dass es bei jenem Streit der böhmischen mit den deutschen Universitätsnationen um einen kirchenpolitischen Wechsel der Papstobedienz ging, nicht um eine Frage moderner Nationalität. Zum anderen zitierte er Hus mit dem bekannten Satz: „Ich liebe einen guten Deutschen mehr als einen schlechten Tschechen" und mit der Klage, dass Prager Deutsche und feindliche Tschechen während seiner Predigt die Bethlehemskapelle zu demolieren versuchten. Wenn auch die nationale Gemeinschaft für Hus einen besonderen Wert besaß, so stand diese für ihn doch ganz unter religiösen Vorzeichen: die wahren Tschechen als Avantgarde für die Reform der Kirche nach den Kriterien der Heiligen Schrift und der christlichen Urgemeinde.

Die Rolle Martin Luthers in Böhmen war dagegen insgesamt weniger umstritten, war dessen preußische, kulturprotestantische Deutung hier doch kaum relevant und wohl auch kaum bekannt. Relevant war vielmehr, dass Luther sich in der Leipziger Disputation 1518 offen zu Hus bekannt und das Konstanzer Konzil abgelehnt hatte, dass er bald danach mit den hussitischen Utraquisten in Briefkontakt getreten und sie zur Standhaftigkeit gegen Rom und zur Weiterentwicklung ihrer Kirchenorganisation ermuntert hatte und dass schließlich auch die Böhmischen Brüder sich bei ihm vielfach Rat und Empfehlung geholt hatten. So wurde Luthers Lehre nicht nur in den deutschsprachigen Regionen Nordböhmens und in den Städten Mährens, sondern auch in den tschechischen utraquistischen Gemeinden aufgenommen. Das Ergebnis war zunächst, dass die *Confessio Bohemica* der nichtkatholischen böhmischen Stände (1575) sich im Text eng an das Augsburgische Bekenntnis anlehnte und dass in der protestantischen Ständeopposition bis zu deren Aufstand von 1618-20 der deutschböhmische lutherische und der tschechische utraquistische Adel wie der der Brüderunität immer enger kooperierten.

Palacký würdigte diese Rolle Luthers für Böhmen als nachträgliche Bestätigung von Hus und den Hussiten durch die Deutschen, die diese früher so heftig bekämpft hätten. Die nationalen und religiösen Antipathien hätten sich gewendet und die ehemaligen Feinde sich befreundet. So habe Luther die Schmähung des Namens Böhmen unter den Nationen beendet.

Dagegen lehnte Pekař einen Zusammenhang zwischen Hus und dem Protestantismus ab, dessen Rolle er vor allem nach dem Trauma der Niederlage am Weißen Berg (1620) aus beurteilte. Die Hinwendung zum deutschen Protestantismus habe nämlich die Tschechen vom nationalen Empfinden der Hussitenzeit entfernt. Im Ständeaufstand 1618-20 sei der Anteil des deutschen Adels sowie des vom deutschen Luthertum und von den deutschen konfessionellen Interessen beherrschten tschechischen Adels bestimmend gewesen. Diese geistliche und sittliche Germanisierung habe mit dem Eindringen des Luthertums in Böhmen seit 1518 begonnen und habe sich in der Zuwanderung deutschen Adels und deutscher Bürger und Handwerker fortgesetzt. Für den Aufstand unheilvoll sei die Selbstauslieferung der Tschechen an deutsche religiöse Interessen gewesen. Sie seien am Weißen Berg für den deutschen Protestantismus verblutet, statt rechtzeitig politisch auf den höherstehenden Calvinismus der französischen, englischen und niederländischen Kultur zu setzen. Pekařs Sichtweise, die aus der politischen Situation der Ersten Tschechoslowakischen Republik zu verstehen ist, blieb allerdings isoliert. Sie stellte kaum in Rechnung, dass die böhmische Adelsgesellschaft des 15. wie des 16. Jahrhunderts - sowenig wie andere Adelsgesellschaften - nicht vorrangig nationalen Orientierungen folgte, sondern um ihre ständischen und konfessionellen Freiheiten kämpfte.

Insgesamt spielte und spielt Luther im tschechischen Geschichtsbewusstsein hinter Hus eine ganz und gar nachrangige Rolle. Fast spiegelbildlich dazu ist es im deutschen Geschichtsbewusstsein allein Luther, der angeblich den Weg zur Moderne - Autoritätskritik, Gewissensfreiheit, Selbstbestimmung des Individuums - öffnete, ihm gegenüber war Hus bestenfalls ein unvollkommener Vorläufer. Die kulturprotestantische Vereinnahmung Luthers für den zivilisatorischen Fortschritt, die Moderne, ja für das Kaiserreich von 1871, wie sie von Bezold akzentuiert wurde, betonte - wie dies die Tschechen für Hus beanspruchten - die Zäsur gegenüber dem „autoritären, dogmatischen" Mittelalter. Dabei ging man vor allem von den späteren Wirkungen aus, nicht von den religiösen Absichten des Reformators, seiner differenzierten Entwicklung oder gar seiner Theologie und schon gar nicht von den mittelalterlichen Wurzeln seines Denkens und Handelns (z. B. Angst vor dem Jüngsten Gericht, Ketzerbekämpfung, Notwendigkeit der Religionseinheit einer Gesellschaft). Bei Luther galt etwa der Kampf gegen Autoritäten nur dem Papst, den Kampf gegen den katholischen Kaiser hat er keineswegs unterstützt. Die Glaubens- oder gar die moderne Gewissensfreiheit war für ihn kein Ziel, das Ziel war eine allgemeine Kirchenreform wie bei Hus. Die „Freiheit eines Christenmenschen" war nicht die Freiheit der modernen Liberalen, sondern blieb ebenso wie das Gewissen an das Evangelium gebunden. Eine individualistische Bibelauslegung verurteilte er als Schwärmerei; das rechte Verständnis des Evangeliums hatte sich an der Predigt und am Hören zu orientieren. Und protestantische Abweichungen, vor allem in der Abendmahlslehre (Zwingli, Calvin) bekämpfte er kompromisslos. Aber auch den modernen Obrigkeitsstaat deutscher Fürsten hat nicht er, der den Fürsten ja heftig ins Gewissen redete, sondern allenfalls die Epoche der Konfessionalisierung nach ihm mitbegründet. Im übrigen war die Schutzfunktion und Regelungskompetenz der Fürsten für ihre Landeskirche bereits im 15. Jahrhundert grundgelegt worden.

Um die Theologie oder die historische Differenzierung ihrer Helden haben sich die Konstrukteure der nationalen Geschichtsbilder jedoch wenig gekümmert. Nur so konnten Hus und Luther für das politisch-kulturelle Bewusstsein der nationalen Epoche des 19./20. Jahrhunderts typisiert, funktionalisiert und politisiert werden. Die Deutungen in den Standardwerken Palackýs und Masaryks, Rankes und Bezolds wurden über die verbreitete Lektüre, die akademische Lehre, über Schulbücher und nationale Feiertagsreden popularisiert: Sie wirkten über Generationen, teilweise bis heute nach. Stereotype führen ein zähes Leben. Die Stereotypen von Hus und Luther könnten sich jedoch unter den Vorzeichen der heutigen vergleichenden Gesellschafts- und Kulturgeschichte allmählich auflösen.

Land und Dynastie:
Böhmen, Habsburg und das *Temno*

Joachim Bahlcke

„Jedermann kennt sicherlich aus der Geschichte jenen verhängnisvollen Tag, den 8. November 1620, als auf dem Weißen Berg die Glaubensfreiheit begraben, das Volk durch das kaiserliche Heer vergewaltigt und die Freiheit der Nation unterdrückt wurde." Mit diesen Worten beschrieb in einer schmalen, 1902 in Prag publizierten Geschichte der Jesuiten in Böhmen Karel Starecký die Bedeutung jener folgenschweren Schlacht am Weißen Berg (Bílá hora), die wie kein anderes Ereignis der neuzeitlichen Geschichte Böhmens im kollektiven Bewusstsein der Tschechen verankert ist. Mit geringen Abweichungen findet sich diese Deutung in nahezu sämtlichen tschechischen Geschichtswerken und Schulbüchern, die seit der Mitte des 19. Jahrhunderts im Druck erschienen. Der historische Mythos vom Weißen Berg steht nicht nur für den Verlust der Staatlichkeit, der Rechte und des evangelischen Glaubens. Er steht auch für den Anfang eines tiefen kulturellen und nationalen Verfalls des tschechischen Volkes, das sich erst während der so genannten Nationalen Wiedergeburt seiner selbst erneut bewusst wurde. Dem böhmischen Barockzeitalter widmete Alois Jirásek, der erfolgreichste historische Romancier des 19. Jahrhunderts, gleich mehrere Romane, die den Niedergang der tschechischen Nationalkultur in düstersten Farben schilderten. Die größte Wirkung erzielte er mit seinem Roman *Temno* (Finsternis), dessen Erscheinen während des Ersten Weltkrieges, im Jahre 1915, dem fünfhundertsten Jahr der Verbrennung von Jan Hus, symbolische Bedeutung zugemessen wurde. Als Epochenbezeichnung wurde der Titel des Romans zum festen Bestandteil der tschechischen Nationalgeschichtsschreibung, die konsequent die Geschichte der böhmischen und mährischen Neuzeit in zwei große Zeitabschnitte unterteilt: die glanzvolle Epoche vor der Schlacht am Weißen Berg (*doba předbělohorská*), in der das Königreich Böhmen als ein Paradefeld ständischer Repräsentation und Machtfülle gelten kann, und die Zeit des *Temno*, die finstere Epoche nach der Schlacht am Weißen Berg (*doba pobělohorská*).

Wie jeder historische Mythos, in dem sich eine Gemeinschaft wiedererkennt, hatte auch der tschechische Mythos vom Weißen Berg eine doppelte Funktion. Er diente sowohl der Vereinigung nach innen als auch der Abgrenzung nach außen. Auf der einen Seite hielt er die kollektive Erinnerung an ein als nationale Tragödie dargestelltes historisches Geschehen wach, dessen „Wiedergutmachung" als unabdingbare Voraussetzung jeder gesellschaftlichen Erneuerung empfunden wurde. Durch das Beschwören der gemeinsamen Geschichte rechtfertigte er die Einheit aller Mitglieder der Nation in einer einzigen, homogenen Schicksalsgemeinschaft. Dieser Aspekt spielte gerade bei den Tschechen, die Ende des 19. Jahrhunderts unter den europäischen Nationen ohne Staat den sozioökonomisch und kulturell höchsten Entwicklungsstand besaßen, eine wichtige Rolle. Auf der anderen Seite diente der Mythos vom Weißen Berg dem Abgrenzungsbedürfnis der eigenen, tschechischen Nation von den anderen Nationen. Wie keine andere historische Begebenheit markierte das Jahr 1620 die geistigen und politischen Trennlinien zwischen Tschechen und Deutschen, zwischen tschechischem Land und fremder Dynastie, zwischen tschechischer Nationalgesellschaft und österreichischem Gesamtstaat. Als Symbol des Zusammenbruchs des böhmischen Ständestaates und der Durchsetzung der habsburgischen ‚Fremdherrschaft' haftet ihm bis zur Gegenwart die Konnotation eines Traumas an.

Der politisch-militärische Konflikt zwischen den böhmischen Ständen und dem Haus Habsburg, der 1618 mit dem Prager Fenstersturz begonnen hatte und zwei Jahre später mit dem Sieg der bayerischen und kaiserlichen Truppen auf dem Weißen Berg zur Entscheidung kam, war bei Lichte besehen freilich zu keinem Zeitpunkt eine national-ethnische Auseinandersetzung zwischen Tschechen und Deutschen gewesen. Wenn entsprechende Argumente in der zeitgenössischen Publizistik und Pamphletistik Verwendung fanden, dann wurden sie propagandistisch gezielt gegen den Gegner eingesetzt, um diesen international zu isolieren, die eigenen Reihen fester zu schließen oder potenzielle Verbündete leichter zum Anschluss zu bewegen. Der böhmische Ständeaufstand war in erster Linie ein Stände- und Konfessionskonflikt, wie er in ähnlichen Formen, freilich nur selten in vergleichbarer Schärfe, auch für andere Territorien im 16. und 17. Jahrhundert charakteristisch war. Insofern war es kein Zufall, dass das böhmische Geschehen zum Auslöser eines Dreißigjährigen Krieges werden konnte, der weite Teile Europas erfasste und erst 1648 mit dem Westfälischen Frieden beendet wurde. Wieso aber kam es gerade in Böhmen zur entscheidenden Eskalation, die jede friedliche Lösung des Konflikts zwischen Ständen und Landesherrschaft unmöglich machte? Was hat es, ordnet man den böhmischen Fall in die gesamteuropäische Entwicklung ein, tatsächlich mit der „Einmaligkeit" des nachfolgenden Strafgerichts auf sich, die im historischen Mythos des Weißen Berges immer wieder hervorgehoben wurde? Und welche Auswirkungen hatte schließlich der Zusammenbruch des Ständeaufstands tatsächlich auf das Verhältnis zwischen Land und Dynastie?

Diese Fragen führen zurück in das Jahr 1526, als mit Erzherzog Ferdinand von Österreich, dem Bruder Kaiser Karls V., der erste Habsburger auf den böhmischen Thron gewählt wurde. Im Königreich Böhmen, zu dem damals neben dem Kernland Böhmen die Markgrafschaft Mähren, das Herzogtum Schlesien und die Markgrafschaften Ober- und Niederlausitz gehörten, drohten königlicher Machtanspruch und ständisches Selbstbewusstsein schon früh mit besonderer Heftigkeit in Konflikt zu geraten. Denn der Adel hatte hier bis zum Ende des 15. Jahrhunderts, bedingt durch den hohen Autoritätsverlust des Königtums infolge der hussitischen Revolution, eine beachtliche politische und wirtschaftliche Machtstellung gewonnen. Ferdinand I. dagegen schwebte ein frühabsolutistisches Staatsmodell vor, in dem adelige und städtische Mitsprache- und Kontrollrechte allenfalls auf regionaler Ebene geduldet waren. Dieser Wettbewerb zweier miteinander konkurrierender Verfassungsmodelle - des monarchischen und des ständischen - wurde für das gesamte erste Jahrhundert der Habsburgerherrschaft in den Böhmischen Ländern prägend.

In diesem Zusammenhang spielte die Tatsache, dass Schlesien sowie die Ober- und Niederlausitz überwiegend deutsch besiedelt waren, ebensowenig eine Rolle wie das Nebeneinander von Tschechen und Deutschen in Böhmen und Mähren selbst. In gewisser Weise vermochten die gemeinsame Staatlichkeit und die im 16. Jahrhundert wachsenden gemeinsamen Interessen auf politisch-ständischem Gebiet allen Ansätzen nationaler Loyalitäten den Boden zu entziehen. Sprache und Volkszugehörigkeit, deren desintegrative Wirkungen in den Böhmischen Ländern immer wieder überschätzt wurden, kam keine besondere Bedeutung für das Verhältnis zwischen Land und Dynastie zu. Eine ungleich größere Rolle spielte dagegen ein anderer, die ständepolitische Auseinandersetzung verschärfender Faktor: die Konfession. Die Habsburger waren katholisch, in den Böhmischen Ländern dagegen, deren reformatorischer Aufbruch schon Anfang des 15. Jahrhunderts, ein Jahrhundert früher als im Reich, mit der hussitischen Bewegung begonnen hatte, stellten die Katholiken nur eine Minderheit dar. In Böhmen hatte die nichtkatholische Ständemehrheit seither die Verfügungsgewalt über ein eigenes Konsistorium und die Möglichkeit, unabhängig vom König eigene konfessionelle Ständetage einzuberufen; ja, seit der hussitischen Revolution hatte das Land eine fast kontinuierliche Erfahrung im ständisch-konfessionellen Widerstand.

In den ersten Jahrzehnten seiner Herrschaft setzte Ferdinand I. seine Staatskonzeption jedoch überaus erfolgreich um. Die von ihm eingeleitete straffe Zentralisierung bewährte sich im Kern bis zum Jahre 1848. Geschickt verstand er es dabei, die regionalen Kräfteverhältnisse soweit zu berücksichtigen, dass zu keinem Zeitpunkt eine einheitliche Widerstandsfront der Stände erzwungen wurde. Je machtvoller allerdings die königliche Monarchisierung die Stände ins Abseits drängte, desto konsequenter sahen sich diese zum Rückzug in die jeweilige Landespolitik genötigt. Dieser Prozess traf besonders die Stände des Hauptlandes, Böhmen, die ihren Führungsanspruch innerhalb des Länderverbandes und die damit verbundenen Privilegien gefährdet sahen. Als sich dann auch noch die konfessionelle Situation verschärfte, kam es zum ersten gewaltsamen Zusammenprall zwischen Land und Dynastie. 1547 verweigerten die protestantischen Stände in Böhmen den Habsburgern den Gehorsam, als diese daran gingen, den Schmalkaldischen Bund der Lutheraner im Reich zu bekämpfen. Ähnlich wie erneut 1618 zeigte sich schon damals, dass im böhmischen Kessel alles heißer gekocht wird. Anders als in Prag erwartet, blieb der Aufstand in den Nebenländern weitgehend ohne Resonanz. Nicht einmal die Konfliktsituation hatte eine wirkliche ständische Solidarität zur Folge. Ähnlich erfolglos wie die Protestanten im Reich, die dem Kaiser bei Mühlberg militärisch unterlagen, blieben daher auch die Stände in Böhmen, deren Widerstand Todesurteile und Güterkonfiszierungen nach sich zog. Das Prager Strafgericht gegen die Aufständischen traf Tschechen ebenso wie Deutsche.

Um die Mitte des 16. Jahrhunderts war es der territorial zersplitterten, weder politisch noch konfessionell geeinten Ständeopposition noch nicht gelungen, mit einer Stimme zu sprechen und dem König gegenüber geschlossen die eigenen Forderungen zu vertreten. Die Konsequenzen, die der offen zu Tage tretende Landespartikularismus in Mähren, Schlesien und den Lausitzen nach sich zog, waren unübersehbar. Die Habsburger konnten aus den von der Krise nicht betroffenen Ländern immer wieder Machtreserven ziehen, die ihre Herrschaft im Gesamtstaat weiter festigten. Insofern konnte sich Ferdinand I. in den Nebenländern auch in seiner Kirchenpolitik wesentlich pragmatischer an die bestehenden Verhältnisse anpassen, als ihm dies im Hauptland der Krone möglich gewesen wäre. Während in Böhmen die konfessionelle Polarisierung stets mit dem ständepolitischen Gegensatz verknüpft blieb, entwickelte sich in den anderen Kronländern eine sehr viel ruhigere Form konfessioneller Koexistenz.

Ein spürbarer Wandel kündigte sich in den Jahrzehnten nach Ferdinands Tod 1564 an, als durch die zunehmende Politisierung der Glaubensfrage, die Sammlung der altkirchlichen Kräfte und die Benachteiligung der protestantischen Ständemehrheit eine neue Bedrohungsqualität, aber auch ein neues Zusammengehörigkeitsgefühl unter den Ständen entstand. Als 1583 der Kaiserhof und die Nuntiatur nach Prag verlegt wurden, liefen die Fäden, nationale wie internationale, noch stärker als bisher in der böhmischen Hauptstadt zusammen, die in den kommenden Jahren immer mehr ins Blickfeld der europäischen Öffentlichkeit rückte. Um die Wende vom 16. zum 17. Jahrhundert verbreitete sich in allen Kronländern ein beklemmendes Gefühl der Unterdrückung der Landesfreiheiten, der Missachtung des konfessionellen Status quo und des Vordringens eines neuen, der bisherigen dualistischen Ordnung entgegenstehenden Herrschaftsmodells. Konfliktverschärfend kam hinzu, dass es in dieser Zeit zu einer Europäisierung der böhmischen Frage kam, einem Zusammenrücken der protestantischen Kräfte, das weniger von Böhmen ausging, als vielmehr nach Böhmen hineinwirkte. Dies gilt vor allem für die calvinistische Kurpfalz, wo die Weichen für einen rigorosen Konfrontationskurs zum Haus Habsburg gestellt wurden.

Der 1604 in Ungarn ausgebrochene Aufstand unter Führung des siebenbürgischen Adeligen István Bocskay brachte schließlich auch die Verhältnisse in den Böhmischen Ländern in Bewegung. Hier sah sich die protestantische Ständeopposition klarer als je zuvor vor die Alternative gestellt, entweder die eigene Position dem konfessionellen Absolutismus der Habsburger zu opfern oder ein Gegenmodell in Form einer tragfähigen Länderkoalition mit verfassungsrechtlich abgesicherten Ständefreiheiten zu erarbeiten. Doch nicht Zusammenschluss und Aktionsfähigkeit, sondern Bruch und lähmende Konkurrenz kennzeichneten die Ständeopposition in den ersten beiden Jahrzehnten des 17. Jahrhunderts. Die alles andere als geradlinige Ständepolitik hing eng mit dem so genannten Bruderzwist zwischen Kaiser Rudolf und Erzherzog Matthias zusammen, einer Herrschaftskrise innerhalb der Habsburgerdynastie, die sich in den Böhmischen Ländern zu einer schweren Staatskrise vertiefte. Die Markgrafschaft Mähren schloss sich dabei im Alleingang einer ungarisch-österreichischen Ständekonföderation unter Führung des ehrgeizigen Matthias an, mit Erfolg zwar, aber doch um den Preis einer völligen Abkoppelung von Böhmen. Die dortigen Stände wiederum schlossen sich mit den Schlesiern, unter dem alten Herrscher allerdings, in einem Widerstandsbündnis zusammen. Immerhin wurde der 1608/09 quer durch die böhmischen Kronländer gehende Riss zum Auslöser eines zehnjährigen Bemühens der Stände, administrative und institutionelle Reformen einzuleiten, neue Staatsorgane auszubilden und damit eine Alternative zum Programm der Habsburger zu entwickeln. In Böhmen aber erhöhte eine immer schroffere Konfrontation den Veränderungsdruck und schuf eine Konfliktbereitschaft, die 1618 schließlich in militärischer Gewalt eskalierte.

Der Prager Fenstersturz im Mai 1618 löste eine folgenschwere Auseinandersetzung mit dem Haus Habsburg aus. Der zunächst rein innenpolitische Konflikt zog immer größere Kreise und weitete sich zu einem große Teile Europas erfassenden Krieg aus. Bezeichnet man jedoch den Konflikt schon von Beginn an als „antihabsburgischen Ständeaufstand", eine Begrifflichkeit, die vor allem in der tschechischen Geschichtswissenschaft zu finden ist, wird die Fremdwahrnehmung der politischen Absichten der Stände gleichsam zur Selbstwahrnehmung erklärt. Überdies werden deren zunächst einmal konstruktive Reformabsichten und Bemühungen, das angehäufte Konfliktpotenzial zu beseitigen, ausschließlich *ex negativo* beschrieben. Die Fronten waren komplizierter, als es die seit Mitte des 19. Jahrhunderts in nationalen Kategorien urteilende und verurteilende Geschichtsschreibung zu vermitteln suchte. So gab es tschechische Standesherren, aber Katholiken und habsburgische Parteigänger ebenso wie deutsche Aufständische, für die der Kampf gegen die verhasste Dynastie im Vordergrund stand. Unter den Befürwortern des Ständeaufstands und den Opfern der Niederlage waren tschechische Utraquisten ebenso wie deutsche Lutheraner.

Der Fenstersturz, der durch die äußere Radikalisierung einen inneren Zusammenschluss unverzichtbar machte, hatte den endgültigen Durchbruch für ein neues, ständischer Interessenwahrung und Staatsauffassung entsprechendes Verfassungsmodell gebracht. Aus diesem, die staatsbildenden Züge des gesamten Geschehens in den Mittelpunkt rückenden Blickwinkel stellte die *Confoederatio Bohemica* vom Juli 1619, mit der die böhmischen Kronländer Jahrzehnte lang strittige staatsrechtliche, politische und religiöse Fragen klärten, den Höhepunkt des Ständeaufstands dar. Eine direkte Abkehr von der Monarchie war damals nicht vorgesehen, auch wenn diese durch zahlreiche Bestimmungen an die Adelsmacht gebunden wurde. Die Umwandlung des böhmischen Staates in eine Republik war zu keinem Zeitpunkt Element der ständischen Politik. Dennoch folgte dem Abschluss der Konföderation eine neue Königswahl, durch die der calvinistische Kurfürst Friedrich V. von der Pfalz auf den böhmischen Thron gelangte. Etwas später, am 8. November 1620, brach mit dem Sieg der Habsburger über das böhmische Ständeheer am Weißen Berg bei Prag nicht nur das kurze Königtum des ‚Winterkönigs', sondern auch die gesamte verfassungsrechtliche Ordnung zusammen.

Der Niederschlagung der Ständeerhebung folgten Hinrichtungen, Vertreibungsaktionen und Zwangsbekehrungen, einschneidende Eingriffe in die bisherige Besitzstruktur und die endgültige Verankerung des Absolutismus. Festgeschrieben wurde die verfassungsrechtliche Systemveränderung nach der Schlacht am Weißen Berg in der *Verneuerten Landesordnung* für Böhmen (1627) und Mähren (1628), die - wiederholt revidiert - bis ins 19. Jahrhundert gültig blieb. Mit dem Verfassungsoktroi wurden der katholische Glaube als einzige im Land anerkannte Konfession festgeschrieben, die Zusammensetzung des Landtags verändert - die katholische Geistlichkeit bildete nun den Ersten Stand - und die böhmischen

Länder zum Erbkönigreich des Hauses Habsburg proklamiert. Die Gleichberechtigung des Deutschen neben dem Tschechischen als Amtssprache begünstigte in der Folgezeit das Vordringen der deutschen Sprache in der inneren Verwaltung und im kulturellen und öffentlichen Leben. Der beispiellose politisch-gesellschaftliche Umschichtungsprozess, durch den ein neuer, mit führenden katholischen Geschlechtern Europas versippter Hochadel entstand, veränderte langfristig auch die Wirtschaftsstruktur des Landes, dessen nach außen aufrechterhaltene verfassungsrechtliche Selbstständigkeit seit der Verlegung der Böhmischen Hofkanzlei von Prag nach Wien 1624 mehr und mehr beschränkt wurde. 1749 wurde sie ganz aufgelöst. Die staatsrechtliche Bindung Böhmens an das Reich verlor zugunsten der engeren Verbindung mit den österreichischen Erblanden vollends an Bedeutung.

Die Folgen der bis in das 19. Jahrhundert nachwirkenden Strafmaßnahmen haben sich im Bewusstsein der tschechischen Nationalgesellschaft traumatisch verfestigt. Die politischen, konfessionellen und gesellschaftlichen Veränderungen waren jedoch nicht von antitschechischen, sondern von absolutistisch-dynastischen Überlegungen bestimmt. Allgemein übersehen wurde auch, dass selbst in der Zeit des *Temno*, trotz der zunehmenden Zentralisierung und des schrittweisen Abbaus der ständischen Macht, in der Verfassungswirklichkeit wesentliche Elemente ständischer Mitsprache erhalten blieben. Die neue Aristokratie bewirkte auch eine Europäisierung der böhmisch-mährischen Adelsgesellschaft und -kultur. Systematisch geschwächt wurde die soziale Basis des Adels erst durch die habsburgische Politik der Bauernbefreiung im 18. Jahrhundert. Und die Mission und religiöse Literatur der Orden nutzte und förderte auch die tschechische Sprache.

Die historische Rückbesinnung auf die religiös-ständepolitische Eigenständigkeit vor 1620, auf die tschechische Sprache und altböhmische Traditionen führte im letzten Drittel des 18. Jahrhunderts zur Erneuerung des nationalen Selbstbewusstseins, das sich zuerst im Aufblühen einer tschechischen Literatur manifestierte. Der nationale Konflikt zwischen Tschechen und Deutschen war um 1800 allerdings noch weitgehend verdeckt. Vorherrschend war ein böhmischer und gesamtösterreichischer Landespatriotismus (Bohemismus), wie ihn der Prager Gelehrte Bernard Bolzano vertrat, der bis zu seiner Amtsenthebung 1819 leidenschaftlich das friedliche Zusammenleben der beiden „Stämme Böhmens" beschwor. Der langsame Übergang von der auch im Adel verbreiteten Bildungsidee einer böhmischen Kulturnation hin zur Vorstellung einer politisch eigenständigen tschechischen Staatsnation erhielt durch den polnischen Aufstand von 1830 und den Kampf der Polen gegen die russische Unterdrückung neue Impulse. In der Revolution von 1848 traten dann nationale Antagonismen, verstärkt durch soziale Missstände, in den Vordergrund. Die „Wiedergutmachung" der Niederlage am Weißen Berg, die fortan den bevorzugten historischen Stoff für Maler, Bildhauer und Schriftsteller bildete, wurde nun zu einer wesentlichen Triebkraft der tschechischen Politik. Im Jahre 1918, dreihundert Jahre nach dem Beginn des Aufstandes der böhmischen Stände gegen das Haus Habsburg, war diese Politik von Erfolg gekrönt: als einer der Nachfolgestaaten der militärisch im Ersten Weltkrieg zusammengebrochenen Donaumonarchie wurde eine souveräne Republik ausgerufen.

Das von Alois Jirásek geprägte Geschichtsbild des böhmischen Barockzeitalters beherrscht weite Teile der tschechischen Bevölkerung bis zum heutigen Tag. Dazu trug nach dem Zweiten Weltkrieg in beachtlichem Maße auch das Gottwald-Regime bei, besonders dessen Kulturminister, Zdeněk Nejedlý. Dieser war der festen Überzeugung, dass die historischen Romane Jiráseks eine ideale künstlerische Gestaltung der marxistischen Konzeption von der tschechischen Geschichte enthielten. Mit großem Aufwand betrieb er die Heroisierung des Schriftstellers. Im Jagdschloss Stern (Hvězda) vor den Toren Prags, wo einst die Sieger der Schlacht am Weißen Berg ihren Triumph gefeiert hatten, ließ er ein monumentales Jirásek-Museum einrichten. „Es besteht kein Zweifel darüber, dass die Problematik des Weißen Berges zu den Grundfragen der tschechischen Nationalgeschichte gehört hat und gehört", heißt es noch im Jahre 1971 bei Josef Polišenský, dem Altmeister der tschechischen Neuzeithistoriker, im ersten Band der von ihm verantworteten großen Quellenedition zur Geschichte des Dreißigjährigen Krieges. „Kein Dialog über den ‚Sinn der tschechischen Geschichte' konnte und kann ohne Deutung des Weißen Berges auskommen."

Tschechische und deutsche Gelehrte

Norbert Nübler

Wer immer sich mit dem Verhältnis von tschechischen und deutschen Gelehrten befasst, sieht sich mit einer ganzen Reihe von Schwierigkeiten und Ungereimtheiten konfrontiert. Trotz der engen Nachbarschaft beider Völker ist die Geschichte der Gelehrsamkeit in ihrem gegenseitigen Verhältnis bis heute nur in wenigen Punkten detailliert aufgearbeitet. Und dies, obwohl die Tschechen wie auch die Deutschen zu den alten Kulturnationen Europas gerechnet werden müssen. Beide Völker haben eine große Anzahl von Gelehrten in den verschiedensten Wissensgebieten hervorgebracht. Ein umfassender Überblick über die großen „Geister" beider Völker und ihre Beziehungen zueinander ist deshalb hier nicht zu leisten. Die tatsächliche Vielfalt lässt sich nur in mehr oder minder zufällig ausgewählten Beispielen andeuten.

Ein wichtiges Problem bezieht sich nicht nur auf die Gelehrten. Es betrifft die Nationalitätenbezeichnungen „Tscheche" und „Deutscher", zu denen in historischer Sicht auch die Bezeichnung „Böhme" hinzukommen muss. Für zahlreiche Einzelpersonen ist eine Zuordnung zu einer der beiden Nationalitäten schwer vornehmbar. Gerade das Gelehrtentum konnte, durfte und wollte sich zu keiner Zeit auf nationale Grenzen oder Gruppen zurückziehen. Bei manch einem Gelehrten ist die Frage, ob er Tscheche, Deutscher oder etwa Angehöriger einer anderen Nationalität war, deshalb umso schwerer oder auch gar nicht eindeutig zu beantworten. Welches Kriterium soll man für die Bestimmung der Nationalität eines Gelehrten anlegen? Es bieten sich der Geburtsort, der hauptsächliche Wohnort, die Muttersprache an. Nach dem Geburtsort könnte man auch deutsche (oder österreichische) Koryphäen wie den in Příbor (Freiberg) in Mähren geborenen Begründer der Psychoanalyse Sigmund Freud (1856-1939) als einen Böhmen bzw. „Tschechen" (oder Mährer) einstufen. Nach demselben Kriterium wären tschechische Berühmtheiten wie der im heutigen Ungarn geborene Josef Dobrovský (1753-1829) hingegen auszuschließen. Bei Dobrovský ist zudem bekannt, dass Deutsch seine Muttersprache war. Tschechisch lernte er erst in der Schule. Die Frage nach der Nationalität eines Gelehrten bekommt eine noch komplexere Dimension, wenn man sich vergegenwärtigt, dass die deutsche ebenso wie die tschechische Geistes- und Kulturgeschichte nicht selten von Personen wesentlich beeinflusst wurde, die weder Deutsche noch Tschechen waren. Abgesehen vom Problem jüdischer Geistesgrößen, zu denen im 20. Jahrhundert auch der schon genannte Sigmund Freud oder Albert Einstein (1879-1955), der 1911-12 in Prag tätig war, gehörten, gilt dies z. B. für Nikolai S. Trubetzkoy (1890-1938) oder Roman Jakobson (1896-1982), ersterer Professor an der Wiener Universität, als Begründer der modernen Phonologie eines der herausragendsten Mitglieder des „Prager Linguistik-Zirkels" (*Pražský lingvistický kroužek*), letzterer vor dem Zweiten Weltkrieg Professor in Brünn, ebenfalls Mitglied des Prager Zirkels und weltberühmter Philologe, aber beide von Geburt Russen. Ähnlich „unbestimmbar" bleibt die Nationalität eines Ignaz Ritter von Born (1742-1791), der im 18. Jahrhundert zu den Mitbegründern der *Privatgesellschaft der Wissenschaften in Böhmen* - Vorläufer der heutigen *Akademie der Wissenschaften der Tschechischen Republik* - gehörte. Dieser berühmte Geologe und Bergbauspezialist wurde in Siebenbürgen geboren und wohnte lange Jahre in Wien. Gerade Tschechen und Deutsche lebten und leben im Zentrum Europas, wo kulturelle und wissenschaftliche Entwicklungslinien aus allen Himmelsrichtungen zusammentreffen. Nationale Fragen müssen dabei in den Hintergrund treten.

Ein weiteres Problem liegt in der Frage, was denn nun eigentlich genau unter einem „Gelehrten" zu verstehen sei. Dieser Begriff hat seine Bedeutung im Lauf der Jahrhunderte stark verändert. Im Mittelalter ist in erster Linie die Kirche Träger der Gelehrsamkeit. Das älteste böhmische Männerkloster in Prag-Břevnov wurde nach einem nur wenige Jahre dauernden Versuch, einen römischen Konvent einzurichten, zu Beginn des 11. Jahrhunderts mit Mönchen aus dem bayerischen Niederaltaich besiedelt. Diese Mönche gaben ihre Gelehrsamkeit auch an Tschechen weiter, so dass das Kloster sich zu einem bedeutenden kulturellen Zentrum entwickeln konnte. Die Gelehrsamkeit selbst aber war von Anfang an weder deutsch noch tschechisch: sie war international und gründete auf dem Lateinischen.

Doch in Böhmen muss es zu dieser Zeit bereits eine konkurrierende Gelehrsamkeit gegeben haben. Zwar fehlen verlässliche Nachrichten aus dem 10. Jahrhundert, aber noch bis zum Ende des 11.

Jahrhunderts lässt sich das Wirken von Geistlichen und Mönchen nachweisen, die den altkirchenslawischen Ritus pflegten. Das im ersten Drittel des 11. Jahrhunderts vom Hl. Prokop (gestorben 1053) gegründete Kloster an der Sázava, südöstlich von Prag, pflegte eine kirchliche und gelehrte Tradition, die schon im 9. Jahrhundert durch zwei große Gelehrte ihrer Zeit, die griechischen Brüder Konstantin-Kyrill (827-869) und Method (ca. 815-885) aus Byzanz nach Großmähren gekommen war. Die beiden Slawenapostel vermittelten ihr Wissen in einer eigenen, slawischen Liturgie- und Literatursprache, dem Altkirchenslawischen. Obwohl es dem Tschechischen sicher näher stand als das Lateinische, war aber auch das Altkirchenslawische keine „Volkssprache". Wieder handelte es sich um eine internationale Sprache. In ihrer literarischen Form ist sie niemals im Alltag gesprochen worden. Und als international kann man sie bezeichnen, da sie schon im 10. Jahrhundert in Bulgarien, in Mazedonien, wohl auch in Kroatien und schließlich im Kiewer Russland verwendet wurde. Die Konkurrenz zweier Gelehrsamkeiten im Böhmen des 10. und 11. Jahrhunderts rührt von jener des östlich-byzantinischen Kulturkreises mit dem westlich-römischen her. Eine nationale Spannung lässt sich hier schwer hineininterpretieren, auch wenn viele Streiter für die westlich-römische Kultur aus Deutschland kamen. Den Sieg trug spätestens am Ende des 11. Jahrhunderts der lateinisch geprägte Kulturkreis davon. Von nun an war Latein die Sprache der Gelehrten. Und die Gelehrten waren in ihrer weit überwiegenden Mehrzahl kirchliche Repräsentanten.

Ernsthaft in Frage gestellt wurde das kirchliche Monopol auf Gelehrsamkeit erst durch die Gründung der ersten mitteleuropäischen Universität in Prag durch Kaiser Karl IV. im Jahre 1348. Obwohl diese Hochschule ebenfalls unter kirchlicher Aufsicht stand - Kanzler war anfangs der Prager Erzbischof - wurden nicht nur Geistliche und Mönche ausgebildet. Und einer der frühen bedeutenden Absolventen dieser Universität, Magister Jan Hus (ca. 1371-1415), löste weit über Böhmen hinaus einen Sturm aus. Wenn man die Hussitenstürme des 15. Jahrhunderts aber nur als eine deutsch-tschechische Konfrontation interpretieren wollte, so täte man diesem historischen Ereignis Unrecht. Es beinhaltete ebenso eine soziale wie und v.a. eine religiöse Komponente. Davon zeugt allein schon die Auseinandersetzung eines späteren deutschen Gelehrten mit den Thesen des tschechischen Reformers: Martin Luther (1483-

1546) stand ihnen nach anfänglicher Skepsis positiv gegenüber. Gerade die Karlsuniversität soll zur Zeit des Jan Hus Kristallisationspunkt nationaler Gefühle der Gelehrten gewesen sein. Dies ist mit dem Begriff des *Kuttenberger Dekrets* verbunden. Im Jahre 1409 veränderte König Wenzel IV. das bisherige Stimmenverhältnis der vier gleichberechtigten Nationen bei der Universitätsleitung zugunsten der einheimischen. Bezeichnenderweise gibt es bei den vier ursprünglichen Nationen keine „deutsche": es wird zwischen der polnischen, böhmischen, sächsischen und bayerischen unterschieden. Und die böhmische kann man sicher noch nicht als „tschechisch" im Sinne einer Sprachnation deuten. Bis heute lässt sich außerdem trefflich darüber streiten, ob es sich dabei um ein tatsächlich universitäres oder nicht doch eher politisches Ereignis handelte, mit dem Wenzel IV. die Hochschule auf seine politische Richtung v.a. bezüglich der Lösung des Schismas - zu dieser Zeit existierten zwei Päpste - bringen wollte. Daher sind diese Absichten von den theologischen Fragen nicht abzukoppeln. Ein ungewolltes Ergebnis des *Kuttenberger Dekrets* war der Auszug zahlreicher nicht-böhmischer Professoren und Magister aus Prag. Da diese gelehrten Männer sich in den Folgejahren an vielen anderen Universitäten niederließen - in besonderer Zahl an der neugegründeten Universität Leipzig -, trug das Dekret indirekt auch zur Verbreitung des in Prag angesammelten Wissens bei.

Die Karlsuniversität war ein wesentlicher Faktor bei der Entstehung des tschechischen Humanismus, des „goldenen Zeitalters" der frühen tschechischen Literatur. Als den Höhepunkt dieses Humanismus, der gleichzeitig dessen Ende markiert, kann das Leben und Wirken von Jan Amos Komenský (1592-1670) betrachtet werden, der in Deutschland unter der latinisierten Namensform „Comenius" bekannter ist. Obwohl er eventuell in der Slowakei geboren wurde - sein genauer Geburtsort ist umstritten - muss dieser Mitbegründer der modernen Pädagogik zunächst als ein tschechischer Gelehrter eingestuft werden. Seine höhere Bildung erwarb er sich aber in Deutschland und sein Wirken und sein Leben besitzen europäische Ausmaße. Die Heimat verließ er nicht freiwillig. Als Bischof der böhmisch-mährischen Brüderunität musste er zu Beginn des 30-jährigen Krieges den tschechischen Sprachraum verlassen. Nach vielen Stationen im Exil - er hielt sich u. a. in Polen, Deutschland, England und Siebenbürgen auf - starb Comenius in den Niederlanden. Neben seinen pädagogischen Arbeiten fällt auf, dass wir hier bereits die Verbindung des Gelehrten mit dem Politiker finden. Zeitlebens kämpfte und warb Comenius für eine anti-habsburgische Allianz, die Böhmen und Mähren befreien sollte.

Das 17. und die erste Hälfte des 18. Jahrhunderts gelten in der tschechischen Kulturgeschichte als die Zeit der Finsternis (*Temno*), in der die Sprache und die eigenständige Kultur der Tschechen verfielen. Erst die neueste Forschung belegt, dass die 150 Jahre nach der Schlacht am Weißen Berg (1620) keineswegs so düster waren. Dies kann aber nicht nur philologisch belegt werden. Die bildenden Künste erlebten eine Blütezeit. Soll man die in Prag lebenden Christoph Dientzenhofer (1655-1722) und seinen Sohn Kilian Ignaz Dientzenhofer (1689-1751) als Künstler, Gelehrte oder „nur" als geniale Handwerker einstufen? Sie waren wohl von allem ein wenig. Und waren sie Deutsche oder Tschechen? Dieselbe Frage lässt sich übrigens bereits Jahrhunderte früher für den in Schwäbisch Gmünd geborenen Peter Parler (1330-1399) stellen, der im Prager Veitsdom beerdigt wurde, dessen Bauleitung er ab 1356 übernommen hatte, ebenso wie etwas später die der Karlsbrücke.

In der Zeit der Aufklärung findet man schließlich die erste gelehrte Gesellschaft der Habsburgischen Monarchie wieder auf tschechischem Boden. Die *Societas incognitorum eruditorum* (Gesellschaft der unbekannten Gelehrten) wurde 1746 in Olmütz gegründet, also in Mähren. Als „unbekannte Gelehrte" bezeichneten sich ihre Mitglieder, da sie Repressionen der staatlichen Zensur fürchten mussten und deshalb ihre Abhandlungen ohne Namensnennung veröffentlichten. Aber ist sie eine tschechische Gesellschaft? In ihren Statuten bekennt sie sich ausdrücklich zum Deutschen als der Umgangs- und Publikationssprache der Gesellschaft. Dies ist aber keineswegs eine Absage an das Tschechische. Die Betonung des Deutschen wendet sich einerseits gegen das noch immer vorherrschende Latein und andererseits gegen die in den höheren deutschsprachigen Kreisen weit verbreitete Gallomanie. Nicht umsonst gehörte Johann Christoph Gottsched (1700-1766) zu den korrespondierenden Mitgliedern der Olmützer Gesellschaft. Damit ist diese Maßgabe aber nicht unbedingt als Ausdruck eines deutschen Nationalgefühls innerhalb des tschechischen Sprachraums anzusehen. Dies wäre bei der Zusammensetzung dieser Gesellschaft auch verwegen gewesen. Neben dem schon erwähnten korrespondierenden Mitglied Gottsched finden wir in der Gesellschaft etwa den Slowaken Matej Bel (1684-1749), der als Begründer der ungarischen Geschichtsschreibung gilt - die Slowaken gehörten politisch ja zu Ungarn. Wir finden aber auch italienische Namen, etwa Ludovico Antonio Muratori (1672-1759) oder Angelo Maria Quirini (1680-1755). Und natürlich wirken auch Tschechen mit, wie der Abt des Klosters Raigern (Rajhrad) bei Brünn, Bonaventura Piter (1708-1764), der in seinem Kloster eine wichtige Historikerschule gründete. Nationalismus hatte in einer solchen Gemeinschaft wahrlich keinen Raum.

In dieser Zeit, um die Mitte des 18. Jahrhunderts, stellt sich erstmals ernsthaft die Frage nach der Nationalität eines Gelehrten auf der Grundlage der Muttersprache. Diese Frage lässt sich aber noch lange - und manchmal bis heute - nicht eindeutig beantworten. Entscheidet wirklich eine Sprache darüber, ob ein Gelehrter Deutscher oder Tscheche ist oder etwa von ganz anderer Nationalität? Schon im 18. Jahrhundert stellt sich die Frage etwa bei Gelasius Dobner (1719-1790). Der Begründer der modernen tschechischen Geschichtswissenschaft stammte aus einer in Prag ansässigen deutschen Familie. Seine Schriften publizierte er in Latein. Selbst seinem berühmtesten Werk, der kritisch kommentierten Ausgabe der tschechischen Chronik des Václav Hájek z Libočan (gestorben 1533) lag die lateinische Übersetzung dieser tschechischen Chronik aus dem 16. Jahrhundert zugrunde. Und doch gilt er als tschechischer Gelehrter. Der um die Wende vom 18. zum 19. Jahrhundert weit über die Grenzen von Böhmen und Mähren hinaus bekannte Josef Dobrovský wurde im heutigen Ungarn geboren. Der Vater war im Militärdienst. Zeitlebens hat Dobrovský seine Studien auf Deutsch oder Lateinisch publiziert. Und dennoch muss er als ein tschechischer Gelehrter gelten. Den größten Teil seines Lebens verbrachte er als Privatgelehrter in Prag. Seine überragende Rolle in der tschechischen nationalen Wiedergeburt steht außer Zweifel. In seiner Grammatik *Ausführliches Lehrgebäude der böhmischen Sprache* von 1809 legte Dobrovský die Fundamente für die heutige tschechische Schriftsprache.

Das 19. Jahrhundert brachte eine ganze Reihe von Gelehrten hervor, die als Bürger eines deutsch geprägten Staatswesens, der Habsburger Monarchie, ungeachtet ihrer Muttersprache immer auch enge Beziehungen zu deutschen Gelehrten hatten. Man könnte etwa auf den Philosophen und Mathematiker Bernard Bolzano (1781-1848) oder den Arzt und Biologen Jan Evangelista Purkyně (1787-

1869) hinweisen. Während Purkyně eindeutig als Tscheche identifiziert werden kann, treten bei Bolzano wieder gewisse Zweifel auf. Er entstammte einer italienischen Familie, die in Prag ansässig war - durchaus kein Einzelfall, wie die bereits erwähnten Mitglieder der Olmützer *Societas incognitorum eruditorum* belegen. Ein weiteres Beispiel ist der aus einer italienischen Familie stammende Historiker Ignaz Cornova (1740-1822), der um die Wende des 18. zum 19. Jahrhundert Pavel Stránskýs (1583-1657) im Exil in Sachsen verfasstes Werk *Respublica Bojema* herausgab und sich dadurch als böhmischer Patriot zeigte. Die schon bei Comenius vereinten Funktionen eines Gelehrten und Politikers finden wir im 19. Jahrhundert bei František Palacký (1798-1876) wieder. Dessen Absage an das Vorparlament in der Frankfurter Paulskirche darf allerdings nicht nur im nationalen Sinne verstanden werden. Auch staatsrechtlich stellte Böhmen einen Sonderfall dar. Zu den Gelehrten muss man in der zweiten Hälfte des 19. und der ersten Hälfte des 20. Jahrhunderts auch den Philosophen, Soziologen und späteren Präsidenten der unabhängigen Tschechoslowakei Tomáš Garrigue Masaryk (1850-1937) rechnen, der erneut die Gelehrtheit mit der Funktion des Politikers vereinte. Ähnlich ist auch die Person des Historikers Jaroslav Goll (1846-1929) einzuschätzen, der zusammen mit Masaryk zunächst die Auswüchse des tschechischen Nationalismus bekämpfte. Gemeinsam machten sie Front gegen die Echtheit der *Königinhofer* und der *Grünberger Handschrift*. In der Gelehrsamkeit waren sie vereint; die Politik führte zum Bruch zwischen ihnen. Goll sah die Zukunft der Tschechen nicht in einem unabhängigen Staat, sondern eher in einer österreichischen Föderation. Masaryk arbeitete am eigenen Staat, der 1918 verwirklicht wurde. Doch auch Masaryk war nicht antideutsch eingestellt. Tatsächlich verbanden ihn eine ganze Reihe von persönlichen Freundschaften mit deutschen Gelehrten wie z. B. mit dem Philosophen Carl Stumpf (1848-1936). Aber auch der in einer jüdischen Familie in Prostějov (Prossnitz) in Mähren geborene Edmund Husserl (1859-1938), wohl ein deutscher Gelehrter, wurde von Masaryk beeinflusst. Hier kann man zudem beobachten, dass ein aus dem tschechischen Sprachraum kommender Impuls über einen Deutschen an seinen Ursprungsort zurückkehrt. Bei Husserl in Freiburg studierte nämlich der wohl bekannteste tschechische Philosoph des 20. Jahrhunderts, Jan Patočka (1907-1977).

Will man das Verhältnis tschechischer Gelehrter zu ihren deutschen Kollegen zusammenfassen, so ist anzuerkennen, dass die Tschechen sich immer mit ihrem „großen" Nachbarn auseinandergesetzt haben. Dies mag bewusst geschehen sein oder auf der Grundlage weniger expliziter Beeinflussung. Diese Beeinflussung ist natürlich auch durch die historischen Gegebenheiten erklärbar: Das zahlenmäßig größere Volk, das zudem seinerseits auf drei Seiten den tschechischen Sprachraum umgibt, übt zwangsläufig einen großen Einfluss aus. Sehr viel komplizierter hingegen gestaltet sich häufig das Verhältnis deutscher Gelehrter zu ihren tschechischen Kollegen. In Deutschland manifestiert sich seit Jahrhunderten eine Ausrichtung nach Westen, sei dies in den französisch-romanischen Sprach- und Kulturraum oder in den angelsächsischen. Dabei werden die aus Osten kommenden Impulse oft nicht wahrgenommen. Natürlich gibt es auch hier Ausnahmen, wie z. B. Husserl, der enge Kontakte nach Prag pflegte. Das Gesamtbild stellt sich aber so dar, wie dies mit einer der wichtigsten Strömungen in den Geisteswissenschaften, speziell in der Sprach- und in der Literaturwissenschaft, geschah, die sich in Prag entwickelt hat: dem Funktionalismus, der auch als „Prager Strukturalismus" bekannt ist. Er wurde in Deutschland weitgehend übersehen oder ignoriert. Erst auf dem Umweg über den angelsächsischen, in geringerem Ausmaß auch über den französischen Raum, konnten bahnbrechende Thesen des „Prager Strukturalismus" auch in Deutschland Fuß fassen. Eine Erklärung hierfür mögen die totalitären Regime bieten, die in Deutschland und in der Tschechoslowakei den internationalen Wissensaustausch erschwerten. Seit 1989 können wir nun in beiden Staaten wieder von der Freiheit von Wissenschaft und Forschung sprechen. Und schon deutet sich z. B. durch eine Vielzahl von Partnerschaften zwischen deutschen und tschechischen Universitäten an, dass eine gelehrte Zusammenarbeit jenseits aller nationalen Fragen möglich und fruchtbar ist.

Der Austroslawismus und seine Anfänge

Zdeněk Šimeček

Die slawische Idee im Bewusstsein und Leben der Völker der Habsburger Monarchie gehört zu den häufig behandelten Themen in der tschechischen und deutschen Historiographie. An Gewicht gewinnt diese Idee mit der Herausbildung nationaler Ideologien im 19. Jahrhundert. Dennoch ist nicht zu bezweifeln, dass ihre Wurzeln weit zurückreichen, bis zu der traditionellen Vorstellung von der ethnischen Verwandtschaft der slawischen Völker in den mittelalterlichen Chroniken. Das Bewusstsein slawischer Herkunft, das die Přemysliden-Dynastie und den Adel prägte, manifestierte sich in der Stellung der tschechischen Sprache im öffentlichen Leben. Als Sprache der einheimischen, slawischen Bevölkerung entschied sie auf Versammlungen, bei Gericht und überall dort, wo man seinen Standpunkt öffentlich geltend machen konnte, über den rechtlichen Status des Einzelnen. Menschen aus anderen Ländern und Kolonisten, die für immer in das Land gekommen waren, galten als fremdartige Elemente. Der praktische Sprachgebrauch wurde in den Gebieten, wo Fremde und Einheimische zusammenlebten, unterschiedlich geregelt. Die Rolle der deutschen Sprache im öffentlichen Leben änderte sich erst mit der *Verneuerten Landesordnung*, die für Böhmen 1627, für Mähren 1628 erlassen wurde.

Nach dem Sieg über die böhmische Ständeerhebung begann für *Čechie* die Zeit der Klage, eine Zeit, in der die Rechte der tschechischen Sprache verteidigt werden mussten. Es waren die siegreiche katholische Kirche und der Klerus, die das Bewusstsein von der Bedeutung der tschechischen Sprache aufrechterhielten. Stützpfeiler war hierbei die Idee von der böhmischen Kirchengeschichte als ausgeprägt nationaler Geschichte, wie sie vor allem im Kult des heiligen Wenzel (Václav) zum Ausdruck kam. Nachdem sich das Odium des Aufstands von 1618 allmählich verflüchtigt hatte, verstärkte sich auch das Bewusstsein von der Rolle des böhmischen Staates und des böhmischen Adels. Die Restituierung ständischer Regierungsprinzipien unter Karl VI. führte zu verschiedenen Erscheinungsformen von Landespatriotismus. Für den Adel und die Geistlichkeit wurden sogar zweimal in der Woche Zeitungen in tschechischer Sprache herausgegeben. Die lange Tradition und der ausgedehnte Besitz der Geschlechter hoben das Prestige des böhmischen Adels auch innerhalb des Reiches.

Die Ostpolitik des Habsburgerreiches und seine Expansion in die von den Südslawen besiedelten Länder lenkten aus innen- und außenpolitischen Gründen die Aufmerksamkeit auf die slawische Frage. Unter diesem Blickwinkel standen vor allem in Deutschland bald Informationen über die Geschichte der slawischen Völker und ihre Kultur im Mittelpunkt. Auch das Interesse an slawischen Sprachen stieg. J. Chr. Jordan, Rat der böhmischen Hofkanzlei, des höchsten Amtes der böhmischen Krone, band die Geschichte der slawischen Stämme im Gebiet der Böhmischen Länder, der österreichischen Alpenländer und der ungarischen Krone in eine ganzheitlich verstandene Geschichte der Slawen ein. In seinem Werk *De originibus Slavicis, opus chronologico-geographico-historicum, ab antiquitate literis nota in seculum usque Christianum decimum* (Vindobonae 1745) bevölkerte er das Gebiet des alten Germanien mit slawischen Stämmen und hob die territoriale Überlappung Germaniens mit den Ländern des habsburgischen Staatengebildes hervor. Diese Tradition blieb in den Ländern der böhmischen Krone lebendig und Jordans Buch wurde noch Ende des 18. Jahrhunderts zum Verkauf angeboten. Die Rolle des böhmischen Adels gewann in der Habsburgermonarchie an Bedeutung. Das äußerte sich auch in praktischen Schritten, die darauf abzielten, die adlige Jugend aus dem Böhmischen Königreich für den Dienst an Dynastie und Staat zu erziehen. Zu Beginn der vierziger Jahre des 18. Jahrhunderts fiel der Beschluss, eine Adelsakademie im Benediktinerkloster Břevnov einzurichten. Als man diese Absicht nach Wien übermittelt hatte, wurde an der dortigen Theresien-Akademie der Unterricht des Tschechischen sichergestellt. Vor allem für die Schüler der Militärakademie in Neustadt bei Wien druckte der Wiener Drucker L. Kalivoda 1761 Zeitungen in tschechischer Sprache.

In der Ideologie des Ständepatriotismus der ersten Hälfte des 18. Jahrhunderts spielte die Frage der tschechischen Sprache allerdings keine entscheidende Rolle. Es ging nicht um das Tschechische als Kommunikationssprache der Ständegesellschaft. An erster Stelle stand die Frage der Staatlichkeit Böhmens; die Sprache wurde zum Symbol der Staatsrechtlichkeit. Der Adel gebrauchte das Tschechische relativ häufig im häuslichen Kreis und zur Verständigung mit dem Volk. Die wirkliche Bedrohung für die tschechische Sprache ging von der entstehenden bürgerlichen Gesellschaft aus. Auf Kosten der kleinen Adelsgeschlechter im Land stand nun der Weg in den bürokratischen Apparat, der die Zentralisierungstendenzen verstärkte, auch den bürgerlichen Schichten offen. Die partikularen Länderprogramme aus der Zeit, als man um die Durchsetzung der *Pragmatischen Sanktion* kämpfte, wurden von den Zentralisierungsbestrebungen des Reiches abgelöst. Diese gipfelten in der germanisierenden Schulpolitik unter Joseph II., die Befürchtungen wachrief, dass die tschechische Sprache in ihrem Fortbestehen ernstlich gefährdet sei. In diesem Zusammenhang liegt es nahe, auf die damalige sächsische und preußische Politik gegenüber den Lausitzer Sorben zu verweisen.

Der sich auf das dynastische Prinzip berufende Gedanke einer Kontinuität des böhmischen Staates wurde von der progressiven aufklärerischen Ideologie überholt und von den Veränderungen, die Wissenschaft, Handwerk, Manufakturwesen, Handel und das allgemeine Kommunikationssystem revolutionierten, in den Hintergrund gedrängt. Die Erneuerung der Ständerechte und der Sprache trat hinter der Notwendigkeit zurück, einer breiten Bevölkerungsschicht eine Grundschulbildung zu ermöglichen, die zur Steigerung von Reichtum und Macht des Staates beitragen würde. Die unifizierende Ideologie der staatlichen österreichischen Aufklärung fand Unterstützung in den entscheidenden Kreisen des Landesadels, des Bürgertums und der Intelligenz. Die realen Bedürfnisse der Gesellschaft verschoben die Sprachenfrage in den Bereich von Bildung und Volksaufklärung.

Die Anstöße zum Studium der Sprache und Kultur der slawischen Völker liegen in der wissenschaftlichen Sphäre, nicht im praktischen Sprachunterricht an den Hochschulen, der die Studierenden darauf vorbereitete, sich mit Soldaten und Untergebenen zu verständigen. In zunehmendem Maß wurden damit auch diejenigen slawischen Völker in Europa integriert, die außerhalb der Grenzen des mittelalterlichen Römischen Reiches lebten und zu denen die mit dem westeuropäischen Humanismus verbundenen geistigen Strömungen nur spärlich vorgedrungen waren. Österreich bot für ein Studium der slawischen Völker und Kulturen hervorragende Bedingungen. Die Expansion der Monarchie in die slawischen Länder des Balkans im 18. Jahrhundert und die Teilung Polens in den 70er Jahren des 18. Jahrhunderts verwandelte diese in einen Staat mit überwiegend slawischer Bevölkerung. Das bei den Deutschen verbreitete Bild vom Slawen als Prototyp des Verräters wurde hinfällig: die Slawen erschienen nun als Volk, das gleichberechtigt neben anderen stand und sich in Gestalt des russischen Staats auch in die gesamteuropäische Politik einschaltete. Die Entwicklung der im Balkan- und Schwarzmeerraum ansässigen Slawen unterschied sich von der Entwicklung orientalischer Völker. Innerhalb der Habsburgermonarchie spielte der Gedanke eines böhmischen, kroatischen und dalmatischen Königreichs eine wichtige Rolle. Er festigte die Tradition des Reiches und erlaubte es, die Geschichte der slawischen Völker in der Monarchie aus einem Blickwinkel darzustellen, der, unter Berufung auf die ihnen gemeinsame kirchenslawische Sprache, eine ursprüngliche kulturelle Einheit geltend machte.

Das Bewusstsein, dass die slawischen Völker innerhalb des mittelalterlichen Reichsgebiets staatenbildenden Charakter hatten, wurde ganz wesentlich von Vertretern der deutschen Geschichtsschreibung gefördert. Argumente dafür, dass die slawische Geschichte einen bedeutenden Teil der europäischen Geschichte darstellt, brachten vor allem A.L. Schlözer und Ph. W. Gercken bei. Gercken scheute sich nicht, in seinem Buch *Versuch der ältesten Geschichte der Slaven, besonders in Teutschland* (Leipzig 1771) die slawische Besiedlung Deutschlands hervorzuheben und den Slawen in verschiedenen Gebieten des Reichs die Rolle des vorherrschenden Volks zuzusprechen. Für den Bereich der österreichischen Alpenländer hatte sich J. B. Heyrenbach, der Kustos der Wiener Hofbibliothek, eine vergleichbare Aufgabe gestellt. In der postum herausgegebenen Abhandlung *Slawen in Österreich*, deren Publikation das Verdienst von V. F. Durych und J. Dobrovský war, trug er Beweise dafür zusammen, dass auch in Ober- und Niederösterreich einst Slawen gesiedelt hatten.

Dies zeigt, dass der Slawismus in der tschechischen Gesellschaft in erster Linie den böhmischen Landespatriotismus stärkte. Ein breiteres Wirkungsfeld für den Slawismus schuf der österreichische Staat mit seiner sich ausformenden österreichischen Staatsideologie. Während die Bemühungen in Böhmen darauf zielten, die Spezifika der böhmischen Staatlichkeit zu bewahren und die Respektierung der Rechte der tschechischen Sprache zu sichern, ging es aus der Sicht des Reichs darum, den Einigungsprozess der slawischen Völker in Österreich zu stärken. Die Forderung nach einer komplexen Erforschung von Sprache, Kultur und Staatlichkeit der slawischen Völker trug nicht nur dazu bei, die ursprüngliche Einheit der Slawen zu erkennen, sondern die gewonnenen wissenschaftlichen Erkenntnisse auch bei der Förderung der Nationalkulturen einzusetzen. Zu Beginn der 90er Jahre des 18. Jahrhunderts trat J. Dobrovský mit dem Gedanken hervor, orthographische und lexikalische Regelungen in den einzelnen slawischen Sprachen (Dialekten) vorzunehmen, die Graphik und Wortschatz der verschiedenen Volksräume einander näher bringen würden. Von einer solchen Maßnahme ließ sich ein höherer Informationsgrad erwarten und eine direkte Unterstützung der weniger entwickelten Gesellschaften; außerdem hätte sie die staatliche Administration und die Kommunikation erleichtert. Wenig später sah Dobrovský den Moment für die Herausgabe einer Zeitschrift gekommen, welche die literarischen und wissenschaftlichen Beziehungen zwischen den einzelnen slawischen Völkern, besonders denen in Österreich, stärken sollte. Im Programm der Zeitschrift *Slavín,* das er den Behörden vorlegte, schrieb er, dass die Zeitschrift im südslawischen Raum die Sympathien gegenüber Österreich fördern könne, auch über die Reichsgrenzen hinaus. Das freilich machte er von der Politik des Staates abhängig. Er selbst legte Nachdruck auf den literarischen Austausch und die Verbesserung der Bildungssituation in diesem Raum. Er empfahl die staatliche Herausgabe von Lesefibeln und Lesebüchern in den Nationalsprachen. Die Zeitschrift *Slavín* werde, so urteilte er, ihre Mission dann erfüllen, wenn sie die Sprachen und das Schreiben lehre, wenn sie Informationen vermittle und das Geschehen auf philologischem Gebiet kritisch beobachte. Auch einer solchen Tätigkeit maß er politische Bedeutung bei. Bereits Dobrovský deutete an, dass Österreich im südslawischen Raum mit den russischen Interessen in Konflikt gerate und in die Sphäre der orthodoxen Kirche vordringe. Er vermied jedoch Kopitars antirussische Schärfe.

Die slawische Philologie, die sich auf das Studium der ältesten, allen slawischen Völkern gemeinsamen Epoche der slawischen Schriftkultur konzentrierte, wurde zu einem Forschungsbereich, der nicht nur nach wissenschaftlichem Ansehen strebte, sondern in dem auch rivalisierende nationale Versuche unternommen wurden, die Entstehung der kirchenslawischen Sprache und des kirchenslawischen Schrifttums für sich in Anspruch zu nehmen. In Böhmen wurden die Forschungsergebnisse, deren kulturpolitische Reichweite auch einen günstigen Einfluss auf die Studienbedingungen hatte, zu einer wichtigen Komponente des Landespatriotismus. Sie hatten ihren festen Platz im damaligen Nationalbewusstsein. Die Impulse aus der Politik hatten schließlich zur Folge, dass die böhmische Slawistik in das Blickfeld der österreichischen Behörden rückte. Hohe staatliche Vertreter zeigten Interesse an den Ergebnissen der slawistischen Arbeit in Prag. Höfische Stellen in Wien forderten V. F. Durych zur Beendigung seines Werks *Bibliotheca slavica antiquissimae dialecti communis et ecclesiasticae universae Slavorum gentis* auf, dessen erster Teil 1795 in Wien erschienen war. Minister J. F. Rottenhahn verfolgte den Fortgang der Arbeit mit außerordentlichem Interesse. Nach Durychs Tod blieb sie jedoch unabgeschlossen. Die *Königliche böhmische Gesellschaft der Wissenschaften* in Prag wurde zur Institution, die bei der Organisation der slawistischen Studien in der Monarchie das entscheidende Wort sprach.

In der Zeit, als sich der österreichische Staat durch die Kriege mit Frankreich bedroht sah, gewann der Landespatriotismus an Bedeutung. Er stand nicht im Gegensatz zum höchsten aller Prinzipien, der Treue gegenüber Dynastie und Staat. Diese Devise des böhmischen Patriotismus verlor auch dadurch nicht an Gewicht, dass die Geschichte Böhmens nach 1526 der österreichischen Geschichte einverleibt wurde: als Geschichte einer Provinz. Das Bekenntnis zur Geschichte Böhmens als slawischer Geschichte hatte in Verbindung mit der positiven Bewertung der Rolle der Slawen in der europäischen Geschichte auch den Blick auf die Geschichte des österreichischen Staates verändert, der in der Josephinischen Ära nur mit der Geschichte der österreichischen Alpenländer assoziiert worden war.

Die wachsende Nationalbewegung in den deutschen Ländern, begleitet von den demokratischen Sehnsüchten der liberalen Zentren, war nicht nur für das Metternichsche System gefährlich. Sie brachte Misstrauen gegenüber der Stärke des österreichischen Staates und dessen kulturellem Niveau mit sich. In der Sphäre der deutschen Sprachkultur nahm die österreichische Monarchie eine periphere Stellung ein. Dies war zweifellos eine günstige Entwicklung für die Erhaltung der kulturellen Gliederung und trug zu einer Integration bei, deren Rahmen vor allem von den einzelnen Nationalkulturen abgesteckt wurde. Der kulturelle Austroslawismus verband zwar auch weiterhin die slawischen Völker mit der österreichischen Monarchie, der gegenseitige Austausch kultureller Werte jedoch blieb unbefriedigend.

Im Verständnis B. Kopitars war es die vorrangige Aufgabe des Austroslawismus, die südslawischen Völker in das Habsburgerreich zu integrieren und den Einfluss der russischen Kultur auf dem Balkan zu mindern. Der Habsburger Austroslawismus, der dank

Kopitar in Wien als dem Zentrum der Monarchie verankert war, verdrängte den Austroslawismus tschechischer Provenienz. Es ging um Ansprüche, die sich mit den Vorstellungen der tschechischen Gesellschaft von der Rolle Prags in der slawischen Welt nicht vertrugen. Wien sollte zum geistigen und kulturellen Zentrum der österreichischen Slawen werden, und die slawische Philologie sollte die Ansprüche der Monarchie auf eine führende Rolle im kulturellen Wettstreit mit Russland verteidigen helfen. Die konkreten Aufgaben erforderten freilich auf längere Sicht eine Beteiligung J. Dobrovskýs. Ihren Höhepunkt erreichte diese mit der Herausgabe der altkirchenslawischen Grammatik (*Institutiones linguae slavicae dialecti veteris...*, Vindobonae 1822). Die Unterschiede in den Ansichten der Prager Slawisten und B. Kopitars wuchsen sich nach Dobrovskýs Tod zu einem offenen Kampf aus, an dessen Spitze in Prag F. Palacký und P. Šafařík standen. Der Austroslawismus blieb jedoch auch in der Zeit der sich verstärkenden tschechischen Nationalbewegung Ausdruck einer positiven Haltung gegenüber dem österreichischen Staat. Er unterstützte gleichwohl das Bewusstsein von einer kontinuierlichen Staatlichkeit Böhmens und einer ruhmreichen Vergangenheit und forderte zur Pflege der tschechischen Literatur auf. Die Bestrebungen, eine dominant bohemistisch orientierte Grundlinie durchzusetzen, wie sie von den heimatkundlichen Studien, der sprachwissenschaftlichen Forschung und der Literaturgeschichte in den Ländern der Böhmischen Krone - vor allem im 19. Jahrhundert - vertreten wurden, schwächte die Position der deutschen Literatur im deutsch-tschechischen Kulturdualismus. Bohemistische Studien rückten ins Zentrum des wissenschaftlichen Interesses. Hinzugefügt sei, dass der kulturelle tschechische Austroslawismus nicht das Ziel hatte, die Stellung Russlands innerhalb der slawischen Welt zu schwächen, vielmehr wollte er die Entwicklung der slawischen Völker fördern, insbesondere in der österreichischen Monarchie.

Der Austroslawismus als Ausprägung einer kulturellen Orientierung, die auf wissenschaftlichen Erkenntnissen basierte, wurde auch in deutschen Kreisen innerhalb der böhmischen Kronländer, in Wien und in den deutschen Ländern außerhalb der Monarchie positiv aufgenommen. Den tschechischen Slawismus in seiner abgemilderten Form konnte auch die Regierung Metternich in Wien akzeptieren. Die Tatsache, dass der tschechische Slawismus sich nicht gegen den österreichischen Staat, die Dynastie und die Kirche richtete, erlaubte es der Regierung, ihm gegenüber eine grundsätzlich andere Haltung einzunehmen als gegenüber dem Panslawismus.

Tschechen, Deutsche, Österreicher und T. G. Masaryk

Jaroslav Opat

> *Das deutsche Problem, wenn ich es so kurz bezeichnen soll, ist mir ein Lebensproblem, gegeben durch die Nachbarschaft und die Entwickelung meines Volkes.*
>
> T. G. Masaryk in einem Brief an den deutschen Dichter Gerhart Hauptmann vom November 1932

Eines der hoffnungsvollsten Zeichen für die Zukunft Europas und der Welt ist gegenwärtig das deutliche Interesse aller mitteleuropäischen Länder, auch Tschechiens, Österreichs und Deutschlands, gute Beziehungen zueinander aufzubauen. Dennoch gestaltet sich die positive Entwicklung der Beziehungen zwischen den Völkern auf Grund noch nicht völlig verheilter Wunden aus der Vergangenheit bisweilen schwierig. Wie oft haben sich allein im 20. Jahrhundert die Staatsgrenzen, die den gemeinsamen Lebensraum der hier beheimateten Völker absteckten, drastisch verschoben! Zu den sensibelsten Problemen in den tschechisch-österreichisch-deutschen Beziehungen gehören die Zerschlagung der Ersten Tschechoslowakischen Republik durch das faschistische Deutschland und die anschließende Okkupation Böhmens und Mährens mit all den Folgen des Kriegs auf der einen und der Aussiedlung der Deutschen aus ihrer Heimat in der Nachkriegstschechoslowakei auf der anderen Seite. Die Zeit, die seit dem Ende des Zweiten Weltkriegs vergangen ist, hat dank demokratischer Bemühungen von beiden Seiten viele dieser Wunden geheilt. Viele sind jedoch auch geblieben, vor allem im geistig-seelischen Bereich, auf beiden Seiten. Die wiederholten Rufe nach Wiedergutmachung des gegenseitig erfahrenen und verübten Unrechts, aber auch die Rufe nach Versöhnung und fruchtbarer Zusammenarbeit geben davon Zeugnis.

In den Diskussionen der Historiker, der historisch interessierten Publizisten und Politiker wird von Tschechen, Österreichern und Deutschen immer wieder an die geschichtliche Rolle T. G. Masaryks in ihren Beziehungen erinnert. Doch weisen ihre Interpretationen Unterschiede auf, bisweilen sogar unversöhnliche Unterschiede. Übereinstimmung besteht lediglich darin, dass Masaryk in einer Schlüsselepoche der gemeinsamen Geschichte eine wesentliche Rolle spielte: für die einen eine positive, für die anderen eine mehr oder weniger negative. Wir wollen eine knappe historische Auslegung dieser Rolle versuchen, denn das ist ein Desiderat. In dieser oder jener Bewertung spiegeln sich bis heute die ideellen und ideologischen Positionen der Kritiker Masaryks und auch die Interessen, die der jeweilige Kritiker programmatisch oder vielleicht auch nur unterbewusst vertritt.

Vor dem Ersten Weltkrieg harmonierte Masaryks Einstellung zur österreichisch-ungarischen Monarchie im Großen und Ganzen mit seiner philosophischen Orientierung in der nationalen Frage, in der Rassenfrage und in allgemein menschlichen Fragen. Schon als junger Intellektueller, seit den 90er Jahren auch als aktiver Politiker, hielt er Österreich-Ungarn für die einzig akzeptable Basis einer positiven tschechischen Politik, einer Realisierung der nationalen Emanzipation der Tschechen. Er machte sich Palackýs 1848 aufgestellte These zum Grundsatz, nach der die Tschechen, würde Österreich nicht schon von jeher existieren, sich „im Interesse Europas" darum bemühen müssten, es möglichst schnell zu schaffen. Mit Blick auf die realen Verhältnisse gegen Ende des 19. Jahrhunderts interpretierte Masaryk Palacký durchaus kritisch. Er widersprach der These vom beständigen Mit- und Gegeneinander von Tschechen und Deutschen, das die bestimmende Achse der tschechischen Geschichte bilde. Bereits 1888 schrieb er in seinem Artikel *Slovanská západní otázka* (Die westslawische Frage), es entspreche nicht der Wahrheit, dass die Deutschen „überall und immer" gegen die Slawen vorgegangen seien (*Čas*, 1888, 186). Die Geschichte, und gerade die Geschichte des tschechischen Volkes, lehre auch das Gegenteil. Und er fügt hinzu, dass „das, was einmal gegolten hat, nicht immer gelten muss". In seinem Buch *Česká otázka* (Die tschechische Frage) äußert er nur wenig später, 1895, die Meinung, es sei ein „schicksalhafter Wahn" zu glauben, dass die tschechische Geschichte nichts als ein unablässiger Kampf gegen die Deutschen gewesen sei. Und um jedwede Zweifel darüber, was er meinte, auszuschließen, fuhr er fort, dass sich in dieser „wichtigsten aller Fragen" sein politischer Realismus von Palacký und Havlíček und der damals üblichen Art zu politisieren unterscheide. In Bezug auf die Deutschen forderte er schließlich eine „absolut aktive und positive" Politik (*Česká otázka. Naše nynější krize*. Praha 1948, 165). Auf diesem Standpunkt gegenüber dem Vermächtnis Palackýs beharrte er auch nach Jahrzehnten als Präsident des multinationalen tschechoslowakischen Staates. In seinen Kriegsmemoiren *Světová revoluce* (Die Weltrevolution) aus dem Jahre 1925 bekennt er sich aufs neue zu Palacký, doch nicht ohne eine wichtige ergänzende Bemerkung: „[...] ich würde nur stärker betonen, daß wir als Nation eine positive Aufgabe hatten und haben, nicht nur eine negative (den Kampf gegen die Deutschen); mit dem Fortschritt in der Kultur und dem Erstarken der Demokratie wird diese positive Aufgabe immer wichtiger werden" (510).

Die positive Politik gegenüber der Monarchie als Staat war nicht nur ein ideologisches Postulat Masaryks, er verteidigte sie bis zum Weltkrieg immer und überall, in erster Linie gegen die Nationalradikalen. 1896 schrieb er für eine von der Zeitschrift *Rozhledy sociální, politické a literární* (Soziale, politische und literarische Ausblicke) durchgeführte Umfrage:

„Vor allem erkläre ich, daß ich überhaupt keinerlei nationalistischen Standpunkt vertrete und somit auch nicht in der Frage unseres Verhältnisses zu den Deutschen. Ich vertrete unser tschechisches Programm des Humanismus. [...] Die Versöhnung zwischen uns und den Deutschen, eine dauerhafte Versöhnung, wird auf der Grundlage des gegenwärtigen politischen Nationalismus nicht möglich sein. Der jetzige Nationalismus ist ein Aberglaube und Fanatismus; [...] eine Versöhnung zwischen uns, oder besser gesagt, ein positives gemeinsames Wirken in Kultur und Politik ist möglich, wenn wir als sog. formales Prinzip die Freiheit und als sog. materielles Prinzip die soziale Gerechtigkeit anerkennen. Diese Prinzipien anerkennen heißt, ihnen gemäß handeln, wie immer auch der politische Gegner handeln mag. Wenn also wir Tschechen ganz aufrichtig und um jeden Preis für Freiheit und soziale Gerechtigkeit einstehen, ist alles gewonnen. Umgekehrt gilt für die Deutschen das gleiche. Wer von uns eher und aufrichtiger beginnt, arbeitet an einem dauerhaften Fundament für eine Übereinkunft" (418-425; dt. in: *Die Zeit* VII/82, 51-54).

Masaryk war einfach davon überzeugt, dass Versöhnung, Übereinkunft und Zusammenarbeit zwischen Tschechen und Deutschen in den historischen böhmischen Ländern nicht nur für diese selbst, sondern für alle Völker der Monarchie von Nutzen sein würden. Um diese Übereinkunft herzustellen, bedurfte es freilich auf beiden Seiten Männer, die befähigt waren, auf einen solchen Frieden hinzuarbeiten. Masaryk war ein solcher Mann. Zu seiner Zeit aber war er ein Rufer in der Wüste.

Masaryks Ansichten über eine systematische Regelung der Beziehungen innerhalb der Monarchie finden sich in Kurzform im *Rámcový program české strany lidové (realistické)*, (Rahmenprogramm der Tschechischen (realistischen) Volkspartei), das auf dem Gründungsparteitag im Jahre 1900 angenommen wurde. Hauptautor des Programms war Masaryk. Die Grundfrage, mit der sich das Programm beschäftigte, war hierbei, ob ein nationalbewusstes Volk, das nach politischer Selbstständigkeit und Unabhängigkeit strebt, unter den gegebenen Voraussetzungen auf einer völligen staatlichen Eigenständigkeit bestehen könne oder gar solle. Die Antwort des Programms war eindeutig: „Die frühere, völlige staatliche Eigenständigkeit der böhmischen Länder ist heutzutage unmöglich; unsere zahlenmäßige Stärke, unsere Binnenlage und die Tatsache, dass die böhmischen Länder auch von Deutschen (und Polen) bewohnt werden, zwangen und zwingen uns zu einer Assoziation mit anderen Nationen bzw. anderen Ländern" (2).

Zwölf Jahre später, im Januar 1912, verabschiedete ein weiterer Parteitag eine neue Version des Programms. Die Hauptthesen aus dem Jahr 1900 wurden darin beibehalten. Betont jedoch wurde die Dringlichkeit einer gesamtstaatlichen Verwaltungsreform in der Monarchie. Die Verfassungslage wurde für unzureichend erklärt. Das Interesse Österreichs verlange - so das Programm - „nach einer allgemeinen Erneuerung des Reichs in demokratischem Geist" (22). Das erneuerte Programm rief dringlicher nach einer Beendigung der Auseinandersetzungen zwischen den Nationen und Nationalitäten im Reich. Alle ihre Kräfte sollten so „endlich" zu gemeinsamem, kreativem Handeln befreit und vereinigt werden (23).

Für seine prinzipiell positive Einstellung gegenüber Österreich-Ungarn wurde Masaryk von den radikalen tschechischen Nationalisten nicht nur einmal der „Österreichelei", des Mangels an tschechisch-patriotischem Fühlen bezichtigt. Auge in Auge mit diesen

Kritikern, die nicht selten grob und aggressiv gegen ihn vorgingen, blieb er in seiner kritisch demokratischen Haltung gegenüber der Monarchie fest. Allerdings beunruhigte ihn die Unfähigkeit von Regierungskreisen, effektive Initiativen zu ergreifen, um die bestehenden ernsten sozialen, politischen und ethnischen Widersprüche zu beseitigen. Auch die Außenpolitik der Monarchie verfolgte er mit wachsender Unruhe, ihre, wie er sich einmal ausdrückte, halbkoloniale Abhängigkeit von der Expansionspolitik des deutschen Kaiserreichs. Die Gefahren, die solch eine Politik in sich barg, nahm er mit feinem Gespür wahr und warnte rechtzeitig vor ihnen.

Als Österreich-Ungarn, die Großmacht, dem kleinen Serbien den Krieg erklärte und damit de facto das Inferno des Weltkriegs entfachte, änderte Masaryk seine Einstellung zur Monarchie als Staatsform. Er, der ihre Existenz in reformierter Form stets verteidigt hatte, focht nun für ihre Niederlage und die Befreiung aller von ihr beherrschten Völker, auch der Tschechen und Slowaken.

Oberflächliche Kritiker halten dies für Masaryks größten Irrtum überhaupt, ja sogar für einen tragischen Fehler. Offenbar deswegen, weil sie sich eine Frage nicht stellen: Was nämlich hätte der von ihnen kritisierte Masaryk nach Ausbruch des Kriegs tun sollen, welche Möglichkeiten hatte er nach der Aufspaltung der Welt in zwei riesige feindliche Lager, beide mit dem Ziel, unter Einsatz von Millionen Soldaten und Vernichtungswaffen den „Feind" zu besiegen? Hätte er den Krieg unterstützen sollen, den Österreich-Ungarn und Deutschland begonnen hatten? Oder hätte er, ein Mann, der im eigenen Land und in der Welt bereits einen gewissen Ruf genoss, sich zurückziehen und von sicherer Position aus zusehen sollen, wie die Männer an den Fronten in Massen hingemetzelt und verstümmelt wurden? Hätte er listig warten sollen, welchen Ausgang der Krieg nimmt?

Masaryks Entscheidung, sich gegen die zu stellen, die am Ausbruch des Weltkriegs die Hauptschuld trugen, war die höchst verantwortliche Tat eines Demokraten und Humanisten. Das bezeugt allein schon die Tatsache, dass er, um das politische Zentrum des von ihm organisierten Widerstands aufzubauen, erst am Jahresende 1914 in den Westen Europas reiste: in die Schweiz, nach Frankreich und Großbritannien, keineswegs nach Russland. Er tat dies, obwohl eine unkritische Russophilie zu Beginn des Krieges das Denken in den Böhmischen Ländern gemeinhin beherrschte. An eine Rolle Russlands im Krieg glaubte er als hervorragender Kenner des

Landes nicht. Er fürchtete, dass das zaristische Russland weder militärisch noch politisch werde bestehen können. Die Hoffnungen des tschechoslowakischen Widerstands verband er daher gleich zu Beginn des Kriegs vor allem mit den demokratischen Mächten in Westeuropa.

Die Fähigkeit, grundlegende Probleme kritisch und tiefgehend zu analysieren, bewies Masaryk während des Krieges. Von Anfang an verfolgte er das Kriegsgeschehen nicht nur aus dem engen Blickwinkel tschechischer oder tschechoslowakischer Nationalinteressen, sondern vor allem unter dem Blickwinkel einer Weltrevolution, deren Schauplatz zwar fast der ganze europäische Kontinent war, die ihren Brennpunkt aber im mittel- und südosteuropäischen Raum hatte. Zweifellos war es Masaryks außerordentliche Kenntnis der europäischen Verhältnisse im allgemeinen und der mitteleuropäischen, einschließlich der Verhältnisse auf dem Balkan im besonderen, die die Londoner Universität im September 1915 dazu veranlassten, ihm eine Professur anzubieten. Masaryk nahm dieses Angebot mit Zögern an. Am 19. Oktober hielt er die Antrittsvorlesung. Als Thema wählte er *Problém malých národů v evropské krizi* (Das Problem der kleinen Völker in der europäischen Krise). Die Vorlesung wurde 1926 veröffentlicht. Das Problem der kleinen Völker hatte ihn schon Jahrzehnte vor dem Krieg beschäftigt. Als er sich bei seinem ersten Auftritt in London für dieses Thema entschied, war dies die Wahl eines Philosophen und Humanisten, eines politischen Strategen des gerade stattfindenden Kriegs. In der Situation der kleinen Völker im Bereich des Gürtels, der von Triest und Saloniki im Süden Europas bis nach Berlin, Danzig und Petrograd im Norden reichte, sah Masaryk den Urgrund der europäischen Krise. In diesem Raum durchdrangen sich, überlagerten sich und kollidierten die Interessen von vier Großmächten: Deutschland, Österreich-Ungarn, Türkei und Russland. Diese gerieten zudem in unterschiedlichster Weise mit den Großmachtinteressen Großbritanniens und Frankreichs in Konflikt. Masaryk bezeichnete daher den erwähnten Gürtel als „Unruheherd", von dem beständig Unfrieden für ganz Europa ausgehe (14).

Zum Verhältnis der großen und kleinen Völker in diesem Raum bemerkte er unter anderem: „So wie es keinen Übermenschen gibt, gibt es auch kein Überrecht der großen Völker. Ein großes Volk hat kein Recht, seine kleineren Nachbarn als Spielzeug seiner imperialistischen Gelüste und ungezügelten Sehnsucht nach Macht zu benutzen [...]" (26). In diesem Zusammenhang äußerte er sich kritisch über die Politik des deutschen Kaiserreichs. Ihr Kern, die Expansion entlang der Achse Berlin-Bagdad, mache aus den kleinen Völkern Österreich-Ungarns hilflose Werkzeuge dieser Expansion und bedeute für den Rest der Welt gleichzeitig höchste Gefahr. Vor diesem Hintergrund muss Masaryks Formulierung vom Sinn dieses Weltkriegs gesehen werden: „Hat dieser schreckliche Krieg mit seinen zahllosen Opfern irgendeinen Sinn, so kann man ihn in der Befreiung der kleinen Völker sehen, die gegenwärtig durch expansive Gelüste bedroht sind [...] und den gierigen Griff nach der Herrschaft über Asien" (27). Die geistige Grundhaltung der Antrittsvorlesung war somit geprägt von dem tiefen Interesse eines gebildeten und politisch außerordentlich erfahrenen Europäers und Demokraten, die Hauptgründe der sich vollziehenden Kriegskatastrophe zu erfassen, und von dem Versuch, mögliche Wege zu einem Frieden aufzuzeigen, der Perspektive hat.

Das Ziel eines würdigen Lebens in Frieden hatte Masaryk während des Kriegs allerdings auch für Deutschland und Österreich-Ungarn im Sinn, für die Staaten, für deren Niederlage er sich ansonsten einsetzte. Explizit sprach er sich dahingehend Ende 1915 aus, und zwar in dem umfangreichen Dokument *At the Eleven Hours. A Memorandum on the Military Situation*. Dieses Geheimdokument - er erwähnt es in *Světová revoluce* (Weltrevolution) - hatte er auf Wunsch führender britischer Politiker ausgearbeitet. Er befasste sich darin mit der Situation der Armeen in den beiden verfeindeten Lagern. Auch schlug er konkrete Maßnahmen vor, deren Realisierung die Entente zum Sieg über Deutschland und Österreich-Ungarn führen sollte. Das Dokument schließt mit einem Absatz, in dem Masaryk sich zur Zukunft der im Krieg besiegten Staaten äußert:

„Das Programm der Ententestaaten kann nicht in dem einfachen Plan einer Zerschlagung Deutschlands bestehen, denn ein Volk von 65 Millionen (rechnet man den deutschen Teil von Österreich hinzu, von 75 Millionen) lässt sich nicht zerschlagen. Es muss ein Verteidigungsplan sein, ein Plan zur Mobilisierung des moralischen und politischen Fortschritts Europas und der Menschheit. Ein Plan, wie Deutschland dazu gebracht werden könnte, menschlich zu sein, das humanistische Programm der hervorra-

gendsten deutschen Denker anzunehmen und sich zu eigen zu machen. Erst wenn Deutschland seine gewalttätige Philosophie des Übermenschen aufgibt, [...] die nach einer blutigen Vorherrschaft über die Menschheit trachtet, wird es seinen Platz problemlos als Gleicher unter Gleichen finden."
(zitiert nach R. W. Seton-Watson, *Masaryk in England*, 1943)

Zu einer Prüfung für Masaryks weltdemokratisch orientierten Geist wurden auch die zwei russischen Revolutionen im Jahr 1917. Die Märzrevolution, die das Zarentum zu Fall brachte, begrüßte er. Sie war ihm das Versprechen eines russischen Siegs im Krieg und damit auch Hoffnung auf ein rasches Ende des Kriegs überhaupt. Dagegen lehnte er die bolschewistische Novemberrevolution auf der Stelle entschieden ab (von Mitte Mai 1917 bis Anfang März 1918 hatte er sich in Russland aufgehalten). Er sah für sie weder politische noch moralische Gründe. Die Erhebung schaffe Raum für ein leichtes Vordringen deutscher Armeen bis tief ins Landesinnere, ihre Folgen verlängerten den Krieg, und Russland selbst stürze sie in die Schrecken des Bürgerkriegs. „Diese blutige Erhebung war nicht unumgänglich und daher entbehrt sie jeder Grundlage", schrieb er in einem offenen Brief an Plechanov (nachzulesen in *Masarykovy projevy a řeči za války* [Masaryks Ansprachen und Reden während des Kriegs] 1920, 170).

Zum Zeitpunkt ihrer Entstehung war die Tschechoslowakei ein multinationaler Staat, dessen Bevölkerung, was das kulturelle Niveau und die Traditionen betraf, deutliche Unterschiede aufwies. Zusammen mit Tschechen, Slowaken und Deutschen lebten hier auch Ungarn, transkarpatische Ruthenen, Polen, Juden und Roma. Den neu gegründeten Staat begrüßten zunächst ohne Vorbehalte, ja mit gewisser Euphorie, nur die Tschechen und Slowaken; auch die politische Elite der Ruthenen bekannte sich zu ihm.

Eine kategorisch bis militant ablehnende Haltung gegenüber dem entstehenden Staat nahmen von Anfang an Deutsche und Ungarn ein. In der untergegangenen Monarchie hatten sie zu den Hegemonialvölkern gehört und waren daher auch in verschiedenster Weise privilegiert gewesen. Der neue Staat nahm ihnen diese Privilegien. Es war daher aus menschlicher Sicht verständlich, wenn die politischen Sprecher der Deutschen noch vor dem definitiven Kriegsende die Abtrennung der von ihnen bewohnten Grenzgebiete von den historischen Ländern Böhmen und Mähren und deren Anschluss an ein geplantes Deutschösterreich erklärten. Deutschösterreich wiederum dachten sich die ideologischen Strategen als Teil eines vereinigten großdeutschen Reiches.

Diese Absichten zu akzeptieren, hätte bedeutet, Hunderttausenden von Tschechen, die als Minderheit in den Grenzgebieten lebten, dasselbe Recht abzusprechen. In der Folge wäre so auch die Entstehung einer eigenständigen lebensfähigen Tschechoslowakei vereitelt worden. Die Erfüllung der separatistischen deutschen Absichten wäre außerdem einem Triumph derjenigen Kräfte gleichgekommen, die den Weltkrieg begonnen hatten. Unter den Bedingungen, die der Weltkrieg geschaffen hatte, war dies für Tschechen und Slowaken ebenso undenkbar wie für die führenden Vertreter der alliierten Siegerstaaten.

So gestaltete sich die Lage, als T. G. Masaryk am 21. Dezember 1918 aus dem Krieg nach Hause zurückkehrte. Am 14. November war er zum Präsidenten des neuen Staates gewählt worden. Er wusste sehr wohl, dass das Recht auf Selbstbestimmung im Leben der Völker nicht den höchsten Wert darstellt, dass man dieses in der Politik sogar auf gefährliche Weise missbrauchen kann. Bei großen Völkern zur Durchsetzung von antidemokratischen, hegemonialen Interessen, bei kleinen oder kleineren Völkern, die in multinationalen Staaten leben, um irrationale separatistische Ziele zu verfolgen. In dieser Situation, die auch in der eben erst entstehenden Tschechoslowakei unter dem Zeichen aufeinander prallender, durch den Krieg entfesselter und verschärfter Nationalismen stand, war daher ein demokratischer Ausweg mit Perspektive nur von einer Politik zu erwarten, die es verstehen würde, beide Völker, Tschechen wie Deutsche, aus dieser Gefahr herauszuführen, ohne dass es dabei zu gewalttätigen Konflikten käme. Einen solchen Weg konnte nur eine demokratische, antihegemoniale und antiseparatistische Politik aufzeigen. Und Masaryk war entschlossen, ihn in der politischen Praxis fest und geduldig zu beschreiten. Bereits am 22. Dezember, einem Tag nach seiner Rückkehr, warnte er die deutschen Politiker in einer öffentlichen Ansprache nachdrücklich vor den Versuchen einer Abtrennung der Grenzgebiete. Hauptvertreter der Separatisten war damals Robert Lodgman-Auen. Masaryk warnte vor dieser Entwicklung auch unter Hinweis auf die Erfahrung der amerikanischen Demokratie, die „lieber einen Bürgerkrieg auf sich nahm", als dass sie die Sezession der Südstaaten zugelassen hätte (*Cesta demokracie* I, 1934, 20). Gleichzeitig rief er die Deutschen aufrichtig und wiederholt zur Zusammenarbeit beim Aufbau einer „gemeinsamen Heimat" auf (53). Jahre mussten vergehen, bis sich die ersten sichtbaren Erfolge der von Masaryk inspirierten Politik einstellten, aber sie stellten sich ein. In den Parlamentswahlen von 1925 gaben über 70 % der deutschen Wähler ihre Stimmen einer von den drei politischen Parteien (den Agrariern, Sozialdemokraten und Christlich-Sozialen), die bereit waren, sich aktiv am Aufbau eines demokratischen tschechoslowakischen Staates zu beteiligen.

In dem dreihundertköpfigen Parlament verfügten die deutschen Abgeordneten über insgesamt 71 Sitze, von denen 54 an Vertreter der erwähnten „aktivistischen" Parteien fielen. Die verbleibenden 17 Sitze teilten sich Nationalisten und Kommunisten. Mit ähnlichem Ergebnis verliefen die Wahlen auch vier Jahre später, also 1929. Robert Lodgman-Auen zog sich, als er 1925 nicht gleich im ersten Skrutinium ein Abgeordnetenmandat bekam, aus dem Rampenlicht der deutschen Politik zurück. An deren Spitze standen nun Franz Křepek, Franz Spina, Robert Mayer-Harting, Ludwig Czech und andere. Seit 1926 hatten die Deutschen in der meist sechzehnköpfigen tschechoslowakischen Regierung zwei Ministerposten inne, wobei Masaryk öffentlich erklärte, dass sie unter gewissen Umständen auch drei oder vier bekommen könnten.

Bei allen Schwächen und Schmerzen, mit denen die Tschechoslowakei in der Zwischenkriegszeit zu kämpfen hatte, galt sie im damaligen Europa, besonders im damaligen Mitteleuropa, als eine der Demokratien mit den gesündesten Grundlagen. Natürlich war das nicht allein das Verdienst Masaryks. Sozialpolitisch gesehen ging es um ein Werk aller Demokraten im Staat, ohne Unterschied ihrer Nationalität oder weltanschaulichen Orientierung. Dennoch spielte die wesentliche Rolle dabei die Grundidee des Gesamtwerks - Masaryks Idee.

Häufig und zu verschiedensten Zeiten erfuhr dies Würdigung. Aus der Vielzahl der möglichen Beispiele seien nur drei erwähnt: Samuel Saenger, der erste Botschafter Deutschlands in der Tschechoslowakei nach dem Ersten Weltkrieg, schrieb 1930:

> „[…] ich muß mit Bewunderung feststellen, daß Masaryk niemals und unter keinen Umständen die ideelle und kulturelle Grundhaltung seines Wesens verraten hat und nicht auch nur ein einzi-

ges Mal einer chauvinistischen Anwandlung unterlag [...] Er blieb auch als Präsident des neuen Staates Europäer [...] seine Arbeit wird für immer europäischer Gemeinbesitz bleiben [...]."

(in: *Vůdce generací* I., 1930-1931, 56)

Wenzel Jaksch, die führende Persönlichkeit der deutschen Sozialdemokraten in der Ersten Tschechoslowakischen Republik, äußerte nach dem Tod Masaryks, dieser sei „die Hoffnung aller anständig denkenden Menschen unter dem tschechischen wie unter dem deutschen Volk gewesen" (*Der Sozialdemokrat*, 21.9.1937). Er habe allen „einen befreienden Ausweg aus den selbstmörderischen Hetzkampagnen des modernen Nationalismus und Rassismus" gezeigt. In Hinblick auf die Zukunft war Jaksch überzeugt, dass das Bekenntnis zum Vermächtnis Masaryks „eine Verbindungsbrücke zwischen Deutschen und Tschechen bleiben wird, was immer auch kommen mag." Und schließlich schrieb Karl R. Popper nach dem Zweiten Weltkrieg, dass Masaryks Tschechoslowakei offensichtlich einer der besten und demokratischsten Staaten war, die je existierten.

Ein Blick auf die Rolle T. G. Masaryks in den tschechisch-österreichisch-deutschen Beziehungen bringt somit kostbare Werte in Erinnerung. Werte, die am Anfang des 21. Jahrhunderts all denjenigen äußerster Ansporn sind, die ernsthaft Brücken bauen wollen, nicht nur zwischen Tschechen, Deutschen und Österreichern.

Tschechoslawismus und Tschechoslowakismus

Jan Rychlík

Der Tschechoslawismus *(čechoslovanství)* ist eine Theorie, nach der Böhmen, Mährer, Schlesier und Slowaken ein Volk bilden und eine gemeinsame Sprache sprechen. Als Spielart dieses ursprünglichen Tschechoslawismus entwickelte sich der Tschechoslowakismus *(čechoslovakismus)*. Dazu kam es in dem Augenblick, als die Tschechisch sprechenden Böhmen, Mährer und Schlesier anfingen, sich als Tschechisch sprechende Tschechen zu begreifen, so dass es in Bezug auf Mährer und Schlesier schon keiner Theorien mehr bedurfte, die eine Einheit erst hätten begründen müssen. Der Tschechoslowakismus wurde damit zur Theorie, die aus den Tschechen und Slowaken ein einziges, zusammengehöriges Volk machte, nämlich das tschechoslowakische, das eine einzige, gemeinsame Sprache sprach - Tschechoslowakisch. Die Bezeichnung ‚Tschechoslowakismus' war im Grunde von Anfang an ein Begriff mit negativer Konnotation, der auf slowakischer Seite von den Gegnern dieser Theorie verwendet wurde. Seine Verfechter sprachen nie von ‚Tschechoslowakismus', sie benutzten den Terminus ‚Tschechoslowakische nationale Einheit' (*československá národní jednota*). Die reale Basis des Tschechoslowakismus war die Verwandtschaft und gegenseitige Verständlichkeit des Tschechischen und Slowakischen bzw. der tschechischen und slowakischen Dialekte.

Bis ins 18. Jahrhundert hinein hatte die Sprache als Mittel zur Findung der eigenen Identität für Tschechen und Slowaken keine größere Rolle gespielt, denn bei beiden war das Zugehörigkeitsgefühl entscheidend von einem territorialen Denken bestimmt. Die Einwohner der Länder der böhmischen Krone waren Böhmen, Mährer und Schlesier, weil sie in Böhmen, Mähren und Schlesien lebten, wobei es nicht von Bedeutung war, ob sie Tschechisch oder Deutsch sprachen bzw. in Schlesien später auch Polnisch. Und so wurden auch die privilegierten Einwohner Ungarns, also Adel, Geistlichkeit und Bürgertum, als „einige, unteilbare ungarische Nationalität" (*una eademque natio hungarica*) betrachtet, und es war unerheblich, ob sie Ungarisch, Slowakisch, Rumänisch oder Serbisch sprachen. Auch unter den nicht privilegierten Schichten spielte es keine Rolle, welche Sprache einer sprach. Sprachenstreit gab es in dieser Zeit nicht: Theoretisch waren als Amtssprache in Böhmen seit 1627 und in Mähren seit 1628 das Tschechische und das Deutsche gleichberechtigt, auch wenn das Deutsche ab dem 18. Jahrhundert zu dominieren begann. Der Adel bediente sich in der Regel einer internationalen Sprache, des Französischen. Amtssprache in Ungarn war das Lateinische.

Die Urgeschichte des Tschechoslowakismus steht in Zusammenhang mit der religiösen Entwicklung in den Böhmischen Ländern und der Slowakei im 17. und 18. Jahrhundert. Das Bewusstsein von Nähe und Verwandtschaft zwischen Tschechen und Slowaken gründete in der gegenseitigen Verständlichkeit der tschechischen und slowakischen Dialekte. Der Gedanke, dass Böhmen, Mährer, Schlesier und Slowaken, die alle eine slawische Sprache sprechen, eigentlich Angehörige eines Volkes sind, taucht erstmals Ende des 17. Jahrhunderts im Umfeld der tschechischen und slowakischen Emigration in Sachsen bzw. der Lausitz auf. Nichtkatholiken waren bereits 1627 bzw. 1628 von Ferdinand II. (1620-1637) durch die *Obnovené zřízení zemské / Verneuerte Landesordnung* aus Böhmen und Mähren vertrieben worden und hatten Zuflucht in den benachbarten Ländern gesucht, unter anderem in Sachsen und in der Slowakei, die damals einen Teil des so genannten kaiserlichen Ungarn bildete (im Unterschied zum heutigen Ungarn, das bereits ab der Mitte des 16. Jahrhunderts von den Türken besetzt war). Die tschechischen Protestanten assimilierten sich und verschmolzen mit den Slowaken. Nach 1671 versuchte Kaiser Leopold I. (1657-1705), auch in Ungarn und damit auch in der Slowakei eine Rekatholisierung durchzusetzen, was diesmal die Emigration slowakischer Protestanten nach sich zog. Die konfessionellen Exulanten aus der Slowakei emigrierten hauptsächlich nach Sachsen, wo sie auf die ältere tschechische Emigration trafen. Da die evangelischen Slowaken die tschechische Bibelübersetzung benutzten und das Tschechische bei ihnen auch Liturgiesprache war, konnte gerade hier die Vorstellung von der Existenz einer gemeinsamen tschechoslowakischen oder tschechoslawischen Sprache entstehen (*lingua bohemoslavica*). Nach dem Abflauen der Gegenreformation zu Ende des Jahrhunderts kehrten die slowakischen Exulanten nach Hause zurück und verbreiteten den Gedanken von einer einheitlichen tschechoslowakischen Sprache, die im Bibeltschechischen gründete. Dieser Gedanke wird im 18. Jahrhundert von den Evangelischgläubigen in der Slowakei weitenteils angenommen, stößt aber auch bei Katholiken auf Resonanz. Nachdem Kaiser Joseph II. (1780-1790) 1781 das Toleranzpatent für die Länder der böhmischen Krone erlassen hatte, fand diese Idee auch unter den Evangelischen in Böhmen und Mähren Verbreitung, die ihre Bildung häufig auf evangelischen Schulen in der Slowakei erwarben.

Im Prozess der Bildung neuzeitlicher Nationen formierte sich die tschechische und slowakische Nation nach deutschem Vorbild auf sprachlicher Grundlage. Der Tschechisch schreibende slowakische Schriftsteller Jan Kollár (1793-1852), der in Jena protestantische Theologie studierte, nahm 1817 am Wartburgfest teil, dessen Ruf nach der Einigung aller Deutschen einen starken Eindruck bei ihm hinterließ. Die Idee der Einigung übertrug er auf den slawischen Raum ganz allgemein, applizierte sie jedoch speziell auf die Beziehungen zwischen Slowaken und Tschechen. Josef Jungmann (1773-1847), einer der führenden Vertreter der tschechischen Wiedergeburt, formulierte als erster das Prinzip, dass derjenige Böhme (Tscheche) sei, der die böhmische (tschechische) Sprache spreche, und nicht etwa der, der in Böhmen wohne. Da die Slowaken seiner Auffassung nach eigentlich auch Tschechisch sprachen (die slowakische Sprache war noch nicht definitiv kodifiziert), ordnete er sie den ethnischen Tschechen zu, genauso wie die Mährer und Schlesier. Für diese Tschechen im weiteren territorialen Verständnis begann sich der Begriff *Čechoslované* (‚Tschechoslawen') einzubürgern. Der Ausdruck *Čechoslovan* (‚Tschechoslawe') und das von ihm abgeleitete Adjektiv *českoslovanský* (‚tschechoslawisch') waren ursprünglich im 19. Jahrhundert eingeführt worden, um die ethnisch-sprachliche Zugehörigkeit zu bezeichnen. Das Tschechische kann nämlich bei den Ausdrücken *Čech, český* (‚Böhme' oder auch ‚Tscheche', ‚böhmisch' oder auch ‚tschechisch') nur im Kontext territoriale und ethnische Bedeutung unterscheiden. Der Ausdruck *Čech* sollte lediglich den Tschechisch sprechenden Einwohner des Böhmischen Königreichs bezeichnen, während sich der Ausdruck *Čechoslovan* auf alle Tschechisch sprechenden Personen in Böhmen, Mähren, Schlesien und der Slowakei bezog.

Die Idee einer sprachlichen und nationalen Einheit von Tschechen und Slowaken wurde in der Slowakei jedoch nicht allgemein akzeptiert. Es ist wahr, dass ein Teil der slowakischen Dichter, Schriftsteller und Wissenschaftler das Tschechische anerkannten und gebrauchten, so dass ihr Werk heute sowohl Bestandteil der tschechischen als auch der slowakischen Literatur bzw. Wissenschaft ist. Das gilt zum Beispiel für Pavel Josef Šafařík bzw. Šafárik (1795-1861). Allgemein jedoch stellte die unterschiedliche geschichtliche Entwicklung der Tschechen und Slowaken ein Hindernis bei der Schaffung eines einheitlichen tschechoslowakischen Volkes dar, und das umso mehr, als eine solche Vereinigung in der Praxis de facto eine Absorbierung der Slowaken durch die Tschechen bedeutet hätte. Daran hatten die Slowaken kein Interesse. Gegen die Idee einer sprachlich-nominalen Einheit waren vor allem die Katholiken, die mit den Tschechen keine gemeinsame Liturgiesprache verband. Der slowakische Priester und Gelehrte Anton Bernolák (1762-1813) unternahm als erster den Versuch, die slowakische Schriftsprache zu kodifizieren, und zwar auf der Grundlage des westslowakischen Dialekts aus der Gegend um Trnava. Seinem Bemühen war kein voller Erfolg beschieden, es stieß auf Ablehnung von evangelischer Seite. Aber auch die slowakische evangelische Minderheit wurde sich bewusst, dass das Tschechische, dessen sie sich bediente, veraltet und nicht mehr tragfähig und dass die tschechische Literatursprache von slowakischen Dialekten viel zu weit entfernt war. 1843 kodifizierte der Protestant Ľudovít Štúr (1815-1856) die slowakische Sprache definitiv, diesmal auf der Grundlage des mittelslowakischen Dialekts bzw. der Sprache der mittelslowakischen Bergbaustädte (Banská Bystrica, Banská Štiavnica). Während der Revolution 1848, die auf slowakischer Seite neben anderen gerade auch Štúr anführte, zeigte sich überdies, dass Tschechen und Slowaken ein unterschiedliches politisches Programm verfolgten: Die Slowaken forderten die Schaffung einer eigenen autonomen Einheit im Rahmen Ungarns oder eines selbstständigen Kronlands im Rahmen Österreichs. Den Vorschlag des tschechischen Historikers und führenden politischen Vertreters František Palacký (1798-1876), der die Vereinigung der Slowakei mit den böhmischen Kronländern vorsah, wurde von den politischen Führern der Slowaken, Ľudovít Štúr und Jozef Miloslav Hurban (1817-1888), abgelehnt. (Erwähnenswert ist in diesem Zusammenhang, dass Štúr, Hurban und Palacký evangelischer Konfession waren und Palacký in Pressburg, dem heutigen Bratislava, sogar ein evangelisches Lyzeum besucht hatte.) Das Scheitern der Revolution 1848-49 und der anschließende Habsburger Neoabsolutismus unter Alexander Bach machten sowieso jegliche politische Zusammenarbeit von Tschechen und Slowaken unmöglich.

Die sprachliche Abspaltung von 1843 und die Ablehnung der von Palacký vorgeschlagenen Vereinigung von Tschechen und Slowaken wirkte sich auch nach der österreichischen Verfassungsreform von 1861 auf die tschechische Politik aus, die ihr Interesse an der Slowakei verlor. Die tschechische Politik konzentrierte sich auf die Verwirklichung des so genannten tschechischen Autonomie-Rechts, d. h. auf die Durchsetzung einer Sonderstellung der böhmischen Kronländer innerhalb der Monarchie. Sie berief sich dabei auf historisches Recht, auf die frühere Existenz eines eigenständigen tschechischen Staates. František Palacký und František Ladislav Rieger, die führenden Vertreter der tschechischen Nationalpartei (*staročeši*/Alttschechen) verzichteten damit bewusst auf den Versuch einer Eingliederung der Slowakei in den tschechischen Staat, denn die Slowakei, die seit dem 11. Jahrhundert einen integralen Bestandteil von Ungarn bildete, hatte nie zum tschechischen Staat gehört. Die slowakische

Politik dagegen knüpfte an die Ziele der Revolution von 1848-49 an. Das Programm, das am 6. und 7. 6. 1861 auf einer öffentlichen Versammlung in Turčiansky Svätý Martin vorgetragen wurde, formulierte die Forderung nach der Schaffung eines autonomen slowakischen Gebiets innerhalb Ungarns (sog. *Okolie*). Dabei argumentierten die Verfasser des Memorandums, vor allem Štefan Marko Daxner (1822-1892) und Ján Francisci (1822-1905), mit dem natürlichen Recht der Slowaken als eigenständigem Volk. Die politischen Programme der Tschechen und Slowaken schlossen sich gegenseitig aus; diese Inkompatibilität verstärkte sich noch nach dem Österreichisch-ungarischen Ausgleich von 1867. Die ungarische Politik, die darauf zielte, Ungarn in einen ungarischen Nationalstaat zu verwandeln, machte Wien gegenüber erfolgreich die gleichen autonomistischen Argumente wie tschechische Politiker geltend. Die Realisierung eines Tschechisch-österreichischen Ausgleichs war nach der Teilung des Reichs in einen österreichischen und ungarischen Teil nur mit Zustimmung Budapests möglich, und Budapest war nicht gewillt, etwas zu tolerieren, was die Integrität Ungarns bedroht hätte. Die tschechische Politik konnte, wenn sie erfolgreich sein wollte, jedoch schon deswegen nicht mit dem natürlichen Recht und der Theorie von einem einheitlichen tschechoslowakischen (tschechoslawischen) Volk operieren, weil dann die Deutschen in Böhmen, Mähren und Schlesien mit demselben Argument gegen die Integrität der böhmischen Kronländer hätten vorgehen können.

Die politischen Schicksale von Tschechen und Slowaken gingen nach dem Österreichisch-ungarischen Ausgleich getrennte Wege. Im österreichischen Teil der Monarchie war den Tschechen eine ungestörte kulturelle Entwicklung möglich, denn Wien respektierte die Konzeption Österreichs als Vielvölkerstaat, der jedem Volk die Möglichkeit einer eigenen Entwicklung garantieren sollte. Innerhalb Österreichs wuchsen die Tschechen zu einem modernen Volk heran, das sich mit den anderen europäischen Völkern jener Zeit auf gleicher Stufe befand. In Ungarn verwirklichte man die Idee von einem einheitlichen Nationalstaat, was de facto eine Entnationalisierung der Nichtungarn bedeutete, denen praktisch keinerlei Minderheitenrechte eingeräumt wurden. Der Versuch der slowakischen Intellektuellen, sich im Kampf gegen die Ungarn auf die Tschechen zu stützen, erlebt daher in den 80er Jahren des 19. Jahrhunderts eine Renaissance. Auf tschechischer Seite tritt zu dieser Zeit eine neue

Generation von Intellektuellen und Politikern an, die wieder mit der Slowakei rechnet. An erster Stelle war es T. G. Masaryk (1850-1937), der statt der ursprünglichen sprachlichen Einheit, statt der Einführung des Tschechischen in der Slowakei also, den Gedanken einer allmählichen Herausbildung eines modernen politisch definierten tschechoslowakischen Volkes propagierte, in dem Tschechen und Slowaken auch weiterhin ihre eigene Sprache sprechen sollten. Die offizielle slowakische Politik, und zwar sowohl die Slowakische Nationalpartei (SNS) von Pavel Mudroň (1835-1914) wie auch später die Slowakische Volkspartei (SĽS), die sich unter der Führung des Priesters Andrej Hlinka (1864-1938) von der Nationalpartei abgespalten hatte, begegnete Masaryks Ideen mit Misstrauen, obwohl auch diese Parteien sich ansonsten um eine engere Zusammenarbeit mit den Tschechen bemühten. Widerhall fand Masaryk bei den jungen slowakischen Intellektuellen, meist Absolventen der Prager oder Wiener Hochschulen, wie Vavro Šrobár (1867-1950), Pavel Blaho (1867-1927), Anton Štefánek (1877-1964), Ivan Dérer (1884-1973), Ivan Markovič (1888-1944) und Milan Ivanka (1876-1950). Masaryks Anhänger gaben in der Slowakei die Zeitschrift *Hlas* (Stimme) heraus - daher auch ihr Name *hlasisté* (die Stimmler) -, später dann die Zeitschrift *Prúdy* (Strömungen). Nach einer Umfrage, die von *Prúdy* bereits vor dem Ersten Weltkrieg durchgeführt, jedoch erst nach Kriegsende veröffentlicht worden war, hatte sich dennoch schon damals eine überwiegende Mehrheit der slowakischen Intellektuellen gegen eine zukünftige Vereinigung zu einer Nation ausgesprochen.

Auf eine völlig andere Ebene gelangte die Idee des Tschechoslowakismus im Laufe des Ersten Weltkriegs. T. G. Masaryk als anerkannter Führer des im Ausland organisierten Widerstands bezog von Anfang an die Slowakei in den neuen selbstständigen Staat mit ein. Gegenüber den Mächten der Allianz argumentierte er damit, dass die Slowaken eigentlich auch Tschechen seien. Die slowakische Politik, Nationalpartei (SNS) und Volkspartei (SĽS) nicht ausgenommen, wurde sich im Laufe des Kriegs darüber klar, dass ihre Bestrebungen nach einem slowakischen Staat innerhalb Ungarns nicht zu realisieren waren, und richtete sich allmählich auf einen gemeinsamen Staat mit den Tschechen ein. Sie übernahm daher aus taktischen Gründen die Idee von einem einheitlichen tschechoslowakischen Volk, das in zwei Zweigen und zwei Sprachen existiert. Eine ähnliche Ansicht vertrat auch der im ausländischen Widerstand aktive Slowake Milan Rastislav Štefánik (1880-1919). Die Worte vom tschechoslowakischen Volk finden sich somit nicht nur in der Proklamation des Prager Nationalausschusses, der am 28.10.1918 eine selbstständige Tschechoslowakei ausrief, sondern auch in den vergleichbaren Proklamationen des neu gebildeten slowakischen Nationalrats (SNR), der unabhängig von Prag zwei Tag später, am 30.10.1918, in Turčiansky Svätý Martin in der sog. Martiner Deklaration (*Martinská deklarácia*) den Zusammenschluss von Slowaken und Tschechen erklärte.

In der Tschechoslowakischen Republik wurde der Tschechoslowakismus zur offiziellen staatlichen Ideologie. Sie begründete die Existenz des neuen Staates. Gerade die slowakische Gruppe um die Zeitschrift *Hlas* und die Gruppe um die Zeitschrift *Prúdy* übernahmen in dem neuen Staat führende Funktionen und Ämter. Die tschechoslowakische Verfassung vom 29.2.1920 sprach offiziell von einem tschechoslowakischen Volk und sogar von einer tschechoslowakischen Sprache. Diese freilich existierte in der Praxis nicht. Daher besagte das am selben Tag erlassene Gesetz über die Sprachregelung, dass im tschechischen Teil Amtssprache in der Regel das Tschechische sein solle, im slowakischen Teil das Slowakische. Damit war die Grundlage für einen sprachlichen Dualismus gelegt, der die parallele Verwendung des Tschechischen und des Slowakischen im amtlichen Verkehr und im gesamten Staatsgebiet ermöglichte, was bis zum endgültigen Untergang der Tschechoslowakei im Jahre 1992 auch in dieser Weise praktiziert wurde. In der Praxis also schränkte die offizielle Ideologie des Tschechoslowakismus die kulturelle Entwicklung der Slowaken keineswegs ein und führte auch nicht zu einer Verdrängung des Slowakischen durch das Tschechische. Es wurde den Slowaken auch nicht verwehrt, sich als Slowaken zu empfinden. Die von Masaryk und einem Großteil der Tschechen erwartete Herausbildung einer geeinten tschechoslowakischen Nation blieb jedoch aus. Im Gegenteil, die Slowaken vollendeten innerhalb der Tschechoslowakei sehr schnell ihren Weg zu einer vollentwickelten eigenständigen Nation und begannen politische Autonomie zu fordern. Vornehmlich geschah das unter der Führung von Hlinkas Volkspartei (SĽS), die sich 1925 in HSĽS (*Hlinkova slovenská ľudová strana*, Hlinkas Slowakische Volkspartei) umbenannte und der reorganisierten Nationalpartei (SNS), an deren Spitze der evangelische Geistliche und Dichter Martin Rázus (1888-1937) stand. Das alte Programm der slowakischen Autonomie innerhalb Ungarns wurde auf die Tschechoslowakei übertragen. Diese sollte kein einheitlicher Staat einer tschechoslowakischen Nation sein, sondern eine Föderation aus zwei Nationalstaaten - einem tschechischen und einem slowakischen. Das schlug durch bis in die Orthografie: die Autonomisten schrieben den Namen ihres Landes nicht *Československo*, sondern *Česko-Slovensko*. Die Forderung nach Autonomie wurde damit begründet, dass die Slowaken nicht Zweig eines tschechoslowakischen Volkes seien, sondern ein eigenständiges Volk und daher einen Anspruch auf eine eigene Form der Staatlichkeit hätten. Außerdem berief man sich auf Abkommen, die während des Kriegs zwischen den amerikanischen Landesverbänden der Tschechen und Slowaken in den USA zustande gekommen waren (Cleveland-Abkommen von 1915 und Pittsburgh-Abkommen von 1918) und nach denen die Slowakei innerhalb der Tschechoslowakei eine Sonderstellung haben sollte. Besonders das Pittsburgh-Abkommen fiel als Argument ins Gewicht, denn auch T. G. Masaryk hatte es unterzeichnet. Das Autonomiebestreben stützte sich auf die so genannte Staatstheorie der slowakischen Nation, ebenfalls eine modifizierte Form des autonomistischen Programms innerhalb Ungarns. Nach ihr lebten die Slowaken nicht deswegen innerhalb der Tschechoslowakei, weil sie Teil eines tschechoslowakischen Volkes waren oder sich den Tschechen verwandt fühlten, sondern weil es für sie von Vorteil war. Daraus folgte, dass sie das Recht hatten, die Tschechoslowakei zu verlassen, wenn ein weiterer Verbleib nicht vorteilhaft wäre.

Mit Ausnahme der Sozialdemokraten und Volkssozialisten, die aber in der Slowakei eher zu den Randparteien gehörten, setzte sich die Ablehnung der Masarykschen Idee von der Existenz eines tschechoslowakischen Volkes praktisch in allen slowakischen Parteien bzw. den slowakischen Fraktionen der gesamtstaatlichen Parteien allmählich durch. Vor allem galt das für den slowakischen Flügel der regierenden Agrarpartei (Agrarisch-Republikanische Partei) von Milan Hodža (1878-1944), innerhalb derer sich nach und nach die autonomistische Fraktion der sog. *zemisté* (von *země* ‚Erde'/‚Land') formierte. Auch in der Kommunistischen Partei der Tschechoslowakei bildete sich eine national orientierte Gruppe junger Intellektueller heraus, die Masaryks Idee eines Zusammenschlusses von Tschechen und Slowaken zu einer politisch geeinten Nation ablehnten, wenn auch erst für die Zukunft (Vladimír Clementis 1902-1952, Ladislav Novomeský 1904-1976, Gustáv Husák, 1913-1991).

Gründe, warum die Idee von einer politisch einheitlichen tschechoslowakischen Nation nicht realisierbar war, gibt es mehrere. Die sprachliche Verwandtschaft war keine ausreichende Basis für ein derartiges Ziel. Tschechen und Slowaken hatten zwar seit 1490 im Rahmen der böhmisch-ungarischen, ab 1526 dann im Rahmen der böhmisch-österreichisch-ungarischen Personalunion gemeinsame Herrscher, nicht aber eine gemeinsame Geschichte gehabt. Im 19. Jahrhundert formten sich die beiden Volksgemeinschaften trotz ihrer Verwandtschaft zu zwei Nationen aus, woran die Entstehung der Tschechoslowakei nichts mehr ändern konnte. Auch die Tschechen selbst trugen in keiner Weise dazu bei, den Gedanken von der tschechoslowakischen Nation in lebendige Wirklichkeit zu verwandeln. Den neuen tschechoslowakischen Staat sahen sie als Fortsetzung des tschechischen Staates, der lediglich um die Slowakei erweitert worden war, und sagten sie ‚tschechoslowakisch', meinten sie eigentlich ‚tschechisch'. Die slowakische Kultur beeinflusste die tschechische Sphäre nur in geringem Maß. Im übrigen verstand die ganze Welt die Tschechoslowakei als tschechischen Staat, was darin zum Ausdruck kam, dass die Adjektive ‚tschechisch' und ‚tschechoslowakisch' in anderen Sprachen synonym verwendet wurden. Eine derartige Sichtweise war für die Slowaken nicht tragbar und Ausdruck mangelnder Gleichberechtigung. Sie hatten negative Erfahrungen mit dem Hungarismus, der offiziellen Ideologie in Ungarn vor 1918. Der Hungarismus sprach theoretisch von einer im politischen Sinne einheitlichen ungarischen Nation, die sich aus vielen ethnischen Nationalitäten zusammensetze; in die Praxis umgesetzt war der Hungarismus jedoch nichts anderes als die Schaffung eines madjarischen Nationalstaats unter Assimilierung aller Nichtmadjaren. (Das Ungarische unterscheidet übrigens nicht wie das Tschechische und Slowakische zwischen den Begriffen *Maďarsko* (genaugenommen: ‚Madjarenland', dt. üblicherweise ‚Ungarn') und *Uhry* (‚Ungarn') sowie *maďarský* (‚madjarisch', dt. meist ‚ungarisch') und *uherský* (‚ungarisch')). Auch in vielen anderen Sprachen ist entweder eine Unterscheidung nicht möglich oder die beiden Wörter gelten als Synonyme. Die Slowaken befürchteten, schließlich in einem größeren tschechischen Ganzen aufzugehen und ihre Identität zu verlieren, wenn sie sich auf die Idee von einer einheitlichen tschechoslowakischen Nation einließen. Letztendlich muss man sich vor Augen halten, dass der Ersten Tschechoslowakischen Republik die Zeit für den Versuch, ein neues Staatsvolk nach Schweizer Vorbild zu schaffen, nicht vergönnt war, denn sie bestand nur zwanzig Jahre.

Der Tschechoslowakismus als staatliche Ideologie wurde nach dem Münchener Diktat im Herbst 1938 aufgegeben. Die sog. Zweite Republik begann, um ihren zusammengesetzten Charakter zu verdeutlichen, bei der Schreibung ihres Namens die slowakische Form mit Bindestrich zu verwenden: *Česko-Slovensko* (Tschecho-Slowakei). Die Zerschlagung der Tschechoslowakei durch das nationalsozialistische Deutschland am 14./15.3.1939 begrub den Gedanken von der Schaffung eines tschechoslowakischen Staatsvolkes endgültig. Auf Hitlers Druck hin trennte sich die Slowakei, in der eine totale Diktatur der Hlinka-Volkspartei (HSĽS) errichtet worden war, am 14.3.1939 vom tschechischen Teil ab und bildete einen zwar eigenständigen, jedoch ganz und gar von Deutschland abhängigen Staat. Einen Tag später wurde der Rest Böhmens und Mährens als sog. Protektorat direkt an Deutschland angeschlossen. Auch wenn das Regime der Volkspartei wegen seiner Verbindung mit Deutschland unpopulär war und schließlich im Sommer 1944 ein Aufstand losbrach, hatten sich die Slowaken doch bewiesen, dass sie auch einen eigenen Staat haben konnten, und so ihr nationales Selbstbewusstsein gefestigt. Die Verhandlung, die die Delegation des aufständischen Slowakischen Nationalrats mit den Vertretern der tschechischen Exilregierung und dem Exilpräsidenten Edvard Beneš (1884-1948) führte, ließ erkennen, dass die Slowaken zwar bereit waren, in eine Tschechoslowakei zurückzukehren, nicht jedoch in eine Tschechoslowakei, wie sie vor dem Münchener Abkommen bestanden hatte. Die Fiktion von einem tschechoslowakischen Volk wurde schließlich auch offiziell aufgegeben und fand keinen Eingang in die neue Verfassung von 1948. Die Tschechoslowakei wurde offiziell zu einem Nationalstaat zweier Völker erklärt: der Tschechen und der Slowaken.

In der Nachkriegszeit (1945-1992) kam es von tschechischer Seite verschiedentlich zu Versuchen, die Idee einer politisch verstandenen tschechoslowakischen Nation zu erneuern, und zwar in dem Sinn, dass beide Völker zusammen ein übergeordnetes Ganzes bildeten.

Diese Idee sollte der Tschechoslowakei zu einer größeren Legitimation verhelfen. Unter der kommunistischen Diktatur in der Tschechoslowakei (1948-1989) wurde daher häufig der Begriff vom ‚arbeitenden tschechoslowakischen Volk' (*československý pracující lid*) propagiert. Auf alle Versuche dieser Art reagierte die Mehrheit der Slowaken, freilich mit Rücksicht auf die momentanen politischen Gegebenheiten, sehr ungehalten. Die klare Ablehnung derartiger Theorien äußerte sich besonders deutlich in der Zeit der Lockerung während des Prager Frühlings 1968, als die Slowakei die Föderalisierung des Staates durchsetzte. Dennoch ließ der Hauptverfechter der Föderation, Gustáv Husák, nach der sowjetischen Okkupation der Tschechoslowakei und seinem Amtsantritt als Generalsekretär des Zentralkomitees der Kommunistischen Partei - ab 1975 bekleidete er auch das Amt des Präsidenten - von seiner Kritik an den vermeintlichen Überresten des Tschechoslowakismus ab. In seiner politischen Spitzenfunktion nämlich wurde ihm bewusst, dass der Staat ohne eine Idee, die Tschechen und Slowaken verbindet, zerfallen könnte, wie es dann 1992, bereits unter neuen, demokratischen Verhältnissen, tatsächlich auch geschah.

Die Tschecho-Slowakei

Jan Rychlík

Das Münchener Vier-Mächte-Abkommen vom 30. September 1938, auf dessen Grundlage die Tschechoslowakei umfangreiche Grenzgebiete an Deutschland abtreten musste, bedeutete für die tschechische Gesellschaft eine gewaltige Erschütterung. Der Glaube an eine Allianz mit den westlichen Demokratien Großbritannien und Frankreich war untergraben, ebenso wie das Vertrauen in die Politik von Präsident Edvard Beneš. Die Folge war der Zusammenbruch der bisherigen, auf den Westen hin orientierten Politik, die allem Anschein nach gescheitert war, und der Versuch, den Reststaat neu auf eine Zusammenarbeit mit seinen Nachbarstaaten auszurichten, denen er sich auch in seiner Regierungsform angleichen sollte. Getragen werden sollte diese innere Strukturierung erstens von „einer starken Demokratie", die sich in Wirklichkeit Schritt für Schritt in ein undemokratisches, autoritäres Regime verwandelte, zweitens von der „katholischen Tradition", die ein Gegengewicht zu Liberalismus und Sozialismus bilden sollte, und drittens von einem so genannten integralen Nationalismus, der sich jedoch in Hinblick auf die erzwungene Zusammenarbeit mit dem verhassten Deutschland und dem Vielvölkercharakter des Staats als ziemlich problematisch erwies. Die allgemeinen Veränderungen, die die Tschechoslowakei in der kurzen Zeit nach dem Münchener Abkommen bezüglich ihrer territorialen Gestalt, ihrer außenpolitischen Orientierung, ihrer Staatsphilosophie und -ideologie sowie ihrer innenpolitischen Strukturen durchmachte, waren so einschneidend, dass man die Republik nach München als „Zweite Republik" zu bezeichnen begann, um so die „neue" Etappe in der Entwicklung hervorzuheben. Die historische Fachliteratur setzt den Beginn der Zweiten Republik entweder mit München selbst an, mit der Abdankung von Präsident Edvard Beneš am 5. Oktober 1938 oder mit der Anerkennung der autonomen Slowakei am 6.10.1938. Am geeignetsten erscheint das letzte Datum, denn am 6.10.1938 ging der ursprüngliche zentralistische Staat tatsächlich unter und ein staatlicher Dualismus entstand, der sich später zu einem Trialismus erweiterte. Dieser Dualismus dokumentierte sich auch in der neuen Schreibung *Česko-Slovensko* (‚Tschecho-Slowakei'), die in der Slowakei schon vorher üblich gewesen war und vor dem Ersten Weltkrieg auch im Ausland auftrat. Die slowakischen Autonomisten hatten damit betonen wollen, dass es sich bei der Tschecho-Slowakei um ein zusammengesetztes Staatengebilde handle.

Verglichen mit der Ersten Republik (1918-1938), der Tschechoslowakei, war die Tschecho-Slowakei, also die Zweite Republik, ein wesentlich kleinerer und schwächerer Staat. Das betraf nicht nur Fläche und Einwohnerzahl, sondern auch das industrielle Potenzial. Nach dem Münchener Abkommen, demgemäß die Tschechoslowakei umfangreiche Grenzgebiete in Böhmen und Mähren und in der Slowakei den Brückenkopf von Bratislava (Pressburg) an Deutschland abtreten musste, folgten ein polnisches Ultimatum und dann am 1.10.1938 zunächst die Annexion des Gebiets von Těšín (Teschen), später auch kleinerer Teile der Gebiete von Kysuce und Orava (Arw) sowie der Zips (25.10.1938). Nach den ergebnislosen tschecho-slowakisch-ungarischen Verhandlungen in Komárno (Komorn; 9.-13.10.1938), bei denen die ungarischen Territorialansprüche verhandelt wurden, kam es in Wien zu einem deutsch-italienischen Schiedsspruch. In Folge davon verlor die Tschecho-Slowakei ausgedehnte Gebiete entlang der Südgrenze der Slowakei und Karpato-Russlands. Die Landesfläche verringerte sich um 41 098 km², von ursprünglich 140 446 km² auf 99 348 km²; gleichzeitig verlor die Tschecho-Slowakei rund 4,88 Mio. ihrer knapp 14,73 Mio. Einwohner, darunter 1,25 Mio. Tschechen und Slowaken. Die Wirtschaft verlor 33 % ihrer industriellen Produktionsstätten und die landwirtschaftlich fruchtbarsten Böden in der Südslowakei und dem südlichen Karpato-Russland. Die Grenzen des neuen Staates wurden von Deutschland absichtlich so gezogen, dass der Rest-Tschecho-Slowakei jede Möglichkeit wirtschaftlicher Autarkie und militärischer Verteidigung genommen war. Völlig verstümmelt war das Eisenbahn- und Straßennetz, denn die neuen Grenzen zerschnitten an vielen Stellen dessen Hauptverbindungslinien.

Die Zweite Republik war national gesehen ein homogenerer Staat, allerdings um den Preis, dass nun große tschechische und slowakische Minderheiten in den Nachbarstaaten entstanden waren und sich dort einem entnationalisierenden Druck ausgesetzt sahen. Alle drei Staaten siedelten überdies einen Teil dieser Minderheiten in die Tschecho-Slowakei aus, andere flüchteten freiwillig dorthin. Der amputierte Staat war so mit einem komplizierten Flüchtlingsproblem belastet. Die zahlenmäßig nicht zu vernachlässigende deutsche und ungarische Minderheit, die auf dem Gebiet der Tschecho-Slowakei fortbestand, genoss weiterhin Minderheitenrechte.

Im Unterschied zur Ersten Republik, die ein einheitlicher, zentralistischer Staat war, formte sich die Tschecho-Slowakei von Anfang an als lose Dreierföderation zwischen den böhmischen Ländern, der Slowakei und Karpato-Russland mit Tendenz zu mehr und mehr Lockerung. Die Schwächung des Staates durch das Münchener Abkommen und die polnische Annexion von Těšín (Teschen) machte sich als erste Hlinkas (katholisch-autonomistische) Slowakische Volkspartei, die HSĽS, zunutze, um ihren Antrag auf eine weitgehende slowakische Autonomie durchzusetzen. Diesen hatte sie bereits im Sommer 1938 vorgelegt. In den Verhandlungen mit den übrigen Parteien, Präsident Edvard Beneš und Vertretern der Regierung war er jedoch im September 1938 abgelehnt worden. Nach München entschloss sich die HSĽS zur Auslösung einer Regierungskrise. Matúš Černák, ein nichtoffizieller Vertreter der Partei, hatte für den Fall, dass der Antrag von der Zentralregierung nicht angenommen werden sollte, mit seiner Demission gedroht, die er dann auch einreichte. Präsident Beneš suchte unter der drohenden Gefahr weiterer slowakischer Forderungen Hilfe bei der slowakischen Agrarpartei, die in der Slowakei noch immer eine Stütze der Regierung war. Er beschwor die Agrarier, sich um jeden Preis mit der Volkspartei zu einigen und so wenigstens den Reststaat zu erhalten.

Die HSĽS berief einen Exekutivausschuss nach Žilina (Sillein), zu dem sie auch Vertreter der Agrarpartei einlud, angeblich um über das weitere gemeinsame Vorgehen zu verhandeln. In dieser Situation aber, wo die Agrarier sich nicht auf ihre tschechischen Kollegen stützen konnten, glich die Verhandlung einem Diktat der Volkspartei. Im Laufe des 5. und 6. Oktober brachte die Führung der HSĽS die Agrarpartei dazu, den Antrag zu unterstützen, andernfalls, so die Drohung, würde sie von der politischen Szene gefegt. Dem Antrag schlossen sich dann auch die slowakischen autonomistischen Protestanten an (SNS - *Slovenská národná strana*, die Slowakische Nationalpartei) sowie weitere Zentrums- und Rechtsparteien, die in der Slowakei allerdings nur eine untergeordnete Rolle spielten. Mit den Kommunisten und Sozialdemokraten zu verhandeln, deren Vertreter ebenfalls nach Žilina gekommen waren, lehnte die HSĽS ab. Nach der Machtergreifung löste sie die Linksparteien auf und verbot sie. Ergebnis des Diktats durch die Volkspartei war das sogenannte Abkommen von Žilina vom 6. Oktober 1938. Gleichzeitig erfolgte eine Bekanntgabe an das slowakische Volk, in der eine „Regelung der Verhältnisse im Sinne des Münchener Abkommens", eine rasche Demobilisierung und eine neue außenpolitische Orientierung gefordert wurden. Auch wurde darin erklärt, dass das slowakische Volk „an der Seite der Länder ausharren wird, die gegen die jüdisch-marxistische Ideologie des Umsturzes und der Gewalt kämpfen". Im Grunde war dies die Forderung nach einer engen Zusammenarbeit mit dem nationalsozialistischen Deutschland und legte schon im voraus die innenpolitische Strukturierung der künftigen autonomen Slowakei fest. Die Regierung in Prag, die eine völlige Loslösung der Slowakei befürchtete, akzeptierte das Ultimatum und ernannte den stellvertretenden Vorsitzenden der HSĽS, den Priester Jozef Tiso (1887-1947), zunächst zum Minister für die Slowakei und später zum ersten Ministerpräsidenten der autonomen Regierung. In einem ähnlich ultimativen Verfahren erzwang am 8. Oktober 1938 auch Karpato-Russland seine

Autonomie; dort war es zu einer vorübergehenden Einigung der proukrainischen und der prorussischen Richtung gekommen. Vorsitzender der ersten autonomen Regierung wurde Andrej Bródy (1895-1946), ihm folgte Augustin Vološin (1874-1945).

Der Tatbestand der Dreierföderation wurde erst im Herbst durch die entsprechenden Verfassungsgesetze über die Autonomie der Slowakei (Nr. 299/1933, Sammlung der Gesetze und Verordnungen) und Karpato-Russlands (Nr. 328/1938, Sammlung der Gesetze und Verordnungen) sanktioniert. Die Vorschläge, die das Kabinett nach hektischen Verhandlungen mit den autonomen Regierungen ausgearbeitet hatte, wurden der Nationalversammlung zwischen dem 18. und 22. November vorgelegt. Das Abgeordnetenhaus verhandelte die Vorschläge am 18. November 1938. Da sich die tschechischen Regierungsparteien mit dem autonomen Status der Slowakei und Karpato-Russlands bereits einverstanden erklärt hatten und die Abgeordneten bei der Abstimmung an die Entscheidung ihrer Fraktionen gebunden waren, handelte es sich um eine rein formale Angelegenheit. Eine Diskussion fand nicht statt, denn die regierende Mehrheit hatte zuvor einen Beschluss über den Verzicht auf eine Debatte durchgesetzt - mit der leicht durchschaubaren Begründung, „daß diese den feierlichen Charakter der Sitzung stören würde". Das Verfassungsgesetz wurde vier Tage später auch im Oberhaus des Parlaments, dem Senat, verabschiedet, wobei das Gesetz über die Autonomie der Slowakei umgehend in einem gesonderten Teil der Sammlung der Gesetze und Verordnungen veröffentlicht wurde und somit in Kraft trat. Die Slowakei und Karpato-Russland erhielten auf Grund dieser Gesetze eigene Parlamente und eigene autonome Regierungen. Die slowakische Regierung hatte ihren Sitz in Bratislava, die Regierung von Karpato-Russland, in Richtung Ukraine zunehmend auch Karpato-Ukraine genannt, in Chust. Dorthin wurden, nachdem Užgorod und Mukačevo gezwungenermaßen abgetreten worden waren, auch die zentralen Behörden verlegt. Die gemeinsame Nationalversammlung und die gemeinsame Regierung in Prag übernahmen gleichzeitig die Aufgabe von Parlament und Regierung für Böhmen und Mähren, wobei sie ohne Beteiligung der Abgeordneten bzw. Minister aus der Slowakei und der Karpato-Ukraine berieten. Das Zentralparlament und die Zentralregierung konnten nur über genauestens definierte Angelegenheiten beraten und beschließen, die vor allem die Außenpolitik, die

Verteidigung, die Finanzen sowie die gemeinsame Wirtschaft betrafen. Über die Annahme eines Gesetzentwurfes entschied jedoch nicht die Mehrheit; vielmehr war ein Mehrheitskonsens der Abgeordneten bzw. Minister erforderlich, die die böhmischen Länder, die Slowakei und die Karpato-Ukraine vertraten. In die Praxis wurde dieses System nicht umgesetzt, denn vom 14. auf den 15. Dezember 1938 verabschiedete die Nationalversammlung das Verfassungsgesetz „über außerordentliche Verordnungsgewalt" (Nr. 330/1938, Sammlung der Gesetze und Verordnungen), welches die Regierung für die Dauer von zwei Jahren dazu ermächtigte, Verordnungen mit gesetzlicher Gültigkeit zu erlassen. Der Präsident erhielt mit geschlossener Zustimmung der Regierung sogar die Befugnis zur Verfassungsänderung. Das war das letzte Mal, dass die Nationalversammlung zusammengekommen war.

Wie die Innen- und Außenpolitik zeigte, war die Zweite Republik ein vom nationalsozialistischen Deutschland völlig abhängiger Staat. Präsident Edvard Beneš (1884-1948), für Berlin unannehmbar und außerdem politisch auf Großbritannien und Frankreich ausgerichtet, dankte am 5. Oktober 1938 ab. Die Kompetenzen des Staatsoberhauptes gingen an eine provisorische Regierung über, die seit der Mobilisierung im September von General Jan Syrový (1888-1970) geleitet wurde. Am 30. November 1938 wurde der konservative Emil Hácha (1872-1945) neuer Präsident. Tags darauf wurde eine neue Regierung unter dem Vorsitz des rechtsgerichteten Agrariers Rudolf Beran (1887-1954) gebildet, die bis zum Ende der Zweiten Republik an der Macht blieb. Beran hing schon lange vor dem Münchener Abkommen der Theorie an, dass die Tschechoslowakei ihre Unabhängigkeit nur durch eine Zusammenarbeit mit dem nationalsozialistischen Deutschland sichern könne. Die Tatsache, dass Großbritannien und Frankreich unmittelbar nach München zu verstehen gegeben hatten, dass sie die Grenzen des neuen Staates nicht, wie versprochen, garantieren würden, da dieser im Interessengebiet Deutschlands liege, schien Beran Recht zu geben. Außerdem erfolgte ein Wechsel in der Funktion des Außenministers: Der Historiker, Diplomat und Beneš-Anhänger Kamil Krofta (1876-1945) wurde von dem ehemaligen Botschafter in Rom, František Chvalkovský (1885-1944), abgelöst, der gewisse Sympathien für autoritäre Regime hegte. Insgesamt kam es unter der Regierung der Zweiten Republik zu einem deutlichen Rechtsruck. Die Bemühungen der Beran-Regierung, sich in Berlin beliebt zu machen, führten auch in der Innenpolitik zu Veränderungen, zu einer erzwungenen Vereinfachung des Parteienspektrums: Die Rechtsparteien schlossen sich am 18. November 1938 zur Nationalen Einheitspartei (*Strana národní jednoty*) zusammen, während die Sozialdemokraten mit einem Teil der linksgerichteten Sozialnationalen am 11. Dezember 1938 die einzige zugelassene Oppositionspartei bildeten, die Nationale Arbeiterpartei (*Národní strana práce*). Für die Reste der deutschen Minderheit wurde eine eigenständige nationalsozialistische Partei geschaffen, die an die aufgelöste Sudetendeutsche Partei von Konrad Henlein anknüpfte. Die Kommunistische Partei wurde zunächst aufgelöst, dann verboten. Die Gleichschaltung betraf auch gewerkschaftliche und gesellschaftliche Organisationen, und die Presse unterstand einer strengen Zensur. Anfang 1939 begann die Regierung, die Staatsbürgerschaft von Emigranten zu revidieren, besonders von deutschen Emigranten, und entließ Juden aus dem Staatsdienst. Antijüdische Gesetze wurden nur deshalb nicht erlassen, weil Großbritannien mit einem Wirtschaftsboykott drohte.

Während der Zweiten Republik wurden extrem rechtsgerichtete und faschistische Organisationen wieder aktiv, wie die *Akce národní obnovy* (Aktion der nationalen Erneuerung) oder die *Vlajka* (Die Flagge), die eine noch engere Zusammenarbeit mit Deutschland forderten. Wieder aktiv wurde auch der Führer der tschechoslowakischen Faschisten, der suspendierte General Radola Gajda (1892-1948), der in der Ersten Republik zweimal - erfolglos - einen faschistischen Umsturz versucht hatte (1926 und 1933). Diese Bewegungen fanden jedoch in den breiteren Schichten der tschechischen Bevölkerung keinen Rückhalt. Die Unterstützung der Zweiten Republik und ihrer Regierung seitens der Bevölkerung hielt sich überhaupt in deutlichen Grenzen, denn die Politik der Zusammenarbeit mit Deutschland war nach dem Münchener Abkommen ganz und gar ungeeignet, irgend jemanden für sich zu gewinnen, und jegliche prodeutsche Aktivität wurde als verräterisch und volksfeindlich angesehen. Auch die Versuche, die neue Regierung im Katholizismus zu verankern und so in einen Gegensatz zur liberalen und (angeblich) sozialistischen Ersten Republik zu bringen, waren zum Scheitern verurteilt, denn die katholische Kirche galt in Böhmen nicht als Nationalkirche. Aus historischer Sicht erschien sie als Stützpfeiler der einstigen Habsburger Monarchie und spielte daher in der tschechischen Gesellschaft keine allzu bedeutende Rolle.

Ein wenig anders stellte sich die Situation in der Slowakei und in Karpato-Russland dar. In der Slowakei konnte sich das Regime der Volkspartei von Jozef Tiso eines relativ großen Rückhalts sicher sein. Zweifellos spielte dabei eine Rolle, dass Jozef Tiso katholischer Priester war. Im Unterschied zu Böhmen hatte die katholische Kirche in der Slowakei großen Einfluss.

Der aufschäumende slowakische Nationalismus richtete sich im Herbst 1938 gegen die Tschechen, die nicht selten von lokalen aktivistischen Ausschüssen und der paramilitärischen Hlinka-Garde aus der Slowakei vertrieben wurden; die Ausschreitungen gegen Juden wuchsen sich häufig zu regelrechten Pogromen aus. Die protestantische Bevölkerung stand bis auf wenige Ausnahmen von Anfang an in Opposition zum Regime. Kompliziert war die Lage in Karpato-Russland, das nun den Namen Karpato-Ukraine trug. Dort war die Gesellschaft in ein prorussisches und ein proukrainisches Lager gespalten. Die Einwohner der Karpato-Ukraine betrachteten sich teils als Russen, teils als Ukrainer, teils als ein eigenständiges ruthenisches Volk. Die Oberhand gewann das ukrainische Lager. Auch in der Karpato-Ukraine konnte sich Vološins Regime auf einen relativ großen Teil der Bevölkerung stützen. Im Unterschied zu Böhmen und Mähren wurde in der Slowakei und der Karpato-Ukraine schon im Herbst 1938 eine totalitäre Einparteienherrschaft errichtet. Die einzige zugelassene Partei in der Slowakei war die HSĽS, Hlinkas Slowakische Volkspartei, in der Karpato-Ukraine Vološins Ukrainische Nationale Einigung (*Ukrajinské národní sjednocení*). Für die deutsche und ungarische Minderheit wurden zwar in der Slowakei eigenständige politische Parteien geschaffen, deren Existenz lässt sich jedoch nicht als Ausdruck von Pluralität begreifen. Am 18. Dezember 1938 fanden rein formal Wahlen für das autonome slowakische Parlament statt. Der Opposition wurde es verwehrt, eine eigene Kandidatenliste aufzustellen. Den Wählern wurde allein die Kandidatenliste der HSĽS präsentiert, die sich den Beinamen Partei der slowakischen nationalen Einheit (*Strana slovenskej národnej jednoty*) zugelegt hatte. Diese Liste führte auch einige ehemalige Agrarier sowie deutsche und ungarische Kandidaten. Die Wahlen nahmen den gleichen Ausgang wie jedes plebiszitäre Theater dieser Art: die Einheitsliste erreichte angeblich 97 %

der Stimmen. Auf gleiche Weise verliefen am 12. Februar die Wahlen in der Karpato-Ukraine.

Die Bemühungen der Beran-Regierung, Deutschlands Gunst zu erringen und so das Weiterbestehen des Staates zu sichern, hatten keinen Erfolg, da Hitler schon am 21.10. 1938 entschieden hatte, die Resttschechoslowakei zu liquidieren. Den sprichwörtlichen Funken im Pulverfass sollten dabei die slowakischen Separatisten vom radikalen Flügel der HSĽS spielen, die auch die schon erwähnten ultranationalistischen und faschistisch-paramilitärischen Einheiten organisierten, die Hlinka-Garden. Dieser radikale, stark antijüdische und antitschechische Flügel unter der Führung von Alexander Mach (1902-1980) und Vojtech Tuka (1880-1964), einem ehemaligen ungarischen Agenten in der HSĽS, orientierte sich an Deutschland und verfolgte eine möglichst sofortige Proklamation der staatlichen Autonomie, während Jozef Tiso, der Regierungsvorsitzende, einen solchen Schritt erst langfristig erwog. Berlin unterstützte die zentrifugalen Tendenzen der Radikalen. Am 12. Februar 1939 wurde Tuka von Hitler empfangen, der der Slowakei für den Fall, dass sie sich von Böhmen und Mähren abtrenne, politische und wirtschaftliche Hilfe zusicherte. Gleichzeitig täuschte Berlin in Prag vor, dass es sich nicht in die inneren Angelegenheiten der Tschecho-Slowakei einmischen werde. Das bestärkte die Zentralregierung darin, einen bewaffneten Eingriff gegen die Separatisten vorzubereiten.

Zur Schlüsselfigur dieser Vorbereitungen wurde der damalige Verkehrsminister, General Alois Eliáš (1890-1942). Am selben Tag, als Tuka in Berlin verhandelte, organisierte Eliáš in den Wäldern bei Unhošť westlich von Prag eine geheime Versammlung seiner Gefolgsleute, auf der er erklärte, dass Deutschland die slowakischen Separatisten zur Zerschlagung des Staates benutzen wolle. Wenn aber die Tschecho-Slowakei schon zum Untergang bestimmt sei, dann müsse es durch einen Eingriff Deutschlands geschehen, denn nur das ermögliche eine zukünftige Erneuerung der ČSR. Als dann die slowakischen Minister gegenüber der Zentralregierung mit der Forderung nach Schaffung eigener slowakischer Militäreinheiten auftraten, eine Senkung der Zahlungen für den gemeinsamen Staatshaushalt verlangten und den Verbleib innerhalb der Tschecho-Slowakei nicht garantieren wollten, entschloss sich die Regierung, militärisch in der Slowakei einzugreifen. (Beran hatte allerdings die Möglichkeit einer freiwilligen Trennung von Tschechen und Slowaken zur Diskussion gestellt, worauf die slowakische Seite nicht reagierte.) Am 10. März 1939 setzte Präsident Hácha die autonome Regierung Tiso ab, und Prag rief in der Slowakei das Standrecht aus. Die Macht übernahm die Armee. Am 11. März 1939 ernannte Hácha eine neue slowakische Regierung mit dem HSĽS-Politiker Karol Sidor (1901-1953) an der Spitze. Dieser lehnte es trotz des Drängens der deutschen Emissäre ab, einen slowakischen Staat auszurufen. Hitler rief daher Tiso am 13. März 1939 nach Berlin und gab ihm zu verstehen, dass er an einer nicht-selbständigen Slowakei sein Interesse verlieren werde, was Tiso als deutsches Einverständnis mit einer ungarischen Annexion auslegte. Als Tiso am folgenden Tag, dem 14. März 1939, aus der deutschen Hauptstadt zurückkehrte und von den Verhandlungen berichtete, proklamierte das slowakische Parlament die staatliche Autonomie. Gleiches tat auch das Parlament der Karpato-Ukraine; an der aber hatte Hitler kein Interesse und daher auch keine Einwände gegen die ungarische Annexion des Gebietes. Noch am selben Tag fuhr Präsident Hácha in Begleitung von Chvalkovský nach Berlin, wo ihm Hitler eröffnete, dass der Rest von Böhmen und Mähren am nächsten Tag (15.3.1939) okkupiert werde. Von Hácha erzwang er den Befehl zur Kapitulation. Die Zweite Republik hatte aufgehört zu existieren. In das historische Bewusstsein der Tschechen hat sich ihr kurzes Bestehen als Zeit des Verfalls und der tiefen nationalen Demütigung eingeschrieben, wenn dieser Eindruck auch bald durch die noch schlimmere Erfahrung der militärischen Okkupation durch die Nationalsozialisten überlagert werden sollte.

Unter deutschem Protektorat

Detlef Brandes

Nicht in den Endzielen, sondern in der kriegsbedingten Praxis unterscheidet sich die nationalsozialistische Tschechen- von der Polenpolitik. Etwa 700 000 Tschechen gerieten durch die Abtretung der Sudeten- oder Grenzgebiete nach dem Münchener Abkommen vom 29. September 1938 [Unterschrift nach Mitternacht, daher auch: 30. 9.] unter deutsche Herrschaft, die übrigen durch den Einmarsch der Wehrmacht in die amputierte Tschechoslowakei am 15. März 1939 und durch die Errichtung des „Protektorats Böhmen und Mähren".

Über die Endziele waren sich der Reichsprotektor Freiherr Konstantin von Neurath und sein Staatssekretär Karl Hermann Frank einig. Anlässlich einer Diskussion um die Zukunft des Protektorats im Spätsommer 1940 schrieben sie, dass der größere Teil der Tschechen durch „politische Neutralisierung" und „Umvolkung" assimiliert werden könne. Mittel einer solchen Politik seien scharfes Vorgehen gegen die Intelligenz und soziale Förderung von Arbeitern, Bauern und Kleinbürgern. Das tschechische Volk solle nicht insgesamt „deklassiert" oder „Hilfsvolk aus rassischen Gründen" werden. Die „rassisch unbrauchbaren" Tschechen sollten allerdings „abgestoßen", „ausgesiedelt" bzw. einer „Sonderbehandlung" zugeführt werden. Hitler billigte dieses Konzept im September 1940 mit der Maßgabe, dass zugleich die „Verdeutschung des Raumes vorbereitet" werden sollte. Reinhard Heydrich, der als Chef des Reichssicherheitshauptamts diese Konzeption kritisiert hatte, erhielt Ende September 1941 Gelegenheit, als „stellvertretender Reichsprotektor" seine Vorstellungen zu verwirklichen. Anfang Oktober 1941 sagte er vor den Spitzen der reichsdeutschen Protektoratsverwaltung: „Der Tscheche hat in diesem Raum letzten Endes nichts verloren." Man solle nicht „nach alter Methode versuchen, dieses Tschechengesindel deutsch zu machen". Nach einer „rassischen Bestandsaufnahme" werde man diejenigen Tschechen eindeutschen, die „gutrassig und gutgesinnt" seien. Die „schlechtrassigen und schlechtgesinnten" würden in den „Osten" deportiert. Bei den „schlechtrassig Gutgesinnten" werde man dafür sorgen, dass sie keine Kinder mehr bekämen. Die „gutrassig Schlechtgesinnten" bezeichnete er als „gutrassige Führerschicht". Einen Teil von ihnen müsse man in einer rein deutschen Umgebung einzudeutschen versuchen, „oder wenn das nicht geht, sie endgültig an die Wand stellen". „Aber nicht vor den Kopf stoßen. Es ist ja dies alles nur theoretisch gesehen", sagte Heydrich in derselben Rede. Deshalb beschränkte sich die NS-„Volkstumspolitik" im Protektorat im wesentlichen auf konventionelle Methoden wie die Förderung deutscher und die Schließung tschechischer Schulen, die Bevorzugung der deutschen Sprache, die finanzielle Unterstützung von Sudetendeutschen und die Eindeutschung der Verwaltung und Wirtschaft. Nur knapp 9 000 Volksdeutsche, die meisten aus der Dobrudscha, wurden im Protektorat angesiedelt. Allerdings wurden im Protektorat zwei neue Truppenübungsplätze angelegt und die tschechischen Bewohner der betroffenen Gemeinden ausgesiedelt. Nach dem Kriege sollten die Übungsgelände mit Deutschen besiedelt werden und nach dem Siege Basis je einer „deutschen Landbrücke" über Prag und entlang der böhmisch-mährischen Grenze bilden. Die Vernichtung der Juden und Zigeuner schob Heydrich dagegen nicht auf. Etwa 80 000 Juden und 6 000 Zigeuner Böhmens und Mährens fielen der nationalsozialistischen Rassenpolitik zum Opfer. Nach dem Tod Heydrichs musste Frank die Macht im Protektorat zeitweise mit Kurt Daluege, den Hitler zum Nachfolger Heydrichs ernannt hatte, teilen, bevor er im August 1943 zum Deutschen Staatsminister für Böhmen und Mähren ernannt wurde. Frank fasste seine Politik in einer geheimen Rede Ende März 1944 zusammen: „Wir haben ... auf Kriegszeit die Gefühlspolitik und Ideologien in den Winkel gestellt. Wir sind nüchterne, reale Interessenpolitiker geworden, um für das Höhere, das Reich, alles herauszuholen, was irgendwie möglich ist." In den letzten Kriegswochen appellierte Frank an den Realismus der tschechischen Bevölkerung, ohne „überflüssigen Aufstand", unter Vermeidung von Verlusten an Menschenleben, in die Nachkriegszeit einzutreten.

In seinem Erlass vom 16. März 1939 hatte Hitler erklärt: „Das Protektorat Böhmen und Mähren ist autonom und verwaltet sich selbst". Staatspräsident Emil Hácha blieb im Amt, die tschechoslowakische Regierung amtierte nach einigen Umbesetzungen als Protektoratsregierung mit General Alois Eliáš an der Spitze weiter. Allerdings erhielt der Reichsprotektor als „Wahrer der Reichsinteressen" weitgehende Rechte. Er hatte Einspruchsrecht gegen alle Gesetze und Maßnahmen der Protektoratsregierung, konnte selbst Gesetze erlassen und bestimmte Verwaltungszweige in eigene Regie übernehmen und war für die „Sicherheit" verantwortlich. Zur Kontrolle der tschechischen Regierung und Verwaltung wurde die Behörde des Reichsprotektors ausgebaut und regional durch Oberlandräte unterstützt, die jeweils für mehrere Bezirke zuständig waren. Heydrich hob diesen Dualismus auf, indem er im Januar 1942 einen seiner Abteilungsleiter als Wirtschaftsminister in die Protektoratsregierung und im Mai andere Beamte seiner Behörde in Schlüsselpositionen der anderen Ministerien brachte. Seitdem kontrollierten etwa 2 000 Deutsche einen Verwaltungsapparat von 350 000 Personen.

In der Praxis der deutschen Politik spielte das Interesse an der

Kriegsproduktion des Protektorats die entscheidende Rolle. Der Rüstungsbeitrag des Protektorats war groß und wuchs angesichts der Bombenangriffe auf reichsdeutsche Betriebe weiter. Während sich z.B. die Panzerproduktion im Reich von Juni 1944 bis Januar 1945 auf 754 Stück halbierte, vervierfachte sich jene im Protektorat auf 434 Stück. Škoda und die Waffenwerke Brünn lieferten Kanonen, Maschinengewehre, Gewehre, Pistolen und Lastwagen. Als die Terrorwelle nach dem Attentat auf Heydrich abgeebbt war, machte deshalb Frank nicht nur verbale Zugeständnisse an die tschechische Bevölkerung. Der Antibolschewismus stand seit 1943 im Zentrum der Propaganda, der sich die katholischen Bischöfe durch einen Hirtenbrief anschlossen. Tschechische Häftlinge durften nicht mehr nach Auschwitz gebracht werden. Frank lehnte auch die vorgeschlagenen Repressionen gegen Familien von Soldaten ab, die von der so genannten tschechischen Regierungstruppe in Italien desertiert waren.

Kurz nach dem deutschen Einmarsch hatte Hácha zur Bildung einer Nationalen Gemeinschaft (NG, *Národní souručenství*) aufgerufen, deren „Ausschuss" an die Stelle des aufgehobenen Parlaments treten sollte. In diesen Ausschuss entsandten die aufgelösten Parteien Vertreter ihrer zweiten Garnitur. Eine breit angelegte Werbeaktion erreichte, dass aus nationaler Disziplin etwa 98% aller tschechischen Männer und Jugendlichen der NG beitraten. Einen Konzentrationsprozess erlebten auch die bisher parteipolitisch zersplitterten Gewerkschaften, die sich nach Branchen und zu einem Dachverband vereinigten. Staatspräsident, Protektoratsregierung und NG bemühten sich um die Bildung einer nationalen Einheitsfront gegen die deutschen Zumutungen und zur Verteidigung der von Hitler versprochenen Autonomie. Sie protestierten gegen die fortschreitende Eindeutschung von Verwaltung und Wirtschaft, die Einschränkung des tschechischen Schulwesens und forderten immer wieder die Freilassung von Verhafteten. Insgeheim standen sie in Verbindung zur Widerstandsbewegung und zur Exilregierung. Gegen den Attentismus der Regierung polemisierten mehrere Gruppen, besonders eine Reihe von tschechischen Chefredakteuren sowie einige faschistische und antisemitische Organisationen, die eine offen pro-deutsche und „aktivistische" Politik forderten. Unter dem vereinten Druck der Besatzungsmacht und dieser „Aktivisten" machte die Regierung immer wieder Zugeständnisse, versprach aber im Sommer 1941 der Exilregierung, „im Falle unerträglicher Lasten" geschlossen zurückzutreten. Kurz nach seiner Machtübernahme ließ Heydrich einen Schauprozess gegen Eliáš veranstalten und ihn zum Tode verurteilen. Die neue Regierung sollte sich, wie Heydrich sagte, aus einer „Landesbehörde für Beschwerden gegen das Reich" zum „verlängerten Arm des Reichsprotektors" entwickeln. Hácha stimmte schließlich nicht nur zu, dass ein Deutscher das Wirtschaftsressort in der neuen Regierung, sondern auch einer der aktivistischen Kritiker der bisherigen Regierung das Ministerium für Volksaufklärung übernahm. Emanuel Moravec wurde auch das so genannte Jugendkuratorium unterstellt, dessen Aufgabe die Erziehung der tschechischen Jugendlichen zum „Reichsgedanken" war.

Im Frühjahr 1939 entstanden die ersten Widerstandsgruppen. Der *Maffie* aus der Zeit des Ersten Weltkrieges nachgebildet war das Politische Zentrum (*Politické ústředí*). In seinem Leitungsgremium saßen prominente Vertreter der Vorkriegsparteien, seinen Kern bildeten ehemalige Mitarbeiter und Vertreter des emigrierten Edvard Beneš. Teile des Offizierskorps vereinigten sich in einer Geheimarmee, die sich den Namen Nationalverteidigung (*ON, Obrana národa*) gab. An einen Appell aus der Zeit der Verteidigung der Republik gegen die nationalsozialistische Bedrohung erinnerte der Name Petitionsausschuss Wir bleiben treu (*Věrni zůstaneme*), dessen Rückgrat Gewerkschafter und Sozialisten bildeten. Diese drei Gruppen fanden im Mai 1940 in einer Dachorganisation zusammen, dem Zentralausschuss des Heimatwiderstandes (*ÚVOD*). Mangelnde konspirative Erfahrung ermöglichte es der Gestapo schon Ende 1939 und Anfang 1940, große Teile dieser Widerstandsnetze aufzurollen und viele Mitglieder zu verhaften.

Hauptformen des Widerstandes waren Nachrichtendienst für die Exilregierung, illegale Flugblätter und Zeitschriften sowie in der Anfangsphase Demonstrationen anlässlich nationaler Gedenktage. Die Kundgebungen am 28. Oktober 1939, dem Jahrestag der Staatsgründung, führten besonders in Prag zu Zusammenstößen mit der tschechischen und deutschen Polizei, bei denen ein Arbeiter und ein Student erschossen wurden. Als sich aus dem Trauerzug für diesen Studenten ebenfalls eine Kundgebung gegen die Besatzungsherrschaft entwickelte, ließ Hitler die tschechischen Hochschulen schließen, 1200 Studenten in ein Konzentrationslager einweisen und neun Studentenführer erschießen. Nach dem deutschen Angriff auf die Sowjetunion nahm auch die Zahl der Sabotageakte zu. Ein einwöchiger Boykott der Protektoratspresse zeigte, dass der Widerstand breite Unterstützung in der Bevölkerung genoss. Damals gelang es dem ÚVOD auch, sich mit dem illegalen Zentralkomitee der Kommunistischen Partei auf die Bildung eines gemeinsamen Leitungsorgans zu einigen. Bevor diese Verbindung Früchte tragen konnte, fielen die beteiligten Personen der Terrorwelle zum Opfer, die Heydrich nach seinem Amtsantritt am 28. September 1941 ausgelöst hatte. In nur zwei Monaten wurden über 400 Todesurteile gefällt und 4000-5000 Menschen verhaftet. Von diesem Schlag hatte sich die Widerstandsbewegung noch nicht erholt, als tschechische Fallschirmjäger am 27. Mai 1942 im Auftrag der Exilregierung und mit Unterstützung des heimischen Widerstandes ein Attentat auf Heydrich unternahmen, dem dieser wenige Tage später erlag. Das Regime reagierte mit der Erschießung aller männlichen Einwohner des Dorfes Lidice westlich von Prag, der Deportation der Frauen in das Konzentrationslager Ravensbrück, wo ein Viertel von ihnen umkam, und der Ermordung fast aller Kinder von Lidice, etwas später noch mit der Erschießung aller Männer und Frauen des ostböhmischen Weilers Ležáky. Bis Ende August wurden 3188 Tschechen verhaftet und 1357 von Standgerichten zum Tode verurteilt, ein Drittel von ihnen wegen „Gutheißung des Attentats".

Nach dieser zweiten Terrorwelle machte der tschechische Widerstand eine längere Schwächeperiode durch. Sein Zentrum verlagerte sich in die Provinz, wo ein Dreierrat (*Rada tří*) seit 1943 Sabotage- und Partisanengruppen aufbaute, die ebenso wie einige aus der Slowakei eingesickerte und aus der Sowjetunion eingeflogene sowjetisch geführte Partisanengruppen seit Ende 1944 Sabotageakte gegen Eisenbahnverbindungen unternahmen. Gegen gefasste Partisanen oder ihre Helfer ging die Gestapo mit aller Härte vor. Im April 1945 bildete sich in Prag ein Tschechischer Nationalrat (*Česká národní rada*), der am 5. Mai die politische Führung des Prager Aufstands übernahm, während die erneuerte ON die militärischen Aktionen koordinierte. Am 8. Mai stimmten sie einer „Kapitulation" der deutschen Einheiten zu, bei der es sich in Wirklichkeit um ein Abkommen über den ungehinderten Abzug aus Prag handelte. Während die letzten deutschen Truppen Prag Richtung Westen verließen, marschierten die ersten Einheiten der Roten Armee von Norden in Prag ein.

Die Folgen der nationalsozialistischen Tschechenpolitik waren katastrophal. Fast alle Juden und Zigeuner waren ermordet. Eine große Zahl von Tschechen war zum Tode verurteilt worden oder in Konzentrationslagern gestorben, wurde bei so genannten „Vergeltungsmaßnahmen" erschossen oder fiel an der Front auf Seiten der Alliierten und kam bei Luftangriffen um. Die tschechische Bevölkerung litt durch die Einziehung bestimmter Jahrgänge zur Zwangsarbeit im Reich, sowie durch die Unterversorgung infolge der Stilllegung von Betrieben der Konsumgüterindustrie und durch die hohen Schwarzmarktpreise. Wirtschaftliche Verluste hatte die Tschechoslowakei u. a. durch die Konfiszierung der Ausrüstung ihrer Armee und der Gold- und Devisenvorräte der Nationalbank. Die Festlegung eines ungünstigen Wechselkurses zwischen Krone und Reichsmark und die Aufhebung der Zollgrenze führten zum Ausverkauf von Waren, die es im so genannten Altreich kaum noch gab. Das Protektorat musste einen hohen Jahresbeitrag zu den deutschen Kriegskosten zahlen, der schrittweise von zwei Milliarden Kronen im Jahre 1940 auf zwölf Milliarden im Jahre 1944 erhöht wurde. Infolge der wirtschaftlichen Ausbeutung, vor allem aber der Terrorwellen und der demütigenden Behandlung verwandelte sich die Ablehnung des Nationalsozialismus und der Fremdherrschaft in einen allgemeinen Hass gegen die Deutschen und besonders gegen die Deutschen im eigenen Lande.

Die Juden zwischen Deutschen und Tschechen

Miroslav Kárný

Nach der letzten Volkszählung vor dem Zweiten Weltkrieg (1930) lebten in Böhmen, Mähren und Schlesien 117 551 Personen jüdischer Konfession. Von ihnen bekannten sich knapp 43 000 zur tschechischen Nationalität (vermerkt als tschechoslowakisch), 37 000 zur jüdischen und etwas über 35 000 zur deutschen. Damit ist das Schicksal von mindestens 78 000 Juden deutscher und tschechischer Nationalität unmittelbar mit der Geschichte der deutsch-tschechischen Beziehungen verknüpft, in Wirklichkeit sind es freilich weitaus mehr.

Später rekonstruierten Statistiken zufolge lebten anfangs 103 960 Personen jüdischen Glaubens auf Protektoratsgebiet; dazu kamen 14 350 „nichtmosaische" Juden, die, obwohl sie dem jüdischen Glauben nicht angehörten, ebenso unter die antijüdischen Nürnberger Gesetze fielen. Ihr Anteil an den - nach der Nürnberger Definition - insgesamt 118 310 Protektoratsjuden betrug 12,1%. Setzt man die statistischen Angaben über den jüdischen Bevölkerungsanteil im Jahre 1930 in Bezug zu den Statistiken aus dem okkupierten tschechoslowakischen Grenzgebiet und dem Protektorat, sollte diese Differenz von 12%, also mehr als 14 000 Juden, stets berücksichtigt werden. Die Ergebnisse einer vergleichenden Gegenüberstellung in Hinblick auf die „Endlösung der Judenfrage" würden sonst verzerrt.

Welchen Verlauf nahm das Schicksal der Juden während der kritischen Jahre zwischen 1938 und 1945 in Böhmen und Mähren?

Es vollzog sich in mehreren Etappen. Die erste Etappe war relativ bald abgeschlossen. Sie begann mit dem 1. Oktober 1938, d. h. mit der Okkupation der tschechoslowakischen Grenzgebiete, mit der Entfesselung des Terrors gegen die jüdische Bevölkerung und ihrer Vertreibung, die immer auch Enteignung bedeutete. Die „Reichskristallnacht" wurde im entstehenden Sudetengau besonders gründlich durchgeführt. Wie in den übrigen Reichsgauen brannten die Synagogen und andere Gebäude, die religiösen oder karitativen Zwecken dienten, jüdische Geschäfte wurden verwüstet, Juden erniedrigt, beraubt, verhaftet, eingesperrt und vor allem vertrieben. Der Verlauf des Pogroms ähnelte dem in anderen deutschen Gauen: fanatische Täter, eine Masse, die zuschaut, und nur einzelne, die schützend eingreifen. Eine Besonderheit war jedoch die Vertreibung der jüdischen Bevölkerung hinter die neue deutsch-tschechoslowakische Grenze, im Bemühen, den Sudetengau so schnell wie möglich „judenrein" zu machen.

1930 lebten im besetzten tschechischen Grenzgebiet 27 073 Menschen jüdischen Glaubens, nach Nürnberger Kriterien also mehr als 30 000 Personen; doch schon am 17. Mai 1939 war es nur noch ein knappes Zehntel. Auf den Sudetengau entfielen dabei 2 363 Personen; von ihnen bekannten sich 1 621 zur jüdischen Religion. Damals galten bereits die Nürnberger Gesetze. Somit wurden auch diejenigen als Juden angesehen, die sich schon lange nicht mehr (oder niemals) zum jüdischen Glauben bekannt hatten. Der Sudetengau gehörte zu den Gebieten, die im Bestreben, ihr Territorium „judenrein" zu machen, am radikalsten vorging. In einem der späteren Dokumente des Gaupropagandaamtes der NSDAP wird festgestellt, dass die „Judenfrage im Sudetengau gewissermaßen radikaler gelöst wurde als in den anderen Gauen". Innerhalb von wenigen Monaten war sie bereits zu neun Zehnteln „gelöst". Zur „Endlösung" blieb nur wenig: die Arisierung jüdischen Eigentums und ab 1942 die Deportation mehrerer hundert Juden nach Theresienstadt, das für viele nur eine Zwischenstation auf dem Weg in die Gaskammern von Birkenau war.

Die tschechische Bevölkerung beteiligte sich an den antijüdischen Pogromen nicht, sie wurde vielmehr mancherorts selbst zum Opfer; so in Duchcov (Dux) und Most (Brüx), wo alle nichtdeutschen Geschäfte verwüstet wurden. Im übrigen war eines der Argumente für die Vertreibung wie für die Arisierung, dass die Juden protschechisch eingestellt seien und die Tschechoslowakei unterstützten. Ihr Eigentum könne daher zu Recht als „Entschädigung" für die Nachteile herangezogen werden, die den Sudetendeutschen unter der tschechischen Regierung entstanden seien.

Rechnet man die aus den Sudeten Vertriebenen sowie die aus Österreich und Deutschland Emigrierten mit ein, befanden sich in dem reduzierten tschechoslowakischen Staat mehr als 120 000 Personen jüdischen Glaubens. Die Juden waren freilich nicht die einzigen, die aus dem okkupierten Grenzgebiet vertrieben worden waren. Bis Ende 1938 flüchteten von dort mehr als 100 000 Tschechen und Tausende antifaschistischer deutscher Demokraten.

Das Münchener Abkommen, das das tschechoslowakische Grenzgebiet an Deutschland preisgegeben hatte, löste in der tschechischen Gesellschaft eine tiefe gesellschaftliche, politische, wirtschaftliche und moralische Krise aus. In der Zweiten Republik kamen Kräfte an die Macht, die München nicht nur als ein Versagen der tschechoslowakischen Außenpolitik interpretierten, sondern als ein Versagen der Demokratie schlechthin. Die Lösung sahen sie im System einer „autoritativen Demokratie" mit dediziert nationalistischer Politik. Wie stets in Krisensituationen wurde auch damals die „Judenfrage" mobilisiert; eine heftige antijüdische Kampagne brach los. Bezeichnend war, dass sich an ihr nicht nur die traditionell antisemitisch orientierten Parteien und Organisationen beteiligten, die bisher an der politischen Peripherie vor sich hin vegetiert hatten, sondern weitaus breitere Kreise der Gesellschaft - in Reaktion auf die Münchner Erschütterung, aus tiefer Enttäuschung, Verbitterung und Angst vor der Zukunft.

Rechtfertigende Argumente waren dabei, dass die Juden Deutsch sprächen, sich zum Deutschtum bekannten und schuld daran seien, dass die deutsche Okkupation einen so großen Teil des Landes abgetrennt hatte. Historisch ist jedoch eindeutig belegt, dass ausschließlich strategische, militärische und ökonomische Interessen die von Deutschland diktierte Grenze bestimmt hatten. Der „Resttschechei" sollte der Boden für eine selbstständige Existenz entzogen werden.

In einer Situation, wo man sich um Hunderttausende tschechischer Emigranten kümmern musste (nicht nur aus dem tschechischen Grenzgebiet, sondern auch aus der Slowakei und der Karpato-Ukraine), waren die Juden unter ihnen, besonders die, die sich nicht zur tschechischen Nationalität bekannten und kein Tschechisch sprachen, eine besonders geeignete Zielscheibe für antisemitische Angriffe. Angst vor beruflicher Konkurrenz veranlasste zum Beispiel die obersten Ständeorganisationen der Ärzte, Juristen, Advokaten, Notare und Ingenieure am 14. Oktober 1938 zu einem Memorandum, in dem sie forderten, „dass es im Interesse der wichtigsten Volksgüter in Zukunft grundsätzlich nicht mehr zulässig sein sollte, dass medizinische, juristische und technische Berufe von Juden ausgeübt würden." Die Zahl der Juden in diesen Berufen sollte umgehend auf einen Prozentsatz reduziert werden, der dem prozentualen Anteil der Juden an der Gesamtbevölkerungszahl entspräche. Die Berufsinteressen hat man dabei auf eine ideologisch-nationale Ebene erhoben.

Am 21. Januar 1939 empfahl sich Hitler gegenüber dem tschechoslowakischen Außenminister Chvalkovský hinsichtlich der „Lösung der Judenfrage" als Vorbild. Das Protokoll hielt fest: „Die Juden würden bei uns vernichtet." Einige Tage später verkündete Hitler im Reichstag vor der Weltöffentlichkeit, dass die jüdische Rasse in Europa im nächsten Weltkrieg vernichtet werde. Freilich fügte er hinzu: „Wenn es dem internationalen Finanzjudentum gelingen sollte, die Völker noch einmal in einen Weltkrieg zu stürzen." Die Welt nahm diese „Prophezeiung" Hitlers nicht ernst. Übrigens vertreten auch heute noch einige Historiker die Ansicht, dass Hitler damals noch nicht an eine physische Liquidierung der Juden im Sinne der „Endlösung" dachte.

Im Protektorat entwickelte sich die „Judenfrage" im Rahmen der einzelnen Etappen, die zur „Endlösung" führen sollten. Sie kamen im gesamten, von Hitlerdeutschland beherrschten Raum zur Anwendung, wenngleich es lokale Besonderheiten gab. Die Grundformel lautete: Menschen, die der „Endlösung" zugeführt werden sollen, seien zunächst nach den Nürnberger Gesetzen zu definieren, aus der übrigen Gesellschaft auszugliedern und in einem „Ghetto ohne Mauern" zu isolieren; sie seien zu enteignen und ihrer materiellen Lebensgrundlagen zu berauben, dann folge die Internierung und physische Vernichtung. Das war das Schicksal von 80 000 Juden aus dem Protektorat Böhmen und Mähren, gleich, zu welcher Nationalität sie sich bekannt hatten.

Dieser Ablauf zeichnete sich im Protektorat durch einen spezifischen Zug aus: Die Arisierung wurde zum Mittel der Germanisierung. Das betraf nicht nur die Arisierung jüdischen Eigentums, sondern auch die „Arisierung" einzelner Bereiche des öffentlichen Lebens, vor allem der staatlichen Verwaltung. Die Arisierungsmaßnahmen der tschechischen Protektoratsregierung und auch der Nationalen Gemeinschaft (*Národní souručenství*), einer neuen tschechischen politischen Organisation, stießen daher gleich in den ersten Wochen des Protektorats auf unerbittlichen Widerstand seitens der deutschen Okkupationsbehörden.

Als die Protektoratsregierung am 27. März eine Verordnung erließ, die zur Folge gehabt hätte, dass praktisch jedes Arisierungsverfahren an die Zustimmung der tschechischen Behörden gebunden gewesen wäre, verbot das Amt des Reichsprotektors das Inkrafttreten dieser Verordnung. Und nicht nur das: „Um die Tschechisierung jüdischer Positionen zu verhindern", erging bereits am 29. März eine Sonderverordnung des Chefs der Zivilverwaltung, mit der die „Lösung der Judenfrage" im wirtschaftlichen Bereich endgültig der Zuständigkeit der Protektoratsbehörden entzogen wurde. Die von Reichsprotektor Neurath am 21. Juni 1939 erlassene Verordnung über das jüdische Vermögen schuf die Voraussetzungen dafür, dass über den bisherigen Rahmen hinaus auch tschechisches nichtjüdisches Vermögen einer weitreichenden Arisierung unterworfen werden konnte. In einem der Memoranden, die für Háchas Verhandlung mit Neurath später vorbereitet worden waren, hieß es: „So kommen unter deutsche Verwaltung und in deutsche Hände auch von tschechischem Kapital und durch tschechische Arbeit entstandene Betriebe. Unter dem Deckmantel der Arisierung wird so die Verordnung über das jüdische Vermögen zu einem Instrument der Germanisierung."

Viele deutsche Dokumente legen dar, dass die Arisierung nicht nur ein rasanteres deutsches Vordringen in die tschechische Wirtschaft ermöglichte, sondern auch das Deutschtum im Volkstumskampf um den böhmisch-mährischen Raum stärken sollte. Dies sollte vor allem durch den wirtschaftlichen und sozialen Aufstieg der dort lebenden Deutschen erreicht werden sowie durch die Umsiedlung derjenigen, die im Protektorat jüdisches Eigentum erlangten.

Folge dieser Okkupationspolitik war natürlich, dass sich in der tschechischen Gesellschaft keine soziale Gruppe herausbildete, die Arisierungen betrieb, im Gegenteil, ein nicht geringer Prozentsatz der tschechischen nichtjüdischen Gesellschaft war selbst von dieser Arisierungspolitik betroffen.

Zweifellos bewirkte diese Arisierungsmethode, dass sich die Haltung der tschechischen Gesellschaft gegenüber der von der Okkupationsmacht angestrebten „Lösung der Judenfrage" änderte. Doch von noch größerem Einfluss war der immer sichtbarer werdende Zusammenhang mit der „Lösung der Tschechenfrage".

Der Vertreter des Auswärtigen Amtes beim Reichsprotektor, Kurt Ziemke, hatte relativ bald gemerkt, dass die Tschechen im deutschen Vorgehen gegen die Juden das Schicksal vorgezeichnet sahen, das zumindest einem Teil der eigenen Bevölkerung drohte. In einem seiner politischen Berichte für Berlin vom Oktober 1940 erläuterte er die freundschaftliche Haltung des tschechischen Volkes gegenüber den Juden: „Unser Feind ist sein Freund und unser Vorgehen gegen die Juden scheint den Tschechen das Vorzeichen unseres späteren Umgangs mit ihnen zu sein." Damit sollte erklärt werden, „warum der Tscheche bisher von sich selbst aus abgelehnt hatte, das jüdische Problem in Angriff zu nehmen."

Ziemkes Analyse findet ihre Bestätigung in den unablässigen Beschwerden der Besatzungsbehörden über die Solidaritätsbekundungen der Tschechen gegenüber den verfolgten Juden. Diese Solidarität stellte sich der Isolation der jüdischen Bevölkerung entgegen, dem „Ghetto ohne Mauern", das durch Hunderte von antijüdischen Verordnungen, Erlassen, Verboten und Vorschriften errichtet worden war. Auch deswegen unternahm Karl Hermann

Frank im Sommer 1941 so hartnäckige Anstrengungen, eine öffentliche Kennzeichnung der Juden im Protektorat durchzusetzen, sogar noch bevor es in Deutschland dazu kam. Aber auch zu den öffentlich gekennzeichneten Juden rissen die solidarischen Bande nicht ab, und später vermochten sie selbst die Festungsmauern des tatsächlichen Ghettos Theresienstadt zu überwinden. Die Deportationen „nach dem Osten", in die Vernichtungslager und Maschinerien des Todes, zu verhindern, überstieg jedoch die Möglichkeiten dieser Solidarität.

Natürlich gab es unter den mehr als sieben Millionen Tschechen auch eine Schicht von Faschisten und Nationalsozialisten, es gab die *Vlajka*-Leute und Anhänger sonstiger rechtsextremistischer Organisationen. Mit den deutschen Nazis verband sie nicht nur ihr Antidemokratismus und Antikommunismus, sondern auch ihr fanatischer Antisemitismus. Aus dieser Identität ihres politischen Programms leiteten sie die Hoffnung ab, dass ihnen die Okkupationsmacht auf Grund ihrer uneingeschränkten Kollaboration zu politischem und wirtschaftlichem Aufstieg verhelfen werde. Bezeichnend ist ihre Beurteilung durch K. H. Frank, der Ende März 1944 die „bisherige Reichspolitik in Böhmen und Mähren" bilanzierte: „Tschechische Faschisten, Vlajkaleute, Nationalsozialisten usw. in x-Gruppen gespalten, habe ich nur als Spitzel und V-Männer bei meiner Sicherheitspolizei benutzt." Es kann kein Zweifel darüber bestehen, dass diese Leute in der tschechischen Gesellschaft nur in diesem Licht gesehen wurden.

Von der jüdischen Bevölkerung in Böhmen und Mähren überlebten den Holocaust an die 15 000 Menschen. Ihre Zahl stieg um die Tausende, die aus den östlichen Gebieten der Tschechoslowakei, so wie sie vor dem Münchener Abkommen bestanden hatte, hierher umsiedelten. Vor allem handelte es sich um Zuwanderungswillige aus Transkarpatien. Nach dem Krieg verließen diejenigen in mehreren Emigrationswellen das Land, die einen Ausweg aus ihrer persönlichen Situation suchten und ihre neue Heimat in Palästina, also im neu gegründeten Staat Israel sahen, in Amerika, Kanada, Australien oder anderswo. Oft stand dabei der Wunsch im Hintergrund, nicht unter einem kommunistischen Regime leben zu müssen, zumal dieses vor drastischen antisemitischen Exzessen nicht zurückschreckte.

Diejenigen, die trotz allem geblieben sind, verbindet vor allem das tragische Erlebnis des Holocaust. Es sind nicht viele, ein paar tausend. Sie und ihre Kinder sind ein Teil Tschechiens. Die heutige Erneuerung der jüdischen Traditionen, der wachsende jüdische Zusammenhalt, sei er nun religiös geprägt oder nicht, hat daher mit dem Problem der Juden zwischen Deutschen und Tschechen nichts mehr zu tun. Doch sollte erwähnt werden, dass sich schon seit vielen Jahren eine neue, positive Beziehung der tschechischen Juden und Holocaustopfer zu den Nachkriegsgenerationen in Deutschland entwickelt, besonders zur gegenwärtigen Jugend. Die Juden in Tschechien empfinden Sympathie für diese Jugend und ihre Suche nach der Wahrheit, für ihr Verlangen zu erfahren, „wie es wirklich gewesen ist" und „warum es eigentlich so gewesen ist".

Das Ghetto Theresienstadt 1941-1945

Karl Braun

Theresienstadt wurde 1780 von Joseph II., dem Sohn Maria Theresias, an einer strategisch wichtigen Position in Nordböhmen, dem Zusammenfluss von Elbe und Eger, gegründet. Es sollte - nach den drei schlesischen Erbfolgekriegen - zur Abriegelung Innerböhmens und damit der gesamten Donaumonarchie gegen weitere südwärts gerichtete Expansionsgelüste Preußens dienen. Aber erst 160 Jahre später, von 1941 bis 1945, fiel der Garnisons- und Festungsstadt eine entscheidende Rolle in der Geschichte zu: Theresienstadt wurde von den Nationalsozialisten als einer der Hauptorte im Plan der Vernichtung des europäischen Judentums ausgewählt. Verschiedene Faktoren mögen für die Wahl Theresienstadts - als Konkurrenzstandort wurde z. B. Tábor gehandelt - ausschlaggebend gewesen sein. Aus Sicht der Nationalsozialisten dürfte zum einen die klar strukturierte und übersichtliche Anlage der Stadt, zum anderen die direkte Nähe zum SS-Gefängnis in der „Kleinen Festung", einem Vorwerk der Garnisonsstadt, die Entscheidung für den Ort Theresienstadt als Ghetto begünstigt haben.

Theresienstadt, die „Große Festung", ist schachbrettartig angelegt; um den Hauptplatz gruppiert sich symmetrisch ein rechtwinkliges Straßennetz mit sechs Längs- und neun Querstraßen; durch den Befestigungsring mit hohen Wällen, der die ganze Anlage umschließt und dem Grundriss ein sternförmiges Aussehen verleiht, war die

Stadt hermetisch abgeriegelt und leicht zu kontrollieren. Außerdem wies Theresienstadt durch die verschiedenen riesigen Kasernenbauten eine „Unterbringungskapazität" auf, die den nationalsozialistischen Plänen ebenso entgegenkam wie die leicht herbeirufbaren SS-Wachmannschaften der Kleinen Festung. In der Kleinen Festung selbst, die bereits der Habsburger Monarchie und der Ersten Tschechoslowakischen Republik als Gefängnis gedient hatte, war von der deutschen Protektoratsleitung im Juni 1940 ein Gestapo-Gefängnis eingerichtet worden, ein Konzentrationslager also für den tschechischen Widerstand und die tschechische Intelligenz, in welchem im Fortgang des Krieges zunehmend auch nicht-tschechische politische Gefangene inhaftiert wurden. Obwohl das Ghetto Theresienstadt und die Kleine Festung organisatorisch getrennte Einheiten bildeten, ergänzten sich die beiden Lager in verschiedenen Funktionen: „Kriminell" gewordene Häftlinge des Ghettos konnten in das Gestapo-Gefängnis überstellt, dort in Gefangenschaft gehalten oder auf dem Hinrichtungsplatz ermordet werden, wie im September 1944 der „Judenälteste" des Ghettos, Paul Eppstein; das Gestapo-Gefängnis wiederum nutzte das Krematorium des Ghettos.

Beide Theresienstädter Lager (wie auch die unterirdische Fabrik Richard und das ihr zugeordnete Lager in Leitmeritz / Litoměřice, die beide organisatorisch dem KZ Flössenbürg als Außenstelle zugeordnet waren) gehörten in das SS-Lager- und Todessystem. Dem Ghetto Theresienstadt jedoch war eine ganz besondere Rolle zugewiesen: Vorzeigeort, Schaufenster für die deutsche und später auch für die Weltöffentlichkeit zu sein, während „hinter den Kulissen" der industriell durchgeführte Massenmord am europäischen Judentum vor sich ging. Das Ghetto oder, wie es im nationalsozialistischen Jargon ab Spätsommer/Herbst 1943 hieß, das „jüdische Siedlungsgebiet" Theresienstadt war - seit seiner Gründung im November 1941 - ein schlau angelegtes, in die praktische Organisierung des Genozids, die seit dem Spätsommer 1941 vor sich ging, verwobenes Täuschungsmanöver.

Theresienstadt wird als möglicher Standort einer Ghettoisierung der böhmischen Juden (in Mähren sollte ein ähnliches Ghetto errichtet werden) in Besprechungen bei Reinhard Heydrich vom 10. und 17. Oktober 1941 genannt, wobei es als Durchgangslager nach Osten gedacht war (dazu: *Theresienstädter Studien und Doku-*

mente 1996, 268ff.). Zur reibungslosen Durchführung der Ghettoisierung musste die Jüdische Kultusgemeinde Prag, vertreten von den Zionisten um Jakob Edelstein, „gewonnen" werden, dazu setzte man zwei Mittel ein: Bereits am 16. Oktober 1941 verließ ein Transport mit 1 000 Menschen Prag in Richtung Osten (Łódź), dem im Abstand von fünf Tagen weitere Osttransporte folgten (*Terezínská pamětní kniha*, 1995/1, 63). Parallel zu diesen Transporten lockte die SS mit der Errichtung eines Ghettos, das gegenüber der Jüdischen Kultusgemeinde als offenes und selbstverwaltetes und zudem als „End"-Lager deklariert war. Die Jüdische Kultusgemeinde willigte angesichts dieser Alternative - ungewisse Transporte in den Osten / selbstverwaltetes Lager - in die Ghettoisierung ein. Am 24. November und 4. Dezember 1941 kamen die Mitglieder des so genannten Aufbaukommandos, unter ihnen Jakob Edelstein, in Theresienstadt an, wo sie sogleich kaserniert und mit völliger Postsperre belegt wurden.

In rascher Folge trafen bis Ende Mai 1942 Transporte aus ganz Böhmen und Mähren in Theresienstadt mit insgesamt 28 950 Personen ein; aber bereits im Januar 1942 gingen zwei Transporte von Theresienstadt in den Osten ab, denen ständig weitere folgen - bis Ende Mai 1942 mit insgesamt 14 001 Personen (*Terezínská pamětní kniha*, 63f.). Trotz der Enttäuschungen (geschlossenes Ghetto, Durchgangslager) hatte die „Jüdische Selbstverwaltung" unter Jakob Edelstein die Herausforderung angenommen und mit der Organisierung des Alltags im Ghetto, Ernährung, Unterbringung, Hygiene und medizinischer Betreuung, begonnen. Bis Ende Mai 1942 lebten im Ghetto Juden aus Böhmen und Mähren, meist ganze Familien, Verwandtschafts- und Freundschaftskreise: Man hoffte in diesem Kreis - trotz der Bedrohung durch die Osttransporte - den Krieg überstehen zu können.

Anfang Juni war es auch mit dieser Illusion vorbei. Am 2. Juni 1942 traf der erste Transport aus dem „Altreich" in Theresienstadt ein: 50 Personen aus Berlin. In steter Folge wurden nun den ganzen Sommer über Menschen aus den deutschen Großstädten und aus Wien nach Theresienstadt transportiert: Das Ghetto geriet an die Grenzen seiner Kapazität. Hatte im Mai 1942 der Bevölkerungsstand des Ghettos noch 12 986 Menschen betragen, so waren es am 1. Juli bereits 21 269, am 1. August 43 403, am 1. November 45 312, und das, obwohl im September 3 941 und im Oktober 3 096 Menschen im Ghetto gestorben waren. Neben dieser enormen Sterblichkeit im Ghetto gingen in der Zeit zwischen 12. Juni und 26. Oktober 1942 insgesamt 21 Transporte mit 29 870 Menschen von Theresienstadt in den Osten, meist nach Treblinka; der letzte dieser Transporte jedoch führte nach Auschwitz, das der Bestimmungsort für alle weiteren Osttransporte - 24 mit ca. 42 000 Menschen - aus Theresienstadt sein sollte. Durch die Menschenmassen aus Deutschland und Österreich hatte sich auch die Bevölkerungsstruktur des Ghettos grundsätzlich geändert: Aus dem „Familienghetto" der böhmisch-mährischen Juden, bestimmt von zionistischem Gedankengut, war das „Juden-Altersghetto" des Deutschen Reiches geworden. Die Transporte, die aus dem Reich nach Theresienstadt gekommen waren, wiesen „einen Altersdurchschnitt von mehr als 70 Jahren" auf. Das Ghetto war weder auf solche Menschenmassen noch auf die hohe Zahl alter und zudem meist allein stehender Menschen in irgendeiner Weise vorbereitet.

Die jüdische Selbstverwaltung, die innerhalb eines halben Jahres den infrastrukturellen Aufbau des Lagers geleistet hatte, und mit ihr die Juden aus Böhmen und Mähren, ob deutsch oder tschechisch assimiliert, sahen sich in ihren Hoffnungen getäuscht und mussten erleben, dass die Ankunft der „jüdischen Deutschen" den Abtransport ihrer eigenen Leute erzwang. Die mit dieser Situation einhergehende „Ethnisierung" der Häftlinge in zwei größere Gruppen - tschechische und deutsche Juden, wobei die österreichischen eine Art Zwischenstellung einnahmen - führte das Ghetto in eine schwere Krise. Der innere Zusammenhalt des Ghettos, den die Selbstverwaltung durch ihre Arbeit und Anstrengung gewährleistet hatte, stand vor dem Auseinanderfallen.

Die jüdische Selbstverwaltung hatte den Massen von Häftlingen aus Deutschland, die über das Ghetto völlig getäuscht und von denen viele gezwungen worden waren, so genannte „Heimkaufverträge" abzuschließen, also quasi Wohnungen in Theresienstadt zu kaufen, nichts anzubieten. Die Selbstverwaltung stand - innerhalb ihres geringen Spielraums - vor einer folgenreichen Entscheidung: die Selbstorganisierung des Ghettos aufzugeben und den Dingen ihren Lauf zu lassen oder die Herausforderung anzunehmen: auch diese Menschen im Ghetto aufzunehmen, sie zu versorgen und ihnen, soweit das die Bedingungen der SS zuließen, eine halbwegs menschenwürdige Existenz zu sichern. Die jüdische Selbstverwaltung hat sich für letzteres entschieden. Was sie anbieten konnte, war - neben kümmerlicher physischer Nahrung - ein Überangebot an geistiger. Der Ursprung der Kulturarbeit im Ghetto Theresienstadt ist also weder Draufgabe noch Anhängsel, sondern der zentrale Mechanismus, die Menschen aus Deutschland in ihrer Identität zu bestätigen und sie so an das Ghetto anzubinden. „Anbindung an ein Ghetto, an ein Lager" mag seltsam klingen, aber die Alternative wäre der Ausbruch allgemeiner Barbarei gewesen.

Diese - im ersten Moment vielleicht überraschende - Behauptung bedarf genauerer Erläuterung und historischer Verortung. Theresienstadt gilt gemeinhin als „Kulturlager", es ist in die Geschichte der Vernichtung des europäischen Judentums als KZ der Konzerte und Opernaufführungen, der Vorträge und Lyriklesungen eingegangen; der Funktion dieser Kulturarbeit für die Soziologie Theresienstadts aber ist - über die nationalsozialistische Täuschungsabsicht hinaus - wenig Beachtung geschenkt worden.

Im November 1942 befiehlt die SS-Lagerleitung die Errichtung einer Bibliothek und Studierstube. Diese Anordnung gehört sicher in die auf der Wannsee-Konferenz am 20. Januar 1942 entworfene nationalsozialistische Strategie eines „Ghettos" für alte und prominente Juden aus Deutschland, mit dessen Existenz der Mord an den deutschen Juden kaschiert werden sollte. Nach einer Aussage Eichmanns vom 6. März 1942, der auf dem Weg zur Wannsee-Konferenz im neu errichteten Ghetto Halt gemacht hatte, war Theresienstadt dazu da, „nach außen das Gesicht zu wahren". In den Spätsommer 1942 fällt die Errichtung der so genannten Prominentenhäuser, in denen bekannte und mit weitreichenden Beziehungen versehene Juden vor allem aus Deutschland und Österreich Unterkunft finden: zum Beispiel der Geograph und Freund Sven Hedins, Alfred Philippson, oder die Dichterin Elsa Bernstein, die mit Gerhart Hauptmann verschwägert und mit der Wagner-Familie in Bayreuth befreundet war. Postverkehr wird erlaubt, die Insassen von Theresienstadt dürfen Pakete empfangen. Der erste Theresienstadt-Film, der bis auf ein paar Aufnahmen von den Dreharbeiten verschollen ist, entsteht.

Parallel zu diesen öffentlichkeitswirksamen Aktionen nimmt die Bibliothek unter Leitung von Emil Utitz, der Jahrzehnte als Philosoph an deutschen Hochschulen gelehrt hatte und 1933 in seine Heimatstadt Prag zurückgekehrt war, die Arbeit auf. Die Nationalsozialisten wollen vor allem, dass die Hebraica katalogisiert und vorzeigbar aufbereitet werden. Dies leistet die Bibliothek auch, aber die eigentliche Arbeit besteht in anderem: in dem Versuch, das Ghetto flächendeckend mit Kultur zu versorgen. „Wanderbibliotheken" werden eingerichtet, die alle Unterkünfte mit Büchern versorgen sollen. Vorleser, Erzähler, Kabarettgruppen werden in die Krankensäle geschickt, ein umfangreiches Vortragssystem aus Literatur und allen Sparten des Wissens wird organisiert. Am Anfang des Theresienstädter Kulturlebens steht der Versuch der Bibliothek, alle Insassen des Ghettos mit „geistiger Nahrung" (E. Utitz) zu versorgen. Erst der Befehl zur Stadtverschönerung im Winter 1943 lässt das Kulturleben eine andere Dynamik entwickeln.

Wir sehen hier ein Konzept, welches das SS-Konzept vorzeigbarer Institutionen unterläuft und gerade die Bevölkerungsteile des Ghettos zu erreichen sucht, die aufgrund von Alter, Krankheit, Schwäche im Ghetto eine relativ isolierte und beschäftigungslose Existenz führen mussten: Das aber waren, wie wir gesehen haben, zum allergrößten Teil die Juden aus Deutschland, Altersdurchschnitt über 70 Jahre. Dieses Konzept überbrückt aber auch das Nationalitätenproblem im Ghetto, indem es die deutschen Juden - zumeist dem Bildungsbürgertum entstammend - über „Bildung" in das Ghetto einzubinden versucht. Denn es vermittelt das Gefühl, doch dazuzugehören, nicht ganz und gar in diesem „tschechischen Ghetto" verlassen zu sein. Emil Utitz und Jakob Edelstein gestalten den 100. Vortrag der Bibliothek am 10. März 1943 gemeinsam, ein klares Zeichen, dass das Bibliothekskonzept in Abstimmung mit der Jüdischen Selbstverwaltung aus Prag entwickelt worden war.

Jakob Edelstein war Ende Januar 1943 als „Judenältester" von einem Vertreter der deutschen Juden, Paul Eppstein, abgelöst worden; die Funktionsstellen in der Selbstverwaltung blieben aber zum Großteil in Händen der Juden aus Böhmen und Mähren. Im Lauf des Jahres 1943 nahm sich die nationalsozialistische Propagandamaschinerie des „jüdischen Siedlungsgebietes" an: Theresienstadt sollte nicht mehr nur ins Reich (Pakete, Prominente) hinein wirken, sondern auch im internationalen Maßstab. In diesem Zusammenhang ist im April 1943 die Ankunft der holländischen und im Oktober 1943 die der dänischen Juden zu sehen. Die Dänen standen unter Beobachtung des Dänischen Roten Kreuzes und besaßen so eine besondere Außenwirkung: Neben die Prominentenhäuser traten die

Dänenhäuser mit gewissen Privilegien. Mit der Stadtverschönerung, der größere Transporte in den Osten vorangingen, wurde der Besuch des Internationalen Roten Kreuzes (IRK) vorbereitet. Dieser fand am 23. Juni 1944 statt und der Bericht des Leiters der Delegation und Vertreters des IRK in Berlin, Maurice Rossel, kam den Plänen der Organisatoren der Judenvernichtung entgegen: Rossel ließ sich vom „jüdischen Siedlungsgebiet" Theresienstadt mit Läden, Kaffeehaus, Kinderspielplatz, öffentlichen Badeanstalten, Bibliothek, Krankenhäusern und Kulturprogramm, kurz von der Fassade des Ghettos so beeindrucken, dass er auf einen Blick hinter die Kulissen verzichtete und auch nicht darauf drang, mit Mitgliedern der Jüdischen Selbstverwaltung unter vier Augen zu sprechen. Er versuchte wohl gar nicht, deren angedeutete Hinweise auf die wirkliche Lage des Ghettos zu verstehen. Sein Bericht ist ein Dokument des Getäuscht-Werdens oder - schlimmer - des Sich-Täuschen-Lassens (*Theresienstädter Studien und Dokumente* 1996, 284-320).

Im Anschluss an den Besuch des IRK, Ende August bis Anfang September 1944, lässt die SS - es scheint sich um eine Eigeninitiative der Prager SS-Führung zu handeln - von der Prager Filmfirma „Aktualia" *Theresienstadt. Ein Bericht aus dem Jüdischen Siedlungsgebiet* drehen. Der Film wird allerdings erst im März 1945 in Prag geschnitten und fertiggestellt und kommt beim zweiten Besuch des Internationalen Roten Kreuzes in Theresienstadt, am 6. April 1945, zum Einsatz. Die meisten Menschen, die zum „Schauspielen" auf der „Bühne Theresienstadt" gezwungen worden waren, sowohl beim Besuch des IRK im Juni 1944 wie bei den Filmaufnahmen, sind zu diesem Zeitpunkt längst der nationalsozialistischen Vernichtungspolitik zum Opfer gefallen. Denn zwischen Ende September und Ende Oktober 1944 wurden mit den so genannten „Herbsttransporten" ca. 18 000 Menschen nach Auschwitz-Birkenau gebracht, darunter die Mehrheit derer, die in Lagerverwaltung, Administration und Kulturschaffen das Bild des Ghettos Theresienstadt als eines besonderen Lagers geprägt hatten. Nach diesem „Aderlass" kommt die Besonderheit des Lagerlebens in Theresienstadt praktisch zum Erliegen, bis Eichmann nach einem Besuch Anfang März 1945 eine erneute Verschönerung anordnet, die im zweiten Besuch des IRK im April gipfelt. Am 3. Mai 1945 erfolgt schließlich die Übergabe des Ghettos und der Kleinen Festung an das Internationale Rote Kreuz unter der Leitung von Paul Dunant.

Das reichhaltige und vielfältige Kulturleben Theresienstadts kann in diesem kurzen Abriss nicht in gebührender Weise gewürdigt werden. Es beginnt bei der besonderen Betreuung der Kinder, die in Kinderheimen untergebracht waren, dort geheim Unterricht erhielten und sogar die Möglichkeit hatten, Zeitschriften zu erstellen. Die erhaltenen Kinderzeichnungen, die vor allem von der ehemaligen Bauhauslehrerin Friedel Dicker-Brandeis angeregt waren, zeigen ein Bild des Ghettos aus kindlicher und jugendlicher Sicht. Die geheimen Arbeiten der Maler und Zeichner, die zu einem Gutteil im Zeichenbüro der Selbstverwaltung arbeiteten, entwerfen ein realistisches Bild der Enge, des Hungers und des Sterbens im Lager. Vier dieser Maler, unter ihnen der Leiter des Zeichenbüros Friedrich Taussig (Fritta), werden unter dem Vorwurf der Gräuelpropaganda mit ihren Familien in die Kleine Festung überstellt. Als einziger der Künstler hat Leo Haas die so genannte „Maler-Affäre" vom Juli 1944, ausgelöst durch das Auftauchen realistischer Zeichnungen aus Theresienstadt in der Schweiz, überlebt. Besonders reichhaltig war das Musikleben, Konzerte von in Theresienstadt entstandenen oder dem klassischen Repertoire entnommenen Werken, Verdis *Requiem* zum Beispiel, und Opern, darunter Smetanas *Verkaufte Braut*, kamen zur Aufführung. Besonders zu erwähnen ist die im Ghetto entstandene moderne Oper *Der Kaiser von Atlantis* von Victor Ullmann und Peter Kien, die allerdings aufgrund ihrer Brisanz - Hitler, leicht als Kaiser von Atlantis zu erkennen, soll da auf der Bühne umkommen - im Ghetto nicht über die Phase der Proben hinausgekommen ist. Die Kinderoper *Brundibár* von Hans Krása und Adolf Hoffmeister erlebte viele Aufführungen. Die Kleinkunst, Kabarett und ironische Lieder, hatte großen Zulauf, es gilt hier vor allem Karel Švenk, Leo Strauss, Kurt Gerron oder die österreichische *Lindenbaum*-Gruppe zu nennen. Hinsichtlich der Lyrik gibt es einen wichtigen Unterschied zwischen der tschechischen und der deutschböhmischen einerseits und der deutschen anderseits zu machen. Die aus der Tschechoslowakei kommenden Künstler sind eher junge, formalen Neuerungen aufgeschlossene Dichter, unter ihnen Peter Kien mit seinem Zyklus *Peststadt*, die aus dem Deutschen Reich stammenden Künstler sind zum Großteil erwachsene Frauen, die ihrer sozialen Deklassierung mit dem Rückgriff auf eher klassische Lied- und Balladenformen etwas entgegenstellen wollen. Die im Lager zur Dichterin gewordene Gerty Spies, eine der

Preisträgerinnen des von der Bibliothek organisierten Lyrikpreises, sei hier als Beispiel angeführt. Das Vortragswesen umfasste - bei der Konzentration von Gelehrten und Intellektuellen in Theresienstadt kein Wunder - fast alle Wissensbereiche.

Theresienstadt hatte die Funktion, die Vernichtung des europäischen Judentums zu vertuschen. Daher ist eine kritische Betrachtung des Theresienstädter Kulturlebens angebracht und notwendig. Am klarsten und vehementesten wurde sie vom „Chronisten" Theresienstadts, von H. G. Adler vorgebracht: „Die beabsichtigte Täuschung der Fremden wurde zur Selbsttäuschung der Gefangenen". Doch wir haben gesehen, wie sich das Kulturleben Theresienstadts im Kern aus einer Strategie entwickelt hat, die nicht der Logik der nationalsozialistischen Pläne entsprang, sondern deren Ziel die Teilhabe aller Insassen Theresienstadts am Kulturleben als Möglichkeit psychischer Stabilisierung angesichts der nationalsozialistischen Barbarei war. Dass dies zu einem für die Nationalsozialisten vorzeigbaren Alibi, sprich „Kulturlager Theresienstadt", wurde, sagt zum einen nichts über die moralische Bewertbarkeit dieses Kulturschaffens aus, zum anderen muss man sich die Machtverhältnisse klarmachen: Nichtausführung der Befehle der SS bedeutete den sicheren Tod. Die Chancen des gegebenen Spielraums zu nutzen, war angesichts dessen eine mutige Handlungsweise, denn sie setzte gegen das Agieren der SS die Werte und Normen zivilisierten Zusammenlebens. Kulturarbeit hieß ein Zeichen setzen gegen die herrschende Entzivilisierung. Die Widerständigkeit eines großen Teils der Theresienstädter Kulturarbeit, des „Kulturwillens", wie es Emil Utitz nannte, setzte unerschütterlich einen Gegenpol zum nationalsozialistischen Morden.

Theresienstadt ist ohne Auschwitz nicht zu denken. Wie sehr Theresienstadt mit Auschwitz-Birkenau verquickt ist, zeigt die Errichtung des „Theresienstädter Familienlagers" im Sommer 1944. Dieses Familienlager stellte eine Art „Sonderlager" dar und war für einen eventuellen Besuch des IRK in Auschwitz aufgebaut worden. Nach dem Besuch in Theresienstadt unterließ das IRK diesen Besuch; die 10 000 Menschen des Familienlagers - es war zweimal mit je 5 000 Personen belegt worden - wurden mit ganz wenigen Ausnahmen ins Gas geschickt. Es zeigt aber auch, dass Auschwitz ohne Theresienstadt nicht zu denken ist. Ruth Klüger hat in ihrer Autobiographie *weiter leben* Theresienstadt als den Stall, der zum

Schlachthof gehörte, bezeichnet. Auch die Menschen, die in einem „Stall" zusammengepfercht sind, werden, wenn es ihnen ermöglicht wird, das leben, was menschliches Zusammensein ausmacht: Zivilisation und Kultur. Denn die eigentliche Natur des Menschen ist Kultur. An den Werten zivilisierten Zusammenlebens festgehalten zu haben, Kultur zu schaffen und Kultur zu leben, ist das Verdienst der Juden in Theresienstadt.

„Auschwitz" ist zur Chiffre der Vernichtung des europäischen Judentums geworden. Es sollte durch „Theresienstadt" ergänzt werden, das in den Zeiten schlimmster Barbarei für die unerschütterliche Aufrechterhaltung zivilisierter Werte seitens der Verfolgten steht.

Mitteleuropa - historisch

Peter Theiner

Wenige Begriffe der politisch-historischen Sprache in Deutschland sind so unscharf wie Mitteleuropa. Im Heiligen Römischen Reich deutscher Nation war der Begriff bedeutungslos. Im Alten Reich war, den späteren Vertretern des Mitteleuropa-Gedankens zufolge, Mitteleuropa noch eine politische, rechtliche und kulturelle Einheit. Der junge deutsche Nationalismus des frühen 19. Jahrhunderts bemühte sich zunächst um die Bestimmung dessen, was „deutsch" eigentlich sei, befasste sich noch kaum mit dem Mitteleuropa-Begriff, wenngleich bereits bei Friedrich List, dem geistigen Vater des Deutschen Zollvereins, die Vision eines deutsch geführten Mitteleuropa auf der Grundlage eines Bündnisses zwischen Deutschland und Österreich mit Hamburg und Triest als Hafenstädten auftauchte.

Die europäischen Revolutionen von 1848/49 warfen in der Mitte des Kontinents die Frage auf, wie der deutsche Nationalstaat erreicht werden sollte. Und damit traten auch die Probleme an den Tag, die sich fortan mit dem Mitteleuropa-Begriff verbinden sollten.

Neben ein Modell des Nationalstaates, das die Deutschösterreicher in einen deutschen Bundesstaat einbeziehen und den Rest des Habsburgerreiches in Form eines weiteren Bundes mit diesem verbinden sollte, trat eine großdeutsche Lösung unter Einbeziehung des gesamten österreichischen Staatswesens, mit der Aussicht, wie ein Abgeordneter der Paulskirche schwärmte, „eine noch nicht dagewesene welthistorische Macht (zu) bilden". Diese in ihren Schattierungen variierenden, im Paulskirchen-Parlament selbst umstrittenen Konzepte fanden bei den Regierenden keinen Widerhall. Der österreichische Ministerpräsident Fürst Schwarzenberg machte unmissverständlich klar, dass an eine Auflösung des österreichischen Gesamtstaates, unter welchem staatsrechtlichen Mantel auch immer, nicht zu denken sei. Vielmehr strebte er die österreichische Hegemonie in Mitteleuropa, ein „70-Millionen-Reich" an. Überhaupt waren die nationalpolitischen Debatten der Paulskirche ein politischer und moralischer Härtetest, eine Tauglichkeitsprüfung für noch unbestimmte, verschwommene Mitteleuropa-Konzepte. „Deutsche Gesittung längs der Donau zu tragen", wie Heinrich von Gagern forderte, war kein realistisches Programm, sondern eine Stimmung in der Aufbruchphase der Revolution, die die Staatsraison des Habsburgerreiches ebenso wenig in Rechnung stellte wie die nationalen Ziele seiner Völker. Der Völkerfrühling der europäischen Revolutionen brachte - anders als zunächst erträumt - höchst unterschiedliche, ja gegensätzliche nationale Bestrebungen an den Tag. Die ethnisch und völkerrechtlich unscharfen Grenzen des Deutschen Bundes verlangten nach Klärung, wie sich die Ziele der deutschen und nichtdeutschen Nationalbewegungen in ein verträgliches Verhältnis miteinander bringen lassen sollten. Das wurde vor allem an den Diskussionen um die Bildung eines polnischen Staates deutlich. Hier verwickelte sich die deutsche Nationalbewegung in Widersprüche, verwies, nach anfänglicher Begeisterung für die Sache eines wieder zu errichtenden polnischen Staates, diesen als „schwachsinnige Sentimentalität" ins Reich der Utopie. Man muss solche Anzeichen eines modernen Nationalismus, der hier schon früh sein kriegsträchtiges Gesicht zeigte, und die damit einhergehende Verkennung der Nationalitätenfrage in Erinnerung behalten, wenn man die Erfolgsaussichten und die Außenwirkung späterer Mitteleuropa-Konzepte angemessen beurteilen will. Gleiches gilt für den gescheiterten Dialog mit der tschechischen Nationalbewegung. František Palacký, vom Frankfurter Vorparlament eingeladen, formulierte seine berühmte Absage unter Hinweis auf die Ziele der Tschechen in der Donaumonarchie: Erhaltung des österreichischen Staates, kein Beitritt Böhmens zu einem künftigen deutschen Nationalstaat und Ende der Vorherrschaft der Deutschen im Habsburgerreich. Zugleich verstand sich der Austroslawismus als Element der Kräftigung im österreichischen Gesamtstaat, in deutlicher Frontstellung gegen Russland.

Der Blick auf die im europäischen Völkerfrühling aufbrechenden nationalen Konflikte zeigt die Überbürdung der Revolutionen in der Mitte Europas, das zu viele Probleme gleichzeitig lösen musste. Gewiss waren uferlose mitteleuropäische Machtträume deutscher Parlamentarier nicht die Mehrheitsmeinung und die Ursache des Scheiterns der Revolution. Aber die komplizierte nationale Gemengelage, die Existenz Österreichs als eines übernationalen Staates und das Misstrauen der übrigen europäischen Mächte gehören zu den Hauptursachen für das Ende der Revolution. Die Haltung gegenüber den nationalpolitischen Zielen der Polen und Tschechen und die Zukunft des österreichischen Vielvölkerreiches blieben Konstanten der deutschen Mitteleuropa-Pläne.

Die kleindeutsche Reichseinigung unter Preußens Führung setzte einstweilen allen Mitteleuropa-Überlegungen ein Ende. Gegen die Dynamik der von Bismarck im Bündnis der Kleindeutschen Nationalbewegung ins Werk gesetzten „konservativen Revolution von oben" vermochte auch die österreichische Diplomatie nicht anzukommen, die in den 1850er Jahren ihrerseits, um die Initiative gegenüber Preußen zurückzugewinnen, einen handels- und zollpolitischen Zusammenschluss mit Österreich als „Mittel- und Schwerpunkt" propagiert hatte. Kaum Gehör fand auch der konservative Publizist Constantin Frantz (1817-1891), der als erbitterter Gegner der Bismarckschen Politik einem europäischen föderativen Staatenbund unter der Führung des Hauses Habsburg das Wort redete. In scharfer Frontstellung gegen das Nationalitätenprinzip und gegen eine vermeintlich drohende Umklammerung der europäischen Mitte schrieb Frantz:

„Und wenn die europäische Menschheit noch zu etwas besserem bestimmt ist, als wie ein Lehmbrei durch die Pariser Schablone gedrückt, um hintennach in dem Glutofen der Revolution gebrannt und mit dem Firnis einer sogenannten Zivilisation überstrichen, schließlich aber, wenn auch dieser Firnis verblichen, als ganz ordinärer Ziegelstein zu einer russischen Kaserne vermauert zu werden - wo kann diese höhere Bestimmung der europäischen Menschheit noch eine Stütze finden als lediglich in Deutschland, welches, so lange es vorherrschend war in Europa, weit entfernt, die anderen Nationalitäten zu beeinträchtigen, vielmehr für alle die wirksamste Garantie der Erhaltung der inneren Eigentümlichkeiten bildete?"

Damit waren, unter Anknüpfung an den alten Reichsgedanken, zivilisationskritische Motive zur Begründung eines mitteleuropäischen Eigenwegs in die Moderne benannt, die fortan in unterschiedlicher Verkleidung die Mitteleuropa-Konzeptionen und die Versuche zur Wiederbelebung des Reichsgedankens begleiten sollten. Bei Frantz verband sich überdies die Kritik an der kleindeutschen Reichseinigung mit einem schroffen Antisemitismus.

Jede großdeutsche, auf eine mitteleuropäische Gesamtlösung der deutschen Frage zielende Kritik der Bismarckschen Einigungspolitik, diese dem Umfang nach deutlich überbietend, wäre gut beraten gewesen, die Worte des britischen Oppositionsführers Benjamin Disraeli vom Februar 1871 nachdenklich zu studieren: Die Reichsgründung sei, hatte Disraeli ausgeführt, „die Deutsche Revolution, ein größeres politisches Ereignis als die Französische Revolution des vergangenen Jahrhunderts. Es gibt keine einzige diplomatische Tradition, die nicht hinweggefegt worden ist. Wir haben eine neue Welt, neue Einflüsse sind am Werk, neue und unbekannte Größen und Gefahren, mit denen wir fertig werden müssen, und die zur Zeit, wie alles Neue noch undurchschaubar sind ..."

Gewiss war es eine gezielte Übertreibung, wenn der deutsche Nationalökonom Arthur Spiethoff 1915 auf dem Höhepunkt der Mitteleuropa-Diskussion des Ersten Weltkriegs sein Plädoyer für einen mitteleuropäischen Zollverband mit der Behauptung untermauerte, die „Begründung eines wirtschaftlichen Einflußgebietes von der Nordsee bis zum Persischen Meerbusen" sei seit „beinahe zwei Jahrzehnten das stille, unausgesprochene Ziel der deutschen Außenpolitik gewesen". Es gab vor 1914 keine amtliche deutsche Mitteleuropa-Politik. Wohl aber mehrten sich bei dem Abschluss des Zweibundes zwischen dem Deutschen Reich und Österreich-Ungarn publizistische Stimmen, die eine besondere deutsch-österreichische Verbundenheit betonten. Sie erhielten Auftrieb durch die sich verschärfenden nationalen und sprachenpolitischen Spannungen in der Donaumonarchie und wurden unterfüttert durch ein kulturnationales Zusammengehörigkeitsgefühl der Bildungseliten deutscher Zunge in den Kaiserreichen. Der rückwärts gewandte Zweckoptimismus Spiethoffs hatte darüber hinaus Anhaltspunkte in der öffentlichen Diskussion der Handelspolitik des Reichskanzlers Caprivi in den 90er Jahren, die in Teilen der öffentlichen Meinung als Vorspiel zu einem mitteleuropäischen Wirtschaftsblock verstanden wurden, was von einem sachkundigen Nationalökonomen indes als „Phrase" qualifiziert wurde. Gegen einen engeren wirtschaftlichen Bund mit Österreich-Ungarn sprachen die Weltmarktorientierung des Deutschen Reiches, die Meistbegünstigungsklausel und die Schwäche der österreichischen Industrie.

Aus der Sicht der europäischen Nachbarn waren die publizistischen Vorstöße in Richtung auf einen wirtschaftlichen Zusammenschluss in Mitteleuropa kaum einladend. Wer die einschlägige Diskussion verfolgte, musste den Eindruck gewinnen, sich im Rahmen eines mitteleuropäischen Wirtschaftsblocks als Satellit des deutschen Imperialismus wiederzufinden. Die Verfechter dieser Überlegungen stellten auf die Verspätung des Deutschen Reiches bei „einer letzten großen Teilung der Erde" ab und propagierten von daher eine Rückbesinnung auf die kontinentale Machtbasis. Die Rede von „der Verteilung der Welt" war eingebettet in ein naturalistisches Geschichtsverständnis, das die nahezu zwangsläufige Entstehung hermetischer Großwirtschaftsräume unterstellte und Argumente aus der amerikanischen Hochschutzzollpolitik und aus - nie verwirklichten - britischen Plänen zur Errichtung eines imperialen Zollvereins bezog. Besonnene Ökonomen wiesen jedoch auch auf den interessengebundenen Charakter solcher Prognosen hin und warnten vor einer self-fulfilling prophecy. Für die deutsche Mitteleuropa-Publizistik vor 1914 gilt, dass in ihr abseitige, aggressiv auftrumpfende Projekte und Parolen ebenso anzutreffen waren wie hellsichtige Prognosen und ernsthafter Wille zur Zusammenarbeit, schroffer Nationalismus gegenüber den Interessen der Nachbarn ebenso wie der Ruf nach inneren Reformen in Verbindung mit einer liberalen Außenwirtschaftspolitik. Einerseits nahmen sich alldeutsche Publizisten des Themas an und waren bemüht, die Idee eines „Großdeutschland" zu popularisieren. Auch die deutschen Pläne zur friedlichen Durchdringung des Osmanischen Reiches im Rahmen einer zunehmend aktiven Orientpolitik und in Verbindung mit wirtschaftlichen Interessen in Südosteuropa sowie die Sorge um die künftige Stellung des deutschen Elements in Österreich-Ungarn begünstigten Überlegungen zu einer weit ausgreifenden Mitteleuropa-Politik.

Andererseits reflektierten besonnene Analytiker wie Walter Rathenau den Gedanken eines mitteleuropäischen Zollvereins mit dem Ziel, diesen zu einem gesamteuropäischen Wirtschaftsraum zu erweitern, „eine wirtschaftliche Einheit (zu) schaffen, die der amerikanischen ebenbürtig, vielleicht überlegen wäre". Rathenaus Vorstoß ging mit einem Appell zur „Milderung der Konflikte" und mit dem Ausblick auf eine „solidarische Zivilisation" einher: „Verschmilzt die Wirtschaft Europas zur Gemeinschaft, und das wird früher geschehen als wir denken, so verschmilzt auch die Politik ...". Diese bemerkenswerte Vision, mit der Perspektive einer grundlegenden Umorientierung der deutschen „Weltpolitik" war freilich mit dem Ausbruch des Ersten Weltkriegs gegenstandslos geworden.

Die Lage des Reiches bei Ausbruch des Krieges und die alliierte Blockade bewirkten die Fokussierung strategischer Planungen auf die kontinentale Machtbasis. In diesen Planungen wurden die bis dahin eher verstreuten, zum Teil politisch gegensätzlichen und im wesentlichen auf einzelne Vertreter der Meinungseliten beschränkten Mitteleuropa-Überlegungen auf eine neue Ebene gehoben. Das „September-Programm der Reichsleitung, die Aufzeichnungen über die Richtlinien unserer Politik bei Friedensschluß", 1914 noch vor dem Stillstand der deutschen Offensive im Westen entstanden, führten einige der vor dem Kriege in der Publizistik anzutreffenden Überlegungen zusammen und bedeuteten doch zugleich etwas qualitativ Neues: „Es ist zu erreichen", lautete es dort, „die Gründung eines mitteleuropäischen Wirtschaftsverbandes durch gemeinsame Zollabmachungen, unter Einschluß von Frankreich, Belgien, Holland, Dänemark, Österreich-Ungarn, Polen und evtl. Italien, Schweden, Norwegen. Dieser Verband, wohl ohne gemeinsame konstitutionelle Spitze, unter äußerlicher Gleichberechtigung seiner Mitglieder, aber tatsächlich unter deutscher Führung, muß die wirtschaftliche Vorherrschaft Deutschlands über Mitteleuropa stabilisieren."

Bis heute sind Status und Wirkung des September-Programms in der internationalen historischen Forschung umstritten: Mal wird in ihm ein Dokument von eherner Zielstrebigkeit und Gültigkeit bis zum Kriegsende gesehen, mal wird es als kontextbedingte Vorausplanung für den Fall eines frühen Präliminarfriedens mit Frankreich bewertet, vor allem auch in der Absicht konzipiert, ausfernden Plänen zu territorialen Annexionen einen Riegel in Gestalt eines informellen Imperialismus vorzuschieben.

Durch den weiteren Kriegsverlauf erhielten die Überlegungen zu einem mitteleuropäischen Zollverband bald unerwartete Aktualität. Die Kriegserfolge der Mittelmächte im Osten, die militärische Besetzung Kongresspolens, stellten Deutschland und Österreich-Ungarn vor die Frage der politischen Zukunft Polens. Die zunächst verfolgte austropolnische Lösung, also die Überlassung Kongresspolens an Österreich-Ungarn, brachte nun auch die bisher dilatorisch behandelten Mitteleuropa-Pläne wieder ins Spiel. Das Projekt einer mitteleuropäischen Zollunion war die politische Ergänzung einer von Österreich-Ungarn angestrebten, in Deutschland aber keineswegs populären austropolnischen Lösung, denn man war in Berlin nicht geneigt, Polen der Donaumonarchie zu überlassen, ohne diese zugleich politisch, militärisch und wirtschaftlich stärker an die deutschen Interessen zu binden. Parallel zu diesen regierungsinternen Planungen hatte der Mitteleuropa-Gedanke inzwischen auch die deutsche Öffentlichkeit erfasst.

Mit seinem Buch *Mitteleuropa* vom Oktober 1915 hatte Friedrich Naumann die Mitteleuropa-Diskussion recht eigentlich erst in Gang gebracht. In Abkehr von seinem Vorkriegsplädoyer für einen liberalen Imperialismus weltpolitisch-überseeischer Gebärde warb Naumann nun für eine Rückwendung zur kontinentalen Machtbasis. Militärisch sah Naumann die Aufteilung des Kontinents in einen östlichen, mittleren und westlichen Block als nicht mehr umkehrbares Ergebnis des Krieges. Die wirtschaftliche Blockade durch die Alliierten schien die Entwicklung wirtschaftlicher Großräume unausweichlich zu machen. Politisch strebte Naumann eine bewusst nur sehr vage umschriebene staatenbündische Annäherung der Mittelmächte als Kern einer mitteleuropäischen Lösung an. Mit guten Gründen hat man Naumanns Mitteleuropa als das Konzept eines „kontinental begrenzten Föderativimperialismus" (W. Schieder) beschrieben. Es war ein Programm gegen eine Politik der Annexionen und gegen das großspurige Hinweggehen über die Interessen der Nachbarn. Naumann weigerte sich, den Weltkrieg, wie es damals populär war, als „Entscheidungskampf zwischen Germanen und Slawen" zu kennzeichnen. Vielmehr gehe es um die „Herstellung eines großen duldsamen und tragfähigen mitteleuropäischen Staatengebildes". Die Deutschen seien gehalten, künftig „viel österreichischer über Nationalitäten zu denken", nur „Verträge gleichberechtigter souveräner Staaten" seien tauglich, um

Mitteleuropa als politischen Verband zu konstituieren. Friedrich Naumann verstand gar „Mitteleuropa als Befreiungsmacht der westslawischen Nationen". Über die realen Probleme und Widersprüche der deutschen Mitteleuropa-Politik ging Naumann mit diesen optimistischen Annahmen freilich hinweg. Die Reichsleitung beteiligte den von Naumann gegründeten „Arbeitsausschuß Mitteleuropa" nicht an der Formulierung ihrer Politik, die in der Polen-Frage im November 1916 zur Proklamation eines polnischen Staates führte, was auch den Mitteleuropa-Planungen zunächst die Grundlage entzog. Überdies türmten sich, wie die Beratungen von Expertengremien und Regierungskommissionen, aber auch eine ausufernde Publizistik zeigten, vor jeder Mitteleuropa-Lösung kaum zu überwindende wirtschaftliche Schwierigkeiten auf. Im Kern gingen sie auf die strukturelle Schwäche der Wirtschaft in der Doppelmonarchie und auf die Weltmarktorientierung der deutschen Industrie zurück. Den Mitteleuropa-Plänen des Ersten Weltkriegs, gleich welcher Observanz, lagen stets politische Ziele zugrunde. Die wirtschaftlichen Gegebenheiten sprachen für alle sachkundigen Zeitgenossen gegen eine langfristige wirtschaftliche Bindung an Österreich-Ungarn und die mögliche Schädigung künftiger deutscher Weltmarktinteressen.

Eine liberale Nationalitätenpolitik des Deutschen Reiches war der Prüfstein für Friedrich Naumanns Mitteleuropa-Konzept. Aber vor jeder liberalen Lösung der Polen-Frage standen das Veto der Obersten Heeresleitung, die Weigerung, einer austropolnischen Lösung - sie wurde 1917 erneut ins Spiel gebracht - zuzustimmen, und der Widerstand gegen Bestrebungen, die 1916 proklamierte Gründung eines polnischen Staates mit Leben zu erfüllen. Naumanns Visionen gerieten zugleich auch in den Strudel publizistischer Auseinandersetzungen. Er fand sich, wie schon in seiner politischen Vorkriegskarriere, zwischen den Fronten eines alldeutsch geprägten Nationalismus, der ihm Nachgiebigkeit und politische Romantik vorwarf, sowie der Kritik von links, die ihn dem Lager unbelehrbarer Imperialisten zurechnete. Dazu trug die inhaltliche Unbestimmtheit des Mitteleuropa-Gedankens erheblich bei. Er bewegte sich in der zeitgenössischen Debatte auf einer Skala, die von linksliberalen Projekten eines losen Staatenbundes bis hin zu Plänen der politischen und wirtschaftlichen Unterdrückung der Völker Ost- und Südosteuropas reichte. So musste der Mitteleuropa-

Gedanke von Deutschlands Nachbarn in Ost und West als Bedrohung wahrgenommen werden: im Westen als Ausdruck eines nur rhetorisch temperierten Imperialismus mit weit ausgreifenden Zielen bis hinein in den Orient auf der Basis eines geschlossenen wirtschaftlichen Großraums, im Osten als Programm der Dämpfung und interessengeleiteten Kanalisierung nationaler Befreiungsbewegungen und des Strebens nach eigener Staatlichkeit. Je länger der Krieg dauerte, desto stärker geriet jede deutsche Mitteleuropa-Konzeption in den Wettbewerb mit Ideen und Plänen, die den Völkern im Herrschaftsbereich der Mittelmächte stets mehr Freiheitschancen in Aussicht stellten, als dies dem Deutschen Reich und Österreich-Ungarn möglich erschien. Es war offenkundig, dass das Reich für seine eigenen Verfassungsprobleme keine zukunftsweisenden Lösungen fand. Warum also sollten etwa Polen und Tschechen damit einverstanden sein, sich nach dem Krieg in der politischen Ordnung des monarchischen Konstitutionalismus wiederzufinden? Kurt Riezler, der politische Berater des Reichskanzlers Bethmann Hollweg, hat die Aporie der deutschen Mitteleuropa-Pläne in all ihren Schattierungen treffend auf den Punkt gebracht: „Ich bohre immer an einer deutschen Vorherrschaft über Mitteleuropa und alle kleinen Staaten unter dem Deckmantel einer mitteleuropäischen Konföderation ohne Einbuße an deutscher Macht."

Mit dem Zusammenbruch des Kaiserreiches und der Österreichisch-Ungarischen Monarchie war zunächst allen Mitteleuropa-Überlegungen der Boden entzogen. Gleichwohl sorgten Vertreter der Geschichtsschreibung dafür, dass das Konzept nicht in Vergessenheit geriet. Deutsche Historiker unterzogen in der Zwischenkriegszeit nachträglich Bismarcks Einigungspolitik und den Austritt Österreichs aus der deutschen Geschichte einer nachdenklichen Analyse. Der territoriale Zuschnitt des Reiches nach dem Versailler Vertrag lenkte die Aufmerksamkeit auf die Zukunft der Deutschen außerhalb der Reichsgrenzen. Besondere Beachtung fand die Geschichte der Deutschen im Osten Europas in einer unübersichtlichen nationalen Mischzone. Es wurde nach einer „von der Mitte gedachten Gegenposition zum westeuropäischen Nationalstaatsprinzip" (H. Rothfels) gesucht. Die These von einer „autonomen Ostseite des Reiches" schien die deutsche Außenpolitik in ihrer nach Westen hin auf Ausgleich zielenden Ausprägung, nach Osten in ihrer revisionistischen Zielsetzung wissenschaftlich zu untermauern. Auch tauchte die These von einer spezifischen Rolle der Deutschen als „Schutzherr mitteleuropäischer Minderheiten" wieder auf. Mitteleuropäisch akzentuierte Ordnungskonzeptionen stellten auf die besondere Eignung föderaler Verfassungsprinzipien für den mitteleuropäischen Raum ab. Sie akzentuierten die Rolle der deutschen Kultur und waren eingebettet in die Reichsidee, als deren historische Träger die Deutschen in besonderem Maße für eine Führungsaufgabe in Mitteleuropa geeignet seien. Demgegenüber hatten paneuropäische Visionen in der deutschen Geschichtsschreibung in der Zwischenkriegszeit kaum Anhänger. Ihr entschiedener Verfechter, der politische Schriftsteller Richard Nikolaus Graf von Coudenhove-Kalergi, setzte den zeitgenössischen Mitteleuropa-Konzepten die Vision einer politischen Einigung des gesamten Kontinents entgegen, und nicht umsonst fanden sich unter den Befürwortern seiner Pläne Persönlichkeiten wie Eduard Beneš, Aristide Briand, der deutsche Reichstagspräsident Paul Löbe, und auch Konrad Adenauer konnte den kühnen Entwürfen Coudenhoves etwas abgewinnen.

Nimmt man die außenpolitischen Grundlinien der späten Weimarer Republik in den Blick, so lässt sich unschwer erkennen, dass die Variante einer mitteleuropäischen Ausrichtung die Oberhand über eine nachhaltige Verständigung mit dem Westen gewann. Dem Europaplan des französischen Außenministers Briand dachte der deutsche Außenminister 1930, wie es drastisch hieß, „ein Begräbnis 1. Klasse" zu. Der letztlich gescheiterte Plan einer Zollunion des Deutschen Reiches mit Österreich brachte, in Anknüpfung an Traditionen wilhelminischer Machtpolitik, den Mitteleuropa-Gedanken wieder ins Spiel und war von Überlegungen einer wirtschaftlichen Durchdringung Südosteuropas begleitet. Es war offenkundig, dass diese Strategie auf die außenpolitische Isolierung Polens abzielte, welche die als offen definierten Grenzfragen im Osten neu aufrollen und damit das Vertragssystem von Versailles aushöhlen sollte. Dergleichen Pläne wurden, vor dem Hintergrund der Weltwirtschaftskrise, von Überlegungen zu einer „Großraumwirtschaft" hegemonialen Zuschnitts begleitet. Mit dem heraufziehenden Nationalsozialismus geriet die deutsche Mitteleuropa-Idee, wie Klaus Hildebrand formulierte, „in den alles fortreißenden Sog eines von ganz anderen Triebkräften gespeisten Expansionismus. Seine Beschränktheit und Maßlosigkeit unterwarf auch diese überlieferte Tendenz der deutschen Geschichte einem zerstörerischen Bewegungsgesetz, raubte ihr jede historische Eigenständigkeit, nahm ihr das bis dahin legitime Recht auf eine autonome Existenz fort."

Für die Staatsraison der Bundesrepublik Deutschland war die Mitteleuropa-Idee kein kontinuitätsfähiges Fundament. Das von Deutschland mit vorangetriebene europäische Einigungswerk der Nachkriegszeit steht vielmehr in der Tradition der Paneuropa-Bewegung der Zwischenkriegszeit und der zaghaften Ansätze einer deutsch-französischen Verständigung in den 20er Jahren. Mit der Gründung des zweiten deutschen Nationalstaats im Oktober 1990 haben sich die historischen Koordinaten der Deutschen grundlegend verschoben: Ein Denken, das sich gleichsam im Wartestand auf ein noch zu erringendes größeres Ganzes aufhält oder sich nostalgisch einem vergangenen Reich zuwendet, hat keine Grundlage mehr. Zugleich ist der für die moderne deutsche Geschichte und auch für den historischen Mitteleuropa-Gedanken unterschwellig konstitutive Gegensatz von Freiheit und Einheit aufgehoben. Die Vereinigung Deutschlands geschah im Konsens mit seinen Nachbarn und im Gleichklang mit der unwiderruflichen Bindung der Deutschen an den Westen (Hagen Schulze).

Die bereits vor der deutschen Vereinigung unzweideutige Verankerung der Bundesrepublik im westlichen Bündnis und in der Europäischen Gemeinschaft wird dazu beigetragen haben, dass in den Diskussionen und Veröffentlichungen politischer Dissidenten vornehmlich in der Tschechoslowakei, in Ungarn und in Polen Mitteleuropa-Konzepte aus eigenem Recht entwickelt wurden. Auffällig ist, dass die damaligen beiden deutschen Staaten in dieser ostmitteleuropäischen Diskussion in der Regel außerhalb der Betrachtung blieben. Bemerkenswert ist auch, dass die wichtigsten Autoren, die einen erneuerten Mitteleuropa-Begriff wieder in die politische Diskussion einführten, sich kaum von der Frage nach den territorialen Umrissen Mitteleuropas inspirieren lassen. Es geht hier weder um eine neu zu schaffende politische Willenseinheit, noch um ein gemeinsames wirtschaftliches oder soziales Entwicklungsmodell. Mitteleuropa ist in dieser neu begründeten Denktradition, die allenfalls an František Palacký anknüpfen kann, der gedankliche Raum einer gemeinsamen historischen und kulturellen Identität. György Konrad umreißt mit seiner *Antipolitik. Mitteleuropäische Meditationen* ein Denken, das traditionelle Systemgrenzen hinter sich lässt und im Angesicht der damaligen kommunistischen Ordnung in Ostmitteleuropa den von der Politik ausgeschlossenen *citoyen* wieder in sein Recht einsetzen will. „Antipolitik" richtet sich in diesem Denken gegen den Staat und seine Institutionen selbst. „Ich fordere", schreibt Konrad zugespitzt, „im Zusammenhang mit meinen Schriften keine andere Politik, sondern ich fordere ganz einfach überhaupt keine Politik." Ähnlich äußert sich Václav Havel: „Ich glaube, daß das Phänomen des Dissidententums aus einer wesenhaft anderen Auffassung vom Sinn der Politik erwächst, als sie in der zeitgenössischen Welt vorherrscht. Der Dissident operiert nämlich nicht in der Sphäre der faktischen Macht. Er strebt nicht nach Macht [...] Er artikuliert in seinem Handeln nur seine Würde als Bürger [...] Der ureigentliche Ausgangspunkt seines ‚politischen' Wirkens liegt also auf sittlichem und existentiellem Gebiet... [Er betreibt; P.T.] Politik außerhalb der Politik, Politik außerhalb der Macht."

Insbesondere bei Konrad werden die überkommenen Blockstrukturen, politisches Handeln und staatliche Institutionen mit Mitteleuropa, Antipolitik und Zivilgesellschaft konfrontiert. Bei nicht wenigen der ostmitteleuropäischen Vertreter eines neuen Mitteleuropa-Gedankens sind kulturkritische Betrachtungen zur Entwicklung des Westens unüberhörbar. Milan Kundera sieht in der europäischen Mitte, die jetzt gleichsam nach Osten gewandert ist, die besten Chancen für die Bewahrung kultureller Traditionen und Werte, die der sowjetische Osten unterdrückt und die der Westen durch fortschreitende Kommerzialisierung preisgegeben hat. Gewiss: Der neue, in Ostmitteleuropa entstandene, wesentlich von Literaten entwickelte Mitteleuropa-Begriff ist seinerseits nicht frei von vereinfachenden historischen Rückblicken. Die Fixierung auf Jalta als historische Wegscheide kann den Blick auf tiefere Ursachen der Spaltung Europas in antagonistische Blöcke verstellen. Die Geschichte der ostmitteleuropäischen Staaten, ihrer inneren Entwicklung und ihrer Beziehungen miteinander in der Zwischenkriegszeit ergibt keineswegs das Bild einer solidarischen Völkergemeinschaft, an die sich umstandslos anknüpfen ließe. Auch haben polnische Intellektuelle mit Recht darauf aufmerksam gemacht, dass sich Mitteleuropa als identitätsstiftende kulturelle Zone nicht auf Kosten oder gar durch xenophobe Abschottung gegenüber der russischen Kultur definieren dürfe (Czesław Miłosz; Adam Michnik). Die geistige

Verschiebung Russlands nach Osten und die damit einhergehende klischeebeladene Asiatisierung seines Wesens ist vielmehr das Produkt historischer Vorurteilspflege, die im Interesse friedlichen Miteinanders der Überwindung bedarf.

Am Beginn eines neuen Jahrhunderts steht mithin in der Geschichte des Mitteleuropa-Begriffs ein Ergebnis, das zu einigem Optimismus Anlass gibt, denn die hegemoniale Auslegung des Begriffs darf als überwunden gelten. Die destruktive Unruhe, die der Begriff und seine Anwälte über mehr als einhundert Jahre bis zum Ende des Zweiten Weltkriegs bei Deutschlands Nachbarn ausgelöst haben, ist einer Lage gewichen, in der mit größerer Unbefangenheit ein europäischer Dialog über Traditionen und Werte möglich ist, die in einem vereinten Europa ihren legitimen Platz haben können, sei es, dass dieser Dialog sich um ein gemeinsames Geschichtsverständnis der Nationen in der Mitte Europas bemüht, sei es, dass die von den ostmitteleuropäischen Dissidenten entwickelten Konzeptionen einer gemeinsamen Zivilgesellschaft in der Mitte des Kontinents den europäischen Gedanken stärken. Wir verdanken den ostmitteleuropäischen Dissidenten nicht nur eine demokratische und humanistische Neuauslegung des Begriffs Mitteleuropa. Ihrem Mut verdanken wir letztlich auch die Chance einer erweiterten Europäischen Union.

2. Kultur und Gedächtnis

Deutsch-tschechische Sprachkontakte

Dušan Šlosar

Der Wortschatz einer Sprache, jene Ebene, die für fremde Einflüsse am zugänglichsten ist, gibt ein historisches Zeugnis von unermesslichem Wert. Der Wortschatz ist nämlich relativ konservativ. Bei normaler Entwicklung der Gesellschaft ist der Verlust an Benennungseinheiten stets geringer als der Zuwachs: selbst Wörter, die nicht mehr gebraucht werden, erhalten sich im passiven Wortschatz des Einzelnen oder - innerhalb einer Kulturgesellschaft - schriftlich fixiert in Denkmälern aus früheren Jahrhunderten. Die Sprachwissenschaft vervollkommnet nach und nach das Instrumentarium, mit dessen Hilfe die Zeit der Übernahme eines Wortes bestimmt werden kann: insbesondere unsere Kenntnisse der frühesten Lautentwicklung der Sprachgeschichte sind so differenziert, dass sie uns sogar die Erstellung einer absoluten Chronologie zeitlich weit zurückliegender sprachlicher Wandlungen erlauben. Dort wo dies gelingt, wird ein Beitrag zur Kulturgeschichte der Gesellschaft geleistet. Wörter sind Zeugen des kulturellen Kontakts von Ethnien, eines gegenseitigen Gebens und Nehmens.

Die ältesten Zeugnisse für tschechisch-deutsche und deutsch-tschechische Kontakte sind älter als das Tschechische und Deutsche selbst: es sind Wörter, die aus dem Urgermanischen ins Urslawische übernommen wurden und umgekehrt. Als Beispiel kann uns hier das urslawische **kъnędzь,* dienen, das im Wortschatz fast aller slawischen Sprachen vertreten ist: tschech. *kněz*, poln. *ksiądz*, obersorb. *knjez*, niedersorb. *kněz*, russ. князь, serb. und kroat. *knez*. Das urslawische **kъnędzь* ist das entlehnte germanische **kuninga-*, nhd. *König*. Die Unterschiede in der Lautung lassen sich durch bereits datierbare Lautwandlungen erklären: entlehntes kurzes *u* in **kuninga-* wurde zu urslawischem hartem *jer* (ъ), und zwar in Folge der Delabialisierung, die sich gegen Ende des 6. Jahrhunderts vollzog. Die Lautgruppe *in* wandelte sich in der zweiten Hälfte des 8. Jahrhunderts zum Nasalvokal *ę*, auslautendes *g* veränderte sich in der sog. dritten Palatalisation, die wohl schon gegen Ende des 7. Jahrhunderts einsetzte, zu urslawischem *dz*. Das Wort unterlag also seit dem 6. Jahrhundert allen urslawischen Lautwandlungen und muss daher zu dieser Zeit schon Bestandteil des urslawischen Wortschatzes gewesen sein.

Ähnlich verhält es sich mit dem urslawischen *pěnędzь (tschech. *peníz*, poln. *pieniądz*, sorb. *pjenjez*, altruss. пенязь), serb. und kroat. *pjenez*, auch bulg. пенез), entstanden aus einem Wort, das auch in ahd. *pfenning* vorliegt. In diesem Fall freilich lässt sich lediglich die Entstehung des Nasalvokals *ę* und die Durchführung der dritten urslawischen Palatalisation beobachten, so dass es erst vor dem Ende des 7. Jahrhunderts zur Entlehnung gekommen sein muss. Eine Entlehnung aus dem religiösen Bereich bildet zum Beispiel das urslawische Wort *mьnichь aus ahd. *munih*, nhd. *Mönch*, in dem das kurze *u* noch im 6. Jahrhundert zu hartem *jer (ь)* delabialisiert wurde. Eine alte Entlehnung in umgekehrter Richtung ist vermutlich das germanische Wort für den Pflug, ahd. *pfluoc*, nhd. *Pflug*, das auf urslawisches *plugъ zurückgeht. Diese Etymologie ist zwar nicht allgemein anerkannt, aber doch sehr wahrscheinlich: Das slawische Wort ist einerseits, wie das Verbum *plugati* zeigt, gut im Wortbildungssystem verankert, andererseits ist die heimische Etymologie des germanischen Wortes unbefriedigend. Umgekehrt wiederum ist urslawisches *chlěbъ ,Brot' wahrscheinlich übernommenes germanisches *hlaiba (übernommen noch vor der im 6. Jahrhundert vollzogenen Monophthongisierung *ai > ě*). Das urslawische Wort * skopьcь, tschechisch (und auch in anderen slawischen Sprachen) heute *skopec*, machte als frühe Entlehnung eine Reihe von Lautwandlungen durch, angefangen mit ahd. *sk- > sch-*, bis es die heutige Lautform *Schöps* (Hammel) ergab. Urslawisches *steglьcь, neutschechisches *stehlík*, ist nh. *Stieglitz*. Die slawisch-germanischen Kontakte begannen also bereits im 6. Jahrhundert und betrafen das Alltagsleben und seine kulturellen Erscheinungen (*pluh* ,Pflug', *chléb* ,Brot', *kněz* ,Fürst', *peníze* ,Geld').

Der sogenannten Liquidametathese *t-ar-t > t-ra-t*, die sich gegen Ende des 8. Jahrhunderts vollzog, fiel Karl der Große anheim, aus dem Namen des Herrschers *Karl* wurde das tschechische Appellativum *král* ,König'. Um eine etwas spätere Entlehnung muss es sich bei dem tschechischen Wort *varhany* ,Orgel' handeln, dessen Vorlage das lat. *organa* ist. Bei einer Übernahme vor der Liquidametathese im 8. Jahrhundert hätte anlautendes *org-* später *rag-* ergeben müssen, ähnlich wie z. B. urslawisch *ordlo ,Pflug' im Zuge der Metathese *rádlo* ergab. Der Orgelbau ist nun freilich in Deutschland schon für das 9. Jahrhundert belegt. Vermittelndes Glied war hier also zweifellos der bairische Sprachraum: die frühe slawische Lautung *vargany gründet auf der altbairischen Lautung *argan, dessen anlautendes a- aus o- vor nachfolgendem r entstand. Dieses a erhielt im Urtschechischen dann nach der Entlehnung ein frühes prothetisches v- (ähnlich wie z. B. auch das Wort *vajce* ‚Ei'). In der Form wurde dann die Bezeichnung weiter nach Osten vermittelt, wie das altruss. *vargany* zeigt. Diese Auslegung ist wahrscheinlicher als die Annahme einer zufälligen Verschmelzung eines vorausgesetzten *organy* mit der Präposition *v (v organy)* und einer anschließenden Assimilation der Vokale o-a > a-a. Eine weitere frühe Entlehnung stellen die alttschechischen Lautungen *žalm* und *žaltář* dar, die nicht auf die ursprünglichen lateinischen Formen *psalmus* und *psalterium* zurückgehen, sondern auf die althochdeutschen Lautungen *salmo* und *saltari*. Diese waren dem Westurslawischen auf heutigem tschechischen Gebiet vor dem Untergang von ь und ъ lautlich näher als die lateinischen Formen mit der Konsonantengruppe ps- im Anlaut. Durch althochdeutsche Vermittlung kam es wohl auch zur Entlehnung der Instrumentenbezeichnung *cymbál* (mit der alttschechischen Variante *cymbala*), denn die mittelhochdeutsche Lautung weist bereits andere Gestalt auf: *zimbele*.

Von der damaligen Bedeutung Bayerns für die Kontakte mit den Böhmen zeugt der im Tschechischen in seiner ursprünglichen Form erhaltene Städtename *(Castra) Regina*. Sein kurzes *i* erscheint als weiches *jer (ь)*, vor dem sich Ende des 6. Jahrhunderts im Zuge der zweiten Palatalisation *g* zu *z* wandelt; kurzes auslautendes *a* erscheint als urslawisches *o*: *Rezьno. Im tschechischen *Řezno* für *Regensburg* hat sich so der ursprüngliche Name der Stadt bewahrt. Die alte Verbindung der Kirche Böhmens mit Regensburg spiegelt sich auch in frühen Entlehnungen aus dem religiösen Bereich, wie *biřmovati*. Die lautliche Veränderung, die das Verbum *firmen* bei seiner Entlehnung erfuhr, muss vor der Integration von *f* in das phonologische System des Alttschechischen stattgefunden haben. Gleiches gilt für die viel ältere Entlehnung *póst*, neutschechisch *půst*, aus germ. *fast* und auch für *břítov*, neutschechisch *hřbitov*, in dem wir ein lautlich verändertes *frithof* vor uns haben. Der Laut *ř* entstand im übrigen erst im Laufe des 13. Jahrhunderts.

Das Deutsche vermittelte Wörter, die in Zusammenhang mit der westeuropäischen Zivilisation standen, nach Osten weiter. Dazu gehören z. B. *cihla*, ahd. *ziegala*, mhd. *ziegel* ‚Ziegel' aus lautverschobenem lat. *tegula*, des weiteren *mlýn*, ahd. *mulin*, mhd. *mül, müle* ‚Mühle' das wiederum auf lat. *molinae* zurückgeht, dann auch *židle*, ahd. *sidel* ‚Sitz', mhd. *sedel* ‚Sitz, Sessel' zu lat. *sedile* und viele andere mehr. Als Beispiel einer Entlehnung in umgekehrter Richtung aus dieser frühen Zeit lässt sich das deutsche Wort *Grenze* anführen, zuerst als mhd. *greniz(e)*, was nichts anderes ist als ein lautlich nur geringfügig verändertes alttschechisches *granicě* oder polnisches *granica*. Aus dem Bereich des dörflichen Lebens wären hier z. B. zu nennen: *Peitsche* aus tschechisch bzw. westurslawisch *bič*, der Fischname *Peitzker* aus *piskor'* - in beiden Fällen unterlagen die Entlehnungen der späteren deutschen Diphthongierung *î* > *ei* -, dann die westslawische Vermittlung von *chomút* (urslaw. *chomǫtъ), einem Wort orientalischen Ursprungs, aus dem schließlich das heutige ostmitteldeutsche *Kummet* wurde. Zu den frühen Übernahmen ins Deutsche ist auch das Wort *Kalesche* zu zählen, das allerdings von einigen Forschern erst ins 17. Jahrhundert gestellt wird. Lautlich entspricht *Kalesche* jedoch dem aus der Frühphase des Alttschechischen belegten *kolesě*, das einen ursprünglichen Nominativ Dual zum alttschechischen s-Stamm *kolo* ‚Rad' darstellt. Diese Form weist noch weiches *s'* auf, das im Deutschen als *sch* adaptiert wird. Belegt ist das Wort in frühen alttschechischen Texten als Bezeichnung eines Wagens, z. B. in der so genannten *Dalimil*-Chronik aus den ersten Jahrzehnten des 14. Jahrhunderts.

Von Bedeutung sind auch die für die feudalen Schichten typischen deutsch-tschechischen Entlehnungen. Das Deutsche hatte sich hier als Sprache, die fortschrittlichere Zivilisationsformen vermittelte, Prestige verschafft. Außer einer Reihe von Bezeichnungen, die direkt mit diesem Lebensumfeld zusammenhängen (*brně* ‚Brünne', *hrabie* ‚Graf', *oř* ‚Ross', *rek* ‚Recke', *rytieř* ‚Ritter', *říšě* ‚Reich', *turnaj* ‚Turnier'), gelangten auch Ausdrücke ins Tschechische, die in Bezug zu den ‚minnesangern' stehen (*šalměje* ‚Schalmei', *lútna* ‚Laute', *kobos* ahd. ‚Kobus'). Es wurde Mode, neuen Adelssitzen deutsche Namen zu geben (*Šternberk, Rožmberk, Pernštejn*), schließlich kamen auch für alte Burgen neue Namen auf: *Zvíkov* wurde in *Klingenberg* umbenannt. Auch etliche Personennamen wurden ins Tschechische übernommen, z. B. *Bedřich*. Das im Tschechischen noch nicht existierende *f* der Ausgangsform *Fridrich* wird durch den nahestehenden Labiallaut *b* ersetzt, und im 13. Jahrhundert erfolgt dann der Wandel *r* zu *ř*. Um eine Entlehnung handelt es sich auch bei *Jindřich*, das das im Tschechischen noch unbekannte *H(inrich)* auslässt und es durch ein üblicheres prothetisches *j*- ersetzt. Älter ist bereits der Name *Oldřich*: er knüpft an die althochdeutsche Lautung *Odalrich* an, die sich im Deutschen zu *Uodalrich* und dann zu *Ulrich* wandelt. Eine alte Entlehnung liegt wohl auch in dem weiblichen Personennamen *Kunhuta*, ursprünglich *Kunigund*, vor. Hier erfolgte der Wandel *g* > *h* (und vielleicht auch die Denasalierung eines zu vermutenden Nasals *un* zu *u*).

Die Kolonisierung von Böhmen, Mähren und Schlesien im 13. Jahrhundert brachte freilich eine wesentliche Veränderung für die tschechisch-deutschen Sprachkontakte. Seit der Zeit, als sich in den neu gegründeten tschechischen Städten und in den ländlichen Grenzgebieten eine starke deutsche Bevölkerungsschicht ansiedelte, ging es nicht mehr nur um einzelne Wörter oder Bezeichnungen als Kulturimport, sondern um einen mehr oder weniger intensiven und beständigen Kontakt der Sprecher. Der hatte einerseits die massenhafte Entlehnung deutscher Wörter aus den verschiedensten Bereichen zur Folge, so aus dem städtischen Leben (*krám* ‚Krambude', *mázhaus* ‚Maßhaus', *rynk* ‚Ring' > ‚Markt'), der städtischen Verwaltung *(purkmistr* ‚Bürgermeister', *ratház* ‚Rathaus', *rychtář* ‚Richter'), dem Handwerk (*cech* ‚Zeche', *hokyně* ‚Hökerin', *maléř* ‚Maler', *platnéř* ‚Plattenmacher', d. h. ‚Verfertiger von Plattenpanzern'), der Rohstoffgewinnung (*hamr* ‚Hammer', *halda* ‚Halde', *havéř* ‚Hauer', *šachta* ‚Schacht') und in natürlich geringerem Umfang auch Entlehnungen in umgekehrter tschechischdeutscher Richtung (*Ziesel, Zeisig, Zwetschge*). Andererseits wurde hier der Grund für den tschechisch-deutschen Bilinguismus gelegt, der die allerwichtigste Voraussetzung für die gegenseitige Beeinflussung der sprachlichen Systeme war und einige Jahrhunderte hindurch Bestand hatte.

Eine seiner frühen Folgen ist die Übernahme zweier Modalverben ins Tschechische, die noch im 13. Jahrhundert erfolgte: *müezen* bzw. *muozan* in der Form *musiti/mositi* und *durfen* in der Form *drbiti* (wo nicht existierendes tschechisches *f* noch durch die Labiale *b* ersetzt und die Gruppe *ur* als tschechisches silbenbildendes *r* adaptiert wird). *Drbiti* kam auf Grund der Konkurrenz mit *musiti* noch im 14. Jahrhundert außer Gebrauch. Obwohl eine Beeinflussung auf lautlicher Ebene seit Ende des 19. Jahrhunderts bis heute heftig diskutiert wird, lässt sie sich nicht völlig ausschließen. Die morphologische Ebene - als innersprachliche Schnittlinie von Syntax und Lautbildung - ist fremden Einflüssen kaum zugänglich. Dafür aber kann eine Beeinflussung von außen auf der Ebene der Wortbildung zum Tragen kommen. Die Produktivität des frühalttschechischen Suffixes -ař lebte möglicherweise unter dem Einfluss des deutschen -ari wieder auf - beide bilden Substantive, die einen Handlungsträger bezeichnen. Der Einfluss deutscher Wortbildungsmodelle lässt sich überzeugend für einige Kompositatypen nachweisen, nicht jedoch für das Verfahren der Kompositabildung als solches: da knüpft das Tschechische an urslawisches Erbe an. Unter dem Einfluss eines deutschen Wortbildungsmusters stand anfänglich wohl die Bildung der Adjektivkomposita vom Typ *láskyplný* ‚liebevoll', dann der erhebliche Zuwachs an Substantivkomposita vom Typ *velkoměsto* ‚Großstadt' und schließlich das Aufkommen der Zahlwortzusammenrückungen vom Typ *jedenadvacet* ‚einundzwanzig'.

Schon in alttschechischer Zeit entstand eine Variante zum Kompositatyp *bohobojný* ‚gottesfürchtig', nämlich *bohabojný*, bei dem das erste Glied im Genetiv steht (*bůh* ‚Gott', Gen. *boha*). Zunächst war diese Variante ein Synonym zu der Wortverbindung *boha bojící* ‚Gott fürchtend', wobei das aktive Partizip *bojící* ‚fürchtend' im Tschechischen eine Ergänzung im Genetiv verlangt. Später entstanden dann unter dem Einfluss deutscher Komposita vom Typ *lobenswert* Lehnbildungen wie *chválýhodný* ‚lobenswert', bei denen das erste Glied ebenfalls in genetivischer Form erscheint (*chvály* ist Genetiv zu *chvála* ‚Lob'). In der mittleren Phase der sprachgeschichtlichen Entwicklung des Tschechischen nehmen diese Bildungen zu. Aber in neutschechischer Zeit, im 19. Jahrhundert, lösen sie sich vom deutschen Muster: es entstehen zahlreiche Bildungen wie *láskyplný*, die schon nicht mehr genau auf eine deutsche Vorlage rekurrieren, d. h. auf ein deutsches Kompositum mit Erstglied im Genetiv. Eine weniger reiche Entfaltung haben die Adjektivkomposita vom Typ *sněhobílý* (nach deutsch ‚schneeweiß') erlebt, Adjektive also, die eine Ähnlichkeit ausdrücken. Sie traten in der Zeit vor der Wiedergeburt auf, sind aber seither zu einem Großteil untergegangen, wie *ocelomodrý* ‚stahlblau', *vínozelený* ‚weingrün' usw. Substantivkomposita vom Typ *velkoměsto* (Großstadt) knüpfen an urslawisches Erbe an, vgl. *čṛnobylъ (Beifuß, eigtl. Schwarzkraut), *Vyšegordъ (Vyšehrad, eigtl. Hochburg), und auch an alttschechisches Erbe, vgl. *dobrodruh* (Abenteurer, eigtl. Wohlgefährte), *velryb* (Walfisch, eigtl. Großfisch). Während und nach der Wiedergeburt nimmt die Zahl der nach deutschen Mustern gebildeten Komposita vom Typ *velkoměsto* (Großstadt) stark zu. Es finden sich darunter aber auch Bildungen ohne direkte deutsche Vorlage, wie *kosočtverec* (Raute, eigtl. Schiefviereck), oder *dávnověk* (Frühzeit). Die sprachpuristischen Theoretiker aus der Zeit nach der Wiedergeburt lehnten derartige Kompositabildungen zunächst ab, unser Jahrhundert jedoch erkennt sie bereits als integralen Bestandteil des tschechischen Wortbildungssystems an. Schließlich wurde auch bei den Grundzahlwörtern von 21 bis 99 die Nachbildung der deutschen Struktur durch tschechische Bildungen vom Typ *jed(e)nadvacet* (*jeden/a/dvacet* - ein/und/zwanzig) zum vorherrschenden umgangssprachlichen Usus.

Der langwährende mündliche Kontakt führte zur Übernahme etlicher Wendungen wie *to je k dostání* ‚das ist zu bekommen', *co je to zač* ‚was ist das für einer', *není tomu tak* ‚dem ist nicht so'. Noch zahlreicher sind die entlehnten phraseologischen Ausdrücke, z. B. *dělat kyselý obličej* ‚ein saures Gesicht machen', *hrát všemi barvami* ‚in allen Farben spielen', *vyletět z kůže* ‚aus der Haut fahren', *nedělat si z toho nic* ‚sich nichts daraus machen', *být jednou nohou v hrobě* ‚mit einem Bein im Grab stehen', *na vlastní pěst* ‚auf eigene Faust', *přitažené za vlasy* ‚an den Haaren herbeigezogen', *upadnout do spánku* ‚in Schlaf fallen', *ukázat se v pravém světle* ‚sich im rechten Licht zeigen', *ozbrojený po zuby* ‚bis an die Zähne bewaffnet' und viele, viele mehr. Sie sind zwar unterschiedlicher zeitlicher Provenienz, gehören aber zum festen Repertoire der tschechischen Konversation.

Die Anhänger des tschechischen Purismus zogen während und auch nach der Zeit der Wiedergeburt häufig gegen die zahlreichen „Germanismen" ins Feld, besonders gegen die syntaktischen und phraseologischen Germanismen, die meisten jedoch sind Bestandteil des tschechischen Wortschatzes geblieben - mit einer Einschränkung: eine Reihe von Bezeichnungen, die das Alltagsleben, besonders das städtische Alltagsleben, betreffen, wurde an den Rand des Lexikons gedrängt, z. B. *foršus* ‚Vorschuss', *hajzl* ‚Häusl', *kvelb* ‚Gewölbe', *ksicht* ‚Gesicht', *mord* ‚Mord', *šprajcovat* ‚spreizen', *vinšovat* ‚wünschen'.

Mit dem endgültigen Ausbau des tschechischen Schulwesens in

den 90er Jahren des 19. Jahrhunderts und der Teilung der Karlsuniversität in einen tschechischen und deutschen Teil ging der Bilinguismus als ein allgemeineres gesellschaftliches Phänomen allmählich verloren.

Mittelhochdeutsche Ritterdichtung in Böhmen im 13. und 14. Jahrhundert

Václav Bok

Der böhmische Staat pflegte seit seinen Anfängen enge politische und ökonomische Beziehungen zu den umliegenden deutschsprachigen Gebieten. Dank dieser Nachbarschaft empfing die tschechische Gesellschaft auch auf kulturellem Gebiet zahlreiche Impulse und kam mit manchen für die gesamte westeuropäische Kultur typischen Erscheinungen in Berührung. Einen wichtigen Teil dieser Beziehungen bildet die Rezeption der mittelhochdeutschen Dichtung in Böhmen im 13. und 14. Jahrhundert.

Die erste Hälfte des 13. Jahrhunderts brachte wesentliche Veränderungen im sozialen und politischen Gefüge des böhmischen Staates, der von einem patriarchalischen Fürstentum provinziellen Charakters zu einem mächtigen Königreich aufstrebte, das dann fast zwei Jahrhunderte lang in der mitteleuropäischen Politik eine bedeutende Rolle spielte. Für das literarische Leben war dabei u. a. die Herausbildung einer zahlenmäßig starken tschechischen Adelsschicht von Bedeutung. Impulse, die nach dem Vorbild des westlichen Rittertums verändernd auf die Lebensweise des Adels einwirkten, wurden durch die stärkere Einbindung des Prager Königshofes sowie des böhmischen Hochadels in die mitteleuropäische Politik vermittelt. Im 13. Jahrhundert kamen die böhmischen Ritterheere weitaus öfter nach Deutschland und Österreich, am Přemyslidenhof hielten sich deutsche Adlige in politischer Mission auf, die Kinder des böhmischen Königs wurden zu begehrten Ehepartnern für Staufer, Babenberger und andere Dynastien. Der Hochadel der Grenzgebiete trat in verwandtschaftliche Beziehungen zum Adel aus Sachsen, Bayern und Österreich. Dies alles führte nachweislich zu einer raschen Übernahme verschiedenster Erscheinungsformen ritterlicher Kultur und Lebensweise, insbesondere in den 30er Jahren des 13. Jahrhunderts. In jener Zeit legten sich tschechische Adlige Wappen zu, zahlreiche

Burgen entstanden, von denen manche modische deutsche Namen erhielten, erste Ritterturniere fanden statt. Daher verwundert es nicht, dass auch die ersten Nachrichten über den Aufenthalt deutscher Dichter am Přemyslidenhof in die 30er Jahre des 13. Jahrhunderts fallen.

Die Entwicklung der einheimischen Literatur konnte den stürmischen Veränderungen im Leben der führenden gesellschaftlichen Kreise und den neuen Anforderungen an eine standesgemäße Dichtung zunächst nicht gerecht werden. In Böhmen gab es bis dahin eine der Größe des Landes sowie der früheren patriarchalischen Gesellschaftsform entsprechende Literatur, die fast ausschließlich im kirchlichen Milieu tradiert wurde. Es gab Legenden über die Landesheiligen sowie Landeschroniken in lateinischer Sprache. Das Tschechische tauchte allmählich erst im frühen 13. Jahrhundert in religiösen Texten auf. Mitglieder des böhmischen Königshofs sowie des Hochadels wurden zu jener Zeit auf Grund eigener Erfahrung oder durch Vermittlung ihrer deutschen Gemahlinnen mit dem literarischen Leben der deutschsprachigen Länder vertraut. Dort war der öffentliche Vortrag von lyrischen und epischen Dichtungen an Fürstenhöfen ein bedeutendes gesellschaftliches Ereignis und zugleich wichtiger Bestandteil einer standesgemäßen Repräsentation. Da die heimische Kultur vorerst nichts dergleichen bieten konnte, nahm man die deutsch vortragenden Wanderdichter aus dem Ausland mit Interesse auf. Für diese wiederum besaß der reiche böhmische Königshof große Anziehungskraft, zumal sie auf Grund der wachsenden Konkurrenz neue Wirkungsstätten suchten. Die fremde Sprache, in der sie ihre Werke vortrugen und die bei weitem nicht von allen Mitgliedern der höfischen Kreise in Böhmen verstanden wurde, minderte das Interesse an ihren künstlerischen Darbietungen nicht. Beim Hören eines gesungenen Textes geht es ja oft nicht darum, jede Einzelheit zu verstehen; die Handlung der epischen Werke, deren Vortrag in Böhmen erst etwa für die 60er Jahre des 13. Jahrhunderts anzunehmen ist, kann ein beträchtlicher Teil des Publikums nur in groben Umrissen verstanden haben. Zur Zuhörerschaft einer derartigen künstlerischen Darbietung zu gehören, vermittelte den Mitgliedern der böhmischen Hofgesellschaft jedoch mit Sicherheit das Gefühl der Eingeweihtheit, der Verbundenheit mit der ausländischen Ritterwelt und der Überlegenheit gegenüber dem Provinzadel. Das Interesse an der Literaturpflege und das Wissen um ihre repräsentative Bedeutung gelangte hauptsächlich auf zwei Wegen in die böhmischen Länder: einmal vom Kaiserhof bzw. aus den Reichsgebieten zum Prager Hof, und zwar über die regen politischen und verwandtschaftlichen Kontakte, zum anderen durch die Nachbarschaft von Österreich und Mähren. Beziehungen zwischen dem niederösterreichischen und mährischen Adel bestanden schon früh; sie intensivierten sich, als der in Brünn residierende böhmische Thronfolger Přemysl Otakar an der Wende der 40er zu den 50er Jahren Teile Österreichs erbte.

Die Pflege der deutschen Dichtung am Prager Königshof beginnt Mitte der 30er Jahre des 13. Jahrhunderts und reicht bis zum Beginn des 14. Jahrhunderts. An den Höfen des böhmischen Hochadels setzt sie mit zeitlicher Verschiebung ein und fällt somit in die Zeit zwischen dem Ende der 70er Jahre des 13. Jahrhunderts und den 30er Jahren des 14. Jahrhunderts. Die Vorstellung, die wir uns von diesem literarischen Leben machen, muss fragmentarisch bleiben. Außer den Werken, die für einen böhmischen Gönner gedichtet wurden, kamen auch Dichtungen zu Gehör, die sich nicht auf das böhmische Umfeld bezogen. Vor allem dürfte es sich um die Dichtungen gehandelt haben, auf die sich die deutschen Autoren böhmischer Herkunft in ihren Werken beziehen. So kann für das letzte Viertel des 13. Jahrhunderts mit relativer Sicherheit angenommen waren, dass die Epen Wolframs von Eschenbach in Böhmen bekannt waren. Und wenn Heinrich von Freiberg für den ostböhmischen Adligen Reimunt von Lichtenburg den Gottfriedschen *Tristan* vollendet, setzt auch das voraus, dass der Mäzen das Werk Gottfrieds gekannt hat.

Als erster deutscher Dichter am Prager Hof erschien um das Jahr 1237 Reinmar von Zweter, ein bedeutender Vertreter der nachklassischen Periode der mittelhochdeutschen Literatur. Er blieb drei bis vier Jahre am Hofe König Wenzels I. (1230-1253). In diese Zeit fallen etwa zehn von Reinmars Sprüchen; allerdings beziehen sich nur zwei davon ausdrücklich auf das böhmische Umfeld. Der Dichter feiert den böhmischen König und ergreift Partei für dessen Einstellung zur politischen Situation im Reich. Reinmars Kunst stieß offenbar noch nicht auf das rechte Verständnis, endet doch sein Spruch *Von Rîne sô bin ich geborn, in Osterrîche erwahsen, Bêheim hân ich mir erkorn* mit der bitteren Feststellung, dass sich der Dichter wie ein Schachspieler vorkomme, der außer dem König keine Figur habe. Dennoch kamen bald danach weitere deutsche Dichter an den Hof des böhmischen Königs, dessen Reichtum und Macht weit über die Grenzen Böhmens hinaus bekannt geworden waren, was u. a. auch die Erwähnungen in Sprüchen von Dichtern zeigen, die Prag nie besucht haben (z. B. Tannhäuser und Kelin). Noch zu Lebzeiten Wenzels I. kam wahrscheinlich aus Süddeutschland der Spruchdichter Sigeher. Er dichtete einen Lobspruch auf Wenzel I. sowie mehrere Sprüche, die die politischen Interessen von Přemysl Otakar II. (1253-1278) unterstützen. Auch der Tiroler Friedrich von Sunnburg kam wohl noch in der Zeit Wenzels I. nach Prag und blieb auch in den Diensten von dessen Sohn. Der fähige und ehrgeizige Přemysl Otakar II. war sich der propagandistischen Möglichkeiten der Literatur voll bewusst und setzte sie für seine politischen Ziele ein. Sigeher und Friedrich von Sunnburg begleiteten Otakar selbst auf dessen Heerzügen, wobei sie offensichtlich die Aufgabe hatten, den Kampfesmut der böhmischen Adligen zu stärken und die errungenen Siege zu feiern. Sigeher vergleicht in zwei Sprüchen Otakar mit Alexander dem Großen und bestimmte damit offenbar das offizielle Bild des energischen böhmischen Königs in der Literatur.

Von den 70er bis zu den 90er Jahren wirkte in Prag der Epiker Ulrich von Etzenbach als Hofdichter der letzten Přemysliden. Eigenen Worten zufolge stammte er aus einem (nicht näher bezeichneten) Land der böhmischen Krone. Přemysl Otakar II. ließ für Ulrich wohl 1270 bei dem Salzburger Erzbischof Friedrich von Walchen die lateinische *Alexandreis* Walters von Châtillon besorgen: als Vorlage für ein deutsches *Alexander*-Epos, das Otakars Macht in der Zeit seiner Auseinandersetzungen mit Rudolf von Habsburg hervorheben sollte. Ulrich konnte sein großangelegtes Werk nicht mehr zu Lebzeiten Otakars abschließen; dies gelang ihm erst um das Jahr 1290, also unter der Regierung Wenzels II. Im Unterschied zu seiner Vorlage beschreibt Ulrich Schlachten und andere Abenteuer, in denen Alexander seine Tapferkeit beweist bzw. als vorbildlicher Minneritter in Erscheinung tritt, viel ausführlicher. Der Vergleich mit dem tatkräftigen Otakar ist nicht zu übersehen, zumal Alexander im Epos den böhmischen Löwen im Wappen führt. Doch Ulrichs Werk verherrlicht die ritterliche Lebensweise allgemein und wurde daher auch rezipiert, als die aktuelle Identifizierung Alexanders mit Otakar wegfiel. Selbst bei denjenigen Familien des böhmischen Hochadels, die mit dem König verfeindet gewesen waren, fand das Werk Aufnahme. Mitte der 90er Jahre entstand im Auftrag der nordböhmischen Herren von Riesenburg der so genannte *Anhang zum Alexander*; Autor ist möglicherweise ebenfalls Ulrich von Etzenbach. Zu gleicher Zeit, eventuell ein wenig später, erfuhr Ulrichs *Alexander*-Dichtung eine leichte Umarbeitung für den südböhmischen Adligen Ulrich von Neuhaus. Für Wenzel II. schuf Ulrich von Etzenbach zu Beginn der 90er Jahre noch ein weiteres Epos, *Wilhelm von Wenden*, das die politischen Ansprüche des böhmischen Königs auf ein deutsch-slawisches Land, wahrscheinlich ein schlesisches Fürstentum, propagieren sollte. Das Werk enthält zahlreiche direkte und indirekte Anspielungen auf König Wenzel, seine Gemahlin Guta von Habsburg sowie auf seinen Vater Otakar; Böhmen wird als ein seliges Land gepriesen.

Auch unter der Regierung Wenzels II. (1283-1305) herrschten am Prager Hof günstige Bedingungen für die Pflege der deutschen Dichtung. Aus seiner brandenburgischen Gefangenschaft hatte Wenzel eine Vorliebe für den Minnesang mitgebracht. Er dichtete selbst deutsche Minnelieder, von denen drei überliefert sind. Mit ihrer etwas manierierten, überladenen Ausdrucksweise entsprechen sie dem Stil des späten Minnesangs. Wenzels Interesse für die Kunst findet sich auch in der berühmten Manessischen Handschrift dokumentiert, die ihn im Kreise von Dichtern und Musikern darstellt. Die Krönung Wenzels in Prag wurde als großes Fest unter Beteiligung zahlreicher Dichter und Sänger gefeiert. Welche Autoren sich am Hof Wenzels II. aufhielten, ist jedoch nicht bekannt. Mit ziemlicher Sicherheit war unter ihnen der bedeutendste Lyriker jener Zeit, Heinrich von Meißen (gen. Frauenlob), der später den Tod des kunstliebenden Königs in einem (nicht erhaltenen) Lied beklagte.

Der Einfluss Wenzels in Schlesien und Polen ist nicht zuletzt aus den Kontakten schlesischer Dichter zum Prager Hof ersichtlich. In Beziehung zum königlichen Hof wie auch zum Hof der Herren von Neuhaus in Südböhmen stand der anonyme Dichter der *Kreuzfahrt des Landgrafen Ludwigs des Frommen aus Thüringen*. Das Epos feiert die Taten der Vorfahren des damaligen schlesischen Adels, lobend erwähnt werden aber auch die böhmischen Könige des 13. Jahrhunderts. Der schlesische Dichter Heinrich der Klausner, Verfasser einer zauberhaften Verslegende über Maria und einen armen

Schüler, erwähnt, dass er die Anregung für seine Dichtung von dem „jungen kunc ûz Bêmirlant" bekommen habe. Im Umkreis des Prager Hofes entstand wohl auch die Fassung D des Epos über die Abenteuer von Herzog Ernst, die manche Forscher Ulrich von Etzenbach zuschreiben.

Nach dem Vorbild des Prager Hofes und der Nachbarländer wurde die mittelhochdeutsche Dichtung auch an einigen böhmischen Adelshöfen gepflegt. Der einzige namentlich bekannte Dichter des böhmischen Hochadels war der begabte Heinrich von Freiberg. Wohl gegen Ende der 70er Jahre vollendete er für den ostböhmischen Reimunt von Lichtenburg das *Tristan*-Epos Gottfrieds von Straßburg. Auch wenn Heinrich sich als Künstler mit Gottfried nicht messen kann und er die große Liebe zwischen Tristan und Isolde vom christlichen Standpunkt aus schließlich eher negativ sieht, kann seine Dichtung dennoch als eine würdige Fortsetzung von Gottfrieds Meisterwerk gelten. Heinrich will seinen jungen Gönner ritterlich erziehen. Er erweitert daher die *Artus*-Episoden und unterweist Reimunt am Vorbild des Königs Artus und der Ritter der Tafelrunde. Dies ist ein erster Beleg der *Artus*-Thematik im böhmischen Milieu. Wahrscheinlich im Auftrag der Familie von Michelsberg dichtete Heinrich von Freiberg um 1300 die kurze Erzählung *Die Ritterfahrt Johanns von Michelsberg*, in der er die Erfolge rühmt, die ein zeitgenössischer böhmischer Adliger bei einem Turnier in Paris erringt. Der Hof von Neuhaus scheint an der Wende vom 13. zum 14. Jahrhundert nach Prag das bedeutendste literarische Zentrum gewesen zu sein. Eine initiierende Rolle spielte dabei seit den 80er Jahren des 13. Jahrhunderts die aus Niederösterreich stammende Gemahlin Ulrichs II. von Neuhaus, Maria von Playen-Hardegg. Wohl kurz vor 1300 ließ sie die Adventbetrachtung aus der *Legenda aurea* in deutsche Verse übertragen. Neben der bereits erwähnten *Alexander*-Bearbeitung war in Neuhaus vor allem Epik mit ritterlicher und religiöser Thematik beliebt. Letztes Dokument des dortigen aktiven literarischen Lebens ist ein umfangreicher, mit 1338 datierter Freskenzyklus über den heiligen Georg im Rittersaal der Burg. Die einzelnen Bilder sind mit kurzen mittelhochdeutschen Texten versehen, wobei sich Handlung und Szenenfolge einer alttschechischen Georgslegende anschließen.

Mit Beginn des 14. Jahrhunderts kam es zu einer raschen Entfaltung der tschechischen Literatur; bald nach der Mitte des 14. Jahrhunderts holte Böhmen den kulturellen Vorsprung der deutschsprachigen Länder ein. Die heimische Dichtung wählte aus dem reichen Vorrat der lateinischen und deutschen Literatur Werke verschiedenster Themen und Gattungen aus und adaptierte sie für eigene Zwecke. Doch brachte sie auch eigenständige Werke hervor: lyrische Lieder, Satiren, lehrhafte Dichtungen, Chroniken. Was fehlt, ist eine originelle tschechische Ritterepik. Das Interesse an epischen Dichtungen wurde durch Bearbeitungen von lateinischen und deutschen Vorlagen befriedigt (*Alexander*-Dichtung, *Apollonius*, *Die Zerstörung Trojas* nach Guido de Columnis u. a.).

Ein weiterer Schritt der Rezeption mittelhochdeutscher Literatur in Böhmen waren die Nachdichtungen deutscher Epen. Diese Entwicklung ging Hand in Hand mit dem abklingenden Interesse an deutschsprachiger Dichtung und setzte bereits an der Wende vom 13. zum 14. Jahrhundert ein. Die kurz nach 1310 verfasste *Dalimil*-Chronik spielt auf ein (nicht erhaltenes) tschechisches *Roland*-Epos an und bezeugt die Kenntnis der Sagen über Dietrich von Bern. Bezeichnenderweise gehört zu den Anfängen der tschechischen Epik eine anonyme *Alexander*-Dichtung, der Walters von Châtillon lateinisches Epos zugrunde liegt, jedoch auch aus dem Epos Ulrichs von Etzenbach einige Motive übernimmt. Die im tschechischen Epos geleistete Anpassung an die heimischen Verhältnisse geht hier andere Wege und reicht tiefer als bei Ulrich - einige Mitglieder von Alexanders Gefolge tragen tschechische Namen, es wird auf Ereignisse der böhmischen Geschichte sowie auf deutsch-tschechische Konflikte angespielt. Gerade am Beispiel der *Alexander*-Dichtung ist die fördernde Rolle der mittelhochdeutschen Dichtung für die alttschechische Literatur gut zu erkennen. Der interessante, für die Selbstidentifizierung der führenden Schichten geeignete Stoff wurde dank Ulrichs Bearbeitung beim böhmischen Adel bekannt und weckte das Bedürfnis, ihn auch in der tschechischen Muttersprache zur Verfügung zu haben. Es ist sicher kein Zufall, dass gerade aus dem südböhmischen Neuhaus die ältesten Bruchstücke des alttschechischen *Alexander*-Romans stammen. Auch aus der mittelhochdeutschen *Dietrich*-Epik wurden im 14. Jahrhundert zwei Werke in tschechischer Sprache nachgedichtet: *Laurin* und der *Große Rosengarten*. Die *Artus*-Epik war ebenfalls bekannt; erhalten ist jedoch nur der alttschechische *Tandariuš a Floribella*, der ein nicht allzu bedeutendes Epos des Dichters Pleier zur Vorlage hatte.

Eine tschechische Nachdichtung erfuhr auch *Herzog Ernst* und in der zweiten Hälfte des 14. Jahrhunderts entstand der alttschechische *Tristan*. Der anonyme Autor bearbeitete den Text vorwiegend nach Eilhart von Oberge und Heinrich von Freiberg, kannte aber auch das Epos Gottfrieds von Straßburg. Das zeigt, dass damals all diese mittelhochdeutschen Bearbeitungen des *Tristan*-Stoffes in Böhmen noch im Original zugänglich waren.

Die Pflege der mittelhochdeutschen Literatur in Böhmen weckte das Interesse an einer volkssprachlichen Literatur mit weltlichen Stoffen. Darin liegt ihre Bedeutung. Die alttschechischen Bearbeitungen können ihrerseits zur Textkritik von zum Teil schlecht erhaltenen mittelhochdeutschen Werken (z. B. Eilharts *Tristan*, *Herzog Ernst D*) mit Gewinn herangezogen werden.

Landesheilige in Böhmen:
Das Denkmal und die Denkmäler

Kristina Kallert

> Auch die unschuldigen Hände der Agnes zeigten sich jenen,
> die sie streichelten, nicht starr und hart wie bei den Toten,
> sondern weich und nachgiebig wie bei den Lebenden.
>
> (Legende der seligen Agnes, 1320)

Eine der Kapellen im südlichen Seitenschiff der Kathedrale St. Peter und Paul auf dem Vyšehrad ist den böhmischen Landesheiligen geweiht. Der hier befindliche, 1910 von Jan Kastner geschaffene Altar der böhmischen Patrone verbindet historisierende Neogotik mit Jugendstilelementen und versinnbildlicht dadurch schon stilistisch die aus der historischen Kontinuität erwachsende Erneuerung und lebendige Präsenz der Heiligen. Die insgesamt 21 Figuren bilden einen Kreis um den gekreuzigten Christus als Zentrum; der Kreis verbindet sie auch untereinander in nicht hierarchisierender, der Zeitlichkeit enthobener Gleichstellung. Und doch ist in diese mystische Allgegenwart auch ein historisches und religiöses Programm eingeflochten. Von Method aus läuft die linke Kreislinie über Joseph, Kosmas und Damian, Ivan, Agnes, Vojtěch (Adalbert), Prokop, Johannes von Nepomuk zu Ludmila hin. Hier schließt sie sich mit der rechten Kreislinie, die von Konstantin-Kyrill her über Zdislava, die fünf Brüder Isaak, Benedikt, Johannes, Matthäus und

Kristin, über Sigmund, Norbert und Veit zu Wenzel führt. Damit entsteht eine zentrale Figurengruppe unter dem Kreuz: Method und Konstantin-Kyrill, die Slawenapostel, stehend in der hinteren Kreishälfte, in der vorderen, kniend und gewissermaßen empfangend, die Heiligen Ludmila und Wenzel. Method neigt sich, mit der Rechten auf Christus deutend, zu Ludmila, die wiederum auf Wenzel weist. In dieser Szene klingt zweierlei an: die in der Legendenüberlieferung enthaltene, historisch umstrittene Taufe Ludmilas durch Method in Prag und die christliche Erziehung ihres Enkels Wenzel, die nicht nur auf lateinischen, sondern auch auf kirchenslawischen Büchern basierte. Die Anfänge slawischer Schriftlichkeit im mährischen und dann auch im böhmischen Raum verbinden sich gerade mit den sogenannten Slawenaposteln Konstantin-Kyrill und Method. Sie kamen 863/64 von Thessaloniki ins Großmährische Reich, nachdem Fürst Rastislav um Missionare ersucht hatte, die der Landessprache mächtig seien. Konstantin-Kyrill schuf ein erstes Alphabet für die slawische Sprache, das glagolitische, und somit die Voraussetzung für eine slawische Literatur, die in Mähren mit den kyrillo-methodianischen Übersetzungen liturgischer Texte beginnt. Vor und gleichzeitig mit der byzantinischen Mission machte auch eine vom bayerischen Raum ausgehende, an Rom gebundene lateinische Mission ihren Einfluss geltend. Noch im 9. Jahrhundert setzte sie sich mit der 886/87 erfolgten Vertreibung von Methods Schülern durch Rastislavs Nachfolger Svatopluk durch. Den böhmischen Raum öffnete der um 883 von Method getaufte Přemyslidenfürst Bořivoj, Ludmilas Mann, der lateinischen Mission aus Regensburg. Doch das Altarbild will nicht nur an diesen historischen Hintergrund erinnern, sondern vor allem die Idee katholischer Entität vermitteln. Die Gestik der Kontinuität von Method über Ludmila zu Wenzel zielt auf Einigung: ostkirchliche und westkirchliche Gegensätze sind aufgehoben, das mährische, kyrillo-methodianische Vermächtnis wird an die böhmischen Přemyslidenfürsten weitergegeben. Der Bischof vertraut es dem weltlichen Fürsten an, der es kniend, also dienend, empfängt und dadurch in sein eigentliches Amt eingesetzt wird: er ist Garant des christlichen Glaubens und seine Herrschaft ist in erster Linie religiöser Auftrag.

Nur zwei Jahre nach der Entstehung des Altars, 1912, wurde am oberen Ende des Wenzelsplatzes das von Josef Václav Myslbek geschaffene Reiterstandbild des hl. Wenzel errichtet – weitaus mehr als ein traditionelles Herrscherbild und weitaus mehr als ein konventioneller Akt. Von 1678 bis 1879 hatte sich in der Mitte des Platzes eine barocke Reiterstatue Wenzels von Jan Jiří Bendl befunden. Eine dort zu Ehren des Hl. Wenzel gelesene Messe gab das Zeichen zu den Juniaufständen von 1848. In dieser symbolischen Inszenierung erfüllte jenes Denkmal die in der Tradition des heiligen Wenzel angelegte Rolle: es verkörperte die Präsenz des zentralen Landespatrons, der das Fortbestehen der böhmischen Krone garantiert, im aktuellen Kampf um die politische Eigenständigkeit. Wenzel ist hier vor allem Repräsentant der früheren und auch künftigen staatlichen Autonomie der Böhmischen Länder, Bezugsfigur der politischen Visionen und Legitimationen. Doch gerade in ihm, dem gebildeten, christlichen und durch sein Martyrium ethisch unanfechtbaren Herrscher, verbindet sich die Idee politischer Selbstständigkeit mit dem Bewusstsein von einer autonomen tschechischen Kultur.

Dieses geschichtlich-kulturelle Selbstbewusstsein manifestiert sich unter anderem in dem 1891 vollendeten *Museum království českého* (Museum des Böhmischen Königreichs), dem heutigen *Národní muzeum* (Nationalmuseum), in dessen Treppenvorbau ursprünglich ein Denkmal des Hl. Wenzel integriert werden sollte. Wenn es schließlich vom Gebäude abgerückt aufgestellt wird, so lässt es von diesem genial gewählten Standort aus den architektonischen Raum zum Sinnbild des geschichtlichen Raums werden: vor dem Hintergrund einer monumentalen geschichtlich-kulturellen Tradition dominiert der jugendliche Herrscher den gewaltigen Raum der Vision, in den er sich, in Richtung Hradschin, hineinbewegt. Darin entspricht das Denkmal dem Selbstverständnis der Nation, wie es sich seit der Nationalen Wiedergeburt herausbildet. Es macht den Wenzelsplatz aber auch zum Raum politischer Demonstration schlechthin, denn diese Kulisse stellt stets die Legitimation der Geschichte aus dem nationalen Mythos bereit. Doch wäre es völlig falsch, Myslbeks Wenzel-Denkmal auf seine Funktionalisierung zu reduzieren; es ist weder einem religiös-katholischen noch einem national-politischen Programm verschrieben. Das lässt sich an der langwierigen Genese der Komposition verfolgen.

Der fertiggestellten Reiterstatue gehen acht andere Modelle voraus. Sie entwickeln sich vom dynamisch-jugendlichen Rittertypus über die fast ins Melodisch-Fließende abstrahierte, sakrale Gestalt des Friedensfürsten zu jener bis ins Detail realistisch durchgearbeiteten Reiterfigur. In der höchst kultivierten Bewegung des Pferdes gelangen Dynamik und Ruhe zur Synthese. Das im Entwurf von 1894 vorgesehene Sockelrelief mit den Landesheiligen Vojtěch, Johannes von Nepomuk, Ludmila, Agnes, Prokop, Sigmund und Veit wird bereits 1895 durch die vier Eckfiguren Ludmila, Prokop, Vojtěch und Ivan ersetzt; an Stelle des letzteren tritt 1898-99 definitiv die selige Agnes. Dies zeigt, dass Myslbek keineswegs von Anfang an auf ein „nationales" Heiligenprogramm festgelegt war, dass er vielmehr in der Auswahl der historisch gut belegten tschechischen Heiligen die Idee der nationalen Kultur über herausragende Einzelpersönlichkeiten aufbaut. Das Unkonventionelle und das Moderne des Denkmals besteht gerade in der entmythologisierenden Realistik der Gestalten, die nicht Symbol sind, sondern Vorbild im gegenwärtigen geschichtlichen Moment. Auffallend ist die starke Zurücknahme der legendistischen oder symbolischen Elemente, das Vermeiden szenischer Anklänge, die den Einzelnen eher abbildend innerhalb der Grenzen seiner Vita belassen würde. Die Individualisierung erfolgt nicht durch das traditionelle Attribut, sondern - viel überzeugender - durch die Vergeistigung der Gesichter und der Hände; so können die Figuren dennoch in ein und derselben Bewegung zu einem pyramidalen Monolith zusammenstimmen. Das christliche Kreuz erscheint als gleichsam ins Innere der Figuren verlegtes Symbol. Bei den männlichen Figuren als identisches unauffälliges Brustkreuz und so als Doppelung aus Verinnerlichung und überindividuellem Grundkonsens; die weiblichen Gestalten thematisieren unter Verzicht auf ein Sachsymbol diese Verinnerlichung besonders deutlich: Bei Ludmila ergibt sich das Kreuz aus dem Zusammenspiel von linker Hand und Schleier - mit ihrem Schleier wurde sie erdrosselt -, bei Agnes aus den über der Brust gekreuzten Händen, ein aus der Legende entnommenes Motiv, das bei Myslbek ins Realistisch-Individuelle transformiert wird:

„Denn die Amme fand sie des öfteren in der Wiege liegend, die Arme und Beine zum Kreuz übereinandergelegt, um anzudeuten, dass der, der für uns die Bitterkeit des Kreuzes auf sich nahm, in ihrem Herzen eine dauernde Wohnstatt habe wie ein Myrrhenbund und dass sie für ihn ihre blütentragende Jungfräulichkeit erhalten solle." (*Legende der seligen Agnes*, 1320)

Das christliche Kreuz wird somit gewissermaßen an die Person gebunden, als Programm der Politik verschwindet es. Noch die Entwürfe von 1888 und 1894 zeigen Wenzels Blick fixiert auf das obere Ende einer Kreuzfahne, einen in Kreuzform endenden Stab mit Banner. Seit dem 10. Jahrhundert gilt die Kreuzfahne als Zeichen des Sieges und findet sich häufig auf Darstellungen des erstandenen Heiland. Doch diesen Entwurf, der die Rolle des siegreichen Herrschers mit der des christlichen Erlösers verbindet, gibt Myslbek auf, wenn er sich schließlich für eine einfache Standarte entscheidet. Das Erstaunliche der endgültigen Fassung aller Figuren ist gerade, dass sie sich durch ihren „ziellosen" Blick jeder von außen angetragenen politischen oder religiösen Ideologisierung verweigern. Ludmila, Prokop, Vojtěch und Agnes sind als Persönlichkeiten, nicht als Rollenfiguren die kulturellen Säulen des Staates darstellt. Wenn hier die Geschichte auch das Bild einer Zukunft enthält, dann deswegen, weil die so realistisch gestalteten historischen Persönlichkeiten in ihrer Individualität gleichzeitig ein Ideal verkörpern.

Das Denkmal dominiert einen für das kulturelle und politische Selbstverständnis der Nation in der zweiten Hälfte des 19. Jahrhunderts so wichtig gewordenen Platz. Es steht an dieser zentralen Stelle durch seine Thematik in Bezug zu der von Karl IV. begründeten Tradition des hl. Wenzel als einzigem Erben der böhmischen Krone und der damit verbundenen religiös-politischen Programmatik des Heiligenkultes. Man darf daher Myslbeks Werk durchaus als eine Neufassung dieser Traditionen lesen, die Mittelalter und Barock hinter sich lässt, aber auch die in der Wiedergeburt zu beobachtende politische Profanierung vermeidet. Die weltliche Herrschaftsordnung legitimiert sich nicht mehr als Abbild einer göttlichen Ordnung. Ein als real erfahrenes Eingreifen der Landespatrone in die Geschichte, das Ausdruck eines göttlichen Willens wäre und damit das Weltliche auch mit dem Attribut des Ewigen versieht, ist nicht mehr denkbar. Myslbeks Wenzel, ohne Krone und Heiligenschein wie noch im Modell von 1894, verkörpert eine politisch und religiös neutrale Staatlichkeit, die von unten her getragen wird, wiederum von Heiligen ohne Gloriole. Mit Ausnahme von Agnes ist deren auffälligstes Attribut ein Buch, das nicht nur einfach auf die Bibel als Zeichen des Bekenntnisses zum christlichen Glauben festgelegt werden kann. In den Händen der jeweiligen Figuren entfaltet es verschiedene Aspekte von Kultur: Erziehung und Bildung bei Ludmila; Tradition und Pflege der Nationalsprache bei Prokop, der 1032 bis 1053 dem Kloster Sázava vorstand, in dem das Kirchenslawische im 11. Jahrhundert eine letzte echte Blüte erlebte; Verteidigung der christlichen Wahrheit gegen weltliche Macht und Unwissen bei Vojtěch, der sein Prager Bistum zweimal wegen der Auseinandersetzungen mit Boleslav II. verließ und 997 bei den Pruzzen als Missionar den Märtyrertod starb. Insgesamt eine nachaufklärerisch-christliche Neufassung der Wenzelstradition, entkonfessionalisiert, entsakralisiert, demokratieverträglich, die Idee der staatlichen Autonomie in der nationalen Kultur verankernd und weit von bloßem Zitat entfernt.

Das verdeutlicht der Vergleich mit dem konkurrierenden Entwurf von Bohuslav Schnirch: Wenzel, dessen Pferd gleichsam gerade zum Stehen gekommen ist und damit den Eindruck eines erreichten Ziels vermittelt, hat die Lanze in die Linke gelegt und segnet mit der Rechten das Volk. Der Sockel zeigt die Blaník-Ritter, die, wie die Sage verspricht, im Moment höchster Bedrängnis aus dem Schlaf erwachen und Böhmen vor dem Untergang retten. Die Hoffnung auf eine bevorstehende nationale Befreiung drückt sich hier politisch aus: Der Wenzelsadler, der dem böhmischen König Přemysl Otakar II. 1260 in der Schlacht bei Kressenbrunn erschien, als die Ungarn eine vernichtende Niederlage erlitten, verweist auf den im späten 19. Jahrhundert aktuellen tschechisch-ungarischen Gegensatz innerhalb der Habsburger Monarchie. So ansprechend die Durchführung des Denkmals ist, sein Programm ist heute zum historischen Dokument verfallen. Schnirchs Denkmal steht freilich noch in der Tradition der Wiedergeburt, die den Blaník-Mythos benutzt, um sinnvolle geschichtliche Rollen zu verteilen. Sie ist es, die ab den 30er Jahren des 19. Jahrhunderts den hl. Wenzel an die Spitze der erwachenden Blaník-Ritter stellt, doch nur um den Mythos zu nationalisieren, nicht um ihn zu katholisieren. An Stelle von oder auch zusammen mit Wenzel erscheinen ebenso Jan Žižka und Jan Hus in führender Rolle, und dementsprechend werden die erwachenden Ritter als hussitische Gotteskrieger gesehen. Doch ein chiliastischer Mythos steht in einem problematischen Verhältnis zur Geschichte. Schon das 19. Jahrhundert machte dies deutlich, wenn es eine naive und passive Mythosgläubigkeit ironisiert und statt dessen die mythischen Bilder als Folie für einen Realitätsentwurf benutzt: Eine aufgeklärte, neuzeitliche Gesellschaft übernimmt die rettende Rolle der Blaník-Ritter.

Von hier aus gesehen berühren sich unter künstlerischem Aspekt in den konkurrierenden Entwürfen für ein Wenzelsdenkmal zwei Jahrhunderte. Mit Schnirchs Wenzel, der seinerzeit übrigens vom Publikum favorisiert wurde, klingen Motiv- und Denktraditionen der Wiedergeburt aus; Myslbeks Landesheilige hingegen, deren Aktualität gerade in der aus heutiger Sicht zunächst so konservativ anmutenden Realistik gründet, kündigen an, dass bildende Kunst, Musik und Literatur den Landesheiligen im 20. Jahrhundert relevante, neue Stimmen verleihen werden.

Das gilt auch für den Landesheiligen, der sich gegenüber dem heiligen Wenzel so komplementär und auch so konträr ausnimmt: den heiligen Johannes von Nepomuk. Wenzels einigende Kraft als nationale Symbolfigur spiegelt sich gleichsam in seinem zentralen Monument. Johannes hingegen verstreut sich seit seiner Kanonisierung von 1729 über die Marktplätze und Brücken der Städte, Städtchen und Dörfer, eine Allgegenwärtigkeit in Lebensgröße, die zu dem Schutzheiligen des Beichtgeheimnisses, des Einzelnen in seiner Not eher einen persönlich-privaten Bezug entstehen lässt. Politisch aber scheiden sich die Geister an ihm; seine Statuen wurden 1920 zahlreich gestürzt und selbst die 1683 auf der Karlsbrücke errichtete Nepomukstatue von Jan Brokoff, Prototyp für die Mehrzahl der später entstandenen Darstellungen, musste vom Magistrat der Stadt gegen die Bilderstürmer geschützt werden. In diesem Geschehen kulminiert die nationalliberal-antiklerikale Agitation, die bereits in der zweiten Hälfte des 19. Jahrhunderts einsetzt. Als „falscher" Heiliger der „jesuitischen Rekatholisierung" wurde Johannes zum Sinnbild eines von außen oktroyierten Systems, das der als genuin hussitisch interpretierten Geschichte der Tschechen entgegensteht. Die nach dem Scheitern der konstitutionellen Hoffnungen 1849 einsetzende neoabsolutistische Ära wird dabei in Parallele zur kulturellen und politischen Unterdrückung nach der Schlacht am Weißen Berg gesehen. Johannes steht für diejenigen Kräfte, die böhmische Eigenstaatlichkeit und gleichberechtigte Stellung der tschechischen Sprache verhindert haben und verhindern und somit auch für einen nationalen Gegensatz. Das Bild des Barock von Johannes als Schutzpatron der böhmischen Sprache verkehrt sich ins Gegenteil. 1729 fragt Ondřej de Waldt in seiner *Concio XIV.*: „[...] wie könnte es Gott und den böhmischen Heiligen gefallen, insbesondere dem hl. Johannes von Nepomuk, unserem ruhmreichen Böhmen, wenn in Böhmen selbst die Sprache, die so vielen Heiligen Muttersprache war, unklug unterschätzt, aus Hass abgelehnt oder böswillig unterdrückt würde?" Ferdinand Schulz hingegen degradiert den Landesheiligen in seinem 1887 erschienenen Roman *Doktor Johánek* zum „geizigen Sohn eines geizigen Nürnberger Krämers, der die dreißig Jahre über, die er in Böhmen ist, kein einziges Wort Tschechisch gelernt hat." Letztendlich war es die kritisch-katholische Geschichtsschreibung in der zweiten Hälfte des 18. Jahrhunderts, die diese Demontage eingeleitet hatte. Hinter den zwei „historischen" Johannesgestalten, dem angeblich 1383 ertränkten Beichtiger der Königin und dem 1393 ertränkten Generalvikar, der durch die Bestätigung des Abtes von Kladrau an der Seite seines Erzbischofs Jan von Jenstein die Rechte der Kirche gegen die Interessen des Königs vertrat, vermutet bereits 1747 der Piarist Elias Sandrich ein und dieselbe Person. Als 1752 Jensteins damalige Beschwerde an den Papst bekannt wird, finden Todesdatum und Todesursache von 1393 ihre Bestätigung. Die Kanonisierungsbulle bezieht sich jedoch auf den Beichtiger von 1383, von dem die Legende erzählt, und hat somit, wie Josef Dobrovský 1787 formuliert, einen Menschen heilig gesprochen, der nie gelebt hat. Damit unterstellt er einen Irrtum in der Person, wo die Kirche von einem Irrtum in der Sache sprechen würde; bis heute ist keineswegs eindeutig erwiesen, dass Johannes nicht auch Beichtiger der Königin gewesen sein konnte. Dennoch, die „falsche Kanonisierungsbulle" wurde zum Ansatzpunkt der antiklerikalen Polemik, die in dem Heiligen die katholische Kirche als Verkörperung der politischen und kulturellen habsburgisch-deutschen Fremdherrschaft bekämpfte.

Das Barock freilich hatte vorher ein ganz anderes Bild entworfen. Bohuslav Balbín stellt in seiner *Vita Sancti Ioannis Nepomuceni* von 1670/71 den Heiligen nicht nur in die Nachfolge des heiligen Vojtěch, sondern führt ihn vor seinem Tod zum Marienbild nach Altbunzlau (Stará Boleslav), an den Ort, wo sich die Anfänge der Christlichkeit und Staatlichkeit Böhmens symbolisch verdichten. Das Marienbild hatte Ludmila der Legende nach von den Slawenaposteln Konstantin-Kyrill und Method erhalten und an ihren Enkel Wenzel vererbt, der es bei sich trug, als er 935 (929) in Altbunzlau ermordet wurde. Das Martyrium von Johannes steht also in der Nachfolge des hl. Wenzel. Doch tritt Johannes bei Balbín noch eine dritte Nachfolge an: die der vorhussitischen Reformer Štěkna und Milíč, die er als Prediger angeblich übertrifft. Der richtige Weg der Geschichte führt somit über ihn, nicht über Hus. Böhmische Geschichte ist demnach genuin katholische Geschichte und findet im katholischen Barock - und in der Kanonisierung von Johannes - auf ihren eigentlichen Weg zurück.

Heilige haben nicht nur ein hagiographisches Nachleben; ihnen wird, zumal wenn sie Landespatrone sind, mitunter eine politische Karriere zugemutet, die sich nicht selten wie ein zweites Martyrium liest. Ein Blick in die Presse des Jahres 1929, als sich Wenzels Todestag zum tausendsten Mal und die Heiligsprechung von Johannes zum zweihundertsten Mal jährt, bietet hierfür genügend Beispiele.

Das johanneische Jubiläum findet dabei freilich nur in katholisch orientierten Zeitungen wie *Lidové listy* Widerhall: In der Beilage zum 19.5.1929 dreht Vilém Bitnar in seinem Aufsatz *České obrození v duchu svatojanském* (Die tschechische Wiedergeburt im nepomucenischen Geiste) den Spieß der Fortschrittler um und interpretiert Johannes, den „Heiligen der Finsternis" (F. M. Bartoš), als ersten Erwecker der tschechischen Nation. Er bindet so den Gedanken der Nationalen Wiedergeburt, auch der nationalen Selbstbehauptung, an den Katholizismus. Der Wunsch nach einer Heiligsprechung reiche bis in die Mitte des 16. Jahrhunderts zurück und sei Ausdruck der Sehnsucht nach einem Erwecker, der die für den gesunden Baum des Glaubens des hl. Wenzel giftigen und wesensmäßig fremden Säfte des Wyclefismus und Hussitismus paralysiere. Gegen die protestantischen Helden in Alois Jiráseks Roman *Temno* erhebt Bitnar den Vorwurf der Passivität. Durch die protestantische Emigration sei das Volk verarmt, ganze Landstriche seien verwaist zurückgeblieben und so an begehrliche Kolonisten deutscher Nationalität gefallen. Bitnar benutzt die nationale Stoßrichtung der antiklerikalen Nepomuk-Version, doch versieht er sie mit umgekehrten konfessionellen Vorzeichen. Die Verteidigung gegen die moderne Abwertung von Barock und Klassizismus liest sich - über das Stichwort Passivität - als Replik auf Masaryk, der in seiner *Česká otázka* (Die tschechische Frage) den tschechischen Hang zur Passivität kritisiert, der so groß sei, dass er sogar an falsches Märtyrertum glaube, wie der nepomucenische Kult in abstoßender Weise zeige.

Doch auch der hl. Wenzel hat seine Gegner: „Gibt es auf den diesjährigen Feiern des hl. Wenzel Platz für einen Fortschrittler?", fragt F. Lagar in einer Broschüre der Pilsener Sozialdemokraten. „Nein! ... Er wird auch das tausendjährige Bestehen unseres Staates nicht feiern, denn es ist ein römisches Millenium, ein schwarzes [...] Lasst in euren Herzen nur Hus allein gelten, seinen Charakter und seine moralische Kraft [...]. Über Hus kann nichts siegen. Durch seine Gestalt werden Johannes von Nepomuk und der „heilige" Wenzel in Vergessenheit geraten." Umgekehrt betont die katholische Seite, dass gerade in Wenzel der Widerspruch zwischen Tschechentum und römischem Katholizismus überwunden ist, so Josef Doležal am 28.9.1929 in den *Lidové listy*. Auch an Wenzel also werden konfessionelle Gegensätze und damit Gegensätze in der Geschichtsdeutung und den aktuellen politischen Standpunkten thematisiert. Doch bemüht sich die politische Vertretung der jungen Republik - nach den schwierigen Verhandlungen über ein von Staat und Kirche gemeinsam gefeiertes Millenium - erstmals auch offiziell um Wenzel als nationale Integrationsfigur. Masaryk sieht in seiner Ansprache vom 28.9.1929 den modernen Kern der Wenzelverehrung in dessen „Humanität", in seinem Beispiel einer „Moralität", die in „wahrer Frömmigkeit gründet". Der mittelalterliche Heilige und Herrscher wird gewissermaßen zu einem Idealbild bürgerlich-demokratischer Tugend entkonfessionalisiert und entthronisiert. Die politische Verantwortung ist nicht mehr auf eine mythologisierte Figur projizierbar, sondern sie ist Bürgerpflicht und so erfährt auch der Wenzelchoral eine vielsagende Abwandlung: Masaryks mahnende Worte hinsichtlich der bevorstehenden Wahlen schließen nicht mit „*Svatý Václave, nedej zahynouti nám ni budoucím*" (Heiliger Wenzel, bewahre uns und unsere Nachkommen vor dem Untergang), sondern „*S pomocí Boží nedáme zahynouti sobě ani budoucím*" (Mit Gottes Hilfe wollen wir uns und unsere Nachkommen vor dem Untergang bewahren). Eine Entkonfessionalisierung kann aber aus katholischer Sicht keine Lösung sein. Der am 27.9. 1929 in den *Lidové listy* unter dem Titel *Svatováclavský volič* (Wählen in der Tradition des hl. Wenzel) erschienene Artikel formuliert daher vollkommen eindeutig, dass es kaum mit der Logik zu vereinbaren sei, wenn ein tschechischer Wähler nicht die praktischen Konsequenzen aus seinem Bekenntnis zur Wenzeltradition zöge.

An Johannes scheiden sich die Geister weiterhin offen. Wenzel ist nach außen hin Integrationsfigur und doch setzen sich alte Gegensätze in den unterschiedlichen Sichtweisen des Heiligen fort. Zwei Himmel spannen sich über Böhmen. Der eine ist der übernational-katholische mit Christus im Zentrum, wie ihn Jan Kastner auf dem Vyšehrad zeigt. Hier kann der hl. Prokop, der „tschechischste" aller Patrone, neben dem hl. Johannes von Nepomuk knien. Der andere ist ein nationalkultureller Himmel, wie ihn Pavel Váša am 27.9.1929 in den *Lidové noviny* entwirft, um der entzweienden „Milleniumsfrage", ob ein Verehrer von Jan Hus auch ein Verehrer des hl. Wenzel sein kann, entgegenzutreten. Neben Wenzel residieren hier Vojtěch, Prokop, auch Jan Hus, Jeroným von Prag, Jan Amos Komenský, Bohuslav Balbín, der den Erweckern die Hand reicht und so auf seine erst in der Wiedergeburt gedruckte Apologie der tschechischen Sprache anspielt, der evangelische Pfarrer Jan Kollár und die Schriftsteller und Dichter Karel Havlíček Borovský, Jan Neruda und Otokar Březina. Váša entwirft eine Kontinuität tschechischer Kultur, in der Katholizismus - freilich ohne den heiklen Johannes von Nepomuk - und Protestantismus ständig ineinandergreifen. Darin ist kein Konkurrenzprogramm zu einem katholischen Altar zu sehen, sondern eine Metapher für Kultur, die besagt, dass Ausschließlichkeitsprogramme nicht nötig sind. Man denkt an den Blick der Figuren auf dem Wenzelsplatz, der dies zu wissen scheint. Letztendlich ist es wohl die Kunst, die, auch als engagierte und religiöse Kunst, die Landespatrone immer wieder aus dem fatalen Griff der Politik und der allzu engen Umarmung der Kirche befreit und sie zu Kristallisationsfiguren im kulturellen Raum erweitert.

In den Jahren, in denen das Wenzel-Denkmal entsteht, schreibt Jaroslav Vrchlický seine Libretti zu den geistlichen Opern *Sv. Ludmila* (Die hl. Ludmila, 1887) und *Sv. Vojtěch* (Der hl. Vojtěch/Adalbert, 1900). In Ludmila entwirft der Autor eine romantische Neufassung der Heiligen, die nicht als erziehende Großmutter erscheint, sondern - jung, schön, mädchenhaft - ein Sinnbild der erneuernden Liebe ist. Die Genesis-Metaphorik des ersten Aktes lässt den Übergang vom Heidentum zum Christentum als „kulturelle" Neuschöpfung der Welt erscheinen. Motiviert ist diese bezeichnenderweise durch die Liebe des Menschen zu Gott, nicht umgekehrt. In der Liebe zwischen Bořivoj und Ludmila, die in der unverstellten Natur bei Ivans Klause zusammenfinden, findet die Herrschaft Bořivojs gewissermaßen ihre göttlich-natürliche Legitimation. Ludmila erscheint als eine Art christliche Libussa, die diese Herrschaft vorbereitet.

Noch eindrucksvoller entwickelt Vrchlický das Thema der Allharmonie in seiner *Legenda o svatém Prokopu* (Legende vom hl. Prokop, 1879). Am Beginn von Prokops Einsiedlerleben in den Wäldern von Sázava steht ein Erweckungserlebnis. Er macht sich - Urbild des Missionars - mit der Axt an die Wurzeln einer großen Eiche, blickt aber dann in die Krone, wo sich „Nest an Nest drängt, als wären sie Früchte der Bäume". Mit einem Mal erscheint ihm die Landschaft als „ein einziges großes Wesen", als „gewaltiger alter Mann", der sich gegen ihn erhebt, und ausgerechnet Prokop, der den Böhmischen Ländern als Verteidiger gegen fremde Eindringlinge gilt, muss sich fragen lassen:

Cizinče, co žádáš na mně?	Fremdling, was ist dein Begehren?
Proč jsi přišel klid můj rušit,	Warum kommst du meine Ruhe stören,
kácet moje staré stromy	meine alten Bäume fällen
[...]	[...]
Jdi jen zpátky, odkud's přišel	Kehr nur zurück, von wo du kamst

Prokop tut den romantischen Sturz in die Tiefe, hier gleichsam in den Schoß der Landschaft. Erwachend findet er sich - pantheistisch erweitert - in paradiesischer Harmonie mit der Natur und mit Gott:

Probudil se, ležel v mechu.	Er erwachte, lag im Moos.
[...]	[...]
hořec k jeho skráni skláněl	Enzian in voller Blüte schmiegte sich
plný květ a tiše, tiše	an seine Schläfe; sachte, sachte
přes mozolnou ruku jeho	über seine Schwielenhand
sluníčko se bralo lesklé	zieht ein Sonnenkäfer, schimmernd,
polo křídla roztáhnuvši	halb die Flügel ausgespannt,
jak by chtělo z jeho dlaně	als wolle er aus dieser Hand
vzletět přímo ku obloze	direkt in den Himmel fliegen,
Pánu Bohu do okénka	Gott, dem Herrn, ins Fenster
[...]	[...]
tajný hlas mu pravil tiše:	leise sagte ihm geheime Stimme:
Kdo je dobrý, vždycky žije	Wer ein guter Mensch, lebt stets
s přírodou ve blahé shodě.	mit der Natur in sel'ger Eintracht.

So sehr die Natur selbst als Schöpfung Gottes gemeint ist, der vor einer radikalen christlichen Mission bewahrte Baum mit seinen alten Wurzeln und seiner reichverzweigten Krone ist auch ein Bild altüberkommenen kulturellen Reichtums, in das sich das Christentum einfügen muss. Dass Vrchlický kein typisch christliches Weltbild entwirft, zeigt sich auch darin, dass er eines der Hauptmotive der Prokop-Legende sprengt: Der traditionelle Heilige vertreibt die Teufel aus seiner Höhle und macht sich einen von ihnen vor dem Pflug dienstbar. Dieses Motiv erfährt in seiner christlich-religiösen Bedeutung vor allem in der darstellenden Kunst des Barock als Kampf zwischen Gut und Böse dramatische Gestaltung. Doch Vrchlický entdämonisiert den Teufelskampf; sein Weltbild basiert auf einer ursprünglichen Harmonie ohne jenen Dualismus, in dem das Gute aus der Überwindung des Bösen folgt. Übernimmt der Autor die Parallele von Teufelsvertreibung und Vertreibung der deutschen Mönche, wie sie von der gereimten Legende aus dem 14. Jahrhundert durch sprachlich analoge Gestaltung besonders betont wird, dann deswegen, um sie zum kulturellen Appell zu gestalten. Als deutsche Mönche, vom Fürsten zur lateinischen Mission ins Land gerufen, sich auf dem Weg in die Hauptstadt in den Wäldern verirren und Prokop um Gastrecht bitten müssen, stellt dieser sich die für einen Eremiten wahrhaft aufklärerisch-säkularisierende Frage:

| Čím jsi byl v této poušti | Was warst du in dieser Wüste |
| svému lidu, svojí vlasti? | deinem Volk und deiner Heimat? |

Und diesmal fällt sein Erweckungserlebnis wirklich mit dem Morgen zusammen. Prokop erhebt sich - ähnlich wie zuvor die personifizierte Landschaft als Sinnbild uralter, natürlich gewachsener Kultur gegen seine unsensible Christianisierung - gegen eine fremdbestimmte (christliche) Kultur:

Přišlo jitro. Jako obr	Der Morgen kam. Riesengleich
povstal Prokop: silným duchem,	erhob sich Prokop: starken Geists
jasně nyní cíl svůj viděl.	Sah klar er nun sein Ziel.

Wenn Prokop anschließend sein Kloster gründet, damit dem Volk nicht mit „der einen Hand das Licht des Glaubens" gegeben, „mit der anderen die heilige Sprache der Väter entrissen" werde, so ist das in den letzten Jahrzehnten des 19. Jahrhunderts aktuell zu lesen. Es ist ein klares Plädoyer dafür, der tschechischen Sprache durch

Verselbstständigung oder Neugründung kultureller Einrichtungen - man denke etwa an die Teilung der Prager Universität 1882 - die ihr gebührende Stellung zu verschaffen.

Beide Werke sind Ausdruck einer Zeit, in der sich der politische Wille der Nation gewissermaßen aus einem kulturellen Willen speist. Gut hundert Jahre später verteidigen die Landespatrone den kulturellen Raum gegen die politische Totalität. 1987 feiert Jaromír Hořec in seinem Gedichtzyklus *Anežka Česká* (Agnes von Böhmen) eine Gestalt, die durch ihre absolute Unbestechlichkeit und gleichzeitig europäische Dimension gerade heute besonders fasziniert. Agnes, Kusine der hl. Elisabeth von Thüringen und Nichte der hl. Hedwig von Schlesien, leistete radikalen Verzicht auf jeglichen Besitz, gesellschaftliche Stellung und Macht. Sie folgt weder der Werbung Heinrichs III. von England noch der des Staufers Friedrich II., erwirkt bereits 1238 für ihr 1233 in Prag gegründetes Klarissinnenkloster das damals vom Papst nur noch selten bestätigte „Privileg der Armut" und korrespondiert mit der hl. Klara über die Ordensregel. Wenn 1989 bei einer der großen November-Demonstrationen gegen das kommunistische Regime aus diesem Gedichtzyklus zitiert wurde, dann sicherlich nicht, weil Hořec dichterisch überzeugt. Doch stehen seine Gedichte für die moderne Identifikation mit einer Gestalt, die - so die Vita aus dem 14. Jahrhundert - als Licht vor dem Hintergrund einer chaotischen geschichtlichen Zeit erscheint. Kurz vor dem Umsturz war Agnes heilig gesprochen worden.

Auch der schweigsame Märtyrer rückt wieder in den Vordergrund. Er schiebt sich in die Perspektive von Graf Belcredos, der in Ota Filips *Café Slavia* (dt. 1985, tschech. *Kavárna Slavia*, 1993) von der Karlsbrücke aus den Bau der Stalinstatue über dem linken Moldauufer verfolgt. Das menschliche Maß der lebensgroßen Heiligenfigur bringt dabei das Monströse der politischen Apotheose zu Fall. Stalins Nasenspitze, die zudem in geschichtsklitternder Absicht Richtung Hus-Denkmal weisen möchte, sinkt innerhalb des nepomucenischen Sternenkranzes nach unten. Stalins Sturz ist ein doppelter: es ist der Sieg des Privaten und Individuellen über das Politisch-Totale; es ist - im Gegeneinander der Statuen selbst - auch ein Sieg der künstlerischen Fiktion über die politische Fiktion.

In all den genannten Werken erscheinen die Landesheiligen vor allem als kulturelle Chiffren. Die literarische Gestaltung ihrer religiösen Dimension hingegen blieb in der Tat katholischen Schriftstellern und Dichtern vorbehalten: die Heiligen in den Werken von Jaroslav Durych, Jan Zahradníček und Jan Čep gehören gleichzeitig jedoch auch zu den Höhepunkten der tschechischen Literatur.

Unter der Vielzahl der Wenzeldramen, die 1929 anlässlich des Millenniums entstehen, ragt Durychs *Kvas na Boleslavi* heraus. (Der Titel *Gären in Boleslav*, kaum adäquat zu übersetzen, ist mehrschichtig, bezieht sich aber vor allem auf den gärenden Kampf im Innern von Wenzels Bruder und Gegenspieler Boleslav.) Es sei das am „wenigsten populäre und am wenigsten um Aktualisierung der historischen oder legendären Wahrheit bestrebte" Drama, sagt Lev Blatný in seiner Rezension der Brünner Inszenierung (*Národní osvobození* 6, 1929) und charakterisiert es treffend als „diabologische Analyse", als Darstellung des Kampfes zwischen den teuflischen Mächten und der göttlichen Ordnung. Das Böse, das in Boleslav kämpft und Wenzels Tod herbeiführt, erringt in diesem zeitlichen Tod nur einen zeitlichen Sieg. Der eigentliche Sieg gehört Wenzel, weil er den Brudermörder nicht verflucht und ihn und seine Herrschaft somit vor der ewigen Verdammnis bewahrt. Genau dies ist auch ein zentrales Motiv des bereits 1921 entstandenen geistlichen Tryptichons *Svatý Vojtěch* (Der heilige Vojtěch/Adalbert). Der Bischof weigert sich, den fälligen Kirchenbann über sein Volk auszusprechen und handelt so für die Kinder (Volk) gegen den Vater (Gott). Die Wahl der Genrebezeichnung zeigt bereits, dass Durychs geistliche Dramen nicht am Muster klassischer Dramen gemessen werden wollen. Es geht ihnen nicht um das Dramatische, das sich aus tragischen Konflikten ergibt, sondern um die Spannung zwischen menschlichen und göttlichen Dingen, zwischen dem Zeitlichen und Ewigen. Die Geschichte ist dabei nur die Folie, die die göttliche Ordnung transparent macht. Radim sagt nach der Ermordung der vier fürstlichen Brüder Vojtěchs gleich zu Beginn:

[...] Ale Vojtěch bratr můj jest živ a snad jsem jen bezděky
zahlédl obraz své touhy jako oheň v poušti nehostinné, -
tedy, že Vojtěch jest svatý!

Vojtěch jedoch, mein Bruder, lebt, und wohl nur unabsichtlich
sah ich, wonach ich sehne, wie Feuer in der unwirtlichen Wüste,
nämlich, dass Vojtěch heilig ist!

Damit ist die Aufgabe formuliert, die sich das Stück stellt: die Heiligkeit Vojtěchs zu zeigen - eben wie ein Altarbild. Das Stück gestaltet Vojtěchs Rückkehr in sein Bistum Prag unter ständiger Bezugnahme auf die Bibel. Unter der Oberfläche von Vojtěchs geschichtlichem Konflikt offenbart sich der Weg Christi in den Evangelien.

Durychs Heiligen-„Dramen" sind natürlich auch im engeren aktuellen Bezug zu der Krise zu sehen, in die der Katholizismus im ersten Jahrzehnt nach der Gründung der Tschechoslowakischen Republik geriet. Doch ihr eigentlicher Wert besteht in der Auseinandersetzung mit den großen religiösen Fragen. So ließe sich auch heute Jan Zahradníček zitieren:

To, proč jsi trpěl, Vojtěchu,	Das, Vojtěch, wofür du gelitten,
dosud se děje tady.	geschieht hier immer noch.

(Aus: *Duchovní písně*, J. Z.: Dílo, III. [Geistliche Lieder, J.Z.: Werke, III.])

Zahlreiche Gedichte Zahradníčeks wenden sich an die Landesheiligen. Sein *Svatý Václav* entsteht 1940 und verteidigt den zentralen Landesheiligen gegen die kompromittierende Vereinnahmung durch die Nazis. 1944 erscheinen, zensuriert, vier Gedichte an die Heiligen Vojtěch, Prokop, Johannes von Nepomuk sowie Kyrill und Method. Vereinigt sind sie unter dem Titel *Korouhve,* der beide Bedeutungen des tschechischen Wortes - ‚Kirchenfahne' und ‚Heeresbanner'- zu einem Symbol der „Geistkämpfer" verschmilzt. Auch hier ist Johannes, wie später bei Ota Filip, Verteidiger des Privaten gegen das Totale und gegen die diabolische Lüge der politischen Herrschaft. Doch verleiht Zahradníček dem Heiligen noch eine andere Dimension, die im übrigen auch in der Barockpredigt nachzuweisen ist: Johannes der Beichtiger wird über die Vergebung der Sünden in Analogie zu Christus gesetzt. Die Moldau verwandelt sich zum Strom der Geschichte, der die Sünde der Welt mit sich trägt, die Johannes durch seinen Märtyrertod in den Wassern auf sich nimmt. In diesem Bild drückt sich die Erlösungshoffnung aus, die Zahradníček für sein Land in einer religiösen Erneuerung sah. Und der gerade als Beichtiger gedemütigte Heilige erlebt hier seine großartige Wiedergeburt als Schutzpatron des Landes:

Oroduj za nás, svatý Jene,	Bitt für uns, heiliger Johannes,
svržený k rybám v říční kal!	Unter die Fische in des Flusses Schlamm
Co splašků s proudem tím se žene,	gestürzt!
co ztroskotanců usmýkal,	Was hier an Sudel mit dem Strom sich
co hadrů vraždou zkrvavených,	mischt,
co neřestí plen potřísněných,	Was er mit wegreißt an Gescheiterten,
co hnisu v něm se vyždímá -	an Lumpen, blutgetränkt vom Morden,
vše zpovědníka v tobě má.	an Tüchern, von der Sünde überfleckt,
	der ganze Eiter, der sich in ihn wringt,
	Hat einen Beichtiger in dir.

Johannes, dessen viele Denkmäler sich so komplementär zu dem einen Wenzeldenkmal ausnehmen, ist derjenige Landespatron, der gleichzeitig auch einen sehr persönlichen Bezug zulässt. Das schönste literarische Denkmal hat ihm vielleicht Jan Čep mit seiner existenzialistischen Gestaltung in der 1942 entstandenen Erzählung *Svatojanská pouť* (Die Johanneswallfahrt) gesetzt. Der Heilige erscheint im Wachtraum dem verzweifelnden Jáchym Lešek und offenbart ihm seine Märtyrerwunde, die von der Fackel aufgebrannte Seite - ein szenisches Bild, das an den ungläubigen Thomas beim Anblick der Wunde Christi erinnert und das Angebot eines Glaubens an Erlösung und Auferstehung enthält. Der Heilige führt die Hand zum Herzen und zur Wunde, die sich in eine blutende Rose verwandelt, in das Symbol der vergebenden Liebe. Auch die steinerne Brückenfigur verlebendigt sich für Jáchyms Augen in dieser sich wiederholenden Geste zu ihrer überzeitlichen Wahrheit. In Jáchyms innerem Erleben vollzieht sich auf der Wallfahrt das Martyrium von Johannes aufs Neue - in der Realität seiner religiösen Bedeutung; so wirkt es die Versöhnung: „Für einen Augenblick trat Stille ein, durch die in leisem Rauschen nur das mühsame Flüstern des Gequälten ging. Es war nicht zu verstehen, bis plötzlich ... alle [die Henker] erstarrten: Herr vergib ihnen... Und Tränen stürzten unter seinen Lidern vor." - In diesen Berührungen erscheinen auch heute die Hände der Heiligen lebendig.

Konfession und Nation in den böhmischen Ländern

Martin Schulze Wessel

Als Tomáš G. Masaryk 1894/1895 feststellte, die tschechische Frage sei eine „religiöse Frage", war die religiöse Lage in den böhmischen Ländern widerspruchsvoll: Die kirchliche Bindung hatte in städtischen und industriellen Gegenden in den böhmischen Ländern unter der tschechischen wie der deutschen Bevölkerung z.T. erheblich nachgelassen und doch war die katholische Konfession numerisch nach wie vor nahezu in einer Monopolstellung. Dies war ein Ergebnis der erfolgreichen Rekatholisierung der böhmischen Länder im 17. Jahrhundert. Doch schon nach dem Erlass des 1781 verkündeten Toleranzedikts ergab sich der für die Zeitgenossen überraschende Befund, dass sich eine beachtliche Zahl von evangelischen Gemeinden unter der deutschen wie der tschechischen Landbevölkerung konstituierte. Zum Verhältnis der Tschechen zur konfessionellen Frage kam ein wichtiger Faktor hinzu: dass es protestantische Gelehrte wie František Palacký oder Pavel Josef Šafařík waren, die ein bürgerliches, nationales Geschichtsbild der Tschechen schufen.

Dieses Geschichtsbild, wie es vor allem in Palackýs *Geschichte von Böhmen* (seit 1836) und in der stärker national akzentuierten Geschichte des böhmischen Volkes in Böhmen und Mähren (*Dějiny národu českého v Čechách a v Moravě*, seit 1848) vorliegt, orientierte sich an dem Leitwert ständischer Emanzipation und ständestaatlicher Selbstständigkeit. Aus dieser Sicht mussten die Bemühungen um Kirchenreform in hussitischer Zeit und die zum Aufstand von 1618 führende ständepolitische und vom Protestantismus getragene Bewegung als Höhepunkte der Nationalgeschichte erscheinen. Die Rekatholisierung nach der Schlacht am Weißen Berg (1620) war aus dieser Sicht eine Epoche des Verfalls oder gar eine Zeit der Finsternis, das *Temno* (Alois Jirásek).

Doch tat sich nicht von Anfang an ein Gegensatz zwischen katholischer Konfession und moderner tschechischer Nationalbewegung auf. Da es in der Folge des Sieges des Absolutismus in Böhmen nach 1620 neben den von außen stammenden Magnatenfamilien keinen zahlreichen Kleinadel gab, der - wie in Polen - zum Träger der Nationalbewegung hätte werden können, fiel diese Rolle zunächst dem gebildeten Welt- und Ordensklerus zu. Selbst in der Zeit des *Temno* hatte er Gelehrte hervorgebracht, die sich - wie der Jesuit Bohuslav Balbín - zu Advokaten der böhmischen/tschechischen Sprache gemacht hatten. Später waren es der Ex-Jesuit Josef Dobrovský (1753-1829), der die slawische Philologie begründete, der Piarist Gelasius Dobner (1719-1790), der einer wissenschaftlichen Interpretation der böhmischen Geschichte den Weg bereitete, und der Weltgeistliche und Logiker Bernard Bolzano (1781-1848), der seine tschechischen und deutschen Schüler im Sinne neuzeitlicher Toleranz erzog. Dabei erfuhr Religion in der tschechischen Nationalbewegung - wie überall in Europa - eine Neuinterpretation. So wie die Aufklärung die Religion vor allem nach ihrem moralischen Nutzen bewertet hatte, verstanden die nationalen Erwecker Religion vor allem im Hinblick auf die Leistungen, die sie für das Risorgimento ihrer Nation erbringen konnte, wie immer diese - sei es politisch, sei es sprachlich - verstanden wurde. Vor allem seit der Formierung von Tschechen und Deutschböhmen als antagonistische sprachnationale Gruppen wurde Religion tendenziell als Vehikel des ethnischen Konflikts begriffen oder als antinationale Kraft abgelehnt. Der Konflikt entzündete sich nicht zuletzt an Alimentationsfragen, die die Kirche als Institution betrafen, angefangen von der Besetzung des böhmisch-mährischen Episkopats bis hin zur Besetzung von kleinen Pfarreien. Im Gegensatz zu vielen anderen außerstaatlichen Institutionen spaltete sich die Kirche in den Böhmischen Ländern nicht organisatorisch in einen tschechischen und einen deutschen Zweig auf, sieht man von dem Bereich der Ausbildung ab, wo getrennte Knabenseminare und getrennte theologische Fakultäten entstanden. Der weiterbestehende organisatorische Zusammenhang von tschechischen und deutschen Katholiken in gemeinsamen, nicht nach nationalen Gesichtspunkten getrennten Diözesen war die Voraussetzung dafür, dass die Kirche zum Schauplatz von ethnischen Konflikten werden konnte.

Aus tschechischer Sicht war es vor allem beklagenswert, dass die obersten Schichten der Katholischen Kirche in den böhmischen Ländern fast durchweg nicht von nationalbewussten Tschechen, sondern vielfach von österreichischen Aristokraten gebildet wurden. Zu den wenigen Bischöfen, die von der tschechischen Nationalbewegung als Mitstreiter angesehen werden konnten, gehörten der Bischof von Budweis, Jan Valerián Jirsík (1851-1883) und der Bischof von Königgrätz Eduard Brynych (1892-1902), die sich verbal oder durch national motivierte Spenden zu ihrem Volk bekannten. Freilich machte sich der Episkopat auch nicht zum Anwalt der liberal gefärbten deutschböhmischen Nationalbewegung, eine Ausnahme bildete allenfalls der Bischof Augustin Hille von Leitmeritz (1831-1865), der als einziger Bischof der böhmischen Länder das liberale, den deutschen Interessen günstige Februarpatent von 1861 mit einem Feldgottesdienst feierte. Das Erscheinungsbild des Episkopats wurde vielmehr von dem langjährigen Prager Erzbischof Kardinal Friedrich zu Schwarzenberg (1850-1885) geprägt, der, dem Hochadel entstammend, Reichspatriot und seit 1861 auch böhmischer Landespatriot war, ohne die sprachnationalen Bestrebungen der Tschechen zu billigen. In einem gemeinsamen Hirtenwort warnten die Bischöfe Böhmens 1861 vor dem „zauberhaften Wort der Nationalität", das die Gefahr in sich berge, den Vielvölkerstaat zu zerreißen, dem die Bischöfe einen höheren sittlichen Wert zusprachen als dem Nationalstaat.

Wurde von tschechischer Seite der Episkopat als fremd empfunden, so war auf deutscher Seite oft der „tschechische Pfarrer" ein Stein des Anstoßes. Dass in der Tat in überwiegend deutschsprachigen Gemeinden tschechische Pfarrer eingesetzt wurden, hatte seine Ursache selbstverständlich nicht in einer Tschechisierungsabsicht der Katholischen Kirche, sondern war darauf zurückzuführen, dass sich in den vergleichsweise stärker ländlich geprägten tschechischen Gebieten mehr Kandidaten für den Priesterberuf fanden als in den mehr gewerblich geprägten deutschen. Dazu kam, dass deutschböhmische Priester sich der Ausbildung in tschechischen Priesterseminaren entzogen, indem sie auf Ausbildungsstätten in den Alpenländern auswichen und dort vielfach blieben. So zwingend die Gründe für den Einsatz tschechischer Geistlicher in deutschen Gemeinden auch waren, bildete dies doch den Hauptgrund für die Konversion einer erheblichen Zahl von Deutschböhmen zum Protestantismus, der als deutsche Konfession empfunden wurde.

Während der Deutschkatholizismus vor der Märzrevolution von 1848 in den deutschböhmischen Gebieten ein vergleichsweise schwaches Echo gefunden hatte, wurde die altkatholische Bewegung in Nordböhmen von dem Pfarrer Anton Nittel ins Leben gerufen. Als Antwort auf das päpstliche Unfehlbarkeitsdogma verstand sich diese Bewegung als nationalkirchlich, der Anhang, den sie unter den

Tschechen fand, war gering. Eine ausgeprochene Los-von-Rom-Bewegung unter den Deutschböhmen bildete sich in der Zeit der Regierung Taafe (1879-1893), die den nationalbewussten, liberalen Deutschböhmen als unheilige Allianz von Konservativismus, Slawentum und Katholischer Kirche erschien. Die katholische Abwehr gegen die deutsche Los-von-Rom-Bewegung kristallisierte sich zum einen in dem unter dem Warnsdorfer Kaplan Ambros Opitz (1846-1907) weit entwickelten katholischen Pressewesen, in dem Bonifatiuswerk, das von dem Dechant von Falkenau und späteren Leitmeritzer Bischof Josef Gross und dem Abt im Emmaus-Kloster, Alban Schachtleitner, ins Leben gerufen wurde, und in einem katholischen Verbands- und Parteienwesen. „Volk und Glauben" überzeugend als Symbiose darzustellen, war den deutschböhmischen katholischen Aktivisten bis zum Weltkrieg aber nicht beschieden. Erst unter grundlegend veränderten politischen Verhältnissen gelang dies der sudetendeutschen katholischen Jugendbewegung, jedoch mit sehr begrenzter Ausstrahlungskraft sowohl in die Gesellschaft als auch in die Amtskirche.

Wenn auch der Katholizismus unter den Tschechen vor dem Ersten Weltkrieg nicht von einer ähnlichen Los-von-Rom-Bewegung betroffen war, entwickelte sich das Verhältnis von tschechischer Nationalbewegung und katholischer Konfession doch zunehmend problematisch. Nachdem zu Beginn der 1890er Jahre die bürgerliche Partei der sogenannten Jungtschechen die ständisch orientierte Partei der Alttschechen verdrängt hatte, nahm die tschechische Nationalbewegung ausgesprochen antiklerikale Züge an. Die ideelle Grundlage dafür bildete das Verständnis der Hussitenzeit als der nationalen Heldenperiode der tschechischen Geschichte, wie sie von Palacký interpretiert worden war. Dabei war in dem zeitgenössischen Hus-Verständnis der Jungtschechen in den 1890er Jahren die religiöse Dimension des Reformators ganz zurückgetreten. Dagegen polemisierte Tomáš G. Masaryk, als er 1895 die Schrift *Die tschechische Frage* publizierte, in der er die moderne Nationalbewegung der Tschechen als eine Wiederaufnahme ihrer religiösen und reformatorischen Sendung in der Heroenzeit ihrer Geschichte, der Epoche von Jan Hus und den Böhmischen Brüdern, erklärte. Diese ideelle Vertiefung des tschechischen Nationalismus im Sinne von moderner Humanität und Demokratie war, auch wenn es von der historischen Forschung in Frage gestellt werden konnte, eine nach wie vor denkwürdige philosophische Ausdeutung eines partikularen nationalen Bewusstseins im Sinne universaler Werte.

Masaryks religiöse Sinngebung wurde von der tschechischen Nationalbewegung seinerzeit nicht angenommen. Die Nationalgeschichte wurde - vor allem in der Geschichtsschreibung und im historischen Roman - in antiklerikaler Tradition verstanden. Angesichts dessen geriet die Katholische Kirche in den Böhmischen Ländern in die paradoxe Situation, als Mehrheitskonfession in gewisser Hinsicht marginalisiert zu sein. Ihr Wort verlor in den 1890er Jahren in Arbeiter- und Bürgerschichten an Geltung und büßte dementsprechend vor allem in industriellen und gewerblichen Regionen an Glaubwürdigkeit ein. Nach wie vor die bei weitem stärkste Konfession, war der Katholizismus ohne Geltung in der nationalen Hochkultur und geriet zunehmend in eine Ghetto-Situation. Nur wenige katholische Schriftsteller der so genannten Katholischen Moderne, katholische Priester wie Karel Dostál-Lutinov oder František Xaver Dvořák, reichten mit ihren Dichtungen über diesen Bereich hinaus.

Umso wichtiger waren für die Katholische Kirche religiös-nationale Kulte, mit denen sie ihren nationalen Anspruch zumindest in bestimmten Regionen demonstrieren konnte. Der St. Wenzel-Kult, die in Böhmen verbreitete Verehrung des Landespatrons, war zugleich ein Bekenntnis zu einem Symbol böhmischer Staatlichkeit. Nicht weniger bedeutsam war der Kyrill- und Method-Kult, der vor allem in Mähren gepflegt wurde. Er konnte auf eine slawische Volksidee oder auch auf das Ziel einer Union von westlichem und östlichem Christentum bezogen werden. Bereits in den 1840er Jahren hatte der Priester und Schriftsteller Václav Štulc auf die gesamtslawische Bedeutung Kyrills und Methods hingewiesen, später machten sich der katholische Schriftsteller und Priester František Sušil und Antonín Stojan, von 1921 bis 1923 Erzbischof von Olmütz, die Pflege des Kyrill- und Methodgedankens zu eigen. Die Erinnerung an die sogenannten Slawenapostel war stets mit der Intention einer Erhöhung des Prestiges der Katholischen Kirche in der tschechischen Gesellschaft wie auch in der Weltkirche verbunden. Mit dem Andenken an sie verknüpften sich das Bestreben einer Erneuerung der slawischen Liturgie und die nie verwirklichten Pläne der Errichtung eines katholischen slawischen Patriarchats mit Ausstrahlung auf ganz Osteuropa.

Zweifellos war vor allem der Kyrill- und Method-Kult geeignet, die Gläubigen in großen Wallfahrten zu mobilisieren. Der Velehrad, nach der Überlieferung die Wirkungsstätte Kyrills und Methods, entwickelte sich 1863, als das Millennium ihrer Ankunft in Mähren gefeiert wurde, zu einem Wallfahrtsort mit überregionaler Bedeutung. Die dichte Folge der späteren Feiern offenbarte, wie schillernd der Kult war: Der Gedanke des austroslawischen Katholizismus als Rückhalt der österreichischen Reichsidee war ebenso präsent wie slawophile Ideen, die über das österreichische Imperium hinausreichende Zusammenhänge herstellten.

Doch transzendierte der Kult nicht die Grenzen zwischen katholischem Kirchenvolk und säkularer Intelligenz; vielmehr befestigte er eher die beiden Lager mit ihren sozialen und regionalen Schwerpunkten. Zu einer grundlegenden Neudefinition zwischen Konfession und Nation schien es in der Tschechoslowakei bald nach der Staatsgründung 1918 zu kommen. Ein Teil des katholischen Reformklerus schloss sich im Januar 1920 in einer neuen Nationalkirche, der Tschechoslowakischen Kirche, zusammen. Der Anspruch der Reformkirche war es, die Staatsgründung gewissermaßen auf kirchlichem Gebiet zu vollenden und an die Stelle der nach dem Weltkrieg in den Augen vieler Tschechen diskreditierten Katholischen Kirche eine Kirche mit zeitgemäßer Theologie zu setzen, die in Jan Hus ihre Symbolisierung fand. Der Anspruch, die einzige repräsentative Nationalkirche der Tschechoslowakei zu werden, ließ sich nicht realisieren. Mit etwa einer Million Mitgliedern wuchs sie aber innerhalb weniger Jahre zur zweitgrößten Konfession des neuen Staates an, die allerdings in der Slowakei und in den deutschen Gebieten fast gar nicht vertreten war und in Mähren in vielen Gebieten einen schwächeren Rückhalt hatte. Die Zurückdrängung des Katholizismus in den ersten Jahren der ČSR erwies sich nicht als dauerhaft. Durch die teilweise Neubesetzung des Episkopats mit tschechischen Bischöfen, durch die Vereinigung mehrerer klerikaler Parteien zur schlagkräftigen „Tschechoslowakischen Volkspartei" und schließlich durch den Abschluss des *modus vivendi* zwischen dem Vatikan und der ČSR konnte die Katholische Kirche ihre gesellschaftliche Stellung in der ČSR wahren, obwohl sie nach 1918 fast ein Viertel ihrer tschechischen Mitglieder verlor.

Das Verhältnis der tschechischen Nationalbewegung zum Protestantismus war in vieler Hinsicht weniger problematisch als das zum

Katholizismus. Als Vorteil für die evangelischen Kirchen erwies sich, dass sie von der Staatsmacht des Habsburgerreichs nicht privilegiert und historisch im Sinne des tschechischen Geschichtsbilds unbelastet waren. Die Reformation Hussens und der Böhmischen Brüder stand aus tschechisch-nationaler wie aus protestantisch-religiöser Sichtweise im Mittelpunkt des historischen Bewusstseins. Traditionell übernational orientiert, zerbrach die Einheit von tschechischen und deutschen Protestanten in der Folge der Gründung des Deutschen Reiches 1870/71, als die aus dem Reich geförderte Los-von-Rom-Bewegung unter den protestantischen Deutschböhmen eine größere Bedeutung erhielt und diese 1900 den organisatorischen Bruch mit den tschechischen Protestanten vollzogen.

Mit dem politischen Umbruch von 1918 gewann der tschechische Protestantismus an nationaler Bedeutung. Die tschechischen Gemeinden Augsburger und Helvetischen Bekenntnisses schlossen sich zu der „Evangelischen Brüderkirche" zusammen. Der Zugewinn von etwa 150 000 neuen Kirchenmitgliedern nach 1918 ging mit der Steigerung der geistigen Bedeutung einher: Mit der 1919 errichteten evangelischen Hus-Fakultät, die die Brüderkirche später mit der Tschechoslowakischen Kirche teilte, und mit der von Josef L. Hromádka begründeten Zeitschrift *Křesťanská revue* (Christliche Revue) besaß die „Evangelische Brüderkirche" geistige Zentren, die über die Konfessionsgrenzen hinauswirkten.

Von spezieller Bedeutung war das Thema „Religion und Nation" für die Juden in den böhmischen Ländern. Unter Maria Theresia zeitweise des Landes verwiesen und um die Jahrhundertwende wiederholt von nationalistischen Pogromen betroffen, erreichten die Juden in der Tschechoslowakischen Republik die Anerkennung als eigenständige nationale Gruppe. 1920 verabschiedete die tschechoslowakische Regierung - als erste Regierung überhaupt - ein entsprechendes Gesetz.

Weder die Katholische Kirche noch die Tschechoslowakische Kirche oder die Brüderkirche konnte in der Ersten Republik (1918-1938) den Anspruch erheben, mit ihren Glaubens- und Sittenvorstellungen und ihrem Geschichtsbild die Nation als ganze zu repräsentieren. Nachdem gegen Ende der 20er Jahre die konfessionellen Konflikte um den Vorranganspruch im tschechoslowakischen Nationalstaat beigelegt waren, war es deutlich geworden, dass die tschechische Nation und der tschechoslowakische Nationalstaat nicht mehr aus einer einzelnen konfessionellen Tradition allein zu begründen waren. Paradoxerweise wurde dies von staatlicher Seite in den 1950er Jahren unter säkularen Vorzeichen noch einmal versucht, als der kommunistische Kultusminister Zdeněk Nejedlý das protestantische Geschichtsbild in den Rang einer offiziellen Ideologie von Staat und Nation erhob. Zentrales Symbol war dabei der auf seine revolutionär-volkshafte Tradition hin gedeutete Hussitismus, sichtbarstes Zeichen der Wiederaufbau der Bethlehemskapelle in Prag, in der Hus einst gepredigt hatte.

Sprache und Nation

Tilman Berger

Kurz nach Ende des Zweiten Weltkriegs gab der tschechische Literaturwissenschaftler Albert Pražák noch im Jahr 1945 ein Lesebuch heraus, das den programmatischen Titel *Národ se bránil. Obrany národa a jazyka českého od nejstarších dob po přítomnost* (Das Volk hat sich gewehrt. Apologien der tschechischen Nation und Sprache von den ältesten Zeiten bis heute) trägt. Schon im Titel werden hier Nation und Sprache zusammen genannt, und dieser enge Bezug zwischen beiden Begriffen zieht sich durch das ganze Buch, das in elf Kapiteln Zeugnisse des nationalen und sprachlichen Selbstbewusstseins von der Zeit des Großmährischen Reichs (im 9. Jahrhundert) bis zur Okkupation der Tschechoslowakei 1939-45 zusammenträgt, die jeweils vom Autor mit Zwischentexten kommentiert werden. In der Einleitung geht Pražák auch auf ähnliche Texte bei anderen Völkern ein (behandelt werden u. a. die Deutschen, die Ungarn und die Kroaten), betont aber sehr nachdrücklich, dass gerade bei den Tschechen die Verteidigung von Sprache und Nation eine lange Tradition habe, weil die Tschechen, „im Herzen Europas", wo verschiedene Völker aufeinander treffen, „in ständiger Gefahr um ihr Wesen" gelebt hätten. Was bei den Nachbarn eine Erscheinung der Neuzeit sei, sei bei den Tschechen ein ständiger Zustand, „der bereits im Morgengrauen unserer Geschichte beginnt, die wir mitten in Europa in ständiger Bedrängnis durch unsere kämpferischen Nachbarn gelebt haben".

Die Vorstellung, dass der Begriff der Nation untrennbar mit der Sprache verbunden ist, die die Angehörigen dieser Nation sprechen, ist bei den Tschechen in der bis heute weiter wirkenden Form wohl erstmals von Josef Jungmann geäußert worden, der als Autor, Sprach- und Literaturwissenschaftler und Herausgeber des ersten großen tschechisch-deutschen Wörterbuchs eine zentrale Rolle für die tschechische „Nationale Wiedergeburt" gespielt hat. So finden wir etwa im *Rozmlouvání o jazyku českém* (Gespräche über die tschechische Sprache) von 1806 die folgende Aussage: „Oder, wenn man sich eine Heimat ohne Volk, ein Volk ohne besondere Sprache nicht denken kann, so betone ich noch einmal, dass sich keiner außer dem, der die Sprache seines Volkes liebt, wahrer Liebe zur Heimat rühmen kann." Die Vorstellung, dass die Förderung der eigenen Nation notwendigerweise eine Hinwendung zur Sprache dieser Nation bedeutet, schlug sich in zahlreichen Aktivitäten Jungmanns und seiner Anhänger nieder, die den Nachweis zu führen versuchten, dass das Tschechische in der Lage sei, alle Funktionen einer modernen Schriftsprache auszufüllen. Vor diesem Hintergrund waren sie nicht nur als Übersetzer und Autoren literarischer Werke tätig, sondern entwickelten auch Terminologien für alle Bereiche der Wissenschaft, gaben wissenschaftliche Zeitschriften heraus usw. Leicht ironisch charakterisierte Pavel Josef Šafařík, ebenfalls ein Vorkämpfer der Nationalen Wiedergeburt, die Tschechen als „philologische Nation".

Die Hinwendung zur tschechischen Sprache als dem eigentlichen Kern der Nation machte aber nicht bei der praktischen Tätigkeit halt, sondern hatte auch weiter gehende ideologische Konsequenzen. Die eigene Sprache nimmt - auch vor dem Hintergrund, dass die praktische Anwendbarkeit in dieser Zeit noch sehr begrenzt ist - gewissermaßen eine sakrale Funktion an, sie wird gleichermaßen zum Werkzeug der Welterkenntnis und der Schaffung einer eigenen Welt. Von besonderer Bedeutung sind in diesem Zusammenhang etymologische Überlegungen, mit denen die slawische Herkunft von Ortsnamen nachgewiesen werden soll (was faktisch eine „Wiedergewinnung" dieser Gebiete bedeutet), die aber zum Teil auch so weit gehen, die besondere Nähe des Slawischen zu den klassischen Sprachen nachweisen zu wollen. Zusammenfassend lassen sich alle diese Phänomene mit dem Begriff des „Linguozentrismus" charakterisieren, den Vladimír Macura als wesentliches Merkmal der tschechischen Kultur ausgemacht hat.

Auch bei den Forderungen nach Gleichberechtigung der tschechischen und deutschen Bevölkerung, die die tschechische Nationalbewegung ab der Revolution von 1848 immer nachdrücklicher erhob und ab den 60er Jahren in immer mehr Bereichen durchsetzen konnte, traten sprachliche Fragen deutlich in den Vordergrund. Als Höhepunkt kann die 1882 erfolgte Teilung der Prager Universität in eine tschechische und eine deutsche Universität angesehen werden. Die politischen Auseinandersetzungen konzentrierten sich gänzlich auf den rechtlichen Status der beiden Landessprachen, wobei verschiedene Modelle jeweils am Widerstand einer der beiden Seiten scheiterten (nur in Mähren gelang zeitweise eine einvernehmliche Lösung, der sog. Mährische Ausgleich von 1905).

In der 1918 gegründeten Tschechoslowakischen Republik wurde schließlich die eindeutige Zuordnung von Nation und Sprache zum grundsätzlichen Prinzip erhoben; die den Minderheiten in der Verfassung von 1920 eingeräumten Rechte bezogen sich überwiegend auf den Gebrauch der Minderheitensprachen und wurden durch ein spezielles Sprachengesetz geregelt. Auf der anderen Seite konzentrierten sich die von den tschechischen Behörden ergriffenen Maßnahmen zur Veränderung der Bevölkerungsverhältnisse ebenfalls auf die Förderung der tschechischen (und slowakischen) Sprache. Sie wurden teilweise auch von tschechischen Intellektuellen kritisiert, so etwa durch den Philosophen Emanuel Rádl in seinem 1928 erschienenen polemischen Werk *Válka Čechů s Němci* (Der Kampf der Tschechen mit den Deutschen).

Auch nach 1945 blieb die Definition der Nation über die Sprache Teil der offiziellen Staatsideologie, auch in den Nachkriegsverfassungen blieben Minderheitenrechte etwa im selben Umfang erhalten und konzentrierten sich weiterhin auf die Rechte zur Anwendung der Minderheitssprachen. Infolge der Vertreibung der deutschen Minderheit hat die Problematik zumindest im tschechischen Sprachgebiet ihre Brisanz freilich verloren, die heutige Tschechische Republik ist national weitgehend homogen. Es ist wohl kein Zufall, dass die Verfassung dieses neuen Staates keine Bestimmungen über die Staatssprache enthält, ja nicht einmal das tschechische Volk ausdrücklich erwähnt. Auf die Frage der nationalen Zugehörigkeit geht nur der Grundrechtskatalog ein, der die Entscheidung für eine Nationalität freistellt und die Rechte der Minderheiten garantiert.

Die neuzeitliche Entwicklung seit dem Beginn des 19. Jahrhunderts ist, wie wir gesehen haben, tatsächlich weitgehend durch eine

Gleichsetzung von Sprache und Nation gekennzeichnet. Gilt dies aber auch, wie von Pražák und anderen behauptet, für ältere Zeiten? An drei Beispielen, die in der Literatur immer wieder genannt werden, soll hier gezeigt werden, dass die Verhältnisse zumindest deutlich komplexer waren, als dies in der traditionellen Darstellung erscheinen mag.

Als erster Beleg eines pointiert tschechischen und gleichzeitig antideutschen Bewusstseins gilt eine um 1310 entstandene gereimte Darstellung der Geschichte der Länder der böhmischen Krone, die unter dem Namen *Dalimil-Chronik* bekannt ist. Dieser Text enthält zahlreiche negative Aussagen über die „Deutschen", die auf den ersten Blick eine nationale Interpretation plausibel erscheinen lassen. Eine genauere Betrachtung zeigt allerdings, dass der Autor vor allem die Sicht des einheimischen Kleinadels vertritt, die sich ebenso gegen die Bürger der Städte richtet (die damals zwar noch mehrheitlich, aber nicht ausschließlich Deutsche waren). Dass hier eher Fremdenfeindlichkeit als Nationalismus im heutigen Sinne vorliegt, kann man auch daraus ersehen, dass die Chronik schon etwa dreißig Jahre später ins Deutsche übersetzt wurde. An den Stellen, in denen im Original von den „Deutschen" (tschech. *Němci*) die Rede war, spricht der Übersetzer meist von „Fremden", das Adjektiv „deutsch" ist vor allem den Fällen vorbehalten, in denen von der Sprache die Rede ist. Dies legt nahe, dass Sprache und Nation gerade nicht gleichgesetzt wurden.

Als weiterer wichtiger Beleg für die Selbstbehauptung der einheimischen tschechischen Bevölkerung wird oft das sog. *Kuttenberger Dekret* von 1409 angeführt, mit dem König Wenzel IV. auf Drängen von Jan Hus die Mehrheitsverhältnisse an der Prager Universität änderte. An die Stelle der bisherigen Gleichberechtigung von vier *nationes*, den Böhmen, Bayern, Sachsen und Polen, trat eine Regelung, nach der die *natio Bohemica* über drei, die anderen zusammen über eine Stimme verfügten. Hier macht schon allein die Tatsache skeptisch, dass den Böhmen nicht etwa die Deutschen insgesamt, sondern zwei deutsche Stämme und die (slawischen!) Polen gegenüberstehen. Tatsächlich ist in der Forschung längst der Nachweis geführt worden, dass es hier um die Bevorzugung der eigenen Landeskinder, gleich ob tschechischer oder deutscher Nationalität, ging (im Hintergrund des Konflikts stand ohnehin die Auseinandersetzung zwischen den philosophischen Schulen der Realisten und Nominalisten!). An der Prager Universität studierten also auch nach dem Auszug der drei anderen *nationes* Deutsche und Tschechen gemeinsam (der Unterricht fand ohnehin auf Lateinisch statt), und in ähnlicher Weise umfasste die wenige Jahre später entstandene hussitische Bewegung neben der überwiegend tschechischen Mehrheit eine Reihe von deutschen Mitgliedern.

An dritter Stelle möchte ich aus einem bekannten Brief zitieren, den der mährische Landeshauptmann Karel der Ältere von Žerotín 1610 an die Bürger von Olmütz geschrieben hat. Er tadelt sie darin, weil sie ihm nicht auf Tschechisch geschrieben hatten, und führt zu diesem Thema aus: „Denn Ihr wisst gut, dass wir in diesem Land unsere besondere und eigene Sprache haben, für die Ihr Euch nicht schämen müsst; sondern wir müssten uns richtigerweise dafür schämen, wenn wir uns dies zu Schulden kommen ließen, dass wir zulassen, dass unsere selbige natürliche, so wertvolle, altertümliche und verbreitete Sprache von einer fremden verdrängt wird." Weiter fordert er sie dann auf, ihm in der „in diesem Lande üblichen und für euch Mährer natürlichen" Sprache zu schreiben. Wenn Pražák und andere diesen Brief als Beleg für das nationale Selbstbewusstsein zitieren, das der Landeshauptmann den Bürgern ins Gedächtnis ruft, so übersehen sie allerdings geflissentlich, dass Olmütz damals eine überwiegend deutschsprachige Stadt war. Karel dem Älteren von Žerotín geht es vor allem darum, die Verwendung der traditionellen, „so wertvollen, altertümlichen und verbreiteten" Landessprache einzufordern, d. h. eines Symbols der eigenen Staatlichkeit, er geht aber keineswegs so weit, die deutschen Bürger von Olmütz aus dem Kreis der Mährer auszuschließen. Er fordert einen althergebrachten Brauch ein, nicht mehr und nicht weniger.

Mit dem hier Gesagten soll natürlich nicht bestritten werden, dass die Verwendung unterschiedlicher Sprachen in den Ländern der böhmischen Krone bereits im Mittelalter Thema von Diskussionen war. Dies gilt erst recht für das 17. und 18. Jahrhundert, wo der allmähliche Rückgang des Tschechischen von einigen kritischen Beobachtern bemerkt und beklagt wurde (bekannt ist insbesondere die *Dissertatio apologetica pro lingua Slavonica, praecipue Bohemica* des Jesuiten Bohuslav Balbín, die erst 1775, 87 Jahre nach seinem Tod, gedruckt wurde). Entscheidend ist aber aus meiner Sicht, dass keine eindeutige Beziehung zwischen der Sprache und der Nation hergestellt wurde, sondern vielmehr allgemein akzeptiert war, dass die Bewohner des Landes zwei Sprachen verwendeten. Die Existenz einer eigenen böhmischen Sprache war jedoch ein wesentliches Merkmal der Böhmischen Länder, und so ist auch zu erklären, warum die Forcierung des Deutschen als alleiniger Verwaltungs- und Verkehrssprache der Monarchie und speziell in Böhmen die 1749 erfolgte Schließung der weitgehend auf Tschechisch korrespondierenden Böhmischen Hofkanzlei die Bewegung des sog. „Landespatriotismus" auslösten.

Auf diese Bewegung möchte ich abschließend noch etwas ausführlicher eingehen, weil ihre Bewertung untrennbar mit der Frage verbunden ist, ob es Alternativen zur tatsächlich erfolgten Entwicklung gegeben hat. Die Anhänger des Landespatriotismus bekannten sich gleichzeitig zur einheimischen Tradition wie auch zur deutschen Kultur und Literatur, widmeten ihre Aufmerksamkeit der alten böhmischen Geschichte und Sprache, schrieben allerdings selbst überwiegend Deutsch. Zu ihnen gehörten sowohl der Begründer des Böhmischen Landesmuseums, Kaspar Graf Sternberg, wie der Philosoph und Religionswissenschaftler Bernard Bolzano, nicht zuletzt aber auch Josef Dobrovský, der als Begründer der wissenschaftlichen Bohemistik und Slawistik gilt. Das Mäzenatentum des landespatriotischen Adels ermöglichte überhaupt erst viele Aktivitäten der Nationalbewegung. Dies erklärt beispielsweise auch, warum die *Geschichte von Böhmen* des großen Historikers František Palacký, der eine Zwischenposition zwischen den Sprachnationalisten und den Landespatrioten einnahm, zunächst auf Deutsch und erst zwölf Jahre später auf Tschechisch erschien - das Werk entstand schließlich im Auftrag der böhmischen Stände und wurde von ihnen finanziert.

An dem Widerspruch zwischen der eigenen Praxis und der gleichzeitigen Förderung der konkurrierenden Richtung ist der Landespatriotismus schließlich zugrunde gegangen, wobei auch nicht übersehen werden darf, dass er als elitäre Bewegung der Oberschicht spätestens zu der Zeit zurückweichen musste, als tschechisches Bewusstsein und bewusste Verwendung der tschechischen Sprache weitere Bevölkerungsschichten erfasst hatten. Der böhmische Adlige Joseph Mathias von Thun bekannte in der 1845 erschienenen und oft zitierten Broschüre *Der Slawismus in Böhmen* feurig, „daß ich weder ein Čeche noch ein Deutscher, sondern nur ein Böhme bin, daß ich, von inniger Vaterlandsliebe durchglüht, das

Unterdrückenwollen einer dieser beiden Nationalitäten - gleichviel welcher - als das unheilvollste Mißgeschick betrachte und daß ich für meine čechischen Brüder das Wort ergreife, weil ich es für Ritterpflicht halte, auf der Seite des Schwächern zu stehen". Diese Äußerungen mögen uns heute - nach den Erfahrungen, die wir im 20. Jahrhundert mit dem Nationalismus gemacht haben - sympathisch erscheinen, in ihrer eigenen Zeit blieben sie weitgehend unverstanden. Gegen die für jedermann so einfach verständliche Gleichsetzung von Sprache und Nation durch die tschechische Nationalbewegung hatten sie, natürlich auch vor dem Hintergrund des deutschen Nationalismus und der trotz aller Fortschritte immer noch andauernden Benachteiligung der tschechischen Bevölkerung, keine Chance.

Die deutsche Muse ließ sich in Böhmen küssen: Tschechische Sujets in der deutschen Oper

Jan Trojan

Das jahrhundertelange Zusammenleben der beiden nicht verwandten Nachbarvölker spiegelt sich auf ganz eigene Weise in einer Kunstgattung, die von außen kam. In beiden Ländern fiel sie auf fruchtbaren Boden und entwickelte sich selbstständig. Die deutsche Oper ist selbstverständlich älter als die tschechische. Ihre Anfänge fallen in eine Zeit, als sich das Land erst langsam von den Schrecken des Dreißigjährigen Krieges zu erholen begann. In der ersten Hälfte des 19. Jahrhunderts ersteht der italienischen Oper, die noch im universalistischen 18. Jahrhundert den Ton angibt, im Werk Carl Maria von Webers ein gleichwertiges Gegenüber, das mit Richard Wagner seinen Höhepunkt erreicht. Das 20. Jahrhundert ist die Blütezeit der Oper in Deutschland: sie entfaltet sich in den Werken von Richard Strauss, Carl Orff, Hans Werner Henze u. a. An die Errungenschaften der deutschen romantischen Oper knüpfen in Böhmen Bedřich Smetana und Antonín Dvořák an und schaffen - so inspiriert - einen eigenen Typ der tschechischen Nationaloper.

Zu den weniger bekannten Momenten in den komplizierten Verflechtungen der deutschen und tschechischen Opernkultur gehört die Frage nach tschechischen Stoffen in deutschen Opern. Böhmen zählt dabei nicht, wie zum Beispiel Italien und Spanien, zu den Ländern, die klassischerweise den Schauplatz für eine Opernhandlung abgeben. Stoffe, die in einem Zusammenhang mit Böhmen stehen, finden sich auch in einer geographisch so nahe gelegenen Kultur wie der deutschen nur sporadisch. Außerdem berühren eine Reihe von Sujets Böhmen und Mähren nur äußerlich. Oft rankt sich die Handlung um eine mythologische oder historische Persönlichkeit, ohne tieferen Zusammenhang zum tschechischen Leben und zur tschechischen Kultur.

Trotzdem war es eine deutsche Opernbühne, auf der sich das bekannteste mythologische Sujet der Tschechen, die Sage von der Fürstin Libussa, erstmals präsentierte: 1692 wurde am herzoglichen Theater im niedersächsischen Wolfenbüttel die Oper *La Libussa* uraufgeführt. Das italienische Libretto hatte der Oberste Kammerdiener des Herzogs, Flaminio Parisetti, verfasst; die Musik stammt von dem Bologneser Kapellmeister Clemente Monari. Mit einem Prolog versehen wurde die Oper vermutlich 1703 von der italienischen Gesellschaft des Impresario Giovanni F. Sartorio in Prag gegeben.

Am 20. Januar 1718 gab es in Wolfenbüttel eine weitere Premiere, diesmal der deutschen Oper *Der durchlauchtige Bauer und die Zigeunerin, wie auch Die erhobene Tugend oder Der eiserne Tisch*. Der in Venedig ausgebildete Komponist Johann August Kobelius, Kammermusiker in Weißenfels, hatte den Text eines unbekannten Librettisten vertont, der die tschechische Přemyslidensage auf eine höchst kuriose Ebene verlagert. Fürstin Libussa wird gestrichen, an ihrer Stelle erscheint die negative Gestalt der Böhmenkönigin Orismana, die um ein sympathisches junges Paar ihre Intrigen spinnt, nämlich um ihren Neffen Sigislaus und dessen Geliebte, die gefangene Wendenprinzessin Hedregundis. Sigislaus trägt Züge des mythischen tschechischen Fürsten Přemysl. Obwohl er von adliger Herkunft ist, begibt er sich in die Dienste eines Bauern, soll doch nach dem Orakel der böhmische Thron einem Bauern und einer Zigeunerin zufallen. Diese „Zigeunerin" ist Hedregundis, die auf Befehl von Orismana durch Gift ihrer Sinne beraubt wird und sich einer Horde Zigeuner anschließt. Nach vielen Intrigen, Fallen und tödlichen Gefahren können die Liebenden sich einander verloben und besteigen den böhmischen Thron.

Im städtischen Theater Hamburg kam dann am 27. Januar 1725 die Oper *Bretislaus oder Die siegende Beständigkeit* zur Aufführung. Der Librettist, Johann Philipp Praetorius, gehört zu den uns weniger bekannten Persönlichkeiten, Reinhard Keiser dagegen, der Komponist, stand damals als Kapellmeister der Hamburger Oper vor. Seltsamerweise arbeitet die Oper nicht mit dem historischen Motiv der Entführung Juttas/Jitkas, der Nichte des Kaisers, durch den tschechischen Fürsten Břetislav; dafür begegnet der Zuschauer der böhmischen Prinzessin Ismene, die er wiederum vergeblich in der Geschichte suchen würde. Bretislaus, ein Gefolgsmann des römischen Kaisers, hegt sehnsüchtige Liebe zu dessen anmutiger Tochter Bellinda (= Jitka), gewinnt sie jedoch erst, nachdem er den Fallen der Hofdame Cunigunda entgangen ist. Diese, in Liebe zu ihm entbrannt, droht mit Selbstmord, falls Bretislaus sie verschmähen sollte.

Anlässlich eines Besuchs von Kaiser Karl VI. fand im herzoglichen Theater in Braunschweig die Premiere der Oper *Rudolphus Habspurgicus* statt. Das war am 4. Februar 1723, kurz vor der feierlichen Krönung des Kaisers zum böhmischen König in Prag. Die dramatisch ergiebigen Schicksale von Přemysl Otakar II., des eisernen und goldenen böhmischen Königs, hatten bereits im 17. Jahrhundert im heimischen Jesuitendrama ihre Gestaltung gefunden. Die Komposition einer Oper vom glücklichen König, der unglücklich endet, und zwar nach der Vorlage des Dramas von Franz Grillparzer, erwog gegen Ende seines Lebens auch Ludwig van Beethoven. Und nicht zuletzt dachte auch der tschechische Komponist Otakar Zich an eine Bearbeitung des Themas. Im niedersächsischen Braunschweig sah die vornehme Zuschauerschaft eine Oper nach einem Text von Johann Samuel Müller. Der herzogliche Hofkapellmeister Georg Caspar Schürmann hatte dazu die Musik geschrieben. Das Libretto dieses in der Blütezeit des deutschen Barock entstandenen Werks trägt die Züge seiner Zeit und knüpft mit seiner zügellosen Imagination an den damals schon veralteten venezianischen Operntyp an. Rudolf von Habsburg, ein Vorfahre Kaiser Karls, wird als die personifizierte Tugend präsentiert, der böhmische König Otakar dagegen ist eine durch und durch negative Gestalt. Als er sich dem Kaiser, seinem Lehnsherrn, unterwerfen soll, versucht er diesen zu liquidieren. Verkleidet als polnischer Prinz gelangt er an den Hof. Dort halten sich bereits, als Zigeuner verkleidet, seine beiden Kinder Wenzel und Agnes auf, die herausfinden wollen, ob Rudolf, der Sohn des Kaisers, und dessen Cousine Judith noch immer in treuer Liebe an ihnen festhalten. Mit der Hochzeit der jungen Paare mündet alles in ein Happyend.

Im Vergleich zum Barock geizt der universalistische Klassizismus auffallend mit nationalen Sujets. 1777 wird am herzoglichen Hof in Mannheim die deutsche Oper *Günther von Schwarzburg* uraufgeführt. Sie wird in sämtlichen musikgeschichtlichen Handbüchern genannt; der böhmische Opernliebhaber jedoch ahnt wohl kaum, dass ihr Sujet sich um eine der Hauptgestalten der mittelalterlichen böhmischen Geschichte entfaltet. Der Komponist des Werkes, der gebürtige Wiener Ignaz Holzbauer, wirkte einige Zeit in Mähren. Bekannt ist er als Angehöriger der berühmten Mannheimer Schule, die mit den Namen tschechischer Musiker, allen voran mit J. V. Stamitz, verknüpft ist. Tragischer Held in Holzbauers Oper ist der zum Gegenkönig Karls IV. gewählte Graf Günther von Schwarzburg. Die Auseinandersetzung des gewandten Kondottiere mit dem ambitiösen zukünftigen Kaiser des Heiligen römischen Reiches deutscher Nation und König von Böhmen war in jenen bewegten Zeiten nicht mehr als eine Episode. Der Autor des Textes, der ehemalige Jesuit Anton Klein, machte daraus jedoch eine schrille Tragödie. Die beiden vornehmen Gegner zeigen sich auf der Bühne als Herren von edler Gesinnung, Karl stimmt eine lyrische Tenorarie an. Die intriganten Rollen vertraut der Librettist den weiblichen Figuren an. Karls Mutter Asberta sticht als italienisierende Giftmischerin besonders negativ hervor. Über die historische Wirklichkeit hat sich der Autor den Kopf natürlich nicht zerbrochen. Schließlich war die wirkliche Mutter Karls IV., Eliška Přemyslovna, nicht nur eine Frau edelster Gesinnung, sondern zur Zeit des dargestellten Geschehens auch schon etliche Jahre tot. Die Oper *Günther von Schwarzburg* fand seinerzeit großen Anklang. Noch vor der Premiere war die Partitur im Druck erschienen; dabei handelt es sich um die erste Publikation dieser Art auf deutschem Boden (1776). Anlässlich der Erstaufführung im Brünner deutschen Theater 1782 erschien ein gedrucktes Libretto von 64 Seiten. Das heute praktisch vergessene Werk wird als eine der ersten großangelegten Bemühungen um die deutsche Nationaloper angesehen.

Am 4. Mai 1808 feierte in der Brünner Redoute ein Stück des damals äußerst beliebten August von Kotzebue Premiere: *Die Hussiten vor Naumburg 1432*. Die Sage von den Kindern, die den Belagerer der Stadt, Prokop den Großen, um Schonung bitten, erwies sich als ergiebiges Thema. In Brünn wurde das Stück mit Choreinlagen aufgeführt, die von Mozarts so traurig berühmtem Rivalen Antonio Salieri stammen. Der am Wiener Hof wirkende italienische Komponist war häufiger Gast auf dem Schloss in Náměšť nad Oslavou, in dessen Sammlung sich neben anderen Kompositionen auch die Chöre zu Kotzebues historischem Drama erhalten haben.

Am ausgiebigsten bediente sich der tschechischen Sujets die deutsche romantische Oper des 19. Jahrhunderts. Erneut gilt das Interesse der tschechischen Přemyslidensage; die erste Libussa-Oper der Romantik präsentiert sich wiederum auf den Brettern der Brünner Redoute (8.12.1819). Vermutlich handelt es sich um ein Werk, das der österreichische Komponist Eduard von Lannoy - er wurde in Brüssel geboren und empfing dort auch seine musikalische Ausbildung - nach eigenem Libretto schrieb. Das bekannteste Sujet des tschechischen Nationalmythos, das in dramatisierter Form auf tschechischen wie auf deutschen Bühnen zu dieser Zeit bereits heimisch geworden war, zeigt sich hier in frühromantisch schwelgender Gestaltung. Libussa ist böhmische Königin und hat Schwierigkeiten mit den aufständischen Wladiken, von denen die zwei mächtigsten, Wladomir und Swentibald, um ihre Hand buhlen und um die Macht im Land. Auf der Jagd begegnet die Königin dem fremden Ritter Primislao, der aus Sachsen stammt und dort eine kleine Festung besitzt. Libussa vertraut ihm an, dass sie die Tochter einer Elfe ist. Sie gedenkt, Primislao zum Mann zu nehmen, seine niedere Herkunft jedoch ist dem mächtigen Adel ein Dorn im Auge. Ein Kampf entbrennt, Primislao wird gefangengenommen und von den Gegnern der Königin als Geisel festgehalten. Im Augenblick der größten Not ruft Libussa als Priesterin am Altar ihre Elfenmutter an, streut Weihrauch auf die Feuerstelle, Flammen schlagen hoch und ein Donner ertönt - eine Szene, die wir aus Spontinis Oper *Die Vestalin* kennen. Die Königin, Primislao als ihr Verlobter und das Volk erkennen dankbar den Willen Gottes an. Lannoys Komposition ist als Singspiel gehalten, also mit gesprochenen Dialogen. Parallel zur ernsten Haupthandlung läuft eine komische Nebenhandlung. Ihr Held ist Primislaos Diener Ulfo, eine Art Sancho Panza, der Zither spielt und seinen Herrn mit Possenstücken bei Laune hält.

Eine gelungene deutsche Opernfassung der Přemyslidensage ist *Libussa, Herzogin der Czechen*, die am 4. Dezember 1822 im Wiener Hoftheater am Kärntner Tor uraufgeführt wurde. Der Librettist Joseph Karl Bernard kannte offensichtlich den Text von Lannoys

Oper. Auch bei ihm trifft Libussa auf der Jagd ihren zukünftigen Gatten, der sich ihr als Wladislaw vorstellt, in Wirklichkeit aber heißt er Przemislaw und ist seiner Herkunft nach ein Landadliger. Um Libussa bewerben sich vornehme Wladiken, denen es jedoch in erster Linie um die Krone geht. Ein Spiel voller Intrigen und Fallen entspinnt sich. Und auch hier fehlen Libussa als Priesterin am Opferaltar und die Donnerstimme von oben nicht. In die Frühromantik weist das Motiv des goldenen Apfels, den der Bewerber um Libussas Hand gewaltlos erringen muss. Die Musik hat der bekannte Komponist und Kapellmeister Conradin Kreutzer geschrieben. Schon im folgenden Jahr erscheint Kreutzers Libussa-Oper auf den Bühnen in Brünn und Prag.

Zu vollgültigem Ausdruck aber kommt die Sage aus der Urzeit der Tschechen erst in Smetanas Oper *Libuše,* die am 11. Juni 1881 in einer Festaufführung anlässlich der Eröffnung des Nationaltheaters in Prag erklang. Das ursprünglich deutsche Libretto von Josef Wenzig wurde von Ervin Špindler übersetzt, die Oper selbst jedoch ist in ihrem feierlich nationalen Charakter ausschließlich Kulturgut der Tschechen.

Die bedeutendste Oper der deutschen Romantik, deren Handlung Bezug zu Böhmen hat, ist *Der Freischütz* von Carl Maria von Weber. Anlass zur Entstehung dieses grundlegenden Werks gab eine Novelle aus dem *Gespensterbuch* von August Apel und Friedrich Laun (1810). Die Handlung gründet auf einer wirklichen Begebenheit, einem Gerichtsverfahren aus dem Jahr 1701, das gegen einen geheimnisvollen Schützen aus der Gegend von Domažlice (Taus) geführt wurde. Der Librettist Friedrich Kind und nach ihm auch der Komponist beließen die Handlung zwar in Böhmen, verlegten sie jedoch in eine andere Zeit, in die Zeit angsteinflößenden Aberglaubens nach dem Dreißigjährigen Krieg. Die Spukgeschichte vom Jägergesellen Max, der seine Seele an den Teufel verkauft, damit er die Anerkennung des Jägers und die Hand seiner geliebten Agathe erlangt, nimmt in Carl Maria von Webers Oper faustische Züge an. *Der Freischütz* wurde am 18. Juni 1821 im Neuen Schauspielhaus in Berlin uraufgeführt und fand rasch seinen Weg auf die deutschen Bühnen in Prag (1821) und in Brünn (1822). In der Übersetzung von Jan Nepomuk Štěpánek (1825) gehörte er zu den Lieblingsopern der tschechischen Wiedergeburt und zu einer der ersten Opern im festen Repertoire Prags.

Heinrich Marschner, ein Zeitgenosse Webers, mit dem er auch vorübergehend zusammenarbeitete, war mit mehreren Opern erfolgreich, unter denen *Hans Heiling* (Berlin, 1833) der erste Platz gebührt. Librettist war der Opernsänger Philipp Eduard Devrient, der sich von einer Sage aus dem Böhmischen Erzgebirge inspirieren ließ. Die Geschichte von Hans Heiling, dem Sohn der Königin über die unterirdischen Geister, erinnert in ihrer Motivik an Tyls Ballade *Lesní panna* (Die Waldjungfrau). Die Romantik hatte eine Vorliebe für Stoffe, deren Helden halb Zauberwesen, halb Mensch waren. Hans Heiling, der sich in die irdische Anna verliebt, kehrt schließlich, von Welt und Braut enttäuscht, in das unterirdische Reich seiner Mutter zurück.

Die düstere Welt der Gespenstersagen, die für die Frühromantik so typisch ist, taucht noch einmal empor wie ein verspäteter Nachklang in der Oper *Das Schwarzschwanenreich*, die am 5. November 1918 in Kassel gegeben wurde. Der Komponist Siegfried Wagner schuf hier, in die Fußstapfen seines berühmten Vaters tretend, ein Werk zu einem eigenen Text. Die tragisch verlaufende Handlung spielt im 17. Jahrhundert in Böhmen. Eine junge Frau setzt ihr neugeborenes Kind aus, das der schwarze Ritter, Beherrscher der schwarzen Schwäne, die in der Volksüberlieferung als Diener des Satans gelten, mit ihr gezeugt hat. Auch die Bindung an ihren opferbereiten Geliebten rettet die Frau nicht. Beide sterben in den Flammen des Scheiterhaufens, den das Gericht ursprünglich nur ihr bestimmt hatte.

Von den düsteren Sagen, die Stoff für ernste romantische Opern boten, hebt sich ein Motiv ab, das in klare Sphären weist. Es handelt sich dabei um eins der beliebtesten Singspielsujets des 19. Jahrhunderts, das sehr oft in deutschen und vereinzelt auch in tschechischen Werken aufgegriffen wird: *Rübezahl* oder auch *Krakonoš*. Die romantische Oper *Der Berggeist* von Louis Spohr wurde 1825 in Kassel uraufgeführt, und Friedrich von Flotows *Rübezahl* hatte am 26.11.1853 in Frankfurt Premiere. Wir wollen uns hier aber nicht so sehr auf die zahlreichen weiteren Werke weniger bedeutender Autoren konzentrieren, als vielmehr auf die Fragmente großer Komponisten. Aus der nachdenklichen Oper *Rübezahl* von Carl Maria von Weber (ca. 1805) wird heute noch die Ouvertüre *Beherrscher der Geister* gespielt. Ganz verloren gegangen ist das Fragment einer *Rübezahl*-Oper, die Gustav Mahler in den Jahren 1880-1882 skizzierte. Im Nachlass des aus Prostějov gebürtigen Ignaz Brüll (1846-1907), eines hervorragenden Pianisten und Freundes von Brahms, findet sich das Fragment einer Oper mit demselben Titel.

Wohl ähnlich wie das 18. Jahrhundert gesteht auch das technisch-nüchterne 20. Jahrhundert Stoffen der Volksüberlieferung keinen Raum auf der Bühne zu. Und doch haben sich deutsche Komponisten von Stoffen inspirieren lassen, die ihre Wurzeln in böhmischem Boden haben. Es war die rudolfinische Zeit, die ihr Interesse weckte, eine Zeit, die Komponisten aus Böhmen so gut wie unbeachtet ließen. Eugen d'Albert schuf nach dem Text von Ferdinand Lion die Oper *Golem,* die 1924 in Frankfurt am Main uraufgeführt wurde. Ungewöhnlich ist hier das Motiv der Beziehung zwischen dem Golem und einem Mädchen. Es erinnert an den Schluss von Karel Čapeks Drama *RUR.* Der österreichische Komponist Cesar Bresgen, ein gebürtiger Brüsseler, der seine musikalische Ausbildung in München erhalten hatte und dort auch tätig war, schrieb die Oper *Der Engel von Prag* (Salzburg 1978). Vorlage für das Libretto war der Roman *Nachts unter der steinernen Brücke* von Leo Perutz. Auf der Bühne ersteht die Welt am Hof Rudolfs II. mit all ihren intimen Begebenheiten. Das bedeutendste Werk, das seinen Stoff teilweise aus dem rudolfinischen Prag und der Zeit nach dem Dreißigjährigen Krieg bezieht, ist Paul Hindemiths Oper *Harmonie der Welt.* Im Zentrum dieses ernsten Singspiels voll allegorischer und kosmischer Motive stehen zwei Gegenspieler, der Astronom Johannes Kepler, ein Mann des Geistes, und der Feldherr Wallenstein als Verkörperung der irdischen Sehnsucht nach Macht. Die Oper, deren Text der Komponist selbst in einem altertümlichen Deutsch verfasste, gelangte 1957 in München zur Uraufführung.

Wie man sieht, fanden in die vielgestaltige und an Sujets unübersehbar reiche deutsche Oper auch Stoffe aus der benachbarten tschechischen Kultur Eingang, die durch ihr historisches und lokales Kolorit und ihre ganz eigene Motivik Komponisten von höchstem Rang zu begeistern vermochten.

Goethe und die Tschechen

Kurt Krolop

Es dürfte in dem gerade vergangenen, an schrillsten Welt- und Zeitkontrasten alles andere als armen Jahrhundert wohl nur wenige Kontraste gegeben haben, die dissonanter gewesen wären als das schlichte chronologische Faktum, dass auf das Goethe-Jahr 1932, das gute Europäer wie Karel Čapek, E. R. Curtius, Thomas Mann, Romain Rolland, F. X. Šalda, Albert Schweitzer und Paul Valéry noch einmal zum Anlass genommen hatten, das universale Vermächtnis des großen Weltbürgers aus Weimar zu beschwören, dass auf dieses Goethe-Jahr 1932 unmittelbar das „Hitlerjahr" 1933 folgte, wie Karl Kraus (*Fackel 290*, 201) es in bewusst gesetztem satirischem Kontrast dazu genannt hat.

Mit der gleichen kontrastiven Absichtlichkeit hatte Karl Kraus schon 1932 seine eigene lebenslange Goethe-Verehrung nicht durch einen Gedenkvortrag im heimatlichen Wien oder in der deutschen Reichshauptstadt Berlin bekundet, sondern, wie er ausdrücklich betonte, durch seine „Goethe-Feier bei den Tschechen" (*Fackel 885*, 5-10, 15), veranstaltet am Donnerstag, dem 10. November 1932 von dem traditionsreichen, auch heute noch aktiven Neuphilologenkreis (*Kruh moderních filologů*). Im Saal der Prager Städtischen Bibliothek (*Městská knihovna*) brachte Karl Kraus vor etwa 400 tschechischen und deutschen Zuhörern den von ihm am häufigsten vorgelesenen und am höchsten geschätzten Goethe-Text zum Vortrag, Goethes *Pandora*-Fragment, eingeleitet durch eine tschechische „Vorrede" (*Fackel 885*, 15) des Ordinarius für deutsche Literaturgeschichte an der Karlsuniversität, Otokar Fischer, der das vorzutragende Werk ebenso würdigte wie die Persönlichkeit des Vortragenden, gerade auch in ihrer Bedeutung für den tschechischen Kulturkontext.

Wie fast immer, so ließ auch diesmal Karl Kraus seine *Pandora*-Lesung mit den letzten Worten des Prometheus ausklingen, die, wie Pavel Eisner, der erste Übersetzer der *Pandora* ins Tschechische, zu berichten wusste, „diesmal noch stärker als sonst mit der jupiterisch erhabenen Wucht eines politischen Vermächtnisses trafen" (*Fackel 885*, 10) - eines Vermächtnisses, so wäre hinzuzufügen, das Karl Kraus schon 1924 zum zehnten Jahrestag des Kriegsausbruchs von

1914 in eigener Sache zitiert und das auch heute noch nichts an Beherzigungswürdigkeit verloren hat:

> Neues freut mich nicht, und ausgestattet
> Ist genugsam dies Geschlecht zur Erde.
> Freilich frönt es nur dem heut'gen Tage,
> Gestrigen Ereignens denkt's nur selten;
> Was es litt, genoß, ihm ist's verloren.
> Selbst im Augenblicke greift es roh zu;
> Faßt, was ihm begegnet, eignet's an sich,
> Wirft es weg, nicht sinnend, nicht bedenkend,
> Wie man's bilden möge höh'rem Nutzen.
> Dieses tadl' ich; aber Lehr' und Rede,
> Selbst ein Beispiel, wenig will es frommen.
> Also schreiten sie mit Kinderleichtsinn
> Und mit rohem Tasten in den Tag hin.
> Möchten sie Vergangnes mehr beherz'gen,
> Gegenwärt'ges, formend, mehr sich eignen,
> Wär' es gut für alle; solches wünscht' ich.
>
> (*Fackel* 657, 6)

Dieser zweisprachige Vortragsabend war ausdrücklich noch als Veranstaltung des Goethe-Jahres 1932 bezeichnet worden. Zu dessen Beginn war - fristgerecht zum 22. März, Goethes 100. Todestag - im tschechoslowakischen Staatsverlag die nahezu 400 großformatige Seiten umfassende, von den tschechischen Germanisten initiierte und zum größten Teil auch verfasste Gedenkschrift *Goethův sborník* vorgelegt worden; außerdem war die von Otokar Fischer begründete und geleitete fünfzehnbändige Goethe-Werkausgabe abgeschlossen worden und gleichzeitig Johannes Urzidils auch in tschechischen Periodika wie Ferdinand Peroutkas *Přítomnost* angezeigte deutschsprachige Monographie *Goethe in Böhmen* erschienen.

Kurz vor dem Gedenktag, am 12. März 1932, fasste Otokar Fischer in seiner akademischen Festrede *Goethe a Čechy* noch einmal zusammen, was sich werk- und wirkungsgeschichtlich auf die von Arnošt Kraus, dem Nestor der tschechischen literaturwissenschaftlichen Germanistik und Begründer der tschechischen Goethe-Forschung, erstmals gestellten und von allen seinen Nachfolgern bis hin zu Hugo Siebenschein und Eduard Goldstücker immer wieder erörterten beiden Hauptfragen antworten lässt: Was hat Böhmen für Goethe und was hat Goethe für uns bedeutet?

Wie schon in einem seiner Beiträge zur Festschrift, so griff Otokar Fischer auch in seiner Festrede auf eine Formel zurück, die František Ladislav Čelakovský geprägt hatte, um einen Personenkreis zu charakterisieren, der am 16. Oktober 1838 der ersten Prager deutschen Aufführung von Szenen aus Goethes *Faust* (mit dem berühmten Karl Laroche als Gastdarsteller des Mephisto) beigewohnt hatte: „Stála nás pohromadě hezká hromádka Göthiánův a při tom Čechův." (Da stand ein schöner Haufen Goetheaner und dabei Tschechen beieinander.) In diesem Čelakovskýschen Sinne, der für fast alle Repräsentanten der Nationalen Wiedergeburt von Dobrovský und Jungmann bis Purkyně und Palacký gelten konnte, wollte auch Otokar Fischer die Goethe-Nachfolge derer verstanden wissen, die er als „čeští Goethovci" (tschechische Goetheaner) bezeichnete: „Goethiáni a při tom Čechové" (Goetheaner und dabei Tschechen), Goetheaner und dabei doch Tschechen. Mit dieser Traditionswahl war freilich die kleine Schar derjenigen Goetheaner ins Abseits gedrängt, die sich um die Mitte des 19. Jahrhunderts den von tschechischer wie von deutscher Seite verstärkt einsetzenden nationalen Differenzierungs- und Identifikationszwängen nicht nur spontan entzogen, sondern auch bewusst widersetzten. Als bedeutendster Vertreter einer in diesem Sinne supranationalen Goethe-Rezeption darf wohl Franz Thomas Bratranek gelten, dessen Lebenswerk in seiner ganzen Bedeutung uns erst Jaromír Loužil erschlossen hat.

Über die Bedeutung von Goethes Werk, Wirken und Nachwirken für die tschechische Kultur von der Nationalen Wiedergeburt bis ins erste Drittel dieses Jahrhunderts - also etwa von Dobrovský bis Březina - geben die erwähnten Publikationen vom Goethe-Jahr 1932 als bisher noch immer unübertroffene Summa tschechischer Goethe-Rezeption wo nicht lückenlosen, so doch hinreichenden Aufschluss. Dies kann hier nicht rekapituliert, sondern lediglich zur Kenntnisnahme empfohlen werden. Nachzutragen ist die Goethe-Rezeption zweier Autoren, die im kulturellen Rückbesinnungsrepertoire seit 1989 eine nicht unbedeutende Rolle gespielt haben: F. X. Šalda und Ferdinand Peroutka.

Schon ein erster Blick in die Personenregister der *Kritické spisy* (Kritische Schriften), wie auch des *Zápisník* (Notizheft) des Literaturkritikers F. X. Šalda ergibt den an sich schon erstaunlichen Befund, dass dort kein Name häufiger vertreten ist als eben der Goethes. Dass es sich dabei nicht nur um ein rein quantitatives Phänomen gehandelt hat, sondern vielmehr um die immer wieder bekräftigte Berufung auf ein frühes und intensives Bildungserlebnis, das die intellektuelle Physiognomie dieses wohl bedeutendsten tschechischen Literatur- und Kulturkritikers von Anfang an entscheidend geprägt hat, das ist zum ersten Mal von dem früh verstorbenen Prager Germanisten und bedeutenden Übersetzer Vladimír Kafka betont und akribisch nachgewiesen worden. In seiner bereits 1956 vorgelegten, seit 1995 auch gedruckt vorliegenden Diplomarbeit *F. X. Šalda a německá literatura* (F. X. Šalda und die deutsche Literatur) heißt es dazu zusammenfassend:

> „Was das Begreifen und Durchleben des ganzen Goethe, was das schöpferische Verarbeiten seines Einflusses in dessen voller Breite betrifft, so läßt sich im tschechischen Bereich kein anderer Šalda an die Seite stellen. [...] Es ist keineswegs übertrieben zu sagen, dass das, was ihn vom Großteil seiner Generation unterscheidet, sein intensives und schöpferisches Verhältnis zu Goethe ist, der auch einen Teil von jener Kraft darstellt, die es ihm ermöglichte, fast alle seine kritischen Generationsgenossen zu überleben, und ihn zum bedeutendsten tschechischen Kritiker überhaupt gemacht hat. Auch in seinem Universalismus, mit dem er den Rahmen bloßer Literaturkritik weit überschritt, ist die Verwandtschaft mit seinem großen deutschen Vorbild unverkennbar. Er ist der größte Goetheaner in der tschechischen Literatur. In seiner letzten Lebensperiode ist für ihn neben Dante Goethe die bedeutendste Dichter- und Denkerpersönlichkeit überhaupt." (87)

Wenn V. Kafka hier vom Erfassen und Begreifen des ganzen Goethe spricht, dann besagt das nicht zuletzt, dass für Šalda das gesamte Goethesche Textkorpus zum Gegenstand produktiver Aneignung geworden ist, also nicht nur die im engeren Sinne poetischen, literarischen, literatur- und kunstkritischen Texte, sondern das gesamte Lebenswerk, einschließlich der so genannten Selbstzeugnisse, Briefe, Tagebücher und Gespräche sowie gerade auch der naturwissenschaftlichen Schriften. Diesen hat Šalda leitmotivisch so wichtige Begriffe wie den der „exakten Phantasie" oder den der Entwicklung im Sinne der Goetheschen Morphologie entnommen und auf den geisteswissenschaftlichen Bereich übertragen, lange bevor sich in Deutschland selbst eine „morphologische Literaturwissenschaft" (Günther Müller) etabliert hatte. Sehr früh schon dürfte Šaldas so verstandenen Blick auf den ganzen Goethe sein zweitwichtigster deutscher Lehrmeister geschärft haben: Friedrich Nietzsche. Dessen Feststellungen wie: „Goethes gereifte künstlerische Einsicht aus der zweiten Hälfte seines Lebens" sei dem Versuch zu verdanken, sich aus dem Naturalismus zu retten, oder: Goethe sei im Unterschied zu anderen als sogenannte „Klassiker" geltenden deutschen Autoren wie Klopstock, Lessing, Wieland, Herder und Schiller „nicht nur ein guter und großer Mensch, sondern eine Kultur", die man nicht einfach übernehmen könne, sondern, nach einem Goetheschen Wort, sich selbst erst zu geben habe - solche und andere Feststellungen Nietzsches entsprachen vollkommen Šaldas wahlverwandtschaftlichen Auffassungen von der überzeitlichen Unzeitgemäßheit Goethes.

Ferdinand Peroutka, nicht selten Objekt von Polemiken F. X. Šaldas, stand diesem Bild vom ganzen Goethe, von der universalen Bedeutung Goethes gleichwohl sehr nahe - nahe auch darin, dass sein Blick durch die Goethe-Auffassung Nietzsches geschärft worden war. Der Satz aus Wilhelm Meisters Lehrbrief „Nur alle Menschen machen die Menschheit aus, nur alle Kräfte zusammengenommen die Welt" gehörte zu Peroutkas leitmotivisch wiederholten Grundmaximen. Wichtig und tradierenswürdig erschienen ihm weniger einzelne Werke, die er wie etwa den *Werther* oder *Wilhelm Meister* durchaus bereit war, als Dichtungen dem Vergessen preiszugeben, als vielmehr die vielfachen Zeugnisse und Bekundungen einer stets realitätsbezogenen, ja realitätsbesessenen Lebens-, Natur-, Welt- und Kunstauffassung. Diese fand er in Formeln wie der vom „gegenständlichen Denken" oder in Goethes Identifikation mit der Feststellung, „daß mein Anschauen selbst ein Denken, mein Denken eine Anschauung sei", mustergültig komprimiert. Wie Šalda, so hat auch Peroutka ein Filiationsverhältnis von Goethe zu Nietzsche gesehen, von dem es heißt: „Nach Goethe hat vielleicht niemandes Geist mehr eine solche Fracht an Wirklichkeitserkenntnis herbeigeschafft."

Es war nach der eingangs erwähnten Abschlussveranstaltung des tschechischen Goethe-Jahres 1932, der Krausschen *Pandora*-Lesung vom 10. November 1932, noch nicht einmal ein Vierteljahr vergangen, da wurde mit dem verhängnisvollen Datum des 30. Januar 1933 in Goethes Geburtsland eine Entwicklung eingeleitet, die mit dem Reichstagsbrand vom 28. Februar, den bereits terroristisch gesteuerten Wahlen vom 5. März und dem Judenboykott vom 1. April 1933 eine Richtung auf das nahm, was Karl Kraus, wiederum in kontrastivem Goethe-Bezug, als „Dritte Walpurgisnacht" mit einer alles spätere Grauen vorwegnehmenden Eindringlichkeit geschildert hat. Eine Woche vor einem weiteren symbolträchtigen Datum, der Bücherverbrennung vom 10. Mai 1933, fand am 4. Mai 1933 die erste öffentliche Veranstaltung des unter Šaldas Schirmherrschaft stehenden Hilfskomitees für deutsche Emigranten statt. Der Hauptredner des Abends, Otokar Fischer, stellte seinen Vortrag unter den Titel *Dvojí Německo* (Zweierlei Deutschland), also ausdrücklich in eine Tradition, die schon seit langem unterschieden hatte zwischen dem einen Deutschland, das den Geist des Bestehenden und der Macht, und einem anderen Deutschland, das die Macht des Geistes verkörpere. So unterschieden hatte Heinrich Heine schon 1852, als er in seiner Vorrede zur zweiten Auflage seiner Schrift *Zur Geschichte der Religion und Philosophie in Deutschland* schrieb:

> „Äußerte ich mich in meinem Unmut über das alte, offizielle Deutschland, das verschimmelte Philisterland, - das aber keinen Goliath, keinen einzigen großen Mann hervorgebracht hat, - so wußte man das, was ich sagte, so darzustellen, als sei hier die Rede von dem wirklichen Deutschland, dem großen, geheimnisvollen, sozusagen anonymen Deutschland des deutschen Volkes, des schlafenden Souveränen, mit dessen Zepter und Krone die Meerkatzen spielen."

Otokar Fischer kannte als Heine-Monograph und Heine-Nachdichter diese Worte sehr wohl und wusste als Übersetzer und Kommentator Friedrich Nietzsches auch genau, wie konsequent Nietzsche mit Urteilen wie dem von der Gefahr einer „Exstirpation des deutschen Geistes zugunsten des Deutschen Reiches" die nach 1871 scharfe Trennungslinie zwischen dem offiziellen und dem „anderen Deutschland" weitergezogen und vertieft hatte. Er stellte seine eigene Unterscheidung von „zweierlei Deutschland" und seine Entscheidung für das „andere Deutschland" unter ausdrücklichem Rückbezug auf die tschechischen Goethe-Ehrungen des Vorjahres 1932 wiederum unter das Patronat des Weimarer Weltbürgers und Verkünders einer Epoche der Weltliteratur:

„Wir tschechischen Goetheaner gehen schon seit Jahren von der emotionalen und rationalen Unterscheidung von zweierlei Deutschland, zweierlei Deutschtum aus; kurzum von derjenigen Tatsache, die durch die letzten Zeitereignisse eine so drastische, grausame, ja blutige Bestätigung erfahren hat. Nur eine solche Unterscheidung konnte unser Wirken rechtfertigen [...] Seit den Tagen Jungmanns und Čelakovskýs hat sich die tschechische Liebe zu deutscher Dichtung unter die Schirmherrschaft der lichtvollsten, menschlichsten deutschen Erscheinungen gestellt, unter die Schirmherrschaft Herders und Goethes. [...] Wir stehen hier, um zu bekennen, warum wir Deutschland, das heißt demjenigen Deutschland, das heute zum Schweigen verurteilt ist, eine so hohe Achtung bewahren. Um uns auf unser eigenes nationales Programm zu besinnen und ihm getreu herauszufinden zu trachten, ob es nicht damit in Einklang steht, was bestes deutsches Vermächtnis ist. Auf sein nationales Programm kann man sich auf zweierlei Weise besinnen. Entweder so, daß man diese Erinnerung auf primitive Stammesinstinkte zurücklenkt und damit das ironische Wort des größten österreichischen Dichters ‚von der Humanität durch Nationalität zur Bestialität' in die Praxis überführt - oder aber so, daß wir uns auf das besinnen, was im außerdeutschen Programm getragen ist von der heute in Acht getanen und zur Phrase erklärten Menschlichkeit, wie sie der größte deutsche Dichter verherrlicht hat, als er von seiner hellenischen Priesterin sagte: ‚Alle menschlichen Gebrechen sühnet reine Menschlichkeit.'"

Dieses Leitbild von „zweierlei Deutschland" und dem Weiterleben eines „anderen Deutschland" unter der Deckschicht und Drucklast des offiziellen Hitlerdeutschland ist bis hin zu den Auseinandersetzungen zwischen Bertolt Brecht und Thomas Mann auch Gegenstand von Debatten und Kontroversen deutscher und österreichischer Exilautoren geworden. Es war spätestens seit 1938 zunehmenden Belastungen ausgesetzt, die im tschechischen Bereich vielleicht am erschütterndsten Pavel Eisner zum Ausdruck gebracht hat, der - nicht zuletzt angeregt durch das Goethe-Repertoire der „Vorlesungen Karl Kraus" - für Otokar Fischers Goethe-Ausgabe Übertragungen sowohl der *Iphigenie* als auch der *Pandora* beisteuerte. Dies waren die ersten großen Proben seiner Kunst der

Übersetzung ins Tschechische, nachdem er vorher fast ausschließlich ins Deutsche übersetzt hatte. Als er sich im Herbst 1946 in Václav Černýs Monatsschrift *Kritický měsíčník* Gedanken machte über Inhalt und Aufgaben einer neu zu konstituierenden tschechischen Germanistik nach Besatzung, Krieg und Befreiung, da schloss er seine Überlegungen mit einer auch heute noch bestürzenden Schilderung jenes Riesenausmaßes von Ideologieverdacht und Ideologiebezichtigung, in die allein schon die zwölf Schreckensjahre des Tausendjährigen Reiches alles Deutsche - welcher geistigen und zeitlichen Provenienz auch immer - auf eine damals noch völlig unabsehbar lange, ja scheinbar ewige Dauer gebracht hatten:

> „Zu den tausendfachen Verwünschungen, die diese Nation auf sich geladen hat, wird der tschechische Germanist noch seine persönliche Verwünschung hinzufügen müssen. Die Deutschen haben bewirkt, daß es unmöglich geworden ist, Claudius, Hölderlin, Rilke, Goethes „Iphigenie", Goethes „Pandora" reinen Sinnes zu lesen, zu übertragen, zu interpretieren."

Man muss sich heute, nach wenig mehr als fünfzig Jahren, jenen Höhe- oder Tiefpunkt allgemeiner und berechtigter Allergie gegen alles Deutsche wieder vor Augen führen, um das Verdienst der tschechischen Goetheaner ganz zu ermessen. Sie haben mit und nach Pavel Eisner selbst dazu beigetragen, diese 1946 noch unabsehbar lang erscheinende Quarantäne-Frist „werktätig" zu verkürzen, ohne sich der angemahnten Reflexionspflicht hinsichtlich der Problematik tschechisch-deutscher Nachbarschaft zu entziehen.

Dankbar erinnert sei hier neben Pavel Eisner und manch anderen stellvertretend an Hugo Siebenschein, der 1946 mit seiner Schrift *Masaryk a Goethe* als erster in der Nachkriegszeit Traditionen tschechischer Goethe-Rezeption der Vorkriegsjahre wieder aufnahm; an Eduard Goldstücker, der in der zweiten Hälfte der 50er Jahre die Goethe-Editionsarbeit Otokar Fischers fortsetzte; an Jaromír Loužil, der als Übersetzer und Interpret der Goethe- und Faust-Studien Franz Thomas Bratraneks diesen wichtigen Bereich Goethescher Wirkungsgeschichte überhaupt erst wieder erschlossen hat; an den bedeutenden Beitrag, den Věra Macháčková-Riegerovás sorgfältig kommentierte Übersetzungen der *Italienischen Reise* sowie der Autobiographie *Aus meinem Leben. Dichtung und*

Wahrheit darstellen; und nicht zuletzt an die vielfachen Bemühungen um Goethes *Faust*-Dichtung, die zusammen mit den Interpretations- und Übersetzungsarbeiten von Růžena Grebeníčková und Karel Kraus in den in- und ausländischen *Faust*-Inszenierungen von Otomar Krejča ihren Höhepunkt erreicht haben.

Am Vorabend des Zweiten Weltkriegs, also Jahrzehnte, nachdem Nietzsche in Goethe „kein deutsches, sondern ein europäisches Ereignis" erkannt und gerühmt hatte, und Jahrzehnte, bevor der Begriff „europäische Gemeinschaft" als Name einer realen Staatenverbindung institutionalisiert worden ist, hat der damals in Paris lebende deutsche Exilautor Wilhelm Uhde eine Einsicht festgehalten, die ihm schon nach dem Ende des Ersten Weltkriegs gekommen war:

> „Das Wort Goethe enthält nicht das Programm eines einzelnen Volkes, sondern der Menschheit. Es ist nicht die Grundlage eines inneren deutschen Aufbaus, aber einer der großartigsten Faktoren zur Gestaltung der europäischen Gemeinschaft."

In solchem Sinne darf sich ein jeder, der es im Zeichen nicht nur ökonomischer, sondern auch geistiger Globalisierung mit Europa ernst und ehrlich meint, guten Gewissens und vielleicht auch guten Mutes als Goetheaner, als *goethovec* im oben beschriebenen Sinne zum Vermächtnis des großen Weltbürgers aus Weimar ohne allen Vorbehalt freudig bekennen.

Der tschechisch-deutsche Bilinguismus

Marek Nekula

Der tschechisch-deutsche Bilinguismus stellt ein bemerkenswertes Phänomen in der Kulturgeschichte der Böhmischen Länder dar. Eine Konstante der tschechischen und deutschen Kultur ist er allerdings nur insoweit, als er Einblick in die Veränderungen der tschechischen und der deutschen Sprachwelt sowie in ihre Beziehung zueinander erlaubt. An deren Schnittlinien entsteht, was innerhalb der Kulturen nicht selten eine privilegierte Stellung einnimmt. Doch weder der tschechisch-deutsche Bilinguismus als solcher noch sein Erscheinungsbild bilden eine unveränderliche Konstante.

Die Veränderlichkeit des tschechisch-deutschen Bilinguismus ist bereits dadurch gegeben, dass es sich nicht nur um eine territoriale oder soziale, sondern in erster Linie um eine individuelle Erscheinung handelt: um die Fähigkeit, zwei Sprachkodes zu benutzen. Die Koexistenz zweier Sprachen auf einem Gebiet - die Frage, wie dieses Gebiet sprachlich zu definieren sei, war eines der exponierten politischen Probleme im 19. und 20. Jahrhundert - heißt noch lange nicht, dass es automatisch zu Sprachkontakt und Bilinguismus kommen muss. Bilinguismus ereignet sich nämlich im Kopf des Einzelnen. Dorthin muss die zweite Sprache vordringen. So entsteht der Bilinguismus - ähnlich wie die Muttersprache - mit jeder Generation, in jedem Einzelnen von Neuem. Sein Wandel - Erwerb und Verlust - tritt dennoch ausgeprägter in Erscheinung als jene Veränderungen, die mit der Muttersprache zusammenhängen.

Geht man davon aus, dass in den 30er und 40er Jahren des 19. Jahrhunderts in Folge der Germanisierung einerseits und der wachsenden nationalen Bewegung andererseits der Prozentsatz der bilingualen Sprecher in Böhmen und Mähren relativ hoch ist, während er gegen Ende des 19. Jahrhunderts sinkt, so heißt das, dass der Bilinguismus auch ein wichtiges soziales Phänomen darstellt. Gerade das Auseinanderdriften der tschechischen und deutschen Gesellschaft, der Kultur und des Schulwesens in den Böhmischen Ländern leitet das allmähliche Verlöschen - den Rückgang - des tschechisch-deutschen Bilinguismus ein. Die gesellschaftlichen Veränderungen und die damit verbundenen neuen Wertsetzungen, etwa der wachsende Nationalismus, haben zur Folge, dass die Motivation, sich die andere Sprache anzueignen, verlorengeht, und sich eine Wende von der bilingualen zu einer im sprachlichen, sozialen und politischen Sinne monolingualen Gesellschaft vollzieht.

Noch in den 70er Jahren gaben beispielsweise in der deutschen Volksschule auf dem Fleischmarkt (Masna) in Prag 30 Prozent der neu eingeschulten Kinder Tschechisch als ihre Muttersprache an. Im Jahre 1882, als sich die Prager Universität in eine deutsche und eine tschechische teilte, sank ihr Anteil auf 20 Prozent. Um 1889, als der kleine Franz Kafka an der deutschen Volksschule auf dem Fleischmarkt eingeschult wurde, nannten kaum 10 Prozent der Erstklässler Tschechisch als ihre Muttersprache. Dies hatte Folgen für das spätere Sprachverhalten der heranwachsenden Generation. Dieses Beispiel zeigt deutlich, dass nationale Werte vor anderen

Werten rangierten. Die Tatsache, dass man nach der Teilung der Universität die gesamte Bildung, einschließlich Hochschulbildung, in tschechischer Sprache absolvieren konnte, bedeutete noch nicht, dass diese von Anfang an qualitativ gleichwertig war. Die tschechische Universität in Prag war im Vergleich zur Prager deutschen Universität zunächst wesentlich schlechter ausgestattet. Das galt für die Zahl der Fächer und Professoren, in einigen Fällen auch für das fachliche Niveau der Dozenten. Das Bestreben, eine bessere Bildung zu erwerben bzw. sich eine bessere berufliche Karriere zu sichern, wurde jedoch von der Realisierung nationaler Werte eingeengt: Ziel war es, nicht Bildung, sondern tschechische Bildung zu erwerben. Das schlug sich auch in der Wahl der Schule nieder.

Die Veränderlichkeit des tschechisch-deutschen Bilinguismus zeigt sich im Falle von Prag auch in anderem Zusammenhang. Vor 1620, also vor der Schlacht am Weißen Berg, die für die Böhmischen Länder den Wechsel von einem protestantischen in einen katholischen kulturellen Kontext mit sich brachte, waren unter den Deutschen in Prag Zuwanderer aus dem deutschen Norden bzw. aus Sachsen in der Überzahl. Unter den Gebildeten herrschte ein tschechisch-lateinischer bzw. deutsch-lateinischer Bilinguismus vor. Nach 1620 überwogen in Prag die Zuwanderer aus dem deutschen Süden, was auch die Form des gesprochenen Deutsch in Prag bestimmte (J. Povejšil). Das so genannte Prager Deutsch entwickelte sich somit nicht ohne Brüche. Auch Stellung und Norm des geschriebenen Deutsch in den Böhmischen Ländern wandelten sich: In der Aufklärungszeit setzte sich in den Kreisen der Gebildeten, die sich der geschriebenen Sprache aktiv bedienten, das Deutsche auf Kosten des Lateinischen allmählich durch. Dabei war die sächsische Norm prägend. Im Laufe des 19. Jahrhunderts orientierten sich die deutschböhmischen Schriftsteller deutlicher als früher an der in Österreich gültigen Norm. Im 20. Jahrhundert lässt sich hingegen eine unifizierende gesamtdeutsche Tendenz beobachten. All dies beeinflusste natürlich auch den tschechisch-deutschen Bilinguismus, der sich so, - ähnlich wie das so genannte Prager Deutsch - als komplexes und dynamisches Phänomen erweist.

Auch die Träger des Bilinguismus stellen zur gleichen Zeit im gleichen Raum keine homogene Gruppe dar. Wir haben es mit regional und sozial veränderlichen Gruppen zu tun: die Beherrschung der jeweils zweiten Landessprache unterscheidet sich nach Form, Intensität oder auch Funktionen. So gehören die deutschen Dialekte in Nordböhmen und Nordmähren zu den mitteldeutschen Dialekten, die deutschen Dialekte in Südböhmen, Westböhmen und Südmähren zu den oberdeutschen Dialekten. In Nordmähren kommen im Unterschied zu Nordböhmen zudem das Polnische bzw. die polnischen Dialekte hinzu. Südmähren wiederum fällt in den niederösterreichischen Einzugsbereich (Wien), während Süd- und Westböhmen - wenigstens vor 1866 - unter bayerischem Einfluss steht (Nürnberg bzw. München). Wie sehr auch das formale Erscheinungsbild des Deutschen im 19. Jahrhundert von der österreichischen Variante bestimmt sein mag, das Bild des tschechisch-deutschen Bilinguismus weist dennoch auch regionale Unterschiede auf. Dabei geht es nicht nur um regionale Entlehnungen aus deutschen Dialekten in tschechische Dialekte, sondern weitaus mehr um den - historisch veränderlichen - tschechischen und deutschen Bevölkerungsanteil in der Region (so genannte tschechische, deutsche und gemischte Gebiete) und die Intensität des Sprachkontaktes.

Für das Auf und Ab des tschechisch-deutschen Bilinguismus sind auch Unterschiede in Bildung und sozialer Stellung verantwortlich. Gerade hier stellt sich die Frage nach der eigentlichen Natur des Bilinguismus: Wo liegt die Grenze zwischen der Fähigkeit, neben der Muttersprache noch eine - nicht selten deformierte - Fremdsprache zu gebrauchen, und dem Bilinguismus im engeren Sinne des Wortes (so genannter voller Bilinguismus)? Die Schwierigkeiten dieser Abgrenzung zeigen sich zu Anfang des 19. Jahrhunderts beim so genannten Kucheldeutsch oder Kuchelböhmisch; ersteres sprachen die tschechischen Haushaltshilfen in den Prager und Wiener deutschsprachigen Haushalten, letzteres die deutschen Hausherrinnen mit dem tschechischen Personal in Prag. Dort wurde zu jener Zeit noch das so genannte Mauscheldeutsch gesprochen, ein Ethnolekt der Bewohner der Judenstadt. In der Judenstadt sprach man zudem auch noch Jiddisch (P. Trost). Das Deutsche zeichnete sich - vor allem in der Aussprache - durch spezifische, für diese ethnische Gruppe typische Züge aus. Ein funktionales Pendant zum damaligen Mauscheldeutsch ist heute in der Tschechischen Republik ein Ethnolekt des Tschechischen, der von einem Teil der Roma gesprochen wird. Auch die Vorurteile, die ihm die gesellschaftliche Mehrheit entgegenbringt, sind dieselben geblieben.

Die soziale Stellung bestimmte die Motivation für den tschechisch-deutschen bzw. den deutsch-tschechischen Bilinguismus sowie sein Erscheinungsbild wesentlich auch in späterer Zeit. In den 90er Jahren des 19. Jahrhunderts wurden die Wahlpflichtkurse für Tschechisch an Kafkas Prager deutschem Gymnasium vor allem von Söhnen aus Kaufmanns- oder Arztfamilien besucht, nur ausnahmsweise aus den Familien höherer Beamter oder Industrieller. Auch bei den Tschechen Prags ist der tschechisch-deutsche Bilinguismus zu Beginn des 20. Jahrhunderts v. a. in den intellektuellen Schichten verbreitet, schon wegen ihrer längeren Schulzeit. Obwohl das Deutsche an den tschechischen Gymnasien formell nicht zu den Pflichtfächern zählte, war es doch Abiturfach. Es versprach mehr berufliche Chancen und die Möglichkeit, auch außerhalb Böhmens zu studieren. Bevorzugt wurden Wien, Leipzig, München oder Berlin.

Der tschechisch-deutsche Bilinguismus ist ein in der Zeit, im territorialen und im sozialen Raum veränderliches Phänomen, das Sprachverhalten wandelt sich unter anderem in Abhängigkeit vom sich verändernden gesellschaftlichen Kontext. Dies lässt sich nicht nur in der Gesellschaft als ganzer oder bei Minderheiten verfolgen, sondern auch innerhalb kleiner Gruppen, insbesondere in Familien. So ist von Franz Kafkas Vater überliefert, dass er tschechischer Jude war, während Franz Kafkas Mutter als deutsche Jüdin galt. Diese unzulänglichen, weil rein äußerlichen Etiketten wollen besagen, dass die Umgangssprache Hermann Kafkas Tschechisch war, die Umgangssprache Julie Kafkas hingegen Deutsch. Franz Kafka soll in diesem Licht gleichsam als natürliches Resultat eines im Elternhaus angelegten tschechisch-deutschen Bilinguismus erscheinen. Wie die meisten Etiketten täuscht auch dieses.

Hermann Kafka wuchs in der Gemeinde Osek auf, wo der tschechische Ortsteil vom jüdischen durch die Fischteiche und das Schloss getrennt war. Die Herrschaft und zumindest ein Teil der Dienerschaft im Schloss sprachen Deutsch. An der jüdischen Synagoge, in der deutsch „gepredigt" und in deren Umkreis Deutsch gesprochen wurde, besuchte Hermann Kafka relativ kurze Zeit die deutsche Schule. Bald musste er seinen Heimatort verlassen und selbst für seinen Lebensunterhalt sorgen. Wie die erhaltenen, deutsch verfassten Privatbriefe Hermann Kafkas zeigen (Bodleian Library, Oxford), hatte er sich in jener kleinen Schule auf dem

Land die deutsche Schrift angeeignet. Die Briefe zeigen außerdem, dass sein Deutsch trotz der orthographischen Fehler und Schwankungen, der umgangssprachlichen Elemente und Regionalismen grammatisch und lexikalisch komplex ist und keineswegs nur ein bloßes Geschäftspidgin darstellt. Bezeichnenderweise haben sich tschechische Briefe Hermann Kafkas nicht erhalten. Die tschechischen Personennamen in seinen deutschen Briefen zeugen außerdem davon, dass er im Tschechischen nicht einmal über Kenntnisse der elementarsten Rechtschreibregeln verfügte. So war er beispielsweise nicht in der Lage, den *háček* bei palatalem *ň* in der Position vor -*e* und -*i* richtig zu schreiben (*Daňek* statt *Daněk*). Tschechisch beherrschte Hermann Kafka als Kaufmann natürlich und das Tschechische spielte auch zwischen den Eheleuten Kafka in gewissem Sinne eine besondere Rolle (Hermann Kafka gebrauchte, wenn er seine Frau anredete, auch tschechische Verkleinerungsformen). Dennoch lässt sich in der Familie eine sprachliche Ausrichtung auf das Deutsche beobachten. Die Eltern und die Geschwister sprachen untereinander Deutsch, mit dem Personal im Haushalt und im Geschäft, eventuell auch im größeren verwandtschaftlichen Kreis Hermann Kafkas hingegen Tschechisch. In gemischten Kommunikationssituationen freilich kommunizierte man gemischt: tschechisch und deutsch. Manchmal sangen die Kleinen voller Humor: „Wir sind die tapfren Idioten / mit den zerrissenen Kalhoten..." (von *kalhoty* ‚Hose'). Das Deutsche jedoch dominierte eindeutig. Die unmittelbaren Verwandten Hermann Kafkas besuchten die deutschen Synagogen, die Kinder wurden auf deutsche Schulen geschickt, man kaufte das *Prager Tagblatt*, in dem man auch inserierte usw.

Das Deutsch von Julie Kafka, die nicht nur die Familienkorrespondenz erledigte, sondern gewisse Zeit auch die Geschäftsbücher führte, ist den Briefen und den Aussagen von Zeitzeugen zu Folge dem Umfang des Wortschatzes, der Syntax und dem Stil nach dem Deutsch von Hermann Kafka zweifellos überlegen. Trotzdem weist ihr Deutsch - in der Privatkorrespondenz - die gleichen orthographischen Besonderheiten und Schwankungen, die gleichen umgangssprachlichen und regionalen Elemente auf, die sich in den privaten Briefen Hermann Kafkas und auch in anderen Schriftstücken dieser Zeit und dieser Provenienz finden. Die erwähnten Regionalismen lassen sich in einigen Fällen u. U. durch den Einfluss des Tschechischen erklären: die kurze Aussprache von *Kanape*; der Gebrauch von *kennen* in der Bedeutung von *können*, der sich aus der in der deutschen Sprache in Böhmen fehlenden Labialisierung ergibt; das völlige Wegfallen oder der andere Gebrauch von Artikeln; die Häufigkeit von Verkleinerungsformen; fehlendes Subjekt wie in *Diese Woche werde trachten*; Verschiebungen in der Wortsemantik in *denn wir haben jetzt alles* [Möbel im Zimmer] *überstellt* statt *umgestellt* sowie bei den Relativadverbien und -pronomina *wo* und *was* wie in *Donnerstag werden es 4 Wochen was wir hier sind* usw.

Dies sind allen Anzeichen nach keine individuellen Besonderheiten, auch nicht die einer kleinen Gruppe, in der das Deutsche und das Tschechische nebeneinander gesprochen wurden, sondern kollektive Besonderheiten einer großen sozialen Gruppe. Es kommt somit nicht zu einer direkt an Julie Kafka gebundenen Interferenz zwischen dem Tschechischen und dem Deutschen. Bei Julie Kafka ist Deutsch die dominante Sprache. Dieses ist regional gefärbt und Ergebnis eines langen Einwirkens des Tschechischen auf das Deutsche. Dies geht vor allem auf die bilingualen tschechischen Sprecher zurück, die ihre tschechischen Sprachgewohnheiten (Aussprache, Genusmerkmale der Substantive, Fehlen des Artikels, Satzmuster und Satzverknüpfungen) auf das Deutsche übertrugen. Auch das deutsche Futur entstand im Mittelalter unter dem Einfluss des Tschechischen (E. Leiss). Einige der genannten Erscheinungen - wie der häufige Gebrauch der Verkleinerungsformen - sind freilich auch für den österreichischen Raum typisch, besonders für das Wiener Deutsch. Doch auch in diesem Fall lässt sich der Einfluss der slawischen Sprachen nicht ausschließen.

Die erhaltenen tschechischen Textstellen und Bohemica in der deutschen Privatkorrespondenz von Julie Kafka (Bodleian Library, Oxford) beweisen, dass sie das gesprochene Tschechisch in seiner ganzen Komplexität beherrschte. Würden wir ihre Briefe laut lesen, gäbe es nicht viel zu verbessern. Lautlich (ausgenommen einige Quantitäten), grammatisch, lexikalisch und hinsichtlich der Wortfolge entsprechen sie dem zeitgenössischen Usus in der gesprochenen Sprache. Dennoch, die Orthographie verrät, dass die Verfasserin über so gut wie keine Kenntnisse der tschechischen Rechtschreibung verfügte. Ähnlich wie Hermann Kafka war auch Julie Kafka nicht in der Lage, das palatale *ť*-, *ď*- und *ň*- in den spezifischen Positionen vor *-e* und *-i* richtig zu schreiben (*Hañička* statt *Hanička*, *uklid'it* statt *uklidit* usw.); für gesprochenes [v] verwendete sie das Graphem *w* statt *v* (*bratrowy* statt *bratrovi*) u. ä.. Diese Unzulänglichkeiten sind jedoch eher den Zeitumständen zuzuschreiben, nicht dem Einzelnen. In Böhmen wurde nämlich erst ab den 60er Jahren des 19. Jahrhunderts ein relativ ausgewogenes Schulsystem eingerichtet, das Tschechen und Deutschen eine natürlichere intellektuelle Entwicklung und Zugang zu der jeweils anderen Sprache und Kultur ermöglichte.

Diese Möglichkeit nutzte - von den Eltern unterstützt - Franz Kafka. In der deutschen Volksschule hatte er in der 3. und 4. Klasse Tschechisch als Unterrichtsfach, auf dem deutschen Gymnasium verschrieb er sich dem Tschechischen - von einem halben Jahr abgesehen - für ganze acht Jahre. Doch nicht nur er, ein Drittel bis die Hälfte der Klasse machte es ebenso. Im Tschechischunterricht lernte er nicht nur die tschechische Orthographie, schulte er nicht nur seine Fähigkeiten, selbst tschechisch zu schreiben oder sich mit anspruchsvolleren tschechischen Fachtexten auseinanderzusetzen, sondern gewann auch Einblick in die tschechische Literatur und Kultur. Er stand in dieser Hinsicht nicht hinter den Abiturienten tschechischer Gymnasien zurück. Es ist deshalb nicht verwunderlich, dass ihn das Jahr 1918 und die Veränderungen in der Stellung des Tschechischen und des Deutschen in den staatlichen und halbstaatlichen Institutionen nicht aus der Bahn warfen und er - von den krankheitsbedingten Unterbrechungen abgesehen - seine Arbeit in der Versicherungsgesellschaft auf leitendem Posten fortführen konnte. Seine Kollegen, die mit dem Tschechischen weniger vertraut waren, mussten die Institution - auch in Hinblick auf die Tschechischprüfung, die Angestellte staatlicher und halbstaatlicher Einrichtungen erwartete - verlassen.

Kafkas Generation konnte ihre Sprachgewohnheiten nach 1918 kaum radikal ändern. Auch Franz Kafka sprach natürlich mit seinen Eltern und seinen Geschwistern weiterhin Deutsch. Doch kam es durch den sich verändernden Kontext bei der jüngeren Generation zu individuellen Korrekturen. In der Familie von Kafkas Schwester Elli Hermann wurde Deutsch gesprochen, die Kinder besuchten deutsche Schulen und erhielten von ihrer Großmutter deutsche Briefe; in den Familien von Kafkas Schwestern Valli Pollak und Ottla David hingegen waren die sprachlichen Verhältnisse ganz anders. Die Kinder wuchsen zwar in einer bilingualen Umgebung auf, besuchten aber tschechische Schulen. Die Erwachsenen neigten dazu, mit ihnen Tschechisch zu sprechen. Ähnlich war dies auch in anderen bilingualen Familien, sei es in Prag oder in den gemischten Gebieten. Konstant bleibt der tschechisch-deutsche Bilinguismus jedenfalls nicht.

Die Behauptung, der tschechisch-deutsche bzw. deutsch-tschechische Bilinguismus habe nach 1945 aufgehört zu existieren, wäre sicher falsch. In der Tschechischen Republik lebt bis heute eine deutsche Minderheit (47 789 Menschen nach der Volkszählung von 1991), die - das gilt vor allem für die älteste Generation - in hohem Maße bilingual ist. Im Unterschied zur Situation vor 1945 dominiert jedoch, insbesondere bei der mittleren und jüngeren Generation, in der Regel das Tschechische. In den deutschsprachigen Ländern hingegen lebt eine insgesamt nicht ganz zu vernachlässigende tschechische Minderheit (zur tschechischen Nationalität bekennen sich in Deutschland ca. 45 000, in Österreich ca. 20 000 und in der Schweiz ca. 9 000 Menschen), zu deren dominanter Sprache das Deutsche wurde oder wird. Hinzukommen all jene, die ihren ständigen Aufenthalt in Deutschland oder Österreich haben oder pendeln.

Der tschechisch-deutsche bzw. der deutsch-tschechische Bilinguismus hat natürlich nicht mehr jene gesellschaftliche Relevanz wie zu den Zeiten, als im tschechischen Teil der Tschechoslowakei über 6,7 Mio. Tschechen (bzw. Tschechoslowaken) und knapp 3 Mio. Deutsche lebten (nach der Volkszählung von 1921). Dennoch wird es interessant sein zu verfolgen, ob, in welcher Richtung und in welchem Umfang sich der tschechisch-deutsche Bilinguismus erneuern wird. Seit 1989 jedenfalls wächst die Offenheit der Tschechen gegenüber den Deutschen - und nicht nur ihnen gegenüber. Die Einstellung zum Deutschen ist jedoch im Vergleich mit jener zum Englischen - sofern es um die Zahl der lexikalischen Entlehnungen und das Interesse am Sprachunterricht geht - wesentlich zurückhaltender. Mit Ausnahme einiger deutsch-tschechischer Firmen kann das Deutsche heute unter den Fremdsprachen, trotz des Umfangs der deutschen Investitionen in der Tschechischen Republik und trotz der Nachbarschaft der Länder, keine dominante Position für sich geltend machen, von einem besonderen gesellschaftlichen Prestige ganz zu schweigen. Auch die Deutschen, die nach Tschechien kommen, um dort zu arbeiten, erweisen sich sprachlich als weniger anpassungsfähig als die jungen Amerikaner, Slowaken, Ukrainer, Vietnamesen oder Italiener. Das tschechische *dobrý den* (Guten Tag), *na shledanou* (auf Wiedersehen), *prosím* (bitte), *děkuji* (danke) und *porada* (Besprechung), das sich die ausländischen Fachleute während ihres zwei- bis dreijährigen Engagements bei Škoda in Mladá Boleslav und anderen Firmen anzueignen vermochten, mag ihnen vielleicht Sympathien verschaffen, doch von Bilinguismus ist dies weit entfernt. Dieser wird, wenigstens in naher Zukunft, in der Tschechischen Republik wohl nur individuell eine Rolle spielen können. Eine kulturelle Konstante ist der tschechisch-deutsche Bilinguismus nicht mehr.

Kafka und Prag

Josef Čermák

Kafka mit Prag zu assoziieren ist offenbar zu einer Gewohnheit geworden, die sich im Laufe der Zeit zunehmend über die ganze Welt verbreitet. Das ist zweifellos auch dem wachsenden Prestige der Prager deutschen Literatur zu verdanken, als deren führender Vertreter Kafka seit Jahren gilt. Zur Mythisierung dieser Verbindung zwischen dem Schriftsteller und der Stadt trägt, zumindest seit dem letzten Jahrzehnt, außerdem der nicht abflauende Kulturtourismus bei. Zu den Prager „Hits" gehört neben den traditionellen Denkmälern gerade auch ein Besuch derjenigen Stätten, die mit Kafkas Leben und Werk verbunden sind. In Prag stehen heute die Wege zu Kafka völlig offen: Aus dem verbotenen Autor wurde über Nacht ein bis zur Anbiederung propagiertes Genie.

Zu Kafkas Lebzeiten und noch Jahre nach seinem Tod, eigentlich bis zum Beginn des Kafka-Booms Ende der 40er Jahre, trat Prag in Zusammenhang mit der Literatur seiner deutsch-jüdischen Minderheit eher als begrenzender Faktor auf, der sich durch eine gewisse Provinzialität auszeichnete. Nicht nur so bedeutende Persönlichkeiten wie Karl Kraus, auch zahlreiche kleinere Geister schärften an den Werken der produktiven Literaten des deutschsprachigen Prag ihren Witz. Kafka blieb dabei lange Zeit hinter seinen damals bekannteren, gleichaltrigen und jüngeren literarischen Gefährten verborgen. Nur wenige waren fähig, seine Größe zu erkennen.

Für die tschechische Seite galt das erst recht. Dennoch war es die tschechische Germanistik, die überhaupt zum ersten Mal versuchte, Kafkas Bezug zu Prag zu definieren - eine nicht so selbstverständliche Sache, wie es scheinen könnte - und die Grundlage für das zu schaffen, was allgemein als „Prager Interpretation" von Kafkas Werk bezeichnet wird. Es war der zweisprachige Publizist und Übersetzer Pavel Eisner, der die tschechischen Verleger und die tschechische Germanistik bereits Ende der 20er Jahre immer wieder vergeblich auf die Größe Kafkas hingewiesen hatte und in den 30er Jahren eine Werkinterpretation zu erarbeiten begann, die auf den Bezügen zu Prag gründet. Nachzulesen ist sie in seinen Aufsätzen über Kafka aus den 30er und 40er Jahren sowie in der umfangreichen Studie *Německá literatura na půdě ČSR* (Deutsche Literatur auf dem Boden der Tschechoslowakischen Republik, in: *Československá vlastivěda* / Tschechoslowakische Heimatkunde). Ein Gesamtbild seiner Kafka-Interpretation entwarf Eisner in der Monographie *Franz Kafka and Prague*, die 1950 in Amerika gedruckt wurde. Nach dem kommunistischen Umsturz im Jahre 1948 war an das Erscheinen einer tschechischen Version bereits nicht mehr zu denken; bis heute existiert eine solche nicht. Ein ganzheitliches Porträt Kafkas präsentierte Eisner außerdem in der umfassenden Untersuchung *Franz Kafka*, die 1957 während des ersten „politischen Tauwetters" in den Ländern des Ostblocks in Prag erschien. Diese Studie, die in Frankreich und Argentinien sofort übersetzt wurde, fand in den 50er Jahren in der Tschechoslowakei großen Widerhall. Sie steht am Anfang des wiedererwachenden Interesses an Kafkas Werk im Lande.

Dennoch war die erste tschechische Buchpublikation, ein Sammelband mit dem Titel *Franz Kafka a Praha* (Franz Kafka und Prag), bereits 1947 erschienen, also noch vor Eisners englischer Monographie und überraschenderweise ohne seine Mitarbeit. Es ist, so weit ich weiß, der erste in Europa herausgegebene Sammelband mit Kafka-Studien. Vier Prager bzw. zu jener Zeit in Prag tätige Germanisten hatten sich daran beteiligt: Hugo Siebenschein, nach dem Krieg Professor für deutsche Literatur an der Karlsuniversität, sein damaliger Schüler, der im deutschen und später amerikanischen Exil wirkende Germanist und Komparatist Petr Demetz, Edwin Muir, ein schottischer Dichter und Kafka-Übersetzer, der damals an der Karlsuniversität lehrte, und Emil Utitz, Kafkas Mitschüler am

Gymnasium und später Professor für Ästhetik an der Universität in Halle. Dem Thema des Bandes wurden die Autoren nur in bescheidenem Maße gerecht. Am meisten Prager Material enthält der Aufsatz von Demetz, der aber dennoch breiter angelegt ist und sich mit Kafkas Beziehung zum tschechischem Volk befasst. Siebenscheins Beitrag berührt Kafkas Verknüpfung mit Prag nur flüchtig. Für Siebenschein ist Prag „die surrealistische Realität all seiner Bücher und der potenzierte Grundriß seines gesamten Werks". Der Text von Utitz bietet wertvolles Erinnerungsmaterial aus der Gymnasialzeit. Muirs beachtenswerte „Anmerkung" geht am Thema völlig vorbei. Den ganzen Sammelband durchzieht die damals aktuelle Auseinandersetzung zwischen der surrealistischen (Siebenschein) und der existenzialistischen (Muir) Kafka-Interpretation. Siebenscheins Herangehen ist ein Beispiel dafür, wie Kafka damals in Böhmen auch von Kritikern, die ansonsten sehr wenig mit dem Surrealismus zu tun hatten, surrealistisch interpretiert wurde. „Kafka ist ein surrealistischer Landschaftsmaler wie Picasso", sagt Siebenschein. Der Sammelband, der den tschechischen Leser erstmals über einen praktisch unbekannten Autor aus seiner Metropole informierte, enthielt auch eine erste ikonographische Präsentation Kafkas: in den Text waren insgesamt 32 Fotografien sowie 12 Illustrationen und Faksimiles eingestreut.

Mit dem kommunistischen Umsturz im Februar 1948 und der Einführung der Ždanovschen Sowjetkulturpolitik wurde das Interesse an Kafka in Böhmen für Jahre auf Eis gelegt. In einer Zeit, als auf der ganzen Welt ein ungeheures Interesse an Kafkas Werk entbrannte, konnte man in seinem Heimatland seinen Namen und sein Werk lange Jahre höchstens als abschreckendes Beispiel für ein dekadentes, pessimistisches und perspektivenloses literarisches Schaffen anführen, das dem kapitalistischen Imperialismus und Zionismus in die Hände spielt. In Prag wurde damals unter anderem der groß angelegte Versuch einer achtbändigen Werkausgabe abgewürgt. Diese Ausgabe war in Zusammenarbeit mit Max Brod, dem Rechtsanwalt Kamill Ressler und mit Karel Projsa, dem damaligen Ehemann von Kafkas Nichte, sowie dem besten Kafka-Kenner und bewährten Kafka-Übersetzer Pavel Eisner nach dramatischen Peripetien für den Verleger Václav Petr vorbereitet worden. Der Kampf mit den Behörden war vergeblich und die drei von Eisner übersetzten Romane - einer davon lag schon in Korrekturfahnen vor - blieben unveröffentlicht. Doch kamen natürlich mit der Zeit mehr und mehr Kafkainteressenten und Kafkaforscher aus der ganzen Welt nach Prag und begannen das völlig unbeackerte Terrain zu bearbeiten. Die Erinnerungen an Kafka, den gut ein Vierteljahrhundert Vergessenen, waren bereits verblichen, auch wenn immer noch eine Reihe seiner Zeitgenossen am Leben war, darunter auch Meister der Mystifikation und der Legende. Die im Großen und Ganzen unerforschten Prager Archive standen ausländischen Wissenschaftlern offen. So konnte der deutsche Germanist Klaus Wagenbach, damals Herausgeber von Kafkas Schriften im Fischer-Verlag und in dieser Funktion Mitarbeiter von Max Brod, Kafkas Leben in Prag und seine Kontakte zum tschechischen Milieu erstmals systematisch aufarbeiten. Seine bis zum Jahre 1912 reichende Biographie, die in einigen Abschnitten heute sicher bereits überholt ist, bestimmte lange Zeit das Bild vom jungen Kafka in Prag. Wagenbach förderte bei seinen Reisen nach Prag auch wertvolles ikonographisches Material zu Tage, das einen wesentlichen Teil seiner späteren Bildmonographie ausmacht, in der das Material aus Prag verständlicherweise überwiegt.

Der Nachdruck, den Eisner auf die Prager Zusammenhänge im Leben und Werk Kafkas gelegt hatte, blieb auf tschechischer Seite weiterhin lebendig - auch nach 1948, als Kafka zum politisch unannehmbaren Autor geworden war. Der XX. Parteitag der sowjetischen Kommunisten 1956 läutete einen liberaleren politischen Kurs ein. Die tschechischen Intellektuellen, besonders die jungen, liberaler orientierten Marxisten, bemühten sich, meist auch um den Preis einer unumgänglichen Vulgarisierung, Kafka vom Ruch der Reaktion und Dekadenz zu befreien, mit dem ihn die stalinistische Kulturpublizistik versah. Es liegt auf der Hand, dass Kafkas Beziehung zu Prag, zum Tschechentum, zur tschechischen Kultur für sie zu einem willkommenen Argument der Verteidigung wurde. Das kam natürlich auch in einigen tschechischen Referaten und in der polemischen Diskussion während der berühmt gewordenen Kafka-Konferenz in Liblice 1963 zum Ausdruck. Diese Diskussion nahm einen ziemlich unglücklichen Verlauf, denn die Gegner verstanden nicht, worauf die Problematik, um die es auf dieser Konferenz ging, eigentlich zielte. Die These vom Prager Kontext des Kafkaschen Werks, eine der Thesen aus dem Hauptreferat Eduard Goldstückers, das unter anderem auf Eisner verwies, wurde vom opponierenden

Lager als soziologisierende Vulgarisierung verstanden, als Feststellung, dass Kafka „nur von Prag her" zu verstehen und zu interpretieren sei, dass der Prager Schlüssel zum Verständnis des komplizierten künstlerischen Werkes ausreiche.

Der Herausgabe und der wissenschaftlichen Beschäftigung mit Kafkas Werk waren nach der Konferenz von Liblice nur ein paar Gnadenjahre beschieden. Die tschechische Germanistik war während dieser Zeit bei weitem nicht in der Lage, die Aufgabe zu erfüllen, die sie sich auf der Konferenz gestellt hatte: die tschechischen Bezüge in Leben und Werk Kafkas, in denen Prag als gesellschaftliches und kulturelles Phänomen eine herausragende Rolle spielt, aufzuspüren und zu bewerten.

Die tschechische Germanistik und literarische Publizistik übernahm Informationen über Kafka jahrelang aus Brods Biographie, später aus Wagenbachs Monographien, von denen die zweite aus dem Jahre 1963, die in aller Kürze den gesamten Lebenslauf Kafkas umreißt, ebenso wie Brods Monographie ins Tschechische übersetzt worden war. Einige Ungenauigkeiten und überholte Forschungsergebnisse, die sich in diesen Quellen finden, werden bis heute in tschechischen Arbeiten tradiert. Es ist nicht verwunderlich, dass in den Jahren, in denen die internationale Popularität des berühmtesten Prager Schriftstellers ihren Höhepunkt erreichte, die tschechischen Forscher - abgesehen von kleineren, ideologisch unverfänglichen Beiträgen - nichts Wesentliches zum Thema Prag bei Kafka beitrugen. Zwar lagen die Informationsquellen in Reichweite, aber sie waren für sie nur in begrenztem Maße zugänglich. Ebenso verhielt es sich mit der Sekundärliteratur und den Manuskripten Kafkas, deren geringer verbliebener Teil seit Ende der 60er Jahre auf umsichtigen Wegen, wenn auch zum Nachteil der tschechischen Literaturwissenschaft, ins Ausland verschwand. Jaromír Loužil veröffentlichte zwar Kafkas Personalien aus der Arbeiterunfallversicherung, doch das umfangreiche Korpus der von Kafka bearbeiteten Versicherungsagenden, das notabene in den 60er Jahren in Prag vernichtet wurde, wurde 1984 von Klaus Hermsdorf, einem Germanisten aus der damaligen DDR, publiziert. Der wertvollste „Prager" Beitrag, der sich an die Weltöffentlichkeit richtete, war damals das kleine Buch *Franz Kafka lebte in Prag*, das Emanuel Frynta zusammen mit dem Fotografen Jan Lukas 1960 herausgab. Es erschien auf Deutsch, Englisch und später auch auf Französisch; inhaltlich ist es freilich in manchen Passagen früheren Publikationen verpflichtet. Der Prager Blick auf Kafka, den die Konferenz in Liblice so sehr hervorgehoben hatte, bestimmte die Bildpublikation von Josef Janouch *Franz Kafka und seine Welt*, ebenfalls auf Deutsch verfasst und 1965 in Wien veröffentlicht. Ihr Text ist faktographisch stellenweise ebenso unzuverlässig wie Janouchs *Gespräche mit Kafka*; von Wert sind jedoch einige Fotografien, die bis dahin unbekannt waren. Unter dem Pseudonym Johann Bauer gab Josef Čermák 1971 in Stuttgart *Kafka und Prag* heraus, eine deutschsprachige Publikation mit Fotografien von Jaromír Svoboda und graphisch gestaltet von Jaroslav Krejčí. Noch im gleichen Jahr erschien in New York eine englischsprachige Parallelversion. Die normale Herausgabe des Buches scheiterte nach dem Einmarsch der Truppen in die Tschechoslowakei 1968 an einem offiziellen Verbot, das Buch im Ausland zu publizieren. Der Autor musste den Text unter einem Pseudonym veröffentlichen und hatte nicht die Möglichkeit, an der Endredaktion des halbfertigen Manuskripts mitzuwirken.

Einen bedeutenden Beitrag zum Thema Kafka und Prag stellten die zahlreichen „Prager" Studien von Hartmut Binder dar, vor allem sein zweibändiges Kafka-Handbuch von 1975. Insbesondere der erste, autobiographische Teil des Werks überprüft systematisch das Prager Material, bietet außerdem eine Menge neuer Daten und informiert übersichtlich und umfassend über die Sekundärliteratur. Zusammen mit dem Prager Fotografen Jan Pařík, der in den 60er Jahren auf den Spuren Kafkas durch Prag wandelte, veröffentlichte Binder 1982 seinen Bildband *Kafka. Ein Leben in Prag*. Den Bildteil versah Binder mit einem zuverlässigen, vieles präzisierenden Text. Als Standardwerk der Kafka-Ikonographie gilt seit den 80er Jahren die Bildmonographie von Klaus Wagenbach *Franz Kafka. Bilder aus seinem Leben*, die eine grundlegende Zusammenstellung des Prager Fotomaterials bietet. Sie erschien parallel auf Deutsch (1983) und Englisch (1984) und in noch wesentlich erweiterter zweiter Ausgabe (1989).

Das Echo Franz Kafkas überschritt im Laufe der Jahre die Grenzen der Literatur. Kafka wurde für Theater, Film und bildende Kunst, in geringerem Maße auch für die Musik, zum attraktiven Thema und zur Inspirationsquelle. Kein Wunder, dass auch der kommerzielle Tourismus sich seiner bemächtigte, insbesondere über seine Geburtsstadt, die Kafkas Lebenswege mit der großartigen Kulisse ihrer historischen Sehenswürdigkeiten säumt. Neben fundierten Kulturreiseführern, deren Autoren Kafka-Kenner wie Klaus Wagenbach oder Hartmut Binder sind, tauchten, vor allem nach 1989, als ausländische Touristen in das freie Land zu reisen begannen, an jeder Ecke oberflächliche und unzuverlässige kommerzielle Publikationen und Pseudoführer auf. Durch all diese weit gefächerten Aktivitäten verfestigt sich die Symbiose von Autor und Stadt immer mehr. Kafka wird zunehmend zu einer Art Symbol für Prag. Diese symbolische Identifikation ergibt sich dabei nicht so sehr aus Kafkas Werk; es gibt Autoren, auch aus der jüdisch-deutschen Ethnie, für deren Leben und Werk Prag weit mehr bedeutete. Kafkas verspäteter Weltruhm hat ganz offenbar in Prag sein Medium gefunden, zwei ebenbürtige Größen haben sich miteinander verbunden. Wenn Kafka seinerzeit den Wandel Prags von einer provinziellen Großstadt zur Metropole erlebte und sich scheu an der Schaffung einer nicht allzu bekannten und anerkannten literarischen Enklave beteiligte, wenn die Welt, die Literaturwissenschaft und die kulturelle Öffentlichkeit, sich erst etliche Jahrzehnte nach seinem Tod daran machte, den Prager Wegen in seinem Leben nachzuspüren, so wurde er in den letzten Jahrzehnten zum literarischen Herrscher über die Stadt an der Moldau. Er ist nicht nur ihr berühmtester Sohn, sondern geradezu die Verkörperung der Stadt, ihrer Geheimnisse und der Schicksale der heute schon nicht mehr existenten deutsch-jüdischen kulturellen Minderheit.

Auf Grund seines Werkes und seines Schicksals wurde Franz Kafka in Bezug auf Prag zu einem Objekt, das für eine Legenden- und Mythenbildung geradezu wie geschaffen war. Dazu trugen wohl auch die Unzugänglichkeit von Kafkas Werk, seine interpretatorische Vieldeutigkeit und sein fragmentarischer Charakter bei, und auch die Art und Weise, wie es im Laufe der Jahrzehnte anwuchs und seine authentische Gestalt - wenngleich immer noch nicht zur Gänze - offenbarte. Den größten Raum für die Legendenbildung eröffnete jedoch der Gedächtnisverlust in der Zeit zwischen seinem Tod und dem beginnenden Ruhm. Als Kafka 1924 starb, war er - auch auf Grund seiner scheuen, unauffälligen Existenz - als Mensch und Schriftsteller nur einem sehr kleinen Kreis bekannt. Als sich gegen Ende der 40er Jahre sein Ruhm über die Welt zu verbreiten begann, war er in Böhmen mehr oder weniger vergessen. Auch in den Erinnerungen derjenigen, die ihn noch kannten, war sein Bild verblichen. Kein Wunder, dass raffinierte Fabulierkünstler und begabte Mystifikatoren die Gelegenheit beim Schopfe packten. Schon Max Brod und nach ihm die ersten Forscher, die nach dem Krieg nach Prag kamen, um den Spuren Kafkas zu folgen (einer der ersten war Klaus Wagenbach), erlagen verschiedentlich den verführerischen Legenden und Mystifikationen. Diese fanden dann - wissenschaftlich zu Ende gedacht - Eingang in die Kafka-Literatur und werden teilweise bis heute tradiert. Da jeder Mythos mehr oder weniger ein Körnchen Wahrheit enthält, ist dies in Notsituationen, wo „weiße Flecken" zu Hypothesen und Mutmaßungen verleiten, durchaus verständlich. So wurde zum Beispiel die Legende vom „roten" Kafka geboren, der die anarchistischen Versammlungen des Prager *Klub mladých* (Klub der Jugend) besuchte, der an revolutionären Meetings und Kundgebungen teilnahm, ein Kumpan der Prager Wirtshaus-Bohème und Stammgast in den Prager Cafés war, der regelmäßig die Sitzungen des Prager philosophischen Zirkels besuchte und Kontakte zu Leuten unterhielt, die er in Wirklichkeit niemals getroffen hat.

Zu diesen Halbwahrheiten gehört auch die Behauptung, Prag sei für Kafka eine verhasste Stadt gewesen. Für gewöhnlich wird das mit seinem wiederholt ausgesprochenen Wunsch in Verbindung gebracht, Prag zu verlassen. In der Tat kann die oberflächliche Lektüre vereinzelter Stellen aus den Tagebüchern und der Korrespondenz den Eindruck von einem „verhassten" Prag entstehen lassen. Doch sieht die Wirklichkeit anders aus, um einiges komplizierter.

Mit Sicherheit kann man sagen, dass Kafka eine selbstverständliche Verbundenheit mit der Stadt fühlte: mit ihrem Körper und ihrem Geist. Von einigen wenigen Ausnahmen abgesehen, äußert er sich jedoch nie zu Prag als Stadt, zu seiner Geschichte oder dem dortigen aktuellen Geschehen. Ein einziges Mal spricht er in einem Brief an R. Klopstock von sich als einem „Prager". In seinem Werk würden wir - bis auf den Einzelfall des frühen Doppelfragments *Beschreibung eines Kampfes* - vergeblich nach so etwas wie „Prager" Prosa suchen, einer direkten Projektion der Prager Szenerie ins Werk. Kafka ist kein mimetischer Autor. Prag ist jedoch in seinem Werk indirekt und unauffälliger gegenwärtig. Es finden sich keine Panoramaaufnahmen, auch keine zusammenhängenden Ausschnitte aus der Prager Wirklichkeit, vielmehr merkwürdig umgeformte, verstreute und in höchst ungewöhnliche Zusammenhänge gesetzte „Realitätssplitter", wie es nach Wagenbach heute in der Kafka-Literatur heißt. Pragerisch ist auch die existenzielle Dimension der kafkaschen Figuren, das Bild ihres Lebensstils und die Dimension des Milieus, in dem sie sich bewegen. Hier scheint chiffriert auch Kafkas persönlicher Prager Mikrokosmos durch, die Umgebung, in der er sich täglich bewegte: die Familie, die Wohngegend, Blicke aus dem Fenster, Szenen auf den Straßen, durch die er ging, Erfahrungen aus dem Berufsleben und im Umgang mit den Behörden. Doch alles ist zersplittert und in neue Zusammenhänge gesetzt, die keine sofortige Identifikation ermöglichen. Natürlich lassen sich hypothetisch die ursprünglichen Zusammenhänge retrospektiv herstellen; das entspricht dem parabolischen Charakter von Kafkas Schreibweise. Die Szene im *Proceß*, die im Dom spielt, lässt mühelos die Kulisse von St. Veit mit dem Grabmal des hl. Johannes von Nepomuk erkennen. Pavel Eisner wagte hier in seiner Übersetzung der Kapitelüberschrift eine direkte Identifikation. Und im Schlusskapitel des Romans sehen wir Josef K. auf dem Weg zur Hinrichtung: er geht - so lässt es sich vermuten - über die Karlsbrücke auf die Kleinseite, bis in die ungefähre Nähe der ehemaligen Strahover Steinbrüche. Ähnlich erinnern die häufigen Blicke aus dem Fenster - Kafkas bevorzugter Beobachtungspunkt - in einigen Erzählungen, zum Beispiel im *Urteil*, an die Aussicht aus dem Haus am Ende der Niklasstraße. Ebenso mag ihn der Blick auf das Prager Stadtwappen an der Altstädter St. Nikolaus-Kirche, die seiner Wohnung im Oppelthaus gegenüber lag, zu dem Kurzprosatext *Das Stadtwappen* inspiriert haben. Doch bestimmend für die Zugehörigkeit zu Prag ist in Kafkas Prosa stets nur der Gesamteindruck, die Suggestion, die einem Netz kompliziert transformierter Details entspringt, nicht etwa die treue Reproduktion der Realität oder deren „Prager" Kommentierung.

Was die Stadt selbst betrifft, so lässt sich mit Sicherheit sagen, dass Kafka mit ihr verwachsen war und an ihr hing, wenngleich eine eindimensionale Bewunderung oder ein direktes Bekenntnis bei ihm, auch in den *Tagebüchern* und in der Korrespondenz, nicht zu erwarten ist. Doch geben beide Zeugnis von den Orten in Prag, die Kafka liebte und regelmäßig besuchte, denn zu ihnen führten seine häufigen, oft mehrstündigen Spaziergänge.

Das Zentrum des Kreises, in dem sich Kafka im Grunde sein ganzes Leben über bewegte und der kaum mehr als einen Quadratkilometer ausmachte, war der Altstädter Ring mit dem Großen und Kleinen Ring, jener Kern der historischen Altstadt, der jedem Bewohner der Böhmischen Länder und inzwischen auch jedem Besucher aus dem Ausland bestens vertraut ist. Weiter waren es die sieben Straßen, die strahlenförmig vom Altstädter Ring wegführen - die Niklasstraße, heute Pariser Straße (Pařížská), die Lange Gasse (Dlouhá), die Zeltnergasse (Celetná), die Eisengasse (Železná), die Melantrichgasse (Melantrichova), in Kafkas Kindheit noch Schwefelgasse (Sirková), die Karlsgasse (Karlova) und die Karpfengasse (Kaprova) - und das Netz der Gässchen, die diese quer miteinander verbinden. Nach dem Zeugnis von Kafkas Hebräischlehrer Friedrich Thieberger umschrieb der Autor einmal aus dem Fenster seiner Wohnung an der Ecke des Altstädter Ringes jenen Lebenskreis in einer einzigen Handbewegung. Innerhalb jener Grenzen sind bis auf eines alle die Häuser zu finden, die er zusammen mit den Eltern bewohnte, die Schulen, die er besuchte, die Wohnungen der engsten Freunde, d. h. von Brod, Baum sowie Felix Weltsch, und die meisten anderen Orte, die er regelmäßig aufsuchte: die Cafés, Kinos und anderen kulturellen Einrichtungen des deutsch-jüdischen Prag. Nur ein Stückchen weiter befand sich die Versicherungsanstalt, in der er vierzehn Jahre lang arbeitete. Auch die ehemalige Judenstadt, dessen letzte Jahre vor der Assanierung er als Junge und junger Mann noch erlebt hatte, lag innerhalb des Kreises. Seinem Vater, einem armen Zuwanderer vom Lande, war sie einst erste notdürftige Zuflucht gewesen; ihre spärlichen Überreste vor Augen, erfuhr Kafka sein problematisches Judentum. Aus diesem Altstädter Bereich rekrutierte sich auch die Kundschaft des Vaters. Und ihr hielten die Eltern schon dadurch die Treue, dass sie bei ihren häufigen Umzügen, von einer kurzfristigen Ausnahme abgesehen, die Grenzen jenes Bereiches nie verließen. Kafka liebte den Altstädter Ring mit seinem historischen Kolorit und seiner Umgebung. Er bildete ihn in der Traumperspektive der *Tagebücher* nach und nennt ihn dort die „schönste Dekoration der ganzen Erde und aller Zeiten".

Die Mehrzahl der in Kafkas *Tagebüchern* und der Korrespondenz erwähnten Orte sind innerhalb des Altstädter Bereichs angesiedelt. Dieser verlief von der Franz-Josef-Brücke über den Josefsplatz (heute Platz der Republik/náměstí Republiky), den Kafka täglich auf dem Weg ins Büro überquerte, führte weiter über den Graben (Příkopy), den beliebten Korso des deutschen Prag mit dem

Deutschen Haus (Deutsches Casino), der Bastion des national orientierten Prager Deutschtums, über das untere Ende des Wenzelsplatzes, wo es in spannungsgeladenen Augenblicken zu Auseinandersetzungen zwischen den beiden Nationalitäten kam, weiter über die Obstgasse (Ovocná, heute Straße des 28. Oktober/28. října), wo Milena Jesenská wohnte, und die Ferdinandstraße (heute Nationalstraße/Národní třída), den Korso des tschechischen Prag, bis zum Nationaltheater an der Moldau, das er ab und zu als einer der wenigen Prager Deutschen besuchte. Von hier aus zog sie sich über den Franzenskai (Františkovo nábřeží), einen weiteren beliebten Prager Korso, bis zur Karlsbrücke und vorbei am Rudolfinum und der Nikolausbrücke (später Čechbrücke/Čechův most) bis hin zum Franziskanerkloster. Dieser Grenzkreis war gleichzeitig eine der Routen, die Kafka auf seinen Spaziergängen bevorzugte. Und er war, wie andere Straßen und Bereiche der Stadt auch, Fundgrube für heute nur mehr schwer nachvollziehbare Detailbeobachtungen, die Kafka als brillanter Beobachter und Meister der Beschreibung in seine *Tagebücher* und Briefe einfließen ließ. Inmitten der Prager Altstadt befindet sich in unglaublicher Häufung die Mehrzahl jener Plätze, die Kafkas Leben nachhaltig prägen. Oft sind es nur wenige Dutzend Meter, die sie trennen. Das gilt für die Wohnungen, die er mit den Eltern nach und nach bewohnte, für die väterlichen Geschäftsräume, für die Schulen, von der Volksschule angefangen bis hin zur Universität und der deutschen Handelsakademie, wo er sich während seiner Berufstätigkeit weiter qualifizierte. Und es gilt auch für die Orte, die er öfter aufsuchte: für die Wohnungen der engen Freunde, die er meist schon aus Schul- und Studienzeiten kannte, für die Mehrzahl der Cafés, der Vortrags- und Ausstellungsräume, der Kabaretts und - in jungen Jahren - auch der Nachtlokale, für die meisten der Kinos, Bibliotheken und Buchhandlungen, in denen er gern seine freien Augenblicke verbrachte. In dem abgelegenen Altstädter Café *Savoy* sah er um die Jahreswende 1911/12 wohl an die zwei Dutzend Stücke einer armen ostjüdisch-chassidischen Schauspielertruppe aus Lemberg. Diese Aufführungen hinterließen bei ihm einen ungeheuren Eindruck, während die Prager jüdische Gesellschaft sie so gut wie nicht zur Kenntnis nahm. In der einfachen Botschaft dieser Stücke, die auf Jiddisch gegeben wurden, fühlte Kafka eine besondere Verwandtschaft mit der eigenen Vorstellung von einem authentischen Judentum. Mit Jicchak Löwy, dem Leiter der Truppe, die ein heutiger Theaterkritiker wohl eher als Schmierentheater bezeichnen würde, knüpfte Kafka Freundschaft. Im Vortragssaal des Altstädter jüdischen Rathauses organisierte er für Löwy sogar einen Rezitationsabend und führte ihn mit einem sorgfältig vorbereiteten Vortrag ein - dem einzigen, den er je in Prag hielt. Kafka las in Prag, wie Zuhörer bezeugen, gern und hervorragend aus eigenen und fremden Texten: für die Geschwister, bei Freunden, nur ausnahmsweise auch in der Öffentlichkeit. Als Vorleser schrieb er sich genauso in das Gedächtnis der Zeitgenossen ein wie als stiller und konzentrierter Zuhörer bei deutschen und tschechischen Veranstaltungen. Kafka hatte eine außergewöhnliche Beziehung zu beiden Kulturen des Landes, und das in einer Zeit des kulminierenden Nationalismus, als beide Lager in Prag sich gegenseitig programmatisch boykottierten oder bestenfalls höflich ignorierten. Das ist der Grund, warum er unter die seltenen Vermittler zwischen tschechischer und deutscher Kultur einzureihen ist.

Einige Orte in Prag liebte Kafka besonders. Das gilt vor allem für die Kronprinz-Rudolf-Anlagen (heute Letenské sady) mit dem Lustschloss der Königin Anna und insbesondere auch für den angrenzenden Chotek-Park (Chotkovy sady), eine Oase der Stille unterhalb der Prager Burg. Hier, an dem seiner Meinung nach schönsten aller Orte in Prag, überließ er sich im tiefen Schatten der alten Bäume dem Nachsinnen oder der Lektüre von Dostojewskij oder Strindberg. Die Kleinseite und der Hradschin waren regelmäßige Ziele seiner Spaziergänge, die er allein oder in Begleitung seiner Lieblingsschwester Ottla und der Freunde unternahm. Sie führten von der Altstadt über den Kettensteg (Železná lávka; an der Stelle der heutigen Mánesbrücke) - in einer längeren Variante auch über die Elisabeth- oder Franz-Josef-Brücke (die heutige Švermabrücke/ Švermův most) - durch die Kronzprinz-Rudof-Anlagen, die Kafka ein wenig ungenau Belvedere nennt, auf den Hradschin, von dort durch die Nerudagasse (Nerudova) oder über die Neue Schlossstiege (Nové zámecké schody) auf den Radetzkyplatz (den heutigen Kleinseitner Ring/Malostranské náměstí) und über die Brückengasse (Mostecká) und die Karlsbrücke zurück in die Altstadt. Kafka ging diesen Weg in beiden Richtungen - ein Weg, von einem Kenner gewählt: reich an Ansichten und Ausblicken, mit historischem Gedächtnis und kultivierter natürlicher Schönheit, mit dekorativem Panorama und dem Reiz des Details.

Auch die Prager Neustadt mit dem Stadtpark jenseits vom Graben, „Werfels" Prag, das Viereck zwischen dem Graben und dem Franz-Josephs-Bahnhof (dem heutigen Wilson-Bahnhof/Wilsonovo nádraží), zwischen Wenzelsplatz und Porschitsch (Na Poříčí), wo die Arbeiterunfallversicherung ihren Sitz hatte, schrieb sich in Kafkas Leben mit einer Reihe von Orten ein, die ihm lieb geworden waren. Dazu gehörte das Neue deutsche Theater (die heutige Staatsoper), dem er gegenüber dem Altstädter Landes- bzw. Ständetheater den Vorzug gab. Caruso erlebte er dort zwar nicht mehr, dafür aber die bewunderten Pallenberg und Bassermann. Bassermann verehrte Kafka vor allem als Schauspieler in Stummfilmen, die er begeistert besuchte. Er ging häufig ins Kino *Orient* in der Hyberner Gasse (Hybernská) und lockte auch seine Freunde dorthin. Kinos waren, ähnlich wie Varietés, im Prag der Vorkriegszeit ein sensationelles Novum und daher in Mode. Ein paar Schritte weiter befand sich das heute berühmte Café *Arco*, in dem der Freundeskreis von Franz Werfel und Willy Haas den Ton angab, beide nur wenig jünger als Kafka und Brod. Hier war Kafka bisweilen zwischen den Stößen literarischer Zeitschriften zu finden, als stiller, meist nur aufmerksam lauschender Gast in der Schar der lärmenden Werfelianer.

Als Kafka sich wiederholt aus der zärtlichen und gleichzeitig bedrückenden Fürsorge der Familie zu befreien versuchte und eine eigene Wohnung nahm, verließ er den Bereich der Altstadt nicht. Fast zwei Jahre wohnte er im Haus *Zum goldenen Hecht* in der Langen Gasse, in einer Wohnung mit herrlichem Ausblick auf die Dächer der Altstadt. In Erwartung der bevorstehenden Heirat und mit elterlicher Unterstützung wurde für ihn und Felice Bauer in einem nahegelegenen Haus in der Langen Gasse eine Wohnung hergerichtet. Erst 1917 mietete sich Kafka eine geräumige Wohnung im Schönborn-Palais auf der Kleinseite (heute Botschaft der USA). Da sie kalt und ungemütlich war, machte er von der Gastfreundschaft seiner Schwester Ottla Gebrauch und verbrachte die Spätnachmittag- und Abendstunden in dem Häuschen, das diese sich in der Alchimistengasse (Zlatá ulička) auf dem Hradschin gemietet hatte.

Kafka liebte die Eigentümlichkeit des alten Prag, die kuriosen Details aus dem Leben der Prager Gassen. In Einklang mit seiner Überzeugung, dass er für das Leben physisch nicht hinreichend ausgestattet sei, suchte er in der Stadt und ihrer Umgebung Stärkung aus natürlichen Quellen. Freie Zeit verbrachte er in den Parks: außer dem Chotek-Park waren dies der Laurenziberg (Petřín), der Baumgarten (Stromovka), der Park auf dem Karlsplatz (heute Karolina-Světlá-Platz/náměstí Karoliny Světlé) und der Rieger-Park (Riegrovy sady) in den Königlichen Weinbergen (Vinohrady). Er liebte Spaziergänge in die Randviertel Prags, wo er seine Lieblingsplätze hatte: so ging er durch den Baumgarten nach Troja, an der Moldau entlang bis zur Zementfabrik in Podol (Podolí) und sogar bis zum Lustschloss Stern (Hvězda) in Liboc. Auch Ausflüge in die Umgebung Prags unternahm er: in jüngeren Jahren mit Freunden übermütige Fahrten per Zug oder Dampfer ins Tal der Moldau oder der Beraun (Berounka). In den Jahren der Krankheit waren es nur noch kurze Aufenthalte in den „Sommerquartieren" der Eltern in Radešovitz oder Dobřichovitz. In diesen Dörfern unweit Prags verbrachten die Familien aus dem Prager Mittelstand nach tschechischer Gewohnheit ihren Sommerurlaub in Privatpensionen.

Kafkas Verbundenheit mit Prag ist durch ein reines Verzeichnis biographischer und topographischer Fakten nicht zu erfassen. Das Wort Prag hat bei ihm nämlich meist eine metaphorische Bedeutung. Es bezieht sich nicht auf die Stadt als solche, sondern bezeichnet die Art der Existenz, die er in Prag führen muss. Es steht für den lastenden Druck des Kreises, der ihn in Prag beklemmt und dem er zu entrinnen versucht, für den komplizierten Mechanismus der sich kontradiktorisch verkettenden Hindernisse, Hemmungen und „Unmöglichkeiten", die sich ihm unausweichlich und unüberwindbar in den Weg stellen. Es ist unter anderem die übertriebene Fürsorge und der zugleich lastende Druck der Familie, aus deren Kreis, beherrscht vom ebenso bewunderten wie gehassten Vater, er sich ein Leben lang zu befreien sucht, die Unmöglichkeit, dem Fluch des „Doppellebens" zu entrinnen, die unversöhnliche Gegensätzlichkeit zwischen der Arbeit im Büro und dem existenziellen Bedürfnis zu schreiben, das Bedürfnis nach „mönchischer" Einsamkeit und die Sehnsucht nach Gemeinschaft, nach Heirat, Gründung einer Familie und Zeugung eines Kindes, das Bedürfnis nach „Grabesstille" und die Allgegenwärtigkeit des Lärms, mit dem die ihn umgebende Welt ohne Unterlass auf ihn eindringt.

Seit seiner Jugend trug sich Kafka mit dem Gedanken, Prag zu verlassen. In den Jahren, als er Studienfach und Beruf wählte, war dies zunächst ein jugendliches Spiel mit Traumvorstellungen. Aus jener Zeit, als er zwischen den Fächern Chemie, Jura und Philosophie schwankte und auch an ein Studium in München dachte, stammt die vielzitierte Passage aus dem Brief an den Freund Oskar Pollak: „Prag läßt nicht los. Uns beide nicht. Dieses Mütterchen hat Krallen. Da muß man sich fügen oder - . An zwei Stellen müßten wir es anzünden, am Vyšehrad und am Hradschin, dann wäre es möglich, daß wir loskommen. Vielleicht überlegst Du es Dir bis zum Karneval." Dieses Zitat des neunzehnjährigen Kafka wird für gewöhnlich negativ ausgelegt: Prag als die verhasste Stadt, aus der es kein Entrinnen gibt. Die traditionelle Bezeichnung als „Mütterchen", aus dem tschechischen Kontext übernommen, ist in diesem Fall ironisch zu verstehen. Möglich ist aber auch eine genau umgekehrte Interpretation: Nur eine herostratische Brandschatzung ihrer zwei schönsten historischen Dominanten könnte die zauberische Macht, durch die sich Kafka an die Stadt gefesselt fühlt, brechen und ein Entkommen ermöglichen; die Brücke muss niedergebrannt werden, durch die er sich mit ihr verbunden fühlt.

Während seiner Studienzeit nahm Kafka Prag mit jugendlicher Weltoffenheit in seiner physischen und geistigen Realität wahr, mit der man die ständige Konfrontation suchen muss. Er experimentierte literarisch mit dem Gegensatz von beengendem Stadtleben und freiem Landleben, wo „der Himmel der Erde nah" ist. In der fragmentarisch erhaltenen Korrespondenz mit Oskar Pollak - geprägt vom manieristischen Stil der Zeitschrift *Kunstwart*, dem beide anhingen - sind Klagen über das Leben in Prag ein gängiges Thema.

Kafkas Verlangen, Prag den Rücken zu kehren und in ein Land seiner Träume zu gehen, wuchs gegen Ende seines Jurastudiums und im ersten Jahr der Berufstätigkeit - und wurde endgültig zunichte gemacht. Sich auf die Protektion seines Onkels in Madrid verlassend und auf die Möglichkeiten, die ihm beim Eintritt in die Prager Filiale der Versicherungsgesellschaft *Assicurazioni Generali* zugesagt worden waren, spann er bunte Träume von einer Beschäftigung in einem exotischen Winkel der Welt. Doch war es ihm nicht vergönnt, „auf den Sesseln sehr entfernter Länder [...] zu sitzen" und vom Fenster seines Büros „auf Zuckerrohrfelder oder mohammedanische Friedhöfe" zu blicken; kein Spanien erwartete ihn und noch weniger die Azoren oder Südamerika, wie er sich es erträumt hatte. Die einzige Möglichkeit, die blieb, war eine Beamtenexistenz in Prag, das dem Enttäuschten damals als „verdammte" und „schauderhafte" Stadt erschien.

Kafka verschloss sich langsam vor der Welt. Damit veränderte sich wesentlich auch seine Beziehung zu der Stadt, in der er zu einer im Grunde schon unabänderlichen Existenz gezwungen war. Die objektive Realität Prags trat in den Hintergrund und das Erleben der Stadt verschmolz immer mehr mit Kafkas existenziellen Traumata. Einerseits verstärkte sich bei ihm das Gefühl der Vereinsamung, andererseits die Unfähigkeit, sich selbstständig zu machen und von Prag zu lösen.

Versuche, den beklemmenden Kreis der Prager Existenz zu durchbrechen, gab es im Laufe der Jahre viele. Kafka machte sich die Gründe für das wiederholte Scheitern dieser Versuche klar. In dem erhaltenen Fragment eines Briefes an die Eltern vom Juli 1914 - also unmittelbar nach der Auflösung seiner ersten Verlobung - sieht Kafka den Grund seines Scheiterns darin, dass er unselbstständig und bequem aufwuchs. „1912 hätte ich wegfahren sollen", sagt er. Als weiterer Grund für seine Niederlagen erscheint ihm, dass er eine aktive Teilnahme an dem Leben um sich herum immer abgelehnt und sich freiwillig von der menschlichen Gemeinschaft abgesondert hatte. 1921 illustriert er das rückblickend, wenn er berichtet, wie er die Kartenspiele am Familientisch regelmäßig ablehnte. „Ich habe unrecht [...], wenn ich mich beklage, daß mich der Lebensstrom niemals ergriffen hat, daß ich von Prag nie loskam, niemals auf Sport oder Handwerk gestoßen wurde udgl. - ich hätte das Angebot wahrscheinlich immer abgelehnt, ebenso wie die Einladung zum Spiel." Der „Prag-Komplex", mit ausgelöst durch eine Vielzahl schwer zu fassender innerer Hemmungen, fügt sich in den Rahmen von Kafkas grundsätzlicher Lebensunsicherheit ein: „Ich kann in Prag nicht leben. Ob ich anderswo leben kann, weiß ich nicht, daß ich aber hier nicht leben kann, ist das Zweifelloseste, was ich weiß."

Das Leben in Prag wurde auch zu einem Problem in der Beziehung zu Felice Bauer. Das zeigte sich besonders, als sich nach der Auflösung der ersten Verlobung erneut die Hoffnung auf eine Eheschließung abzeichnete. Kafka sah keine Möglichkeit für ein eheliches Zusammenleben in Prag. Er war bereit, seine Beschäftigung aufzugeben, aus Prag wegzuziehen, am liebsten nach Berlin, und dort eine neue, freiere Existenz aufzubauen. Felice hingegen hielt ein gemeinsames Leben in Prag für möglich und wünschte sich, dass Kafka seinem Beamtentum treu bliebe. Felice verstand offensichtlich nicht, dass es nicht nur oder nicht vor allem um die Stadt ging.

Auch konnte sie nicht verstehen, dass sie selbst Bestandteil von „Kafkas Prag" geworden war. In ihrem endlosen Dialog illustrieren dies zwei Stellen aus Kafkas Briefen vom Frühling 1915: „Sage offen, glaubst Du, daß wir in Prag eine gemeinsame Zukunft haben können? Es liegt durchaus nicht an Prag, wenn dies nicht möglich sein sollte. Es liegt auch nicht an äußerlichen Verhältnissen." Und einen Monat später: „Auch das (hindert mich), was uns, F., hindert, in Prag zu leben, so gut die Bedingungen hier sind und so erstrebenswert sie vielleicht auch in ein paar Jahren im Rückblick scheinen werden. Ich bin hier nicht am Platze, und zwar kämpfe ich hier nicht gegen die Umgebung [...] ich kämpfe nur gegen mich selbst [...]." Ein Jahr später, als die Hoffnungen auf ein Zusammenleben in die Ferne gerückt sind, schreibt Kafka:

„Wenn Du, Felice, irgendeine Schuld an unserem gemeinsamen Unglück hast [...] so ist es die, daß Du mich in Prag befestigen wolltest, trotzdem Du verpflichtet warst einzusehen, daß gerade das Bureau und Prag mein und damit unser steigendes Verderben bedeutet. Du wolltest mich ja nicht absichtlich hier festlegen, das glaube ich gar nicht, Deine Vorstellung der Lebensmöglichkeiten ist furchtloser und beweglicher als meine (der ich zumindest bis zu den Hüften im österreichischen Beamtentum und darüber hinaus noch in persönlichen Hemmungen stecke), deshalb hattest Du auch kein zwingendes Bedürfnis, mit der Zukunft genauer zu rechnen. Trotzdem wärest Du verpflichtet gewesen, auch das in mir zu bewerten oder zu ahnen, und zwar selbst gegen mich, selbst gegen meine Worte [...] Was geschah statt dessen? Statt dessen gingen wir in Berlin Möbel für die Prager Einrichtung eines Beamten einkaufen. Schwere Möbel, die einmal aufgestellt, kaum mehr wegzubringen schienen. Gerade ihre Solidität schätztest Du am meisten. Die Kredenz bedrückte mir die Brust, ein vollkommenes Grabdenkmal oder ein Denkmal Prager Beamtenlebens. Wenn bei der Besichtigung irgendwo in der Ferne des Möbellagers ein Sterbeglöckchen geläutet hätte, es wäre nicht unpassend gewesen. Mit Dir, Felice, mit Dir natürlich, aber frei sein, meine Kräfte arbeiten lassen, die Du nicht achten konntest, wenigstens in meiner Vorstellung nicht, wenn Du sie mit diesen Möbeln überbautest."

In Kafkas Verhältnis zu Prag spielte Berlin eine besondere Rolle. Das rührte nicht primär von Kafkas fünfjähriger Bekanntschaft mit der Berlinerin Felice Bauer her. Im Gegenteil, die Vorstellung von Berlin als der ersehnten Stadt, in der er leben wollte, verstärkte sich in den Jahren nach der Trennung. Von Berlin, von dem er sagte, es „hängt [...] über Prag wie der Himmel über der Erde", versprach er sich die Verwirklichung seiner Existenz nach eigenen Vorstellungen, Selbstständigkeit, ein Auskommen, sei es auch noch so bescheiden, auf der Grundlage eigener literarischer Arbeit und ein Entkommen aus dem stereotypen Leben in Prag, das voller unlösbarer Widersprüche steckte und das zu ändern nicht in seiner Kraft stand. Berlin war für ihn „eine Medizin gegen Prag" und auch eine „Umsteigestation" auf dem Weg nach Palästina, von dem er in seinen letzten Lebensjahren wohl nur noch träumte. Die Realität der beiden in Gegensatz gebrachten Städte war für Kafkas Vorstellungen und Ansichten wenig entscheidend. Auch in den Monaten grausamen Leidens und materieller Not in Berlin war für Kafka die Rückkehr nach Prag indiskutabel; ihn schreckte die Rückkehr zu der „Prager Lebensweise". Brods Vorschlag, in das „warme, satte Böhmen" zurückzukehren, zum Beispiel nach Schelesen (Želízy) lehnte er ab. „Schelesen ist ausgeschlossen, Schelesen ist Prag, außerdem hatte ich Wärme und Sattheit 40 Jahre und das Ergebnis ist nicht für weitere Versuche verlockend."

Im Großen und Ganzen kann man sagen, dass Kafka seine Beziehung zu Prag nicht besonders häufig thematisiert. Explizit erscheint Prag in seinen Erzählungen und Romanen höchst selten, in seinen *Tagebüchern* und in der Korrespondenz häufig. Hier jedoch, von einer Ausnahme abgesehen, wo Prag in der Aufzeichnung eines Traums thematisiert wird, in Form topographischer Angaben oder anderer Details, die aus gegebenem Anlass Erwähnung finden. Implizit lässt sich - literarisch transformiert - aus Kafkas Prosa die Prager Atmosphäre herauslesen, die Lebensart der Zeit und der Menschen, doch ohne Möglichkeit konkreter Identifikation. Dabei figuriert das Wort Prag bei Kafka in doppelter Bedeutung: als Realität der Stadt, in der er geboren ist, und - häufiger - als Metapher, die für das Leben steht, das er in Prag lebte und an dem er litt. In einem Brief Kafkas an Felice vom Oktober 1916 findet sich eine Stelle, wo diese beiden Sinngehalte von Prag in drei Sätzen deutlich nebeneinander stehen: „Über die Weihnachtsreise sprechen wir dann, ich will uns vor niemandem verstecken, ich fürchte niemanden, nur meine Eltern, diese aber gewaltig. Mit Dir beim Tisch der Eltern zu sitzen [...] muß mich bis ins Innerste quälen. Aber auch diese Augenblicke werden nebensächlich sein neben dem Glück Dir, Dir allein Prag zu zeigen, besser, näher, ernster als jemals früher." Prag war für Kafka in keinem Fall eine verhasste Stadt. Im übertragenen Sinn fasste er jedoch ab einer bestimmten Zeit die Unsicherheit und Hoffnungslosigkeit seiner Prager Existenz in das Wort Prag.

Der Golem:
Kommt der erste künstliche Mensch und Roboter aus Prag?

Alexander Wöll

Der Name „Golem" findet sich bereits im *Alten Testament* (Psalm 139,16) und bezeichnet im Hebräischen eine „noch ungeformte Masse", was Martin Luther mit dem Wort „unbereitet" übersetzte. In Bezug auf diesen einen Beleg wurde in der talmudischen *Aggadah*, der Sammlung jüdischer Geschichten und Legenden, *golem* als etwas Ungeformtes und Unvollendetes definiert. In den talmudischen Kommentaren ist mit dem Wort auch ein Embryo gemeint. Der Golem steht in Konkurrenz zu Adam. *Adama* bezeichnet auf Hebräisch ‚Erde', also ein von der Erde genommenes Wesen, dem durch Gottes Hauch Leben und Sprache verliehen wurde. Im Gegensatz dazu meint *golem* seit dem 12. Jahrhundert einen stummen, minderwertigen Menschen, der „ohne Zeugungskraft und Trieb zum Weibe" - allein mit Hilfe eines sprachmagischen Rituals - künstlich aus einer noch unberührten Elementar-Erde, die vor aller organischen Schöpfung vorhanden ist, erschaffen wird. Als ungefährlicher Automatenmensch in einer arabisch-antiken Erzähltradition ist der Golem ein dienender Knecht und eine Art geistloser Homunculus, der im Gegensatz zum späteren Frankenstein nicht durch naturwissenschaftliche, sondern durch religiös-rituelle Kräfte belebt wird.

Das zusätzliche Zauberlehrlings-Motiv von der Bedrohung für seinen Schöpfer hat sich in polnischen Versionen der alten Sage entwickelt und ist erstmals in einem Brief belegt, den der christliche Autor Christoph Arnold 1674 schrieb. Die polnischen Juden erschaffen diesem Bericht zufolge einen Golem, indem sie *Shem ha-Mephorasch*, also den heiligsten Namen Gottes, über der toten Materie im Gebet sprechen. Das belebte Wesen wächst danach von Tag zu Tag, so dass es schließlich durch die bedrohliche Größe kaum mehr beherrscht werden kann. Listig befiehlt Rabbi Elija Ba'al Schem von Chełm (Cholm) dem Wesen, seine Schuhe auszuziehen. Dabei entfernt er das *aleph*, den ersten Buchstaben des hebräischen Alphabets, auf der Stirn des Golem. Das führt allerdings dazu, dass der Rabbi unter der toten zusammenstürzenden Lehmmasse begraben wird. Diese Version findet sich auch in Otto Knoops *Sagen und Erzählungen aus der Provinz Posen* (1893) und in Juda Bergmanns *Legenden der Juden* (1919).

Von der polnischen Volkssage aus geht der Stoff in die Belletristik über. 1808 wird durch den Artikel *Entstehung der Verlagspoesie* von Jakob Grimm die Legende von der Erschaffung des Golem durch richtig kombinierte Buchstaben zur Metapher für die „Wahrheit der rechten Worte" der Volkspoesie im Verhältnis zu den „leeren Worten" der Kunstpoesie und den „toten Buchstaben" der Geschichtsschreibung. Der Text wurde in Achim von Arnims *Zeitung für Einsiedler*, dem wichtigsten Organ der Heidelberger Romantik, publiziert. Jakob Grimm, Achim von Arnim (*Isabella von Aegypten*; 1812), Clemens Brentano (*Erklärung der sogenannten Golem in der Rabbinischen Kabbala*; 1814) und sogar noch später Gottfried Keller (*Ein schuldlos Unwahrer*; 1882) geht es in ihren Allegorisierungen des Golem-Mythos um die sprachmagische Verklärung des Wortes zur göttlichen Poesie. Bei Arnim wird zudem erstmals der Golem nach dem Abbild eines bestimmten Menschen geformt, was den Stoff mit der Tradition des Doppelgängermotivs und mit dem biblischen Verbot, ein Ebenbild Gottes zu schaffen, verknüpft.

Die Verbindung mit der Erschaffung aus den Buchstaben lässt sich auf drei Berichte aus dem 13. Jahrhundert zurückverfolgen. Diese Quellen beziehen sich ihrerseits auf das 4. Jahrhundert v. Chr. und auf die beiden Personen Jeremiah und seinen Sohn Ben Sira. Diesen ältesten Belegen zufolge wird der Golem durch Buchstabenkombinationen belebt. Das hebräische Wort für Wahrheit אמת wird *emeth* ausgesprochen und besteht aus den Buchstaben *aleph*, *mem* und *tav*. Auf der Stirn des selbst weder sprachbegabten noch vernünftigen oder fortpflanzungsfähigen Golem steht der göttliche Name *JHWH* (Jehovah). Durch die Buchstabenverbindung *JHWH elohim emeth* (Gott ist wahr) kann der künstliche Mensch zum Leben erweckt werden. Nach Auslöschung des *aleph* wird in diesem Satz „wahr" zu „tot" מת aus *emeth* wird also *meth*. Die beiden verbleibenden Buchstaben *mem* und *tav* verkünden nun: „Gott ist tot". Der geringste Buchstabe, der am Anfang des hebräischen Alphabets steht und somit nur den Zahlenwert 1 hat, differenziert demnach Hoffnung von Verzweiflung und hilfreiches Wissen von Zerstörung.

Die 1492 aus Spanien vertriebenen jüdischen Sefardim brachten die elitäre, mystische Geheimlehre der Kabbala, deren antik-arabische Denktradition die im slawischen Kulturraum lebenden aschkenasischen Traditionalisten zunächst scharf ablehnten, nach Osteuropa. In dieser esoterisch-spekulativen Kabbala haben die Buchstaben des Alphabets, besonders die des Gottesnamens, eine geheime magische Macht, die der Eingeweihte hervorrufen kann. Diese Vorstellung unterscheidet sich grundlegend von den Haupttendenzen der christlichen Mystik und deren grundsätzlich negativer Deutung der Sprache. Dort verhindern die Buchstaben immer den direkten Einblick in Gottes Weisheit. In der jüdischen Kabbala jedoch wird die göttliche Ordnung der Dinge und der Geschichte nicht in einem Medium wie der Schrift repräsentiert oder symbolisiert. Die Sprache selbst ist unmittelbare Offenbarung und Vollkommenheit. Der gesamte Kosmos wird als eine Textur verstanden, die nicht aus dem Nichts hervorgeht, sondern vorhandene Material- und Buchstabenkombinationen ständig neu verknüpft. Jeder Schöpfungsvorgang ist demnach nichts anderes als eine sprachliche Selbstentfaltung der jenseitigen Gottheit ('En Sof). Alles metaphysische Wissen ist nicht „hinter" der Sprache, sondern „in" der Sprache zu suchen. 221 im *Sefer Jezira* (Das Buch der Formbildung) festgelegte Alphabetkombinationen mit Schöpfungskraft werden je mit den Konsonanten des göttlichen Tetragramms *JHWH* verbunden, und auch diese Konsonantengruppen werden wiederum der Reihe nach in allen möglichen Vokalisierungen mit den fünf Hauptvokalen *a*, *e*, *i*, *o* und *u* zusammengebracht. Die kabbalistische Praxis besteht also einerseits aus einem magischen und andererseits aus einem meditationsartigen Rezitieren nach strikten Regeln, was hebräisch *Zirufe Otijot* genannt wird. Die Buchstaben sollen alle so schnell nacheinander deklamiert werden, dass durch den Atemrhythmus Berauschung und Inspiration entsteht. Im 12. und 13. Jahrhundert ist demnach die Golemschöpfung ein Ritual, das zur Ekstase führt und eine geistige Wiedergeburt in der Sprache symbolisiert - noch ohne praktischen „Zweck" und ohne das Motiv des magischen Knechtes oder Famulus.

Auch die Prager Legende vom Golem geht auf das mystische Traktat *Sefer Jezira* über die Schöpferkraft durch „Verwandlungen" der Buchstaben zurück, das wohl zwischen dem 3. und 6. Jahrhundert n. Chr. verfasst wurde und dessen Autor wahrscheinlich ein jüdischer Neupythagoräer war, der pansophische Visionen von einem harmonisch geordneten Universum hatte. Ein hebräischer Kommentar des Eleasar von Worms greift diese Golemlegende im 12. Jahrhundert auf. Die Zahlenmystik der Schöpfungsharmonie samt ihrem Äquivalent im hebräischen Alphabet begründete die „Kabbala", die wörtlich übersetzt „Tradition" bzw. „Empfangen" heißt. Während die 11 Vokale als männlich und formgebend gelten, sind die Konsonanten als weiblicher Stoff, wörtlich *golem* (גולם) bestimmt. Nach dem Muster der theosophischen Kabbala ist alles Seiende als eine Symbolik der 10 göttlichen Namen und Präsenzformen zu verstehen, die als *Sefirot* (Sphären, Intelligenzen) bezeichnet werden und aus dem vollkommenen, göttlichen Einen als ein triadig gestaltetes System von 10 körperlosen geistigen Kräften hervorgehen. Eine Lektüre dieser kabbalistischen Textur, die hinter dem Sichtbaren das jenseitige Geschehen in den zehn Dimensionen dieser *Sefirot* erkennt, muss diese symbolischen Formen und Urzahlen als verborgene Sinnschicht entziffern. Dem Paradigma der ekstatischen Kabbala zufolge ist die Sprache bzw. ihre Kombinatorik der 22 hebräischen Konsonanten das metaphysische Muster aller Dinge. Das entspricht dem semantischen Gehalt des griechischen Wortes *stoicheia*, das sowohl Buchstaben als auch Elemente bezeichnet. Jeder Buchstabe „herrscht" über ein Glied des Menschen oder einen Bezirk der äußeren Welt (dem Buchstaben *aleph* ist beispielsweise der Rumpf zugeordnet, dem *mem* der Bauch, dem *tav* der Mund). Die ekstatische Erschaffung eines Golem gilt dem Adepten der Kabbala als Beweis für seine Meisterschaft im Geheimwissen um die Schöpfung. Das jahrelange Studium des *Jezira*-Buches wurde wohl tatsächlich durch ein mystisches Initiationsritual abgeschlossen. Für diejenigen Juden, die mit Hilfe von Gottesnamen Wunder bewirken, entstand ab dem 11. Jahrhundert die Bezeichnung „Ba'al Schem (Tov)", kurz „Bescht", was übersetzt „Meister des (guten) Namens" heißt. Es gab also mehrere Ba'ale Schem, denen die Herstellung eines Golems zugeschrieben wird.

Wie kam es nun dazu, dass heute in erster Linie die Stadt Prag mit dem magischen Mythos um den Golem in Verbindung gebracht wird? Die polnische Legende um den Rabbi Elija Ba'al Schem von Chełm, der 1583 verstarb, wurde erst in der zweiten Hälfte des 18. Jahrhunderts auf den Rabbi Jehuda Löw ben Bezalel von Prag (1512-1609) übertragen. Angeblich 1580 habe er ein belebtes Wesen geschaffen, das die jüdische Gemeinde gegen Pogrome schützen sollte. Die phantastische Legende über diesen *MaHaRaL*, auf Hebräisch *Moreinu ha-Rav Rabbi Liva* (Unser Lehrer, der Rabbi Löw), wurde also erst mehr als 200 Jahre nach seinem Tod um den Prager Golem bereichert, obwohl Löw selbst demonstrativ allen Wunderglauben ablehnte und verurteilte. Der Rabbi hat also wohl niemals zu seinen Lebzeiten einen Golem aus Lehm erschaffen.

Löw wurde vermutlich 1512 in Worms geboren und siedelte wegen Judenverfolgungen mit seinen Eltern und den drei älteren Brüdern nach Polen über. 1553 wurde er Oberrabbiner, Pädagoge, Administrator und Rechtsexperte im mährischen Mikulov (Nikolsburg), bevor er 1573 nach Prag ging. Dort lehrte Löw, ein rationalistischer Ethiker und Widersacher praxisferner Gelehrsamkeit, von 1573 bis 1582 an der sog. „Klaus", einer von Mordechai Maisel gebauten und privat finanzierten Talmudschule. Seit dem 13. Jahrhundert war diese Schule der Prager Tosafisten, die an der Außen- und Innenseite des Talmudtextes ihre Kommentare beidruckten, den Instituten in Worms, Regensburg und Paris ebenbürtig. Die jüdische Gemeinde Prags wurde immer vom Adel und dem König in deren Konflikten funktionalisiert und von der Auslöschung bedroht. In dieser Situation mussten die Juden zahlreiche pragmatische Kompromisse mit den Christen eingehen. So wurde Löw 1583 nicht zum Oberrabiner Prags gewählt, weil er durch seine radikalkonservativen Meinungsäußerungen und fundamentalistischen Ansichten das jüdische Establishment verärgert hatte. Er ging 1584 in das polnische Poznań (Posen) und lebte dort bis 1597. Erst danach übernahm er als Achtzigjähriger das Prager Amt, das er fast bis zu seinem Tod am 22. August 1609 ein knappes Jahrzehnt lang innehatte.

Laut der Chronik von David Gans wurde Löw 1592 zu einer Konferenz mit Rudolf II. geladen, um Rechtsfragen zu klären. Er kam wohl kaum als Finanzberater, politischer Vermittler, Arzt oder gar nur zur Unterhaltung, wie es die Schilderungen in Pascheles' *Sippurim* (Geschichten) oder in Jiráseks *Alten Böhmischen Sagen* suggerieren. Der kinderlose Kaiser, der sich mit Gelehrten wie Georg Hufnagel, Jan Breughel, Tycho Brahe und Johannes Kepler umgab, war wahrscheinlich am kabbalistischen Wissen des Rabbi interessiert. Dieser wandte sich nämlich gegen neue wissenschaftliche Renaissanceideen und verteidigte die kabbalistische Reinheit des *Sohar* - eines Buches der jüdischen Mystik, das der Bibel und dem Talmud gleichgestellt war. Die Berichte von magischen Beschwörungen vor dem Kaiser sind insofern sicher phantasievolle Bestandteile der späteren Legendenbildung um Mystik und Magie im Rudolfinischen Zeitalter. Auf christlicher Seite entsprechen der Golemlegende ähnliche Mythen um Simon Magus, Albertus Magnus, den Hl. Thomas von Aquin und Paracelsus.

Als man 1725 den Grabstein von Löw und seiner Frau Perl, die übrigens 104 Jahre alt wurde, instandsetzte, lebte das Interesse an diesem ungewöhnlichen Lebenslauf mehr als 100 Jahre nach seinem Tod wieder auf. Da Prag im 18. Jahrhundert zum Zentrum der Kabbala geworden war, wurde nun das ganze Leben des Rabbi mythisiert. Die erste gedruckte und somit belegbare Verbindung von Löw mit dem Golem wird 1837 in Berthold Auerbachs Roman *Spinoza* hergestellt, obgleich es möglicherweise schon lange vorher eine jiddische mündliche Tradition gab. 1841 gibt der Journalist Franz Klutschak diese Version ebenfalls auf Deutsch in der Zeitschrift *Panorama des Universums* wieder. Nach der Chełmer Sagenfassung, aus der diese zweite, nun Prager Überlieferungstradition erwuchs, legt Rabbi Löw dem belebten Wesen aus Lehm täglich ein beruhigendes Amulett in den Mund. Als er dies einmal vergisst, wird der Golem wild und beginnt, die Synagoge zu zerstören. Löw muss den Psalm abbrechen, um den rituellen Beginn des Sabbat hinauszuzögern, und legt dann das Amulett in den Mund des Wesens. Neue Motive sind also das Außer-Kontrolle-Geraten des Golem und die Wiederholbarkeit von Belebung und Entleibung. Dem Volksglauben zufolge wird übrigens deshalb in der Altneusynagoge der Psalm ein zweites Mal wiederholt. Im Gegensatz zu dieser Ruhigstellung legt Löw in späteren Versionen den *Shem ha-Mephorasch*, also Gottes Namen, gerade zur Belebung in den Mund des Golem und entfernt ihn jeden Sabbat wieder.

Die jüdische Bevölkerung war auf ihrer Wanderschaft durch die meist feindliche Umgebung für alle Varianten dieser nun weit verbreiteten, okkulten Wunderlegende sehr empfänglich. Der zweite gedruckte Beleg findet sich somit schon kurz darauf in den *Sippurim* (Geschichten), einer Sammlung von Erzählungen um das Ghetto, die der Prager Verleger Wolf Pascheles 1846 ebenfalls auf Deutsch und nicht auf Hebräisch herausgab. Die Verfasser, die am Beginn der modernen Tradition Deutsch schreibender jüdischer Autoren stehen, begeisterten sich allerdings bereits für die von Moses Mendelssohn in Berlin begründete jüdische Aufklärung, die *Haskala*, und erwähnen die Golemlegende deshalb nur noch kurz.

1909 veröffentlichte Judah (Jüdel) Rosenberg anonym in Warschau das 25 Kapitel umfassende Buch *Niflaot Maharal im ha-Golem* (Der Golem oder Das wundersame Wirken des Rabbi Löw). Rosenberg behauptete, in der Bibliothek von Mainz ein altes Manuskript aus dem Jahre 1583 von Löws Schwiegersohn, Rabbi Isaak Kohen, gefunden zu haben, in dem die „wahre Geschichte" um den Rabbi Löw verzeichnet sei. Im Rahmen dieser Mythologisierung tritt auch der Jesuitenpriester und antisemitische Magier Thaddäus als Löws Erzfeind und Konkurrent auf, der auf kriminelle Art mehrere Ritualmorde an Christen zu inszenieren versucht. In diesem vermeintlichen hebräischen *Volksbuch* wird der Golem erstmals positiv als Retter des jüdischen Volks dargestellt, wobei die unheimliche Zerstörungskraft aus der Chełmer Traditionslinie unerwähnt bleibt. Diese Volkssage, die eine literarische Fälschung ist, wurde durch Chajim Blochs Übersetzung aus dem Hebräischen *Der Prager Golem. Von seiner „Geburt" bis zu seinem „Tod"* (1919) breit rezipiert. Oscar Wiener tradierte diesen Mythos in seinen *Böhmischen Sagen* (1919).

Durch seine Fiktionalisierung der historischen Überlieferung hat Judah Rosenberg für das 20. Jahrhundert einen neuen Volkshelden geschaffen. Die Belebung eines toten Körpers hatte ja Leser von Science fiction und Monster-Literatur schon immer fasziniert. Chajim Bloch überträgt 1920 in seinem Buch *Israel der Gotteskämpfer. Der Baalschem von Chelm und sein Golem. Ein ostjüdisches Legendenbuch* den Mythos von Prag nach Polen zurück und bekräftigt erneut den Anspruch der Legende auf historische Wahrheit. Er baut den Mythos sogar noch dadurch aus, dass er den Golem als eine sprechfähige und mittels Amulett unsichtbare Gabe Gottes für die verfolgte jüdische Gemeinde interpretiert. Nach wie vor ist aber auch hier der Golem ein gefühlloser, machtvoller Roboter, der keinen freien Willen und keine Sexualität erkennen lässt.

Während Rosenberg und Bloch Sexualität und Gefühle zu thematisieren vermeiden, wird der Golem bei Gustav Meyrink, Halper Leivick und Abraham Rothberg vermenschlicht und als „Doppelgänger" pyschologisiert. Leivicks *Dramatisches Poem in 8 Szenen* wurde 1921 publiziert und erstmals 1925 in Moskau hebräisch aufgeführt. Die Golemschöpfung wird, wie im gefälschten Volksbuch, durch die judenfeindlichen Anschläge des christlichen Jesuitenpriesters Thaddäus motiviert. Weil der Golem die Jüdin Devorale begehrt und dadurch seinem alter ego Löw klarmacht, dass sein Geschöpf nicht mehr seinen Befehlen folgt, nimmt der Rabbi - mit einem Gebet und ohne alle kabbalistischen Mysterien - seiner Schöpfung wieder das Leben. Er sieht im vermeintlichen Retter somit am Ende einen „falschen Messias".

Nach Meyrinks Interpretation *Der Golem* von 1915 tritt das Wesen alle 33 Jahre - jeweils die Lebensspanne Jesu - als eine Art Ahasver am Fenster eines unzugänglichen Zimmers im Prager Ghetto auf. Meyrink selbst, der kein Jude war, lebte seit 1884 in Prag und leitete dort eine Bank. Seine Existenz als Bankdirektor war 1902 allerdings völlig ruiniert. Nur knapp ein Fünftel seines in dieser turbulenten Lebenssituation entstandenen Buches handelt von der Figur des Golem. Rabbi Löw wird überhaupt nicht erwähnt. Meyrink entlarvt sich übrigens als in der christlichen Welt sozialisierter Autor, wenn er den Bericht von einem Golem aus vergangenen Tagen einbaut, der beim Läuten der Kirchenglocken helfen musste. Glocken gibt es bekanntlich in keiner Synagoge. Die Reise der Hauptperson Athanasius Pernath ins eigene Ich endet mit der Inthronisation eines Hermaphroditen, der eine neue Einheit symbolisiert. Im Anklang an den altägyptischen Osiris will Pernath über den Golem-Doppelgänger, den er erstmals im Spiegel des Café Chaos wahrnimmt und dem er den kabbalistischen Namen Habal Garmin gibt, seine verlorene Vergangenheit zurückholen, seine antagonistischen Ichs versöhnen und einen höheren Bewusstseinsstatus erreichen. Schon der Name Pernath deutet auf Pereles, den ersten Chronisten des Rabbi Löw, und auf Pascheles, den Herausgeber der Prager Legendensammlung *Sippurim*. Zudem wird Pernath zum Doppelgänger des Lustmörders Laponder und des Studenten Charousek. Beide sind - ähnlich wie der Golem - Projektionsflächen seines Unbewussten.

Auch Karel Čapek hat sich in seinem 1921 uraufgeführten „utopistischen Kollektivdrama" *RUR* an der Legende vom Prager Golem orientiert. Durch dieses Schauspiel, dessen Titel eine Abkürzung des Firmennamens *Rossum's Universal Robots* ist, verbreitete sich das tschechische Wort für körperliche Fronarbeit, nämlich *robota*, weltweit in dem Wort *Roboter*. Abraham Rothbergs Roman *The Sword of the Golem*, der 1970 in den USA erschien, stellt im Anklang an Čapek die psychologische wie moralische Frage nach Gewaltbereitschaft und Pazifismus in einer Situation der Bedrohung. Rabbi Löw befürwortet in diesem Text als Talmud-Gelehrter die Seite der Pazifisten und erschafft dennoch den Golem, der auf Befehl töten kann, als Retter der jüdischen Gemeinde. Der aus dem Schlamm der Moldau geformte Golem namens Joseph, der selbst gar nicht erschaffen werden will, wird hier zum Monster, weil er die Liebe nicht erhält, nach der er sich sehnt. Er ist also nicht nur tellurische Macht oder dienender Roboter, sondern verliebt sich als „Mensch" in das Dienstmädchen Kaethe Hoch. Dank seiner Humanisierung bekommt er zunehmend Angst vor dem eigenen Zerstörtwerden und verweigert, nachdem er sich seiner Position als gesellschaftlicher Außenseiter bewusst wird, die gehorsame Ausführung der Befehle.

Konträr zu dieser Vermenschlichung steht der Golem als Knecht in der Tradition der Automaten. Dieses Motiv von der Maschine, die besser als ihr menschlicher Schöpfer ist, greifen Stanisław Lem in seinem Science-Fiction-Roman *Golem XIV* (1981) und Norbert Wiener in *God and Golem, Inc. A Comment on Certain Points where Cybernetics Impinges on Religion* (1964) auf. Nicht zuletzt hielt auch der Kabbala-Forscher Gershom Scholem eine Rede bei der Einweihung des Computers *Golem No. 1 (Golem Aleph)* am Weizmann-Institut im amerikanischen Rehovot 1965.

Besonders durch das neue Medium Film hat sich die Legende vom Golem um die ganze Welt verbreitet. Die Filme von Paul Wegener (*Der Golem*, 1914; *Der Golem und die Tänzerin*, 1917; *Der Golem: Wie er in die Welt kam*, 1920), von Julien Duvivier (*Le Golem*, 1936) und von Martin Frič (*Císařův pekař a pekařův císař*, 1951) sowie die Gedichte von Jorge Luis Borges (*El Golem*, 1958), John Hollander (*Letter to Borges*, 1969) und Paul Celan (*Einem, der vor der Tür stand*, 1964) haben die Prager Legende international bekannt gemacht. Dagegen finden die brillanten Schriften des vermeintlichen Golemschöpfers, nämlich des Rabbi Löw selbst, heute kaum mehr

Verbreitung. Besonders der populäre letzte Film von Wegener hat über das neue Medium die Sage nachhaltig verändert, weil der Golem dort ohne Kabbala durch astrologische wie auch chemisch-alchemistische Kenntnisse entsteht. Religiöses Ritual ebenso wie göttliche Inspiration werden ganz durch eine faustische Magie um den Dämon Astaroth ersetzt. Astôret ist der Name einer phönizisch-kanaanäischen Göttin, die als höllischer Geist in den Volksglauben überging und somit eine ganz andere Traditionslinie eröffnet. Der Golem, dessen Leben am Ende ein kleines Mädchen in kindlicher Unschuld beendet, steht expressionistisch für den Willen zur Macht. Der Film vermittelt die Aussage, dass es keinen reinen Funktionalismus ohne zwischenmenschliche Treue, Liebe und Leidenschaft gibt. Dies ist eine Uminterpretation, die den jüdischen Golem ohne Zutun eines Rabbis christlich erlöst, und somit in die alte jüdische Sage eine antisemitisch deutbare Komponente mischt.

Im Gegensatz dazu interessiert Borges, wie das neugeborene Wesen langsam zum Gefangenen der Sprache wird. Die Stummheit des Golem beschämt den Rabbi Löw; so ist auch Gott mit dem Menschen unzufrieden, der keine vollkommen paradiesische Sprach- und Schöpfertätigkeit entwickelte. Hollander hingegen thematisiert als Antwort auf Borges die alten Prager Geschichten, die ihm seine Eltern nachts im amerikanischen Exil zur Beruhigung erzählt hatten. Das Einmalige der mythischen Golemvorstellung als Erinnerung und Familiensaga gewährt in der realen profanen Gegenwart einen Halt. Bei Paul Celan wiederum soll der Rabbi Löw nach der Offenbarung des geheimen, höheren Wortes die vorhandene sprachliche Weltordnung zerstören und einen neuen „heilbringenden Spruch" erschaffen. Auch wenn das Motiv vom Golem nicht immer explizit erwähnt wird, beeinflusst es dennoch bis heute Literatur und Film nachhaltig. Letztlich ist auch Franz Kafkas *Odradek* aus der Erzählung *Die Sorge des Hausvaters* (1917) ein modernes, fiktionales, golemartiges Wesen, das aus Buchstabenkombinationen entsteht, immer mächtiger wird, einzig in den Buchstaben fortleben kann und auch nur durch sie zu zerstören wäre. Und auch in dem 1994 von Jan Švankmajer gedrehten Film *Lekce Faust* (*Eine Unterrichtsstunde zu Faust*) ist das Geschöpf des Gelehrten beispielsweise weit mehr ein lehmgeformter Golem als der Goethesche Homunkulus.

Die unheimlichen Elemente der Legende, die den Golem bis

heute weltweit in Erzählungen weiterleben lassen, wurden oft als unglaubwürdige Phantasien einer überholten Zeit abgeschwächt. In Egon Erwin Kischs ironisch stilisierter Reportage *Den Golem wiederzuerwecken* (1934) vermischen sich sagenhafte und historische Elemente von Prag, wobei echte und fiktive Quellen kaum mehr eine Unterscheidung von Mythos und Wirklichkeit erlauben. Ein galizischer okkultistischer Jude sucht im Dachboden der Altneusynagoge (jiddisch „Altneuschul"; hebräisch *al-tnaj*, d. h. „einstweilig", weil sie angeblich aus den Steinen des vernichteten Tempels zu Jerusalem gebaut wurde, wohin sie nach dem Erscheinen des Messias wieder zurückkehren soll) vergeblich nach den Lehmresten des Golem. Weitere Nachforschungen führen durch eine auf seinem Stadtplan von Prag vorgezeichnete Spur bis auf den Galgenberg, wo der jüngsten Sage nach der tote Lehm begraben wurde. Die Erzählung mündet in die Erkenntnis, dass die ständig wiederholten Wiedererweckungsversuche des Golem am Ende blutleere und verknechtete Fabrikmenschen in Prag hervorgebracht haben und somit schon aus diesem Grund dieses Wesen in Zukunft am besten für immer begraben bleiben sollte.

Das letzte Wort zum Golem und seine Beziehung zu der jüdischen Gemeinde in Prag ist aber sicher auch heute noch nicht gesprochen.

Deutsche und die bildende Kunst in Böhmen: Von *Osma* bis zur *Prager Sezession*

Vojtěch Lahoda

Als 1907 die erste Ausstellung der Gruppe *Osma* (Acht) stattfand (Emil Filla, Otakar Kubín, Bohumil Kubišta, Antonín Procházka, Max Horb, Friedrich Feigl, Willy Nowak, Emil Artur Pittermann-Longen), verstand es sich im Großen und Ganzen von selbst, dass unter den Künstlern auch Deutsche waren: z. B. Nowak, der sich in finanzieller Hinsicht um die Ausstellung verdient machte, indem er sich ins Bein schießen ließ und mit den bei der Versicherung lockergemachten Geldern die Mietkosten für die Ausstellungsräume beglich; dann Horb, der allerdings 1907 starb, und auch Feigl, der zu einem wichtigen Verbindungsglied zwischen dem Prager und Berliner Ausstellungsbetrieb wurde.

Sicher war es kein Zufall, dass die erste und wirklich positive Reaktion auf die Ausstellung 1907 in der Berliner *Gegenwart* erschien und von Max Brod kam. Er bezeichnete die Ausstellung als Ankunft des „Frühlings" in Prag. Die Gruppe *Osma*, die 1908 noch eine zweite Ausstellung hatte, setzte im tschechischen Umfeld den Akzent auf eine stark expressive Gestik. Diese hatte ihre Wurzeln zwar in der Tradition der dramatischen Malerei (von Rembrandt, El Greco, Tintoretto bis hin zu dem besonders beliebten Daumier), berief sich aber nicht minder auf den sinnlichen Impressionismus eines Max Liebermann oder Lovis Corinth. Die Gruppe *Osma* präsentierte unter dem Einfluss der legendären Ausstellung von Edvard Munch in Prag 1905 ein Expressionismusverständnis ganz eigener Art. Einen wichtigen Meilenstein setzte die Gruppe auch damit, dass Künstler aus beiden sprachlichen Sphären - der tschechischen und der deutschen - gemeinsam den Anbruch einer „neuen" Kunst proklamierten, wie man damals häufig schrieb. (Im Ausstellungskatalog waren der tschechische und der deutsche Text parallel abgedruckt.)

Dem Expressionismus der Gruppe *Osma* stand eine Reihe deutscher, in Böhmen geborener Künstler nahe, wie der Maler Wenzel Hablik, der 1907 nach Deutschland ging, oder Eugen von Kahler, der 1911 sehr jung starb. Vasilij Kandinskij würdigte sein Werk in einem Nekrolog im Almanach *Der Blaue Reiter.*

Die deutschen Künstler in Böhmen, Mähren und Schlesien gründeten ihre eigenen Vereine. Zu den bedeutendsten gehörte der bereits zu Beginn der 90er Jahre des 19. Jahrhunderts gegründete *Verein deutscher bildender Künstler in Böhmen*, der vor allem um die Jahrhundertwende aktiv war. Genau wie der zentrale tschechische modernistische Verein *SVU Mánes* hatte der *Verein deutscher bildender Künstler in Böhmen* gewisse Generationsprobleme: Die Künstler, die mehr oder weniger der älteren Generation angehörten, spalteten sich 1908 ab und gründeten den *Deutschböhmischen Künstlerbund*. Vorsitzender war der Bildhauer Franz Metzner, stellvertretender Vorsitzender der Begründer des ursprünglichen Vereins, Karl Krattner, der sich in seinen Bildern biblischen Themen widmete. Im Verein selbst wirkten einige hervorragende Persönlichkeiten: Zu nennen wären Alfred Justitz, der mit seinem Werk zwischen 1904 und 1908 der *Osma*, später der *Skupina výtvarných umělců* („Gruppe bildender Künstler") nahestand und sich dem Kubismus anschloss, dann Max Oppenheimer, ein Vertreter des spirituellen österreichischen Expressionismus, der in Prag studiert hatte, der Graphiker Walter Klemm oder auch Alfred Kubin.

1909 wurde mit Hugo Baar als erstem Vorsitzenden die *Vereinigung deutscher bildender Künstler Mährens und Schlesiens* ins Leben gerufen, die Künstler wie den Bildhauer Anton Hanak oder auch den Maler Adolf Hölzl zu ihren Mitgliedern zählen konnte. 1919 entstand die *Vereinigung bildender Künstler Schlesiens*, die ihr Zentrum in Troppau (Opava) hatte. Ihre markantesten Vertreter waren ihr Begründer, der Maler Adolf Zdrazila, und Leo Haas.

Unter den Zeitschriften, die über das Geschehen in der deutschen bildenden Kunst unterrichteten, war *Witiko* die wichtigste. Sie erschien 1928, 1929 und 1931 jeweils als Vierteljahresschrift und ist das kurzlebige Dokument „eines Sisyphosunternehmens" (H. Rousová), das sich um eine Synkretisierung der deutschen und tschechischen Kultur - und gleichzeitig auch der deutschen und tschechischen Ethnie - bemühte. Der Name verweist auf Adalbert Stifters Roman vom Jüngling Witiko, ein Werk, das der Autor den Pragern widmete. Die Redaktion des *Witiko* verstand Prag als natürliches Zentrum mit großer Bedeutung für die deutsche Kultur, vor allem für die Dichtung. Ziel war es, mit Hilfe der reichen deutschen Kunst und Literatur den Panzer des Nationalismus aufzubrechen. Beiträge lieferten nicht nur Max Brod oder Franz Werfel, sondern auch Johannes Urzidil, Oskar Baum, Paul Leppin, Rudolf Fuchs, Robert Musil und viele andere. Die Rubrik für bildende Kunst redigierte der Kunsthistoriker Otto Kletzl zusammen mit Josef Opitz, einem Spezialisten für alte Kunst.

Die Zeitschrift *Witiko* stellt einen Höhepunkt dar im Bemühen, kulturelle, speziell künstlerische Aktivitäten von Tschechen und Deutschen miteinander zu verknüpfen. Eine Zusammenarbeit hatte sich bereits innerhalb der Gruppe *Osma* angekündigt, vor allem nach 1918 durch die Gründung mehrerer deutscher Künstlervereinigungen in Böhmen und Mähren. Karl Krattner stand 1919 in Reichenberg (Liberec) an der Wiege der Gruppe *Metzner-Bund, Verein deutscher Kunstschaffender,* der seinen Namen nach dem Bildhauer Franz Metzner führte. Mit der Zeit entstanden Zweigstellen in anderen Städten Böhmens: in Prag, Teplitz (Teplice), Gablonz an der Neiße (Jablonec nad Nisou), Böhmisch Krumau (Český Krumlov), Eger (Cheb) und Karlsbad (Karlovy Vary). Mitglied des Metzner-Bundes war der aus Marienbad (Mariánské Lázně) gebürtige Norbert Hochsieder, ein interessanter, bis heute nicht ausreichend gewürdigter Graphiker. Dieser Schüler von August Brömse schuf bereits gegen Ende der 20er Jahre expressive Graphiken, Radierungen, später häufig Aquatinten, in denen er den traditionell fast pathetischen deutschen Ausdruck auf ungewöhnliche Weise umschmolz (*Oidipus*, 1926). Seine Radierungen oszillieren auf eigenartige Weise zwischen expressiver Übertreibung und beinah rokokohafter Idylle in den Jagd- oder Stadtszenen.

In Reichenberg beheimatet war die *Oktobergruppe*, die 1922 von Alfred Kunft, Hans Thuma, Rudolf Karasek und Erwin Müller begründet worden war. Die staatliche Fachschule in Gablonz war die Wirkungsstätte des bemerkenswerten Malers Richard Fleissner. Seine Landschaften, dunstschimmernd und in großen, aus dunkler Grundierung hervorstrahlenden Flächen, sind von einer melancholischen Poesie, die den Stil der flächenhaften, halbabstrakten Malerei von Nicolas de Stael aus den 50er Jahren vorwegnimmt. Fleissner war außerdem ein ausgezeichneter Graphiker. Durch die Kombination von Kaltnadelradierung und Aquatinta schuf er die für ihn typischen Stimmungen zwischen dekadenter Melancholie und der expressiven Dramatik alltäglicher Szenen.

Ein bedeutender Künstler Prager Herkunft und Mitglied verschiedener deutscher Künstlervereinigungen war Emil Orlik, der sich vor allem zwischen 1910 und 1930 einen Namen als Graphiker und Zeichner machte. Orlik gehörte zu den herausragenden Vertretern der deutsch orientierten Sezession in Böhmen und war gleichzeitig Mitglied der Berliner und Wiener Sezession. Vom Geist des Jugendstils geprägt ist auch sein symbolistisches Großgemälde *Abend* (1910) in der Ostrauer Galerie. Orliks Fähigkeiten auf dem Gebiet der zeichnerischen Reportage zeigen speziell die Porträts; diese haben sowohl etwas vom Jugendstil in sich als auch von der Neuen Sachlichkeit der 20er Jahre.

Der Neuen Sachlichkeit standen in Böhmen Maler aus dem deutschen Umfeld am nächsten, z. B. Herbert Seemann, Ludwig Püschel und Erwin Müller. Die Ästhetik der Neuen Sachlichkeit beeinflusste aber auch den aus Aussig an der Elbe (Ústí nad Labem) stammenden Ernst Neuschul, der im Londoner Exil verstarb. Bereits 1919 hatte er in der Prager Weinert-Kunsthalle eine eigene Ausstellung, die Václav Nebeský in der *Tribuna* rezensierte. Nebeský charakterisiert die Neue Sachlichkeit des „deutschen" Geistes und zeigt die

Bezüge zur deutschen Kunst, speziell zum Expressionismus auf. „Deutschland hat gegen Ende des 19. und zu Anfang des 20. Jh. etwas zustande gebracht, was künstlerisch viel begabteren Völkern nicht gelungen ist, nämlich eine stark sozial akzentuierte Kunst förmlich aus dem Boden zu stampfen, aus der Luft zu greifen", eine Kunst, die „sozial ist in ihren formbestimmenden Grundlagen und ihrer generellen stilistischen Orientierung [...]". Nebeský hebt zugleich drei Wesenszüge hervor, die einem traditionellen Formempfinden der Deutschen entspringen und in die jüngste deutsche Kunstrichtung, „in den sogenannten deutschen Expressionismus", münden. Es sind dies: Manierismus mit Hang zu abstrakter Stilisierung, des weiteren der „berüchtigte, rücksichtslos derbe deutsche Realismus: genauer ein Materialismus, der z. B. alles Geschehen im Inneren der dargestellten Figur als kompliziertes, krampfzuckendes Drama des bloßen Körpers präsentiert, der den rohesten Begierden ebenso [...] ausgeliefert ist wie den edelsten seelischen Regungen." Der letzte Wesenszug schließlich ist nach Nebeský ein „Mangel an Fröhlichkeit und Temperament, der sich bisweilen in das etwas freiere Gewand eines bis ins Übernatürliche ausgereizten Mystizismus hüllt". Und gerade Neuschul, meint Nebeský, „verbildliche beispielhaft" die genannten Eigenschaften schon 1919, doch „ihr Geist war uns fremd".

Ab den 20er Jahren malte Neuschul einen auffallend weichen Realismus, eine Sonderform der Neuen Sachlichkeit. So nannte es die Kritik nach seiner Beteiligung an der Ausstellung *Kunst der Gegenwart* in der Berliner Galerie Neumann-Nierenhoff 1927. Bilder wie *Brücken* (1926) sind Beispiel einer weichen, aber dennoch aus dem Expressionismus hervorgegangenen Neuen Sachlichkeit und gleichzeitig einer gewissen sozialen Melancholie, die so typisch für Neuschuls Werke sind.

Eine wichtige deutsche Gruppierung in Böhmen stellte die Gruppe *Die Pilger* dar, die 1919 auf Initiative von Maxim Kopf entstand. Ihre Mitglieder waren Schüler August Brömses an der Akademie: Julius Pfeiffer, Emil Helzel, Josef Hegenbarth, Norbert Hochsieder und Leo Sternhell. Später hinzu kamen die Bildhauerin Mary Duras, Walter Klemm, Emil Orlik und Moriz Melzer, um nur die bedeutendsten zu nennen. Ehrenmitglied und Guru der Gruppe war August Brömse, in dessen symbolistisch-expressivem Schaffen die *Pilger* eine Versinnbildlichung ihrer künstlerischen

Auffassung sahen. Die Gruppe löste sich mit dem Tod Brömses im Jahr 1925 auf.

Wenn Brömse innerhalb der älteren Generation zu den markantesten Erscheinungen der deutsch-tschechischen Kunstszene gehört, so ist Maxim Kopf wiederum die markanteste Persönlichkeit unter den jüngeren Künstlern. Noch vor dem Ersten Weltkrieg hatte er bei Brömse studiert und dann sein Studium 1923 in Dresden beendet. Er heiratete Mary Duras, ebenfalls Mitglied deutscher Künstlervereinigungen in Prag, und ging mit ihr nach New York. Er unternahm Reisen nach Tahiti und auf die Marquesas und hielt sich abwechselnd in Paris und Prag auf. Kopfs Schaffen setzt mit expressionistischen Koordinaten ein und entwickelt sich hin zu einem versöhnlicheren vitalistischen Ausdruck, in dem biblische Themen mit mystischem Hauch von gedrängten, dichten Landschaftsszenerien abgelöst werden.

1927 formiert sich auf Maxim Kopfs Initiative hin in Prag die Gruppe *Junge Kunst*. An deren erster Ausstellung im Jahr 1928 waren Kopf und Mary Duras beteiligt, außerdem Richard Schrötter, Charlotta Radnitz, Josef Dobrowsky, Bedřich Kausek, Grete Passer, die Bildhauer Karel Vogel, Oswald Hofman, Riko Mikeska. Als Gäste stellten Friedrich Feigl und Alfred Justitz aus. Die *Junge Kunst* bestand jedoch nur kurze Zeit. 1929 ging aus ihr die neue Vereinigung *Prager Sezession* hervor. Hauptinitiator war hierbei wiederum Maxim Kopf, und dann an zweiter Stelle Friedrich Feigl. Den Kern der *Prager Sezession* bildeten einige frühere Mitglieder der *Jungen Kunst*, allen voran Richard Schrötter, Charlotta Radnitz, Karel Vogel und Bedřich Kausek. Nach und nach erweiterte sich der Kreis u. a. um Willy Nowak, Kurt Hallegger, Ludwig Püschel, Alfred Dorn, Josef Dobrowsky, Richard Fleissner und Riko Mikeska. Zu den korrespondierenden Mitgliedern gehörten Jiří Kars in Paris, Anton Kolig in Stuttgart, sowie Alfred Kubin und Josef Hegenbarth, die damals in Dresden tätig waren. Hegenbarths Bild *Der arme Lazarus* (1928) verkörpert in charakteristischer Weise die vielen deutsch-tschechischen (und nicht selten auch jüdischen) Künstlern gemeinsame Typologie, und das sowohl in der Thematik, die an die Ikonographie der Gruppe *Osma* anknüpft, als auch im Malverständnis. Es geht in erster Linie um ein biblisches Sujet, das in ein alltägliches Umfeld verlagert wird, als solle die Szene die zeitgenössische Wirklichkeit zeigen. Es geht aber auch um eine weiche, pastos schichtende Maltechnik, die, mit einem Hauch Naivität, den melancholischen Ausdruck von Hegenbarths Szenerien unterstreicht.

Unter den Mitgliedern der *Prager Sezession* ragte der aus Karlsbad gebürtige Josef Dobrowsky hervor, der später zu einem bedeutenden Vertreter der österreichischen Moderne avancierte. Sein „Expressionismus des Dämmerlichts" (H. Adolph) fand Parallelen im Schaffen der genannten Künstler, aber auch bei Feigl, Justitz und Kars.

Ab 1929 stellte mit der *Prager Sezession* auch der aus Šumperk (Schönberg) gebürtige Kurt Hallegger aus, dessen dichter Malstil in den 30er Jahren an die Bildsprache Oskar Kokoschkas erinnert (*Istanbul*, 1930).

Typisches Beispiel eines Malers, der von einem Sprachraum in den anderen wechselte, ist der aus Königgrätz (Hradec Králové) stammende Bohdan Heřmanský, der ab 1906 in Österreich lebte, ab 1928 aber in Prag tätig war. Seine Zeichnungen und analytischen Selbstporträts folgen der Tradition der psychologischen Selbstauslotung, die ihre Gestaltung innerhalb der österreichischen Malerei durch die Persönlichkeit Egon Schieles erfuhr, aber auch durch Anton Kolig, der mit Heřmanský in engem Kontakt stand. Heřmanský malte Landschaften, seit Ende der 20er Jahre auch Stillleben, in denen er den Bildaufbau im Sinne des französischen und des von der österreichischen Schule geprägten Modernismus konzipierte. 1938 stellte er in der Galerie von Dr. Hugo Feigl aus, einer Galerie, die in Prag eine Reihe deutscher Künstler aus der Tschechoslowakei vorstellte. Unter den Besuchern von Heřmanskýs Ausstellung war auch Oskar Kokoschka, der daraufhin einen Brief an Arne Laurin, den Redakteur der *Prager Presse*, schrieb: „Dieser Maler ist sozusagen, wie ich bescheiden bemerken möchte, meine Entdeckung und ich halte ihn für einen der begabtesten jungen Tschechen."

Eine gewisse Ausnahmestellung unter den deutschen Malern in der Tschechoslowakischen Republik nahm Augustin Tschinkel ein. Sein Werk repräsentiert die konstruktive, sozial orientierte Graphik der 20er und 30er Jahre. Mit der *Prager Sezession* arbeitet er nicht zusammen, sein Ausdruck war radikaler und stark links orientiert (Illustrationen hierzu im Buch *Soziale Graphik. Ein Bilderbuch mit internationaler Auswahl*, hrsg. v. Břetislav Mencák, Kladno 1932). Tschinkels kritisches Interesse an der industriellen Zivilisation des Kapitalismus spiegeln seine Graphiken mit den standardisierten Roboterfiguren wider, aber auch so bemerkenswerte Blätter wie jenes vom Motiv eines Gasbehälters dominierte Bild einer *Prager Vorstadt* (1935).

Zu den interessanten Vertretern der deutsch-jüdischen Malerei Mährens gehört Kurt Gröger. Geboren im nordmährischen Šternberk (Sternberg), absolvierte er die Dresdener Kunstakademie und war ab 1929 sieben Jahre in Paris tätig. Ende der 30er Jahre hielt er sich in Šternberk auf, verließ aber später seine Heimat, um vor den Nazis nach Frankreich zu fliehen. Nach dem Krieg erhielt er die französische Staatsbürgerschaft. Er starb in Paris. Dort hatte er einen kultivierten Malstil entwickelt, der dem internationalen Verständnis der Pariser Schule von Bonnard bis Marquet und Matisse verpflichtet ist und die für Mitteleuropa so typische nervöse Handschrift trägt, die in einigen Bildern wiederum an Oskar Kokoschka erinnert.

Ein echter Höhepunkt in der Zusammenarbeit tschechischer und deutscher Künstler in der Zwischenkriegszeit war die Ausstellung *Československé umění* (Tschechoslowakische Kunst). Sie fand im Rahmen einer Ausstellung von Gegenwartskunst 1928 in Brno statt und präsentierte einige Dutzend deutscher Künstler aus der Tschechoslowakei. Die meisten der ausgestellten Arbeiten stammten von dem Maler Alfred Kunft. Im Vorwort des Katalogs wird neben den Aktivitäten der tschechischen und slowakischen Vereinigungen und Verbände - in einem eigenen Text von Oskar Schürer - auch die Rolle der deutschen Künstlerorganisationen hervorgehoben. In seiner Charakterisierung der deutschen Kunst in der Tschechoslowakei schreibt Schürer: „Naturgefühl, frohe Farbigkeit, kräftige, bis derbe Formung - das sind die Grundelemente. Viel Fabulierlust schwingt hinein und ewiges Pathos. Die „reine Form" bleibt weniger kultiviert. Das in aller deutschen Kunst lebende Pathos erhob sich in den Kriegsjahren unter dem Einfluß des deutschen Expressionismus zu lauterem Ausdruck."

Insofern diese Ausstellung tschechische und deutsche Kunst präsentiert hatte, war es dann ein echtes Anliegen der *Prager Sezession*, Prag zu einem Zentrum zu machen, wo es auf der Grundlage herausragender künstlerischer Leistungen zu „einer beseelten Konkurrenz und Gemeinsamkeit mit den tschechischen Kollegen" kommen würde (vgl. Katalog der *Prager Sezession* von 1929). Diese Ambitionen ließen sich allem Anschein nach nicht verwirklichen. Die Vereinigung trug allerdings entschieden dazu bei, in der Tschechoslowakei Künstler vorzustellen, die in Prag nur sehr selten zu sehen waren. So beteiligten sich an den Ausstellungen der *Prager Sezession* 1931 und 1936 Paul Klee, 1937 Oskar Kokoschka und Alfred Kubin.

Oskar Kokoschka, der seit 1933 in der Prager Emigration lebte und schuf, gehörte zu den bedeutenden Künstlern, die in der Tschechoslowakei Zuflucht fanden, als in Deutschland mit dem Machtantritt Hitlers der Verfall der demokratischen Werte einsetzte. Gleiches galt für John Heartfield, Autor einer Reihe von Fotomontagen und scharfer Kritiker des Nazi-Regimes, oder auch für den Graphiker Hugo Steiner-Prag, den ersten Illustrator von Gustav Meyrinks *Golem*. Aber auch hier dauerte es nicht lange, und man sah sich zusammen mit zahlreichen jüdischen Künstlerkollegen wie Friedrich Feigl, Jakub Bauernfreund und Endre Nemes zur Flucht vor der deutschen Okkupation gezwungen. Andere, wie die Maler Peter Kien oder Robert Guttmann, fanden in Konzentrationslagern den Tod.

Kuboexpressionismus und Rondokubismus

Vojtěch Lahoda

Im Jahr 1905 hatte der norwegische „Zerstörer des Traums", wie F. X. Šalda den Maler Edvard Munch nannte, eine Ausstellung in Prag, die bei vielen Künstlern der jüngeren Generation einen starken Eindruck hinterließ, so auch bei Emil Filla. Filla war Mitbegründer der Gruppe *Osma*, die in der Prager Szene die tschechische Variante des Expressionismus verkörperte. Gerade für Filla und seinen ebenfalls der Gruppe *Osma* zugehörigen Malergefährten Antonín Procházka war die Begegnung mit dem Werk des spanischen Visionärs El Greco ein Schlüsselerlebnis gewesen. Die Bilder El Grecos hatte Filla in einer Ausstellung aus der Sammlung des ungarischen Adeligen Marczell von Nemes 1911 in München gesehen. Er war dermaßen fasziniert, dass er für den *Umělecký měsíčník* (Künstlerisches Monatsheft) einen Aufsatz über El Greco schrieb (1911). Grecos Malerei verstand Filla schon damals im Geist des sich ankündigenden Kubismus: „Die festgehaltene Illusion der Objekte setzt sich aus mehreren Ansichten zusammen: er will das Objekt nicht von einem einzigen, momentanen Blickwinkel aus zeigen, sondern würde es am liebsten von allen Seiten gleichzeitig darstellen."

Das verklingende, aber noch vernehmliche Echo auf die pathetische und farblich so eindringliche Malerei Munchs vermischte sich bei einer Reihe von jungen Künstlern mit der nachhallenden Spiritualität El Grecos, aber auch mit dem Einfluss allerneuester Strömungen, speziell mit jenem von Picasso und Braque, und das besonders nach dem Aufenthalt tschechischer Künstler und Bildhauer zwischen 1909 und 1911 in Paris (E. Filla, B. Kubišta, O. Gutfreund, J. Čapek). So kam es zur Verknüpfung eines expressionistisch schicksalschweren Inhalts mit einer kubistischen bzw. vom Kubismus geprägten Formkomposition.

Diese Richtung wurde als Kuboexpressionismus bezeichnet. Vor allem der tschechische Kunsthistoriker Miroslav Lamač gebrauchte diesen Begriff, aber auch die angloamerikanische Literatur bediente sich seiner (D. E. Gordon, *Expressionism*, New Haven 1987; S. A. Mansbach, *Modern Art in Eastern Europe. From the Baltic to the Balkans*, Cambridge 1998, 29). Beschrieben wird mit diesem Begriff die Verschmelzung von expressionistischer Inhaltlichkeit und Farbigkeit mit der neuen konstruktivistischen, geometrischen Systematik der Formen. Es handelt sich hierbei vor allem um Arbeiten aus den Jahren 1910 und 1911, d. h. aus der Zeit, als in Böhmen die kubistische Bewegung aufkam und sich mit Gründung der *Skupina výtvarných umělců* (Gruppe bildender Künstler) im Jahr 1911 konsolidierte. Zu ihren Mitgliedern zählten die Maler Emil Filla, Antonín Procházka, Václav Špála, Vincenc Beneš und Josef Čapek, der Bildhauer Otto Gutfreund, die Architekten Pavel Janák, Vlastislav Hofman, Josef Gočár und Josef Chochol. Einige von ihnen verließen die Gruppe bereits 1912; so blieben als harter Kern Filla, Beneš, Procházka, Gutfreund, Janák und Gočár. Die Bilder, die die Gruppe auf ihrer ersten Ausstellung 1912 zeigte, entsprangen meist jener stilistischen Mixtur aus Expressionismus und spätem Symbolismus mit kubistischen Elementen und waren also ganz im Geiste des Kuboexpressionismus geschaffen. Einige Maler beriefen sich mehr oder weniger direkt auf El Greco, allen voran Emil Filla mit seiner *Salome* (1910-1911), einem Schlüsselwerk des tschechischen Kuboexpressionismus. Gerade dieses Bild verdeutlichte das Bekenntnis des tschechischen Kuboexpressionismus zu dem großen Meister des Lichts und der Farben, „die wie Flammen und Blitze auflodern", so Filla über El Grecos Bilder, auch aber zu der Vorstellung vom Kristall als dem essentiellen, ursprünglichen

Zustand der Materie und der Welt. Diese Ideen waren im tschechischen Kontext durch den namhaften Wiener Kunsthistoriker Alois Riegl wiederbelebt worden, der in dem Weg vom Organischen zum Kristallinen das bestimmende Prinzip für seine Theorie einer Grammatik der Bildenden Künste sah. Ein viel gelesener Autor unter den jungen Künstlern in Böhmen war Wilhelm Worringer, der unter dem Einfluss A. Riegls der „geometrisch-kristallinen Gesetzmäßigkeit des Abstraktionsdrangs" besondere Bedeutung beimaß (*Abstraktion und Einfühlung*, München 1909). Das Kristall verkörperte also nicht nur eine „abstrakte", sondern auch eine „geistige" Form.

Die Kristallisation der Form lässt sich an Fillas Bild *Salome* beobachten: Es scheint, als wären Figuren, Gegenstände und auch der Hintergrund aus kristallinen Strukturen geschaffen oder als betrachte man sie durch ein Kaleidoskop. Die Anregung zu dem Bild war von El Grecos *Abendmahl bei Simon* ausgegangen (1610-1614, heute im The Art Institute in Chicago), das Filla 1911 in der berühmten Miethke-Galerie in Wien gesehen hatte. Er verwechselte es damals mit dem *Letzten Abendmahl des Herrn* und war so fasziniert, dass er seinen Freund Procházka in einem Brief aufforderte, zu kommen und sich das Werk anzusehen. Auch Procházka stand damals unter dem Bann El Grecos. Sein *Prometheus* (1911) ist eine sich seitwärts wendende Variante der gestikulierenden Figur auf El Grecos Gemälde *Das fünfte Siegel der Apokalypse* (1608-1614). Kubistisch zersplitterte, aber dennoch erkennbare Formen mischen sich mit dem expressiven Potenzial, das die Dekonstruktion der Realität freigibt.

Während sich in Böhmen der Begriff „Kuboexpressionismus" auf Werke bezieht, die einige Vertreter der *Gruppe bildender Künstler* zwischen 1911 und 1913 geschaffen haben, verwendet ihn Eberhard Roters in Bezug auf die Plastiken des deutschen Bildhauers Herbert Grabe aus dem Jahr 1919 und Stephanie Barron appliziert ihn auf den berühmten *Dreiklang* von Rudolf Belling aus dem gleichen Jahr. Im tschechischen Kontext würden einer solchen Auffassung von Kuboexpressionismus am ehesten die Skulpturen entsprechen, die Jiří Kroha 1918 für das heute nicht mehr bestehende Kabarett *Montmartre* in Prag geschaffen hatte. Das nämlich, worauf der Kuboexpressionismus der deutschen Bildhauer Rudolf Belling, Herbert Grabe und Emy Roeder gründet, ist gerade auch für Kroha bezeichnend: die Einbindung der Plastik in das architektonische Konzept.

Am treffendsten skizzierte die tschechische Verknüpfung von Expressionismus und Kubismus Stanislav Kostka Neumann in seinem Artikel *Kubism, či aby bylo jasno* (Kubismus oder damit Klarheit herrscht) aus dem Jahr 1913. Kubismus und Expressionismus sind für ihn zwei Seiten ein und derselben Münze. „Ein Expressionismus ohne Kubismus würde zweifellos in billige Dekorativität abgleiten; der Kubismus, wäre ihm die Möglichkeit einer gesunden Zersetzung der Doktrin genommen, verkäme zum langweiligsten und beschränktesten Patron unter der Sonne."

Der kristalline Kubismus, der die erste Phase des tschechischen Kubismus darstellt, erreicht seinen Höhepunkt 1912. Bei einigen Künstlern ist eine expressionistische Komponente auch später noch wesentlicher Bestandteil (Josef Čapek, *Úzkost* / Angst, 1915). Sie erschöpft sich vor dem Krieg in Bildern wie *Polibek smrti* (Der Kuss des Todes, 1912) von B. Kubišta oder in den Bildern von O. Kubín aus der Zeit zwischen 1913 und 1915.

Die *Gruppe bildender Künstler* war bis zum Ersten Weltkrieg in Prag aktiv. Der Kubismus, dem sie zum Durchbruch verhalf, vereinigt - trotz der von Filla verordneten Ausrichtung auf Picasso - verschiedene Positionen. Vincenc Beneš folgt dem Beispiel Fillas (*Tanečnice*/Tänzerin, 1913), Antonín Procházka fühlt sich weniger gebunden. Seine Kubismusauffassung entspricht eher dem Standpunkt von Jean Metzinger oder Diego Rivera. Otto Gutfreund beginnt mit expressionistischen Themen (*Hamlet*, 1910), entwickelt dann, wie in seiner Skulptur *Úzkost* (Angst, 1912), die als Schlüsselwerk des tschechischen Kuboexpressionismus gelten könnte, eine kuboexpressionistische Formensprache und gelangt schließlich zu Plastiken ganz eigener Art, die in *Kubistické poprsí* (Kubistische Büste) von 1912/13 gipfeln. Die *Gruppe bildender Künstler* bildete freilich keinen einheitlichen, dauerhaften Verband. Schon 1912 spalteten sich unter anderem Josef Čapek, Václav Špála und Otakar Kubín ab. Kubišta zählte nur wenige Tage zu ihren Mitgliedern. Er konzentrierte sich auf sein eigenes psychologisches Konzept, bei dem ihm die kubistische Form nur ein Mittel zum Erreichen einer höheren geistigen Wirkung war.

Eine zweite unsystematische kuboexpressionistische Welle erlebt die tschechische Malerei in den 20er Jahren, vor allem im Werk František Foltýns, der etliche kuboexpressionistische Bilder schuf, darunter auch *Dostojevský* (1922). Das Interesse an dem pessimistisch gestimmten Werk des russischen Schriftstellers verbindet Foltýns Bild mit Emil Fillas berühmtem Gemälde *Čtenář Dostojevského* (Der Dostojewski-Leser, 1907). Wie vor dem Ersten Weltkrieg erfreuten sich Dostojewski und seine „Gottessuche" auch in den 20er Jahren großer Beliebtheit unter den jungen Künstlern in Böhmen. Zu Beginn der 20er Jahre faszinierte das Vermächtnis des 1918 verstorbenen Bohumil Kubišta eine Reihe junger Maler. Unter ihnen befinden sich sowohl diejenigen, die später die Avantgardebewegung *Devětsil* (K. Teige) gründeten, als auch Einzelgänger, die sich keiner Gruppierung anschlossen. Ein solcher Einzelgänger war Zdenek Rykr, der 1920 einige kuboexpressionistische Porträts und Stillleben schuf. Eine dunkel, fast einfarbig lastende Stimmung, die zweifellos Kubištas symbolistischen Kubismus zur Vorlage hat, paart sich bei ihm mit der Deformation des Gegenständlichen, die freilich eher kubistisch als expressionistisch ausfällt. In diesem Stil porträtierte er seinen Freund, den Avantgardefotografen Jaromír Funke. Auch Josef Čapek entwickelt die Elemente des volkstümlich gewordenen Kubismus weiter, vor allem in seinen Linolschnitten und Graphiken. Ähnliches gilt für V. Hofman.

Schon während des Ersten Weltkriegs kamen besonders in den architektonischen Entwürfen von Pavel Janák Motive zur Geltung, die die kubistische Ästhetik mitteilungsfreudiger und lesbarer machten. Vor allem Gebäudefassaden trugen nun deutlich reduzierte Elemente, in ihrer Einfachheit den Bausteinen eines Baukastens ähnlich: Kugel, Zylinder, Kreis oder Kreissegment. Gegenüber kuboexpressionistischen Elementen wie Prisma, Pyramide, Spitzfassette mit Kante rundeten sich die neuen Formen, wurden weicher und gewannen eine Gestalt, die nicht mehr so aggressiv war wie in der Vorkriegszeit. Sie hatte etwas Massives, Solides und Monumentales. Die neue Form brachte auch neue Inhalte mit sich. Statt aktiv zu provozieren, statt aggressive Kraft zu demonstrieren, zog sich die Materie gleichsam in sich selbst zurück, als wolle sie ihre Energie eindämmen und verborgen halten. Dieser Stil hat seine bedeutenden Beispiele: die Prager *Banka Československých legií* (Bank der tschechoslowakischen Legionen oder auch Legio-Bank, 1921-1923) von Josef Gočár oder auch das Krematorium in Pardubice von Pavel Janák (1921-1923). Ursprünglich bezeichnete man ihn als „Nationalstil", denn in ihm zeigte sich das Bemühen, „nationale" Elemente in die Architektur aufzunehmen und damit genau das, was die neu entstandene Republik nach 1918 benötigte, um zu repräsentieren. Zu den „nationalen" Elementen des „Nationalstils" bzw. „Rondokubismus" gehörten, wie Pavel Janák in einem Interview mit einer Kunsthistorikerin anführte, die betonte Farbigkeit der Fassaden (Nationalfarben rot und weiß) und stilisierte, aus der Volkskunst übernommene Formen und Motive. Der Rondokubismus war eine „spezifisch tschechische Version der Art déco" (Z. Lukeš). Im Geiste des Rondokubismus entstanden in Prag, Hradec Králové und anderswo Bauten, die in geradezu schon pathetischer Weise die Massigkeit der geometrischen Grundformen betonen, gleichzeitig aber auch etwas Verspieltes, Dekoratives an sich haben. Eine Reihe von Gebäuden in diesem Stil baute Josef Gočár in Hradec Králové, z. B. die *Anglo-československá banka*, 1922-23. Pavel Janák schuf in Prag den Palast der *Riunione Adriatica di Sicurtà*, den heutigen *Palác Adria*, 1923-25, aber auch kleinere Privathäuser, für die sich der optimistische Stil besonders eignete (Villa in Prag Hodkovičky, 1921-1922). Dank der zahlreich entstehenden Privat- und Mietshäuser breitete sich die rondokubistische Architektur während der 20er und teilweise auch 30er Jahre in verwässerter Form über die gesamte Tschechoslowakei aus.

Eine Variante des Rondokubismus kam in der Bildhauerei zum Tragen, nämlich in den sozial engagierten Plastiken von Otto Gutfreund (*Děvče se psem* / Mädchen mit Hund, 1919-1920). In der Malerei ließe sich ein Einfluss bei einigen Ölgemälden von Václav Špála nachweisen, besonders aber bei Werken von Josef Čapek, die wie der *Černošský král* (Negerkönig, 1920) als „volkstümlicher Kubismus" bezeichnet wurden (J. Slavík). Der tschechische Kunsthistoriker J. Pečírka hielt Čapeks Bild geradezu für eine Erscheinungsform des „Rondokubismus", die an das „Aushängeschild einer Trafikbude erinnere". Auch einige Bilder Antonín Procházkas aus den Jahren 1920-1922 lassen sich dem Rondokubismus zuordnen.

Von den Vorsprüngen und Vertiefungen, mit denen der Kuboexpressionismus der Vorkriegszeit die Materie geformt hatte, blieben lediglich die dekorativen Kerbungen. Der Rondokubismus der beginnenden 20er Jahre gab die in der Vorkriegszeit vertretene Theorie vom geistigen Gehalt der Form auf und wurde zum zwar nicht kanonisierten, doch aber offiziellen staatlichen Stil. Auf indirekte Art und Weise brachte er die nationalen Interessen zum Ausdruck und gleichzeitig auch den modernen, frischen und optimistischen Geist der jungen Republik. Er trat in der Architektur zu Tage, teils in der Bildhauerei (besonders bei Gutfreund) und fand auch in der Malerei (V. Špála, J. Čapek, A. Procházka) einen gewissen Widerhall. Insbesondere prägt er die Entwürfe für Möbel (P. Janák, J. Gočár, R. Stockar) und anderes aus dem Bereich der angewandten Kunst: angefangen von Vasen (P. Janák) über Uhren, Lüster, Stoffe (F. Kysela) bis hin zu Glas (A. Dorn, Glasentwürfe für Kamenický Šenov). Der Kubismus im eigentlichen Sinne des Wortes verfiel, die Elemente des „Schnörkel-Kubismus" wurden zur Grundlage der Art déco.

Auf der Höhe der europäischen Avantgarde: Poetismus

Reinhard Ibler

In einem Kapitel seiner erstmals 1982 unter dem Titel *Všecky krásy světa* (Alle Schönheit dieser Welt) herausgegebenen Erinnerungen schreibt Jaroslav Seifert, Träger des Literaturnobelpreises 1984, über die Zeit nach dem Tod von Jiří Wolker. Wolker war Hauptvertreter der Proletarischen Poesie, der damals noch tonangebenden Strömung innerhalb der tschechischen Avantgarde. Als er 1924 im Alter von nicht einmal 24 Jahren starb, löste das eine ungeahnte Popularität seiner Werke aus, die in immer neuen Ausgaben erschienen. Auf nicht gerade pietätvolle Art und Weise startete Seifert mit seinen Freunden Vítězslav Nezval und Karel Teige eine „Anti-Wolker-Kampagne", in deren Zentrum die Parole „Genug von Wolker!" stand. Der Grund für diese Aktion sei weniger der Neid auf den Erfolg des toten Dichterkollegen gewesen, als vielmehr die Sorge, dass die eigenen, neuen künstlerischen Ambitionen in der Wahrnehmung der Öffentlichkeit durch den Wolker-Kult zu stark in den Hintergrund gedrängt werden könnten.

> „Wir hatten uns der europäischen Strömung in der Dichtung angeschlossen, die von Apollinaire geprägt wurde, und bekannten uns dazu. Viele unserer einheimischen Kritiker wiesen darauf hin, Wolker habe sich von Apollinaire abgewandt und an die Tradition Erbens angeknüpft.

Die Poesie Erbens sagte uns zu jener Zeit nur wenig, Apollinaire aber liebten wir und waren [...] gerade dabei, den ‚Poetismus' zu kreieren und aus der Taufe zu heben, eine Poesie der Lebensfreude und des wonnevollen Augenblicks."

Seiferts humorvolle und selbstironische Schilderung jener Tage verweist auf eine entscheidende Situation in der tschechischen Literaturgeschichte des 20. Jahrhunderts. Mit dem Poetismus wurde damals eine zwar kurzlebige, dafür aber außerordentlich intensive dichterische Strömung ins Leben gerufen, die von nachhaltiger Wirkung und für das kulturelle Selbstbewusstsein der Tschechen von grundlegender Bedeutung sein sollte. Nach den Worten des Literaturwissenschaftlers K. Chvatík war dies nämlich „der erste und bislang einzige künstlerische Ismus, der unleugbar nur auf dem Boden der tschechischen Kunst, aus deren eigenen Entwicklungstendenzen und Bedürfnissen entstanden ist." Trotz dieser Eigenständigkeit ist der Poetismus gleichzeitig integraler Bestandteil der europäischen Avantgardekunst, an deren Entwicklung die tschechische Kultur von Beginn an lebhaften Anteil hatte. Um 1910 waren in Frankreich und Italien erste Avantgardebewegungen entstanden mit dem Ziel, der Selbstgefälligkeit, dem Elitedenken und der Lebensferne der ästhetischen Moderne (Impressionismus, Symbolismus) sowie dem konservativen Anspruch des Realismus auf Illusionsbildung eine neue, provozierende, lebensnahe Kunst entgegen zu setzen, die gleichzeitig den künstlerischen Ausdruck grundlegend verändern wollte. Nur kurze Zeit später schlossen sich auch tschechische Schriftsteller und Künstler den Strömungen des Kubismus, Futurismus und Zivilismus an. Der Erste Weltkrieg setzte dem Fortschrittsoptimismus und dem mitunter blinden Vertrauen in die Möglichkeiten der Technik jedoch ein vorläufiges Ende. Bei den Tschechen kam es vor allem unter dem Eindruck der russischen Revolution zu einer weitgehenden Politisierung der Bewegung, die sich, wie die gesamte europäische Avantgarde, in zwei Lager spaltete. Das eine Lager setzte mehr auf eine gesellschaftliche Veränderung, während das andere sich auch weiterhin stärker auf die Revolutionierung der künstlerischen Ausdrucksmittel konzentrierte. Der Riss ging quer durch den *Devětsil* (dt. Pestwurz; wörtl. ‚Neunkräfte'), die bedeutendste avantgardistische Gruppierung in der Tschechoslowakischen Republik, die als neuer, demokratischen und liberalen

Grundsätzen verpflichteter und zudem wirtschaftlich potenter Staat einen guten Nährboden für Meinungsvielfalt und kulturelle Aktivitäten abgab. Der *Devětsil* wurde 1920 in Prag als Vereinigung vorwiegend linksorientierter Schriftsteller, bildender Künstler, Theaterleute und Kritiker gegründet. Wichtige Vertreter sind neben J. Seifert, V. Nezval und K. Teige u. a. F. Halas, K. Biebl, J. Wolker (zeitweise), V. Vančura, K. Konrád, B. Václavek, J. Šíma, A. Hoffmeister, Toyen, J. Voskovec und E. F. Burian. Aber beispielsweise auch deutsche Schriftsteller wie F. C. Weiskopf oder E. E. Kisch gehörten zum engsten Umfeld der Gruppierung. Im Sinne des internationalistischen Credos pflegte man intensive Kontakte zu den avantgardistischen Kreisen in Frankreich, Deutschland, der Sowjetunion und anderen Ländern Europas. Die zunächst tonangebende Richtung im *Devětsil* war die vor allem von S. K. Neumann, J. Hora und J. Wolker repräsentierte Proletarische Poesie. Sie verstand Dichtung vorwiegend als Instrument im Kampf um eine neue Gesellschaftsordnung im marxistischen Sinne, was bei den um Nezval und Teige gruppierten jungen Dichtern und Künstlern des *Devětsil*, die ab 1924 mit dem Poetismus eigene Wege beschritten, auf Ablehnung stieß.

Unter dem Einfluss der damals modernen konstruktivistischen, funktionalistischen und puristischen Auffassungen in der bildenden Kunst und in der Architektur, aber auch in Anlehnung an die Konzeption des Befreiten Theaters (*Osvobozené divadlo*) von Jiří Voskovec und Jan Werich schuf der Poetismus eine Ästhetik des „befreiten Wortes". Im Gegensatz zur Proletarischen Poesie sollte die Kunst nicht primär in den Dienst des gesellschaftlich-politischen Kampfes gestellt werden; sie sollte selbst jene Sphäre bilden, innerhalb derer eine freie, ideale Gesellschaft ihren Ausgang nehmen kann. Der „Lebenskünstler" (der Bohemien) wird zum Protagonisten dieser neuartigen Symbiose von Kunst und Leben. In einer leidenschaftlichen Absage an den Ernst des Lebens, an Schwarzseherei, Professionalismus und Wichtigtuerei spricht Karel Teige in seinem Manifest *Poetismus* von der „Kunst des Lebens" und betont deren optimistischen, spielerischen und lustvollen Charakter:

> „Die Kunst, die der Poetismus bringt, ist leger, ausgelassen, fantastisch, verspielt, unheroisch und erotisch. Es gibt keine Spur von Romantismus in ihr. Sie wurde in der Atmosphäre frühlings-

hafter Geselligkeit geboren, *in einer Welt, die lacht*; was liegt schon daran, daß ihr die Tränen in den Augen stehen. Es überwiegt das humoristische Temperament, dem Pessimismus hat man aufrichtig abgeschworen. Die Emphase verschiebt sich in Richtung der Genüsse und Schönheiten des Lebens, weg von den muffigen Arbeitszimmern und Ateliers, die Kunst ist Wegweiser an einem Weg, der von nirgendwo nirgendshin führt, sie dreht sich in einem herrlichen duftenden Park, denn es ist der Weg des Lebens."

Dieser extrem hedonistischen Auffassung zufolge ist der Poetismus nicht eine spezifische Kunstrichtung mit einer streng abgegrenzten ästhetischen und poetologischen Konzeption, sondern ein „modus vivendi". Nicht nur die Schranken zwischen Kunst und Leben sollen aufgehoben werden, sondern auch die Grenzen zwischen den traditionellen Kunstgattungen, zwischen ‚hoher' und ‚niederer' Kunst, zwischen Poesie und Prosa usw. Mit den deutschen Dadaisten und den französischen Surrealisten verband die Poetisten die Neigung zum künstlerischen Experiment, zum sprachlichen Spiel und zu spontanen Aktionen. Allerdings fehlte den Poetisten sowohl die stark provokante Ausrichtung der Dadaisten, die gegen die aus ihrer Sicht verkommene Welt opponieren wollten, als auch die von den Surrealisten mitunter bis hin zur Selbstzerstörung betriebene Erkundung unbekannter Bewusstseinsdimensionen. Gleichwohl verstand man sich als Teil der europäischen Avantgarde und pflegte regen Kontakt mit Gruppierungen in anderen Ländern, die ihrerseits den Poetisten hohen Respekt zollten und sie keineswegs als kleine nationale Sonderbewegung betrachteten. Wie andere avantgardistische Bewegungen in den zwanziger Jahren interessierten sich auch die Poetisten für die neuen Erscheinungen des kulturellen Lebens wie Varieté, Zirkus, Film und Jazz. Selbst sportliche Ereignisse wie Fußball und Tennis wurden zum Stimulus für künstlerisches Handeln.

Wenngleich sich der Poetismus erst mit dem Erscheinen von Teiges Manifest im Mai 1924 als Bewegung konstituierte, so liegen die künstlerischen Anfänge bereits früher. Als eines der frühesten Produkte poetistischen Schaffens gilt Nezvals *Podivuhodný kouzelník* (Wundersamer Zauberer), der 1922 in einem Sammelband des *Devětsil* veröffentlicht wurde. Schon einige der einleitenden Verse dieses lyrisch-epischen Gedichts, das sich einer traditionellen gat-

tungstypologischen Zuordnung weitgehend entzieht, vermitteln
einen anschaulichen Eindruck von der neuen Kunstauffassung:

Von einer neuen Kultur träumst du
und ich singe dir neu in Verwandlungen
Fontäne mit Tigerin die du ein Grabmal dieses Kindes bist
ein Postillon blies und die Pferdchen liefen hinaus in die Fluren
die Augen der Sterne weinen zu machen
Mein Lied ist ein Regenbogen mit ihm wandere

Es gibt in diesem Werk nur wenige Elemente, die einen klar umrissenen gedanklichen Zusammenhang begründen könnten. Den thematischen Mittelpunkt bildet die Titelfigur des wundersamen Zauberers, von dessen Herkunft, Geburt und Entwicklung die Rede ist und der uns in unterschiedlichen Situationen - im Liebeswerben, im revolutionären Kampf usw. - begegnet. Diese Hinweise auf die zentrale Gestalt entfalten sich aber keineswegs zu einem nachvollziehbaren Handlungskontext im herkömmlichen Sinne, sondern verbinden sich mit oft schwer zu deutenden dichterischen Bildern und gedanklichen Assoziationen:

Der Mond
ein Fischauge
eine Linse
der letzte aus dem Stamm des Zauberers
eine Sichel
die den Diamantenhimmel abmäht

Dies aber ist Teil der poetistischen Strategie. Der Leser soll sich gar nicht um eine tiefergehende Interpretation bemühen, er soll hinter dem Schwer-Verständlichen keinen verborgenen Sinn vermuten, sondern sich auf das fröhliche Spiel der spontanen Assoziationen und augenblicklichen Ideen einlassen. Die Titelfigur fungiert als Symbol hierfür, repräsentiert ein Zauberer doch von vornherein die Sphäre der Überraschung, der Verwandlung und des Spiels. Durch die Aneinanderreihung verschiedenartiger Bilder, Motive und Szenerien erschließt sich dem Leser ein ästhetisches Prinzip, das auf dem Spaß am schöpferischen Spiel und der Freude an Verwandlung und bunter Vielfalt beruht. In seiner 1924 erschienenen Sammlung *Pantomima*, deren Titel erneut auf szenische Kunst, visuelles Erleben und Improvisation verweist, erhebt Nezval das nach außen hin unverbundene Nebeneinander heterogener Teile zum Prinzip; gerade dieses Prinzip wird zum wesentlichen Charakteristikum des ganzen Buchs. Neben allerlei Gedichten und anderen poetischen Texten (auch der *Wundersame Zauberer* wurde hier nochmals aufgenommen) enthält *Pantomima* essayistische und szenische Texte, darüber hinaus Bilder, Fotografien und Collagen, d. h. eine bislang in Büchern kaum gekannte Buntheit und Formenvielfalt. Mit der starken Einbeziehung des bildlich-graphischen Elements wird nicht nur der bewusst gattungsüberschreitende Charakter der poetistischen Kunst betont, sondern vor allem auch die herausragende Bedeutung, die man der unmittelbaren Sinneswahrnehmung des Rezipienten beimisst. Auch dem Buchstaben als graphischem Sprachzeichen kommt hier eine besondere Funktion zu, tritt er nunmehr doch wieder in seiner ursprünglichen Wertigkeit als *Schrift*zeichen - und nicht als bloßer Stellvertreter eines Lautzeichens - auf. In dieser reaktivierten Funktion vermag er neue, unverbrauchte Bedeutungen zu evozieren. Auf besonders anschauliche Weise kommt dies in Nezvals Gedicht *Abeceda* (Das ABC) zum Ausdruck, in dem jedem Buchstaben des Alphabets ein Vier- oder Zweizeiler gewidmet ist.

A
nenn ein Hüttchen ich mit Stroh gedeckt
O Palmen tragt euren Äquator moldauzu
Die Schnecke hat ihr Haus draus sie die Hörner reckt
und nur der Mensch hat keinen Ort zur Ruh

Die typographische Ausgestaltung von Nezvals *Pantomima* wurde von Karel Teige besorgt, der nicht nur der führende Theoretiker des Poetismus war, sondern zu dessen vielfältigen künstlerischen Aktivitäten u. a. Graphiken, Collagen und Fotomontagen gehörten. Auch für die graphische Gestaltung von Jaroslav Seiferts 1925 erschienener Sammlung *Na vlnách TSF* (Auf den Wellen der drahtlosen Telegraphie), eines weiteren herausragenden Werks des Poetismus, zeichnete Teige verantwortlich. Nach anfänglichen Versuchen in der Proletarischen Poesie, die ihm aber bald zu tendenziös erschien, fand Seifert an der von Teige und Nezval initiierten Kunst der Sinne und freien Assoziationen Gefallen, kam sie doch seiner Vorliebe für Experimente mit Sprache, Vers und Reim und seiner Freude an der Erfindung origineller poetischer Bilder sehr entgegen. Der Titel von Seiferts Sammlung zeigt, dass auch die moderne Technik als produktiver Faktor in die neue Lebens- und Kunstkonzeption einbezogen wurde. Dabei indizieren die telegraphischen Wellen nicht nur eine technikfreundliche Gesinnung, sondern sie bedeuten zudem Dynamik, Veränderung, Kommunikation über riesige Distanzen hinweg. In den Gedichten vollzieht sich ein rasanter Wechsel unterschiedlicher Milieus. Szenen, die in den verschiedensten Ecken der Welt angesiedelt sind, vermitteln den Eindruck eines permanenten Strebens nach Universalität und Unbegrenztheit, dem praktisch alle Erscheinungen des Lebens unterworfen sind. Selbst etwas so Alltägliches wie der Rauch einer Zigarette ist in diesen Kontext von Dynamik und Schrankenlosigkeit eingebunden:

> er steigt zu den Sternen
> welche die polster
> der langeweile trinken
> poesie

Der Poetismus beherrschte Mitte der 20er Jahre die tschechische Literaturszene und zog viele Autoren in seinen Bann, selbst solche, die nicht unmittelbar dieser Bewegung angehörten. Die Ästhetik der Unbekümmertheit und optimistischen Ausgelassenheit war jedoch nur von kurzer Dauer. Auch wenn die künstlerisch-literarischen Experimente des Poetismus noch bis Anfang der 30er Jahre für das tschechische Publikum von großer Attraktivität waren, so finden sich in den Texten zunehmend nachdenkliche, ja sogar tragische Töne. Nun wurde eben jene ‚Nachtseite des Lebens' erhellt, die man früher einfach ausgeblendet hatte, obwohl so typische poetistische Motive wie der Clown oder die moderne Technik diese dunklen Seiten von vornherein in sich bargen. Andere avantgardistische Strömungen, z.B. der Expressionismus, hatten das wiederholt demonstriert. Bezeichnenderweise heißt eine Gedichtsammlung Nezvals aus dem Jahre 1930 *Básně noci* (Gedichte der Nacht). Der Titelheld des Gedichtes *Akrobat*, eines der berühmtesten Texte dieser Sammlung, erscheint nicht nur als Künstler und Unterhalter. Vielmehr wird er von den Menschen als neuer Heilsbringer angesehen; dadurch zu tragischer Selbstüberschätzung verleitet, stürzt er schließlich vom Seil. Der Akrobat wird zum Symbol einer pervertierten, da nur mehr auf äußere Erwartungen reagierenden und sich von den eigenen Wurzeln entfernenden

Kunst, der die Leichtigkeit und das Gefühl für das Wunderbare und Schöne verloren gegangen sind.

Ähnlich gestimmt ist auch das vielleicht typischste Werk dieser Spätphase des Poetismus, Konstantin Biebls längeres Gedicht *Nový Ikaros* (Der neue Ikaros) aus dem Jahre 1929. Biebl, der auf Grund seiner traumatischen Erfahrungen aus dem Ersten Weltkrieg nie zu der Verspieltheit und dem manchmal auch naiven Optimismus seiner poetistischen Dichterkollegen geneigt hatte, zieht in *Der neue Ikaros* noch einmal alle künstlerischen Register des Poetismus. Die vier Gesänge dieses Gedichts verzichten bei Vers, Reim und Strophik auf jegliches Regelmaß und stellen eine furiose Folge aus thematisch wiederum nur locker verbundenen Bildern dar. Heimische und exotische Szenerien, Vergangenheit und Gegenwart wechseln und verschmelzen zu einem raum- und zeitübergreifenden mythischen Kontinuum.

> Also als ich das Ceylon erblickte
>
> Und als ich Borneo Sumatra Java und Celebes sah
> und all die Inseln dort unten
>
> Und als ich auf einem Elefantenpfad eindrang in den smaragdenen
> Bambusdschungel
> unterm Nachthimmel der Mammutbäume mit den Schatten-
> höhlen
> im olivgrün gebrochenen Licht wallt tragisch Musik
> es ist eine Seelenmesse für Arthur Rimbaud
> gelesen von Dandyvögeln und heiligen Affen die den langen Büh-
> nenvorhang entfalten
> hinter dem plötzlich Wellen sich zeigen die Maste brechen
> und die See wie Satan von fern her lacht
>
> Ich höre das Stampfen eines Tapirs

Die Gestalt des sich mit selbstgebauten Flügeln gen Himmel emporschwingenden und schließlich abstürzenden Ikaros steht für den modernen Menschen, der für seine Selbstüberschätzung bestraft wird. Die poetistische Methode, weit voneinander entfernte Erscheinungen in oft überraschenden Assoziationen zu verbinden, erreicht hier einen ihrer Höhepunkte; es geht ihr jedoch nicht mehr um die Fähigkeit der menschlichen Phantasie, Grenzen zu überwinden. Statt dessen sollen die Gefahren einer zunehmenden Beschleunigung der Lebensabläufe und einer wachsenden Reizüberflutung vorgeführt werden. Damit aber hat sich der Poetismus von seinen ideellen Wurzeln gelöst und die Grundlage seiner Existenz eingebüßt.

Die gesamte tschechische Avantgarde gerät an der Wende von den 20er zu den 30er Jahren unter dem Eindruck der Weltwirtschaftskrise und des Stalinregimes in der Sowjetunion in eine tiefe Krise. Ideologische Streitigkeiten um linke Grundpositionen führen schließlich zu ihrem Zerfall. Nur wenige Autoren aus dem *Devětsil* bleiben im avantgardistischen Umfeld aktiv, so etwa Nezval, der sich dem Surrealismus anschließt. Bei einigen klingen die dichterischen Verfahren des Poetismus noch eine Zeitlang nach, während andere, wie Seifert, das Feld des Experimentierens und Provozierens vollständig verlassen und zu einem sehr traditionalistischen Ausdruck finden. In der sich verdüsternden Atmosphäre der 30er Jahre wären Optimismus und spielerische Ausgelassenheit ohnehin fehl am Platze gewesen. Der Glaube an die Aufhebbarkeit der Grenzen zwischen Leben und Kunst ging verloren. Dieser war eben nur im wirtschaftlich gesunden und liberalen Milieu jenes aufstrebenden neuen Staates möglich gewesen, der sich als der Nabel Europas empfand. Auch wenn die Künstler, die den Mut zur Erprobung von etwas ganz Neuem und ganz Eigenem hatten, bald einsehen mussten, dass dies nur von kurzer Dauer sein konnte, blieb vielen von ihnen auch noch lange danach die Erinnerung an eine Zeit, die mit dem Erleben von echtem Glück und echter Freiheit verbunden war. Und so ist es kein Wunder, wenn Jaroslav Seifert in seinen Memoiren auf diese Jahre voller Wehmut zurückblickt:

> „Und solltet ihr in diesem Moment einen leisen Seufzer vernommen haben, achtet nicht darauf. Da habe nur ich geseufzt über die Schönheit dieser längst vergangenen Jahre, da wir glücklich waren und es nicht wußten. / Heute wissen wir es."

Der Prager Linguistik-Zirkel

Klaas-Hinrich Ehlers

Am 6. Oktober 1926 wurde im Arbeitszimmer des tschechischen Anglisten Vilém Mathesius der Prager Linguistik-Zirkel (*Pražský lingvistický kroužek*) gegründet. Ein Gastvortrag des Leipziger Germanisten Henrik Becker wurde zum Anlass genommen, den bislang unregelmäßigen Treffen einer Gruppe junger Nachwuchswissenschaftler um Mathesius eine verbindlichere Struktur zu geben. So legte man an diesem Nachmittag ein kleines Büchlein mit dem Titel *Záznamy o schůzích Pražského lingvistického kroužku* (Verzeichnis der Sitzungen des Prager Linguistik-Zirkels) an, in dem von nun an Thema, Datum und die Teilnehmer der zunächst monatlichen stattfindenden Treffen gewissenhaft vermerkt wurden. Die Arbeit dieser kleinen Diskussionsrunde sollte sich in den folgenden Jahren rasch zu einer der bedeutendsten wissenschaftlichen Vereinigungen der Ersten Tschechoslowakischen Republik auswachsen. Auch im Rahmen der internationalen Wissenschaft konnte der Prager Linguistik-Zirkel sehr schnell eine Resonanz erwirken, die ihn zu einer der weltweit einflussreichsten Entwicklungen der tschechoslowakischen Kultur des 20. Jahrhunderts werden ließ. Innerhalb weniger Jahre gelang es der bald als „Prager Schule der Linguistik" bezeichneten Gruppe, eine neue linguistische Disziplin der Lautforschung, die Phonologie, zu etablieren. In ihren theoretischen Grundlagen und ihrer methodischen Strenge wurde die Phonologie bald zum Vorbild für andere Teilbereiche der modernen Sprachwissenschaft und gewann Vorbildcharakter auch außerhalb der Linguistik, etwa in der Literaturwissenschaft und Ethnologie. Auch wenn sich die Sprachwissenschaft in den folgenden Jahrzehnten selbstverständlich ganz erheblich weiterentwickelte, ist heute noch eine Einführung in die moderne Linguistik etwa an der Universität kaum vorstellbar, in der nicht auf die Prager Schule eingegangen würde.

Entgegen der weit verbreiteten Annahme, die deutsche Sprachwissenschaft der Zwischenkriegszeit sei von den internationalen Entwicklungen ihres Faches ganz isoliert gewesen, sei an dieser Stelle eigens betont, dass die Arbeiten des Prager Zirkels in Deutschland schon in den 30er Jahren durchaus wahrgenommen wurden. Vor allem unter der jungen Generation deutscher Sprachwissenschaftler wurden diese Arbeiten aufmerksam verfolgt und teilweise als Bestätigung für die eigenen Neuerungsbestrebungen angesehen. Anders als in den meisten seiner Nachbarländer kam es in Deutschland zu dieser Zeit allerdings nicht zur Bildung von Gruppen oder Schulen methodisch vergleichbar orientierter Linguisten. Auch die Phonologie konnte in Deutschland erst nach dem Zweiten Weltkrieg allmählich Fuß fassen. Speziell für die westdeutsche Literaturwissenschaft spielte die Prager Schule dann in den 60er und 70er Jahren eine bedeutende Rolle. Im Zusammenhang mit der Methodendebatte um eine sozial- und rezeptionsgeschichtliche Literaturwissenschaft wurden die meist schon älteren poetologischen und ästhetischen Ansätze der Prager Schule als Inspirationsquelle und Diskussionsgrundlage „neu" entdeckt. Aus dieser Zeit stammen denn auch die meisten Übersetzungen von Texten aus dem Umkreis des Prager Zirkels ins Deutsche.

In den ersten Jahren arbeitete der Prager Linguistik-Zirkel allerdings noch in eher bescheidenem Rahmen. Die Versammlungen umfassten anfangs selten mehr als ein Dutzend Teilnehmer. Man traf sich, auch in Privatwohnungen oder Cafés, um sich gegenseitig die Ergebnisse der eigenen Arbeit vorzustellen und gemeinsam zu diskutieren. Von Beginn an wurden aber immer wieder auch Gäste aus dem In- und Ausland zu Vorträgen geladen. Einige der aktivsten Teilnehmer der frühen Veranstaltungen, die auch in späteren Jahren Schlüsselfiguren des Prager Zirkels blieben, seien hier angeführt: Neben Vilém Mathesius wäre vor allem der Anglist Bohumil Trnka, der Slawist Bohuslav Havránek, der Literaturwissenschaftler Jan Mukařovský, der russische Ethnologe Petr Bogatyrev und nicht zuletzt der russische Sprach- und Literaturwissenschaftler Roman Jakobson zu nennen.

Erst als 1928 ein gemeinsames Manifest von Mitgliedern des Zirkels auf dem Ersten Internationalen Linguistenkongress in Den Haag überraschend positive Resonanz fand, vollzog sich ein bedeutender Wandel im Aufbau und Auftreten der Gruppe. Da man in Den Haag erkannt hatte, dass die eigenen wissenschaftlichen Bestrebungen mit einer Phase methodischer Umorientierung der Sprachwissenschaft auch in anderen Ländern zusammenfielen, entwickelte der Prager Linguistik-Zirkel das ausgeprägte internationale Sendungsbewusstsein einer wissenschaftlichen Avantgarde. Vor allem die großen internationalen Kongresse der Linguistik, Slavistik und Phonetik nutzten die Mitglieder des Zirkels in den 30er Jahren als Forum für ihre gut vorbereiteten und massiven Auftritte. Auch das Erscheinen von Veröffentlichungen der Gruppe war zum Teil geschickt auf die Eröffnung dieser internationalen Kongresse abgestimmt. Zugleich wurde aus der lockeren Diskussionsgruppe ein enger, auf gemeinsame methodische Prinzipien verpflichteter Arbeitskreis, der sich immer wieder mit kollektiven Thesen und Stellungnahmen einstimmig zu Wort meldete. Dieser Prozess der Institutionalisierung wurde im Jahr 1930 endgültig abgeschlossen, als sich der Zirkel eine förmliche Vereinssatzung gab, die die Mitglieder auf eine gemeinsame methodische Ausrichtung auf die „funktional-strukturale Sprachwissenschaft" festlegte und sogar erlaubte, etwaige Abweichungen von diesem Programm durch Ausschluss zu sanktionieren. Dass unter den 17 regulären Mitgliedern, die die Vereinssatzung damals unterzeichneten, drei Russen, zwei Deutsche und ein Serbe waren, unterstreicht die internationale Orientierung des Zirkels auch in seiner inneren Organisation.

Nachdem der Prager Zirkel im internationalen Kontext rasch zu erster Anerkennung gekommen war, bemühte er sich am Anfang der 30er Jahre bewusst und mit Erfolg auch um eine Wirkung im Umkreis der einheimischen Kultur und Wissenschaft. Breite Diskussion lösten die Mitglieder des Zirkels durch einen Vortragszyklus aus, mit dem sie im Jahre 1932 in die öffentliche Debatte um die Reinhaltung der tschechischen Sprache eingriffen. Auch für die Fragen der Sprachkultur und Sprachpflege machte der Linguistik-Zirkel seinen rein funktionalen Standpunkt geltend und polemisierte zu Gunsten der Avantgardeliteratur gegen das konservative (und antigermanische) Stilideal tschechischer Puristen. Der Zirkel konnte seinen Einfluss aber auch schon deshalb über die Grenzen seiner Gründungsstadt auf das landesweite akademische Milieu ausdehnen, weil eine ganze Reihe seiner frühen Mitglieder im Verlauf der 30er Jahre Lehrstühle an den Universitäten Brno und Bratislava besetzten.

Zehn Jahre nach seiner Gründung war der Prager Zirkel auf 61 reguläre Mitglieder angewachsen, die an Hochschulen und Bildungseinrichtungen in allen Teilen des Landes tätig waren und zu einer geringeren Anzahl auch aus dem Ausland stammten. Der Tätigkeitsbericht von 1936 verzeichnet 159 Vorträge, die in diesem ersten Jahrzehnt im Zirkel zu Gehör gebracht und diskutiert worden waren. Der bei weitem größte Anteil bezog sich dabei auf thematisch breit gestreute sprachwissenschaftliche Fragestellungen. Zu diesem Zeitpunkt waren aber auch 41 poetologische und literaturwissenschaftliche Vorträge erörtert worden, und eine kleinere Anzahl von Veranstaltungen hatte Fragen der Ethnographie gegolten. Bemerkenswert ist auch die Tatsache, dass 32 dieser Vorträge auf Deutsch, 11 auf Französisch und zwei auf Russisch gehalten worden waren.

Der polyglotte Charakter der Veranstaltungen unterstreicht die internationale Zusammensetzung und Ausrichtung. Neben einer Reihe von Sammelbänden gab der Linguistik-Zirkel die Schriftenreihe der *Travaux du Cercle Linguistique de Prague* heraus, deren deutsch, französisch oder englisch verfasste Monographien und Sammelbände sich vor allem an ein internationales Publikum wandten. Seit 1935 publizierte der Zirkel zudem die tschechischsprachige Zeitschrift *Slovo a slovesnost* (Wort und Wortkunst), die auch thematisch eher auf eine einheimische Leserschaft zugeschnitten war. Überdies engagierten sich seine Mitglieder sehr stark auch in nichtwissenschaftlichen Zeitschriften bis hin zu Tageszeitungen, denn man versuchte, über den engen Kreis der Wissenschaftler hinaus eine breite, gebildete Öffentlichkeit zu erreichen.

In diesem Zusammenhang ist auch auf die Bedeutung des Zirkels und anderer wissenschaftlicher Vereinigungen, die sich nach seinem organisatorischen Modell zusammenschlossen, für die Nationalitätenproblematik der Ersten Tschechoslowakischen Republik hinzuweisen. Waren das tschechische und das deutsche wissenschaftliche Milieu Prags trotz der räumlichen Nähe zuvor nahezu vollständig gegeneinander abgeschottet gewesen, so bot der über-nationale Linguistik-Zirkel schon bald einen Raum für eine vorsichtige Annäherung zwischen der tschechischen und der deutschen Universität Prags. Erste Besuche von Angehörigen der Deutschen Universität bei Veranstaltungen des Zirkels gehen schon auf das Jahr 1928 zurück, eine durchaus beachtliche Reihe von Vorträgen folgte. Nach 1933 bekam der Prager Zirkel, der in den 20er Jahren schon russische und ukrainische Emigranten eingebunden hatte, neuen Zulauf durch deutsche Wissenschaftler, die in die Tschechoslowakei fliehen mussten und hier zum Teil an der Deutschen Universität arbeiten konnten. Bis 1936 waren immerhin sechs Professoren und Dozenten der Deutschen Universität Prag dem Zirkel als reguläre Mitglieder beigetreten. Außerdem waren einige ausländische Mitglieder an der Deutschen Universität als Lektoren tätig. Die engsten Berührungen bei dieser insgesamt freilich zurückhaltenden Annäherung ergaben sich in der Slawistik und in der Philosophie. Im Umkreis der Prager deutschen Slawistik kam es schon um 1930 zur Bildung einer Reihe von ‚zirkelförmigen' Arbeitsgemeinschaften, die sich ausdrücklich auf das institutionelle Modell des Linguistik-Zirkels beriefen und sich mit diesem zum Teil auch personell überschnitten. Genannt seien die in der *Deutschen Gesellschaft für Slavistische Forschung in Prag* zusammengefassten Arbeitsgemeinschaften und der *Ethnographische Zirkel*. Im Jahr 1934 wurde dann als Zusammenschluss deutscher und tschechischer Philosophen der phänomenologisch orientierte *Cercle Philosophique de Prague* gegründet, der ebenfalls enge Kontakte mit dem Linguistik-Zirkel unterhielt.

Die Kooperation deutscher und tschechischer Wissenschaftler in der „Pufferzone" der Wissenschaftszirkel war durch die politischen Rahmenbedingungen einer allmählichen Entschärfung des Nationalitätenkonflikts seit dem Ende der 20er Jahre sehr begünstigt worden. Als nun im Gefolge der Wirtschaftskrise und der politischen Entwicklungen in Deutschland die nationalen Spannungen im Lande wieder wuchsen, machte sich die zunehmende Polarisierung der tschechoslowakischen Gesellschaft auch in der Arbeit des Linguistik-Zirkels geltend. Dieser bezog nun selbst öffentlich politische Stellung und machte Ende 1936 mit einer Aufsehen erregenden Diskussionsveranstaltung auf nationalistische Tendenzen gerade an der Slawistik der Deutschen Universität aufmerksam. Er brachte außerdem sein großes wissenschaftliches Gewicht zur Geltung, um Einfluss auf die inhaltliche Entwicklung der dort herausgegebenen Zeitschriften *Germanoslavica* und *Slavische Rundschau* zu nehmen. Nach dem Münchener Abkommen traten die Prager deutschen Professoren Gustav Becking (Musikwissenschaft) und Eugen Rippl (Slawistik) förmlich aus dem Zirkel aus. Als reguläre Mitglieder aus dem deutschen Wissenschaftsmilieu Prags verblieben nun nur noch einige wenige loyale und/oder jüdische Wissenschaftler. Zu nennen wären hier etwa die Philosophen Oskar Kraus, Emil Utitz, Ludwig Landgrebe und die Sprachwissenschaftler Friedrich Slotty und Eugen Seidel.

Die politischen Ereignisse des Jahres 1939 markieren dann das abrupte Ende der so genannten „klassischen Periode" des Prager Strukturalismus. Die deutsche Okkupation zwang mehrere Angehörige des Zirkels zur Flucht und beschnitt dessen internationale Kontakte. Mit der bald folgenden Schließung der tschechischen Hochschulen verlor der Zirkel seine breite universitäre Basis und fiel in den Stand einer privaten Wissenschaftlervereinigung zurück. Immerhin konnte die Gruppe in stark eingeschränktem Umfang ihre Arbeit zunächst fortsetzen und kam weiterhin zu Vortrags-

und Diskussionsveranstaltungen zusammen. Offenbar bot sie in der Zeit der Okkupation einen wertvollen Rahmen für den fachlichen Austausch unter tschechoslowakischen Wissenschaftlern, der nun in öffentlichen Institutionen keinen Platz mehr fand. Während die *Travaux du Cercle Linguistique de Prague* ihr Erscheinen 1939 einstellten, konnte der Linguistik-Zirkel noch bis 1943 seine Zeitschrift *Slovo a slovesnost* herausbringen. 1942 wurde außerdem ein erster Band der als Reihe konzipierten *Čtení o jazyce a poesii* (Vorlesungen über Sprache und Poesie) publiziert, dem allerdings keine weiteren Bände folgten.

Auch nach 1945 blieb das weitere Schicksal des Prager Linguistik-Zirkels unmittelbar von den politischen Entwicklungen des Landes abhängig. Man bemühte sich sogleich, die internationalen Kontakte durch Einladungen ausländischer Referenten wieder aufzubauen und meldete sich im Jahr 1948 auf dem 6. Internationalen Linguistenkongress in Paris mit gemeinsamen Thesen vor dem internationalen Fachpublikum zurück. Das Wiedererscheinen der Zeitschrift *Slovo a slovesnost* verzögerte sich aber noch bis 1947 und der seit langem geplante neunte Band der *Travaux du Cercle Linguistique de Prague* konnte in der kurzen Zeit bis zum nächsten politischen Umbruch nicht mehr erscheinen. Hatten sich einige Mitglieder der Prager Schule nach der Befreiung von der nationalsozialistischen Herrschaft schon zuvor bemüht, ihre wissenschaftliche Arbeit mit marxistischen Positionen zu vermitteln, so beeilten sich viele ihrer exponierten Vertreter nach der kommunistischen Machtübernahme im Februar 1948, den Wechselbädern der jeweils offiziellen sowjetischen Sprachwissenschaft tunlichst gerecht zu werden. Es kam zu spektakulären „Selbstkritiken" und „Widerrufen" und als die strukturale Sprachwissenschaft im Jahre 1951 kampagnenartig in das Zentrum ideologischer Verdächtigungen gerückt wurde, „bekehrten" sich einige Angehörige der Prager Schule zu rabiaten Anti-Strukturalisten. Andererseits war man bemüht, einzelne Elemente des früheren Ansatzes in die gegenwärtige wissenschaftliche Arbeit hinüber zu retten oder man wich auf ideologisch unverfängliche Themen aus. Gleich nach der kommunistischen Machtübernahme war die staatliche Kulturpolitik bestrebt, bestehende wissenschaftliche Vereinigungen in Einheitsorganisationen zusammenzufassen und so zu paralysieren. Auch der Prager Linguistik-Zirkel ging auf diese Weise in anderen Organisationen auf und blieb, nachdem 1951 auch *Slovo a slovesnost* im Untertitel nicht länger als „Zeitschrift des Prager Linguistik-Zirkels" geführt wurde, auf Jahrzehnte aus der tschechoslowakischen Wissenschaftslandschaft als eigenständige Organisation verschwunden.

Erst als gegen Ende der 50er Jahre das ideologische Tauwetter allmählich auch die Tschechoslowakei erreichte, meldeten sich Angehörige des ehemaligen Linguistik-Zirkels wieder mit gemeinsamen Thesen zu Wort, die sich zur strukturalen Sprachwissenschaft bekannten. Die Spielräume waren bald auch innerhalb staatlicher Institutionen so groß geworden, dass man versuchen konnte, explizit an die Ansätze der „klassischen" Prager Schule wieder anzuknüpfen, um sie mit stark formallinguistischer Tendenz weiter zu entwickeln. Im Jahr 1964 konnte der erste Band einer neuen Reihe *Travaux Linguistiques de Prague* erscheinen, der sich nicht nur inhaltlich, sondern auch in Titel und Typographie unmittelbar auf die Bände der Jahre 1929 bis 1939 bezog. Die Tilgung des Wortes *Cercle* aus dem Titel deutet gleichwohl an, dass die so genannte „zweite Generation" der Prager Schule nicht auf einer derart geschlossenen institutionellen Basis arbeitete wie ihre Vorgänger. Ihre Vertreter, ältere und jüngere Mitglieder des früheren Linguistik-Zirkels und neue Nachwuchswissenschaftler, waren auf verschiedene staatliche Organisationen verteilt, einen programmatisch eigenständigen und umfassenden Arbeitszirkel konnte es weiterhin nicht geben. Die ehemalige interdisziplinäre Ausrichtung war einer Arbeitsteilung zwischen Literaturwissenschaft und Linguistik gewichen, die internationalen Kontakte blieben selbstverständlich weitestgehend auf den Ostblock beschränkt. Doch auch dieser Versuch einer Aktualisierung und Weiterentwicklung früherer Ansätze wurde durch politische Ereignisse, die Unterdrückung der Reformbewegungen im Jahr 1968, abgewürgt. Der vierte und letzte Band der *Travaux Linguistiques de Prague* konnte im Jahr 1971 kurz vor der durchgreifenden „Normalisierung" der politischen und ideologischen Verhältnisse des Landes erscheinen.

Es zeugt von der starken Tradition der Prager Schule in der tschechoslowakischen Sprachwissenschaft, dass gleich nach der neuerlichen politischen Wende im Jahre 1989 Bemühungen begannen, den Prager Linguistik-Zirkel wieder zu beleben. Da man in all den Jahrzehnten sozialistischer Herrschaft ‚versäumt' hatte, ihn als Verein auch de iure aufzulösen, konnten seine regulären Mitglieder früherer Zeiten das Vereinsleben Anfang 1990 unmittelbar wieder aufnehmen. Die konstituierende Sitzung des auf diese Weise reaktivierten Linguistik-Zirkels fand am 15. 2. 1990 in der Akademie der Wissenschaften in Prag statt. Seitdem wird auch wieder die Tradition der regelmäßigen Vortrags- und Diskussionsveranstaltungen gepflegt. Nach Klärung der finanziellen Rahmenbedingungen konnte dann im Jahr 1995 auch der erste Band der neuen Folge der *Travaux du Cercle Linguistique de Prague* mit dem Untertitel *Prague Linguistic Circle Papers* erscheinen, die seitdem fortgesetzt wird. Im Jahr 1996 feierte der Zirkel mit einer dreitägigen internationalen Konferenz *Prague School Linguistics* sein nunmehr 70jähriges Bestehen. Ob es ihm gelingen wird, seine lange Tradition mit aktuellen Entwicklungen der internationalen Sprachwissenschaft zu verknüpfen und innerhalb dieser Entwicklungen wieder eine unverkennbare und geschlossene Position einzunehmen, bleibt eine Frage der Zukunft. Zu wünschen ist dem neuen Prager Linguistik-Zirkel in jedem Fall, dass seine Zukunft ungestörter verlaufen möge als seine Vergangenheit.

Der tschechische Film der 60er Jahre: Im Zeichen der Neuen Welle

Jiří Voráč

Die 60er Jahre sind das goldene Zeitalter des tschechischen Films. In jener Zeit fand er international Anerkennung und gewann Einfluss. Dutzende tschechische Filme erhielten damals Preise auf internationalen Festivals, unter anderem auch in Mannheim. Das Mannheimer Festival hatte sich als eines der ersten dem neuen tschechischen Film geöffnet und so dazu beigetragen, dass dieser den Weg in die internationale Szene fand. Höhepunkte des Erfolges bildeten die Jahre 1966 und 1968, als *Obchod na korze* (Ein Laden auf der Hauptstraße) von Ján Kadár und Elmar Klos und *Ostře sledované vlaky* (Liebe nach Fahrplan) von Jiří Menzel in Amerika mit dem begehrten Oscar für den besten ausländischen Film ausgezeichnet wurden.

Verschiedene Faktoren hatten diese Blüte des tschechischen Films ermöglicht. In erster Linie sind hier die sozial-wirtschaftlichen Bedingungen zu nennen. Sie hatten sich im Zuge der politischen Liberalisierung verändert und boten - bei staatlicher Finanzierung des Films, also ohne kommerziellen Druck - relativ freie Schaffensbedingungen. Der Film entwickelte sich als ein Faktor des großen kulturellen Gärungsprozesses, der durch die Veränderung des gesellschaftlichen Klimas ausgelöst worden war und sich gleichzeitig auch auf anderen Gebieten bemerkbar machte: in der Literatur (Milan Kundera, Josef Škvorecký, Jan Trefulka, Ludvík Vaculík, Ivan Kříž, Jan Procházka, Arnošt Lustig, Václav Havel u. a.), im Theater (Entstehung alternativer Bühnen wie *Semafor* (Ampel), *Divadlo na zábradlí* (Theater am Geländer) und in den philosophischen, ökonomischen und politischen Debatten, in denen sich neue geistige Strömungen durchzusetzen begannen.

Natürlich darf auch der Kontext des internationalen Filmschaffens nicht übersehen werden. Hier gab der sogenannte Neue Film den Trend an. Der tschechische Film befreite sich in jener Zeit aus der Isolation. Er empfing nicht nur wichtige Impulse vom internationalen Film, sondern wusste auch durchaus in origineller Weise damit umzugehen. Das britische *Free Cinema* inspirierte durch sein nüchternes Interesse am Alltäglichen und seinen sozialkritischen Realismus, die französische Neue Welle durch ihre Ausrichtung am menschlichen Subjekt und dessen innerer Welt, das *cinéma-vérité* durch seine bloße, soziologisierende Dokumentation. Vom tschechischen Neuen Film gingen schließlich Impulse auf die „Neuen Wellen" in weiteren Ländern aus, so auch auf den neuen deutschen Film, der seine Geburtsstunde 1966 mit Volker Schlöndorffs *Der junge Törless* erlebte.

Die Filmkultur löste sich mit der 1956 einsetzenden Entstalinisierung allmählich vom Gängelband der kommunistischen Ideologie und der normativen Ästhetik des sozialistischen Realismus. In Reaktion auf das verfälschte, ideologisierte Bild von der Wirklichkeit, das die Filmpropaganda in den 50er Jahren in rauen Mengen verbreitet hatte, schlug eine Welle von kritischen Filme hoch. In ihnen verbinden sich Skepsis und das Bemühen um eine Entmystifizierung der Wirklichkeit, und das in der unmittelbaren Darstellung authentischer Erfahrungen. Der nichtkonforme, resistente Geist des tschechischen Films der 60er Jahre speiste sich aus einer doppelten Quelle der Revolte: einer künstlerischen und einer bürgerlich-politischen. Anders gesagt: künstlerisches Experiment und Artikulation bürgerlich-demokratischer Standpunkte gingen eine Symbiose ein.

Der Film trug in bedeutendem Maße zur Enttabuisierung des damaligen gesellschaftlichen Lebens bei und unterminierte das ideologisch entstellte Bild von der Wirklichkeit. Die Filmkunst stand im Zeichen der kritischen Reflexion früherer und gegenwärtiger Erfahrungen. Schwerpunkt war dabei, die Bedingungen und Möglichkeiten der menschlichen Existenz zu untersuchen, die dem Druck der verschiedenen sozialen und geschichtlichen Belastungen ausgesetzt ist. Die Autoren offenbarten die Widersprüchlichkeit der Wirklichkeit, die im Ganzen nicht fassbar ist; sie orientierten sich am Mikrokosmos des individuellen menschlichen Seins, in dem sich der Makrokosmos der Welt fragmentarisch spiegelt, und stellten den Menschen als Maß allen Geschehens ins Zentrum des Interesses. Die kritische Reflexion wich auch besonders heiklen historischen Traumata in Zusammenhang mit der nationalsozialistischen Okkupation oder den deutsch-tschechischen Beziehungen nicht aus.

Das tschechische bzw. tschechoslowakische Filmwunder der 60er Jahre, wie die ausländische Presse dieses Phänomen bezeichnete, verbindet sich vor allem mit der Generation der sogenannten Neuen Welle. Repräsentiert wurde sie von Künstlern wie Věra Chytilová, Miloš Forman, Ivan Passer, Jiří Menzel, Evald Schorm, Jan Němec, Pavel Juráček, Jaromil Jireš und Juraj Herz. Als diese Generation 1963 die professionelle Szene betrat, war dies der entscheidende Impuls für eine radikale Veränderung der tschechischen Filmkultur.

Die Generation der Neuen Welle, von der Vergangenheit nicht belastet und für Neues offen, sorgte für grundsätzliche thematische und ästhetische Innovationen. Obwohl ihre Vertreter kein gemeinsames Manifest formulierten und ihr Filmschaffen individuell sehr unterschiedlich war, kann das Konzept des *cinéma-vérité*, des authentischen Films, als gemeinsamer Ausgangspunkt angesehen werden. Im Großen und Ganzen stützte es sich auf selbst verfasste Drehbücher und die Poetik des Alltäglichen. Die Sujets entstammten überwiegend dem zeitgenössischen Alltag und waren auf den Typ des Antihelden, des Außenseiters und gewöhnlichen „kleinen Mannes" hin angelegt. Eine freiere Erzählstruktur - eine Art fragmentarisches Mosaik - trat an die Stelle des traditionellen psychologischen Realismus und der geschlossenen Geschichte, die auf dem Prinzip der kausalen Abfolge und sich steigernden Vollendung basierte. Das ermöglichte einen engeren Kontakt zur Wirklichkeit und ließ mehr Raum für Improvisation. Vorherrschend war die Tendenz zur authentischen und subjektivierten Äußerung. Ihr wurde durch die Experimente mit der freien Kamera, die neuartigen Montageverfahren und wohl auch durch die Zusammenarbeit mit Laien- und Nichtschauspielern Nachdruck verliehen. Zu erwähnen ist auch die innovative Funktion von Humor, Ironie, Skepsis und Spiel sowie der Einfluss verschiedener philosophischer Strömungen, besonders der Phänomenologie und des Existenzialismus.

Das Filmschaffen der Neuen Welle begann sich allmählich mehr und mehr zu differenzieren. Als grundsätzlicher Trend lässt sich dabei die Verschiebung vom unauffälligen, sachlich-alltäglichen, detaillierten Mikrodrama zum größeren, spektakuläreren Gleichnis beobachten. Wenn in der ersten Phase, also bis zur Mitte der 60er Jahre, die Analyse der äußeren Wirklichkeit im Vordergrund gestanden hatte, so wird die zweite Phase stärker von Innerlichkeit, Abstraktion und Poesie bestimmt. Auch setzen sich raffiniertere formale Verfahren und kompliziertere Erzählstrukturen durch; verschiedene Zeit- und Handlungsebenen, Träume, Erinnerungen und Vorstellungen werden ineinander verwoben.

Doch lassen sich für den gesamten Zeitraum im Großen und Ganzen zwei bzw. drei Strömungen unterscheiden, deren strikte Abgrenzung und Klassifizierung freilich Schwierigkeiten bereitet, denn sie ergänzen und überschneiden sich in einzelnen Elementen. So unterscheiden die verschiedenen Filmhistoriker bei jeweils anderer Akzentuierung eine „intimistische" und „pathetische" Richtung (Jaroslav Boček), eine „dokumentarische" und „metaphorische" (Jan Žalman), eine „moralistische", „lyrisch-subjektive" und „kritisch-objektive" (Petr Král); sie sehen die Tendenz zu „Lyrisierung und Mythos", zum „expressiv dramatischen Ausdruck" oder „zu Metapher und Parabel" (Milan Hanuš und Jan Svoboda).

Die erste, relativ geschlossene Richtung wird auch als die veristische bezeichnet. Sie verbindet sich vor allem mit den Filmen Miloš Formans, weshalb manchmal auch von der „Forman-Schule" gesprochen wird. Sie zeichnet sich durch das Vorherrschen authentischer Elemente aus, angefangen von der Detailzeichnung einer fragmentarischen Alltagswirklichkeit bis hin zu Dreharbeiten im freien Gelände und der Beteiligung von Nichtschauspielern. Signifikantes Kennzeichen dieser Richtung ist der Humor: oft beißend bis hin zur Karikatur, bisweilen liebenswürdiger und verständnisvoller, stets aber befreiend.

Das war die Grundlage, auf der sich - in verschiedenen Abwandlungen - die individuelle Poetik und Philosophie der einzelnen Autoren entwickelte. Die frühen Filme Formans ähneln ausgefeilten, bitteren Komödien über die Desillusionierung in der Jugend, eine Erfahrung, die durchwegs in den Generationenkonflikt eingebettet wird (*Černý Petr* / Der schwarze Peter, 1963; *Lásky jedné plavovlásky* / Die Liebe einer Blondine, 1965). Mit der Zeit verstärkt sich die Tendenz zur sozialen Satire und Metapher (*Hoří, má panenko* / Feuerwehrball, 1967). Der Formanschen Poetik nahe steht Ivan Passer, dessen Filme jedoch eher tragikomisch als grotesk sind, außerdem impressionistischer, lyrischer. Seine Ironie schlägt weichere Töne an (*Intimní osvětlení* / Intime Beleuchtung, 1965). Das Schaffen Evald Schorms ist nach Stil und Genre vielfältig. Sein grundlegendes Werk *Návrat ztraceného syna* (Die Heimkehr des verlorenen Sohnes, 1966), ein melancholischer, skeptischer, fast traurig-düsterer Film, entstand unter dem Einfluss existenzialistischer Gedanken. Dagegen kann Jiří Menzel mit seinen liebenswürdigen, poetischen Komödien als einziger Idylliker der Generation gelten, und das, obwohl sich seine Geschichten während des Zweiten Weltkriegs abspielen (*Ostře sledované vlaky* / Liebe nach Fahrplan, 1966) oder in den Arbeitslagern der 50er Jahre (*Skřivánci na niti* / Lerchen am Faden, 1969). Berühmt wurde Menzel vor allem durch seine Verfilmungen nach literarischen Vorlagen von Bohumil Hrabal.

Charakteristisch für die zweite Richtung innerhalb der Neuen Welle ist die Tendenz zum symbolischen Ausdruck, zu Allegorie und Parabel. Sie reflektiert metaphysische Fragen und beschäftigt sich ganz allgemein mit moralischen und philosophischen Aspekten der menschlichen Existenz. Die Handlung der Filme entzieht sich einer konkreten räumlichen oder zeitlichen Bestimmung. Typisch sind moralischer Maximalismus und kritisches Pathos.

Repräsentantin dieser Richtung ist Věra Chytilová mit ihren grotesken, exzentrisch stilisierten Moralbotschaften (*Sedmikrásky* / Tausendschönchen, 1966; *Ovoce stromů rajských jíme* / Früchte paradiesischer Bäume, 1969). Auch Jan Němec gehört hierher. In seinen Parabeln thematisiert er mit eisiger Ironie die Perversion des totalitären Systems, in dem das freie Individuum machtgesteuerter Manipulation und Repression ausgesetzt ist (*Démanty noci* / Diamanten der Nacht, 1964; *O slavnosti a hostech* / *Von Festen und Gästen*, 1966). Und schließlich wäre, in der Art der Stilisierung am radikalsten, Pavel Juráček zu nennen. Er löst sich allmählich ganz von den Realien der Zeit und gelangt zur reinen Allegorie: in ihr offenbaren sich die grotesken Paradoxien und die Absurdität des menschlichen Lebens. Juráček gilt als Franz Kafka des tschechischen Films (*Postava k podpírání* / Josef Kilian, 1963; *Případ pro začínajícího kata* / Der Fall für einen Henker, der ein Anfänger ist, 1969).

Das Phänomen des tschechischen Films der 60er Jahre war freilich auch ein Verdienst der vorherigen Generation. In der zweiten Hälfte der 50er Jahre kam es zu einer „Urwelle" von kritischen Filmen, die im Geiste der beginnenden Reform programmatisch um eine moralische und bürgerlich-freiheitliche Erneuerung der Gesellschaft kämpften. Ján Kadár und Elmar Klos (*Obchod na korze* / Laden am Korso, 1965), Karel Kachyňa (*Kočár do Vídně* / Kutsche nach Wien, 1966), Vojtěch Jasný (*Všichni dobří rodáci* / Alle meine guten Landsleute, 1968), František Vláčil (*Marketa Lazarová*, 1967) drehten in Anknüpfung an jene neuen Trends ihre Spitzenwerke in den 60er Jahren und haben so bedeutenden Anteil an der damaligen Renaissance des tschechischen Films.

Der so außerordentlich reichen Entfaltung der tschechischen Filmkunst wurde durch die sowjetische Okkupation im August 1968 ein Ende gesetzt. Das neu etablierte sog. Normalisierungsregime trieb die gesamte Elite des tschechischen Films auseinander. Die Mehrzahl der erstklassigen Künstler ging ins Exil (Forman, Passer, Němec, Juráček, Jasný, Kadár), die übrigen waren oft über lange Zeit verfemt (Chytilová, Schorm, Klos u. a.).

Der tschechische Film der 60er Jahre entwickelt sich also in einem bestimmten gesellschaftlichen und kulturellen Kontext, aber auch im Rahmen einer spezifischen Generationenkonstellation. Er schuf ein neues philosophisches und ästhetisches Paradigma und führte außerdem zu einer polemischen Umwertung der Ereignisse aus der jüngsten tschechischen Vergangenheit. So entstanden zahlreiche bedeutende Filme, in denen die nach dem Februar 1948 erfolgte Zwangskollektivierung auf dem Land thematisiert wurde oder auch die Zeit des Zweiten Weltkriegs und der Okkupation.

Bis zur Erneuerung waren Filme, deren Handlung im Zweiten

Weltkrieg spielt - sieht man einmal von vereinzelten Ausnahmen wie Alfred Radoks *Daleká cesta* (Der weite Weg, 1949) ab -, überformt von ideologischen Schemata und deutsch-tschechischen Stereotypen ethnischer Art. Die traditionellen Stereotypen waren durch die Erfahrungen während der Okkupation zu neuem Leben erwacht und nun bediente sich ihrer die kommunistische Propaganda, die sich die antideutschen Stimmungen der Nachkriegsjahre gezielt zunutze machte. In den 60er Jahren setzt dann ein deutlicher Umschwung ein; es kommt zu einer subjektiv-intimen Transformation des Themas, zu einer inneren Differenzierung des Blicks und einer Individualisierung der Geschichte. Der neue Trend wird von Filmen eingeleitet wie *Transport z ráje* / Transport aus dem Paradies (Zbyněk Brynych, 1962), *Démanty noci* / Diamanten der Nacht (Jan Němec, 1964) *Obchod na korze* / Laden am Korso (Ján Kadár und Elmar Klos, 1965), *Ať žije republika* / Es lebe die Republik (Karel Kachyňa, 1965), *Ostře sledované vlaky* / Liebe nach Fahrplan (Jiří Menzel, 1966) und *Adelheid* (František Vláčil, 1969). Letztgenannter Film hat seinen Titel nach der Hauptfigur, der Tochter eines nationalsozialistischen Fabrikanten. Die Handlung spielt unmittelbar nach dem Krieg im nordmährischen Grenzgebiet und betrifft die so genannte Aussiedlung. Der düstere Ausklang unterstreicht die geradezu fatale Unmöglichkeit der Versöhnung in einer Atmosphäre gegenseitigen Hasses und ersehnter Vergeltung.

Von tragisch zugespitzt balladesker Art ist auch Karel Kachyňas *Kočár do Vídně* (Kutsche nach Wien, 1966), ein Film, der in seiner polemischen Reflexion der deutsch-tschechischen Beziehungen auf dem Hintergrund der Kriegserfahrungen am weitesten geht. Das fein konzipierte Geschehen um drei Figuren thematisiert offen den Zerfall einer polarisierten Welt, die auf dem Gegeneinander zweier Kriegsparteien bzw. Nationen aufbaut. In der Konfrontation mit der konkreten, individuellen menschlichen Erfahrung wird dabei die Unzulänglichkeit, ja geradezu Absurdität und schließlich auch Perversion stereotyper Polarisierungen aufgedeckt. *Kutsche nach Wien* spielt gegen Ende des Kriegs. Zwei deutsche Deserteure zwingen eine Frau auf dem Land, sie mit dem Pferdefuhrwerk nach Österreich zu bringen. Die Frau beabsichtigt, diese Fahrt zu nützen, um Rache für ihren ermordeten Mann zu nehmen. Doch der ältere Soldat stirbt und zwischen dem jüngeren und ihr entwickelt sich allmählich ein intimes Verhältnis. Das Paar wird im Wald von tschechischen Partisanen entdeckt, die Hans erbarmungslos erschießen und die Frau brutal vergewaltigen... Die Hauptfiguren teilen ohne Unterschied ein gemeinsames Los, nämlich Opfer der geschichtlichen Ereignisse zu sein, denen sie nicht zu trotzen vermögen. Der Film zeigt, dass „einen abstrakten Feind zu hassen" etwas ganz anderes ist als ein „Mensch, mit dem wir ein Stück Weg gemeinsam zurücklegen, mit dem wir das Brot teilen, dessen Schwächen wir sehen und dessen Atem wir hören" (J. Blažejovský in *Iluminace* 1996/2, 175).

Die parabelhaften und humanistischen Intentionen von *Kutsche nach Wien* stießen eher im Ausland auf Verständnis. Im Inland reagierte man widersprüchlich, oft ablehnend. So schrieb der führende Kritiker A. J. Liehm, der Film sei nichts anderes als „derselbe Schematismus mit umgekehrten Vorzeichen" (*Literární noviny* 1966/43, 8). Zum einen erklärt sich diese negative Reaktion daraus, dass der Film als historisch wahrheitsgetreue Rekonstruktion verstanden wurde; zum anderen war die Gesellschaft auf eine so grundsätzliche Umwertung der bestehenden Stereotypen nicht vorbereitet, und zwar nicht nur in Hinblick auf die deutsch-tschechische Problematik, sondern auch in Hinblick auf den immer noch lebendigen Helden- und Partisanenmythos, der fest an den tschechischen Widerstand gegen die Nazis gekoppelt ist. Einen deutschen Soldaten als unschuldiges Opfer bzw. Partisanen als rachgierige Mörder zu zeigen, war skandalös. Dieses einzigartige kontroverse Werk hatte kein gesteigertes Interesse an der Frage der deutsch-tschechischen Beziehungen zur Folge, es bewirkte auch keinen Umbruch in der Tradition der nationalen Stereotypen, doch war es der wichtige Versuch einer Enttabuisierung, ein Versuch, mit einem heiklen geschichtlichen Trauma fertig zu werden.

Kutsche nach Wien und *Adelheid* sind Beispiele für den progressiven Charakter des tschechischen Films der 60er Jahre und gehören zu den ersten künstlerischen Versuchen, stereotype Denkmuster in den deutsch-tschechischen Beziehungen zu überwinden und das gegenseitige Verhältnis zu korrigieren. An dieses Vermächtnis knüpft in einem anderen Kontext erst Ivan Fila mit seiner poetischen Gegenwartsballade *Lea* (ČR/BRD, 1996) an. Er schildert die bizarre, zunächst ungleiche Beziehung zwischen einem (deutschen) Mann und einer (tschechoslowakischen) Frau. Von einem schicksalhaften

Zufall zusammengeführt, finden sie auf einem schmerzhaften und komplizierten Weg gemeinsam zu gegenseitigem Verstehen. Diese außergewöhnliche Geschichte thematisiert implizit die deutschtschechischen Beziehungen: anfängliche Fremdheit wandelt sich zu einem Zusammenleben in Nähe, Vertrauen und Respekt. Symbolisch zeigt sich darin auch die Entwicklung vom geteilten zum vereinten Europa.

Der tschechische Film im deutschen Exil und Vojtěch Jasný

Jiří Voráč

Die Beziehungen zwischen dem tschechischen und dem deutschen Film waren bereits ab den 20er Jahren vergleichsweise intensiv. Sie konkretisierten sich auf verschiedenen Ebenen, am deutlichsten in der Migration der Künstler. Deutsche Regisseure verwirklichten ihre Filmprojekte gelegentlich in der Tschechoslowakei. Carl Junghans beispielsweise hatte für sein sozialpsychologisches Drama *So ist das Leben* in Deutschland keinen Produzenten finden können und drehte den Film als Theodor-Pištěk-Produktion in den Prager Ateliers. Weitaus öfter jedoch begaben sich tschechische Regisseure und Schauspieler nach Deutschland, angelockt von den Möglichkeiten, die eine künstlerisch und technisch ausgereiftere Kinematographie zu bieten hatte. Markantestes Beispiel hierfür ist der Regisseur Karel Lamač: Seit 1928 drehte er parallel zu seinen tschechischen Filmen auch Filme in Deutschland, und 1930 gründete er zusammen mit der Schauspielerin Anny Ondráková (Ondra) die Produktionsgesellschaft *Ondra-Lamač-Film*. In der Zwischenkriegszeit arbeiteten u. a. auch der Kameramann Otto Heller und der Regisseur Karel Anton in Deutschland. Außer den persönlichen Kontakten und der Zusammenarbeit in der Produktion verband den deutschen und den tschechischen Film auch der deutlich erkennbare künstlerische und geistige Einfluss, den der deutsche Expressionismus, das Kammerspiel und der Neue Realismus auf das in künstlerischer Hinsicht ambitiösere tschechische Schaffen ausübte. Auch sei daran erinnert, dass tschechische Filmprojekte verschiedentlich unter Beteiligung deutschen Kapitals verwirklicht wurden und dass zu einigen heimischen Titeln, z. B.

den Komödien mit Vlasta Burian, aus kommerziellen Gründen deutsche Parallelversionen entstanden.

Nach dem Zweiten Weltkrieg und der Errichtung der kommunistischen Diktatur in der Tschechoslowakei begann ein neues, ganz anderes Kapitel der deutsch-tschechischen Kinematographie. Die Beziehungen gestalteten sich nun recht einseitig. Wenn wir einmal von den vereinzelten späteren Koproduktionen absehen, insbesondere den Märchenfilmen slowakischer Regisseure aus den 80er Jahren oder den vorübergehenden Aufenthalten tschechischer Regisseure in der BRD (z. B. Zbyněk Brynych zu Ende der 60er und Beginn der 70er Jahre), so wurde die BRD zu einem der wichtigsten Ausreiseländer für die tschechische Emigration. Diese verlief in zwei Hauptwellen: nach dem Februar 1948 und nach dem August 1968. Aus der ersten Emigrationswelle 1948 wäre an den Regisseur František Čáp zu erinnern, der in der ersten Hälfte der 50er Jahre in der BRD lebte und arbeitete. Auch Miloš Havel, der bedeutendste tschechische Filmproduzent vor 1945, Begründer und Eigentümer der Filmateliers Barrandov, emigrierte in die BRD.

Wesentlich mehr Filmemacher gelangten durch den Exodus nach der sowjetischen Okkupation 1968 ins deutsche Exil. Viele von ihnen begannen ihre filmerische Karriere erst im Exil, nach dem sie dort deutsche Filmhochschulen besucht hatten. Zu ihnen zählen: Václav Reischl, der als freier Filmproduzent tätig war und seine experimentellen Filme in seiner eigenen Filmgesellschaft *Bild & Filmproduktion* drehte; Ivan Fila, der in den 80er Jahren eine Serie von Dokumentarfilmen drehte und 1996 mit *Lea* sein Debüt als Regisseur einer tschechisch-deutschen Koproduktion gab; der Regisseur, Kameramann und Kritiker Štěpán Benda; der Dokumentarfilmautor und Kameramann Pavel Schnabel. Einige der emigrierten Filmleute konnten bereits auf ein bedeutendes Schaffen in ihrer Heimat verweisen und hielten sich nur vorübergehend in Deutschland auf, so etwa Jan Němec, Jiří Weiss und Pavel Juráček. Von den slowakischen Emigranten seien hier der Schauspieler Juraj Kukura, der Regisseur Juraj Herz und der Kameramann Igor Luther genannt. Luther führte die Kamera u. a. in Volker Schlöndorffs *Blechtrommel* (1979), die mit dem Oscar für den besten nichtenglischsprachigen Film ausgezeichnet wurde. Nach Bedeutung und Anzahl der Filme muss Vojtěch Jasný als herausragendster tschechischer Filmemacher im deutschen Exil gelten. Sein Schicksal spiegelt in charakteristischer

Weise die Entwicklung des tschechischen Nachkriegsfilms, aber auch den Weg, den ein Teil der tschechischen Gesellschaft ging.

Der 1925 geborene Vojtěch Jasný gehörte als Regisseur und Drehbuchautor in den 50er und 60er Jahren zu den führenden Persönlichkeiten des tschechischen Films. Während des Kriegs war er im antifaschistischen Widerstand tätig, 1945 trat er in die Kommunistische Partei der Tschechoslowakei (KSČ) ein. Nach dem Studium an der Prager Filmakademie schaffte er den Durchbruch als Autor von Dokumentarfilmen und Filmen des sog. sozialistischen Aufbaus. Doch schuf er bereits 1956 einen der ersten reformorientierten Filme und leitete so den Prozess ein, der seinen Höhepunkt ein Jahrzehnt später in der so genannten tschechischen Neuen Welle erreichte. Mit seinen in jeder Hinsicht meisterhaften Filmen *Touha* / Sehnsucht (1958), *Až přijde kocour* / Wenn der Kater kommt (1963) und vor allem *Všichni dobří rodáci* / Alle meine guten Landsleute (1968) trug er nicht nur entscheidend zur Blüte der heimischen Filmkultur bei, sondern erzielte auch auf internationaler Ebene Erfolge (vor allem Auszeichnungen bei den Filmfestspielen in Cannes). Er emigrierte 1970. Nach kurzem Aufenthalt in Jugoslawien ließ er sich in Salzburg nieder und erlangte 1972 die österreichische Staatsbürgerschaft. Er arbeitete jedoch überwiegend in der BRD, bevor er dann 1984 in die USA übersiedelte.

Die Liste der von Jasný in Deutschland geschaffenen Werke ist äußerst umfangreich: neben zwei Filmen umfasst es gut zwei Dutzend weiterer Projekte: Fernsehinszenierungen, Experimentalfilme und Dokumentationen. Zunächst hatte er Schwierigkeiten sich durchzusetzen; der Umbruch kam 1971, als das Zweite Deutsche Fernsehen *Alle meine guten Landsleute* in deutscher Synchronisation zeigte. Der Südwestfunk Baden-Baden machte Jasný daraufhin das Angebot, eine Fernsehkomödie zu drehen: *Nasrin oder die Kunst zu träumen* nach dem Text von Herbert Asmodi. Weitere Angebote folgten.

Jasný drehte überwiegend nach Sujets anderer oder nach literarischen Vorlagen, wobei unter den Drehbuchautoren und Autoren zwei Persönlichkeiten Schlüsselbedeutung gewannen: der Psychiater und Schriftsteller Heiner Kipphardt sowie Heinrich Böll. Mit ihrer Hilfe versuchte der Regisseur, sich das neue Umfeld zu erschließen und die deutsche Problematik als Thema zu eigen zu machen.

Böll und Jasný verband eine langjährige Freundschaft, an die sich der Regisseur als an ein Lebensereignis von grundsätzlicher Bedeutung erinnert: „Böll war für mich der größte lebende Deutsche, ein hervorragender Schriftsteller und ein großartiger Mensch. Die Freundschaft mit ihm war eines der schönsten Kapitel meines Lebens. Böll hat aus mir einen besseren Menschen gemacht" (*Mladý svět* 1991/9, 21). In seinem dokumentarischen Filmporträt *Mein Freund Heinrich Böll* (1982) verlieh Jasný diesem Bekenntnis Gestalt.

Jasný arbeitete bereits 1969 erstmals mit Böll zusammen. Nach dessen Erzählung *Nicht nur zur Weihnachtszeit* drehte er seinen ersten Fernsehfilm in der BRD - noch vor dem Exil. Ab 1971 arbeiteten Regisseur und Autor gemeinsam an dem Drehbuch für *Ansichten eines Clowns*. Zur Verfilmung kam es erst 1975, doch bedauerte Jasný diese Verzögerung am Ende nicht, denn „Böll brachte mir die Deutschen ganz anders nahe, als ich sie aus dem Krieg kannte. [...] erst als ich die Deutschen gut genug kennen gelernt hatte, gab mir das Schicksal die Möglichkeit zu drehen" (V. Jasný, *Život a film*, 1999, 38).

In dem tragikomischen Schicksal Hans Schniers, der, von seiner Lebensgefährtin verlassen, in eine tiefe existenzielle Krise gerät und sein bisheriges Leben einer grundsätzlichen Prüfung unterzieht, gestaltet Jasný das emotional-sensible Thema der Entwurzelten, der tragisch Gescheiterten, der gesellschaftlichen Outsider. Jasný arbeitete vor allem die innere, intime Dimension der Vorlage heraus: so akzentuiert er zum Beispiel die Liebesbeziehung zwischen Hans und Marie. In die Geschichte von Hans projiziert er sein eigenes Schicksal und die Gefühle als Emigrant. Die offenkundige Identifizierung mit der Hauptfigur bestätigen folgende Worte Jasnýs: „Mir ist Bölls Clown so verwandt, daß ich manchmal etwas anmaßend denke, es handele sich um einen Autorenfilm von mir" (*Film-Echo*, 23.1.1976). Die Kritik zeigte allerdings nicht immer Verständnis für dieses bekenntnishafte Herangehen: „Daß sich Vojtěch Jasný in seinem Exil einsam fühlt, daß er sich selbst auf seine Weise als Clown fühlt, kann für seinen Film - der die Vorliebe der tschechischen Kulturtradition für Symbole aufs üppigste spiegelt - eine verständliche, kaum aber eine ausreichende Begründung sein" (*Nationalzeitung*, Basel, 23.9.1976). Jasný versteht den Clown Schnier eher als tragisches Opfer denn als Outsider aus eigenem Entschluss und eigener Überzeugung. Gegenüber Bölls gemäßigter und authentischer Stilisierung ist der Film pathetischer. Sonst aber hält sich Jasnýs Verfilmung treu an die Prosavorlage, ist bestrebt, ihre Atmosphäre und ihren meditativen Charakter zu bewahren. Im Rahmen dieser Konzeption übernimmt er literarische Erzählverfahren in den Film, so realisiert er z. B. die reflexiven Passagen des Films statisch als inneren Monolog. Der Film erweckt somit den Eindruck einer Fernsehinszenierung, der eine eigene filmerische Poetik fehlt.

Die *Ansichten eines Clowns* entstanden durch eine Verkettung von Zufällen in eben dem Jahr, in dem auch Volker Schlöndorff einen Böll-Text verfilmte: *Die verlorene Ehre der Katharina Blum*. Die Kritik konnte sich eines Vergleichs nicht enthalten: „Doch während Volker Schlöndorff dynamisch und bewusst in aktuelle Bereiche der Gesellschaft vorstößt, zielt Vojtěch Jasný hingebungsvoll und mit Sorgfalt auf eine matte Provokation und keimfreie satirische Panoptikumsrealität von gestern […] Und der in die Negation fliehende Clown und seine Konflikte kollidieren mit einer von grob skizzierten Chargen bevölkerten Klischeewelt" (*Film-Echo*, 6.2.1976). Auch die positiven Reaktionen sahen einen gewissen Widerspruch darin, dass die Adaption der Vorlage zwar getreu folgte, ihr im Geiste dann aber doch so fern war. Anders gesagt: Die Kritik tendierte paradoxerweise zu dem Urteil, der Film sei nicht genügend „sozialkritisch". Zwischen den Zeilen ist dabei gleichzeitig die Frage herauszuhören, inwieweit es überhaupt einem Ausländer (einem Tschechen) gelingen könne, ein so durch und durch deutsches und außerdem ziemlich polemisches Thema vollwertig zu artikulieren. Was Jasnýs Konzeption betrifft, so mag das Problem einerseits in einem allzu großen Respekt vor dem Schriftsteller und Freund liegen, andererseits in der Kollision zweier historischer Erfahrungswelten und kultureller Traditionen. Dennoch geriet der Film keineswegs in Vergessenheit und fand auch auf internationaler Ebene Resonanz. Er erhielt u. a. die Silberne Muschel und den Sonderpreis der katholischen Jury (OCIC) auf den IFF 1976 in San Sebastian.

Eine Sonderstellung in Jasnýs deutschem Filmschaffen nimmt auch der Fernsehfilm *Das Leben eines schizophrenen Dichters Alexander März* (1974) ein. Er entstand nach einer Textvorlage von Heiner Kipphardt; mit Kipphardt arbeitete Jasný später noch an zwei weiteren Projekten (*Die Stühle des Herrn Szmil*, 1978; *Die Nacht, in der der Chef geschlachtet wurde*, 1979). Der Film zeigt die Hauptfigur vom Beginn der Nazizeit über den Krieg bis in die Gegenwart. Das individuelle Schicksal ereignet sich dabei vor dem Hintergrund der deutschen Geschichte: der Lebenslauf eines Schizophrenen und die Geschichte der Schizophrenie bilden Parallelen. Jasnýs konzentrierte Regie ließ die schauspielerische Leistung von Ernst Jacobi hervorragend zur Geltung kommen und so hatte der Film auch international Erfolg (Prix d'Italia 1976). Interessant wäre ein Vergleich dieses bemerkenswerten Filmprojekts mit Miloš Formans *Einer flog übers Kuckucksnest* (1975).

Auch in seinen übrigen in Deutschland entstandenen Filmen thematisiert Jasný häufig die Gefühle des ahasverischen Wanderers. An ihm gestaltet er das Problem der Entwurzelung, die Suche nach neuer Identität, den emotionalen Ausdruck von Desillusion und die nostalgische Sehnsucht nach verlorenen Sicherheiten. Etliche dieser Filme verbindet das Genre der psychologischen Studie und das Interesse am Individuum, das einer extremen, existenziell zugespitzten Belastungsprobe ausgesetzt ist. In seinem Adaptions- und Inszenierungsmodell setzt der Autor dabei den Akzent verstärkt und in charakteristischer Weise auf die innere, subjektive Dimension der Geschichte und auf ihre universale Gültigkeit.

Eine bemerkenswerte Charakterstudie eines Menschen in einer Grenzsituation ist der Film *Der Leuchtturm*, entstanden 1972 nach dem Drehbuch des ebenfalls im Exil lebenden slowakischen Schriftstellers Ladislav Mňačko. Hauptfigur ist ein zu zwanzig Jahren Gefängnis Verurteilter, der in der absoluten Isolation eines abgelegenen Ortes einen Leuchtturm bewachen soll. Hält er zwei Jahre aus, wird ihm der Rest der Strafe erlassen. Dem Gefangenen gelingt es, die Einsamkeit durch den Kontakt zu einer Ratte zu überwinden, die eines Tages vom Meer an Land gespült wird. Bei einem Kontrollbesuch wird die Ratte vom Aufseher erschossen. Der Gefangene verfällt der Verzweiflung; am Leben hält ihn nur noch der Gedanke an seinen Racheschwur. Kurz vor der Entlassung führt er ihn aus.

Auf den ersten Blick mag es sich um ein nicht verfilmbares Sujet handeln, das auf subjektiven Zuständen und Gefühlen aufbaut. Es fehlt ein episches Handlungspotenzial, ein äußeres dramatisches Geschehen, auch Dialoge. Vor der Kamera steht meist nur ein einziger Schauspieler. Dennoch gelang es Jasný, im Sinne des Autors ein suggestives Werk zu schaffen und mit eigenen filmischen Mitteln die große innere Spannung eines Menschen zu gestalten, der in einer monotonen Zeit und einem monotonen Raum gefangen ist. Der Regisseur drehte den Film in einer Wüste am Roten Meer und bewies einmal mehr sein außerordentliches Gefühl für die Authentizität und die Symbolik des realen Umfelds. Die sandige Wüstenlandschaft, die sich nach allen Seiten hin dem unendlichen Horizont der Meeresfläche öffnet, definiert suggestiv den tragikomischen Widerspruch zwischen begrenztem und freiem Raum. Igor Luthers hervorragende Kameraführung fängt die Umgebung in einer Skala matter chromatischer Farben ein und verbildlicht auf diese Weise die Ausgedörrtheit des Ortes und die Bewegungslosigkeit der Zeit. Der Schauplatz ist nicht nur an der Schaffung der Atmosphäre beteiligt, er wird selbst zu einem weiteren dramatischen Subjekt. Jasný interpretiert das Geschehen als Grenzsituation mit einer allgemein menschlichen Dimension und verleiht ihr existenzielle Tiefe und persönlichen Nachdruck. Später kommentierte er: „Mňačko hat in dieser Geschichte - wie anderswo auch - unterbewusst das Problem des entwurzelten Menschen gestaltet. Man sollte nicht vergessen, dass Autor, Regisseur und Kameramann dieses Films Emigranten waren. Und er gehört wohl zu den schönsten Sachen, die wir hier gemacht haben, es ist uns allen in Erinnerung" (*Západ*, Ottawa, Dezember 1980/6, 15). *Der Leuchtturm* erzählt freilich nicht nur von der Erfahrung der Isolation und des Vertriebenseins, sondern auch von der Brutalität eines totalitären (Gefängnis-)Systems, das den Menschen seines elementaren Rechts auf Würde und Glück beraubt. Diese politische Dimension lässt sich auch als ein zeitgenössischer Reflex des geteilten Europa verstehen.

Jasný konnte zwar in der BRD trotz verschiedener Schwierigkeiten sein Werk weiterführen. Das gilt auch für die alternativen experimentellen Filme nach eigenem Drehbuch (*Traumtänzer*, 1972; *Bäume, Vögel und Menschen*, 1975). Dennoch entsprach ihm das (filmerische) Umfeld in Deutschland nach eigenen Worten „technisch, vor allem aber menschlich" nicht allzu sehr. Nach Abschluss der dreizehnteiligen Fernsehserie *Der blinde Richter* (1983) entschied er sich daher, die BRD zu verlassen, wobei der Grund hierfür nicht allein in dem Wunsch lag, neue Erfahrungen zu sammeln. Seinem Wesen nach eigentlich Lyriker fand Jasný in der BRD als Filmautor nicht allzu viel Verständnis für seine subtile Poetik und musste vorwiegend fremde Stoffe inszenieren. Unter den Bedingungen der Fernsehtechnik verlor sich aus seinen Filmen auch seine außergewöhnliche Bildkultur in ihrer ästhetischen Fülle: die

Arrangements der Kulissen, die visuelle Symbolik und Farbigkeit, die wir aus seinen tschechischen Arbeiten kennen. Dennoch kann man Jasnýs deutsche Schaffensperiode nicht übergehen, insbesondere nicht in Hinblick auf die einzigartige Zusammenarbeit mit Heinrich Böll. Jasnýs Schaffen in der BRD stellt eine der markantesten Schnittlinien in der Geschichte des tschechischen und deutschen Films dar.

Tschechische Literatur in deutscher Sprache

Zbyněk Fišer, Květa Horáčková

Tschechische Literatur in deutscher Sprache - das scheint ein Widerspruch zu sein. Und dennoch handelt es sich um ein kulturelles Phänomen beider Sprachräume. Im Laufe der Jahrhunderte hat sich gezeigt, dass Sprache als literarisches Phänomen keine Konstante darstellt, dass ein Autor nicht unbedingt nur in seiner Muttersprache schreiben muss. Im Gegenteil, viele Schriftsteller bedienen sich - aus ganz verschiedenen Gründen - einer anderen Sprache. Die tschechische Literatur in deutscher Sprache hat eine lange Tradition; das hat unter anderem seine Gründe in den geopolitischen Gegebenheiten.

Karel Hynek Mácha, der größte tschechische Dichter des 19. Jahrhunderts zum Beispiel, schrieb seine ersten Werke auf Deutsch. Auch im weiteren Verlauf der literarischen Entwicklung finden sich zahlreiche Persönlichkeiten, für die der Wechsel zwischen den beiden Sprachen ein schöpferisches Grundprinzip ist. So lässt sich zum Beispiel Jakub Demls Hinwendung zur deutschen Sprache in den 30er Jahren des 20. Jahrhunderts als eine persönliche und künstlerische, nicht aber als eine politische Geste interpretieren. Mit dem Verlöschen des deutsch-tschechischen Bilinguismus in der Tschechoslowakei wollte es zunächst scheinen, als habe das literarische Doppeltbehaustsein seine lebendige Grundlage verloren und müsse zu einer Kuriosität vergangener Zeiten verkommen. Doch hatte die tragisch gespaltene politische Lage zur Folge, dass die kreative Zweisprachigkeit nicht nur nicht unterging, im Gegenteil, sie gewann neue Dimensionen, und zwar durch das politische Exil, das nach dem Zweiten Weltkrieg einer ganzen Generation von Schriftstellern und Dichtern zum Schicksal wurde.

In den letzten dreißig Jahren trat eine Reihe von Autoren und Autorinnen in Erscheinung, die zu Hause oder im Ausland auf Deutsch oder in einer anderen Sprache schreiben und publizieren. Ihnen wurde die jeweilige Fremdsprache nicht in der Familie, der Schule oder dem Heimatort als Literatursprache mit auf den Lebensweg gegeben, sie wählten sie vielmehr frei. Den Weg zu einer anderen Sprache zu finden, ist nicht leicht - am wenigsten für Dichter. Einige Autoren wechselten in ihren Texten allmählich zur Fremdsprache (so Jan Faktor zum Deutschen und Milan Kundera zum Französischen), andere schreiben auch im Exil nur in der Muttersprache und lassen ihre Werke übersetzen (z. B. Ivan Kraus, Pavel Kohout). Dritte wiederum bedienen sich grundsätzlich nur der Fremdsprache (Libuše Moníková) oder aber verwenden sie ausschließlich für ein bestimmtes Genre. So schreibt der Erzähler Petr Chudožilov seine Prosa für Kinder auf Deutsch (*Charlotte von Hugelfing*, 1996), Prosa für Erwachsene auf Tschechisch. Das Phänomen, das man als tschechische Literatur in deutscher Sprache bezeichnet, ist also sowohl ein kulturelles als auch psychologisches. Welche Motivation hinter der jeweiligen Entscheidung für das Deutsche steht, ist daher nicht immer einfach zu ergründen.

Es scheint, als sei primär das Aufenthaltsland eines Schriftstellers ausschlaggebend dafür, in welcher Sprache er schreibt. Viele Autoren bedienten sich gleichsam gezwungenermaßen einer anderen Sprache: Im Exil wandten sie sich an ein deutsches Publikum, denn Hoffnung auf eine Veröffentlichung im tschechischen Raum bestand so gut wie nicht (z. B. Ota Filip, Jiří Gruša, Libuše Moníková). Der Aufenthalt im Ausland dürfte die Autoren zu der Überzeugung gebracht haben, dass sie als Schriftsteller nur dann wirken können, wenn sie in der Landessprache schreiben.

Der Wechsel in eine andere Sprache setzt eine entsprechende fremdsprachliche Kompetenz voraus. Wohl jeder tschechische Autor im Ausland ging zunächst von dem aus, was er in seiner Muttersprache geschrieben hatte. So ist sich z. B. der Dichter Jan Faktor durchaus des Anteils bewusst, den seine Frau durch ihre übersetzerische Arbeit am Entstehen seiner ersten auf Deutsch veröffentlichten Gedichte hat. Seine eigenen dichterischen Experimente mit der deutschen Sprache beginnen erst später; inzwischen bemüht er sich nicht einmal mehr um tschechische Entsprechungen zu seinen Gedichten. Auch in der literarischen Essayistik hat er sich nach und nach stilistische Sporen verdient. Ein gleichermaßen brillantes Deutsch zeichnet die kulturelle Publizistik und die literarischen Kritiken von J. Gruša, O. Filip, L. Moníková, M. Brousková u. a. aus. Die Autoren haben ihre Publikationschancen im Ausland dazu genutzt, ihre schöpferischen Kräfte „an einer neuen Kultur und Sprache" zu erproben und sich in eine andere Literatur einzugliedern. Das Bestreben, in ihr heimisch zu werden, kommt auch darin zum Ausdruck, dass die meisten die Übersetzung ihrer deutsch geschriebenen Texte ins Tschechische nicht selber besorgen, sondern dies professionellen Übersetzern überlassen.

Im tschechischen Raum freilich sieht man die ins Tschechische übersetzten Werke tschechischer Autoren als Fortsetzung ihres tschechischsprachigen Werks. Die thematische Ausrichtung oder die Verwendung von Motiven aus dem tschechischen Kulturraum, der tschechischen Literatur und Geschichte, sprachliche Anspielungen oder tschechische Zitate machen die starken, ursprünglichen Bindungen an die tschechische Kultur sichtbar. Ota Filip zum Beispiel hält sich auch weiterhin für einen tschechischen Autor, nur dass er auf Deutsch schreibt. Das Deutsche als Literatursprache der Mehrheitskultur garantierte nicht nur Publizität zu einer Zeit, als man in der eigentlichen Heimat nicht veröffentlichen konnte, sondern auch ein wesentlich breiteres Publikum und eine potenziell leichtere Übersetzbarkeit als aus der „exotischen" tschechischen Sprache. Auch dies kann bei der Wahl der Sprache ein Motiv gewesen sein. So schreiben und publizieren einige Autoren auch nach der Öffnung der Grenze weiterhin in beiden Sprachen.

Während die tschechischen Schriftsteller in den deutschsprachigen Ländern für ein Deutsch lesendes Publikum schreiben, richteten sich die in Böhmen und Mähren lebenden Autoren mit ihren deutschen Texten in der Regel nicht an ein Publikum aus einem anderen Land. In ihrem Werk dominiert das Tschechische, und vorrangig geht es um den tschechischen Leser. Die Dichter Egon Bondy, Bohumila Grögerová, Milan Nápravník, Ivan Wernisch, Tomáš Kafka, Jakub Jakobeus jr. u. a. fügen in ihre tschechischen Texte auch deutsche Gedichte und Prosa ein. In anderen Fällen handelt es sich um zwei verschiedensprachige Varianten desselben Werks, mitunter sogar um eine Übersetzung durch den Autor selbst

(Eugen Brikcius, Ludvík Kundera, Ewald Murrer). Dabei steht nicht die Suche nach einem neuen, d. h. deutschen Publikum im Vordergrund, sondern die Suche nach neuen literarischen Ausdrucksformen. Wir begegnen nämlich zweisprachigen Paralleltexten, in denen das Deutsche auf dem Hintergrund des Tschechischen und im Vergleich mit ihm eine poetisierende Funktion erfüllt: Die Fremdsprache ist dabei nur dichterisches Mittel. Sie will den Text für das tschechische Publikum nicht verdunkeln oder ihn umgekehrt einem deutschem Publikum zugänglich machen. Diese poetisierende Funktion kommt nicht nur dem Deutschen zu: Bei Ivan Blatný und Ivan Wernisch mischen sich zwischen die tschechischen Zeilen auch englische und französische. Und Liedtexten tschechischer Autoren begegnen wir heute auch in englischer oder spanischer Sprache (Pavla Milcová, Zuzana Navarová).

Außer dieser poetisierenden Funktion innerhalb des literarischen Kunstwerks kann das Deutsche bzw. ein deutscher Text auch für die deutsche Kultur als solche stehen. Das gilt für die Texte von Egon Bondy aus den 50er Jahren: In der Zeit der offiziellen Abkehr von der deutschen Kultur sind auch Bondys pseudoprimitive Gedichte und Prosastücke Ausdruck individueller und ästhetischer Provokation. Hauptsächlich aber verwiesen sie auf die vielfältigen kulturellen Traditionen, auf Wechselseitigkeiten und literarische Vorbilder (deutlich ist hier der Einfluss Christian Morgensterns und seiner Nachfolger, die sich entwickelnde dadaistische Poetik). Die ästhetischen Gründe für den Gebrauch des Deutschen als einer poetisierenden Sprache verbinden sich mit einer tiefer liegenden Motivation: Innere und äußere Kontinuität der tschechischen Kultur, die traditionell mit der deutschen und österreichischen verbunden war, sollten durch die literarischen Verweise auf die Nachbarkulturen, speziell auf die deutsche, aufrecht erhalten werden.

Einer der vielen Autoren, die das Exil vor die Wahl der literarischen Sprache stellt, ist Ludvík Aškenazy (1921-1986). In tschechischer Sprache schrieb er Reportagen, Erzählungen und Prosa für Kinder, sein deutsch verfasstes und publiziertes Werk wandte sich bereits nur mehr an Kinder. Für sie schrieb er moderne Märchen, Erzählungen und erzählte klassische Märchen und Volksmärchen aus verschiedenen Ländern neu; insgesamt entstanden über fünfzig Texte, mit denen er an sein tschechischsprachiges Schaffen anknüpfte. Aškenazys Geschichten spielen in einer Welt, in der unspektakuläre Helden, oft Kinder und Tiere, dank eines einzigartigen Talents, dank ihrer Opferbereitschaft und Bescheidenheit Konflikte zu lösen vermögen. Thematisch und stilistisch erinnern sie an Kurzgeschichten oder Märchen, so zum Beispiel in der Sammlung *Du bist einmalig: zehn zärtliche Geschichten* (1981). Die sprachliche Phantasie des Autors zeigt sich nicht nur in seinen Sprachspielereien (*Schlucovic* ist der Name eines berauschenden Getränks), sondern vor allem in der Akzeptanz der Nonsens-Welt des Märchens; so entwickelt sich die Erzählung *Der Schlittschuhkarpfen* aus dem Anfangssatz „Karpfen sind leidenschaftliche Schlittschuhläufer" - absurd und dennoch, als gäbe es nichts Selbstverständlicheres.

Auch der Satiriker und Aphoristiker Gabriel Laub (1928-1998) knüpfte in Deutschland an sein bisheriges Schaffen in tschechischer Sprache an. Je nach Genre richtet Laub die Aufmerksamkeit seiner Leser auf ihnen wohl vertraute Stoffe. Kritisch, doch mit feinem, liebenswürdigem Humor schildert er die Auseinandersetzungen von Menschen unterschiedlichen Alters, Geschlechts, Glaubens, unterschiedlicher Weltsicht, Lebens- und Denkweise, so in *Gespräche mit dem Vogel* (1984), *Mein lieber Mensch* (1987) und in *Die Kunst des Lachens* (1997). Der Satiriker Laub prangert Unselbstständigkeit, Dummheit, Neid und den gedankenlosen Konsum von geistigen Inhalten und materiellen Waren an.

Die intellektuell-reflexive Richtung in der tschechischen Prosa der vergangenen dreißig Jahre geht mit autobiographischen Tendenzen einher. Die Autoren in der Emigration fragen besonders intensiv nach ihren Wurzeln. So trägt der Roman *České taroky* der 1941 geborenen Markéta Brousková (*Böhmisches Tarock*, 1992, deutsch unter dem Namen Margarete-Anna Brousek) angeblich autobiographische Züge. Die Erzählerin - sie lebt wie die Autorin selbst seit den 70er Jahren in Deutschland - forscht nach der Identität ihres Vaters, der als ein Abenteurer und Baron Münchhausen bekannt ist. Die detaillierte Schilderung des väterlichen Begräbnisses 1967 in Prag weckt die Erinnerung an Kindheits- und Jugenderlebnisse. Das Bild des Vaters und der ganzen weit verzweigten Familie fügt sich wie ein Mosaik aus den bruchstückhaften Lebensepisoden vieler Figuren zusammen: vom Beginn des Jahrhunderts und der Revolution in Russland über den Bürgerkrieg in Spanien, die Befreiung der Tschechoslowakei durch die Rote Armee bis hin zu den politischen Schauprozessen, die von den sowjetischen Beratern in den 50er Jahren veranstaltet wurden. Die komplizierte Rekonstruktion der Geschichte des Vaters wird gleichzeitig zur Geschichte der Verfasserin, die in ihren Betrachtungen über die Schwierigkeiten des Schreibens die Möglichkeit einer Wahrheitsfindung bezweifelt. Doch was sie schreibt, ist auch die Geschichte des Tastens im Dunkeln, der Irrtümer, Pseudomythen und zufälligen Umstürze, durch welche die Generationen des 20. Jahrhunderts hindurchgegangen sind. Mit dieser schwierigen Thematisierung menschlichen Schicksals im Räderwerk der totalitären Regime rückt M. Brouskovás Roman neben tschechische Gegenwartsromane wie jene von Daniela Hodrová (z. B. deren Trilogie *Trýznivé město* 1991-1992, dt. *Città dolente*) und Jiří Kratochvil (*Uprostřed nocí zpěv*, 1992, dt. *Inmitten der Nacht Gesang*, und *Nesmrtelný příběh,* 1997, dt. *Unsterbliche Geschichte*, 1999).

Auch das Werk des Schriftstellers Jiří Gruša (geb.1938) ist von Erinnerungen geprägt. Seine Protagonisten erleiden die Enttäuschung der vergeblichen Suche nach Liebe, ihr Trauma ist der Verlust des geliebten Wesens. Ein Zitat aus dem *Ackermann aus Böhmen*, einem mittelalterlichen Streitgespräch, in dem ein Schreiber mit dem Tod hadert, weil dieser seine Frau geholt hat, leitet den Roman *Janinka* (1984) ein. Während hier die Handlung in Tschechien angesiedelt ist, spielt die 1986 zunächst deutsch erschienene Anti-Utopie *Das Tier der Trauer* (1986, tschech. *Mimner aneb Hra o smrďocha, Atmar tin Kalpadotia*, 1991, im Sanizdat 1973 erschienen) zu einer unbekannten Zeit in einem unbekannten Land, dessen Regierung an eine orientalische Despotie erinnert. Der Untertitel *Zpráva z Kalpadocie* (Bericht aus Alchadokien) erinnert an einen Reisebericht im Stile von *Gullivers Reisen*. Und in der Tat sind die Gewohnheiten und die Sprache, die bald auch den Erzählstil des Autors durchsetzen, höchst seltsam. Obwohl der Protagonist Saikak beide zu verstehen und zu erklären versucht, bewegen wir uns mit ihm durch eine Welt ständiger Überraschungen: ein Besuch verwandelt sich in Hausarrest, der Protagonist befreit sich, indem er den Gastgeber ermordet, die Toten werden in Honiggläsern mumifiziert, die Hochzeitsnacht mit der zugeteilten Braut muss er vor den Augen der gesamten Mannschaft verbringen. Mord und ritueller Selbstmord gelten in Alchadokien als Heldentat. Intime Liebe gehört sich nicht. Die Atmosphäre der Verunsicherung und Verwirrung wird durch einen einzigartigen Kunstgriff verstärkt: Gruša webt in die Sprache des Erzählers die artifizielle Sprache des Alchadokischen ein. So erfährt der Leser Saikaks Verwirrung in Alchadokien, wo sich die gesellschaftlichen Regeln während des Spiels ändern, an sich selbst.

Nicht nur *Mimner*, auch *Janinka* liegt in deutscher Sprache vor. Doch während *Janinka* als Übersetzung des Autors gesehen werden kann, ist *Mimner* nicht nur eine Fassung in einer anderen Sprache. Gruša dämpft hier die verbale erotische Exaltiertheit und hebt das Motiv der abgefangenen und zensurierten Briefe stärker hervor. Dadurch betont er den allegorischen Ausklang des Romans und das authentische Schicksal des Autors, der zu jener Zeit, als er in Deutschland gedruckt wurde, im eigenen Land verboten war.

Grušas Lyrik in deutscher Sprache ist - anders als seine Prosa - eher sparsam. In einem knappen, verdichteten Stil erfasst er Gefühle, schafft Atmosphäre; die Klangmetapher steht im Dienste des Inhalts (z. B. „Heimwärts / über den aasfalt / der strassen" aus *Il ritorno d'Ulisse in Patria*). In Deutschland veröffentlichte J. Gruša die Gedichtsammlungen *Der Babylonwald* (1991, tschech. *Les Babylon*, 1998) und *Wandersteine* (1994, tschech. *Bludné kameny*, 1998). In beiden dominiert die Erinnerung an Augenblicke mit nahen Menschen, an Städte und Freunde in der tschechischen Heimat.

Mit der Entscheidung für eine Sprache entscheidet ein Autor auch darüber, ob er zu einer kulturellen Minorität gehört oder sich der kulturellen Majorität im Exil anschließen will. Doch kann die Entscheidung auch künstlerisch bedingt sein.

Eine singuläre Erscheinung unter den deutsch schreibenden Autoren tschechischer Herkunft ist Libuše Moníková (1945-1998), die erst im Ausland mit dem Schreiben begann. Die Autorin, die nach Deutschland geheiratet hatte und ausschließlich in deutscher Sprache schrieb, wurde vor ihrem Tod oft als Botschafterin der tschechischen Kultur bezeichnet. Dass sie sich von Anfang an für das Deutsche entschied, war keineswegs nur eine praktische Frage, sondern hatte auch emotionale Beweggründe. Ihr erstes Buch in Deutschland begann sie auf Tschechisch. Doch die Konfrontation mit den drastischen Momenten zu Beginn der Erzählung drängte sie dazu, wenigstens sprachlich Abstand zu schaffen. Gegenstand ihrer Erzählung *Eine Schädigung* (1981, tschech. *Újma*) ist die Geschichte einer Studentin, die nach ihrer Vergewaltigung den Täter, einen uniformierten Polizisten, mit dessen eigenem Knüppel erschlägt. Das Motiv der vergewaltigten Frau wird zum Symbol für das von einer fremden Armee vergewaltigte Land. Trotz ihrer Isolation und des ausschließlichen Gebrauchs des Deutschen blieb Moníková auch eine tschechische Autorin. Je länger sie in Deutschland lebte, desto mehr machten sich in ihrem Werk tschechische Motive breit. Tschechische Realien, geschichtliche Ereignisse oder kulturelle Phänomene aus den unterschiedlichsten Bereichen spielen eine Rolle, auch tschechische Sätze finden sich, so in dem autobiographisch angehauchten Roman *Pavane für eine verstorbene Infantin* (1983, tschech. *Pavana za mrtvou infantku*). Wie die Autorin selbst, lebt die Heldin des Buchs, eine Tschechin, im Ausland. Die andauernde psychische Anspannung tritt in einer somatischen Erkrankung zu Tage. Die Heldin flüchtet sich vor den Hüftschmerzen in einen Rollstuhl und erhofft von diesem Signal, von dieser Sichtbarmachung ihrer Schädigung etwas mehr Rücksichtnahme. Ähnlich wie in Moníkovás erstem Buch ist auch hier ihre literarische Liebe zu Kafka erkennbar: Die Protagonistin bewegt sich nach Belieben durch Kafkas Roman *Das Schloss* und spinnt die Schicksale der Hauptfiguren nach ihren Vorstellungen. Der Roman *Die Fassade* (1987, tschech. *Fasáda*, 1991) ist eine pikareske Mosaikgeschichte, durchwoben von Streifzügen durch die tschechische Geschichte und die Naturwissenschaften. Im ersten Teil *Böhmische Dörfer* folgen wir der nie endenden Arbeit von vier Restauratoren an der Sgraffiti-Fassade des Renaissanceschlosses in Litomyšl (Leitomischl). Moníkovás Schloss trägt jedoch den Namen Friedland - eine Umbenennung, zu der die Autorin durch den angeblichen Schauplatz von Kafkas *Schloss* inspiriert wurde. Im zweiten Teil, *Potemkinsche Dörfer* überschrieben, machen sich die Künstler auf den Weg nach Japan. Einer von ihnen soll dort die Realisierung eines eigenen künstlerischen Entwurfs beaufsichtigen. Durch eine Reihe unglücklicher Zufälle verirren sich die Künstler jedoch in Sibirien; ihre Reise wird zu einer Schwejkschen Wanderfahrt von nirgendwoher nach nirgendwohin. Im dritten Teil kehrt das Buch samt Künstlern gewissermaßen an den Ausgangspunkt zurück: die Restauratoren setzen die Renovierungsarbeiten an der Fassade fort, nur dass in den Sujets der Sgraffiti neue, fernöstlich inspirierte Elemente auftauchen.

Die unterschiedliche Wahrnehmung von Menschen, die verschiedenen Emigrationswellen angehören, gestaltete Moníková in *Treib-*

eis (1992, tschech. *Ledová tříšť*), einer Geschichte um einen fünfzigjährigen Mann, der im Krieg im Widerstand tätig war, und ein vierundzwanzigjähriges Mädchen. Die Rückkehr einer Emigrantin in ihre tschechische Heimat nach der Wende 1989 ist Thema des letzten vollendeten Romans *Verklärte Nacht* (1997, *Zjasněná noc*). Eine tschechische Tänzerin bleibt nach dem Auftritt ihres Ensembles in Prag und sieht die vertraute Stadt neu. In ihren Reflexionen findet sich der Leser wiederum mit der tschechischen Kultur und der jüngsten tschechischen Vergangenheit konfrontiert. Es kommt zu einer Annäherung zwischen der Emigrantin und einem Bundesbürger - Symbol eines individuellen Weges der nationalen Versöhnung.

Das Romanwerk von L. Moníková ist eine anspruchsvolle Lektüre für einen intellektuell interessierten Leser. Gleichzeitig aber macht sie den nichttschechischen Leser mit der tschechischen Welt vertraut. In einem Interview aus dem Jahr 1991 führt Moníková aus:

„Ich bin deutsche Autorin. Ich würde auch, sagen wir, die Proportionen anders bestimmen, wenn ich über die Themen für Tschechen schriebe. Ich könnte ihnen niemals ihre Geschichte auf diese Weise vorlegen: lest doch!, das geht nur für ein Publikum, für Primärleser, die, wie ich annehme, überwiegend keine Ahnung haben, oder sehr wenig."

(*Sprache im technischen Zeitalter*, 1991/29, 184)

Auch das mag der Grund sein, warum in der Tschechischen Republik lange Zeit keines der Bücher von Moníková in Übersetzung vorlag. Einem Neuabdruck des Romans *Fasáda* in der bei 68-Publishers erschienenen Übersetzung von Z. Petráček, stimmte Moníková selbst nicht zu. Zum Œuvre Moníkovás gehören außerdem der unvollendet gebliebene Roman *Der Taumel* und die beiden Essaybände *Schloss, Aleph, Wunschtorte* (1990, *Zámek, aleph, narozeninový dort*) und *Prager Fenster* (1994, *Pražská okna*), in denen sich die Autorin nicht nur mit literarischen Fragen befasst, sondern auch mit der aktuellen politischen Situation.

Auch Ota Filip (geb. 1930) wandte sich in seinen letzten Romanen an den deutschen Leser. Protagonist seines Romans *Café Slavia* (1985) ist Graf Belcredos, der angeblich letzte Nachfahre einer enteigneten Familie, der nach der Okkupation im August 1968 in Prag sein abenteuerliches Leben und die nicht minder bewegte Geschichte der tschechischen Nation erzählt. Als Meister der Maske und Verkleidung ist er, ein Unbeteiligter, den Abgründen sämtlicher Regime, Umstürze und Liebesabenteuer entkommen. Durch die Fenster des Literatencafés *Slavia* am Moldauufer beobachtet er Tag für Tag die kleinen und die revolutionären Veränderungen im Land und zeichnet sie auf. Die Erinnerungen des Alten sind sarkastisch-kritisch. Ohne große Worte zu machen, enthüllt der Graf seine Sünden und die der anderen, als würde er sich dem Fegefeuer aussetzen wollen: um seiner selbst willen, aber auch stellvertretend für sein Volk, neben dem er sein distanziertes, unheldisches und überhebliches Leben geführt hat. Belcredos selbst jedoch zeigt keine Reue. Er ist der Typ des genießerischen Egoisten, der sich das Leid und den Kummer, die er durch seinen feigen Alibismus verursacht, nicht bewusst macht. (Als er vom Café aus den Selbstmord seiner Geliebten beobachtet, nimmt er sie in einer neuen Dimension wahr, einer ästhetischen.) Im *Slavia* denkt er im August 1968 über Schicksal und Mentalität der Nation nach der Schlacht auf dem Weißen Berg nach. Die gesamte Geschichte erscheint aus Belcredos' Perspektive als tragikomische Farce, die ihre Tragik den unbescheidenen Taten überflüssiger Menschen verdankt. Für die spätere Übersetzung des Romans ins Tschechische (*Kavárna Slavia*, 1993) nahm der Autor Änderungen im Text vor.

Einige von Filips Büchern sind dem tschechischen Leser bis heute nicht zugänglich, zum Beispiel *Großvater und die Kanone* (1981), ein humoristischer Roman, dessen Handlung ebenso wie die der übrigen Bücher zum Teil im tschechischen Milieu angesiedelt ist. In diesem speziellen Fall reicht sie bis in österreichisch-ungarische Zeiten zurück. Erzähler ist der Enkel der Hauptfigur, der aus dem zunächst verlorenen, dann wiedergefundenen Tagebuch seines Großvaters - Ehemann einer Operndiva und Erfinder einer Spezialkanone, in die das österreichische Heer seine Hoffnungen setzte - zitiert und dazu seine witzigen Randbemerkungen macht.

Die geschichtliche Entwicklung vom Ende des Zweiten Weltkriegs bis in die 60er Jahre gibt den Rahmen für den breit angelegten Roman *Die Sehnsucht nach Procida* (1988, *Touha po Procidě*) ab. Er thematisiert die Schicksale der Entwurzelten, das Leben und die Sehnsüchte der Emigranten und Gastarbeiter im Westen. Auch hier umrahmt die historische Realität die Peripetien im Leben der Filipschen Helden. In ihrer tragischen Belastung verschwimmt sie zu den utopischen Visionen des Protagonisten, einer unbestimmten Figur mit vielen Namen, die diese selbst im Laufe der Geschichte ändert. Der Name Prochyta, die griechische Form des Inselnamens Procida, begleitet sie am längsten. Zu Beginn des Romans versammeln sich die unterschiedlichsten Verwandten und Möchtegern-Verwandten der Familie Prochyta, um sich vor dem Zweiten Weltkrieg auf eine „Insel" der Sicherheit zu flüchten: auf den großen Familiensitz. Ebenso soll auch die tatsächliche Insel Procida Zuflucht für Emigranten aus aller Welt werden. Aber so wie erstere Zufluchtsstätte den „revolutionären" Ereignissen des Jahres 1948 zum Opfer fällt, geht auch der Traum von der Insel Procida nicht in Erfüllung.

Der 1956 geborene Jan Faktor beteiligte sich seit den 80er Jahren an unabhängigen Kulturaktionen in Ost-Berlin. Seine lyrischen Texte aus dieser Zeit richten sich an ein exklusives Publikum. Das deuten schon die Titel seiner ersten zwei Gedichtbände aus den Jahren 1989 bzw. 1991 an: *Georgs Versuche an einem Gedicht und andere positive Texte aus dem Dichtergarten des Grauens* (nicht ins Tschechische übersetzt) und der nahezu unübersetzbare Titel *Henrys Jupitergestik in der Blutlache Nr. 3 und andere positive Texte aus Georgs Besudelungs- und Selbstbesudelungskabinett. Texte, Manifeste, Stücke und ein Bericht* (nicht ins Tschechische übersetzt). Faktor kommt aus der Tradition der konkreten Poesie, in der die literarische Anspielung, die Parodie, das Sprachspiel, die klangliche oder optische Wirkung des Textes oder das bis zur Absurdität wiederholbare formale Schema wichtiger Bestandteil der Mitteilung sind. Der mündliche Vortrag, die bei den in Privatwohnungen abgehaltenen Veranstaltungen der 80er Jahre einzig mögliche Form der Darbietung, beeinflusste oft die formale Gestalt der Texte. In seinen späteren *Körpertexten* (1993) setzt Faktor auf Pleonasmen und Monotonie, um die Absurdität der exaltierten Monologe und Beschreibungen stärker zur Wirkung zu bringen. Hypochondrie, Schwelgen in körperlichen Schwächen und das Reden über Kranke werden hier zur Leidenschaft der Erzähler. So verwandeln sich die knapp gefassten Gefühle des Erzählers dadurch, dass jedem Substantiv oder Verbum im Satz das Wort *ungesund* zugesellt wird, nicht nur in ein Tal des Jammers, sondern auch in einen Gipfel lächerlicher Überempfindlichkeit.

Die Tendenz zur rhetorischen Lyrik und zur Sprache des mündlichen Vortrags (Sprechtexte) einerseits und das Bedürfnis nach der essayistischen Reflexion künstlerischen Schaffens andererseits kennzeichnen auch die Texte des 1995 erschienenen Bandes *Die Leute trinken zuviel, kommen gleich mit den Flaschen an oder melden sich gar nicht* oder *Georgs Abschiede und Atempausen nach dem verhinderten Werdegang zum Arrogator eines Literaturstoßtrupps. Körpertexte, Sprechtexte, Essays* (nicht ins Tschechische übersetzt).

Die genannten Autoren reflektieren in der Regel, wenigstens in einem Teil ihres Werkes, die bedrückende politische Situation in ihrem Heimatland. Paradoxerweise trug gerade sie dazu bei, dass sich die Texte im Ausland durchsetzten oder überhaupt erst dort entstehen konnten. Einige der Autoren bringen ihre Verbitterung über die Entwicklung zu Hause direkt zum Ausdruck, wie G. J. Morava 1985 im Vorwort seiner Monographie *Der kaiserl.-königl. Dissident Karel Havlíček* (tschech.: *K.k. disident Karel Havlíček*, 1991).

Die deutschsprachige tschechische Literatur umfasst die ganze Bandbreite der literarischen Genres: von Lyrik und Prosa über Bühnen- und Filmszenarios sowie Theaterstücke bis hin zur wissenschaftlichen Literatur. In ihrer thematischen Spannweite und ihrer sprachlichen wie stilistischen Vielfalt wird sie so zu einer komplexen Strömung ganz eigener Art. Sie erweitert den Diskurs der deutschen und bereichert den Kontext der tschechischen Literatur. In ihrer Einzigartigkeit ist sie von unersetzlichem Wert und charakteristisch für das vielschichtige kulturelle Leben im Mitteleuropa der Nachkriegszeit.

3. Gesellschaft, Alltag, Lebensstil

Domov - otčina / Heimat - Vaterland

Alexander Götz

Wenn man dem landläufigen Klischee tschechischer Selbstdarstellung Glauben schenkt, so ist für einen Tschechen die Heimat eher das Dorf als die Stadt, und in der Stadt wohl am ehesten die Bierschwemme an der Ecke. In den letzten Jahrzehnten erlangte das dörfliche, naturverbundene Selbstverständnis auch deswegen selbst bei vielen Städtern eine besondere Bedeutung, weil die Datschen, die in dichten Reihen alle siedlungsnahen Wälder durchziehen, für Hunderttausende eine der wenigen Möglichkeiten zur Flucht vor dem grauen Alltag der realsozialistischen Industriegesellschaft boten. So scheint das kollektive Bewusstsein in der Zeit vor 1989 eher privat als patriotisch geprägt gewesen zu sein und die Zuneigung zur heimatlichen Umgebung rangierte mithin weit vor der Liebe zum Vaterland, das meist mit dem verhassten Polizeistaat identifiziert wurde.

Dieser Staat selbst ist bekanntermaßen ein Produkt erst des 20. Jahrhunderts. Der tschechische Nationalismus hatte sich in der Auseinandersetzung mit der österreichisch-ungarischen Realität herausgebildet. Nur durch einen Zusammenschluss mit den seit tausend Jahren der ungarischen Krone zugehörigen Slowaken konnte sich die dominierende Nation der Tschechen dann eine klare Mehrheit in der neuen Republik sichern und den Traum von einer eigenen Staatlichkeit verwirklichen. Diese Lösung freilich schien von Beginn an problembeladen zu sein. So blieb etwa das Schulwesen der früher stark madjarisierten Slowakei lange Zeit von tschechischen Lehrern geprägt. Solche Probleme wirkten nach, zum Beispiel wenn in emotionsgeladenen Verhandlungen zwischen Tschechen und Slowaken über die Teilung des einst gemeinsamen Besitzes gestritten wurde. Obwohl im Schicksalsjahr 1938 auch viele Deutsche dem Ruf zu den Waffen der tschechoslowakischen Armee folgten, darf bezweifelt werden, ob sich die Erste Tschechoslowakische Republik als Vaterland für die nationalen Minderheiten und damit auch für die Deutschen eignete. Für sie mag es ein großes Glück gewesen sein, dass das Münchener Abkommen eine bewaffnete Verteidigung des Landes gegen die deutschen Truppen verhinderte, doch für den tschechoslowakischen Staat bedeutete es das Ende, für die Tschechen ein nationales Trauma bis heute. Spätestens mit dem Münchener Abkommen entfernten sich die deutsche und die tschechische Realität also schon weit voneinander. Volkstumskämpfe werden nicht umsonst allzu oft auf dem Feld der Sprache ausgetragen. Ortsschilder, Schulzeugnisse und die Regelungen der Amtssprache(n) waren und sind Grund genug für ernsthafte Auseinandersetzungen. Wirkt doch Sprache sowohl für das Vaterland als auch für die Heimat identitätsstiftend, nämlich zum einen als Muttersprache, zum anderen als regionales, leicht erkennbares Idiom. Sprache identifiziert mit ihren feinen Unterscheidungen natürlich auch soziale Schichten, Generationen und Berufsgruppen. Für das Heimatgefühl aber ist sie unerlässlich und unterscheidet auch nach Jahrzehnten noch die Hiesigen einerseits und die Zugezogenen andererseits. Allerdings beweist die föderalistische Tradition der Bundesrepublik Deutschland, dass selbst starke regionale Identitäten eine Loyalität zum demokratischen Staat keineswegs ausschließen.

Die Zeit des Ringens um nationale Identität scheint nun aber zumindest in Böhmen und Mähren vorbei zu sein. Trotz überkommener, immer noch virulenter Vorurteile und alter Ängste spielt auch die Auseinandersetzung mit den Deutschen um die nationale Selbstbehauptung in der Öffentlichkeit keine wirkliche Rolle mehr. In der Tschechischen Republik versteht man sich als kleines Land im Herzen Europas, das Heimat für die Tschechen ist, denen ein Wort wie Vaterland vielleicht schon zu groß erscheint. Die Tschechische Republik kann in Böhmen, Mähren und Schlesien auf eine lange Tradition des Zusammen- und Nebeneinanderlebens verschiedener Nationalitäten zurückblicken. Heute jedoch erscheint sie angesichts des Verschwindens beinahe aller nationalen Minderheiten und einer früher stark ausgeprägten Dialektgliederung fast allzu einheitlich. Auch der vielbeschworene Antagonismus von Böhmen und Mähren ist längst nicht mehr so aktuell, wie es mancher Mährer gerne darstellt. Es herrscht Ruhe im Land, doch ist sie trügerisch. Das zeigt die Situation der Roma, der heute zahlenmäßig größten Minderheit in Tschechien.

Deutschland dagegen begreifen wohl die wenigsten Deutschen in seiner Ganzheit als Projektionsfläche für Heimatgefühle. Die frühere Vielzahl von souveränen Kleinstaaten wirkt bis heute in der föderalistischen Struktur und starken regionalen Identitäten fort. Die Heimat der Deutschen heißt Hamburg, Sachsen, Hessen oder

Schwaben, weniger aber Deutschland. Sicher haben auch die katastrophalen Erfahrungen mit dem eigenen Nationalismus die Deutschen von der zärtlich-juvenilen Zuwendung zum lieben Vaterlande abgebracht, wie sie zu Zeiten des Hambacher Festes noch möglich war. Für den Nachbarn der Tschechen stellt sich aber auch deshalb die Frage nach der Heimat aus einem anderen Blickwinkel, weil sich nur ein kleiner Teil der Bevölkerung noch an seinem Wohnort verwurzelt sieht. Neben der immer schneller zunehmenden Mobilität der Menschen, die man in allen Industrieländern feststellen kann, hat in Deutschland der Zweite Weltkrieg zu einer zusätzlichen beispiellosen Entwurzelung großer Teile der Bevölkerung geführt. Nicht nur die Flüchtlinge aus den deutschen Ostgebieten, der Tschechoslowakei, Ungarn oder Jugoslawien, sondern auch viele von diesem Schicksal nicht betroffene Menschen verließen in der Folge des Krieges auf der Suche nach einer neuen Existenz ihren angestammten Wohnort. Dieser ist daher für viele Deutsche nur mehr Wahl- oder sogar Zufallsheimat, zu der kaum eine feste, zumindest aber keine Generationen überdauernde Bindung mehr besteht. Der jüngeren Generation wird zudem zu Beginn des 21. Jahrhunderts eine immer größere Flexibilität und Bereitschaft zum Wechsel von Ort und Beruf abverlangt. Bodenständigkeit und Heimatverbundenheit verlieren auch daher an Bedeutung.

Für viele Sudetendeutsche hingegen ist die Frage nach der Heimat auch über 50 Jahre nach der Aussiedlung ein Schlüsselproblem ihres Selbstverständnisses. Für Hunderttausende bleibt der Verlust von Heimat der traumatische Wendepunkt ihres Lebens. Bot doch auch das Deutschland der vier Zonen nach der Flucht und Vertreibung noch für lange Zeit keine wirkliche neue Heimat für die Flüchtlinge. Und zeigte doch die Gesellschaft des „Wirtschaftswunders", an dem die Vertriebenen selbst einen nicht unbedeutenden Anteil hatten, kaum Verständnis für die Situation der „Fremden". Dieses Gefühl von Wurzellosigkeit und die Erinnerung an die Heimat führte Flüchtlinge aus den verschiedensten Regionen jeweils in landsmannschaftlichen Vereinigungen zusammen, die sofort begannen, ihre Interessen zu formulieren und Forderungen an die deutsche Politik zu stellen. Während aber die Erlebensgeneration in den folgenden Jahrzehnten immer älter wurde, schrieben viele Funktionäre der Sudetendeutschen Landsmannschaft ihre Forderungen der unmittelbaren Nachkriegszeit nahezu unverändert fort. Sie konservierten damit auch entscheidende Hindernisse für einen deutsch-tschechischen Neuanfang.

Zentrale Forderung war und ist das „Recht auf Heimat", das als Menschenrecht dem Recht auf Glaubensfreiheit, Eigentum oder Gleichheit an die Seite gestellt werden soll. Die alte Forderung aber nach „Rückgabe der Heimat in den Sprachgrenzen von 1937" klingt selbst in den Ohren aufgeschlossener Tschechen bis heute nach kaum verhohlenem Revanchismus. Die Empfindlichkeit der tschechischen Öffentlichkeit selbst für die kleinsten Anzeichen dieses vermeintlichen oder tatsächlichen Revanchismus ist dabei geradezu erstaunlich. Oft finden Aussagen sudetendeutscher Funktionäre ein breites - und stets negatives - Echo in der tschechischen Presse. Besonders während der Verhandlungen zur Deutsch-tschechischen Erklärung erschien in Prag oft das schnell als neues Hindernis, was in Bonn kaum Beachtung fand. Heute fordern Vertreter der Vertriebenen, die Verwirklichung des „Rechts auf Heimat" zur Vorbedingung für die Aufnahme der Tschechischen Republik in die Europäische Union zu machen. In dieser Forderung wird das Dilemma der Sudetendeutschen Landsmannschaft deutlich: Einerseits stehen ihre Funktionäre mit solchen Forderungen - trotz größter Zurückhaltung der auf sudetendeutsche Wählerstimmen bedachten konservativen Parteien - im politischen Abseits, andererseits droht eine allzu große Halsstarrigkeit ungewollt tschechische Ressentiments zu nähren, die es eigentlich zu bekämpfen gilt.

Es wäre jedoch kurzsichtig, das Problem auf eine mögliche Rückkehr einzelner Vertriebener zu reduzieren. Das Hindernis etwa für direkte Gespräche zwischen ehemals Vertriebenen und der tschechischen Seite ist vielmehr der prinzipielle Anspruch, auch nach fünfzig Jahren noch eine einheitliche Volksgruppe zu vertreten, die legitime Forderungen auf Minderheitenrechte im tschechoslowakischen und nunmehr im tschechischen Staat erheben kann. Denn solange die Angst vor der Rückkehr der Deutschen durch Entschädigungsansprüche geschürt wird, bleiben die Chancen für wirkliche Freizügigkeit gering.

Unabhängig von der emotional verständlichen Forderung nach einem Recht auf Heimat stellt sich die Frage, was Heimat und Vaterland für die ehemaligen Deutschböhmen heute bedeutet. Deutschland, vor allem Bayern, wo die meisten von ihnen leben, ist nie im eigentlichen Sinne ihre „Wahlheimat" gewesen, doch wurde es für sie mittlerweile unbestritten zu einem wirklichen Zuhause. Und indem die Sudetendeutsche Landsmannschaft sich vom bayerischen Ministerpräsidenten als ein „Stamm unter den Stämmen Bayerns" ansprechen lässt, wird deutlich, dass sich die Sudetendeutschen längst als ein Teil des mittlerweile wiedervereinigten deutschen Vaterlandes sehen - und zwar in den Grenzen von 1989. Wenn sie dies auch nach außen vertreten würden, dann würde sicher denen mehr Verständnis entgegengebracht und weniger Angst geschürt, die in ihre alte Heimat zurückkehren wollen, auch wenn dies heißt, ihr Zuhause der letzten 50 Jahre und das Vaterland - also die Bundesrepublik Deutschland - gegen die alte Heimat zurückzutauschen. Verständnis zu fördern und Angst abzubauen helfen heute vor allem kleinere Gruppen auf beiden Seiten wie etwa die sudetendeutsche Ackermann-Gemeinde, die längst Verständigung, wenn auch in bescheidenem Rahmen, so doch wirksam praktizieren.

Sudetendeutsche Funktionäre lassen gerade die Frage nach ihrem Vaterland bewusst oder unbewusst offen und setzen sich damit in ihrem Bemühen um ein Recht auf Heimat bei vielen dem Verdacht aus, es gehe ihnen nicht um die Wiedergutmachung von Unrecht, sondern immer noch um die Rechtfertigung und schließlich um die Wiederherstellung der Ergebnisse des Münchener Abkommens, nämlich ihrer territorialen Zugehörigkeit zum Deutschen Reich. Da dies in der letzten Konsequenz die Nichtexistenz eines tschechischen Staates bedeuten würde, scheint es aus tschechischer Sicht nicht verwunderlich, dass direkte Verhandlungen abgelehnt werden, solange diesem Verdacht nicht glaubhaft entgegengetreten wird.

Die gemeinsame Deutsch-tschechische und Deutsch-slowakische Historikerkommission hat jeweils für die Öffentlichkeit wichtige Vorarbeiten geleistet, die einen wirklich offenen Diskurs auch über den Verlust der Heimat, den Millionen Menschen in Mitteleuropa erlitten haben, erst in Gang setzen kann. Das gemeinsame Erinnern und die Einsicht in die jeweils eigene historische Verantwortung wird erst möglich, wenn niemand mehr kollektive Schuld auf der einen und kollektive Unschuld auf der anderen Seite behauptet. Die Benennung der Vertreibungen bei ihrem richtigen Namen und ihre Analyse als eine Folge - nicht als Sühne - der Verbrechen reichsdeutscher wie sudetendeutscher Nationalsozialisten sind auf diesem Wege wichtige Schritte, die von einzelnen Beteiligten erst noch getan werden müssen.

Was bleibt aber in Zukunft von der Heimat, wenn Vaterland und Nationalstaat im Zuge von monetärer, kultureller und wirtschaftlicher Globalisierung als Bezugsrahmen in den Hintergrund treten? Ein neuer Heimatbegriff sollte die alte Bindung von angestammter Bevölkerung mit der Zuneigung von Zugezogenen für ihre Wahlheimat zu verbinden wissen. Dann könnte diese gemeinsame emotionale Basis ein einendes Band für regionale Gemeinschaften bilden, die integrativ wirken und niemanden ausgrenzen würden. Dieser Heimatbegriff böte dann wieder wohltuenden Halt. In die Vision eines freien und vereinigten Europas passte er jedenfalls nur allzu gut.

Böhmen und Mährer

František Mezihorák

Die Beziehungen zwischen den Mährern und den Böhmen gehören im europäischen Kontext sicher nicht zu den dramatischen oder gar unversöhnlichen, die die Stabilität des Kontinents gefährden würden. Trotzdem lässt sich ein gewisses mährisch-böhmisches Spannungsverhältnis zumindest durch die gesamte schriftlich belegte Geschichte Mährens und Böhmens ausmachen. Zweifellos hat dazu auch beigetragen, dass der böhmische Staat auf den Trümmern des Großmährischen Reiches errichtet wurde. Manchmal deuteten sich die Spannungen eher indirekt an, dann wieder traten sie offener zu Tage. In früherer Zeit zeichnete sich die mährische Position durch einen Landespatriotismus aus, in neuerer Zeit auch durch einen Nationalpatriotismus. Im Bewusstsein und Unterbewusstsein der Mährer haben sich mit der Zeit sicher antiböhmische und vor allem gegen Prag gerichtete Gefühle verfestigt. Sie verstärkten sich immer dann, wenn sich die zentralen staatlichen Organe gegenüber den mährischen Traditionen und Bedürfnissen wenig feinfühlig verhielten. Niemals aber bedrohten sie dauerhaft die Einheit von Böhmen und Mähren im Rahmen des Böhmischen Königreichs, der Tschechoslowakei oder der Tschechischen Republik. Doch gerade in Augenblicken des geschichtlichen Umbruchs kam das Mährertum immer wieder in unerwarteter Intensität und aggressiven Formen zum Ausbruch. Es akzentuierte dabei die Unterschiedlichkeit zwischen der Bevölkerung Mährens und Böhmens, strich die mährischen

Landesrechte heraus, beklagte sich bitter über die Vernachlässigung, ja Ungerechtigkeiten seitens der Pragozentristen und forderte eine weitgehende Autonomie. Damit tat sich immer auch ein Betätigungsfeld für Abenteurer und Extremisten auf. Deren Aktivitäten, die nicht selten kuriose und possenhafte Züge annahmen, wurden jedoch letztendlich von der Mehrheit der Mährer immer abgelehnt. Das heißt allerdings nicht, dass man sie einfach so mit einem Lächeln übergehen könnte, denn sie waren Keimzelle einer möglichen Entwicklung, die nicht mehr komisch, sondern tragisch verlaufen wäre. Im übrigen kennt die Weltgeschichte und die europäische Geschichte eine Unzahl von Beispielen, die zeigen, dass sich aus einem unbedeutenden Fünkchen ein großer Brand entfachen lässt, dass eine anfangs geringe Zahl von Extremisten bei schicksalhafter Verkettung der Umstände blutige Massenkonflikte hervorrufen kann.

Die nachfolgenden geschichtlichen Ereignisse mögen als Illustration der vorangegangenen allgemeineren Feststellungen dienen. Sie ereigneten sich in den Jahren 1938-1945 und betrafen Beziehungen zwischen Mährern und Böhmen, in die damals zwei weitere Völker stark eingriffen - die Slowaken und die Deutschen.

Das Münchener Abkommen und seine vernichtenden Folgen für die Tschechoslowakei im September 1938 sind allgemein bekannt. In dieser plötzlich grundlegend veränderten Situation wurde natürlich unter anderem über eine Neuordnung der Resttschechoslowakei nachgedacht und damit auch über eine neue Stellung Mährens innerhalb dieses Torsos. Parallel zu den tschechischen Vorstellungen, die auf eine Stabilisierung dieser sog. Zweiten Republik zielten, existierten die Pläne der deutschen Nazis, wie dieses Gebilde, dessen Bestand in München formal garantiert worden war, am wirksamsten zu zerrütten und schließlich ganz von der Karte Europas zu tilgen sei. Und drittens offenbarten sich - zunächst mit taktischer Unterstützung der Nazis, dann in utopischer Weise sich deren Willen widersetzend - die Bestrebungen der slowakischen Faschisten, die glaubten, gerade in Mähren ihre größenwahnsinnigen Ambitionen befriedigen zu können, die nach dem Wiener Schiedsspruch so schwer gelitten hatten. Vom klerofaschistischen Staat der Hlinka-Volkspartei war nämlich nur mehr ein „Miniaturstaat" geblieben.

Zentrum der Ereignisse, in denen das weitere Schicksal Mährens auf dem Spiel stand, war der Südosten des Landes - Slovácko (oder auch Moravské Slovensko), die Mährische Slowakei. Diese wirtschaftlich rückständige Region hatte besonders viel Grund, sich von Prag benachteiligt und übergangen zu fühlen. Andererseits gab es hier bereits Jahrhunderte alte Beziehungen zu den Nachbarn in der Slowakei. Es entbehrt auch nicht einer gewissen Logik, dass gerade hier separatistische Tendenzen aufkamen, die den slowakischen irredentistischen Ambitionen in die Hand spielten. Auf mährischer Seite wurden diese meist von unscheinbaren Gestalten vertreten, Figuren mit fragwürdiger Vergangenheit, sehr häufig Faschisten mit persönlichem Ehrgeiz, die weit über ihre Fähigkeiten hinausgingen. In der Slowakei aber war es der gesamte einflussreiche Flügel der klerofaschistischen Regierungspartei, der über die wichtigsten politischen Machtpositionen verfügte. Zu ihm gehörten vor allem Vojtech Tuka, Alexander Mach und Ferdinand Čatloš. In ihren Köpfen wurde der Gedanke geboren, nicht nur die Mährische Slowakei, sondern auch die Walachei, eventuell auch weitere Teile Mährens, zu annektieren - im Ganzen ein Gebiet, auf dem 750 000 Einwohner lebten. Die Propaganda der Volkspartei spannte für diesen Zweck eine Reihe von Wissenschaftlern und Publizisten ein, z. B. den Historiker František Hrušovský, den Theologen Alois Miškovič, den Philologen Henrich Bartek, den Schriftsteller Tido J. Gašpar. Diese präsentierten den slowakischen Staat als einzigen authentischen Nachfolger Großmährens und wiesen die Berechtigung der slowakischen Ansprüche auf das damalige Mähren nach, wobei Stil und Argumentation dem unvoreingenommenen Beobachter bisweilen sicher ein amüsiertes Lächeln entlockt.

Führende Vertreter der Volkspartei waren in der Mährischen Slowakei der faschistische Abenteurer Jan Ryba und Jan Uprka, der Sohn des bekannten Malers Joža Uprka. Jan Uprka bestach zwar selbst nicht durch persönliche Qualitäten, war aber nützlich auf Grund des guten Klangs, den der väterliche Name hatte. Um Jan Ryba und Jan Uprka scharten sich im Herbst 1938 ein paar Dutzend Individuen, die, hauptsächlich für slowakisches Geld, den Anschluss Mährens an die Slowakei zu propagieren begannen. Allerdings muss gesagt werden, dass auch manch ein mährischer Unternehmer gewisses Interesse an einem derartigen Plan zeigte, insbesondere die Firma Baťa in Zlín. Diese hatte sich bisher für den Erhalt der Tschechoslowakei engagiert und erfreute sich keinerlei Sympathien seitens der Nazis. Daher erwog sie nun die Möglichkeit, der zu erwartenden Okkupation Böhmens und Mährens durch einen Anschluss an die Slowakei zu entgehen, wo sie im übrigen etliche Niederlassungen hatte und über ausgezeichnete Beziehungen zu den politischen Vertretern verfügte.

Der 28. Oktober im Jubiläumsjahr der Tschechoslowakischen Republik sollte zum entscheidenden Augenblick der ganzen Aktion werden. Die selbsternannten Repräsentanten des mährischen Teilgebiets proklamierten sich als Nationalkomitee der Mährischen Slowakei (*Národní výbor Moravského Slovácka*) und riefen zu einer öffentlichen Kundgebung in Uherské Hradiště, dem Zentrum der Region, auf. Sie endete mit einem völligen Fiasko; sie scheiterte sowohl am Eingreifen der tschechischen Polizei als auch an der Haltung der dortigen Öffentlichkeit, die dem Plan einer Spaltung der Böhmischen Länder ablehnend gegenüberstand. Unter den zahllosen Resolutionen, die Gemeinde- und Stadträte, verschiedenste Organe, Vereinigungen und Institutionen verfassten, fand sich nicht eine einzige, die die Putschisten unterstützt hätte. Auch die rechtmäßigen Vertreter der Mährischen Slowakei stellten sich - unter Hervorhebung berechtigter Forderungen Mährens im Rahmen der Tschechoslowakischen Republik - gegen jedwede Zersplitterungsversuche und bekannten sich zur Einheit der tschechischen Nation.

Das Fiasko konnte die Putschisten nicht abschrecken und mit zunehmend offener Unterstützung durch die slowakischen Faschisten verfolgten sie weiterhin ihre Ziele. Am 15. März 1939, am Tag der Okkupation der Tschechoslowakei durch die Hitlerarmee, proklamierten sie erneut - diesmal als Nationalrat der Mährischen Slowaken (*Národná rada Moravských Slovákov*) - den Anschluss Südostmährens an den slowakischen Staat. Das aber war gleichzeitig die letzte Geste der proslowakischen Kräfte unter den mährischen Faschisten. Die Nazis, die bis dahin vor allem über den Sender des Wiener Rundfunks separatistische und irredentistische Bestrebungen angefacht hatten, gaben nunmehr deutlich zu verstehen, dass sie weitere Diskussionen derartiger Pläne im „Protektorat Böhmen und Mähren" nicht dulden würden.

Geradezu unfassbar ist, dass einige slowakische Prominente über Jahre hinweg nicht in der Lage waren, diese neue Realität zu begreifen. Präsident Jozef Tiso hatte sich zwar selbst stets von den Irredentisten distanziert, doch ließ er gerade jetzt Verteidigungsminister Čatloš Memoranden für die deutsche Regierung ausarbeiten, in denen die slowakischen Ansprüche auf einen großen Teil Mährens historisch, ethnisch und philologisch begründet sowie geographisch genau festgelegt wurden. Das geschah mit Billigung des Regierungsvorsitzenden Tuka und des Befehlshabers der Hlinka-Garden, Alexander Mach. Großes Engagement in dieser Sache zeigte die Wissenschaftliche Gesellschaft für Slowaken im Ausland (*Vědecká společnost pro zahraniční Slováky*). Unter ihrem Einfluss nährte man die Illusion von einer „Großslowakei" (*Velké Slovensko*) bis 1943, als endlich auch der irredentistische Flügel der klerofaschistischen Regierung die Unerfüllbarkeit seines Traums begriff, nachdem er bei den Nazis auf totale Ablehnung gestoßen war.

Zu dieser Zeit dienten die mährischen Separatisten schon lange und ergeben dem neuen Herrn. Sie waren zu „Folklorismus-Kollaborateuren" der nationalsozialistischen Okkupationsmacht geworden: sie schöpften aus der reichen Folklore der Mährischen Slowakei, kleideten sich in volkstümlicher Tracht und gaben so einen höchst farbigen Tupfer im Panoptikum der heimischen Faschisten ab. 1939 brachten sie die traditionsreiche volkskundliche Organisation Mährisch-slowakische Gesellschaft (*Moravsko-slovenská společnost*) in ihre Hand, gaben ihr - mit dem Anspruch, das ganze Land zu vertreten - den Namen Volkskundliches Mähren (*Národopisná Morava*) und führten sie während der gesamten Okkupationszeit im Sinne der Nazis. An ihrer Spitze stand wiederum Jan Uprka, denn auch die Nationalsozialisten versprachen sich Nutzen von dem berühmten Namen. Joža Uprka war bei den Ereignissen 1938-39 nicht direkt engagiert, er war schwerkrank; einige seiner Standpunkte und Ansichten aus früherer Zeit, speziell seine Ausfälle gegen Prag und gegen die Juden, arbeiteten den Klerofaschisten und Kollaborateuren jedoch zu. Auch war es kein Zufall, dass man sein Begräbnis 1940 zu einem Manifest der Eintracht zwischen Nazis und Kollaborateuren missbrauchte.

Die höchsten Vertreter der Okkupationsverwaltung in Böhmen und Mähren waren sich sehr wohl bewusst, dass der mährische Separatismus benutzt werden konnte, um die nationale Einheit aller Tschechen und den Widerstandswillen zu schwächen. Daher gewährten sie dem Volkskundlichen Mähren volle politische Unterstützung, beträchtliche materielle Hilfe wie auch verschiedenste Privilegien. Über die Ziele, die damit verfolgt wurden, gab der *Bericht zu dem Problem der mährischen Slowaken*, der von deutschen Okkupationsbeamten aus Brünn für den Reichsprotektor erstellt wurde, eindeutig Auskunft. Hierin wurde nicht nur konstatiert, dass die mährischen Separatisten ausnahmslos ihre proslowakische Position aufgegeben hatten und zu einer prodeutschen Position übergewechselt waren; mit Befriedigung wurde vielmehr auch die ideelle Angleichung des Volkskundlichen Mährens an das Gedankengut des Nationalsozialismus verzeichnet. Man empfahl, die Organisation in jeder Hinsicht zu unterstützen, denn so könne ein bedeutender Teil der nichtdeutschen Bevölkerung aus der „tschechischen Einheitsfront herausgezogen" und „eine erwünschte Zersplitterung auf tschechischer Seite" herbeigeführt werden.

In der ersten Phase der Okkupation versuchten tschechische Regierungsstellen und auch die Nationale Gemeinschaft (*Národní souručenství*), eine Organisation, die die nationale Einheit der Tschechen sicherstellen sollte, mit patriotischen Appellen auf das Volkskundliche Mähren einzuwirken, allerdings ohne besonderen Erfolg. Nach der Hinrichtung von General Alois Eliáš, dem Vorsitzenden der Protektoratsregierung, folgte das kollaborationswillige Hácha-Regime, das für die Folklore-Faschisten schon kein Hindernis mehr darstellte. Das Volkskundliche Mähren entfernte sich mehr und mehr von seinem volkskundlichen Anspruch und seine Leitung verwandelte sich noch mehr in eine Gruppe von Kollaborateuren, über die sowohl der unselige tschechische Protektoratsminister Emanuel Moravec als auch Karl Hermann Frank, der höchste Vertreter der Protektoratsdeutschen, ihre schützende Hand hielten. Von der Volkskunde wirklich begeisterte Mitarbeiter wurden aufs Abstellgleis geschoben, wobei man die patriotische Wirkung einer Reihe von volkskundlichen Aktionen, die diese organisiert hatten, nicht unterschätzen darf. Oft waren es die einzigen öffentlichen Aktionen, die von den Nazis erlaubt wurden. Die Repräsentanten des Volkskundlichen Mähren garnierten als farbenfrohes Beiwerk all jene Anlässe, bei denen das Einvernehmen zwischen der tschechischen Bevölkerung des „Protektorats" und dem „Großdeutschen Reich" demonstriert werden sollte. Ihr Volksverrat verfügte über ein umfangreiches Register: von der Organisation einer gewaltigen Kundgebung der Treue zum „Reich" nach dem Attentat auf Heydrich über antisemitische Ausfälle bis hin zu einem Brief an Hitler, in dem sie die Aufnahme von Freiwilligen aus der Mährischen Slowakei in die deutsche Armee beantragten. Die megalomanen bzw. auch obskuren volkskundlichen Absichten, derer sie sich rühmten, blieben Schall und Rauch, so der Aufbau von Musterdörfern nach volkskundlichen Kriterien, die Schaffung mährisch-slowakischer Einrichtungen auf europäischem Niveau, die Einführung des Dialekts der Mährischen Slowakei in den Schulen, Trachtenpflicht usw. Dafür wirkte das gleichnamige Presseorgan, die Zeitung *Národopisná Morava* (Volkskundliches Mähren), bis in die letzten Wochen der Okkupation zersetzend auf den tschechischen Widerstandsgeist und bekannte seine Loyalität zum fast schon besiegten „Reich".

Zu Recht verurteilten außerordentliche Volksgerichte der befreiten Tschechoslowakei nach 1945 die Tätigkeit der Hauptvertreter des Volkskundlichen Mähren. Die gefällten Urteile fielen jedoch im Großen und Ganzen mild aus, und Jan Uprka selbst entging auf Grund eines psychischen Leidens einer Bestrafung ganz.

Die hier skizzierten Ereignisse aus den Jahren 1938-1945 trugen nicht selten possenhafte Züge. Wir hätten sie - so scheint es - in den verstaubten Seiten der Geschichtsschreibung weiterschlummern lassen können, wären sie nicht in einigen ihrer Erscheinungsformen ein fast überraschend aktuelles Memento! So wirkte beispielsweise das, was sich in jüngst vergangener Zeit dem Mährertum oder den slowakischen Bestrebungen nach Eigenständigkeit beimischte, nicht selten, als wäre es direkt dem Argumentationsarsenal jener gar nicht so lange zurückliegenden Geschehnisse entnommen. Nach der Samtenen Revolution 1989 gewann das Mährertum in einer realen politischen Bewegung Gestalt, deren Popularität einen raketenartigen Anstieg verzeichnete. Aber ebenso schnell landete diese Bewegung ein paar Jahre später am Rande des politischen Geschehens. Auch schienen einige ihrer Vertreter gleich von Beginn an nicht allzu vertrauenerweckend, manches aus dem Register des extremistischen Mährertums war wieder präsent und schließlich gab es sogar gewisse Anzeichen für das „Spiel mit der slowakischen Karte gegen Prag".

Im Rahmen der Volkszählung 1991 konnte man bei der Angabe der Nationalität erstmals zwischen der tschechischen und der mährischen Nationalität wählen. Bemerkenswert ist, dass sich fast eineinhalb Millionen Einwohner zur mährischen Nationalität bekannten. Von der Unergründlichkeit der Quellen und der Erscheinungsformen moravisierender Gefühle zeugt folgende Beobachtung am Rande: Obwohl die meisten der fahnenschwenkenden Sportfans über die Geschichte des Großmährischen Reichs nichts wissen, erweitern sie bei der Begegnung mit einer Mannschaft aus Böhmen ihr ansonsten eintöniges Sortiment an Schlachtrufen um die Losung „Velká Morava!" (Großmähren!).

Die Tschechische Republik strebt eher eine innere Strukturierung nach Regionen als nach Ländern an. Es wird sehr vom Gelingen dieses Wandels abhängen, ob sich das Mährertum in seiner geistig-inhaltlichen und materiellen Dimension verändert und sich zufriedengestellt sieht oder ob sich ein alter Bodensatz verfestigt, aus dem die Flammen des Extremismus stets aufs Neue hochschlagen können. Dass auch die Aufnahme der Tschechischen Republik in die Europäische Union das weitere Schicksal der mährisch-böhmischen Beziehungen wesentlich beeinflussen wird, steht außer Frage. Dies freilich zu erörtern, würde unserer Zeit zu weit vorauseilen.

Baiern und Preußen

Ludwig Zehetner

Bayern (Baiern) und Preußen sind die Namen zweier im Laufe der Geschichte sehr bedeutender Länder Deutschlands. Bayern (Baiern) und Preußen sind auch die Namen der Bevölkerung dieser Länder.

Im Mittelpunkt dieser Betrachtungen sollen nicht die beiden früheren Herzogtümer, nachmaligen Königreiche oder späteren Länder des Deutschen Reiches stehen, sondern die Menschen, die als „Baiern" und als „Preußen" bezeichnet werden. Bei „Preußen" ist ein falsches Verständnis des Begriffs ausgeschlossen, da ein Staat namens Preußen seit über einem halben Jahrhundert nicht mehr existiert. Einen Freistaat Bayern gibt es aber sehr wohl. Um klarzustellen, dass nicht vom heutigen deutschen Bundesland Bayern die Rede ist, sondern vom Stamm der Bajuwaren oder *Baiern*, sei die historische Schreibung mit *ai* verwendet, wie es in Volkskunde und Sprachwissenschaft üblich ist.

Es soll den Problemen nachgespürt werden, die dadurch aufgeworfen werden, dass die beiden Länder- und Völkernamen zu klischeehaften Etiketten geworden sind, in denen gewisse Charaktereigenschaften der Deutschen im Norden und Süden im Zerrbild erscheinen: also die Stereotype „Baier" und „Preuße".

Einleitend sei die Geschichte der namengebenden politischen Gebilde kurz skizziert. Der alte Siedlungsraum der Baiern umfasst ungefähr das Gebiet der heutigen Regierungsbezirke Oberbayern, Niederbayern und Oberpfalz, die man zusammen als Altbaiern bezeichnet. Es gilt als erwiesen, dass es sich bei den Vorfahren der alten Baiern nicht um einen einheitlichen germanischen Stamm handelt, wie das etwa für die Alemannen, Thüringer, Sachsen und andere zutrifft. Verschiedene ethnische Gruppen - Germanen, Romanen, Kelten und andere - wurden gegen Ende der Völkerwanderung nördlich der Alpen sesshaft. Dieser „Sauhaufen von versprengten Resten" (als solchen hat ein Historiker die Vorfahren der Baiern scherzhaft bezeichnet) verschmolz zu einer neuen Einheit. Bereits im 6. Jahrhundert tritt ein bairisches Stammesherzogtum in Erscheinung. Seither - also über anderthalb Jahrtausende lang - hat es einen bairischen Staat gegeben, dessen territoriale Ausdehnung freilich schwankte. Die Behauptung, dass Baiern/Bayern einer der ältesten noch bestehenden Staaten Europas ist, entbehrt also nicht einer sachlichen Begründung. Das Kernland bildet Altbaiern. Von hier aus wurde vor 1000 Jahren der Südosten, das spätere Österreich, kolonisiert und christianisiert. Das alte Stammesherzogtum wandelte sich im Hochmittelalter zum Herzogtum der Wittelsbacher, das später den Rang eines Kurfürstentums erlangte. Von 1805 bis 1918 war es Königreich. In jener Zeit etablierte sich die Schreibung des Namens mit *y*. Nach dem Zweiten Weltkrieg wurde Bayern ein Land in der amerikanischen Besatzungszone, 1949 eines der Länder der Bundesrepublik Deutschland. Der heutige Freistaat umfasst außer Altbaiern drei fränkische Regierungsbezirke sowie Bayerisch-Schwaben und hat damit die Größe des früheren Königreichs, abzüglich der damals zu Bayern gehörigen Rheinpfalz.

Der Name Preußen geht auf den baltischen Volksstamm der Pruzzen zurück, der im 10. Jahrhundert erwähnt wird. Nachdem die Hohenzollern, 1417 mit der Mark Brandenburg belehnt, 1525 das preußische Deutschordens-Land erworben hatten, übertrug sich der Name bald auf deren Herzogtum, das 1701 zum Königreich Preußen aufstieg. Als politische Einheit ist es zwar jünger als Bayern, hatte aber als weitaus größter Einzelstaat im Deutschen Reich ungleich größere Bedeutung. Im 19. und frühen 20. Jahrhundert lag die politische Führung Deutschlands eindeutig in preußischer Hand. Zur Zeit seiner größten Ausdehnung umfasste es den gesamten Norden und die Mitte Deutschlands. In der NS-Zeit wurden sowohl Preußen als auch Bayern als Gebietskörperschaften des Dritten Reiches gleichgeschaltet. Seit der formellen Auflösung durch die Alliierten (1947) hat Preußen aufgehört als staatliches Gebilde zu existieren.

Seit Friedrich dem Großen (König 1740-86) verfügte Preußen über ein hervorragend organisiertes und bestens ausgebildetes Heer, die größte Armee Europas. Die damals erfolgende Militarisierung des gesamten Lebens gilt seither als preußisches Charakteristikum. Die Unterordnung ziviler Prinzipien unter militärische ließ ein streng hierarchisch organisiertes Beamtentum entstehen, das zu unbedingtem Gehorsam verpflichtet war. Die Behauptung ist nicht gänzlich von der Hand zu weisen, dass der Militarismus, der Deutschland und seine Nachbarn im 20. Jahrhundert in unendliches Leid stürzte, entscheidende Wurzeln in Preußen gehabt habe. Keinesfalls bedeutet dies aber, dass Bayern und Österreich daran nur passiv beteiligt gewesen wären. Sowohl das Dritte Reich als auch die Deutsche Demokratische Republik zeigten den preußischen Militarismus in perfektionierter Ausprägung.

Zwischen den Staaten Bayern und Preußen gab es im Laufe der Geschichte wiederholt dynastische und territoriale Verbindungen. Politisch und militärisch traten sie einmal als Verbündete auf, dann wieder standen sie sich als Feinde gegenüber. So erlebte Bayern 1866 an der Seite Österreichs eine militärische Niederlage gegen Preußen, wenige Jahre später, 1870/71, zog Bayern mit Preußen vereint in den Krieg gegen Frankreich. Das Verhältnis der Menschen beider Staaten zueinander kann unter solchen Bedingungen nicht anders als spannungsreich gewesen sein. Die Annahme dürfte richtig sein, dass sich manche Klischeevorstellungen, welche die Baiern bis heute von den „Preußen" haben und die „Preußen" von den Baiern, damals herausgebildet haben.

Der *Breiss* (das ist die bairische Sprechform für „Preuße": mit weichem, aber keinesfalls stimmhaftem *b*, mit zu *ei* entrundetem Diphthong und mit scharfem *ss*-Laut) und der Baier sind Stereotype, in denen manche Charakteristika der Menschen aus Deutschlands Norden oder Süden aufscheinen, allerdings in karikaturistischer Vereinfachung und Verzerrung. Der Baier und der *Breiss* sind Typenrollen wie in der *Commedia dell'arte*, die gewisse bairische oder preußische Eigenschaften in komödienhafter Drastik verkörpern. Als Rollenmasken haben Baier und Preuße die Zeiten überdauert. Nicht nur in Witzen, Anekdoten, Schnurren und im Volkstheater treten sie in Erscheinung, auch im wirklichen Leben taucht das Baiern- und das Preußen-Klischee immer wieder auf und nimmt bisweilen nahezu xenophobische Züge an. Zweifellos erscheinen in dem antithetischen Begriffspaar gewisse Facetten des Gegensatzes auskristallisiert, des spannungsreichen Kontrasts zwischen dem Süden und dem Norden, zwischen einem vom Katholizismus geprägten und einem vom Protestantismus bestimmten Raum.

Reale Gegebenheiten vielfältiger Art - geomorphologische, kulturelle, geistesgeschichtliche, konfessionelle und psychologische Gesichtspunkte - gilt es zu berücksichtigen, wenn man verstehen will, wie es zur Ausprägung dieser Stereotype gekommen ist. Fraglos ist es eine Tatsache, dass Altbaiern Exponent des katholischen deutschsprachigen Südostens ist, als Kulturraum in vielerlei Hinsicht nahtlos mit Österreich verbunden. Preußen ist der Exponent des protestantischen Nordens und Ostens.

Einer der wohl frühesten Belege, in dem die Antinomie zwischen dem reformationsbereiten Norden und dem katholischen Baiern in boshafter Art zum Ausdruck kommt, stammt aus dem 16. Jahrhundert. Es ist eine Stelle aus dem lateinischen Codex *clm 940* in der Bayerischen Staatsbibliothek, den Johann Andreas Schmeller in seinem Bayerischen Wörterbuch (Band I, Spalte 1541) zitiert: „Wilhelmus dux Bauariae dixit ad suos aulicos: saufft, frest, huret: werdet nur nicht Lauterisch: sic enim dixit pro Lutherisch denn er war ein Sewbair." Wilhelm IV., baierischer Herzog von 1508 bis 1550, wird hier als *Sewbair* (= Sau-baier) beschimpft, weil er sich gegen die Reformation stellte. Der Chronist behauptet, er habe seinen Untertanen Trunksucht, Völlerei und Unzucht zugestanden, solange sie sich nur nicht der Lehre Martin Luthers zuwandten. Tatsächlich wurde unter Wilhelms Regierung Baiern zum Bollwerk gegen die Reformation, seit er 1542 die Jesuiten ins Land berufen hatte, und zum Zentrum der Gegenreformation. Auf jene Zeit der zwangsweisen Rekatholisierung dürfte die heute in Baiern noch geläufige Wendung „jemanden katholisch machen" zurückgehen, was soviel bedeutet wie: jemanden mit allen, auch drastischen Mitteln zwingen, auf die eigene Meinung einzuschwenken. Die Textstelle ist auch deshalb bemerkenswert, weil der Schreiber auf eine sprachliche Entwicklung anspielt, die vom Stammesgebiet der Baiern ihren Ausgang nahm: die sogenannte neuhochdeutsche Diphthongierung, in der sich die alten Langvokale *î, û, iu* zu *ei, au, eu* wandelten. Es heißt, der Herzog habe auch das *u* in *lutherisch* als Zwielaut ausgesprochen - ein polemischer Seitenhieb auf den Umgang der Baiern mit der deutschen Sprache. Noch heute unterscheidet sich das Deutsch der Baiern von dem der „Preußen".

Eine Grenze zwischen Baiern und Preußen kann man heute nirgendwo geographisch festmachen. Sie deckt sich mit keiner Landesgrenze, weder mit einer heutigen noch einer historischen. Sie existiert nur in den Köpfen, vor allem in denen der Baiern. Sie behaupten, das Land der *Breissn* beginne jenseits des „Weißwurst-Äquators", der angeblichen Nordgrenze der Verbreitung der Weißwurst, einer ursprünglich münchnerischen Spezialität. Manche behaupten, der Weißwurst-Äquator verlaufe am Main. Doch auch südlich des Mains treten „preußische" Merkmale auf, zum Beispiel die Tatsache, dass Mittelfranken überwiegend evangelisch-lutherischer Konfession ist. Sehr klein fiele Altbaiern aus, wollte man bereits die Donau als dessen Nordgrenze betrachten, wie das in einem derben Vers anklingt, den uns Georg Queri („*Kraftbayrisch*" 1912, S. 180) überliefert hat: „Und drenterhalb der Doana / is's Vatterland Breissn. / Der wo nix zum Fressn hat, / hat nix zum Scheissn." (Und jenseits der Donau ist das Vaterland Preußen. Wer nichts zu fressen hat, hat nichts zu scheißen.) In diesen Zeilen, die wohl während des Kriegs von 1866 entstanden sind, kommt ein Empfinden zum Ausdruck, das heute noch in fröhlichen Stammtischrunden lauthals artikuliert wird: Im Land der *Breissn* möchte der Baier nicht leben, weil dort alles „ganz anders" ist. Anspruchsvoller formuliert, aber in etwa gleichen Inhalts ist der (auf Baiern umgemünzte) lateinische Zweizeiler: „Extra Bavariam non est vita. Si est vita, non est ita." (Außerhalb Baierns gibt es kein Leben; und wenn es ein Leben gibt, dann ist es nicht so [wie man es haben möchte]). - Auch die Norddeutschen, die „Preußen", empfinden den deutschen Süden als eine irgendwie „andere Welt". Nicht wenige bairische Phänomene bleiben ihnen rätselhaft und ihr kopfschüttelnder Kommentar lautet oft: „Das kann's doch nur bei euch in Bayern geben!" Sowohl der Süden als auch der Norden ist sich des jeweiligen „Anders-Seins" bewusst.

Die ursprünglichen Bewohner Altbaierns sind - im Gegensatz zu den „Preußen" - ein Stammesgemisch, ein „Sauhaufen" eben, und sicher nicht ausschließlich germanischer Herkunft. Gemeinsamkeiten mit Romanen und Kelten werden zur Erklärung bestimmter Verhaltensmuster der Baiern herangezogen, nicht zuletzt für die *laissez-faire*-Haltung, die in Altbaiern deutlicher ausgeprägt zu sein scheint als in anderen Regionen Deutschlands. An südländischen Überschwang gemahnt auch die mit aufwendigem weltlichem Pomp verquickte römisch-katholische Volksfrömmigkeit Altbaierns, wie sie etwa bei jahreszeitlichen Festen zu beobachten ist. Ein Bedürfnis nach sinnlich erfassbarem Ausdruck von Glaubensinhalten, nach gegenständlichen Symbolen der Religion ist unverkennbar. Die bairischen Grußformeln *Griaß(di)god* und *Pfiad(di)god* (grüße (dich) Gott, behüte (dich) Gott) lassen sich als Spuren der Missionierung durch irische Wandermönche deuten. Zahlreiche Ortsnamen weisen auf römische und vorgermanische Siedlungen hin; viele Gewässernamen sind keltischen Ursprungs. Wirtschaftliche und kulturelle Beziehungen zum romanischen Alpenraum, zu Italien, zu Österreich und Böhmen haben unverkennbare Spuren hinterlassen. Dem entsprechen im Norden die Kontakte zu den skandinavischen und baltischen Nachbarvölkern, insbesondere zum slawischen Kulturraum, wovon viele Orts- und Gewässernamen Zeugnis geben. Vor allem in der Zeit des Absolutismus übte die Kultur Frankreichs nachhaltigen Einfluss aus.

Der deutsche Süden, der Lebensraum der Baiern, ist großenteils eine hügelige, bergige bis alpine Landschaft, kleinräumig gegliedert, ländlich und bäuerlich-agrarisch geprägt. Das Wetter wechselt rasch, der Föhn bringt überraschende Aufhellungen. Die Bewohner neigen dazu, die Traditionen der Vorfahren zu pflegen, das Althergebrachte fortzuführen. Gegenüber Neuerungen zeigten sie sich bis ins 20. Jahrhundert hinein als recht zurückhaltend. Bis in unsere Zeit erweist sich der deutsche Süden, zumindest in der älteren und mittleren Generation, als dialektgeographisch hochgradig differenziert. Typische Siedlungsformen sind Dörfer, kleine Marktflecken und Landstädte. Geistliche Fürsten und Klöster waren es, die in der Vergangenheit maßgebliche religiöse und kulturelle Impulse gesetzt haben. Charakteristisch für den bairisch-schwäbischen Raum sind die Kirchen mit bunter und sinnenfreudiger Rokoko-Ausstattung, ebenso die mit einem Zwiebelhelm oder einer welschen Haube bekrönten Kirchtürme, die sogenannten Zwiebeltürme. An Straßen und Wegen stehen unzählige religiöse Denkmäler, Flurkreuze und *Marterln* (kleine Gedenktafeln). Kleine Kapellen und private Andachtsstätten geben Zeugnis von der Volksfrömmigkeit. Damit gehört Baiern zu dem großen europäischen Kulturraum, der auch alle Länder der ehemaligen österreichisch-ungarischen Monarchie umfasst, einschließlich Schlesiens und selbstverständlich Böhmens.

Ganz anders wirken Landschaft und Atmosphäre des Nordens, der Lebensraum der „Preußen", vor allem in deren Kernland, der Mark Brandenburg. Das weitgedehnte Flachland mit Heide und Mooren wirkt im Vergleich zum Süden großräumig und einheitlich. Das Klima ist vergleichsweise stabil, die Wetterlage viel eindeutiger als im Süden. Seit der Reformation waren es meist weltliche Herren, zum Teil die Großgrundbesitzer, die das Land prägten. Außerhalb der Städte zeigt sich relativ bescheidene Architektur; demonstrativer Prunk fehlt ebenso wie sichtbare Zeugnisse der Volksfrömmigkeit in der Landschaft. Die Vielfalt der niederdeutschen Mundarten ist bis auf wenige Reste eingeebnet; allenfalls die Art, wie man die Standardsprache artikuliert, stellt einen Reflex des früher verbreiteten *Platt* dar. Die Hauptstadt Berlin ist eine repräsentative Weltstadt, alles andere als ein „Millionendorf", als das man München spöttelnd bezeichnet hat.

Es ist nicht verwunderlich, dass solch verschiedenen Voraussetzungen auch unterschiedliche Mentalitäten entsprechen. Wie viel ist Klischee, wie viel ist Realität an der Zuweisung der folgenden Eigenschaften? Inwieweit lassen sie sich aus den bisher umrissenen faktischen Gegebenheiten erklären?

Von den Baiern wird behauptet, sie seien - im Vergleich zu den „Preußen" - in viel höherem Maße von den Sinnen und vom Gefühl gesteuert als vom Verstand. Man ist versucht, für den Süd/Nord-Kontrast Stichwortpaare einzubringen wie zum Beispiel: emotional/rational, heiter/ernst und nüchtern, Herz/Kopf, weich/hart und dergleichen. Der legeren Gemütlichkeit des Südens steht für viele die korrekte und damit scheinbar kühle Reserviertheit des Nordens gegenüber. Der Baier hat den Ruf, er sei derb, verschroben, gelegentlich auch *hinterfotzig* (= verschlagen). Am Preußen schätzt man seine zivilisierte Aufrichtigkeit. Legendär sind Wortgewandtheit und Schlagfertigkeit, vor allem die des Berliners.

Den Gegensätzen in der Mentalität entsprechen auch unterschiedliche Ausdrucksformen. Vom Baiern sagt man, er neige zu Überschwang und Bombast. In der Tat liebt er lärmende Volksbelustigungen, schmetternde Blasmusik und manche atavistisch anmutenden Bräuche. Dem stehen auf Seiten des „Preußen" vorwiegend zielorientierte Effektivität und vergleichsweise zivilisierte Rituale gegenüber. Wenn man so will, lassen sich diese Tendenzen sogar im künstlerischen Bereich nachvollziehen. Im katholischen Süden haben sich vorrangig bildende Kunst und Musik entfaltet, in den protestantischen Regionen des Nordens und der Mitte Deutschlands hingegen Literatur und Philosophie. Der Hauptstrom der deutschen Geistesgeschichte ist von Protestantismus und Säkularisation bestimmt. Einflussreiche Philosophen wie Immanuel Kant oder G. W. F. Hegel können als Exponenten der Rationalität des Nordens gelten. Die mystisch-theosophisch ausgerichtete Philosophie des katholischen Altbaiern Franz von Baader (1765-1841), der an die Mystiker anknüpft und alles menschliche Denken als Mitwissen mit dem Wissen Gottes sieht, wurde von Arthur Schopenhauer als „scheußlicher Aberwitz" verworfen. Die Romane von Theodor Fontane oder Wilhelm Raabe lassen sich gegen die von Adalbert Stifter oder Ludwig Thoma stellen als Zeugnisse nord- oder süddeutscher Literatur. Ein Vergleich der Musik von Anton Bruckner und der von Johann Sebastian Bach, wenngleich sie verschiedenen Epochen zugehören, macht den Gegensatz zwischen zwei Formenwelten deutlich: der Welt des katholischen Südens und jener des protestantischen Nordens. Mit „katholisch" und „protestantisch" sind nicht in erster Linie die Konfessionen gemeint; es handelt sich um zwei verschiedene Grundeinstellungen. Beide Sphären aber haben zweifellos überragende Leistungen hervorgebracht.

Zwar ist es eine an sich unzulässige Vereinfachung, für unsere Belange aber durchaus sinnvoll, wenn man stellvertretend für ganz Baiern das alpennahe Oberbayern und die Landeshauptstadt München heranzieht, entsprechend für „Preußen" die Mark Brandenburg und Berlin. Gerechtfertigt erscheint diese verkürzte Sicht deshalb, weil sich die Kontakte zwischen Preußen und Baiern im 19. Jahrhundert weitgehend darauf beschränkten, dass „Preußen" in den Urlaub nach Oberbayern fuhren oder das Münchner Oktoberfest besuchten. Dazu kam ihre Begeisterung für den Alpinismus und die bairischen Volkstheater, die häufig in Berlin gastierten. Aus solchen sporadischen Begegnungen erwuchsen die bauerntheaterhaften Klischees, die durch unzählige Karikaturen und Witze verfestigt wurden, so etwa in den Zeitschriften *Simplicissimus* oder *Jugend* vom Anfang des 20. Jahrhunderts: Der hochnäsige „Preuße", der sich über bairische Sitten und Lebensart lustig macht, sich aber dennoch Lederhose und Gamsbart kauft, und der ungeschlachte Baier, der sich in Berlin peinlich daneben benimmt und immer wieder ertappt wird bei seiner Suche nach Schweinsbraten und Bier. Mancher Baier schlüpfte in der Tat willig in die ihm angedichtete folkloristische Rolle des „edlen Wilden", präsentierte sich „Preußen" als Naturbursche, der seine Zeit mit Jodeln, Schuhplatteln, Fensterln und Raufen verbringt und dazu ungeheure Mengen Bier aus Maßkrügen trinkt. Auf diese Weise erfüllten die Vorzeige-Baiern das Stereotyp, verfestigten es nach außen wie nach innen - und genossen es sogar.

Baiern, die nach Norden ziehen, passen sich meist rasch der neuen Umgebung an, ordnen sich den dortigen Gepflogenheiten unter. Sie stören nicht, greifen nicht verändernd in die landesübliche Lebensart ein. Deshalb gibt es in Norddeutschland keinen Begriff, der dem entspricht, was man in Altbaiern als die *Zuagroasten* bezeichnet, d. h. die aus dem Norden oder Osten Zugezogenen.

Für viele Norddeutsche übt Süddeutschland eine große Anziehungskraft aus. Bayern, sagt man, sei zum innerdeutschen „Einwanderungsland Nr. 1" geworden. Nicht wenige bodenständige Baiern leiden darunter, dass ihre Sprache - das bairische Deutsch mit seinen Dutzenden von Dialekten - immer mehr zu einer „Minderheitensprache" wird, während sich das angeblich bessere Deutsch nördlicher Herkunft in den Vordergrund schiebt. Dieser Sprachwandel ist durch mannigfache Faktoren bedingt, primär wohl durch die Medien.

Ein Vorspiel zu dieser Entwicklung bot die Unterbringung von Evakuierten aus den Ballungsräumen des deutschen Nordens während des Zweiten Weltkriegs. Hans Ehard, der erste bayerische Ministerpräsident (1946-54), konnte es sich erlauben, den zweifellos auch in unserer Zeit noch latent vorhandenen „xenophobischen Abwehr-Reflex" in die Worte zu fassen: „Es gibt eine gewisse Art von Menschen, die wir als Preußen bezeichnen, mit denen sich der süddeutsche Mensch nun einmal nicht versteht." Heutzutage, ein halbes Jahrhundert später, würde es niemand wagen, derlei direkte Worte öffentlich von sich zu geben, obgleich nicht wenige Baiern diese Meinung teilen. Wie wäre es sonst erklärlich, dass *Breiss* über die Zeiten hinweg ein geläufiges Schimpfwort geblieben ist, das mit dem Ende Preußens keinesfalls außer Gebrauch kam? Als Pendant zum zitierten *Saubaier* gibt es die Verstärkung *Saubreiss* (Saupreuße). Reinhold Amans *Bayerisch-österreichisches Schimpfwörterbuch* (1973) verzeichnet weitere nicht weniger beleidigende Termini wie *Breissn-schädel, -hammel, -sau, -matz* (Preußenmetze) und die Kollektiva *Breissn-Gesindel* oder gleichbedeutendes *Breissngschwerl*. Ohne Rücksicht darauf, ob jemand seiner Herkunft nach wirklich Norddeutscher ist oder nicht, kann er oder sie als *Breiss* oder *Breissin* beschimpft werden. Eine Händlerin auf dem Münchner Viktualienmarkt, die sich darüber ärgerte, dass ein Japaner ihr Obst betastete, rief ihm zu: „Jetzt kauf' endlich oder verschwind', *Breiss,* japanischer!" Wenn es eines Beweises bedurft hätte, dass *Breiss* ein echtes Schimpfwort darstellt, sich also vom Begriff Preuße = Mensch aus Norddeutschland vollends abgelöst hat - hier liegt er vor. Lästig aufdringliches Verhalten kann als „preußenhaft" angeprangert werden. Wer wortgewandter, schlagfertiger ist als der Gesprächspartner, hat eine *Breissnfotzn* (Preußen-Mundwerk) und wird damit, pars pro toto, als Mensch abqualifiziert. Jemanden, der sich, obwohl vielleicht waschechter Baier, wie ein *Breiss* benimmt, trifft das Urteil *Gesinnungs-Breiss*.

Die Wurzel für derlei verbale Verunglimpfungen könnte darin liegen, dass das Selbstwertgefühl des Baiern schwach entwickelt ist und er deshalb die Begegnung mit Deutschen aus anderen Regionen als Angriff auf seine eigene bairische Identität empfindet. Durch die - zumindest verbal praktizierte - Abgrenzung vom „Preußen" sucht sich der Baier seiner eigenen Identität zu vergewissern. Zu seiner Ehrenrettung sei allerdings hinzugefügt: Trotz aller verbal geäußerten Animosität weiß er sehr wohl, dass die meisten Norddeutschen alles andere sind als *Breissn* im negativen Sinne. Zum Ausdruck kommt dies etwa im Text eines Autoaufklebers, der vor etlichen Jahren auftauchte: „It is nice / to be a Breiss. / It's much higher / to be a Baier."

Früher wie heute sind „der Baier" und „der Preuße" unverzichtbare Stereotype in immer neuen Witzen und Anekdoten, geistreichen wie recht banalen. Erzählt man sich solche in Norddeutschland, so ist der Ungeschickte, der Dumme, derjenige, der den Schaden hat, mit Sicherheit der Baier, in Baiern hingegen ist es der *Breiss*. Ein originelles Büchlein von Ludwig Merkle heißt denn auch *Breissn dratzn* (Preußen necken). Leser, die mit dem Bairischen nicht vertraut sind, werden mit absichtlich falschen Worterklärungen genasführt. Hier setzt sich eine Tradition von alten Scherzen fort, wie etwa dem, dass man im Gebirge einen „Preußen" auffordert, nach Gämsennestern mit frisch gelegten Gämseneiern zu suchen. Es sind meist harmlose Scherze auf Kosten einer Volksgruppe, die sich mit den Witzen über die Schweizer, die Ostfriesen oder die Österreicher in eine Reihe stellen lassen.

Über derlei harmlose Scherze hinaus gehen solche von peinlicher Geschmacklosigkeit. Der Autoaufkleber „Ich bremse auch für Preußen" wandelt ab, was sich Tierfreunde ans Autoheck kleben („Ich bremse auch für Tiere"). In der Parodie wird boshafterweise unterstellt, dass es eigentlich nicht schlimm wäre, einen *Breissn* zu überfahren. Noch krasser ist der Vierzeiler: „Heid auf d'Nacht / wern Breissn gschlacht. / Wer a Breissnfleisch mog, / Konn kemma de Dog." [Heute Abend werden die Preußen geschlachtet. Wer Preußen-Fleisch mag, kann in den nächsten Tagen kommen]. Das klingt wie die Ankündigung einer Hausschlachtung, wobei die Schweine allerdings die „Preußen" sind, eine offensichtliche Anspielung auf die gängigen Schimpfwörter *Sau-Breiss, Breissn-Sau*. Der drastisch geschmacklose Vorschlag, wie man sich der als lästig empfundenen Eindringlinge entledigen könnte, erinnert nicht nur an die Derbheiten, die vor 100 Jahren in der Zeitung *Das Bayerische Vaterland* von einem gewissen Johann Baptist Sigl verbreitet wurden (über den es in einer Karikatur von 1901 heißt: „Dr. Sigl heißt er, Jud' und Preuß' verspeist er"), sondern in peinlicher Weise auch an die antisemitische Hetze der Nazis.

Eine verschwommene, klischeehafte Animosität gegen die „Preußen" ist bei den Baiern also bis heute durchaus lebendig geblieben, vor allem als humoristisches Klischee. Das vage Feindbild „Preuße" tritt ausschließlich verbal in Erscheinung, unterscheidet sich insofern grundlegend von jener Fremdenfeindlichkeit, die sich auch in Taten manifestiert. Die Verfechter einer einheitlichen, am norddeutschen Usus orientierten deutschen Sprache verstehen die Hartnäckigkeit nicht, mit der viele Baiern an ihrem einheimischen Idiom festhalten - an den bairischen Dialekten und den darauf fußenden Besonderheiten in der Hoch- und Schriftsprache. Nicht wenige „Preußen" blicken mit Kopfschütteln auf das Land der Baiern, wo tatsächlich in mancher Hinsicht „die Uhren anders gehen". Viele argwöhnen gar, die Baiern seien Separatisten. Nicht vergessen ist, dass Bayern 1949 das einzige Bundesland war, das dem Bonner Grundgesetz seine Zustimmung verweigerte. Schon im 19. Jahrhundert hatte es eine Reichsverfassung abgelehnt, die ein preußisches Erbkaisertum einschloss. Unverständlich bleibt manchem, wieso neben der CDU eine eigenständige bayerische Schwesterpartei existiert, die CSU. Im ersten Bundestag (1949-1953) hatte zusätzlich die (inzwischen fast bedeutungslos gewordene) Bayernpartei 17 Mandate inne. Mit Staunen nimmt man im Norden zur Kenntnis, dass im Bundesland Bayern eine Volksgruppe bis heute den Ton angibt, die Altbaiern. Immer wieder haben sich Politiker dank ihrer altbairischen Schlitzohrigkeit Achtung und Bewunderung verdient, sind aber auch auf scharfe Kritik und Ablehnung gestoßen. Prominentes Beispiel ist der ehemalige Bundesverteidungsminister, CSU-Kanzlerkandidat und bayerische Ministerpräsident Franz Josef Strauß.

Seit der Öffnung des Eisernen Vorhangs und der Eingliederung der DDR in die Bundesrepublik existiert ein neues dichotomisches Begriffspaar: der *Ossi* und der *Wessi*. Erweisen sich etwa die Deutschen der alten Bundesländer, Bayern eingeschlossen, als die „Preußen" unserer Zeit? Haben nach der Wende von 1989/90 nicht viele Westdeutsche Attitüden an den Tag gelegt, die als „typisch preußisch" verschrien sind? Treten die Deutschen der neuen Bundesländer - die ja alle zum früheren Preußen gehörten - dann an die Stelle der Baiern, die sich in der Geschichte immer wieder von den „Preußen" majorisiert, ausgenutzt, übervorteilt fühlten? Zahlreiche Witze über Ossis und Wessis, die denjenigen über Baiern und „Preußen" längst den Rang abgelaufen haben, weisen in diese Richtung.

Die Roma:
Im Teufelskreis der Stigmatisierung

Jan Keller

Die frühesten Erwähnungen über die Zuwanderung nomadisierender Roma in die Böhmischen Länder stammen von der Wende des 14. zum 15. Jahrhundert. Bereits aus dem folgenden Jahrhundert kennen wir erste diskriminierende Maßnahmen gegen diese Ethnie. Unter Kaiser Maximilian I. wurde in Augsburg ein Edikt erlassen, nach dem „alle Zigeuner die Länder des deutschen Volkes umgehend zu verlassen hätten", und das unter Androhung von physischen Strafen und Tod. Das 18. Jahrhundert verzeichnete dann erste Versuche einer konsequenten Assimilierung der Roma: Muttersprache und traditionelle Tracht wurden ihnen verboten, die Kinder den Familien weggenommen und zur Umerziehung geschickt. Während Österreich-Ungarn die Angehörigen dieser schwer heimisch zu machenden Ethnie mit wechselnder Intensität schikanierte, dominierte in der Ersten Republik die Bemühung, die Romabevölkerung auf dem gesamten Gebiet der damaligen Tschechoslowakei wenigstens nach einem einheitlichen System zu erfassen und ihre Migrationen administrativ zu registrieren.

Den offenen Genozid in den Jahren des Zweiten Weltkriegs überlebte im tschechischen Teil der Tschechoslowakei nur ein verschwindend kleiner Bruchteil der so genannten ursprünglichen tschechischen Roma. Bei der Inhaftierung und Verschickung in die Vernichtungslager arbeiteten viele Tschechen mit den Deutschen zusammen. Damals entstanden die Arbeits- und späteren Konzentrationslager in Lety bei Písek und in Hodonín bei Kunštát. In der Slowakei erfasste der Genozid die Roma nicht in dem Maß wie in den tschechischen Ländern, sie wurden jedoch auch hier in Arbeitslagern zusammengezogen und vor allem in der letzten Phase des Kriegs fanden Massenhinrichtungen statt.

Nach 1945 kam es innerhalb der Grenzen der damaligen Tschechoslowakei zu einer Massenmigration slowakischer Roma nach Böhmen und Mähren. Außer den slowakischen Roma (Servika Roma) wanderten auch ungarische Roma (Ungarika Roma) zu, und vor allem walachische Roma aus Rumänien. Gemäß Gesetz Nr. 74 aus dem Jahr 1958 wurden alle bis dahin nomadisierenden Roma zwangsangesiedelt. Damit einher ging die Zerschlagung traditioneller Familien- und Kastenstrukturen. Dies war nur ein Faktor, der die große moralische Desorientierung dieser Ethnie auslöste.

Die nachfolgenden Jahrzehnte stehen im Zeichen einer auffälligen Ratlosigkeit des realen Sozialismus gegenüber den Roma. Die Roma, die bis dahin ein Wanderleben führten, gewöhnen sich nur mühsam an die Regeln eines sesshaften Lebens und haben Schwierigkeiten, sich einem System mit Zwang zu dauerhaft bestehenden

Arbeitsverhältnissen anzupassen. Der Prozess ihrer Integration in die Mehrheit der Gesellschaft zeitigt stark schwankende Ergebnisse. Beide Seiten, Roma und die Bevölkerungsmehrheit der Nicht-Roma, haben mit dem Zusammenleben ihre Probleme. Seitens der Roma wirken die zahlreichen soziokulturellen Besonderheiten als Barriere, seitens der Bevölkerungsmehrheit wiederum ist eine deutliche Abgrenzung zu spüren. Dabei muss es sich nicht um offenen oder verdeckten Rassismus handeln. Es ist vielmehr der Abstand der relativen Gewinner gegenüber den notorischen Verlierern.

Die Stigmatisierung, der die Roma lange Zeit unterworfen waren, kristallisiert sich in einer ganzen Reihe von Benachteiligungen heraus. Die erste Benachteiligung erfährt ein Romakind bei Schuleintritt. Nicht nur das geistige Gepräge der Unterrichtsinhalte, sondern vor allem die Mentalität der Pädagogen entstammt einer anderen Welt als der, in der sich die Romakinder bewegen. Die Schulbücher, die auf der Erfahrungswelt der Mehrheitsbevölkerung basieren, arbeiten mit den Symbolen einer Kultur, die sich von der kulturellen Tradition der Roma unterscheidet. Das Problem der Anderssprachigkeit erhöht diese Barriere, mit der ein Romakind von klein auf konfrontiert ist. Soziokulturelle und vor allem sprachliche Unterschiede werden von den Lehrern oft als ein Mangel an Intelligenz interpretiert und so beendet ein großer Teil der Romakinder seinen Bildungsweg mit irgendeinem Klassenabschluss der Sonderschule. Dieses erste Stigma beschneidet häufig die Chancen eines Romakindes für das gesamte weitere Leben. Nur einige sehr wenige Roma erlangen mehr als einen Hauptschulabschluss.

Diese Benachteiligung im Bildungsbereich zieht eine weitere Benachteiligung nach sich, jene auf dem Arbeitsmarkt. Durch ihren niedrigen Bildungsstand sind die beruflichen Möglichkeiten der Roma zwangsläufig sehr eingeschränkt. Das erklärt, warum die Arbeitslosigkeit unter den Roma bedrohliche siebzig bis achtzig Prozent erreicht, örtlich sogar neunzig Prozent übersteigt. Arbeitgeber können sicherlich eine Reihe von Gründen anführen, um ihre Nichtbereitschaft, Roma einzustellen, rational zu verbrämen. Ebenso könnte man Beweise dafür zusammentragen, dass ein beträchtlicher Teil der Roma selbst nicht gerade übermäßig engagiert nach Arbeit sucht. In Hinblick auf die Arbeits- und Lohnbedingungen, die sie oft zu gewärtigen haben, überrascht dies allerdings nicht allzu sehr. Die niedrigen Löhne haben nicht selten zur Folge, dass Roma sich dafür entscheiden, lieber von den relativ hohen Sozialleistungen zu leben. Andererseits trifft die wachsende Arbeitslosigkeit an vorderster Stelle auch jene Roma, die gerne arbeiten würden.

Die dritte Art der Benachteiligung tritt in beunruhigendem Maß erst mit Beginn der 90er Jahre in Erscheinung, und zwar dergestalt, dass die elementaren Menschen- und Bürgerrechte der Roma in Zweifel gezogen werden. Das Vornovemberregime, das bestimmte Grundrechte praktisch jedweder Bevölkerung absprach, achtete andererseits darauf, dass die Rechte, die es gewährte, für alle galten und eine polizeilich gesicherte Gleichheit bestand. Seit Beginn der 90er Jahre kommt es zu einer deutlichen Schwächung der totalen Überwachung, aber auch zu einer nicht ganz unproblematischen Schwächung der staatlichen Autorität. Polizei, Rechtssystem und Rechtsbewusstsein bekommen die erstarkenden Kräfte zu spüren, die ihr Recht auf Intoleranz nicht selten öffentlich proklamieren. Die Diskriminierung nimmt des öfteren ganz und gar skandalöse Formen an. Wiederholt kommt es vor, dass Roma der Zutritt zu öffentlichen Einrichtungen verweigert wird, seien es nun Clubs, Gasthäuser oder Schwimmbäder. Der Druck organisierter faschistoider Kampftrupps wächst; diese haben seit Mitte der 90er Jahre nicht nur Dutzende, sondern Hunderte von rassisch motivierten Übergriffen auf dem Gewissen und inzwischen auch schon einige tote Roma, unter ihnen Frauen und Kinder.

Bedenklicher vielleicht noch als diese offen zum Ausbruch kommende Aggressivität ist die in der Öffentlichkeit verbreitete Haltung, kriminelle Erscheinungsformen von Rassismus als mehr oder weniger verständliche Reaktion auf die problematischen Aspekte der Lebensweise der Roma zu kommentieren. Diese Pseudoargumentation erhält dadurch Rückendeckung, dass sich im Vergleich mit der Mehrheitsbevölkerung eine deutlich höhere Zahl von Roma durch gesetzeswidrige und anstößige Handlungen hervortut (Diebstahl, Schmuggel, Prostitution). In jüngster Zeit wächst auch das Problem der Drogenabhängigkeit, und zwar vor allem unter den jungen walachischen Roma in den größeren Städten. Die von einem gewissen Prozentsatz der Mehrheitsbevölkerung geübte Toleranz gegenüber der nichtgesetzlichen „Bestrafung" aller Roma für den problematischen Lebensstil einiger von ihnen ist umso gefährlicher, als diese - zahlreichen Anzeichen nach - auch unter der Polizei gang und gäbe ist, besonders unter der städtischen Polizei. Das wiederum fördert das Gefühl der Bedrohung und die Versuche der Roma, sich ihre eigene lokale Verteidigung zu organisieren, unter Umständen auch als Nachbarschaftshilfe.

Auf die wachsenden interethnischen Spannungen reagieren die Roma mit einer Welle der Emigration; ganze Familien wandern aus, vor allem nach Kanada und Großbritannien. Erst dieser Ausdruck von Verzweiflung lenkte die Aufmerksamkeit der internationalen Öffentlichkeit auf die Besorgnis erregende Situation der Roma in der Tschechischen Republik, und auch im Inland hat eine intensivere Diskussion des gesamten Problems begonnen. Die Situation wird allerdings noch dadurch kompliziert, dass die Vertreter der Roma selbst in eine Reihe von Organisationen zersplittert sind, die miteinander nicht ausreichend kommunizieren oder sogar konkurrieren und bis heute keine einheitliche Vertretung zu Wege gebracht haben. Die Bemühungen um eine Verbesserung der Lage aus eigener Kraft werden auf diese Weise gelähmt und die zahlenmäßig große kulturelle Minderheit bleibt weiterhin in viele isolierte Strömungen zerstückelt. (Bei der Volkszählung im Jahr 1991 konnten sich die Roma endlich zu ihrer Nationalität bekennen. Nur 33 000 von ihnen haben das getan, obwohl die Gesamtzahl der in der Tschechischen Republik lebenden Roma heute auf mehr als 200 000 geschätzt wird.)

Die Aussichten auf ein friedliches Zusammenleben von Roma und Mehrheitsbevölkerung hängen wesentlich davon ab, wie erfolgreich die ökonomischen und gesellschaftlichen Transformationen, die 1989 einsetzten, sein werden. Sollten sich die ökonomischen Parameter und die soziale Situation in der Zukunft verschlechtern, wird sich das auch negativ auf die Romaproblematik auswirken. Diese nämlich ist in hohem Maß eine soziale Problematik. Da es bisher keinem Regime gelungen ist, die Roma in die Gesellschaft zu integrieren, stellt diese Ethnie heute eine Gruppe dar, die rasch ein Opferlamm für die gesellschaftlichen Verlierer abgeben könnte. Mit großer Wahrscheinlichkeit tendieren gerade jene Menschen am stärksten zu Xenophobie, ethnischer Intoleranz und Rassismus, die ihre eigenen Misserfolge kompensieren müssen. Diejenigen, die in der Gesellschaft sehr tief stehen, fühlen ein um so stärkeres Bedürfnis auf jemanden zu zeigen, der ihrer Ansicht nach noch tiefer steht. Das Verhältnis zu den Roma spiegelt somit das gesamte Ausmaß der Komplexbeladenheit in einzelnen Segmenten der Mehrheitsbevölkerung.

Gerade die Roma haben Grund, sich in der Nachnovembergesellschaft sehr unwohl zu fühlen. In ihr dominieren als Werte individueller Erfolg und Karriere auf der Grundlage persönlicher Leistung, die durch individualisierten Konsum belohnt werden. Der Akzent liegt dabei auf konkurrenzbestimmten Beziehungen zwischen den Menschen und auf der Fähigkeit, sich dynamisch an die sich schnell ändernden Anforderungen auf dem Arbeitsmarkt anzupassen. Innerhalb dieser Ideologie bleibt praktisch kein Platz für die traditionellen Werte der Roma, die einerseits auf der Unterordnung des Einzelnen unter den Imperativ der Gruppe oder der Familie beruhen, andererseits aber auch davon ausgehen, dass jeder in seiner Gruppe eine verlässliche Stütze hat. Es ist kaum zu erwarten, dass sich die Roma in ihrem Lebensstil den Forderungen einer protestantischen Ethik unterwerfen, die ihre Priorität in der beruflichen Karriere sieht und im kontinuierlichen Gewinn - zu erreichen durch sorgfältiges Bilanzieren nach Webers Modell des kapitalistischen Unternehmens.

Eine solche von Erfolg gekrönte Karriere wartet jedoch allem Anschein nach auch nicht auf den Großteil der Mehrheitsbevölkerung. Die enormen Erwartungen, die das Jahr 1989 weckte, werden sich, jedenfalls was die Illusion von einem sprunghaften Anstieg des Lebensstandards betrifft, für die meisten nicht erfüllen. Ein unbegrenztes Anwachsen der Konsumwünsche in Kombination mit dem Vorherrschen rein konkurrenzbestimmter Beziehungen zwischen den Menschen mag dann Berechtigung haben, wenn es mehr und mehr zu verteilen gibt. Das allerdings scheint in der Tschechischen Republik um die Jahrtausendwende nicht der Fall zu sein. Um sich ihr Pech irgendwie zu erklären, machen sich die vom Erfolg Vernachlässigten auf die Suche nach Gruppen, denen sie die Schuld an ihrem Unglück zuschieben können. Es ist kein Zufall, dass gerade schlechtest qualifizierte junge Leute, Leute in Regionen, die von hoher Arbeitslosigkeit bedroht sind, und ein Teil der Auszubildenden besonders leicht zu rassistischen Ansichten neigen. Die wirklich Erfolgreichen reden ihnen diese Suche nach einem Sündenbock nicht aus. Was, wenn anstelle der Roma als Quelle der Übel gerade sie identifiziert würden?

Die Zukunftsperspektiven für die Beziehungen zwischen den Roma und der Mehrheitsbevölkerung gehören somit zu den empfindlichsten Punkten und risikoreichsten Faktoren in der innenpolitischen Entwicklung der Tschechischen Republik. Zum Symbol dieser Beziehung wurde der Fall des Arbeitslagers in Lety bei Písek, in dem tschechisches Personal während des Zweiten Weltkriegs die dort internierten Roma grausam quälte. Nach dem Krieg wurde auf dem Areal des Lagers ein Schweinezuchtbetrieb errichtet. Der Streit darum, ob man den Schweinezuchtbetrieb abreißen und an seiner Stelle eine Gedenkstätte für die dem Holocaust zum Opfer gefallenen Roma schaffen solle, zieht sich nun schon Jahre hin. Die Befürworter finden keine große Unterstützung. Der Abriss des Betriebs würde eine wirtschaftliche Einbuße darstellen, in der Region käme es zu einem Anstieg der Arbeitslosigkeit. Und das würde ganz offensichtlich die Feindseligkeit der Einheimischen gegenüber den Roma verstärken. Die Stigmatisierung zieht ihre Teufelskreise ins 21. Jahrhundert.

„Man hat Arbeitskräfte gerufen, aber es kamen Menschen": Türken in Deutschland

Yasemin Haack

Diesen Satz hat der Schweizer Schriftsteller Max Frisch uns Deutschen schon früh ins Stammbuch geschrieben. Es kamen Menschen: angeworben in ihrer Heimat, kamen sie in das großartige Almanya, das arbeitskräftehungrige Wirtschaftswunderland, das, nachdem Ulbricht die letzte Lücke in der deutsch-deutschen Mauer geschlossen hatte, von 1961 bis 1973 740 000 Arbeitskräfte aus der Türkei angefordert hatte.

Heute leben 2,1 Mio. Türken in der Bundesrepublik. Sie stellen mit 28,6 % der nichtdeutschen Wohnbevölkerung die größte Gruppe unter den insgesamt 7,4 Mio. in Deutschland lebenden Ausländern. Viele türkische Familien leben bereits in der zweiten und dritten Generation in Deutschland. Drei Viertel aller, die unter achtzehn sind, wurden hier geboren. Sie kennen die Heimat ihrer Eltern und Großeltern nur noch aus dem Urlaub.

Dennoch werden sie von der deutschen Ausländergesetzgebung als Durchreisende behandelt. Ende 1996 verfügten lediglich 519 000 der in Deutschland lebenden Türken über eine Aufenthaltsgenehmigung und somit über ein sicheres Bleiberecht, 534 000 hatten eine unbefristete Aufenthaltserlaubnis und 217 000 gar nur eine befristete. Durch eine in Paragraphen gefasste Rechtsverweigerung gilt für ein Zwölftel der Wohnbevölkerung ohne deutschen Pass ein bürgerlicher und rechtlicher Mindeststandard.

Von befristeter Arbeitsimmigration kann schon lange nicht mehr die Rede sein. Die fast 40-jährige Migrationsgeschichte der Türken in die Bundesrepublik erscheint vielmehr, orientiert an der nüchternen Interessenlage der deutschen Wirtschaft, als Spiegelbild des konjunkturellen Auf und Ab.

In Zeiten der Vollbeschäftigung, in denen man einen hohen Bedarf an ungelernten Arbeitskräften kalkulierte, gelangten nach einem strengen Auswahlverfahren die ersten türkischen Arbeitnehmer im November 1961 nach Deutschland. Sie kamen, um etwas zu verdienen, auf die hohe Kante zu legen, dann aber zurückzukehren. Ihre Familien hatten sie zurückgelassen. Sie wohnten billig und lebten sparsam, um möglichst viel an die Zurückgebliebenen zu überweisen. Noch lange Jahre sollten sie in ihren Liedern von der Kälte Deutschlands und der Deutschen singen. Die deutsche Seite bestätigte sie in ihrer Auffassung. Nichts belegt dies besser als der Ausdruck „Gastarbeiter". Die Begrenzung der Arbeitserlaubnis auf maximal zwei Jahre machte unmissverständlich deutlich, dass eine Dauerbeschäftigung unerwünscht war. Es galt das Rotationsprinzip, wonach „Gastarbeiter" mit Ablauf ihrer Arbeitserlaubnis von anderen Bewerbern ersetzt werden sollten. Das Verfahren erwies sich aber schon bald als unzweckmäßig und zu kostspielig. Im Turnus mussten neue Arbeitnehmer angelernt werden; von Sprachproblemen ganz zu schweigen. Nicht zuletzt auf Drängen von Arbeitgeberverbänden wurde der Rotationszwang faktisch schon 1962 abgeschafft. Die Türken blieben also, die Heimat noch immer im Gepäck.

Damals wurden die „Gastarbeiter" von der Wirtschaft als Wohlstandsmehrer gefeiert. Der Einmillionste, ein Portugiese, wurde 1964 von Presse und Fernsehkameras willkommen geheißen und mit einem Moped beschenkt. Deutschland war sogar ein wenig stolz auf „seine" Ausländer.

Im Zuge der Wirtschaftskrise identifizierte die Politik - gleichsam als verlängerter Arm der deutschen Wirtschaft - den Ausländer sui generis als Problem und trug damit beträchtlich zum Wandel der Einstellung gegenüber Ausländern bei. Die Lösung des „Ausländerproblems" folgt bis in die 90er Jahre der Logik: weniger Ausländer, weniger Krise. So zog die mit Ausbruch der Ölkrise 1973 in die Rezession gestürzte Bundesrepublik sofort die Notbremse: mit dem politischen Kurs „Abschottung durch Anwerbestopp" verlor man das Interesse am „Konjunkturpuffer Gastarbeiter", der in Zeiten boomender Wirtschaft billig zu haben war. In der Krise entsorgte man „Gastarbeiter" kurzerhand in die Heimat. Die Reduktion dieser Ausländer auf Arbeitskräfte verhinderte jedoch, dass man andere Auswirkungen des arbeitsmarktpolitisch begründeten Anwerbestopps erkannte. Vor die Alternative gestellt: Rückkehr oder Bleiben, blieben viele Türken. Sie holten ihre Familien nach - das Verbot des Familiennachzugs fiel 1974 - und packten ihre Koffer samt Kultur, Wertvorstellungen und Träumen vom Glück aus.

Der verheerende Effekt einer Ausländerpolitik nach der Devise der „quantitativen Reduktion" der Ausländerzahl unterscheidet sich von der Losung: „Ausländer raus!" nur geringfügig. In beiden Fällen ist der Ausländer unerwünscht. Wir reden seither öfter von mehreren hunderttausend Ausländern und weniger von den Millionen Arbeitslosen. Die politische Arithmetik vieler Regierender, die mehr oder weniger offen die Zahl der arbeitsuchenden Deutschen mit denen der Ausländer aufrechneten, lieferte zugleich eine Erklärung für die unaufhaltsam ansteigende Erwerbslosigkeit im Zuge des gesellschaftlichen Strukturwandels.

Etliche Initiativen richteten sich gegen das vermeintliche Grundübel der weiterhin ansteigenden Ausländerzahl, gegen die Familienzusammenführung. Die Minderjährigkeit ausländischer Jugendlicher wurde von 18 auf 16 herabgesetzt, die Eheschließung der in Deutschland herangewachsenen zweiten Generation mit Partnern aus dem Heimatland erschwert. Im Zuge der so genannten „Rückkehrförderung" sollten Anfang der 80er Jahre Prämien von 10 500 DM je Familie sowie 1500 DM pro Kind die Ausreise in die alte Heimat versüßen. Die Zahl der türkische Rückkehrer betrug 360 000, Familienangehörige inklusive.

Mit dem ersten Anstieg der Asylgesuche, die Anfang der 80er Jahre die 100 000-Marke überschritten und sich als Dauerwahlkampfthema etablierten, prägten ein nicht selten rassistischer Diskurs und eine populistische Thematisierung die Debatte um ein neues, verschärftes Asylgesetz. Aus dieser Zeit stammt die bis heute anhaltende begriffliche und inhaltliche Vermischung der Einwanderungspolitik mit dem Komplex Flucht und Asyl unter dem Oberbegriff ‚Ausländer'. Aus Asylbewerbern machte man oft pauschal Wirtschafts- und Scheinasylanten. Sie schienen in Horden einzufallen, „unser" Land zu überschwemmen, sie überrollten „uns" wie eine Lawine. Politiker äußerten Verständnis für die „arg strapazierte Geduld" vieler Einheimischer, für das Freiwerden von Emotionen. Die Zeitungen vervielfältigten die Auffassung von der Überschreitung der Belastbarkeit Deutschlands. Eine „Das Boot ist voll"-Rhetorik, mit der die Schweiz in den 30er Jahren jüdische Flüchtlinge an Nazi-Deutschland ausgeliefert hatte, fand, recycelt von der extrem rechten Propaganda, ihren Weg in die öffentlichen Auseinandersetzungen. Begriffe wie „Bagage", „Gesocks" kamen wieder in Gebrauch. Gespenster von gestern tauchten unverhüllt auf: es war die Rede von türkischen Fremdkörpern, von Deutschtum und Hygiene. Vor dem Hintergrund einer Debatte zur Überfremdung, zum vermeintlichen Verlust deutscher Kultur und der Horrorvision vom Aussterben der Deutschen versprach man sich von gesetzlichen Abschreckungseffekten, von der gezielten Verschlechterung der Lebensbedingungen Asylsuchender, eine Verringerung der Zahl der Antragsteller. Die Menschen wurden in „Sammellager" (!) eingewiesen und erhielten vielerorts ihre Sozialhilfe nur noch in Form von Sachleistungen bzw. Naturalien. Zum Schutz von Arbeitsplätzen für deutsche Arbeitnehmer erließ man außerdem zunächst für ein, bald darauf für zwei Jahre ein Arbeitsverbot. Dass den Asylsuchenden mit verordnetem Arbeitsverbot in der Folge der Vorwurf gemacht wurde, sie seien Sozialschmarotzer, die auf „unsere" Kosten ein bequemes Dasein fristeten, verdeutlicht auch die Widersprüchlichkeit solcher politischer Maßnahmen.

Vor dem Hintergrund täglicher Schockmeldungen über Gewalt gegen Ausländer und bisweilen fast pogromartige Ausschreitungen, wie sie mit den Namen Rostock, Hoyerswerda, Magdeburg oder Mölln sowie später Solingen verbunden sind, sprach der damalige Bundeskanzler Helmut Kohl mit Blick auf 438 000 Asylanträge im Jahre 1992 - ungeachtet einer seit mehr als zehn Jahren konstant weit unter 10 % liegenden Anerkennungsquote - von „Staatsnotstand". Das in den ersten Jahren nach der staatlichen Vereinigung Deutschlands gravierendste Problem war folglich nicht die Frage, wie das soziale und ökonomische Gefälle zwischen Ost- und Westdeutschland behoben, sondern wie die Zahl der Asylsuchenden maßgeblich verringert werden konnte. Die fremdenfeindlich motivierten Straftaten waren 1992 sprunghaft angestiegen und erreichten im darauf folgenden Jahr den traurigen Höchststand von 6721. Hatte das „Aufklatschen" von Ausländern, wie marodierende Glatzen und Gelegenheitsrassisten das Verprügeln, Totschlagen, Tottrampeln und Verbrennen von Ausländern nannten, die Repräsentanten des deutschen Volkes dazu bewogen, das Grundrecht auf Asyl zur Rechtsruine zu reformieren und den rassistischen Ausschreitungen im Lande nachzugeben, wie die öffentliche Kritik bündig formulierte? Das nach hartem Ringen 1993 verschärfte Asylgesetz verfehlte nicht sein Ziel: 1997 fällt die Zahl der Asylanträge auf 104 000. Der Grund dafür ist darin zu sehen, dass die Bundesregierung einen Kordon so genannter sicherer Drittstaaten um die Republik definiert hatte, in die auf dem Landweg Einreisende umgehend wieder abgeschoben werden. Wer hingegen per Flugzeug einreist, landet während eines zweiwöchigen Prüfungsverfahrens des Asylweges im Transitbereich der Flughäfen, von wo aus es entweder zurück in die Heimat oder in die Aufnahmestellen geht. Dem Missbrauch des politisch Verfolgten vorbehaltenen Asylrechts wird man jedoch so lange nicht effektiv entgegenwirken können, wie legale Wege der Zuwanderung durch die bundesdeutsche Gesetzgebung ausgeschlossen bleiben. Die nüchterne Rechnung, dass die Bundesrepublik wegen der fortschreitenden Vergreisung bis zum Jahr 2050 eine Zuwanderung von 700 000 Menschen benötigt, wenn sie ihre Bevölkerungszahl halten will, ist unter Experten unstrittig, erscheint vielen Deutschen jedoch unerträglich und veranlasst eine responsive Politik oft, parteiübergreifend in ihren Programmen von „Kontrolle" und „Begrenzung" zu sprechen. Die ‚Lebenslüge', kein Einwanderungsland zu sein, an die sich die Bundesrepublik seit ihrem Bestehen klammert, provoziert nicht nur einen Problemstau, sie bringt das Land zugleich um seine politische Steuerungs- und Handlungsfähigkeit in diesen Fragen.

Das Grundproblem der strukturellen Benachteiligung in Deutschland lebender Ausländer ist ähnlich gelagert und liegt in dem zentralen Widerspruch zwischen faktischer Einwanderungstradition und rigidem Nationalstaatenkonzept. Der beschwerliche Weg vom Gastarbeiter über „unseren" ausländischen Mitbürger, den faktischen Inländer mit ausländischem Pass bis hin zum Bürger mit allen politischen Mitwirkungsrechten beseitigt an der Schwelle zum neuen Jahrtausend ein Stück Ungerechtigkeit. Ziel sollte die Anerkennung von Türken als gleichberechtigte Mitbürger sein. Zwischen 1977 und 1990 wurden lediglich 13 000 Türken eingebürgert. Extrapoliert man diese Einbürgerungsquote, hätte es 230 Jahre gedauert, bis alle Türken in der Bundesrepublik Deutschland in den Besitz eines deutschen Passes gekommen wären. Während der Traum von der Heimkehr in die Türkei für die große Mehrheit zusehends verblasst ist, möchten über 82 % der Türken dort bleiben, wo die Kinder und Kindeskinder leben: in Deutschland. Gut die Hälfte würde die deutsche Staatsangehörigkeit erwerben; auch aus (erb-)rechtlichen oder sentimentalen Gründen, vielfach aber aus Angst vor fremdenfeindlichen Übergriffen wollen sie jedoch die türkische beibehalten. Rund 200 000 Deutsche türkischer Herkunft und islamischen Glaubens besitzen zwei Pässe, eine rechtmäßige doppelte Staatsbürgerschaft scheitert jedoch an dem mittlerweile vielfach geänderten Reichs- und Staatsangehörigkeitsrecht von 1913, das im Grundsatz an das Abstammungsprinzip anknüpft, wonach Deutscher ist, wer deutsche Eltern hat. Erst die rot-grüne Koalitionsregierung hat im Januar 1999, der multi-ethnischen Gesellschaft Deutschlands Rechnung tragend, die Novellierung des Staatsbürgerschaftsgesetzes auf den Weg gebracht und das Abstammungsprinzip (*ius sanguinis*) um das Territorialprinzip (*ius soli*) ergänzt.

Zuvor geriet man über die Rechtsprinzipien jedoch in Streit. Entzündet an dem Reizwort „doppelte Staatsbürgerschaft" setzte die Christlich-Demokratische Union am Vorabend der Hessenwahl im Jahre 1999 mit ihrer Unterschriftenaktion gegen das Staatsbürgerschaftsgesetz auf Angstparolen, mit der sie ihre Anti-Ausländerkampagne schürte. Eine Kampagne, die nicht nur von rechtsextremistischen Parteien regen Zuspruch erhielt, sondern in Form und Inhalt der rassistischen Hauspostille *Nationalzeitung* hätte entnommen sein können, wie deren Herausgeber und Parteiführer der DVU, Gerhard Frey, mit Sympathie feststellte. Das Misstrauen gegen die Unbekannten war schon bald messbar. 53 % der Wahlberechtigten, so das Ergebnis einer repräsentativen Umfrage des Meinungsforschungsinstituts „Emnid" zur fraglichen Zeit, sprachen sich gegen die doppelte Staatsbürgerschaft aus. Bezeichnenderweise zeigte sich ein Drittel unfähig darzulegen, was es damit auf sich hatte. Neben der Herabsetzung der rechtmäßigen Aufenthaltsdauer im Bundesgebiet als Grundlage für einen Einbürgerungsanspruch stritt man über die ab dem 1.1.2000 geltende Regelung, der zufolge Kinder ausländischer Eltern durch Geburt im Inland zusätzlich zu der ausländischen die deutsche Staatsbürgerschaft erhalten, sofern mindestens ein Elternteil seinen rechtmäßigen Aufenthalt nachweisen kann. Um dem zentralen Einwand der Gegner der Doppelstaatsbürgerschaft, die Reform privilegiere Doppelstaatler mit doppelten politischen Rechten und „zweifelhafter Loyalität" gegenüber „Nurdeutschen", die Spitze zu nehmen, wird - basierend auf dem „Optionsmodell" der FDP - mit Erreichen des 23. Lebensjahrs eine Erklärung für die deutsche oder die ausländische Staatsangehörigkeit verlangt. Eine Reform zum Einbürgerungsrecht soll nunmehr entschärfen, was über Jahrzehnte an Ablehnung, Ignoranz und Ausgrenzung zwischen Deutschen und Ausländern gewachsen ist. Ein deutscher Pass wird fraglos nicht alle Probleme lösen, keinen Schutz vor rassistischem Extremismus bieten und auch nicht die vielfältigen Formen individueller Diskriminierungen verhindern. Auch werden die vielen Bindestrich-Deutschen, z.B. Turko-Deutsche, kaum in der Unbeliebtheitsskala der Deutschen von der vorletzten Stelle - vor Sinti und Roma - durch ihre Staatszugehörigkeit gleichsam von selbst aufsteigen. Im Gegenteil, die typischen Vorurteile gegen Ausländer halten sich hartnäckig, auch wenn sie nachweislich unbegründet sind. Ausländer nehmen Deutschen keineswegs die Wohnungen und Arbeitsplätze weg. Und sie fallen in ihrer Mehrheit auch nicht dem deutschen Steuerzahler zur Last: so zahlen Ausländer 30 Milliarden DM mehr an Steuern und Abgaben, als sie aus den verschiedenen öffentlichen Töpfen beziehen. Der Fremde, der den größten Teil seines Lebens in Deutschland verbracht hat, muss seinen „Nutzen" weiterhin unter Beweis stellen.

Die gesellschaftlichen Spannungen zwischen Deutschen und der als schwer integrierbar geltenden Gruppe der türkischen Einwanderer wachsen überall dort, wo es angeblich knapp zugeht, sei es im Bereich von Wohnungen, Arbeitsplätzen, Renten oder Steuermitteln. Eine sozial-ökonomisch verunsicherte Gesellschaft tradiert bereitwillig fremdenfeindliche Orientierungen. Diese üben auf die so genannten „Opfer des gesellschaftlichen Modernisierungsprozesses", seien es nun ökonomisch und sozial Unterprivilegierte wie z.B. Arbeitslose oder „Vereinigungsverlierer", die oft in Konkurrenz zu Ausländern stehen, eine besondere Anziehungskraft aus. Die Bereitschaft zu fremdenfeindlichen Einstellungen, zur Diskriminierung und Ausgrenzung findet sich demnach insbesondere bei von Verarmung und Deklassierung bedrohten jungen, männlichen Erwachsenen, die nicht selten zu Tätern werden. Das Problem hat folglich ein Gesicht. Verurteilt man auf der einen Seite das Denken und Handeln der auf diese Weise identifizierbaren Randgruppe, bringt man ihr auf der anderen Seite auf Grund ihrer schlechten sozialen Lage Verständnis entgegen, so bleibt sie doch selbst das Opfer gesellschaftlicher Konkurrenzen und sozialer Verwerfungen. Der darin begründete Handlungsautomatismus ‚entlastet' den Täter.

Nur wenig Beachtung finden dagegen die Umfrageergebnisse, die zeigen, dass der Faktor Arbeitslosigkeit und die subjektiv empfundene Angst davor nur eine untergeordnete Rolle für die Erklärung von Fremdenfeindlichkeit spielen. Ferner verbaut die Reduktion fremdenfeindlicher Haltungen auf Randgruppen weitgehend den Blick auf jene breite gesellschaftliche Gruppe, die unter sozial besseren und abgesicherten Existenzbedingungen lebt und unter dem Stichwort „Extremismus der Mitte" subsumiert werden kann. Für ein neues Miteinander ist es verhängnisvoll, wenn die Erklärungsmuster für Fremdenfeindlichkeit nicht über ein Denken in Konkurrenzen hinausreichen und zur Rechtfertigung von Aus- und Abgrenzung beitragen.

Die meisten Türken haben ihren Platz in der deutschen Gesellschaft gefunden. Die schulische und berufliche Qualifikation der Angehörigen der zweiten und dritten Generation nähert sich allmählich dem deutschen Niveau an. Zunehmend treten Türken ins Blickfeld der Öffentlichkeit, die so gar nicht in das bisherige Bild des typischen Ausländers passen. Die türkischen Unternehmer haben die ihnen bislang zugedachten gesellschaftlichen Positionen verlassen. Ihr unternehmerisches Engagement weitet sich in der Gegenwart über die Nischenökonomie der Dönerbuden und Lebensmittelgeschäfte hinaus auf Handwerksbetriebe, Buchläden, Verlage und innovative Dienstleistungsbranchen aus. 1997 fanden insgesamt 207 000 Mitarbeiter Beschäftigung in türkischen Betrieben. Türken haben heute ihren Platz in der deutschen Film-, Theater- und Literaturszene. Vorrangig für die Angehörigen der zweiten Generation ist ausschließlich Deutsch Literatur- und zugleich Muttersprache. Dikmen, Omurca und Django Asül konnten sich im politischen Kabarett, einer deutschen Gattung, einen Namen machen. Türken schlagen Wurzeln in Deutschland. Immer mehr türkische Haushalte schaffen sich hier Eigentum. Gleichwohl bleiben andere außerhalb der Gesellschaft. So gehen Teile der Deutschtürken auf Distanz zur deutschen Gesellschaft und werden wieder „türkischer". Es ist ein Prozess der (Re)Ethnisierung und Identitätssuche zu beobachten. Die Verse Bülent Ecevits, des Ministerpräsidenten der Türkischen Republik, geben das Gefühl von der „bitteren Heimat" Deutschland wieder:

> Jeden Morgen erwacht er in der Fremde
> Jede Nacht schläft er in der Heimat
> Ist er fremd in der Heimat
> Oder in der Fremde, er weiß es nicht
> Ein Gast ist er überall
> Eine Sehnsucht, eine Bitterkeit

Feminismus im Postkommunismus: Ein deutsch-tschechischer Vergleich

Jiřina Šiklová

Obwohl ich mich seit vielen Jahren mit der Problematik der Frau beschäftige und auch mehrere Bücher zu diesem Thema geschrieben habe, kam ich mit dem Feminismus im eigentlichen Sinne erst nach der Wende von 1989 wirklich in Berührung. Den Begriff kannte ich natürlich, doch reduzierte ich ihn auf die Emanzipation, auf die Frauenrechtsbewegung, die für Wahlrecht und Recht auf Arbeit kämpfte, bzw. auf die Frage der Gleichstellung von Mann und Frau. Mein Wissen über den Feminismus reichte gerade bis zu Betty Friedan und Simone de Beauvoir. Dann „schnappte die Falle zu"; so jedenfalls drückt man sich in der Umgangssprache aus, wenn man die von Warschauer-Pakt-Armeen 1968 geleistete „internationale Bruderhilfe" meinte, d.h. die Okkupation 1968. Informationen über ideologische Kämpfe und Entwicklungen flossen nun noch spärlicher als zuvor. Und uns beschäftigten andere Sorgen.

Untersuchungen zur Stellung der Frau im Sozialismus wurden allerdings durchgeführt, und zwar auf relativ hohem Niveau. Es handelte sich um eine Art „Ausweichthematik", bei der man die Ergebnisse nicht allzu sehr frisieren musste, da es die politische Führung nicht direkt betraf. Zusammenfassende Bearbeitungen dieser Teiluntersuchungen konnten mit Überblick und Abstand erst unsere Emigrantinnen im Westen vorlegen (H. Schott, *Does Socialism Liberate Women?* 1974; A. Kohler-Wagnerová, *Die Frau im Sozialismus - Beispiel ČSSR*, 1974).

Diese Untersuchungen beschreiben und reflektieren die Stellung der Familie und der Frau im Sozialismus, ihre Doppelrolle und Doppelbelastung, mitunter auch die Krise der Familie, Scheidungen und den Problemkreis Empfängnisverhütung, Abtreibung, ungewollte Kinder. Doch über Feminismus war wiederum auch hier nichts zu erfahren. Natürlich, denn der Feminismus war von der offiziellen marxistisch-leninistischen Philosophie eindeutig als bourgeoise Ideologie verworfen worden. Sie spalte, so hieß es, die gemeinsamen Interessen von Männern und Frauen, vor allem das Interesse am Klassenkampf, und schwäche so die Kraft der Arbeiterklasse. Es wurde proklamiert - und mancher mag es geglaubt haben -, dass mit dem Sieg des Sozialismus automatisch jede Form von Unterdrückung beseitigt und so auch die Frau in ihrer Stellung gleichberechtigt sein werde. Offizielles Vorbild war die Frau, die dem Mann in nichts nachstand, außerdem eine gute Mutter war, eine Funktion in der Partei oder im Frauenbund innehatte und im Beruf mustergültig die Arbeitsnorm erfüllte (vgl. J. Šiklová, in: Z. Butorová, *She and He in Slovakia*, 1996).

Obwohl in den vergangenen zwanzig Jahren des „real existierenden Sozialismus", d. h. von 1968 bis zur Wende im November 1989, alle möglichen Bücher über den Stacheldraht zu uns gelangten, von Althuser und Arendt angefangen bis hin zu Hayek und Popper, fand sich darunter keine feministische Literatur. Die westlichen Feminist(inn)en unternahmen keine Anstrengungen, uns allzu sehr zu beeinflussen. Sie ahnten wohl, dass die Frauen in den realsozialistischen Staaten andere Probleme hatten, dass sich ihre Emanzipation in der von oben oktroyierten Arbeitspflicht erschöpfte und dass sie keineswegs übermäßig links orientiert waren. Besonderes Interesses, den Weg zu uns in die Tschechoslowakei zu finden, hatten die Feministinnen aus dem Westen nicht, und die Frauen aus der DDR, mit denen wir damals in Kontakt standen, kamen ebensowenig auf Feminismus zu sprechen. Er war wohl damals auch bis dorthin nicht vorgedrungen.

Vergleichende soziologische Untersuchungen zur Einstellung gegenüber dem Feminismus in der DDR und der Tschechoslowakei sind nie durchgeführt worden. Dennoch wage ich zu behaupten, dass hier wie dort eine ähnliche Situation gegeben war. Mit den Frauen aus der DDR sind wir während des „sozialistischen Aufbaus" häufig zusammengetroffen. Die sozialistische Tschechoslowakei war ein Land, das den DDR-Bürgern für Reisen offenstand und wo man sich auch mit Verwandten aus dem Westen treffen konnte. Ich erinnere mich an eine Reihe von Begegnungen: man sprach über Politik, über die Doppelbelastung der Frau (Arbeit und Haushalt), über die Berliner Mauer und die nationale Klaustrophobie, der die Ostdeutschen durch einen Aufenthalt am Plattensee oder im Riesengebirge entkommen wollten, und natürlich über die Versorgungslücken auf dem Markt. Wir halfen uns gegenseitig aus: Wir brachten ihnen Haartönungsmittel (Igora Royal, heute wieder ein Schwarzkopf-Produkt), Dauerwelle für 8 Kčs - die Packung reichte für zwei Anwendungen -, manchmal Hefe für den selbstgemachten Johannisbeerwein und Pectol zum Einwecken von Marmelade. Sie wiederum brachten uns Nylonvorhänge, Plastiktischdecken und Campinggerät. Besonders die kleinen DDR-Propangaskocher, an die man auch eine Lampe zur Innenbeleuchtung des Zelts anschließen konnte, waren beliebte Artikel. Schuhe und Kinderkleidung wurden von den Zöllnern beschlagnahmt, Luftmatratzen dagegen konnten in die Tschechoslowakei eingeführt werden. Bisweilen wurde auch Toilettenpapier transportiert, doch weiß ich schon nicht mehr, ob von ihnen zu uns oder umgekehrt. Wahrscheinlich im Wechsel. Einträchtig und in traditionell weiblicher Art schimpften wir dabei stets auf die Männer - ein bisschen wie auf Parasiten. Für Feminismus jedoch hielt das niemand. Dieser Begriff fiel zwischen uns über ganze Jahrzehnte hinweg nicht, tauchte nicht auf, obwohl die Frauen aus der DDR sicher bessere Möglichkeiten gehabt hätten - im Unterschied zu uns -, sich mit dem Feminismus in der eigenen Muttersprache vertraut zu machen. Dennoch waren die DDRlerinnen wohl emanzipierter als wir. Allerdings ebenfalls ohne feministische Ideologie!

Erst nach 1989 wurde ich mit verschiedenen Auffassungen von Feminismus konfrontiert und begriff, dass Feminismus keine einheitliche Lehre ist, sondern ein ganzes Spektrum von Ansichten repräsentiert. Obwohl ich hier im Singular über den Feminismus schreibe, ist mir heute bereits sehr wohl bewusst, dass man diesen

Begriff eigentlich im Plural gebrauchen muss. Auch weiß ich, dass der Feminismus als Philosophie verstanden werden muss, als persönliche oder gemeinsame Weltanschauung, Lebensweise und Selbstidentifikation, als Ideologie einer neuen globalen Revolution, als neue Eschatologie, als Lebensstil, politische Bewegung oder sozialrechtliche Disziplin oder einfach auch nur als extravagante Selbstfindung oder Start in eine politische oder wissenschaftliche Karriere, auch als Grundlage für die Überwindung persönlicher Minderwertigkeitskomplexe oder als einer der soziologischen Fachbereiche oder der Zugriffe auf soziale Fragen. Ich weiß, dass es Unterschiede gibt zwischen so genannten *women's studies* bzw. Frauenstudien, *gender studies* und feministischen Studien und Instituten, zwischen Feminismen radikaler, liberaler, komplementärer, linksgerichteter, existenzieller und marxistischer Prägung. Und alle diese Richtungen des Feminismus müssen von unterschiedlichen Standpunkten aus differenziert werden, von rassistischen (*black and white feminism*), ethnographischen, nationalen; auch muss das historische System berücksichtigt werden, in dem sich diese Bewegung formierte, diese Ideologie formulierte.

Ich persönlich schätze am Feminismus vor allem den Mut, die bisherige Interpretation der menschlichen Existenz von anderer Warte aus zu betrachten und für Gedanken offen zu sein, die zulassen, dass eine andere Sichtweise und eine andere Interpretation ebenso wertvoll sein kann wie der bisherige Kanon, wegen dessen Einhaltung und Symbolen sich die Menschen gegenseitig umbrachten und immer noch umbringen. Der Feminismus gehört ohne Zweifel zu den profilgebenden Ideen der zweiten Hälfte des 20. Jahrhunderts, ähnlich etwa wie die Idee der Menschenrechte. In dem Maße, wie sich der Eurozentrismus verringern wird, wird der Einfluss der außereuropäischen Zivilisationen steigen, und wir werden uns daran gewöhnen müssen, dass es nicht nur eine mögliche und richtige Interpretation der Geschichte und der Werte gibt. Der Feminismus lehrt uns dieses Anderssein als Wert anzuerkennen. Mit der zunehmenden Globalisierung breitet sich Gutes und Schlechtes über alle Erdteile aus und so wird es auch nicht möglich sein zu ignorieren, dass die Frauen in der Mehrzahl der Staaten sich in der Position nicht-vollberechtigter, inferiorer Wesen, mitunter sogar in der Position von Sklaven befinden. Die Diskriminierung der Frau in Europa und Nordamerika trägt zwar weichere Züge, doch gibt es sie auch hier. Daher werden die Gedanken des Feminismus auch das neue Jahrhundert wesentlich prägen. Diese Gedanken werden sich über die Welt verbreiten, völlig unabhängig davon, ob wir den Feminismus in unseren lokalen Diskussionen ablehnen oder annehmen.

Die Feminismen, die wir in Tschechien kennen (und ähnlich verhält es sich in anderen postkommunistischen Ländern) wurden zu Beginn der 90er Jahre karikiert, zum einen von den Gegnern des Feminismus, vor allem in einer Reihe von Artikeln, die aus dem Exil zurückgekehrte Tschechen verfasst hatten, zum anderen in den Auftritten und Aufsätzen bisweilen etwas abgedrehter nordamerikanischer und westeuropäischer Feministinnen, die als „erste Agentinnen" nach der Wende zu uns kamen. Den Feminismus, über den wir schlichtweg nichts wussten, präsentierten sie als eine Art neue globale Ideologie, wobei sie jegliche Problematik vereinfachend als „Kampf zwischen Mann und Frau" interpretierten. Dagegen waren wir nach so vielen Jahren Reduktion der Geschichte auf den Klassenkampf deutlich resistent. Erst in den nachfolgenden Jahren kamen Feministinnen zu uns, die sich bemühten, uns zunächst einmal zuzuhören und unsere Probleme zu verstehen (Ann Snitow, Ruth Rosen, Laura Busheikin, Saša Lienau, Alena Wagnerová). Und erst danach erklärten sie uns ihre unterschiedlichen Auffassungen, weihten uns in ihre eigenen Zweifel ein und waren bereit, auch bei der Lösung konkreter Probleme zu helfen.

Vereinfacht gesagt: wir wussten nichts über den Feminismus und die ersten Informationen waren stark verzerrt und einseitig interpretiert. Erst anschließend wurde der etwas „abgewertete" Begriff mit einem anderen Inhalt gefüllt. Die ersten Vorlesungen über den Feminismus wurden von jungen Amerikanerinnen gehalten. Unsere Studentinnen schämten sich, sie zu besuchen, und erklärten, sie täten dies nur, um Englisch zu hören. Zu Ende der 90er Jahre zeigten Frauen in der Tschechischen Republik bereits ein erstes wirkliches Interesse am Feminismus, vor allem die junge Generation und ganz besonders Studentinnen. Vielleicht kam der anfänglichen Verzerrung doch eine initiierende Bedeutung zu und wurde für uns so etwas wie ein Sprungbrett in die Diskussion.

Ich persönlich finde am Feminismus interessant, dass er die Menschenrechtsbewegung vom Ende der 60er Jahre fortsetzt und dass er spezifische Lösungsverfahren für soziale Probleme bietet. Ende der 60er Jahre befasste ich mich mit der Studentenbewegung im Westen, mit der Ideologie des *New Left Movement* in Deutschland, Frankreich und den USA. Doch erst nach weiteren dreißig Jahren erkannte ich, dass der heutige Feminismus seine Wurzeln in der damaligen aktivistischen Studentenbewegung hat, die für die Minderheitenrechte kämpfte. Die Feminismus-Welle in den USA entstand durch Abtrennung von eben jener Menschenrechtsbewegung: den Frauen wurde bewusst, dass auch sie selbst sich in der Position einer Art „Minderheit" befinden, die ähnlichen Repressionen ausgesetzt ist wie die „schwarze" Minderheit.

Die Menschenrechtsbewegung und sämtliche Entwicklungen in ihrem Umfeld waren jedoch für die Menschen hinter dem „Eisernen Vorhang" tabu. Über Menschenrechte wurde nicht geschrieben, auch nicht gesprochen, und selbst die Grundsatzerklärung kam nur im Samisdat heraus. Der Zusammenhang zwischen Menschen- und Frauenrechtsproblematik war auch den damaligen Dissidenten nicht bewusst, weder bei uns noch in der DDR. In der Tschechoslowakei gab die *Charta 77* insgesamt 752 verschiedene Erklärungen und Dokumente heraus, in denen sie auf die Mängel im Gesundheits- und im Bildungswesen aufmerksam machte, auf ökologische Fragen, die benachteiligte Stellung der Roma, auf das Versammlungsverbot, Veröffentlichungsverbot, Zensur, Reiseverbot ins Ausland und viele, viele weitere Probleme. Nicht ein einziges Mal jedoch kam die Frauenproblematik zur Sprache.

Von Interesse ist der Feminismus für mich auch als soziologisches Verfahren, das die gesellschaftlichen Schichten nach einem primären, d. h. angeborenen, nicht etwa nach einem erworbenen sozialen Status ausdifferenziert. Dies ist ein für die Gegenwart typisches Phänomen, wo der primäre soziale Status wie beispielsweise auch Rasse, Alter, Ethnie wieder zu dem Aspekt werden, unter dem sich Minderheiten zusammenschließen, um sich gegen die Flutwelle der alles unifizierenden sogenannten „panamerikanischen" Kultur und Zivilisation zu behaupten.

Im Vordergrund der weltweiten Diskussion werden nicht das Problem des *sexual harrassment*, auch nicht linguistische Fragen und all die Auseinandersetzungen um die richtigen „nicht-sexistischen" sprachlichen Formen, sondern vor allem soziale Probleme stehen. Die Welt ist erobert: nichts, wohin man expandieren könnte, nichts, wonach man greifen könnte. Der Planet Erde muss eher erhalten, bewahrt, als weiter ausgebeutet werden. Und dafür haben oder hatten wenigstens bisher die Frauen - weil sie sich nicht in solchen Machtpositionen befanden - angeblich bessere Voraussetzungen als die Männer. Mag dem so sein!

Die Mehrheit der Frauen in der Tschechischen Republik und der Slowakei verfügt jedoch nicht einmal über die oben skizzierten Kenntnisse, und so werden bei uns, und vermutlich auch in den neuen deutschen Bundesländern, feministische Fragen nicht diskutiert. Im Vergleich mit den skandinavischen Ländern, den USA, England und Westeuropa ist das Wissen über den Feminismus in der Tschechischen Republik sehr gering und eine positive Bewertung selten. Ich vermute, dass die Frauen in der ehemaligen DDR ähnlich denken wie die Frauen in Tschechien. In beiden Ländern kommt es nach wie vor zu einer Verwechslung von Feminismus und „von oben" diktierter Emanzipation.

Soziologische Untersuchungen und Statistiken zeigen, dass die wirtschaftliche Situation in Ostdeutschland im Vergleich zur Situation in Tschechien um ein Vielfaches besser ist. Dennoch haben die Deutschen aus den „neuen Ländern" das Gefühl, dass sie ihre Identität verloren haben, dass sie in die Rolle des kleinen Bruders schlüpfen mussten, der ständig belehrt wird, dass sie von den Subventionen aus dem Westen abhängig sind. Eine wirtschaftliche Blüte stellte sich nicht ein, statt dessen kam es zu einer „Deindustrialisierung". Die deutschen Frauen, die genau wie wir daran gewöhnt waren, ein Leben lang berufstätig zu sein, sind in einem sehr hohen, für uns Tschechinnen bisher noch unvorstellbaren Maß von Arbeitslosigkeit betroffen. Sie liegt bei fast vierzig Prozent. Größere Angst als vor der eigenen Arbeitslosigkeit haben die Frauen vor der Arbeitslosigkeit ihrer Männer, wie ich nicht nur aus der Literatur weiß.

Ich habe gewissermaßen ein ungewöhnliches Verfahren der soziologischen „Untersuchung" entwickelt, die sich auch in der soziologischen Methodik René Königs nicht findet: Ich besitze kein Auto, aus finanziellen wie auch aus ökologischen Gründen, und reise daher immer mit dem Zug nach Deutschland. Meistens sitzen im Abteil noch andere Frauen und fast immer sind sie aus der früheren DDR. Typische Mittelklasse. Ein Gespräch anzuknüpfen ist leicht. Wir tauschen uns aus. Lange, vernehmlich, andere schließen sich dem Gespräch an. Ein weiterer „Block beteiligter Beobachtung" erfolgt abends nach den verschiedenen Konferenzen. Mein miserables Deutsch mit Prager Akzent gibt mich den Kolleginnen unfehlbar zu erkennen, und fast immer erzählen sie mir von ihren momentanen Sorgen. Es sind Frauen aus beiden Teilen des wiedervereinigten Deutschland, die mit mir sprechen. Für sie bin ich eine Art „neutrales Tantchen". Untereinander halten sie sich eher für nichtleibliche Schwestern, genauer gesagt für Stiefschwestern nach dem von Katrin Rohnstock herausgegeben Buch *Stiefschwestern, Was Ost-Frauen und West-Frauen voneinander denken* (1994).

Im Unterschied zu früher reden wir nun bereits auch über den Feminismus. Während wir uns bemühen, die Übersetzung verschiedener Sammelbände und Anthologien vorzubereiten (z.B. L. Indruchová, *Dívčí válka s ideologií* [Der Mädchenkrieg mit der Ideologie], Praha 1999), und die Übersetzungen der Bücher kürzen, um nicht für das copyright bezahlen zu müssen, sind die Kolleginnen aus der DDR bestens informiert. Wieder sind wir die „ärmeren Schwestern", vielleicht aber sind wir keine Stiefschwestern. Ihnen ist feministische Literatur in großem Umfang zugänglich, direkt in der Muttersprache. Gegenüber dem westeuropäischen und amerikanischen Feminismus haben die Frauen aus den neuen Bundesländern allerdings auch wesentliche Vorbehalte. Vielleicht deswegen, weil ihre „älteren" westdeutschen Schwestern sich in dieser Sache als die klügeren geben, vielleicht aber auch, und das fällt mehr ins Gewicht, weil sie in der Vergangenheit andere Erfahrungen gemacht haben. Sie haben, genau wie wir, Erfahrungen mit der Stellung der Frau in einem totalitären Staat und mit einem staatlichen Paternalismus, nicht aber mit Patriarchen, denn in der DDR war keineswegs nur der Mann Herr über die Produktionsmittel. Auch dort war, wenn auch nicht in einem so absurden Maß wie bei uns, fast alles verstaatlicht.

Die Frauen aus Westdeutschland sind stärker von der amerikanischen Variante des Feminismus beeinflusst. Auch deswegen schon, weil sie über viel längere Zeit hin gezwungen waren und wohl auch ein größeres Bedürfnis danach empfanden, sich von der nationalsozialistischen, vorwiegend männergeprägten und männerbestimmten Vergangenheit wirklich zu distanzieren. Sie schlossen sich dem westeuropäischen Feminismus nicht nur deswegen an, weil sie ihn kannten, sondern wohl auch, weil das Bedürfnis, sich von der eigenen „männlichen" Vergangenheit zu distanzieren, in den Jahren nach dem Zweiten Weltkrieg eine bedeutendere und wichtigere

Rolle spielte als heute, fünfzig Jahre danach, wo die ostdeutschen und auch wir tschechischen Frauen diese feministischen Ansätze kennenlernen.

In der DDR wurde genau wie bei uns eher die Abhängigkeit der Frauen und Mütter vom sozialistischen Staat unterstützt. Der Staat gewährte „Zuschüsse" für Kinder, errichtete Kindergärten, schützte die Familie und klagte die Rechte der Frau ein, wenn ein geschiedener Mann seine Unterhaltspflichten vernachlässigte. Frauen waren bei uns wie in der DDR billige Arbeitskräfte, die die extensive sozialistische Wirtschaft bzw. „Mangelwirtschaft" brauchte. Deswegen gab es Kinderkrippen und Kindergärten, Pionierverbände, Pionierhäuser und Pioniersommerlager, die vom Staat - freilich über unsere Steuern - subventioniert wurden. Das Kindergeld milderte die wirtschaftlichen Nachteile alleinstehender, unverheirateter und geschiedener Mütter. Mutterschaft im Sozialismus, ob nun in der DDR oder in der ČSSR, war kein *full time job* und sollte es auch nicht sein. Im Westen hingegen wurde Mutterschaft durchaus so verstanden, trotz aller Reden von Emanzipation und Feminismus. Eine alleinstehende Mutter war im Westen gering geachtet, denn ihre weibliche Identität wurde nach der Konsumkraft bemessen, danach, „was sie sich erlauben konnte", nach dem finanziellen Anspruch des Lebensstils also. Und der war - anders konnte es gar nicht sein - bei einer alleinerziehenden Mutter stets niedrig. In den sozialistischen Staaten waren alleinerziehende Frauen auch ärmer, doch der Staat unterstützte sie, glich die Unterschiede aus. Der Konsum war bescheidener, die sozialen Unterschiede kleiner.

Betrachtet man die Probleme, die heute in allen postkommunistischen Ländern in Bezug auf allgemeine Moral, Kriminalität und niedrige Arbeitsleistung bestehen, so scheint sich diese Art der Kindererziehung nicht in idealer Weise bewährt zu haben. Der Staat trat mitunter wie ein „kollektiver Vater" auf, der sich um seine Frauen kümmert und ihnen auch dann wohl will, wenn sie von den „individuellen" Vätern, ihren Ehemännern, getrennt lebten. Diese Einstellung des sozialistischen Staates gegenüber den Frauen, besonders gegenüber den alleinerziehenden Müttern, die als marginalisierte Gruppe angesehen wurden, musste sich in einer anderen Art von Emanzipation und einer anderen Vorstellung von Feminismus niederschlagen: in erster Linie ging es um Emanzipation bei der Einbindung in den Produktionsprozess. Das, was bis heute die Identität der weiblichen mittleren und älteren Generation in der ehemaligen DDR und der Tschechischen Republik von der Identität der westlichen Frau unterscheidet, ist unsere Erfahrung mit dem staatlichen Paternalismus. Wir hatten mit öffentlichen, sie mit privaten Patriarchen zu tun. Und eine so unterschiedlich begründete Identität muss zwangsläufig auch im Selbstwertgefühl zum Ausdruck kommen. Jede dieser drei Gruppen von Frauen hat ihre jeweils anderen Erfahrungen mit Unterdrückung, jede wurde in spezifischer Weise von ihrer Vergangenheit geformt oder auch deformiert. Und das könnte sich auf lange Sicht als wesentlicher Unterschied in der weiteren Entwicklung des Feminismus bemerkbar machen.

Die Soziologin Marie Čermáková, die sich speziell mit der Stellung der Frau auf dem Arbeitsmarkt beschäftigt, belegt anhand einer Reihe von Studien, dass die Frauen im Sozialismus vor allem nach ihrem gesellschaftlichen Status beurteilt wurden, nach ihrer beruflichen Klassifizierung. Und wie diese Untersuchungen zeigen, beabsichtigen sie auch heute nicht, diesen Status aufzugeben; sie bleiben berufstätig, auch wenn der Ehemann ein hohes Einkommen hat und kein finanzieller Grund für eine Berufstätigkeit besteht. Diese ihre Erfahrung und klare Orientierung geben die Frauen - jedenfalls in der Tschechischen Republik - an ihre Töchter weiter. Bis auf wenige Ausnahmen möchte fast jede junge Frau in Tschechien einen Beruf ausüben und bemüht sich um eine Qualifikation. In den neuen deutschen Bundesländern werden die Frauen, die über vergleichbare Erfahrungen mit einer zwangsläufigen Emanzipation verfügen, die sie als ihren Lebensstil akzeptiert haben, gegenwärtig viel häufiger aus dem Berufsleben hinausgedrängt als in Tschechien. Wenn es auch in Tschechien zu einer ähnlichen Entwicklung der Arbeitslosigkeit kommt und es vor allem Frauen sein werden, die Stellen zu Gunsten der Männer frei machen, werden wir Zeugen eines aus soziologischer Sicht sicherlich interessanten Prozesses werden, nämlich, wie sich neue Haltungen und eine neue weibliche Identität herausbilden. In der ehemaligen DDR kam es bereits zur Demobilisierung der dortigen traditionellen Frauenbewegung; auch bei uns setzt dieser Prozess allmählich ein. Im Moment sucht die Frauenbewegung eine neue Form.

Ich meine, gerade das wird der Grund sein, warum sich die Feminismen im wiedervereinigten Deutschland und in der Tschechischen Republik in ihrer Entwicklung voneinander unterscheiden und jeweils andere Züge zum Tragen kommen werden. Der eine wird bestimmt sein vom Kampf gegen das private Patriarchat, der andere von der Erfahrung mit dem öffentlichen Patriarchat bzw. dem staatlichen Paternalismus. Die Gesamtentwicklung in den neuen Bundesländern hat sich im vergangenen Jahrzehnt von der Entwicklung bei uns womöglich stärker unterschieden als vorher die jeweiligen Varianten des Realsozialismus. Es ist möglich, dass dies die beiden Gruppen von Frauen in Deutschland nicht einmal wissen, wir aber sehen es über die fast „entblößten" Gipfel des Erzgebirges hinweg, dessen Wälder die Emissionen der chemischen Fabriken auf beiden Seiten vernichtet haben.

Wie es um den Feminismus in Tschechien bestellt ist, werden wiederum die Soziologen aus Deutschland - in umgekehrter Blickrichtung über den Zinnwald und den Bayerischen Wald - besser beurteilen können. Ob wir wollen oder nicht, staatliche Umstürze, Revolutionen, rasche Veränderungen unserer Lebensbedingungen erschüttern die Gesellschaft. Doch die neue Ordnung übernimmt stets viele Elemente des vorangegangenen Systems und seiner Traditionen und Normen. Es erinnert etwas an aufgewirbelten Staub, der sich nach einiger Zeit auf dem selben Grund absetzt und durch diesen weiterhin strukturiert wird. Ich bin überzeugt, dass auch der Feminismus in den postkommunistischen Staaten nicht zu einer einheitlichen Philosophie oder Ideologie werden wird. Noch lange wird er seine besonderen Züge tragen, in Tschechien wie in Deutschland, noch lange wird er sich von den Feminismen in Westeuropa unterscheiden.

Und das ist wohl auch gut so. Der Wert des Feminismus liegt in der Akzeptanz des Andersseins, der Diversifikation als wesentlichem Wert.

Der neue Mensch: Familie und Partnerschaft im Wandel

Iva Šmídová, Adam L. Rychtecký

Wir leben in einer Zeit, die bei vielen Unsicherheit über Lebensziel und Selbstverständnis auslöst. In unserer Umgebung erfahren wir, dass fest definierte, gängige Verhaltensmuster und soziale Rollen längst nicht mehr strikt eingehalten werden. Das betrifft auch die Familie und ihr Beziehungsgefüge.

Bis vor nicht allzu langer Zeit gab es in der Tschechischen Republik (bzw. der Tschechoslowakei) und in der westlich von ihr gelegenen Welt im Großen und Ganzen ein einheitliches Bild, wie Frauen und Männer zu sein haben, wie ihre Bindung, ihre Familie aussehen sollten und welche Rollen ihnen zukommen. Sicher ließen sich einige Unterschiede feststellen, allgemein aber gilt, dass unsere ganzheitlichen Vorstellungen heute erschüttert werden, sich ändern, ja zusammenbrechen. Mit ihnen und den an sie geknüpften Erwartungen war eine ganze Reihe von Mythen, Stereotypen und Vorurteilen verbunden; einige davon erfuhren vor kurzem ihre Entmythisierung, andere demontieren wir gerade im Moment und wieder andere bleiben weiterhin tabu.

Wir beurteilen uns und andere nach einer bestimmten allgemeinverbindlichen Norm: Was mit dieser nicht konform geht oder ihren Maßstäben nicht genügt, wird als unnatürlich und anormal empfunden. In dem Augenblick, wo einem Teil der Bevölkerung die Rolle, in die ihn seine Umgebung hineindrängt, zu eng wird, oder wenn sie umgekehrt so vage und unklar erscheint, dass der Einzelne nicht mehr weiß, was man eigentlich von ihm erwartet, ändert sich das bisher gültige Rollenverständnis und wird umgewertet. Eine solche Zeit ist gerade angebrochen, und wenn auch nicht zum ersten Mal im 20. Jahrhundert, so diesmal wohl mit viel größerer Intensität. Das zeigt sich beispielsweise daran, dass wir mit einem einzigen Modell von Familie, Ehe und Partnerschaft nicht mehr auskommen, dass es ohnehin viele Formen gibt und somit überflüssig ist, einige davon als wünschenswert hinzustellen und andere zu unterdrücken. Die gegenwärtige Norm entspricht einem durchaus erheblichen Teil der Bevölkerung nicht mehr.

Wenn man heute in der Tschechischen Republik immer lauter nach Alternativen ruft, so ist das nichts Neues. Unterschiedliche Auffassungen, Verhaltensmodelle und Handlungsmuster gab es auch früher, doch wurden sie als Verstoß gegen die Natur systematisch unterdrückt. Als mit der Wende 1989 die Informationsbarrieren in der Tschechischen Republik durchbrochen wurden, bekamen alle Gelegenheit zum Vergleich. Es genügt, sich die Normen anderer Kulturen und Zeiten zu vergegenwärtigen und sie mit unseren Erfahrungen zu vergleichen.

Im 20. Jahrhundert kam es in der euroamerikanischen Zivilisation zu einer großen Verschiebung innerhalb der Institution Familie, insbesondere auf Grund eines veränderten Rollenverständnisses der Frau. Die Frau emanzipierte sich, sie drang über den Arbeitsmarkt in die öffentliche Sphäre vor, die bis dahin männliche Domäne gewesen war. Bis zum Zweiten Weltkrieg verlief die soziale Entwicklung der Familie in West- und Mitteleuropa ähnlich. Die Teilung in ein östliches und ein westliches Europa brachte mit den unterschiedlichen politischen Systemen nicht nur eine andere ökonomische, sondern auch eine andere soziale Entwicklung mit sich. Die zwischenmenschlichen Verhaltensmuster erfuhren einen Wandel, das Rollenverständnis veränderte sich. Das betraf auch das Verhalten in Familie und Partnerschaft, die Rolle von Mann und Frau sowie die Kindheit. Während man sich im Westen verstärkt an Arbeitseffizienz, wirtschaftlichem Gewinn und beruflicher Stellung orientierte, setzte der Osten auf Vollbeschäftigung. Damit kam es zu einer gewissen „Gleichheit" zwischen Mann und Frau beim Erwerb des Familienunterhalts, allerdings auf Kosten des männlichen Rollenbildes vom alleinigen Ernährer. Wenn ein Mann im Westen es alleine nicht schaffte, seiner Familie einen zufriedenstellenden Lebensstandard zu garantieren, war das ein Zeichen seiner Unfähigkeit, seines Versagens. Der Mann im Osten war von dieser Verpflichtung offiziell befreit - in Hinblick auf den geringen Durchschnittslohn der Frauen allerdings nicht ganz. Doch brachte ihn das auch um seine Sonderstellung in der Familie.

Das Rollenbild von Frau und Mann spaltete sich in eine östliche und eine westliche Variante. Der Mann als Ernährer und Haupt der Familie, die Frau als abhängiges, für den Haushalt bestimmtes Geschöpf - diese Bilder lebten zwar in der Rhetorik fort, doch waren ihre realen Konturen nur schwach und wurden zum Mythos. Und das gilt nicht nur für die Situation in der Tschechischen Republik. Der Mann im Sozialismus war im Vergleich zu seinem westlichen Kollegen stärker familienorientiert, als wäre er insgesamt durch totalitären Zwang „verweiblicht" und „gefühlsbetonter". Meist wird das damit erklärt, dass er sich auf „männlichen" Domänen wie berufliche Karriere und Politik nicht verwirklichen konnte. Er war ohne Pioniergeist und weniger selbstständig. Dafür maß er der Familie als sicherer Festung mehr Bedeutung bei und verspürte womöglich auch ein stärkeres Bedürfnis nach Freundschaft mit seiner Frau und einem Zusammenleben in beiderseitiger Zufriedenheit. Mit der Familie verbrachte er relativ viel Zeit. In unterschiedlichem Maß beteiligte er sich an häuslichen Arbeiten, wenn dies auch eher handwerkliche Dinge, Auto, Garten und Datsche betraf.

Die Frauen wiederum empfanden nicht jenen starken Druck seitens des Mannes (und des patriarchalischen Systems), der von der feministischen Bewegung im Westen immer wieder so hervorgehoben wurde. Tschechische Frauen fühlten sich nicht unbedingt im Schatten ihrer Partner; schließlich beteiligten sie sich am Familienunterhalt genauso wie diese. Außerdem hatten Frauen und Männer einen gemeinsamen Feind: das System. Doch auch wenn die tschechischen Männer freundschaftlicher, häuslicher, gefühlsbetonter, die Frauen emanzipierter und selbstständiger zu sein schienen bzw. scheinen - in der Bevölkerung haben sich die stereotypen Vorstellungen von der Rolle des Mannes und der Frau gehalten und manche von ihnen erwachten nach 1989 in der neu geordneten Gesellschaft unerwartet schnell zu neuem Leben.

Die gegenwärtigen Vorstellungen lassen sich nicht so einfach beschreiben. Männlichkeit und Weiblichkeit, Familien-, Partnerschafts- und andere Beziehungsformen ändern sich ständig. Wohl immer noch gilt die Vorstellung, dass eine Familie von einem Ehepaar mit Kindern gebildet wird. Die Mitglieder einer funktionierenden Familie sollten füreinander Liebe empfinden und sich beistehen, sich gegenseitig nicht kränken und zufrieden zusammenleben. Der Vater sollte den finanziellen Unterhalt der Familie sicherstellen, die Mutter für Haushalt und Kinder sorgen. Für die Tschechische Republik ist dagegen weiterhin der hohe Anteil erwerbstätiger Mütter charakteristisch: 1996 waren 44,6% der Beschäftigten Frauen.

Die Erwartungen, die sich mit der Rolle von Vater und Mutter verbinden, bestimmen das Stereotyp von Mann und Frau, und das sowohl in als auch außerhalb von Familie und Partnerschaft. Die Frau ist angeblich gefühlsbetonter, passiver, häuslicher, dabei aber attraktiv. Der Mann ist aktiv, hat Initiativkraft und Durchsetzungsvermögen, er ist wettbewerbsorientiert und im guten Sinne ehrgeizig. Soweit das allgemeine Bild. Wir würden uns wahrscheinlich wundern, wie wenig sich die tschechische Gesellschaft darüber im Klaren ist, was an dieser Vorstellung nur Idealbild ist, was von der Norm gefordert und was Stereotyp ist. Begriffe wie Ideal, Norm oder Stereotyp bezeichnen dabei keine deutlich voneinander abgrenzbaren Realitäten.

Demographische Statistiken zeigen, dass das Modell des Ehepaars („bis dass der Tod euch scheide") mit mehreren Kindern auf ungefähr jeden fünften Haushalt in der Tschechischen Republik zutrifft. Dabei sind Scheidungsrate, Kinderlosigkeit, Familien mit nur einem Kind, familiäres Zusammenleben, das mehrere Generationen umfasst, und nichteheliches Zusammenleben zu berücksichtigen. Über die Harmonie des Zusammenlebens und die „Funktionstüchtigkeit" der Familien können keine quantifizierenden Angaben gemacht werden, doch liefern kleinere Studien und Umfragen, zum Beispiel zum Problem Gewalt in der Familie, alarmierende Signale.

Derartige statistische Werte sind kein Indiz dafür, dass das Modell der konventionellen Familie oder die konventionelle Männer- bzw. Frauenrolle ausgedient hätten. Doch sind andere funktionierende Lebensformen entstanden. Das nichteheliche Zusammenleben wird als eine Alternative zur Ehe empfunden; auch bei Schwangerschaft der Frau erscheint die Eheschließung nicht mehr verpflichtend. Das durchschnittliche Heiratsalter steigt. Lag es 1989 bei 21,8 Jahren für Frauen und 24,6 Jahren für Männer, so 1997 bei 25,4 Jahren für Frauen und 27,7 Jahren für Männer. Ebenso steigt der Prozentsatz an Ledigen und an unehelichen Kindern (17,8%), nicht nur erstgeborenen, sondern auch weiteren. Bei den Frauen zwischen 18 und 21 Jahren hat sich die Zahl der außerehelich geborenen Kinder von 1991 bis 1997 verdreifacht. Auch (gewollte) Kinderlosigkeit nimmt zu. Immer häufiger treffen wir auf Familien, in denen ein Elternteil nicht die leibliche Mutter oder der leibliche Vater der Kinder ist. Auch Familien mit nur einem Elternteil stellen keine Ausnahme dar, in der Mehrheit der Fälle handelt es sich um alleinerziehende Mütter mit Kindern. Das ursprünglich einheitliche und geschlossene Bild von Familie und Partnerschaft ändert sich grundlegend.

Das Missverhältnis, das zwischen der Realität und dem gängigen Bild von Familie und Partnerschaft besteht, verweist auf die Notwendigkeit, die eigene Vorstellung auch in der Beurteilung von Mann und Frau zu ändern. Ein einheitliches Familienmodell existiert in der Realität nicht; was existiert, sind alternative Formen. Ähnliches gilt für die Identität und die Rolle des Mannes bzw. der Frau. Zur Zeit des Totalitarismus hatten wir im Vergleich zum Westen eine weiblicher geprägte Männlichkeit und selbstständigere Frauen. Freilich werfen die gegenwärtigen Kategorien „Weiblichkeit" und „Männlichkeit" in der Tschechischen Republik mehr Fragen auf, als sie Antworten bieten. Wie haben sie sich seit dem Regimewechsel von 1989 entwickelt? Ändern sie sich, treten sie in den Hintergrund? Oder wird die Kategorie der Männlichkeit nur vorübergehend dadurch überschattet, dass momentan diejenigen Eigenschaften betont werden, die erforderlich sind, um sich in der neuen marktwirtschaftlichen Gesellschaft durchzusetzen? Welche Kriterien werden wir als entscheidend erachten, um zu beurteilen, wie erfolgreich ein Mensch im Leben ist: beruflichen Erfolg und Besitz? Oder werden andere Werte ausschlaggebend sein: die geistige Seite des Lebens, die Betonung von Zusammengehörigkeit, Freundschaft, Toleranz oder auch Mitleid? Sollen wir auf die bewährten (bis vor kurzem gültigen) Muster zurückgreifen und danach die Menschen den einzelnen Schubladen zuordnen oder sind diese Muster schon nicht mehr adäquat? Wie eigentlich sollen wir den tschechischen Menschen in dieser „neuen" Zeit charakterisieren?

Die auf empirischen Untersuchungen basierenden Antworten fallen bescheiden aus. Nach der Studie, deren Ergebnisse die Wochenzeitschrift *Týden* (Die Woche, 43/96) veröffentlichte, lassen sich in der Tschechischen Republik die einzelnen Menschentypen danach unterscheiden, inwieweit sie das Leben aktiv angehen bzw. ihm passiv gegenüberstehen, inwieweit sie Toleranz gegenüber neuen Dingen und Erscheinungen aufbringen, für neue Informationen offen sind und Lust haben, etwas an ihrem eingefahrenen Lebensstil zu ändern. So gibt es Menschen, die sich in ihre nicht gerade erfreuliche Lebenssituation gefügt haben, es gibt supererfolgreiche Karrieristen, zufriedene, fröhliche, junge Konsumenten und erkenntnishungrige, aktive Rentnerinnen...

Der allgemeine Prozess der Befreiung des Einzelnen von den Strukturen des früheren Regimes bringt Erscheinungen mit sich, die wir aus modernen Demokratien kennen: vom Kampf um Erfolg und Karriere bis hin zum Stress des Misserfolgs, zum Scheitern und eventuell auch zu gesundheitlichen Problemen, die der anspruchsvolle Lebensrhythmus nach sich zieht. Folge dieser Entwicklung ist außerdem, dass die klassische Festung der Familie in ihrer uneingeschränkten Gültigkeit - und damit auch die von ihr diktierten Rollen - Schaden nimmt oder gar in sich zusammenstürzt.

Doch nicht jeder in der Tschechischen Republik läuft der Karriere hinterher. Viele Männer und Frauen haben sich entschieden, den Verlockungen der Marktwirtschaft zu widerstehen, auf die von ihr gebotenen Erlebnisse zu verzichten und sich ihren Regeln und Forderungen zu entziehen. Sie verstehen diese Entscheidung als ihr „persönliches Projekt". Gerade sie, meine ich, definieren den „neuen Menschen" inhaltlich.

Charakteristisch für diese Gruppe von Frauen und Männern, die ungefähr 11% der Bevölkerung ausmacht, ist ihre Buntheit. Sie verkörpern eine Mischung aus alter und neuer Mentalität: aus Respekt gegenüber Verpflichtungen und Traditionen einerseits, aus Hyperaktivität und Interessenvielfalt andererseits. Wir finden sie quer durch alle Gesellschaftsschichten und erkennen sie an ihrer Lebenseinstellung und postmateriellen Wertsetzung. Sie sind meist ökologisch eingestellt, nicht konsumorientiert und arbeiten häufig in erzieherischen oder sozialen Berufen. In ihren Partnerbeziehungen besteht ein Gleichgewicht der Aufgaben. Hinsichtlich ihrer Rechte und Pflichten sind sie nicht auf eine einzige mögliche Auslegung fixiert. Problemlos kann einer den anderen vertreten, wenn dies die Situation erfordert. Sie sind sich der bestehenden individuellen Unterschiede bewusst, sehen diese jedoch eher als ein verbindendes Element. Familie bzw. Elternschaft bedeutet für sie ein beständiges Aktivsein, gerät aber nicht in Konflikt mit ihren persönlichen Interessen. Vielleicht könnte man sie als „aktive Harmoniemenschen" bezeichnen. Unter ihnen hat sich die Gruppe der Bunten gebildet (im Unterschied zu den Grünen), mit denen sich H. Librová in ihrem Buch *Pestří a Zelení* (Die Bunten und die Grünen) befasst. Die Bunten pflegen einen bescheidenen, der Natur gegenüber rücksichtsvollen Lebensstil, der sich im Vergleich mit dem konsumgesellschaftlichen Durchschnitt durch geistige Fülle und Vielfalt auszeichnet.

Besonderes Kennzeichen dieser „neuen Menschen" ist das hohe Maß an Toleranz gegenüber ihrer meist viel weniger toleranten Umwelt. Sie selbst möchten die Gesellschaft nicht verbessern; sie wissen, was ihnen entspricht, und bemühen sich, ihre eigene Welt zu verändern, nicht die der anderen. Gerade darin liegt wohl ihre Kraft und gleichzeitig auch der Grund, warum sie bei ihrer Umgebung, die vor diesem Neu- und Anderssein eher Angst hat, auf Unverständnis stoßen. Es bleibt die Frage, was eigentlich an diesem Lebensstil so neu ist. Die Werte, die diese „neuen Menschen" anerkennen, sind nicht neu, eher vielleicht „altneu". Neu ist die Entschlossenheit, mit der diese Frauen und Männer gegen den

Strom schwimmen. Nicht Uniformität, Sicherheit und die Wahrheit neuer Normen ist das, was ihr Lebensstil bietet, sondern Vielfalt, Toleranz, Pluralität, Suche ... Diese Gruppe stellt für die heutige Gesellschaft insofern eine Herausforderung dar, als sie zeigt, wie es sich weniger konsumbestimmt und doch „vollwertig" leben lässt.

Jugendkultur - Subkultur

Christoph Bartmann

Im September 1996 fand im böhmischen Städtchen Polička das erste offizielle deutsch-tschechische Jugendtreffen statt. In Anwesenheit der Präsidenten Havel und Herzog diskutierten Schülerinnen und Schüler aus beiden Ländern in Arbeitsgruppen über „Partizipation von Jugendlichen in der Politik", über „Gemeinsame Geschichte - gemeinsame Zukunft" oder „Ökologie: Sauberkeit der Elbe." Es bot sich Gelegenheit zu Ausflügen, zum Fußball spielen (wenn auch ausdrücklich mit „Begegnungscharakter") und zum Diskothekenbesuch. Am Abschlussabend spielte auf dem Marktplatz das binationale *Sluneční orchestr* (Sonnenorchester). Teilnehmer, Politiker und Funktionäre nannten das Treffen erfolgreich. Man war sich darin einig, dass hier endlich ein zukunftsfähiger tschechisch-deutscher Jugendaustausch initiiert wurde - bald fünfzig Jahre, nachdem man Ähnliches zwischen Deutschland und Frankreich ins Leben gerufen hatte.

Die Jugendlichen in Polička stellten keinen Zufallsquerschnitt durch die deutsche und tschechische Schülerschaft dar. Eher handelte es sich um die Hoffnungsträger der bilateralen Beziehungen. Was üblicherweise den Deutschen die Verständigung in Tschechien erschwert - fehlende Sprachkenntnisse -, war hier ausnahmsweise kein Problem. Den jungen Deutschen, die Tschechisch sprachen, standen junge Tschechen gegenüber, die - was häufiger vorkommt - Deutsch sprachen. Die Begegnung funktionierte, weil sie schon vorher geübt worden war: an den Gymnasien beidseits der Grenze, in denen die jeweilige Nachbarsprache unterrichtet wird. Von deutschen Schulklassen ohne diese Spezialqualifikation ist hingenen bekannt, dass sie oft nur ungern der Einladung tschechischer Partnerschulen folgen, wenn diese zu Besuch in Deutschland gewesen sind. Tschechien ist vielen kein Begriff: man möchte lieber nach England fahren, allenfalls noch nach Frankreich.

Was verbindet und was trennt heute gleichaltrige Jugendliche in Deutschland und Tschechien? Existieren diesseits und jenseits von Böhmerwald und Erzgebirge bei jungen Leuten zwischen 16 und 25 Jahren unterschiedliche Mentalitäten, Interessen und Werte oder haben sich solche Differenzen, die man früher dem „Nationalcharakter" zuschrieb, unter dem Einfluss einer kulturellen Globalisierung weitgehend verflüchtigt? Bei den Jugendlichen in Polička dominierte das Verbindende. So ließ sich problemlos in Foto- und Video-AGs zusammenarbeiten oder gemeinsam eine Internet-Seite zum Jugendtreffen erstellen. Was hätte wohl eine Arbeitsgruppe zum Thema „kulturelle Unterschiede" an Ergebnissen erbracht? Man hätte festgestellt, dass die Deutschen für die *Fantastischen 4* oder das *Rödelheim Hartreim Projekt* schwärmen, die Tschechen hingegen für *Vltava* oder Lucie Bílá. In der Begeisterung für amerikanische Bands wie *R.E.M.* oder die *Smashing Pumpkins* hätte man sich wahrscheinlich getroffen. Man hätte auch voneinander erfahren, dass deutsche Jugendliche oft schon lange nicht mehr jung sind, wenn sie ihr Studium beenden, während in Tschechien mancher Chefredakteur oder Fernsehintendant noch keine dreißig Jahre alt ist. Dass der Unterschied zwischen Stadt und Land, zwischen der Metropole Prag und der Provinz in Tschechien stärker ins Gewicht fällt als in Deutschland. Dass es, bedingt durch den Einschnitt der Samtenen Revolution von 1989, eine mittlere Generation in Tschechien gibt, die sich in fast allem und eine junge Generation, die sich in beinahe nichts von ihren westlichen Altersgenossen unterscheidet.

Wer die Entwicklung jugendkultureller Stile und Einstellungen hier und dort vergleichen will, muss in die 60er Jahre zurückblenden; in die Epoche also, in der sowohl in der Bundesrepublik wie in der ČSSR - und mit Abstrichen auch im sozialistischen Bruderland DDR - eine Kulturrevolution stattfand. Ihren Höhepunkt und Abschluss erlebte sie im Jahre 1968. Den „Prager Frühling" und die deutsche Studentenbewegung verband der Geist des Protests gegen das „Establishment" - gleich, ob dieses nun in der stalinistischen oder in der bürgerlichen Obrigkeit erkannt wurde. Zum Arsenal des Nonkonformismus in der Dylan-Ära gehörten beidseits der Grenzen lange Haare und Drogenexperimente, Elektrogitarren und Motorräder, Pazifismus und freie Liebe, Happenings und Aktionen, die Abkehr vom bürgerlichen (und bürgerlich-sozialistischen) Kulturkanon und die Beeinflussung durch US-amerikanische Popkultur und Pop Art. Die frühen Filme von Forman und Fassbinder, die Arbeiten von Beuys oder Kolář, die Stücke von Havel oder Handke teilen die Emphase dieses Aufbruchs. Aus politischer Perspektive wies das homogen wirkende kulturelle Feld freilich erhebliche Differenzen auf. In der Tschechoslowakei und anderswo in Osteuropa kämpften junge Intellektuelle für eine Demokratisierung des Sozialismus; im Westen träumten die Studenten zur selben Zeit von einer marxistischen Revolution zur Abschaffung der bürgerlichen Demokratie.

Die Konsequenzen der systemübergreifenden Kulturrevolution der 60er Jahre sind bis heute wirksam. Im Westen erlitten die revolutionären Hoffnungen Schiffbruch, doch sickerte der kulturelle Habitus der Studenten allmählich in andere Lebensbereiche und Altersstufen ein, bis er schließlich mehrheitsfähig und irgendwann der „Achtundsechziger" mit seiner Emanzipations-Rhetorik fast zur Spottfigur wurde. In der Tschechoslowakei stoppte der Einmarsch der Warschauer-Pakt-Staaten im August 1968 die kulturelle und gesellschaftliche Liberalisierung abrupt. Es setzte die Phase der „Normalisierung" ein, einer Normalisierung allerdings, in der eine kleine, aber entschlossene Minderheit sich dem Aufruf zur Botmäßigkeit widersetzte. Der so genannte tschechische „Dissent", der lose Verband also von Künstlern, Musikern, Schriftstellern, Priestern und einfachen Bürgern, die 1977 als erste die *Charta 77* unterschrieben, nährte seine Auflehnung ebenso aus dem Geist des hussitischen Protestantismus wie aus der Attitüde des Beat-Rebellen. Es formierte sich in jenen Jahren der Prager „Underground", ein informelles Geflecht künstlerischer und intellektueller Kommunikation unterhalb der staatsoffiziell verbreiteten oder geduldeten Kultur. Helden der böhmischen Subkultur waren zum Beispiel Rockgruppen wie die *Plastic People of the Universe* mit ihrem Protagonisten und enfant terrible Magor (Ivan Jirous), der wie andere Bandmitglieder Ende der 70er Jahre mehrfach zu Haftstrafen verurteilt wurde. Diese Helden verehrten ihrerseits amerikanische Rockmusiker wie Frank Zappa oder Lou Reed und *Velvet Underground*, die nach 1989, als Václav Havel Präsident wurde, auf der Prager Burg wie Staatsgäste empfangen wurden. Die Dissidenten, so stellte sich heraus, waren stets noch etwas anderes gewesen: nämlich Rock-Fans.

Die „Normalisierung" oder Re-Stalinisierung der Jahre von 1969 bis 1989 hat in der Tschechoslowakei subkulturelle Lebensstile überdauern lassen, die anderswo wohl vom *wind of change* weggefegt worden wären. Es gibt, wovon sich jeder Kneipengeher in Prag überzeugen kann, heute noch eine rückwärts gewandte Kultur, die stolz darauf ist, Subkultur zu sein und die ihr Selbstbewusstsein aus ihrem couragierten Widerstand gegen die Machthaber von einst zieht. Nur ist die Subkultur von gestern gewiss nicht die Jugendkultur von heute; auch wenn die tschechische Jugendkultur in ihrer Ablehnung des „Glatten" und ihrer Bevorzugung des „Rauen" noch einen Glaubensrest der alten Subkultur in sich aufbewahrt. Noch immer finden die Heroen des „Dissent" wie Ivan Jirous - und ganz zu schweigen von Václav Havel - Anklang unter jungen Leuten. Manche Dissidenten der späten 70er Jahre sind heute noch immer jung, etwa der Schriftsteller Jáchym Topol oder der Künstler David Černý: sie stießen mit sechzehn, siebzehn Jahren zum Kreis der Chartisten und sind ihm bis heute verbunden geblieben. Das kann aber nicht darüber hinwegtäuschen, dass die tschechische(n) Jugendkultur(en) dabei sind, sich zu normalisieren; und dies keineswegs im Sinne von Anpassung, sondern verstanden als eine Pluralisierung und De-Politisierung jugendlicher Lebensformen und -haltungen, wie sie sich unter veränderten Vorzeichen nach 1989 zwangsläufig ergeben musste.

In den 90er Jahren haben sich die Jugendkulturen, gleich ob in West- oder in Osteuropa, von den früher identitätsstiftenden Praktiken des Protests weitgehend verabschiedet. Subkulturen können sich kaum noch aggressiv in Szene setzen oder scharf vom Mainstream abgrenzen, weil ihnen nicht mehr eine autoritative Hochkultur, sondern eine permissive und integrative Massenkultur gegenübersteht. Man kann sogar grundsätzlich bezweifeln, ob heute Jungsein noch ein hinreichendes Kriterium für die Eingrenzung von Lebensmodellen darstellt. „Die Jugendkultur der Gegenwart", so formuliert es ein 1997 erschienenes *Kursbuch Jugendkultur*, „ist ein Markt der Möglichkeiten, auf dem eine Vielzahl unterschiedlicher Stilangebote konkurrieren". Zwei dieser Stilangebote haben sich in diesem Jahrzehnt in Deutschland als besonders attraktiv erwiesen: die Techno-Kultur mit ihrem jährlichen Konzil, der Berliner „Love Parade", und die rechtsradikale Jugendszene, die vor allem zu Beginn der 90er Jahre mit Gewaltakten gegen Ausländer (etwa in Rostock,

Mölln, Solingen oder Hoyerswerda) von sich reden machte. Enthält der jugendliche Rechtsradikalismus immerhin noch ein Moment des wenn auch irregeleiteten Protests - in den neuen Bundesländern als einer feindseligen Reaktion auf die einstmalige DDR-Staatsdoktrin des marxistischen Internationalismus -, so muss man, wie es scheint, die Techno-Kids für das klassische Jugend-Projekt der Weltverbesserung endgültig abschreiben. Sie gelten gemeinhin als hedonistisch, konsumorientiert und anti-intellektuell, und sie wollen offenbar weiter nichts, als bei monotonen Beats und Designer-Drogen ihren Spaß haben. Dem könnte man jedoch entgegenhalten, dass die Techno-Generation die alte Hippieformel „Make love, not war" für die 90er Jahre reaktiviert und damit, wie einst die Hippies, den Hedonismus als (auch) politische Frohbotschaft verkündet. Techno, und das ist eines seiner Erfolgsgeheimnisse, funktioniert nicht exklusiv wie andere Jugendkulturen, sondern inklusiv: alle dürfen, alle sollen mitmachen. Die rechte, „gewaltbereite" Jugendkultur organisiert sich hingegen nach den klassischen Mechanismen von Einschluss und Ausschluss. Die Selbst-Attribuierung als chancen- und perspektivlose Minderheit, zumal in den neuen Bundesländern, bildet die Voraussetzung für Hass und Aggression gegen eine andere Minderheit, die Migranten und Asylanten, deren Existenz für die eigene Misere verantwortlich gemacht wird.

Kaum notwendig zu erwähnen, dass neben diesen auffälligsten jugendkulturellen Fraktionen eine Unzahl jugendlicher Stile und Einstellungen existiert, die nur schwer auf den Begriff zu bringen sind. Erwachsene kapitulieren regelmäßig vor der Vielfalt der Phänomene. Junge Leute, soviel wissen selbst sie, interessieren sich für Mode, Sport, Computer und Popmusik. Sie optieren für wechselnde Marken, Namen und Labels, um sich zu unterscheiden. Indem sie sich unterscheiden, erzielen sie „Distinktionsgewinne" gegenüber Jugendlichen mit anderen Einstellungen. Man kann den Konsum steigern, um sich zu unterscheiden; man kann ebenso durch Konsumverzicht Distinktionsgewinne erzielen. Die 12. Shell-Jugendstudie aus dem Jahre 1997 charakterisiert die deutsche Situation treffend: „Jugendkulturelle Stile verlieren zunehmend ihre Bedeutung als subkulturelle Visionen und Formen einer ‚besseren' und jugendgemäßeren Gesellschaft. Sie sind nicht mehr ‚ganzheitlich' im Sinne einer konkreten Form jugendlichen Lebens. Auch hierin spiegeln sich die Veränderungen einer in Krisen geratenen Gesellschaft. Es scheint nicht mehr möglich, Gegenentwürfe und subkulturelle Abgrenzungen als geschlossenes, fest gefügtes und auf lange Zeit praktiziertes Muster zu entwickeln. Die jugendkulturellen Stile nehmen vielmehr schnellebige, diffuse eklektizistische und sehr flexible Formen an."

Noch existiert kein der Shell-Studie vergleichbares Jugendforschungsprojekt in Tschechien. Man darf aber annehmen, dass die Resultate einer tschechischen Jugendstudie sich nicht wesentlich von den deutschen Befunden unterscheiden würden. Auch in Tschechien sind Techno-Kids und Skinheads die jugendkulturellen Prototypen des Jahrzehnts gewesen. Es gibt manifeste Ausländerfeindlichkeit und exzessiven Drogenkonsum unter Jugendlichen. Man hat das Vordringen dieser Erscheinungen als Symptom einer Verwestlichung der tschechischen Jugend interpretiert - ganz so, als könne ein tschechischer Jugendlicher diese Einstellungen aus dem eigenen kulturellen Fundus nicht beziehen. Zweifellos sind aber „die tschechischen Jugendlichen" auf diesem Weg noch nicht so weit fortgeschritten wie ihre deutschen Altersgenossen. Wer einmal, aus Deutschland kommend, tschechische Abiturienten kennengelernt hat, dem drängt sich der Eindruck auf, dass die jungen Tschechen oft fröhlicher, gelassener, wacher, in einem Wort „unverdorbener" oder, wenn man will, stärker traditionsgebunden sind als die Deutschen. Was weitgehend fehlt, ist die Attitüde des ermatteten Jung-Konsumenten, den nichts mehr reizt. Es scheint auch, als würde die Autorität von Eltern und Lehrern weniger stark in Frage gestellt; gleichzeitig ist die Bereitschaft zu einem idealistisch-moralischen Engagement stärker ausgeprägt. Es existiert - so scheint dem deutschen Betrachter - auch bei Jugendlichen ein ungebrochenes Einverständnis zu einer Lebensform, in der *chata* und *chalupa* (Hütte und Wochendhäuschen), Ski- und Kanufahren, Singen oder Zelten keine geringe Rolle spielen.

Unbelastet in eine gemeinsame Zukunft?
Jugendliche und die deutsch-tschechische Nachbarschaft

Carsten Lenk

Es gehört zur Festreden-Rhetorik von Politikern und Honoratioren, dass Jugend per se als Hoffnungsträger gilt. Ob Städtepartnerschaft, Jugendbegegnung oder Schüleraustausch: Die kommenden Generationen, so die Logik dieses Diskurses, könnten quasi unbelastet von den Belastungen der Geschichte und frei von stereotypen Denkmustern und Vorurteilen aufeinander zu gehen, um die Basis für das zu legen, was gemeinhin mit den Begriffen ‚Völkerverständigung' und ‚Versöhnung' bezeichnet wird. Es soll hier keinesfalls darum gehen, diesen Diskurs und die dahinter stehenden aufrichtigen Motive abzuqualifizieren. Nur, dies sei an dieser Stelle vorweggenommen, mit der Lebenswelt und der Wahrnehmungsweise von Jugendlichen haben sie in der Regel wenig zu tun.

Dennoch erwies und erweist sich dieser Diskurs um Versöhnung als machtvolle Instanz, war er es doch, der in der bundesdeutschen Nachkriegszeit die so notwendige außenpolitische und nachbarschaftliche Verständigung mit Frankreich herbeiführte und zu Beginn der 60er Jahre Pate stand bei der Gründung des Deutschfranzösischen Jugendwerks. Die beiden Ziehväter dieser Institution, Adenauer und de Gaulle, hatten auf dieses der Jugend zugeschriebene Versöhnungspotenzial gesetzt, und das Jugendwerk hat bis heute Hunderttausende von Jugendlichen aus beiden Ländern im Rahmen von Begegnungen, Seminaren, Gastschulaufenthalten, Sprachkursen und Praktika zusammen und mit dem Nachbarland in Kontakt gebracht.

So lag es nahe, auch in der Verständigung mit den östlichen Nachbarn Deutschlands nach 1989 einen ähnlichen Weg zu beschreiten. 1993 nahm das Deutsch-polnische Jugendwerk in Potsdam und Warschau seine Arbeit auf. Im Jahre 1997 entstanden die beiden Koordinierungszentren für deutsch-tschechischen Jugendaustausch in Regensburg und Pilsen, mit dem Ziel, den „Jugendaustausch zwischen Deutschland und der Tschechischen Republik auszuweiten und zu intensivieren". Sie sollen „in jeder Weise die Entwicklungen allseitiger Verbindungen und freundschaftlicher Beziehungen zwischen jungen Menschen in beiden Staaten fördern", heißt es in einer entsprechenden Absichtserklärung der beiden zuständigen Jugendminister.

Angesichts der historischen Belastungen von Okkupation und Vertreibung und der Diskussionen um Schuld und Sühne gibt es nicht nur in der Politik große Erwartungen an den „Hoffnungsträger" Jugend. Ein großer Teil der im Schüleraustausch engagierten Lehrer beispielsweise begründet das eigene Engagement mit dem Wunsch, zur besseren Verständigung und zur Versöhnung zwischen Deutschen und Tschechen beizutragen.

Nun bestätigen Befragungen von Jugendlichen in Deutschland und in Europa durchaus nicht die Annahme, dass Jugendliche unbelastet von Vorurteilen interagieren. Im Gegenteil: Die jüngsten Untersuchungen zum deutsch-niederländischen Verhältnis beispielsweise haben insofern für Aufregung gesorgt, als sehr deutlich wurde, dass Stereotypen auf beiden Seiten der Grenze auch in der jungen Generation selbst nach jahrzehntelanger Verständigungsarbeit verbreitet sind. Das mag verwundern oder auch nicht: Sozialpsychologisch betrachtet gehören Stereotypen als Selbst- und Fremdbilder zum elementaren Kategorisierungsinventar von Menschen, sie sind Orientierungsmuster in der Begegnung mit dem Fremden und sorgen für Handlungsfähigkeit.

Es liegen bisher keine systematischen Untersuchungen über die gegenseitige Wahrnehmung von deutschen und tschechischen Jugendlichen vor, aber Stichproben zeigen, dass auf beiden Seiten Stereotypisierungen dominieren, insbesondere dort, wo ein Kontakt eher oberflächlich stattfindet. Besonders in den von deutschen Einkaufstouristen heimgesuchten tschechischen Grenzregionen werden Deutsche von tschechischen Jugendlichen als ein „bisschen lauter und manchmal in einem fremden Land unverschämter" wahrgenommen. Eine Pilsener Studentin meint: „Die meisten erwecken das Gefühl, dass sie glauben, dass ihnen die ganze Welt gehört und dass sie machen können, was sie wollen, weil sie für alles bezahlen können." Beide Äußerungen entstammen Aufsätzen von Pilsener Lehramtsstudenten, die sich zu dieser Zeit im zweiten Studienjahr befanden, also Anfang zwanzig waren. Ihnen war die Aufgabe gestellt worden, typische Fremd- und Selbstbilder zu umreißen. Auf eine Kurzformel gebracht sieht diese Kategorie von Äußerungen die Deutschen im wesentlichen als Touristen mit den Eigenschaften:

überall, insbesondere in Prag und den Grenzgebieten, laut und frech.

Gleichwohl beurteilen 51% der jungen Tschechen zwischen 20 und 26 Jahren das Verhältnis zwischen Deutschen und Tschechen als „eher gut", umgekehrt votieren 36% für „eher schlecht"; zwei Drittel von ihnen sind überzeugt, dass eine Aussöhnung zwischen beiden Staaten möglich ist, nur 25% halten dies für schwierig oder unwahrscheinlich (vgl. *Postoje a názory mladé generace. Zpráva z kontinuálního výzkumu*, Praha 1998). Die Belastungen der Vergangenheit sind es also kaum, die junge Leute aus Deutschland und Tschechien trennen.

Welche Bilder über die Tschechen existieren in den Köpfen junger Deutscher? Die meisten deutschen Jugendlichen wissen über die Tschechische Republik kaum etwas und heben sich somit in dieser Hinsicht kaum positiv von der älteren Generation ab. Auch darin spiegelt sich die Asymmetrie des deutsch-tschechischen Verhältnisses: In der Regel ist man in der Tschechischen Republik über Deutschland sehr viel besser informiert als umgekehrt. Dabei führt die spärliche Medienberichterstattung über unser Nachbarland sicher zu nicht minder, wenngleich anders verzerrten Bildern, als die aus direkter Erfahrung gewonnenen Urteile über die Tschechen im grenznahen Bereich. Ein Beispiel: „Wenn ich vor einem dreiviertel Jahr ‚Tschechien' hörte, brachte ich fast nur Zigaretten, Alkohol und billige Waren einzukaufen damit in Verbindung", urteilt eine Schülerin vom Weidener Augustinus-Gymnasium, die mittlerweile durch eine tschechische Gastschülerin auch deren Pilsener Alltag kennen gelernt hat. (Das Weidener Augustinus-Gymnasium nimmt seit 1995 jährlich 10-12 tschechische Schülerinnen und Schüler aus westböhmischen Gymnasien auf. Eine Projektbeschreibung findet sich in: *Tschechische Gastschüler in Deutschland - ein Erfahrungsaustausch für Lehrer/innen. Seminardokumentation*. Hg. vom Koordinierungszentrum deutsch-tschechischer Jugendaustausch, Regensburg 1999.)

Bei deutschen Jugendlichen dominiert eher noch die Vorstellung eines armen, in bescheidenen Verhältnissen lebenden ehemaligen Ostblocklands, das vor allem einschlägige Konsumbedürfnisse abzudecken kaum in der Lage ist. Eine Ausnahme stellt Prag dar, das sich bei jungen Leuten einer ungebrochenen Anziehungskraft erfreut. Die Stadt umgibt ein Mythos, der vielleicht am ehesten mit dem Amsterdams in den 60er und 70er Jahren verglichen werden kann. Sicher drei Viertel der deutschen Schulen und Jugendgruppen würden am liebsten eine Begegnung mit einem tschechischen Austauschpartner in Prag durchführen. Ansonsten ist die Motivation deutscher Jugendlicher, nach Tschechien zu reisen, eher gering. Im grenznahen Bereich meint man das Nachbarland ohnehin schon vom Einkaufs-, Kneipen- und auch Diskothekentourismus zu kennen, und Jugendliche aus den neuen Bundesländern zieht es auch zehn Jahre nach der Grenzöffnung immer noch eher nach West- oder Südeuropa.

„Ich hatte mir die polnischen Jugendlichen viel polnischer vorgestellt", schreibt eine Schülerin als Resümee ihrer ersten Begegnung mit unserem östlichen Nachbarland und ihren dort lebenden Altersgenossen (in: *Polen live. Von deutschen Lehrern und Schülern gesehen*. Hg. vom Deutsch-polnischen Jugendwerk, Potsdam 1999, S.52). Deutsche Jugendliche sind aufgrund ihrer Vorurteile gegenüber mittel- und osteuropäischen Nachbarländern häufig nicht wenig überrascht, wenn sie in polnischen oder tschechischen Großstädten erleben, dass sich ihre Erfahrungen kaum mit üblichen Klischees decken. Deutsche und tschechische Jugendliche hören die gleiche Popmusik, tragen die gleichen Turnschuhe und begeistern sich für die gleichen Phänomene der globalisierten anglo-amerikanisch geprägten Jugendkultur. Jugendkultur meint in diesem Sinne nicht soziokulturelle Ausdrucksformen von Jugendlichen, sondern jene kommerzialisierten Trends und Gruppenstile, die sofort nach dem Fall des Eisernen Vorhangs neue Konsumentenkreise in den mittel- und osteuropäischen Staaten fanden. Die offensichtliche Annäherung der kulturellen Stile ist jedoch nur ein Oberflächenphänomen.

Es gibt durchaus trennende Erfahrungen zwischen Jugendlichen aus Deutschland und der Tschechischen Republik. Dies erscheint logisch angesichts der Tatsache, dass die einen in ein postindustrielles, die anderen in ein postkommunistisches Gesellschaftssystem eingebunden sind, von denen jedes auf seine Art nachhaltigen Transformationsprozessen unterworfen ist. Eine vergleichende Studie zu dieser Problematik liegt noch nicht vor, grundlegende Informationen hierzu bietet jedoch die vom tschechischen Schulministerium 1999 veröffentlichte Studie *Státní politika vzhledem k mladé generaci v České republice* (Staatliche Politik gegenüber der jungen Generation in der Tschechischen Republik), des weiteren die repräsentative *Studie Jugend '97*, herausgegeben vom Jugendwerk der deutschen Shell, und der Jugendsurvey des deutschen Jugendinstituts *Jugend und Demokratie in Deutschland* (Opladen 1995). Was also zeigt ein Blick auf die Lebenslagen von Jugendlichen in beiden Ländern?

Ein Hauptproblem für tschechische Jugendliche ist - ganz allgemein formuliert - die Begrenztheit der Ressourcen. Damit sind nicht nur die den Jugendlichen zur Verfügung stehenden finanziellen Mittel gemeint. Mitte der 90er Jahre waren 50% der tschechischen Jugendlichen unzufrieden mit ihrer finanziellen Ausstattung für persönliche Interessen und Hobbys, 23% von ihnen gaben an, sich in dieser Hinsicht deutlich einschränken zu müssen. Eine Befragung von tschechischen Jugendlichen zwischen 21 und 25 Jahren ergab, dass finanzielle Probleme mit 23% an erster Stelle rangieren, gefolgt vom Wohnungsproblem (14,3%) und Problemen im Umfeld von Arbeit und Beruf (14,3%). Bei denen, die unter zwanzig sind, führen Probleme mit Schule und Ausbildung die Liste (25%) an; es folgen finanzielle Probleme (13%), Probleme mit der Arbeit (10%) und Partnerschaftsprobleme (8%).

Es wäre sicher unangemessen und zu scharf kontrastiert, eine postkommunistische „Mangelgesellschaft" dem Modell einer „Überflussgesellschaft" westlichen Typs entgegenzustellen. Aber ein Beispiel soll zeigen, dass Jugendliche nicht unbeeinflusst von sozioökonomischen Lagen und Wechselkurskrisen agieren: Treffen deutsche und tschechische Jugendliche aufeinander und verbringen gemeinsam Zeit miteinander, kann die Taschengeldfrage zu einem ernsthaften Problem werden. Die Frage, wie viel Geld tschechische und deutsche Teilnehmer einer gemeinsamen Freizeit konkret zur Verfügung haben und wie sie damit umgehen, kann angesichts der Tatsache, dass die deutschen Teilnehmer mit einem Vielfachen der Kaufkraft ausgestattet sind, nicht einfach außer Acht gelassen werden. Im besten Fall wird die unterschiedliche ökonomische Ausgangssituation zum Prüfstein für soziale Verantwortung und führt zu positiven Lösungen, im schlimmsten Fall bleibt bei tschechischen Jugendlichen das Gefühl zurück, deutschem Anspruchsdenken und deutscher Kaufkraft nicht gewachsen zu sein.

Besonders deutlich zeigt sich die Begrenztheit der Ressourcen auch am Beispiel der Wohnsituation: 1995 lebten 56% der jungen Tschechen (zwischen 15 und 29) noch bei ihren Eltern, nur 26% bereits in einer eigenen Wohnung mit eigener Familie. 41% von ihnen wünschen sich eine eigene Wohnung bzw. eine bessere Wohnsituation. Nach einer jüngeren Untersuchung des Instituts für Kinder und Jugend leben nur 19% der Befragten zwischen 15 und 26 Jahren nicht mehr bei den Eltern, und nur weitere 11% erwarten, dass sich ihr Wunsch nach einer eigenen Wohnung im Lauf der nächsten zwei Jahre realisieren lässt.

Der Mangel an finanzierbarem Wohnraum ist mit Sicherheit eine überaus trennende Erfahrung für Jugendliche aus Deutschland und Tschechien. Tschechische Familien sind es gewohnt, dicht zusammenzurücken, Jugendliche teilen sich ganz selbstverständlich Zimmer mit Geschwistern, junge Paare leben lange bei den Eltern oder Schwiegereltern. Gerade im Schüleraustausch, der häufig auf gegenseitiger Gastgeberschaft in Familien beruht, werden solche Unterschiede erfahrbar. Bei den tschechischen Familien heißt es dann noch enger zusammenrücken, um die Gastgeberrolle überhaupt erfüllen zu können. Notwendige Umquartierungen sind häufig auch dem Gast unangenehm und peinlich. Gerade der tschechische Partner, der die deutschen Verhältnisse kennt und erfahren hat, ist Momenten „sozialer Scham" ausgesetzt.

Die *Shell-Jugendstudie 1997* fragte im Rahmen einer quantitativen Befragung nach den Hauptproblemen deutscher Jugendlicher. Die Ergebnisse sind ebenso deutlich wie frappierend. Nicht individuelle Probleme des sozialen Nahbereichs führen die Liste an, sondern Arbeitslosigkeit (45,3%) und Drogenprobleme (36,4%). In den neuen Ländern rangiert die Nennung „Lehrstellenmangel" mit 41,1% sogar an zweiter Stelle, außerdem - und dies ist im Vergleich mit der Tschechischen Republik sehr bezeichnend - werden deutlich stärker „mangelnde Freizeitmöglichkeiten" (30,2%) beklagt. Umweltbelastung als Problem wird dagegen in den alten Ländern mit 12,3% höher bewertet als in den neuen Ländern (5,0%). Die Bearbeiter der Studie fassen zusammen: „Die gesellschaftlichen Krisen haben das Jugendalter erreicht."

In der Tschechischen Republik ist Jugendarbeitslosigkeit, auf Grund der ständig steigenden Zahlen junger Erwerbsloser, erst in den letzten zwei bis drei Jahren zum Thema geworden. Doch schon

1995 war die Arbeitslosigkeit unter den jungen Leuten mit republikweit 6% doppelt so hoch wie der Generationendurchschnitt. Problemgruppe waren bereits damals schlecht qualifizierte Jugendliche ohne Hauptschulabschluss, unter ihnen ein überproportional hoher Anteil Roma. In der Zwischenzeit hat die Zahl der jungen Arbeitslosen, vor allem in den infrastrukturschwachen Gebieten Nordböhmens und Nordmährens weiter zugenommen. Verstärkt befinden sich auch gut qualifizierte Schulabgänger unter ihnen, ein Ergebnis unkontrollierter Privatisierung von Teilen des Bildungssektors. Insbesondere *obchodní akademie* (Handelsakademien), die überall wie Pilze aus dem Boden schossen, haben in den vergangenen Jahren mehr Absolventen freigesetzt, als der ohnehin stagnierende Dienstleistungssektor oder die staatliche Verwaltung integrieren kann. Die Zahl der arbeitslosen Jugendlichen, die eine Fachoberschule oder eine Handelsakademie absolviert haben, hat sich in den letzten drei Jahren verdreifacht. 1997 waren 44% der Arbeitslosen jünger als 29 Jahre.

Nun hat Richard Münchmeier, Jugendforscher und Mitbearbeiter der schon erwähnten Shell-Studie, zu Recht darauf aufmerksam gemacht, dass eine sinnvolle, „erfolgreich" verlaufende Jugendphase weniger von den quasi objektivierbaren Lebensbedingungen, etwa von den Jugendlichen zur Verfügung stehenden Ressourcen, vom objektiven Wohlstandsniveau und von Ausbildungsmöglichkeiten abhängig ist. Das Typische und Konstituierende von Jugend, so Münchmeier, sei vielmehr, dass der Sinn dieser Lebensphase davon abhängt, „was danach kommt, insbesondere davon, wie ihre Einfügung in den Lebenslauf gelingt. (...) Jugend, so könnte man sagen, besitzt eine Struktur, die ihren Sinn erst von dem her erhält, wie sie die Gegenwart mit der Zukunft verbindet."

Dass diese Integrationsleistung für viele deutsche Jugendliche heute, angesichts der gesellschaftlichen Problemlagen wie Jugendarbeitslosigkeit zu einem schwierigen, nahezu unmöglichen Prozess geworden ist, dürfte deutlich geworden sein. Immerhin sieht die Hälfte der Jugendlichen in Deutschland ihre Zukunft mit „gemischten Gefühlen", 14% sogar „eher düster", Anfang der 90er Jahre hatten die Jugendforscher hier wesentlich positivere Zahlen erhalten (fast 60% eher zuversichtlich).

In Deutschland sind „die gesellschaftlichen Krisenphänomene zu Sozialisationserfahrungen geworden (...), die sich nunmehr mit einer gewissen Verzögerung bestätigen und verfestigen". Dieser Sachverhalt fordert geradezu einen Vergleich mit der Situation der Jugendlichen in Tschechien heraus, wobei die Leitfrage wäre: Welche Zukunftsperspektiven entwickeln junge Menschen in einer postkommunistischen Transformationsgesellschaft? Immerhin war 1997 nur die Hälfte der befragten Jugendlichen zwischen 20 und 26 Jahren optimistisch, nach ihrer Ausbildung überhaupt eine Stelle zu finden (30% antworteten mit „sicher nicht"), 43% waren überzeugt, dass dies auch in ihrem Ausbildungsberuf möglich sei. Gesamtgesellschaftlich gesehen herrscht ebenfalls ein eher gedämpfter Optimismus: Nur die Hälfte der Befragten war davon überzeugt, dass die Tschechische Republik eine reale Chance hat, sich innerhalb kurzer Zeit dem Lebensstandard der westeuropäischen Staaten anzunähern, während 37% meinten, dass dies nicht möglich sei. Von besonderer Bedeutung für eine solche Studie, die bisher nicht existiert, wäre dabei insbesondere der Vergleich zwischen den neuen Bundesländern und der Tschechischen Republik.

Nach einem ersten Blick auf die Oberflächenphänome und einem zweiten Blick auf die unterschiedlichen ökonomischen und gesellschaftlichen Bedingungen zeigt sich möglicherweise in einem darüber hinaus gehenden, langen dritten Blick, dass deutsche und tschechische Jugendliche für die Zukunft Essenzielles verbindet: ähnliche Krisenerfahrungen und das diffuse Gefühl einer Bedrohung durch zukünftige gesellschaftliche Veränderungen.

Es wird eine wirkliche Herausforderung und Aufgabe für die Zukunft sein, zu vermitteln, dass diese Bedrohungen nicht durch Konkurrenz, sondern nur durch Kooperation gemeistert werden können. Gerade das deutsch-tschechische Grenzgebiet wird nach dem Beitritt der Tschechischen Republik zur Europäischen Union Teil eines gemeinsamen zukünftigen Arbeitsmarkts sein, und es wird viel Sensibilität erfordern, arbeitslosen Jugendlichen in Nordbayern verständlich zu machen, dass es nicht die Altersgenossen aus Westböhmen sind, die ihnen potenzielle Arbeitsplätze wegnehmen. Das Koordinierungszentrum für deutsch-tschechischen Jugendaustausch betrachtet es schon jetzt als seine Aufgabe, Wege zur Kooperation aufzuzeigen. Entsprechende Programme, die es Lehrlingen und jungen Berufstätigen ermöglichen, Praktika in Betrieben des Nachbarlandes zu absolvieren sind hierbei ein wichtiger Schritt.

Nicht die Belastungen der Vergangenheit trennen deutsche und tschechische Jugendliche; die Politik muss dafür Sorge tragen, dass es nicht die Belastungen der Zukunft sind, die trennen.

Noch warten die Tschechen auf Grün

Jan Keller

Im Laufe der 70er und 80er Jahre verschlechterte sich der Zustand der Umwelt in Böhmen und Mähren deutlich. Besonders die Verschmutzung von Luft und Wasser erreichte kritische Werte. Der Schädigungsgrad der Waldbestände war der höchste in ganz Europa. Katastrophal war die Lage vor allem im sogenannten „Schwarzen Dreieck", wo Tschechische Republik, Polen und ehemalige DDR aneinandergrenzen. Die Emissionen der nicht entschwefelten nordböhmischen Kohlekraftwerke verursachten Waldschäden bis tief in das Gebiet von Deutschland hinein. Die ehemalige DDR sorgte im Gegenzug für eine trübere Emissionsbilanz auf dem Gebiet des tschechischen Nachbarn. Im Rahmen dieses „brüderlichen" Austausches floss eine hochgradig verschmutzte Elbe aus Böhmen in die DDR, denn nur wenige Städte und Industriebetriebe verfügten über eigene Kläranlagen. Ähnlich verhielt es sich mit der Oder, in deren Unterlauf das Wasser nicht einmal mehr für industrielle Zwecke geeignet war.

Die Entwicklung der gesundheitlichen Situation in Nordböhmen gestaltete sich in Folge der Umweltverschmutzung dermaßen kritisch, dass es schon vor dem November 1989 zu einer ersten spontanen Protestreaktion kam, an der sich die dortige Bevölkerung in großer Zahl beteiligte. Um ein Vielfaches überschrittene Grenzwerte vor allem an Schwefeloxiden und Schwefelstaub waren im Gebiet von Ostrava und einigen anderen Industriestädten die Regel. Besonders ab Mitte der 80er Jahre fand die ökologische Bewegung mehr und mehr Zulauf; sie vereinigte nicht nur Naturschützer im klassischen Sinn, sondern auch eine Reihe von Leuten, die in den sich verschlechternden ökologischen Bedingungen einen klaren Beweis dafür sahen, dass das System des realen Sozialismus nicht in der Lage war, die Probleme zu lösen, die es in der Praxis täglich aufs Neue hervorbrachte. Die ökologische Bewegung bot also eine Möglichkeit, Aktivitäten von Dissidentengruppen und einzelnen Unzufriedenen, von Gruppen also, die noch im Rahmen bzw. ganz am Rand offizieller Strukturen operierten, zu koordinieren. Auf diese Weise gelang es zum Beispiel, wahrheitsgemäße Informationen über den tatsächlichen Zustand der Umwelt in Böhmen und Mähren an den Westen zu übermitteln. Die Bewohner in den betroffenen Gebieten erhielten diese dann auf dem Umweg über den Sender *Freies Europa*.

Nach dem November 1989 hat sich die Situation in vielerlei Hinsicht geändert; die Entwicklung ist allerdings alles andere als eindeutig. Die Veränderung des politischen Systems zog bald auch andere große Veränderungen nach sich. An der Spitze der neu geschaffenen Ministerien für Umweltweltschutz (des föderalen, des tschechischen und des slowakischen Ministeriums) standen nun Leute aus der früheren Grauzone (Bedřich Moldan, Josef Vavroušek) bzw. direkt aus dem Dissent (Ivan Dejmal). Eine Reihe ökologisch wichtiger Gesetze wurde verabschiedet, unter ihnen das Naturschutzgesetz und das Gesetz über Auswirkungen von baulichen Anlagen und Bauprojekten auf die Umwelt (sog. IEA International Environment Assessment), das in den europäischen Ländern zum elementaren Rüstzeug der Öko-Politik gehört.

Paradoxerweise scheint die ökologische Bewegung jedoch seit Anfang der 90er Jahre schwächer zu werden. Gründe hierfür gibt es mehrere. Zum einen stiegen diejenigen aus, für die eine Beteiligung an ökologischen Aktivitäten nur Mittel war, um ihre Ablehnung des Vornovemberregimes zu artikulieren. Dies war weniger riskant als die Unterzeichnung der *Charta 77* oder andere offen dissidentische Aktivitäten. Etliche waren der Meinung, dass ein demokratisches System die ökologischen Probleme wegen ihrer vorrangigen Bedeutung ganz automatisch lösen werde und es daher überflüssig sei, sich auf diesem Gebiet besonders zu engagieren. Eventuelles Zaudern oder Misserfolge auf ökologischem Gebiet zu kritisieren, war ihrer Ansicht nach gegenüber der jungen Demokratie, die ein Übermaß an Schulden aus der Vergangenheit zu begleichen hatte, nicht korrekt. Hinzu kam, dass sich die Umweltsituation bald nach dem November deutlich verbesserte. Hier jedoch liegen die Wurzeln für die Ambivalenz der weiteren Entwicklung.

Die verbesserte Umweltsituation Anfang der 90er Jahre lässt sich nur teilweise als Folge aktiver Regierungsmaßnahmen oder neu erlassener Gesetze verstehen. Mit den wirtschaftlichen Transformationen sank die industrielle Produktion innerhalb von zwei bis drei Jahren um ungefähr ein Viertel, drastisch sank auch das Bruttosozialprodukt des Landes. Die damalige Besserung der Lage ergab sich überwiegend aus dem wirtschaftlichen Abstieg, in nur sehr viel geringerem Maße ließ sie sich auf neue umweltfreundlichere Technologien oder auf eine umfassende Modernisierung der Wirtschaft zurückführen. Zu derartigen Maßnahmen kommt es im Verlauf der gesamten 90er Jahre bedauerlicherweise nur sehr selten. Das lässt sich etwa aus dem Index des Energieverbrauchs in der Produktion ablesen. Dieser gehört immer noch zu den bei weitem höchsten in ganz Europa.

Zu einer Besserung der Lage kam es jedoch zweifellos in wenigstens zwei wichtigen Bereichen. Bis 1998 wurden die Kamine sämtlicher Kohlekraftwerke entschwefelt. Gleichzeitig wurden Hunderte neuer Kläranlagen in Gemeinden jeglicher Größe errichtet. Die Qualität von Luft und Oberflächenwasser verbesserte sich damit deutlich. Allzu große Euphorie ist jedoch nicht angebracht. Zu Beginn des Jahres 1999 fehlten der Tschechischen Republik rund 500 Milliarden Kronen für Investitionen, die erforderlich gewesen wären, um den europäischen Umweltstandards zu genügen - eine Summe, die dem gesamten Jahreshaushalt des Landes entspricht. Allein in Kläranlagen müssten ungefähr 100 Milliarden Kronen investiert werden, die die Staatskasse derzeit freilich nicht hat.

Der zweite Grund zu andauernder Besorgnis über das Schicksal der Umwelt ist nicht weniger gewichtig. Die tschechische Bevölkerung wurde vierzig Jahre lang verlockt durch das für sie nicht erreichbare Niveau westlichen Konsums. Konsum als Lebensstil wurde leider für einen beträchtlichen Teil der Bevölkerung zu einem Synonym für freies Leben. Dem ungestillten Konsumverlangen sind seit den 90er Jahren keine Grenzen mehr gesetzt. Auch wenn die Produktion drastisch zurückging, stiegen die Löhne doch vergleichsweise schnell und die Arbeitslosigkeit blieb im Vergleich mit dem Westen minimal. Der Import westlicher Waren nahm stark zu, auch um den Preis eines deutlich wachsenden Ungleichgewichts in der Außenhandelsbilanz. Dieses scheinbare Wirtschaftswunder konnte verständlicherweise nur kurze Zeit vorhalten; dennoch reichte es dafür, dass sich ein großer Teil der Bevölkerung wenigstens einige seiner Konsumwünsche erfüllen konnte. In den 90er Jahren wurde vor allem aus Deutschland fast 1 Million Gebrauchtwagen nach Tschechien eingeführt. Die Anzahl der Autos auf 1000 Einwohner erreichte innerhalb weniger Jahre europäisches Niveau. Dichte und Qualität des Straßennetzes entsprechen dem jedoch bei weitem nicht. Es fehlen die Mittel zu seinem Ausbau, zum Bau von Umgehungsstraßen und sogar für grundlegende Reparaturen und Instandhaltung der Fahrbahnen. Die engen Straßen der Städte werden vom Verkehr überschwemmt. Die einzige Autobahn des Landes befindet sich in einem nahezu ruinösen Zustand. Zusätzlich kompliziert wird die Situation dadurch, dass die Tschechische Republik zu einem Transitland für den internationalen Güterfernverkehr wird. Darauf ist sie ganz und gar nicht vorbereitet, im Laufe der gesamten 90er Jahre war sie nicht einmal in der Lage, an den Grenzübergängen Waagen zum Wiegen der beförderten Lasten einzurichten. Die Folge: überladene Lastkraftwagen beschleunigen den weiteren Verfall der Straßen. Die Konzentration von Kohlendioxid durch den Automobilverkehr steigt drastisch an, in den größeren Städten verschlechtert sich vor allem aus diesem Grund die Luftqualität wieder rasant.

Gleichzeitig gerät der umweltfreundlichere öffentliche Verkehr in eine Dauerkrise. Besonders die Situation der Eisenbahn wird von Jahr zu Jahr brisanter. Die Verschuldung der Bahn steigt, der Zustand des Schienenverkehrsnetzes und die Reisesicherheit verschlechtern sich. Die unzulänglich ausgearbeiteten Vorschläge für eine weitgehende Privatisierung der Bahn wurden nach dem Fall von Václav Klaus zurückgezogen, und auch die neue Regierung verfügt nicht über ausreichend Mittel zu einer Revitalisierung des Schienenverkehrs. Die Bemühungen konzentrieren sich im Augenblick wenigstens auf den Ausbau zweier Schnellstrecken, die bald Berlin mit Wien und Wien mit Warschau verbinden werden. Bedroht sind die Dienstleistungen des öffentlichen Verkehrs jedoch in einer Reihe ländlicher Gebiete. Dem privatisierten öffentlichen Autobusverkehr mangelt es an Mitteln zur Erneuerung des veralteten Fuhrparks. Der Teufelskreis schließt sich: der öffentliche Verkehr verlagert sich zunehmend auf den jetzt schon hoffnungslos überdimensionierten privaten Automobilverkehr.

Der Übergang zu konsumorientierten Lebensmustern zieht noch andere Folgen nach sich. Seit den 90er Jahren wächst der Müllberg enorm an und damit auch das Problem seines Abbaus. Vor allem der Abfall aus Warenverpackungen lässt die Deponien aus den Nähten platzen. Die Bemühungen um Abfalltrennung stoßen einerseits auf nur mangelhaft darauf vorbereitete Gemeinden, andererseits auf eine große Undiszipliniertheit der Bürger. Immer wieder wird auch Abfall auf verschiedenen Wegen aus anderen Industrienationen nach Tschechien transportiert, was die örtlichen Müllhalden und Verbrennungsanlagen zusätzlich belastet. Eine vergleichbare Belastung stellt die Einfuhr von Gebrauchtwagen dar, die die Kapazität der Verschrottungsanlagen schnell übersteigt.

Eine völlig neue Dimension von Umweltbedrohung ist der Verbrauch von Boden für die Errichtung neuer Villenviertel und die Schaffung von Erholungsgebieten. Im Umfeld der großen Städte, vor allem im Umkreis von Prag und Brünn, wird geschützter landwirtschaftlicher Boden auf verschiedensten halblegalen Wegen in Bauland für Neureiche umgewandelt. Versuche, ohne Genehmigung zu bauen, und das auch im Bereich von Landschaftsschutzgebieten, häufen sich. Allgemein wächst der Druck, bisherige Landschaftsschutzgebiete, in denen sich ehedem alles den Notwendigkeiten des Landschafts-, Tier- und Pflanzenschutzes unterzuordnen hatte, auch für eine kommerzielle Nutzung zu erschließen. Einflussreiche Lobbies entstehen, deren Ziel es ist, die Reste einer relativ gut erhaltenen Landschaft möglichst vorteilhaft in Geld umzumünzen. Am stärksten verführt das Vorbild der österreichischen Alpen. Ganze Scharen von Bürgermeistern sind drauf und dran, in der Umgebung ihrer Gemeinden den Bau von Bergbahnen und Wintersportzentren durchzusetzen, selbst wenn die Hügel um ihre Dörfer nur ein paar hundert Meter hoch sind und sich die Schneebedingungen im Winter mit denen in den Alpen nicht im entferntesten vergleichen lassen. Derartige Unternehmungen stellen einen weiteren Eingriff in den Waldbestand dar, der noch aus vergangenen Tagen so geschädigt ist wie sonst nirgends in Europa.

All diese alten und neuen Belastungen bedrohen die ohnehin schon so verletzlich gewordene Umwelt. In dieser aus dem Gleichgewicht geratenen Situation fehlt der Tschechischen Republik eine profilierte politische Kraft, die ihre Prioritäten auf ökologischem Gebiete sieht. Solche Schwerpunkte setzen relativ kleine Bürgerinitiativen, die einige Dutzend Mitglieder und wenige hundert Sympathisanten vereinigen. Die Organisationen *Duha* (Regenbogen), *Děti země* (Kinder der Erde) und die tschechische Tochter von *Greenpeace* sind die wichtigsten Umweltgruppen. Alle drei fanden sich Mitte der 90er Jahre auf der Liste der so genannten extremistischen Organisationen wieder, in erster Linie wegen gewaltloser Blockaden, durch die sie ihre grundsätzliche Ablehnung gegen die Fertigstellung des Kernkraftwerks Temelín zum Ausdruck brachten. Die jungen Aktivisten dieser Organisationen, die zu einem überwiegenden Teil über Hochschulbildung verfügen, bilden allem Anschein nach erste Inseln einer künftigen politischen Kraft, die innerhalb demokratischer Rahmenbedingungen der ökologischen Problematik die ihr gebührende Bedeutung beimisst und so der wirtschaftlichen Entwicklung wirklich eine dauerhafte Perspektive gibt. Die genannten Bürgervereinigungen knüpften relativ enge Kontakte vor allem zu holländischen, britischen und amerikanischen ökologischen Organisationen. *Duha* wurde zum tschechischen Vertreter der internationalen Bewegung *Friends of Earth*. Bedauerlich ist, dass es, von einigen Andeutungen abgesehen, bisher noch nicht zu beständigeren Kontakten mit deutschen Organisationen kam, denn gerade hier würde sich in Zukunft ein ungeheurer Raum für eine Zusammenarbeit eröffnen.

Trotz aller Verbesserungen, zu denen es nach 1989 kam, gilt nämlich für die Tschechische Republik weiterhin, dass sie auf Kosten der Zukunft lebt. Sie ist leider immer noch ein Land mit einer höchst verschwenderischen Industrie, äußerst energieintensiver Produktion und energieintensiven Haushalten, einer unklaren Verkehrspolitik, einem zusammenbrechenden öffentlichen Verkehrssystem und praktisch ohne Perspektiven für eine Umorientierung auf alternative Energien oder Energiesparmaßnahmen. Nach dem guten Start im Jahr 1989 steigen die Schulden in diesen Bereichen schon wieder an. Nur langsam wächst auch die Zahl derjenigen, denen bewusst wird, dass man mit dem unglückseligen Erbe der Vergangenheit noch lange zu kämpfen haben wird und dass dies vor allem energischer zu geschehen hat als bisher.

Hier spricht man nicht nur Deutsch: Deutsch- und anderssprachige Medien in der Tschechischen Republik

Jürgen Herda / Georg Pacurar

Die politisch-wirtschaftliche Öffnung der Tschechoslowakei im Anschluss an die Samtene Revolution vom Herbst 1989 hat sich besonders auf die Medien des Landes ausgewirkt. Die Neuerungen erfassten auch die fremdsprachigen Publikationen, von denen es bereits in der sozialistischen ČSSR eine ganze Reihe gab. Für das Deutsche seien stellvertretend das wöchentlich erscheinende Minderheitenorgan *Prager Volkszeitung*, der Auslandssender von *Radio Praha* (Radio Prag), sowie die in mehreren Fremdsprachen gedruckte Monatsschrift *Im Herzen Europas* genannt. Letztere bildete ein offizielles Sprachrohr des Außenministeriums und griff auf ähnliche Periodika aus der Zeit der Ersten Republik (1918 bis 1938) zurück.

Neben diesen quasi autochthonen fremdsprachigen Medien entstanden schon früh nach der Wende mehrere völlig neue fremdsprachige Medienunternehmen im tschechischen Teil der ČSFR. Ausschlaggebend war hier unter anderem die Herausbildung ausländischer Gemeinden in Prag (*expat communities*, kurz *expats*) auf Grund des massiven Zuzugs von Arbeitskräften und ihren Familien. Hervorzuheben ist besonders die angelsächsische Gemeinde, die in den Jahren 1993 und 1994 auf mehr als 30 000 Mitglieder geschätzt wurde und zeitweilig die größte nicht-tschechische Bevölkerungsgruppe in Prag stellte (natürlich mit Ausnahme von Slowaken). Bis heute ist die von privaten amerikanischen Geldgebern finanzierte Wochenzeitung *The Prague Post* die wohl meistgelesene fremdsprachige Publikation im Lande - mit einer regelmäßig aktualisierten Web-Site „http://www.praguepost.cz". Sie erreicht im Unterschied zu anderssprachigen Organen auch das tschechische Publikum, was neben der ohne Zweifel beachtlichen journalistischen Qualität des Blattes auch die immer höhere Akzeptanz des Englischen als Medien- und Bildungssprache widerspiegelt. Ähnlich erfolgreich, wenn auch mit besonderem Fokus auf den Bereich der Wirtschaftsberichterstattung, ist die Wochenzeitung *European Business Journal*, ein Produkt des Verlags des *Wall Street Journal*. Darüber hinaus erscheint eine Reihe kleinerer und kleinster englischsprachiger Periodika, die zumeist als Orientierungshilfe für unterschiedliche Interessengruppen dienen (Szene-Magazine, Pressespiegel usw.) und sich auch an nicht-angelsächsische Leser wenden.

Breit gefächert ist auch das Angebot russischer Periodika, die infolge von (Einkaufs-)Tourismus, Arbeitsmigration und der Ansiedlung von Unternehmen aus der ehemaligen Sowjetunion in Tschechien entstanden sind. Sie befriedigen ausschließlich die Informationbedürfnisse der russischsprachigen Gemeinde und haben außerhalb dieser keine nennenswerte Wirkung.

Die Situation der deutschsprachigen Medien in Tschechien ist von der extremen Disparität ihrer Rezipienten gekennzeichnet, deren unterschiedlichen Interessen und Bedürfnissen sie auch ihre Vielfalt verdankt. Gleich zwei Wochenzeitungen wenden sich speziell an die deutschstämmige Bevölkerungsminderheit, an die so genannten tschechischen Bürger deutscher Nationalität: die *Prager Volkszeitung* und die *Landeszeitung*. Beide Wochenschriften berichten schwerpunktmäßig für die deutschstämmige Bevölkerungsgruppe (nach der Volkszählung aus dem Jahre 1991 geht es um 47 789 Menschen). Sie werden deswegen im Rahmen der tschechischen Minderheitenpolitik über den Nationalitätenrat aus den Mitteln des Staatshaushalts finanziert. Als Herausgeber treten der „Kulturverband der tschechischen Bürger deutscher Nationalität" (im Fall der *Volkszeitung*) und die „Landesversammlung der Deutschen in Böhmen, Mähren und Schlesien" (*Landeszeitung*) auf, beides Interessenverbände der Minderheit. Leser und Autoren der beiden Zeitungen entstammen mehrheitlich den jeweiligen Organisationen oder ihrem Interessenkreis, was sich in thematischer Auswahl und journalistischer Aufmachung niederschlägt. Zum besseren Verständnis des Bedürfnisses der deutschen Minderheit, sich selbstständig zu artikulieren, muss hier erwähnt werden, dass die nach dem Zweiten Weltkrieg nicht aus ihrer Heimat vertriebenen Deutschen über mehr als 40 Jahre einer restriktiven Minderheitenpolitik in der ČSSR ausgesetzt waren. Das Fehlen muttersprachlicher Schulbildung reduzierte den Gebrauch der Sprache auf den engsten Familienkreis. In der Folge sind es heute vor allem alte Menschen, die das Deutsche beherrschen. Doch geben auch unter ihnen viele im Schriftlichen dem Tschechischen den Vorzug. Es bedarf daher keiner weiteren Erklärung, dass *Volkszeitung* und *Landeszeitung* keine umfassende Berichterstattung außerhalb der Partikularinteressen der deutschstämmigen Minderheit verfolgen und hauptsächlich innerhalb dieser rezipiert werden.

Eine Sonderstellung innerhalb der deutschsprachigen Medien in Tschechien kommt der *Prager Zeitung* zu. Im Herbst 1991 von dem ostdeutschen Historiker Uwe Müller, dem bayerischen Werbeunternehmer Heribert Wühr und dem tschechischen Schrifsteller Petr Prouza gegründet, wollte die Wochenzeitung die Informationsansprüche möglichst aller potenzieller Lesergruppen abdecken: von Angehörigen der deutschen Minderheit in Tschechien; von Touristen und Unternehmern aus den deutschsprachigen Ländern; von tschechischen Bürgern, die ihr Deutsch verbessern wollen; von jenen, die am Geschehen in der Tschechoslowakei/ Tschechien in den deutschsprachigen Ländern interessiert sind (Slawisten, Gesellschaftswissenschaftler, Unternehmer, Politiker, Vertriebene, Aussiedler, tschechische Emigranten); die *Prager Zeitung* wird auch von Lesern aus Österreich und der Schweiz abonniert.

Die *Prager Zeitung* soll sich nach dem Willen ihres Chefredakteurs und prägenden Gestalters Uwe Müller mittel- bis langfristig zu einer „Mitteleuropäischen ZEIT" entwickeln, zumindest aber zu einer „Fachzeitung für Tschechien und Ostmitteleuropa". Weltanschaulich beruft sich das Blatt auf die reiche Tradition der demokratischen deutschsprachigen Presse im Prag der Zwischenkriegszeit. Zum Paten bestellten die Herausgeber das legendäre *Prager Tagblatt*, vor dem Einmarsch in die Tschechoslowakei 1939 die meistgelesene auf Deutsch erscheinende Zeitung außerhalb der deutschsprachigen Länder. Ihre Lokalseite nannte die *Prager Zeitung* „Prager Tagblatt". Seit 1995 erscheint unter diesem Titel monatlich eine feuilletonistisch aufgemachte Lokalbeilage.

Acht Jahre nach ihrer Gründung hat die *Prager Zeitung* ihre zu Beginn sehr optimistische Einschätzung des Informationsbedürfnisses in Tschechien relativiert und die Zielgruppe präzisiert. Bildete die Berichterstattung für und über die deutsche Minorität anfangs noch einen Schwerpunkt, konzentriert sich das Blatt nunmehr auf die deutschsprachigen *expats*, und hier besonders auf wirtschaftliche Entscheidungsträger. Von zentraler Bedeutung ist die im Zwei-Wochen-Turnus erscheinende Wirtschaftsbeilage *Prager Wirtschaftszeitung*. Neben klassischer Wirtschaftsberichterstattung bietet die PWZ Raum für Unternehmensporträts. Dabei werden sowohl Firmen mit deutschem Hintergrund als auch tschechische Firmen, die auf die Märkte der deutschsprachigen Länder streben, vorgestellt. Die Umorientierung von einem sehr ambitionierten Blatt mit starken literarischen und feuilletonistischen Akzenten zu einer modernen leser- und serviceorientierten Wochenzeitung erfolgte nicht zuletzt auf zunehmenden wirtschaftlichen Druck hin. Anfang 1998 entschloss sich die „Landesversammlung der Deutschen in Böhmen, Mähren und Schlesien" ihren bis dahin der PZ beigelegten „Landesanzeiger" unter dem Titel *Landeszeitung* eigenständig zu publizieren. Dadurch verlor die *Prager Zei-*

tung mit der Leserschicht der deutschen Minderheit nicht nur ein wichtiges Standbein bei den Abonnenten, sondern auch die finanzielle Unterstützung durch die Mittel für Minderheitenpublikationen aus dem tschechischen Haushalt.

Im Unterschied zu den „autochthonen" deutschsprachigen Periodika orientiert sich die *Prager Zeitung* mit ihrer Themenauswahl, dem sprachlichen Duktus und dem Layout an den Gestaltungsprinzipien moderner deutscher Wochenzeitungen. In den klassischen Ressorts Politik, Wirtschaft, Kultur, Sport und Reise wird das tschechische Wochengeschehen - auf das Wesentliche reduziert - aufgearbeitet, reflektiert und kommentiert. In regelmäßigem Turnus erhält der Leser neben der kontinuierlichen Regionalberichterstattung Gelegenheit, sich in Regionalbeilagen ein Bild von der unterschiedlichen Entwicklung der tschechischen Regionen zu machen: ein publizistischer Abschied vom Pragozentrismus. Über den Tellerrand der tschechischen Innenpolitik hinaus weist die „Ostmitteleuropa-Seite" mit Beiträgen aus dem ganzen ehemaligen Ostblock-Raum und EU-Themen mit osteuropäischem Bezug. Traditioneller Bestandteil ist die „Begegnungsseite", auf der bilaterale, d.h. vor allem deutsch-tschechische Initiativen aller Art - Kongresse, Schüleraustausch oder Kontaktsuche - publiziert werden. Servicecharakter im positiven Sinn hat die „Tourismus-Seite", die Insider-Tipps für Tschechien als Reiseland parat hält. Für Kulturbeflissene und Liebhaber des magischen, exzentrischen oder nostalgischen Prag bietet das Feuilleton „Prager Tagblatt" literarische Leckerbissen (u.a. von bekannten tschechischen und deutschen Schriftstellern), Glossen, Gastro- und Szenetipps. Ein wöchentlicher Kulturkalender enthält alle wichtigen Termine aus den Sparten Theater, Musik, Film und Ausstellungen. Vierteljährlich erscheint die „Literaturbeilage" der *Prager Zeitung* mit ausführlichen Buchbesprechungen, Autoren- und Verlagsporträts sowie Hintergrundberichten aus dem literarischen Leben. Wie die restlichen Bereiche der *Prager Zeitung* greift die Literaturbeilage fast ausschließlich tschechische Themen sowie solche mit Bezug zu Tschechien auf. Ereignisse in Deutschland werden reflektiert, wenn sie für Tschechien Relevanz versprechen.

Die politisch unabhängige und wirtschaftlich selbstständige *Prager Zeitung* ist trotz deutscher Mehrheitsbeteiligung ein tschechisches Rechtssubjekt; Herausgeber ist die GmbH *Prago Media, s.r.o.*

Als eine Kauf- und Abonnement-Zeitung mit guter Vertriebsstruktur erscheint sie laut Verlagsangabe wöchentlich in einer Auflage von 15 000 Exemplaren. Der Umfang variiert je nach Beilagen zwischen 24 und 32 Seiten.

Der Mitarbeiterstab umfasst etwa 20 Angestellte sowie eine wechselnde Zahl von Praktikanten und freien Mitarbeitern. Die Redaktion rekrutiert sich mehrheitlich aus jungen Journalisten aus deutschsprachigen Ländern - zum Teil mit verwandtschaftlichem Bezug zu Tschechien oder anderen osteuropäischen Staaten, zum Teil einfach abenteuerlustige oder neugierige Nachwuchsreporter auf den Spuren von Egon Erwin Kisch.

Regelmäßig steuern freie Autoren aus Tschechien, Deutschland, Österreich, der Slowakei und Polen Kommentare und Hintergrundberichte bei. In den Bereichen Graphik, Anzeige, Buchhaltung und Vertrieb sind tschechische Mitarbeiter beschäftigt. Hinsichtlich Personalstruktur, publizistischer Ausrichtung und einer gewissen „Brückenfunktion" entspricht die *Prager Zeitung* dem gängigen Modell einer deutschen Auslandszeitung, wie es diese in Ungarn (*Neuer Pester Lloyd*) und anderen Ländern Ostmitteleuropas gibt. Die idealistischen Ambitionen der Gründerzeit sind inzwischen einem nüchternen Pragmatismus gewichen (http://www.pragerzeitung.cz), der freilich das Überleben dieser „deutschen Sprachinsel" sichert - ohne dass der Charme dieser exotischen Journalistengemeinde verloren gegangen wäre.

Während die *Prager Zeitung* mit inhaltlichen und formalen Kurskorrekturen ihre Marktstellung ausbauen konnte, sind andere Versuche, deutschsprachige Periodika in Tschechien zu etablieren bislang gescheitert. Stellvertretend seien das *Prager Wochenblatt* und die *Deutsch-tschechische Zeitung* genannt. Die Ursachen hierfür sind unterschiedlich und beinhalten wirtschaftliche Schwierigkeiten ebenso wie Probleme mit der Herstellung, dem Vertrieb sowie der Identifikation einer tragfähigen Zielgruppe. Seit Ende 1999 hat Chefredakteur René Weinhold seine *Deutsch-tschechische Zeitung* (dtz) mit Sitz in Prag auf dem deutschsprachigen Zeitungsmarkt platziert. Auch der in loser Kooperation mit dem Weidener Verlag *Der Neue Tag* erscheinende zweisprachige *Český-Böhmen-Express* konnte sich in den zehn Jahren seines Bestehens nicht nachhaltig auf dem Markt durchsetzen. Und das, obwohl die Fokussierung auf grenzüberschreitende und euro-regionale Themen im ostbayerischwestböhmischen Grenzgebiet eine vielversprechende Ausrichtung angesichts des recht dichten „kleinen Grenzverkehrs" zu sein versprach. Die Zeitung erscheint mit stark wechselnder Periodizität seit Sommer 1990 in Pilsen, erhebt aber nach wie vor den Anspruch, als Monatszeitung zu gelten. Herausgeber und Chefredakteur ist Jiří Mauric. Die Redaktion setzt sich aus ihm selbst, einem angestellten Journalisten, einem festen Freien sowie fünf regionalen Korrespondenten zusammen. Neben Verkauf und Werbeeinnahmen erhält der *Český-Böhmen-Express* keine Zuwendungen von Stiftungen oder Investoren. Die Auflage wird mit 30 000 Exemplaren angegeben. Alle Texte erscheinen zweisprachig. Der Leserkreis setzt sich in erster Linie aus Tschechen mit Deutschland-Interesse, Schülern und Firmenangehörigen zusammen.

Die Informationslücke im deutsch-tschechischen Grenzbereich will neuerdings eine Internet-Agentur (http://www.dtpa.de) schließen, die der südsächsischen Mediengruppe *Kabeljournal* angeschlossen ist. Sie soll sich aus Korrespondenten zusammensetzen, die in der grenznahen Region beheimatet sind. Als selbst gestellte Aufgabe bezeichnet die *Deutsch-tschechische Presse-Agentur* (DTPA) „die Sammlung und Weitergabe von Informationen und Nachrichten aus der deutsch-tschechischen Region an interessierte Journalisten, Redakteure, Unternehmer und Privatpersonen".

Die Agentur entstand als Teil eines Projekts, das im April 1998 als *Deutsch-tschechischer Informationsdienst* seine Arbeit aufnahm. Dessen Hauptaufgabe ist die Produktion und Ausstrahlung von Fernsehbeiträgen mit deutsch-tschechischen Inhalten auf beiden Seiten der Grenze. Diese Beiträge werden innerhalb einer Lokalfernsehkette beiderseits der Grenze gezeigt und können von mehr als einer halben Million Deutschen und Tschechen gesehen werden. Das Projekt wird dabei von der Europäischen Union, dem Freistaat Sachsen und dem Arbeitsamt unterstützt. Als zentrales Interesse bezeichnen die Verantwortlichen die Verbreitung von „Informationen über die benachbarte Wirtschaft und die Lebenskultur wie z. B. über die dortigen Märkte, Veranstaltungen kultureller und sportlicher Art, traditionelle Feierlichkeiten in den benachbarten Regionen, Informationen zu Ausflugszielen und Kulturstätten der jeweils anderen Seite". Ziel der Presseagentur ist es, einen deutsch-tschechischen Informationsdienst als grenzüberschreitendes System zu etablieren, um wirksame Grundlagen für die Zusammenarbeit auf den verschiedensten Gebieten zu schaffen sowie die Sensibilisierung für gemeinsame und „einseitige" Probleme und Aufgaben zu fördern. Der Informationsdienst über Grenzen hinweg soll Impulse für grenzüberschreitende Kooperationen und wirtschaftliche Kontakte geben und eine Motivation für die Vertiefung gutnachbarschaftlicher Beziehungen auch auf kulturellem und sozialem Gebiet liefern.

Eine feste Größe im deutschsprachigen Medienbetrieb Tschechiens ist dagegen *Radio Prag*, der Auslandssender des Tschechischen Rundfunks. Mitte der 30er Jahre gegründet, wirkte der Sender seit jeher als Sprachrohr der Regierungen in Prag. *Radio Prag* erreicht mit Berichten und Magazinen vor allem aus Kultur und Politik weltweit die klassische Gemeinde der KW-Fans. In jüngerer Zeit setzt die Redaktion aber immer mehr auf „Radio im Internet", was einen Wandel der Rezipienten-Struktur erwarten lässt. Das Programm ist im Internet rund um die Uhr abrufbar (http://voskovec.radio.cz).

Mit den politischen Veränderungen Ende 1989 und der Rückkehr des Landes in den Kreis der demokratischen Staaten wandte sich *Radio Prag* wieder seiner ursprünglichen Aufgabe zu: den Hörern in aller Welt ein möglichst breitgefächertes Bild von den Geschehnissen im Lande und dessen internationalen Beziehungen zu bieten. *Radio Prag* knüpfte dabei an die alten demokratischen Traditionen an. Auch wurde als Sendesignal wieder die Fanfare aus der Sinfonie *Aus der neuen Welt* von Antonín Dvořák eingeführt. Im ersten Halbjahr 1990 verstummten die fremdsprachigen Stimmen von *Radio Prag* für einige Zeit, es wurde nur auf Tschechisch und Slowakisch gesendet. Am 7. Mai 1990 nahmen einige fremdsprachige Redaktionen ihre Sendungen wieder auf, ihre Anzahl wurde aber auf vier reduziert: englisch, französisch, deutsch und spanisch. Die italienische, die portugiesische und die arabische Redaktion wurden aufgelöst. *Radio Prag* musste damals im Vergleich zu der Zeit vor dem November 1989 die Zahl der Angestellten annähernd halbieren. Erhalten blieben natürlich die Sendungen in tschechischer und slowakischer Sprache, wenn auch mit neuem Charakter. Sie waren nicht mehr nur für Landsleute bestimmt, sondern richteten sich mehr und mehr auch an tschechoslowakische Bürger im Ausland.

Zu weiteren einschneidenden Veränderungen kam es nach der Teilung der Tschechoslowakei Anfang 1993. Seit 1993 ist *Radio Prag* nur noch der Auslandssender der Tschechischen Republik. In halbstündigen Sendungen erreichen die Kurzwellensendungen in fünf Sprachen - Tschechisch, Englisch, Deutsch, Französisch und Spanisch - die Hörer auf fast allen Kontinenten.

Seit 1995 kann man die tschechischen und englischen Sendungen in Europa und Nordamerika dank des Anschlusses von *Radio Prag* an das *World Radio Network* über Satellit empfangen. Auf dem Gebiet der Tschechischen Republik wird eine halbstündige Sendung in englischer Sprache - vor allem für die englischsprachige Gemeinde - auf dem UKW-Band gesendet. *Radio Prag* bereitet für eine Reihe von Rundfunkstationen im Ausland auch Programme auf Bestellung vor. Vor allem für Stationen in Australien und den USA, die Spezialsendungen für die dortigen tschechischsprachigen Gemeinden haben, so z. B. in Australien SBS und EA in Melbourne, Sydney, Adelaide und Brisbane. Für weitere Stationen in aller Welt bereitet *Radio Prag* auf Bestellung Programme in verschiedenen Sprachversionen vor, auch in Sprachen, in denen es gewöhnlich nicht sendet. Dabei handelt es sich vor allem um Musik- und Kulturprogramme.

Die in Tschechien agierenden deutsch- und anderssprachigen Medien werden durch eine große Zahl von Korrespondenten renommierter Verlagshäuser flankiert: Neben der *Deutschen Presse Agentur* (dpa) sind unter anderem die *ARD* und die *Süddeutsche Zeitung* mit Repräsentanten in Prag vertreten. Die *Frankfurter Allgemeine Zeitung* hat dagegen ihren Korrespondenten zurückgezogen und berichtet mittlerweile von Wien aus über den ganzen ostmitteleuropäischen Raum.

Die Entwicklung der Medienlandschaft und insbesondere der fremd- und deutschsprachigen Publikationen in Tschechien spiegelt die demokratische Öffnung des Landes nach 1989 wider. Die Vielfalt der Presseorgane korrespondiert dabei mit der zunehmenden Differenzierung der tschechischen Gesellschaft, die nicht mehr nur eine Gesellschaft tschechischer Bürger ist. Mit der vielzitierten „Rückkehr nach Europa" hat sich das Land nicht nur westlichen Lebensstilen geöffnet - es wurde geradezu von einer Welle des internationalen Interesses überrollt: Allein in Prag werden jährlich mehr als 20 Millionen Touristen durch die Gassen der mittelalterlichen Altstadt geschleust. Jungen amerikanischen Studenten ist Prag heute das, was den Hemingways und Steins das Paris der 20er Jahre war: Das Symbol für „good old Europe" - und das obendrein noch, trotz aller negativen Begleiterscheinungen des Massentourismus, zu erschwinglichen Preisen. Das moderne Prag ist heute eine vielsprachige Stadt, die wie jede andere europäische Metropole, eine Stadt der Widersprüche ist: Gastfreundlichkeit und Xenophobie, Toleranz und Engstirnigkeit, Hilfsbereitschaft und Kriminalität prägen ihren Alltag. Der vielstimmige Chor der Presse,- Funk- und Fernsehjournalisten fängt Teile dieser vielschichtigen Wirklichkeit ein. Die internationalen sowie regionalen Medien, darunter auf Grund der wechselvollen historischen Beziehung besonders die deutschsprachigen, tragen zu einem Gedankenaustausch zwischen den unterschiedlichen politischen Kulturen bei. Ohne falsches Pathos kann man heute feststellen: Sie bringen die Menschen sprachlich einander näher - anders als in den 20er und 30er Jahren des 20. Jahrhunderts, als auch deutsche und tschechische Nationalisten der schreibenden Zunft die Kluft zwischen beiden Volksgruppen vergrößerten.

4. Politik und Wirtschaft

Vergangenheitspolitik - Vergangenheitsbewältigung

Christiane Brenner

Der tschechische Begriff *vyrovnání s minulostí* (Ausgleich mit der Vergangenheit) ist in Anlehnung an das deutsche Wort ‚Vergangenheitsbewältigung' entstanden. Das ist kein Zufall. Der deutsche Umgang mit dem Erbe zweier Diktaturen spielte in den tschechischen Debatten über die juristische wie moralische Bewertung von vierzig Jahren Sozialismus von Anfang an eine wichtige Rolle. Während die bundesdeutsche Vergangenheitspolitik nach 1945 meist dann ins Feld geführt wird, wenn es um die Folgen unterbliebener Aufarbeitung geht, gilt die Praxis der konsequenten Ausschaltung der einstigen sozialistischen Eliten in der ehemaligen DDR als starkes Argument für tiefer greifende Maßnahmen im eigenen Land.

Vergangenheitsbewältigung bezeichnet all die Handlungen, die das Ziel haben, die Restauration einer überwundenen, als illegitim erkannten Ordnung zu verhindern, die vormals Herrschenden und ihre Helfer zur Verantwortung zu ziehen, ihre Opfer zu rehabilitieren und zu „entschädigen" und die neue Ordnung zu festigen. Wie diese Definition bereits andeutet, handelt es sich dabei ebenso um gesetzgeberische und strafrechtliche Maßnahmen wie um personalpolitische Entscheidungen und diskursive Prozesse.

Bei den insgesamt vier Prozessen von Vergangenheitsaufarbeitung - dem ost- und westdeutschen nach 1945, dem gesamtdeutschen und dem tschechischen seit 1989 -, von denen im Folgenden die Rede sein wird, fallen zunächst die Differenzen ins Auge. Nicht allein die überwundenen Systeme, deren Herrschaftsstrukturen, Formen von Unterdrückung und Terror sowie deren Akzeptanz durch die Bevölkerung, auch die Voraussetzungen, unter denen die Aufarbeitung begann, unterscheiden sich beträchtlich.

In Deutschland ließ nach Kriegsende die allgemeine Not der Bevölkerung die Unterstützung für den „Führer" und den Nationalsozialismus schwinden. Die Trennung von der Vergangenheit wurde den Deutschen jedoch ebenso verordnet wie Sozialismus und Demokratie.

In der sowjetisch besetzten Zone, der SBZ und späteren DDR, entfernte man die einstigen Eliten und Funktionsträger bis hin zu

Polizisten und Lehrern. In Schnellkursen bildete man unbelastete neue Kräfte aus. Allerdings war die Entnazifizierung, die bis 1951 im großen Stil durchgeführt wurde, von Anfang an auch ein Instrument der politischen Säuberung und diente der Einschüchterung und Disziplinierung der Bevölkerung. Da man aber „die Großen" bestrafte, während man „den Kleinen" bald verzieh („die SED, der große Freund der kleinen Nazis", hieß es im Volksmund), hatte der Antifaschismus des „besseren Deutschland" nach innen wie nach außen durchaus Überzeugungskraft. Diese lebte in der Gründungsphase und den ersten beiden Nachkriegsjahrzehnten nicht zuletzt auch von den skandalösen personellen Kontinuitäten der politischen und wirtschaftlichen Eliten der Bundesrepublik. Von innen erfuhr der DDR-Antifaschismus jedoch kaum neue Impulse. Er wurde nicht zum Ausgangspunkt für eine Auseinandersetzung mit den Traditionen von Antisemitismus, Rassismus und Demokratiefeindschaft in der deutschen Gesellschaft. Im offiziellen Geschichtsbild der DDR - das den Nationalsozialismus als extremste Form des Kapitalismus und damit primär als von den Oberschichten getragenes System charakterisierte - unterblieb die Frage nach der Rolle der Bevölkerung im NS-Staat. Daran änderte sich auch in den 1980er Jahren wenig, als man in der DDR eine ganze Reihe bisher marginalisierter Phänomene und Persönlichkeiten der Vergangenheit für die eigene Tradition „wiederentdeckte" und schließlich 1988 sogar offiziell der Verfolgung und Vernichtung der Juden gedachte. Die Erinnerung an die Nazizeit erstarrte in der DDR zum Ritual für etwas, das man im Grunde genommen gar nicht als Teil der eigenen Geschichte ansah.

Auch im westlichen Teil Deutschlands waren es die Besatzungsmächte, die die Entnazifizierung und „Umerziehung" der Bevölkerung einleiteten. Die erste Phase dieses Prozesses war einerseits vom Verfahren gegen die Hauptkriegsverbrecher vor dem Internationalen Militärgerichtshof in Nürnberg und den Nachfolgeprozessen gegen Angehörige der Funktionseliten des Dritten Reichs bestimmt. Andererseits wurde in den ersten Nachkriegsjahren die millionenfache Überprüfung der deutschen Bevölkerung hinsichtlich ihrer Stellung im nationalsozialistischen Staat durchgeführt. Trotz des enormen Aufwands, mit dem dieses Unternehmen vor allem in der amerikanischen Besatzungszone begonnen wurde, blieb der Elitenwechsel in Politik, Wirtschaft und Gesellschaft letztlich unzureichend. Denn unter den politischen Zielen der Westmächte rangierten die gesellschaftliche Stabilität und der wirtschaftliche Aufschwung der jungen Bundesrepublik als Teil des entstehenden westlichen Blocks bald ganz oben. In deutsche Hände übergeben, geriet das Instrument der Entnazifizierung zur „Mitläuferfabrik" (Niethammer). Das Klima in der westdeutschen Gesellschaft - in der anfangs durchaus die Einsicht in die Notwendigkeit einer „Reinigung" vorhanden gewesen war - wandelte sich: Amnestien, Begnadigungen und die massenhafte Rückkehr der wenige Jahre zuvor als „belastet" Eingestuften in den Staatsdienst basierten auf der stillen Übereinkunft, dass die Zeit für einen „Schlussstrich" reif sei.

Das „eigentümliche Verstummen des deutschen Volkes" (Graml) über den Nationalsozialismus wurde erst in den 60er Jahren nachhaltig gestört. Nun begann die systematische Aufarbeitung der Verbrechen, die während des Zweiten Krieges von Deutschen in Osteuropa verübt worden waren, und eine Auseinandersetzung mit der NS-Justiz. Große öffentliche Aufmerksamkeit riefen aber auch der Prozess gegen Adolf Eichmann in Jerusalem und die darauf folgenden Verfahren gegen das Personal verschiedener Konzentrationslager hervor. Von diesen Ereignissen aufgewühlt, kündigte ein Teil der jungen Generation den Konsens des „Beschweigens" und stellte - durch die Verbindung mit den Zielen der Studentenbewegung phasenweise hochgradig politisiert - das Selbstverständnis der Bundesrepublik als eines Staates, der aus dem Bruch mit dem Nationalsozialismus entstanden war, in Frage.

Damit waren die Parameter der Diskussionen der folgenden Jahrzehnte abgesteckt. Es entwickelte sich eine breite, die Öffentlichkeit immer wieder von Neuem spaltende Auseinandersetzung mit dem Nationalsozialismus, bei der es stets sowohl um die historische als auch um die aktuelle Identität der bundesdeutschen Gesellschaft ging. In diesem Prozess veränderten sich allmählich auch die Fragen, die an Geschichte gestellt wurden. Das ist nicht zuletzt das Verdienst der internationalen NS-Forschung, die die Konzentration auf die Rolle exponierter Individuen im organisierten Staatsverbrechen zugunsten einer Beschäftigung mit Institutionen, Berufsgruppen und Traditionen politischen Denkens auflöste.

Dass die in den letzten Jahrzehnten entstandene „Gedächtniskultur" Spiegel wie Element der Kämpfe um die politische Selbstverortung der Gesellschaft ist, hat z. B. der so genannte Historikerstreit in den 80er Jahren gezeigt, bei dem es vordergründig um die „Ursprünglichkeit und Einzigartigkeit des Holocaust", im Kern aber darum ging, die deutsche Vergangenheit „endlich" zur Geschichte werden zu lassen. Doch Normalität in diesem Sinne hat sich auch nach der deutschen Vereinigung nicht eingestellt: Das zeigen u. a. die anhaltend heftigen und emotionalen Streitigkeiten um das Holocaust-Denkmal in Berlin, die Goldhagen-Debatte und die Reaktionen auf die Ausstellung über die Verbrechen der Deutschen Wehrmacht im Zweiten Weltkrieg. Mit der Frage der Entschädigung ehemaliger Zwangsarbeiter durch die deutsche Industrie haben auch die praktischen Aspekte der Vergangenheitsbewältigung, die in den letzten Jahren gegenüber dem diskursiven Vorgang in den Hintergrund getreten waren, erneut an Aktualität gewonnen.

Die Erfahrung des bundesdeutschen Umgangs mit der NS-Vergangenheit floss von Anfang an in die Konzeptionen, die Praxis und vor allem die Wahrnehmung der Vergangenheitspolitik in der ehemaligen DDR ein. Wenn die Probleme, vor die sich die Justiz gestellt sieht, auch ähnlich sein mögen, waren die gesellschaftlichen und politischen Ausgangspunkte doch ganz andere: Denn 1989 hatte die Bevölkerung der DDR weder eine Niederlage noch eine Befreiung von außen erlebt, sondern das Regime durch eine friedliche Revolution beseitigt. Im Bemühen um einen geregelten Übergang zu einem neuen System wurden noch von der letzten Generalstaatsanwaltschaft der DDR Untersuchungen gegen hohe Repräsentanten der alten Elite eingeleitet. Der dann folgende Aufarbeitungsprozess führte freilich nicht nur zu einer Polarisierung innerhalb beider deutscher Gesellschaften, er wurde - zumindest phasenweise - auch zu einem Element deutsch-deutscher Vereinigungskrisen.

Nach der Vereinigung im Oktober 1990 wurde der umfassende Elitenwechsel und Personalaustausch fortgeführt. Mitarbeiter und Bewerber des öffentlichen Dienstes und die Abgeordneten des Parlaments wurden auf eine frühere Zusammenarbeit mit der Staatssicherheit (Stasi) hin überprüft. Nach kontroversen Debatten setzten die DDR-Bürgerrechtler ihre Forderung nach einer Freigabe der Stasi-Akten für die Einsicht durch die einstigen Opfer durch. Parallel zu diesen in der massenmedialen Öffentlichkeit zeitweise hohe Wellen schlagenden Stasi-Debatten wurde die Aufarbeitung durch die Gründung von Enquête-Kommissionen und eine breite historische Forschung institutionalisiert. Geht es in diesen fortlaufenden

Diskussionsprozessen u. a. um die Bedingungen des Lebens in einer Diktatur, bringt das Bemühen um die strafrechtliche Bewältigung des Unrechts, das in diesem System geschehen ist, den Rechtsstaat immer wieder an seine Grenzen. Das so genannte „Rückwirkungsverbot", das im deutschen Recht Tradition hat, macht es schwer, politisch motiviertes oder aus politischen Gründen geduldetes Unrecht heute zu ahnden. So wurden die einstigen Machthaber und ihre exponierten Helfer gar nicht oder vergleichsweise gering für ihre Vergehen belangt. Daneben nehmen sich die Urteile gegen die so genannten Mauerschützen, die an der DDR-Grenze auf Flüchtlinge geschossen hatten, hart aus.

Solche dem juristischen Laien kaum vermittelbaren Schieflagen und vor allem die Tatsache, dass mit der deutsch-deutschen Vereinigung die Initiative im Aufarbeitungsprozess überwiegend in westdeutsche Hände übergegangen ist, haben zu Unzufriedenheit im Osten geführt. Für viele Aktive der Bürgerbewegung von 1989/90 wurde die Revolution durch den Westen „bürokratisch ausgebremst" (Jürgen Fuchs) und damit die Chance auf eine echte Erneuerung verspielt. In der Perspektive einer weitaus größeren Bevölkerungsgruppe, die statt „blühender Landschaften" soziale Deklassierung erleben musste, stellt sich die Vergangenheitspolitik nur als ein Element der Übernahme durch den Westen dar. Daran knüpfte sich rasch der Vorwurf, der Westen kompensiere bei der Aufarbeitung einer Vergangenheit, die nicht seine eigene ist, die Fehler aus der Nachkriegszeit.

Und so wird es sicher noch eine Weile dauern, bis aus der grundsätzlichen Einigkeit von Deutschen in Ost und West über die Notwendigkeit, sich der Vergangenheit zu stellen (T. G. Ash), auch eine Einigkeit darüber geworden ist, auf welchem Weg dies zu geschehen hat.

In dieser Hinsicht hatten es Tschechen und Slowaken nach 1989 um vieles einfacher. Und zwar nicht nur, weil es keine „Westtschechoslowakei" gab, sondern auch, weil das System nach 1968 eine extreme Delegitimierung erfahren hatte, die so stark wirkte, dass sich Sehnsucht nach den „alten Zeiten" lange nicht einstellen konnte. So waren nach dem November 1989 alle Zeichen auf „Neuanfang" gestellt. Die erste Nach-Wende-Regierung machte sich rasch an die Verabschiedung einer ganzen Reihe von Gesetzen, die dem Komplex der Vergangenheitsaufarbeitung zuzuordnen sind: Bereits im Frühjahr 1990 wurde das erste Gesetz zur Rehabilitierung von Justizopfern verabschiedet, nach dem binnen weniger Jahre Hunderttausende rehabilitiert und finanziell entschädigt wurden. Mit Bestimmungen über die Restituierung des von den Kommunisten verstaatlichten Eigentums begab sich der Gesetzgeber dann auf schwieriges Terrain - so konnte etwa die Frage des Kircheneigentums bis heute nicht zufriedenstellend gelöst werden. Größere innenpolitische Konflikte und unüberbrückbare Gegensätze in der Gesellschaft hatte dann das so genannte Lustrationsgesetz (*lustrace*, etwa: ‚Durchleuchtung') zur Folge. Nachdem sich die freiwillige Kontrolle der Parteien und der Abgeordneten des Parlaments als Illusion erwiesen hatte, sollte durch dieses Gesetz gewährleistet werden, dass Angehörige der einstigen Funktionseliten und Mitarbeiter der Staatssicherheit (StB) für einen Zeitraum von mindestens fünf Jahren von öffentlichen Ämtern und verantwortungsvollen Positionen im öffentlichen Dienst ferngehalten wurden. Opponenten kritisierten nicht nur den Wortlaut des Gesetzes, sondern auch die Grundlage der Lustrationsbescheide. In der Tat war das Material der StB so fragwürdig wie vor allem lückenhaft, hatten Angehörige der aufgelösten Staatssicherheit doch ausreichend Zeit zur Vernichtung von Akten gehabt.

Als äußerst schwierig und infolgedessen nahezu ergebnislos erwies sich auch die strafrechtliche Verfolgung der einst politisch Verantwortlichen. Die Gründe dafür liegen - nicht anders als in der Ex-DDR - zum Teil in der Natur rechtsstaatlicher Verfahren. In der ehemaligen Tschechoslowakei kam aber erschwerend die Verquickung des Aufarbeitungsprozesses mit dem tschechisch-slowakischen Konflikt hinzu. Nach der Trennung der Föderation in zwei souveräne Staaten stellte die Slowakei die Bemühungen um eine Aufarbeitung der Vergangenheit praktisch ein, in vielen Bereichen kam es zu restaurativen Erscheinungen. In der Tschechischen Republik distanzierte man sich indessen sehr entschieden von der kommunistischen Herrschaft, schrieb deren Unrechtmäßigkeit und verbrecherischen Charakter sogar per Gesetz fest. In diesem Akt offenbart sich aber auch eine starke Tendenz zur Externalisierung des Kommunismus aus der eigenen Geschichte, zumal eine intensive Beschäftigung mit den Realitäten, aber auch den Grenzen kommunistischer Herrschaft bisher noch aussteht.

Doch die jüngste Vergangenheit, die für die tschechische Gesellschaft zur Zeit ein „fernes Land" (Tony Judt) zu sein scheint, drängt sich immer wieder in die Gegenwart hinein: Der Strukturwandel in Politik, Verwaltung und Wirtschaft dauert länger, als selbst Skeptiker prognostiziert hatten; die stille Übereinkunft zwischen denen, die einst Teil des Systems waren, und denen, die es bekämpften, erweist sich längst nicht immer als tragfähig; und nicht wenige Enttäuschte vermissen angesichts der neuen Freiheiten die alten Sicherheiten.

Dass sich die tschechische Gesellschaft mit ihrer Geschichte schwer tut, ist freilich nicht allein auf immanente Faktoren zurückzuführen. Denn auf einer anderen Ebene berührt die Auseinandersetzung mit der Kriegs- und frühen Nachkriegszeit nicht nur die tschechische, sondern auch die deutsche Vergangenheitsbewältigung. Hier überschneiden und potenzieren sich die Defizite beider Prozesse in vielen Punkten.

Lange Jahrzehnte schien kein Bedarf bzw. keine Möglichkeit zu bestehen, über die deutsche Okkupation und Gewaltherrschaft und die im Zusammenhang damit 1945 erfolgte Vertreibung eines großen Teils der deutschen Bevölkerung aus der Tschechoslowakei zu sprechen. Zwischen der DDR und der Tschechoslowakei herrschte eine offiziell verordnete Freundschaft sozialistischer Bruderstaaten, die Beziehungen der BRD und der Tschechoslowakei wurden Anfang der 70er Jahre zwar durch einen Vertrag geregelt, doch konnte dieser keine der strittigen Fragen wirklich klären. So begann erst nach 1989 eine Auseinandersetzung mit der Geschichte.

Dabei zeigte und zeigt das tschechisch-deutsche Bemühen um Annäherung und Aufarbeitung einer gemeinsamen Vergangenheit viele Züge, die auch für Prozesse der Vergangenheitsbewältigung innerhalb einer Gesellschaft typisch sind: Erstens macht das tschechisch-deutsche Beispiel deutlich, wie wichtig das Engagement der politischen Eliten für die Aufarbeitung ist, und zwar sowohl auf der Ebene symbolischer Politik, als auch auf jener der Verträge, Gesetze und Entschädigungsleistungen. Zweitens wird gleichzeitig klar, dass das Engagement der „großen Politik" der Ergänzung durch Initiativen „von unten" bedarf, von Geschichtswerkstätten bis hin zur persönlichen Begegnung. Drittens demonstriert dieses Exempel, dass der Vergangenheitsdiskurs jenseits der juristischen und staatsoffiziellen Akte ein langsamer, nicht immer gradlinig verlaufender Prozess ist. „Bewältigung" als ein Vorgang, der definitiv mit etwas abschließt, ist für den Umgang mit der Geschichte nicht das richtige Ziel. Eher wäre es angebracht, von einem Gespräch über die Vergangenheit zu reden, das die Gegenwart begleitet und in mancher Hinsicht auch gestaltet.

Sudetendeutsche im Nachkriegsdeutschland

Thomas Grosser

Als seit Anfang des Jahres 1946 Hunderte von Eisenbahntransporten die aus der Tschechoslowakei zwangsausgewiesenen Deutschen in die unter alliierter Besatzung stehenden Zonen des zerstörten Nachkriegsdeutschland brachten, stand die deutsche Nachkriegsgesellschaft vor einem ihrer schwersten Strukturprobleme. Aus den Beschlüssen der Potsdamer Konferenz ergab sich die Notwendigkeit, insgesamt über 11 Millionen Flüchtlinge und Vertriebene aufnehmen, unterbringen und versorgen zu müssen; dies erschien in der zusammengebrochenen Mangelgesellschaft nach Kriegsende allgemein als eine kaum lösbare Aufgabe. Es lag vor allem in der Absicht der alliierten Siegermächte, die nach der totalen Kapitulation des Dritten Reichs die oberste Staatsgewalt übernommen hatten, die Zwangsausgewiesenen hier möglichst schnell, widerstandslos und unumkehrbar wieder anzusiedeln. Analog zu der von polnischer wie tschechoslowakischer Seite vertretenen Vorstellung, die politischen Verhältnisse in Mittelosteuropa durch die Zwangsumsiedlung der deutschen Bevölkerungsminderheiten stabilisieren zu können, sollte so verhindert werden, dass die Reichs- bzw. Volksdeutschen, die aus ihrer Heimat jenseits von Oder und Neiße sowie aus den Gebieten jenseits der deutschen Grenzen von 1937 vertrieben worden waren, im verbliebenen Restdeutschland erneut eine Minderheit bildeten. Eine Minderheit, die angesichts ihrer Entrechtung, Enteignung und Zwangsumsiedlung zu einem irredentistischen Unruheherd in der unter demokratischen Vorzeichen wiederaufzubauenden deutschen Nachkriegsgesellschaft zu werden drohte.

Sofern sie nicht in der letzten Kriegsphase vor dem militärischen Zusammenbruch geflohen oder unmittelbar danach im Zuge wilder Vertreibungsmaßnahmen in den Westen gekommen waren, schloss sich daher für die in den „geregelten" Transporten deportierten Menschen an die Zwangsausweisung aus ihrer alten Heimat nahtlos die Zwangseinweisung in das, was ihre „neue Heimat" werden sollte, an. Dies galt auch für die aus der Tschechoslowakei zwangsausgesiedelten Deutschen, die vorwiegend in die südlichen Landesteile der sowjetischen und in die Länder der amerikanischen Besatzungszone transferiert wurden. Anlässlich der Volkszählung im Oktober 1946 zählte man in der SBZ rund 830 000, in der ABZ fast 1,5 Millionen Sudetendeutsche. 1950 wurden - aufgrund der mittlerweile erfolgten Abwanderung und abweichender statistischer Erhebungskriterien - in der DDR nur noch 612 000 Sudetendeutsche erfasst, in den Ländern der ehemaligen amerikanischen Besatzungszone mit Bayern (etwas über einer Million), Hessen (knapp 400 000) und Württemberg-Baden (322 000) hingegen über 1,7 Millionen. Ihre Gesamtzahl belief sich in Deutschland zu diesem Zeitpunkt auf 2,5 Millionen Menschen, wobei allerdings die nach 1939 geborenen Kinder in der DDR nicht berücksichtigt worden waren, in der BRD hingegen schon.

Den Vorgaben der Besatzungsmächte entsprechend waren die Aufnahmeregionen der Zwangszuwanderer allein unter logistischen Gesichtspunkten bestimmt worden. Ihre Unterbringung erfolgte ausschließlich nach dem Kriterium des noch vorhandenen und belegbaren Wohnraums, mithin vornehmlich in ländlichen, strukturschwachen Gebieten, die im Gegensatz zu den zerstörten und wiederaufzubauenden Industrieregionen außerhalb der Landwirtschaft nur wenig Arbeitsmöglichkeiten boten. Darüber hinaus wurden die Vertriebenen möglichst flächendeckend in der Weise verteilt, dass zwar die Kernfamilien zusammengehalten, die ehemaligen Dorfgemeinschaften jedoch weitgehend auseinandergerissen wurden. Dies sollte verhindern, dass sich aufs Neue eigenständige Gruppen bildeten und von ihrer Umwelt abkapselten. Sogar das Tragen landsmannschaftlicher Abzeichen, die ihre Herkunft verrieten, war verboten. Und zur Verhinderung der Bildung künftiger „Minoritätenzellen" erließen die Besatzungsmächte zudem ein Koalitionsverbot, das - entgegen dem besatzungspolitischen Ziel einer Demokratisierung Nachkriegsdeutschlands - den Zwangszuwanderern die Gründung eigenständiger Organisationen zur Vertretung ihrer Interessen strikt untersagte. Sie sollten möglichst schnell in ihrer Aufnahmegesellschaft aufgehen, sich ihr einseitig anpassen, in ihr regelrecht verschwinden, das, was ihre Identität ausmachte, völlig aufgeben. Kritik an den alliierten Maßnahmen war untersagt, eine Mauer des Schweigens zog sich um die unmittelbaren Erfahrungen der Vertriebenen. Nur stellenweise wurde sie durchbrochen von den Kirchen, die sowohl die einheimischen Deutschen wie das Ausland auf die Schwere des Schicksals derer aufmerksam zu machen suchten, die im Amtsdeutsch der Sowjetischen Besatzungszone euphemistisch als „Umsiedler" und in den westlichen Besatzungszonen ebenso unzutreffend als „Ostflüchtlinge" bezeichnet wurden.

Dem Konzept der verordneten Assimilation der Besatzungsmächte entsprechend wurden die Zwangszuwanderer der einheimischen Bevölkerung - mit Ausnahme des Koalitionsverbots - formalrechtlich gleichgestellt. Sie sollten aber zunächst keine wie auch immer gearteten materiellen Sonderhilfen und somit keinen Sonderstatus erhalten. De facto empfanden sie sich daher als Staatsbürger zweiter Klasse, die die Lasten des verlorenen Krieges höchst einseitig zu tragen hatten. Die Vertriebenen kamen somit unfreiwillig in ein Land, in dem sie nicht bleiben wollten, und sie trafen dort zu einem denkbar ungünstigen Zeitpunkt auf eine Zusammenbruchs- und Mangelgesellschaft, die sie nur bedingt brauchte und - entgegen mancher späterer Beteuerung - sie noch weniger akzeptieren und sich für sie verantwortlich fühlen wollte. Denn angesichts der darniederliegenden Wirtschaft, der teilweise zerstörten Infrastruktur und des Wohnraummangels stellte der massive und kurzfristige Zustrom von Menschen zunächst eine schwere zusätzliche Belastung dar. Trotz ihrer assimilationspolitischen Vorgaben betrachteten die Alliierten die Aufnahme der Zwangszuwanderer als allgemeine Kriegsfolgelast und überantworteten sie daher voll und ganz den von ihnen eingesetzten deutschen Auftragsbehörden. Die völlig besitzlos gewordenen Gäste, an deren dauerhaftes Bleiben anfangs niemand so recht glauben wollte, trafen im Alltag auf eine ebenso breite wie unterschwellige Ablehnungsfront. Zwangseinquartiert in die Wohnstuben und Küchen der Einheimischen schwelte zwischen beiden Bevölkerungsgruppen bald ein kalter Krieg und Verteilungskampf um Wohnraum, Versorgung und angemessene Arbeit. Es war daher kein Wunder, dass eine überwältigende Mehrheit auf beiden Seiten entgegen den alliierten Intentionen in der baldigen Rückkehr der Zwangszuwanderer in ihre alte Heimat den Königsweg für die Lösung aller Probleme sahen. Nicht zuletzt diese Rückkehrerwartung entschärfte aber mental die Bürden der erzwungenen Konfliktgemeinschaft zwischen Alt- und Neubürgern. Zwar verzögerte sie mittelfristig die Integrationsbereitschaft, zunächst einmal aber half sie, Zeit zu gewinnen, bis der Anfang der 50er Jahre von den Zwangszuwanderern miterarbeitete allgemeine Wirtschaftsaufschwung die volkswirtschaftlichen Verteilungsspielräume vergrößerte. Im Zuge der umfangreichen Wohnungsbauprogramme wurde in dieser Zeit neuer Wohnraum geschaffen und die arbeitsmarktpolitische Fehlverteilung der Zwangszuwanderer auf dem flachen Land konnte durch staatlich gelenkte Umsiedlungsprogramme und vor allem durch die individuelle Abwanderung zu den großstädtischen Arbeitsplätzen korrigiert werden.

Gezeichnet vom doppelten Trauma der Vertreibung und den Widerständen und Benachteiligungen in der neuen Umgebung, bemühten sich die Vertriebenen in der Bundesrepublik, als 1950 das Koalitionsverbot auslief, durch den Aufbau eigenständiger Selbsthilfeorganisationen ihre Interessen zu organisieren. Diskriminierungen sollten bekämpft, ihre faktische Chancengleichheit sichergestellt und ihre durch weitreichende Statusverluste und gesellschaftliche Benachteiligung angeschlagene Identität kompensatorisch aufrechterhalten werden. Während in der DDR die Flüchtlingssonderverwaltung aufgelöst und alle Ansätze zur Selbstorganisation der Vertriebenen mit polizeistaatlichen Mitteln aus innen- wie außenpolitischen Gründen unterbunden, die Probleme der „Umsiedler" per Dekret als vollständig gelöst und sie als eigenständige Gruppe für nicht mehr existent erklärt wurden, ermöglichte also die Verfassung der BRD den Vertriebenen seit 1950 die verbands- und parteipolitische Vertretung ihrer Interessen. Zunächst überwogen innerhalb der Interessenverbände sowie in der zunächst auf landespolitischer Ebene erfolgreichen Partei, dem „Bund der Heimatvertriebenen und Entrechteten" (BHE), die sozialpolitischen Anliegen, die sich für materielle Chancengleichheit und eine gerechtere Verteilung der Kriegslasten einsetzten. Doch brach die Partei bald auseinander, da ihr revisionistischer Flügel die Adenauersche Politik der Westbindung der BRD als Verzicht auf die ehemaligen Ostgebiete ansah und den BHE in die Opposition führte. Nicht nur die Spaltung in einen Flügel, der auf dem rückkehrorientierten „Heimatrecht im Osten" beharrte, und einen sozialreformerischen Flügel mit seiner primären Ausrichtung auf ein angemessenes „Lebensrecht im Westen" trug zum relativ raschen

Niedergang der Interessenpartei der Heimatvertriebenen bei. Vor allem die zunehmende wirtschaftliche Integration ihrer Klientel, die das westdeutsche Wirtschaftswunder als hochmobile, anpassungsfähige und besonders aufstiegsorientierte Arbeitskräftereserve mitgetragen hatte, machte den BHE überflüssig. Bei der Bundestagswahl 1957 konnte er die 5%-Hürde nicht mehr überspringen und schied Anfang der 60er Jahre auch aus den Landesparlamenten der Hauptaufnahmeländer aus.

Parallel zum Aufstieg des BHE und personell mit diesem verflochten organisierten sich in der Bundesrepublik der 50er Jahre auch zahlreiche, nicht selten miteinander konkurrierende Vertriebenenverbände. Auf der einen Seite bildeten sich die sozialpolitischen Interessenverbände, die sich im Zentralverband der vertriebenen Deutschen (ZvD) zusammenschlossen und ihre Mitglieder herkunftsübergreifend nach deren Aufnahmeregionen organisierten. Sie verfochten in erster Linie das Ziel, die Zwangszuwanderer nicht nur formaljuristisch, sondern auch materiell den Einheimischen gleichzustellen. Auf der anderen Seite formierten sich die Landsmannschaften, die ihre Mitglieder nach deren Herkunftsgebieten erfassten, zum Verband der Landsmannschaften (VdL). Sie verliehen vor allem dem „Heimatrecht im Osten" durch kulturpolitische Aktivitäten Ausdruck, strebten darüber hinaus aber mit einer Revision der Nachkriegsordnung im Rahmen einer gesamteuropäischen Friedensordnung zugleich die vollständige Restitution der ehemaligen Besitzverhältnisse an. Beide Zielsetzungen wurden in der im August 1950 von ZvD und VdL verabschiedeten *Charta der Heimatvertriebenen* miteinander verbunden. Doch verhinderten anhaltende Rivalitäten zunächst die Gründung eines Einheitsverbandes, der als „Bund der Vertriebenen - Vereinigte Landsmannschaften" (BdV) erst 1957 ins Leben gerufen werden konnte und noch heute nach eigenen Angaben ca. 2 Millionen Mitglieder zu vertreten beansprucht.

Noch bevor der BHE nach spektakulären Anfangserfolgen in den Ländern 1953 für allerdings nur eine Legislaturperiode auch in den Bundestag einziehen und im zweiten Kabinett Adenauer u. a. den Minister des 1949 gegründeten Bundesministeriums für Vertriebene stellen konnte, hatten die etablierten Parteien, die sich bis dahin den Vertriebeneninteressen nicht übermäßig tatkräftig gewidmet hatten, das Bundesvertriebenengesetz verabschiedet. Es vereinheitlichte und normierte zunächst einmal den in den Besatzungsjahren als „Flüchtlinge", „Ausgewiesene", „Vertriebene", „Umsiedler" oder „Neubürger" bezeichneten Personenkreis. Dieser war schon 1949 als „Deutsche im Sinne des Grundgesetzes" (Art. 116 GG) den einheimischen Staatsbürgern gleichgestellt worden, im Falle der Volks- und damit auch der Sudetendeutschen wurde ihm jedoch erst 1955 die volle deutsche Staatsbürgerschaft zugesprochen. Das Bundesvertriebenengesetz verband in der gesetzlichen Definition die abstammungsmäßig bzw. kulturell definierte Zugehörigkeit zum deutschen Volk mit dem Umstand der Flucht oder Vertreibung im Gefolge des Zweiten Weltkriegs, wobei die Anwendung des Vertriebenenrechts auch für zukünftige Aussiedler und Spätaussiedler ermöglicht wurde. Das *Gesetz über die Angelegenheiten der Vertriebenen und Flüchtlinge* in seiner Fassung vom 3. September 1971 bestimmte schließlich:

> „(1) Vertriebener ist, wer als deutscher Staatsangehöriger oder deutscher Volkszugehöriger seinen Wohnsitz in den zur Zeit unter fremder Verwaltung stehenden (seit der Neufassung vom 1.4.1995: in den ehemals unter fremder Verwaltung stehenden) deutschen Ostgebieten oder in den Gebieten außerhalb der Grenzen des Deutschen Reiches nach dem Gebietsstand von 31. Dezember 1937 hatte und diesen im Zusammenhang mit den Ereignissen des Zweiten Weltkrieges infolge Vertreibung, insbesondere durch Ausweisung oder Flucht verloren hat...
> (2) Vertriebener ist auch, wer als deutscher Staatsangehöriger oder deutscher Volkszugehöriger... nach Abschluß der allgemeinen Vertreibungsmaßnahmen die zur Zeit unter fremder Verwaltung stehenden deutschen Ostgebiete, Danzig, Estland, Lettland, Litauen, die Sowjetunion, Polen, die Tschechoslowakei, Ungarn, Rumänien, Bulgarien, Jugoslawien, Albanien oder China verlassen hat oder verläßt."

Nach Abschluss des Zwei-plus-Vier-Vertrages und der nachfolgenden deutschen Wiedervereinigung im Jahr 1990 bestimmte eine Neufassung, dass Personen, die nach dem 31.12.1992 die Aussiedlungsgebiete im Rahmen des Aufnahmeverfahrens verlassen und ständigen Aufenthalt in der BRD nehmen, nun den Status eines Spätaussiedlers erhalten.

Die zweite maßgebliche bundesrepublikanische Rechtsregelung

zu Anfang der 50er Jahre betraf den Lastenausgleich. Nach anhaltenden Auseinandersetzungen über Umfang und Form war 1952 das Lastenausgleichsgesetz verabschiedet worden, das das Soforthilfegesetz des Jahres 1949 ausbaute, seither durch über 30 Gesetzesnovellen erweitert wurde und rund 8 Mio. einheimischen Sachgeschädigten sowie 12 Mio. Vertriebenen und SBZ-Flüchtlingen Eingliederungs- und Entschädigungsleistungen für kriegsbedingte Vermögensverluste gewährte. Konzeptionell beschritt man dabei den Weg eines Kompromisses zwischen einer quotalen Entschädigung der durch Krieg und Flucht oder Vertreibung entstandenen Vermögensverluste und einer sozialen, an den aktuellen Eingliederungsbedürfnissen orientierten Ausgleichsleistung. Neben Zuschüssen aus den allgemeinen Steuereinnahmen der öffentlichen Haushalte wurde der Lastenausgleich in erster Linie über eine Zwangsabgabe von 50% auf das zum Stichtag der Währungsreform vorhandene Privatvermögen von ca. 1,5 Mio. nichtgeschädigten Abgabepflichtigen aufgebracht. Sie floss in einen vom Bundesausgleichsamt verwalteten Fonds und war innerhalb von 30 Jahren zu tilgen. Damit stellte die Lastenausgleichsabgabe als eine bis 1979 erhobene Einkommenssondersteuer letztlich keinen Eingriff in die Vermögenssubstanz der Aufnahmegesellschaft dar. Angesichts des Wirtschaftswachstums handelte es sich vielmehr um eine Umverteilung der von den Zwangszuwanderern zudem miterarbeiteten volkswirtschaftlichen Zugewinne, deren Volumen durch Einkommens- und Preissteigerungen sowie niedrig angesetzte Vorkriegsvermögenswerte der zu Entschädigenden zusätzlich relativiert wurde. Zunächst standen mit Hausratsentschädigung, Unterhaltshilfe, Kriegsschadensrente und Ausbildungs- wie Existenzgründungsdarlehen die nach sozialen Gesichtspunkten erbrachten und zum Teil aus öffentlichen Mitteln vorfinanzierten Leistungen im Vordergrund. Die Hauptentschädigung glich in degressiv gestaffelten Sätzen nur kleinere Verluste voll aus. Sie lief nach umfangreichen Schadensfeststellungsverfahren erst Ende der 50er Jahre an, erreichte damit nicht mehr alle älteren Vertriebenen direkt und ersetzte nur etwa 22% der eingetretenen Vermögensverluste. Dennoch handelte es sich dabei mit einem Gesamtvolumen von rund 140 Mrd. DM bis Ende 1993 um die größte sozialpolitische Transferleistung bis zur Vereinigung beider deutscher Staaten. (Mit dem Vertriebenenzuwendungsgesetz des Jahres 1994 wurde der

Lastenausgleich jedoch lediglich mit einer einmaligen Zahlung von 4000 DM pro Person auf die Anspruchsberechtigten in der ehemaligen DDR ausgedehnt.) Soforthilfe und Lastenausgleich wurden von der einheimischen Bevölkerung in ihrem Umverteilungseffekt weit überschätzt. Nicht weniger wichtig als die materielle Starthilfefunktion - die im übrigen in der DDR mit dem Umsiedler-Gesetz des Jahres 1950 und seinen bescheidenen Zuwendungen auf Darlehensbasis minimal ausfiel - war die psychologische Bedeutung des bundesrepublikanischen Lastenausgleichs. Mit der Anerkennung der vererbbaren Rechtsansprüche der Geschädigten befreite er diese vom Odium der Sozialhilfe, ohne damit eine Ablösung weitergehender Wiedergutmachungsansprüche gegen die Vertreiberstaaten zu beinhalten.

Das regierungsamtliche Festhalten der Bundesrepublik an der Vorläufigkeit der Nachkriegsgrenzziehungen, die von der DDR 1950 gegenüber Polen und der Tschechoslowakei förmlich anerkannt worden waren, und eine ambivalente Integrationspolitik, die offiziell die „Eingliederung" der Zwangszuwanderer als Voraussetzung für ihre Rückkehr begriff, hielten in der BRD die Hoffnung sowohl der Einheimischen wie der Zuwanderer aufrecht, dass ein Zurück in die „alte Heimat" langfristig erreichbar sei. Mehr noch als für die Sudetendeutschen, deren rechtspolitischer Anspruch mit den Forderungen nach einem „Recht auf Heimat" im Rahmen des Selbstbestimmungsrechts der Völker weit weniger fundiert war, galt dies für die Deutschen, die aus den Gebieten vertrieben worden waren, die 1937 staatsrechtlich zum Territorium des Deutschen Reiches gehört hatten. Dementsprechend unterschiedlich ging auch die Rückkehrorientierung der Zwangszuwanderer zurück: von 90% in der unmittelbaren Nachkriegszeit halbierte sie sich bis Anfang der 60er Jahre, wobei 1964 nur noch 23 % der vom Allensbacher Institut für Demoskopie regelmäßig befragten Sudetendeutschen die Absicht äußerten, unter allen Umständen in ihre alte Heimat zurückkehren zu wollen, falls diese wieder zu Deutschland gehören würde.

Nichtsdestoweniger vergrößerte sich die Bedeutung der Landsmannschaften. Zum einen konnten sie auf Grund des Rückgangs der primär sozialpolitisch orientierten Interessenvertretungen der Vertriebenen in den Vordergrund treten. Zum anderen wurde ihnen von den Regierungen des Bundes und der Länder nicht nur im Rahmen einer Subventionierung ihrer kulturpolitischen Aktivitäten verstärkte Aufmerksamkeit geschenkt. Dies geschah nicht zuletzt, weil mit der verbalen Unterstützung ihrer heimatpolitischen Zielsetzungen die sozialpolitischen, also finanziellen Forderungen der Vertriebenen entschärft, nach außen umgelenkt und auf eine offen bleibende Zukunft ausgerichtet werden konnten, ohne dass diese innenpolitische Kostenminimierung in der Zeit des Kalten Krieges mit außenpolitischen Nachteilen verbunden gewesen wäre.

Dies gilt auch für die Sudetendeutsche Landsmannschaft, die 1950 in Bayern, dem Hauptaufnahmeland der Sudetendeutschen, gegründet wurde. Dabei bildeten auch die aus der Tschechoslowakei vertriebenen Deutschen eine sozial und politisch durchaus heterogene Gruppe, deren unterschiedliche Selbsthilfeorganisationen sich schon 1947 zur Arbeitsgemeinschaft zur Wahrung sudetendeutscher Interessen zusammengefunden hatten. In ihr waren die christlich-soziale, vom katholischen Universalismus geprägte, antinationalistische und anti-landsmannschaftliche Ackermann-Gemeinde ebenso vertreten wie die sozialdemokratische Seliger-Gemeinde, die einem sozialistischen Internationalismus verpflichtet war und für ein demokratisches Selbstbestimmungsrecht der Völker eintrat; hier fand sich aber auch der nationalistische Witiko-Bund, der die Rückgliederung des Sudetenlandes forderte und sich in die Tradition des „Volkstumskampfes" der Zwischenkriegszeit stellte. Doch gelang es nicht der Arbeitsgemeinschaft, sondern der Sudetendeutschen Landsmannschaft, hinsichtlich der Interessenvertretung der Zwangszuwanderer einen gewissermaßen regierungsamtlich bestätigten Alleinvertretungsanspruch durchzusetzen. Begünstigt wurde dies durch engere personalpolitische Verbindungen zu den etablierten Parteien. Denn diese umwarben auch bundesweit seit Ende der 50er Jahre verstärkt die Funktionäre und Wähler des im Niedergang befindlichen BHE, den 1953 noch ca. jeder dritte, 1961 jedoch nur noch jeder sechste Vertriebene gewählt hatte. Dagegen konnten sich die Landsmannschaften mit ihren alljährlichen, als Großkundgebungen inszenierten Heimattreffen zumindest öffentlichkeitswirksam besser behaupten. Sie betrieben die Bindung ihrer Mitglieder durch die quasi institutionalisierte Ausformung eines landsmannschaftlichen Selbstverständnisses im Sinne eigenständiger „Volksgruppen". Im Falle der Sudetendeutschen wurde es 1962 durch deren Anerkennung als „Stamm unter den Stämmen Bayerns" seitens der Bayerischen Staatsregierung sogar offiziell beurkundet. Zwar hatte dieses Selbstverständnis vor dem Zweiten Weltkrieg in dem danach in Anspruch genommenen Ausmaß so wohl kaum bestanden. Doch in der ihnen gegenüber keineswegs aufgeschlossenen Fremde waren die in ihren Einstellungen durchaus heterogenen Zwangszuwanderer doch zu einer Erfahrungsgemeinschaft geworden. Mit dem Anspruch auf die nicht selten im Rückblick glorifizierte „alte Heimat" und der ostentativen Pflege ihrer Kulturgüter verband sich die gerade auch an ihre Aufnahmegesellschaft gerichtete Demonstration eines Selbstverständnisses, das alle negativen Erfahrungen auszugleichen suchte. So erfüllten die Landsmannschaften eine wichtige sozialpsychologische Funktion und boten ihren Mitgliedern eine virtuelle, symbolische und emotional stark wertbesetzte Ersatzheimat; bei den komplizierten bürokratischen Verfahren des Lastenausgleichs leisteten sie wichtige Hilfestellungen; als Interessenvertretung reduzierten sie noch immer bestehende wirtschaftliche und soziale Diskriminierungen; und durch die alljährlichen Heimattreffen ermöglichten sie zumindest für kurze Zeit eine Wiederherstellung jener alten sozialen Netzwerke, die durch die Bedingungen der Vertreibung und Aufnahme jäh und anhaltend zerrissen worden waren. Dabei war das Wiedersehen mit Verwandten und alten Bekannten keineswegs automatisch mit einer vollen Zustimmung zu den auf diesen Verbandstreffen programmatisch verkündeten Forderungen verbunden. Denn gerade die Führung der sudetendeutschen Landsmannschaft genoss - etwa verglichen mit den Funktionären der politischen Parteien - einen relativ großen Freiraum. Dieser ergab sich nicht nur aus der geringeren programmatischen Bindung der Mitglieder der Landsmannschaft, zu der sich in Bayern zunächst fast ein Viertel, Anfang der 60er Jahre jedoch nur noch rund 15% der Vertriebenen bekannten, sondern auch aus einem weitgehenden Desinteresse der bundesrepublikanischen Öffentlichkeit an den Belangen der Sudetendeutschen im Besonderen und der Vertriebenen im Allgemeinen.

Jenseits der rhetorischen und alsbald ritualisierten regierungsamtlichen und parteipolitischen Bekundungen zum Vertriebenenproblem in seinen außenpolitischen Bezügen galt die Eingliederung der ehemaligen Zwangszuwanderer in den 60er Jahren innen- und sozialpolitisch im Großen und Ganzen als bewältigt, war doch die vormals oft beschworene Radikalisierung dieses potenziellen „fünften Standes" ausgeblieben. Diese Vorstellung einer schnellen und reibungslosen Integration wurde bald zum festen Bestandteil der bundesrepublikanischen Erfolgsgeschichte. Vollständig gerechtfertigt war sie indessen nicht.

Das Ausmaß und die Nachhaltigkeit des sozialen Abstiegs, den die besitz- und beziehungslos gewordenen Zwangszuwanderer auch durch ihre überdurchschnittliche Leistungsmotivation und Aufstiegsorientierung lange nicht vollständig ausgleichen konnten, werden vor allem am unteren Ende ihrer beruflichen Schichtung vor und nach dem Krieg deutlich. 1939 hatte der Anteil der männlichen Erwerbstätigen, die ihren Unterhalt als unqualifizierte Arbeiter verdienten, im späteren Gebiet der Bundesrepublik 24,8% und in den späteren Vertreibungsgebieten 23,2 % betragen. 1950 war er bei den Einheimischen auf 23,5% gesunken, bis 1971 auf 20,3%. Bei den Vertriebenen jedoch stieg diese Rate 1950 sprunghaft auf 39,2% und lag noch 1971 bei 27,9%. Die Hälfte der Vertriebenen, die 1939 ein Haus besessen hatten, konnte dessen Verlust bis zum Jahre 1971 nicht ausgleichen, wohingegen der Anteil der nichtvertriebenen Hausbesitzer vor und nach dem Krieg gleich blieb. Das Ausmaß der beruflichen Umschichtung und der sozialen Deklassierung traf die Älteren naturgemäß sehr viel stärker als die Jüngeren und gesuchte Berufsgruppen weniger als solche, deren Beschäftigung auf die Verteidigung einheimischer Besitzstände stieß. Eine Auswertung der Unterlagen von 5,7 Millionen Antragstellern von Vertriebenenausweisen ergab beispielsweise, dass 93% der vertriebenen Ärzte und Zahnärzte Mitte der 50er Jahre wieder in ihrem Beruf Fuß gefasst hatten. Jedoch nur 6,3% der ehemals selbstständigen Landwirte hatten es bis zu diesem Zeitpunkt geschafft, auf zumeist kleinen und bald wieder unrentabel werdenden Höfen erneut eigenen oder gepachteten Boden unter die Füße zu bekommen. Denn eine Umverteilung des Landbesitzes durch eine Bodenreform zu ihren Gunsten war in den westlichen Besatzungszonen größtenteils unterblieben und wurde in der DDR durch die Kollektivierung in der Landwirtschaft wieder weitgehend rückgängig gemacht. Auf ähnlich hohe Hürden trafen auch die ehemals selbstständigen Gewerbetreibenden, sofern sie für die Einheimischen eine ernsthafte Konkurrenz darstellten. Ehemalige Beamte hatten es dagegen aufgrund entsprechender gesetzlicher Wiedereinstellungsregelungen leichter, und Facharbeiter gehörten in der auf Vollbeschäftigung zusteuernden westdeutschen Volkswirtschaft bald wieder zum Kreis gesuchter Arbeitnehmer. Doch erreichten die Segnungen des bundesrepublikanischen Wirtschaftswunders die Vertriebenen als letzte Gruppe, und erst einmal unterschichteten sie den Arbeitsmarkt durch die Übernahme weniger beliebter und weniger gut bezahlter Arbeitsplätze, wobei überdurchschnittlich viele Frauen durch Fabrikarbeit zum Familienunterhalt beitragen mussten. Immerhin verbesserte sich ihre anfangs desolate Wohnsituation mit der Zeit entscheidend: mussten 1950 noch zwei Drittel aller vertriebenen Wohnparteien in Untermiete leben, so traf dies 1960 nur noch auf 22% zu (nichtvertriebene Bevölkerung: 28 bzw. 15%). Und die westdeutsche Konsumgesellschaft bot vielen die Möglichkeit, sich zunächst äußerlich den Einheimischen anzugleichen und damit zugleich die ehemaligen, aber auch die aktuellen Lebensverhältnisse in ihrer „alten Heimat" zu übertreffen. Bundesweiten Befragungen zufolge besaßen 1964 43% der Einheimischen und bereits 36% der Vertriebenen eines der wichtigsten Prestigeobjekte der westdeutschen Nachkriegsgesellschaft - einen PKW. Doch der Gesamtwert ihres Haushaltes war nur halb so hoch wie der der Einheimischen.

Langsam, aber stetig stieg auch die gesellschaftliche Akzeptanz der Vertriebenen durch ihre neue Umwelt. Ablesbar ist dies an der wachsenden Häufigkeit der Eheschließungen zwischen der einheimischen Bevölkerung und den Zwangszuwanderern. Deren junge Männer halfen kriegsbedingte Lücken schließen und hatten es daher in der Regel leichter, in die einheimische Nachkriegsgesellschaft einzuheiraten als die jungen Frauen. Der Konnuptialitätsindex, der den Grad der Verschwägerung zwischen zwei Bevölkerungsgruppen messbar macht und bei einem Wert von 100 anzeigt, dass diese von keinerlei Diskriminierungen oder Vorurteilen gekennzeichnet ist, stieg zwischen 1950 und 1960 von 66 auf 83 Punkte. Damit hatten die Vertriebenen 15 Jahre nach ihrer unfreiwilligen Ankunft im Westen einen Grad sozialer Akzeptanz erreicht, wie ihn beispielsweise die Beziehungen zwischen den Einheimischen und den bestintegrierten Ausländern in der Bundesrepublik Mitte der 80er Jahre aufweisen, als die entsprechenden Werte für deutsch-spanische Ehen bei 79 Punkten, für deutsch-türkische indessen lediglich bei 23 Punkten lagen. Nicht zuletzt die Tatsache, dass seit den 60er Jahren die ausländischen Arbeitnehmer als neue, den Einheimischen noch fremdere Zuwanderungsgruppe in größerem Umfang die Bundesrepublik kamen, erhöhte die Bereitschaft der westdeutschen Aufnahmegesellschaft, die Nachkriegszwangszuwanderer auch im Alltag als deutsche Mitbürger anzuerkennen. Mitte der 80er Jahre, so stellte eine bundesweite EMNID-Meinungsumfrage fest, betrachteten 79% der Einheimischen die Vertriebenen als „in jeder Hinsicht voll anerkannte Mitglieder unserer Gesellschaft", eine Aussage, der auch 80% der Vertriebenen zustimmten.

In Bayern indessen lagen diese Werte mit 75 bzw. 66% deutlich niedriger. Dies mochte vielleicht auch daran liegen, dass sich die bayerische Gesellschaft durch den zwangsweisen Zuzug massiver verändert hatte, als es vielen lieb gewesen war. Denn die Vertriebenen, und insbesondere die aus relativ hoch vergewerblichten Gebieten stammenden Sudetendeutschen, die es in das noch stark agrarisch geprägte Bayern verschlagen hatte, stellten ein Humankapital dar, dessen Qualifikationsniveau zum Teil deutlich über dem der einheimischen Landbevölkerung gelegen hatte. Dadurch beschleunigten sie einen wirtschaftlichen und gesellschaftlichen Strukturwandel, der seitens der Landesregierung im Zuge einer dezentralisierten Industrialisierungspolitik zwar unterstützt wurde, bei den sozialkonservativen Teilen der bäuerlichen Bevölkerung aber auf eine weitreichende Ablehnung stieß, die sich nicht zuletzt gegen die Zwangszuwanderer als Modernisierer wider Willen richtete.

Die so zwischen den Alt- und Neubürgern erwachsenen Spannungen, die kaum offen ausgetragen und oftmals mit symbolischer Politik nur überdeckt wurden, hinterließen ihre Spuren über die am stärksten betroffene Erlebnisgeneration hinaus, erlebten doch deren Kinder noch die wirtschaftlichen und psychischen Auswirkungen jener erst traumatisierenden und später tabuisierten Ereignisse der unmittelbaren Nachkriegszeit. Dies erklärt einerseits, dass die Vertriebenen ihre Aufnahmegesellschaft emotional zum Teil nur schwer als „Heimat" empfinden konnten und zum Teil noch immer nicht können, obwohl sie in ihr im materiellen Sinne mittlerweile längst ein neues „Zuhause" gefunden haben. Es weist andererseits darauf hin, dass ihre insgesamt erfolgreiche Integration erst dann als wirklich geglückt angesehen werden kann, wenn sie sich über die Gräben der Vergangenheit hinaus als tragfähige Basis für eine zukunftsorientierte Politik grenzüberwindender Verständigung erweist.

Die Chance dafür ist durchaus gegeben. Denn das innenpolitische

Klima, das in den 50er Jahren im Zuge symbolischer Unterstützungsrhetorik die Vertriebenen als Bollwerk gegen den Kommunismus genutzt hatte, sie in den 70er Jahren im Zuge der neuen sozialliberalen Entspannungs- und Ostpolitik jedoch rechts liegen ließ, hat sich in den 90er Jahren wiederum gewandelt. Spätestens die auch von den konservativen Parteien der Bundesrepublik getragene Anerkennung der deutsch-polnischen Grenze als Vorbedingung für die Vereinigung der beiden deutschen Staaten hat gezeigt, dass die Proteste der Vertriebenenverbände die deutsche Außenpolitik nicht wirklich bestimmen konnten. Andererseits bietet neuerdings die Perspektive der unumgänglichen Osterweiterung der Europäischen Union und einer damit verbundenen grenzüberschreitenden Regionalpolitik auch den Landsmannschaften die Möglichkeit, in Projekten praktisch eine Rolle als Schlüsselfiguren im Prozess der europäischen Integration wahrzunehmen. So erhielte die doppelte Bindung der Vertriebenen und ihrer Nachkommen an ihr „neues Zuhause" und an ihre „alte Heimat" eine wichtige Brückenfunktion.

DDR und ČSSR: Eine sozialistische Vernunftehe mit Beziehungskrisen

Wolfgang Schwarz

„Die Pläne der imperialistischen Kriegsbrandstifter zu vereiteln und den Frieden zu festigen" - so formulierten die tschechoslowakische und die provisorische Regierung der DDR ihre politischen Ziele in einer am 23. Juni 1950 in Prag unterzeichneten gemeinsamen Erklärung. Wer nach Ansicht von SED und der Kommunistischen Partei der Tschechoslowakei (KSČ) den Frieden in Europa am meisten gefährdete, bedurfte keiner näheren Klarstellung: Im Zentrum der Angriffe stand der westliche Nachbar, die Bundesrepublik Deutschland, gegen deren Gründung die kommunistische Führung in Prag im Oktober 1949 scharf protestiert hatte. Die gebetsmühlenartig wiederholte Warnung vor der „westdeutschen, revanchistischen Politik" bildete das außenpolitische Credo beider Staaten - im Grunde bis 1989. Die Außen- und Sicherheitspolitik der ČSSR und der DDR definierte sich in erster Linie über die Bundesrepublik Deutschland.

Die außenpolitischen Rahmenbedingungen waren ohnehin durch

den „Kalten Krieg" vorgegeben. KSČ und SED adaptierten in den 50er Jahren sowjetische Vorstellungen von der so genannten Stalinnote 1952, die ein wiedervereinigtes, blockfreies Deutschland vorschlug, bis hin zu dem von Chruschtschow forcierten Vorschlag, einen europäischen Friedensvertrag unter Einschluss der beiden deutschen Staaten abzuschließen. Spielraum für eigene außenpolitische Initiativen - ohne Absprache mit der Sowjetunion - bestand nicht, dies wurde im übrigen auch gar nicht angestrebt. Die polnischen Herbst-Unruhen und der ungarische Volksaufstand 1956 sorgten dafür, dass die moskautreuen, reformfeindlichen Parteikader in Prag und Ost-Berlin noch enger zusammenrückten. Im Mittelpunkt stand jedoch zunächst die innenpolitische Durchsetzung der sozialistischen Ideologie auf allen Ebenen. SED und KSČ konnten sich der uneingeschränkten Solidarität ihrer „Bruderpartei" in Krisensituationen während dieser Konsolidierungsphase sicher sein. Die Ereignisse des 17. Juni 1953 in der DDR bezeichnete das Parteiorgan *Rudé právo* als „gescheitertes Attentat auf den Frieden", das vom US-Kongress finanziert worden sei. Umgekehrt enthielt sich die SED jeglicher Kritik an den Anfang der 50er Jahre in der Tschechoslowakei kompromisslos durchgeführten innerparteilichen Säuberungen, wie etwa während der Verurteilung und Hinrichtung des KSČ-Generalsekretärs Rudolf Slánský und seiner vermeintlichen Anhänger.

Unter die Geschichte zogen Prag und Ost-Berlin rasch einen Schlussstrich, mögliches Konfliktpotenzial wurde unverzüglich beseitigt. Die DDR, auf deren Territorium eine nicht unerhebliche Zahl von Vertriebenen aus der Tschechoslowakei Zuflucht gesucht hatte, befand in der gemeinsamen Erklärung von 1950 die „durchgeführte Umsiedlung der Deutschen" ausdrücklich für „unabänderlich, gerecht und endgültig". Das Münchener Abkommen von 1938 wurde darin überhaupt nicht erwähnt. Der langwierige, spätere Streit um die Ungültigkeit „von Anfang an" bzw. eine erst nachträglich „erloschene" Wirksamkeit des Abkommens zwischen der Tschechoslowakei und der Bundesrepublik wurde von der DDR und der ČSSR gemeinsam genutzt, um Bonn als „Hort des Revanchismus" zu brandmarken.

Hatten sich die Beziehungen zwischen Prag und Ost-Berlin zunächst zwar nicht besonders herzlich, aber doch pragmatisch und weitgehend konfliktfrei gestaltet, so begannen nach etwa einem

Jahrzehnt erste Risse das harmonische Bild zu beeinträchtigen. Die 60er Jahre dürften wohl als das spannendste Kapitel der gemeinsamen Beziehungen betrachtet werden, geriet nun doch einiges in Bewegung. Eifersüchtig registrierte die SED zunächst die im Jahre 1960 beschlossene Änderung des Staatsnamens ČSR in ČSSR: mit der Aufnahme des Terminus „sozialistisch" in die neue Staatsbezeichnung sollte nach dem Willen der KSČ signalisiert werden, dass die Tschechoslowakei bereits in das Zeitalter des Sozialismus eingetreten sei. Hämisch wurden innerhalb der SED bald darauf Stimmen laut, dieser Schritt sei doch wohl überstürzt und übermütig gewesen, als sich in der ČSSR wirklich ernsthafte Versorgungsmängel einstellten. Bei der Abwicklung des gemeinsamen Warenaustausches nahmen die Unstimmigkeiten zu: Nach dem Mauerbau 1961 verfügte die KSČ eine Reduzierung der Stahl- und Steinkohle-Abgaben an die DDR und verärgerte damit das SED-Politbüro; schließlich handelte es sich bei den Kürzungen um außerordentlich wichtige Lieferungen für die Funktionsfähigkeit der ostdeutschen Volkswirtschaft. Begründet hatte man in Prag die Senkung kurzerhand mit dem Argument, die DDR verfüge durch die „erfolgreichen Störfreimachungs-Maßnahmen gegenüber der Bundesrepublik und West-Berlin" nun über die gleichen Bedingungen wie die übrigen sozialistischen Länder.

Wesentlich weiter reichende Konsequenzen für das gemeinsame Verhältnis hatten jedoch die Differenzen auf kulturpolitisch-ideologischem Gebiet. In der SED wuchs die Befürchtung, die ČSSR beginne in der Kulturpolitik vom einzig wahren Weg des „sozialistischen Realismus" abzuweichen. Die DDR-Botschaft in Prag warnte seit Ende 1962 wiederholt vor dem wachsenden „westlich-bürgerlichen Einfluss" auf die tschechoslowakische Kulturszene, die sich zunehmend zu emanzipieren begann. Die Liblicer Kafka-Konferenz vom Mai 1963 ließ den Konflikt zum ersten Mal nach außen hin sichtbar werden: Der Chefredakteur der tschechoslowakischen Kulturzeitschrift *Plamen*, Jiří Hájek, sowie Eduard Goldstücker, Professor für Germanistik an der Karlsuniversität, hatten zum Missfallen der anwesenden ostdeutschen Vertreter erklärt, dass Kafkas Gedanken auch für die sozialistische Gesellschaft anwendbar seien. In der ideologischen Abteilung der SED schrillten daraufhin die Alarmglocken. Ein von Polemik geprägter „Stellvertreterkrieg" zwischen der DDR-Kulturzeitschrift *Sonntag* und *Literární noviny* über die eigentliche Bedeutung Kafkas schloss sich im Sommer 1963 an die Konferenz an.

Für Zündstoff zwischen SED und KSČ sorgte auch die von Chruschtschow initiierte Diskussion über den Personenkult Stalins und seine schädlichen Auswirkungen auf die KPdSU, die gar nicht ohne Folgen für die übrigen kommunistischen Parteien bleiben konnte. Während die Existenz eines solchen Personenkults in der eigenen Partei für die Vergangenheit und Gegenwart von der SED schlichtweg geleugnet wurde, gelang es der Führung der KSČ auf Grund wachsenden Drucks aus den Reihen der Intellektuellen nicht, das Thema aus der öffentlichen Diskussion zu verbannen. Im Jahr 1963 mussten schließlich zum Entsetzen der dogmatischen Kräfte in der SED sogar einige in den 50er Jahren verurteilte KSČ-Funktionäre öffentlich rehabilitiert werden. Wenn die Partei schon Fehler gemacht habe, so durften sie doch nach Ansicht Ulbrichts keinesfalls öffentlich diskutiert oder gar zugegeben werden. Andere wie z. B. der tschechoslowakische Ministerpräsident Viliam Široký, der tief in die innerparteilichen Säuberungsaktionen verstrickt war, verloren ihre Ämter: KSČ-Chef Antonín Novotný befürchtete, möglicherweise bald selbst mit unangenehmen Enthüllungen über seine unrühmliche Rolle während der Parteiprozesse konfrontiert zu werden. Solche personellen Veränderungen, so hoffte Novotný, würden die „Entschlossenheit der Partei" demonstrieren, Erscheinungen des Personenkults zu beseitigen.

Mehrmals auf diplomatischer Ebene zum Ausdruck gebrachte Warnungen vor einer Liberalisierung der tschechoslowakischen Kulturszene und vor der Gefahr des „Revisionismus" führten nicht zum erwarteten konsequenten Handeln der KSČ. Deshalb entschloss sich die SED, die Genossen in Prag öffentlich zu brüskieren, um den politischen Druck zu erhöhen. Eine vom Parteiorgan *Neues Deutschland* abgedruckte Erklärung des SED-Politbüros vom 13. Februar 1964 enthielt den Vorwurf der „Verbreitung revisionistischer und bürgerlicher Auffassungen" durch Veranstaltungen wie die Kafka-Konferenz in Liblice und durch mangelnde Kontrolle tschechoslowakischer Kulturzeitschriften. Auf einem ZK-Plenum der SED kritisierten u. a. Politbüromitglied Horst Sindermann und Chefideologe Kurt Hager die „revisionistischen Tendenzen aus Prag". Mitverantwortlich dafür sei das „freche Auftreten" des DDR-Regimekritikers Robert Havemann. Man werde sich, so Sindermann, aus dem Ausland „keine faulen Eier ins Nest legen lassen".

Moskau billigte diesen Schritt der SED keinesfalls. Chruschtschow nannte das Vorgehen unsolidarisch und nicht dem Geist der Freundschaft entsprechend. In Prag indes war die Empörung groß. Eine solche „Einmischung in die inneren Angelegenheiten" sei, so Antonín Novotný auf einer Sitzung des ZK des KSČ-Vorstandes, nicht zu dulden. Das Verhalten der ostdeutschen Kommunisten sei „gutsherrenartig", man sei schließlich „keine Provinz". Die Deutschen hätten kein Recht, als Kläger aufzutreten. Vor dem ZK der tschechoslowakischen Nationalen Front zeterte Novotný, „man brauche keine Ratschläge von anderen bei der Lösung kultureller oder ideologischer Fragen". Dennoch wagte es das KSČ-Politbüro nicht, mit gleicher Münze zurückzuzahlen. Zahlreiche kritische Leserbriefe entrüsteter Parteifunktionäre zu den Vorgängen an die *Rudé právo*-Redaktion wurden auf Weisung der Parteiführung nicht abgedruckt. Novotnýs harsche Kritik vor der Nationalen Front wurde bei der Veröffentlichung seiner Ansprache im Parteiorgan kurzerhand herausgenommen. Eine Eskalation sollte ganz offensichtlich um jeden Preis verhindert werden.

Das Misstrauen in Ost-Berlin konnten auch einige Restriktionsmaßnahmen der KSČ gegen die „liberale Welle" in den tschechoslowakischen Kulturzeitschriften nicht beseitigen. Aktionen tschechoslowakischer Künstler auf dem Gebiet der DDR wie z. B. Ausstellungen mit abstrakt-modernem Inhalt oder satirischen Elementen wurden - in Form von restriktiver Propaganda oder organisatorischen Einschränkungen bzw. inhaltlicher Einflussnahme - ständig behindert. Auch fühlte man sich bei der SED-Kulturabteilung bemüßigt, die „Freunde in Prag" immer wieder darauf hinzuweisen, dem ostdeutschen Schriftsteller Stefan Heym oder dem Liedermacher Wolf Biermann „keine Plattform zur Verbreitung ihrer regimekritischen Positionen" zu gewähren. Obwohl die DDR-Botschaft in Prag im eigenen Land mehrmals davor warnte, allzu besserwisserisch-belehrend aufzutreten, ließ es sich Politbüromitglied Alfred Kurella nicht nehmen, Ende 1965 vor dem SED-Zentralkomitee - zweifellos auch an die ČSSR adressiert - erneut die „massiven revisionistischen Tendenzen in einigen sozialistischen Ländern" öffentlich anzuprangern.

Den Gipfel der Taktlosigkeiten leistete sich jedoch SED-Politbüromitglied Hermann Matern während eines Besuchs in Prag Ende 1964. Matern kritisierte auf einem Empfang zunächst scharf den zunehmenden Tourismus aus westlichen Ländern, insbesondere aus der Bundesrepublik. Die „ideologische Diversion der sozialistischen Staaten" werde dadurch erleichtert. Dabei sei es doch viel ehrlicher und wirksamer, z. B. in Marienbad „Nachtklubs, Spielbanken und Bordelle nach westlichem Standard" zu errichten, allerdings unter der Voraussetzung, dass die tschechoslowakische Bevölkerung davon „isoliert werde", um „politische Schäden" zu verhindern. Den KSČ-Parteichef Antonín Novotný bezeichnete Matern als „einfachen Mann", für den er zwar persönlich Sympathien hege, der aber nicht „über die nötigen Fähigkeiten verfüge". Den ehemaligen tschechoslowakischen Regierungschef Viliam Široký, der im Zuge der sanften Entstalinisierungswelle entlassen worden war, lobte Matern als „alten Revolutionär, dem man „gerne einen schönen Lebensabend in der DDR" bereiten würde. Materns Rundumschlag sorgte für erhebliche Verstimmung in der KSČ-Führung, die trotzdem aus Furcht vor einer Krise nicht einmal schriftlich protestierte. Prag beließ es dabei, die vereinbarten bilateralen Parteikontakte weitgehend auf Eis zu legen.

Eine eher gereizte Atmosphäre bestand in den 60er Jahren nicht nur zwischen den beiden kommunistischen Parteien, sondern auch in der Zusammenarbeit zwischen Gewerkschaften, Jugendorganisationen und Medien beider Länder. Oberflächlich-banale Berichterstattung über die ČSSR, absichtlich verzögerten Vertrieb von tschechoslowakischen Zeitschriften und überhebliches Verhalten beklagte man auf tschechoslowakischer Seite. Funktionäre verschiedener ostdeutscher Organisationen warfen ihren Kollegen in der Tschechoslowakei wiederum eine ungenügende Informationspolitik über das Geschehen in der DDR und ausgedehnte Kontakte mit „feindlichen" westdeutschen Journalisten vor. Gerade das Verhältnis zur Bundesrepublik rückte Mitte der 60er Jahre noch stärker in den Mittelpunkt. Unter der nach außen hin demonstrierten, unerschütterlichen Einheit in allen Fragen des gemeinsamen Kampfes gegen die „westdeutschen Revanchisten" brodelte es bisweilen doch heftig. Nach Ansicht der SED, so hieß es in internen Dossiers der ZK-Abteilungen, hatte die „Unterschätzung des westdeutschen Imperialismus" in den Reihen der KSČ bereits gefährliche Ausmaße angenommen. Ein ständiger Dorn im Auge waren der SED dabei die 1963 beschlossenen Reiseerleichterungen für westliche Touristen in die ČSSR. Das „Schleusen von DDR-Bürgern nach Westdeutschland" mit illegalen westdeutschen Pässen über die Tschechoslowakei und Österreich habe bereits „organisierten Charakter" angenommen, meldete die Prager Botschaft im Jahr 1965. Die Zahl der Besucher aus der Bundesrepublik war Mitte der 60er Jahre sprunghaft angestiegen. Es sei deshalb kein Wunder, wenn die „Infizierung der tschechoslowakischen Bevölkerung mit westlichem Gedankengut" bereits besorgniserregende Ausmaße annehme.

Ängstlich war die SED darauf bedacht, der zu dieser Zeit von Bundesaußenminister Schröder eingeleiteten vorsichtigen Öffnung Bonns gegenüber den osteuropäischen Staaten Widerstand entgegenzusetzen. Wiederholt intervenierte das DDR-Außenministerium bei der ČSSR-Botschaft in Ost-Berlin gegen Artikel in tschechoslowakischen Presseorganen, welche die neue Ostpolitik der Bundesregierung nicht in der gebotenen Schärfe als taktisches Manöver zur Tarnung der „wahren aggressiven Absichten" Bonns an den Pranger stellten. Als 1967 das Abkommen zwischen der ČSSR und der Bundesrepublik über die Errichtung von ständigen Handelsvertretungen und über den Handelsaustausch unterzeichnet worden war, fühlte sich SED-Parteichef Walter Ulbricht von der KSČ schmählich im Stich gelassen: Seiner Ansicht nach war im Vertragstext die Selbstständigkeit West-Berlins gegenüber der Bundesrepublik nicht ausreichend deutlich herausgestellt worden. Die DDR-Botschaft in Prag bekam kurz darauf Anweisung, den rein wirtschaftlichen Charakter der neugegründeten bundesdeutschen Mission in der tschechoslowakischen Hauptstadt mit Argusaugen zu überwachen.

Die Aufnahme diplomatischer Beziehungen zwischen der Bundesrepublik und Rumänien zu Beginn des Jahres 1967, von der SED als „Dolchstoß" in den Rücken der DDR verurteilt, hatte ein Übriges getan, in den Reihen der SED weiteres Misstrauen gegenüber der „Bündnistreue" der kommunistischen Parteien in Osteuropa zu säen. Bei eigenen diplomatischen Initiativen gegenüber Bonn wurde - mit Ausnahme von Moskau - eine Absprache mit den Verbündeten dagegen von der SED nicht immer für nötig angesehen: so hielt man es in klarem Widerspruch zu dem kurz zuvor abgeschlossenen Freundschaftsvertrag zwischen der DDR und der ČSSR, der die gegenseitige Informationspflicht bei außenpolitischen Schritten vorsah, für überflüssig, die KSČ-Spitze über den öffentlichen Brief von DDR-Ministerpräsident Willi Stoph an Bundeskanzler Kurt Kiesinger im Mai 1967 wenigstens vorab in Kenntnis zu setzen. Während des Prager Frühlings erreichten die Beziehungen zwischen der DDR und der ČSSR dann ihren Tiefpunkt. Die faktische Lockerung der führenden Rolle der Partei durch den „Sozialismus mit menschlichem Antlitz", die einsetzende Pressefreiheit und die Gründung neuer, regimekritischer Organisationen wie z. B. des *Klub 231* waren für die orthodox-kommunistischen „Bruderparteien" inakzeptabel; der *Klub 231* war eine Vereinigung ehemaliger politischer Gefangener, die sich für eine Bestrafung der Schuldigen und eine Rehabilitierung der Opfer aus den Prozessen der 50er Jahre einsetzte. SED-Generalsekretär Walter Ulbricht nannte den neuen KSČ-Chef Dubček während der Beratungen von Moskau im Mai 1968, die ohne Teilnahme einer tschechoslowakischen Delegation stattfanden, abfällig einen „hoffnungslosen Fall". Scharfe Angriffe der DDR-Presse auf die tschechoslowakischen Reformen - Höhepunkt war die Behauptung, auf dem Gebiet der Tschechoslowakei befänden sich bereits amerikanische Truppeneinheiten - wurden von tschechoslowakischer Seite u. a. mit Karikaturen beantwortet, die Ulbricht als gierigen Imperialisten darstellten. Weder das bilaterale sowjetisch-tschechoslowakische Treffen zwischen KPdSU-Chef Leonid Breschnew und Alexander Dubček in Čierna nad Tisou noch die Zusammenkunft der kommunistischen Parteiführungen in Bratislava Anfang August 1968 bewirkten jedoch das angemahnte harte Einschreiten der KSČ gegen die „anarchistischen Zustände" im eigenen Lande. Leonid Breschnew und Walter Ulbricht sowie die ersten Sekretäre der polnischen, bulgarischen und ungarischen kommunistischen Partei, Gomułka, Todor Schiwkow und Janos Kádár, sahen schließlich in einer militärischen Lösung den einzigen Ausweg, die „Konterrevolution" zu stoppen.

Walter Ulbricht befürwortete neben Gomułka und Schiwkow nachdrücklich einen Einmarsch in die ČSSR. Sein Besuch in Prag eine Woche vor der Invasion blieb lediglich eine Episode. Dabei hatte der SED-Chef Gelächter unter den tschechoslowakischen Journalisten hervorgerufen, als er auf einer gemeinsamen Pressekonferenz mit Alexander Dubček behauptete, in der DDR gebe es keine Zensur. Noch kurz vor den Ereignissen in der Nacht zum 21. August versuchte die SED-Spitze mit Hilfe von tschechischsprachigen Sendungen auf der Frequenz eines eigenen Piratensenders *Vltava* (Moldau) krampfhaft, auf eigene Faust Propaganda gegen die „Konterrevolution" zu betreiben. Aufgrund sprachlicher Unkorrektheiten der hastig rekrutierten Radiosprecher - in der Mehrzahl handelte es sich dabei um in der DDR lebende Sudetendeutsche - geriet der Sender jedoch in der tschechoslowakischen Bevölkerung unfreiwillig zur Lachnummer. Bei den Menschen der DDR selbst hielten sich - wohl auch vor dem Hintergrund der eigenen Ohnmacht während der Ereignisse vom 17. Juni 1953 - die Proteste gegen den Einmarsch des Warschauer Pakts in der ČSSR in Grenzen. In einigen Städten gab es Kurzdemonstrationen bzw. tauchten Flugblätter auf, in denen Solidarität mit der Tschechoslowakei bekundet wurde.

Die Niederschlagung des „Prager Frühlings" durch den Warschauer Pakt unter (zumindest logistischer) Teilnahme der DDR-Volksarmee wurde nach der Machtübernahme von KSČ-Chef Gustav Husák 1969 entweder von beiden Seiten totgeschwiegen oder als gemeinsamer Sieg der kommunistischen Parteien gegen die „antisozialistischen Kräfte in der ČSSR" gefeiert. Husáks Bemühungen um „Normalisierung" hatten die volle Rückendeckung Ost-Berlins. Geradezu reflexartig tauchten in der SED Befürchtungen vor einer Wiederbelebung des Reformsozialismus von 1968 auf, als sich mit der Menschenrechtsbewegung *Charta 77* erneut Widerstand gegen die KSČ in der Tschechoslowakei formierte. Verbindungen ostdeutscher Bürgerrechtler wie z. B. von Matthias Domaschk zu Leuten um die *Charta 77* beunruhigten die SED in hohem Maße. Mit der Ausbürgerung Wolf Biermanns, dem Hausarrest Robert Havemanns oder der Verhaftung Rudolf Bahros demonstrierte Ost-Berlin seine Entschlossenheit im Kampf gegen solche „Störenfriede".

Wie vor 1968 bekam die Öffentlichkeit in den 70er und 80er Jahren aber lediglich die altbekannten Solidaritäts- und Einmütigkeitsbeteuerungen zum Verhältnis beider Staaten zu hören. Noch im Mai 1989 zeigten sich sowohl SED-Generalsekretär Erich Honecker als auch KSČ-Chef Miloš Jakeš bei gemeinsamen Beratungen von der Stabilität und Dynamik beider Parteien überzeugt. Zu diesem Zeitpunkt konnte keiner ahnen, dass der „real existierende Sozialismus" ein halbes Jahr später von den Ereignissen in Prag, Leipzig und Berlin überrollt werden würde.

Als sich im Herbst 1989 das bekannte Flüchtlingsdrama in der bundesdeutschen Botschaft in Prag abspielte, sah *Rudé právo* das

Hauptproblem in der Beseitigung von Hunderten wild geparkter Trabbis und Wartburgs, die - von mehreren tausend ausreisewilligen DDR-Bürgern zurückgelassen - auf der Kleinseite den Verkehrsfluss erheblich behinderten. Die tschechoslowakische Führung zeigte sich sichtlich verunsichert: die Weisungslage für die Polizei, den Zugang zum Botschaftsgelände zu sperren bzw. wieder freizumachen, änderte sich ständig. Offensichtlich war man aber nicht mehr dazu bereit, für die deutschen Genossen die Kastanien aus dem Feuer zu holen. Große Teile der Prager Bevölkerung demonstrierten in diesen dramatischen Tagen ihre Solidarität mit den Flüchtlingen: es wurde Tee gekocht, Decken wurden gebracht, Lebensmittel durch Gitterstäbe gereicht. Die Aufhebung der Visafreiheit für DDR-Bürger beim Grenzübertritt in die Tschechoslowakei unmittelbar nach der Ausreise der Flüchtlinge mit Sonderzügen Anfang Oktober 1989 war einer der letzten Verzweiflungsakte des SED-Regimes. Bis zuletzt hoffte die KSČ in gnadenloser Unterschätzung des Ausmaßes, das die Unzufriedenheit auch in der tschechoslowakischen Bevölkerung angenommen hatte, die Fluchtbewegung als ein rein deutsch-deutsches Problem ohne Auswirkungen auf die anderen sozialistischen Staaten abtun zu können.

Versucht man ein Fazit dieser vierzigjährigen Beziehung zwischen beiden Ländern zu ziehen, so bleibt festzuhalten, dass es sich im Kern um eine - von den äußeren Umständen vorgegebene - Zweckverbindung auf der Basis der gemeinsamen sozialistischen Gesellschaftsordnung und der geographisch bedingten, vergleichbaren sicherheitspolitischen Interessen handelte. Eines sollte jedoch auf keinen Fall vergessen werden: Von den zahlreichen, in dieser Zeit entstandenen privaten Kontakten zwischen Tschechen und Ostdeutschen profitiert heute auch die (gesamt)deutsch-tschechische Annäherung.

Die Berliner Mauer

Wolfgang Thierse

In Feuilletons und zeitgeschichtlichen Erörterungen wird des öfteren die These vertreten, die Berliner Mauer sei eigentlich schon in Prag gefallen. Man könne sogar das Datum präzise angeben - der 30. September 1989, jener Tag, an dem der damalige Bundesaußenminister, Hans-Dietrich Genscher, vom Balkon der Botschaft der Bundesrepublik den 6000 geflohenen DDR-Bürgerinnen und Bürgern ihre Ausreise verkündete. Die DDR hatte nachgegeben und ließ die Botschaftsflüchtlinge über ihr Staatsgebiet in die Bundesrepublik ausreisen. Die tumultartigen Szenen bei der Rückreise in Dresden, wo Tausende versuchten, auf den Zug in die Freiheit aufzuspringen, waren nur ein weiteres unübersehbares Signal des Überdrusses vieler Menschen an der DDR.

Die Prager Botschaftsflüchtlinge waren nicht die ersten, die durch den jahrzehntelang fast undurchdringlichen Eisernen Vorhang in die Freiheit gelangten. Seit Mai 1989 war es immer wieder Bürgerinnen und Bürgern der DDR gelungen, über Ungarn in den Westen zu gelangen. Am 11. September wurde dann sogar offiziell die ungarische Grenze zu Österreich geöffnet, so dass 15000 DDR-Bürgerinnen und Bürger in die Bundesrepublik Deutschland ausreisen konnten. Dennoch wuchs dem Prager Jubel eine symbolische Bedeutung zu. Ohne Zweifel war dieser 30.9.1989 ein Wendepunkt - mehr als einen Monat vor dem tatsächlichen Mauerfall am 9. November 1989. Die hunderttausendfachen Rufe „Wir bleiben hier!" bei den Demonstrationen in Leipzig, an vielen anderen Orten und am 4. November auf dem Berliner Alexanderplatz, die die eigentliche Delegitimation der SED-Herrschaft bedeuteten, sind ohne die erzwungene Ausreise von Prag nicht zu verstehen.

Wie ihr Ende stand auch die Entstehung der Mauer im Kontext grundlegender Veränderungen in Europa. Der Teilung Deutschlands nach 1945 entsprach eine Zweiteilung des europäischen Kontinents, die Churchill in das Bild vom „Eisernen Vorhang" fasste. Allerdings war dieser Vorhang für die Menschen im Osten Deutschlands fast 16 Jahre lang noch durchlässig - wenn sie bereit waren, ihr Hab und Gut ganz oder teilweise zurück zu lassen. Von 1945 bis 1961 haben 3,6 Millionen Menschen dem Osten Deutschlands den Rücken gekehrt - aus persönlichen, wirtschaftlichen oder politischen Gründen. Das geschah in einem Klima wachsender Ost-West-Spannungen, aber auch zunehmender Enttäuschung über die Entwicklung in der DDR, insbesondere die Abkehr von Freiheit und Einheit.

Mehrmals waren in dieser Zeit Hoffnungen auf Wandel, auf die Wiederherstellung von Freiheit und Einheit geweckt worden. Stalin hatte im März 1952 in einer Note Deutschland die Einheit für den

Preis der Neutralität angeboten. Dieser Vorschlag kam inmitten der Vertragsverhandlungen der Bundesrepublik um die Bildung einer Europäischen Verteidigungsgemeinschaft. Er wurde von der Regierung Adenauer als Scheinangebot gewertet, mit dem lediglich die Westintegration der Bundesrepublik Deutschland verhindert werden sollte, und deshalb abgelehnt.

Nach Stalins Tod wurden am 17. Juni 1953 in Ost-Berlin ein zweites Mal Hoffnungen auf Freiheit und Einheit zerstört - dieses Mal mit brutaler Gewalt und durch den Einsatz sowjetischer Panzer. Sie waren eingesetzt worden gegen ostdeutsche Demonstranten, die zunächst wirtschaftliche und später politische Forderungen erhoben. Dazu gehörte neben dem Drängen auf mehr Demokratie auch der Ruf nach der Einheit. Die Ostdeutschen hatten auf Hilfe aus dem Westen gehofft. Angesichts der gespannten weltpolitischen Lage blieb sie aus - für viele Ostdeutsche eine bittere Erfahrung.

Schließlich schlug 1958 die Sowjetunion vor, den Westteil der Stadt mit dem Ostteil zu einer „Freien Stadt" zu vereinen. Das hätte den Rückzug der Westmächte aus Berlin bedeutet, was auch diesen Vorschlag für sie nicht akzeptabel machte. Als so zum einen die Hoffnung auf die Einheit in immer weitere Ferne rückte und zum anderen die Unzufriedenheit mit dem DDR-System weiter wuchs, sahen immer mehr Ostdeutsche eine Zukunft in Freiheit und Wohlstand nur noch im Westen. Da die DDR die Grenze zur Bundesrepublik Deutschland immer schärfer bewachen ließ, bildete die Sektorengrenze in Berlin ein bevorzugtes Schlupfloch.

Allein in der Zeit von Januar bis Anfang August 1961 übersiedelten über 120 000 Einwohner der DDR nach West-Berlin. Die DDR-Führung wollte diese Abstimmung mit den Füßen weder zulassen noch ihr implizites Urteil über das SED-System akzeptieren. Am 13. August 1961 riegelten Volkspolizei, Kampfgruppen und Volksarmee die Sektorengrenze zwischen dem sowjetischen Sektor und den Sektoren der westlichen Alliierten ab. Sie errichteten Straßensperren und unterbrachen die S- und U-Bahn-Verbindungen. So schnell wie möglich wurden diese provisorischen Grenzsperren durch jenes Bauwerk ersetzt, das in aller Welt als die Berliner Mauer bekannt wurde. Nach und nach wurde sie - wie die ganze deutsch-deutsche Grenze - zu einem immer undurchdringlicheren Todesstreifen ausgebaut, den die SED-Propaganda verharmlosend und verfälschend als „antifaschistischen Schutzwall" bezeichnete.

Von nun an war die Berliner Mauer für Jahrzehnte eine Realität, an der kein West- und Ostberliner vorbeikam. Der Blick über die Straße „Unter den Linden" durch das Brandenburger Tor prallte wenige Meter später gegen undurchdringliche Grenzanlagen. Zwar hat viele Ost- und Westdeutsche dennoch nie die Hoffnung verlassen, dass die Teilung Deutschlands irgendwann ein Ende nehmen würde. Aber zunächst wurden mit der Mauer die politischen Verhältnisse zementiert. Seit der Berlin-Blockade im Jahr 1948 galt West-Berlin in Europa und Amerika als Frontstadt der freien Welt. Diese symbolische Bedeutung wurde durch den Bau der Mauer noch stärker hervorgehoben. Zwei Jahre nach dem Mauerbau fasste der amerikanische Präsident John F. Kennedy diese Haltung in seiner Berliner Rede am 26. Juni 1963 in die Worte: „Ich bin ein Berliner".

Mehr noch als für die West-Berliner bedeutete der Mauerbau für die Ostdeutschen einen tiefen Einschnitt. Wer nicht unter Lebensgefahr Fluchtversuche unternehmen wollte, musste sich in einem System einrichten, das von den meisten nicht gewollt war. Die Menschen in der DDR mussten sich auf einen allgegenwärtigen Staat einrichten, der jede abweichende Meinungsäußerung unterdrückte, der keine unabhängige Presse, keine freie Berufswahl, keine Reisefreiheit zuließ. Es gab zwar die berühmten privaten Nischen, in denen eine gewisse Abwesenheit des Staates bestand. Ansonsten war er so allgegenwärtig wie die Mauer in Berlin. Wer als Ost-Berliner vom Ende des SED-Staates, der Überwindung der Mauer oder gar dem Ende der Teilung Deutschlands und Europas zu träumen wagte, erlebte in den Jahrzehnten der Teilung immer wieder schmerzliche Rückschläge.

Dies galt nicht nur für den Ungarn-Aufstand 1956. Ebenso brutal wurde im Jahr 1968 der Prager Frühling beendet. Er hatte auch bei vielen DDR-Bürgern Hoffnungen auf einen „Sozialismus mit menschlichem Antlitz" geweckt. Doch fanden die tschechoslowakischen Reformbemühungen in den sozialistischen „Bruderstaaten" keinen Widerhall. Schlimmer noch, die Prager Reformansätze wurden von den Truppen des Warschauer Paktes mit Waffengewalt unterdrückt. Auch DDR-Truppen waren an der brutalen Beendigung des „Prager Frühlings" beteiligt. Dies entsprach der moskautreuen Blockorientierung der SED-Führung, jedoch keinesfalls dem Willen der Mehrheit der Ostdeutschen. Im Gegenteil, es gab viele Verbindungen und Sympathien für die Tschechoslowaken. Prag hatte in den Jahrzehnten der Teilung für die Bürgerinnen und Bürger der DDR stets eine besondere Bedeutung. Die „goldene Stadt" war wie die ganze Tschechoslowakei ein gerne besuchtes Urlaubsziel. Prag wurde als erheblich freiheitlicher empfunden als Ost-Berlin. Nicht zufällig trafen sich hier viele durch die Mauer getrennte ost- und westdeutsche Familien, um ein Wiedersehen zu feiern, um wenigstens ein paar Tage oder Wochen miteinander verbringen zu können.

Über vier Jahrzehnte lebten Ostdeutsche und Tschechen in der gleichen, von Moskau beherrschten Schicksalsgemeinschaft. Es war aber nicht nur die aufgezwungene Ideologie, die auf unfreiwillige Weise Osteuropa zusammenschweißte. Auch die militärische Macht der beiden Blöcke und die dauerhafte Bedrohung einer atomaren Vernichtung sorgten für Bewegungslosigkeit in den Ost-West-Beziehungen. Wie kein anderes Bauwerk symbolisierte die Berliner Mauer diese Trennung der Welt in zwei Hälften. Die West-Berliner statteten die Mauer mit Bemalung und Graffiti, mit heftigen Anklagen gegen die unmenschliche Grenze aus. Von Ost-Berliner Seite aus war die Grenze praktisch unerreichbar. Mehrere Todesstreifen waren ihr vorgelagert. Hier patrouillierten Grenzsoldaten mit Schießbefehl, die - auch durch den Einsatz immer weiter perfektionierter Technik - jeden Fluchtversuch unterbinden sollten. Trotz der Todesgefahr hat es immer wieder Fluchtversuche gegeben - erfolgreiche, aber auch viele gescheiterte. An der Berliner Mauer starben in den 28 Jahren ihres Bestehens 80 Menschen. Vermutlich war die Zahl jedoch erheblich höher. Tausende wurden wegen ihrer Fluchtversuche inhaftiert. Die Berliner Mauer riss Familien, Freunde, Bürgerinnen und Bürger einer Stadt und eines Landes auseinander. Das ließ sie fast drei Jahrzehnte zum Sinnbild der menschenverachtenden Konsequenzen des kommunistischen Systems werden.

Das Museum am „Checkpoint Charlie", in dem viele Fluchtversuche dokumentiert sind, gehörte für Besucher aus dem Westen in diesen Jahrzehnten ebenso zum festen Programm wie die Besichtigung der tödlichen Grenze selbst. Weder Staatsoberhäupter noch Privatreisende ließen sich den Blick auf und über die Mauer entgehen. Bilder und Nachrichten von der Berliner Mauer gingen immer wieder um die Welt - von jenem Volkspolizisten, der in den ersten Tagen des Mauerbaus in voller Uniform durch einen Sprung über den Stacheldraht in den Westen entkam, bis zu dem Schicksal von Chris Gueffroy, der als letzter bei einem Fluchtversuch am 5. Februar 1989 von DDR-Grenzbeamten getötet wurde. Die Berliner Mauer schien über Jahrzehnte fast ebenso unüberwindlich wie die Teilung Deutschlands und Europas in zwei Blöcke. Es bedurfte grundlegender Veränderungen in Europa, bis sich an dieser Tatsache etwas ändern sollte.

Die Nachricht und die Bilder gingen um die Welt: Die Berliner Mauer ist auf! Zum ersten Mal nach fast 28 Jahren gab es wieder ungehinderte Begegnungen zwischen Ost- und West-Berlinern. Zehntausende zogen über die geöffneten Grenzübergänge hin und her, lagen sich in den Abendstunden des 9. November 1989 glücklich in den Armen oder standen jubelnd auf der Berliner Mauer, wo die „Mauerspechte" sogleich mit der Arbeit begannen.

Das Ende der Mauer hat wie ihre Entstehung eine lange Vorgeschichte. In ihr spielte Prag als Hauptstadt der damaligen ČSSR eine wichtige Rolle. Von der „goldenen Stadt" ging bereits 1976/77 ein hoffnungsvolles Signal aus. Unter Berufung auf die KSZE-Schlussakte von Helsinki hatte sich Anfang 1977 eine Bürgerrechtsbewegung in der ČSSR formiert, die Menschen- und Bürgerrechtsverletzungen anprangerte. Die Unterzeichner der *Charta 77* waren Repressionen und Inhaftierungen ausgesetzt. Und doch setzten sie sich mutig und beständig für den Wandel zur Freiheit ein. Dies hatte bedeutenden Einfluss auf ähnliche Bewegungen im Osten Europas. Auch die 1980 gegründete Gewerkschaft *Solidarność* in Polen trug wesentlich dazu bei, dass in dem scheinbar so festgefügten Warschauer Pakt Risse erkennbar wurden und die Hoffnungen der Menschen in der DDR auf Wandel wuchsen.

Entscheidende Bedeutung für das Ende der Berliner Mauer kam den Veränderungen im Machtzentrum des Warschauer Paktes, der Sowjetunion zu. Sie sind mit dem Namen Michail Gorbatschow verbunden. Als Generalsekretär des Zentralkomitees der Kommunistischen Partei der Sowjetunion setzte er ab 1985 mit seinem Konzept von *Glasnost* und *Perestroika* einen grundlegenden politischen und wirtschaftlichen Reformprozess in Gang. Er leitete - gemeinsam mit seinem Außenminister Schewardnadse - umfassende Abrüstungsschritte ein, er sprach vom „gemeinsamen Haus Europa". Dieser Kurswechsel, der auch andere osteuropäische Staaten erfasste, wurde von der DDR-Führung mit Misstrauen verfolgt. Sie sah - nach einem bekannten Wort des SED-Ideologen Kurt Hager - keinen Grund, ihre Wohnung neu zu tapezieren, nur weil die Nachbarn dies gerade für nötig hielten. Diese Äußerung unterstrich, wie sehr die in Ideologie erstarrte DDR-Führung die Zeichen der Zeit verkannte. Sie wusste aber auch: ohne „Sozialismus" hatte die DDR keine Existenzberechtigung mehr.

Bei seinem Besuch der 40-Jahr-Feiern der DDR im Oktober 1989 in Ost-Berlin erinnerte Gorbatschow Honecker an das russische Sprichwort: „Wer zu spät kommt, den bestraft das Leben." Er machte der SED-Führung klar, dass die Sowjetunion die DDR nicht gegen ihre Bevölkerung verteidigen würde. Dies stellte den entscheidenden Unterschied zum Arbeiteraufstand 1953 und zum Prager Frühling 1968 dar. Ohne die tiefgreifenden Veränderungen in der Sowjetunion hätte die Berliner Mauer kaum fallen können. Insofern waren es Entwicklungen an vielen Orten und über lange Zeiträume, die erst die Voraussetzungen dafür geschaffen haben, dass die Ostdeutschen am 9. November 1989 die Öffnung der Mauer erzwingen konnten.

Auf dem Platz vor dem Brandenburger Tor erinnern heute Pflastersteinmarkierungen an den früheren Standort der Mauer. Die Schrecken und das Leid, das dieses monströse Bauwerk Jahrzehnte lang über die Menschen in Ost und West gebracht hat, dürfen ebenso wenig in Vergessenheit geraten wie die Leistungen derer, die zum Ende der Mauer beigetragen haben. Hierzu gehören unbestreitbar die Freiheitssignale, die am 30.9.1989 von Prag ausgegangen sind. Sie bilden zugleich eine gute Basis für die künftigen Beziehungen zwischen unseren beiden Ländern. Nach dem 1992 - noch mit der Tschechoslowakei (ČSFR) - abgeschlossenen Nachbarschaftsvertrag haben die Bundesrepublik Deutschland und Tschechien mit der deutsch-tschechischen Erklärung vom 21. Januar 1997 ihre Beziehungen auf eine neue Grundlage gestellt. Die Vereinbarung war insbesondere wegen der Vertriebenen-Frage schwierig. Sie sollte keinen Schlussstrich ziehen, sondern eine wechselseitige Anerkennung der Vergangenheit bedeuten. Es ist zu bedauern, dass es, vor allem wegen deutscher Bedenken und parteipolitischer Rücksichtnahmen, so viele Jahre gedauert hat, bis es zu dieser Erklärung gekommen ist. Dennoch ist sie von zentraler Bedeutung für die künftigen deutsch-tschechischen Beziehungen - gerade im Hinblick auf gesamteuropäische Aufgaben, vor denen wir seit dem Wandel in Europa gemeinsam stehen.

Seit 1999 ist Tschechien Mitglied der NATO. Bereits 1997 wurde Tschechien vom Europäischen Rat als eines der ersten osteuropäischen Länder als Beitrittskandidat zur Europäischen Union benannt. Entsprechende Verhandlungen sind inzwischen aufgenommen worden. Tschechiens Ziel ist ein Beitritt bis 2003. Nach wie vor sind große tschechische Anstrengungen nötig, um die strengen Beitrittskriterien der EU zu erfüllen. Die Bundesrepublik Deutschland setzt sich - z. B. durch den Ausbau unserer bilateralen Wirtschaftsbeziehungen - nachdrücklich für einen Erfolg der Aufnahmeverhandlungen ein.

Auf europäischer Ebene gilt es im vor uns liegenden Jahrzehnt den Schritt zur Einheit West- und Osteuropas zu tun. Beide Seiten, jene Beitrittskandidaten, die die Aufnahmekriterien erfüllen, wie die bisherigen EU-Mitglieder können durch die Osterweiterung nur gewinnen: politische Gestaltungskraft, wirtschaftliche Stärke und kulturellen Reichtum. Ökonomische Prozesse und soziale Sicherungssysteme können nicht mehr rein nationalstaatlich gestaltet werden - ökologische Fragen und eine verantwortliche internationale Sicherheitspolitik konnten es schon länger nicht mehr. Unser gemeinsames Ziel ist eine Europäische Union, die auch tatsächlich ganz Europa umfasst - ein Europa ohne jene eisernen Vorhänge und Mauern, die es Jahrzehnte lang geteilt haben.

Die Berliner Mauer war das Symbol der Ost-West-Teilung der Welt nach 1945. Sie ist seit einem Jahrzehnt Vergangenheit. Ihr Ende eröffnete Perspektiven, die es zu nutzen gilt - gerade für die lebendige Weiterentwicklung des deutsch-tschechischen Verhältnisses. Der Fall der Berliner Mauer hat nicht nur für die Stadt Berlin immense Chancen mit sich gebracht. An den Schnittstellen von Ost und West liegend, können Berlin und Prag nun zu wirklichen europäischen Metropolen werden, die Ost- und Westeuropa verbinden. In diesem Sinne hat das Ende der Berliner Mauer Deutschen und Tschechen erstmals die Möglichkeit gegeben, gemeinsam ihre Zukunft in Europa zu gestalten.

Vereinigung aus deutscher Sicht:
Die Einheit Deutschlands und Europas

Hans-Dietrich Genscher

Am 23. Dezember 1989 durchschnitten mein damaliger Amtskollege Jiří Dienstbier und ich den Grenzzaun an der deutsch-tschechischen Grenze. Es war ein symbolischer Akt, der besser als jedes andere Bild verdeutlichte, dass sich Europa auf dem Wege der Einigung befand und dass die neue Führung der Tschechoslowakei nach der Samtenen Revolution vom November 1989 bereit war, hierzu einen wesentlichen Beitrag zu leisten.

Für die neue Regierung ging es nun darum, mit einem neuen und veränderten Verständnis der Lage in Europa zum einen die innenpolitische Lage durch eine Reihe von Transformationen zu stabilisieren sowie die Außenbeziehungen des Landes neu zu bestimmen. Den politisch Verantwortlichen, allen voran Staatspräsident Václav Havel und Außenminister Jiří Dienstbier, war bewusst, dass nur eine Reform des eigenen, in Europa zentral gelegenen und tief verwurzelten Landes, nur die Schaffung rechtsstaatlicher Strukturen und einer funktionierenden Marktwirtschaft den wesentlichen Beitrag zu einem geeinten Europa leisten könnte. Diese tiefe europäische Überzeugung machte die beiden Staatsmänner zu Initiatoren der europäischen Annäherung, die schließlich zur Überwindung der Teilung Deutschlands und Europas und damit zum Ende des Kalten Krieges führte.

Rückblickend kann man feststellen, dass das Jahr 1989 das europäischste Jahr des 20. Jahrhunderts war. Es bedeutete einen tiefen Einschnitt in der Geschichte Deutschlands und Europas mit nachhaltigen Auswirkungen auf die globale Entwicklung. Das Tor zur Freiheit wurde nicht nur für die Deutschen im Osten, sondern für die Europäer im Osten geöffnet.

Von Richard von Weizsäcker stammt das Wort: „Unsere Geschichte hat uns Deutschen nie allein gehört." Man möchte eigentlich nur hinzufügen: Sie wird uns auch in Zukunft nicht allein gehören. Die Mittellage - es ist das europäische Land mit den meisten Nachbarn - und die Größe des Landes erklären, warum die Entwicklung Deutschlands stets auch wichtig war für die Entwicklung Europas. Das gilt im Guten wie im Schlechten. Was das im

Schlechten bedeutet, zeigen die Jahre 1933 bis 1945 in schrecklicher Wahrheit. Mit der Öffnung der Mauer aber wurde nicht nur der Weg freigegeben zwischen Deutschland West und Deutschland Ost, sondern auch für ein geeintes Europa.

Nach dem Zweiten Weltkrieg bedeutete die Teilung Berlins und Deutschlands auch die Teilung Europas und in mancher Hinsicht der ganzen Welt. Es war deshalb stets das Ziel deutscher Außenpolitik seit 1949, die deutsche Einigung in einem europäischen Rahmen herbeizuführen. Der erste Schritt dafür war die Teilnahme der Bundesrepublik Deutschland an der Gründung der Europäischen Gemeinschaft und der Beitritt zum westlichen Bündnis. Beides stellte einen Bruch mit der deutschen und der europäischen Politik in der Vergangenheit dar. Deutschland hat damit definitiv seinen Standort eingenommen in den Gemeinschaften der westlichen Demokratien. Auf der Grundlage dieser festen Verankerung hat die deutsche Außenpolitik mit der Ostpolitik und mit einer gestaltenden und führenden Rolle in der KSZE-Politik des Westens den Weg zur Überwindung der Teilung Europas geöffnet.

Die Ostpolitik schuf einen Modus vivendi für das Zusammenleben der Bundesrepublik Deutschland mit der Sowjetunion und mit anderen Staaten des Warschauer Paktes. Voraussetzung dieser vertraglichen Regelung war es, durch den *Brief zur deutschen Einheit* das Ziel der deutschen Politik, die deutsche Spaltung zu überwinden, zum Bestandteil des Moskauer Vertrages und des Grundlagenvertrages mit der DDR zu machen. Damit wurde erneut die feste Einbettung des deutschen Schicksals in das europäische Schicksal zum Ausdruck gebracht. Die KSZE-Politik wurde zu einer Ostpolitik des Westens, wobei es für Deutschland wichtig war, dass die Schlussakte von Helsinki das Recht auf die Vereinigung Deutschlands und die Abgabe von Souveränitätsrechten an die EU offen hielt und zugleich Menschenrechte, Demokratie und humanitäre Fragen ebenso zum Bestandteil der neuen Ostpolitik machte wie wirtschaftliche Fragen. Das führte zu einer Systemöffnung im Osten, in deren Rahmen Persönlichkeiten wie Gorbatschow und Schewardnadse ihr neues Denken und ihre neue Politik verwirklichen konnten.

Bis zum Beginn dieser neuen Politik und neuen politischen Strategie hatte die Sowjetunion immer wieder Freiheitsbewegungen in ihrem Machtbereich durch militärische Interventionen niedergeschlagen: am 17. Juni 1953 in der damaligen DDR, 1956 in Ungarn und 1968 in der früheren Tschechoslowakei. Auch der Bau der Mauer unter Verletzung der alliierten Vereinbarungen für Berlin muss genannt werden. Die Reaktion des Westens auf diese brutalen und einseitigen Maßnahmen der Sowjetunion war zwar verbal hart, aber im Kern eher hilflos. Es fehlte eine politische Strategie zur Überwindung der Teilung Deutschlands und Europas. Nach 1969 ist es nicht mehr zu militärischen Interventionen der Sowjetunion in einem Land des Warschauer Pakts gekommen. Das war der erste sichtbare Erfolg der neuen Politik. Hinzu kam die systemöffnende Wirkung der westlichen KSZE-Politik, die überall die Bürgerrechtler und die Protestbewegungen stärkte. Mit dem Auftreten von Sacharow in der Sowjetunion, Václav Havel in Prag, *Solidarność* in Polen wurde das besonders deutlich.

1989 flossen die Freiheitsentwicklungen im sowjetischen Machtbereich zu einem großen Strom für Freiheit und Demokratie zusammen. Wir erlebten 1989 eine wahrhaft europäische Freiheitsrevolution. Dieses geschichtliche europäische Ereignis hat dem Gedanken der europäischen Einigung eine neue Legitimation gegeben.

Verständlicherweise stand aus deutscher Sicht im Herbst des Jahres 1989 die Besorgnis erregende Lage in der damaligen DDR im Vordergrund. Schon seit dem Sommer flüchteten DDR-Bürger aus Ungarn über die Grenze in den Westen. In dieser zunehmend ernsten Situation tolerierte die damalige tschechoslowakische Führung die Aufnahme von immer mehr Flüchtlingen aus der damaligen DDR in der Botschaft, vor allem ließ sie alle Maßnahmen zu, die wir ergreifen mussten, um die Versorgung für zunächst Hunderte, dann Tausende von Zufluchtsuchenden in der Botschaft sicherzustellen. Sie hätte durch administrative Maßnahmen leicht die Bereitstellung von Lebensmitteln, Schlafgelegenheiten und sanitären Einrichtungen behindern können. Auch die Anwesenheit von immer mehr Angehörigen des Auswärtigen Dienstes zur Betreuung der Zufluchtsuchenden wurde nicht behindert. Aber die Öffnung der Tore der Botschaft machte sie von der Zustimmung der DDR-Führung abhängig. Als schließlich der Ständige Vertreter der DDR in Bonn am 30. September 1989 mitteilte, dass die DDR mit der Ausreise in Sonderzügen über das Gebiet der DDR in die Bundesrepublik Deutschland einverstanden sei, bedeutete das eine Kehrtwende in der Haltung der DDR-Führung. Vorangegangen waren Gespräche, die ich in New York mit dem Außenminister der DDR, Fischer, mit dem sowjetischen Außenminister, Schewardnadse, und mit den unser Anliegen unterstützenden Außenministern der USA, Frankreichs und Großbritanniens, James Baker, Roland Dumas und Douglas Hurd, geführt hatte. Die Kehrtwende der DDR-Führung und die tiefe emotionale Bewegung, die die Ausreise aus der Botschaft auslöste, veränderten die Lage in der DDR schlagartig. Die emotionalen und politischen Auswirkungen waren unübersehbar. Binnen zehn Tagen war aus dem „Nein" der DDR-Führung ein „Ja" zur Ausreise aus einem dritten Land, aus einem Zufluchtsland für DDR-Bürger geworden. Von hier führt eine gerade Linie hin zum 9. November, zu der Öffnung der Mauer. Die Weigerung des Auswärtigen Amtes, die Berliner Mauer auch vor unseren Botschaften in Budapest, Prag und Warschau zu errichten, und der unübersehbare Wille der Menschen zur Ausreise mündeten schließlich in der Öffnung der Mauer. So kann man heute rückblickend feststellen, dass der Wille der Menschen in der früheren DDR, das Recht auf Freizügigkeit wahrzunehmen, der in der Zuflucht zu den Botschaften der Bundesrepublik in Ungarn, der Tschechoslowakei und Polen zum Ausdruck kam, und der Wille, die Lebensverhältnisse zu verändern und Freiheit und Einheit durchzusetzen, der in den friedlichen Demonstrationen des Herbstes 1989 zum Ausdruck kam, den Weg zur Überwindung der Teilung Deutschlands und Europas öffneten. Sie, die Bürgerinnen und Bürger der DDR haben ebenso wie die Menschen der mittel- und osteuropäischen Staaten mit Verantwortung und Augenmaß nicht nur ihr eigenes Schicksal, sondern das Schicksal Deutschlands und Europas in die Hand genommen. Alles das wäre nicht möglich gewesen, wenn nicht überall im sowjetischen Machtbereich die Völker für Freiheit und Demokratie aufgestanden wären.

Dem muss die Europäische Union jetzt gerecht werden, wenn es darum geht, neue Mitglieder in die EU aufzunehmen. Wir könnten heute nicht von einem ungeteilten Europa sprechen, wenn nicht die mitteleuropäischen Völker im sowjetischen Machtbereich die Fahne der Freiheit gehisst hätten. Daraus ergibt sich die Verantwortung, ihnen so schnell wie möglich den Weg in die Europäische Union zu ebnen.

Die Tschechische Republik ist heute schon zusammen mit Polen und Ungarn Mitglied der NATO. Diese drei Länder haben von dem in der Schlussakte von Helsinki verankerten Recht Gebrauch gemacht, sich einem Verteidigungsbündnis anzuschließen. Dies macht sie heute zu unseren Verbündeten, so wie sich durch das Ende des Kalten Krieges insgesamt die Lage für Deutschland in Europa grundlegend verändert hat: Zum ersten Mal in seiner Geschichte ist Deutschland nur von Verbündeten umgeben, wenn man einmal von Österreich und der auf Neutralität verpflichteten Schweiz absieht. Deutschland, nur von Verbündeten umgeben, das bedeutet, dass zum ersten Mal der politische und strategische Standort unseres Landes unserer geografischen Mittellage entspricht. Hier zeigen sich die Auswirkungen der historischen Entscheidung Deutschlands für die Mitgliedschaft in den westlichen Gemeinschaften: Deutschland nicht im überholten Kräfte- und Gleichgewichtsspiel des 19. und beginnenden 20. Jahrhunderts, sondern als Stabilitätspartner in Europa.

Dies muss auch berücksichtigt werden, wenn man über die Aussöhnung der Deutschen mit ihren Nachbarn spricht. Der Grad der Partnerschaft mit dem einen oder anderen Land mag zwar unterschiedlich sein; die Fundamente für die Aussöhnung sind im Falle der deutsch-tschechischen Beziehungen mit dem *Vertrag über gute Nachbarschaft und freundliche Zusammenarbeit* von 1992, der Einrichtung eines Fonds zur Entschädigung der tschechischen Opfer des Nationalsozialismus, der Gründung eines gemeinsamen Jugendwerkes und der gemeinsamen Erklärung von 1997 jedoch gelegt und unumkehrbar. Staatspräsident Havel hat ein mutiges und sichtbares Zeichen der Versöhnung gesetzt, als er die Vertreibung ein Unrecht nannte. Die Aussöhnung mit dem tschechischen Volk ist nicht nur ein moralisches Gebot, sie ist auch unverzichtbar für dauerhafte Stabilität in Europa.

Natürlich wird diese Entwicklung erst abgeschlossen, wenn Tschechien, Ungarn und Polen auch Mitglieder der Europäischen Union geworden sind. Es ist zu hoffen, dass sich die Mitgliedstaaten der NATO, die zugleich Mitgliedstaaten der EU sind, dieser Konsequenz voll bewusst werden. Die zögerliche Haltung mancher EU-Regierungen bei der Aufnahme neuer Mitglieder in die Europäische Union spricht nicht gerade von politischem Weitblick, denn die Friedens- und Stabilitätszone Europa braucht wirtschaftlich gesunde, sozial und politisch stabile Länder. Diese wirtschaftliche, soziale und politische Stabilität wird aber zuallererst von der Mitgliedschaft in der EU ausgehen. Die Aufnahme neuer Mitglieder ist die logische Konsequenz des europäischen Integrationsgedankens.

Dieser geht zurück auf eine alte gemeinsame Geistes- und Kulturgeschichte und er allein eröffnet der Union selbst zukunftsfähige Perspektiven.

Es darf nicht dazu kommen, dass der Beitritt der Tschechischen Republik zur EU von Vorbedingungen abhängig gemacht wird, die von dazu nicht legitimierten Gruppen in Deutschland aufgestellt werden. Im Übrigen sollten diejenigen Mitglieder der EU, die jetzt daran gehen, einen neuen kühnen Schritt hin zur politischen Union einzuleiten, auch diejenigen Beitrittsländer einbeziehen, die zu weit reichender Integration entschlossen sind. Niemand kann gezwungen werden, den neuen Integrationsschritt zu tun; aber niemand darf daran gehindert werden mitzugehen, nur weil er durch die Machtverhältnisse nach dem Zweiten Weltkrieg gehindert war, zu den Gründungsmitgliedern der Europäischen Union zu gehören. Wann, so muss man fragen, waren sich unsere Völker so nah wie in den Jahren 1989 und 1990, als sie beseelt von den gleichen Wünschen und Sehnsüchten nach Freiheit und Demokratie den Eisernen Vorhang überwanden? Und, so muss man hinzufügen, will jemand wirklich verantworten, dass die Verpflichtung aus jenen so europäischen Jahren nicht erfüllt wird?

Ich wünsche mir, dass die Ereignisse vom Herbst des Jahres 1989, zu denen die Menschen in den Staaten Mittel- und Osteuropas und vor allem der damaligen Tschechoslowakei einen so großen Beitrag geleistet haben, die Überzeugung in unserem Lande stärken mögen, dass es sich lohnt, mit Verantwortung für Freiheit und Menschenrechte einzutreten, dass wir aber auch nie vergessen, dass das, was 1989 geschah, zugleich eine deutsche und eine europäische Freiheitsrevolution war. Die Haltung der Prager Bevölkerung zu den Zufluchtsuchenden war von den gleichen tiefen Gefühlen bestimmt. Sie verdient unsere Dankbarkeit und macht unsere Verantwortung für die Entwicklung des geeinten Europa deutlich.

Deutsche und Tschechen – ein Neubeginn

Jiří Dienstbier

Der kommunistische ungarische Außenminister Gyula Horn und sein österreichischer Amtskollege Alois Mock durchtrennten am 27. Mai 1989 den Stacheldraht an der Grenze ihrer beiden Länder. Die

Regierung in Budapest öffnete damit die Grenze für ungarische Staatsbürger, am 11. September dann für alle. Tausende Ostdeutsche flohen in den glücklicheren Teil ihres Vaterlandes. In verzweifelter Ratlosigkeit machte das tschechoslowakische Jakeš-Regime die Grenze nach Ungarn für Ostdeutsche dicht und verschaffte so den Pragern ein einzigartiges Erlebnis und eine völlig neue Erfahrung: Die Deutschen kletterten über den Zaun in den Garten der deutschen Botschaft. Bald hatten sich dort mehrere tausend Menschen zusammengefunden. Staunend verfolgten die Menschen in Prag diese „Abstimmung mit den Füßen"; vor ihren Augen begann die Berliner Mauer, die in Eisenbeton gegossene Teilung Europas, zu bröckeln.

In der tausendjährigen Geschichte der nachbarschaftlichen Beziehungen, der positiven wechselseitigen Kontakte und der Konflikte, wurde, nachdem man ein halbes Jahrhundert lang alle Vergangenheits- und Gegenwartsprobleme tabuisiert hatte, eine neue Etappe eingeläutet. Die führenden Vertreter der tschechoslowakischen Nachnovemberpolitik, darunter auch der Präsident der Republik, der Außenminister und der spätere Verteidigungsminister, hatten sich bereits 1985 aktiv an der Formulierung des Prager Aufrufs beteiligt, der die Überwindung der politischen Blockbildung und die Vereinigung Europas mit einem geeinten Deutschland verband. Im Prager Aufruf vom 11. März 1985 heißt es:

„Auch können wir manchen bisherigen Tabus nicht ausweichen, zum Beispiel der Teilung Deutschlands. Wenn man im Rahmen der europäischen Einigung zukünftig niemandem das Recht auf Selbstverwirklichung absprechen kann, dann gilt das auch für die Deutschen. Wie jedes Recht darf auch dieses nicht auf Kosten anderer verwirklicht werden oder unter Missachtung von deren Befürchtungen. Wir erklären daher unmissverständlich, dass der Ausgangspunkt nicht in einer erneuten Revision der europäischen Grenzen liegen kann. Die Grenzen sollten im Rahmen der europäischen Annäherung mehr und mehr an Bedeutung verlieren. Das jedoch kann nicht als Gelegenheit zu nationalistischen Rückfällen ausgelegt werden. Doch sollten wir den Deutschen offen das Recht zugestehen, frei zu entscheiden, ob und in welcher Form sie die Vereinigung ihrer beiden Staaten innerhalb der heutigen Grenzen wollen."

Gerade dies ereignete sich fünf Jahre später, „im Rahmen des europäischen Annäherungsprozesses", „frei", innerhalb der Grenzen der BRD, der DDR und West-Berlins. Die Autoren des Prager Aufrufs waren 1985 die erste organisierte Gruppe in ganz Mittel- und Osteuropa, die sich für eine deutsche Einigung ausgesprochen hatte. Eine derartige Haltung würden wir wohl selbst im Westen vergeblich suchen. Zu jener Zeit konstatierte Giulio Andreotti, damals italienischer Außenminister, „dass zwei deutsche Staaten existieren und dass es auch zwei bleiben müssen." Sein Hauptargument war, dass man keinerlei Zweifel an dem in Jalta geschaffenen System aufkommen lassen könne. Etwaige Zweifel dieser Art hielt er für „weit gefährlicher als die atomaren Arsenale." In der Unabänderlichkeit der Teilung Europas sah er auch für sich eine bequeme Stabilität. Deutsche Politiker wagten so gut wie nicht, öffentlich zu dieser Frage Stellung zu beziehen. Einer der mutigsten war damals der heutige Bundespräsident Johannes Rau. Er vertrat die Auffassung, dass es in den politischen Beziehungen zur DDR eines der Ziele sein müsse, „die Mauer durchlässiger zu machen."

Mein im Februar 1986 abgeschlossenes Buch *Snění o Evropě* (Europa träumen) kommentiert die Debatte um die deutsche Frage u. a. wie folgt:

„Im Rahmen der Offenheit der europäischen Frage [...] muss die Offenheit der deutschen Frage eindeutig anerkannt werden. Im übrigen ist die Behauptung, dass die Geschichte abgeschlossen sei bzw. dass sich in der offenen Geschichte das Kapitel eines Gebiets, eines Volks oder einer Zeit schließen lasse, ganz einfach Unsinn."

Die Nachnovemberpolitik der Tschechoslowakei war sich vom ersten Augenblick an bewusst, dass die Beziehungen zu dem sich einigenden Deutschland grundlegende Bedeutung haben. Am 12. Dezember 1989, am Tag nach meinem Amtsantritt im Černín-Palais, stattete mir auch der Botschafter der DDR Ziebart einen Besuch ab. Er teilte mir mit, dass die DDR die Beziehungen zur BRD über den Rahmen des derzeitig bestehenden Abkommens hinaus erweitern wolle, „auf der Grundlage, dass die DDR in ihrer Souveränität und damit die Existenz zweier deutscher Staaten respektiert werde". Das könne, so der Botschafter, „nach gewisser Zeit zu gemeinsamen Überlegungen über mögliche Formen einer Konföderation führen." Ich merkte an,

„dass man es keiner Nation und keiner Gruppe verwehren könne, ihre Angelegenheiten nach eigenem Gutdünken zu regeln." Auch die DDR, sagte Ziebart darauf, gehe von der Respektierung des Selbstbestimmungsrechts aus, doch sei die Mehrheit in der DDR vor allem aus sozialen Gründen gegen eine Vereinigung.

In der Verhandlung mit H.-D. Genscher am 23. Dezember in Waidhaus - wir hatten zuvor in einem symbolischen Akt den Stacheldraht an der Grenze durchtrennt - äußerte ich meinen Wunsch, sowohl die Beziehungen zu Deutschland als auch zu allen anderen demokratischen Staaten möglichst schnell zu normalisieren. Ich bot meinen offiziellen Besuch in Deutschland an, ersuchte um ein Treffen zwischen Premier Čalfa und Kanzler Kohl und übermittelte an Bundespräsident Richard von Weizsäcker die von Václav Havel ausgesprochene Einladung nach Prag.

Die erste Reise des neuen Präsidenten Havel führte in die beiden damaligen deutschen Staaten. Die Delegation besuchte im Laufe eines einziges Tags, am 2. Januar 1990, Berlin und München. Dieser Besuch hatte eher symbolischen Charakter und war weniger ein Arbeitstreffen. Wir ließen uns am Brandenburger Tor vor den Resten der geschleiften Berliner Mauer fotografieren. Die in Beton gegossene Verwirklichung des „Eisernen Vorhangs", die Europa fast dreißig Jahre mitten durch eine seiner größten Städte zerschnitten hatte, schwand vor unseren Augen. Europa, dessen Teilung durch Deutschland und Berlin lief, vereinigte sich. Jedenfalls äußerlich.

Oscar Fischer, der Außenminister der DDR, schlug bei unserem Gespräch vor, das Vorgehen bei den bilateralen Verhandlungen mit den gemeinsamen Nachbarn zu koordinieren, mit Polen also und der Bundesrepublik Deutschland. Fischers Vorschlag war kaum realisierbar. Obwohl über die Wiedervereinigung Deutschlands bisher nicht entschieden war, war sie auf vielerlei Ebenen bereits in vollem Gange. Zu diesem Zeitpunkt wollten wir in erster Linie die Grenzen öffnen und die Begegnungen zwischen den Menschen erleichtern. Ich erinnerte an die so genannte Diplomatie des Volkes, wie sie sich nach der Unterzeichnung der Helsinki-Akte Geltung verschaffte, als eine der Möglichkeiten, die Abkapselung der kommunistischen Gesellschaften zu überwinden. Oscar Fischer zeigte sich einverstanden, was bezeugte, wie sehr sich die Situation gewandelt hatte. Die Denkstrukturen der immer noch unter Schock stehenden Vertreter der DDR verriet jedoch auch seine rhetorische Frage:

„Wer kann diese Diplomatie des Volkes besser garantieren als unser Außenministerium?"

Das Treffen mit den Vertretern der Opposition, die, zusammengeschlossen im *Forum* mit der DDR-Regierung am „runden Tisch" verhandelten, knüpfte an alte freundschaftliche Bindungen an. Mit vielen von ihnen hatte es in den vergangenen Jahren Begegnungen in Prag gegeben, nicht selten assistiert vom Staatssicherheitsdienst. Wer von der Polizei registriert worden war, erhielt bei späteren Grenzkontrollen keine Einreise mehr in die Tschechoslowakei. Václav Havel eröffnete unsere Zusammenkunft, indem er daran erinnerte, dass wir noch vor ein paar Tagen als normale Bürger in Pullovern allein am „runden Tisch" gesessen hätten. Ein Gefühl der Nähe verbinde uns. Das Bürgerforum (*Občanské fórum*) und seine slowakische Schwester Öffentlichkeit gegen Gewalt (*Verejnost' proti násiliu*) hatten ganz ähnliche Ursprünge wie das deutsche *Forum*. Dessen Entstehung sei für die Tschechen von inspirierender Bedeutung gewesen.

Auf der gemeinsamen Pressekonferenz mit dem Präsidenten der DDR sagte Havel, dass Deutschland über Jahrhunderte hinweg unser größter und bedeutendster Nachbar gewesen sei, ein Land, in dem Probleme entschieden würden, die ganz Europa beträfen. Der Einigungsprozess solle so vor sich gehen, dass Deutschland dabei die Angst vor den Deutschen zu nehmen wüsste, genauer gesagt die Angst vor Großdeutschland. „Einen friedliebenden demokratischen Staat muss niemand fürchten, und wäre er noch so groß", sagte der Präsident.

An dem Nachmittagstreffen mit westdeutschen Vertretern höchsten Ranges in München nahmen Präsident von Weizsäcker, Kanzler Kohl und Außenminister Genscher teil, außerdem bayerische Politiker wie Ministerpräsident Max Streibl, der CSU-Vorsitzende Theo Waigel und Minister Hans Klein. Wir wollten zeigen, dass München inzwischen kein Trauma mehr für uns ist, dass wir bereit sind, die negativen Seiten unserer gemeinsamen Geschichte hinter uns zu lassen. Die Delegation kam in München auch mit Vertretern unabhängiger Gruppen und oppositioneller Parteien zusammen, die bereits lange Jahre in Kontakt zu den tschechoslowakischen Dissidenten standen. Manche von ihnen hielten die Äußerung des bayerischen Ministerpräsidenten für unangebracht, Bayern habe seine Freundschaft zur Tschechoslowakei bereits dadurch unter Beweis gestellt, dass es nach dem Krieg eine große Zahl ausgesiedelter Deutscher aufnahm. Dieses historische Problem, zu dessen Lösung jetzt mühsam Wege gesucht werden und zu dem es sehr unterschiedliche Sichtweisen gibt, gehörte ihrer Meinung nach nicht in eine Begrüßungsansprache.

Petr Uhl von der osteuropäischen Informationsagentur (VIA) fragte mich in Zusammenhang mit der in Berlin und München zur Sprache gekommenen sudetendeutschen Problematik bereits am 2. Januar in der bayerischen Metropole, ob ich die Angst vor einem deutschen Revanchismus teile. Ich antwortete: „Ich meine, dass diese Ängste ganz und gar überflüssig sind, weil nicht einmal diejenigen, die unsere Propaganda als Revanchisten bezeichnete, etwas anderes als die Wiederherstellung der Reichsgrenzen von 1937 fordern und somit zu keiner Zeit Anspruch auf die tschechoslowakischen Grenzgebiete erhoben haben." „Auch für eine Rückkehr zum Jahr 1937 gibt es keine Berechtigung", fügte ich hinzu, damit es zu keinem Missverständnis in den Beziehungen zu Polen komme. „Auch eine Entschädigung für die Aussiedlung der deutschen Bevölkerung oder deren Verlauf steht außer Diskussion. Wollten wir nämlich alle Schäden auflisten, die wir uns seit 1938 bis heute zugefügt haben, dann müssten wir auch bedenken, dass das, was wir in den letzten fünfzig Jahren durchgemacht haben, auch dadurch verursacht war, dass Hitler und der deutsche Faschismus die europäische Ordnung umgestürzt und den Krieg ausgelöst haben und dass dies bei einem erheblichen Teil der sudetendeutschen politischen Kräfte Unterstützung fand. Für all das zahlen wir eigentlich bis heute, wegen all dem war es schließlich zum Krieg gekommen, war Europa geteilt worden und erst heute eigentlich können wir an das anknüpfen, was hier im Jahr 1938 bestand."

Am 1. und 2. Februar 1990 traf ich mit H.-D. Genscher in Nürnberg zusammen. Die zweitägigen Gespräche verliefen sehr offen und freundschaftlich. Dazu trug auch die Nürnberger Atmosphäre bei, das Bemühen und die Gastfreundlichkeit des Oberbürgermeisters. Die kulturellen Denkmäler Nürnbergs, nicht zuletzt die Statue Karls IV., die von der Frauenkirche auf den Hauptmarkt blickt, atmen den Geist der jahrhundertelangen gemeinsamen deutschtschechischen Geschichte. Beim Abendessen machte ich meinen Amtskollegen Genscher darauf aufmerksam, dass auf meiner Tischkarte Seine Exzellenz, der Außenminister usw. stehe, auf seinem

Kärtchen hingegen der Titel Exzellenz fehle. Er lachte: „Zuhause ist niemand Exzellenz."

In den Gesprächen unterstützte die deutsche Delegation unsere Anliegen und betonte auch ihr eigenes Interesse an einer erfolgreichen Zusammenarbeit der Tschechoslowakei mit der Europäischen Gemeinschaft. Sie versicherte, unsere Bemühungen um einen raschen Abschluss des Abkommens über Handel und Zusammenarbeit zu unterstützen, was dann seine Verwirklichung in der Unterzeichnung unseres Assoziationsvertrags fand. Hans-Dietrich Genscher versprach auch seine tatkräftige Unterstützung bei der Aufnahme der Tschechoslowakei in die OECD, den Europarat und andere europäische Strukturen. Die deutsche Delegation sah für die Tschechoslowakei gute Chancen, auf Grund ihres kulturellen und industriellen Niveaus und ihrer Erfahrungen mit der Demokratie ein privilegierter Partner der integrierten westlichen Staatenwelt zu werden.

Die Wiedervereinigung Deutschlands war für Genscher zu jenem Zeitpunkt schon nicht mehr aufzuhalten. Nach den Märzwahlen in der DDR sollten die Parlamente der DDR und der BRD feierlich erklären, dass sie keinerlei territorialen Ansprüche erheben. Alle sich im Osten vollziehenden Veränderungen, einschließlich der Wiedervereinigung Deutschlands, erforderten seiner Meinung nach ein hohes Maß an diplomatischer und staatsmännischer Kunst. Die Ängste der Nachbarstaaten vor einem demokratischen deutschen Staat seien gegenstandslos. Die deutsche Einheit könne sich nicht ohne gesamteuropäischen Konsens vollziehen, aber auch die Einheit Europas sei ohne ein vereintes Deutschland nicht möglich. Genau so hatten wir es im Prager Aufruf gesehen.

Auf der Pressekonferenz versicherte Genscher die Journalisten, dass kein Grund zur Angst vor einem wieder vereinigten Deutschland bestehe, wenn das neu geschaffene Gebilde in die politischen, ökonomischen und kulturellen Strukturen Gesamteuropas eingebunden werde. Auch wir hatten uns von Anfang an für die Eingliederung eines wiedervereinigten Deutschlands in die europäischen Strukturen und auch in die atlantische Allianz ausgesprochen. In Nürnberg vereinbarten wir außerdem die Einrichtung von Konsulaten in München und in Bratislava sowie die gegenseitige Abschaffung der Visapflicht. Ab Juli 1990 konnten die tschechoslowakischen Staatsbürger frei über die westliche Grenze ausreisen.

Die Beziehungen zwischen den beiden Ländern begannen sich rasch zu entwickeln. Eines der bedeutendsten Ereignisse im Prozess der deutsch-tschechischen Verständigung war der Besuch R. von Weizsäckers am 15. März 1990 in Prag, 51 Jahre nach dem Einmarsch von Adolf Hitler. Der Staatsbesuch und die Ansprachen der beiden Präsidenten zielten auf die Überwindung der historischen Spannung zwischen Tschechen und Deutschen. Richard von Weizsäcker sagte auf der Prager Burg:

„Es war eine edle Geste Václav Havels, seinen Nachbarn aus der Bundesrepublik Deutschland am 15. März auf die Prager Burg einzuladen. Jeder bei uns zu Hause versteht die tiefe Symbolik dieses Schrittes zum Frieden. Wir tun diesen Schritt überzeugt und gemeinsam." [Dieser Tag] „war der Beginn sechsjähriger Unterdrückung und Okkupation, die durch politische Erpressung und Waffengewalt erzwungen wurde. Es war die Niederlage von Recht und politischer Moral. Durch die Deutschen ist Ihrem Land und seinem Volk großes Unrecht zugefügt worden. Der 15. März 1939 bedeutete außerdem einen entscheidenden Schritt zum Zweiten Weltkrieg [...] Die Folge war unermessliches Leid [...] Die Namen vieler Dörfer und Städte bei Ihnen und bei uns, von Lidice bis Dachau, sind ein Memento für Brutalität und Verachtung der Menschlichkeit geworden [...] Wenn wir einander in Frieden und Freundschaft begegnen wollen, dann müssen wir aufrichtig sein, zueinander und ebenso jeder einzelne gegenüber seiner eigenen Vergangenheit. ‚Jeder muss bei sich selbst beginnen, wenn er etwas verbessern will', sagt Ihr großer Denker Komenský. Auf den einzelnen kommt es an. Schuld wie Unschuld ist niemals kollektiv, sondern persönlich [...] Für uns existiert keine isolierte Nationalpolitik. Hinter uns liegt eine Epoche, in der sich ein guter Patriotismus in einen bösen, gegen die Nachbarn gerichteten Nationalismus verwandelt hat und zu vernichtenden europäischen Bruderkriegen führte. Deutsche und Franzosen haben diesen Nationalismus gemeinsam überwunden, so sollte es auch zwischen uns sein [...] Der Prozess unserer nationalen Wiedervereinigung muss sich bewähren und unter Beweis stellen, dass er Bestandteil und treibende Kraft der europäischen Vereinigung ist [...] Keine der großen Aufgaben unserer Zeit lässt sich mehr im engen nationalen Rahmen lösen."

In dieser Märzansprache Richard von Weizsäckers ist, wie man sieht, alles enthalten, was für die deutsch-tschechischen Beziehungen von wesentlichem Belang ist. Dazu gehört auch die folgende Passage:

„Wir Deutsche wissen sehr gut, wie wichtig es ist, dass wir durch unsere Wiedervereinigung unseren Nachbarn keinerlei Anlass zu alten oder neuen Befürchtungen geben. Wir wollen und werden die Gefühle, mit der sie unsere Entwicklung verfolgen, in höchstem Maße ernst nehmen [...] In Wort und Tat wollen wir die Menschen davon überzeugen, dass die deutsche Einheit nicht nur demokratisch legitim, sondern auch dem Geist des Friedens in Europa förderlich ist."

Václav Havel äußerte sich ähnlich:

„Denn die Zeit ist reif, dass wir uns endlich die Hand reichen, mit freundschaftlichem Lächeln und dem sicheren Gefühl, dass wir einander nicht mehr fürchten müssen, denn es verbindet uns dieselbe teuer bezahlte Achtung gegenüber dem menschlichen Leben, den Menschenrechten, der bürgerlichen Freiheit und dem allgemeinen Frieden."

Auf der Grundlage reichen dokumentarischen Materials analysierten wir die Folgen der deutschen Wiedervereinigung für die Tschechoslowakei. In den Verhandlungen mit den Großmächten sowie mit Polen, Dänemark, den Niederlanden und Belgien konnten wir uns davon überzeugen, dass die Großmächte während des Einigungsprozesses nichts anderes verhandelten, als die internationalen Abkommen bereits bestätigten. Und schon gar nicht verhandelt wurde die innerstaatliche Gesetzgebung souveräner Staaten. Die Nachkriegsordnung hat uneingeschränkt Bestand, und eine Debatte darüber ist nicht statthaft. Die Oder-Neiße-Grenze wurde bis heute durch keinerlei Abkommen definitiv bestätigt. Wir haben daher eine polnische Beteiligung bei der Verhandlung dieses Punktes unterstützt und uns - im Einvernehmen mit Dänemark, Belgien und den Niederlanden - entschlossen, zunächst auf eine Beteiligung an den Zwei-plus-Vier-Gesprächen zu verzichten, sofern keine Frage zur Diskussion steht, die unsere Gegenwart erfordern würde. Da die Grenzen von 1937 auch von deutscher Seite nicht in Zweifel gezogen wurden und unter den Großmächten einhellige Übereinkunft bestand, dass sich Deutschland innerhalb der Grenzen der BRD, der DDR und Berlins wiedervereinigen würde und dass diese Grenzen definitiv seien und sein würden, ergab sich auch für uns kein die Grenze betreffendes Problem. Die Gültigkeit des Potsdamer Abkommens, durch das die Siegermächte nach der bedingungslosen Kapitulation Deutschlands bedingungslos festsetzten, wie sie mit ihm verfahren werden, stand für diese Großmächte außer Diskussion. Wir befassten uns außerdem mit eigentumsrechtlichen Fragen. 1954 wurde zwischen den drei Westmächten und der BRD der so genannte *Überleitungsvertrag* (Londoner Vertrag über Auslandsschulden) geschlossen. Insbesondere Kapitel VI, Nr. 3, Abs. I, im Wortlaut des Protokolls über die Beendigung der Okkupation Deutschlands, setzt fest, dass die Regierung der Bundesrepublik zukünftig keine Einwände gegen die Verwendung deutschen Eigentums, das in den Ländern der Anti-Hitler-Koalition enteignet worden war, erheben werde. Abs. 3 besagt des weiteren, dass gemäß diesen Satzungen jeder Anspruch oder jedes Verfahren gegen Personen, die dieses Eigentum erwerben oder auf die es überschrieben wird, unzulässig sei.

Es gibt Sudetendeutsche, die behaupteten, dass die Tschechoslowakei sich mit Deutschland nicht im Kriegszustand befunden habe. Die Tschechoslowakei habe „München" akzeptiert, und die legale Regierung nach dem Münchener Abkommen auch das Protektorat. Die Londoner Regierung war ihrer Meinung nach nicht legitimiert. Das ist schon aus rein formalrechtlicher Sicht ein Irrtum. Die Tschechoslowakei ist auf der Liste der Staaten der Anti-Hitler-Koalition eindeutig aufgeführt. Man versicherte uns, dass die Einigung Deutschlands daran nichts ändere. So war es dann auch. Der Vertrag zwischen den drei Großmächten und der BRD, der im Rahmen der Zwei-plus-Vier-Verhandlungen über die Wiedervereinigung Deutschlands abgeschlossen wurde, hebt zwar den Überleitungsvertrag von 1954 auf, legt aber fest, welche seiner Teile weiterhin gelten. Dazu gehören unter anderem Kap. VI, Nr. 3, Abs. 1 und 3. Die Bundesregierung kann und wird daher keinerlei Eigentumsansprüche geltend machen. Sie hat dafür auch andere Gründe, die sich zum Beispiel aus den Reparationsverträgen ergeben. Und sie hat auch ein bestimmtes politisches Interesse. Ansprüche dieser Art würden von den betreffenden Staaten als gefährlicher Präzedenzfall gesehen. Vor allem aber will die deutsche

Regierung nicht ihre Position als Regierung eines demokratischen Staates, der auf europäische Verständigung und Einigung hinarbeitet, in Zweifel ziehen.

Die im Rahmen der Zwei-plus-Vier-Verhandlungen abgeschlossenen Verträge sicherten die grundlegenden Sicherheitsinteressen der Tschechoslowakei unseren Analysen zufolge in vollem Umfang. In einem Brief vom September 1990 schrieb ich Außenminister Genscher, dass „es für Europa und für Deutschland selbst sicher nicht ohne Bedeutung sei, dass gerade die Tschechoslowakei als einer der Nachbarn von Anfang an volles Vertrauen in das demokratische Potenzial der Deutschen gehabt und den Einigungsprozess als Motor der gesamteuropäischen Integration verstanden habe [...] Der Augenblick ist gekommen, in dem wir uns in aller Verantwortung und möglichst umfassend mit den für die Beziehungen zwischen unseren beiden Staaten grundlegenden Prinzipien befassen und ihnen einen angemessenen vertraglichen Rahmen geben sollten."

Bei dem Arbeitsbesuch von Hans-Dietrich Genscher am 2. November 1990 in Prag erzielten wir Einigkeit darüber, dass es in den gegenseitigen Beziehungen keine prinzipiellen Probleme gibt und dass beiderseitiges Interesse an einer weiteren Entwicklung dieser Beziehungen besteht. Wir einigten uns auf die Ausarbeitung eines Vertrags über Partnerschaft und Zusammenarbeit, welcher der wesentlich veränderten Situation in Europa und den Erfordernissen des europäischen Einigungsprozesses Rechnung tragen würde. Dieser Vertrag sollte alle Zweifel hinsichtlich der Vergangenheit ausräumen, damit wir uns in den gegenseitigen Beziehungen ausschließlich der Zukunft zuwenden könnten. Territoriale Fragen waren unstrittig. Die wirtschaftlichen Beziehungen entwickelten sich auf allen Ebenen, auch im Grenzgebiet, vielversprechend. Deutschland unterstützte unsere Aufnahme in den Europarat und bei den Verhandlungen über unsere Angliederung an die europäische Gemeinschaft; im Helsinki-Prozess waren wir Partner. Abgesehen von kleinen Schönheitsfehlern, die es in jeder Beziehung gibt, waren die deutsch-tschechoslowakischen Beziehungen in allen Fragen der Gegenwart geradezu vorbildlich. Wollte sie jemand, wenn auch nur mit Worten, verletzen, so lag der unmittelbare Grund hierfür meist nicht in der Gegenwart, sondern in einer nicht verheilten Wunde der Vergangenheit.

Das heutige Deutschland gehört zu denen, die eine Erweiterung der EU am aktivsten vertreten. Es will nicht die östliche Bastion der demokratischen Welt sein. Es will nicht aufs Neue verurteilt sein, sich am Kampf um die Einflusssphären in Mitteleuropa beteiligen zu müssen. Die Mehrheit der deutschen Politiker will vermeiden, dass ein übermäßig starkes wieder vereintes Deutschland neue Befürchtungen auf Grund alter Erfahrungen mit dem deutschen Imperialismus hervorruft. Sie wissen, dass die nordatlantische Allianz, der sie gemeinsam mit ihren - auch östlichen - Nachbarn angehören werden, die beste internationale Garantie für ihre Demokratie ist, wenn womöglich erneut ein deutscher Nationalismus aufleben würde. Durch die Einbindung der nord- und der mitteleuropäischen Staaten möchten sie daher ihr spezifisches Gewicht in diesen Institutionen und in Europa überhaupt verringern. Sie sind sich bewusst, dass der allergeringste Druck von deutscher Seite negative Reaktionen auslösen würde, und das nicht nur in den kleineren Nachbarländern, die in der Vergangenheit schlechte Erfahrungen mit der deutschen Großmacht gemacht haben, sondern auch in Frankreich und Großbritannien.

Als der neue tschechische Premier im Sommer 1998 eine ungeschickte Bemerkung über die Sudetendeutschen machte, deren Sinn dann in der deutschen Wahlkampagne eine Verschiebung erfuhr, löste dies ein kleines Scharmützel aus. Und sofort waren auch aus Westeuropa Stimmen zu hören - selbst wenn der tschechische Premier hier den Anstoß gegeben haben mag -, dass die Deutschen sich nicht geändert hätten. Weder die deutsche Regierung und schon gar nicht die Opposition unterlagen einer populistischen Versuchung in Sachen Außenpolitik, wenn auch der Kanzler, der die Wahlniederlage ahnte, nahe daran war. Trotz einiger ursprünglich scharfer Reaktionen überwog sehr bald ein ausgeglichener Standpunkt, der nicht nur jene Bemerkung, sondern auch die antitschechischen Ausfälle der Landsmannschaft und einiger bayerischer Politiker verwarf.

Diese Grundhaltung findet im gegenwärtigen Fortschritt der deutsch-tschechischen Beziehungen ihren Ausdruck. Deren Dynamik machte möglich, was beim Abschluss des deutsch-tschechoslowakischen Vertrags 1992 und bei der Erklärung (1997) noch nicht möglich gewesen war. Beim Besuch von Ministerpräsident Miloš Zeman am 8. März 1999 in Bonn erklärte Bundeskanzler Gerhard Schröder sowohl in den Gesprächen als auch später öffentlich (nach einem Mitschnitt während der Pressekonferenz im Kanzleramt):

„Die Geschehnisse, zu denen es im Zusammenhang mit dem Zweiten Weltkrieg kam und die sich aus ihm ergaben, sind Teil einer abgeschlossenen Periode, einer abgeschlossenen historischen Epoche, und unserer Meinung nach unumkehrbar. Denen, die gelitten haben, gehört selbstverständlich unser Respekt. Wir müssen jedoch jetzt Perspektiven für die Gegenwart und die Zukunft entwickeln. Wir sind uns daher einig, dass wir unsere Beziehungen nicht mit politischen und juristischen Fragen belasten werden, die aus der Vergangenheit resultieren, sondern dass wir in die Zukunft blicken. Wir halten daher diese Fragen für erledigt. Die Regierungen beider Staaten werden daher in diesem Zusammenhang weder jetzt noch in Zukunft eigentumsrechtliche Fragen aufwerfen oder Forderungen stellen. Ich unterstreiche in aller Deutlichkeit: Dies gilt für beide Seiten."

Miloš Zeman fügte diesem entschlossenen Schritt für die tschechische Seite hinzu:

„Die neue tschechische Regierung [...] geht davon aus, dass bei Wahrung der rechtlichen Kontinuität der tschechischen Rechtsordnung die Rechtskräftigkeit einiger im Jahre 1945 erlassener Gesetze auf Grund der veränderten geschichtlichen Situation bereits erloschen ist. Ich denke, dass diese Erklärung zu einer erheblichen Verbesserung unserer Beziehungen führt, die in Zukunft nicht mehr von der Vergangenheit belastet sein werden."

Nur der Zerfall der europäischen Integration würde alle Staaten aufs Neue in den Kampf um Macht und Sicherheit treiben und nationalistische Fanatismen wieder entfachen. Auch deswegen tut es Not, die Vertrauenswürdigkeit der Atlantischen Allianz zu erhalten und die Erweiterung der Europäischen Union in erster Linie als politische Aufgabe zu sehen. Schon für Jean Monnet, Robert Schuman, Konrad Adenauer und andere verfolgte die ökonomische Verflechtung nicht nur rein ökonomische Zwecke. Vielmehr sahen sie darin auch den Weg zu einer friedlichen Zusammenarbeit der europäischen Nationen, durch die frühere Feindschaft überwunden werde.

Die Deutsch-tschechische Erklärung oder Mensch bleiben

Tomáš Kafka

Prolog: *Als sich 1976 im Finale der Fußball-Europameisterschaft unerwartet die Mannschaften der Tschechoslowakischen Sozialistischen Republik und der Bundesrepublik Deutschland gegenüberstanden, schlug mein Herz, das Herz eines elfjährigen tschechischen Fußballfans, für die westlichen Nachbarn. Vielleicht äußerten sich in jenem Augenblick erste, eher unterbewusste Zweifel an der kommunistischen Heimat, vielleicht hatte es mir aber auch nur der elegante Dress von Beckenbauer & Co. angetan. Jedenfalls war ich während des entscheidenden Elfmeterschießens völlig außer mir. Abergläubisch und sportbesessen war ich bereit, „egal was" für den Sieg unserer Gegner zu geben. Mein „egal was" bewirkte nichts: Europameister wurden wir.*

Von den deutsch-tschechischen Beziehungen hieß es bis vor kurzem, dass sie durch die historischen Belastungen blockiert seien. Um dies zu untermauern, führte man die statistisch hohe Zahl der Opfer auf beiden Seiten ins Feld. Im Anschluss daran vergaß man nicht zu drohen, dass diese Last - schließlich könne man ja nie wissen - vielleicht „erblich" und damit überzeitlich sei. Jeder Erfolg im gemeinsamen Dialog wurde von dem leichten Seufzer begleitet, dass das Positive sowieso von niemandem wahrgenommen werde und eine Schwalbe noch keinen Sommer mache. Das Negative dagegen wurde höchst aufmerksam registriert, denn es ließ sich zum Beweis historischer „Wahrheiten" gebrauchen. Außerdem hatte es den Nebeneffekt, dass auch seine Propagandisten in die Geschichte eingingen. Es handelte sich jedoch bei diesen Zuträgern schlechter Nachrichten keineswegs um wirkliche Persönlichkeiten, sondern eher um Personen von regionalem Zuschnitt.

Der Fehdehandschuh war dennoch geworfen und so nistete sich im Laufe der 90er Jahre des 20. Jahrhunderts in der tschechischen wie in der deutschen Öffentlichkeit das Gefühl ein, nur eine Handvoll auserwählter „Giganten" des europäischen Humanismus könnte die deutsch-tschechischen Beziehungen aus dem Teufelskreis der Erblast befreien, indem sie die negative Quantität durch positive Qualität überwänden. In Hinblick auf die unerschütterliche Stellung im eigenen Land und in Europa sah man diese Fähigkeit verkörpert in den Präsidenten Václav Havel und Richard von Weizsäcker bzw. Roman Herzog sowie in Premier Václav Klaus und Kanzler Helmut Kohl. Nach langen Verhandlungen und noch längeren Verhandlungspausen wurde am 27.1.1997 die *Deutsch-tschechische Erklärung über die gegenseitigen Beziehungen und deren künftige Entwicklung* angenommen (im weiteren *Erklärung*). Die deutsch-tschechischen Beziehungen sollten von dem bösen „Fluch" befreit werden, und unsere Helden verpflanzten das zarte Blümchen der deutsch-tschechischen Beziehungen aus dem historischen Räuberdickicht in das Wundergärtlein der europäischen Partnerschaft.

Wenn in der Tat alles so einfach wäre, bräuchte man nur noch zu sagen: und es war alles, alles gut. Nur dass die deutsch-tschechischen Beziehungen bereits vor der Unterzeichnung der *Erklärung* aus dem Märchenalter herausgewachsen waren, darauf hat im übrigen eine ganze Reihe von Leuten schon während der Phase der größten deutsch-tschechischen Miseren immer wieder verwiesen. Michael Frank, der Prager Korrespondent der Süddeutschen Zeitung, schrieb mit geradezu buldoggenhafter Hartnäckigkeit gegen das ebenso positive wie oberflächliche Vorurteil des „deutschen Lesers" an, dass es in Prag bzw. in der gesamten Tschechischen Republik von bisher nicht entdeckten Miniaturausgaben des populären Präsidenten Václav Havel nur so wimmele. Freilich bleibt zu fragen, ob dieses Vorurteil wirklich von einer größeren Gruppe geteilt wurde. Frank bemühte sich immerhin um unvoreingenommene Berichterstattung, ohne jegliche persönliche Rücksichtnahme, und seine Artikel waren Realität, wenn auch für viele nur eine virtuelle.

Ebenso fanden sich auf beiden Seiten zahlreiche Kenner, die bestrebt waren, die gegenseitigen Konflikte mit Sachlichkeit und Neutralität zu registrieren. Die Historikerin Eva Hahn machte bereits 1995 darauf aufmerksam, dass der Kern der Diskussion um die Vertreibung auf verhängnisvolle Weise übersehen werde. Es gehe nicht um die Rekonstruktion von Vergangenheit, sondern „darum, ob die kollektive Entrechtung und Aussiedlung von Millionen von Menschen unseren heutigen Rechtsnormen entsprechen und wie man in den beiden freien demokratischen Gesellschaften mit deren Folgen fertig werden kann. In diesem Sinn geht es um ein gemeinsames

Problem liberal denkender Tschechen und Deutscher, keineswegs um einen deutsch-tschechischen Antagonismus."

Trotz aller Anstrengung zeigte sich aber, dass die Legende von der deutsch-tschechischen Erbsünde und dem Fähnlein der Auserwählten ungewöhnlich tiefe Wurzeln hat. Als lebendiges Wasser der Wahrheit ganz eigener Art galten dabei verschiedene öffentliche Erklärungen, deren Autoren in individuellen, zweifellos gut gemeinten Aktionen um Wiedergutmachung und Versöhnung bemüht waren. Dabei hielt paradoxerweise allein der Glaube an den Erfolg avantgardistischer Versöhnungstaten von „Tschechen" und „Deutschen" die Legende vom ethnischen Antagonismus zwischen den beiden Völkern aufrecht. So kämpften zum Beispiel die Autoren der Erklärung *Versöhnung 95 zwischen Tschechen und Sudetendeutschen* (im weiteren *Versöhnung 95*), die sich um Wiedergutmachung der „Vertreibung von mehr als drei Millionen Deutschen aus den böhmischen Ländern und der Slowakei" bemühen, für die Aufnahme eines Dialogs zwischen der tschechischen Regierung und den politischen Vertretern der Sudetendeutschen. Dieser sollte die Lösung des Konflikts in den deutsch-tschechischen Beziehungen herbeiführen und damit, wie in einem Märchen, den „definitiven Schlussstrich" unter die unlängst geschehene Tragödie im Zusammenleben der beiden Völker ziehen. Der Schlusspunkt, von dem die Autoren der *Versöhnung 95* sprechen, erwies sich aus rein emotionaler Sicht als überflüssige Quelle von Missverständnissen, besonders im deutschen Kontext der Erfahrungen mit der Generationenrevolte Ende der 60er Jahre. Aber ganz abgesehen davon suggerierte diese Terminologie den Eindruck, dass all die „Schlussstrich"-Propagandisten in erster Linie einen Weg suchten, vor dem schlechten Gewissen davonzulaufen.

Der Topos des „definitiven Schlussstrichs" im Text der *Versöhnung 95* offenbart jedoch noch einen weit wesentlicheren Irrtum. Im Text nämlich heißt es, dass „diese Ereignisse erst dann reine Geschichte werden, wenn beide Seiten, Tschechen und Sudetendeutsche, in gegenseitigem Einvernehmen einen definitiven Schlussstrich darunter ziehen." Damit wird indirekt gesagt, dass wir eine Verbesserung der (sudeten)deutsch-tschechischen Beziehungen erst nach einem Happyend erwarten können. Ein Happyend wird nach Erfüllung bestimmter Erfordernisse - gemeinsamer Dialog, Einrichtung eines sudetendeutsch-tschechischen Fonds, Rückkehrmöglichkeit für Vertriebene, die dies wünschen - alle Tschechen und (Sudeten)Deutschen von den schlimmen Traumata befreien und diese in „reine Geschichte" verwandeln. Im Lichte einer solchen Märchenvision ist es im Grunde egal, dass in der *Versöhnung 95* die Begriffe „deutsch" und „sudetendeutsch" beliebig wechseln und der ganze Aufruf sich nur an eine reguläre Regierung richtet.

Die Annahme der *Deutsch-tschechischen Erklärung* (1997) hat an dieser Sichtweise der Öffentlichkeit nicht viel geändert, trotz aller Bemühungen um Ausgewogenheit und der Hervorhebung des partnerschaftlichen Charakters der beiderseitigen Beziehungen, die diesen Akt auszeichneten. Diese Partnerschaft findet ihren Ausdruck vor allem in der Bereitschaft, die eigene rechtliche Auslegung der strittigen Ereignisse mit einem gewissen Abstand zu betrachten, doch auch in der Bereitschaft, der Auslegung der Gegenseite mit dem erforderlichen Respekt zu begegnen:

„Beide Seiten stimmen darin überein, daß das begangene Unrecht der Vergangenheit angehört, und werden daher ihre Beziehungen auf die Zukunft ausrichten. Gerade deshalb, weil sie sich der tragischen Kapitel ihrer Geschichte bewußt bleiben, sind sie entschlossen, in der Gestaltung ihrer Beziehungen weiterhin der Verständigung und dem gegenseitigen Einvernehmen Vorrang einzuräumen, wobei jede Seite ihrer Rechtsordnung verpflichtet bleibt und respektiert, daß die andere Seite eine andere Rechtsauffassung hat. Beide Seiten erklären deshalb, daß sie ihre Beziehungen nicht mit aus der Vergangenheit herrührenden politischen und rechtlichen Fragen belasten werden."

(*Erklärung*, Art. IV).

Auffällig ist hier der Versuch, die rechtlichen Aspekte der Okkupation bzw. der Vertreibung abzutrennen von dem, was man als Nationalempfinden bezeichnen könnte, um so die Bildung von aufgezwungenen Zweckgemeinschaften entlang einer ethnisch trennenden Grenze zu verhindern. Verständnis für die Sicht der anderen Seite aufzubringen, heißt nicht mehr, nationale Positionen zu schwächen oder gefährliche Präzedenzfälle zu konstruieren. Auf der Bühne könnte man rufen: Die Gerechtigkeit ist tot, es lebe der Rechtsstaat! Im Sportjargon sagt man dazu: Fan sein, aber Mensch bleiben.

Dank dieser Lektion aus der Realpolitik konnten die deutsch-tschechischen Beziehungen zwar das Stereotyp der „Erbsünde" abschütteln, gleichzeitig aber waren sie einer Grundsatzfrage bzw. sogar drei Grundsatzfragen ausgesetzt: den Fragen nach dem Sinn, der Akzeptanz und der Vertrauenswürdigkeit der auf neuem Verständnis gründenden Wiederaufnahme der gegenseitigen Beziehungen. In Hinblick darauf, dass eine Entwicklung der deutsch-tschechischen Beziehungen nur im Geiste der europäischen Partnerschaft und vor dem Hintergrund der transatlantischen Integration vorstellbar ist, wurde die Frage nach der Akzeptanz oder Nichtakzeptanz der *Erklärung* nicht zu einer Frage nach der Existenz oder Nichtexistenz gemeinsamer Wertvorstellungen stilisiert. Dies wird hoffentlich auch in der Zukunft nicht geschehen. Damit war von vornherein klar, dass alle drei genannten Fragen einen gemeinsamen Nenner haben: nämlich die Opfer härtester Repressionen während der jüngsten gemeinsamen Geschichte in den Prozess des deutsch-tschechischen Ausgleichs einzubinden. Schwerlich lässt sich ein besserer Beweis für die Aufrichtigkeit und Bereitschaft zur Aufnahme partnerschaftlicher Beziehungen in der Nachkriegszeit vorstellen, als eine zumindest teilweise geleistete materielle und moralische Entschädigung der am härtesten betroffenen Personen. Ohne diese Komponente ist jeder Versuch einer Befreiung von historischen Traumata zum Scheitern verurteilt, bestenfalls würde sie eine fruchtlose Buße sein.

Daher wurde von beiden Seiten der Deutsch-tschechische Zukunftsfonds eingerichtet, der seit 1998 nicht nur solche von gemeinsamem Interesse getragene Projekte finanziert, sondern auch mit der Umsetzung des so genannten *Humanitären Projekts* für bisher nicht entschädigte Opfer des Nationalsozialismus begann. Es handelt sich dabei um Bürger, die zum Zeitpunkt der Unterzeichnung des Münchener Abkommens (30.9.1938) auf dem Gebiet der heutigen Tschechischen Republik (nicht also des damaligen Protektorats Böhmen und Mähren) lebten und während des Zweiten Weltkriegs mehr als drei Monate in Konzentrationslagern oder anderen Gefängnissen inhaftiert waren. Für die Korrektur zumindest der krassesten Ungerechtigkeiten bei der Behandlung der Opfer des Nationalsozialismus spielt es bei der Umsetzung des Projekts auch eine Rolle, ob die bisherige deutsche Entschädigungspraxis die Ansprüche dieser Bürger auf Ersatzleistungen für erlittenes Unrecht aus irgendeinem Grund überging. Nationalität, Bekenntnis, Staatsangehörigkeit oder gegenwärtiger Wohnsitz sind nicht von Belang. Sehr erfreulich ist, dass diejenigen Organisationen, in denen die Opfer des Nationalsozialismus zusammengeschlossen sind, das *Humanitäre Projekt* nach seiner einstimmigen Bewilligung durch den Verwaltungsrat des Deutsch-tschechischen Zukunftsfonds als vertrauenswürdige Geste und Angebot für eine Zusammenarbeit gewertet haben. Das *Projekt der humanitären Hilfe für die Opfer der nationalsozialistischen Gewalt aus dem Deutsch-tschechischen Zukunftsfonds* wurde in Beratung mit Vertretern des Fonds von einer Koordinierungskommission ausgearbeitet, die die Opfer des Nationalsozialismus vertrat. Humanitäre Hilfe wird „an Staatsangehörige der Tschechischen Republik geleistet, die in der Zeit vom 1. Oktober 1938 bis 9. Mai 1945 härtester Verfolgung in den Konzentrationslagern, Gefängnissen und Zuchthäusern ausgesetzt waren oder sich vor der Verfolgung unter unmenschlichen Bedingungen länger als drei Monate versteckt haben und bislang nicht nach deutschen Entschädigungsgesetzen und Akten entschädigt wurden." Der Nachweis darüber ist durch eine Bescheinigung gem. Ges. 255/46 Slg., eine Bescheinigung des Verteidigungsministeriums (früher Ministerium der nationalen Verteidigung) oder ein anderes amtliches Dokument zu erbringen. „Über die Zuerkennung des Anspruchs und Zuordnung in die einzelnen Verfolgungsgruppen ... wird durch die Koordinierungskommission entschieden." Der Charakter der Projekthilfe wird in folgender Textpassage dargelegt:

„Die im Rahmen der humanitären Hilfe aus den Mitteln des Zukunftsfonds gewährten Leistungen können nicht als Entschädigung angesehen werden. Die Leistungen beruhen auf keinem Rechtsanspruch und ein Rechtsweg zu deren Erbringung ist ausgeschlossen. Die Leistungen sind nicht übertragbar und erlöschen durch den Tod des berechtigten Empfängers oder indem er diese ablehnt. Die von dem Zukunftsfonds geleistete humanitäre Hilfe für sozial-gesundheitliche Bedürfnisse der Opfer schließt für die Empfänger die Annahme von humanitären oder karitativen Leistungen aus anderen Quellen nicht aus."

Über das *Humanitäre Projekt* wird im Laufe des auf zehn Jahre geplanten Bestehens des Fonds ein Gesamtbetrag von 90 Mio. DM an berechtigte Empfänger ausgezahlt werden. Das geschieht nach einem vereinbarten und im Projekt verbindlich festgelegten Harmonogramm. Doch damit ist noch lange nicht alles gewonnen. Im Gegenteil, mit dem gemeinsamen Neubeginn fängt alles erst richtig an.

Epilog: *Nach der langen Zeit von zwanzig Jahren hatten sich die Tschechische Republik und die Bundesrepublik 1996 aufs Neue ins Finale der Fußball-Europameisterschaft vorgekämpft. Ich stand inzwischen - sieben Jahre nach dem Fall des kommunistischen Regimes -, mit dem nötigen Selbstbewusstsein ausgestattet, auf der Seite unserer Mannschaft. Doch auch diesmal wurde mein flehentlicher Wunsch nicht erhört. Nach einem spannenden Kampf verlor die Tschechische Republik in der Verlängerung mit 1:2. Wie Tausende andere Fans des tschechischen Teams war ich zutiefst betrübt. Für einen eventuellen Sieg allerdings hätte ich nichts geboten.*

Die Deutsch-Tschechische und Deutsch-Slowakische Historikerkommission

Stanislav Biman

Auf der Grundlage des Abkommens zwischen den Außenministern der ČSFR und der BRD, Jiří Dienstbier und Hans-Dietrich Genscher, wurde bei den Treffen am 23. Dezember 1989 und am 2. Februar 1990 in Rozvadov und Nürnberg eine gemeinsame Erklärung veröffentlicht, in der es heißt, dass „beide sich einig sind in dem Wunsch, eine *Gemeinsame Historikerkommission* zu gründen." Dieser legten sie die Aufgabe in die Wiege, „die gemeinsame Geschichte der Völker beider Länder, vor allem in diesem Jahrhundert, gemeinsam zu erforschen und zu bewerten". Ihre Vorstellung präzisierten sie wie folgt: „Die Kommission sollte alle diese Fragen in breitem historischem Kontext beurteilen, einschließlich der positiven Seiten des gegenseitigen Zusammenlebens, aber auch der tragischen Erfahrungen der Völker der beiden Länder im Zusammenhang mit dem Beginn, dem Verlauf und den Ergebnissen des Zweiten Weltkrieges." Außerdem hielten die Politiker es für „wünschenswert, daß die Öffentlichkeit in der Tschechoslowakei und in der Bundesrepublik Deutschland" über den Fortgang der Arbeiten der Kommission informiert wird.

Die Einrichtung einer solchen Kommission ist außerdem in dem *Vertrag zwischen der Tschechischen und Slowakischen Föderativen Republik und der Bundesrepublik Deutschland über gute Nachbarschaft und freundschaftliche Zusammenarbeit* vom 27. Februar 1992 verankert. In Artikel 27 heißt es wörtlich: „Die Vertragsparteien werden alle Aktivitäten unterstützen, die zu einem gemeinsamen Verständnis der deutsch-tschechoslowakischen Geschichte, vor allem dieses Jahrhunderts, beitragen. Dazu gehört auch die Arbeit der gemeinsamen Historikerkommission und der unabhängigen deutsch-tschechoslowakischen Schulbuchkonferenzen."

Die *Deutsch-tschechische Erklärung über die gegenseitigen Beziehungen und deren künftige Entwicklung* vom 21.1.1997 wertet in Artikel VIII die bisherige Arbeit der Kommission folgendermaßen:

„Beide Seiten stimmen darin überein, daß die historische Entwicklung der Beziehungen zwischen den Deutschen und Tschechen insbesondere in der ersten Hälfte des 20. Jahrhunderts der gemeinsamen Erforschung bedarf und treten daher für die Fortführung der bisherigen erfolgreichen Arbeit der deutsch-tschechischen Historikerkommission ein."

Der die Kommission betreffende Vertrags- und Garantierahmen wird vervollständigt durch den Regierungsbeschluss der ČSFR Nr. 51/90 vom 25.1.1990, mit dem die Tätigkeit der Kommission als aufgenommen gilt. Gleichzeitig verpflichtet er die Minister für Auswärtige Angelegenheiten, diese Tätigkeit finanziell zu sichern.

Nach der Teilung der Tschechoslowakei und der Bildung zweier selbstständiger Staaten, der Tschechischen und der Slowakischen Republik, entstanden zwei parallele Kommissionen, eine Deutsch-Tschechische und eine Deutsch-Slowakische, die in Hinblick auf die gemeinsame Problematik auch weiterhin gemeinsam tagen und gemeinsam konzipierte und organisierte Konferenzen veranstalten. Das erfordert allein schon die Problematik der jüngeren und jüngsten Geschichte der drei Völker, der Tschechen, Slowaken und Deutschen. Nur ausnahmsweise finden Sitzungen der Deutsch-Tschechischen Historikerkommission gesondert statt. An diesen nahm jedoch für die slowakische Seite stets zumindest deren Vorsitzender teil. Das war zum Beispiel der Fall bei der Ausarbeitung der Skizze *Konfliktgemeinschaft, Katastrophe, Entspannung* sowie bei der Erarbeitung einer Stellungnahme der Kommission zu den Zahlen der Todesopfer, die durch den Transfer der deutschen Bevölkerung aus der Tschechoslowakei in den Jahren 1945-1948 verursacht wurden. Der tschechische und der deutsche Teil der Kommission begrüßten diese Regelung von Anfang an; bis heute bewährt sie sich völlig. Die deutsche Sektion ist in beiden Kommissionen durch dieselben Mitglieder vertreten.

Beide Kommissionen arbeiten ohne politische Vorgaben. Es sind wissenschaftlich unabhängige Gremien, die selbst über ihr Tätigkeitsprogramm befinden. Sie untersuchen und bewerten die deutsch-tschechischen und deutsch-slowakischen Beziehungen vom 19. Jahrhundert bis in die Gegenwart. Sie berücksichtigen dabei in besonderer Weise deren historische Belastungen und haben das Ziel, zur Verständigung zwischen Tschechen, Slowaken und Deutschen beizutragen. Die Kommissionsmitglieder sind überzeugt, dass dazu auch das Wissen über die geschichtliche Wirklichkeit beitragen kann, und zwar dann, wenn deren schicksalhafte Entwicklung aufgedeckt und ein offener und diskussionsfreudiger Umgang mit ihr erreicht wird. Dieses Herangehen und dieses Verständnis betrachten sie als Impuls für die gegenwärtige und zukünftige Forschung zu den deutsch-tschechischen und deutsch-slowakischen Beziehungen. Die Kommission strebt programmatisch keinerlei Einbindung in die Außenpolitik und deren jeweilige Entscheidungen an.

Die Kommission setzt sich ausschließlich aus Historikern zusammen, die an Hochschulen bzw. anderen wissenschaftlichen Einrichtungen tätig sind.

Der Minister für Auswärtige Angelegenheiten ernennt den Vorsitzenden des tschechischen Teils der Kommission und - auf dessen Vorschlag - dann die Kommissionsmitglieder. Der Kommissionsvorsitzende stimmt seine Vorschläge mit dem Fachverband der Historiker (*Sdružení historiků ČR* / Historikerverband der ČR) ab. Ähnlich verfährt auch die slowakische Seite bei der personellen Besetzung. Auf deutscher Seite werden die Kommissionsmitglieder auf Vorschlag des Verbandes Deutscher Historiker vom Außenminister ernannt und wählen aus ihrer Mitte den Vorsitzenden. Der Vorsitzende und die Mitglieder können ihre Tätigkeit in der Kommission durch eine schriftliche Mitteilung an den Minister oder den Vorsitzenden niederlegen. Für die tschechische Sektion gilt zusätzlich die Regelung, dass der Vorsitzende mit der erforderlichen Begründung die Abberufung eines Kommissionsmitglieds vorschlagen kann; diese gibt er dem Außenminister schriftlich bekannt und macht gleichzeitig einen Vorschlag für eine Neubesetzung. Die Mitgliedschaft ist zeitlich unbegrenzt und ehrenamtlich.

Teil der Kommission, nicht aber Mitglied, ist der wissenschaftliche Sekretär jeder Sektion. Dessen Aufgabe ist die Führung sämtlicher schriftlicher Kommissionsagenden, die Organisation der Veranstaltungen im jeweiligen Land und die Protokollierung der Sitzungen.

Die personelle Zusammensetzung aller Kommissionssektionen war und ist ausschließlich von fachlichen Gesichtspunkten bestimmt. Die Mitglieder sollen durch ihr jeweiliges Fachgebiet ein möglichst breites Spektrum der Problematik abdecken. Ihren Platz in der Kommission haben daher einerseits ausgesprochene Spezialisten für deutsch-tschechische Beziehungen, andererseits renommierte „Generalisten".

Die administrativ-organisatorische Plattform der Kommission ist für Tschechien das Institut für internationale Studien der Sozialwissenschaftlichen Fakultät der Karlsuniversität (*Institut mezinárodních studií Fakulty sociálních věd Univerzity Karlovy*), für die Slowakei das Historische Institut der Slowakischen Akademie der Wissenschaften (*Historický ústav Slovenské akademie vied*).

Das Bestehen der Kommission ist zeitlich nicht begrenzt.

Die Kommission nahm ihre Tätigkeit mit ihrer ersten Sitzung auf, die vom 14. bis 17. Juni 1990 in Prag stattfand.

Der Tätigkeitsrahmen der Kommission ist durch den Zweck ihrer Gründung abgesteckt.

Die konkrete Gestaltung ergibt sich aus den Diskussionen auf den Arbeitssitzungen und aus der Setzung der programmatischen Ziele. Im Jahre 1990 erarbeitete die Kommission ein Rahmenprogramm für ihre Tätigkeit, das sich auf die deutsch-tschechischen Beziehungen im 19. und 20. Jahrhundert konzentriert. Dieses Programm wird jährlich aktualisiert. Der Rahmenplan beinhaltet die Veranstaltung gemeinsamer wissenschaftlicher Konferenzen (in der ersten Phase die Diskussion grundsätzlicher Fragen in den Beziehungen zwischen 1848 und 1989 sowie die Formulierung der Probleme, in der zweiten Phase dann deren konkrete Analyse). Während die erste Phase so etwas wie eine chronologische „Sichtung" der deutsch-tschechischen Beziehungen darstellte, ist für die zweite Phase die Aktualität und der Bearbeitungsstand der einzelnen thematischen Fragen kennzeichnend.

Die Tätigkeit der Kommission umfasst: (1) Jährliche Arbeitssitzungen mit Diskussion von Fachfragen, Programm und Thematik der geplanten Konferenzen sowie des konkreten Tätigkeitsplans für das folgende Jahr. (2) Durchführung wissenschaftlicher Tagungen unter Hinzuziehung weiterer Fachleute. (3) Durchführung von Podiumsdiskussionen für die Öffentlichkeit, Studierende der Hochschulen und Historiker. (4) Durchführung von Pressekonferenzen zur Tätigkeit der Kommission. (5) Formulierung wissenschaftlicher Standpunkte zu aktuellen Diskussionen. (6) Vortragstätigkeit der Kommissionsmitglieder. (7) Teilnahme an Veranstaltungen, die von anderen wissenschaftlichen Institutionen organisiert werden. (8) Publikationstätigkeit.

Die Sitzungen der Kommission finden in der Regel ein- bis zweimal jährlich statt, und zwar abwechselnd in Tschechien, der Slowakei und in Deutschland. Konferenzen finden - ebenfalls abwechselnd - einmal im Jahr statt.

Verhandlungssprache der Kommissionssitzungen ist das Deutsche. Alle drei Sprachen sind jedoch gleichberechtigt; die wissenschaftlichen Tagungen sowie öffentliche Veranstaltungen werden simultan gedolmetscht.

Die anfängliche Ausrichtung der Kommission zielte - außer auf eine generelle Unterstützung der historischen Forschung in den beteiligten Ländern - auf die „Erfassung" der grundlegenden Entwicklungstendenzen in der „gemeinsamen Geschichte" des 19. und 20. Jahrhunderts. Zu diesem Zweck organisierte die Kommission zunächst unter reger Beteiligung hinzugeladener Fachleute vier wissenschaftliche Konferenzen, jeweils einer anderen geschichtlichen Periode gewidmet: dem „langen" 19. Jahrhundert, der Zwischenkriegszeit, den Jahren des Zweiten Weltkriegs sowie der Nachkriegszeit bis hin zur Gegenwart.

Bisher hat die Kommission neun Konferenzen veranstaltet. Jede Tagung ist einem spezifischen Themenkreis gewidmet. Die Konferenz, die im Februar 1996 in Bratislava stattfand, eröffnete die zweite Phase, d. h. die Serie von Konferenzen zu Spezialfragen. Ihr Thema lautete *Der Erste Weltkrieg als Wendepunkt in den Beziehungen zwischen Tschechen, Slowaken und dem Deutschen Reich.*

Die Kommission führte bisher Konferenzen (deren Ergebnisse sie publizierte) zu folgenden Themen durch:

1- 1991   *Ungleiche Nachbarn. Demokratische und nationale Emanzipation bei Deutschen, Tschechen und Slowaken (1815-1914).* Hrsg. v. H. Mommsen u. J. Kořalka. Essen 1992
2-1992   *Das Scheitern der Verständigung. Tschechen, Deutsche und Slowaken in der Ersten Republik (1918-1939).* Hrsg.v. J. K. Hoensch u. D. Kováč. Essen 1993
3-1992   *Der Weg in die Katastrophe. Deutsch-tschechoslowakische Beziehungen 1938-1947.* Hrsg. v. D. Brandes u. V. Kural. Essen 1994
4-1994   *Im geteilten Europa. Tschechen, Slowaken und Deutsche und ihre Staaten 1948-1989.* Hrsg. v. H. Lemberg, J. Křen u. D. Kováč. Essen 1998
5-1996   *Der erste Weltkrieg und die Beziehungen zwischen Tschechen, Slowaken und Deutschen.* Hrsg. v. H. Mommsen, D. Kováč u. J. Malíř. Essen 2000
6-1996   *Judenemanzipation - Antisemitismus - Verfolgung in Deutschland, Österreich-Ungarn, den Böhmischen Ländern und in der Slowakei.* Hrsg. v. J. K. Hoensch, S. Biman u. L. Lipták. Essen 1999
7-1997   *Konkurrenzpartnerschaft. Die deutsche und die tschechoslowakische Wirtschaft in der Zwischenkriegszeit.* Hrsg.v. B. Barth, J. Faltus, J. Křen u. E. Kubů. Essen 1999; in Zusammenarbeit mit dem Institut für Gegenwartsgeschichte der Akademie der Wissenschaften der ČR (Ústav soudobých dějin AV ČR) und der Philosophischen Fakultät der Karlsuniversität (FF UK).
8-1997   *Erzwungene Trennung. Vertreibungen und Aussiedlungen in und aus der Tschechoslowakei 1938-1947 im Vergleich mit Polen, Ungarn und Jugoslawien.* Hrsg. v. D. Brandes, E. Ivaničková u. J. Pešek. Essen 1999
9-1999   *Die tschechoslowakische Frage in der deutschen und der internationalen Politik 1918-1948* (Arbeitstitel).

Aus den angeführten Themen geht hervor, dass die Kommission versucht, die deutsche, tschechische und slowakische Geschichte sowohl in ihrer jeweils eigenen Entwicklung als auch in ihren Berührungspunkten zu zeigen, sie jedoch auch in breitere historische Zusammenhänge einzubetten. Dabei wird kein Problem von vornherein ausgeklammert: Die unterschiedlichen Wertungen dessen, was geschehen ist, sollen nicht harmonisiert werden; sie benennen vielmehr Probleme, die zum Gegenstand weiterer Forschungen werden sollten. Dass es meist möglich war, zu einer beachtlichen Übereinkunft zu finden, ist nicht erst ein Ergebnis der Tätigkeit dieser Kommission, sondern der deutschen, tschechischen und slowakischen Forschung, vor allem des letzten Jahrzehnts.

Eine andere Form der Tätigkeit sind die Podiumsdiskussionen. Die erste dieser Diskussionen wurde anlässlich des 50. Jahrestags der Beendigung des Zweiten Weltkriegs veranstaltet, und zwar an der Karlsuniversität in Prag. Gedacht war sie sowohl für Studenten als auch für die Öffentlichkeit. Eine weitere Podiumsdiskussion gab es im März 1998, wiederum in Prag und diesmal zum Thema *Der Prager Frühling 1968 im Schnittpunkt der deutschen Politik in Ost und West*. Die vorerst letzte Diskussionsveranstaltung folgte im Dezember 1998 in Bratislava: *Die Pariser Vorortverträge. Vorstellungen, Möglichkeiten, Beschränkungen.*

Derartige Veranstaltungen, *round tables* und öffentliche Diskussionen wird die Kommission auch weiterhin durchführen.

Vom 3.-5.1996 fand im Hotel Karlík in Dobřichovice eine wichtige Arbeitssitzung statt: Man zog Bilanz aus der bisherigen Arbeit, analysierte die bisherigen Schritte und Ergebnisse und konstatierte Übereinstimmungen und Differenzen bei der Bewertung wesentlicher Phänomene in den gegenseitigen Beziehungen, insbesondere für den Zeitraum des 19. und 20. Jahrhunderts. Ergebnis dieser Diskussionen war die Skizze einer Darstellung der deutsch-tschechischen Beziehungen im 19. und 20. Jahrhundert unter dem Titel *Konfliktgemeinschaft, Katastrophe, Entspannung*. Anlässlich der Veröffentlichung dieses Textes veranstaltete die Kommission im September 1996 eine Sektion im Rahmen des 41. Deutschen Historikertages in München und gab im Institut für internationale Beziehungen in Prag eine Pressekonferenz. Die Kommissionsmitglieder hoben hervor, dass sie sich in diesem Text vor allem auf Themen konzentriert hätten, die politisch relevant seien, überwiegend also auf Politikgeschichte sowie Sozial- und Wirtschaftsgeschichte. Weitere, für die gegenseitigen Beziehungen nicht minder wichtige Gebiete, wie zum Beispiel Kulturgeschichte oder Alltagsgeschichte, werde die Kommission in der Zukunft aufgreifen.

Am 14. und 15.12.1996 berief die Kommission eine Arbeitssitzung nach München ein; sie sollte sich mit der Zahl der Opfer von

Vertreibung und Aussiedlung befassen. Ergebnis der Diskussion zwischen Kommissionsmitgliedern, hinzugeladenen Spezialisten für diese Frage und Fachleuten verwandter Disziplinen (z. B. der Statistik) war die *Stellungnahme der Deutsch-tschechischen Historikerkommission zu den Vertreibungsverlusten,* die als Pressemitteilung des wissenschaftlichen Sekretariats der deutschen Sektion (Collegium Carolinum, München) am 17.12.1996 veröffentlicht wurde.

Die Kommission beteiligt sich an Veranstaltungen, deren Anliegen es ist, die Zusammenarbeit der Historiker in den europäischen Ländern zu fördern (Nachwuchs-Tagung zum Thema *Neue Perspektiven für die tschechische und deutsche Geschichtswissenschaft: Gemeinsame Fragen, Gegensätze, weiße Flecken* - Leipzig, Oktober 1998; Tagung *Coming to Terms with the Past, Opening up to the Future* - Birmingham, 10.-13.9. 1998).

Einen nicht geringen Einfluss hatte die Tätigkeit der Kommission auch auf die Entwicklung der Forschung. Auf tschechischer Seite entstand in den letzten Jahren zum Beispiel ein eigener Forschungsbereich zu den Ereignissen des Jahres 1945, auf deutscher Seite die Forschung zur Geschichte des Reichsgaus Sudetenland. Auf Anregung der tschechischen Mitglieder wurde ein Zentrum für Deutschland- und Österreichstudien geschaffen, das als Lehrstuhl dem heutigen Institut für internationale Studien an der Sozialwissenschaftlichen Fakultät der Karlsuniversität inkorporiert ist. Es kam zu einem regen Austausch von Gastprofessoren, zahlreiche Studenten und Doktoranden hatten Gelegenheiten zu Forschungsaufenthalten, gemeinsame Projekte wurden verwirklicht. Auch unterstützt die Kommission Forschungsarbeiten junger Historiker.

Die Kommission initiiert die Übersetzung von Werken deutscher Historiker ins Tschechische und umgekehrt. Publiziert wurden außerdem Sammelbände zu acht der veranstalteten Konferenzen, und zwar jeweils in einer deutschen und einer tschechisch-slowakischen Parallelausgabe. Von 1993-1995 erschienen in Prag 10 Bände Archivquellen zur Geschichte der Deutschen in der Tschechischen und Slowakischen Republik sowie *Konfliktgemeinschaft, Katastrophe, Entspannung. Skizze einer Darstellung der deutsch-tschechischen Geschichte seit dem 19. Jahrhundert / Konfliktní společenství, katastrofa, uvolnění. Náčrt výkladu česko-německých dějin od 19. století* (München 1996) u.a.m.

Doch ist die Kommission auch anderweitig bemüht, die Ergebnisse ihrer Arbeit bekannt zu machen. So veranstaltete sie im September 1999 mit Unterstützung der Robert Bosch Stiftung ein Seminar für Journalisten aus allen drei beteiligten Ländern, das den geschichtswissenschaftlichen Themenkreis, die historische Problematik der Kommissionstätigkeit mit den aktuellen Fragen der europäischen Integration der Tschechischen Republik verband. Die Arbeit der Kommission in der Öffentlichkeit bekannter zu machen, wird auch weiterhin eine wichtige Aufgabe bleiben.

Empfangen wurde die Kommission - vollzählig oder in Delegation - von folgenden Politikern: dem tschechischen Präsidenten Václav Havel (1995, zweimal), dem Bundespräsidenten Roman Herzog (1995), dem slowakischen Präsidenten Michal Kováč (1996), dem deutschen Außenminister Klaus Kinkel (1995, 1996), den tschechischen Ministern für Auswärtige Angelegenheiten Josef Zieleniec (1996), Jaroslav Šedivý (1997) und Jan Kavan (1999), dem Botschafter der Bundesrepublik Deutschland in der Slowakischen Republik L. Buersted (1997).

Am 18.4.1995 empfing Präsident Václav Havel die Mitglieder der Deutsch-tschechischen Historikerkommission auf der Prager Burg. Bei diesem Treffen verlieh er dem Wunsch Ausdruck, den Dialog fortzusetzen und sich mit den Arbeitsergebnissen der Kommission vertraut zu machen.

Nach einem inoffiziellen Arbeitsbesuch von Bundespräsident Roman Herzog in Lány teilte Präsident Havel am 2.5.1995 auf einer Pressekonferenz mit, der Bundespräsident habe den Vorschlag gemacht, beide Staatsoberhäupter sollten an einer Sitzung der Deutsch-Tschechischen Historikerkommission teilnehmen, um sich über deren Arbeitsergebnisse eingehender zu informieren. Diese Begegnung fand dann am 30. Oktober 1995 in Dresden statt. „Ich freue mich aufrichtig, dass es zu dieser Begegnung gekommen ist, nicht nur, weil die Kommission so große Anerkennung erfuhr, sondern auch, weil diese Begegnung und das Echo, das sie in den Medien fand, die Tätigkeit der Kommission einer breiten Öffentlichkeit nahe brachte und deren Beitrag und Anteil an dem so nötigen, wirklichen und sachlichen deutsch-tschechischen Dialog dokumentiert hat", schrieb Außenminister Josef Zieleniec in einem Brief an Prof. Jan Křen.

Im Rahmen der Paraphierung der *Deutsch-tschechischen Er-*

klärung über die gegenseitigen Beziehungen und deren künftige Entwicklung am 19. Dezember 1996 empfingen die Außenminister der Tschechischen Republik und der Bundesrepublik Deutschland eine Abordnung von Kommissionsmitgliedern. Es kam zu einer einstündigen Diskussion.

Die Tätigkeit der Kommission findet Anerkennung, und das sowohl unter Wissenschaftlern, Laien und in den Medien wie auch in Politiker- und Regierungskreisen. Das bezeugen nicht nur die häufigen Einladungen zu verschiedensten Konsultationen, sondern auch die Verleihung des höchsten Ordens der Tschechischen Republik und der Bundesrepublik Deutschland an Prof. R. Vierhaus. Die Laudatio von Staatsminister G. Verheugen in Bonn galt der gesamten Kommission. In der Bundesrepublik wurde die Kommission unter anderem 1997 mit dem „Sonderpreis zum Erich-Maria-Remarque-Preis der Stadt Osnabrück" ausgezeichnet. Ausdruck von Anerkennung ist auch die Mitgliedschaft von Prof. Ferdinand Seibt und Prof. Jan Křen im Koordinierungsrat des Deutsch-Tschechischen Dialogforums.

Über die unbestreitbaren fachwissenschaftlichen Positiva hinaus gibt es etwas, das die Tätigkeit der Kommission nicht nur langfristig rechtfertigt, sondern zweifellos auf die Mitglieder selbst ermunternd wirkt: die Kommission unterstützt und erweitert den so nötigen sachlichen und offenen Dialog zwischen Tschechen, Slowaken und Deutschen. Und das ist nicht wenig, bedenkt man, in welchen Auseinandersetzungen und unter welchen Widerständen dieser Dialog immer noch stattfindet.

Das Wirtschaftswunder in Westdeutschland und die ökonomische Transformation in der Tschechoslowakei nach der „Samtenen Revolution"

Jiří Kosta

Die wirtschaftlichen Folgen waren für Deutschland nach dem verlorenen Krieg verheerend. Die Situation sei stichwortartig gekennzeichnet. Zahlreiche Betriebe, Bahnverbindungen, Brücken, ja ganze Stadtteile waren vernichtet. Soweit das Notwendigste produziert werden konnte, behinderten den Zuliefer- und Versorgungsfluss zudem die Abschottungen der vier Besatzungszonen, insbesondere die Isolierung des von den Sowjets besetzten Gebiets, das von den drei Zonen der Westalliierten abgesondert war. Die Nachkriegsproduktion kam in Deutschland später und langsamer in Gang als in anderen europäischen Staaten: War im Jahr 1947 in vierzehn europäischen Ländern bereits das Niveau der industriellen Vorkriegsproduktion erreicht worden, so lag der vergleichbare Anteil in den drei Westzonen nur bei einem Drittel. In besonderem Maß war von der Nachkriegskrise der monetäre Bereich erfasst. Das Volumen des Geldumlaufs (einschließlich Bankguthaben) war von 1938 bis 1944 auf das Fünffache angewachsen, während der Umfang der Produktion (die vornehmlich Kriegszwecken und somit in geringerem Maß dem Konsumbedarf galt) in den sechs Jahren um lediglich ein Zehntel zunahm. Extreme Unterversorgung mit Alltagsgütern sowie völlige Entwertung des verfügbaren Geldes - dies kennzeichnete die Not der Bevölkerung, insbesondere vor den Reformen von 1948.

Nach Beendigung des Krieges oblagen die wirtschaftspolitischen Entscheidungen zunächst den Besatzungsmächten, in den drei Westzonen wurden jedoch sukzessive neu konstituierte deutsche Institutionen hinzugezogen. Dies galt insbesondere für die Kontrolle des Geldumlaufs. Im Herbst 1947 wurde ein bizonaler Beirat der Banken berufen und im März 1948 erfolgte durch Zusammenschluss der westdeutschen Landesbanken die Gründung eines gemeinsamen, übergeordneten Geldinstituts, eines Vorläufers der Deutschen Bundesbank. Angesichts des inflationären Geldüberhangs wurde von amerikanischen Experten nach Anhörung deutscher Fachkollegen bereits im Mai 1946 ein streng geheim gehaltenes Projekt einer „für den Tag X" geplanten Währungsreform entworfen. Die Grundzüge dieses Planes wurden in der Folgeperiode konkretisiert und im Juni 1948 realisiert.

Das Hauptziel der Operation bestand in einer radikalen Reduzierung des umlaufenden Geldvolumens. Ohne auf technische Einzelheiten beim Umtausch des Bargelds bzw. der Guthaben in Reichsmark (= RM) in minimale Ausgangsbeträge der neuen DM-Währung einzugehen, sei das Resultat des erfolgreichen Währungsschnittes wie folgt wiedergegeben. Das gesamte neu verfügbare DM-Volumen betrug 9,1% des zuvor umlaufenden RM-Umfangs. Dies führte zur Herstellung des angestrebten Gleichgewichts zwischen kaufkräftiger Nachfrage und dem vorhandenen Warenangebot, zumal die Unternehmer angesichts der zu erwartenden - wenngleich hinsichtlich des Datums und der konkreten Einzelheiten geheim gehaltenen - Währungsreform eine Vielzahl der bisherigen Mangelwaren erst jetzt anzubieten bereit waren.

Hatte die Währungsreform die notwendige Voraussetzung für eine funktionstüchtige Marktwirtschaft geschaffen, so war eine dauerhafte Leistungsfähigkeit nur dann gewährleistet, wenn das zentral geleitete System der Kriegswirtschaft außer Kraft gesetzt werden würde. Es ist das Verdienst von Professor Ludwig Erhard, der von der bizonalen Besatzungsmacht Anfang 1947 zum Direktor der neu konstituierten Wirtschaftsverwaltung des entsprechenden Territoriums berufen wurde, eine konsequente Transformation von der Planwirtschaft zur Marktwirtschaft durchgesetzt zu haben, und zwar gegen etliche Stimmen deutscher Politiker und Nationalökonomen, die eine Art Mischsystem, gekennzeichnet durch eine Kombination von staatlicher Reglementierung und marktmäßiger Lenkung, befürwortet hatten. Erhard stützte sich auf die ordoliberale Schule des Freiburger Ordinarius Walter Eucken, die eine „soziale Marktwirtschaft" vertrat, deren konstitutive Elemente Privateigentum, der Preis-Wettbewerb-Mechanismus sowie das Sozialprinzip bilden. Die erhardschen Reformen bestanden demzufolge in der bereits kurz nach dem Währungsschnitt eingeleiteten Liberalisierung der Preisbildung, einer im Hinblick auf inflationäre Gefahren etwas langsamer verlaufenden Deregulierung der Lohnpolitik, der Absicherung des Wettbewerbs (qua Gesetz erst 1957 fest verankert) sowie einer sukzessiven Lockerung der Devisenbewirtschaftung. Festzuhalten ist, dass die vorwiegend privatwirtschaftlich verfassten Unternehmen - seien es Firmen im Eigentum von Selbstständigen oder in Form von Kapitalgesellschaften - in der Periode der Zentralverwaltungswirtschaft Nazideutschlands ihre privaten Eigentumsrechte formell beibehielten, wenngleich die realen Verfügungsgewalten der Eigentümer, insbesondere während des Kriegs, stark eingeschränkt waren. Diese Tatsache erleichterte dann die Transformation.

Die in der ersten Tabelle aufgeführten Daten belegen den unmittelbar nach den eingeleiteten erhardschen Reformen einsetzenden industriellen Aufschwung und die daraus resultierende frühe Anhebung des Lebensstandards der westdeutschen Bevölkerung.

Die Dynamik des industriellen Wachstums sowie der Expansion der Exporte, die allmähliche Schaffung neuer Arbeitsplätze, wobei angesichts der Masse von Heimkehrern aus dem Krieg und der immensen Flüchtlingsströme die Arbeitslosigkeit erst nach 1950 etwas abnahm, und nicht zuletzt der Anstieg der Reallöhne (Löhne im Verhältnis zu Lebenshaltungskosten) - all das spiegelt die früh erreichten Erfolge der erhardschen Strategie wider.

Die Wirtschaft Westdeutschlands in der Folge der Reformen von 1948

Jahr	Industrielle Produktion 1936 = 100	Beschäftigung Mio. Personen	Arbeitslosenquote in Prozent	Lebenshaltungskosten 1950 = 100	Bruttostundenlöhne 1950 = 100	Exporte in Mio. US-$
1948	54	13,5	3,2	98	76,6	-
1949	88	13,5	8,7	107	93,3	94,2
1950	110	13,8	10,0	99	97,5	153,9
1951	136	14,7	8,3	108	117,2	297,2
1952	145	15,2	7,6	109	122,3*	329,0

* Mai 1952

Quelle: H. Wallich, *Mainsprings of German Revival*, Frankfurt/M. 1955.

Die Wirtschaftsentwicklung Westdeutschlands in den 50er Jahren

Periode	Jahresdurchschnittliches Wachstum in Prozent			Arbeitslosenquote in Prozent	Handelsbilanz Saldo in Mrd. DM
	insgesamt	je Einwohner	Lebenshaltungskosten		
1951-1955	9,1	8,1	1,9	8,3	3,2
1956-1960	6,8	5,6	1,8	3,1	5,7

Quelle: Berichte der Deutschen Bundesbank

Die in der zweiten Tabelle zusammengefaßten Daten kündigen das „deutsche Wirtschaftswunder" an: Kontinuierlich hohe Wachstumsraten, eine stabile Entwicklung der Verbraucherpreise (Lebenshaltungskosten), ein Abbau der Arbeitslosigkeit und *last but not least* eine durch Exportüberschüsse aktive Handelsbilanz in einem längerfristigen Zeitraum nach Einleitung der Marktwirtschaftsreformen von 1948 belegen die einschlägigen Erfolge.

Unter den tschechischen Politikern der ersten Stunde nach der Samtenen Revolution, die sich zu einem nicht unerheblichen Teil aus Nationalökonomen rekrutierten, bestand Konsens darüber, dass die ineffiziente Planwirtschaft sowjetischen Typs durch eine marktwirtschaftliche Ordnung westlichen Zuschnitts ersetzt werden müsse. Nur allzu bitter waren die Erfahrungen mit halbherzigen Reformen, durch die an den Grundpfeilern des überkommenen Systems, des befehlsartigen Planzentralismus und des staatlichen Eigentums des gesamten Unternehmerkapitals, nie gerüttelt worden war. Das Versagen der Kommandoplanung, gemessen an den Ergebnissen entwickelter Marktwirtschaften, war in allen Bereichen evident: in der Produktion und der Versorgung, der Technologie und der Infrastruktur, der Lebensqualität und der Umwelt.

Auf den ersten Blick scheint das Ziel der Transformation einer zentral geleiteten Verwaltungswirtschaft in ein dezentrales Marktwirtschaftssystem im Nachkriegsdeutschland gleicher Art gewesen zu sein wie die Aufgabe der politischen Führung in der von der sowjetischen Vorherrschaft befreiten Tschechoslowakei. Vergleicht man jedoch die Ausgangsbedingungen in beiden Ländern genauer, dann sind erhebliche Unterschiede festzustellen, die sowohl die Transformationsstrategie als auch die Erfolgschancen beeinflussen sollten. Die ererbte Ausgangslage unterschied sich vor allem hinsichtlich der Eigentumsordnung und der Motivation der Bevölkerung. Hatte es in Westdeutschland zu Beginn der Transformation Privatunternehmen gegeben, so war in der Tschechoslowakei eine selbstständige Unternehmerschicht vier Jahrzehnte zuvor liquidiert worden. Dies beeinträchtigte ebenso die erforderliche unternehmerische Kompetenz wie es eingeübten Verhaltensweisen wie Protektionismus, Korruption, Vergeudung öffentlichen Eigentums - all das, was in der Vergangenheit gang und gäbe war - Tür und Tor öffnete. Gegenüber den notleidenden Westdeutschen, die insbesondere nach der Währungsreform eine außerordentliche Leistungsbereitschaft an den Tag legten, mangelte es bei den tschechischen Arbeitskräften wie zu „alten Zeiten" zumindest anfangs an der erforderlichen Arbeitsmotivation. Ein etwas anders gelagerter Unterschied hinsichtlich der Ausgangsbedingungen betrifft die Relation zwischen Geldüberhang und Gütermangel: Ungeachtet einer chronischen Unterversorgung der tschechoslowakischen Bevölkerung war es im Gegensatz zum Nachkriegsdeutschland den tschechischen

Planern bis 1989 gelungen, das überschüssige Geldvolumen sowohl in der privaten als auch in der unternehmerischen Sphäre in Grenzen zu halten.

Ungeachtet des prinzipiellen Einvernehmens der politischen Führung und ihrer wirtschaftspolitischen Berater über den marktwirtschaftlichen Kurs der Reformen entbrannte unter den maßgebenden Prager Nationalökonomen eine Kontroverse über das Tempo, die Methoden sowie die Dosierung der Reformschritte. Mit dem im September 1990 verabschiedeten Szenario der Wirtschaftsreform setzte sich im Wesentlichen eine vom damaligen Finanzminister der ČSFR (und späteren Ministerpräsidenten der ČR) Václav Klaus und dessen Mitstreitern konzipierte radikalere Variante durch: eine schlagartige Freigabe der Preise, eine wettbewerbsorientierte Entflechtung der zunächst noch staatlichen Großbetriebe, freie Bahn für uneingeschränkten Wettbewerb und für private Firmengründungen, eine partielle Liberalisierung des Außenhandels und der Devisenwirtschaft, die in die Wege geleitete und in den beiden Folgejahren mittels Auktionen realisierte Privatisierung des Einzelgewerbes („kleine Privatisierung"), die vorrangig mit Hilfe von (billig zu erwerbenden) Kupons organisierte Massenprivatisierung („große Privatisierung") und nicht zuletzt der Aufbau marktkonformer Institutionen privaten Charakters (Banken, Beratungs- und Prüfgesellschaften etc.) - dies waren die vielfältigen ordnungspolitischen Schritte der Reformstrategie. Diese systemverändernden Schritte waren, so die Beschlüsse, mittels einer stabilitätsorientierten monetären sowie einer sozial abfedernden Wirtschaftspolitik (Beschäftigungs- und Umweltpolitik) - dies nicht zuletzt unter dem Einfluss oppositioneller Ökonomen - zu flankieren.

Gegen die radikal-liberale Konzeption der Gruppe um Václav Klaus wurde auch nach 1990 von Experten, die den Sozialdemokraten nahe standen, das rapide Tempo des Reformkurses sowie die starke Dosierung der Marktelemente kritisiert. Dies betraf vor allem die nach ihrem Dafürhalten allzu schnelle binnen- und außenwirtschaftliche Liberalisierung. Zudem wurde gegen die Kuponprivatisierung eingewendet, dass sie Eigentümer schaffe, die weder professionell noch hinsichtlich ihrer Motivation marktkonforme Unternehmer repräsentieren würden. Andere Experten plädierten wiederum für eine stärkere Förderung von Auslandsinvestitionen, einmal als Mittel zur Milderung der Kapitalknappheit, zum anderen im Interesse des fehlenden Management-Know-how. Gegen eine zögerliche, gradualistische Transformationsstrategie argumentieren die Liberalen, die alten Übel der Planwirtschaft wie Fehlkalkulation und Verschwendung würden allzu lange fortleben. In der Praxis ging die Gruppe um Klaus etliche Kompromisse ein, so in Bezug auf soziale Aspekte oder hinsichtlich der nunmehr vielfach kombinierten Privatisierungsverfahren (neben Kupons auch Ausschreibungen, direkter Aktienverkauf etc.).

Da die auf dem Boden der Tschechoslowakei entworfene und eingeleitete Systemtransformation nach der 1993 erfolgten Teilung in zwei selbstständige Staaten - die Tschechische und die Slowakische Republik - in Tschechien im Wesentlichen beibehalten wurde (weniger in der Slowakei), erübrigt es sich, die Strategie der Tschechen in der Periode nach der Spaltung nochmals darzustellen.

Die Wirtschaftsentwicklung Tschechiens in den 90er Jahren

Jahr	Bruttoinlandsprodukt (BIP), jährliches Wachstum in Prozent	Verbraucherpreise, jährlicher Anstieg in Prozent	Arbeitslosenquote, Jahresende in Prozent	Reallöhne, jährliche Veränderung in Prozent	Leistungsbilanz, Saldo in Mrd. US-$
1991	- 14,2	56,6	4,1	- 24,5	+ 0,4*
1992	- 6,2	11,1	2,6	+ 9,7	+ 0,2*
1993	+ 0,1	20,8	3,5	+ 3,5	+ 0,6
1994	+ 2,2	10,0	3,2	+ 7,7	+ 0,05
1995	+ 5,9	9,1	2,9	+ 8,6	- 1,4
1996	+ 3,8	8,8	3,5	+ 8,8	- 4,3
1997	+ 1,3	8,5	5,2	+ 1,9	- 3,2
1998	- 2,3	10,7	7,5	- 1,3	ca. -1,0

*incl. Slowakei
Quelle: Statistische Jahrbücher der Tschechischen Republik

Die in dieser Tabelle aufgeführten Indikatoren der Wirtschaftsentwicklung Tschechiens in den Jahren 1991-1998 deuten auf drei Perioden hin, die unterschiedliche Ergebnisse widerspiegeln.

In den Jahren 1991-1993 (wobei die Daten für die ČR aus den ČSFR-Zahlen errechnet wurden) waren die Resultate ungünstig, wenngleich der Verlauf bereits einen leichten Aufwärtstrend andeutet: das Minuswachstum des BIP wurde 1993 nahezu überwunden, der Preisanstieg nahm ab, die Arbeitslosenquote war gering, die Reallöhne begannen zu steigen und die Handelsbilanz war ausgeglichen. In der zweiten Periode (1994-1996) waren die Erfolge unverkennbar: das BIP wuchs deutlich, die Preise sanken, die Arbeitslosenquote blieb niedrig, die Reallöhne nahmen rapide zu, nur die Leistungsbilanz wies ab 1995 ein zunehmendes Defizit auf. Die letzte Phase deutet auf eine leichte Rezession hin, neben abnehmendem Wachstum, steigender Inflation, zunehmender Arbeitslosigkeit und stagnierenden Reallöhnen gelingt es allerdings, den Passivsaldo der Leistungsbilanz zu reduzieren. (Zur Zeit der Drucklegung dieses Beitrags [Ende 2000] zeichnet sich eine positive, wachstumsorientierte Trendwende ab). Wo liegen die Ursachen für diese wechselhaften Ergebnisse, die in den acht Jahren (1991-1998) erzielt worden sind?

Nach Auffassung des Autors dieses Beitrags (die Erklärungen der Experten weichen voneinander ab) liegt die Hauptursache der nur mühseligen Ankurbelung der Wirtschaft in den Anfangsjahren, in der schweren Erblast der Vergangenheit (einschließlich des erwähnten hohen Sozialisierungsgrads und der fehlenden Motivation der Akteure) sowie in dem Zusammenbruch der benachbarten östlichen Volkswirtschaften, die als bisher dominierende Handelspartner weitgehend ausfielen. Die deutlichen Erfolge der Jahre 1994 und 1995 belegen, dass die radikal-liberale Transformationsstrategie Früchte trug. Umstritten ist die Frage, worauf die teilweisen Misserfolge nach 1996 zurückzuführen sind. Die plausibelste Erklärung haben Analytiker der Europäischen Kommission geliefert, denen zufolge es in der jüngsten Vergangenheit an einer rechtlichen Ordnung mangelte, die Privatisierung der Großunternehmen ins Stocken geriet, eine Verflechtung der (nicht privatisierten) Banken, Investmentgesellschaften und Unternehmen den Wettbewerb unterband und unlauteren Praktiken kein hinreichender Riegel vorgeschoben worden ist. Eine unzureichende Unterstützung seitens der politischen Entscheidungsträger hinsichtlich der Beteiligung des Auslandskapitals im Unternehmensbereich - wie dies beispielsweise in Ungarn der Fall war - hat sich ebenfalls ungünstig auf die Entwicklung der tschechischen Wirtschaft ausgewirkt.

Ungeachtet der erwähnten Schwachstellen wird die Tschechische Republik, die auf eine jahrhundertelange industrielle Entwicklung zurückblicken kann, um die Jahrtausendwende als gefestigte, leistungsfähige Marktwirtschaft zu den ersten Anwärtern auf eine Vollmitgliedschaft in der Europäischen Union gezählt.

Neue Partner in der Wirtschaft
Steffen Höhne

Die Beziehungen zwischen Deutschen und Tschechen im Bereich der Wirtschaft seit der Wende 1989/90 sind im Rahmen der gesamtgesellschaftlichen Transformation zu sehen. Erste Fortschritte sind trotz einer seit 1997 sich verschärfenden ökonomischen Krise offenkundig; nicht zuletzt der NATO-Beitritt der Tschechischen Republik belegt die Irreversibilität des Wegs „nach Westen", so wie die marktwirtschaftlichen Reformen den Weg in die EU vorbereiten. In diesem Kontext der wirtschaftlichen Integration kommt es zu einem vermehrten Kontakt zwischen Deutschen und Tschechen, womit Aspekte interkultureller Kommunikation an Bedeutung gewinnen, lassen sich doch in konkreten Interaktionen häufig gravierende Wissensdefizite bezüglich der kulturell jeweils andersartig geprägten Erwartungen und Einstellungen vorfinden. Westliche Manager, die in die Tschechische Republik entsandt werden, verfügen oft über geringe Kenntnisse des fremdkulturellen Arbeitsumfeldes. Eine weit verbreitete Unkenntnis tschechischer Sprache, Kultur und Konventionen ist zu beobachten. Dies korrespondiert auf tschechischer Seite mit Misstrauen angesichts des Verlustes ökonomischer Selbstständigkeit. Die Schreckensvision, bloß als verlängerte Werkbank des Westens gebraucht zu werden, ist dabei angesichts niedriger Lohnkosten und lascher Umweltschutzbestimmungen teilweise berechtigt, da viele westliche Unternehmen gerade die lohnkostenintensiven Produktionen auszulagern versuchen. Für die tschechische Seite ergibt sich dabei eine weitere gravierende Schwierigkeit: es ist die fundamentale Veränderung der Lebenswelt, die zwangsläufig zu Identitätskrisen führt. Bisherige Erfahrungen und Lebensläufe erscheinen gegenüber einem tatsächlichen oder antizipierten westlichen Wissensvorsprung weitgehend entwertet. Die tiefgreifende Wirkung des tschechischen Transformationsprozesses wird deutlich, wenn man sich den vierfachen Wandel vergegenwärtigt, dem die tschechische Gesellschaft unterliegt:

- Der Übergang zur Demokratie und damit neuartige Auseinandersetzungen um politische Partizipation
- Der Übergang zur Marktwirtschaft und damit neue Fragen nach

den nationalen und persönlichen Chancen im Rahmen der Privatisierungspolitik
- Der weltweite Strukturwandel durch die Entwicklung zur Informations- und Dienstleistungsgesellschaft
- Der weltweite Integrationsprozess im Rahmen der Globalisierung

Gerade Fragen der Rekonstruktion nationaler Identität, also auch die Frage einer kulturellen Neudefinition von Staat und Gesellschaft nach dem Ende der kommunistischen Ära, müssen diese Entwicklungen einkalkulieren. Hinzu kommt, dass diese gesamtgesellschaftlichen Problemfelder die individuellen Erfahrungen mit der „Wende" massiv prägen und sich für den einzelnen häufig zu neuen Unsicherheiten verdichten:

- Arbeitslosigkeit
- Verlust von sozialer Sicherheit (Recht auf Arbeit, Einkommen, Mieten, Kinderbetreuung, Reallohnverlust etc.)
- Drohende Konkurrenzkämpfe und notwendige berufliche Umorientierung
- Orientierungsverlust in der Gesellschaft und Autoritätsmangel
- Steigende Kriminalität und wachsende soziale Feindseligkeit (Fremdenhass, Verschärfung sozialer Gegensätze, aggressive Auseinandersetzung mit politischen oder sozialen Randgruppen)
- Aufdeckung ökologischer Katastrophen
- Neue Zwänge durch neues Gesellschaftssystem und neue Lebensweise, die dem einzelnen mehr Selbstbestimmung und Eigenverantwortung abverlangen

Es lässt sich ein Vertrauensverlust in viele gesellschaftliche Institutionen konstatieren, der nur partiell durch Freiräume oder ein besseres Warenangebot kompensiert wird. Dieser Vertrauensverlust erwächst einerseits aus hochgesteckten Erwartungen, andererseits aus auch heute noch positiv konnotierten Besonderheiten der ‚sozialistischen' Vergangenheit wie z.B. soziale Sicherheit, relativ starke Stellung der Arbeiterschaft oder egalitäre Gesellschaftsstruktur. Somit ergibt sich ein Widerspruch zwischen fortschreitender Demokratisierung und Ökonomisierung bei gleichzeitig wachsender Distanz weiter Bevölkerungskreise zur neuen Gesellschaft - und dies nicht nur bei den „Verlierern" der Wende. Diese Entwicklung äußert sich in spezifischen, transformationsbedingten Präferenzen: paternalistisch-autoritäre Erwartungen an den Staat, bürokratisch-zentralistische Problemlösungsstrategien bei mangelnder Eigeninitiative, Passivität, Privatismus sowie mangelndes demokratisches Selbstbewusstsein, geboren aus einem Gefühl politischer Ohnmacht und Einflusslosigkeit. Hinzu treten eine geringere Identifikationsbereitschaft, ja Misstrauen gegenüber politischen Parteien und Eliten und ein mangelndes Verständnis parlamentarischer Prozesse. Letztlich ergibt sich ein Defizit bezüglich der Ausgestaltung einer rechtsstaatlichen, demokratischen politischen Kultur, allerdings handelt es sich dabei um ein Phänomen, das in allen Transformationsgesellschaften vorkommt, und nicht nur in diesen.

Die Freigabe der Preise für Güter und Dienstleistungen bildete eine erste Transformationsmaßnahme auf der mikroökonomischen Ebene. Es folgten Maßnahmen zur Entstaatlichung der Unternehmen (Umwandlung in staatseigene AGs, Entflechtung, Kommerzialisierung) sowie der Aufbau eines Privatsektors per Privatisierung, Neugründung und Restitution. Bei diesen Maßnahmen setzte die Regierung auf die so genannte kleine Privatisierung, d. h. direkter Verkauf kleinerer und mittlerer Unternehmen, sowie auf die Kupon-Privatisierung, d. h. die Privatisierung großer Unternehmen durch Verkauf von Anteilsscheinen; ferner gab es Investitionen von Auslandsfirmen (Joint ventures). Erklärtes Ziel war die Liberalisierung des Außenhandels und der Devisenwirtschaft. Bereits am 11.1.1991 wurde die Teilkonvertibilität der Krone erreicht. Die Folgen dieser Reformen führten zunächst zur Schrumpfung der überdimensionalen Schwer- und Rüstungsindustrie, ein Prozess, der durch den Zusammenbruch der östlichen Absatzmärkte forciert wurde. Doch schon ab 1992 zeigten sich erste Erfolge der Reformen, nicht zuletzt aufgrund der teilweise hochentwickelten und diversifizierten Industrie Böhmens und Mährens mit einem durchaus konkurrenzfähigen Angebot (Bier, Semtex, Glas- und Kristall, Škoda-Automobilbau, Škoda-Maschinenbau), einer guten Qualifikation der Arbeitskräfte, keinem allzu großen Geldüberhang der Binnenwirtschaft, einer geringen Auslandsverschuldung und einer politischen Stabilität nach der Trennung von der Slowakei. In Tschechien herrscht heute weitgehend Konsens über den marktwirtschaftlichen Kurs.

Allerdings unterliefen der Regierung Klaus einige entscheidende

Versäumnisse, die zum Teil die seit 1997 andauernde Krise erklären können. Die strukturellen Probleme wurden durch die Kupon-Privatisierung nicht gelöst. Die staatlichen Unternehmen blieben mehrheitlich Eigentum von Investment-Gesellschaften der tschechischen Großbanken, an denen wiederum der Staat mit Sperrminoritäten beteiligt ist. Ferner wurden die alten Unternehmensleitungen im Regelfall nicht ausgetauscht, wobei hier politische Gründe genauso eine Rolle spielten wie nicht ausreichend vorhandener Management-Nachwuchs. Hinzu kommen spezifische Probleme in der Produktion: Ein relativ moderner Anlagenbestand, der Lohnkostenvorteil bei arbeitsintensiver Produktion sowie die Subvention der Energiepreise nebst laschen Umweltauflagen führten zu je nach Branche ungleicher Startchancenverteilung. Es besteht das Risiko, dass die tschechische Wirtschaft auf Dauer die Position eines Anbieters von Roh- und Halbprodukten für die hochleistungsfähigen Volkswirtschaften im Westen einnehmen muss, was letztlich zu einer gravierenden Einschränkung der Wettbewerbsfähigkeit auf dem Weltmarkt führen würde. Zudem bietet sich natürlich immer die Möglichkeit der Verlagerung von lohnkostenintensiver Produktion auf noch billigere „Werkbänke" weiter östlich. Einzig eine bis jetzt nicht erfolgte Demonopolisierung und Dekonzentration könnte diese strukturellen Probleme der tschechischen Volkswirtschaft lösen.

Seit 1990 ist es zu einer intensiven Zusammenarbeit von tschechischen und deutschen Unternehmen in nahezu allen Branchen gekommen. Am spektakulärsten ist dabei sicher die äußerst erfolgreiche Kooperation von Škoda und VW in Mladá Boleslav.

Betrachtet man deutsch-tschechische Unternehmenskooperationen unter sozialen und kommunikativen Aspekten, dann stehen zwei Bereiche im Vordergrund, die sich als interkulturell sensibel erweisen. Man findet unterschiedliche Einstellungen und Bewertungen im Hinblick auf „richtiges" Verhalten in Organisationen und im Hinblick auf „angemessenes" kommunikatives Verhalten. Zwei Ebenen lassen sich unterscheiden:

a) Ebene organisatorischen Verhaltens in deutsch-tschechischen Unternehmen: Objektive Arbeitsbedingungen prägen subjektive Formen des Erlebens, Wahrnehmens und Verhaltens. Historisch betrachtet lässt sich somit - bezogen auf tschechische Unternehmen - eine Herausbildung spezifischer Werte beobachten, die man plakativ als

„sozialistischen Habitus" beschreiben könnte. Die neuen marktwirtschaftlichen Rahmenbedingungen, die zu veränderten betrieblichen Arbeitsbeziehungen führen, und die neuen Bewertungen dieser Rahmenbedingungen verlaufen nicht unbedingt synchron. So kann es passieren, dass erhöhte Anforderungen an ökonomische Rationalität im Rahmen der alten „Mentalität" als verhandelbar angesehen werden, beispielsweise Liefertermine, Kostenrahmen, Budgets, Qualitäts- und Produktivitätsvorgaben oder auch Preise. Ferner macht sich Enttäuschung über den Wechsel von solidarischen zu kollegialen Arbeitsbeziehungen breit. Die Nutzung selektiver Karrierechancen (Aufstieg, Entlassung, Weiterqualifizierung, Arbeitsplatzwechsel) kann als Verrat an der Betriebsgemeinschaft interpretiert werden, die neue Ordnung als „Ellenbogengesellschaft" ohne Sicherheiten. Der Pressesprecher einer großen deutschtschechischen Unternehmenskooperation äußert sich hierzu: „Also es stehen Schicksale von Menschen auf dem Spiel, was wir Tschechen uns kaum vorstellen können, aber das kommt jetzt auf uns zu. [...] Die meisten Tschechen verstehen halt noch nicht: es wird nie mehr Sicherheit geben!"

Auch die Beziehungen zwischen Vorgesetzten und Untergebenen verändern sich. Es ist zum einen die Frage, ob diese, in jahrelanger Arbeit aufgebaut, auf eine neue Grundlage gestellt werden können. Zum anderen stoßen in deutsch-tschechischen Unternehmenskooperationen gerade unterschiedliche Vorstellungen bezüglich bestimmter Management-Funktionen aufeinander. Die Art und Weise, wie man Entscheidungen trifft, wie Probleme zu lösen sind, wie man motiviert und kontrolliert, wird von deutschen und tschechischen Managern unterschiedlich bewertet. Problematisch ist nun, dass diese Unterschiede in der Regel wechselseitig stereotypisiert werden. In einer repräsentativen Aussage eines in einem deutsch-tschechischen Joint venture beschäftigten deutschen Managers meint dieser zu den Problemen der Zusammenarbeit mit tschechischen Mitarbeitern: „Die größten Defizite waren: Delegationsfähigkeit und -bereitschaft, Übernahme von Verantwortung, Zusammenarbeit, Mitarbeiterführung, Information und Kommunikation sowie Integrationserfordernis von unterschiedlichen Erlebniswelten." Umgekehrt klagt ein tschechischer Manager: „Bei den Deutschen muss jede Tabelle eine eigene Philosophie haben und es muss jeder Teil in einer ganz bestimmten Schrift sein, die auch begründet werden muss."

In drei Bereichen lassen sich immer wieder unterschiedliche Wahrnehmungen und Einstellungen beobachten:
- Zwischen deutschen und tschechischen Managern zeigen sich unterschiedliche Vorstellungen von Führungsstil und Entscheidungsfindung. Der deutsche Manager erwartet eher ein selbstständiges Entscheiden, während viele tschechische Kollegen eine genauere Anleitung sowie klare Hierarchien bevorzugen. Hierzu beklagt sich ein deutscher Manager: „Hier gibt es das Generaldirektorenprinzip. Bei Prokura oder bei Handlungsvollmachten das hier hineinzubringen, dass es grundsätzlich eine Zweitunterschrift geben muss, das hat lange gedauert."
- Hinsichtlich der Motivation beklagen deutsche Manager nicht selten eine zu geringe Verantwortlichkeit für und Identifikation mit dem Unternehmen: „Wenn Feierabend ist, dann lassen sie [= die tschechischen Mitarbeiter] alles bleiben, egal was noch auf dem Schreibtisch liegt." Dies lässt sich historisch mit der nicht unüblichen Verlagerung des Arbeitsengagements auf die so genannte „zweite Wirtschaft" erklären (z. B. bei privat organisiertem Hausbau), sicher aber auch mit einer sich vertiefenden Kluft zwischen alltäglicher ökonomischer Ineffizienz und euphemistischen Erfolgsziffern, die zu Verhaltensweisen wie Gleichgültigkeit und innerer Distanz führten. Hinzu tritt auf tschechischer Seite eine Präferenz für die „harten Faktoren" des ökonomischen Umbaus bei gleichzeitiger Ablehnung darüber hinaus gehender ideeller Ansprüche (*corporate identity*), die aus einer Tendenz der „Entideologisierung von Arbeitsbeziehungen und -abläufen" heraus zu verstehen ist.
- Wo der deutsche Manager selbstständiges Handeln erwartet, verursacht die fehlende Kontrolle beim tschechischen Mitarbeiter Unsicherheit. Auf der einen Seite steht die Vorstellung, im Blick auf effektives, selbstständiges Management müsse Konsens bestehen, auf der anderen Seite werden messbare, überprüfbare Vorgaben erwartet. Der Wechsel von fremd- zu selbstbestimmten Kontrollmechanismen muss als ein zentraler Aspekt interkultureller Divergenz bewertet werden.

b) Ebene interkultureller Kommunikation in deutsch-tschechischen Kooperationen: Ein Schlüsselproblem interkultureller Kommunikation ist das Missverstehen oder Nichtverstehen aufgrund fremdkultureller Bedingungen. Diese können auf der einen Seite einen

Kulturschock hervorrufen, auf der anderen nationalspezifische Stereotype entstehen lassen, so etwa in folgenden Fällen:
- unterschiedliche kulturelle Annahmen über Situationen und die ihnen angemessenen Verhaltensweisen und Intentionen
- unterschiedliche Informations- und Argumentationsstruktur
- unterschiedliche Sprechweisen und Sprechstile

Im Tschechischen lässt sich eine Präferenz für eine indirektere sprachliche Realisierung von Äußerungen gegenüber einer direkteren im Deutschen beobachten. Direkt artikulierte Äußerungen können in interkulturellen Situationen als äußerst konfrontativ verstanden werden. Ungehemmt verfochtene Standpunkte werden von tschechischen Gesprächspartnern als zu direkt empfunden und auf Grund der damit evozierten Beziehungsstörung mit einem zeitweiligen oder gänzlichen Rückzug aus der Gesprächssituation geahndet. Ferner lassen sich unterschiedliche Grade von Explizitheit beobachten. Insbesondere metakommunikative Äußerungen tauchen im Deutschen häufiger auf. Auch wenn diese prinzipiell zur Klärung von Kommunikationsregeln und -problemen herangezogen werden können, zeigt die Erfahrung, dass der im Deutschen gerne praktizierte Wechsel auf die Metaebene Irritationen hervorruft: Auf Äußerungen wie „Am besten, wir sprechen offen über unsere Interessen, dann wissen wir, wo die Probleme liegen" wird zwar von den tschechischen Gesprächspartnern zunächst Zustimmung geäußert, doch eher aus Verlegenheit oder Unsicherheit. Die tschechische Kultur verfolgt ein anderes Interaktionsideal, das stärker von informellen Strukturen geprägt ist: In einem Leitfaden für Sekretärinnen wird etwa bezüglich des Umgangs mit Rechtschreibfehlern von Vorgesetzten eine stillschweigende Korrektur empfohlen: „Udělejte to, ale nemluvte o tom!" (Machen Sie es, doch sprechen Sie nicht darüber!)

Umgekehrt wird von deutscher Seite tendenziell die Beobachtung gemacht, dass von tschechischen Kollegen Informationen unvollständig oder gar nicht weitergegeben werden, dass man Kontroversen bzw. Divergenzen nicht offen artikuliert: „Man erfährt nie, was sie denken", so eine häufig zu hörende Klage. Von Tschechen werden offenbar wesentlich häufiger informelle Absprachen gegenüber den als stark formalisiert empfundenen Prozeduren auf deutscher Seite bzw. der als aggressiv wahrgenommenen offenen Diskussion bevorzugt.

Sprachen unterscheiden sich deutlich im Rhythmus der Sprechenden, in der Lautstärke, im Wort- und Satzakzent, im Sprechtempo, in der Satzmelodie oder in der Gliederung des Sprechens (Zahl und Länge der Pausen). Die Regeln, die das Ins-Wort-Fallen und das gleichzeitige Sprechen determinieren, basieren auf kulturellen Normen. Verstärkt durch paraverbale Signale - Deutsche sprechen in der Regel lauter als Tschechen - kann leicht der Eindruck einer verbalen deutschen Dominanz entstehen, bei der die Tschechen nur mit Mühe zu Wort kommen. Dieser Prozess wird durch die Sprachenwahl noch verstärkt, denn es fällt auf, dass in der Kommunikation zwischen Deutschen und Tschechen Deutsch als gemeinsame Verhandlungssprache, als *common language* überwiegt. Dadurch sind die deutschen Interaktionspartner ihren tschechischen Partnern von vornherein überlegen. „Ja das stimmt auch, entweder deutsch oder englisch, so ist das hier, man hat sich eingelebt sozusagen," so lautet die Beobachtung eines tschechischen Managers.

Interkulturelle Kommunikation zwischen Tschechen und Deutschen birgt somit vor allem auf solchen Ebenen Gefahren, die den Sprechern in der Regel nicht bewusst sind. Sehr leicht entsteht die Einstellung, man habe gleiche (ökonomisch motivierte) Interessen und deshalb sei der kommunikative Aspekt zu vernachlässigen. Dabei braucht man sich nur den eklatanten gesamtgesellschaftlichen und gesamtökonomischen Umbruch zu vergegenwärtigen, um zu erkennen, unter welch ungleich schwierigeren Rahmenbedingungen das Leben eines jedes Einzelnen in einer Transformationsgesellschaft wie der tschechischen verläuft.

Deutsche Mark, tschechische Krone, Euro

František Vencovský

Vom Ende des Ersten Weltkriegs 1918 bis heute war Deutschland ohne Unterbrechung das wichtigste ökonomische Partnerland der Tschechoslowakei bzw. der Tschechischen Republik. Ungeachtet ernster politischer Umstürze in der Geschichte beider Staaten, im übrigen ein Spiegel der Entwicklungen in Europa, war die deutsche Wirtschaft der tschechischen am nächsten. In der Zwischenkriegszeit war Deutschland mit 21% am tschechoslowakischen Außenhandelsgeschäft beteiligt, also mit einem weitaus größeren Anteil als das historisch nähere Österreich mit seinen 8% und das befreundete Frankreich mit 5%. Diese Vorrangstellung baute Deutschland nach dem Zerfall der Tschechoslowakei im Jahre 1992 sogar noch aus: sein Anteil am tschechischen Außenhandelsgeschäft bewegt sich um 36%, liegt also deutlich vor den 8% der Slowakei, den 6% Österreichs und den 4% Polens. Diese Entwicklung ist deutlicher Ausdruck einschneidender Veränderungen: Nach dem Zerfall des „sowjetisch-sozialistischen Blocks" gliedert sich die tschechische Gesellschaft in ein Bezugssystem ein, aus dem sie in den 50er Jahren gewaltsam herausgerissen wurde; Politik und Wirtschaft in Tschechien richten sich nach Westeuropa aus.

Diese neue Orientierung sieht vor allem in engeren Handelsbeziehungen mit dem wirtschaftlich hochentwickelten Deutschland den Weg zu einer Mitgliedschaft in der Europäischen Union. Es geht nicht nur um das Gesamtvolumen von Export und Import, sondern vor allem um die Warenstruktur, die den Anforderungen einer langfristigen Restrukturalisierung und Modernisierung der tschechischen Produktion nach den anspruchsvollen Kriterien des westeuropäischen Marktes entsprechen muss. Die 70-jährige Geschichte der deutsch-tschechischen Handelsbeziehungen lässt sich auch aus der Entwicklung des Kurses ablesen, in dem die deutsche Mark zur tschechoslowakischen Krone, seit 1993 zur tschechischen steht. In den Peripetien und Stürzen dieses Kurses spiegeln sich die politischen und wirtschaftlichen Veränderungen, die beide Staaten durchgemacht haben und noch durchmachen, deutlich wider.

Die Entwicklung des Kursverhältnisses zwischen tschechoslowakischer Krone und deutscher Mark wurde nach dem Ersten Weltkrieg von zwei gegenläufigen Strömungen in der Wirtschafts- und Währungspolitik der beiden Länder bestimmt.

Als nach dem Zusammenbruch Österreich-Ungarns die Tschechoslowakei entstand, übernahm Alois Rašín in dem ersten Regierungskabinett das Amt des Finanzministers. Sein Programm bestand in einem radikalen Währungskonzept, das seine Nachfolger - Rašín erlag 1923 einem anarchistischen Attentat - erfolgreich durchsetzen konnten. Ziel war es, nicht nur den Überschuss an Inflationsgeld zu beseitigen, das während des Kriegs in Umlauf gekommen war, um dann auf dieser Basis eine neue Zahlungseinheit, die tschechoslowakische Krone, zu schaffen. Es sollte ebenso auch eine rasche Erhöhung der Kaufkraft erreicht werden. Das war ein anspruchsvolles Deflationsprogramm, das zu einer Senkung des Preisniveaus im Inland und damit zu einer Kompensation der durch den Krieg verursachten Währungsschäden führen sollte. Die erste deflationäre Maßnahme erfolgte durch eine Verknappung des Geldumlaufs bei der Währungsreform im März 1919. Dies allerdings reichte nicht aus; so griff man zu einem effektiveren Mittel: man intervenierte auf dem Devisenmarkt in Zürich und erhöhte - auch wenn man dafür Auslandskredite abschöpfen musste - den Kurs der Krone. Dadurch sollte eine Senkung der Export- und Importpreise bewirkt werden und in Folge davon eine Senkung der Produktionskosten und schließlich des gesamten Preisniveaus im Inland.

Diese im damaligen wirtschaftlich und finanziell zerrütteten Europa singuläre Währungspolitik bewährte sich. Im Zeitraum von nur drei Jahren - 1922 bis 1924 - sanken die Verbraucherpreise durchschnittlich um 39% (Dezember 1924 gegenüber Dezember 1921). Doch hatte diese Entwicklung ernste, negative Begleiterscheinungen: sie führte zu einem Rückgang des Exports und des Nationaleinkommens, zu einem drastischen Anstieg der Arbeitslosigkeit und zu sozialen Konflikten. Die Regierung gab daher im Frühjahr 1925 dieses Deflationskonzept auf und ging zu einer währungsstabilisierenden Politik über.

In den Nachbarländern gelang es hingegen nicht so rasch, die zerrütteten Nachkriegsfinanzen zu ordnen und sie auf eine feste Grundlage zu stellen. Alle Versuche, die Inflation in den Griff zu bekommen, scheiterten. Und nicht nur das; die inflationäre Entwicklung nahm ein progressives Tempo und mündete besonders in Deutschland in eine Hyperinflation von bisher ungekanntem Ausmaß. Im Herbst 1923 waren bereits 550 Trillionen Papiermark im Umlauf. Der Verfall der deutschen Mark war unvorstellbar. Die Preise wurden mit Hilfe eines Berechnungskoeffizienten zu dem stark steigenden Dollarkurs ins Verhältnis gesetzt. Eine Flucht von der Papiermark zu den verschiedensten Sachwerten setzte ein. Als im November 1923 die so genannte Rentenmark eingeführt wurde, setzte man ihren Wert in Bezug auf die frühere Papiermark mit 1:1 Billion fest.

Die starke Deflation in der Tschechoslowakei einerseits und die starke Inflation in Deutschland andererseits spiegelte sich besonders deutlich in der Entwicklung des Kursverhältnisses der Mark zur Krone.

Kurs der Mark
auf dem freien Devisenmarkt

Jahresende	Krone
1921	0,44
1922	0,01
1923	0,08
1924	7,90
1925	8,—
1926	8,50

In den folgenden Jahren - d. h. nach dem Übergang von der deflationären Währungspolitik zur Währungsstabilisierung in der Tschechoslowakei und der Konsolidierung der Finanzverhältnisse in Deutschland - wurde die Entwicklung der beiden Währungskurse von der Situation auf den Devisenmärkten bestimmt. Sie hing nun in erheblichem Maße davon ab, inwieweit Angebot und Nachfrage einer staatlichen Steuerung unterlagen bzw. wie streng die Bewegungen auf dem Waren-, Dienstleistungs- und Kapitalmarkt reguliert wurden.

Die tschechoslowakische Krone wurde vom ersten Tag an an allen Weltbörsen notiert und frei gehandelt. Auf Grund der rasanten Deflationspolitik in der ersten Hälfte der 20er Jahre und des stabilen Währungskurses zwischen 1925 und 1933 galt die Krone als attraktive Währung. Die Regierung konnte es sich jedoch in den ersten Jahren, die der junge Staat bestand, nicht erlauben, auf eine Devisenbewirtschaftung völlig zu verzichten - wegen der Kursschwankungen wie auch wegen der Auslandsspekulationen mit der Krone. Seit der Einführung der tschechoslowakischen Währung im Jahre 1919 unterlag die Devisenbewirtschaftung - vor allem das Export- und Importgeschäft und nicht so sehr die Bewegungen auf dem Kapitalmarkt - einer mehr oder weniger starken Regulierung.

Kennzeichnend für die zweite Hälfte der 20er Jahre sind Währungsstabilisierung, positiver Staatshaushalt, ausgeglichene Zahlungsbilanz und wirtschaftliche Prosperität in allen Bereichen. Diese Entwicklung mündete 1929 in eine Verbindung von Krone und Gold, als der Goldgehalt der Krone festgelegt (44,58 mg) und die Nationalbank angewiesen wurde, den Kurs der Krone auf Goldparität zu halten. Zur Einführung einer direkten Konvertierbarkeit von Banknoten in Gold kam es jedoch nie, sie konnten lediglich gegen Devisen mit Golddeckung eingetauscht werden. Gleichzeitig kam es zu einer allmählichen Lockerung auf dem Devisenmarkt, bis hin zu einer fast völligen Liberalisierung im August 1928. Damals trat die Tschechoslowakische Nationalbank als Regulator auf dem Devisenmarkt nur mit den typischen Marktstrategien auf: durch Ankauf und Verkauf von Devisen versuchte sie kurzfristigen Schwankungen des Kronenkurses entgegenzusteuern. Das Verhältnis von Mark und Krone stabilisierte sich gleichfalls und schwankte auf dem Markt um die Goldparität.

Kurs der Mark
auf dem freien Devisenmarkt

Jahresende	Krone
1927	8,01
1928	8,00
1929	8,04
1930	8,01
1931	7,97
1932	8,02
1933	8,03

Diese Zeit des „klassischen Liberalismus" währte jedoch nur drei Jahre. Die aufkommende Weltwirtschaftskrise machte im August 1931 die Rückkehr zu einer gebundenen Devisenbewirtschaftung erforderlich. Verschiedene Regulierungsmaßnahmen seitens der tschechoslowakischen Regierung folgten. Zunächst betrafen diese nur die Bewegungen des Kapitals, die Kreditverhältnisse, später auch die Zwangsabführung eingenommener Devisen. Die schweren Auswirkungen der Weltwirtschaftskrise veranlassten das Finanzministerium 1932 schließlich dazu, eine Sonderkommission einzurichten, welche die Waren festlegte, für deren Import die Nationalbank Zahlungsmittel zur Verfügung stellen würde.

Ernste Probleme entstanden in der Beziehung zu den Ländern, die auf Grund ihrer ins Defizit geratenen Devisenvorräte Zahlungsschwierigkeiten hatten. Mit diesen Ländern - es handelte sich in erster Linie um die Balkanstaaten - schloss die Tschechoslowakische Nationalbank Verträge über Clearingzahlungen ab. Der Handel mit diesen Staaten war damit an die Entwicklung ihres Devisenkursverhältnisses gebunden.

Im November 1934 wurde auch der Zahlungsverkehr und der Handel mit Deutschland in dieser Form eingerichtet, und zwar auf deutsche Initiative hin. Diese Regelung, die als „stabile Inflation" bezeichnet wurde, kam der antiinflationären Politik der deutschen Regierung und der Reichsbank entgegen. Im Zusammenhang mit der Finanzierung der Rüstungsindustrie ging es zugleich um den Übergang zu einer gelenkten Wirtschaft. In Deutschland wurde daher bereits im Juli 1931 ein strenges Devisenregime eingeführt. Der Spielraum für einen devisenfreien Zahlungsverkehr mit dem Ausland sollte verringert werden, um den Kurs der Mark bei passiver Handelsbilanz nicht durch Abschöpfen der Devisenreserven stabil halten zu müssen. Die Goldreserven und die Devisengewinne waren vor allem für den Ankauf von Waffen vorgesehen. Durch die Ausweitung des Clearingnetzes auf einen breiten Kreis von Staaten sah sich Deutschland in der Lage, die Bemühungen um eine Stabilisierung des Reichsmark-Kurses auf dem freien Devisenmarkt durch Clearingvereinbarungen zu ersetzen, die auch den Kurs für den gegenseitigen Zahlungsverkehr festlegten. Mit Hilfe des Clearingsystems sicherte sich Deutschland Importe einzelner Staaten, für die es bei seiner insgesamt passiven Zahlungsbilanz nicht über die nötigen Devisenreserven verfügt hätte. Der Kurs der Mark, der mit den Clearingpartnern vereinbart wurde, richtete sich nach den Devisenbestimmungen. Das galt auch für das Kursverhältnis zwischen Mark und tschechoslowakischer Krone.

Die Entwicklung von Wirtschaft und Währung stand in den 30er Jahren in beiden Ländern im Zeichen der Weltwirtschaftskrise, aber auch der unterschiedlichen gesellschaftlichen und politischen Verhältnisse: In Deutschland gelangte der aggressive Nationalsozialismus an die Macht und führte schließlich einen weltweiten Konflikt herbei, in der Tschechoslowakei versuchte sich die Politik gegen diese Gefahr zu verteidigen. Das Kursverhältnis von Mark und Krone wurde zudem von eigenen währungspolitischen Maßnahmen beeinflusst, mit denen man den deflationären Erscheinungen der Weltwirtschaftskrise entgegensteuern wollte. Diese schlug sich auch in dem auf allen Weltmärkten steigenden Goldpreis nieder und damit zugleich im deflationären Druck auf die Kurse und das Binnenpreisniveau in denjenigen Ländern, deren Währung an den Goldpreis gebunden war. Das war auch in der Tschechoslowakei der Fall. Von 1930 bis 1934 sank das Niveau der Großhandelspreise um

26% (auf dem Index von 1934 mit 74 Punkten gegenüber dem Ausgangswert von 100 Punkten im Jahr 1929). Dieser deflationäre Druck führte zu einem drastischen Rückgang des Exports (auf dem Index 67 Punkte) und freilich auch zu Einbrüchen in der Produktion und einem heftigen Anstieg der Arbeitslosigkeit (von 42 000 im Jahr 1929 auf 677 000 im Jahr 1934).

Die Währungspolitik reagierte auf diese Entwicklung mit einer zweimaligen Devalvation der Krone - im Februar 1934 und im Oktober 1936 - durch eine Verringerung ihres Goldgehalts um jeweils ungefähr ein Sechstel. Diese Devalvationsmaßnahmen hatten zusammen mit der gelenkten Devisenpolitik in Deutschland auch Auswirkungen auf das Verhältnis von Mark und Krone.

Kurs der Mark

Jahresende	Krone
1934	8,70
1935	6,26
1936	6,68
1937	6,68

Im September 1938 kam es zu einem dramatischen Umsturz. Die aggressive nationalsozialistische Politik Deutschlands mündete in München in ein „Abkommen", in dem die Regierungen Großbritanniens, Frankreichs und Italiens der Abtretung umfangreicher Grenzgebiete an Deutschland zustimmten. Diese Entscheidung wirkte sich auch auf die Finanzbeziehungen zwischen dem aggressiven Deutschland und der geopferten Tschechoslowakei aus.

In den Gebieten, die an Deutschland angeschlossen wurden, kam es zu einer radikalen Liquidierung des bisherigen Finanzsystems. Die deutsche Regierung gab bereits am 10. Oktober 1938 eine Verordnung über die Einführung der Reichsmark als Währung in den „sudetendeutschen Gebieten" heraus. Dabei entsprach 1 Kč 12 Reichspfennigen. Mit der zweiten Verordnung vom 15. Oktober 1938 wurde die tschechoslowakische Krone mit Wirkung vom 31.10.1938 als gesetzlich gültiges Zahlungsmittel abgeschafft. Aus dem Okkupationsgebiet wurde tschechoslowakisches Geld in Höhe von 2 874 Mio. Kč aus dem Umlauf gezogen und durch deutsche Reichsmark ersetzt. Dabei wurde zwischen Mark und Krone ein Verhältnis von 1 RM = 8,33 Kč zugrundegelegt. Die Reichsbank stellte unmittelbar darauf die Forderung, dass ihr die Summe der aus dem Umlauf gezogenen Gelder in voller Höhe ersetzt werden sollte, da sie angeblich den „Anspruch der sudetendeutschen Bevölkerung gegenüber der tschechoslowakischen Wirtschaft darstellt, zu der die Deutschen mit ihrer Arbeit beigetragen haben". Sie forderte sogar, dass ihr dieser Anspruch ausschließlich in Gold und Devisen erstattet werden sollte. Sie sah bewusst darüber hinweg, dass dem aus dem Umlauf gezogenen tschechoslowakischen Geld in dem besetzten Gebiet enorme materielle Werte gegenüberstanden.

Die Verhandlungen über diese Forderung gestalteten sich kompliziert. Schließlich verständigte man sich darauf, dass von den tschechoslowakischen Währungsreserven nur so viel übergeben werden sollte, wie der Golddeckung der Banknoten entsprach. Ende Februar 1939 kam jedoch aus Berlin die ultimative Forderung, Gold im Wert von 466 Mio. Kč und Devisen in Höhe von 15 Mio. Kč zu übergeben. Diese „Vereinbarung" wurde am 4. März 1939 unterzeichnet; der Reichsbank wurden 14 Tonnen Gold überstellt.

Der Zweiten Tschechoslowakischen Republik, also der Republik „nach München", war kaum ein halbes Jahr vergönnt. Der deutsche Druck, der den Untergang der Tschechoslowakei forcieren sollte, nahm ständig zu. Bereits am 14. März 1939 wurde in Bratislava ein Slowakischer Staat ausgerufen, am 15. März wurde der Rest der Republik als „Protektorat Böhmen und Mähren" besetzt. Eine neue Finanzverwaltung entstand, welche die Okkupationsmacht in perfekter Weise für ihre Interessen zu nutzen verstand.

Der noch am gleichen Tag vom Reichskanzler herausgegebene Erlass über die Errichtung eines Protektorats setzte fest, dass gesetzliches Zahlungsmittel neben der Reichsmark bis auf weiteres die Krone sei. Das Kursverhältnis der beiden Währungen zueinander bestimme die Reichsregierung. Damit war die weitere Entwicklung unmissverständlich vorweggenommen. Gesetzliches Zahlungsmittel war die Mark und erst an zweiter Stelle die Krone, und auch das nur „bis auf weiteres"; und das Verhältnis der Währungen sollte von der Reichsregierung bestimmt werden. Daraus wurde eine Verordnung des deutschen Reichsgesetzbuches, die festsetzte, dass mit Wirkung vom 22. März 1939 eine Krone zehn Reichspfennigen entspreche, d. h. 1 RM = 10 K.

Rein formal blieb das Protektorat in gewissem Sinne ein autonomes Währungsgebiet. Somit war auch der Kurs der Krone gegenüber den übrigen Währungen unabhängig von ihrem Kurs gegenüber der Mark, doch nur bis Ende September 1940. Am 1. Oktober 1940 wurde das Protektorat dem Reichszollgebiet eingegliedert und der Wert der Krone auf ein Zehntel der deutschen Reichsmark festgelegt. Die tschechische Krone wurde somit zu einem nominalen Bruchteil der Reichsmark. Im gleichen Zuge änderte sich auch der festgelegte Goldgehalt der tschechischen Krone. Er wurde dem Goldgehalt der Mark angeglichen und erhöhte sich von den 31,21 mg nach der letzten Devalvation von 1936 auf 35,84 mg. Praktische Bedeutung hatte das allerdings nicht; es war eine rein formale Angelegenheit.

Die Festlegung des Kurses auf 10 Kronen für eine Mark war eine beabsichtigte Abwertung der Krone. Nach dem Kaufkraftverhältnis der beiden Währungen, d. h. nach dem Verhältnis der Inlandspreisspiegel lag das reale Währungskursverhältnis von 1 Mark bei 6-7 Kronen. Die Abwertung der Krone ermöglichte der gesamten Okkupationsarmee, der Polizei, der Beamtenschaft und den deutschen Einwohnern nicht nur den billigen Kauf tschechischer Produkte; sie wurde zu einem der vielen Inflationsfaktoren (auf tschechischem Gebiet), gegen die die tschechische Leitung der Nationalbank in Böhmen und Mähren nicht aktiv vorgehen konnte; sie konnte sie nur hinnehmen.

Im gesamten Protektorat musste die auf diesem Wege aufgewertete Mark akzeptiert werden und gelangte aus dem Umlauf in die Tresore der Nationalbank, die sie jedoch nicht von Neuem emittieren durfte. Die Markbeträge wurden gegen Kronen getauscht und - ohne Leistung eines realen Gegenwertes - an die Reichsbank in Berlin abgeführt. Dort wurden sie der Nationalbank auf einem Sonderkonto, einem so genannten Interimskonto gutgeschrieben - als Anspruch der Nationalbank gegenüber der Reichsbank. Auf diesem Wege erreichte die Okkupationsmacht, dass tschechische Waren, die im Protektorat für deutsche Mark gekauft wurden, durch die inflationäre Emission von Kronen bezahlt wurden. Zu Kriegsende befanden sich auf dem „Interimskonto" in Berlin Reichsmark im Wert von 15,3 Mill. Kronen. Ähnlich finanzierte man die Lieferungen der tschechischen Industrie und Landwirtschaft an das Reich. Die Bezahlung der Lieferanten erfolgte mit den Kronen der Nationalbank in Prag, die diese Beträge wiederum als Forderung gegenüber dem Reich auf einem Sondergirokonto in Berlin auswies. Der aktive Saldo auf diesem Konto lag gegen Ende des Kriegs bei

57,8 Mill. Kronen. Das war der Betrag, der im Protektorat für Waren in Umlauf gegeben wurde, die ohne Erstattung eines realen Gegenwerts ins Reich abgeführt wurden.

Nach dem Ende des Zweiten Weltkriegs kam es in der Tschechoslowakei im November 1945 zu einer Währungsreform. Die drastische Restriktion des inflationären Geldumlaufs schuf die Voraussetzungen für eine Erneuerung der zerrütteten Wirtschaft, und zwar zu einer Zeit, als sich bereits verstärkt eine neue politische Richtung mit deutlich sozialistischen Elementen abzuzeichnen begann. Die großen Banken und Industriebetriebe wurden verstaatlicht, Elemente einer zentralen Planwirtschaft machten sich bemerkbar. Diese Entwicklung erreichte ihren Höhepunkt mit dem politischen Umsturz im Februar 1948, durch den sich die Tschechoslowakei politisch und wirtschaftlich unter sowjetischen Einfluss begab. Bestandteil dieses gesellschaftlichen Prozesses, der auf den „sozialistischen Aufbau" nach sowjetischem Muster zielte, war die erneute Währungsreform im Juni 1953. Sie hatte die völlige Liquidierung der bisherigen Finanzverhältnisse zum Ziel und wollte „reinen Tisch" machen, damit das neue politische und wirtschaftliche System am Punkt Null beginnen könne.

Es handelte sich dabei um eine gewichtige Entscheidung, die Teil jener großen Veränderungen war, die in den 50er Jahren ganz Europa erfassten, als dieses sich politisch, wirtschaftlich und kulturell teilte: in ein „westliches" Europa, das auf den traditionellen liberalen und demokratischen Prinzipien gründete, und in ein „östliches" Europa, das auf den autoritären Prinzipien einer zentralen Planwirtschaft errichtet wurde. Deutschland wurde ebenfalls geteilt; dies spiegelte sich auch in der Regelung der Währungsbeziehungen der sozialistischen Tschechoslowakei zu den beiden deutschen Staaten wider.

Die Währungsreform von 1953 hatte den Goldgehalt der Krone auf 0,123426 mg festgelegt. Danach bestimmte sich das Verhältnis der Krone zum amerikanischen Dollar als dem Repräsentanten der frei konvertierbaren Währungen. Einem Dollar entsprachen 7,20 Kčs. Der so konstruierte Kurs bildete die Grundlage für die Berechnung der so genannten Basiswechselkurse der Krone zu den übrigen Währungen. Die Festsetzung des Goldgehalts der neuen Krone sowie der Währungskurse waren jedoch eine rein formale Maßnahme ohne praktische Bedeutung, denn Gold funktionierte in einer zentral gesteuerten Planwirtschaft überhaupt nicht als Zahlungsmittel. Der offizielle Devisenkurs, der auf Grundlage der Goldparität berechnet wurde, war auch nach den späteren Korrekturen völlig von den Preis- und Kursverhältnissen im Ausland abgekoppelt und verzerrte den Blick auf die internationale Preisentwicklung. Er isolierte die Preisverhältnisse in der Tschechoslowakei von der Preis- und Finanzentwicklung in der übrigen Welt. Gerade das war einer der entscheidenden Faktoren, der für die zunehmende strukturelle Deformation der tschechoslowakischen Produktion, ihren Effektivitätsverlust und den sich vertiefenden Abgrund zwischen der wirtschaftlichen Entwicklung im Inland und in der freien Welt mitverantwortlich war.

Es blieb nichts anderes übrig, als den „offiziellen" und also öffentlich bekannt gegebenen Devisenkurs den praktischen Erfordernissen im Zahlungsverkehr mit dem Ausland und den realen Preisverhältnissen anzupassen, auch wenn die zentral gesteuerte Planwirtschaft und das politische Interesse an bestimmten Auslandsbeziehungen weiterhin die primären Kriterien waren. Man hielt es für unumgänglich, den offiziellen Kurs für den Inlandsgebrauch so zu regulieren bzw. zu berechnen, dass er dem Kaufkraftverhältnis von Krone und Auslandswährungen wenigstens ungefähr entsprach. Dies sollte für die so genannten sozialistischen Länder (zunächst repräsentiert durch den sowjetischen Rubel, später durch den konvertierbaren Rubel als gemeinsame internationaler Währung derjenigen Länder, die dem Rat für gegenseitige Wirtschaftshilfe RGWH angehörten) und die so genannten nichtsozialistischen Länder (repräsentiert durch den amerikanischen Dollar) jeweils getrennt erfolgen. Die Berechnungen des Währungskurses nach dem Kaufkraftverhältnis wurden darauf verengt, das Preisniveau der für den Export bestimmten Waren in ein Verhältnis zu setzen. Für diese Lösung entschied man sich 1967 durch die Einführung der Währungskurskoeffizienten, d. h. durch die Einführung von Zuschlägen zum offiziellen Kurs. Man bezeichnete dies als „inneren reproduktiven Preisausgleich". Dieser Koeffizient betrug für den Außenhandel mit
- den „sozialistischen Ländern im Jahre 1987 1,40 (Zuschlag von 40%); so lag beispielsweise der definitive Kurs der DDR-Mark zur tschechoslowakischen Krone bei 1M = 4,20 Kčs;

- den nichtsozialistischen Ländern im Jahre 1987 3,75 (Zuschlag von 275%); zur D-Mark stand die Krone in einem definitiven Kurs von 1DM = 11,25 Kčs.

Es ging um innere Kursverhältnisse für die nichtkonvertierbare tschechoslowakische Krone. Die Entwicklung der Inlands- und Auslandspreise führte zu einer allmählichen Korrektur dieses Koeffizienten, zum Beispiel in Bezug auf die D-Mark:

Kurs der Mark im Zahlungsverkehr

	mit der BRD - für DM		mit der DDR - für M	
Jahr	offizieller Kurs Kčs	Koeffizient %	offizieller Kurs Kčs	Koeffizient %
1970	1,96	3,75	3,01	2,25
1975	2,27	3,75	3,01	2,25
1980	2,98	2,65	3,01	1,85
1985	2,34	2,50	3,01	1,40
1990	3,00	2,70	3,01	1,40

Bei Zahlungen außerhalb des Handelsgeschäfts, insbesondere für touristische Reisen, kam ein anderes System zur Anwendung, in dem es folgende Sonderzuschläge gab:
- für „sozialistische Länder" je nach Kaufkraftverhältnis; Ende der 80er Jahre lag dieser Touristenkurs für die DDR-Mark: 1 M = 3,01 Kčs.
- für die „nichtsozialistischen Länder" galt ein Aufschlag von 75% und außerdem eine so genannte Verwaltungsgebühr für den passiven Touristenverkehr von 125%; für die D-Mark ergab das Ende der 80er Jahre folgenden Kurs: 1 DM = 3,00 Kčs (offizieller Kurs) + 75% +125% = 11,81 Kčs.

Die Konstruktion dieser Kursumrechnungskoeffizienten war eines der charakteristischen Elemente im komplizierten System der zentralen Planwirtschaft. Sie hatte zur Folge, dass sich die Entwicklung des inländischen Preisniveaus auch weiterhin von der Entwicklung in den liberalen Wirtschaftssystemen entfernte. Den tschechoslowakischen Preisen fehlte die Anbindung an die Preise auf dem Weltmarkt. Das war ein schwerwiegender Mangel, der in den 80er Jahren zum Bemühen um eine gewisse Reform des gesamten Wirtschaftssystems führte. Eine definitive Lösung aber konnte nur die radikale Abkehr von diesem System im November 1989 herbeiführen.

Der November 1989 brachte einen Umbruch in der tschechischen Geschichte, der einerseits die Abkehr vom System der zentral gesteuerten Planwirtschaft bedeutete, andererseits den Ausstieg aus dem Block jener Länder, die politisch, wirtschaftlich und finanziell miteinander verflochten waren. Sie waren an die einheitliche Regulierung ihrer Devisen- und Kurspolitik gebunden, die nach „sozialistischen Vorstellungen" über die Zentrale in Moskau erfolgte. Die neue Regierung erarbeitete ein Programm für eine grundlegende Transformation der tschechoslowakischen Wirtschaft in eine demokratische Marktwirtschaft. Grundlegend war dabei ein Konzept, das auf eine rasche Konvertibilität der tschechischen Krone zielte. Die Effektivität in der Produktion sollte radikal gesteigert werden, um so den anspruchsvollen Kriterien des Weltmarktes zu entsprechen. Hauptaufgabe war es, die verstaatlichten Betriebe zu privatisieren, die Produktion zu restrukturieren, die staatliche Preis- und Lohnregulierung allmählich zu lockern und die Voraussetzungen für eine liberale Devisenwirtschaft zu schaffen.

Besonderes Interesse widmeten die Regierung und die Zentralbank einem Programm, dessen Ziel die Rückkehr zu einem marktbestimmten Kurs der tschechoslowakischen Krone war. Bereits 1990 kam es zu verschiedenen Maßnahmen, durch die ein standardisiertes Kurssystem eingeführt wurde. Vor allem musste die bisherige Zersplitterung bei der Kursbestimmung beseitigt werden, die nicht nur verschiedene Kurse gegenüber sogenannten sozialistischen und nichtsozialistischen Ländern ansetzte, sondern auch zwischen Handelskursen, Nichthandelskursen und Touristenkursen unterschied. Der Schwerpunkt dieser anspruchsvollen Transformation lag in der Adaption der Kurse an die frei konvertierbaren Währungen und in der Schaffung von Kursverhältnissen, die es ermöglichen würden, das Gleichgewicht auf dem entstehenden Devisenmarkt zu halten, und die zugleich der schwierigen Preisliberalisierung gerecht werden könnten.

Dieses Gleichgewicht wurde durch eine schrittweise Devalvation der Krone erreicht. Schon im Januar 1990 kam es zu einer Abwertung der Krone gegenüber den anderen Währungen um 18,6 %; der Kurs für den Zahlungsverkehr im Handels- und Nichthandelsgeschäft wurde vereinheitlicht. Im Oktober erfolgte eine weitere Abwertung um 54,5%, im Dezember eine weitere um 16%. Diese Abwertungen führten zu einem relativ stabilen Kronenkurs - 28 Kč entsprachen 1 US-Dollar - als Ausgangskurs für die Einführung eines Inlandswechselkurses. Ziel war es, den Kurs der Krone zu einem so genannten nominalen Anker bei der Stabilisierung ihrer Inlands- und Auslandskaufkraft zu machen. Das sollte den stabilen Einfluss äußerer ökonomischer Bedingungen auf den Preisspiegel im Inland sichern, ein stabiles Umfeld für die Entscheidungen der Unternehmer und Banken schaffen und die Spekulationen in Zusammenhang mit der Entwicklung des Kronenkurses begrenzen - alles in allem eine Währungspolitik, die auf einem stabilen, festen Währungskurs basiert. Anfang 1991 war sie noch an ergänzende Regulierungsmaßnahmen gebunden, die den Devisenankauf beschränkten, z. B. die Regulierung der Zahlungsbedingungen im Importgeschäft (Importaufschlag). Deren Einfluss verringerte sich jedoch schnell, als sich die Zahlungsbilanz positiv entwickelte. 1992 konnte die Devisenwirtschaft stark ausgeweitet werden, ohne dass es zu einer Veränderung des zugrundegelegten Ausgangskurses der Krone kam.

Ein weiterer Meilenstein in der Währungsgeschichte war der Zerfall der Tschechoslowakei in eine Tschechische und eine Slowakische Republik Ende 1992. Mit dem 1. Januar 1993 kam die tschechische Krone in Umlauf, die zur früheren tschechoslowakischen Krone in einem Kursverhältnis von 1:1 stand. Die Einführung der neuen tschechischen Krone hatte keinen Einfluss auf das Kursverhältnis zur deutschen Mark.

Der Kurs blieb in den ersten zwei Jahren stabil. Seit Beginn des Jahres 1993 vergrößerte sich zwar das Defizit in der Handelsbilanz leicht, ein deutlicher Einbruch erfolgte aber erst 1996. Die Inlandsproduktion bzw. die Angebotsseite der Wirtschaft konnte mit der wachsenden Geldnachfrage nicht Schritt halten, als der enorme Anstieg der Reallöhne das Wachstum in der Produktion überholte, als zusätzliches ausländisches Kapital, für das die tschechische Wirtschaft sehr attraktiv war, in den inländischen Geldumlauf strömte, als die öffentliche Verschuldung stieg und die Handelsbanken ihre Kreditverfahren lockerten. Es blieb nichts anderes übrig, als die Währungspolitik zu verschärfen und eine restriktive staatliche Haushaltspolitik zu betreiben - beides hatte negative Folgen für die Dynamik des wirtschaftlichen Wachstums.

Die tschechische Nationalbank ließ daher im Februar 1996 von dieser Politik des festen Währungskurses ab und erweiterte den Fluktuationsgürtel um die zentrale Parität des Kurses um ± 7,5%. Unter dem Druck des ständig wachsenden äußeren Ungleichgewichts und der geringen Effektivität der Inlandsproduktion versuchte die Bank einer Herabsetzung des Kurses durch Interventionen auf dem Devisenmarkt entgegenzuwirken. Das reichte jedoch nicht aus; daher wurde im Mai 1997 die Entwicklung des Devisenkurses freigegeben, was sich auch im Kursverhältnis von Krone und Mark niederschlug.

Kurs der D-Mark

Jahresdurchschnitt	Kč
1993	17,64
1994	17,75
1995	18,52
1996	18,06
1997	18,28
1998	18,33
1999	18,86

Auch bei dieser langfristig ausgeglichenen Entwicklung des Verhältnissen zwischen Krone und Mark auf dem Markt, d. h. des nominalen Verhältnisses, kommt es auf Dauer zu einer Aufwertung des realen Kronenkurses. Dies zeigt sich im Verfall der Kaufkraft der Mark auf dem tschechischen Markt. Grund hierfür ist die höhere Inflationsrate in der Tschechischen Republik. Während es in Deutschland gelang, die Inflationsrate in den letzten Jahren auf 1% zu senken, bewegte sich die Inflationsrate in der Tschechischen Republik zwischen 1995 und 1999 in einer Spannbreite von 8,5% bis 10,7%. Erst 1999 ging sie auf 2,1% zurück. In Folge dieser Inflationsdifferenz verringerte sich der Unterschied zwischen dem Marktkurs der Mark und dem nach der Entwicklung des Preisniveaus errechneten Kurs (dem sog. ERDI - *exchange rate deviaton index*, der 1991 bei 4,88 lag, 1999 jedoch nur noch bei 2,50). Das bedeutet, dass auf dem Verbraucherwarenmarkt die Kaufkraft des nominalen Markkurses immer noch höher ist, als es dem Preisverhältnis der durchschnittlichen Verbraucherwarenkörbe in Deutschland und Tschechien entspräche. Eine weitere Verringerung dieses Unterschieds ist eine Frage der Preisangleichung an die Verhältnisse in der Europäischen Union.

Seit dem Jahre 1999 orientiert sich die Devisen- und Kurspolitik der Tschechischen Politik im Wesentlichen am Verhältnis der tschechischen Krone zum Euro. Aus der Entwicklung des Euro-Kurses wird sich die Angleichung der tschechischen Wirtschaft, d. h. im Grunde die Angleichung ihres Konkurrenzniveaus an die Preisverhältnisse in den führenden europäischen Ländern ablesen lassen. Die Preise, die Entwicklung des Preisspiegels und der Preisrelationen sagen etwas über die Effektivität der Produktion und damit der gesamtwirtschaftlichen Lage des Landes aus. Wie sehr es auf diese Entwicklung ankommt, verdeutlicht der hohe Anteil der Europäischen Union am tschechischen Außenhandelsgeschäft, der bei ca. 64% liegt (der Anteil der Länder der Europäischen Währungsgemeinschaft macht dabei ca. 58% aus). Das Preisniveau in der Tschechischen Republik liegt - an Preisniveaus und Euro-Kurs gemessen - bei ungefähr 43% des EU-Durchschnittswertes und damit sogar weit unter dem Niveau der schwächsten Mitgliedsstaaten. In der Verringerung dieses Unterschieds liegt das Schlüsselproblem der wirtschaftlichen Konvergenz zwischen der Tschechischen Republik und der Europäischen Union. Konkret sollte man sich an den Preisverhältnissen in Deutschland, dem wichtigsten Außenhandelspartner der Tschechischen Republik orientieren.

Es geht vor allem um die Beseitigung der Unterschiede in der wirtschaftlichen Effektivität samt ihren Auswirkungen auf die Entwicklung der Preise und der Preisrelationen. Der Schwerpunkt liegt dabei in einer Angleichung der Wertrelationen, die in jedem Land Ausdruck der Kosten- und Ertragsstrukturen in der Produktion sind. Die Entwicklung der Preisrelationen, im Grunde der Kosten- und Lohnstrukturen in der tschechischen Produktion, wich in den vergangenen Jahren - den Jahren des „realen Sozialismus" - stark von jener in den westlichen Industrieländern ab, da auch Niveau und Relation in der Arbeitsproduktivität divergierten. Die Korrektur der deformierten Preis- und Lohnverhältnisse wird zur Grundvoraussetzung für eine objektive Bemessung der wirtschaftlichen Effektivität in der Tschechischen Republik nach den EU-üblichen Kriterien. Ein zentrales Anliegen ist, den Anteil qualifizierter Arbeit in der Produktion zu erhöhen. Das ist die Hauptvoraussetzung für eine Steigerung der Produktionsleistungen und damit für ein Wachstum des Preisniveaus und seiner Angleichung an den EU-

Durchschnitt. Die Preise tschechischer Maschinenbauerzeugnisse erreichen 88% des deutschen Preisniveaus, die Preise für Personenkraftwagen sogar 90%. Demgegenüber liegen sie in der Textilindustrie bei nur 46%; besonders niedrig sind die Preise in der landwirtschaftlichen Produktion.

Die Entwicklung des Kurses der Krone zum Euro wird daher in erster Linie den Preisangleichungsprozess widerspiegeln, der wiederum an eine wachsende Effektivität der tschechischen Wirtschaft geknüpft ist. Durch Konvergenz der Wirtschafts- und Sozialgesetzgebung, der Rechtssysteme und des zentralen Bankwesens usw. sollten daher die Voraussetzungen für eine Konvergenz der industriellen Produktivität geschaffen werden, die zunächst das Verhältnis von Krone und Euro stabilisieren und schließlich die beiden Währungen zusammenführen sollte.

Die Entwicklung des Euro-Kurses verläuft derzeit noch nicht problemlos. Sein durchschnittlicher Kurswert lag 1999 bei 36,88 Kč; der Ausgangswert war 35 Kč gewesen. Im Laufe des Jahres sank der Kurswert der Krone auf 38,00 Kč für 1 Euro. Seit den letzten Monaten des Jahres 1999 tendiert der Kronenkurs leicht nach oben; der Euro bewegt sich unter 36 Kč. Trotz dieser Schwankungen, die durch andere Faktoren, nicht durch eine Steigerung der wirtschaftlichen Effektivität und der Stellung auf dem Devisenmarkt hervorgerufen wurden, ist das langfristige Ziel der Regierungs- und Finanzpolitik eine Kursstabilisierung. Sie ist Hauptvoraussetzung für eine erfolgreiche Eingliederung der Tschechischen Republik in die Europäische Union.

Prag zwischen Ost und West?

Michal Lobkowicz

Der Gedanke von den Böhmischen Ländern, die „zwischen West und Ost" liegen, zieht sich wie ein roter Faden durch die tschechische Geschichte. Er fand vielfach Niederschlag im kulturellen Schaffen, oft aber wies er, besonders in der modernen tschechischen Geschichte, auch den Weg zu einer Lösung der politischen Situation der Böhmischen Länder.

Die geographische und kulturelle Lage der Böhmischen Länder schließt eine westöstliche Doppelorientierung ein. Wir wollen sehen, wie sich diese „Westlichkeit" bzw. „Östlichkeit" in der tschechischen Politik widerspiegeln. Das nämlich wird uns sowohl etwas über die aktuellen politischen Überlegungen und Ereignisse sagen als auch darüber, ob und in welchem Sinne die Böhmischen Länder überhaupt „zwischen Ost und West" liegen.

Wir wollen uns kurz vergegenwärtigen, welcher Richtung sich die moderne tschechische Gesellschaft zuwandte, wohin sie kulturell gesehen ihre „Fenster öffnete" und wo sie in den entscheidenden Phasen der jüngeren Geschichte ihre politischen Verbündeten suchte. Wir werden sehen, dass auch die scheinbar eindeutige Frage nach der geographischen Lage in Mitteleuropa eine höchst politische ist. Auch die offensichtliche Verbundenheit des tschechischen Raums mit der westlichen Kultur (besonders über das abendländische Christentum) schließt weder ideologisch noch praktisch Versuche einer Orientierung nach Osten aus. Selbst in einem kleinen, von Großmächten umgegebenen Land können messianische Visionen von der „Keimzelle Europas" oder der „Brücke zwischen West und Ost" entstehen.

Die Anfänge der Befreiung der tschechischen Nationalgesellschaft - wir verwenden diesen Ausdruck in Abgrenzung vom vorwiegend territorial begründeten Nationalbegriff - in der ersten Hälfte des 19. Jahrhunderts standen unter dem Einfluss des Panslawismus. Dieser beschwor einerseits die Solidarität aller Slawen und ihre zukünftige brüderliche Vereinigung, andererseits implizierte er die Unterordnung der Tschechen unter die panslawische Gemeinschaft. Theoretisch nahm er seinen Ausgangspunkt bei Herders Auffassung vom Volk als einer uralten, sich ständig erneuernden Sprachgemeinschaft. Gerade die sprachliche Zusammengehörigkeit also sollte zum Beispiel gegenüber der politischen Zusammengehörigkeit vorrangig sein. Auch der Mythos von der so genannten urslawischen Demokratie und vom Taubencharakter der Slawen hat ihren Ursprung bei Herder.

Es mag den Anschein haben, als könnten derartige Ansichten in den zweisprachigen Böhmischen Ländern, die ihre Identität zuvor eher territorial definierten, keinen Widerhall finden. Die Geschichte beweist jedoch das Gegenteil. Nicht einmal so eklatante Widersprüche im System des Panslawismus wie die blutige Niederschlagung des polnischen Aufstands 1830-31 durch Russland konnten einige tschechische Wiedergeburtler aus ihren panslawisch angehauchten Träumen aufschrecken; die Träume wurden dadurch wohl nur erschüttert.

Der panslawistische Standpunkt, der für Böhmen eine deutliche Orientierung nach Osten bedeutete, büßte auch durch den Russlandaufenthalt des hochgebildeten Journalisten Karel Havlíček Borovský an Überzeugungskraft ein. In seinem Artikel *Slovan a Čech* (Der Slawe und der Tscheche) schlägt Havlíček vor, die Emanzipation des Tschechentums nicht auf einer slawischen Identität aufzubauen, sondern auf einer bürgerlichen Grundlage. Ihren Gipfel erreichte die panslawistische Krise mit dem „Slawenkongress" (*Slovanský sjezd*) im Juni 1848. Er sollte das slawische Pendant zum Frankfurter Parlament abgeben; allerdings stießen hier das panslawische und das austroslawische Konzept aufeinander und damit auch die Vorstellungen von einem Nationalstaat entweder östlicher oder westlicher Prägung.

Alles deutete darauf hin, dass die überragende intellektuelle Persönlichkeit und Autorität František Palackýs die tschechische Gesellschaft „nach Westen" führen würde. In seinem „Brief nach Frankfurt" durchdachte Palacký erstmals systematisch die Ausnahmesituation der Böhmischen Länder zwischen Deutschland und Russland und lehnte deren staatsrechtliche Vereinigung mit Deutschland ab. In seinen Vorschlägen für eine Verfassung setzte er - freilich recht unrealistisch - ein föderalisiertes Österreich voraus und vollendete somit die Verbindung eines politisch definierten Tschechentums mit dem Schicksal Österreichs. Als 1849 das Parlament in Kremsier (Kroměříž) auseinandergejagt wurde, mussten diese Hoffnungen begraben werden und Palacký verstummte für einige Jahre.

Als Nestor der Nationalbewegung kehrt er dann in den 60er Jahren auf die politische Bühne zurück. Sein politischer Bezugsrahmen blieb Österreich. Als mit dem Österreichisch-ungarischen Ausgleich von 1867 die föderalistischen Bemühungen der tschechischen Politiker zusammenbrachen und der passive Widerstand nicht die erwarteten Früchte brachte, wandten sich die politischen Führer einem alten Idol zu, das sie gar nicht richtig kannten: Russland. Sie reisten demonstrativ zum ethnographischen Kongress nach Moskau, wo sie dem Zaren in aller Aufrichtigkeit die Situation in Österreich darstellen wollten. Sie taten es „spontan", nach ein paar Gläschen Champagner, und schließlich informierte der Zar den österreichischen Gesandten in Moskau über den Inhalt des Gesprächs.

Und die Antwort auf den panslawistischen Misserfolg? „Das Volk sich selbst" (*Národ sobě*) schrieben die tschechischen Patrioten auf den Vorhang des Nationaltheaters, und kaum lässt sich die Nationalbewegung im darauffolgenden Zeitraum treffender charakterisieren. Sie berauschte sich an gewaltigen Massenveranstaltungen, Grundsteinlegungen, verteidigte mit Vehemenz die Echtheit der gefälschten Handschriften und so wich der politische Charakter der Emanzipationsbewegung einem allgegenwärtigen Historismus und Folklorismus. Das Nationale wurde zum einzigen Kriterium nicht nur in Wissenschaft und Politik, auch in der Kunst: So wurden die *májovci*, Mitglieder einer fortschrittlich orientierten Künstlergruppe um den Almanach *Máj*, als „Verräter" bezeichnet, weil sie eine Öffnung nach Europa forderten. Der Misserfolg in der Konfrontation mit Österreich und die vergeblichen Versuche, im Westen oder Osten Unterstützung zu finden, hatten zur Folge, dass sich die tschechische Gesellschaft in sich selbst zurückzog.

In kultureller Hinsicht öffneten sich „Fenster nach Europa", d. h. in den Westen, allmählich in den 80er Jahren des 19. Jahrhunderts. Mit der Ausgestaltung des Nationaltheaters hatten die nationalen Strömungen in der Kunst ihren Zenit erreicht; danach war bereits eine größere Offenheit möglich. Die *lumírovci*, die Dichter um die Zeitschrift *Lumír*, setzten sich daher das Ziel, an westliche literarische Formen und Genres anzuknüpfen. Die ersten Modernisten hatten bereits wieder begriffen, dass die tschechische Kultur, um europäisch zu sein, selbst einmalig, originell werden musste. In diesem Sinn hinkte die Politik der Kultur hinterher: sie blieb bis zum Ende von Österreich-Ungarn in erster Linie national bestimmt.

T. G. Masaryk war, was sein wissenschaftliches und gesellschaftliches Engagement betrifft, in gewisser Weise ein Vertreter der *lumírovci*. Dadurch, dass er dem heimischen Publikum Hume, Pascal und die Slawophilen interpretierte, öffnete er die Türen nach West und Ost. Er legte Nachdruck auf eine aktive, gedankliche Auseinandersetzung mit den öffentlichen Belangen; das implizierte einen Angriff auf die damaligen Methoden politischer Arbeit. Sein Werk *Česká otázka* (Die tschechische Frage) knüpft mit der Idee der Humanität - für Masaryk ist diese das Bindeglied zwischen der tschechischen Geschichte und dem Sinn der tschechischen Zukunft, auch aber ein Spezifikum der tschechischen Nation - an die messianischen Wurzeln der „urslawischen Demokratie" Herderscher Prägung an. Wurzeln, die umso wichtiger sind, als sie einen wesentlichen Bestandteil des Staatsmythos der Ersten Tschechoslowakischen Republik darstellten.

Auf den ersten Blick schien die neue Republik mit den Böhmischen Ländern des Habsburgerreiches so gut wie gar keine Gemeinsamkeiten zu haben: Die Tschechen waren in der Mehrheit, sie bildeten das Staatsvolk und mussten sich mit den Minderheiten arrangieren, sie bekannten sich zum Kult des Versailler Systems, in dem ihre Staatlichkeit verankert war; die Sicherheit des neuen Staates sollten die alliierten Siegermächte garantieren und daher zog man in Fragen der Auslandspolitik häufig Frankreich zu Rate.

In ideeller Hinsicht lassen sich in der neuen Republik freilich eine Reihe von Ähnlichkeiten mit der Situation der Vorkriegszeit ausmachen: „Die Welt blickt auf uns" bzw. „Was sagt das Ausland dazu?" war das von neuem allgegenwärtige Gefühl. Die Vorstellung von einer Sonderstellung des tschechoslowakischen Staates, die in gewisser Weise der Wahrheit entsprach, fand seinen Ausdruck in der Losung von der Insel der Demokratie in Mitteleuropa („ostrov demokracie ve střední Evropě"). Masaryk entwickelte großartige Visionen von Europa als einer demokratischen Staatengemeinschaft und Beneš versuchte, diese in der außenpolitischen Praxis zu verwirklichen. Dabei hatten die Beziehungen zu den unmittelbaren Nachbarn den Gefrierpunkt erreicht. Alle politischen Parteien, von den Linken bis zu den Faschisten, vertraten die Ansicht, dass die Tschechen nach Geist, Charakter und demokratischer Tradition dazu ausersehen seien, als Brücke zwischen West und Ost zu fungieren. Ein Paradebeispiel für die Dilemmata, die die damalige Politik zu lösen versuchte, ist die Intervention der Westmächte gegen das Sowjetische Russland: die Haltung von Minister Beneš ließ sowohl die Tendenz zu besonderen Beziehungen mit Russland erkennen als auch die Überzeugung von der eigenen Sonderstellung. Die Folge war eine Verschlechterung der Beziehung zum Westen, die Katastrophe mit Polen und der zweifelhafte Dank der Sowjets.

Die Jahre zwischen 1945 und 1948 nahmen sowohl Anleihen bei der Ersten Republik - mit Akzent auf dem traditionellen tschechischen Demokratismus - als auch bei der national orientierten Politik aus der zweiten Hälfte des 19. Jahrhunderts. Die Volkssozialen fassten ihre Vorstellung von der politischen Ordnung der Nachkriegsjahre in die Losung „nicht westlich, nicht östlich, sondern tschechisch" („ani západně, ani východně, ale česky") und die Kommunisten führten die Wähler mit einer betonten Volkstümlichkeit und dem sog. neuen Slawentum hinters Licht. Alle (nicht verbotenen) Parteien versuchten verzweifelt, die von den Kommunisten thematisierten Fragestellungen zu übernehmen. In der tschechischen Politik machte sich die Vision von einem tschechischen Sonderweg im Sozialismus breit. Auch hatten die Tendenzen, sich an Russland zu orientieren, durch den Krieg Auftrieb bekommen. Die Beteiligung Sowjetrusslands an der Koalition gegen Hitler hatte sie legitimiert. Russlandfreundliche Tendenzen machten sich in ganz Europa und in Nordamerika bemerkbar, in der Tschechoslowakei aber gab es noch ein weiteres Argument: Die kommunistische Propaganda brauchte nur die Namen Chamberlain, Daladier, Lord Runciman und München zu nennen... Sehr verkürzt, allerdings wohl nicht vereinfacht, lässt sich sagen, dass dieser Weg direkt in die Arme des Ostens führte, und das für vierzig Jahre.

Was folgt aus diesem historischen Exkurs? Es scheint, als wiesen all die Versuche, die geographische und politische Lage der Tschechen als Lage „zwischen West und Ost" zu definieren, gemeinsame Züge auf, die unterschiedlich stark zum Tragen kommen und sich gegenseitig beeinflussen.

Die tschechische Ausrichtung nach Osten ging stets mit irgendeiner Form von Panslawismus einher. Doch nur ausnahmsweise entsprang er der aufrichtigen Überzeugung von einer slawischen Wechselseitigkeit, wie z.B. in der frühen Wiedergeburt oder in Kramářs Neoslawismus (*novoslovanství*); eher war er Reaktion auf die Geschehnisse im politischen Umfeld. (So ist der Prager Slawenkongress von 1848 eine Art Antwort auf das Frankfurter Parlament, und aus jüngerer Zeit könnte man hier die von den Kommunisten betriebene, ganz und gar zynische Instrumentalisierung der Deutschfeindlichkeit in den Nachkriegsjahren anführen.) Außerdem gilt, dass der Panslawismus die ihm innewohnenden Widersprüche nicht wahrhaben wollte und als politisches Programm stets aufs Neue versagte. Es scheint, als habe er der heutigen Politik nicht viel zu sagen, wenngleich sich panslawistische Tendenzen in der tschechischen und vor allem in der slowakischen Nachnovemberpolitik andeuten.

Ein anderer grundlegender Aspekt, der die Vorstellung von der Lage der Böhmischen Länder „zwischen Ost und West" bestimmt, ist die Überzeugung von der spezifischen Rolle, die der tschechischen Nation im europäischen Rahmen zukommt. Der erste, der dieses Verständnis der Böhmischen Länder auf der geographischen und politischen Karte so formulierte, war Palacký und dieses Bewusstsein hat über die Erste Republik hinweg bis zum heutigen Tag Bestand. Die Vorstellung von einer kulturellen und politischen Ausnahmestellung, von Berufung und Messianismus findet in der modernen tschechischen Geschichte bis in die Gegenwart hinein unterschiedlichsten Ausdruck: in der globalen Diplomatie von Edvard Beneš, in der 68er Generation und ihrem Sozialismus mit menschlichem Antlitz, in den „Brücken zwischen West und Ost", die der Nachnovember schlug, in der tschechischen Musterschülerrolle und im Bedürfnis, das eigene wirtschaftliche Transformationsmodell zu exportieren, im tschechischen Euroskeptizismus und in jüngster Vergangenheit in der spezifisch tschechischen Sichtweise der Kosovokrise.

Das messianische Selbstverständnis, Nabel Europas zu sein, schließt dabei eine sinnvolle Hinwendung zu den übrigen Staaten Mitteleuropas aus. Und damit sind wir bei einer weiteren typischen Erscheinungsform der Selbsteinordnung „zwischen West und Ost": der traditionellen Absenz einer mitteleuropäischen Politik, zugespitzt zuweilen auf einen oft künstlichen Antagonismus. Das wirft die Frage auf, ob sich die tschechische Gesellschaft nicht gerade deswegen als etwas Spezifisches „zwischen Ost und West" begriff, weil sie die dringlichsten Probleme, und das gilt nicht nur für das Verhältnis zu Deutschland, nicht lösen konnte oder wollte, weil sie es nicht verstand oder kein Interesse daran hatte, den Beziehungen zu den Nachbarn Priorität einzuräumen.

Was bleibt abschließend zu sagen? Es hat ganz den Anschein, als gründeten die Versuche, die Lage der Böhmischen Länder als Lage „zwischen Ost und West" zu definieren, gar nicht so sehr in einem konzeptionellen Bemühen; sie erscheinen eher als Reaktion auf eine konkrete politische Situation, eine objektive Unmöglichkeit, gegebenenfalls als Folge der eigenen Unlust, mit seinen natürlichen Verbündeten, d. h. mit seinen Nachbarn, zu einer Übereinkunft zu gelangen. Die hauptsächliche Erscheinungsform des Gefühls, sich „zwischen West und Ost" zu befinden, nämlich die Hinwendung zum Osten, gleicht in den meisten Fällen einer Flucht, einer Notlösung oder auch einer Entscheidung aus Trotz.

Aus gleichen Quellen speist sich womöglich das Gefühl von einer Sonderstellung, der Messianismus. Damit soll nicht in Abrede gestellt werden, dass die Böhmischen Länder ihre spezifischen historischen, politischen und kulturellen Erfahrungen haben. Natürlich haben sie diese und mindestens in eben dem Maß wie die anderen europäischen Länder auch. Problem und Aufgabe für die tschechische Politik bleibt jedoch weiterhin, diese Erfahrungen für sich und Europa in optimaler Weise zu nutzen, ohne dabei durch pathetische Gesten in Gestalt von Brücken, Keimzellen und Wechselseitigkeiten die Beziehungen zu den natürlichen Partnern, also zu Westeuropa und den unmittelbaren Nachbarn, an den Rand zu schieben. Es scheint, als könne hier die europäische Integration eine Chance sein. Es wird auf den Verlauf und den Erfolg dieses Integrationsprozesses ankommen, aber auch darauf, ob und wie die tschechische Politik diese Chance zu nutzen weiß.

Deutsche und Tschechen im vereinten Europa

Petr Fiala

Die Diskussionen über die deutsch-tschechischen Beziehungen, deren Zeugen wir in den letzten zehn Jahren nach dem November 1989 waren, fanden auf verschiedenen Ebenen statt und konzentrierten sich oft auf unterschiedliche Aspekte. Doch hatten sie meist ein verbindendes Motiv: den Verweis auf die künftig gemeinsame Existenz in einem vereinten Europa. Damit war nicht nur gemeint, dass die Beziehungen zwischen der Bundesrepublik Deutschland und der Tschechischen Republik jetzt zwischen zwei demokratischen Ländern geschaffen werden, die im Rahmen eines demokratischen Europa nebeneinander bestehen (und Mitglieder derselben Organisationen sind, wie beispielsweise des Europarats). Vielmehr war damit ganz konkret gemeint, dass sich die Tschechische Republik um die Mitgliedschaft in der Europäischen Union bewirbt, zu deren Gründungsmitgliedern auch die Bundesrepublik Deutschland gehört (vgl. dazu J. Gruša u. J. Böhm im Sammelband *Deutsche und Tschechen - 150 Jahre nach Bolzano*, 1998). Dieser Sicht und diesem Verständnis der deutsch-tschechischen Beziehungen lag freilich im Einzelfall zumindest eine doppelte Motivation zugrunde, verbunden auch mit einer doppelten Erwartung. Einerseits nämlich wurden und werden Argumente laut, dass die ungelösten Probleme in den deutsch-tschechischen Beziehungen einer Aufnahme der Tschechischen Republik in die Europäische Union im Wege stünden. Daraus folgt, dass die Tschechische Republik, ist ihr an einer Integration gelegen, sich zunächst um die Beseitigung jener strittigen Punkte bemühen sollte, welche die deutsch-tschechischen Beziehungen bis heute belasten. Eine andere Sichtweise basiert auf der Vorstellung, dass durch den EU-Beitritt der Tschechischen Republik und dadurch, dass die gegenseitigen Beziehungen zwischen den beiden Staaten die internen Spielregeln der EU beeinflussen, die Mehrzahl der strittigen Fragen gelöst oder faktisch einfach kein Problem mehr darstellen würden.

Diese beiden „Extrempositionen" finden sich hie und da auch ausformuliert, lassen sich jedoch in der Regel den einzelnen Standpunkten oder Stellungnahmen nur indirekt entnehmen. Wir wollen gleich zu Anfang festhalten, dass beide Sichtweisen den Zusammenhang zwischen der deutsch-tschechischen Frage und dem tschechischen EU-Beitritt viel zu sehr vereinfachen. Die europäische Integration, die gemeinsame Zukunft der Tschechen und Deutschen im vereinten Europa, wird hier als politische Losung gebraucht, gewissermaßen als Symbol, das in erster Linie eine motivierende Rolle zu spielen hat. In dieser symbolischen und motivierenden Bedeutung, als bestimmte politische Zielvorstellung, lässt sich die hergestellte Verbindung zwischen den deutsch-tschechischen Beziehungen und dem Prozess der europäischen Einigung sicher akzeptieren und es kann ihr eine positive Funktion zuerkannt werden. Zudem besteht zweifellos in vielerlei Hinsicht tatsächlich ein nicht zu übersehender Zusammenhang zwischen der weiteren Entwicklung der deutsch-tschechischen Beziehungen und den Integrationsbestrebungen der Tschechischen Republik; auch werden die gegenseitigen Beziehungen nach dem Beitritt der Tschechischen Republik in die EU eine neue Qualität gewinnen. Diese Zusammenhänge sind jedoch bei weitem nicht so eindeutig und einfach zu interpretieren, wie wir das oft in politischen Proklamationen und publizistischen Simplifizierungen erleben.

Wir wollen daher der Frage nachgehen, inwieweit die deutsch-tschechischen Beziehungen sich tatsächlich auf die Integrationsbestrebungen der Tschechischen Republik auswirken und in welcher Hinsicht sie nach einem eventuellen tschechischen EU-Beitritt selber eine Veränderung erfahren können. Die deutsch-tschechischen Beziehungen realisieren sich natürlich auf vielen Ebenen und in sehr unterschiedlicher Art: sie umfassen Privatinitiativen, Handelsbeziehungen, kulturellen Austausch sowie politische Kontakte von kommunalem Belang bis hin zu Vereinbarungen auf staatlicher und diplomatischer Ebene wie die Annahme der *Deutsch-tschechischen Erklärung über die gegenseitigen Beziehungen und deren künftige Entwicklung* (1997). Diese Interaktionen sind sehr verschieden. Qualität und Quantität der Beziehungen entziehen sich dabei oft einem Vergleich. Außerdem haben nur wenige dieser Kontakte bereits irgendeinen realen oder potenziellen - und wenn dann sehr unterschiedlichen - Bezug zur europäischen Integration. Daher wäre es methodologisch unhaltbar und viel zu vereinfachend, die deutsch-tschechischen Beziehungen von diesem Standpunkt aus als ein Ganzes zu betrachten; vielmehr sind die einzelnen Bereiche getrennt in Augenschein zu nehmen. Hier wird in erster Linie ein politologischer Ansatz zugrundegelegt; das Hauptaugenmerk wird also auf den politischen Aspekt des Problems gerichtet.

Die politische Dimension der Beziehungen zwischen der Tschechischen Republik und der Bundesrepublik Deutschland teilt sich aus der Sicht der europäischen Integration ganz natürlich in zwei Etappen: die erste ist der Zeitraum bis zum geplanten Beitritt Tschechiens zur EU, die zweite dann die Situation, wie sie sich nach diesem Schritt gestaltet. Anzumerken ist, dass die Entwicklung der deutsch-tschechischen Beziehungen einerseits und der Fortgang der Integrationsbestrebungen der Tschechischen Republik andererseits von unterschiedlicher Dynamik sind und ihre einzelnen Abschnitte nicht zusammenfallen. Das gilt völlig unabhängig davon, ob wir die deutsch-tschechischen Beziehungen für ein entscheidendes Moment halten, das den Beitritt Tschechiens in die EU beeinflusst oder nicht.

Die Dauer der ersten Etappe lässt sich derzeit nicht abschätzen, da sich der weitere Verlauf der Verhandlungen zwischen der Europäischen Union und der Tschechischen Republik zeitlich nicht voraussehen lässt. Das allerdings ist unter dem Aspekt des hier diskutierten Problems nicht wesentlich. Wir haben vor allem die Frage zu erörtern, ob die Entwicklung der deutsch-tschechischen Beziehungen die Eingliederung der Tschechischen Republik in die europäischen Strukturen qualitativ beeinflusst bzw. ob ein politischer

Zusammenhang zwischen beiden Prozessen besteht. Erst wenn diese Frage zu bejahen wäre, ließe sich erwägen, ob die deutsch-tschechischen Probleme den Integrationsprozess aufschieben oder aufhalten könnten. Hierbei würde freilich schon der Zeitpunkt des tschechischen EU-Beitritts eine Rolle spielen. Die Frage nach dem politischen Zusammenhang zwischen der tschechischen Integration und den deutsch-tschechischen Beziehungen ist jedoch nicht so einfach zu beantworten, denn die beiden Prozesse entwickeln sich zweifellos nicht in direkter Abhängigkeit voneinander. Dies ist leicht zu belegen: Erstens wurde die Tschechische Republik von der EU bereits für die erste Gruppe der Bewerber um eine Mitgliedschaft nominiert; der komplizierte Prozess der Annäherung und der Verhandlungen wurde eingeleitet. Zweitens hat sich die politische Vertretung der Bundesrepublik Deutschland wiederholt positiv zu einer EU-Mitgliedschaft Tschechiens geäußert. Auf dieser Ebene bestehen also keine realen politischen Hindernisse, die einer Integration der ČR in die EU entgegenstünden und mit den deutsch-tschechischen Beziehungen zusammenhingen. Sogar umgekehrt: Deutschland gehörte von Beginn an zu den Ländern der Europäischen Union, die offen und am deutlichsten die „Osterweiterung" der EU unterstützten. Vor allem unter der Regierung von Kanzler Kohl setzte sich gerade die BRD für einen rasch verlaufenden Integrationsprozess ein. In diesem Zusammenhang muss auch erwähnt werden, dass die BRD zu jenen Ländern gehörte, die am entschiedensten die Aufnahme Polens, Ungarns und der Tschechischen Republik in die NATO unterstützten. Damit hat Deutschland gezeigt, wie sehr ihm an der Integration der mitteleuropäischen Länder in die euroatlantischen bzw. europäischen Strukturen gelegen ist.

Wenn man auch eine direkte Abhängigkeit zwischen den beiden weiter oben genannten Prozessen ausschließen kann, so sollten die indirekten Zusammenhänge nicht übersehen werden, von denen hier die markantesten genannt seien:

1. Im Europäischen Parlament, zu dessen wichtigsten Kompetenzen unter anderem gerade auch die Entscheidung über die Aufnahme neuer Mitglieder gehört, gibt es eine Gruppe von Abgeordneten sudetendeutscher Herkunft. Für diese verbindet sich die Frage des tschechischen EU-Beitritts mit einer Respektierung der sudetendeutschen Ansprüche durch die tschechische Seite sowie mit der Aufhebung der so genannten Beneš-Dekrete. Es hat sich wie-

derholt gezeigt, dass es sich hier um eine Gruppe handelt, die unter bestimmten Bedingungen ihre Ansprüche gegenüber der Tschechischen Republik mit Hilfe des Europäischen Parlaments anzumelden versteht. Doch zeigt die bisherige Entwicklung auch, dass es dabei um Proklamationen ging, denen die übrigen Abgeordneten nicht allzu viel Aufmerksamkeit schenkten. In einem Augenblick grundlegenderer politischer Entscheidungen wären ihre Chancen, die europäische Integration der ČR zum Beispiel an die Aufhebung der Beneš-Dekrete zu knüpfen, wohl nicht allzu groß.

2. Auch im deutschen Bundestag, der die Aufnahme der ČR in die EU ratifizieren wird, gibt es vor allem in den Reihen der CSU eine zahlenmäßig starke Gruppe von Abgeordneten, die sudetendeutsche Interessen vertritt und zumindest den Verlauf der Diskussion beeinflussen kann. Doch könnte diese Gruppe auch in Verbindung mit einzelnen Abgeordneten anderer Parteien keine entsprechende Mehrheit erlangen, um die Entscheidung derjenigen deutschen Abgeordneten zu ändern, für die aktuelle internationale politische Zusammenhänge wahrscheinlich wichtiger sein werden als Fragen der Vergangenheit.

3. Ein weiterer Faktor, der in gewisser Weise auch mit den deutsch-tschechischen Beziehungen in Zusammenhang steht, ist der Standpunkt Österreichs. Gerade in Österreich lassen sich aus den Regierungsparteien Stimmen vernehmen, die einen EU-Beitritt Tschechiens von der Aufhebung der Beneš-Dekrete abhängig machen wollen. Darüber hinaus herrscht sämtlichen Meinungsumfragen zu Folge in der österreichischen Öffentlichkeit ein weitaus geringeres Einverständnis mit der europäischen Osterweiterung als in der BRD.

4. Berücksichtigt werden müssen auch die Einflüsse von tschechischer Seite, die sich im Zusammenhang mit den deutsch-tschechischen Beziehungen indirekt auf die Integrationsprozesse auswirken können. Dazu gehören zum Beispiel die vor allem in den Grenzgebieten vorhandenen Befürchtungen einiger Tschechen, die Deutschen könnten nach dem EU-Beitritt in der Tschechischen Republik Grundstücke und Immobilien aufkaufen, die tschechische Wirtschaft dominieren usw. Doch finden diese Stimmen nicht allzu viel Gehör und in den letzten Jahren haben sie an Intensität verloren.

Daher darf erwartet werden, dass in einigen Jahren eine neue Phase der deutsch-tschechischen Beziehungen beginnt, jene zwischen zwei EU-Ländern. Allein die Tatsache der europäischen Integration Tschechiens wird eine ganze Reihe von konkreten Veränderungen in den deutsch-tschechischen Beziehungen mit sich bringen; sie kann jedoch nicht all die strittigen Fragen lösen, mit denen diese aus der Vergangenheit belastet sind.

Die Tschechische Republik wird sich nach ihrem EU-Beitritt den europäischen Abkommen anschließen müssen, woraus sich auch für die deutsch-tschechischen Beziehungen neue Perspektiven ergeben. Wichtig werden hier vor allem einige Artikel des *Amsterdamer Abkommens* sein, das unter anderem die Artikel des ursprünglichen Vertrags über die *Gründung der Europäischen Gemeinschaft* aufnimmt und korrigiert. Von Bedeutung ist sicherlich das Verbot der Diskriminierung von Menschen wegen ihrer Staatsangehörigkeit (Art. 12) ebenso wie die Definition der Staatsbürgerschaft in der Europäischen Union. Die europäische Staatsbürgerschaft wird es u. a. erlauben, sich unabhängig von der jeweiligen Staatsangehörigkeit an Kommunalwahlen und an den Wahlen zum Europäischen Parlament zu beteiligen (Art. 19). Noch viel größere konkrete Bedeutung für die praktische Entwicklung der deutsch-tschechischen Beziehungen und die abschließende Verhandlung verschiedener sudetendeutscher Forderungen, die aus der Vergangenheit resultieren, wird jenen Artikeln zukommen, welche die Migration von Personen, Arbeitserlaubnis und Erwerb von Eigentum betreffen. Das *Amsterdamer Abkommen* garantiert freie Migration für Arbeitnehmer und verbietet jegliche berufliche Diskriminierung auf Grund der Staatsangehörigkeit. Es ermöglicht, sich auf dem Territorium der Mitgliedsstaaten frei zu bewegen, sich nach deren jeweiligen Bedingungen um Arbeit zu bemühen und nach Beendigung des Arbeitsverhältnisses in dem betreffenden Land zu verbleiben (Art. 39). Ebenso eröffnet es Raum für freie unternehmerische Aktivitäten in einem anderen Mitgliedsstaat; jegliche Beschränkungen in dieser Hinsicht werden ausdrücklich untersagt (Art. 43). Zudem wird gewährleistet, dass Immobilien auf dem Gebiet eines anderen Mitgliedsstaates erworben werden können (Art. 44).

Schon ein flüchtiger Blick auf diese wesentliche Bereiche betreffenden Regelungen zeigt, dass sich manche strittigen Fragen in den sudetendeutsch-tschechischen Beziehungen mit dem EU-Beitritt Tschechiens von selbst lösen werden. Deutlich wird jedoch auch, welchen grundsätzlichen Einfluss die Koexistenz von Tschechen und Deutschen im vereinten Europa auf den gegenseitigen Austausch und die verschiedensten ökonomischen, sozialen und politischen Interaktionen haben wird. Möglicherweise werden im Laufe der langwierigen Verhandlungen gewisse Ausnahmeregelungen akzeptiert, die für eine Übergangszeit die Satzungen des *Amsterdamer Abkommens* einschränken. Von einigen zukünftigen Mitgliedsstaaten kann die Forderung nach einer vorläufigen Einschränkung der freien Migration von Arbeitskräften durchgesetzt werden, die neu beitretenden Staaten können für Bürger anderer Mitgliedsstaaten eine einstweilige Einschränkung hinsichtlich des Erwerbs von Immobilien auf ihrem Territorium verlangen usw. Mittelfristig muss man jedoch damit rechnen, dass die im *Amsterdamer Abkommen* getroffenen Regelungen gelten und sich die deutsch-tschechischen Beziehungen auf dieser Grundlage intensiver gestalten werden. Diese Intensität wird sich zwangsläufig aus den viel zahlreicher werdenden Kontakten verschiedenster Art ergeben, die ohne Zweifel auch das gegenseitige Verständnis fördern werden.

Entschieden warnen muss man jedoch vor der gefährlichen Vorstellung, dass der Beitritt der Tschechischen Republik in die Europäische Union alle noch strittigen Momente in den deutsch-tschechischen Beziehungen lösen und so etwas wie einen definitiven Schlussstrich unter die Vergangenheit ziehen wird. Bisherige Erfahrungen zeigen, dass der tschechische EU-Beitritt diese Wirkung nicht haben wird. Wenn neue formale Regelungen getroffen werden, innerhalb derer sich die deutsch-tschechischen Beziehungen weiterentwickeln können, so heißt das noch lange nicht, dass damit automatisch alle psychologischen, sozialen und politischen Probleme beseitigt sind, die zwischen diesen beiden Ländern bestehen. Einige davon werden sich mit der Zeit sicher beseitigen lassen. So werden zum Beispiel die mit dem Zweiten Weltkrieg verbundenen Probleme erst mit dem Heranwachsen neuer, nicht mehr unmittelbar betroffener Generationen erheblich an Bedeutung verlieren und schließlich verschwinden. Kontinuierliche Jugendarbeit, Erziehung, gegenseitiges Kennenlernen können - wie die Entwicklung der deutsch-französischen Beziehungen nach dem Zweiten Weltkrieg sehr gut zeigt - eine ganze Reihe von Vorurteilen, Klischees und traditionellen Feindbildern überwinden helfen. Dazu wird sicher auch die allmähliche Angleichung des Lebensstandards und des Lebensstils beitragen. Beides lässt sich langfristig und nicht zuletzt auf

Grund einer Koexistenz im Rahmen der EU voraussetzen. Allerdings kann wohl kaum Zweifel bestehen, dass die diametralen Gegensätze in Bezug auf Landesgröße, wirtschaftliches Potenzial und weltpolitischen Einfluss zu Differenzen führen, die sich belastend auf die deutsch-tschechischen Beziehungen auswirken können. Nur eine von beiden Seiten immer wieder positiv erfahrene Zusammenarbeit vermag diese Situation zu meistern.

Die Koexistenz der Tschechischen Republik und der Bundesrepublik Deutschland im vereinten Europa wird die bisherige positive Entwicklung der deutsch-tschechischen Beziehungen, wie wir sie - trotz einiger Probleme - in den letzten zehn Jahren beobachten konnten, also durchaus erheblich fördern und verbessern. Den Fortbestand dieser Entwicklung können jedoch nicht einmal Verträge, Institutionen und sonstige noch so gut strukturierte Organisationen garantierten. Sie können dafür nur einen geeigneten politisch-institutionellen Rahmen schaffen. Die deutsch-tschechische Zusammenarbeit wird auch weiterhin vor allem von den Bürgern beider Staaten abhängig sein, die auf unterschiedlichen Ebenen und in unterschiedlichen Bereichen freundschaftliche Beziehungen aufbauen wollen.

5. Stereotypen

Der Mythos vom deutschen Feind
Jiří Kořalka

Beim Kampf um die Durchsetzung neuzeitlicher nationaler Identitäten war es in ganz Europa verbreitet, dass das ideologische und historische Bewusstsein der einzelnen Nationalbewegungen Verbündete suchte und fand, nach Möglichkeit in größerer Entfernung und besonders unter den Feinden potenzieller Feinde (man nannte das Sandwich-Theorie). Mächtigere Nachbarvölker hingegen eigneten sich eher für ein wirkungsvolles Bild vom „Nationalfeind". Das war nichts spezifisch Tschechisches. Ähnliche Tendenzen findet man im Bemühen der Deutschen, sich vom starken Einfluss der französischen Kultur zu emanzipieren, im Bemühen der Dänen, sich von den Deutschen zu unterscheiden, im Bemühen der Norweger, sich von den Dänen und dem der Slowaken, sich von den Ungarn und Tschechen abzuheben usw. Im Unterschied zu den Polen, bei denen abwechselnd das Bild vom russischen oder vom deutschen Nationalfeind im Vordergrund stand (oft waren es freilich auch beide Feindbilder gleichzeitig), erfüllten diese Rolle in der tschechischen Nationalideologie fast ausschließlich die Deutschen, die das tschechische Siedlungsgebiet von drei Seiten umgaben. Die Streitigkeiten zwischen Tschechen und Polen in Schlesien waren zwar nicht völlig abgeflaut, traten aber im Vergleich mit dem tschechisch-deutschen Konflikt ganz und gar in den Hintergrund.

Das tschechisch-deutsche Verhältnis muss daher in einem viel breiteren Zusammenhang betrachtet werden. Das Bild vom anderen - das legendäre *l'image de l'autre* - beruht auf Vorstellungen, die sich in der Jahrhunderte langen geschichtlichen Entwicklung der Beziehungen zwischen zwei ethnisch und sprachlich verschiedenen Welten herausgebildet haben. Ein Großteil der in der Regel negativen Beschreibungen und Charakteristiken, denen wir im 19. und 20. Jahrhundert begegnen, ist, wie sich zeigt, bereits einige Jahrhunderte früher auszumachen, schon in mittelalterlichen Chroniken. Die alttschechische *Dalimil-Chronik*, eine in der ersten Hälfte des 14. Jahrhunderts aus der Perspektive des böhmischen Adels verfasste Verschronik, schreibt alle Schuld an den Misserfolgen und Schwierigkeiten der Tschechen den Deutschen zu. Sie warnt vor einem Vordringen der deutschen Sprache nach Böhmen, verwirft die deutsche Erziehung der Kinder und verurteilt den wachsenden Einfluss der deutschen Bürger und Beamten am böhmischen Hof. Dieselben Tendenzen kommen drei Jahrhunderte später im Widerstand gegen einen allzu großen Einfluss der deutschen Protestanten in Böhmen zum Tragen, wie der *Okřik na nedbalého Čecha* (Warnruf an einen nachlässigen Tschechen) von 1618 zeigt. Der Autor Pavel Stránský erinnert darin an die antike Fabel vom Hasen und vom Igel. Der gutmütige Hase gewährt dem Igel Unterkunft und wird schließlich aus seinem Haus hinausgestachelt. Ähnlich argumentiert der Jesuit Bohuslav Balbín in seiner Apologie der böhmischen Sprache, die in den 1670er Jahren entstand, jedoch erst 1775, also fast neunzig Jahre nach Balbíns Tod, gedruckt erscheinen konnte. Über viele Generationen hin bildeten sich ethnische und nationale Stereotypen heraus, wobei die tschechische Seite der politischen Zersplitterung der Deutschen kaum Rechnung trug und auch die Unterschiede in Religion, Kultur und Mentalität, die zwischen den verschiedenen deutschen Staaten und Ländern bestanden, praktisch außer Acht ließ. Man muss bei den Stereotypen zwei Entwicklungsstufen unterscheiden:

1. Primäre, noch nicht ideologisierte Stereotypen, die aus einem unmittelbaren Nichtbegreifen oder einer Ablehnung von etwas Fremdem, Unverständlichem erwachsen. Als Beispiele könnte man für die Tschechen und andere slawische Völker allein schon die Bezeichnung *Němci* für Deutsche anführen, das von *němý* ‚stumm' abgeleitet ist und folglich die Stummen bedeutet. Man verstand sie nicht und somit erschienen sie den Tschechisch Sprechenden stumm. Umgekehrt besagt die im bayerischen und österreichischen Raum übliche Redensart „böhmisch einkaufen" soviel wie „stehlen", weil die Böhmen auf den Märkten der Nachbarländer mitunter die Ware nicht bezahlten.

2. Sekundäre, abgeleitete Stereotypen bildeten im 19. und 20. Jahrhundert einen wichtigen Bestandteil der nationalen Ideologie. Sie waren meist Negativspiegelungen autostereotyper positiver Charakteristika des eigenen Volks. Stets schrieb man dem Gegner das Gegenteil dessen zu, was man bei sich als Vorzug vermutete.

Zwischen 1774 und 1796 findet sich in der *Kurzgefassten Geschichte der Böhmen* und der *Nová kronika česká* (Neue böhmische Chronik) des Historikers Franz Martin Pelzel immer wieder das stereotype Porträt des deutschen Angreifers. Es taucht mit der brandenburgischen Okkupation Böhmens nach der Schlacht auf dem Marchfeld 1278 auf und zieht sich bis hin zu den preußischen Einfällen in Böhmen, die Pelzel Mitte des 18. Jahrhunderts selbst erlebte. Der deutsche „Erbfeind" trachtete stets nach Beute oder direkt nach Unterwerfung der friedliebenden Tschechen, die lediglich ihr Recht und ihren Besitz verteidigten. In Pelzels Darstellung der Hussitenkriege hat sich die religiöse Problematik fast völlig verloren; die hussitische Verteidigung gegen die Kreuzzüge wurde als Abwehrkampf der Tschechen gegen deutsche Übergriffe ausgelegt. Häufig erscheint das Motiv deutscher Grausamkeit gegen Schutzlose sowie der Feigheit im offenen Kampf, das der katholische Priester Antonín Jaroslav Puchmajer in seiner *Óda na Jana Žižku z Trocnova* (Ode auf Jan Žižka von Trocnov) ausführt. Auch in der gefälschten *Königinhofer Handschrift* spielt es eine besondere Rolle. Über ganze Jahrzehnte argumentieren die Tschechen mit dem historischen Beispiel der Ausrottung der Elb- und Ostseeslawen durch die Deutschen. Dies sollte den Tschechen warnend vor Augen führen, was sie von einer deutschen Herrschaft in Böhmen und Mähren zu erwarten hätten. Dieses Deutschenbild blieb im erwachenden tschechischen Nationalbewusstsein, besonders im katholischen Umfeld, im wesentlichen konstant und variierte lediglich in der Intensität seines negativen Potenzials. Das widerspruchsvolle Verhältnis zu den deutschsprachigen Bewohnern des Landes, die bis 1848 als Böhmen und Mährer deutscher Sprache gegolten hatten, erfuhr durch die zwischen 1848 und 1871 ganz Deutschland erfassenden, auf nationale Einigung zielenden Strömungen eine erhebliche Veränderung. Das Negativbild von den Deutschen, das zum Repertoire des ideologisierten tschechischen Bewusstseins gehörte, wurde zunehmend auch auf die Deutschböhmen übertragen. Gegen Ende des 19. Jahrhunderts hatte es sich schließlich fast völlig auf diese verschoben, während sich gegenüber Deutschland und seinen Errungenschaften in der tschechischen Gesellschaft eine sonderbare Mischung aus Furcht und Bewunderung breitmachte.

Umgekehrt war im 19. Jahrhundert ein verbreitetes deutsches Stereotyp in Bezug auf andere, vor allem slawische Völker die Überzeugung von der Überlegenheit deutscher Kultur und Bildung. In den publizistischen Diskussionen nach 1830 wurde unter den deutschen Liberalen und Demokraten Slawentum oft mit Barbarentum gleichgesetzt und der Begriff „Panslawismus" wurde buchstäblich zu einem Schreckgespenst. Jeglicher wirtschaftliche und kulturelle Fortschritt in Böhmen und Mähren seit dem Mittelalter war angeblich ein rein deutsches Verdienst. Die Länder der Böhmischen Krone wurden als wichtiger Teil des deutschen Lebensraums betrachtet. Die Tschechen erschienen vielen Beobachtern als „Slawisch sprechende Deutsche", die man zu gleichberechtigten Bürgern des deutschen Staates erheben könnte. Die Vorstellung, dass die Tschechen eine eigenständige Nation neben der deutschen Nation sein könnten, wurde völlig abgelehnt. Nach der deutschen Reichsgründung 1871 sah man in den Tschechen meist nur eine unbequeme, jedoch nicht allzu bedeutende ethnische Gruppe innerhalb Österreichs. Die Rolle des deutschen Nationalfeinds im Westen kam den Franzosen zu, im Osten den Polen und Russen im Wechsel, später beiden zugleich. Als Nationalfeind spielten die Tschechen seit den 60er Jahren des 19. Jahrhunderts eine wesentlich größere Rolle in der politischen Ideologie der Deutschösterreicher und vor allem der Deutschböhmen, die ihre privilegierte Stellung gegen das zahlenmäßige und später auch politische Übergewicht der Tschechen nicht zu behaupten vermochten.

Bei der Herausbildung deutscher Stereotypen zeigt sich im gesamten 19. Jahrhundert, dass politische Programme, selbst ganze ideologisch-politische Strömungen in ihrem Bemühen, den Gegner herabzusetzen oder bloßzustellen, von zweitrangiger Bedeutung blieben. František Palacký erinnerte 1872 daran, dass die politischen Ideologen der Deutschösterreicher und Deutschböhmen stets das Gegenteil ihres sonstigen Standpunkts vertraten, wenn sie den national-politischen Kampf der Tschechen verurteilten. Sofern Deutsche konservativen Prinzipien zuneigten, vermochten sie in der liberalen und demokratischen Bewegung der Tschechen von 1848 oder in der Taboritenbewegung gegen Ende der 60er Jahre nichts anderes zu sehen als eine Erneuerung der angeblichen Schrecken der hussitischen Revolution des 15. Jahrhunderts. Die Gleichung „Tschechen = Hussiten" gehörte zu den gängigsten Typisierungen der Tschechen im nichtösterreichischen Deutschland. Sie verbreitete sich besonders im Zuge der einseitigen Berichterstattung der deutschen Presse über die tschechisch-deutschen Zusammenstöße in Prag und Umgebung, aber auch später, als die Jungtschechen das politische Leben zu dominieren begannen. Selbst in den diplomatischen Berichten des Deutschen Reiches etablierte sich 1887-1893 die Bezeichnung

„Hussiten" bzw. „Neohussiten" für die gesamte jungtschechische Partei. Vertraten die Kritiker aus den Reihen der Deutschösterreicher oder Deutschböhmen hingegen liberale oder demokratische Ansichten, so bezeichneten sie die Tschechen als Diener der feudalen Aristokraten, als Pfaffenknechte oder gar als Verehrer der russischen Knute. Gerade mit dem Stempel des Pfaffenknechts wurden die Tschechen von der deutschen demokratischen Presse besonders gerne versehen. In beiden Fällen war eine solche Charakteristik auf alle Tschechen gemünzt, ohne Rücksicht auf soziale und politische Unterschiede.

Der zeitgenössische tschechische Blick auf die deutsche Welt des 19. Jahrhunderts, die in Wirklichkeit viel differenzierter war als das tschechische Umfeld, unterschied sich nicht allzu sehr vom deutschen Blick auf die Tschechen. Das strahlende Bild von den Tschechen als Träger edler und fortschrittlicher Ideale, als Verfechter von slawischem Demokratismus und altüberkommener Friedfertigkeit hob sich im traditionellen tschechischen Verständnis gut vom schwarzen Hintergrund des Deutschenbildes ab: die Deutschen sah man als Repräsentanten feudaler Privilegien, nationaler Unterdrückung und Eroberungssucht. Derartigen Ansichten begegnete man in den Zeitungen und der Publizistik des Jahres 1848 auf Schritt und Tritt. František Palacký räumte im ersten, 1848 erschienenen Band seiner *Dějiny národu českého v Čechách a v Moravě* (Geschichte des böhmischen Volkes in Böhmen und Mähren) ein, dass „das tschechische Volk viel Deutsches in sein Leben eingelassen und geistig in sich aufgenommen hat". Er versuchte, negative und positive Folgen dieser „Berührung und Auseinandersetzung des Slawentums mit dem Römer- und Deutschtum", oder anders gesagt dieser „Übernahme bzw. Ablehnung deutscher Sitten und Gepflogenheiten durch die Tschechen" gegeneinander abzuwägen. Die anschließende Verbreitung von Palackýs Werk in der tschechischen Öffentlichkeit unterdrückte alles, was er positiv zum Wirken deutscher Elemente in der tschechischen Geschichte vermerkt; sie beschränkte sich auf den „Kampf der Tschechen mit den Deutschen".

Die typologische Analogie zur deutschen Sicht der Tschechen ist augenfällig: Die tschechische Kritik an der deutschen Revolution und Republik von 1848 betonte die Loyalität der Tschechen gegenüber Herrscherthron und konservativen Prinzipien. Die tschechische demokratische Bewegung wiederum hielt es für nötig, sich von den Deutschen abzusetzen, weil sie in ihnen feudale Reaktion und Absolutismus verkörpert sah, mitunter aber auch die gesellschaftlichen Schichten der Neureichen, Wucherer und anderer Ausbeuter.

Die positive Einstellung zum österreichischen Vielvölkerstaat, die bei der überwiegenden Mehrheit der tschechischen Politiker bis zum Ausbruch des Ersten Weltkriegs vorherrschte, erwuchs wesentlich aus der Besorgnis über die deutschen Einigungsbestrebungen von 1848/49 und, seit 1871, über eventuelle Expansionsabsichten des Deutschen Reiches. Der Mythos vom Deutschen als „Erbfeind" einer nationalen Eigenständigkeit der Tschechen verfestigte sich in der zweiten Hälfte des 19. Jahrhunderts. Viele Alt- und Jungtschechen schrieben alles Negative in der tschechischen Vergangenheit und Gegenwart dem deutschen Einfluss zu: Feudalismus und Leibeigenschaft, Absolutismus und Klassenunterschiede, kapitalistische Ausbeutung und sozialistisches Gedankengut. František Palacký polemisierte 1865 in seinen Aufsätzen zum Thema *Idea státu rakouského* (Österreichs Staatsidee) gegen das Autostereotyp vom deutschen Volk als Träger von Kultur und Zivilisation. Im *Doslov k Radhostu* (Nachwort zum Radhost) aus dem Jahr 1872 erklärte er es als seinen Kardinalfehler, dass er in die Vernunft und die Gerechtigkeit des deutschen Volkes vertraut habe. Er sei nicht davon ausgegangen, dass gebildete Deutsche von Freiheit und konstitutioneller Verfassung sprächen, gleichzeitig aber die Herrschaft der einen über die anderen durchsetzten und die Rechte der Völker mit Füßen träten, dass sie gleiche Rechte für alle proklamierten, den Slawen jedoch nur die Pflicht zum Gehorsam zuerkannten. Der Widerwille des größeren Volkes, die nationalpolitische Eigenständigkeit des kleineren in seiner Nachbarschaft anzuerkennen, war kein spezifisch deutsches Phänomen. Schließlich fühlten die Tschechen ähnlich, als das slowakische Volk seine Eigenständigkeit durchsetzte. Im tschechisch-deutschen Verhältnis trugen jene Gegebenheiten jedoch zu einer Verfestigung des Stereotyps vom „deutschen Erbfeind" bei, besonders nach den Erfahrungen, die der Erste und Zweite Weltkrieg und die deutsche Okkupation von Böhmen und Mähren in den Jahren 1939-1945 mit sich brachten.

Tschechen und Deutsche in wechselseitigen Karikaturen von 1848 bis 1938

Jiří Kořalka

Die deutschen und tschechischen Karikaturen aus der Zeit von 1848 bis 1938 spiegeln nicht gerade Erfreuliches aus der neueren Geschichte der beiderseitigen Beziehungen. Dabei war das Verhältnis zwischen den Tschechen und den Deutschen aus Böhmen, Mähren, Österreich und dem Deutschen Reich besser, als es den Karikaturen nach erscheint. Das Zusammenleben vieler Generationen an der Sprachgrenze und in den größeren Städten basierte auf einem vergleichbaren kulturellen und zivilisatorischen Niveau. Dies führte zu zahlreichen Mischehen, förderte auf beiden Seiten Zweisprachigkeit und zwanglose Assimilation, sicherte gute Ergebnisse im Arbeitsleben und ermöglichte der großen Mehrheit der Tschechen in Wien und den vielen tausend tschechischen Handwerkern und Bergleuten in Deutschland den gesellschaftlichen Erfolg. All das blieb in den tschechischen und deutschen Karikaturen des 19. Jahrhunderts und der ersten Hälfte des 20. Jahrhunderts unberücksichtigt, weil es uninteressant erschien und den Vorstellungen vom unversöhnlichen Nationalitätenkonflikt nicht entsprach.

Für die Beziehungen benachbarter Völker ist das in einer Zeit, in der ganz Europa im Zeichen wachsender Rivalität steht und nationalistische Ideologien Auftrieb erfahren, freilich nichts Außergewöhnliches. Es genügt ein Blick auf die gegenseitigen Verunglimpfungen und Beschuldigungen in deutschen und französischen Karikaturen. Die deutschen und tschechischen Karikaturen aus den Jahren 1848-1938 entsprechen weitgehend den zu ihrer Entstehungszeit üblichen stereotypen Redensarten. Sie konzentrieren sich auf beiden Seiten überwiegend auf primäre, noch nicht ideologisierte Stereotypen des Misstrauens und des Hasses gegenüber allem Fremden, Unverständlichen, gegenüber dem drohenden Untergang im „deutschen Meer" oder der „slawischen Sintflut". Der „tschechische Vašek" und der „deutsche Michel" sind meist beleibt und dümmlich. Sie haben einen großen Mund und gewalttätige Züge, in der Hand halten sie oft einen Knüppel oder eine Keule. Das negative Bild der Tschechen in den Wiener Karikaturen um die Jahrhundertwende, genauer gesagt in der Zeit seit dem Sieg der Jungtschechen

1891 bis zur Einführung des allgemeinen Wahlrechts 1907, verlieh vor allem der Überzeugung von der kulturellen Überlegenheit der Deutschen über die angeblich unterentwickelten und zurückgebliebenen Tschechen Ausdruck. Im Ganzen war jenes deutsche Tschechenbild viel einseitiger als die negative Darstellung der Deutschen in den damaligen tschechischen Karikaturen.

In den tschechischen *Humoristické listy* (Humoristische Blätter) und auch in den angriffslustigeren *Šípy* (Pfeile) kennt das kritische Bild des Deutschen viele Varianten: Er erscheint als bösartiger Michel-Zwerg mit Troddel an der Zipfelmütze, als altgermanischer Primitivling im Tierfell, als Preuße in Uniform und Pickelhaube, als rücksichtsloser Kapitalist mit Judennase, Frack und Zylinder (in den 60er Jahren war dieses Stereotyp noch viel verbreiteter) oder aber er tritt in der Gruppe auf: als betrunkener Student mit äffischem Äußeren und Burschenschaftsmütze. Viele tschechische Karikaturen nennen die angeblich typischen deutschen Eigenschaften sogar wörtlich: Herrschsucht, Schwindelei, Lüge, Intoleranz und Terror. Die deutschen Karikaturen prangern ihrerseits die vermeintliche tschechische Primitivität, Unbildung, Grobheit und Heimtücke mit zeichnerischen Mitteln an. Nichts Erfreuliches also, nichts Schmeichelhaftes.

Die ältesten uns bekannten deutschen und österreichischen Karikaturen aus dem Jahr 1848 und aus den 60er Jahren des 19. Jahrhunderts heben, sofern sie überhaupt Tschechen oder gar deren hauptsächlichen Repräsentanten František Palacký darstellen, als besonders abstoßenden Zug der Tschechen deren Slawentum hervor. Charakteristisch für den Mai 1848 ist zum Beispiel die Darstellung des Himmelsgewölbes mit Sonne, Sternen und der Inschrift, dass Palacký für die Slawen ein Gebiet dieser Größe fordere. Hierher gehört auch ein späteres Bildchen vom Juli 1848, auf dem der verantwortliche österreichische Minister nach der Melodie tanzt, die von den slawischen Reichstagsabgeordneten auf verschiedenen Musikinstrumenten gespielt wird. Diese zwei kleinen Zeichnungen sind freilich nur im Zusammenhang mit der damals verbreiteten Vorstellung von der zivilisatorischen und kulturellen Überlegenheit der Deutschen verständlich; alle Slawen galten demnach als Verkörperung von Unkultur und Barbarentum. Ein besonders dankbares Thema, mit dem man die Tschechen zu slawischen Reaktionären abstempeln konnte, war die Reise führender tschechischer Vertreter aus Politik und Kultur nach Petersburg und Moskau im Jahre 1867.

Demgegenüber lag für die tschechische Nationalbewegung in den Jahren 1848/49 - in geringerem Maß bis hin zum preußisch-österreichischen Krieg 1866 - das Schlüsselproblem in den großdeutschen nationalen Einigungsbestrebungen. Die Hauptforderung der deutschen Liberalen und Demokraten war die Umwandlung des auf internationalem Recht beruhenden Staatenbundes der deutschen Herrscher und freien Städte, seit 1815 unter der Bezeichnung „Deutscher Bund" bekannt, in einen deutschen Bundesstaat. Die tschechische politische Vertretung mit František Palacký an der Spitze lehnte die Eingliederung der Böhmischen Länder in einen deutschen Nationalstaat im Frühjahr 1848 entschieden ab und billigte auch in den nachfolgenden Jahren nicht die Bemühungen der Wiener Regierung, die österreichische Führungsrolle innerhalb Deutschlands zu festigen. Das fand seinen beredten Ausdruck in einer Karikatur der Prager *Humoristischen Blätter* von 1862: Palacký, seine *Dějiny národu českého v Čechách a v Moravě* (Geschichte des böhmischen Volkes in Böhmen und Mähren) in der Hand, führt eine Prozession von Tschechen bereits zum zweiten Mal durch ein schwarz-rot-goldenes Meer (das erste Mal war dies im April 1848 geschehen), ähnlich wie Moses im Alten Testament die Juden erfolgreich durch das Rote Meer geführt hatte. Österreichs Niederlage gegen Preußen in der Schlacht bei Königgrätz (Hradec Králové) am 3. Juli 1866 war schwerwiegend; viele tschechische und deutsche Soldaten aus den Ländern der Böhmischen Krone waren gefallen oder schwer verletzt worden. Die Tschechen jedoch empfanden diese Niederlage hinsichtlich ihrer politischen Vorstellungen vom Verhältnis zu Deutschland als wirkliche Erleichterung. Sie sahen sich von der Gefahr befreit, in ein vereinigtes Deutschland eingegliedert zu werden. Das spiegelt sich auch in der Karikatur: Dem böhmischen Löwen ist mit diesem Ausgang des Kriegs ein Dorn aus der Tatze gezogen und ein fröhlicher Tscheche bekundet tanzend seine „Trauer" über den Ausschluss Österreichs aus dem Deutschen Bund. Ab 1871 verfestigt sich in den tschechischen Karikaturen das Bild vom Deutschen Reich als einem expansionslüsternen und aggressiven Nachbarn, der nach der Herrschaft über ganz Europa trachtet. Doch war auch den Reichsdeutschen der primitive Nationalismus der Deutschböhmen unangenehm, wie eine Bildergeschichte in den Prager *Humoristischen Blättern* vor Augen hält: eine Deutsche aus Böhmen lässt sich von Kaiser Wilhelm und Bismarck verleiten und versucht, ihren Bruder Čech zu vergiften. Doch schließlich sind es gerade die Reichsdeutschen, die sie aus Angst vor einem ähnlichen Schicksal verstoßen.

Seit der Wende vom 19. zum 20. Jahrhundert verfestigten sich in den deutschen und tschechischen Karikaturen spiegelbildlich aufeinander bezogene Stereotypen, die sich gegenseitig bedingten und ergänzten. Der Titel der Ausstellung, die der Adalbert-Stifter-Verein in München und Regensburg und das Goethe-Institut in Prag 1997/98 zeigte, brachte genau das auf den Punkt: *Gleiche Bilder, gleiche Worte*. Die Tschechen werden in deutschen Zeitschriften als Krawallmacher, Raufbolde und Diebe dargestellt, die sich meist in größeren Gruppen auf der Straße herumtreiben. Die tschechischen Karikaturisten wiederum widmen sich mit Vorliebe den deutschen Burschenschaftlern, die sich äußerst gefräßig benehmen und ihre Überlegenheit zur Schau tragen, obwohl ihnen das Stroh aus den Stiefeln guckt. Dem deutschen Michel attestieren sie in erster Linie Roheit und Hinterlist. Großes Aufsehen erregte in der tschechischen Presse eine Karikatur der angeblich „wilden Tschechen", die im März 1904 im Münchner *Simplicissimus* erschien. Ihr Autor war der renommierte Karikaturist Thomas Theodor Heine, der sich durch einen kritischen Standpunkt gegenüber dem preußischen Militarismus und Kolonialismus auszeichnete. Er hatte sich gängiger deutscher Stereotypen von den Tschechen bedient, um damit die deutsche Kolonialpolitik in Afrika zu verurteilen. Halbnackte Eingeborene klettern auf Bäumen herum, stehlen einem deutschen Studenten die Uhr und einem deutschen Professor, der ihnen einen Vortrag hält, piksen sie in den Bauch. In der Mitte steht ein weiterer Professor, der einen Soldaten mit Gewehr und Bajonett auffordert einzuschreiten. Unter der Zeichnung notiert der Karikaturist, dass der deutschen Kolonialpolitik nach der Niederschlagung des Aufstands in Afrika eine weit schwierigere Aufgabe bevorstehe – die „Zivilisierung der Tschechen". Das auf die Spitze getriebene Klischee bedeutete in diesem Fall eine schärfere Kritik an den Deutschen als an den Tschechen. Bei einem Teil der tschechischen Öffentlichkeit rief sie jedoch eine Empörung hervor, die noch dreißig Jahre später lebendig war, als Thomas Th. Heine auf der Flucht vor den Nazis um politisches Asyl in der Tschechoslowakei nachsuchte. Ähnlich zeigte eine Darstellung Ende 1908 die Tschechen als Hunde, an denen sich der deutsche Siegfried nicht beschmutzen will: gegen die „tschechische Tollwut" ruft er den Abdecker herbei.

Nach der Entstehung der Tschechoslowakei hielten deutsche und österreichische Karikaturen den Tschechen vor, die Niederlage der Mittelmächte im Ersten Weltkrieg und die Zerschlagung der Habsburger Monarchie mitverschuldet zu haben. Die Tschechoslowakei erscheint als unmündiges und verwöhntes Kind, das sich in Begleitung seiner „älteren französischen Schwester" Marianne und nach 1935 dann unter der Aufsicht von „Onkel" Stalin in der Öffentlichkeit zeigt. Einige Karikaturen rufen in Erinnerung, dass der tschechoslowakische Staat angeblich von den Steuern der reichen Deutschen in Böhmen und Mähren lebe. Sie verurteilen die tschechische Sprach- und Schulpolitik und spielen auf die vermeintliche Unfähigkeit der Tschechen an, ihren eigenen Staat zu regieren. In den neunzig Jahren von 1848 bis 1938 schlägt sich in den deutschen Karikaturen unverändert die grundsätzliche Überzeugung von der deutschen Überlegenheit und der tschechischen Minderwertigkeit nieder. Zahlreiche tschechische Karikaturen zielen unmittelbar nach 1918 auf die Mitschuld Deutschlands am Ausbruch des Ersten Weltkriegs und weisen auf deutsche Kriegsverbrechen hin. Auch in späteren Jahren hält sich in den tschechischen Karikaturen das stereotype Bild von einer nur schlecht verborgenen deutschen Aggressivität und einem neu aufkommenden Militarismus. Gegenüber den Sudetendeutschen herrscht hingegen trotz einiger kritischer Seitenhiebe bis zum Entstehen der Henlein-Bewegung eine relativ gemäßigte Einstellung vor. Einen um so schärferen Kampf führte die tschechische Karikatur, die mehrheitlich demokratisch und links orientiert war, gegen den aufkommenden Nationalsozialismus in Deutschland und seine Vertreter innerhalb der Tschechoslowakischen Republik. In diesen politischen Karikaturen aus der Zeit bis 1938 drängt eine allgemeinere antifaschistische Ausrichtung die traditionellen Feindbilder in den Hintergrund.

Deutsch-tschechische Spiegelbilder

Olga Šmídová

Immer schon definierten die Menschen ein „Wir" in Bezug auf die „anderen". Das Bild jener „anderen" ist unverzichtbar für die eigene Abgrenzung, die Selbstdefinition. Die Typisierung ist ein Verfahren, mit dem sich Menschen seit jeher in der Welt und in der Gesellschaft orientieren. Typische Muster, die in der Kindheit aufgesogen werden, strukturieren die Wirklichkeit vor. Die angeeigneten Stereo-Typen gehen den Erfahrungen voraus und klassifizieren sie. Es sind Vor-Stellungen und Vor-Urteile. Gleichzeitig sind sie auch der Bodensatz der kulturellen Erfahrungen einer Gesellschaft. Stereotypen widersetzen sich oft hartnäckig einem Wandel. Neue Informationen werden in das alte Bild integriert und mittels der bisherigen Stereotypen analysiert.

Ethnische Stereotypen müssen nicht Vorurteile im negativen Sinne sein, sie müssen nicht zwangsläufig - etwa emotional - einseitig sein. Sie haben keinen direkten, eindeutigen Einfluss auf das Verhalten gegenüber einer anderen Nationalität oder einer anderen Ethnie. Einzelne richten sich ebenso wie Gruppen in ihrer Beziehung zu anderen nach dem Bild, das sie von diesen haben, keineswegs danach, wie diese „wirklich sind"; sie richten sich nicht einmal danach, was sie selbst über die anderen denken, im übrigen wissen sie das oft gar nicht. Treten wir mit einem anderen in Interaktion, so spielt auch eine Rolle, welches Bild von uns wir bei ihm vermuten: Wie steht der andere zu uns, was denkt er über uns?

Eine besondere Rolle in der stereotypen Sicht des Fremden kam in den Böhmischen Ländern gerade den Deutschen zu. Seit jeher leben die Menschen im mitteleuropäischen Raum mit den Deutschen real und mental auf drei Ebenen gleichzeitig: nebeneinander, gegeneinander und miteinander.

Fest steht, dass auch heute die Beziehungen zu Deutschland und den Deutschen für die Tschechen von grundlegender Bedeutung sind, und zwar nicht nur aus historischen oder geopolitischen, sondern aus ganz praktischen Gründen: Das deutsche Kapital rangiert in Tschechien seit den 90er Jahren klar vor dem amerikanischen. Wenn wir einmal von Unternehmen absehen, an denen kein Fremdkapital beteiligt ist, so sind die meisten Menschen bei deutschen oder deutsch-tschechischen Firmen beschäftigt. Und zur Ausübung einer Beschäftigung fuhren Tschechen nach 1990 am häufigsten nach Deutschland und in deutschsprachige Länder. Die Deutschen wiederum stellten in den 90er Jahren in der Tschechischen Republik die zahlenmäßig stärkste Touristengruppe dar. Angaben des Außenministeriums zufolge sollen 1996 1,2 Mio. Bundesbürger die Tschechische Republik besucht haben. Deutsch-tschechische Schulen, vor allem Gymnasien, sind verbreiteter als andere bilinguale Einrichtungen, und nach dem Englischen ist Deutsch die am häufigsten unterrichtete Fremdsprache. Viele Tschechen haben in Deutschland Verwandte oder Freunde, die dorthin emigrierten, aussiedelten oder unfreiwillig abgeschoben wurden. Die deutsche Minderheit ist die drittgrößte nationale Minderheit in Tschechien und die größte nichtslawische Minderheit; viele Tschechen haben deutsche oder österreichische Vorfahren, ein beträchtlicher Teil der Bevölkerung versteht Deutsch ... Die Aufzählung ließe sich fortsetzen.

Die kommunistische Propaganda hatte lange Zeit ein doppeltes Deutschenbild genährt: das festgeschriebene Nachkriegsbild mit einseitigen Informationen über den Neofaschismus und Revanchismus in der BRD sowie die Vision von den anderen, den „guten Deutschen" in der DDR. Im Kontext der Suche nach einer neuen tschechischen Identität ist dieses doppelte Bild zu hinterfragen.

Die deutsch-tschechischen Beziehungen haben ihre Geschichte und diese Geschichte wiederum ist ein wichtiger Faktor in den heutigen Beziehungen. Das historische Bewusstsein beeinflusst unser Bild von den deutsch-tschechischen Beziehungen, aber auch umgekehrt: der Kontext unseres heutigen Zusammenlebens mit den Deutschen führt zu einer Umwertung, einer „Neuerzählung" der Geschichte des deutsch-tschechischen „Mit- und Gegeneinanders" (E. Rádl) in zeitgemäßer Sprache. Isolation und Segregation nach dem Zweiten Weltkrieg sollen dabei nicht ausgeklammert werden.

Bereits im Rahmen des modernen Nationalismus prägten sich stereotype Vorstellungen aus, über die wir ein anderes, aber auch das eigene Volk wahrnehmen und beurteilen. Damals formte sich im tschechischen Bewusstsein das negative Bild von den Deutschen; es wurde schließlich auch auf die Deutschen in den Böhmischen Ländern übertragen und war zugleich Interpretation der gemeinsamen Geschichte: die Deutschen als Urfeinde und Unterdrücker der Tschechen, denen die kollektive Vorstellung einen „Taubencharakter" zuschrieb; Aufgabe war es, der germanischen Unterdrückung die Stirn zu bieten und sich das Tschechentum zu bewahren. Das Porträt des „selbstbewussten", „blasierten", „machtgierigen", „herrischen", aber auch „tapferen" und „ordentlichen" Deutschen rekonstruieren die Historiker aus den schriftlichen Quellen der vergangenen zwei Jahrhunderte. Das Bild, das sich aus den geschichtlichen Quellen ergibt, ist auch heute keineswegs so anachronistisch, wie wir erwarten würden. Die entscheidenden

Konturen des Bildes erfahren im Laufe der langen tschechischen Geschichte keine grundsätzlichen Veränderungen. Das Deutschenbild bzw. Deutschenstereotyp der Tschechen ist also in seinen Grundzügen - entsprechend der Bedeutung des Begriffs „Stereotyp" (*stereos* ‚verfestigt' und *typos* ‚Charakter') - über lange Zeit hin beständig (J. Křen/E. Broklová [Hg.], *Obraz Němců, Rakouska a Německa v české společnosti 19. a 20. století*, 1998).

Sehen wir jedoch genauer hin, so stellen wir fest, dass dieses Bild nicht gänzlich unveränderlich ist: Öffentliche Meinungsumfragen aus dem Jahr 1947 bezeugen, dass vier Fünftel der tschechischen Bevölkerung die Deutschen damals für ein Volk hielten, das seinem Wesen nach aggressiv sei. In anderen Ländern, die im Krieg gegen Hitler gestanden hatten, bezweifelten 1947 deutlich weniger Menschen, dass sich die Deutschen zu einer friedliebenden Nation wandeln würden: in Frankreich und in den Niederlanden waren es nicht einmal zwei Drittel, in Kanada und den USA etwas über 50 %, in England über 40 %. Eine geschichtliche Retrospektive vom heutigen Standpunkt aus zeigt, dass das Bild von den Deutschen nach und nach hellere Farben angenommen hat.

Das heutige Deutschenbild im tschechischen Bewusstsein ist differenzierter. Die Tschechen unterscheiden österreichische Deutsche, Westdeutsche, Ostdeutsche und Sudetendeutsche. Diese Unterscheidungen haben ihre historischen Vorläufer. So lebt in der heutigen Bezeichnung „Ostdeutscher" eine Kategorie aus sozialistischer Zeit fort; sie assoziiert aber auch die historisch ältere Kategorie „Preuße". Der Bedeutungsgehalt dieser Kategorien verschiebt sich heute, nach der Vereinigung - er verweist hauptsächlich auf die Vergangenheit. Diese Einteilung in West und Ost ist sowohl geographisch als auch historisch-politisch motiviert: Sie entspricht ganz offensichtlich der deutschen Unterscheidung von „Wessi" und „Ossi"; relevant ist sie keineswegs nur im ökonomischen Kontext. Oft gehen die Leute davon aus, dass diese „zwei Arten" von Deutschen nicht nur eine unterschiedliche Vergangenheit, sondern auch eine unterschiedliche Mentalität haben.

Die „Österreicher" werden von den Tschechen oft gar nicht als „Deutsche" bezeichnet. Auf der Beliebtheitsskala rangieren sie soziologischen Umfragen zu Folge bei der Bevölkerung in Böhmen und Mähren ganz oben, deutlich vor den „deutschen Deutschen".

Die Tschechen meinen feststellen zu können, dass ihnen die Österreicher im Charakter näher sind. Sie stellen ihrer Mentalität nach so etwas wie eine „Übergangsstufe" zwischen Deutschen und Tschechen dar. Offenbar ist man sich irgendwie noch bewusst, dass man eine gemeinsame Vergangenheit hat, dass man in einem gemeinsamen (österreichisch-ungarischen) Staat lebte, derselben Kultur angehörte und dass es eine starke ethnische Vermischung von Österreichern und Tschechen gegeben hatte.

Gegenwärtige Meinungsumfragen bei der Bevölkerung in den Grenzgebieten und der deutschen Minderheit in Tschechien ergeben, dass die „Bayern" oft aus der Gesamtheit der Deutschen ausgeklammert werden. Sie werden, besonders bei der Bevölkerung in den Grenzgebieten, für geselliger, freundschaftlicher, aufrichtiger und anständiger gehalten als die anderen Deutschen und stehen den Tschechen wesensmäßig angeblich näher. Zu dieser Unterscheidung zwischen „Bayern" und „Deutschen als solchen" kommt es wohl im Zuge der intensiven Kontakte über die Grenze hinweg und auf Grund der persönlichen Beziehungen, die sich ab den 90er Jahren zwischen den Bewohnern beiderseits der tschechisch-bayerischen Grenzen entwickeln konnten. An der tschechisch-sächsischen Grenze stellt sich die Situation nicht so günstig dar. Die Kategorie „Deutscher" wird in vielen Kontexten auf alle Deutschen in Deutschland angewendet. Während der Okkupation und auch schon während der Ersten und Zweiten Republik sprachen Tschechen und Sudetendeutsche in diesem Falle von „Reichsdeutschen" (J. Nekvapil, et al. [Hg.], *Češti Němci, nebo němečti Češi?*, 1997).

Die so genannten Deutschböhmen - die Angehörigen der deutschen Minderheit in den Böhmischen Ländern - werden von der tschechischen Bevölkerung, und ebenso von den tschechischen Medien, praktisch aus dem Bewusstsein verdrängt. Nach dem Zweiten Weltkrieg wurde die Bezeichnung *sudetský Němec* ,Sudetendeutscher' allmählich auf die nach der Aussiedlung in Deutschland ansässig gewordenen Deutschen übertragen. Die einheimischen, d. h. die in Böhmen und Mähren verbliebenen Deutschen, werden nicht so genannt. Auch diese selbst bezeichnen sich so nur selten und ausschließlich unter sich. Werden sie von außen als Sudetendeutsche bezeichnet, von jemandem, der nicht zu ihrer Kommunität gehört, so empfinden sie dies, besonders wenn es öffentlich geschieht, als Kränkung, zumindest aber als Anspielung. Auf ihre Landsleute in

Deutschland hingegen wenden die Angehörigen der deutschen Minderheit in Tschechien die Bezeichnung *sudeťáci* oder *sudetští Němci* ‚Sudetendeutsche' wie selbstverständlich an, ohne dass damit negative Konnotationen verbunden wären. Sie gebrauchen sie gewissermaßen synonym zu den Wörtern *krajan* ‚Landsmann' bzw. *rodák* ‚Hiesiger, Eingeborener'. Als hätten die tschechischen Bürger (Tschechen, Deutsche in Tschechien und Angehörige anderer Ethnien) das Sudetentum gleichsam geistig nach Deutschland abgeschoben.

Soziologische Untersuchungen zum kollektiven Bewusstsein zeigen immer wieder, dass die Deutschen auf der Ebene üblicher zwischenmenschlicher Kontakte, zum Beispiel als Nachbarn, akzeptiert werden: Sie werden zwar - im Unterschied zu Slowaken, Juden und heimgekehrten Emigranten - als „Fremde" eingestuft, jedoch zusammen mit Franzosen, Engländern und Amerikanern als Repräsentanten einer den Tschechen nahen Kultur, einer „westlichen" Kultur, wie es auch „die eigene" ist. Angehörigen östlicher Völker, zum Beispiel Ukrainern, begegnet man in Tschechien mit weitaus größeren Vorbehalten und einer negativeren Erwartungshaltung. Trotz der sprachlichen und ethnischen Verwandtschaft werden sie ihrer Mentalität nach eher als fremd und kulturell weiter entfernt empfunden (*Etnické vztahy v České republice*, 1994).

Die Tschechen typisieren ihre Erfahrungen dabei nach einem ähnlichen Prinzip wie die Deutschen, nämlich nach „Ost" versus „West". Doch die Grenze zum Osten ziehen sie traditionell weiter östlich, nehmen sich selbst aus dem Osten bzw. dem östlichen Europa aus und lokalisieren sich im Westen.

Das Bild vom „typischen Deutschen", so wie es sich in repräsentativen soziologischen Untersuchungen Anfang der 90er Jahre darstellte, hatte in den Augen der tschechischen Bevölkerung eine positive und eine negative Seite. Im Bewusstsein der postsozialistischen Bevölkerung zieren den „typischen Deutschen" wohl so ziemlich alle Tugenden, die Ordnung und Wohlstand schaffen: er ist diszipliniert, genau, präzise, ordnungsliebend, arbeitsam, konsequent, sparsam und seriös. Die dunkle Seite des Deutschenbildes bildet eine Skala von Eigenschaften zwischen den Polen „Aggressivität" und „Superiorität". Im Bewusstsein der tschechischen Bevölkerung der 90er Jahre ist ein typischer Repräsentant des deutschen Volkes von seiner Überlegenheit überzeugt, er ist herrisch, expansiv und hat sich von seinen nationalistischen oder gar nationalsozialistischen Anschauungen nicht völlig befreit. Diese dunkle Seite des vermeintlichen deutschen Nationalcharakters verdichtet sich auf der fein abgestuften Skala eher um den Pol der Superiorität. Überlegenheitsgefühl in all seinen Spielarten (zum Beispiel Hochmut, Arroganz usw.) war nicht nur die markanteste Eigenschaft, die den Deutschen von den Tschechen zugeschrieben wurde, sondern fiel den Befragten häufig als erstes ein, wenn es hieß: „Versuchen Sie bitte, die Eigenschaften zu nennen, die für den deutschen Nationalcharakter typisch sind ..."

Ergänzt wird die weniger schmeichelhafte Seite des tschechischen Deutschenbildes von Charakteristika, die sich eher auf die Alltagskultur beziehen: mangelnder Sinn für Humor, Sentimentalität, Unkultiviertheit. Öffentliche Meinungsumfragen aus der zweiten Hälfte der 90er Jahre bestätigten dieses Bild, bereicherten es jedoch um weitere Details, die den Deutschen von den Tschechen derzeit als typisch zugeschrieben werden: Reichtum und hoher Lebensstandard.

Autostereotyp, das Bild von sich selbst, und Heterostereotyp, das Bild vom anderen, sind zwei Seiten ein und derselben Medaille. Auch die Selbstbilder der Deutschen, die in den 90er Jahren längere Zeit in Prag lebten, sind ganz offenkundig Autostereotypen, die dem Selbstschutz dienen und sich gegen das bei den Tschechen verfestigte Bild vom reichen, sich überlegen fühlenden Deutschen ausgeformt haben. Deutsche, die länger in Prag beruflich tätig sind, bemühen sich bewusst und instinktiv, dem Rollenbild nicht zu entsprechen. Sie betonen, dass sie Tschechisch lernen, dass sie Kontakt zum tschechischen Umfeld haben, in das sie sich - im Unterschied zu den deutschen Touristen - eingliedern, indem sie den tschechischen Lebensstil übernehmen. Die deutschen Touristen erscheinen in der Wahrnehmung dieser „Längerfristigen", wie sie sich nennen, ebenfalls als laute, selbstbewusste, „typische" Deutsche. Bei den „Längerfristigen" handelt es sich durchweg um gebildete Deutsche. Viele heben hervor, dass sie sich als Europäer verstehen, dass deutsch sein nichts anderes heißt, als deutscher Staatsangehörigkeit zu sein, und dass für sie Nationalität im traditionellen, ethnischen Sinn (Volksgruppe) der Vergangenheit angehört.

Häufig betonen die „Längerfristigen" auch die Demokratisierung, die Deutschland seit dem Ende des Zweiten Weltkriegs erfahren hat;

auf diesem Weg hätten sie, im Unterschied zu den Tschechen, Vergangenheitsbewältigung geleistet. Mit ihrer aktiven Einbindung in das kulturelle und gesellschaftliche Alltagsleben versuchen sich diese Prager Deutschen nicht nur gegenüber den zahlreichen deutschen Touristen abzugrenzen, sondern auch gegenüber denjenigen Deutschen (meist Experten und Manager), die zwar ebenfalls längerfristig in Prag leben, doch gewissermaßen in einem komfortablen deutsch-österreichischen Ghetto.

Eine Antwort auf die Frage, inwieweit die Mentalitätsbilder der beiden benachbarten Völker miteinander korrespondieren, kann nur eine Umfrage geben, bei der die Befragten frei unter den Eigenschaften wählen können, die in ihren Augen einen typischen Angehörigen eines anderen oder des eigenen Volkes charakterisieren (in unserem Falle einen Deutschen, Slowaken, Ungarn oder Tschechen). So nämlich ließe sich beispielsweise feststellen, wie das Autostereotyp mit dem Heterostereotyp zusammenhängt. Wird die Wahl der nationalen Charakteristika völlig den Befragten überlassen, werden die Eigenschaften der einzelnen Völker nicht unifiziert, so wird sich zeigen, wie und in welchem Maße die einzelnen Bilder aufeinander bezogen sind. Nationen, besonders benachbarte, sind einander ein Spiegel, den sie sich und dem anderen vorhalten. Das Bild der Tschechen von sich selbst unterscheidet sich nur scheinbar grundlegend von dem Bild, das sie sich von den Deutschen geschaffen haben. Im „deutschen Spiegel" entdecken sie an sich selbst Eigenschaften, die auffällig mit jenen kontrastieren, die sie den Deutschen zuschreiben und die auch bei anderen relevanten Nationen nicht zu finden sind. Dem deutschen Überlegenheitsgefühl, der Arroganz und Expansionslust stellen sie als typisch tschechische Eigenschaften Bereitschaft zur Unterordnung, Anpassungsfähigkeit, Opportunismus, Uneinigkeit und mangelndes Durchsetzungsvermögen gegenüber. Was sie an sich selbst schätzen, ist ihr Sinn für Humor, der ihrer Meinung nach den Deutschen völlig abgeht. Sie haben das Gefühl, dass ihnen „typisch deutsche", einer „protestantischen Ethik" entspringende Charakteristika wie Ordnungsliebe, Diszipliniertheit, Solidität oder Genauigkeit einfach nicht gegeben sind. Nur der an den Deutschen so sehr bewunderte Fleiß ist, wenngleich in wesentlich geringerem Maß, auch im Arsenal der tschechischen Charakterzüge vertreten. Doch fast ebenso groß ist die Überzeugung von der „typisch tschechischen" Faulheit.

Der tschechische Charakter zeigt sich nur zu einem Drittel in hellerem Licht. Die Tschechen suchen und finden bei sich auch Charaktermängel, die sie bei anderen Völkern (Slowaken, Ungarn) nicht zu entdecken vermögen und die selbst ihren Nachbarn verborgen bleiben. Dabei gehen sie nicht gerade zimperlich mit sich um: gegenüber sich selbst sind sie kritischer als gegenüber anderen Völkern, sogar härter als die Nachbarvölker ihnen gegenüber. Ohne es zu wollen, haben die Tschechen damit zu erkennen gegeben, dass sie einen stärkeren Hang zur Selbstdestruktion haben als ihre Nachbarn. Das tschechische Selbstporträt korrespondiert am stärksten mit dem Porträt des Deutschen, nicht mit dem des Slowaken, wie man erwarten könnte. Es handelt sich um eine negative bzw. kontrastive Korrespondenz.

Das tschechische Selbstbild und das tschechische Deutschenbild erinnern ein wenig an Negativ und Positiv in der Fotografie. Das slowakische Selbstbild korrespondiert wiederum stärker mit dem slowakischen Bild vom Ungarn als mit dem Bild, das die Slowaken von den Tschechen zeichnen. Selbst in einer so bewegten Zeit wie jener unmittelbar vor dem Zerfall der tschechoslowakischen Föderation waren für die Tschechen die Deutschen Bezugsnation Nr.1; für die Slowaken hingegen waren es die Ungarn.

Als die Tschechen in der jüngeren Geschichte nach ihrer staatlichen und nationalen Identität suchten, bewegten sie sich wesentlich innerhalb eines deutschen Bezugsrahmens. Die tschechische Identität hat demgemäß eine doppelte Dimension: sich unterscheiden und sich annähern. Ihr neues und zugleich altes Gesicht suchen die Tschechen, wie so oft in der Geschichte, auch nach dem Sturz des kommunistischen Regimes vor allem im deutschen Spiegel.

Die nationale Identität der Tschechen kennzeichnet nach der Wende von 1989 nicht nur ein betont selbstkritischer Zug, sondern auch Unbestimmtheit und Verlegenheit. Es macht den Tschechen große Probleme, den eigenen Nationalcharakter zu definieren: Vier von zehn Befragten erklärten in der erwähnten Umfrage, dass es keinen tschechischen Nationalcharakter gebe. Die Existenz eines deutschen Nationalcharakters bestritten nur zwei von zehn Befragten.

Deutschland und die Deutschen sind für die Tschechen weiterhin ein wichtiger, wenn nicht sogar der wichtigste Bezugsrahmen. Davon zeugt nicht nur der Entwurf des tschechischen Selbstbildes vor dem deutschen Hintergrund, sondern auch die paradoxe Furcht vor dem Zerfall der tschechoslowakischen Föderation im Jahre 1992. Die Abtrennung als solche sahen die Tschechen primär im deutschen Kontext: sie fürchteten, in wirtschaftlicher Hinsicht eine „leichte Beute" für das vereinte Deutschland zu werden.

Soziologen und Linguisten filterten im Laufe der 90er Jahre aus den Medien, vor allem aus den gängigsten Tageszeitungen, die Spezifik der deutsch-tschechischen Beziehungen heraus. Ausgangspunkt dafür war, dass die Medien kollektive Vorstellungen nicht nur widerspiegeln, sondern sie auch hervorbringen und lenken.

In den 90er Jahren widmete die Tagespresse Deutschland und der deutsch-tschechischen Thematik ungefähr sechsmal so viel Raum wie vorher. Nach dem Regimewechsel schrieb man nicht nur ausführlicher über die deutsch-tschechischen Beziehungen, sondern vor allem auch anders. Neue Themen, verschiedene politische Perspektiven tauchten auf und die journalistische Recherche entwickelte sich.

In der Medienlandschaft der 90er Jahre des 20. Jahrhunderts dominierte die sudetendeutsche Thematik und überdeckte die anderen deutsch-tschechischen Fragen. In der Presse figuriert deshalb die sudetendeutsche Landsmannschaft als hauptsächlicher politischer Repräsentant der deutsch-tschechischen Beziehungen und nicht, wie man erwarten könnte, die deutsche Regierung oder die Regierungsparteien (O. Šmídová in: Křen/Broklová, *Obraz*, 1998).

Häufigstes Medienthema im Zusammenhang mit den Sudetendeutschen ist die immer wieder diskutierte Frage einer gegenseitigen Entschädigung: einer Entschädigung der Tschechen für die Leiden im Krieg, einer Entschädigung der Deutschen für die nach dem Krieg erfolgte Aussiedlung. Die sudetendeutsche Frage wird dabei von den Journalisten in eine dezidiert historische bzw. historisierende Argumentation eingebettet; nicht selten wird das Problem in einem breiteren geschichtlichen Rahmen präsentiert, der auch die Zeit vor dem Münchener Abkommen einschließt. Die Vergegenwärtigung der Geschichte scheint nicht nachzulassen. Obwohl auch über die aktuelle Zusammenarbeit, besonders in den Grenzgebieten, berichtet wird und ein erheblicher Teil der Artikel unter der Sparte „Deutschland - unser Vorbild" verbucht werden kann, ist das deutsch-tschechische Thema in der Presse insgesamt über Gebühr historisch geprägt. Das sudetendeutsche Thema, das auch historische Fragestellungen beinhaltet, herrscht gegenwärtig vor. Zwischen 1990 und 1997 ist auf diese Weise ein „mediales Stereotyp" entstanden, ein verfestigter sudetendeutscher Blickpunkt auf die deutsch-tschechischen Beziehungen. Diesen nehmen erstaunlicherweise nicht nur linksorientierte Presseorgane wie *Právo* (unlängst noch *Rudé právo*) ein, sondern auch - wenngleich nicht so effekthascherisch - die Presseorgane der politischen Mitte und der gemäßigten Rechten wie *Mladá fronta DNES, Slovo, Lidové noviny.*

Der gegenwärtige Blick auf die deutsch-tschechischen Beziehungen durch die Brille der sudetendeutschen Frage, der imaginäre oder wirkliche Dialog, den die Verfasser landsmannschaftlich ideologisierter Artikel führen, mobilisiert paradoxerweise eine Gegenargumentation, die auf dem gleichen Prinzip beruht: auf dem Prinzip einer kollektiven, ethnischen und historischen Sicht des Problems und seiner Lösung. Ein kollektives Verständnis von Schuld und Strafe nationalisiert die ungelösten Fragen erneut. Wird das kollektiv aufgefasste *právo na vlast* (Recht auf Vaterland) durch ein für Tschechen im übrigen völlig bedeutungsgleiches *právo na domov* (Recht auf Heimat) ersetzt, wie dies in jüngster Zeit in den Medien geschah - zum Beispiel in der Übersetzung eines Interviews mit dem bayerischen Ministerpräsidenten Edmund Stoiber (*Mladá fronta DNES* 1998) -, so ändert sich dadurch in der Sache nichts. Die Denkmuster auf beiden Seiten bleiben weiter bestehen.

In der politisch einfarbigen (roten) sozialistischen Presse war in Zusammenhang mit Deutschland und den Deutschen oft von den „Provokationen der westdeutschen Revanchisten" die Rede gewesen, von Entschädigungsleistungen für tschechische Opfer des Faschismus und von Reparationsansprüchen. Das sudetendeutsche Thema, vor allem die Aussiedlung, ihre moralische Rechtfertigung und rechtliche Begründung, wurde von den sozialistischen Medien konsequent tabuisiert. Das Thema wurde aus der sozialistischen Medienlandschaft ebenso getilgt wie die abgeschobenen und nicht abgeschobenen Deutschen. Über Verlauf und Folgen der Aussiedlung ebenso wie über das Leben der nach Deutschland und Österreich ausgesiedelten Landsleute konnten sich die Deutschen in der Tschechoslowakei noch zu Anfang der 90er Jahre lediglich aus der Auslandspresse oder aber über Verwandte und Bekannte in Westdeutschland und Österreich informieren (*Čeští Němci, nebo němečtí Češi?* Sondernr. d. Zschr. *Biograf* 1997/10-17).

Die sozialistische Presse stellte selbstverständlich vor allem die wirtschaftliche und wissenschaftlich-technische Zusammenarbeit mit der DDR in den Vordergrund. Das geschah im Rahmen der „brüderlichen Kooperation" innerhalb des sozialistischen Wirtschaftsblocks, also innerhalb des Rats für gegenseitige Wirtschaftshilfe. Vielleicht wurden die Sudetendeutschen nach 1989 gerade deswegen so schnell zu einem der neuen Schlüsselthemen in den Medien und auch in den bereits nicht mehr zensierten Meinungserhebungen, weil sie über ganze Jahrzehnte tabu waren. In der zweiten Hälfte der 90er Jahre werden sie zu einer Art Kristallisationspunkt bei der Bewältigung der gemeinsamen Vergangenheit.

Die Bürger halten die sudetendeutsche Frage heute für ein offenes, noch ungelöstes Problem in der Beziehung zwischen Tschechen und Deutschen, Tschechien und Deutschland. Mitte der 90er Jahre glaubten mehr als vier Fünftel der Bevölkerung, dass sich die sudetendeutsche Frage nicht von alleine erledigen wird und den Hauptgrund für die Missstimmigkeiten in den deutsch-tschechischen Beziehungen darstellt. Dem Ausbau der nachbarschaftlichen Beziehungen, der Gründung gemeinsamer Unternehmen, der Erweiterung der Grenzkontakte, der Errichtung von Euroregionen und ähnlichen Fragen stehen die Tschechen in den 90er Jahren relativ aufgeschlossen gegenüber. Dagegen macht sich in der tschechischen Öffentlichkeit gegenüber der sudetendeutschen Frage - besonders, was die Restitution von Eigentum und die Rückkehr abgeschobener Deutscher betrifft - offensichtlich eher eine ablehnende Haltung breit (vgl. V. Houžvička, *Reflexe sudetoněmecké otázky a postoje obyvatelstva českého pohraničí k Německu*, 1997).

So stellt sich zur Jahrtausendwende das mentale Bild der deutsch-tschechischen Beziehungen in den Köpfen der tschechischen Bürger und in den Medien aus soziologischer Sicht dar. Auf dieser neuen und zugleich alten Karte gibt es viele weiße Flecken, viele unbekannte, unerforschte und wissenschaftlich vielleicht auch gar nicht ergründbare Winkel. Unser Bild von dieser Landschaft erinnert an ein schwer beschädigtes Mosaik. Aufgabe der Gesellschaftswissenschaften ist es, geduldig an seiner Ergänzung zu arbeiten und damit den zeitlichen Wandel zu beschreiben, obwohl gerade er deutlich macht, dass dieses Mosaik nie wirklich ganz vollständig werden kann.

Abschiebung oder Vertreibung?

Tomáš Staněk

Das Thema der Aussiedlung von fast drei Millionen Deutschen aus der Tschechoslowakei nach dem Ende des Zweiten Weltkriegs steht bei einem nicht geringen Teil der tschechischen Gesellschaft weiterhin im Vordergrund des Interesses. Die nach dem Jahr 1989 neu eröffnete Diskussion dieser Problematik bedeutete eine Herausforderung. Ihr gerecht zu werden, war nach mehreren Jahrzehnten kommunistischer Herrschaft nicht leicht. Die herrschende Doktrin bestätigte über lange Zeit ein Bild, das die jahrhundertelange Gemeinschaft und Nachbarschaft von Tschechen und Deutschen auf bestimmte Zusammenhänge und Aspekte der historischen Entwicklung reduzierte. Dabei wurde einerseits die Bedeutung der Antagonismen und Konflikte unterstrichen, gleichzeitig suchte und hob man abwiegelnd diejenigen Momente hervor, die für das Regime annehmbar waren. Das führte zu einer ziemlich fragmentarischen und in vieler Hinsicht verzerrten Vorstellung von der deutsch-tschechischen Vergangenheit. Die Ergebnisse verschiedener historischer Analysen aus der zweiten Hälfte der 60er Jahre und die eher sporadischen offiziellen Arbeiten aus der Zeit kurz vor dem Fall des Kommunismus deuteten zwar auf ein differenzierteres Herangehen an die Zäsuren und Umbrüche im tschechisch-deutschen Verhältnis; in der Gesellschaft fanden sie jedoch nur begrenzt Widerhall. Die erneute Diskussion besonders heikler Probleme, die auch im Exil oder unter den heimischen Dissidenten geführt wurde, erfasste verständlicherweise nur einen relativ kleinen Personenkreis.

Als der Bürger Václav Havel, der spätere Präsident der Republik, Ende 1989 zur Lösung der „sudetendeutschen Frage" in der Nachkriegstschechoslowakei öffentlich und kritisch Stellung bezog, stieß er bei einem beträchtlichen Teil der tschechischen Gesellschaft auf Unverständnis. Der ersten Runde mit ihren oftmals zugespitzten Polemiken um die „Entschuldigung" bei den ausgesiedelten Deutschen und die moralische Distanzierung von ihrer „Vertreibung" folgte eine zweite: diesmal in Zusammenhang mit der Vorbereitung und Unterzeichnung des zwischen der ČSFR und der BRD vorgesehenen *Vertrags über gute Nachbarschaft und freundschaftliche*

Zusammenarbeit vom 27.2.1992. Im Vordergrund standen dabei die Streitereien um die Auslegung des in der Präambel gebrauchten Begriffs ‚Vertreibung' (*vyhnání*) und um die Formulierung „die existierenden Staatsgrenzen" (*existující státní hranice*) in Artikel 3 des Dokuments. Außerdem ging es um die Interpretation der Textpassagen aus den Begleitbriefen der Außenminister beider Länder, welche zum einen die Möglichkeit der Niederlassung von Bundesbürgern in der Tschechoslowakei betrafen, zum anderen die Verschiebung einer endgültigen Klärung aus der Vergangenheit resultierender besitzrechtlicher Fragen auf einen späteren Zeitpunkt. Politiker und andere Vertreter der Öffentlichkeit, Augenzeugen und agile Publizisten brachten - unter dem gesteigerten Interesse der Medien - des öfteren nur flüchtig skizzierte Argumente und oberflächlich generalisierende Urteile vor, die die eine oder andere Sicht des historischen Wandels in den tschechisch-deutschen Beziehungen bekräftigen oder umgekehrt bestreiten und widerlegen sollten. Gleichzeitig jedoch kam auch ein intensiver Dialog auf unterschiedlichsten Ebenen in Gang, in dem eine Bewältigung der Vergangenheit als unerlässliche Voraussetzung gegenseitigen Verstehens und als gutes Zeichen für die Zukunft gesehen wurde. Auch Historiker setzten sich nunmehr mit Peripetie und Katastrophe der tschechisch-deutschen Beziehungen in der Zeit zwischen 1938 und 1945/1946 systematischer und detaillierter auseinander. Als dieses heiße Eisen im tschechisch-deutschen Dialog auf den Tisch kam, fühlte sich die Mehrheit der Tschechen zumindest ein wenig überrumpelt. Den laufenden Debatten mangelte es dabei nicht an dramatischen Akzenten und dramatischen Pausen. Die Anhäufung von Frage- und Ausrufezeichen hinter Begriffen wie ‚Kollektivschuld', ‚Abschiebung', ‚Vertreibung', ‚Strafe', ‚Gerechtigkeit', ‚Verzeihung', ‚Versöhnung' usw., die in diesem Diskurs allmählich so etwas wie ein Eigenleben zu führen begannen, eilte sozusagen der Präsentation gründlicher durchdachter und ganzheitlich formulierter Ansichten voraus und nicht selten überdeckte sie diese.

Die Beurteilung der Art und Weise und der Folgen des Vorgehens gegen die so genannte staatlich unzuverlässige Bevölkerung in der Nachkriegstschechoslowakei, das heißt gegen Deutsche, Ungarn und Personen, die als Verräter und Kollaborateure galten, wurde in relativ hohem Maße politisiert und damit logischerweise auch medialisiert. Das hatte seine Ursache unter anderem in den Reaktionen auf die Einwände und Forderungen, die die Vertreter der Ausgesiedelten in der Bundesrepublik mit Unterstützung von Bonner Regierungsstellen und Spitzenpolitikern aus dem Freistaat Bayern erhoben. (Von der deutschen Meinungspluralität in dieser Angelegenheit erfuhr die tschechische Öffentlichkeit nur allmählich.) Die Führung der Sudetendeutschen Landsmannschaft erklärte im Verlauf der 90er Jahre wiederholt ihre Bereitschaft, einen Dialog über die strittigen Fragen der Vergangenheit zu führen. Es zeigte sich jedoch bald, dass die Vorstellungen vom Weg zu einer „Versöhnung" nicht nur ein enormes Entgegenkommen der tschechischen Seite voraussetzten, wenn möglich auf höchster staatlicher Ebene; man rechnete vielmehr auch mit deutlichen Zugeständnissen in Sachen „Wiedergutmachung" des an den Deutschen in der Nachkriegszeit begangenen „Unrechts", und zwar in rechtlicher (besitzrechtlicher), politischer und moralischer Hinsicht.

Man hatte die diplomatischen Möglichkeiten sondiert und wiederholt proklamiert, dass es an der Zeit sei, das Kapitel der gegenseitigen Vorwürfe wegen früher verübten Unrechts zu schließen und den Übergang zu einem sachlichen Gespräch zu finden, das sich mit der neuen Qualität der tschechisch-deutschen Beziehungen befassen würde. (Eine wichtige Rolle spielte hierbei zweifellos die Ansprache von Präsident Václav Havel am 17.2.1995 im Prager Karolinum.) Als die schwierigen Verhandlungen über die *Deutsch-tschechische Erklärung* aufgenommen wurden, flutete eine zweite Welle von Diskussionen und Wortgefechten über die interessierte tschechische Öffentlichkeit hinweg. Ihre Höhepunkte erreichte sie nach der Veröffentlichung des Dokuments, dann zur Zeit der Unterzeichnung im Januar 1997 und in der daran anschließenden Phase, als die Erklärung von den Parlamenten beider Länder angenommen wurde. Wieder einmal zeigte sich, wie tief auf tschechischer Seite ziemlich fragmentarische und nicht genauer reflektierte Bilder von einer noch gar nicht so weit zurückliegenden Vergangenheit verwurzelt sind und wie schwer es sein würde, dieses belastende Erbe zu bewältigen. Die Debatte über das tschechisch-deutsche Verhältnis, vor allem über die „Meilensteine" seiner Entwicklung, also die Jahre 1918-19, 1938/1939-1945/1946, offenbarte manch Interessantes über die mentale und psychologische Verfassung der Gesellschaft, über ihr kollektives geschichtliches Gedächtnis und über die Fähigkeit von Eliten und Öffentlichkeit, unterschiedliche Standpunkte zu Themen zu tolerieren, die sich durch erhebliche politische Brisanz auszeichnen und gleichzeitig ein starkes emotionales Potential in sich tragen. Hierbei fällt auf, dass man das Problemspektrum auf die Kontakte, die „Schwierigkeiten" und Konflikte mit den Deutschböhmen (Sudetendeutschen) reduzierte, was zu vereinfachenden Schlüssen führte. Es war keineswegs selbstverständlich, einen Blick auf den Gesamtkontext, auf eine längerfristige Dynamik zu werfen oder etwa die Kompliziertheit und Vielgesichtigkeit in der Vermittlung von tschechisch-deutscher Gemeinschaft und Nachbarschaft zu berücksichtigen.

Das Echo, das die *Deutsch-tschechische Erklärung* in der tschechischen Gesellschaft fand, besonders in Hinblick auf die beiderseitigen Stellungnahmen zu den tragischen Seiten der Vergangenheit, war zweifellos ein wichtiger Indikator für deren Einstellung gegenüber bisher nicht genügend verarbeiteten Problemen der eigenen Geschichte. (Nach einer soziologischen Studie vom Januar 1997 waren 49% der tschechischen Bürger für die Annahme des Dokuments.) Gegen den Begriff ‚Vertreibungen' (*vyhánění*) und andere Formulierungen des Textes, die mit der tschechischen Reflexion der Nachkriegszeit zusammenhängen, wurden von verschiedenen Seiten rechtliche, geschichtliche, politische und moralische Argumente vorgebracht. In den Auseinandersetzungen um die Begriffe und ihre aktualisierten Bedeutungen (‚Abschiebung' oder ‚Vertreibung'?) manifestierten sich nicht selten höchst unterschiedliche Sichtweisen des Bruchs in den tschechisch-deutschen Beziehungen in den 30er und 40er Jahren des 20. Jahrhunderts. Ganz offensichtlich betrachtete der überwiegende Teil der tschechischen Gesellschaft den Ausdruck ‚Abschiebung' (bzw. ‚Transfer') als adäquate Bezeichnung für die Zwangsemigration von Deutschen aus Mittel- und Osteuropa in den Nachkriegsjahren. Allgemein gesehen gilt ungefähr das gleiche, freilich mit umgekehrten Vorzeichen, für die Akzeptanz des Begriffs ‚Vertreibung' im deutschen Umfeld. Die Argumente pro und contra wurden schon unzählige Male diskutiert und sind hinreichend bekannt. Viele Tschechen und auch Sudetendeutsche spüren jedoch, dass die traditionell vorrangige Konzentration auf die Frage „Abschiebung oder Vertreibung?" und die mit ihr zusammenhängenden Stereotypen die ganze Problematik erheblich verflachten und nichts Neues und Konstruktives beisteuerten.

Die Notwendigkeit, die tschechische Gesellschaft auch mit den unangenehmen Seiten der Vergangenheit zu konfrontieren, stößt vor allem bei der jungen Generation und den gebildeteren Schichten im Großen und Ganzen auf Verständnis. Die Ergebnisse soziologischer Untersuchungen weisen darauf hin, dass es in der Bewertung des Dilemmas „Abschiebung oder Vertreibung?" auf allgemein menschlicher und moralpolitischer Ebene teilweise zu Meinungsverschiebungen gekommen ist. Dies hängt offensichtlich auch mit den erweiterten Möglichkeiten zusammen, sich geschichtlich objektiv zu informieren. Die Einstellung zum Kern der Sache bleibt jedoch weiterhin ziemlich eindeutig. Nach den Angaben einer soziologischen Studie vom April 1998 hielten über 83% der befragten Tschechen die „Abschiebung" der Deutschen aus der Tschechoslowakei für richtig oder „gerecht" (davon 42% für sicher richtig, 41% für eher richtig). Etwa 76% räumten allerdings auch ein, dass das Vorgehen gegen die Deutschen mit Unrecht und Leid verbunden war. Weitere Untersuchungen aus diesem Jahr ergaben: 75% der Bürger in der Tschechischen Republik befürworten, dass die Beneš-Dekrete, die sich nach dem Krieg gegen die sogenannte staatlich nicht zuverlässige Bevölkerung richteten, weiterhin Bestandteil der gültigen tschechischen Rechtsordnung bleiben sollten; 86% der Bevölkerung erfüllt es mit Befriedigung, dass sich die Zahl der Deutschen in Tschechien im Vergleich zur Zwischenkriegszeit wesentlich reduziert hat. Das bezeugt, dass man der Lösung zuneigt, die nach 1945 mit dem Ziel angestrebt wurde, eine Republik ohne „nichtslawische" Minderheiten aufzubauen.

Will man die Massenzwangsaussiedlung der deutschen Bevölkerung aus Mittel- und Osteuropa in der Nachkriegszeit beurteilen, so müssen aus der Sicht des Historikers die einzelnen Phasen und Formen, die sich miteinander verwoben und gegenseitig überlappten, voneinander abgegrenzt und verglichen werden. Der Gebrauch des Ausdrucks ‚Vertreibung' für die erste, unmittelbar nach dem Krieg verlaufende Etappe dieser Migrationen ist mit Blick auf die bekannten und durch Analysen aus jüngerer Zeit erneut bestätigten Fakten offenkundig gerechtfertigt. Gleichzeitig aber darf man nicht übersehen, dass es in dieser ersten Phase zu weiteren, durch die Umstände erzwungenen Verschiebungen von zahlreichen Menschengruppen kam, die man mit den Begriffen ‚Flucht', ‚Evakuierung', ‚Repatriierung' (von Reichsdeutschen) usw. beschreiben könnte. ‚Zwangsaussiedlung' (nucené vysídlení) lässt sich im Lichte der gesicherten Tatsachen als Wortkombination verstehen, die - im weitesten Sinne - den Verlauf aller mehr oder weniger unter Zwang erfolgten Massenverschiebungen der deutschen Bevölkerung erfasst. Eingeschlossen wären dabei auch die radikale, in vielen Fällen von Gewalt geprägte Phase (‚Vertreibungen' *vyhánění*) und die Migrationen, für die man im Tschechischen den Begriff ‚Abschiebung' (*odsun*) oder gegebenenfalls ‚Transfer' (*transfer*) verwendet, und zwar meist unter dem präzisierenden Hinweis, dass damit die organisierte Umsiedlung nach der Potsdamer Konferenz und in den Jahren 1946-1947 gemeint sei.

Aus historischer Sicht ist es nicht uninteressant, einen Blick auf die Terminologie zu werfen, die sich unter den tschechoslowakischen Gegebenheiten in Zusammenhang mit dem Plan einer möglichst „integralen" Aussiedlung der deutschen Bevölkerung aus der erneuerten Republik einbürgerte. Dieser Plan war im Exil und im heimischen Widerstand gegen Kriegsende sozusagen bereits allgemein akzeptiert. Präsident Edvard Beneš und die Vertreter der tschechoslowakischen Exilregierung sprachen damals, genau wie unmittelbar nach der militärischen Niederlage Deutschlands, in den für die Alliierten bestimmten Schriftstücken und auch in den Verhandlungen mit ihnen am häufigsten von einem ‚Transfer' der Deutschen, im Falle der Ungarn auch von einem ‚Bevölkerungsaustausch' (*exchange of population*). Im Kontakt mit der Heimat waren die tschechischen Ausdrücke *vystěhování* ‚Ausquartierung', *přesídlení* ‚Umsiedlung', *vysídlení* ‚Aussiedlung' und ähnliche gebräuchlich, einschließlich des Begriffs *odsun* ‚Abschiebung'. Die internen Diskussionen im Ausland und im heimischen Widerstand kannten auch Ausdrücke mit einer markanteren emotionalen Färbung, u. a. auch *očista* ‚Säuberung' (so beispielsweise bei P. Drtina, einem engen Mitarbeiter von E. Beneš, in einer Nachricht aus London vom 16.7.1944). Im so genannten Kaschauer Regierungsprogramm (*Košický vládní program*) vom 5.4.1945 ist in Anbetracht der noch unklaren zukünftigen Entwicklung von einer Massenzwangsaussiedlung der Deutschen aus der Republik noch nicht die Rede. Im Zusammenhang mit dem geplanten Vorgehen gegen die deutsche und ungarische Minderheit, das vor allem auf die Lösung staatsbürgerlicher Fragen und die strafrechtliche Verfolgung von Schuldigen zielte, gebrauchte man Formulierungen wie

‚Ausweisung' (*vykázání*) von Personen, die nach dem Münchener Abkommen und während der Okkupation zugezogen waren, oder ‚Ausbürgerung' (*vypovězení*) für Schuldige, sofern sie nicht der Todesstrafe unterlagen.

Von Mai bis September 1945, als ein antideutsch geprägter, nationaler Radikalismus auf dem Gebiet des heutigen Tschechien stürmische Wellen schlug, waren in den Medien, in den Ansprachen der Politiker und anderer Vertreter der Öffentlichkeit neben den Ausdrücken ‚Abschiebung' (*odsun*), ‚Transfer' (*transfer*), ‚Ausquartierung' (*vystěhování*), ‚Aussiedlung' (*vysídlení*) u. a. auch so scharfe Worte zu hören wie ‚Vertreibung' (*vyhnání*), ‚Säuberung von Deutschen und Ungarn' (*očista od Němců a Maďarů*), ‚Hinausdrängung' (*vypuzení*), ‚Liquidierung des deutschen Problems' (*vylikvidování německého problému*), ‚Deportation' (*deportace*), ‚Ausweisung' (*vykázání*) u. ä. In den Regierungsdebatten, die sich mit dieser Problematik befassten, waren emotional zugespitzte Begriffe und Wendungen seltener zu hören: außer Abschiebung, Transfer und weiterer Äquivalente fiel hier häufiger auch der Begriff ‚Evakuierung' (*evakuace*). Uneinheitlich waren in ihrem begrifflichen Gebrauch die damaligen Amtsdokumente. In den Stellungnahmen und Direktiven der staatlichen Organe herrschte eine offenkundige terminologische Vielfalt. So finden sich in Armeekreisen neben der bereits erwähnten ‚Evakuierung' (*evakuace*) auch die Begriffe ‚Säuberung' (*očista*), ‚Landesverweisung' (*vyhoštění*), ‚Ausweisung' (*vykázání*) und natürlich auch ‚Abschiebung' (*odsun*). Nach der Potsdamer Konferenz zeigte sich sehr deutlich der Trend zu einer gewissen terminologischen Vereinheitlichung. In der Amtssprache und dann allmählich auch fast im ganzen allgemeinsprachlichen Gebrauch etablierte sich der Ausdruck ‚Abschiebung' (*odsun*), manchmal in Kombination mit ‚Transfer'. In den so viel diskutierten Beneš-Dekreten aus dem Jahr 1945 erscheint der Begriff *odsun* nur ein einziges Mal (Dekret vom 27.10.1945, Nr. 137 der Gesetzessammlung über den Gewahrsam von Personen, die in der Zeit der Revolution als staatlich unzuverlässig galten). Die Tatsache, dass der tschechische Begriff *odsun* de facto als bedeutungsgleich mit dem englischen Begriff *transfer* angesehen wurde, spiegelt sich auch in der Überschrift „Direktiven zur Durchführung der systematischen Abschiebung der Deutschen aus dem Gebiet der Tschechoslowakei". Die tschechische Fassung stellt beide Ausdrücke synonym nebeneinander: *Směrnice k provádění soustavného odsunu (transferu) Němců z území ČSR*. Am 14.12.1945 von der tschechoslowakischen Regierung verabschiedet und im Rundschreiben des Innenministeriums vom 31.12.1945 bekannt gegeben, legten sie die wichtigsten Grundlinien für die Durchführung der eigentlichen Aussiedlungsaktion im Jahr 1946 fest; diese wurden durch eine Reihe weiterer Erlasse und Vorschriften laufend korrigiert und präzisiert. Probleme in Verbindung mit der Migration von mehr oder weniger großen deutschen Bevölkerungsgruppen über die Grenze führten außerdem auch zum Aufkommen spezieller Termini, z.B. ‚freiwilliger Weggang' (*dobrovolný odchod* - im Jahr 1945), ‚freiwillige Aussiedlung' bzw. ‚Ausquartierung' (*dobrovolné vysídlení* bzw. *vystěhování* - im Falle deutscher Antifaschisten) oder ‚Zusammenführung' (*slučování* - im Falle geteilter Familien in den Jahren 1946-47). Der Begriff ‚Abschiebung' (*odsun*) war damals schon außerordentlich verbreitet und erlangte im tschechischen Umfeld gewissermaßen „offiziellen" Status. (Ein überzeugender Beweis, dass seine Verwendung verbindlich oder eindeutig auf dem Amtsweg festgesetzt worden wäre, ist bis heute nicht erbracht.) So wurde er dann auch in den nachfolgenden Jahrzehnten als „offizieller Begriff" empfunden und anerkannt. Abweichungen von diesem Usus, vor allem in der Umgangs- oder Literatursprache, ergaben sich in erster Linie aus dem lexikalischen Reichtum des Tschechischen, das über eine Reihe bedeutungsgleicher oder bedeutungsähnlicher lexikalischer Mittel verfügt. In wesentlich geringerem Maße waren sie Ausdruck einer mehr oder weniger kritischen Haltung zur Nachkriegslösung des „sudetendeutschen Problems".

Prager Fensterstürze

Jörg K. Hoensch

In einem 1619 in Prag unter der Überschrift *Apologia* erschienenen Flugblatt wurde die Defenestration der beiden königlichen Statthalter Wilhelm von Slavata und Jaroslav von Martinicz sowie des Geheimschreibers Philipp Fabricius am 23.5.1618 aus den Fenstern der Böhmischen Kanzlei in der Prager Burg damit gerechtfertigt, dass sie „als dieses Ortes unwirdige unnd unrüchtige Personen, nach altem Gebrauch und Exempel, so in dieser Cron Behaimb unnd Präger Städten mehr zu befinden, außm Fenster geworffen" worden seien. Seine Bibel- und Geschichtskenntnisse demonstrierte der anonyme Verfasser durch den Hinweis auf das Schicksal Jesebels, der Quälerin des jüdischen Volkes (2. Könige 9, V. 33), die herabgestürzt wurde und dabei zu Tode kam, und auf die „mehr je unnd alzeit gebreuchliche" Praxis „bey den Römern unnd andern vornehmen Völckern ..., daß Sie jre Turbatores publicae Pacis [Störer des öffentlichen Friedens] über Felsen unnd andere hohe Örter herunter gestürzt haben". Bereits in einer wenige Tage nach dem Vorfall erschienenen Flugschrift war der in ganz Europa größtes Aufsehen erregende Fenstersturz durch den Hinweis relativiert worden, man habe sich „recht nach altem Gebrauch" oder - in der tschechischen Übersetzung - *po staročesku* verhalten.

Der bei der Defenestration am schwersten verletzte Statthalter Slavata wies seinerseits in einer Anklageschrift darauf hin, dass sich die historisch belegbaren Vorfälle dieser Art bislang nur zwischen dem Prager städtischen Gesindel und Ratspersonen ereignet hätten, während jetzt Angehörige der böhmischen Stände, Herren und Ritter, „gegen ihre eigenen Standesgenossen, Blutsverwandte, Brüder und Vettern vorgegangen" seien und „in ihrer schändlichen Grausamkeit" dem Beispiel des Pöbels auch in dem Vorhaben folgen wollten, die Hinausgeworfenen anschließend am Boden zu töten.

Allerdings sind nur zwei im 15. Jahrhundert durchgeführte Defenestrationen aktenkundig geworden, ohne dass in den überlieferten Berichten und Schriftstücken Hinweise auf eine ältere Tradition zu finden sind. Der 30.7.1419 ist als Beginn der eigentlichen hussitischen Revolution zum Symbol geworden. An diesem Sonntag hatte, wie gewohnt, der ehemalige Prämonstratensermönch und Sprecher der extremen Richtung unter den Hussiten, Jan Želivský (Johann von Seelau), in der Kirche St. Maria Schnee am Rande der Prager Neustadt gepredigt und war dann mit seinen bereits bewaffnet zum Gottesdienst gekommenen Anhängern zur St. Stefanskirche gezogen, die auf Befehl König Wenzels IV. den Katholiken zurückgegeben worden war. Die Kirche wurde gewaltsam besetzt, worauf Želivský die Kommunion unter beiderlei Gestalt, mit Brot und Wein, spendete. Angeführt von ihrem Prediger, der die Monstranz trug, zog die aufgebrachte Menge weiter zum benachbarten Rathaus der Prager Neustadt, um aus dem dort untergebrachten Gefängnis eingekerkerte hussitische Glaubensbrüder zu befreien.

Angeblich soll einer der im Rathaus anwesenden Schöffen einen Stein gegen Želivský geworfen und dabei die Monstranz getroffen haben, worauf das Volk das Rathaus stürmte und dreizehn namentlich bekannte Schöffen aus den Fenstern des ersten Stockwerks auf die Spieße der unten Wartenden stürzte; wer den Sturz überlebte, wurde auf dem Boden ermordet. Die Verwaltung der Prager Neustadt übertrugen die rebellierenden Hussiten vier gewählten Hauptleuten. Der Tod König Wenzels am 16.8. wurde mit der Aufregung über den Ausbruch des offenen Widerstandes in unmittelbare Verbindung gebracht. In den Folgetagen kam es mit ausdrücklicher Genehmigung der utraquistischen Schöffen und des Altstädter Bürgermeisters zu verbreiteten Plünderungsaktionen der Unterschichten in katholischen Einrichtungen sowie zur Vertreibung der katholischen Geistlichkeit und auch der katholisch gebliebenen begüterten Bürgerschaft.

Obschon dieser erste Fenstersturz vom 30.7.1419 zum Fanal wurde, das die langjährigen offenen Kämpfe der Hussiten gegen den römisch-deutschen und ungarischen König Sigismund als Erben der Böhmischen Länder und gegen die dem katholischen Glauben treu gebliebenen Nachbarstaaten auslöste, entsprang er einer weitgehend spontanen Volkserhebung und entwickelte sich erst danach zu einer gelenkten politischen Aktion mit dem Ziel, der Konsolidierung der katholischen Partei entgegenzuwirken und die dann 1421 in den vier Prager Artikeln niedergelegten Glaubensgrundsätze des Hussitismus zu behaupten. Erst nach der Vereinbarung der Baseler Kompaktaten 1433, der militärischen Niederlage des radikalen Flügels der Hussiten am 30.5.1434 bei Lipany und einem von Kaiser Sigismund am 5.7.1436 in Iglau beschworenen Kompromiss konnten die Hussitenkriege mit ihren verheerenden Folgen für die Menschen und die Wirtschaft Böhmens als beendet gelten.

Die zweite Defenestration wurde mitverursacht durch eine im Sommer 1483 in Böhmen wütende Pestepidemie, die den Hof des katholischen Königs Vladislav II. aus der Jagiellonen-Dynastie zwang, Zuflucht im mährischen Trebitsch zu suchen. Angst vor der Seuche und Versorgungsschwierigkeiten lösten in Prag schwere Unruhen gegen die etablierten Ratsherren aus, denen von der utraquistischen Bevölkerungsmehrheit eine restaurative Religionspolitik, Rechtsbeugung und Bestechlichkeit vorgeworfen wurden. Kurz bevor die Stadtobrigkeiten gemeinsam gegen die Aufwiegler losschlagen wollten, erfolgte am 24.9. der gleichzeitige Sturm der aufgebrachten Bürger auf die Rathäuser der drei Prager Städte, wobei wiederum in der Neustadt die Amtspersonen niedergemacht, ihre Leichname aus den Fenstern geworfen und verstümmelt wurden. Plünderungsaktionen des städtischen Lumpenproletariats in katholischen Kirchen und Klöstern sowie im jüdischen Ghetto schlossen sich an. Die schwache Besatzung der Burg lieferte das gesamte Hradschinareal den Aufständischen aus. Doch bereits am folgenden Tag wurden neue Stadthauptleute gewählt, die rasch die öffentliche Ordnung wiederherzustellen vermochten und verfügten, dass sich alle Bürger zum Utraquismus und „der Wahrheit des göttlichen Gesetzes" bekennen müssten. Trotz der Versicherung, dass nur Verräter und Feinde der utraquistischen Religion verfolgt würden, kam es zu zahlreichen Gerichtsverfahren und Hinrichtungen. Vom König verlangte man die Anerkennung der Legalität der neuen Stadtregierung und damit des gewaltsamen Umsturzes. Da sich die katholische Partei in keinen militärischen Konflikt mit den überlegenen Utraquisten einlassen wollte und ausländische Unterstützung ausblieb, musste König Vladislav in Verhandlungen einwilligen, die nach einem Jahr, im September 1484, in einen Vergleich mündeten und den Pragern die freie Religionsausübung auf der Grundlage der Kompaktaten und des Majestätsbriefes von Kaiser Sigismund garantierten. Dieser Vereinbarung schlossen sich die Stände noch 1484 auf dem folgenden Landtag in Prag an und eröffneten so die Möglichkeit, in der Fastenzeit des Jahres 1485 im Kuttenberger Religionsfrieden einen als Grundgesetz betrachteten Vertrag mit einer Laufzeit von 32 Jahren abzuschließen, in dem sich die katholische und die utraquistische Partei zu religiöser Toleranz und zur strikten Einhaltung des Landrechts verpflichteten. Die politischen und religiösen Gegensätze im Königreich Böhmen und die sie begleitenden sozialen Konflikte konnten damit allerdings längerfristig nicht bereinigt werden.

Die Unzufriedenheit der akatholischen Adeligen mit der ihre Standesvorrechte beschneidenden und die gegenreformatorischen Aktivitäten begünstigenden Politik des Kaisers Matthias war der hauptsächliche Auslöser des dritten Fenstersturzes in Prag. Der Monarch hatte bei seiner Thronbesteigung 1611 zwar den seinem Bruder Rudolf II. 1609 abgerungenen Majestätsbrief und den Vergleich der Religionsparteien bestätigt, arbeitete aber auf die Wiederherstellung der uneingeschränkten königlichen Autorität durch die Beschneidung der dem Adel gewährten Privilegien hin. Bei der Verlegung der königlichen Hofhaltung 1617 von Prag nach Wien und der damit verbundenen Herabstufung des Königreiches Böhmen vom administrativen Mittelpunkt zu einem der zahlreichen Nebenländer des Habsburgerreiches hatte Matthias zehn Statthalter ernannt, die sich konsequent um die Eingrenzung der politischen und religiösen Sonderrechte der böhmischen Stände bemühten. Die offene Bevorzugung der Katholiken, die gewaltsame Übernahme oder Zerstörung protestantischer Kirchen und der mit Ausweisungsandrohungen verbundene Druck auf die Bevölkerung zum Konfessionswechsel schürten die Spannungen zwischen der Krone und dem sich auf die *Confessio Bohemica* berufenden Adel, der trotz eines kaiserlichen Verbots im Mai 1618 eine Versammlung der Ständevertreter nach Prag einberief. Dort konnten die von Heinrich Matthias Graf Thurn angeführten Befürworter einer anti-habsburgischen Politik Gewaltmaßnahmen gegen die königlichen Statthalter durchsetzen, die als „Verletzer des Majestätsbriefs, Feinde der Stände und des Gemeinwohls" für die Zuspitzung der Lage verantwortlich gemacht wurden. Am 23.5.1618 zog eine große Menschenmenge zur Burg und drängte in die im Südflügel untergebrachten Räume der Böhmischen Kanzlei. Nachdem der Oberstburggraf Adam von Sternberg und der Großprior der Malteser, Diepold von Lobkowicz, herausgeführt worden waren, „um ihnen den Anblick der Exekution zu ersparen", wurde Martinicz als erster „zum Fenster gefüret / vnd wie wol er sich sehr gespreisset vnd gewehret / auff die Knie niedergefallen vnd gebeten / hat doch nichts helffen wollen / sonder auffgehoben vnd zum Fenster hinaus geworffen...". Slavata verzichtete auf Gegenwehr, bat dringlich, aber ohne Erfolg, beichten zu dürfen und „ist... ebener massen auffgehoben / vnd zum Fenster hinab gestürtzet worden"; ihm folgte der Geheimschreiber Fabricius. „Weil aber an demselben ort viel Kericht vnd weich Erdreich gewesen / ist keiner auf der stelle todt blieben /... [nur] Herr Slavata... hat sich nicht rühren können / wie man jhn dann halb todt in der obersten Frau Cantzlerin hauß [Zdenko Adalbert von Lobkowicz] tragen müssen". Während Fabricius sofort aufstehen und in sein Haus in der Altstadt flüchten konnte, verletzte sich Martinicz mit seinem eigenen Degen bei dem Versuch, dem in den Graben gerollten Slavata zu helfen, und wurde dabei von drei Kugeln gestreift, die von den auf der Burgmauer postierten Heiducken abgefeuert wurden. Slavata hatte sich an einem Gesims eine tiefe Kopfwunde geholt und die linke Hüfte stark geprellt; obwohl er unter strengen Hausarrest gehalten wurde, erholte er sich nach einigen Wochen von den Verletzungen, die außer einer Narbe keine bleibenden Schäden zurückließen.

Die Zeitzeugen geben eine Fallhöhe von 27 oder 28 böhmischen Ellen, zwischen 16,03 m und 16,63 m, an, so dass die vergleichsweise geringen Blessuren Verwunderung erregten. Der glückliche Ausgang der Defenestration wurde von den Betroffenen mit der Inbrunst ihrer Gebete erklärt, denn sie seien von Engeln, vielleicht sogar von der Gottesmutter selbst aufgefangen und sanft zu Boden geleitet worden; ihre Gegner unterstellten ihnen hingegen „Zauberei". Nicht nur der hohe Abfallhaufen, sondern auch ein Holunderstrauch wird in den weitgehend übereinstimmenden Berichten erwähnt, der den Fall gebremst und den Aufprall gemildert habe. Ein nach 1884 eskalierender Streit über den präzisen Ort des Geschehens, ob nämlich die Opfer aus den Fenstern des ersten oder des zweiten Stockwerks herabgestürzt wurden, ist bislang nicht entschieden; inzwischen wird in der wahrscheinlichsten Variante davon ausgegangen, dass die Defenestration aus dem südlichsten Fenster der Ostfront des Südflügels des ersten Stockwerkes erfolgte, das auf der gleichen Höhe wie der Vladislavsaal liegt.

Auch an diesem denkwürdigen Tag bestand die Gefahr von Pogromen und Plünderungen. Auf allen Plätzen der Stadt, besonders auf dem Altstädter Ring, hatten sich große Menschenmassen versammelt, bereit, auf das geringste Signal die Klöster und Kirchen, die Palais der katholischen Adligen, die Judenstadt und die Häuser reicher Bürger zu überfallen (*šturmovati*) und auszuplündern. Graf Thurn, der mit etwa 400 Herren in die Altstadt geritten kam, wird das Verdienst zugeschrieben, dass er durch freundliches Zureden die Leute beruhigt und zur Wiederaufnahme der Arbeit veranlasst habe.

Mit diesem Prager Fenstersturz, bereits von den Zeitgenossen als „unsinnige und zwecklose Tat" und als „Anfang und Ursache alles folgenden Wehs" beklagt, hatten Teile des protestantischen Adels zwar ihrem Unwillen über die zentralistische, pro-katholische sowie Tradition und nationales Selbstwertgefühl verletzende Politik Luft machen, keinesfalls aber alle Verbindungen zum Haus Habsburg aufkündigen wollen. Sie lösten jedoch den bewaffneten Konflikt gegen die autokratisch-katholische Landesherrschaft der Habsburger aus, der nach der Niederlage am Weißen Berg im Westen von Prag (18.11.1620), dem Zusammenbruch der Ständeerhebung, einem Bevölkerungsexodus und einer einschneidenden Konfiskations- und Umverteilungspolitik von Grund und Boden im Abbau der staatsrechtlichen Selbstständigkeit der Böhmischen Kronländer durch Erlass einer *Verneuerten Landesordnung* 1627/28 endete und bruchlos in den Dreißigjährigen Krieg überging. Mit der Schlacht am *Weißen Berg* und dem *Temno*, dem danach angeblich einsetzenden Zeitalter der Finsternis, deren traumatische Verfestigung sich noch im Bewusstsein der modernen tschechischen Gesellschaft nachweisen lässt, ist eine Überbewertung der hussitisch-utraquistisch-ständischen „vorweißenbergischen" Epoche verbunden. Der anschließend geführte lange und am Ende auch erfolgreiche Kampf um die Sprache und die Anerkennung der tschechischen Volkszugehörigkeit, um soziale Gerechtigkeit und materiellen Wohlstand und zuletzt um den eigenen souveränen Staat wurde bis in die Gegenwart hinein häufig durch die Überbetonung der anti-deutsch/habsburgischen und der anti-katholischen Komponente verzeichnet.

Auch der tragische Tod des parteilosen Außenministers Jan Masaryk, der wenige Tage nach der Machtergreifung der Kommunisten am 10.3.1948 unter den Fenstern seiner Dienstwohnung im Czernin-Palais aufgefunden wurde, ist gerüchteweise jahrelang als Mord durch gewaltsame Defenestration im Auftrag oder mit Billigung des Ministerpräsidenten Gottwald bezeichnet worden. Obgleich zwei Untersuchungskommissionen 1968 und 1990 versucht haben, die Hintergründe und den Ablauf dieses Fenstersturzes aufzuklären, wird inzwischen eher von einem Selbstmord ausgegangen.

Und auch wenn der Fenstersturz als politischer Gewaltakt zur Liquidierung des Gegners als „böhmisches Spezifikum" gilt, ist er dort offensichtlich nur dreimal als mehr oder minder spontane Rebellion gegen Repräsentanten einer das Gewohnheitsrecht missachtenden Obrigkeit praktiziert worden. Immer waren religiöse Konflikte Anlass für das gewaltsame Aufbegehren, wobei den Vertretern der katholischen Amtskirche und der sie schützenden Obrigkeit die

Missachtung der hart erkämpften religiösen Freiheiten anderer Glaubensgemeinschaften zum Vorwurf gemacht wurde. Diese konfessionellen Streitigkeiten sowie die vorhandenen sozialen Spannungen entluden sich in den Defenestrationen. Die damit einhergehende Gewaltbereitschaft der städtischen Unterschichten schuf sich 1419 und 1483 in einer sinnlosen Zerstörungswut, in Plünderungen und in Übergriffen gegen den jüdischen Bevölkerungsteil ein Ventil. Der erste und der letzte Vorfall 1419 und 1618, die nur die Ausführung der Tat gemeinsam haben, aber von gesellschaftlich höchst unterschiedlichen Gruppierungen unter ganz anderen politischen Voraussetzungen durchgeführt wurden, lösten langdauernde Kriege aus, die nicht nur in Böhmen, sondern in ganz Mitteleuropa schwerste Verluste an Menschen und Vermögen verursachten und einschneidende Veränderungen der politischen Verhältnisse und der Sozialstruktur zur Folge hatten.

Die Wahrheit siegt

Vladimír Macura

Die Losung *Pravda vítězí* (Die Wahrheit siegt) liest sich auf der heutigen Präsidentenstandarte wie auf einem oft überschriebenen Palimpsest. Am Anfang stand das apokryphe theologische Gleichnis von der Wahrheit, die am meisten Macht auf der ganzen Erde hat: mehr als Wein, Weib und König. Von Hus zitiert und im hussitischen Böhmen weiter verbreitet (die hussitische Delegation sorgte 1432 in Basel für Aufruhr, als sie die Fahne mit dem Kelch und der Aufschrift *Veritas omnia vincit* entrollte), ging die Losung im 19. Jahrhundert in das Motivrepertoire der aktualisierten, wenn auch profanierten hussitischen Tradition ein. Sie wurde zu einem der typisierten hussitischen Embleme, zum gemeinhin gültigen Zeichen der ruhmreichen tschechischen Vergangenheit. Den schöngestalteten Kelch mit der Inschrift „Die Wahrheit siegt" stellt Jan Neruda in seiner Apotheose des Historikers Rybička neben die „verbogenen Sporen", „bronzenen Spangen und Nadeln" und „rostzerfressenen Waffen". Die Losung fungierte nicht nur als traditionelles Attribut von Hus, sondern auch von Žižka: „Und haben wir mit Gottes Hilfe erst den Rosenberg geschlagen, dann ziehen wir nach Mähren, vielleicht nach Ungarn auch, die blutrünstige Bestie [Sigismund] uns zu suchen, und dann - o Gott, gib, dass ich in alledem Dein Diener sei, das Werk vollende, göttliche Wahrheit siegen sehe...", sagt Žižka im gleichnamigen Drama des Roman- und Dramenautors Alois Jirásek (1851-1930).

Das Wiederaufgreifen der Losung durch Masaryk verbindet sie mit seiner Person: „Sein Lebensmotto ‚Die Wahrheit siegt' wird als Vermächtnis an alle zukünftigen Generationen für ewige Zeiten im Staatswappen und auf der Präsidentenstandarte bleiben", sagte und schrieb man, als der „Befreierpräsident" starb. Mit dem Bezug zu Masaryk und der Übernahme auf die Standarte des Präsidenten kam es zu einer offiziellen Verstaatlichung der Losung und ihrer Einreihung unter die staatlichen Symbole, sie wurde im Grunde zu einer der Reliquien von Volk und Staat. Beneš, der zweite Präsident der Tschechoslowakei, bezeichnete den einfachen Satz von der siegreichen Wahrheit bereits als „Losung seines geliebten Volkes".

Das Motto konnte seine Wirkung aber auch außerhalb der Masaryk verpflichteten Tradition entfalten, ja sogar gegen sie: der Wiener Nazisender, der nach dem Anschluss gegen die Tschechoslowakei operierte, trug - mit offensichtlich ironischem Unterton - ebenso den Namen „Die Wahrheit siegt". Im übrigen kam es auch nach dem Februar 1948 nicht zu einer Änderung der „bourgeoisen" Präsidentenstandarte und ihrer Losung, obwohl die staatlichen Symbole und mit ihnen die staatlichen Losungen vor dem Krieg aus linker Perspektive mehr als einmal mit äußerstem Misstrauen beäugt worden waren. Die Wahrheit selbst war schließlich eine Lieblingskategorie der sozialistischen und besonders der kommunistischen Rhetorik, sie galt als eindeutiger, einfacher Begriff. „Sie ist etwas unendlich Einfaches und Apodiktisches", sagt Z. Nejedlý von der Wahrheit, „während all das Schwanken im Urteil, das für den ‚Relativismus' des heutigen Denkens so typisch ist, ein Zeichen von Nichtwissen darstellt und das Unvermögen, sich zu entscheiden." Dichterisch gewandet - in unserem Fall bei Josef Kainar - konnte die gegebene These dann so klingen: „Wie ein Soldat sein Schnellfeuergewehr hab' ich den Vers geladen / mit Wahrheit, und ich peitsch' dorthinein, wo ich es nötig weiß / Und tausend Sartres, Kirkegaards [sic!] und Freuds / sie lullen mich nicht ein."

Über den Sieg einer so einfachen, apodiktischen Wahrheit konnten keine Zweifel bestehen. Die staatliche Losung der Tschechoslowakei hat auf diese Weise nach dem siegreichen Februar eine Uminterpretierung erfahren: sie wurde zum symbolischen Ausdruck für den unausweichlichen Anbruch des Sozialismus. „[...] vor den Augen unserer Generation siegt die unsterbliche Wahrheit des großen Lenin und Stalin", schrieb die Tageszeitung *Mladá fronta* im Jahr 1950.

Die Bindung an die hussitische Tradition, die gleichzeitig in der auf die Bedürfnisse der neuen Epoche zugeschnittenen Form kanonisiert wurde, kam dabei diesen Symbol schaffenden Verfahren eigentlich bereitwillig entgegen. Es sei an dieser Stelle nur daran erinnert, dass im Zeichen der „Vollendung des sozialistischen Aufbaus" auch die ganz und gar unheraldische Umgestaltung des Staatswappens zu einem hussitischen Schild gewaltsam an die hussitische Tradition anknüpfte, während man das Vermächtnis Masaryks offiziell schlichtweg ignorierte, als würde es nicht existieren. Auch der theologische Hintergrund des Wortes wurde natürlich ausgeblendet.

Im November 1989 stand die Losung als absolut totes, aus seinem Wurzelgeflecht und seinen Bezügen herauspräpariertes Klischee im Raum, sie stand aber auch schon außerhalb der pathetischen Perspektive der sozialistischen Euphorie, die in der Zeit der Normalisierung nicht hatte erneuert werden können. Andererseits verkörperte sie damit um so eher ein Wort, das in neuen Zusammenhängen wieder gebraucht werden konnte: es verfügt über die Vorteile aphoristischer Prägnanz und weist in seiner kargen Konstruktion aus reinem Subjekt - mit zudem ziemlich allgemeiner Bedeutung - und reinem Prädikat formal keinerlei Merkmale des kommunistischen „newspeak" auf. Dieses hatte sich hier mit einer „Aushebelung" der Bedeutung begnügt, wie es Françoise Thom in ihren präzisen Analysen der „hölzernen Sprache" des Stalinismus nennen würde. Es reichte hin, die Losung zu aktualisieren, in ihr, bildlich gesprochen, das Gedächtnis zu wecken, und schon konnte sie sich in einen geradezu revolutionären, gegen das Regime zielenden Slogan verkehren. Keineswegs zufällig begegnete man ihr damals in Gestalt von Straßenplakaten, die verkündeten: „Die Wahrheit hat gesiegt".

Václav Havel aktualisierte die Aufschrift der Präsidentenstandarte mit den allseits bekannten Worten, dass „Wahrheit und Liebe über Lüge und Hass siegen müssen". Die ursprüngliche Losung war damit keineswegs aufgehoben, die neue Version gewann ihr gegenüber eher die Form eines zielgerichteten Kommentars. Dieser Kommentar befreite die Losung eindeutig aus dem Griff der kommunistischen Rhetorik, setzte sie ihr sogar entgegen, indem er Wahrheit mit Liebe verband und diese beiden mit dem Begriffspaar Lüge und Hass als Attribute des bisherigen Regimes konfrontierte. Die Einführung des Begriffs Liebe, der zentralen Kategorie des Christentums, stellte gleichzeitig den Begriff der Wahrheit selbst wieder zurück in den theologischen oder zumindest teilweise theologisierten Kontext. Havels Losung wurde als Ganzes zu einer offenkundig christlichen Losung. Dabei trat jedoch in keiner Weise die hussitische Tradition in den Vordergrund, im Gegenteil, sie wurde übergangen. Viel zu umfassend war diese in das Wertesystem des früheren Regimes integriert gewesen. Sie war profanisiert und stand außerdem für die Tradition blutiger Kämpfe, der religiösen Teilung des Staates und des Volkes und drängte sich so im gegebenen historischen Moment nicht zur Aktualisierung auf. Von der hussitischen Tradition blieb vor dem Hintergrund von Havels Losung allerhöchstens das persönliche moralische Ethos der Husschen radikalen Wahl „zwischen Wahrheit und Nichtigkeit", wie es der Philosoph Karel Kosík einmal genannt hat. Masaryks Tradition hingegen lebte in vollem Umfang wieder darin auf und auch in späteren Reden erinnerte Havel gern an den Bezug der Losung zu Masaryk: „Zum Liebling des Volkes wurde Masaryk auch, weil die Wahrheit auf seiner Seite war und weil die Wahrheit, die er verteidigte, schließlich siegte, mehr wohl noch deshalb, weil er sich nicht scheute, die Wahrheit zu sagen."

Bei all dem war Havels Wiedererweckung der Losung auf der Präsidentenstandarte ganz offensichtlich kein Zufall. Das Thema der Wahrheit, das darin anklingt, sei es auch in Form eines erstarrten Klischees, eröffnete den Zugang zu einer offensichtlich philosophischen Problemstellung. Es verwies auf eine Reihe von tschechischen Denkern, die sich um den Wahrheitsbegriff bemüht hatten: Hus, Masaryk und Rádls These von der Wahrheit, die „uns besitzt", Patočkas Überlegungen zum Thema Wahrheit und sein späteres Motto über „das Leben in der Wahrheit", das Havel übernahm und weiterführte. Die Aktualisierung der Losung auf der Präsidentenstandarte sollte ohne Zweifel auch diese grundlegende Bedeutungsschicht wiederbeleben. Die Losung wurde übrigens in Tschechien unlängst zum Gegenstand philosophischer Studien, die sich mit einem möglichen Sieg der Wahrheit in der Geschichte beschäftigen (Ladislav Hejdánek). In der realpolitischen Kommunikation setzen sich jedoch gewöhnlich einfache und unkomplizierte Bedeutungen durch, so auch diesmal. Die Losung wurde zum Symbol der „sanften" Novemberrevolte und vor allem zur symbolischen Losung Havels. Diese Koppelung an Václav Havel war so eng, dass er, wie er sich später bei seiner Ansprache in der Universität Bukarest am 22.6.1994 beklagte, auf einmal schuld daran war, dass die politische Realität in Tschechien und das in der Losung postulierte Ideal auseinander klafften. Die Verknüpfung mit der Person Havels bezog sich dabei nicht nur auf dessen spezifische Paraphrase, sondern auch auf die ursprüngliche Version, in dem heute die Havelsche Bedeutungskomponente eindeutig überwiegt, und das um so mehr, als ihn seine Wahl zum Präsidenten unmittelbar mit der Losung auf der Standarte in Verbindung brachte. „Die Wahrheit siegt" wurde zur Losung des Präsidenten, der aus der Samtenen Revolution hervorgegangen war, zum Symbol dieser Revolution selbst („Die samtene Wahrheit siegt") und damit schließlich auch zum akzeptierten oder auch abgelehnten Symbol des neuen Regimes. Mit Vorliebe wird sie spielerisch parodiert. In einem Werbespot des Fernsehsenders Nova für die satirische Sendung *Gumáci* (einer tschechischen Entsprechung der *Spitting Images*) ließ sich Havels Doppelgänger aus Plastilin vernehmen: „Ich glaube, dass die Plastilinköpfe über Lüge und Hass siegen werden". Anderswo wieder wird die Losung zum Gegenstand direkter Polemik. „Lüge und Hass müssen über Wahrheit und Liebe siegen", heißt es in Martin Nezvals Halbboulevardprosa *Premiér a jeho parta* (Der Premier und seine Freunde). Die Auseinandersetzung mit der neuen Zeit wird häufig symbolisch gerade mit ihrer Schlüssellosung geführt: „Die Wahrheit siegt nur dann, wenn es den Lügnern in den Kram passt", ironisiert der Lyriker Jiří Žáček und gleich darauf: „Er hatte großen Erfolg in der Rolle des Lügners / in einer Supershow ‚Die Wahrheit siegt'." Ondřej Zahradníček stellt in einem satirischen Gedicht sogar eine provokative Verbindung zu den Skinheads her: „Sie rasseln mit den Ketten / brüllen Die Wahrheit siegt."

Aus slowakischer Sicht verwies die Aktualisierung der Losung nach dem November 1989 eher darauf, dass es sich hierbei um ein Phänomen der spezifisch tschechischen Kulturtradition handelt; damit war die Losung als Symbol einer gemeinsamen tschechoslowakischen Föderation unannehmbar geworden. Eine Erweiterung der Aufschrift auf der Präsidentenstandarte um die slowakische

Version hätte zwar formal ein Gleichgewicht zwischen den Sprachen der beiden „staatenbildenden" Völker hergestellt, hätte jedoch auch in dieser Form nicht auf die spezifisch slowakische Tradition verwiesen, die sich an andere Losungen knüpft, z. B. *Kto za pravdu horí* (Wer für die Wahrheit brennt) oder *Mor ho!* (Nieder mit ihm!). Man entschied sich daher, die Losung zu enttschechisieren, ihr die ursprüngliche lateinische Form wiederzugeben, was de facto bedeutete, dass jene speziell tschechische Tradition des Nachdenkens über den Wahrheitsbegriff, vor deren Hintergrund die Losung zu jener des Staats avancierte, ausgeschaltet wurde. Die lateinische Version *Veritas omnia vincit* freilich verweist auf keine spezifisch slowakische Tradition. Aber auch für den heutigen Tschechen, aus dessen Gedächtnis das in Basel demonstrativ entrollte Banner längst geschwunden ist, hat sie den Bezug zur heimischen Tradition verloren. Sie ist nichts weiter als eine neutrale, konventionelle heraldische Aufschrift.

Paradoxerweise wurde die Losung erst durch den Zerfall der Föderation gerettet: auf der Präsidentenstandarte der Tschechischen Republik erschien von neuem „siegreich" *Pravda vítězí!*

Und noch ein Paradox: In der Zeitschrift *Slovenské pohľady* wurde nach der Unabhängigkeitserklärung eine Umfrage zu den staatlichen und nationalen Symbolen durchgeführt. Unter den Vorschlägen für das slowakische Staatslogo waren einige völlig unbrauchbare. Ungeschlacht und langatmig: „Mit Treue und Tapferkeit flechten wir wieder Svatopluks Ruten", geradezu pioniermäßig „Allzeit bereit!", anspornend, aber ungeeignet „Slowaken, trinkt weniger, politisiert weniger, arbeitet mehr!" Unter all den Vorschlägen zieht die slowakische Version des Worts von der siegreichen Wahrheit die Aufmerksamkeit auf sich, diesmal als authentischer, auf heimischem Boden unternommener Versuch, eine eigene slowakische Tradition zu schaffen: „Die Wahrheit siegt am Ende immer!" Diese Losung verweist mit Befriedigung gerade darauf, dass sich mit der Entstehung eines eigenständigen slowakischen Staates die geschichtliche Wahrheit erfüllt hat.

Samtene Revolution – samtene Scheidung

Vladimír Macura

Der Sturz des Kommunismus in der Tschechoslowakei Ende 1989 erhielt den poetischen Namen „samtene Revolution" (*sametová revoluce*), in der Version der englischen Medien *velvet revolution*. Zum Zeitpunkt ihrer Entstehung war diese Bezeichnung eindeutig positiv gemeint und stellte eigentlich auch eine Ausnahme dar; Doppelgänger in anderen postkommunistischen Ländern Ost- und Mitteleuropas hat sie nicht allzu viele, nur die Esten sind so gesehen mit ihrer „singenden Revolution" auch ein Sonderfall. In der Bezeichnung „samtene Revolution" klang versteckt der Stolz auf den ruhigen Verlauf der täglichen Massendemonstrationen mit. Die Verbreitung, die dieser Begriff in der Welt fand, lässt diesen Stolz zutiefst berechtigt erscheinen. Indem die Weltöffentlichkeit den Begriff annahm, würdigte sie gleichsam, dass der Umsturz in der Tschechoslowakei nicht nur „ohne Barrikaden und Galgen" verlief, wie Adam Michnik es aus polnischer Sicht nannte, sondern auch ohne zerschlagene Schaufenster und demolierte Autos. Würdigung erfuhr damit auch die besondere, feierliche, beinah lyrische Atmosphäre der Massentreffen mit Kerzen, Schlüsselgeklingel, Trikoloren und scherzhaft verspielten Slogans. Besonders die slowakischen Meetings, vor allem die von „Öffentlichkeit gegen Gewalt", einer dem Bürgerforum vergleichbaren Bewegung in Bratislava - schon dieser Name war vielsagend und verpflichtete dabei zugleich zu einem „samtenen", gewaltlosen Vorgehen -, zeichneten sich durch eine extrem lyrische Stilisierung aus. Sie ähnelten eher religiösen Versammlungen als kämpferischen politischen Manifestationen, die auf den Sturz der bestehenden Regierungsmacht zielten. Aber auch die viel zahlreicheren Demonstrationen in Prag unterschieden sich darin kaum.

Anfänglich nur als Bezeichnung der Massenproteste im November und Dezember üblich, wurde der Begriff „samtene Revolution" mit seinen Synonymen „sanfte Revolution" (*něžná revoluce*) und „weiche Revolution" (*hebká revoluce*) auf den gesamten Prozess der Beseitigung des kommunistischen Regimes übertragen. Er bürgerte sich rasch ein und wurde im Tschechischen so heimisch, dass ganz informelle, umgangssprachliche Einwortbildungen entstanden, wie *sametovka* (Samtrevolution), *sameťák* (Samti), *samet*

(Samt). Schließlich begann man, die Wörter *samet* und *sametový* (samten) auch außerhalb des eigentlichen Kontexts fast wie einen allgemein gebräuchlichen politischen Terminus zu verwenden. Man sprach von der drohenden Rückkehr zu „einer samtenen Diktatur" in Russland, von der illusorischen „samtenen Welt einer friedlichen Idylle" in Europa, von der Möglichkeit, das tschechische „samtene Know-how" nach Jugoslawien zu exportieren, von einem „samtenen Straßburg". Der tschechoslowakische November 1989 wurde außerdem mit den Ereignissen im Oktober 1918 in Verbindung gebracht, die das Entstehen der Tschechoslowakei ermöglicht hatten („samtene Revolution des Jahres 1918"), und die Zeit der tschechoslowakischen Normalisierung erschien nun als „samtene Totalität".

Das Samt-Symbol dankt seine Entstehung der anfänglich euphorischen Aufnahme der Ereignisse Ende 1989. In ihm verkörperte sich die Begeisterung über deren raschen, würdigen und geordneten Verlauf, es verriet aber auch, wie sehr die damaligen Massendemonstrationen einer großen vorweihnachtlichen Feier ähnelten, auf der, wie Bohumil Hrabal es beschrieb, „Millionen von Christkindern, als Studenten und Schauspieler, Clowns und junge Leute verkleidet, sichere Gewissheit hintanstellen und der Richtung des Herzens folgen". Das Samt-Symbol war Ausdruck dessen, dass diese Millionen nicht nur eine politische Botschaft trugen, sondern auch „von einem hohen Maß an Ergriffenheit, d. h. an lyrischer Gestimmtheit erfüllt waren". Diese ursprüngliche euphorische Wahrnehmung gestaltete sich jedoch bald problematischer. Der enge Zusammenhang zwischen der Bezeichnung „samtene Revolution" und der friedlichen Atmosphäre der Straßenkundgebungen begann sich zu lockern; deren strenge ungeschriebene Etikette nötigte dazu - im Unterschied zu den blutigen Geschehnissen, die den Sturz des Kommunismus in Rumänien begleiteten -, selbst harmlose Spottrufe an die Adresse des Präsidenten Gustav Husák oder des Prager Parteivorsitzenden als unangebrachte Verstöße gegen das Genre zu sehen. Das galt selbst für unschuldige Spötteleien gegenüber alten Parteifunktionären, wie sie bei dem Meeting auf der Letná zu hören waren: *Podívej se, Gusto, jak je tady husto!* (Schau mal, Gustl, was für ein Gedränge!) oder *Štěpán k lopatě!* (Štěpán an die Schaufel!).

Einerseits wurde dem ruhigen, unblutigen Verlauf des vollzogenen gesellschaftlichen Umsturzes weiterhin Anerkennung gezollt.

Im „samtenen" Charakter der November- und Dezemberrevolte sah man ein Beispiel für die „traditionelle" tschechische *kulturnost*, die kultivierte Form, für „Europäertum" im Gegensatz zum „Balkan" der grausamen Ereignisse in Rumänien. Aber man sah darin auch eine Bestätigung des alten, aus der Zeit der Wiedergeburt überkommenen Stereotyps vom „Taubencharakter" der Tschechen, von ihrer „angeborenen Menschlichkeit", ihrer „Unlust, etwas im Kampf zu erringen", die mit der mythologisierten Aggressivität der „barbarischen" germanischen Stämme kontrastiert. „Samt" sollte auch, und eigentlich vor allem, Symbol einer neu anbrechenden Ära sein, Symbol einer Idealvorstellung von der künftigen bürgerlichen Gesellschaft, die auf gegenseitiger Toleranz aufbaut und Beweis der moralischen Qualitäten derjenigen ist, die gegen das kommunistische Regime demonstrierten: *Nejsme jako oni!* (Wir sind nicht wie sie!) verkündete einer der Lieblingsslogans. Gleichzeitig aber rief gerade dieser ruhige, unblutige Verlauf, ebenso wie die „poetische" und oft geradezu friedliche Atmosphäre der November- und Dezemberversammlungen mit der Zeit Zweifel wach, ob denn das, was geschehen war, wirklich Revolution genannt werden könne, ob nicht vielleicht ein tschechischer oder tschechoslowakischer „revolutionärer Umsturz" vorzeitig durch einen „samtenen" unterbrochen und verhindert worden war.

Die Bezeichnung „samtene Revolution" erschien dann nicht selten als allzu geschwollen, allzu „blumig", wie sich Miroslav Holub in einer Umfrage der Tageszeitung *Lidové noviny* vom 12.11.1994 äußerte. Um das Pathos zu dämpfen, ersetzte man den Ausdruck „Revolution", der ohnehin viel zu eng mit dem kommunistischen „newspeak" verbunden war, mitunter durch den weniger glatten Ausdruck *převrat* bzw. *sametový převrat* (samtene Wende). Die assoziativen Verbindungen zur traditionellen Struktur der kommunistischen Begriffsbildung ließen sich aber auch durch eine scherzhafte Übertreibung auf den Kopf stellen: Man sprach, analog zur Großen sozialistischen Oktoberrevolution 1917 in Russland, von der „Großen samtenen Revolution" oder der „Sanften samtenen Revolution". Man sprach ebenso, in Anspielung auf Trotzkijs These, von einer „Permanenten samtenen Revolution", und hinter dem „Samtenen Februar 1990" lässt sich unschwer die Formel vom Siegreichen Februar der kommunistischen Machtübernahme in der Tschechoslowakei 1948 erkennen.

Als Revolution schien „die Samtene" einfach nicht ausreichend, nicht vollständig zu sein, irgendwie „nicht zu Ende geführt", zu „kontinuierlich" und evolutionär. „Ich mag den Terminus ‚samtene Revolution' nicht, weil es keine Revolution war, sondern eine evolutionäre Angelegenheit", bekannte sich nach Jahren der Priester und spätere Bischof Václav Malý, einer der „Moderatoren" der „samtenen" Demonstrationen, in der erwähnten Umfrage. In ihrer „Sanftheit", „Samtenheit", ihrem „Lächeln", ihrem „Rosarot" - zu den Symbolen der samtenen Revolte hatte sich mit der Zeit auch der Prager „rosarote Panzer" gesellt, ein Panzer des Sowjetdenkmals im Stadtteil Smíchov, der rosa angestrichen und somit augenfällig demilitarisiert worden war - erblickte man bald, gleich mit Beginn der 90er Jahre, die Wurzeln ihrer Inkonsequenz, Ratlosigkeit und Unentschlossenheit. Das, was ursprünglich als Zeichen für *kulturnost* (Kultiviertheit) und moralischen Wert gestanden hatte, schien einige Zeit später nichts als ein rein formales Opfer an die Götzen der Sanft- und Samtenheit zu sein. Erbittert wirft man der „samtenen Revolution" heute vor, dass sie keine „angemessenen Bedingungen für eine radikale Abrechnung mit den Vertretern des alten Regimes" geschaffen habe (Aleš Valenta, in *Respekt* 1993/4), dass sie mit den Schuldigen zu „sanft", mit deren Opfern aber „rau" verfahre, dass sie nicht in die „reinigende Katharsis" eines neuen Nürnberger Prozesses gemündet sei.

Die „Samtenheit" wird immer deutlicher zu einem Zeichen der „Schwäche", des „Alibismus" und der „Halbherzigkeit" des tschechoslowakischen Novembers. Auf einmal stört, ja beleidigt die wenig revolutionäre Art und Weise der Machtübergabe durch politische Übereinkunft. Die übliche nachrevolutionäre Depression, das traditionelle Gefühl einer „sich ihrer selbst entfremdenden Revolution", das wohl alle revolutionären Umstürze seit Menschengedenken begleitet, verbindet sich im tschechischen und tschechoslowakischen Fall von 1989 gerade mit der „Samtenheit", der „Sanftheit". In ihnen sieht man auf einmal den Hauptgrund für das Scheitern und die „Entfremdung" der revolutionären Träume: „Seit der samtenen Revolution hat sich überhaupt nichts geändert. Die Genossen sitzen noch an den gleichen Plätzen und lachen sich eins ins Fäustchen, und mit den Leuten machen sie, was sie wollen ... War diese Revolution nicht allzu sanft?" (Petr Janyška, in *Respekt* 1990/23). Das Stereotyp vom Taubencharakter der Tschechen erhält unter diesen

Umständen einen gut lesbaren ironischen Untertext und wird mehr und mehr als Bestätigung eines anderen Stereotyps gesehen, diesmal eines selbstkritischen. Die „Samtenheit" der Revolution 1989 erscheint aus dieser Perspektive als einer der wiederholten tschechischen Versuche, sich durch historische Katastrophen hindurchzumogeln, mit heiler Haut und „eingezogenem Kopf". Es ist, als wiederhole die „Czech made samtverpackte" Revolution auf einer anderen Ebene die ähnlich samtene Abtrennung von Österreich, die Kapitulation vor dem Münchener Abkommen und vor der sowjetischen Okkupation 1968. „Samt" wird damit gewissermaßen zu einem doppelbödigen Symbol für den mit masochistischer Selbstgeißelung empfundenen traditionellen tschechischen Versuch, Konfliktlösungen auszuweichen und sich so jedesmal „aus der Geschichte herauszuschwindeln".

Die schnell voranschreitende Problematisierung des „Samt"-Symbols erweiterte gleichzeitig das mit ihm verbundene rhetorische Register. „Samt" überschreitet die Assoziationsgrenzen von Weichheit und Sanftheit. Bereits ab Januar 1990 spricht man von der Notwendigkeit, „die samtene Revolution rauher zu machen", vom „groben Samt", von der „Faust im Samthandschuh", vom „samtenen Besen", vom „Reibeisen", das auf den „Samt" folgen müsste. Die extrem Unzufriedenen sehen in der „Samtenheit" der Revolution einen ausgesprochenen Verrat und bezeichnen die „Samtrevolutionäre" mit Václav Havel an der Spitze („Präsident Václav Havel und seine samtene Kapelle", Petr Cibulka) sogar als „samtene Totengräber der Demokratie". Alena Hromádková, die Vorsitzende der Demokratischen Union, provoziert mit dem Slogan „Samt - das Vollendungsstadium des Kommunismus". Antonín Dušek gründet für Leute mit unbefriedigten Restitutionsansprüchen einen Verein mit dem bezeichnenden Namen *Klub oklamaných sametem* (Klub der vom Samt Betrogenen).

Die „samtene Revolution" wird zum böswilligen Betrug erklärt („samtener Betrug", „falscher Samt") - und als Betrug erscheint sie eigentlich von beiden Polen des politischen Spektrums aus gesehen. Sie ist Betrug in den Augen derjenigen, die fühlen, dass mit dem Kommunismus nicht hart genug abgerechnet wurde; sie ist gleichermaßen Betrug in den Augen der Kommunisten, die sich nun geächtet und an den Rand der Gesellschaft gedrängt fühlen. Sie sprechen demgemäß vom „samtenen Putsch", vom „samtenen Termidor" und sogar von einer „samtenen Heydrichiade" - mit dem gewollt verletzenden Verweis auf den Naziterror, der sich nach dem Attentat auf den Reichsprotektor Reinhard Heydrich während der deutschen Okkupation entfesselte. „Samt" ist aus ihrer Sicht ebenso eine reine Fiktion wie für ihre Opponenten, bei denen die angeblich so geringe Rasanz, die unnötige Gemächlichkeit der durch die Novemberereignisse initiierten gesellschaftlichen Veränderungen Unbehagen auslöst. In seinem Gedicht *Podzimní epištola* (Herbstepistel) formuliert dies Miroslav Florian als literarischer Sprecher der Kommunisten so: „Über den Kommunisten zischt heute die Peitsche; und die scheint nicht ganz so samten."

Trotz derartiger Bedeutungsschwankungen bleibt freilich „Samt" auch weiterhin das international verständliche Symbol für den tschechischen und tschechoslowakischen Sturz des Kommunismus. Die semantischen Nuancen der tschechischen Spielereien um mehr oder weniger groben Samt, die dieses Symbol im heimischen Umfeld verunklären und verkomplizieren, sind in ihrer Feinheit für gewöhnlich vom Ausland her nicht wahrnehmbar. Deshalb wohl trägt die englische Reportagenprosa des Exilschriftstellers Jan Novák über Prag Ende 1989 in der englischen Version den Titel *Prague in Velvet*, die tschechische Version hingegen den in seiner Bedeutung vielschichtigeren Titel *Samet a pára* (Samt und Rauch). Mit dem Abstand des Auslands betrachtet ist „Samt" einfach ein positiver, ungebrochener Wert, vor allem auch ein neues Attribut, das Prag zu seinen traditionellen Emblemen hinzugewonnen hat. Dank ihm ist es jetzt nicht mehr nur ein „goldenes", „hunderttürmiges", sondern auch ein „samtenes" Prag, „die Hauptstadt der samtenen Revolution", wie offizielle Besucher in ihren Ansprachen ab und zu höflich vermerken.

Die von der „samtenen Revolution" eingeleitete Demontage des Kommunismus - mag sie nun als eher evolutionärer oder revolutionärer Prozess erscheinen, als allzu gemäßigt oder allzu rasant - zielte dabei in der Tschechoslowakei auch in anderer Hinsicht auf ein greifbares und auch international deutlich sichtbares Ergebnis - vor allem, was die gegenseitigen Beziehungen beider Republiken zueinander betrifft. Das „samtene Attribut" der tschechoslowakischen Revolution Ende 1989 hat sich paradoxerweise allmählich in dieser Richtung verschoben: auf die Demontage der Föderation von Tschechen und Slowaken. Vor dem Hintergrund der dramatischen Konflikte, die den Zerfall der postkommunistischen Staaten im Osten und besonders im Süden Europas begleiten (wiederum das Kontraststereotyp Balkan!) wurde die Gewaltlosigkeit, mit der sich die Teilung der Tschechoslowakei in zwei eigenständige, ganzheitliche Gebilde vollzog, vom Ausland gewürdigt und auch die politische Vertretung Tschechiens und die Presse argumentierten ähnlich. Das „Samt"-Symbol, das am Ende des Wendejahres 1989 in Zusammenhang mit den parallel verlaufenden Meetings in Prag, Bratislava und anderen tschechischen und slowakischen Städten aus der Atmosphäre eines harmonischen Miteinanders geboren wurde, wurde nun zum Symbol der „Trennung" bzw. „Scheidung" der beiden Völker („samtene Trennung", „samtene Scheidung"), einer Trennung, die nicht von Gewalt begleitet war und umso weniger von ethnischen Säuberungen, wie sie sich bei ähnlichen Prozessen in Jugoslawien abgespielt hatten. Sie war vielmehr ein mustergültiges, „geordnetes" Auseinandergehen auf der Grundlage von politischer Übereinkunft und Wahl. Allein schon dass beide Begriffe, Trennung und Scheidung, eine Ehe assoziieren, sagt etwas über den Charakter der Beziehung zwischen den beiden Völkern der ehemaligen Tschechoslowakei: über ihre Nähe, die engen kulturellen Bindungen, aber auch über die Verteilung von männlicher und weiblicher Rolle. Es sagt jedoch auch etwas über die Schwierigkeit und Schmerzhaftigkeit des Teilungsprozesses hinter dem scheinbar weichen „Samt". Das Symbol des „sanften Sturzes" des Kommunismus konnte gar nicht anders, als alles mit einem Hauch von Nostalgie und Ironie zu überziehen. Mitten unter all den Streitigkeiten im Lande, ob die „samtene Revolution" zu rasant oder zu gemäßigt und tolerant verlaufen sei, zeitigte gerade sie die „samtene Scheidung" als Folge, die nicht hinwegdiskutiert, nicht in Zweifel gezogen werden kann. Die „samtene Revolution" konnte man zum Betrug erklären, die „samtene Scheidung" ist ein nicht zu bezweifelndes Faktum.

Schwejk und der tschechische Humor

Milan Suchomel

Die Figur des Schwejk und der Roman *Die Abenteuer des braven Soldaten Schwejk im Weltkrieg* (*Osudy dobrého vojáka Švejka za světové války*) werden bisweilen (R. Pynsent) ausgehend von jener

Episode gedeutet, in der Schwejk in die Dienste von Oberleutnant Lukáš tritt. Lukáš warnt den neuen Burschen vor seinem gerechten Zorn: „Ich mache Sie darauf aufmerksam, daß ich streng bin und jede Gemeinheit und Lüge schrecklich strafe ... Ich hasse die Lüge und strafe sie unbarmherzig, verstehen Sie mich gut?" Schwejk antwortet mit einem seiner Histörchen und ohne Bezug zum Gesagten, so, als komme jeder Anlass gelegen, den Redemechanismus in Gang zu setzen. Der Vorgesetzte hört ihn nolens volens an und denkt sich: „Mein Gott, ich rede ja auch manchmal solche Blödheiten, und der Unterschied liegt nur in der Form, in der ich sie vorbringe."

Die Reaktion von Lukáš wird als Ausdruck von Respekt gegenüber Schwejk interpretiert, als ein Zeichen des Einvernehmens und unbewusster Verschworenheit. Der Tscheche in der Uniform eines österreichischen Offiziers und sein Bursche sind Kompromissler. Auch das - so Pynsent - ist eine Eigenschaft des tschechischen Volkes, das aus Selbsterhaltungstrieb anpassungsfähig wurde, als es stets aufs Neue unter bedrückenden Bedingungen ums nackte Überleben kämpfen musste. Schwejk erkennt angeblich nur sich selbst als einzigen Wert an. Diese Haltung kann auf zweierlei Art gewertet werden: als kleinbürgerlicher Egoismus oder als stiller Protest gegen die falsche Sprache der Ideologie.

Bisweilen wird jedoch dieselbe Episode ganz anders verstanden: Josef Schwejks unkontrollierte verbale Aktivität treibt - so S. Corduas - den Vorgesetzten zum Eingeständnis der eigenen Nichtigkeit. Was als Passivität oder unerschütterliche Gleichgültigkeit erscheint, ist mit Dynamik besonderer Art geladen. Schwejk ist ein Antiheld, er vollbringt keine einzige Tat, er ist nicht Urheber der Ereignisse und gibt ihnen auch keinerlei Richtung, er entwirrt nichts, er löst nichts. Die einzige Wirkung seines Nichthandelns besteht darin, dass er den Leser der Illusionen beraubt, die dieser sich über Ereignisse, Handlungen und deren Sinn macht. Erwartet jemand mehr, so ist das sein Problem. Durch seine Ignoranz entrinnt Schwejk jedwedem System und bringt alles ins Wanken. Und auch sein Autor Jaroslav Hašek verliert sich im Grenzbereich der Kultur. Er lebte am Rande der Gesellschaft, war ein verfluchter Dichter, doch auch unter den Verfluchten stand er seltsam abseits durch seine antikünstlerische Einstellung. Seinem Lebensstil nach war Hašek ein Dadaist, noch bevor es den Dadaismus gab, aber selbst das auf eigene Art, betont plebejisch, nach außen hin nicht intellektuell.

Pynsent und Corduas sehen mit ihrem Blick von außen den Roman als Sammlung von Begebenheiten und Klatschgeschichten, deren spontaner und nimmermüder Urheber der Titelheld ist. Die Komposition dieser Gelegenheitserzählungen ist so locker, dass sich jeder eine Lieblingsgeschichte aussuchen und diese auf seine Weise verstehen kann. Jener einfache Mensch, seine Schicksale und seine ausgeprägt volkstümliche Art zu erzählen wurden tatsächlich stets aufs Neue Gegenstand des allgemeinen und fachlichen Interesses. Schwejk wurde sowohl akzeptiert als auch abgelehnt und der zweifelhafte Schriftsteller wurde unerwarteterweise weltbekannt. Der erzählende Held machte in vielen Ländern der Erde Furore und gilt als typisches Produkt tschechischer Kultur und tschechischen Geistes. Widersprüchlichkeit begleitet die *Abenteuer*, seit es sie gibt: sie wurde ihnen zum äußeren Schicksal, zeigt sich aber auch in ihrer inneren Organisation.

Als Jaroslav Hašek, kaum vierzigjährig, Anfang 1923 starb und einen vierteiligen Romantorso hinterließ, entschieden der Anwalt und der Verleger, die mit der Bewertung des literarischen Nachlasses betraut waren, dass das Werk jetzt, zehn Jahre später, inhaltlich unverständlich sei und wohl kaum noch einen Leser finden würde. Und auch der angesehenste tschechische Literaturkritiker, F. X. Šalda, tendierte dazu, in den *Abenteuern* eher ein Zeitdokument als ein großes literarisches Werk zu sehen. Gleichzeitig aber entdeckte er in ihnen auch etwas Unsterbliches, nämlich, dass die „wesentlichen", „notwendigen" Bewegungen eines Lebens erfasst würden, das sich vor der Vernichtung, der allgemeinen Raserei und dem Zerfall zu retten sucht. Die Gestalt Schwejks empfindet Šalda als gesichtslos, als Materie ohne Kontur; der Figur und dem Roman fehle die gedankliche Polarität. Dennoch ist Hašeks Werk für ihn gerade deshalb so ehrlich, weil es sich zu keinem der Ismen bekennt und ohne sichtbaren literarischen Ehrgeiz ist. In ihm wird ein ernster und bedrohlicher Kampf ums nackte Überleben geführt. Trotz aller Komik ist dieses Buch todtraurig: der Einzelne kämpft gegen eine gewaltige Macht, der er nicht gewachsen ist. Er kämpft mit schändlichen, heimtückischen Waffen, denn es bleibt ihm nichts anderes übrig, als sich zu erniedrigen und zum Sklaven zu machen.

Einige Jahrzehnte später gibt es Milan Kundera zu denken, dass der große komische Roman dieser Epoche vom Krieg handelt. Bei Homer und bei Tolstoj sei es noch um etwas gegangen, der Krieg hatte gleichsam einen Sinn. Man „kämpfte um die schöne Helena oder für Russland: Schwejk und seine Gefährten fahren an die Front, ohne zu wissen warum, und was noch mehr erstaunt, sie interessieren sich nicht einmal dafür." Dies ist bezeichnend für das Werk, seine Helden und die ganz andere Zeit.

Hašek gab die *Abenteuer* auf eigene Kosten in Einzelheften heraus. Die Leser kamen schnell auf den Geschmack, die tschechische Literaturkritik brauchte da schon länger. Auf breiteres Kritikerinteresse stieß das Buch erst nach dem Erfolg der deutschen Übersetzung von 1926 und der Aufführung der dramatisierten Fassung von Piscator im Jahre 1928. Eine Ausnahme zu Lebzeiten Hašeks bildete ein Zeitungsartikel des Prosaschriftstellers Ivan Olbracht. Er gehörte der gleichen Generation an wie Hašek und begrüßte bereits 1921 die Veröffentlichung des ersten Teils. Er hatte den Mut, die Neuerscheinung als eines der besten Bücher zu bezeichnen, das je in den böhmischen Ländern geschrieben worden sei, und zögerte nicht, die *Abenteuer* ohne Umschweife in die Weltliteratur einzureihen und den Antihelden Schwejk als völlig neuen Typus auf eine Ebene mit Don Quijote, Hamlet, Faust, Oblomov und den Karamazovs zu stellen. Der traditionelle Honza aus den tschechischen Märchen, der hier ins moderne Leben gestellt ist, wurde für die Kunstliteratur entdeckt. Darüber hinaus gestand Olbracht diesem literarischen Typus einen zutiefst menschlichen Wert zu. Er war ihm das sympathische Gegenteil der „Problemcharaktere": mit jeder Situation zufrieden, ohne je die Oberhand zu verlieren.

Schwejks Charakter und seine Einstellung zum Leben wurden Gegenstand langwieriger Auseinandersetzungen, die bis heute andauern. Man apostrophierte ihn als bemitleidenswerten Narren und Feigling, Idioten und Genießer, Zyniker und gemeinen Kerl, der nicht nur den Krieg verneint, sondern auch den Staat, die männliche Ehre, das Heldentum und die Heimatliebe. Er wurde als zersetzendes Element und Umstürzler denunziert, der für jeden den Krieg verliert. Er wurde als potentieller Revolutionär und Repräsentant einer indifferenten Masse dargestellt, als Denkmal tschechischer Intellektualität und Moral, als getreues Abbild des tschechischen Volkes, als Sancho Panza ohne Don Quijote. Und dann wieder passte er eigentlich gar nicht nach Böhmen, denn in Böhmen wurden, zumindest seit der „Wiedergeburt" des frühen 19. Jahrhunderts, weder große Dramatiker noch große Zyniker geboren. Einmal wurde behauptet, Schwejk könne den Überblick über den Lauf des Lebens und der Geschichte bewahren und sei daher nicht mit dem Schwejkischen gleichzusetzen, ein andermal wieder transzendiert er die Schwejkiade gar nicht, ist er ein tschechischer Kleinbürger und gutmütiger Idyllenmensch, dem es nur darum geht, dem Schlamassel zu entrinnen, wieder mit Hunden zu schachern und sein kleines Glück zu lében. Man verglich ihn mit Oblomov, Papa Ubu, Mr. Bloome und Ivan Denisovič. Seinen Autor Jaroslav Hašek verglich man mit Franz Kafka; beide wurden im selben Jahr in der selben Stadt geboren, beide verbrachten hier ihr ganzes Leben, knappe vierzig Jahre, beide schufen ein Prosawerk, das in grotesker Weise von der bisherigen Norm abwich und weltberühmt wurde.

Im Eifer des Gefechts um Schwejk schien fast in Vergessenheit zu geraten, dass es sich um eine literarische Figur aus einem Roman handelt. Man schien zu vergessen, dass Schwejk erst vor diesem Hintergrund deutbar ist. Die Gelegenheitserzählungen und leeren Schwätzereien des Romans erlangen erst in der Konfrontation mit der so genannten normalen Welt ihre Bedeutung. Die „Welt" hingegen erklärte Schwejk amtlich zum Dummkopf, um sich selbst ernst nehmen zu können. Schwejk wehrt sich dagegen nicht. Er bekennt sich vielmehr zu seiner Dummheit und stellt damit sowohl die eigene Idiotie als auch die ernste Welt in Frage. Ganz wörtlich und bedingungslos, ohne Zaudern und die geringste Verlegenheit erfüllt er alle Befehle und offenbart durch sein nicht handelndes Handeln auf komische Weise die Sinnlosigkeit der Anordnungen, Vorschriften und Gesetze. Er selbst fasst keinerlei Entschluss, er ist Antiheld in einem Antiepos.

Episode um Episode, Geschwätz um Geschwätz sind sich einander gleich. Die immer gleiche Geschichte erscheint in stets neuen Variationen, auch wenn ansonsten der thematische Zusammenhang der Hauptgeschichte mit den eingeschobenen Geschichten bedenklich stimmt. Ein solches Erzählen läuft auf kein Ziel, auf keinen Höhepunkt zu. Es fürchtet keine Unstrukturiertheit, Sinnlosigkeit, Banalität. Es will nichts beseitigen, nichts verbessern, setzt sich für nichts ein, nichts wird erreicht und nichts gewonnen. Es hebelt Kontexte aus, zieht Autorität und Legitimität in Zweifel. Die nachlässige Präsentation erhält ihre stilistische Funktion geradezu durch eine trickreiche Selbststilisierung. Darin nähert sich der Held in verschwiegener, nicht explizit gemachter Allianz dem Autor und dem Leser. Schwejk und seine Zuhörer, der Erzähler und seine Figuren, seien es Rahmenfiguren oder episodische, werden alle in die Erzählung integriert und befinden sich auf gleicher Ebene. Der Leser mag sich dagegen wehren, Widerstand leisten, aber auch in seinem Widerstand wird er ein Beteiligter sein. Herostratischer Wahnwitz wird gleich in der Einleitung verlacht. Kein einziges Wort fällt über glänzende Heldentaten, alles ist das Gegenteil einer unangebrachten Hybris, das erlaubte Maß wird nicht im mindesten überschritten; ganz im Gegenteil, es wird mit beruhigender und zugleich beunruhigender Selbstverständlichkeit respektiert. Jedes Anzeichen von Transzendenz wird ins Lächerliche gezogen. Das wohl empfinden Schwejks Richter als größte Beleidigung: er unterscheidet nicht zwischen Profanem und Heiligem, er kommt ohne metaphysische Werte aus, fühlt nicht das Bedürfnis, dem Chaos zu entkommen und seinem Leben einen Sinn und eine bestimmte Form zu geben, sich eine Welt nach eigenen Vorstellungen zu schaffen. Somit aber gewinnen die *Abenteuer*, negierend-paradox, eine den alten Epen fast ähnliche erzählerische Form. Neueste Interpretationen stellen fest, dass die Konkretheit der Situationen, das bedingungslose Eintauchen in das Hier und Jetzt, jeder einzelnen Episode Bedeutung verleiht. In ihrer Gesamtheit geben sie ein vielfältiges Bild des Lebens. Auf diese Weise entsteht eine inhaltlich dichte, einheitliche Welt mit einem überraschenden Anflug von Monumentalität. Doch kann jede dieser Episoden einem befreienden Lachen ausgesetzt werden, das dem Lachen Nietzsches nicht unähnlich ist. Auch sein Lachen wollte von falschen Sinngebungen und falschen Ansprüchen befreien, ohne offen Widerstand zu leisten, denn dadurch hätte es sich deren Diktat erneut unterstellt und ihnen noch mehr Gewicht verliehen.

Mit Schwejk lässt sich auskommen, solange wir uns mit ihm nicht identifizieren, solange wir ihm zuhören und uns mit ihm unterhalten, solange wir seine Identität hinterfragen und unsere eigene bewahren. Wird er nicht mehr reflektiert, kann man ihm leicht erliegen. Was dann bliebe, wäre das entleerte Wort, willkürlich eingesetzt und überstrapaziert, ein abgedroschenes journalistisches Klischee, ein schwammiges Synonym für Faulenzen, Biertrinken, bequemes Überleben, Rückgratlosigkeit, Umgehen von Schwierigkeiten und Lebenskrisen, Kapitulantentum und Kollaboration. Was bliebe, wäre Gefasel und Tratsch, und Schwejk könnte durch seine Nichtliterarizität, Banalität und der daraus erwachsenden Bedeutungsverminderung gefährlich werden. Der Held des Romans ist so einfach strukturiert, dass er fast enigmatisch ist. Seine außerliterarischen Namensvettern sind Simpel ohne Geheimnisse und Probleme. „Lachende Bestien", wie Reichspropagandaminister Goebbels das tschechische Volk titulierte, können sich selbst zur Bedrohung werden.

Hašek brachte mit Vorliebe am Stammtisch Sentenzen und Fabeleien über seine „Heldentaten" in Umlauf und hatte ein gewisses Vergnügen, wenn sie ihm nach einiger Zeit, abgeändert und entstellt, wieder zu Ohren kamen. So entstand die Hašek-Mythologie. Nur dass das, was als nichtliterarisches Schwejkisieren die Runde machte, jegliche Schöpferkraft der mündlichen Überlieferung verloren hat. Geblieben ist ein welkes, geistloses, ausgelaugtes Stereotyp, das stagniert und sich in ermüdender Weise wiederholt. Wer in Wort und Tat schwejkisiert, wird durch sein Desinteresse gegenüber der Geschichte an deren Verlauf in unseliger Weise beteiligt sein.

Schwejk ist das herzlich einerlei. Er ist nicht gekommen, um die Dinge zum Besseren zu wenden. Er weicht vor nichts aus, äußert sich zu allem und streitet um nichts. Er kümmert sich nicht darum, wie er sich oder einen anderen oder etwas beschützen, wie er etwas vor etwas anderem retten könnte. Wie könnte er irgendein Ziel haben! Sein Sinn liegt darin, dass ihn keinerlei Sinn kümmert. Er leistet allen Befehlen genüge und engagiert sich nirgends. Den Weltkrieg übersteht er unbeschadet und ungerührt. Je mehr er außerhalb steht, desto mehr ist er, aber so, dass er gern verschwindet, denn seine Überlegenheit besteht in seinem Unsichtbarwerden. Er knüpft keine Bande in gegenseitigem Verstehen, gibt sich keinem Zauber hin, ist nirgends verankert, nirgends verwurzelt. Er dient nicht, strebt nichts an und entsagt auch keiner Sache. Schwejks entleerte Rede ist nicht einzudämmen,

> „weder durch den, dem sie gilt, noch durch die Wahrheit des Gesagten, noch durch die Werte oder repräsentativen Systeme, auf die sie sich bezieht. Kurz gesagt: sie ist kein Diskurs mehr, keine Mitteilung von Sinn, vielmehr ein ausuferndes Reden in seiner elementaren Seinsform, eine reine Entfaltung des Äußeren. Das sprechende Subjekt ist kein Subjekt, das Verantwortung für die Rede trägt, kein Subjekt, das die Rede führt, in ihr etwas behaup-

tet, urteilt, sich darstellt in der dafür vorgesehenen grammatischen Form. Die Rede ist ein Insistieren im Leeren, ein richtungslos wucherndes Sprechen ohne Atempause."

Foucault hatte bei dieser Charakteristik nicht Schwejk im Sinn; dennoch trifft sie auf ihn zu. Hier herrscht kein allmächtiger *logos,* dafür aber - wohl nicht einmal paradoxerweise - das Ästhetische par excellence. Schwejks Handeln hat keine Funktion, liegt abseits jeglicher brauchbarer Werte, steht außerhalb, hat die vernünftige Welt verlassen. Es ist närrisch wie die Poesie und gleichermaßen zweischneidig, gefährlich, greift zur Unzeit und ist auf unverantwortliche Weise verantwortlich.

Kommt die Musik aus Böhmen?

Jiří Fukač

Die Frage ist natürlich eine Provokation, denn so naiv darf nach dem territorialen Ursprung der Musik sicherlich nicht gefragt werden. In einigen altchinesischen, altgriechischen und biblischen Mythen und Legenden wird die „Erfindung" der Musik zwar konkreten Personen zugeschrieben, aber es handelt sich dabei nur um Mythen, deren typologische Verwandtschaft eher die neuere Hypothese zu stützen scheint, dass die Musik eine der anthropologischen Universalien sei, die ihren Ursprung - wie gegenwärtig von Vertretern der *biomusicology* behauptet wird - womöglich sogar im vormenschlichen, sprich: tierischen Umgang mit Gestalten des Klingenden hat. Nach dieser Hypothese wäre jede Frage nach einem territorial zu bestimmenden Ursprung der Musik sinnlos. Und ein Land wie Böhmen, dessen Urgeschichte im Mittelalter endet, kann nicht einmal jenen alten Hochkulturen zugerechnet werden, in denen mythologisierende Aussagen dieser Art entstehen konnten.

Sinn bekommt die Fragestellung dann, wenn wir das Wort Musik - übrigens ein Lehnwort aus dem Altgriechischen - durch den tschechischen Ausdruck *hudba* ersetzen, freilich um den Preis, dass wir nun nicht mehr nach dem Ursprung des Phänomens Musik fragen, sondern nach dem Werdegang der jeweiligen Benennungen. Zweifellos hat sich die Bezeichnung *hudba* gerade im tschechischen Sprachraum einbürgern können und ist daher als eine tschechische

„Erfindung" zu betrachten. So gesehen stammt *hudba* also tatsächlich aus Böhmen. Was aber kann an dieser Feststellung von spezifischem Interesse sein? Will uns das Wort, das eine bestimmte Sprache setzt, auf lokale oder ethnonationale Besonderheiten des Bezeichneten verweisen? Und ist *hudba* tatsächlich von so spezifischer Verweiskraft? Anders ausgedrückt: stellt es kein echtes Äquivalent der in anderen Sprachen vorhandenen Bezeichnungen für Musik dar, die an die griechisch-lateinische Tradition, also die Begriffe *mousiké* und *musica* anknüpfen? In der Alltagssprache ist ganz offenkundig, dass die Tschechen dort, wo die Deutschen von Musik sprechen, eben meist *hudba* sagen.

Einmal stiftete dies unter nicht ganz alltäglichen Umständen eine fast komische semantische Verwirrung. Schauplatz jener Begebenheit waren Anfang der 70er Jahre die Brünner musikwissenschaftlichen Kolloquien, zu denen sich alljährlich prominente Musikforscher aus Ost und West einfinden. Man versuchte, für ein in Vorbereitung befindliches tschechisches Musiklexikon eine exemplarische, dem neuesten Forschungsstand entsprechende Definition von Musik zu formulieren, diskutierte dabei aber deutsch und englisch. Hans Heinrich Eggebrecht, damals Musikwissenschaftler an der Universität Freiburg und phänomenologisch orientierter Denker, machte mit seinen klugen und sorgfältigen semantischen Analysen der musikwissenschaftlichen Terminologie die Teilnehmer des Kolloquiums darauf aufmerksam, dass es sich lohnt, das lokalspezifische Begriffsrepertoire zu berücksichtigen. Wohl unvergessen blieb seine Empfehlung, man solle zunächst z. B. die Mitglieder eines schwarzafrikanischen Stammes fragen, wie sie selbst ihre Klangproduktion nennen, ehe man daran ginge, auf diese Art von Schaffen unseren Begriff Musik anzuwenden. Und bald zeigte sich, dass das vorgeschlagene Verfahren nicht nur in Hinblick auf Afrika, sondern auch innerhalb Europas zu rechtfertigen sei. In dem erwähnten Bemühen um eine befriedigende Definition des Phänomens Musik konnten Tschechen und Slowaken nämlich nicht mit den Vertretern der „restlichen Welt" übereinkommen. Die „Fremden" tendierten dazu, Musik primär für ein spezifisch strukturiertes Klangobjekt zu halten, während „die Einheimischen" die Definition darauf aufbauen wollten, dass Musik primär die Aktivität sei, der solche Klangobjekte entspringen. Der Streit fand erst ein Ende, als klar wurde, dass zwar jeder das zu definierende Phänomen als

Musik oder *music* bezeichnet, zugleich aber jene Konnotationen in den Vordergrund stellt, die sich mit dem entsprechenden Wort seiner Muttersprache verbinden. Bei den Tschechen und Slowaken ist dies gerade der Vorgang der Klangerzeugung, denn das Wort *hudba* bezeichnete ursprünglich das Fiedeln als Tätigkeit. Eine thesenartige historisch-terminologische Exkursion soll die Besonderheiten verdeutlichen, die das Bedeutungsfeld des Wortes *hudba* in sich schließt.

1. Urtümliche Bezeichnungen für den Sachverhalt Musik wurden - global gesehen - nur in wenigen Sprachen des Altertums bzw. des Frühmittelalters eingeführt, z. B. in Mesopotamien, China, Indien, Japan, Korea, Vietnam und natürlich auch bei den alten Griechen, den Schöpfern des Wortes *mousiké*. Dies geschah in der Regel erst in einer verhältnismäßig späten und reifen Phase der kulturellen Entwicklung. In allen anderen Kulturen gelangte man nicht zu derartigen verallgemeinernden „Dachbenennungen": Man begnügte sich dort mit fachlichen Ausdrücken, die auf einzelne Typen musikalischer Tätigkeit wie Gesang oder Instrumentalspiel verwiesen.

2. Strikt genommen bezeichneten nicht einmal die alten autochthonen „Dachbenennungen" die „Musik als solche", sondern eher reale und mythologische Kontexte, in denen das damalige Verständnis die musikalischen Äußerungen verankert sah. Sogar das griechische Wort *mousiké* stand für ein Netzwerk sprachlicher, musikalischer und tänzerischer Schöpfungen, die mit der Vorstellung von den Musen verknüpft wurden. Ein anderes Mal wiederum bezeichneten diese Termini die komplexe Qualität des Göttlichen oder der Lebensfreude, ja sogar die göttliche Ordnung. Noch im lateinischen Mittelalter konnte *musica* sowohl Sprache als auch Musik bedeuten. Erst später wurde die „bloße" Musik zum semantischen Kernfeld dieser Bezeichnungen.

3. Alle Kulturen, die in ihrer Entwicklung an die antike griechisch-römische Tradition anknüpften, leiteten ihre allgemeinen Bezeichnungen für Musik von den Wortgestalten *mousiké* und *musica* ab. Dies gilt nicht nur für die christliche, sondern auch für die islamische Welt. Solche Namen, eigentlich Lehnwörter, zu denen auch das alttschechische *muzika* gehört, konnotierten dabei zweierlei: Überreste des Vorstellungskonzepts von den Musen und die Eingliederung der Musik in das System der *artes liberales*, der freien Künste.

4. Dieselben Kulturen verfügten jedoch auch über spezifische Benennungen für die einzelnen musikalischen Aktivitäten. Im Alttschechischen gab es z. B. einen eigenen Ausdruck für Gesang (*zpěv*), für das Spiel auf Blasinstrumenten (*pištba*) und das Spiel auf Saiteninstrumenten (*hudba*).

5. In fast allen Kulturen blieb die Terminologie gespalten: die einzelnen musikalischen Tätigkeiten wurden mit Wörtern heimischen Ursprungs bezeichnet, die verallgemeinernde Benennung des Musikalischen beruhte dagegen auf griechisch-lateinischer Tradition. Dennoch gab es auch Ausnahmen. Jakub Jan Ryba, Autor auch heute noch überaus beliebter kirchlicher Weihnachtsmusik, äußerte sich in seiner schon 1800 verfassten, aber erst 1817 in Prag erschienenen Schrift *Počáteční a všeobecní základové ke všemu umění hudebnému* (Erste allgemeine Grundlagen aller musikalischen Kunst) wie folgt: „My Čechové muzyku po česku hudbou jmenujeme" (Wir Tschechen nennen die Musik auf tschechisch *hudba*). Es ging also um eine Umbenennung dessen, was früher einmal tschechisch *muzika* hieß. *Muzika* sollte durch einen heimischen Ausdruck ersetzt werden, der jedoch nicht von Ryba erfunden werden musste, sondern bereits seit dem Mittelalter im tschechischen Wortschatz vorhanden war und das Saitenspiel bezeichnete. Diese Umbenennung vollzog sich gerade damals, also vor 1800; sie stellte eine terminologische Neuerung dar. Bald danach hörten die beiden Termini auf, als Synonyma zu fungieren. Ursprünglich stand die Bezeichnung *muzika* axiologisch höher als die Bezeichnung *hudba*, da ersterer die musischen Aspekte und die mittelalterliche Auffassung von den freien Künsten konnotierte, während *hudba* nur eine partikuläre Klang- oder Spielart, ja das niedere Fiedeln, meinte. Nach und nach jedoch bewährte sich im 19. Jahrhundert *hudba* als Bezeichnung für Musik überhaupt und konnte auch auf einen höheren Kunstanspruch verweisen. Demgegenüber kam es zu einer gewissen Degradierung der Bezeichnung *muzika*, der immer häufiger nicht-artifizielles oder volkstümliches Musikschaffen bezeichnete, manchmal auch die musikantische Spontaneität. Um es an einem Beispiel zu verdeutlichen: Mit dem expressiv gefärbten Ausruf „To je muzika!" (Das ist Musik!) würde heutzutage ein Tscheche die Musik Dvořáks oder Janáčeks kommentieren, während er die komplizierteren Werke von Brahms oder Schönberg für *hudba* halten wird. Die beiden Bezeichnungen haben ihre semantischen Rollen bzw. ihre axio-

logischen Positionen getauscht. Ähnlich verlief die Entwicklung auch bei einigen anderen Völkern. In der Slowakei taucht der Ausdruck *hudba* in analoger Funktion bereits 1791 auf, *muzika* hingegen wird geradezu als Vulgarismus angesehen. Offensichtlich unter tschechischem Einfluss setzte sich im Obersorbischen *hudźba* durch, die Slowenen, Kroaten und Serben begannen, die Musik *glasba* bzw. *glazba* zu nennen, und in der ungarischen Sprache etablierten sich gleichberechtigt nebeneinander die Wörter *muzsika* und *zene*. Diese Wandlungen vollzogen sich im 19. Jahrhundert und man fragt sich, warum.

Oft werden diese Veränderungen als Folge der in manchen Ländern besonders intensiv betriebenen sprachpuristischen Bemühungen erklärt und sicher können diese mit im Spiel gewesen sein. Dennoch stellt sich die Frage, warum es keine analoge Entwicklung in Polen gegeben hat. Mit *gǫdba*, das sprachgeschichtlich dem alttschechischen *hudba* entspricht, hatte auch im Altpolnischen eine mittelalterliche Bezeichnung für das Saitenspiel zur Verfügung gestanden. Vergleichbares gilt für Russland, Bulgarien, Finnland usw. Doch blieben in all diesen Ländern weiterhin die von *mousiké/musica* abgeleiteten Termini in Gebrauch.

Betrachtet man nun die Völker, die die Musik um und nach 1800 umbenannten, so lässt sich ein einziger ihnen gemeinsamer Zug entdecken, der diesen Prozess verursacht haben könnte: mit Ausnahme der Lausitzer Sorben handelt es sich um Völker, die zur Donaumonarchie gehörten und ihre kulturelle Identität in ständiger Auseinandersetzung mit der deutschen Sprach- und Musikkultur herausbildeten. Gerade und nur in der deutschen Sprache wurde seit dem 17. und dann ziemlich konsequent im 18. Jahrhundert der Ausdruck *Musik* durch den Neologismus *Tonkunst* ersetzt, der im Einklang mit dem naturwissenschaftlich orientierten Zeitgeist des Rationalismus zur Geltung bringen sollte, dass die Musik, die sich inzwischen von den traditionellen und veralteten musischen und mittelalterlichen Konzepten gelöst hatte, durchaus eine akustische Strukturgegebenheit ist, und darüber hinaus auch ein Kunstwerk im Sinne einer anspruchsvollen rationalen Konstruktion. Und eben auf das Tönende verweisen ganz deutlich auch alle Neologismen und aktualisierten Übernahmen aus dem eigenen älteren Wortschatz bei den erwähnten nichtdeutschen Völkern. *Glasba* stellt den Zusammenhang von Musik und Stimme (*glas*) her, das tonmalerische Wort *zene* (*zeng* bedeutet ‚klingen' bzw. ‚Klangqualität') charakterisiert die Musik als das Klingende, und *hudba* verweist auf die instrumentale Erzeugung von Klang. Auch im tschechischen Sprachraum gab es übrigens in der zweiten Hälfte des 18. Jahrhunderts Versuche, einen Terminus einzuführen, der die Musik in ihrem Klangcharakter erfasst. So wollte Jan Václav Pohl als Anhänger sprachpuristischer Bemühungen das Wort *hudba* durch *znĕvba* ersetzen, einen von *znít* ‚klingen' abgeleiteten Ausdruck. Dieser Neologismus setzte sich jedoch nicht durch, obwohl er semantisch eigentlich passender gewesen wäre als das sich später etablierende *hudba*, das seine neue musikterminologische Rolle nur um den Preis einer erheblichen semantischen Verschiebung übernehmen konnte. All diese neuen Termini präsentieren Musik als klingende akustische Gestalt, explizieren aber im Gegensatz zum neuen deutschen Begriff Tonkunst den Kunstcharakter dieser Gestalt nicht direkt.

Es stellt sich die Frage, warum man im nichtdeutschen, von deutschen Kulturmustern jedoch geprägten Raum bei der Neufindung der Termini keinen Wert darauf legte, dass diese auch den Kunstcharakter der Musik transparent machten. Dabei war die Kunstbezogenheit des Musikschaffens evident und auch im Titel von Rybas Schrift ist ausdrücklich die Rede von *umění hudebné*, also von ‚musikalischer Kunst'. Wiederum ließen sich einige Hypothesen aufstellen. Die Epoche, in der sich die Musikauffassung veränderte, gilt bei den Tschechen und Slowaken als Zeit der so genannten nationalen Wiedergeburt oder des nationalen Erwachens. Diese nationalen Erneuerungsprozesse mündeten schließlich in die Gründung moderner Nationalstaaten. Im Rahmen des absolutistischen Vielvölkerstaats blieb den Vertretern der nationalen Bestrebungen zunächst jedoch nur die Möglichkeit, eine sprachliche und kulturelle Identität zu schaffen und durchzusetzen. Erstes Ziel war die Etablierung einer eigenen Literatur, auch einer dramatischen, wobei übrigens die damit verbundene Idee eines Nationaltheaters ihrem Ursprung nach deutsch ist. In Zusammenhang damit steht auch die Etablierung einer eigenen Musik.

Was Dichtung und Musik anbelangt, suchte man, sozusagen ganz im Herderschen Geist, neue Wege in der Folklore, die als Quelle spontaner Kreativität und „Stimme der Völker" empfunden wurde. „Uns singt das Volk", dichtete der im Slowakischen wie Tschechischen gleichermaßen heimische Schriftsteller und Forscher Jan Kollár, der in Pest und Wien tätig war. Die neue Nationalkunst sollte also nichtartifiziellen Quellen entspringen. Um 1820 plante man in Böhmen eine umfassende Untersuchung über den vermeintlich slawischen Ursprung der heimischen Musik. Dieses Projekt kam zwar über seine Anfänge nicht hinaus, wir wissen aber, dass auch spezielle „anthropologische Beobachtungen" vorgesehen waren, die sich mit den trivialisierten Formen ländlicher und städtischer Musik befassen sollten, den damaligen Existenzformen der Popularmusik im eigentlichen Sinne des Wortes also, wie sie sich z. B. im Typus des Gassenhauers darstellt. Der Komponist Antonín Dvořák äußerte sich einmal in dem Sinne, dass sein in den 1870er Jahren geschaffener „slawischer Ton" auf einer Synthese mitteleuropäischer Idiome der Volksmusik beruhe, ja eigentlich fast auf einer Synthese volksmusikalischer Idiome aus ganz Europa. Auch der Stil des frühromantischen Wiener Komponisten Franz Schubert, der seine Wurzeln in Nordmähren und Schlesien hat, sei aus einer solchen Synthese erwachsen. Und beruht nicht auch die Musik des in Böhmen geborenen Komponisten Gustav Mahler auf einer bewussten Verwendung verschiedenster musikalischer Vokabeln, die zu einem Großteil dem trivialen Gesang, den elementaren Stimmen einzelner Musikinstrumente und auch der klingenden Naturwelt entnommen sind? Versuchte nicht Leoš Janáček, Mahlers Zeitgenosse aus Brünn, der Intonation der lebendig-gesprochenen Sprache und spontanen Äußerung neue Wege musikalischer Strukturierung abzulauschen? Konnten ihm schließlich nicht alle akustischen Phänomene, für die unser Hörorgan empfänglich ist, zur Inspiration werden? In all diesen Fällen nimmt das Komponieren seinen Ausgang beim noch nicht Künstlerischen; Musik ist einfach das, was mit dem Tönenden, Klanglichen zu tun hat.

Das tschechische Wort *hudba* als ursprüngliche Bezeichnung für das Saitenspiel (hier seien nun auch die etymologisch verwandten Ausdrücke *housle* für ‚Geige, Violine' und *hudec* für ‚Geiger, geigender Musiker' erwähnt) konnte in seiner Eigenschaft als neu eingeführter Terminus einen weiteren Aspekt betonen, nämlich die Bedeutung des instrumentalen Klangs für den Werdegang und die Existenz der Musik überhaupt. Vom Standpunkt der Musiker aus, die vor und um 1800 tätig waren, schien zweifellos die Instrumentalmusik eine entscheidende, ja eine revolutionierende Rolle zu spielen, und gerade daran waren bekanntlich Musiker aus Böhmen und

Mähren wesentlich beteiligt. In der damaligen deutschen Fachliteratur, vor allem bei Christian Friedrich Daniel Schubart, der 1784 seine *Ideen zu einer Ästhetik der Tonkunst* niederschrieb, wurde der „böhmische Kammerstil" als der „schönste in der Welt" gelobt. Derartige Darstellungen der Musikkultur in den Böhmischen Kronländern hoben dabei die Rolle der Instrumentalisten hervor, die auch in den unteren Schichten der Bevölkerung zahlreich vertreten waren. Genau dieses Phänomen charakterisierte der aus Böhmen stammende deutsche Musikwissenschaftler Karl Michael Komma 1960 als „böhmisches Musikantentum" und deutete es als Ergebnis einer Synthese aus deutscher und tschechischer Kultur. Das spontane Musizieren war sicherlich gerade für die Zeit kennzeichnend, als die Tschechen für ihre Musik, sprich: für die Musik ihres Landes, einen ureigenen Namen suchten.

Möglicherweise sind die zur Sprache gekommenen Charakteristika gar nicht so landesspezifisch, wie damals behauptet wurde und noch heute behauptet wird. Einmalig jedoch war ihre Kombination im soziokulturellen Kontext Böhmens und Mährens. Analoge Entwicklungen gab es auch bei anderen Völkern, die nach 1800 die Schaffung einer eigenen Musikkultur anstrebten. Zwar setzte sich dort nach deutschem Vorbild die ihrem Wesen nach rationalistische Auffassung von Musik als Klangstruktur durch; gleichzeitig jedoch wurde von Anfang an der deutschen Vorliebe, Komposition als artifizielle Konstruktion zu praktizieren, eine Absage erteilt. Im Vordergrund standen eher diejenigen Impulse, welche die Klangerzeugung aktivieren und nicht so sehr das Resultat; kreative Freiheit zählte mehr als durchdachte Notwendigkeit, Phantasie mehr als Konstruktion. Der spontane Schöpfungsakt war ein Wert *sui generis*. Und sollte auch das Instrumental-Spielerische Berücksichtigung finden, so schien gerade der Begriff *hudba* Wesen und Entwicklung der Musik am treffendsten zu erfassen. Bald gewann er erhabenen Charakter. Die mythenschaffende tschechische Literatur der Romantik versah ihn mit Konnotationen und ästhetischen Vorstellungen, die als spezifisch „slawisch" galten. Ausgehend von diesem Musikbegriff wurden etliche Generationen von Komponisten, Interpreten und Hörern indoktriniert zu glauben, dass Musik ihren Ursprung in der primären Erzeugung von Klängen nimmt. Sicherlich lassen sich auch im Rahmen dieser Auffassung hohe künstlerische Ideale verwirklichen und anspruchsvolle musiktektonische

Lösungen finden; immer wieder aufs Neue aber begibt man sich auf die Suche nach der rudimentären Klanglichkeit. Die daraus hervorgehenden Kompositionen können ästhetisch-ideell höchst bedeutsame Botschaften sein, oft aber neigen sie zu bisweilen auch ironisierter musikalischer Trivialität. An der Schwelle zur Moderne haben die Tschechen ihr eigenes Musikverständnis geschaffen: ihre Musik, die seit jener Zeit *hudba* heißt, stammt in der Tat aus Böhmen.

Böhmens Bäder oder Eine Postkarte aus Böhmen (via Amerika)

Wanda Bubriski

„Ich bin hier wie in ferne Lande verbannt ... das hier ist ein so deutscher, deutschgesinnter Zipfel Böhmens", vertraute Marie Riegerová ihrer Schwester in einem Brief aus Franzensbad an. Die 23-jährige Riegerová war soeben erst auf Anraten ihres Arztes aus ihrem südböhmischen Heimatort Máleč nach Franzensbad gekommen, um sich gehorsam einer einmonatigen Kur zu unterziehen. Das Gefühl von Deplaciertheit machte Riegerová, wie ihre Briefe zeigen, weit mehr zu schaffen als ihre körperlichen Leiden. „Ich fühle mich noch unglücklicher, wenn ich daran denke, dass ich in der Heimat und doch in der Fremde bin", klagte sie. Dies Gefühl entsprang ihrem ausgeprägt tschechischen Identitätsbewusstsein, ein Erbe, das sie zweifellos ihrem Vater František Rieger und ihrem Großvater František Palacký verdankte, beides namhafte tschechische Patrioten. „Ich wäre lieber in Deutschland als in einem germanisierten Böhmen", erklärte sie.

Böhmens berühmtes Bäderdreieck, gebildet von Karlsbad, Marienbad und Franzensbad, liegt zwischen fünf und fünfunddreißig Kilometern von der bayerischen bzw. sächsischen Grenze Deutschlands entfernt. Dieses Gebiet musste, wie viele andere Grenzgebiete auch, die konkurrierenden ethnischen Loyalitätsgefühle seiner deutschen und tschechischen Bewohner gegeneinander ausbalancieren. In der Tat haben die gemeinsamen Grenzen von Deutschen und Tschechen eine Beziehung geschaffen, die, wenn manchmal auch konfliktgeladen, ebenso beständig wie entwicklungsfähig ist. Böhmens gefeierte Kurbäder eignen sich als Orte für die Suche nach Kontinuität und

Wandel, die nicht nur jene Beziehung prägen, sondern auch das Wesen lokaler Identität bestimmen.

Als ich kurz vor der Öffnung des Eisernen Vorhangs in die ČSSR kam, hielt ich es wie mein amerikanischer Landsmann Mark Twain. Er kommentierte seinen ersten und einzigen Besuch in Marienbad mit den Worten: „nicht gekommen, um Bäder zu nehmen, nur um mich ein bisschen umzusehen."

Meine ersten Besuche im Herbst 1989 ließen dort ein irritierendes Problem erkennen: wie die Vergangenheit von der Gegenwart trennen? Zunächst zeigte sich dieses Problem an so einfachen Sachverhalten wie Straßennamen. Ich lernte allmählich, mich anhand einer doppelten Nomenklatur zu orientieren: die eine war die der historischen Karten in den Archiven, die andere die des modernen Stadtplans in meiner Hand. Eine von Karlsbads Magistralen beispielsweise, die den Bahnhof mit der Hauptpost verbindet, war in den alten Karten als Kaiser-Franz-Joseph-Straße verzeichnet, in den neuen als Straße der tschechoslowakischen Armee (Čs. armády). Bald war auch dieser Name überholt. Seit 1990 heißt die Straße T. G.-Masaryk-Allee (tř. T. G. Masaryka), ein Name, in dem wohl die Tradition der Ersten Republik wieder auflebt. Doch entdeckte ich eines Tages im Stadtarchiv noch einen weiteren Namen. Auf einer großen Karte, stark abgeändert durch handschriftliche Eintragungen, welche die durchgestrichenen gedruckten Namen ersetzten, las ich: Adolf-Hitler-Straße.

Was verrät uns der Name einer Straße? Ziemlich viel, wie ich begriff. Die Geschichte der Namensänderungen dieser Straße abzuwandern, heißt, den Orten nachzuspüren, an welchen die Stadt in den sich verändernden politischen Landschaften eines Jahrhunderts zu liegen kam. Kein Wunder, wenn ein Museumskurator - er war gerade zum Mitglied des Karlsbader Komitees für die Umbenennung von Straßen ernannt worden - Anfang 1990 witzelte: „Von jetzt an halten wir uns an neutrale Namen, zum Beispiel Blumen."

Der Wunsch nach neutralen Namen war nur halb im Scherz gemeint. Er birgt ein vielsagendes Muster in sich, denn gerade Neutralität ist der Kern der karlsbadischen Identität. Neutralität war beispielsweise immer ein wesentliches Element der Bäderkur. „Der Müßiggang ist eines jeden erste Pflicht", schreibt Riegerová. Kein Handbuch aus der Feder eines Kurarztes, das nicht ein und denselben Ratschlag wiederholte, der einer Vorschrift gleichkam:

Während der Kur nicht an den Alltag denken, den Sie hinter sich gelassen haben. Wenn Sie all jene häuslichen, finanziellen, politischen oder intellektuellen Probleme, von denen Sie zu Hause geplagt werden, erfolgreich neutralisiert haben, dann werden Sie die Wirkung der Kur spüren können, die das Leiden, das Ihren Körper quält, neutralisiert. „Ich kann selbst mit der Hand fühlen", erklärte einer der Kurgäste triumphierend, „daß die Leberverfettung im status evanescens ist." Dieser Kurgast war Karl Marx. Die Arbeit am *Kapital* unterbrechend, begab sich Marx mit seiner nicht weniger kranken Tochter Eleanor nach Karlsbad, von wo aus sie „Fred" Engels mit Nachrichten über den Fortgang ihrer Genesung versorgten; und dieser wiederum versorgte sie mit dem nötigen Geld für ihren Aufenthalt. Die Kur, so fand Marx, macht sich bezahlt, wenn man daran arbeitet. Anders gesagt: Neutralität verlangt Disziplin. „Wir leben beide strikt nach der Regel", beginnt Marx in einem Brief an Engels die Schilderung des Tagesablaufs. „Morgens um 6 Uhr an den respektiven Quellen, wo ich sieben Gläser zu trinken habe. Zwischen zwei, immer fünfzehn Minuten, in denen man auf und ab marschiert; nach dem letzten Glase ein walk (sic!) von einer Stunde, endlich Kaffee." (Marx enthielt sich sogar seiner geliebten Tagesration Pilsener.)

Die Trinkkur, ein beständiges Kennzeichen der Bäder in Böhmen, verkörperte eine weitere Form von Neutralität, die am besten als Kur-Toleranz zu beschreiben ist: eine Art erzwungener Höflichkeit. Hunderte, wenn nicht Tausende versammelten sich in der Morgendämmerung an den Quellen, ein sich täglich wiederholendes Ereignis, in dem sich Ritual und Schauspiel gleichermaßen miteinander vermischten. Brunnenmädchen in adretten Uniformen bedienten den Kurgast an allen Quellen; sie schöpften das Wasser in den Trinkbecher, der medizinisches Utensil und kommerzielles Souvenir in einem war. Schlückchen und Züge nehmend, promenierten die Kurgäste zu den live-Klängen feuriger Polkas. Seit die Trinkkur im 18. Jahrhundert Ansehen gewonnen hatte, war ihr atmosphärisches Ambiente ausgeprägt festlich. Mehr noch, der öffentliche und gemeinschaftliche Charakter der Trinkkur wirkte anziehend auf „allerlei Nationen, aus allen Ständen und Religionen gemischt", wie Goethe während einer seiner vier Marienbad-Besuche in den 20er Jahren des 19. Jahrhunderts beobachtete. Vielfalt und Trinkkur sollten für den Rest des Jahrhunderts zu Synonymen werden. Zeitgenössische Berichte staunten immer wieder über die kosmopolitischen Versammlungen an den Heilquellen und verglichen dabei die Menschenmengen im Bad oft mit jenen, die auf den Boulevards der Hauptstädte promenierten. Um 1900 konnte sich sowohl Karlsbad wie auch Marienbad zu Recht als „Weltbad" präsentieren: als Ort von Weltberühmtheit und zugleich als Ort, an dem die Welt zusammenkommt. Die Heilquellen wirkten als wichtiger Neutralisierungsfaktor, der soziale Unterschiede und politische Differenzen beseitigte, wenn auch nur temporär. Wie ein mittelalterlicher Pilger hatte der Kurgast - einerlei, ob Christ oder Jude, Näherin aus Warschau oder Industrieller aus Berlin - Anteil an einer kollektiven Identität. Sie entstand um die heilenden Quellen und zielte auf eine Verbesserung der Gesundheit.

Diese Identität anzunehmen, setzte gleichwohl ein bestimmtes Maß an Konformität voraus. „Der Besucher von heute", beobachtete 1866 ein Gast in Karlsbad, „findet seinen Tag streng geregelt und sich selbst nur als einen von vielen in der Menge der Gesundheitsuchenden." Erfolg hatte seinen Preis. Die Menschenmengen an den Quellen wuchsen so an, dass ein Baedeker vor dem viertelstündigen Schlangestehen warnt. In der Karlsbader Sprudelhalle trugen Richtungsschilder wie „Rechts gehen" dazu bei, das Gedränge in Grenzen zu halten. Weitere Anweisungen fanden sich als ortspolizeiliche Vorschriften innerhalb und außerhalb der Kolonnaden: eine Liste von Ge- und Verboten, die den öffentlichen Raum beherrschten: „Reinlich kleiden und anständig benehmen", „Keine Hunde", „Rauchen verboten". Soziale Unterschiede wurden toleriert, solange die Einhaltung der vorgeschriebenen sozialen Verhaltensregeln gewährleistet war, denen Polizeipatrouillen, Brunnen- und Promenadenwarte Geltung verschafften. „Jeder muß sich in diesem großen Gedränge mehr oder weniger fremd fühlen", schloss derselbe Karlsbad-Gast, „und sich damit begnügen, dem Gebot der Stunde zu gehorchen."

Auch die moderne Architektur der Trinkkur spiegelte dieses Gebot. Die neuen Kolonnaden, der Karlsbader Sprudel (1879) und der Marienbader Kreuzbrunnen (1889), machten aus der traditionellen Wandelhalle einen geräumigen Behälter, dessen freiliegende, mit Glas verkleidete Eisenkonstruktion viel eher an einen Bahnhof oder an Kaufarkaden erinnerte - gerade an die Bautypen, die das der expandierenden Industriewirtschaft verpflichtete 19. Jahrhundert hervorgebracht hatte. Massengefertigte Materialien wie Eisen und Glas reduzierten die Kosten und ermöglichten eine rasche Montage; beide Kolonnaden wurden in weniger als einem Jahr errichtet. Diese überdachten Eingangshallen, hundert und mehr Meter lang, waren so konzipiert, dass man im Gehen bequem konsumieren konnte: Heilwässer, Quellenprodukte und ebenso Marktwaren. Trinkend promenierten die Kurgäste, deren Zahl in der Hochsaison in die Tausende ging, an großen Glasvitrinen vorbei, welche die Mauern der Sprudelhalle säumten und Salze, Seifen, Puder und Pastillen zur Schau stellten: Produkte aus karbonisiertem Sprudelwasser, die außerhalb der Kolonnaden käuflich zu erwerben waren. Am anderen Ende der Kolonnaden wurde der Karbonisationsprozess selbst in fünf großen, freistehenden Vitrinen demonstriert, jede von ihnen vollgestellt mit Schalen, in denen sich frisch kristallisierende Salze absetzten. In Marienbad waren Boutiquen oder kleine Verkaufsstände direkt in die Innenwand der Kolonnaden eingebaut. Sie boten all das, was ein Kurgast während seines Aufenthaltes brauchen konnte oder zu brauchten glaubte, zum Beispiel einen Kimono. Die Kolonnaden waren somit wahrhaftige Mehrzwecktreffs, wo der Kurgast trinken, wandeln, schauen und kaufen konnte.

Es hat durchaus seinen Sinn, wenn Mark Twain seine Artikelreihe über Marienbad für die *London Illustrated News* mit dem Untertitel „Eine österreichische Gesundheitsfabrik" versah. Twain hatte gleichwohl nicht nur die Trinkkur im Sinn. Er warf seine kritischen Blicke über den ganzen Ort, den Badeort gleichsam als Gesamtkunstwerk betrachtend, das Gesundheit erzeugt. Das Kurbad, wie es sich in Marienbad und seinen Schwesterbädern Karlsbad und Franzensbad darstellt, figuriert als Modell einer Dienstleistungsindustrie: diese Industrie produziert Ortsqualität, die von einem einzigen Aspekt bestimmt wird. Man bedenke nur die beachtliche Anzahl von Wortzusammensetzungen mit Kur-, die wir benutzen, um Bäder und Bäderleben zu beschreiben: Kurarzt und Kurgast, Kurliste und Kurtaxe, Kurmusik und Kurgarten, Kurort und Kurverwaltung. Doch war die heilende Kraft der örtlichen Mineralwässer nicht die alleinige Quelle für den Erfolg dieser Bäder; sie entwickelten auch und hielten sich an eine Gewinnformel. Bei seiner Ankunft im Bad trat der Kurgast in ein kontrolliertes Umfeld ein, kunstvoll konzipiert und ebenso präzise gemanagt. Ein Ort, der unter der

Kontrolle der Bilder stand, die er selbst projizierte: sicher und sauber, komfortabel und amüsant, tolerant, aber diszipliniert. Diese Bilder sprachen das international wachsende und zunehmend mobile, bürgerliche Publikum an.

Rückblickend erkenne ich nun, dass die Verwirrung, die zwischen Vergangenheit und Gegenwart der böhmischen Bäder zu herrschen schien, weit tiefer griff, als dass sie nur Straßennamen betroffen hätte. Heute wirkt das böhmische Kurbad von vor hundert Jahren bemerkenswert vertraut. Vertraut zumindest für diejenigen unter uns, denen die thematisch orientierte Parkkultur ein Begriff ist, die der von der Disney Corporation geprägte Geschmack über die ganze Welt verbreitet. Heutige monothematisch geprägte Umgebungen, wie Kurbäder, werden arrangiert, kontrolliert und sind profitgesteuert. Sie setzen in Design und Management auf dieselbe Gewinnformel, wobei sie ein ähnliches Image-Sortiment beschwören wie Böhmens Bäder vor hundert Jahren.

Marie Riegerová betrachtete zwar ihr Exil in Franzensbad als Angriff auf ihre tschechische Identität, ihr Gefühl von Deplaciertheit mag 1877 aber auch etwas vorweggenommen haben, was sie sich zu ihren eigenen Lebzeiten niemals hätte vorstellen können. Denn die Ausformung kultureller Identität ist heute stärker durch die globale Gesellschaft bestimmt als durch die kulturelle Zugehörigkeit zu einer bestimmten Ethnie. Daher mag es gar nicht so abwegig erscheinen, dass Westböhmen sich in nicht allzu ferner Zukunft mit neuen Straßenschildern versehen wird: auf Tschechisch, Deutsch, Russisch, Englisch und Arabisch - eben jenen Sprachen, die wir im Angebot der pfiffigen, neuen Marienbader Website finden. Sie begrüßt uns mit „Welcome to Disneybad!"

Prager Cafés

Josef Kroutvor

Vor dem Ersten Weltkrieg teilte sich Prag in zwei Lager, ein deutschsprachiges und ein zweites größeres, das Tschechisch sprach. Die Grenzen freilich waren nicht eindeutig gezogen, sie verliefen in unerforschlichem Zickzack durch die ganze Stadt. Es gab ein wechselseitiges Zurückweichen, Lücken, aber auch Überschneidungen und schwer auseinanderzuhaltende Verschlingungen und durchmischte

Gesellschaftsgruppen. Gerade die Existenz der Cafés belegt eine spezifische Tradition der zweisprachigen Stadt und bringt viele Dogmen zum Einsturz.

Den Graben (Příkopy) hatte man stets als den deutschen Korso angesehen, die damalige Ferdinandallee (Ferdinandova třída) und heutige Nationalallee (Národní třída) dagegen als rein tschechisch. Man könnte also meinen, dass die Cafés auf den Gräben von den Prager Deutschen und den deutschsprechenden Juden besucht wurden, die Cafés auf der anderen Seite indessen von den Tschechen. So jedoch war es nicht. In die deutschsprachigen Cafés kamen auch Tschechen und ebenso verkehrten im tschechischen Umfeld deutsche Gäste. Die Cafés teilten die Gesellschaft nicht nur, sondern verbanden sie auf höherer Ebene zu einem Ganzen. Nicht umsonst nannte Max Brod das Prag der Vorkriegszeit eine „polemische Stadt", und wo anders sollte man das Polemisieren lernen als in einem Café. Das Café - oder eigentlich Kaffeehaus - war immer eine offene, mehr oder weniger liberale Einrichtung gewesen. Über Jahre hinweg konnten dort zwei völlig verschiedene Gesellschaften von Stammgästen nebeneinander sitzen, ohne dass die Ethik des Kaffeehauslebens in irgendeiner Weise gestört worden wäre.

Zu einer ungewöhnlichen Blüte der Cafés trug vor allem der Jugendstil bei, das goldene Zeitalter der Kaffeehauskultur. Der Jugendstil erdachte nicht nur Bahnhöfe und Museen, ausladende Damenhüte, Korsos und Spazierstöcke, er schuf auch elegante Unternehmen mit schwarzem Kaffee, Milchkaffee und Zeitungen. Viele dieser Kaffeehäuser sind schon lange verschwunden, änderten ihre Namen, wurden umgebaut, andere jedoch haben sich bis heute gehalten und leben wie durch ein Wunder wieder auf. Mit dem Wachsen der Städte und der zunehmenden öffentlichen Beleuchtung entwickelt sich auch eine neue, typisch urbane Erscheinungsform nächtlichen Lebens. Cafés leuchten bis spät in die Nacht und locken Besucher an wie das Licht der Laternen, wie Leuchttürme. Für manch eine Existenz ist das Café ein zweites Zuhause, vielleicht sogar das einzige.

Zu den ersten Jugendstilcafés gehörte das heute nicht mehr existente Café *Corso* auf dem Graben, ein Werk des Architekten Friedrich Ohmann. Es entstand als einer der ersten Prager Jugendstilbauten in den Jahren 1897-1898. Zu dieser Zeit vollendete Ohmann gerade das Interieur des Varietés im Prager Stadtteil Karlín, und es hat ganz den Anschein, als habe ihm auch auf dem Graben die leichte Muse die Hand geführt. Dem Haus, als Ganzes eher Standard, ist eine Fassade mit reicher Stuckdekoration vorgesetzt - wie von einem kunstfertigen Zuckerbäcker. Die Ausmalung der Fassadenflächen besorgte Viktor Oliva, der im übrigen der mondänen Welt durchaus nahestand. An der Gestaltung des Interieurs war Arnošt Hofbauer beteiligt, Maler und auch Schöpfer der ersten künstlerisch wertvollen tschechischen Plakate. Das Café war im ersten Stock untergebracht und hatte einen Balkon, der von einer Markise geschützt wurde.

Ein Prager Adressenverzeichnis aus dem Jahr 1896 unterteilt die Cafés in große, kleine und übrige; große werden dreißig angeführt! Was die Zahl betrifft, so sitzen sie auf dem Graben am dichtesten beieinander: neben dem *Continental* und *Central* gibt es hier noch das *Adrie*, das *Modrá hvězda* (Blauer Stern), die *Vídeňská kavárna* (Wiener Café) und die *Francouzská kavárna* (Französisches Café). Es folgen die Cafés auf der Ferdinandallee, auf dem Wenzelsplatz (Václavské náměstí) in der Vodičkovagasse (Vodičkova), Heinrichgasse (Jindřišská), Korngasse (Žitná) und dem Altstädter Ring (Staroměstské náměstí). Von den „übrigen" Cafés verdient das von Frau Rozalie Špírková in der Ledergasse (Kožná ulička) besondere Aufmerksamkeit, das den poetischen Namen *Dva kominíci* (Zu den zwei Kaminkehrern) trug. Sehr oft finden sich als Besitzer der ersten kleinen Bistros Frauen im Adressenverzeichnis angeführt - Cafetieren, Kaffeehauswirtinnen. Ein Jahr später, also 1898, erscheint im Adressenverzeichnis bereits ein neues Café mit dem Namen *Corso*, bei dem auch eine Telefonnummer angegeben ist (2132). Auch das Café *Slavia* beim Nationaltheater und das Café *U zlatého anděla* (Zum goldenen Engel) in der Zeltnergasse (Celetná) sind telefonisch erreichbar. Kleinere Cafés haben kein Telefon und bei den unter „übrige" aufgeführten braucht man gar nicht erst danach zu suchen.

Das Café *Metropol* an der Ecke von Vodičkovagasse und Wenzelsplatz war Lieblingstreffpunkt der Mitglieder des Künstlerbundes *Mánes*, die dort auch mit dem Übersetzer und großen Frankophilen Hanuš Jelínek zusammenkamen. Die Herrschaft über das Café hatte damals schon Herr Suchánek, der Ober, der später im Café *Union* und im Café *Arco* auf der Iberischen Straße (Hybernská ulice) seines Amtes waltete. Als Treffpunkt von Künstlern und Literaten erscheint das *Metropol* auch auf einem zeitgenössischen Plakat, das Oldřich Homoláč für *Lumír*, eine Wochenzeitschrift für Kunst, entworfen hatte. Am Tisch sitzt eine anmutige junge Dame mit Hut und lauscht einem Jüngling, wohl einem jungen Dichter. Damen sind im Jugendstilcafé willkommen, sie gehören dazu, runden seine Atmosphäre ab.

Als die Lichter der Kaffeehäuser verloschen, nahm das gesellschaftliche Leben seinen Fortgang in den Kabaretts und Nachtlokalen. Zu den am meisten besuchten Orten gehörte das in der Řetězová (Kettengasse) gelegene *Montmarte* in der Prager Altstadt. Geradezu unvorstellbar, wer hier alles zu Gast war: Bass, Brunner, Gellner, Hašek, Meyrink, Brod, Werfel, Pick, Laurin, Kisch, Urzidil und wohl auch Kafka - Tschechen und Deutsche also, Prager Juden, Literaten, Maler und Tänzerinnen, auch Damen aus der Halbwelt, die *demimondky*. Im *Montmartre* wurde der erste Tango getanzt; beliebt waren auch die so genannten „Apachentänze" der Pariser Boheme. Aber es soll nicht nur bei Geschichten und Geschichte bleiben: vor kurzem wurde das *Montmartre* nach gründlicher Renovierung wieder eröffnet. Das ehemalige Kabarett ist jetzt vor allem Café, auch wenn hier Chansons zu hören sind und kabarettistische Lieder mit Programmeinlagen.

Nachdem am oberen Ende des Wenzelplatzes das Nationalmuseum errichtet worden war, gewann dieser Bereich sehr schnell an Bedeutung. Der Wenzelsplatz wurde zum neuen gesellschaftlichen Zentrum, wo bessere Hotels, Cafés und Restaurants natürlich nicht fehlen durften. Im Geist des Jugendstils wuchs das neue Hotel *Arcivévoda Štěpán* (Erzherzog Stefan) empor, das heutige *Evropa* (Europa), in dessen Erdgeschoss ein elegantes Café eröffnete. Zwei von Ohmanns Schülern, Alois Dryák und Bedřich Bendelmayer, führten den Bau von 1903 bis 1905 aus. An der Ausgestaltung des Interieurs beteiligte sich unter anderem auch Jan Letzel, der später Prag den Rücken kehrte, um im entfernten Japan zu arbeiten. Von ihm stammt, nur nebenbei bemerkt, das Gebäude des Industriemuseums in Hiroshima, dessen Eisenbetonkonstruktion als einzige Gebäudekonstruktion die Atomkatastrophe überstand. Der Raum des Cafés im ehemaligen *Arcivévoda Štěpán* wurde großzügig konzipiert - als Nobelvestibül mit oberer Galerie, die Blick auf das gesellschaftliche Treiben im Erdgeschoss bietet. Denn das gesellschaftliche Leben ist ein Ereignis, ist Präsentation, Theater und Modenschau. Das *Evropa* repräsentierte den Typus „Konzertcafé"; eine kleine Schrammelmusik spielte mit bekannten, gefälligen Melodien auf.

Schon vor dem Ersten Weltkrieg hatte die tschechische Kunst ihr natürliches Zentrum auf der heutigen Nationalallee gefunden, genauer an der Ecke von Nationalallee und Auf dem Pernstein (Na Perštýně). Dort, wo heute das *Albatros* steht, eine ziemlich hässliche moderne Schachtel, stand einst die legendäre *Unionka*, das Café *Union*. Es war kein besonders elegantes Café; seine Räume verzweigten sich in einem alten Barockhaus. Aber um Eleganz ging es gar nicht und niemand vermisste sie hier. Die *Unionka* hatte etwas ganz anderes zu bieten - eine freundschaftliche, anregende und kreative Atmosphäre, die bildende Künstler, Literaten und andere ihnen verwandte Seelen anzog. Mindestens drei Generationen hat die *Unionka* erlebt: die älteste war noch im 19. Jahrhundert verwurzelt, die jüngste gab sich schon ganz den modernen, radikalen Strömungen hin.

Das Café selbst war ein kleines Labyrinth, denn es bestand aus einer Reihe von kleineren Räumen, Salons und Salönchen. Ein Zimmerchen war angesehenen Universitätsprofessoren vorbehalten, ein anderes speziell Künstlern, im nächsten stand ein Billardtisch, weitere Teile und Ecken bevölkerten Schachspieler, Esperantisten, Journalisten und auch tschechische Juden. Und schließlich erblickte gerade in diesem Café der tschechische Kubismus das Licht der Welt, eine Bewegung, die in einem kühnen Verständnis auch als neuer, moderner Lebensstil galt. Nirgendwo anders in der Welt entstanden kubistische Häuser, nur in Prag, nirgendwo sonst fand der Kubismus eine solche Verbreitung. In dem heruntergekommenen Café im ersten Stock träumte man von der Zukunft, begegneten sich neue Gedanken und Richtungen. Hier kaufte man für das von den Gästen gespendete Kleingeld Derains Großgemälde *Die Badenden*, das heute der Stolz der Nationalgalerie ist.

Schon 1923 zogen düstere Wolken über der *Unionka* auf, es sah ganz danach aus, als würde das Café definitiv geschlossen. Damals schrieb Karel Čapek für die *Lidové noviny* den aufrüttelnden Artikel *Ohrožená památka* (Denkmal bedroht). Er setzte sich beherzt für das abgeschriebene Unternehmen ein und hob dessen Verdienste um die Entstehung der modernen tschechischen Kunst hervor.

Čapek meinte, die *Unionka* sollte als genius loci zum Schutzreservat erklärt werden. Gesetzlich schützen sollte man auch das dortige Geheimrezept für schwarzen Kaffee! Das Café hielt dem ersten Ansturm stand und überlebte noch die ganze Erste Republik. Zu seiner Schließung kam es erst am 18. März 1941, in der Zeit des Protektorats. Das letzte Häuflein treuer Gäste versammelte sich schon am Morgen und wartete den ganzen Tag über auf den Beamten von der Stadtverwaltung. Es war ein trauriger Abschied, aber noch war es kein definitives Ende, noch war es kein Begräbnis.

Für kurze Zeit eröffnete die *Unionka* nach dem Krieg wieder, dann aber kam das Jahr 1948 und mit ihm der kommunistische Umsturz. In den Räumen des Cafés wurde eine Werksküche eingerichtet, ein Betrieb für gemeinschaftliche Verpflegung. 1949 wurde das alte Haus abgerissen und in seinen Trümmern versank auch die *Unionka*. Nichts blieb übrig, außer den Erinnerungen der Zeitgenossen und ein paar Fotografien. Der alte bizarre Eckstein mit dem Mohrenkopf, der irgendwann einmal in die Hauswand eingemauert worden war, endete im Lapidarium.

Mit dem Café *Union* auf dem Pernstein konnte nur das Café *Arco* konkurrieren, das sich gleich gegenüber vom Masaryk-Bahnhof an der Ecke von Iberischer Straße und Pflastergasse (Dlážděná) befand. Im *Arco* verkehrten vor allem die deutschen Literaten, deren Kreis Karl Kraus treffend als Arconauten bezeichnete. Hier wurde fröhlich gewerfelt, gebrodelt, kafkaisiert und gekischt und gerade im *Arco* traf Milena Jesenská ihren ersten Mann, Ernst Pollack, eine Kaffeehausexistenz par excellence. Das Interieur, von Jan Kotěra entworfen, erinnerte ziemlich stark an einen Lese- oder Studiersaal. Im *Arco* sahen die Gäste die neuesten Nummern der ausländischen Journale durch und informierten sich über das kulturelle Weltgeschehen. Das Angebot war breit, wohl das beste in Prag, und so kamen nicht nur Deutsche hierher, sondern auch Tschechen.

Bei einer dieser Blättereien im *Arco*, wie V. V. Štěch schreibt, wurde 1907 die Idee von *Artěl* geboren. Die neue Vereinigung, eine tschechische Form der *Wiener Werkstätte*, bemühte sich, durch ein Angebot an künstlerisch und handwerklich wertvollen Gebrauchsgegenständen zu annehmbaren Preisen das Niveau des allgemeinen Geschmacks zu heben. Mit dem Café *Arco* verbindet sich auch eine Erzählung von Johannes Urzidil - *Nacht des Schreckens*. Geschildert werden die dramatischen Geschehnisse um das Treffen zweier

Männer, die sich hier zu später Nachtstunde vor einer Militärstreife verbergen. Einer von ihnen ist ein gesuchter Mörder, der andere nur ein verspäteter Besucher. Und schließlich haben sich vom *Arco* aus Max Brod und Franz Werfel auf den Weg zu Professor Masaryk gemacht, um die Kriegskatastrophe abzuwenden. Wie wir wissen, vergeblich ...

Heute ist das gesamte Gebäude in einem traurigen Zustand, an den großen runden Tisch, um dem herum sich Deutsche, Juden und Tschechen polemisierend vermischten, erinnert nicht die geringste Spur.

Der *Unionka* gleich gegenüber befand sich im ersten Stock das Café *Louvre*. Es mag den Anschein haben, dass zwei so nah beieinander gelegene Cafés sich überflüssig Konkurrenz machten; dem aber war nicht so. Im *Louvre,* wie schon der Name vermuten lässt, verkehrte eine andere Gesellschaft, verkehrten andere Menschen. Max Brod erinnert an die Besuche aus dem Kreise deutscher Philosophen, angeblich war das Café so etwas wie eine Dependance der deutschen Universität. 1911 konstituierte sich hier die Gruppe *Sursum*, die die letzten Vertreter der literarischen Dekadenz vereinigte. Wer kennt heute noch den Dichter Josef Šimánek oder Maryša Šárecká? Den Literaten schlossen sich jedoch auch einige interessante bildende Künstler an, und diese gaben der Gruppe ihr eigenes Gepräge. Josef Váchal schuf Mitgliedsausweis und Stempel und führte ein Kassenbuch, das er selbst illustrierte.

Als 1926 ein Kreis begeisterter Linguisten am Abend die Philosophische Fakultät verlassen musste, wechselten sie ins *Louvre*. Es war der philosophische Geist Brentanos, der sie hierher lockte. Der Prager Linguistische Zirkel mit Vilém Mathesius, Roman Jakobson und Jan Mukařovský an der Spitze ist heute ebenso weltbekannt und weltberühmt wie der Kreis der Wiener Psychoanalytiker. Nach dem November 1989 wurde das Café samt den Überresten der Stuckdekoration instandgesetzt, bekam aber den amerikanisch anmutenden Namen *Gany's* (heute wieder *Louvre*), in dem der Besucher den Mundschenk der griechischen Götter, den mythologischen Ganymed, kaum erkennen wird. Die Linguisten würden sich wundern, was Sprache nicht alles vermag, vielleicht wären sie ja sogar begeistert von den Errungenschaften der nachrevolutionären Poetik.

Um 1930 ist Prag bereits eine anerkannte europäische Hauptstadt mit einer modernen Architektur, einer eigenen Kultur und einer eigenen gesellschaftlichen Repräsentation. Die Cafés buhlen um die Gunst des Publikums und überbieten sich gegenseitig an Luxus. Le Corbusier war vom Anblick der Stadt angeblich so überrascht, dass ihm Prag im Vergleich zu Paris allzu weltverfallen erschien. Ein Café voller Spiegel hielt er für eine Geschmacksverirrung. Die 30er Jahre vollenden die Utopie der „Caféstadt" als einer einzigen unendlichen Passage. Karel Honzík schreibt hierzu: „In den 30er Jahren war fast der gesamte Wenzelsplatz bis in den ersten Stock (und höher) mit Cafés gesäumt, deren Räumlichkeiten bis hinten auf die Höfe drangen, bis in die Blocks, bis zu den anliegenden Hauptstraßen; wären die Trennwände abgebrochen worden, hätte man durch fast das ganze Zentrum von Prag wie durch ein einziges Café spazieren können."

1932-1933 kam es zu einer umfassenden Renovierung des Café *Slavia*, bei der auch die großen, breiten Fenster in die Mauer geschlagen wurden. Heute erscheinen uns diese „Panoramafenster", wie man sie damals nannte, als der hauptsächlichste Vorzug, seinerzeit schockierten sie jedoch geradezu. Auch die angesehene Zeitschrift *Styl* warnte vor einer unangebrachten Renovierung des Parterres: „Es steht zu befürchten, daß man in unmittelbarer Nachbarschaft des Theaters, der Hradschin-Aussicht gegenüber, womöglich zuläßt, daß auch hier der Betreiber, der dem Geschmack eines dekadenten Publikums entsprechen will, den architektonischen Aufguß eines Berliner Cafés plant und die so empfindliche Ecke verschandeln wird, die im Baedeker Anspruch auf drei Sterne erhebt, genau wie die Piazza della Signoria in Florenz oder St. Marino in Neapel." Dennoch, das Befürchtete geschah, die Idee des neuen Besitzers Václav Fišer setzte sich durch. Unbarmherzig beseitigte die bauliche Revolution die letzten Reste des 19. Jahrhunderts; eine neue Ära beginnt, die des modernen, eleganten und auch modischen Café *Slavia*.

Die Entwürfe für diesen einzigartigen Umbau aus dem Jahr 1932 schreibt Hana Žantovská Prof. Oldřich Stefan zu, einem bekannten Historiker des tschechischen Barock. Neben Oldřich Stefan taucht aber auch ein anderer Name auf: ein gewisser Architekt Kester, vielleicht auch Koestler, Spezialist für die Renovierung von Cafés, Restaurants und Bars. Dem Namen nach zu urteilen, könnte es sich um einen jüdischen Emigranten aus Deutschland handeln, von denen es damals in Prag schon etliche gab. Und natürlich brauchten diese Leute dringend Geld, arbeiteten häufig ohne Arbeitserlaubnis und damit auch ohne Möglichkeit, sich zur eigenen Arbeit zu bekennen. Die radikale Erneuerung des Interieurs brachte völlig neue Elemente ein, die zu einer Umwertung in der bisherigen Tradition führten. Die neue Gestalt des Cafés zeigte deutliche Einflüsse aus Paris, aber auch aus Berlin. Zum Symbol der Veränderung wurden nicht nur die breiten Fenster, sondern auch das Kreismotiv an der Decke, und zwar dort, wo sich die beiden Flügel des Gebäudes trafen. Der Kreis deutet so etwas wie eine Kuppel an, ein typisches Motiv, womöglich übernommen aus dem berühmten Künstlercafé *La Coupole* auf dem Montparnasse.

Die großen Berliner Cafés wurden während des Kriegs völlig zerstört und so können wir heute kaum mehr möglichen Einflüssen auf das Café *Slavia* nachspüren. Lediglich die schmiedeeisernen Ziergitter, die Marmortäfelung und auch die Dekorvasen, die goldene und schwarze Mosaike kombinieren, deuten in jedem Fall auf eine nicht-französische Inspirationsquelle hin. In den 20er Jahren lebte Berlin ein hektisches Gesellschaftsleben und zog neben anderen deutschen und jüdischen Literaten auch Franz Kafka an. Im 19. Jahrhundert freilich standen die Prager Kaffeehäuser unter dem direkten Einfluss Wiens, aber schon damals eröffnete in Prag ein erstes französisches Café. Im 20. Jahrhundert überwiegen französische Einflüsse, Paris wird zum anerkannten Maßstab für Eleganz und zum gesellschaftlichen Idol.

Symbol der Prager Cafés wurde Viktor Olivas berühmtes Bild *Der Absinthtrinker* (*Piják absintu*) im Café *Slavia*. Heute wird das Original leider von einer Kopie ersetzt, aber auch so vermittelt uns das Bild eine Ahnung davon, was es hieß, eine „Kaffeehausexistenz" zu sein und was der Ausdruck „Kaffeehausliterat" meint. Ohne Café kommen Künstler, Journalisten, Intellektuelle und überhaupt Menschen, die Gesellschaft lieben, schwerlich aus. Es ist kein Zufall, dass der Umschlag von Peter Bechers gesammelten Essays und Feuilletons mit dem Titel *Zwischen München, Prag und Wien* ausgerechnet ein Detail aus Olivas Bild zeigt.

6. Miteinander und Gegeneinander

Böhmerwald: Grenzwall und Brücke

Václav Maidl

Der Böhmerwald, eines der Gebirge aus dem Kranz der böhmischen Grenzmassive, zeichnet sich durch seinen rauen, unzugänglichen, unfreundlichen Charakter aus, obwohl seine Gipfel nicht höher sind als die des Riesengebirges. Dieses Bild ist sowohl in der deutschen wie in der tschechischen Gesellschaft überliefert. Es ist das Urbild, das weitere Bilder hervorruft: Der Böhmerwald wurde als natürliche Schranke betrachtet, die das Land vor dem Einfall feindlicher Heere schützte, als unberührtes, nur schwer zu kultivierendes Gebiet. So verwundert es nicht, dass diese Landschaft die Tradition der Choden und „künischen Freibauern", der Wächter der Grenze, hervorgebracht hat. Gleichzeitig aber war sie auch eine Herausforderung an den Scharfsinn und die Erfindungsgabe des Menschen. So verbinden sich mit dem Böhmerwald Traditionen einer allmählichen Eroberung und Kultivierung.

Eroberung und Verteidigung sind zwei Seiten ein und derselben Medaille: das Territorium musste erobert und abgegrenzt, zugleich aber verteidigt werden. Drei Verben lassen sich schnell verbinden, und ein Satz schreibt sich leicht, die territorialen Verhältnisse im Böhmerwald jedoch blieben über lange Zeit hin unbeständig. Unsere heutige Vorstellung von einem geschlossenen Gebirgswall, an dessen Kamm die Grenze zwischen zwei Staaten verläuft, wird brüchig, wenn wir uns zum Beispiel nur vergegenwärtigen, dass das Gebiet von Sušice (Schüttenhofen) noch im 13. Jahrhundert als Mitgift von den Přemysliden an die Grafen aus dem bayerischen Bogen gegangen war. Doch lockt jedwede Grenze zur Überwindung: Als erste bahnten sich wohl Kaufleute den Weg durch den Böhmerwald, dann Pilgermönche und Einsiedler, Jagdgesellschaften und Kriegerscharen. Das Bild vom Böhmerwald gewinnt damit erstmals jene später traditionellen Züge, die von menschlicher Tätigkeit geprägt sind. Die Otava (Ottawa) galt den Menschen von altersher als goldführender Fluss; seit der Jahrtausendwende kam das Gold aber auch auf dem Handelsweg zwischen dem bayerischen Passau und dem böhmischen Prachatice (Prachatitz). Der „Goldene Steig", wie er zu Beginn des 16. Jahrhunderts genannt wurde, brachte beiden Städten eine Blüte, wenn auch nicht mit Gold, sondern hauptsächlich mit

Salz und Getreide gehandelt wurde. Gold prägte das Gesicht des Böhmerwalds auch später: Seine Förderung ließ im 14. Jahrhundert das Bergbaustädtchen Kašperské Hory (Bergreichenstein) entstehen, auch die Burg Kašperk (Karlsberg), einer der markanten Punkte im innersten Böhmerwald.

Während durch den südlichen Böhmerwald die Handelsader pulsierte, knüpften sich im nördlichen Teil geistliche Verbindungsfäden. Nicht über einen Steig im Gebirge, sondern wohl über den Pass von Všeruby (Neumark) gelangte bereits im 10. Jahrhundert der Regensburger Bischof Wolfgang hierher. Auch wenn er sich vor allem als Missionar in Ungarn einen Namen machte, so lassen die ihm geweihten kleinen Kirchen in Zelená Lhota (Grün), im benachbarten Chudenice (Chudenitz) und im etwas weiter entfernten Egerland (Chebsko) ahnen, dass seine Gegenwart auch diese Landschaft geprägt hat. Und nicht nur den Böhmerwald: Wer denkt heute noch daran, dass die Prager Diözese im Jahr 973 ohne die Zustimmung des Regensburger Bischofs, aus dessen Gebiet sie herausgelöst werden musste, wohl kaum entstanden wäre?

Nur ein halbes Jahrhundert später wählte ein anderer Mönch aus einem anderen Grund den Weg durch das unwegsame Gebiet. Einige Chroniken aus Böhmen sehen in ihm zwar einen Spion und Verräter, der seine Ortskenntnis dazu missbraucht habe, auf einem nur ihm bekannten Weg die Krieger Kaiser Heinrichs III. über den Böhmerwald zu führen, damit sie dem tschechischen Heer, das den Feind wie üblich am Pass von Všeruby (Neumark) erwartete, in den Rücken fallen konnten. Es war aber wohl eher die Einsamkeit, die den Benediktiner Günther bzw. Vintíř gegen Ende seines ausgefüllten, ereignisreichen Lebens hierher gelockt hatte. Er hatte sie weder im Kloster Niederaltaich noch in Rinchnach finden können, wo er selbst ein Kloster gegründet hatte, er fand sie erst auf der anderen Seite der Berge in der Gegend von Dobrá Voda (Gutwasser). Auch Günthers markante Erscheinung blieb nicht auf den Böhmerwald beschränkt, wo bis heute der Günthersfelsen (Vintířova skála) und die Bezeichnung Günthersteig (Vintířova stezka) an ihn erinnern. In Prag wusste man sehr gut, wo in den Grenzwäldern er zu finden war. Der Eremit im Böhmerwald sollte sich so als Diplomat in den Verhandlungen zwischen Heinrich III. und dem Fürsten Břetislav bewähren. Die große Verehrung, die er bei seinen Mitbrüdern genoss, fand ihren Ausdruck darin, dass seine Gebeine noch im Todesjahr nach Březnov in das erste böhmische Männerkloster überführt wurden. Und wieder Jahrhunderte später reiste der Maler Cosmas Damian Asam von Bayern über das Grenzgebirge, um in der Kirche von Březnov den Benediktinereremiten in einem Deckenfresko zu preisen...

Erst später, um die Mitte des 13. Jahrhunderts, verbreiteten sich Klöster, die damaligen Zentren der Bildung, im Böhmerwald, in dichter zeitlicher Folge und konkurrierender Allianz: In enger Nachbarschaft entstanden an den Ufern der Moldau das Zisterzienserkloster Vyšší Brod (Hohenfurt), das zur Herrschaft der mächtigen Rosenberger gehörte, und, auf königlichem Boden, das Zisterzienserkloster Zlatá Koruna (Goldenkron). Das hohe geistliche Niveau beider Klöster belegen die Madonnenbilder, Zeugnisse vollendeter gotischer Kunst in Böhmen, die sich heute in der Nationalgalerie in Prag befinden.

Das 13. Jahrhundert war für die Eroberung und Verteidigung des Böhmerwalds überhaupt von großer Bedeutung. Das Hohenfurter Kloster konnte sich bereits auf die damals neu errichteten Burgen in Rožmberk (Rosenberg) und Český Krumlov (Krumau) verlassen; Vítkův Kámen (Wittingshausen), das praktisch direkt auf der Grenze steht und später im literarischen Werk Adalbert Stifters seine Monumentalisierung erfährt, vervollständigt die Trias der Rosenbergerfestungen aus dieser Zeit. Obwohl diese Burgen in erster Linie die südwestliche Grenze des Rosenberger Dominiums bewachten, bildeten sie zusammen mit Rýzmberk (Riesenberg) und Klenová (Klenau) im Nordwesten des Böhmerwalds einen zusammenhängenden Verteidigungsgürtel, der an seinen beiden Enden bald um die kleineren Burgen Pajrek (Baiereck) und Strážný (Kuschwarda) ergänzt wurde. Zwischen ihnen erstreckte sich der Böhmerwald wie ein mehrfach geflochtener grüner Strang. Einer zusätzlichen Verteidigung durch Menschenhand bedurfte er in seinem zentralen Teil nicht, denn das Gewirr seiner Urwälder und Sümpfe sicherten ihn und das dahinter liegende Land zur Genüge. Die mächtigen Burgen Velhartice, Rabí und schließlich Kašperk verstärkten das Verteidigungssystem, in das sich auch die am Fuße des Böhmerwalds entstandenen Städte gut einfügten: Klatovy (Klattau), Sušice (Schüttenhofen), Kašperské Hory (Bergreichenstein), Vimperk (Winterberg), Prachatice (Prachatitz), Český Krumlov (Krumau), České Budějovice (Budweis). Der Verteidigungswall im

Südwesten des Böhmischen Königreichs war um die Mitte des 14. Jahrhunderts vollendet.

Nach dem tatenreichen 13. und 14. Jahrhundert blieb die Gestalt des Böhmerwalds für einige weitere Jahrhunderte praktisch unverändert; lediglich einige Burgen verwandelten sich in Schlösser, andere gingen unter. Auch die Städte und Klöster durchlebten Blüte und Verfall im geschichtlichen Rhythmus des Böhmischen Landes. Neue Siedlungen entstanden nur allmählich, nur allmählich drang man gegen den Lauf der Flüsse und Bäche in höhere Lagen vor. Neben den Kolonisten und den freien, unmittelbar dem König untergebenen Bauern, die auch Wächterdienste versahen, belebten den Böhmerwald ab dem 16. Jahrhundert Eisenhammer und ab dem 17. Jahrhundert Glashütten, die ohne Köhler und Aschenbrenner nicht auskommen konnten. Als dann im 18. Jahrhundert der Wald als Quelle wirtschaftlichen Wohlstands entdeckt wurde, veränderte ein reges Treiben das im Grunde noch immer ursprüngliche Gesicht des Böhmerwalds einschneidend: Holzabbau in großem Stil setzte ein.

Der technische Erfindergeist beschränkte sich nun nicht mehr auf die Errichtung von Schranken, sondern schuf auch Verbindungslinien. Noch im 18. Jahrhundert begann dank des Schwarzenbergschen Schwemmkanals das Wasser „über die Kupp'n" nach Österreich zu fließen - natürlich mit den zu Holzscheiten verarbeiteten Böhmerwälder Baumriesen. Im ersten Drittel des 19. Jahrhunderts wird bereits eine Pferdeeisenbahn zwischen Budweis und Linz eröffnet. Nachdem die Eisenbahn den Böhmerwald zunächst über Domažlice (Taus) und Furth umgangen hatte, überwindet sie ihn seit den 1870er Jahren bei Železná Ruda (Eisenstein) und seit Beginn des 20. Jahrhunderts auch bei Nové Údolí (Neuthal) / Haidmühle.

Freilich haben nicht nur die Menschen vom „grünen Dach Europas" etwas weggeschnitten. 1870 verheerte ein gewaltiger Wirbelsturm die Wälder im zentralen, bis dahin wenig zugänglichen Bereich des Böhmerwalds. Und wenn sich auch die Eisenbahn nicht bis dorthin durchschlug, so war dennoch der Anstoß zum Bau einer Straße für schwere Lastfuhrwerke in das wilde Tal der Vydra (Widra) gegeben. Der Böhmerwald verlor endgültig den Nimbus der Unzugänglichkeit und Unberührtheit. Die Touristen begannen ihre Rechte anzumelden.

Der rechtschaffene bürgerliche Tourist des 19. Jahrhunderts war freilich keineswegs ein Abenteurer, der sich in Unsicherheiten und Risiken stürzte, er musste über den Böhmerwald etwas erfahren können. Das setzte voraus, dass Informationen verschiedenster Art über das betreffende Gebiet existierten. Und die waren seit Beginn des 19. Jahrhunderts auch zur Hand. Das Unbekannte, das Mythen und Sagen gebar - man denke an die noch vorromantischen Schillerschen *Räuber* oder den Schauplatz von Webers schon romantischem *Freischütz* -, wechselte sich ab mit Schallers rationalistisch trockenen topographischen Beschreibungen. Die 40er Jahre brachten dann die ethnographisch orientierten Skizzen Josef Ranks, die ihre Kraft aus dem exotischen Charakter ihrer Stoffe beziehen und sich vom Blick in das „verborgene Leben" der Böhmerwaldbewohner inspirieren lassen. Und sie brachten die ersten Prosawerke eines anderen gebürtigen Böhmerwäldlers, Adalbert Stifters, der dem Gebirge in dichterischer Form historische Dimension verlieh und gleichzeitig seine Natur ins Monumentale erhob.

Stifter und Rank stehen am Beginn der eigentlichen literarischen Gestaltung des Böhmerwalds, doch jeder von ihnen schafft einen anderen Typ von Literatur. Ranks Buch *Aus dem Böhmerwalde* bevorzugt sachliche Information und nimmt die späteren Touristenführer durch den Böhmerwald vorweg, die den Büchermarkt ab den 70er Jahren überschwemmten - ein auffälliger Zusammenhang mit der Entwicklung der Eisenbahn! Es deutet aber auch voraus auf die heimatkundlichen und folkloristischen Bemühungen, die in den Werken von Josef Blau und Gustav Jungbauer ihren Höhepunkt erreichen. Der Verzicht auf künstlerische Ambitionen, die Ausrichtung auf eine breite Leserschaft, die eher den Kalendergeschichten huldigt als der klassischen Literatur, zeigen Rank einmal mehr als Autor von Unterhaltungsliteratur, die auf den momentanen Erfolg abzielt.

Die Stiftersche Linie biedert sich dem Leser nicht an, sie hält hartnäckig an ihrer Ausdrucksform fest und vertraut auf den Gesamteindruck. In ihr wird das Bemühen deutlich, das Überzeitliche zu erfassen, von dessen Existenz der Autor überzeugt ist. Nicht das konkrete Ereignis oder die konkrete Erscheinung, sondern ihre ethische, historische, soziale und religiöse oder existenzielle Tragweite sind für ihn wichtig.

Rank hatte ganze Scharen von Nachfolgern, besonders aus den Reihen der Lehrer und unter den Redakteuren der Regionalpresse.

Freilich waren sie von sehr unterschiedlichem Niveau. Auf dem Gebiet der Unterhaltungsliteratur ließen sich Franz Isidor Proschko oder Johann Peter nennen, im historisch und heimatkundlich orientierten Bereich Josef Blau. Eine Aufzählung derjenigen, die Stifters literarischem Schaffensweg folgten, fällt wesentlich kürzer aus: in ihren besten Werken sind dies wohl Josef Meßner, Josef Gangl, Hans Watzlik und Robert Michel, ganz bestimmt aber Hans Multerer und Johannes Urzidil.

Der tschechische und der informierte deutsche Leser wird hier den Namen Karl Klostermanns vermissen. Eine Frage haben wir nämlich bisher nur am Rande berührt, da sie bis ins 19. Jahrhundert hinein keine wesentliche Rolle spielte: Der Böhmerwald war hauptsächlich von einer deutschsprachigen Bevölkerung besiedelt, die älteren Wurzeln der literarischen Kultur, die hier entstand oder sich auf diese Region bezieht, sind daher deutsch. Das aus der Wiedergeburt hervorgegangene tschechische Volk des 19. Jahrhunderts beginnt den Böhmerwald erst eine Generation später zu entdecken. Das geschieht zunächst noch im Geiste des böhmischen Patriotismus, wie bei Josef Wenzig und Jan (Johann) Krejčí, die in ihrem Buch *Der Böhmerwald* unter „naše Šumava" (unser Böhmerwald) nicht einen tschechischen oder deutschen Böhmerwald verstanden, sondern einen zu den Böhmischen Ländern gehörigen - eine Auffassung, die sich übrigens mit jener in Stifters spätem Roman *Witiko* (1865-67) deckt. Die sich mehr und mehr zuspitzende nationale Perspektive führte jedoch dazu, dass die Tschechen unter „unserem Böhmerwald" den „Böhmerwald des tschechischen Volkes" verstanden, und es dauerte nicht lange und aus ihm wurde der „vlasti hráz", der Grenzwall der Heimat, sprich: der Tschechen. Ab den 70er Jahren war somit der Böhmerwald Gegenstand zweier parallel existierender Literaturen, die sich gegenseitig freilich kaum zur Kenntnis nahmen, ja, die in Zeiten eines sich verschärfenden Nationalismus durchaus nicht mit Attacken gegen den Nachbarn anderer Nationalität geizten.

Nicht alle waren mit nationalistischer Blindheit geschlagen. Bereits in den 60er Jahren, also ganz am Anfang der nationalistischen Reibereien, rief Georg Leopold Weisel in der Regionalpresse zur Vernunft auf; Ende der 40er Jahre war er in Všeruby (Neumark) der Nachbar der tschechischen Erzählerin Božena Němcová gewesen. Der Autor Kar(e)l Klostermann, Deutscher der Geburt nach, aber

Tscheche aus freier Wahl, publizierte zunächst in deutscher Sprache. Erst seit den 90er Jahren schrieb er seine Bücher auf Tschechisch. Auch wenn er die übertriebenen nationalen Befürchtungen der Deutschböhmen karikiert, schildert er andererseits liebevoll das schwere Los seiner Landsleute in den gebirgigen Regionen des Böhmerwalds. In seinem publizistischen Schaffen ruft er zu nationaler Mäßigung auf. Josef Blau, dessen zweite Frau Tschechin war, stand in Kontakt zu tschechischen Dichterkollegen wie Alois Jirásek. Blau interessierte sich nicht nur für die deutschen „künischen Freibauern", sondern auch für die benachbarten tschechischen Choden. Mit diesem Interesse stand er nicht allein da. Den Streit zwischen den Choden und der Lamingenschen Obrigkeit hatte eigentlich G. L. Weisel schon 1848 „entdeckt". Erst zu Beginn der 80er Jahre jedoch gelangten Zeitungsausschnitte mit den Ergebnissen seiner Arbeit in die Hände von A. Jirásek. Dieser ließ sich zu einer tschechischen Version der chodischen Vergangenheit inspirieren. Ein paar Jahre später verarbeitete der bekannte bayerische Autor Maximilian Schmidt die Sage vom aufständischen Chodenbauern Kozina in seiner Erzählung *Hančička, das Chodenmädchen*. Eine weitere Variante der „Chodenrebellion" schuf 1938 Anton Schott mit seinem Roman *Um Recht und Freiheit*, der nicht so sehr nationale, sondern soziale Akzente setzt.

In der Zusammenschau mögen diese Fakten imposant erscheinen, in Wirklichkeit aber waren sie nicht mehr als wackelige Stege, die die Kluft zwischen den Nationalitäten zu überbrücken suchten, der Gewalt der nationalen Fluten aber nicht standhalten konnten. Ein natürliches Hindernis stellte der Böhmerwald im 19. Jahrhundert nicht mehr dar. Dafür entdeckten die Menschen im 19. und 20. Jahrhundert in sich selbst künstliche Hindernisse, die ihnen den Weg zueinander verstellten: Der Begriff „Eiserner Vorhang" - seinerzeit ging er auch über dem Böhmerwald nieder - trifft schmerzhaft genau. Es ist gut, dass er der Vergangenheit angehört, und es ist an uns, dass er Vergangenheit bleiben wird.

„Böhmerwald ohne Grenzen":
Der Landschaftsname gestern, heute und morgen

Bernd Stallhofer

Der Begriff Böhmerwald bezeichnet seit seiner ersten urkundlichen Erwähnung am Anfang des 10. Jahrhunderts ganz unterschiedliche Räume. Kaum ein anderer Landschaftsname Europas war im Laufe der Jahrhunderte einem derartig steten Wandel unterworfen. Die Unsicherheiten bezüglich seines Gebrauches bzw. der räumlichen Erstreckung des Waldgebietes spiegeln sich in der bis in die Gegenwart anhaltenden Landschaftsnamendiskussion wider. Dabei wird immer wieder die Frage gestellt, ob sich der Böhmerwald auf bayerischer Seite verorten lässt bzw. ob es sich um ein Gebirge in oder außerhalb von Deutschland handelt. Die in mannigfaltigen Kontexten in einer immensen Fülle von differierenden Bedeutungsgehalten verwendete Bezeichnung ‚Böhmerwald' kann zu keiner Zeit einer exakt abgrenzbaren Landschaft zugewiesen werden - es sei denn als konnotations- und ideologiefreier Klammerbegriff für die Teillandschaften Bayerischer Wald, Oberpfälzer Wald, Šumava, Český les und Mühlviertel, die eine geologische und naturräumliche Einheit bilden.

Im weiteren wird vor dem Hintergrund der Entwicklungsgeschichte des Landschaftsnamens Böhmerwald dessen gegenwärtig vorherrschender Geltungsbereich aus bayerischer, tschechischer und österreichischer Perspektive beleuchtet. Die Basis hierfür bilden qualitative und quantitative empirische Untersuchungen, die über 700 Interviews mit Bewohnern der Grenzregionen umfassen. Daneben wurden Gespräche mit mehr als 70 bayerischen, tschechischen und oberösterreichischen Akteuren - Landräten, Museumsleitern, Vorsitzenden von regionalen Verbänden und Vereinen usw. - geführt. So konnte festgestellt werden, ob bei der Bevölkerung und den regionalen Eliten kollektive Vorstellungen von der räumlichen Ausdehnung des Böhmerwaldes bestehen.

Der betrachtete Raum wird von antiken Autoren wie Aristoteles, Caesar oder Tacitus noch sehr vage als Herkynischer Wald oder Gabreta (kelt. *gabros* ‚Steinbock') umrissen und umfasst in den frühesten Erwähnungen eine sich ungefähr vom Rhein bis in die Karpaten erstreckende Waldzone. Bis zum frühen Mittelalter engt sich die Ausdehnung der Begriffe einerseits auf die Gebirgsumrandung Böhmens, andererseits auch bereits auf den Gebirgszug vom Fichtelgebirge bis zu den südöstlichen Ausläufern in Oberösterreich ein. Vom 9. bis ins 12. Jahrhundert ist die Bezeichnung Nordwald, die in einer Reihe von Schenkungsurkunden im Laufe der kolonisatorischen Erschließung des Waldgebietes erscheint, für das Gebiet von der Wondrebsenke im Norden bis ins österreichische Waldviertel im Süden gebräuchlich. Ebenso wird ab dem 12. Jahrhundert die Kurzform Wald mehrmals urkundlich erwähnt, die heute noch ihren Niederschlag in zahlreichen Ortsnamen findet: Waldsassen, Waldmünchen, Neunburg vorm Wald, Furth im Wald, Waldkirchen, u.v.m. Im allgemeinen Sprachgebrauch der Bewohner des Bayerischen Waldes herrscht noch heute die nicht differenzierende Bezeichnung „Wald" vor.

Als *silva Boemica* taucht Böhmerwald erstmals um das Jahr 905 in der Raffelstettener Zollurkunde auf. In mittelalterlichen Quellen finden sich neben der deutschen, in allen orthographischen Variationen auftretenden Bezeichnung *Beheimer walt* die lateinischen Bezeichnungen *silva Boemiae, nemus Boemicum, Boemicorum* o.ä., wobei damit nicht immer identische Räume gemeint sind. Der aus dem Urslawischen abgeleitete Name Šumava (*šuma* ‚Hochwald, dichter Wald') erscheint in den Quellen erst im 16. Jahrhundert. In der deutschen Literatur wird die Etymologie von Šumava aus dem Urslawischen durchwegs ignoriert und dieser nicht ganz richtig volksetymologisch als „der Rauschende" (vgl. im heutigen Tschechisch: *šum / šumění*; ‚Brausen, Rauschen') gedeutet.

Erst im 18. Jahrhundert verfestigt sich schließlich der Name Böhmerwald als Gesamtbegriff für den Gebirgskamm des Nordwaldes, bis im Laufe des 19. und 20. Jahrhunderts die Teilbezeichnungen Bayerischer Wald und Oberpfälzer Wald geprägt werden. Die sich entfachende Namensdiskussion ist mit der Herausbildung des staatspolitischen Bewusstseins in Mitteleuropa und dem daraus folgenden verstärkten Grenzcharakter des Mittelgebirges seit Beginn des 19. Jahrhunderts anzusetzen. Die Entdeckung des Böhmerwaldes für den Tourismus und die damit einhergehende Öffnung machte zudem eine Unterteilung der geographischen, staatlich neutralen Einheit notwendig, die immer weniger als solche empfunden wurde.

Die Folge dieser Entwicklung war eine zunehmende Unterscheidung eines bayerischen und eines böhmischen Anteils des Böhmerwaldes, wobei letzterer als Gesamtname verloren zu gehen drohte. Um die Jahrhundertwende entstand eine ganze Reihe von Reiseführern, in deren Titeln sich oft Differenzierungen niederschlagen. Neben dem Namen Bayerischer Wald werden erstmals die Teilbereiche Oberpfälzer Wald, Šumava, Český les und Mühlviertel aufgeführt. Der Oberbegriff Böhmerwald erfährt vermehrt eine umständliche Umschreibung durch „bayerisch-böhmisches Waldgebirge", „bayerisch-böhmisches Grenzgebirge" und „ostbayerisches Grenzgebirge".

Die weitere Auseinanderentwicklung des böhmischen und bayerischen Teils des Böhmerwaldes nach 1945, nach der Aussiedlung der auf böhmischer Seite lebenden deutschen Bevölkerung, bewirkte bei den Bewohnern des Waldgebietes eine voranschreitende Auflösung der mit diesem Ausdruck bezeichneten Gesamtheit. Die geschlossene Grenze („Eiserner Vorhang"), die geopolitische Situation in der Phase des Kalten Krieges und die erfolgreiche Etablierung des touristischen Markennamens Bayerischer Wald sind zudem dafür verantwortlich, dass Böhmerwald als Bezeichnung für die hohen Bereiche des Bayerischen Waldes und Oberpfälzer Waldes aus dem allgemeinen Sprachgebrauch immer mehr verschwindet. Dennoch liest man in der geographischen Nachkriegsliteratur häufig, der Begriff Bayerischer Wald bezeichne die Vorwaldbereiche, d.h. die südwestlich der Pfahllinie (Regensenke) gelegenen Gebiete, während der Name Böhmerwald für den unmittelbaren Grenzkamm gelte. Auch aus zahlreichen Atlanten und topographischen Karten geht diese Einteilungskonvention hervor.

Die politischen Veränderungen in Mitteleuropa seit 1989 haben nun zu einer verstärkten Kooperation der Grenzregionen an der deutsch-tschechisch-österreichischen Grenze im wirtschaftlichen, wissenschaftlichen, politischen und kulturellen Bereich geführt. Damit wird der Begriff Böhmerwald wiederbelebt, sowohl durch regionale gesellschaftliche Akteure als auch durch die breite Bevölkerung.

Im Juni 1999 wurde das Waldgebiet mit dem Titel *Böhmerwald - Europas Landschaft des Jahres 1999-2000 / Šumava - Evropská krajina roku 1999-2000* von der Organisation „Naturfreunde Internationale" ausgezeichnet. Es scheint, als beschränke sich der Gebrauch des Namens heute tatsächlich ausschließlich auf das Gebiet des tschechischen Šumava. Betrachtet man hingegen verschiedene Perspektiven und Verwendungszusammenhänge, so eröffnet sich eine verwirrende Abgrenzungsvielfalt in Bezug auf die räumliche Ausdehnung des Mittelgebirges. Aus geologisch-geomorphologischer Sicht wird der Begriff Böhmerwald zuweilen auf den als Moldanubikum bezeichneten Bereich der Böhmischen Masse - das größte zu Tage anstehende Grundgebirgsgebiet Mitteleuropas - übertragen. Das Moldanubikum umfasst den Bayerischen Wald, Oberpfälzer Wald, Šumava, Český les und das Mühlviertel und bildet eine naturräumliche Großeinheit, die z.B. gegen das Saxothuringikum (Erzgebirge und Fichtelgebirge) abgegrenzt werden kann. In der österreichischen Geographie werden die südöstlichen, ins Mühlviertel reichenden Ausläufer des Mittelgebirges durchwegs und ganz selbstverständlich Böhmerwald genannt. Manche tschechischen Geographen wiesen zwar bereits während der Phase des Kommunismus auf den naturräumlich-grenzübergreifenden Charakter der Šumava hin, doch wurde dem gesamten Massiv in den Dekaden des totalitären Regimes und der damit einhergehenden Isolation des Landes nur wenig Beachtung geschenkt. Somit wird in der Tschechischen Republik im geographisch-wissenschaftlichen Kontext weiterhin von einer „bayerischen (bavorská) Šumava" und einem „böhmischen Teil der Šumava" gesprochen.

Im südöstlichen Oberpfälzer Wald, genauer im Raum Waldmünchen, hängt die Verwendung des Namens Böhmerwald mit ehemaligen Waldbesitzungen und Holznutzungsrechten der Waldmünchener im heutigen Český les und dem angrenzenden Chodenland zusammen. Der Böhmerwald verkörpert v.a. für ältere Generationen lediglich die Waldbereiche am Fuße des Berges Čerchov. Im nordwestlichen Mühlviertel wird der Landschaftsname stark mit dem etwa 6000 Hektar umfassenden Waldbesitz des Prämonstratenserstiftes Schlägl verknüpft. Er bezeichnet dort ebenso ein vom Menschen genutztes Wald- und Jagdgebiet, einen Forst, der im engeren Sinne keine kulturräumlichen Assoziationen hervorruft.

Wird der Blickpunkt dagegen auf das Herkunftsgebiet der heimatvertriebenen „Böhmerwäldler" gerichtet, rücken ethnische und kulturräumliche Aspekte in den Vordergrund. Der Böhmerwald umschreibt dann die ehemaligen, an den Staatsgrenzen zu Bayern und Österreich endenden deutschen Siedlungsgebiete im Bereich von Český les und Šumava. Gespräche mit Heimatvertriebenen und in der böhmischen Waldregion nach 1945/46 verbliebenen Deutschen zeigten auch, dass zumeist nur entweder Český les oder Šumava als alte Heimat der Böhmerwäldler definiert wird, nicht aber beide Landschaften zusammen. Viele der aus der Šumava stammenden Befragten lassen den Český les nicht als Böhmerwald gelten, und umgekehrt. Vielfach wird dabei zwischen dem Böhmerwald und dem Böhmischen Wald, der wörtlichen Übersetzung von Český les, unterschieden. Im Grenzgebiet Nordwestböhmens konkurriert zusätzlich die Raumkonstruktion Egerland mit dem Böhmerwald, d.h. Herkunftsgruppenidentitäten der aus dem nördlichen Český les ausgewiesenen Deutschen können sich u.U. auf den einen oder anderen Raumausschnitt beziehen („Wir sind Egerländer/Böhmerwäldler").

Die Bezeichnung Böhmischer Wald für den Český les, das Pendant des Oberpfälzer Waldes, beginnt sich gegenwärtig auch in anderen Zusammenhängen durchzusetzen. Aus der Perspektive ostbayerischer und mancher tschechischer Tourismusverantwortlicher wird der Begriff Böhmerwald ausschließlich auf die Šumava, nicht jedoch auf den landschaftlich weniger attraktiven Český les bezogen. Verständlich wird ein derartiges Vorgehen, wenn man berücksichtigt, dass es sich bei Šumava, Bayerischer Wald, Oberpfälzer Wald und Mühlviertel nicht nur um Landschaftsnamen, sondern um territorial scharf abgegrenzte touristische Regionen handelt. Regionale Profilbildungs- und Marketingstrategien erfordern die Konstruktion klar umrissener, administrativ definierter Raumgebilde mit einem imagegeladenen Namen. Gerade bei grenzüberschreitenden, touristisch intensiv vermarkteten Räumen steht die Markenhaftigkeit der einzelnen Teillandschaften einer Generierung oder Reaktivierung eines gemeinsamen, übergeordneten Raumnamens häufig entgegen. Die Diskussion um die Benennung der im Jahr 1993 gegründeten Euregio im bayerisch-böhmisch-österreichischen Dreiländereck veranschaulicht beispielhaft diese Problematik: Touristische Interessen, d.h. die von den Entscheidungsträgern geforderte Präsenz der jeweiligen Marken in der Bezeichnung der Institution, blockierten die Rekonstruktion einer grenzüberschreitenden „Region Böhmerwald". Da keine griffigen Alternativbezeichnungen zur Verfügung standen, erhielt die Institution den umständlichen Namen „Euregio Bayerischer Wald/Šumava (Böhmerwald)/Mühlviertel". Von einigen Akteuren wird zwar die bildhafte Umschreibung „Grünes Dach Europas" für das grenzübergreifende Waldgebiet propagiert, doch werden derartige künstlich geschaffene Begriffe nur bedingt und höchstens nach längerer Zeit von der betroffenen Bevölkerung akzeptiert. Wenn auch Böhmerwald als Gesamtname für das Grenzgebirge in unterschiedlichen Kontexten reaktiviert wird, so eignet er sich trotzdem (noch) nicht als Einheit stiftender und allgemein anerkannter Klammerbegriff.

Die Untersuchungen zum gegenwärtigen Geltungsbereich des Landschaftsnamens Böhmerwald belegen zudem, dass eine kollektive Raumvorstellung von der Erstreckung dieser Waldregion bei den Bewohnern der betrachteten Teillandschaften nicht existiert.

Die befragte Bevölkerung im Oberpfälzer Wald und Bayerischen Wald beispielsweise verortet den Böhmerwald zum weitaus größten Teil jenseits der Staatsgrenze, etwa zwischen Eger und Krumau. Der Landschaftsname bezieht sich für die Befragten im Bayerischen Wald jedoch noch eindeutiger auf die Šumava. Überraschenderweise subsumiert ein nicht zu vernachlässigender Teil der bayerischen Probanden die hohen Bereiche des Oberpfälzer Waldes und des Bayerischen Waldes unter dem Begriff Böhmerwald. Die Vermutung liegt nahe, dass diesem Verständnis von Landschaft primär eine naturräumliche bzw. landschaftlich-ästhetische Betrachtungsweise zugrunde liegt.

Das Kerngebiet des Böhmerwaldes befindet sich nach Ansicht der Probanden des Mühlviertels nicht auf tschechischer, sondern auf österreichischer Seite, im Raum Aigen-Schlägl/Bad Leonfelden. Dieses Ergebnis spiegelt sowohl die historische Kontinuität bezüglich der Verwendung des Begriffes im Alltagsleben der Bevölkerung wider als auch die Bestrebungen der Fremdenverkehrsindustrie, eine „Ferienregion Böhmerwald" zu profilieren. Seit geraumer Zeit wird diese im nordwestlichen Mühlviertel gelegene Region von der „Tourismusverbändegemeinschaft Böhmerwald" vermarktet.

Die Vorstellung der Befragten in der Šumava und im Český les von der räumlichen Ausdehnung des Böhmerwaldes unterscheidet sich von jener der bayerischen und österreichischen Probanden grundsätzlich darin, dass die betreffenden bayerischen und tschechischen Gebiete gleichermaßen dem Böhmerwald zugeordnet werden. Zum einen wird demnach der grenzübergreifende Aspekt betont, zum anderen werden sicherlich von vielen tschechischen

Probanden die sich auf deutscher Seite befindenden Räume mit dem deutschen Begriff Böhmerwald in Verbindung gebracht.

Die Gespräche mit Vertretern regionaler Einrichtungen, die in ihrer Funktion bzw. Tätigkeit bestimmte Raumnamen bewusst verwenden, bestätigen, dass die umfangreichen, individuell abweichenden Bedeutungsgehalte des Begriffes Böhmerwald stets dahingehend erläutert werden müssen, ob nun der Kulturraum, der Naturraum, der touristische Markenname oder anderes damit gemeint ist. Einige Auffassungen von Probanden des Mühlviertels mögen dies verdeutlichen: Ein befragter Politiker vertritt eine „europäische" Vorstellung von der Region Böhmerwald, wenn er das den Bayerischen Wald, den Oberpfälzer Wald, den Český les, die Šumava und das Mühlviertel einschließende Gebiet als einen „Raum für die Zukunft, der immer mehr Gemeinsamkeiten entwickeln muss", bezeichnet. Zwar versteht er unter Böhmerwald eine naturräumliche Großeinheit, doch ist die Vorstellung von einer Region im Sinne des „Europa der Regionen" offensichtlich. Der Leiter eines Tourismusverbandes sieht den Böhmerwald als Markenzeichen, der Vorsitzende der Österreichischen Naturschutzjugend (ÖNJ) als „die größte zusammenhängende Waldlandschaft Mitteleuropas, in der einmal wieder Luchse, Braunbären und Wölfe unterwegs sein könnten". Der Archivar des Stiftes Schlägl hingegen verbindet mit dem Begriff bis heute lebendige Jugenderinnerungen: „Der Böhmerwald war die nördliche Begrenzung unseres Horizontes, das heißt, der Himmel wurde in Richtung Norden vom Böhmerwald abgeschlossen." Diese Beispiele zeigen, wie sehr die Vorstellungen von einer Landschaft, die nie eine eindeutige Abgrenzung erfahren hat, divergieren. Der Landschaftsname wird mit politisch-planerischen, naturräumlich-ökologischen, touristischen oder wahrnehmungspsychologisch-erlebnisräumlichen Bedeutungen verbunden. Er stellt damit ein subjektives Assoziations- oder Aktionsfeld dar.

Vor diesem Hintergrund erscheint eine v.a. von Geographen angestrebte Standardisierung des Landschaftsnamens Böhmerwald nahezu unmöglich, zumal seine Bedeutung in Vergangenheit und Gegenwart stets von Wissenschaft (z. B. Geographie), Politik, Ideologie und Sprachgebrauch geprägt ist.

Die Entwicklung der vergangenen Jahre zeigt, dass sich in Zukunft ein neuer Böhmerwaldbegriff etablieren könnte. Sieht man von dem direkt an der Staatsgrenze endenden „Böhmerwald der

Heimatvertriebenen" und der touristischen Prägung der Landschaftsnamen ab, so erscheint eine räumliche Ausweitung der vorwiegend (noch) auf die Šumava und/oder den Český les beschränkten Bezeichnung auf die bayerischen Grenzgebiete nicht abwegig.

Angesichts des Leitbildes eines „Europa der Regionen" gewinnen grenzüberschreitende räumliche Parameter an Bedeutung. Seit der Samtenen Revolution und dem Fall des Eisernen Vorhangs nehmen die verschiedensten Interaktionen zwischen den politischen und wirtschaftlichen Zentren der Länder, aber auch zwischen den unmittelbaren Grenzregionen zu. Tschechische Arbeitssuchende in Bayern und deutsche Touristen in West- und Südböhmen gehören mittlerweile zur Normalität. Bedauerlich sind dabei die gegenwärtig noch bestehenden Diskrepanzen, die u. a. auf dem Wohlstandsgefälle sowie dem oft wenig ausgeprägten Interesse der betroffenen Bevölkerung an einer vorwiegend ideell gepflegten Nachbarschaft basieren. In Wirtschaft, regionaler Administration und Alltag müssen noch zahlreiche Barrieren abgebaut werden.

Im Umweltschutz etwa wird deutlich, dass grenzüberschreitend geplant und gehandelt werden muss. Bereits heute gelten die Nationalparks Bayerischer Wald und Šumava als schützenswerte europäische ökologische Modellregionen, die sich im Bewusstsein der Bevölkerung immer tiefer verankern. Hier bietet sich die Chance, ein grenzübergreifendes, auf den Naturraum fokussiertes Image der Region zu entwickeln. Der „grenzenlose Böhmerwald" könnte wieder zu einem Symbol für gute und gewinnbringende Nachbarschaft zwischen Deutschland, Tschechien und Österreich werden. Der immer schon gemeinsame Raum würde dann Gemeinschaft neu stiften.

Böhmisch-bayerische Wallfahrten

Christoph Daxelmüller

Das Wallfahren erfordert die Grenzüberschreitung. In der ursprünglichen Wortbedeutung bezeichnet die *peregrinatio*, aus der später die Wallfahrt werden sollte, den „Aufenthalt in der Fremde" jenseits der Vertrautheit des Alltags. Gerade die mittelalterlichen Wallfahrten nach Jerusalem und ins Heilige Land, nach Rom und vor allem nach Santiago de Compostela zwangen, Grenzen zu überqueren: politische ebenso wie körperliche und religiöse. Die Beschreibung der von Island aus zu nehmenden Wege ins Heilige Land, die der isländische Abt Nikolaus Bergsson in seinem *Leidarvísir* (Wegweiser) gab, das Testament der dänischen Königin Margarethe I. von 1411, die 2000 Lübeckische Mark stiftete, damit 130 Pilger für ihr Seelenheil zu Zielen wie Jerusalem, Canterbury oder Bari aufbrechen konnten, oder die Itinerarien der Jerusalem- und Santiagopilger zeigen, dass Wallfahrt keine Grenzen kennt. Jakobsbrüder aus dem osteuropäischen Raum, aus Polen oder Böhmen, wanderten etwa über Nürnberg und Heilbronn ihrem Ziel entgegen. Die mittelalterliche Fernwallfahrt beruhte auf einer religiös abgesicherten Internationalität und frommen Mobilität. Die bis zu ihrem Ziel mehrere Grenzen überschreitende und dadurch Konflikten ausgesetzte Pilgergesellschaft schützte sich durch äußere Zeichen und privilegierende Dokumente. Pilgergewand, Pilgerstab, Pilgerflasche und die Jakobsmuschel, aber auch die Pilgerzeichen von den vielen, während der Fahrt aufgesuchten Wallfahrtsorten und Heiltumsschauen wie in Aachen oder Trier gewährten Schutz und Zugang zu den Herbergen und Hospizen. Wallfahrtsdiplome und -urkunden, die am betreffenden Ort bestätigt werden mussten, sicherten den Status als Pilger ab. Erst im Spätmittelalter entstanden größere Wallfahrtsorte auch im Nahbereich der Menschen. Man stattete sie mit den gleichen Ablässen aus, wie man sie in Jerusalem, Rom oder in Santiago de Compostela erwerben konnte; dadurch unterblieb die Notwendigkeit einer langen, teuren und auch gefährlichen Fahrt in die Ferne. Schließlich aber trugen die Kritik Martin Luthers am römischen Ablasswesen und die Brandmarkung von Missständen an den Wallfahrtsorten - so z.B. in Einsiedeln durch Theophrastus Bombastus von Hohenheim, genannt Paracelsus (um 1493-1541) - wesentlich zum Ende des mittelalterlichen Wallfahrtswesens bei.

Der religiöse Akt der Wallfahrt schafft sich jenseits aller Grenzen eigene, übergeordnete Kulturräume. Die Hinterglasbilder des 19. Jahrhunderts, die im oberösterreichischen Sandl (Mühlviertel) und im wenige Kilometer entfernt auf der tschechischen Seite gelegenen Buchers (Pohoří) hergestellt wurden, sind in ihrer formalen wie in ihrer farbigen Gestaltung auch für den Fachmann kaum zu unterscheiden. Die Werkstätten beider Orte produzierten u.a. Bilder der Wallfahrtskirche im österreichischen Maria Zell, die böhmische, österreichische, deutsche und ungarische Wallfahrer gleichermaßen anzog. Frömmigkeit lässt sich durch Staatsgrenzen nur schwer beeinflussen. Das Grab des Hl. Wenzel in Prag faszinierte die Besucher ebenso wie die Reliquienschätze, welche die böhmischen Könige zusammengetragen hatten. Ideen wie die gegenreformatische Förderung der Marienverehrung insbesondere durch die Jesuiten, das Engagement der Habsburger um den Loreto-Kult, der sich seinen Ausdruck nicht nur in zahlreichen, über das gesamte Land verstreuten Architekturkopien, sondern auch in der prachtvollen Loreto-Kirche auf dem Prager Hradschin schuf, die von Mailand ausgehende, vor allem in Südböhmen mit dem Zentrum České Budějovice (Budweis) verbreitete Verehrung der „Maria im Ährenkleid" oder aber der Kult des Hl. Johannes von Nepomuk (um 1350-1393) machten vor Grenzen nicht Halt. Architektendynastien wie die Dientzenhofer-Familie schufen den äußeren Rahmen für eine übernationale Frömmigkeit und aus Italien stammte das Baukonzept der „Ambiten-Anlage", die zum Spezifikum böhmischer Wallfahrtsarchitektur schlechthin werden sollte und in Příbram ihre künstlerische Vollendung erfuhr. Dort, 60 km südwestlich von Prag gelegen, befindet sich die Svatá Hora, der Heilige Berg, wo seit der zweiten Hälfte des 13. Jahrhunderts eine der Muttergottes geweihte Kapelle stand und wo sich mit der Gegenreformation, nach der wunderbaren Heilung des blinden Pragers Johann Procházka von 1632, eine bedeutende Wallfahrt entwickelte. Der Ort und sein Gnadenbild, eine kleine Marienfigur, deren Devotionalkopien als „Böhmische Madonnen" im ostbayerischen Raum bekannter und beliebter waren als das Bild der Altöttinger Muttergottes, übten eine enorme Anziehungskraft auf die Menschen dies- und jenseits der Grenze aus. Seitdem erstmals 1795 die Frauenauer Kreuzschar einen gemeinschaftlichen Pfingstgang organisiert hatte, erfreuten sich diese Fußwallfahrten ostbayerischer Pilger nach Příbram trotz mehrerer Unterbrechungen - so 1914 durch den Ausbruch des Ersten Weltkrieges, 1939 und schließlich 1945 - großer Beliebtheit.

Der kirchlichen Obrigkeit auf deutscher Seite war das Wallfahren nach Böhmen ein Dorn im Auge. Sie wollte die Pilgerströme zu einheimischen Zielen lenken, mit dem nicht unerheblichen Nutzen, dass „unser Geld [...] im eigenen Lande" bliebe, wie die *Freyunger Waldpost* am 25. März 1909 schrieb. Die Kirche sprach sich nach Drängen der Königlichen Regierung von Niederbayern bereits in der Mitte des 19. Jahrhunderts entschieden gegen Wallfahrten über die Grenze nach Příbram aus, der Nationalismus des 19. Jahrhunderts suchte in Äußerlichkeiten die Begründung für solche Verbote. So untersagte das Ordinariat Passau am 26. Juni 1850 de facto die Wallfahrt, nachdem die Kreuzscharen die von der asiatischen Cholera befallenen böhmischen Ortschaften durchquert hatten. Diese ablehnende Haltung überdauerte die Jahrhundertwende; doch die deutschen Wallfahrer ließen sich von ihrem Gang nach Příbram nicht abhalten. In einer Stellungnahme vom 23. April 1929 klagte das Passauer Ordinariat über „wilde Wallfahrtszüge, die ohne priesterliche Begleitung, ohne geregelte seelsorgliche Betreuung und ohne kirchliche Gutheißung unternommen" würden, unterstrich die sittlichen Gefährdungen in Folge der mangelhaften Übernachtungsmöglichkeiten und beauftragte die Ortsgeistlichen, denen die Teilnahme an der Wallfahrt ausdrücklich verboten war, die Menschen von der Teilnahme an der Fußwallfahrt zum Heiligen Berg abzuhalten.

Was Příbram den ostbayerischen, das bedeutete Neukirchen bei Hl. Blut den böhmischen Pilgern. Bereits der Ursprung der Wallfahrt zum nur wenige Kilometer von der tschechischen Grenze entfernt gelegenen Neukirchen betraf beide Seiten der Grenze als Folge der spätmittelalterlichen Religionswirren. Denn dort hatte ein Marienbild die mittelalterliche Hostienverehrung abgelöst. Die Legende will wissen, dass um 1410 eine Bäuerin die heute als Gnadenbild verehrte Figur vor den Hussiten aus dem böhmischen Loučim nach Neukirchen rettete und dass in der ersten Hälfte des 15. Jahrhunderts ein Hussit das Bild dreimal in einen Brunnen warf; doch jedes Mal kehrte es zurück. Schließlich versuchte er, es durch einen Hieb mit seinem Säbel zu zerstören; Blut floss aus der Wunde im Haupt und das Pferd, mit dem der Frevler fliehen wollte, rührte sich nicht von der Stelle. Daraufhin, so endet die Legende, bekehrte sich der Frevler. Nach zaghaften Anfängen in der ersten Hälfte des 16. Jahrhunderts entwickelte sich Neukirchen bei Hl. Blut im Zuge der Gegenreformation zu einer der bedeutendsten Marienwallfahrten Bayerns mit weitem Einzugsbereich und einmal mehr bedeutete die Grenze kein Hindernis, als das Gnadenbild in den Wirren des Dreißigjährigen Krieges (1618-1648) in verschiedenen Orten Bayerns und Böhmens in Sicherheit gebracht werden musste.

1656 gründeten die Franziskaner ein Kloster in unmittelbarer

Nachbarschaft der Wallfahrtskirche zur Betreuung der zahlreichen Pilger. Zu den Bedingungen für die Besetzung des Klosters gehörte, dass sich tschechischsprachige Patres im Konvent um die aus Böhmen kommenden Wallfahrer kümmern sollten. Die Stärke der tschechischen („stockböhmischen") Gruppen belegt das Neukirchener Mirakelbuch von 1671: Es verzeichnet 70 Ortschaften mit Gemeinschaftsprozessionen, davon etwa ein Drittel böhmische.

Die Neukirchener selbst warteten früher sehnlichst auf die „Stockböhmen". Diese hatten oft ein ganzes Jahr für die Wallfahrt über die Grenze gespart und sich nach Erledigung des religiösen Pflichtteils sofort an die Kür des Einkaufens gemacht; als Mitbringsel waren insbesondere große, buntkarierte Schirme mit Messinggriff, Tabak und schließlich der hochrote Stoff beliebt, den die Frauen für ihre weiten, gefältelten Röcke benötigten. Ein Neukirchener erinnert sich:

> „[...] wenn die Musik zum Abmarsch blies, kamen die Kreuzleute langsam und bedächtig aus den Läden. Sie hatten an Umfang beträchtlich zugenommen und an Beweglichkeit eingebüßt. [...] Nur die Schirme konnten sie offen tragen, und da kam es vor, dass sich ein Wallfahrer auf dem Herweg bis auf die Haut durchnässen ließ, nur um auf dem Rückweg den neuen Schirm ungefährdet über die Grenze zu bringen."

Doch nicht alle tschechischen Wallfahrer besaßen die Geldmittel, um sich in Neukirchen bei Hl. Blut mit Waren einzudecken. Arme Leute brachten in einem irdenen Gefäß Käse als Nahrung für die Wallfahrt mit. Er musste bis Neukirchen reichen, den leeren Topf versuchte man zu verkaufen, um mit dem Erlös Nahrungsmittel für den Rückweg zu erwerben.

Solche Grenzüberschreitungen waren nicht nur der kirchlichen Kritik, sondern auch nationalistischer und sogar völkisch-rassistischer Propaganda ausgesetzt. Sie fand ihren Höhepunkt im September 1932, als wenige Monate nach der 200. Krönungsfeier des Gnadenbildes von Příbram Unbekannte ein an der Böhmerstraße am Lusen-Berg errichtetes Denkmal niederrissen, das die 1872 selbstständig gewordene Kreuzschar von St. Oswald „Zur Erinnerung an die 1. Wallfahrt nach Heiligen Berg" aufgestellt hatte - ein, wie sich erst 1981 herausstellte, zeitpolitisches Attentat. Als nach 1945 aus der Grenze der für beide Seiten unpassierbare Eiserne Vorhang geworden war, mussten sich die deutschen Wallfahrer neue Ziele suchen: Neukirchen bei Hl. Blut, Halbmeile bei Deggendorf, Altötting sowie Mariahilf bei Passau. In der kommunistisch gewordenen Tschechoslowakei sorgte die antikirchliche Propaganda dafür, dass nahezu das gesamte Wallfahrtswesen zum Erliegen kam. Auf österreichischer Seite entstanden nun in den 50er Jahren neue Wallfahrtsorte an der Grenze. So erbauten die nach dem Zweiten Weltkrieg aus der Tschechoslowakei ausgesiedelten Deutschen in Hiltschen in der Nähe der oberösterreichisch-böhmischen Grenze die Kapelle Maria Schnee, da sie die Hoffnung aufgegeben hatten, jemals wieder die Mutterkirche Maria Schnee bei Reichenau an der Maltsch (Rychnov nad Malší) auf der tschechischen Seite besuchen zu können. An der bayerisch-böhmischen Grenze bei Philippsreut errichteten die Deutschen die Kapelle Maria Tusset, benannt nach ihrer Heimatkapelle Tusset (Stožec). Einen zaghaften Neubeginn der Grenzüberschreitung wagte man 1976, als sich unter den wenigen Pilgern, die noch auf den Heiligen Berg von Příbram kamen, auch eine mit dem Bus angereiste Gruppe aus Bodenmais (Lkr. Regen) befand. Doch erst die sanfte Revolution von 1989 sicherte den Neubeginn. Am 9. Mai 1990 traf erstmals wieder eine mit großem öffentlichen Aufwand empfangene tschechische Pilgergruppe in Neukirchen bei Hl. Blut ein. Kulturräume aber überleben die Engstirnigkeit staatlicher Grenzziehungen: 1973 wurde die Wallfahrtskirche Maria Hilf bei Zuckmantel (Zlaté Hory) nahe der tschechisch-polnischen Grenze gesprengt, der vollständige Neubau 1995 eingeweiht. An der Feier nahmen 11000 Gläubige aus Polen, Tschechien und Deutschland teil.

Die Choden

Eduard Maur

Die Entstehung einer Nationalbewegung im 19. Jahrhundert ging mit einem bis dahin nicht gekannten Interesse an Geschichte und volkskundlicher Eigentümlichkeit der tschechischen Landbevölkerung einher. Unzufrieden mit ihrer gegebenen Stellung wandten sich die Tschechen den ruhmreichen Epochen ihrer Geschichte und ihren Helden zu. Dort suchten sie Muster für die Gegenwart, während die Vorstellung von einer über die Jahrhunderte hin erhaltenen und von fremden Einflüssen unberührt gebliebenen, ursprünglichen slawischen Kultur der Landbevölkerung die volkskundliche Neugierde weckte. Es war gerade das tschechisch-bayerische Grenzgebiet, wo man eine ethnographisch interessante Gruppe ausmachte, die dem Bild von einer großen Vergangenheit und von Ursprünglichkeit zu entsprechen schien und daher bald die Aufmerksamkeit von Historikern und Volkskundlern, später auch von Schriftstellern und der gesamten tschechischen Öffentlichkeit auf sich zog. Diese Gruppe waren die Choden. Sie erregten breites Interesse durch ihre Tracht, ihren eigenständigen Dialekt, den Reichtum an Volksliedern, Sitten, Bräuchen, durch die sie sich von den Bewohnern anderer Gegenden Böhmens abhoben, aber auch durch ihre Geschichte. Vertreter der tschechischen Nationalbewegung strichen hier vor allem zwei Momente heraus: Zum einen war es der mittelalterliche Wächterdienst der Choden an der Grenze von Böhmen und Bayern bzw. der Oberpfalz. Er symbolisierte für die tschechische Gesellschaft die Verteidigung gegen eine Bedrohung von außen, die man damals eindeutig mit einer Bedrohung von deutscher Seite gleichsetzte. Zum anderen war es der Kampf der Choden um ihre alten, im 17. Jahrhundert von den Habsburgern annullierten Rechte, der wiederum parallel zu den damaligen Bestrebungen um nationale Emanzipation gesehen wurde.

Das romantische Bild von den tapferen Verteidigern der Grenze und den Streitern für altes Recht, wie es das 19. Jahrhundert schuf, deckte sich freilich nicht immer mit der historischen Wirklichkeit. Diese stellte sich oft viel einfacher dar als Heimatkundeforscher und Sagensammler meinten, von Schriftstellern, Journalisten oder Festtagsrednern ganz zu schweigen. Wer eigentlich waren die Choden? Wie verlief ihre Geschichte wirklich? Mit dem Namen Choden belegte man im Mittelalter privilegierte Untertanen in den königlichen Grenzherrschaften Domažlice (Taus), Přimda (Pfraumberg) und Tachov (Tachau) im Böhmerwald, die man mit bestimmten Aufgaben bei der Sicherung der Landesgrenze betraute. Die bekanntesten unter ihnen wurden die Domažlicer Choden. Sie erlangten die größten Freiheiten, verteidigten sie am zähesten, bewahrten ihre tschechische Nationalität und ihre eigenständige Volkskultur. Infolgedessen wurde die Bezeichnung Choden, die sich ursprünglich auf die Bewohner privilegierter Dörfer in den drei Herrschaften bezog, auf die Domažlicer Choden, die in den Dörfern Postřekov

(Possigkau), Klenčí pod Čerchovem (Klentsch am Schwarzkopf), Chodov (Meigelshof), Újezd (Aujezdl), Draženov (Drasenau), Mrákov (Mrdaken), Klíčov (Glitschau), Tlumačov (Tilmitschau), Stráž (Hohenwartel), Pocínovice (Putzenrieth) und Chodská Lhota (Melhut) ansässig waren, verengt, gleichzeitig aber auch auf die Bewohner weiterer Dörfer um Domažlice übertragen, die mit den Choden zwar aus volkskundlicher Sicht eine Einheit bildeten, jedoch nie den chodischen Wachdienst geleistet hatten.

Die privilegierten chodischen Dörfer zogen sich im Mittelalter von Chodová Planá (Kuttenplan) beim heutigen Mariánské Lázně (Marienbad) bis zu Pocínovice und Chodská Lhota bei Kdyně (Neugedein) am Grenzwald entlang. In der Herrschaft von Tachov stoßen wir in zahlreichen Ortsnamen auf die Spuren der Choden (Maršovy Chody/Maschakotten, Chodová Planá/Kuttenplan usw.), ansonsten aber wissen wir über sie fast nichts. Anzumerken wäre nur, dass im Gegensatz zu der allgemein verbreiteten Vorstellung vom rein tschechischen Charakter der Chodensiedlungen in der Gegend von Tachov den Grenzwachdienst auch einige deutsche Dörfer ausführten, die während der Kolonisation im 13. Jahrhundert gegründet worden waren und deren Einwohner man offensichtlich auch als Choden bezeichnete. Die Einrichtung des chodischen Grenzwachdienstes ist nicht etwa als Folge einer ständig drohenden Gefahr kriegerischer Einfälle nach Böhmen zu verstehen; sie erwuchs vielmehr daraus, dass im Bereich des Böhmerwaldes die Grenze nicht an einer Wasserscheide oder „mitten durch den Wald" führte, wie in anderen Teilen Böhmens, sondern am westlichen Rand des Grenzwalds entlang, so dass sie mit dem 13. Jahrhundert durch die bayerische Dorfkolonisierung in ihrem Verlauf bedroht war. Der Wächterdienst der Choden beruhte vor allem im Abgehen der Grenze, um die Versetzung von Grenzsteinen, die Ansiedlung von Bayern auf böhmischem Gebiet, das Schlagen und die Nutzung des Grenzwaldes zu verhindern und auf eventuelle Kriegsgefahren aufmerksam zu machen. In Kriegszeiten riegelten die Choden die Landesstraßen ab und hielten Dauerwacht an der Grenze. Sie waren auch verpflichtet, gegen Geleitzoll Reisenden, die durch den Grenzwald unterwegs waren, Schutz zu gewähren. Für diese Dienste genossen sie umfangreiche persönliche Freiheiten und wirtschaftliche Rechte, z. B. bei der Nutzung des Waldes.

Die Domažlicer Choden erlangten also die größte Autonomie

und verfügten über die ausgedehntesten Privilegien. Als die dortigen chodischen Gemeinden 1456 das bis dahin erbliche chodische Richtamt kauften, bildeten sie ein korporativ organisiertes Ganzes mit eigenem Siegel, eigener Fahne, Selbstverwaltung und gemeinsamen Vorrechten. Die Choden übten freies Handwerk aus, waren von Zöllen und Maut im Land befreit und nutzten den Grenzwald zur Jagd und Holzgewinnung; in ihre Dörfer durften sich keine Adligen einkaufen. Ihre Pflichten gegenüber der Obrigkeit waren genau festgelegt und durften nicht gemehrt werden. Die geringen Frondienste, die in früheren Zeiten dazugehörten, wurden später in Geldabgaben verwandelt. Die Choden hatten somit eine ungewöhnlich begünstigte Stellung. Wenn ihre Autonomie auch innerhalb Böhmens eine Ausnahme darstellt, so finden wir doch im mitteleuropäischen Raum eine Reihe von Analogien, besonders in Süddeutschland, wo zahlreiche Dorfgemeinden im Zuge der spätmittelalterlichen kommunalen Bewegung ähnliche Privilegien erhielten und in Ausnahmefällen sogar im Landtag vertreten waren.

Im 16. Jahrhundert wurde es den Choden zum Schicksal, dass ausgerechnet in der Zeit, in der es in Böhmen zu einer allgemeinen Beschneidung der Untertanenrechte kam, der von ihnen geleistete Wachdienst allmählich an Bedeutung verlor. Beides führte dazu, dass nur diejenigen ihrer Rechte von den Ämtern anerkannt wurden, die schriftlich niedergelegt waren, keineswegs aber Gewohnheitsrechte. Die Folge waren zahlreiche Auseinandersetzungen der Choden von Domažlice und Přimda mit ihrer Pfandherrschaft, den Herren von Švamberk, die auf Domažlicer Boden eine bemerkenswerte Entwicklung nahmen. Als nämlich die Habsburger den Massenverkauf königlicher Güter einleiteten, boten die Domažlicer Choden dem Herrscher an, sich aus der Verpfändung in Reichsunmittelbarkeit freizukaufen. Mit dem erfolgreichen Loskauf begann für die Choden die Zeit der größten Freiheit, in der ihr Gericht in Domažlice eine Reihe von Funktionen ausübte, die andernorts Vorrecht der adligen Obrigkeit waren. Diese Freiheit endete aber schon mit dem Jahr 1579, als die Choden wegen Zahlungsunfähigkeit dem Gericht der Stadt Domažlice unterstellt wurden.

Die privilegierte Stellung der Choden in den Herrschaften Přimda und Tachov endete mit dem Verkauf dieser Herrschaften in den Jahren 1596 und 1602. Die Domažlicer Choden ereilte nach der Schlacht am Weißen Berg dasselbe Schicksal; sie wurden der Stadt

Domažlice konfisziert, 1621 zunächst verpfändet und 1630 dann als Erbbesitz an Wolf Wilhelm Freiherr von Lamingen zu Albenreuth verkauft. Unter ihm kam es zu einer völligen Unterdrückung sämtlicher chodischer Freiheiten; den Choden wurden zusätzliche Pflichten auferlegt, einschließlich umfangreicher Fronarbeiten. Der starke Druck seitens der Obrigkeit rief langwierige und im Großen und Ganzen ergebnislose Streitigkeiten hervor, die vom Kampf um „alte Rechte" motiviert waren. In das Bewusstsein der breiteren Öffentlichkeit gelangte vor allem der Streit mit Wolf Maximilian Freiherr von Lamingen in den Jahren 1692-93. Anführer der Choden war dabei der Bauer Jan Sladký Kozina aus dem Dorf Újezd, der nach der Niederschlagung des Aufstands hingerichtet wurde. Die Auseinandersetzungen dauerten jedoch auch im 18. Jahrhundert unter den neuen Herren, den Grafen von Stadion, an. Damals begannen die Choden gemeinsam mit den Einwohnern der im 16. und 17. Jahrhundert in ihrer Nachbarschaft entstandenen deutschen Dörfer vorzugehen. Trotz des starken Zustroms deutscher Siedler, der sich in den zahlreichen deutschen Nachnamen der Choden widerspiegelt, bewahrten sich die Dörfer um Domažlice ihren rein tschechischen Charakter, während die Herrschaften Přimda und Tachov im Laufe des 16. Jahrhunderts dem deutschen Einfluss völlig erlagen. Daher verengte sich also, wie eingangs erwähnt, der Begriff der Choden in der tschechischen Öffentlichkeit auf die Domažlicer Choden, die mit der aufkommenden tschechischen Nationalbewegung im 19. Jahrhundert Gegenstand eines intensiven historischen, volkskundlichen und belletristischen Interesses wurden. Besondere Popularität erlangte die Gestalt des Jan Sladký Kozina; seine Hinrichtung am Pilsener Galgen am 28. November 1695 und der darauf folgende Tod des grausamen „Fremdherrschers" Wolf Maximilian Lamingen zu Albenreuth am 2. November 1696 gaben Anlass zur Entstehung einer Sage vom Gottesgericht über den „Lomikar". Diese Sage, deren erste Aufzeichnung aus dem ausgehenden 18. Jahrhundert stammt, wurde im 19. Jahrhundert durch die belletristische Literatur äußerst populär, in erster Linie durch Alois Jiráseks Roman *Psohlavci* (Hundsköpfe, 1884). Gleichzeitig entwickelte sich ein Kult um die Landschaft von Domažlice, die man als Schauplatz höchst bedeutender - wirklicher und vermeintlicher - militärischer Siege der Tschechen über die Deutschen feierte.

Das national motivierte Interesse an den Choden wurde in der tschechischen Öffentlichkeit durch das Festhalten an romantischen Vorstellungen gestärkt, die den Umfang ihrer Freiheiten, den kriegerischen Charakter ihrer Aufgabe sowie Ausdehnung und Alter ihres Siedlungsgebietes stark überschätzten und häufig mit nicht belegten Fakten operierten, z. B. dem angeblichen Hundekopfmotiv auf der chodischen Fahne, dem die Choden den Namen ‚Hundsköpfe' verdanken sollten. In der älteren Literatur wurden sie mit den „Wächtern" des frühen Mittelalters gleichgesetzt, die den Verkehr auf den Handelswegen kontrollierten. Diese Einrichtung ging jedoch schon im 13. Jahrhundert unter, während die Choden ihre Funktion bis zur Schlacht am Weißen Berg ausübten und ihre schriftlich fixierten Rechte erst nach und nach während des 14. und 15. und zu Beginn des 16. Jahrhunderts erlangten. Die Art ihres Dienstes, die ortsnamenkundliche Untersuchung der chodischen Dörfer, deren Situierung und Anlage sowie die archäologischen Befunde belegen, dass die Mehrheit der chodischen Siedlungen wohl erst im Verlauf des 12. und 13. Jahrhunderts gegründet wurde. Daher überrascht es nicht, dass die Choden in den schriftlichen Quellen erst Anfang des 14. Jahrhunderts auftauchen. Die begeisterten Bewunderer der Choden glaubten freilich nur allzu gern den mittelalterlichen und frühneuzeitlichen Autoren, die das hohe Alter der Siedlungen und der Freiheiten der Choden bezeugen, sei es nun der sog. Dalimil mit seiner Behauptung, die Choden hätten an der siegreichen Schlacht Břetislavs I. gegen Heinrich III. teilgenommen, die sich 1040 in der Nähe von Domažlice abspielte, oder sei es der als unkritisch bekannte Fabulator Václav Hájek z Libočan, der mit eben dieser Schlacht den Beginn der chodischen Freiheiten verband. Popularität erlangte auch die 1634 veröffentlichte Theorie von Pavel Stránský ze Záp, nach der die Choden 1039 als Kriegsgefangene aus Polen mitgeführt wurden. Niemand stieß sich daran, dass sie bereits im darauffolgenden Jahr an der erwähnten Schlacht teilgenommen haben sollen. Spätere Theorien suchten den Ursprung der Choden an der „polnischen Grenze" (A.V. Šembera), in der Slowakei (J. Vančura), in Galizien (O. M. Bodjanskij), in der Walachei (Č. Kramoliš), in Kärnten (F. Macháček) oder im Gebiet der sog. Naabwenden (A. Frinta). Das Vorbild für ihren Wachdienst sah man im mittelalterlichen Ungarn und in Byzanz. Andere Autoren verstanden die Choden als Überreste eines größeren Stammes, der ursprünglich weite Teile Westböhmens besiedelt hatte; einige suchten nach Analogien in anderen Teilen des böhmischen Grenzgebiets und zählten auch die „künischen Bauern" in der Šumava zu den Choden. Keine dieser Theorien wird jedoch von den Quellen gestützt. Vom Stand unserer derzeitigen Kenntnisse aus zeigt sich die Sprache der Domažlicer Choden als archaischer tschechischer Subdialekt Südwestböhmens. Somit erscheint auch die Vermutung J. F. Hruškas und F. Roubíks, dass die Choden tschechischen Ursprungs seien, immer noch am wahrscheinlichsten.

Ähnlich wie die chodische Geschichte wurde auch die chodische Volkskultur zum Gegenstand lebhaftesten Interesses. An dessen Anfang stehen in den 40er Jahren des 19. Jahrhunderts die Klassiker der tschechischen Volkskunde, Karel Jaromír Erben und Božena Němcová, die in dieser Gegend aufgezeichnete Volksliteratur (Němcová u. a. auch die Kozina-Sage) und Beschreibungen von Volksbräuchen veröffentlichten. B. Němcovás *Obrázky z okolí domažlického* (Bilder aus der Umgebung von Domažlice) waren dabei auch in gewissem Sinne als Gegengewicht zu J. Ranks *Bilder aus dem Böhmerwalde* konzipiert, in denen die deutschen Einwohner des Domažlicer Landes verherrlicht wurden. Noch stärker wuchs das Interesse an den Choden nach der Veröffentlichung von Jiráseks Roman *Psohlavci* (Die Hundsköpfe). Die chodische Tracht begeisterte um die Jahrhundertwende eine Gruppe von Malern mit Jaroslav Špillar an der Spitze; um Lieder zu sammeln, reisten Ludvík Kuba und andere ins Land der Choden. In eine führende Position bei den Bemühungen um die chodische Volkskunde gelangten nach und nach Forscher aus der Region selbst: Jan František Hruška, Jindřich Šimon Baar und etwas später auch Jindřich Jindřich. Die beiden erstgenannten widmeten sich vor allem der Sammlung und Herausgabe von Volkssagen. Baar verwendete, ähnlich wie Jan Vrba, folkloristische Motive auch in seinen eigenen belletristischen Werken. Hruška wiederum hat sich vielfach und grundlegend um die dialektale Erforschung des chodischen Raums verdient gemacht. Eine ganz und gar außergewöhnliche Leistung stellt der *Chodský zpěvník* (Chodisches Liederbuch) von J. Jindřich dar, dessen acht Bände nach und nach in den Jahren 1922-1956 erschienen. Baar und Jindřich trugen auch eine umfassende Sammlung von Gegenständen der Gebrauchskultur zusammen. Die volkskundlichen Aktivitäten führten zusammen mit dem von literarischer Seite entgegengebrachten Interesse zu einer Stützung und

Stärkung des chodischen Gruppenbewusstseins, zur Bewahrung von Tracht, Bräuchen und Dialekt und zu einem verstärkten touristischen Interesse an dieser Gegend. Die Interpretation des reichen Materials, das die oben genannten Forscher zusammentrugen, vermochte sich jedoch in vielen Fällen nicht von einer unkritisch romantisierenden Sichtweise zu befreien. Die Sammler des chodischen Volksguts überschätzten den angeblich militärischen Charakter der chodischen Hausbauweise ebenso wie die Altertümlichkeit der Tracht, sie übersahen den rückwirkenden Einfluss der Literatur auf die Volkstradition und ließen weitergreifende vergleichende Perspektiven, wie sie in der damaligen positivistischen Ethnographie und Folkloristik üblich waren, außer Acht.

Eine kritische Revision der romantischen Vorstellungen von den Choden setzt allmählich in den 30er Jahren ein, und zwar zunächst in der Geschichtsschreibung (F. Roubík), nach dem Zweiten Weltkrieg auch in der Ethnographie und Folkloristik. Sie dauert bis heute an und ist Bestandteil breit angelegter Bemühungen zur Überwindung national motivierter Mythen, mit denen das 19. Jahrhundert in Böhmen, genauso wie in anderen Ländern auch, das Bild der nationalen Geschichte belastet hat. Trotzdem bleiben die Choden freilich als ethnographische Gruppe eigenen Gepräges mit einer zweifellos interessanten Geschichte bestehen und Chodsko, das Chodenländchen, als malerischer, von der modernen Industrialisierung nicht versehrter Landstrich. Das alles lockt zahlreiche Besucher nach Domažlice und Umgebung, die hier den Schönheiten der Natur auf der Spur sind, dem Reichtum der Volkskultur, den Stätten, die an den Aufenthalt bedeutender Schriftsteller erinnern, und der chodischen Geschichte selbst.

Euregio Egrensis

František Kubů

Nach dem schicksalhaften und in vieler Hinsicht revolutionären Jahr 1989 wurde im Wortschatz und im Bewusstsein der tschechischen Gesellschaft neben vielen anderen Begriffen und Wirklichkeiten auch der Begriff Euroregion heimisch. Wir Tschechen gebrauchen ihn in seiner ursprünglichen lateinischen Form und übersetzen ihn eigentlich nicht einmal. Jedem ist klar, dass es um eine Art überstaatliches oder zwischenstaatliches Gebilde geht, das sich aus mehreren benachbarten Gebieten zweier oder mehrerer Staaten zusammensetzt und - jedenfalls nach der Idealvorstellung seiner Schöpfer - auf das künftige vereinte Europa orientiert ist. Wir sehen in einer solchen Euroregion vor allem die Gelegenheit, zwischen unseren Grenzgebieten und den wirtschaftlich entwickelteren Nachbarstaaten im Westen und Süden, mit Deutschland und Österreich also, rascher praktische und effektive Kontakte zu knüpfen. Nur wenig ist uns der ursprüngliche Sinn einer Euroregion bewusst. Heutzutage sollten die schon klassischen Euroregionen, die deutsch-holländische Euroregion und die deutsch-französisch-schweizerische Euregio Basilensis, die traditionelle Zusammenarbeit zwischen den Grenzgebieten der benachbarten Länder intensivieren und den Boden dafür bereiten, dass die Staatsgrenzen allmählich an Bedeutung verlieren und sich schließlich in einem zusammenwachsenden Europa auflösen. Für uns Tschechen liegt dieses in weiter Ferne, da ja nicht einmal die Aufnahme in die Europäische Union in einigermaßen greifbare Nähe gerückt ist. Dennoch aber entstand entlang unserer Grenzen eine ganze Reihe von Euroregionen: die Euroregion Neiße/Nisa (Tschechien - Deutschland - Polen, mit tschechischem Sitz in Liberec/Reichenberg), die Euroregion Elbe/Labe (Tschechien - Deutschland, mit Sitz in Ústí nad Labem/Aussig an der Elbe), die Euroregion Erzgebirge/Krušnohoří (Tschechien - Deutschland, mit Sitz in Most/Brüx), die Euroregion Egerland/Chebsko (Tschechien - Deutschland, mit Sitz in Karlovy Vary/Karlsbad) und die Euroregion Šumava (Tschechien - Deutschland - Österreich, mit Sitz in Klatovy/Klattau). Sie decken - mit kleinen Ausläufern nach Polen und Österreich hinein - das gesamte deutsch-tschechische Grenzgebiet ab.

Seit die erste dieser Regionen entstand, sind mehr als zehn Jahre vergangen. Das ist ein Anlass zum Rückblick. In welchem Maße haben die Euroregionen unsere Erwartungen erfüllt, inwieweit entsprechen die erzielten Ergebnisse den „Vorstellungen von Europa"? Wächst aus ihnen mehr hervor als eine in der ersten Euphorie geborene, von offiziellen Stellen gepäppelte und mit „europäischen" Geldern aus Brüssel geförderte Illusion? Was hat die mehrjährige Existenz dieser überstaatlichen Gebilde den Grenzgebieten und ihren Bewohnern konkret gebracht? Und die wichtigste Frage: Haben die Euroregionen auf zwischenmenschlicher und nationaler Ebene wirklich zu einer Annäherung zwischen Tschechen, Deutschen und Österreichern geführt? Haben sie dazu beigetragen, das gegenseitige Misstrauen zu überwinden und die Vorurteile gegenüber dem anderen abzubauen? Eine ganze Reihe von Fragen, die nicht leicht zu beantworten ist. Ich selbst kann aus der Position desjenigen, der sporadisch an den Veranstaltungen der Euregio Egrensis und der Euroregion Šumava beteiligt ist, nur Urteile von begrenzter Gültigkeit fällen. Trotzdem möchte ich eine Bewertung versuchen.

Aus eigener Erfahrung habe ich den Eindruck gewonnen, dass unsere westlichen und südlichen Partner an der Sache selbst und an der europäischen Idee ein viel größeres Interesse haben als wir und dass eigentlich sie es sind, die in der Mehrzahl der Fälle die Aktionen der einzelnen Euroregionen initiieren. Und sie sind es auch, die in den meisten Fällen den Zufluss von Geldern aus Brüssel garantieren und auch in größerem Maße daraus schöpfen. Mit den Finanzierungsmechanismen solcher Gebilde haben sie einfach die längere Erfahrung und sie versuchen natürlich für ihre Gebiete und für ihre Vorhaben so viel wie möglich zu erreichen. Wir Tschechen sind in vielen Fällen von der reinen Idee der Euroregionen meist nicht allzu begeistert, doch räumen wir ein, dass das Entstehen und das Funktionieren solcher Gebilde für unsere Grenzgebiete manch Gutes mit sich bringen kann. Bei der Planung und der Durchführung konkreter Projekte und Aktionen sind wir dann oft initiativfreudiger und konsequenter als unsere Partner, denn wir sind uns bewusst, dass es sich hierbei um eine der wenigen Gelegenheiten handelt, für eine sinnvolle und notwendige Sache finanzielle Mittel zu bekommen. So ist es mir des öfteren passiert, dass unsere Partner mit einer Idee kamen, bei deren Verwirklichung die Tschechen dann die treibende Kraft sein mussten. Und noch eine Erfahrung habe ich gemacht, die für mich als Historiker nicht allzu erfreulich war. Gelder bekommt man im Rahmen der Euroregionen grundsätzlich viel leichter für touristische Aktionen und Projekte, für Konferenzen und alle möglichen Diskussionsveranstaltungen, für Treffen mit Würstchen und Freibier, für größere Projekte wirtschaftlichen Charakters und vielleicht auch noch für einzelne kulturelle Aktionen. So gut wie nie aber bekommt man Gelder für wissenschaftliche Projekte und Aktionen, und wenn sie für beide Seiten der betreffenden Region von noch so großer Bedeutung wären. Doch auch hier gibt es Ausnahmen, zum Beispiel in der Euregio Egrensis.

Die Euregio Egrensis wurde bereits im Dezember 1990 auf einem internationalen Symposium begründet, das im deutschen Marktredwitz und im tschechischen Cheb tagte. Die Idee, eine Vorbildregion für die Zusammenarbeit zu errichten, die in der Mitte Europas die Grenzen überschreitet, gerade dort, wo früher der Eiserne Vorhang verlief, wurde von allen begeistert begrüßt. Und es stimmt, dass kaum irgendwo in Europa die Entstehung einer Euroregion logischer gewesen wäre. Die bayerischen, sächsischen und böhmischen Teile der Euregio Egrensis bildeten nämlich über viele Jahrhunderte eine territoriale Einheit: das historische Egerland, ein spezifisches und für die mitteleuropäische Geschichte sehr bedeutendes Gebiet, das im Hoch- und Spätmittelalter die Funktion einer Wegekreuzung und Brücke zwischen dem deutschen und dem böhmischen Teil des damaligen Reiches hatte. Im 12. und 13. Jahrhundert bemühten sich hier die staufischen Reichsherrscher um die Errichtung einer dynastischen Musterdomäne, von Ministerialen verwaltet und immun gegenüber den dezentralistischen Bestrebungen, die in der Mehrheit der Reichsgebiete zu Tage traten. Derartige Domänen sollten die Grundpfeiler der zentralistischen staufischen Reichsverwaltung bilden und verhindern, dass das Reich zersplitterte und sich zu einem praktisch unregierbaren Gebilde entwickelte. Der Plan scheiterte und Chebsko, das Egerland, musste in jenem empfindlichen Gebiet, wo Böhmen an verschiedene deutsche Territorien grenzt, seinen Ort und seine Rolle neu bestimmen. Im 14. und 15. Jahrhundert entstand hier in ungewöhnlich reiner Form einer der größten Stadtstaaten im deutschen Teil des Reichs. Dieser konnte sich trotz der formal bestehenden Lehensbindung an das Böhmische Königreich jahrhundertelang ein hohes Maß an Autonomie erhalten und spielte für sein Umfeld eine wichtige Vermittlerrolle. In der Neuzeit strebten die Wege der einzelnen Teile des historischen Egerlandes auseinander. Höhepunkt dieser unguten Entwicklung war - nach dem Münchener Abkommen 1938 - zweifellos die Besetzung des tschechischen Teils des Egerlandes durch Deutschland und später dann die Aussiedlung der deutschstämmigen Egerländer aus der Tschechoslowakei.

Im Rahmen eines vereinten Europa sollte daher die Euregio Egrensis die Rückkehr zu einer gemeinsamen Vergangenheit darstellen. Geistiger Vater dieser Euroregion ist Dr. Rudolf Hilf, einer jener deutschen Intellektuellen, die sich seit vielen Jahren für eine

Normalisierung der deutsch-tschechischen Beziehungen und eine Versöhnung zwischen den beiden Völkern einsetzen. In allen drei Teilen der Euroregion entstand ein institutionelles Hinterland mit ständigen Mitarbeitern und einem Informationszentrum. Das böhmisch-bayerisch-sächsische Präsidium koordinierte die Arbeit innerhalb des gesamten Gebiets. In den ersten Jahren wurde die Euroregion auch von den Regierungen der drei beteiligten Länder unterstützt (von der tschechoslowakischen Regierung und den Regierungen Bayerns und Sachsens). Die Euregio Egrensis war somit den übrigen Einrichtungen ähnlicher Art in vieler Hinsicht Vorbild.

Nach der Entstehung der Tschechischen Republik ließ das Interesse der Regierung in Prag nach. Aktivitäten der Euroregion waren auf tschechischer Seite nunmehr Angelegenheit regionaler und privater Initiativen. Das Büro und das Informationszentrum in Eger existieren zwar bis heute, aber der Schwung und die Leistungskraft der ersten Jahre haben nachgelassen. Dass sich die Initiative auf die einzelnen Gemeinden oder einzelne Bürger verlagerte, kam der Sache allerdings meist nur zugute. Die Bürgermeister von Aš (Asch), Skalná (Wildstein), Luby (Schönbach), Hazlov (Haslau) und anderen Gemeinden gründeten den *Gemeindeverband Euregio Egrensis* und setzten ihre Bemühungen oft ohne Unterstützung staatlicher Organe fort. Ihnen ist es zu danken, dass eine Reihe von wirtschaftlichen Projekten verwirklicht wurde, die Wohnsituation und Lebensumfeld verbesserten und das wirtschaftliche Hinterland vieler Gemeinden in der Region stärkten. Aufwendig konzipierte offizielle Aktionen wurden seltener, dafür gab es mehr konkrete Projekte, die auch zu Ende geführt wurden. Stellvertretend für viele seien hier genannt: die Restaurierung der fast völlig zerstörten Wallfahrtskirche Loreto bei Cheb/Eger (auf Initiative von Herrn Hart), die Stiftung *Schola ludus*, die Schüler aus der gesamten Euregio Egrensis fördert (Herr Novotny aus Nürnberg), das erfolgreiche Musikfestival *Im Herzen Europas* (Ehepaar Thomaschek) oder die Akademische Sommerschule, die von der Einrichtung *Europäisches Comenium* (Dr. Frank Boldt) organisiert wird. Alljährlich treffen Jugendliche aus dem böhmischen, sächsischen und bayerischen Teil des historischen Egerlandes in den Sommerlagern der Euregio Egrensis zusammen und hier ist mehr Optimismus vorhanden und mehr Zukunft lebendig als in den offiziellen Erklärungen und Institutionen. Tschechische Schüler lernen Deutsch an deutschen Schulen, deutsche Schüler Tschechisch an tschechischen Schulen, und auch ein Lehreraustausch wurde ins Leben gerufen. In der täglich praktizierten Zusammenarbeit einzelner Menschen und Berufsgruppen konnte die Euregio Egrensis, zumindest in den ersten Jahren ihres Bestehens, in der Tat als Vorbild gelten.

Mein Interesse richtete sich verständlicherweise in erster Linie auf die Zusammenarbeit von Historikern und Menschen, denen es die Geschichte des Egerlandes angetan hatte. Mit großer Spannung erwartete ich daher, was die neue Zeit nach der Samtenen Revolution für die Erforschung der Egerländer Vergangenheit bringen würde. Die Grenzen öffneten sich und wir blickten zum ersten Mal auf die historische Bühne der Egerländer Geschichte, die hinter dem Eisernen Vorhang lag. Mit Überraschung registrierten wir, wie viele Einzelpersonen und Verbände auf deutscher Seite sich für die Vergangenheit des Egerlandes interessierten. Nach und nach lernte ich bei persönlichen Begegnungen und auf größeren öffentlichen Veranstaltungen die wichtigsten Vertreter dieser Interessengruppen kennen und mein Überblick über die Leute, die beiderseits der Grenze zur Geschichte des Egerlandes etwas zu sagen haben, vervollständigte sich. Zu einem großen Teil ermöglichte mir das auch die Euregio Egrensis, denn im Unterschied zu den übrigen Euroregionen schenkte man hier der wissenschaflichen Arbeit, insbesondere auf historischem Gebiet, Aufmerksamkeit. Die zehn Jahre, die seit 1990 vergangen sind, haben eine Reihe konkreter Ergebnisse gebracht, die das Wissen über die Vergangenheit des Egerlandes bereicherten und der historischen Forschung vor allem die Geschlossenheit und Perspektivenvielfalt zurückgaben, die sie in den Jahren zwischen 1938 und 1945 verloren hatte.

Direkt von der Euregio Egrensis wurden zwei vielbesuchte sog. grenzüberschreitende Symposien in Eger und dem benachbarten Marktredwitz veranstaltet. Auf letzterem war selbst der damalige tschechische Premier Petr Pithart kurz zugegen und segnete so gewissermaßen die regionalen Bemühungen von höchster staatlicher Stelle ab. Es schien, als sei die intensive Zusammenarbeit von Wissenschaftlern vor Ort, Museologen, Pädagogen und Amateuren von oben wie unten erwünscht. Die Euphorie dieses repräsentativen Symposiums verflog jedoch schnell und besonders nach 1993 zeigte sich, dass alle Zusammenarbeit auf den Schultern der Lokalpatrioten lasten wird. Die Sache selbst hat dadurch eigentlich nur gewonnen.

Gleich zu Beginn der 90er Jahre hatte ich einen interessanten Kreis von Leuten kennen gelernt, die sich mit der Geschichte des Egerlandes befassten, und zwar im Grenzbereich zur Oberpfalz und zu Franken. Unter ihnen waren der begeisterte Historiker und Pädagoge Bernd Thieser, der historisch orientierte Journalist Michael Neubauer, der Verleger Eckhard Bodner und viele andere mehr. Diese hatten einen Verein gegründet, dessen Mitglieder sich für die Vergangenheit des Egerlandes und seiner angrenzenden Gebiete interessieren. Benannt wurde der Verein nach dem Ministerialen Otnant, belegt 1010 in einer Urkunde mit der überhaupt ältesten erhaltenen Erwähnung Egers. Die Otnant-Gesellschaft veranstaltete bis 1998 sechs Treffen (die so genannten Otnant-Gespräche), bei denen Profis und Amateure aus Böhmen, der Oberpfalz, Franken und Sachsen die Ergebnisse ihrer Forschungen vorstellten, sich kennen lernten, miteinander ins Gespräch kamen, Möglichkeiten für eine Zusammenarbeit diskutierten, gemeinsam Stätten besuchten, die für die Geschichte des Egerlandes von Bedeutung waren und, kurz gesagt, einfach sinnvoll und nutzbringend Gemeinsamkeit pflegten. Jedes Treffen stand unter einem zentralen Thema (Kolonisierung des Egerlandes, Geschichte des Egerländer Bergbaus, Archäologie im Egerland, Slawen in der Oberpfalz und in Franken usw.). Die Teilnehmer an diesen Treffen fanden später auch in eigener Initiative zusammen und so ließen die Ergebnisse nicht lange auf sich warten. Die Otnant-Gesellschaft begann, in verschiedenen Reihen Beiträge zur Geschichte des Egerlandes zu publizieren. So gelangte und gelangt noch immer eine Reihe von Arbeiten in die Hände interessierter Leser: Sammelbände zu den einzelnen Treffen der Otnant-Gesellschaft, M. Neubauers Quellenedition zur Geschichte der Wälder und des Forstwesens im egerländisch-fränkischen Grenzgebiet, B. Thiesers Monographie über die Herrschaft Unterbruck, meine Arbeit über das staufische Ministerialwesen im Egerland usw.

Schön, neu und bislang unvorstellbar aber war für mich und für uns Tschechen überhaupt die Atmosphäre der Begegnungen und der Zusammenarbeit mit den deutschen Kollegen: die Schranken waren gefallen. All das machte die vor kurzem noch bestehende Teilung des Egerlandes und der Welt vergessen. Während der Veranstaltungen der Otnant-Gesellschaft schien es, als würde das historische Egerland zwischen Smrčiny (Fichtelgebirge) und Slavkovský les (Kaiserwald) neu erstehen, dieses Gebiet der gemeinsamen Vergangenheit von Tschechen und Deutschen, das so schön ist, so interessant und von jeher auch immer schon ein bisschen „europäisch". In welchem Maße die regionale Geschichtsschreibung des ehemaligen Egerlandes bereits verkoppelt ist, zeigt folgendes Beispiel: meine von der Otnant-Gesellschaft auf Deutsch herausgegebene Arbeit über das Ministerialwesen wurde vom Museum in Eger nun auch auf Tschechisch veröffentlicht. Die tschechische Arbeit meines Kollegen und Freundes V. Růžek über das Egerer Rathaus möchte wiederum die Otnant-Gesellschaft vom Museum Eger übernehmen und in deutscher Sprache publizieren.

In der Euregio Egrensis gibt es freilich auch noch andere Gesellschaften und Vereine, die auf geschichtlichem Gebiet aktiv sind. Die tschechischen und deutschen Einwohner des ehemaligen historischen Egerlandes sollten auch in Zukunft die Möglichkeit haben, ihre Kenntnisse über Geschichte und Besonderheiten dieser spezifischen Region zu erweitern. Hierfür sind weitere Aktivitäten der Euregio Egrensis von enormer Bedeutung. Mit tatkräftiger Unterstützung der Bayerischen Akademie für Lehrerfortbildung in Dillingen konnten besonders in der ersten Hälfte der 90er Jahre in Eger, Marktredwitz und anderen Städten beiderseits der Grenze etliche Fortbildungsveranstaltungen durchgeführt werden. Fachleute stellten tschechischen und deutschen Pädagogen die Ergebnisse ihrer Untersuchungen vor und vermittelten anhand von Fallbeispielen ein plastisches und zusammenhängendes Bild von der Vergangenheit des Egerlandes in seiner altneuen, von keiner Politik und keiner Ideologie geteilten Gestalt. Die Lehrer konnten sich der gemeinsamen Vergangenheit des tschechischen und deutschen Teils des historischen Egerlands bewusst werden. Diese neue Erfahrung werden sie sicher an ihre Schüler weitergeben. Es lässt sich kaum ein besserer Weg denken, wie zwischen tschechischen und deutschen Egerländern ein Gefühl der Zusammengehörigkeit gestiftet und gestärkt werden könnte.

Was lässt sich abschließend zu den Euroregionen sagen? Besonders in den ersten Jahren gab es hier viel Offizielles, künstlich Aufrechterhaltenes und krampfhaft Gewolltes. Viele Initiativen verliefen im Sand und meiner Ansicht nach gelang es nicht, eine dauerhaft funktionierende institutionelle Zusammenarbeit ins Leben zu rufen. Auch in der Euregio Egrensis kam es zu einer merklichen Stimmungsdämpfung. Das Abflauen der ursprünglichen Bemühungen um eine allmähliche Integration des ehemaligen historischen Egerlandes findet seinen Ausdruck auch darin, dass sich das böhmische Zentrum von Eger nach Karlsbad verlagert hat, obwohl Karlsbad nie zum Egerland gehörte. Ich selber halte außer den vielen geglückten und zu Ende geführten Projekten vor allem die zwischen den einzelnen Menschen gewachsenen Freundschaften für das Hauptergebnis der zehnjährigen Anstrengungen in der Euregio Egrensis. Diese ersten festen Steinchen des Vertrauens und der Zusammenarbeit bilden die Grundlage, auf der weiter aufgebaut werden kann. In den einzelnen Euroregionen sind sicherlich viele solcher Bindungen geknüpft worden. Und wenn es entlang unserer gesamten Grenze mit dem nach Einigung strebenden Europa auch nur mehrere Dutzend oder Hundert wären, so hätten die Euroregionen damit für unser aller Zukunft etwas Positives geschaffen.

Sorben und Tschechen

Timo Meškank

Als auf der Hauptversammlung der *Domowina* (Heimat), des Dachverbandes der sorbischen Vereinigungen, im Frühjahr 1997 ein Grußwort des tschechischen Staatspräsidenten Václav Havel verlesen wurde, fühlten sich viele Sorben an die 20er Jahre erinnert, als der damalige erste Präsident der neuen Tschechoslowakischen Republik, Tomáš G. Masaryk, in etlichen offiziellen Ansprachen auf die noch nicht befreiten Lausitzer Sorben hinwies. Anders als den Tschechen hatte die „Weltrevolution" der Jahre 1914 bis 1918 ihnen nicht die erhoffte Unabhängigkeit gebracht. Zwar setzten sich die Vertreter der Tschechen auf der Pariser Friedenskonferenz 1919 vehement für eine Lösung der sorbischen Frage ein, doch war ihren Bemühungen kein Erfolg beschieden. Im Gegensatz zu der tschechoslowakischen Delegation, in deren Reihen mit Arnošt Bart und Jan Bryl auch zwei Sorben aufgenommen wurden, verstanden die Alliierten unter der Protektorenrolle der Tschechen über die Sorben, wie sie in der Forderung nach der Schaffung eines speziellen Status für die Lausitz zum Ausdruck gebracht wurde, stets ein Trachten nach Angliederung an den tschechoslowakischen Staat. Neuen Ansätzen zur Regelung der sorbischen Frage – Stichwort

Minderheitenschutz - verschlossen sich die Alliierten. Der leitende Gedanke, die Anerkennung der neuen Staaten von Verpflichtungen gegenüber den auf ihrem Territorium lebenden nationalen Minderheiten abhängig zu machen, wie ihn der amerikanische Präsident Woodrow Wilson bereits Anfang 1919 in seinen Völkerbundentwurf eingebaut hatte, wurde gegenüber Deutschland nicht in Erwägung gezogen. Folgerichtig fand sich im Vertrag von Versailles kein spezieller Passus bezüglich der Sorben. Die pauschale Formulierung der deutschen Seite, für den Schutz der Minderheiten eintreten zu wollen, wurde grundsätzlich von der Behandlung der deutschen Minderheiten in den neuen Staaten abhängig gemacht. Dies sollte für Deutschland über die gesamte Zwischenkriegszeit hinweg zum Anlass werden, die sorbische Frage zu politisieren und die tschechische Seite für ihr Eintreten bezüglich der Belange der Sorben stets von neuem dem Vorwurf der Irredenta auszusetzen.

Die Tschechen konnten sich in der Begründung ihres Bemühens, die nationale Identität und damit das kollektive Bewusstsein der Sorben zu stärken, auf Gemeinsamkeiten stützen, welche historischer und territorialer - die Lausitz war bis 1635 Bestandteil der Böhmischen Kronländer - sowie sprachlicher und ethnischer Art - beide Völker sind slawischer Herkunft und sprechen nah verwandte slawische Sprachen - waren.

Im Jahre 1319 gliederte der böhmische König das Land Bautzen, 1329 das Land Görlitz und 1346 auch Lauban und Zittau Böhmen an. Im Jahre 1367 erwarb der Luxemburger, Kaiser Karl IV., die gesamte Mark Lausitz für Böhmen. Im Gefolge des Dreißigjährigen Krieges gingen beide Lausitzen in den Besitz Kursachsens über, zunächst 1620 als Pfandbesitz für Kriegsanleihen des Kaisers Ferdinand II. von Habsburg beim sächsischen Kurfürsten Johann Georg I. von Sachsen, und nach dem Separatfrieden von 1635 schließlich als erblicher Lehnbesitz vollständig. Dass jedoch die böhmische Herrschaft keinen wesentlichen Einfluss auf die innere politisch-herrschaftliche Gestaltung der von Sorben bewohnten Territorien nehmen konnte, beweist die Reformationszeit. In beiden Lausitzen hatten nämlich Adel und Patriziat als Landstände die Einführung der Reformation gegen den Willen des habsburgischen Landesherrn in eigener Regie übernommen. Im Gegensatz dazu sollte sich der Einfluss des tschechischen Nachbarn auf die kulturelle Seite der sorbischen Nationsbildung als dauerhaft erweisen.

Bereits der erste überlieferte sorbische Text, der Bautzener Bürgereid *Budyska přisaha* aus dem Jahre 1532, enthält eine Reihe von Tschechismen. Bei diesem Sprachdokument handelt es sich um die obersorbische Übersetzung eines Eides für die sorbischen Bürger der Stadt Bautzen, welcher während der Herrschaft des Römischen Kaisers und Königs von Böhmen, Ferdinand I., zu leisten war. Auch das bedeutendste und größte Sprachdenkmal des 16. Jahrhunderts, die 1548 vollendete handschriftliche Übersetzung des Neuen Testaments von Mikławš Jakubica aus Laubnitz bei Sorau, ist stark von tschechischer Lexik durchsetzt. Zwar legte der Autor seiner Übersetzung die Lutherbibel zu Grunde, bediente sich aber auch tschechischer Übersetzungsvorlagen, was sich im Text niederschlug.

Auch nach dem Traditionsrezess von 1635, wonach beide Lausitzen dem sächsischen Kurfürsten zufielen, behielt sich der österreichische Kaiser das oberste *ius protectionis* in Religionsangelegenheiten vor. Die verbliebene katholische Minderheit in der Lausitz konnte sich somit weiterhin kirchlich an das Nachbarland anlehnen. Aus den Eintragungen in den Archiven der Bildungsanstalten jener Zeit lässt sich feststellen, dass in den böhmischen Jesuitenschulen Hunderte von sorbischen Studenten eingeschrieben waren. Etliche dieser Zöglinge betätigten sich literarisch, so Jakub Xaver Ticin, welcher 1679 in Prag die erste gedruckte obersorbische Grammatik, *Principia linguae Wendicae*, herausgab. Dessen Zeitgenosse Jurij Hawštyn Swětlik, der ebenfalls seine theologische Ausbildung in Böhmen erhalten hatte, übersetzte von 1688 bis 1707 an Hand der *Vulgata* die gesamte Bibel in die obersorbische Sprache. Doch auch künstlerisch traten Sorben zur damaligen Zeit im Nachbarland in Erscheinung. Der wohl bedeutendste unter ihnen ist Maćij Wjacław Jakula, welcher mit seinen Barockplastiken die Klosterkirchen zu Sedlec, Břevnov, Broumov und Chotěšov ausgestaltete. Drei seiner Gruppenplastiken schmücken bis heute die Prager Karlsbrücke, so dass sie neben den Wappen der Ober- und Niederlausitz am Brückenturm auf der Altstädter Seite das sichtbare Zeichen der jahrhundertelangen Zugehörigkeit beider Territorien manifestieren.

Trotz der Vielzahl an ausgebildeten Lausitzer Studenten gab es in der Lausitz auch weiter einen Mangel an Geistlichen, da die meisten Theologen nach ihrem Studium als Verwalter von Pfarreien oder als

Angehörige der verschiedensten kirchlichen Orden in Böhmen blieben. Um dem Mangel an Geistlichen abzuhelfen, begründeten im Jahre 1706 die Brüder Jurij Józef und Měrćin Norbert Šimon aus Ćemjercy das Wendische Seminar, für welches 1728 ein eigenes Gebäude auf der Prager Kleinseite eröffnet werden konnte. Darin wohnten die Gymnasiasten und Theologen, welche von hier aus nach Auflösung des Jesuitengymnasiums 1777 das deutsche Gymnasium auf der Kleinseite besuchten, um nach dessen Abschluss an der Theologischen Fakultät der Prager Karl-Ferdinands-Universität Theologie zu studieren. Der Besuch des fakultativen Tschechischunterrichts am Gymnasium, die Pflege des Sorbischen unter den Seminarzöglingen, der Kontakt mit den tschechischen Geistesgrößen Josef Dobrovský, Václav Hanka, Martin Hattala u. a., welche als Sorbischlehrer für die Seminarzöglinge gewonnen werden konnten, sowie das rege tschechisch-nationale Leben in der zweiten Hälfte des 19. Jahrhunderts brachten es mit sich, dass auch die Sorben die Ideen der slawischen Wiedergeburt aufnahmen und in die Lausitz zu übertragen versuchten. Im Jahre 1846 wurde die Seminaristenvereinigung *Serbowka* ins Leben gerufen, welche die Erziehung ihrer Mitglieder zu sorbisch-nationalem Bewusstsein zu ihrem Hauptanliegen machte.

Als im Jahre 1921 das Bistum Meißen, welches der katholischen Kirche im Laufe der Reformation verlorengegangen war, wiedererrichtet werden sollte, wurde dies von staatlicher Seite in Deutschland an drei Forderungen geknüpft: „1. Dauernde Sicherstellung einer deutschen Majorität im Domkapitel, 2. Auflösung des Wendischen Seminars in Prag innerhalb von 5 Jahren [und] 3. Die Garantie, dass das Bistum Sachsen nur einem deutschen Erzbistum, nicht einem ausländischen (Prag) angegliedert wird." Damit sollte der nach 1918/1919 wiedererstarkten sorbischen Bewegung Einhalt geboten und der Einfluss des tschechischen Nachbarn eingeschränkt werden. Doch im Januar 1922 empfing Staatspräsident Masaryk eine sorbische Delegation, welche aus Anlass zweier Konzerte in Prag weilte, und versicherte ihr, dass die Tschechen auch weiterhin bereit seien, auf dem Gebiet des kulturellen Austausches zusammenzuarbeiten. Zum organisatorischen Zentrum aller folgenden Aktivitäten sollte der *Česko-lužický spolek „Adolf Černý"* (Tschechisch-Lausitzer Verband „Adolf Černý") werden, der sich für die weitere Ausbildung sorbischer Studenten im Nachbarland einsetzte, die Herausgabe von Belletristik finanzierte und Konzertreisen sorbischer Komponisten sowie Ausstellungen sorbischer Künstler veranstaltete. Einen sichtbaren Ausdruck fanden die zwischennationalen Beziehungen in der Gründung von Sokoł-Turnorganisationen in der Lausitz, welche nach tschechischem Vorbild aufgebaut und sowohl materiell wie immateriell von tschechischer Seite gefördert wurden. Nach der Machtergreifung der Nationalsozialisten in Deutschland 1933 wurden diese vielfältigen Kontakte, bisher von den staatlichen Stellen mit Rücksicht auf die eigene deutsche Minderheit toleriert, als Vorwand benutzt, die sorbischen Aktivisten zu verfolgen und weitere Kontakte zu den slawischen Nachbarn gänzlich zu unterbinden. Um ein politisches Zeichen zu setzen, berief Masaryk im Oktober 1933 den Dozenten an der Philosophischen Fakultät der Karlsuniversität, Josef Páta, zum ersten außerordentlichen Professor für sorbische Sprache und Literatur. Auch angesichts der nationalsozialistischen Diktatur ließen die Tschechen nicht nach, die Sorben kulturell zu unterstützen und sie durch Mobilisierung der internationalen Öffentlichkeit vor gewaltsamen Unterdrückungsmaßnahmen zu schützen. Selbst in dieser angespannten Zeit trugen die Impulse, welche von tschechischer Seite ausgingen, ihre Früchte. Jurij Chěžka, der Vertreter der sorbischen modernen Poesie, schuf in Anlehnung an Vítězslav Nezval und Stanislav Kostka Neumann sein dichterisches Werk, das nach seinem frühen Tod im Krieg 1944 bald die entsprechende Würdigung fand. Nach der Besetzung der so genannten Resttschechei 1939 ging die Gestapo gezielt gegen die *Společnost přátel Lužice* (Gesellschaft der Freunde der Lausitz) und ihre Mitglieder vor, führte Hausdurchsuchungen und Verhöre durch und beschlagnahmte die größte sorabistische Bibliothek außerhalb der Lausitz, die *Hórnikova knihovna*, welche nach dem Verkauf des Wendischen Seminars in Prag verblieben war. Páta, der sich am entschiedensten für die Belange der Sorben in der Zwischenkriegszeit eingesetzt hatte, wurde im Zuge der Vergeltungsmaßnahmen nach dem Attentat auf den stellvertretenden Reichsprotektor, Reinhard Heydrich, im Jahre 1942 hingerichtet.

Als nach Kriegsende der Freundeskreis der Sorben in der Tschechoslowakei daran ging, die alten Kontakte wieder aufzunehmen, standen die Vorzeichen weniger günstig als nach dem Ende des Ersten Weltkrieges. Von sorbischer Seite hatte man in sieben Memoranden an die Siegermächte nochmals gefordert, der Lausitz unter internationaler Kontrolle einen Autonomiestatus zu gewähren, doch die tschechische Seite war dieses Mal nicht gewillt, eine Protektorenrolle zu übernehmen. Präsident Edvard Beneš legte bereits 1941 die sorbische Frage mit den Worten ad acta: „Ich warne davor, bei uns eine neue nationale Frage und ein neues Volk zu bilden." Sein Ziel war es, die Vorkriegsrepublik in den Grenzen vor dem Münchener Abkommen von 1938 wieder zu errichten, und dies möglichst ohne den deutschen Bevölkerungsanteil, der mit der Lausitz nur zusätzlich vergrößert worden wäre. Die sorbische Frage, nach 1945 von den zwei rivalisierenden Vertretungen, *Domowina* in Budyšin (Bautzen) und *Narodna rada* (Nationalrat) in Prag, nicht einheitlich vertreten, wurde bald von den Kommunisten in beiden Ländern instrumentalisiert, um deren eigene Machtposition auszubauen. Die Prager Gesellschaft *Ústřední Matice školská* (Zentralschulverein) zeigte sich hingegen gewillt, konkret zu helfen, und richtete am staatlichen Gymnasium Česká Lípa einen sorbischen Zweig ein. Die Generation der dort ausgebildeten jungen Sorben bestimmte in den folgenden Jahrzehnten maßgeblich das nationalkulturelle Leben der sorbischen nationalen Minderheit in der DDR. Im Gefolge des Februarumsturzes 1948 wurden die Kontakte zwischen Sorben und Tschechen erheblich reduziert und beschränkten sich seit den 50er Jahren einerseits auf private Beziehungen, andererseits auf halbstaatliche, wie die zwischen dem *Domowina-Verlag* Budyšin und tschechoslowakischen Verlagen. Zwar konnten noch einzelne Studenten in Prag Sorabistik studieren, wo neben einer Professur für Sprachwissenschaft auch eine für Literatur eingerichtet worden war, doch hatten sich all diese Angebote ganz der herrschenden sozialistischen Doktrin unterzuordnen. Die Öffnung der Tschechoslowakei in den 60er Jahren fand in den tschechisch-sorbischen Beziehungen keinen Niederschlag, die literarische Szene mit Václav Havel, Ludvík Vaculík, Bohumil Hrabal u. a., welche bald nur im Samizdat publizieren konnten, wurde nicht zur Kenntnis genommen. Die Anpassung an die bestehenden Verhältnisse ging sogar soweit, dass die amtliche sorbische Tageszeitung *Nowa doba* (Neue Zeit) nach der Niederwerfung des Prager Frühlings 1968 befürwortende Stellungnahmen von führenden sorbischen Intellektuellen veröffentlichte, die selbst unter demokratischen Bedingungen im Nachbarland eine Ausbildung genossen hatten.

Der tschechische Nachbar ist heute, da die Traditionslinie nutzbringender Kontakte abgebrochen ist, nur für die wenigsten Sorben ein Anlehnungspunkt, von dem man sich Impulse für das eigene kulturelle Leben erwartet. Zwar wurde in der Zeit nach dem gesellschaftlichen Umbruch 1989 immer wieder betont, dass die Sorben als slawisches Volk doch eine Brückenfunktion als Vermittler zwischen Deutschland und seinen Nachbarn, Polen und Tschechien, übernehmen könnten. Die Probleme jedoch, sich in den neuen Verhältnissen zurechtzufinden, die eigene kollektive Schwäche und die fortschreitende Individualisierung der Gesellschaft, die auch an den Sorben nicht vorbeigeht, lassen es eher unwahrscheinlich erscheinen, dass nochmals eine Anknüpfung an die fruchtbare Zeit vor einem halben Jahrhundert gefunden werden kann. Impulse zur Stärkung der nationalen Identität der Sorben von tschechischer Seite können nicht mehr erwartet werden. Dem einzelnen Sorben bleibt es demnach überlassen, aus dem breitgefächerten kulturellen Leben des Nachbarn Nutzen für sein eigenes kulturelles Schaffen zu ziehen und dadurch der sorbisch-deutschen Symbiose eine Alternative zur Seite zu stellen.

Böhmische Utopien: Der Bohemismus-Diskurs in der Zeit der Restauration

Steffen Höhne

Die deutsch-tschechischen Beziehungen sind - nicht nur auf Grund sudetendeutscher Einflussnahme - ein diffiziles Thema der gegenwärtigen Politik und Diplomatie. Dem gemeinsamen Erfahrungsschatz scheinen vor allem die Erinnerungen an wechselseitig zugefügtes Leid zwischen 1938 und 1945 zu Grunde zu liegen, weshalb in öffentlichen wie wissenschaftlichen Diskursen immer wieder auf die Konflikte zwischen Deutschen und Tschechen Bezug genommen wird. Berücksichtigt man aber, dass soziale Phänomene wie nationale oder ethnische Identität historisch betrachtet relativ jung sind und zudem nur eine Möglichkeit kollektiver Identität unter anderen (z. B. regionale, ständische oder konfessionelle) bedeuten, dann stellt sich sowohl die Frage nach der Genese und Durchsetzung eines unter nationalen und nationalistischen Vorzeichen erfolgenden Separations- und Exklusionsmodells (bis hin zu radikalen

Plänen der physischen Vernichtung bzw. Vertreibung) als auch die Frage nach den Alternativen, die in der Regel nicht mehr Bestandteil des kollektiven Bewusstseins sind. Denn zu Beginn des 19. Jahrhunderts stellten nationalbewusste Tschechen oder Deutsche in den Böhmischen Ländern eine eher kleine, wenn auch einflussreiche Minderheit dar. Am Ende des Jahrhunderts identifizierte sich jedoch fast die gesamte Bevölkerung mit Hilfe nationaler bzw. ethnischer Kategorien.

Damit ist man bei dem Phänomen des „Bohemismus" angelangt. Unter Bohemismus versteht man ein Integrationsmodell für die Böhmischen Länder, welches die nationalen Interessen und Divergenzen zwischen Tschechen und Deutschen zugunsten eines übernationalen Landespatriotismus aufzulösen sucht und dabei von einer prinzipiellen Gleichheit im Sinne einer allgemeinen, auch sprachlichen Gleichberechtigung der Böhmen „slawischen wie deutschen Stammes" ausgeht. Insbesondere zwischen den Befreiungskriegen (1813-15) und der Bürgerlichen Revolution 1848 artikulierte sich die Position des Bohemismus, also gerade in dem Zeitraum, in dem das tschechische Emanzipationsstreben (Nationale Wiedergeburt) allmählich eine gesellschaftliche Dynamik erreichte und Gegenreaktionen seitens der Deutschböhmen hervorrief. Gegen die sich in dieser Entwicklung andeutenden nationalen Konflikte wandten sich die Vertreter des Bohemismus mit dem Ziel, die nationale Polarisierung zugunsten eines übernationalen Landespatriotismus zu überwinden.

Der Bohemismus entwickelt sich zum einen als Reaktion auf zentralstaatliche Tendenzen im späten 18. Jahrhundert, zum anderen als eine Folge der mit dem Absolutismus einsetzenden Abkehr vom Lateinischen, mit der das Deutsche Kultursprache in den Böhmischen Ländern wird. Durch diesen Substitutionsprozess kommt es zur Abkopplung der Kultursprache von den realen ethnischen Sprachverhältnissen, wodurch wiederum tschechische Gegenreaktionen im Kontext der sprachlichen Erneuerung des Tschechischen hervorgerufen werden. Mit dem Aufkommen des Nationalismus als mächtiger Integrationsideologie erfolgt dann in den Böhmischen Ländern eine Umstrukturierung kollektiver Bindungen, die neue Gruppensolidarität heißt Nationalbewusstsein. Diese Entwicklung verstärkt sich seit Beginn des 19. Jahrhunderts. Unter dem Eindruck der antinapoleonischen Befreiungskriege und einer sich zunehmend national definierenden Spätromantik in Deutschland erfolgt eine Popularisierung und Radikalisierung der nationalen Frage auch in den Böhmischen Ländern. Josef Jungmanns Sprachschriften von 1806 oder Alois Uhles Polemik *Sprachen in Böhmen* in der nur für ein Jahr herausgegebenen Prager Zeitschrift *Bohemia* 1812 sind markante Zeichen einer beginnenden nationalen Polarisierung, die ihren ersten Höhepunkt 1848 erreicht.

Gegen die zunehmend dominanten Modelle politischen Handelns, gegen ideologische Einengung und politische Instrumentalisierung mit nationaler Ab- und Ausgrenzung auf Seiten der Jungmannisten, gegen das auf deutsche Sprache und Macht fixierte Modell der herrschenden Wiener Eliten tritt als Alternative ein kulturell wie sozial determinierter Bohemismus, mit dem an übernationale Gemeinsamkeiten der Böhmischen Länder angeknüpft werden soll. Dabei handelt es sich allerdings um einen utopischen, zusehends anachronistisch werdenden Ansatz.

Als der wichtigste Repräsentant des Bohemismus darf der Religionsphilosoph an der Prager Universität, Bernard Bolzano (1781-1848), gelten, der sich bereits 1810 veranlasst sieht, die akademische Jugend der Prager Universität vor den heraufziehenden ethnischen Konflikten zu warnen:

> „Weg denn mit dieser Scheidewand! Böhmen und Deutsche! Ihr müsset ein Volk ausmachen; ihr könnt nur stark sein, wenn ihr euch freundschaftlich vereiniget; als Brüder müsset ihr euch ansehen und umarmen; es lerne der Eine die Sprache des Anderen, nur um sich desto gleicher zu stellen; es theile der Eine seine Begriffe und Kenntnisse dem Anderen brüderlich und ohne Vorenthaltung mit!"

Vaterlandsliebe erwächst nach Bolzano aus dem jeweiligen Wissen um die Vorzüge, aber auch um die Mängel und Unvollkommenheiten des Vaterlandes. Daraus wird die Pflicht zu dessen Vervollkommnung abgeleitet. Bolzanos Wendung gegen den Nationalismus ist von prinzipieller Natur, da er durch ihn die Selbstüberhebung der eigenen Gruppe bei Abgrenzung gegenüber anderen Gruppen befürchtet, die in der Folge als minderwertig diskriminiert werden.

Im Frühsommer 1816 greift Bolzano die nationale Problematik erneut auf. Eine zunehmende, durch die Befreiungskriege hervorgerufene Nationalbegeisterung findet auch in Böhmen immer mehr

Anhänger. Die 1817 „gefundene" *Königinhofer Handschrift* ist das vielleicht prägnanteste Indiz eines sich massiv artikulierenden tschechischen Nationalismus, dem Bolzano sein Programm „ethnischer Nächstenliebe" entgegenhält und welches zumindest in den 20er und 30er Jahren ausgleichend wirkt. Im Zentrum der Überlegungen Bolzanos steht wie 1810 die soziale Verpflichtung des Patriotismus, d. h., „werktätig daran zu arbeiten, dass die Mitbürger mit jedem Jahr weiser, besser und glücklicher werden." Aus dieser „vita activa" ergibt sich eine generelle, christliche Forderung nach innerer wie äußerer Vervollkommnung:

> „Doch je entschiedener dies ist, um desto einleuchtender wird es, wie mißfällig unserem Herrn Jesu das Treiben aller derjenigen sei, die statt zur Vervollkommnung unserer Verfassung das Ihrige dazu beitragen, vielmehr Veranlassung geben, daß deren Mängel noch größer und drückender werden. [...] Hierher ist vornehmlich zu zählen der Geist der Zwietracht, den die zwei Volksstämme dieses Landes schon seit Jahrhunderten nähren. Wie ich vernehmen muß, so haben sich auch unter Ihnen ein und das anderemal Spuren dieser so höchst verderblichen Zwietracht geäußert; es hat sich gezeigt, daß auch unter Ihnen der Böhme den Deutschen, und dieser jenen nicht so liebe, wie sich die Mitbürger eines und ebendesselben Landes nothwendig lieben müssen, wenn sie nicht selbst die Ursache ihres gemeinschaftlichen Unterganges sein sollen."

Bei den Zuhörern Bolzanos handelte es sich vor allem um jene Studenten, die später in der Administration wie Erziehung nach Bolzanos Vorstellung einen entscheidenden Einfluss darauf haben mussten, welche Einstellungen sich in den Böhmischen Ländern durchsetzen würden. Bolzano war offenkundig der Hoffnung, durch Erziehung die destruktiven Potenzen des nationalen Denkens neutralisieren zu können:

> „Ein jeder Böhme aus uns suche bei jeder Gelegenheit, die ihm der Himmel herbeiführt, dem Deutschen Güte und Liebe zu erweisen, ein jeder Deutsche thue ein Gleiches an dem Böhmen: und ich bin gewiß, wenn nur das kleine Häuflein der hier Versammelten diese so leichte, schon in jedem Augenblick sich belohnende Regel befolgen will, in weniger als zwei Jahrzehnten müßte

aller Haß der beiden Volksstämme unsers Landes verloschen und vertilgt sein!"

Ungeachtet der romantisch-nationalen Konnotation bei seinen Zeitgenossen gebraucht Bolzano ‚Volk' und ‚Vaterland' als rein soziale Begriffe ohne identifikatorische Dimension. Somit erweist er sich in nationalen Fragen als Utopist. Dennoch bilden seine Vorträge einen faszinierenden Versuch des innerböhmischen Ausgleichs, mit denen zugleich der ältere Landespatriotismus der Stände eine demokratische Kontur erhält. Ein Manifest seines utopischen Denkens bildet das *Büchlein von dem besten Staate*, das die endgültige Fassung in den 1840er Jahren erhielt, auf Grund der revolutionären Ereignisse jedoch ungedruckt blieb, so dass es erst 1932 und 1933 zu einer Herausgabe kam. Von seiner politischen Struktur betrachtet ist der „beste Staat" ein demokratisch nach dem Prinzip der Selbstverwaltung organisierter Staat, in dem die vollkommene Gleichheit der Bürger herrscht. Ökonomisch und sozial handelt es sich um einen Interventionsstaat mit dem Ziel einer umfassenden materiellen Vorsorge und Absicherung. Seine ideelle Basis ist die Beförderung der Tugend und der Glückseligkeit aller seiner Bürger.

Neben dem Wirken Bolzanos ist vor allem der Gründung eines Böhmischen Vaterländischen Museums ein utopisches Moment nicht abzusprechen. Mit dieser Institution wird erstmals der Versuch unternommen, eine Art Archiv für alle relevanten Wissensbestände des Königreiches Böhmen, das als eine kulturhistorische Einheit verstanden wird, anzulegen. Die Aufgaben des Museums umfassten neben der Speicherung und Kanonisierung kulturellen Wissens in und über die Böhmischen Länder, dessen Weitergabe an die folgende Generation (pädagogische Intention) auch die Bewusstmachung der Existenz einer böhmischen Kultur (identifikatorische Intention). Spiritus Rector des Vaterländischen Museums war Graf Kaspar von Sternberg, Anteil nahmen aber viele Vertreter - tschechische wie deutsche - des damaligen kulturellen wie wissenschaftlichen Lebens. Ab 1827 werden von der Gesellschaft des Vaterländischen Museums unter der Redaktion von František Palacký zwei Zeitschriften, eine in deutscher, eine in tschechischer Sprache, herausgegeben, die „den poetischen Talenten im Vaterlande den Weg zur Publicität zu bahnen, und zur Bildung des Geschmaks in der Nation" beitragen sollten. Ein äußerst ambitioniertes Projekt, welches zumindest in den Anfangsjahren, ungeachtet der ethnischen Unterschiede, von Repräsentanten einer gesamtböhmischen Kultur geprägt wird.

> „Nur Werke der in Böhmen eingebornen Dichter, die entweder durch ihren Stoff ein vaterländisches Interesse anregen, oder durch Neuheit und Originalität, durch ächt poetischen Gehalt zum Beleg der poetischen Schöpfungskraft in der Nation dienen können, werden in diese Blätter mit strenger Wahl aufgenommen."
>
> (*Museumszeitschrift* 1827)

An den Aktivitäten des Museums nimmt ein häufiger Gast Böhmens in diesen Jahren lebhaften Anteil - Johann Wolfgang von Goethe. Mit Goethe intensiviert sich der deutsch-tschechische Austausch auf kulturellem Gebiet, erinnert sei hier - neben Goethes engen Kontakten zu Zauper, Grüner und vor allem zu Kaspar von Sternberg - nur an die Novellen, die im Rahmen der „Wanderjahre" (*Wilhelm Meisters Wanderjahre*) entstanden, oder an die *Marienbader Elegie* (1823). Bei wichtigen Repräsentanten des böhmischen Kulturlebens ist der Einfluss Goethes nur zu deutlich, so bei dem Komponisten Wenzel Johann Tomaschek (auch Tomášek) oder dem - so ein Diktum František Xaver Šaldas - „Enkel Goethes", František Čelakovský. In einem Gespräch mit Eckermann am 6.4.1829 äußert sich Goethe rückblickend:

> „Das Böhmen ist ein eigenes Land, ich bin dort immer gerne gewesen. Die Bildung der Literatoren hat noch etwas Reines, welches im nördlichen Deutschland schon anfängt selten zu werden, indem hier jeder Lump schreibt, bei dem an ein sittliches Fundament und eine höhere Absicht nicht zu denken ist."

Und gemeinsam mit Karl August Varnhagen von Ense verfasst Goethe einen Text, in dem die Spezifik Böhmens explizit aus beiden Kulturen abgeleitet wird:

> „Böhmen hegt in seinem Innern [...] eine reiche dichterische Flora, welche sogar, gemäß den eigentümlich zwiefachen Geschichtselementen ihres Bodens, in doppeltem Dasein, in einem böhmischen und einem deutschen, hervortritt. Von dem Zusammenleben zweier Sprach- und Dichtungssphären gibt uns Böhmen jetzt ein merkwürdiges Bild, worin bei größter Trennung, wie schon der Gegensatz von Deutschem und Slawischem aus-

drückt, doch zugleich die stärkste Verbindung erscheint. Denn wenn die böhmischen Dichter, selbst indem sie alten Mustern folgen, nicht umhin können, durch Sinnesart, Ausdrucksweise und Gedichtformen doch auch in heutiger Bildung Deutsche zu sein, so sind hinwider die deutschen Dichter in Böhmen durch entschiedene Neigung und stetes Zurückgehen zum Altnationalen ihrerseits recht eigentlich böhmisch."

Derart ästhetisch motivierte Sichtweisen lassen die nationalen Konfliktlinien verblassen, die aber virulent sind. Dennoch kann sich das bohemistische Denken, das vor allem von Vertretern der übernational eingestellten Kulturelite propagiert wird, auch in Zeiten zunehmender Nationalisierung behaupten, wobei allerdings zu berücksichtigen ist, dass Böhmen von deutscher wie österreichischer Seite nicht unbedingt als ein politisch-historisches Gebilde wahrgenommen worden ist, sondern eher als eine Art mitteleuropäisches Italien, als ein Land der Kultur.

Ein böhmischer Autor, der sich dezidiert diesem patriotischen Programm verschreibt, ist Karl Egon Ebert, Schöpfer von Poetisierungen der böhmischen Geschichte. 1829 veröffentlicht Ebert das böhmische Nationalepos *Wlasta*, mit dem er seinen größten Erfolg erringt und das ein wahres *Wlasta*-Fieber mit *Wlasta*-Hüten und *Wlasta*-Stöcken auslöst. Durch Ebert, der eine enge Freundschaft mit Palacký unterhält, bis es im Laufe der 48er-Revolution auf Grund politischer Divergenzen zum Bruch kommt, wird das böhmisch-patriotische Programm, welches von einer aufgeklärten, ethisch fundierten Ausgleichshaltung im Sinne Bolzanos inspiriert ist, quasi literarisch umgesetzt. Mit *Wlasta* übernimmt Ebert einen alten tschechischen Sagenstoff (Mägdekrieg, Libussa-Mythos), der bereits vor ihm - auf der Basis der Quellen von Cosmas und Hájek - u. a. von Herder in *Die Fürstentafel* und *Das Roß auf dem Berge*, von Musäus in *Volksmärchen der Deutschen* und - auf Anregung Josef Dobrovskýs und Josef Georg Meinerts - von Clemens Brentano (*Die Gründung Prags*) bearbeitet wurde, und dessen Höhepunkt mit Franz Grillparzers Trauerspiel *Libussa* sowie mit Bedřich Smetanas Oper *Libuše* erreicht wird.

1828 wird Eberts Drama *Břetislav und Jutta* erfolgreich auf die Bühne gebracht, in dessen Vorrede sein bohemistisches Programm den vielleicht prägnantesten Ausdruck findet:

Ja, laßt uns treue Brüder sein von Allen,
Die dieses schönen Landes Raum vereint,
Mag in verschiednem Klang die Red' auch schallen
Der Sinn nur macht den Vaterlandsfreund.

Ebert verherrlicht das Land und den Charakter seiner Bewohner, mögliche Auseinandersetzungen zwischen Tschechen und Deutschen werden im Drama durch Heirat gelöst.

Einen weiteren Höhepunkt erreicht das bohemistische Denken im beginnenden Vormärz. Ab 1837 gibt Eberts Schwager Rudolf Glaser die Zeitschrift *Ost und West* heraus, ab 1842 Paul Alois Klar das Jahrbuch *Libussa* (bis 1860). Beide Periodika wollen zwischen den Nationen vermitteln, in ihnen finden tschechische wie deutsche Autoren ein wichtiges Forum: „Wir wollen durch Übersetzungen und kritische Übersichten einen Begriff davon geben, welche frischen und schönen Blüten die Literatur aller slawischen Nationen gegenwärtig hervorbringt. Hiermit werden wir etwas durchaus Neues leisten und den Anfang zu einer literarischen Verbindung des slawischen Ostens, dessen Tätigkeit beinahe noch ganz unbekannt ist, mit Deutschland machen," so Glaser im ersten Heft von *Ost und West* 1837. Damit verleiht Glaser zugleich der Hoffnung Ausdruck, ein Ausgleich zwischen den Nationen sei möglich:

„Immer ähnlicher werden die Interessen der gebildeten Völker, immer mehr verschwindet ihre räumliche und geistige Entfernung, und Alles, was diesen Zweck befördert, wird mit großer Gunst aufgenommen. Möge dieser auch einer neuen literarischen Unternehmung zu Theil werden, welche - nicht ausschließlich, aber doch vorzugsweise - dazu bestimmt ist, eine literarische Vermittlung zwischen dem slawischen Osten und Deutschland zu stiften, und somit einen Beitrag zu der sich jetzt bildenden Weltliteratur zu geben. Welches Land könnte mehr dazu geeignet sein, als Böhmen mit seiner halb slawischen, halb deutschen Bevölkerung, Böhmen, die Gränze des europäischen Ostens und Westens, ein Land, reich an Literatoren, die aller slawischen Dialekte kundig sind."

Zum Symbol dieses konsensuellen Denkens avanciert die ausgestreckte Bruderhand:

Durch Seelentiefe nach verwandt,
Laßt tönen unsern Zweigesang.
Bei unsrer Harfen Siegesklang
Reich, Slawe, mir die Bruderhand.
Der Slaw' mit dem Germanen stellt
Im Bund einst das Geschick der Welt.

So schwärmt der Frh. von Wend 1841 in dem Gedicht *Der Deutsche an den Slawen*. Beiträger in *Ost und West* sind u. a. die kulturellen Mittler Siegfried Kapper und Josef Wenzig. Eine der ersten Arbeiten zu Mácha überhaupt veröffentlicht Kapper 1842 in den Wiener *Sonntagsblättern*, 1844 erscheinen in der Prager *Libussa* seine Nachdichtung von Máchas *Máj*, in Leipzig die *Slawischen Melodien*, eine Sammlung von Übersetzungen aus dem Tschechischen (u. a. Texte von Čelakovský, Sušil, Erben). Wenzig setzt sich in der Broschüre *Ein Wort über das Streben der böhmischen Literaten* (1848) mit den Vorwürfen gegen die tschechische Literatur auseinander und betont die Vorteile einer von Goethe inspirierten „Mannigfaltigkeit" der Kulturen:

> „Nein, nach dem Sinne jener Literaten soll, was in Böhmen deutsch sein will, deutsch sein, was aber böhmisch sein will, böhmisch sein, und zwar böhmisch auf eine würdige, auf eine für Böhmen, den Kaiserstaat und die Welt erspriessliche Art, und deutsche und böhmische Cultur und Sitte, des Deutschen und des Böhmen Wohlfahrt und Glückseligkeit sollen in Böhmen schwesterlich neben einander blühen und gedeihen."

In den 40er Jahren lässt sich durchaus von der Mode sprechen, „böhmisch zu dichten", so Joseph Mathias von Thun, der sich weder als „Čeche" noch als Deutscher, sondern nur als ein Böhme verstand: „Wir alle sind ja Kinder einer Mutter, wenn auch von verschiedenen Vätern, wir alle sind ja Böhmen." Moritz Hartmann veröffentlicht 1844 seine Gedichtsammlung *Kelch und Schwert*, 1846 folgt Alfred Meißner - von Lenaus *Albigensern* inspiriert - mit dem Versepos *Žižka*, mit dem Meißner an die übernationale Tradition des Kampfes gegen staatliche und kirchliche Unterdrückung anknüpft. Die Beschwörung der historisch-heroischen Vergangenheit Prags und Böhmens wird zum Alternativmodell gegenüber dem erwachenden tschechischen Nationalismus, dem Hartmann in den *Böhmischen Elegien* eine demokratische, wenn auch unrealistische Zukunftsvision entgegen hält:

> Gen Westen kehre dein Gesicht,
> Die Freiheitssonne kommt aus Westen;
> Siehst du das junge Morgenlicht
> Wie Rosen über Kron' und Aesten?
>
> Im Osten ist es Nacht und kalt -
> Auf einem Thron von Bruderleichen
> Sitzt dort die blutige Gestalt
> Mit ihrem neuen Kaineszeichen.

1845 erscheint Uffo Horns Drama *König Otakar*, ein Gegenentwurf zu dem als anti-böhmisch interpretierten Drama Franz Grillparzers aus dem Jahre 1825. Der selbstherrliche und egoistische Machtmensch Ottokar bei Grillparzer wird bei Horn zu einem gerechten Herrscher, einem Schützer des Reiches und der Städte. Typisch für den Gebrauch böhmischer Mythen und Stoffe seitens der deutschböhmischen Künstler ist allerdings die Betrachtung Böhmens als eines zertretenen, toten Königreichs, dessen Überreste längst Bestandteil der deutschen Gesellschaft und Kultur seien. In dem Moment, in dem die Deutschböhmen das tschechische Nationalstreben erkennen, verschwinden solche Stoffe gänzlich. Dennoch, das wechselseitige Wahrnehmungsmodell bleibt intakt, über die nationalen Parteigrenzen hinweg wird zumindest das kulturelle Schaffen der jeweils anderen Nationalität rezipiert, nicht, wie so häufig in späteren Jahren, ignoriert.

Neben den Dichtern sind es vor allem die Aristokraten, die den Topos der *Böhmischen Brücke* aufgreifen. Der heute vergessene Hofsekretär von Heun konzipierte in einem Beitrag für die Cottasche *Deutsche Vierteljahresschrift* im Jahr 1844 Böhmen als ein Land jenseits ethnischer Divergenzen. Völkerrechtlich sei Böhmen wegen der ethnischen Mischung der tschechischen Bevölkerung mit den Deutschen weder ein slawisches noch ein deutsches Territorium, sondern die Bewohner bilden - hier erfolgt ein Vergleich mit den USA - als ‚Böhmen' eine eigenständige Ethnie: „Die heutigen Bewohner Böhmens sind weder ihrer Abstammung noch ihrer Sprache nach Czechen, und noch viel weniger Slaven." Dies schlage sich sogar in einer eigenständigen Physiognomie der ‚Böhmen' nieder:

„Der heutige Böhme, und zwar sowohl der deutsch als böhmisch sprechende, unterscheidet sich durch seine äußere Erscheinung wie durch den Accent seiner Sprache und seinen Charakter leicht und deutlich von dem Deutschen, wie von dem Slaven, [...]. Eine eigenthümliche Nationalität ist in seinem ganzen Wesen klar und unverkennbar ausgeprägt, und wenn diese von jener seiner czechischen und deutschen Stammväter eben so sehr verschieden ist, als von der der heutigen Slaven und Deutschen, so hat der Böhme dies nur mit allen civilisirten Völkern Europas gemein, deren keines seinen Ur- und Stammvätern mehr gleicht."

Von Heun stellt sich unbeirrt in eine utraquistische Tradition, deren utopisches und damit unrealistisches Moment gerade in den von Madjarisierungs,- Germanisierungs- und Panslawismus-Polemiken dominierten Diskursen der 40er Jahre nur zu deutlich sein dürfte:

„Nichts kann irriger seyn als die Meinung, daß in Böhmen der Nationalität oder der Sprache, oder wohl gar politischer Meinungen wegen Irrungen oder Mißhelligkeiten bestehen. Die deutschen wie die czechischen Eingeborenen sind Böhmen und denken nicht daran, etwas anderes seyn zu wollen. Die böhmische und die deutsche Sprache sind beide gleich gangbar und verbreitet im ganzen Lande. Jedermann spricht und schreibt böhmisch oder deutsch, wie es ihm gefällt oder wie es die Umstände erfordern, und drückt sich in diesem Falle in einer oder der andern Sprache so gut aus als er vermag, ohne deßhalb irgendwie belästigt oder verspottet zu werden."

Von Heuns Äußerungen stehen nicht gänzlich isoliert da, eine ähnlich utraquistische Einstellung vertritt auch der bereits zitierte Graf J. M. Thun: „Wir wollen Böhmen sein, und Böhmen bleiben - das wünschen die Čechen wie die Deutschen im Lande, und Böhmen sind die Deutschen wie die Čechen; nur verrückt hierbei die nationelle Einseitigkeit das gemeinsame Ziel."

Anfang März stand die Revolution 1848/49 noch unter dem bezeichnenden Motto „*Čech a Němec - jedno tělo*" (Tscheche und Deutscher - ein Leib) - so Josef Václav Frič in der ersten Wenzelsbadversammlung -, da die Forderungen der Revolutionäre zunächst weniger national als vielmehr demokratisch und sozialrevolutionär geprägt waren.

„Die Schriftsteller Prags, böhmischer wie deutscher Zunge, gehoben von dem Gefühl der Freiheit und der in der letzten Zeit an den Tag getretenen Eintracht der böhmischen und deutschen Bevölkerung ihres Vaterlandes, haben in ihrer am 21.3.1848 gehaltenen Versammlung einstimmig den Beschluß gefaßt, öffentlich zu erklären, mit allen Kräften dahin wirken zu wollen, daß dieses glückliche Verhältnis nicht gestört, sondern fest aufrecht erhalten werde. Es soll auf der Grundlage vollständiger Gleichberechtigung beruhen, so daß weder Böhmen vor den Deutschen, noch die Deutschen vor den Böhmen irgend einen Vorzug genießen sollen." (*Bohemia* 23.3.1848)

Bald jedoch führten die divergierenden Interessen zu offenen Konflikten. Die Einberufung des Frankfurter Parlaments und die Einladung an die Tschechen, Abgeordnete in die deutsche Nationalversammlung zu senden mit dem Ziel, an der Errichtung des deutschen Nationalstaats mitzuwirken, wurde von Palacký, dem „Böhmen slawischen Stammes", mit einem Aufsehen erregenden offenen Brief beantwortet. Angesichts panslawischer wie pangermanischer Tendenzen trat Palacký emphatisch für ein „Österreich der freien Völker" ein: „Wahrlich, existierte der österreichische Kaiserstaat nicht schon längst, man müßte im Interesse Europa's, im Interesse der Humanität selbst sich beeilen, ihn zu schaffen."

Dennoch, auch auf dem Höhepunkt der revolutionären Auseinandersetzungen verstummen die ausgleichenden, wenn auch zunehmend resignativen Stimmen nicht gänzlich, wie Augustin Smetana in einer Reflexion über die *Bestimmung unseres Vaterlandes Böhmen* 1848 belegt:

„Als Ihr Böhmen noch Knechte war't, da hab't auch Ihr Slawen und Deutsche einander gehaßt. Ihr Slawen hab't die Deutschen gehaßt als Feinde Eurer Freiheit, weil Eure despotische Regierung eine deutsche war. Weh' Euch Böhmen slawischen Stammes, die Ihr die freigewordenen Deutschen hassen wollet! Ihr verunehrt das Werk Eurer Stammgenossen, die so viel für uns Alle gewagt, denen von uns Allen der Dank des Vaterlandes, die schönste Bürgerkrone gehört. Weh' Euch Böhmen deutschen

Stammes, die Ihr die volle Berechtigung Eurer Brüder slawischen Stammes zur vollen Gleichheit mit Euch in Allem und Jedem, ihre Bitten mit Mähren und Schlesien vereinigt zu werden, um die aufstrebende Nationalität zu kräftigen, für Uibergriffe ansieht. Ihr traget nicht das Wohl des Vaterlandes in Eurem Herzen. Weh' Euch Lieblosen Allen! Ihr seid noch nicht frei geworden! Freigewordene Völker können einander nicht hassen!"

Die Zeit nach 1848/49 ist durch einen fortschreitenden Prozess wechselseitiger Abgrenzung gekennzeichnet, in dem utraquistische Mittlertätigkeit die ethnozentrische Fixierung nicht aufbrechen kann. Ein Weiterwirken spätbohemistischer Ideen ist bei J. E. Purkyně, dem Goethe-Forscher Franz Thomas Bratranek und dem Übersetzer Josef Wenzig zu beobachten, ihre landespatriotische Wirkung ist allerdings marginal. Die Schillerfeier 1859 steht als öffentliches Ereignis im Zeichen letztmaliger landespatriotischer Gemeinsamkeiten. Herausragendstes Dokument einer spätbohemistischen Utopie dürfte Adalbert Stifters *Witiko* darstellen, ein zeitgeschichtlich anachronistischer Versuch landespatriotischer Integration in einem universal verstandenen mittel- und gesamteuropäischen Kontext. Mit dem historischen Roman *Witiko* entwarf Stifter eine übernationale böhmische Utopie, einen Gegenentwurf zu Palackýs nationaler Geschichtskonzeption. Stifters Konzept eines einheitlichen christlich-europäischen Staatenverbandes basiert auf hierarchisch gegliederten, mittelalterlichen Feudalstaaten, die ein Gegenmodell zum aktuellen Zerfall der inneren Ordnung Österreichs bilden. Eine Lösung bietet das „sanfte Gesetz": So chaotisch die Welt der Historie auch erscheint, letztlich muss sie sich der globalen Harmonie der Dinge unterordnen. Stifters *Witiko* ist ein Roman, der zur Unzeit entstand (1865/67) und bei den Zeitgenossen auf völliges Unverständnis stieß.

Eine kurze neobohemistische Renaissance setzt erst mit der Prager deutschen Literatur ein. Rainer Maria Rilke, Max Brod, Franz Werfel, Johannes Urzidil u.a. stellen sich dezidiert in die Tradition eines jetzt aber nurmehr ästhetisch zu verstehenden Bohemismus.

Rilke schließt seine letzten böhmischen Arbeiten mit einem Bekenntnis zur nationalen Verständigung: „Ich liebe Ihre Sprache", gesteht der deutsche Student in der Erzählung *Die Geschwister* der tschechischen Freundin. Damit verknüpft Rilke die Hoffnung, ein

Dialog zwischen den Nationen sei möglich. Und in einem Brief an Jaroslav Vrchlický erläutert Rilke die politische Intention der Gedichtsammlung *Larenopfer*:

> „Ein leiser Accord des Friedens soll erklingen im rauschenden Kampfgetöse. Und die Sympathie soll es ausdrücken, die ich für Ihr Volk und seine künstlerischen Bestrebungen hege, und Zeuge soll es sein, daß ich über (dem) Kastenwesen der Nationen ein allumfassendes Reich kenne, das Reich, in dem die Sonne der Kunst nie untergeht!"

Es ist das Reich der Kunst, von dem aus Rilke sich der Heimat nähert, ein Kontext, in dem auch jenes wunderbare Bild in dem Aufsatz *Ein Prager Künstler* (die so genannte *Orlik*-Studie) als Ausdruck Rilkescher Tschechophilie entsteht:

> „Denn der Tag ist gar laut und wichtig in der Stadt der vielen Feindschaften und Falschheiten, und es gehen allmorgendlich zwei Sonnen auf über dem Hradschin: eine deutsche und eine - andere. Diese andere Sonne liebt das Land, und (was noch notwendiger ist) sie begreift es."

Die Handschriften oder Mystifizierung auf Tschechisch

Vladimír Macura

Mit dem Jahr 1816 platzt in den Böhmischen Ländern geradezu ein Sack voller Entdeckungen an alten tschechischen Literaturdenkmälern, die das bisherige Bewusstsein von der kulturellen Vergangenheit der Tschechen, speziell der literarischen Vergangenheit, grundlegend veränderten. 1816 findet Josef Linda - angeblich im Deckel eines eigenen Buches - das so genannte *Vyšehrader Lied*. Ein Jahr später hebt Václav Hanka in den Kellern der Kirche von Königinhof (Dvůr Králové) einen fast unvorstellbaren Schatz: umfangreiche Teile (12 Pergamentbögen und zwei Streifen) und dabei offensichtlich doch nur das Fragment (Kapitel 25-28 des III. Buches) eines reichhaltigen Kodex alttschechischer Dichtung. Dieser Fund wird später die *Königinhofer Handschrift* genannt und auf Grund seiner Schreibung spätestens in das 13. Jahrhundert datiert werden. 1818 erhält der Oberste Burggraf Graf Kolowrat mit anonymer Post das Fragment einer epischen Dichtung über Libussas Gericht (*Grünberger Handschrift*), das noch älter zu sein scheint, spätestens aus dem 9.-10. Jahrhundert. 1819 stößt Jan Zimmermann, der Skriptor der Universitätsbibliothek, auf ein tschechisches Liebeslied von König Václav (Wenzel I.); ein Fund, der zu bezeugen vorgibt, dass die bereits bekannte deutsch geschriebene Fassung nur eine nachträgliche Übersetzung des tschechischen Originals darstellt. Außerdem entdeckt man auf dem Rand des Manuskripts eine frühere Variante des Gedichts *Jelen* (Der Hirsch) aus der *Königinhofer Handschrift*, die ihrer Schrift nach die Datierung des vermuteten Gesamtkodex bis spätestens in die Zeit zwischen 1190 und 1210 zurückverschob. Im Jahr 1827 entdeckt der deutsche Lexikograph Eberhardt Gottlieb Graff - mit Hankas bereitwilliger Assistenz - in dem mittelalterlichen Wörterbuch *Mater verborum* einige bemerkenswerte tschechische Glossen, darunter auch einen vielsagenden Seitenhieb auf deutsche Kosten: das tschechische Wort *Němec* (der Deutsche) entspricht dem lateinischen *barbarus, tardus, truculentus*... Im Jahr darauf findet Hanka selbst eine Interlinearübersetzung des Johannesevangeliums. Ungefähr zu gleicher Zeit entstehen die Fälschungen des 109. Psalms sowie die gefälschten Teile des 145. Psalms des glossierten so genannten Museumspsalters (*Muzejní žaltář*). Aus derselben Fälscherwerkstätte stammt offenbar auch Libussas Prophezeiung, die 1849 gefunden wird.

Literarische Mystifikationen sind natürlich nichts spezifisch Tschechisches, die gewaltige Flut an gefälschten Denkmälern verlangt jedoch nach einer Erklärung aus der spezifischen tschechischen Situation heraus.

Die Generation der tschechischen Patrioten, die von der Literaturgeschichte nach ihrem inoffiziell führenden Kopf, Josef Jungmann, später als Jungmann-Generation bezeichnet werden sollte, hatte die Vision, möglichst schnell eine reich entwickelte und sozial vielschichtige tschechische Kultur zu schaffen. Sicher war dies im gegebenen Moment nicht der einzig mögliche Weg. Das Projekt der tschechischsprachigen Kultur hätte gleich zu Beginn auf eine Abdeckung aller Funktionen, die man bei einem gänzlich eigenständigen kulturellen Organismus erwartet, verzichten können; die tschechische Kultur hätte sich ebenso gut als „Subkultur" herausbilden können, die zunächst nur auf die momentanen, begrenzten Bedürfnisse der Tschechisch sprechenden Bevölkerung abgestellt ist. Erst mit einer fortschreitenden Differenzierung dieser Bedürfnisse hätte sie sich dann in einer allmählichen Erweiterung um eine Vervollkommnung ihres Registers bemüht.

Die von der Jungmann-Generation gewählte Lösung verfolgte aber gleich von Beginn an das Ideal einer entwickelten, ganzheitlichen Kultur, die jeglichen Anforderungen einer voll entwickelten tschechischen Gesellschaft gerecht werden sollte. Der eingeschlagene Weg jedoch musste zweierlei überbrücken: zum einen die Tatsache, dass eine tschechische Gesellschaft als ein wenigstens teilweise organisch gewachsenes Gebilde damals noch nicht existierte. Zum anderen musste die Ausrichtung am Ideal einer vollwertigen Kultur zwangsläufig jene zwar bescheidenen, aber doch realen Bindungen zerstören, mit denen das tschechische Kulturschaffen damals rechnen konnte. Die Jungmann-Kultur, die sich das sofortige Entstehen einer tschechischen Wissenschaft, einer tschechischen Literatur hohen Stils usw. zum Ziel gesetzt hatte, konnte daher nur von extrem künstlicher Prägung sein. Sie musste als virtuellen Garanten ihrer eigenen Existenz die Fiktion einer normal funktionierenden tschechischen Gesellschaft schaffen. Das Erscheinen der wissenschaftlichen Zeitschrift *Krok* war ein Zeichen, wenn auch ein trügerisches, für das Bestehen einer hinreichend großen Tschechisch sprechenden wissenschaftlichen Gemeinschaft. Eine Tragödie, die geschrieben wurde, bewies - ebenso trügerisch - die Präsenz eines kultivierten, Tschechisch sprechenden Publikums, das imstande war, derartige Werke zu rezipieren. Ein Gedicht im indischen längenzählenden Versmaß kündete von Leserschichten, die Dichtung in dieser dunkel-exotischen Verschlüsselung zu lesen vermochten.

Eine so konzipierte Kultur, die programmatisch von ihren realen Fundamenten abhob, um ein illusorisches Bild von der tschechischen Gesellschaft zu entwerfen, und zwar mittels der Vorstellungen, die die kulturellen Schöpfungen selbst von dieser Gesellschaft erzeugten, konnte ihrem Wesen nach nur eine Fälschung sein. Die Zeitgenossen, die sich an den kulturellen Bemühungen Jungmanns beteiligten, empfanden all das deutlich: eine tschechische Kultur erschien ihnen gewiss nicht als selbstverständliche Forderung der Zeit. Das war „nur ein Traum, nur eine Idee", bekannte Šafařík. „Die Geschichte ist uns ... ziemlich im Weg", sagte Benedikti, „unsere Gegenwart ist irreparabel", klagte Kollár. Für Jungmann war das zeitgenössische literarische Schaffen eigentlich für die Zukunft bestimmt, es sollte nur eine „Vorbereitung" auf künftiges, wirkliches Schaffen sein, der Weg zu einem „geübten Geist". Chmelenský bemerkte verbittert: „Wir spielen in Wirklichkeit Literatur." - „Wir spielen auf einem Klavier, in dem womöglich noch keine Saite gespannt ist", schrieb ganz ähnlich Kollár. Noch 1838 wollte es Čelakovský scheinen, als sei Jungmanns Wörterbuch keineswegs der Grundstein der tschechischen Kultur, sondern der Grabstein der Nation.

Verliert sich aber in der Kultur die strenge Grenze zwischen Wirklichkeit und Fiktion, entsteht Kultur fast ohne den Kontakt zum Alltäglichen, so eröffnet das natürlicherweise schauspielernden und mystifizierenden Aktivitäten einen weiten Raum. Mystifikationen innerhalb eines solchen Kulturtyps können schon dem Wesen der Sache nach nicht mit dem Hinweis auf die zweifelhaften moralischen Qualitäten des einen oder anderen abgetan werden - in diesem Fall auf die moralischen Qualitäten Václav Hankas.

Hanka stand wohl - wenn auch keine eindeutigen Beweise vorliegen - bei vielen Fälschungen im Hintergrund: angefangen von den bekanntesten und „berühmtesten", wie den gefälschten Handschriften, bis hin zur Mystifikation des Lieds *Moravo, Moravo* (Mähren, Mähren) oder des so genannten Hussitenlieds, mit dem Hanka den Komponisten Franz Liszt täuschte. Auch die Mystifikationen von Hankas Zeitgenossen, die weniger in den Vordergrund traten oder später als unschuldige Spielereien bezeichnet wurden, gehören in das Gesamtbild des weit greifenden Mystifizierungsgebarens, das manchmal auf den engeren Freundeskreis begrenzt blieb, ein andermal an die Öffentlichkeit drang. Das Manifest der neuen quantitierenden Poetik *Počátkové českého básnictví - obzvláště prozódie* (Die Anfänge der tschechischen Dichtung - insbesondere der Prosodie, 1818) gaben Pavel Josef Šafařík und František Palacký unter dem Namen ihres Freundes Blahoslav Benedikti heraus, ohne dass dieser davon wusste. Im Vorwort unterbreiteten sie eine falsche Entstehungsgeschichte des Buches. Jan Kollár nahm in seine Anthologie slowakischer Lieder Falsifikate auf und František Ladislav Čelakovský fügte ganz ähnlich seinem Sammelband *Slovanské písně* (Slowakische Lieder) künstliche Schöpfungen hinzu. Übrigens waren in der Korrespondenz zwischen Čelakovský und Kamarýt

Mystifikationen überhaupt an der Tagesordnung. Čelakovský übersandte dem Freund eigene Gedichte als Schöpfungen anderer Autoren, sei es Kollárs oder auch ausgedachter Autoren. So gab er zum Beispiel sein Gedicht *Rusové na Dunaji* (Die Russen auf der Donau) als Übersetzung eines Lieds aus, das er von einem nicht näher bestimmten Russen erhalten habe. Die eigene Übersetzung eines Teils von Scotts *The Lady of The Lake* präsentierte er als Werk eines unbekannten Übersetzers usw. Ähnlich schickte auch Havlíček seine lyrisch-parodistische Replik auf ein Gedicht von Ivan Čech auf eine Weise an die Redaktion der *Květy* (Blüten), dass es den Anschein hatte, als ob „das wirklich eine Frau geschrieben habe". Vor Bodjanskij in Moskau gab er seine Verse für die anderer Autoren aus, z. B. für Verse von Jan Erazim Vocel oder Jablonský. In den *Květy* veröffentlichte er den ersten Teil seiner Polemik mit Josef Kajetán Tyls Novelle *Poslední Čech* (Der letzte Tscheche), ohne seinen Namen darunterzusetzen und vorgeblich als Verteidigung Tyls.

Das alles sind geläufige Spiele der Mystifikation. Während der tschechischen Wiedergeburt in der ersten Hälfte des 19. Jahrhunderts gediehen sie jedoch besonders gut, weil diese Kultur selbst über lange Zeit hin einem Spiel glich, weil sie selbst in einer Mystifikation gründete, weil sie ihre Normalität, Vollständigkeit, ihr standardisiertes soziales Hinterland nur vortäuschte. Die Fälschungen der Handschriften, speziell der *Königinhofer* und der *Grünberger Handschrift*, sind in dieser Flut verschiedenster Falsifikate und Mystifikationen ernsten und heiteren Charakters die bedeutendsten. Sie nämlich stellen den unübersehbaren Versuch dar, der gerade entstehenden modernen tschechischen Kultur eine passendere Vergangenheit vorzuschalten, eine Tradition für sie zu schaffen, die geeigneter war als die, die in Wirklichkeit zur Verfügung stand. Die patriotische literarische Gesellschaft, die sich um Josef Jungmann gruppierte, sah im tschechischen barocken Schrifttum nichts, woran man im 19. Jahrhundert vernünftig hätte anknüpfen können. Ältere erhaltene Schriftdenkmäler wurden zwar formal in ihrem Wert als Dokument einer frühen Blüte der tschechischen Kultur anerkannt - aber auch sie waren kein Fundament, auf dem sich in diesem Augenblick bauen ließ. Die „Entdeckungen" der beiden grundlegenden Handschriftendenkmäler schufen dagegen eine Tradition - dazu noch eine sehr altertümliche -, die dem Bedürfnis der Zeit genau entsprach. Die jungen, patriotisch gesinnten Literaten verlangten nach einer „hohen Poesie", nach einer großen lyrischen Dichtung oder einem Epos. Jungmann erfüllte diesen Traum durch seine Übersetzung von Miltons *Paradise Lost*. Später schrieb Rokos sein geistliches Epos *Ivan* und Kollár verfasste ein originales lyrisch-didaktisches Epos *Slávy dera* (Die Tochter der Sláva). Beide „Handschriftenfunde" kamen dieser Sehnsucht nach einem großen dichterischen Werk entgegen. Die *Königinhofer Handschrift* bezeugt die Existenz eines unvorstellbar umfangreichen lyrisch-epischen Ganzen, das eine Sammlung oder einen Zyklus epischer und lyrischer Dichtungen vorstellt, im Grunde eben den Überrest eines Nationalepos von unermesslichem Wert. Die *Grünberger Handschrift* ist das Fragment - das wiederum ein nicht erhaltenes bedeutendes Ganzes im Hintergrund verspricht - einer epischen Dichtung über die Fürstin Libussa, die sagenhafte Mutter des tschechischen Volkes. Beide Fälschungen boten somit der tschechischen Literatur eine Tradition, die gerade hier und jetzt unmittelbar genutzt werden konnte: sie lieferte das Argument für die damals aktuellen Bemühungen um die Schaffung einer tschechischen Literatur, besonders einer Lyrik, im hohen Stil und sie stand mit diesen Bemühungen vollkommen in Einklang. Sie gaben sich altertümlich zum einen, boten aber zum anderen völlig lebendige und brauchbare Schaffensmuster. Sie spornten zur Nachahmung an, zum Zitieren und Paraphrasieren, boten ein ganzes Register an geeigneten Sujets und Themen, Symbolen und Emblemen, die die Literatur mit Begeisterung aufgriff und mittels derer sie sich im gesamten 19. Jahrhundert konstituierte. Die Gestalten aus den gefälschten Handschriften - Záboj, Výhoň Dub, Beneš Heřmanů, Jaroslav, Ludiše - tauchten in der späteren tschechischen Literatur immer wieder auf, sie inspirierten die Bildende Kunst und die Musik; der sagenhafte Sänger Lumír aus den Handschriften wurde zur Symbolfigur der tschechischen Dichtung und lieh seinen Namen einer der wichtigsten literarischen Revuen, die mit Unterbrechungen bis zum Jahr 1940 erschien.

Aber auch die Sagengestalten aus den alten Chroniken, zum Beispiel die Fürstin Libussa, erfuhren in den gefälschten Denkmälern eine bezeichnende Wandlung, die ihnen im weiteren eine völlig neue Stellung innerhalb der tschechischen Kultur zuwies. Das Bild der Fürstin Libussa geht im Fragment der *Grünberger Handschrift* nicht in unvorteilhaften, oft leicht desavouierenden Nebensächlichkeiten unter, wie dies in den Aufzeichnungen der Chronisten der Fall ist. Libussa ist jetzt keine „Zauberin" mehr wie bei Cosmas, auch keine kampfeslustige Anführerin der tschechischen Amazonen wie bei Hájek, sie bleibt fest und einfach gemeißelt: vor allem ist sie Herrscherin, die höchste Richterin ihres Volkes, eines stolzen Volkes ganz eigener Art, dem Demokratie und Kultur durch und durch eigen, ja sozusagen eingeboren sind. Hier wird ein anderes Verständnis der Libussa begründet - ein anderes, als es die deutschen Dichter und Literaten interessieren wird. Für die Tschechen wird Libussa fortan eine andere sein als Herders Seherin Libussa aus dem Gedicht *Die Fürstentafel,* mag auch das Hердersche Gedicht den Mystifikator der *Grünberger Handschrift* bei der Wahl des Versmaßes, des für die südslawischen Heldengesänge typischen Zehnsilbers, direkt inspiriert haben. Die tschechische Libussa wird fortan eine andere sein als die phantastische Libussa von Johann Karl August Musäus oder die aus Clemens Brentanos (nicht bühnentauglichem) historisch-romantischem Großdrama *Die Gründung Prags.* Sie wird auch eine ganz andere sein als die spätere tragische Libussa Grillparzers. Diese ist erfüllt von der Trauer über den Untergang des mythischen Zeitalters, das vom modernen Zeitalter der Städte und der Zivilisation verdrängt wird; erfüllt von Skepsis wegen des Anbruchs der „slawischen" Epoche, deren zukünftige Herrschaft - wie Grillparzer voller Befürchtung voraussagt - „zwar breit und weit, allein nicht hoch noch tief" sein wird.

Für die Tschechen wurde Libussa dank der gefälschten Handschriften zu einem geheiligten, unantastbaren Symbol, das man dem Umkreis jedweder Abenteuer- und Liebesgeschichten umsichtig entrückt hatte. Auch ihre Verbindung mit Přemysl war jetzt eine rein staatliche, keineswegs eine erotische Angelegenheit. Sie wurde die zum Standbild erstarrte „Mutter des Volkes", ein Symbol seiner Überlegenheit, Unabhängigkeit und altüberkommenen Rechte.

Das war der offensichtliche Versuch, mit der deutschen Kultur zu konkurrieren. Auch damit lagen die *Königinhofer* und die *Grünberger Handschrift* schließlich ganz auf der Linie der neuen literarischen Bemühungen der jungen, patriotisch gesinnten Literaten. Die damalige tschechische Literatur stützte sich allgemein auf ein stark kämpferisches Moment - man hatte der selbstbewussten deutschen Kultur den Fehdehandschuh hingeworfen. Die tschechischen literarischen Texte hohen Stils gaben allein schon durch ihre Existenz zu verstehen: Sieh nur her, auch in tschechischer Sprache lässt sich kultivierte Literatur schreiben, Oden oder ein Epos, wie es Klopstock geschaffen hat. Und man forderte sogar zum Wettstreit heraus: Versucht mal in der „schwerfälligen" deutschen Sprache die quantitierenden griechischen Versmaße so leichtfüßig nachzuahmen, wie es die „sangliche" tschechische Sprache vermag. Die Handschriftenfalsifikate sprachen auch in dieser Hinsicht „dieselbe Sprache". Sie waren ein Zeugnis tschechischer Eigenständigkeit und eines hohen kulturellen Niveaus. Sie gaben alttschechische Realien, die für die deutschen Intellektuellen einen selbstverständlichen Bestandteil des deutschen kulturellen Kontexts bildeten - Herder nahm sein *Böhmisches Lied* von Libussa bezeichnenderweise in die *Deutschen Lieder* auf -, wieder zurück an eine andersgeartete tschechische Welt, die eindeutig „slawisch" bestimmt und von der deutschen Welt unabhängig war („Nehvalno nam v Nemcech iskati pravdu" - „In Deutschland Wahrheit suchen, ziemt uns nicht", heißt es beredt in der *Grünberger Handschrift*). Zudem lag in den Handschriften eine klare Herausforderung an das *Nibelungenlied*, nach dem Motto „auch wir Tschechen haben unser altes Literaturdenkmal". Die Tschechen beanspruchten gleichsam offiziell die Anerkennung ihrer ästhetischen und moralischen Überlegenheit über das deutsche Epos. Anstelle der „blutigen" Szenen im *Nibelungenlied*, die das Stereotyp des germanischen „Barbarentums" zu bestätigen schienen, boten sie eine idyllische, harmonische Welt, in der das moralisch überformte Bild von den tschechischen Kriegstugenden in ein ausgewogenes Verhältnis zur lyrischen Gesamtstimmung und dem Entwurf von Ordnung und Gerechtigkeit trat.

Die Handschriften zielten von Anfang an darauf ab, mehr zu sein als nur literarisches Denkmal. Schon dadurch, dass sie ein ideales Bild der tschechischen Literaturtradition und ein ideales Muster für neue Dichtungen in tschechischer Sprache schufen, überschritten sie die Grenzen von Literatur. Darüber hinaus waren sie für alle, die dem Ideal einer eigenständigen tschechischen Literatur folgten, auch Texte, die Kultur, ja Nation konstituierten. Sie wurden zu einem heiliggehaltenen Denkmal, das in Frage zu stellen während des gesamten 19. Jahrhunderts einer unmittelbaren Infragestellung der tschechischen Nation selbst gleichkam. Die Handschriften von deutscher Seite als Falsifikate zu bezeichnen, hieß, die traditionelle deutsche Feindschaft gegenüber allem Tschechischen und Slawischen zu bestätigen; wurden entsprechende Zweifel von tschechischer Seite geäußert, galten sie als Ausdruck eines verdammenswerten Verrats, für den der Schuldige es verdiente, aus der Volksgemeinschaft ausgestoßen zu werden.

Die Teilung der Prager Universität 1882: Zerfall eines Universums oder natürliche Entwicklung?

Jan Havránek

Bisweilen begegnet man in der deutschen und in jüngerer Zeit auch in der tschechischen Literatur der Behauptung, dass die gemäß Gesetz Nr. 24 der Reichsverordnung vom 28. Februar 1882 erfolgte Teilung der Prager Karl-Ferdinand-Universität in eine tschechische und eine deutsche das Ende der kulturellen Gemeinschaft in den Böhmischen Ländern bedeutet habe. Das war nicht der Fall. Wollte man von einer beginnenden Nationalisierung der Hochschulen als Voraussetzung für eine Spaltung der kulturellen Gemeinschaft sprechen, so müsste man weiter in die Vergangenheit zurückgehen, und zwar bis zum Dekret des Prager Guberniums vom 29. Juli 1784. Auf dieser Grundlage wurde an der Prager Universität - genau wie ein Jahr zuvor schon in Wien - Latein als Unterrichtssprache vom Deutschen abgelöst. Schon 1782 hatte Joseph II. im habsburgischen Staatengebilde das Deutsche als Amtssprache eingeführt. Das Deutsche war für den Monarchen die Sprache, mit der sich das Staatengebilde am besten konsolidieren und einer einheitlichen Bürokratie unterwerfen ließ.

Was jedoch in Wien als selbstverständlich erschien, stieß in Prag auf Widerstand. Das Lateinische behielt seine Funktion als Unterrichtssprache an der Theologischen Fakultät. Nur die Pastoraltheologie, die den Geistlichen auf die praktischen Aufgaben in seiner zukünftigen Pfarrei vorbereitete, wurde sowohl in Deutsch als auch in Tschechisch gelehrt. An der Medizinischen Fakultät löste das Deutsche das Lateinische nur allmählich ab. Lediglich in den Hebammenkursen war es von Anfang an gemeinsam mit dem Tschechischen üblich.

Die Einführung einer lebenden Sprache an den Hochschulen stand im Einklang mit der allmählichen Ablösung des Lateinischen durch die Nationalsprachen in Lehre und Wissenschaft, die sich in Europa seit Beginn des 18. Jahrhunderts langsam von Nordwesten her nach Süden und Osten vollzog. Befördert wurde diese Entwicklung auch dadurch, dass die Gesetzbücher, ebenso wie Enzyklopädien und Konversationslexika, in den Nationalsprachen erschienen. Damit wurde auch denjenigen ein Weg zum Wissen gebahnt, die nicht die Möglichkeit hatten, in ihrer Jugend einige Jahre auf das Erlernen einer zwar schönen, aber doch toten Sprache zu verwenden. 1805 versuchte man, das Lateinische als Unterrichtssprache in einer Reihe von Fächern an der Philosophischen Fakultät wieder einzuführen. Allerdings vergeblich. Die Professoren behaupteten, dass die Studenten an den Gymnasien nicht gut genug Latein gelernt hätten, um den Ausführungen folgen zu können. Sie hatten wohl Recht.

Es war jedoch keineswegs von Anfang an selbstverständlich, dass es in Prag ausschließlich das Deutsche sein würde, das als lebende Sprache die Hörsäle beherrschen sollte. 1790 forderte der Böhmische Landtag, dass an der Prager Universität sowohl in Deutsch als auch in Tschechisch gelehrt werden sollte. Auch der Unterricht in den Schulen, die auf ein Universitätsstudium vorbereiteten, sollte in beiden Sprachen gehalten werden. Die höfische Studienkommission, die das Schulwesen verwaltete, entsprach diesem Gesuch nicht, richtete aber immerhin 1793 einen Lehrstuhl für Tschechische Sprache und Literatur ein und berief F. M. Pelcl/Pelzel als Professor. Pelcl hatte als Erzieher in Adelsfamilien viel Erfahrung im Unterricht des Tschechischen erworben.

Für ein halbes Jahrhundert setzte sich das Deutsche als Unterrichtssprache an der Prager Universität durch. Die überwiegende Mehrheit ihrer Absolventen waren Juristen, die das Deutsche in der täglichen Praxis verwendeten. Vorlesungen in tschechischer Sprache, die gerade in den 40er Jahren des 19. Jahrhunderts im kulturellen und wirtschaftlichen Leben mehr und mehr an Bedeutung gewann, gab es nicht. Das rief natürlich Kritik hervor. Eine Petition der Studenten vom 15. März 1848 forderte unter Punkt 4, „daß es jedem ermöglicht werden solle, sich mittels beider Landessprachen vollkommen zu bilden, und zwar wirklich in allen Gegenständen der Lehre." Einen Tag später schlossen sich dieser Petition, die auf Deutsch verfasst und von František Palacký ins Tschechische übersetzt worden war, der gesamte akademische Senat und auch die Professorenkollegien aller vier Fakultäten an. Auch die Wiener Studenten unterstützten sie in der Universitätsaula, in der schon die großdeutsche schwarz-rot-goldene Trikolore vorherrschte, auf Bitten der Prager Studentenabordnung hin. Es ist durchaus möglich, dass sie die Petition nicht einmal gelesen hatten. Als eine Reaktion des Kaisers auf die studentischen Forderungen - ebenso wie auf die Prager Bürgerpetition - ausblieb, erachtete es Landespräsident Graf Stadion für notwendig, den studentischen Forderungen auf eigene Verantwortung hin zu entsprechen.

Gleichzeitig setzte sich das revolutionäre Prinzip durch, dass an der Prager Universität alle ihre Doktoren und die Mitglieder der Königlichen böhmischen Gesellschaft der Wissenschaften Vorlesungen halten durften. Die tschechischen Vorlesungen eröffnete noch im Frühling 1848 der Landesanwalt Dr. jur. Josef Frič, der an der Juristischen Fakultät über Prozessordnung las. Keine Vorlesungen kündigte Pavel Josef Šafařík an: er war zwar am 11. März 1848 zum Professor für Slawistik ernannt, kurz darauf aber in das neu eingerichtete Ministerium für Schulwesen nach Wien beordert worden. An der Philosophischen Fakultät lehrte nur Professor Jan Pravoslav Koubek auf Tschechisch, den die Studenten zum Tribun der philosophischen Kohorte der Studentenlegion gewählt hatten. Seit dem Frühjahr 1848 war deren Kommandosprache Tschechisch. Zum Wintersemester 1848/49 wurden tschechische Vorlesungen an der Medizinischen Fakultät angekündigt: von Professor František Kuržak zur Physiologie, von Dozent Jan Spott zur Balneologie. An der Philosophischen Fakultät las František Čupr in tschechischer Sprache Logik.

Am Prinzip der Zweisprachigkeit der Prager Universität änderte sich auch nach der Niederschlagung der Revolution nichts. Das Tschechische drang jedoch nur langsam in die Hörsäle vor, und das, obwohl Schulminister Graf Leo Thun zur moralischen Unterstützung des tschechischen Flügels an der Universität 1850 Jan Evangelista Purkyně aus Breslau nach Prag geholt hatte. Bereits kurz vorher hatte František Ladislav Čelakovský die Nachfolge Šafaříks angetreten und den Lehrstuhl für Slawistik übernommen. Die Bemühungen um eine Berufung František Palackýs, dem anlässlich des Jubiläums der Universität als einzigem das Ehrendoktorat zweier Fakultäten, der juristischen und der philosophischen, verliehen worden war, scheiterten schon im April 1849 an dem kategorischen Veto des Ministerpräsidenten Felix zu Schwarzenberg. Politische Vorbehalte verhinderten 1854 die wirtschaftswissenschaftliche Habilitation von František Ladislav Rieger an der Juristischen Fakultät. Thun berief an der Philosophischen Fakultät Jan E. Vocel zum Professor für Archäologie, Václav Vladivoj Tomek zum Professor für österreichische Geschichte und Martin Hattala nach dem Tod von Čelakovský zum Professor für Slawistik. Die tschechischen Studenten bildeten unter den Immatrikulierten die Mehrheit. Trotzdem war das Deutsche einzige Prüfungssprache. So richteten sich die Vorlesungen von Frič, für die sich 1849 Hunderte von Studenten eingeschrieben hatten, fünf Jahre später nur an sechs Hörer. Für Tomeks tschechische Vorlesungen schrieben sich 1854 drei und 1855 dann zwei Studenten ein.

Als 1860 die politischen Vertreter der Tschechen in die Landesparlamente einzogen, stand die Forderung nach Gleichberechtigung im Schulwesen an erster Stelle. Eine Reihe von Gymnasien in Prag und anderen Städten waren tschechisiert worden und die Anstrengungen der Politiker richteten sich nun darauf, die Position des Tschechischen an der Universität zu stärken. 1861 wurden an der Juristischen Fakultät zwei Stellen für tschechisch vortragende Professoren eingerichtet. Danach jedoch entbrannte um jede Berufung eines neuen tschechischen Professors ein politischer Kampf. An der Technischen Hochschule setzte sich 1863 das Prinzip durch, dass alle Hauptfächer sowohl in Deutsch als auch in Tschechisch gelehrt werden mussten. 1865 legten die tschechischen Studenten dem Landesparlament eine Petition mit 700 Unterschriften, also der Hälfte aller eingeschriebenen Studenten, vor. Gefordert wurde darin „die Verwirklichung der Gleichberechtigung an den Hochschulen". František Ladislav Rieger machte mit Unterstützung von 72 tschechischen Abgeordneten den Vorschlag einer Verordnung mit der Forderung, dass auch an der Universität „wenigstens alle wissenschaftlichen Hauptfächer in beiden Landessprachen gelehrt werden sollten, daß es außerdem jedem möglich sein solle, Prüfungen in tschechischer oder deutscher Sprache abzulegen - je nach Belieben und Zweckdienlichkeit." Das politische Klima jedoch, das sich 1867 mit der Errichtung der Österreichisch-ungarischen Doppelmonarchie zu entwickeln begann, begünstigte eine Verwirklichung der tschechischen Forderungen nicht.

Gegen Ende der 60er Jahre kamen die Absolventen der tschechischen Gymnasien an die Universität. Um die ursprünglich studentischen Fachverbände, wie sie die seit 1861 bestehende *Jednota českých matematiků* (Verband tschechischer Mathematiker) darstellte, nur kurze Zeit später dann auch *Jednota českých filologů* (Verband tschechischer Philologen), *Historický klub* (Historikerverein) und *Klub přírodovědecký* (Naturwissenschaftliche Verein), scharten sich junge Fachleute mit wissenschaftlichen Ambitionen; einige von ihnen arbeiteten an einer Habilitation. Die Artikel der zukünftigen Dozenten bahnten sich auch an den anderen Fakultäten ihren Weg in renommierte Fachzeitschriften wie *Právník* (Der Jurist) oder *Časopis lékařů českých* (Zeitschrift tschechischer Ärzte). Ein Ansporn war den jungen Wissenschaftlern auch die 1869 erfolgte Teilung der Technischen Hochschule in eine deutsche und eine tschechische. Die Zahl der tschechischen Dozenten wuchs und damit auch das Drängen auf Verwirklichung der Gleichberechtigung. Neue Petitionen wurden eingereicht: 1872 forderten sämtliche promovierten Tschechen aller Fakultäten „eine Umgestaltung der Hochschule in zwei ihrem Aufbau nach identische Lehranstalten, von denen eine den Söhnen des tschechischen Volkes, die andere den Söhnen des deutschen Volkes dienen sollte." In diese Richtung zielten die weiteren Petitionen, die von der Mehrheit der Abgeordneten im Landesparlament unterstützt wurden. An der Universität nahm die Zahl der tschechischen Professoren jedoch nur sehr langsam zu. 1876 gab es an den weltlichen Fakultäten 65 deutsche und 12 tschechische Professoren; 16% der Vorlesungen waren auf Tschechisch. Es war offensichtlich, dass die Gleichberechtigung, die ein allmählicher Wandel an der Universität herbeiführen sollte, noch in weiter Ferne lag.

Die Entscheidung über eine Änderung musste politisch durchgesetzt werden. Die Situation von 1879, als der Monarch daran interessiert war, dass die Regierung Taafe von den Alttschechen unterstützt wurde, bot dazu eine günstige Gelegenheit und die tschechischen Politiker nutzten sie. Aller Widerstand im nationalistischen Lager der deutschen Professoren war vergeblich - trotz der Unterstützung von Statthalter Weber von Ebenhof. Er nämlich warnte den Kaiser vor den unüberschaubaren Folgen, die die Erfüllung der tschechischen Forderungen nach sich zöge. Die Tschechisierung der Universität oder die Einrichtung einer tschechischen Universität würde einer Tschechisierung Böhmens und einer Föderalisierung der Monarchie den Weg bahnen. Eine vergebliche Warnung, denn die Regierung brauchte die politische Unterstützung der Tschechen.

Die Tschechen hatten bereits genügend gute Kandidaten, um Professuren zu besetzen, und zahlreichen jungen Nachwuchs, der die Nachfolge antreten konnte. Zwei Drittel der Prager Universitätsstudenten waren Tschechen. Den Zwang, das Studium in einer fremden Sprache zu absolvieren, empfanden sie in zunehmendem Maße als Unrecht. Der Umbruch kam mit der Entscheidung des Kaisers vom 11. April 1881. Demnach sollte es in Prag zwei gleichberechtigte Universitäten gleichen Namens geben. Dieser Beschluss wurde trotz der Schwierigkeiten im Oberhaus zum Kern des Gesetzes vom 28. Februar 1882, das die schnelle Errichtung einer tschechischen Universität und die Schaffung eines Professorenkollegiums ermöglichte. Bereits im Oktober 1882 begannen tschechische Vorlesungen an der juristischen und philosophischen Fakultät der tschechischen Universität und ein Jahr später konnte die Medizinische Fakultät ihren Lehr- und Forschungsbetrieb aufnehmen. Mit der Teilung der Theologischen Fakultät 1891 war die Konstituierung der tschechischen Universität abgeschlossen.

Die Entwicklung, die die tschechische Universität in den folgenden Jahrzehnten nahm, entsprach den Erwartungen. Fähige Kandidaten für Professuren an allen Fakultäten fanden sich in ausreichender Zahl. Den Vertretern jener Generation, die 1848 die Fundamente des wissenschaftlichen und politischen Lebens der Tschechen gelegt hatten, und jener, die ihre Plätze in den 70er Jahren eingenommen hatten, folgte eine große Zahl tschechischer Gelehrter nach Prag. Es waren Absolventen der Prager oder Wiener Universität, die sich auch an ausländischen Universitäten gewissenhaft auf ihre wissenschaftliche Laufbahn vorbereitet hatten, vor allem in Deutschland, aber auch in England und Frankreich. Einige von ihnen hatten als Hochschullehrer in Russland oder Kroatien Erfahrungen gesammelt. Damit war klar, dass sich das Kollegium der tschechischen Professoren, von wenigen Ausnahmen abgesehen, in seinem wissenschaftlichen Horizont nicht von Pädagogen anderer Universitäten in Mitteleuropa unterschied. Seine agilsten Mitglieder, meist Leute zwischen dreißig und vierzig, aber auch einige ältere, verschrieben sich einer über die Maßen anspruchsvollen Aufgabe: der systematischen Befreiung Prags aus seiner Provinzialität. Neben die älteren tschechischen Zeitschriften, welche die Professoren mit ihren Arbeiten füllten, trat eine neue: *Athenaeum*. Herausgegeben wurde sie von dem Philosophieprofessor Tomáš Masaryk, der zielstrebig all das destruierte, was im Licht neuer Erkenntnisse veraltet erschien, besonders aber bekämpfte er die Ausgeburten eines engstirnigen Nationalismus. In seinen regelmäßig erscheinenden Studien wies er nach, dass die *Königinhofer* und die *Grünberger Handschrift*, geheiligte Denkmäler der tschechischen Kultur des Mittelalters, in Wirklichkeit Fälschungen aus den 20er Jahren des 19. Jahrhunderts vorstellen. Als solche waren sie bereits bei ihrer Auffindung von den damals bedeutendsten Slawisten, Josef Dobrovský und Franz Miklosich, beurteilt worden.

Die Professorenkollegien aller weltlichen Fakultäten der tschechischen Universität erlangten eine natürliche Autorität im Leben der tschechischen Nation. Sie wurden als Abgeordnete in den Wiener Reichsrat gewählt und stellten fast die Hälfte der tschechischen Politiker und Fachleute, die in den Wiener Kabinetten Ministersessel einnahmen. Die Entstehung der tschechischen Universität in Prag war die natürliche Folge der gesellschaftlichen und politischen Emanzipation der Tschechen im ersten und zweiten Drittel des 19. Jahrhunderts und trug dazu bei, diesen Prozess zu beschleunigen. Aber nicht nur das, die tschechische Universität leistete von Beginn an auch ihren Beitrag zur Entfaltung der europäischen Wissenschaft. Die Entstehung der tschechischen Universität 1882 hat, so kann man wohl sagen, nicht nur nichts zerschlagen, sondern im Gegenteil, die Voraussetzungen für eine aktivere Beteiligung der Tschechen am wissenschaftlichen, kulturellen und politischen Leben Europas geschaffen.

Die Anfänge der tschechischen Germanistik und ihre herausragenden Vertreter (bis 1945)

Lenka Pokorná

Die Geschichte der tschechischen Germanistik von ihrer Gründung bis zum Ende des Zweiten Weltkriegs zeigt sich eng mit der gesellschaftlichen und politischen Entwicklung in den Böhmischen Ländern verknüpft. Die vielversprechende Entwicklung des Faches wurde in der zweiten Hälfte der 30er Jahre und während der Okkupation beeinträchtigt: Die Germanistik hatte nach der Schließung der tschechischen Hochschulen darunter zu leiden, dass sie ihre wissenschaftlich-akademische Tätigkeit nicht fortsetzen konnte; einige Germanisten gingen dem Fach für immer verloren oder wandten sich in Folge der ungünstigen Zeitumstände verstärkt anderen Disziplinen zu, insbesondere der Bohemistik. Denn die tschechische Germanistik gehörte zu denjenigen Wissenschaften, die reich an bedeutenden Persönlichkeiten waren.

Als Hauptanliegen der tschechischen Germanistik erachteten die Vertreter des Faches die Untersuchung der kulturellen Beziehungen zwischen Deutschen und Tschechen. Ihr wissenschaftliches Interesse galt nicht nur den Kontakten zwischen den beiden benachbarten Nationen, sondern auch dem Zusammenleben der beiden Nationalitäten in Böhmen, Mähren und Schlesien, wo die tschechische, deutsche und jüdische Kultur über Jahrhunderte hin in Blüte gestanden hatte. Die germanistische Literaturwissenschaft beschäftigte sich systematisch mit herausragenden Persönlichkeiten der deutschsprachigen Länder und ihrer Beziehung zur tschechischen Kultur. Ein verdienstvolles Unterfangen war der Versuch, den Tschechen Persönlichkeit und Werk Johann Wolfgang von Goethes nahe zu bringen. Ausgangspunkt hierfür waren Goethes Beziehung zu Böhmen und seine Kontakte mit bekannten Persönlichkeiten der tschechischen Wissenschaft, Kunst, Musik und Literatur. Im Mittelpunkt des germanistischen Interesses standen außerdem die in deutscher Sprache verfassten Erstlingswerke tschechischer oder tschechischjüdischer Schriftsteller wie Karel Hynek Mácha oder Siegfried Kapper. In der Sprachwissenschaft konzentrierten sich die Germanisten auf die germanischen Elemente in den slawischen Sprachen sowie auf die Herausgabe und Interpretation mittelhochdeutscher Denkmäler, die einen Bezug zu den Böhmischen Ländern haben, oder sich, meist als Fragmente, in den tschechischen Archiven und Bibliotheken befinden.

Die Geschichte der tschechischen Germanistik begann im Jahre 1882 mit der Teilung der Prager Karl-Ferdinands-Universität in eine deutsche und eine tschechische. Damals mussten an den Fakultäten der tschechischen Universität die fehlenden wissenschaftlichen Institute neu geschaffen werden. Große Sorgfalt verwendete man dabei auf die Besetzung der Stellen im Professorenkollegium. Während ein Großteil der Professoren von der ursprünglichen an die deutsche Universität wechselte, wurden an der tschechischen Universität die Professoren neu berufen. Das war vor allem eine Chance für jüngere Wissenschaftler, deren erste Arbeiten in den 70er und 80er Jahren erschienen waren.

Die philologischen Fächer, unter die sich später auch die Germanistik einreihte, unterschieden sich vor allem durch eine höhere Anzahl sprachpraktischer Übungen, besonders in der sprachwissenschaftlichen Abteilung. In der literaturwissenschaftlichen Sektion las und interpretierte man literarische Texte. Für den sprachpraktischen Unterricht in den modernen Sprachen waren Lektoren zuständig. Manche machten sich später einen Namen als Wissenschaftler oder wurden zu bedeutenden Vertretern des kulturellen Lebens. Die Vorlesungen und Seminare zielten auf eine kulturhistorische Auslegung der Literaturgeschichte, auf Volkskunde und auf ein vergleichendes Studium der Sprachgeschichte.

An der Philosophischen Fakultät der tschechischen Universität, die zum Studienjahr 1882-83 eröffnet wurde, gab es zunächst kein germanistisches Seminar. Die tschechischen Studenten legten ihre Prüfungen an der deutschen Universität ab. Mit dem Sommersemester 1884 nahm Václav Emanuel Mourek (1846-1911) seine Vorlesungen zur historischen Grammatik des Deutschen auf. Vier Jahre später gründete er das Germanistische Seminar, dessen Leitung er übernahm. Er wurde so zum ersten Repräsentanten der wissenschaftlichen tschechischen Germanistik. Moureks spezielles Fachgebiet waren die deutsche Syntax und die Negation. Das bezeugen etliche Beiträge und Studien, zum Beispiel *Syntaxis gotských předložek* (Zur Syntax der gotischen Präpositionen, 1890), *Syntaxis složených vět v gotštině* (Syntax des mehrfachen Satzes im Gotischen, 1893), *Zur Syntax des althochdeutschen Tatian* (1895) oder *Zur Negation im Germanischen* (1903), die das Interesse der Sprachwissenschaft an diesen Fragen wachriefen. Moureks Arbeiten bestechen durch eine sorgfältige, auf Vollständigkeit bedachte Materialsammlung sowie durch zweckmäßige Klassifizierung und Interpretation. Wie jeder andere tschechische Germanist befasste sich auch Mourek mit den deutsch-tschechischen Beziehungen in der Literatur. In seiner literaturgeschichtlichen Untersuchung zum Thema *Tandariuš a Floribella, skládání staročeské s německým Pleierovým srovnáno* (Tandareis und Flordibell - die alttschechische Dichtung im Vergleich mit der deutschen Pleier-Dichtung, 1887) ging er den inhaltlichen und lexikalischen Beziehungen zwischen den beiden Texten nach und wies nach, dass das alttschechische Werk in Abhängigkeit von dem deutschen entstanden war. Den deutsch-tschechischen Literaturbeziehungen wendete sich Mourek auch später wiederholt zu. V. E. Mourek ist es zu verdanken, dass zahlreiche Fragmente mittelhochdeutscher Handschriften vor allem aus den Archiven und Bibliotheken Prags und Südböhmens untersucht, herausgegeben und auf diese Weise der Öffentlichkeit zugänglich gemacht wurden. Während eines Englandaufenthaltes im Jahr 1887 verfertigte er eine Abschrift der im Cambridger Trinity College aufbewahrten Dalimil-Chronik. Diese Abschrift wurde 1892 von der Tschechischen Akademie unter dem Titel *Kronika Dalimilova z rukopisu cambridgeského* (Die Dalimil-Chronik nach der Cambridger Handschrift) herausgegeben. Mourek war nicht nur im engeren Sinne wissenschaftlich tätig. Er hatte einen Namen als Verfasser von Lehrbüchern und Lexika des Deutschen und Englischen und war ein bekannter Übersetzer aus dem Englischen, Schwedischen und Dänischen.

Ab 1884 wirkte Arnošt Vilém Kraus (1859-1943) an der tschechischen Philosophischen Fakultät, zunächst als Lektor für deutsche Sprache, nach seiner Habilitation als Privatdozent. Zusammen mit Václav Emanuel Mourek schuf er das wissenschaftliche Fundament der tschechischen Germanistik und baute das germanistische Seminar und die Bibliothek mit auf. An der tschechischen Universität war er der erste Germanist, der sich auf Literaturgeschichte spezialisierte. Seine Vorlesungen berücksichtigten die deutsche Literatur in den Böhmischen Ländern, aber auch die böhmische Geschichte im Spiegel der deutschen Literatur. Arnošt Kraus verstand die tschechische Germanistik nicht als Wissenschaft, die sich ausschließlich mit den Problemen der deutschsprachigen Literatur zu befassen habe. Er spürte dem Einfluss nach, den beide Geisteswelten von jeher aufeinander ausgeübt hatten. Von seinen früheren Arbeiten sollten wenigstens die beiden folgenden erwähnt werden: *Pověst o Libuši v literatuře německé* (Die Libussa-Sage in der deutschen Literatur, 1889) und *Stará historie česká v německé literatuře* (Die alte böhmische Geschichte in der deutschen Literatur, 1902). Seine wichtigsten Arbeiten publizierte er zwischen 1909 und 1933. Zu den bekanntesten Werken gehört die dreiteilige Monographie *Husitství v literatuře zejména německé* (Das Hussitentum in der Literatur, besonders in der deutschen, 1917-1924). Dieses Werk ist bis heute die umfassendste Dokumentation über den Nachhall, den das Hussitentum von seinen Anfängen bis ins 19. Jahrhundert in der deutschen Literatur gefunden hat. Große Aufmerksamkeit widmete Kraus auch der tschechischen Nationalen Wiedergeburt, ihren geistigen Wurzeln, ihren Beziehungen zur deutschen Kultur und vor allem zur damals entstehenden tschechischen Wissenschaft. Dazu schrieb er u. a. die Studien *Pražské časopisy 1770-74 a české probuzení* (Die Prager Zeitschriften 1770-74 und die tschechische Wiedergeburt, 1909) und *Tereziánská škola* (Die Theresianische Schule, 1932). Innerhalb der deutsch-tschechischen Literaturbeziehungen galt das wissenschaftliche Interesse des führenden tschechischen Goetheforschers der Beziehung Goethes zu Böhmen (*Goethe a Čechy* / Goethe und Böhmen, 1893-97), der Rezeption von Goethes Werken durch die tschechische Literatur und der Analyse des Faustmythos. Zusammen mit Jaroslav Vrchlický, dem er bei der Übersetzung von Goethes Faust mit Rat und Tat zur Seite stand, rekonstruierte Kraus ein altes tschechisches Marionettenspiel von Doktor Faustus. In diesem Zusammenhang untersuchte er, in welcher Beziehung dieses Spiel und das Faustlied zur ursprünglichen deutschen Faustsage steht. Seine Arbeiten zu kulturellen und literarischen Wechselbeziehungen zwischen Deutschen und Tschechen machten ihn auf diesem Gebiet zu einer Autorität. Kraus' publizistische Tätigkeit war umfangreich; erwähnt werden sollte zumindest, dass er von 1906 bis 1912 die Zeitschrift *Čechische Revue* herausgab. Ziel der *Čechischen Revue* war es, das Ausland über Fragen aus dem tschechischen Kultur- und Wirtschaftsleben zu informieren und die tschechische Kultur im deutschsprachigen Raum bekannter zu machen. Arnošt Kraus war nicht nur als hervorragender Publizist und Germanist bekannt, sondern auch als Übersetzer, Literatur- und Theaterkritiker sowie als Feuilletonist. Doch konnte ihn auch sein langjähriges, produktives Wirken als Germanist nicht vor der Rassenverfolgung während des Zweiten Weltkriegs bewahren. Im Alter von 83 Jahren kam er in Theresienstadt ums Leben. Die wissenschaftliche Bedeutung von Kraus liegt vor allem in der Literaturgeschichte. Hier schuf er ein eigenes Forschungsgebiet: die Erforschung der Beziehungen zwischen der deutschen und der tschechischen Literatur aus verschiedensten Blickwinkeln. Sein Bemühen war es, ein neues wissenschaftliches Fach zu begründen: eine

Germanobohemistik, d. h. eine Forschung zu den literarischen und kulturellen Wechselbeziehungen zwischen Tschechen und Deutschen. Es ist sein Verdienst, dass die tschechische Germanistik für Tschechen und Deutsche an Bedeutung gewann. Václav Emanuel Mourek und Arnošt Vilém Kraus bildeten zahlreiche Gymnasiallehrer und Wissenschaftler aus. Einer von ihnen war Jan Krejčí (1868-1942). Er gehörte der ersten Germanistengeneration an, die ihr Studium an der tschechischen Universität absolvierte. Krejčís fachliche Interessen galten zunächst der älteren Literatur (*Heliand a jeho poměr k Tatianovi* / Der Heliand und sein Verhältnis zu Tatian, 1896) und der Linguistik (*O středohornoněmecké mluvě spisovné*/Über die mittelhochdeutsche Schriftsprache, 1906). Bald jedoch spezialisierte er sich auf die neuere deutsche Literaturgeschichte. Mit seinem Namen verbinden sich die *Studie z novější literatury německé* (Studien aus der neueren deutschen Literatur, 1904), die einige seiner zahlreichen Monographien und Betrachtungen versammeln, unter anderem über Julius Hart, Stefan George, Richard Dehmel, Johannes Schlaf und Detlev von Liliencron. Krejčí befasste sich vor allem mit dem Eintritt dieser Persönlichkeiten in das literarische Leben und den philosophischen Ansichten in ihrem Werk. Zur tschechischen Faustforschung trug er mit seinem Aufsatz *O jednotě Goethova Fausta* (Über die Einheit von Goethes Faust, 1896) bei. Krejčí interessierte sich auch für die deutsch-tschechischen Beziehungen in der Literatur, so etwa für den vergessenen deutschböhmischen Dichter Siegfried Kapper, den ersten Übersetzer K. H. Máchas ins Deutsche. In seiner Studie *Příspěvky k poznání básnické činnosti Siegfrieda Kappera* (Beiträge zur Kenntnis der dichterischen Tätigkeit Siegfried Kappers, 1911) beschäftigt sich Krejčí mit Kappers nachgelassenen Übersetzungen alter serbischer Heldenlieder ins Tschechische und Deutsche. Die Ergebnisse seiner mehrjährigen Forschung fasste er in der Abhandlung *Siegfried Kapper* (1919) zusammen. 1920 wurde Krejčí als erster Professor für Geschichte der deutschen Literatur an die 1919 gegründete Masaryk-Universität nach Brünn (Brno) berufen und wurde so zum Mitbegründer der dortigen Germanistik. Das neue Wirkungsfeld weckte sein Interesse an der deutschen Literatur in Mähren, speziell an dem mährischen Goetheforscher F. Th. Bratranek, an der Schriftstellerin Marie von Ebner-Eschenbach und an Vincenc Brandl. Krejčí gab einen Teil der Schriften Bratraneks heraus und kommentierte sie. Die Arbeiten zu Bratranek stellen zusammen mit jenen zu Siegfried Kapper Krejčís wichtigste Beiträge zur tschechischen Germanistik dar. Einem breiteren Publikum wurde Krejčí in den Zwischenkriegsjahren vor allem als Journalist, Theaterkritiker und Berichterstatter bekannt. Auch Krejčís Übersetzertätigkeit verdient Erwähnung, insbesondere seine Übersetzung von Friedrich Nietzsches *Unzeitgemäßen Betrachtungen* aus dem Jahre 1902. Jan Krejčí hat die Brünner Germanistik zu einer interdisziplinär orientierten Germanoslawistik gemacht.

Zusammen mit Jan Krejčí wurde nach der Gründung der zweiten tschechischen Universität auch der Linguist Antonín Beer (1881-1950) nach Brünn berufen. Beer, der Begründer der Brünner germanistischen Sprachwissenschaft, hatte sich 1916 an der tschechischen Universität in Prag im Fach Vergleichende Grammatik der germanischen Sprachen habilitiert und hier gelesen. 1920 wurde er in Brünn zum ordentlichen Professor der Germanischen Sprachwissenschaft ernannt. Antonín Beer war Schüler von V. E. Mourek und verstand sich als dessen Nachfolger. Seine Arbeiten über die gotische Sprache stießen bei der Germanistik im In- und Ausland auf Resonanz, insbesondere seine vergleichenden Untersuchungen zur Problematik des Verbalaspekts im Gotischen und in den slawischen Sprachen. Sie finden sich in Beers wichtigster Veröffentlichung *Tři studie o videch slovesného děje v gotštině* (Drei Studien über den Verbalaspekt im Gotischen, 1915, 1918, 1921). Etliche von Beers Studien befassen sich mit speziellen Problemen der Germanistik, der Slawistik und den slawisch-germanischen Wechselbeziehungen. Möglichen Einflüssen des Deutschen auf das frühe Tschechische ging Beer in seiner Untersuchung *O stopách vlivu německého v češtině staré* (Spuren deutschen Einflusses im Alttschechischen, 1905) nach, so etwa der Verwandtschaft der slawischen und germanischen Sprachen, dem möglichen Einfluss der Lautentwicklung im Deutschen auf jene im Tschechischen, der Weiterentwicklung der aus dem Deutschen übernommenen Wörter und schließlich den Wechselbeziehungen von Kultur und Sprache. Zu letzterem Thema gehört seine Arbeit *K dějinám slov böhmisch a tschechisch* (Zur Geschichte der Wörter böhmisch und tschechisch, 1917), in der die Geschichte von ‚böhmisch' und ‚tschechisch' in der Bedeutung von *český* nachgezeichnet und geklärt wird, wann, wo und warum im Deutschen das Wort *böhmisch* durch das Wort *tschechisch* ersetzt wurde. Beer zeigte, dass das Wort *böhmisch* nichts von seiner überlieferten Bedeutung eingebüßt habe und es somit auch nicht zu einer Bedeutungsspaltung zwischen den beiden Synonymen gekommen sei. Damit widerlegte er Arnošt Kraus, der behauptete, eine Bedeutungsverarmung des Wortes *böhmisch* habe den Gebrauch des Wortes *tschechisch* erforderlich gemacht. Publizistisch liegen Beers Verdienste bei der Gründung der Zeitschrift *Naše věda* (Unsere Wissenschaft), die er seit 1914 redigierte und die einen Überblick über das tschechische Wissenschaftsleben bieten sollte.

Nach Moureks Tod im Jahre 1912 übernahm Josef Janko (1869-1947) die Leitung des germanistischen Seminars in Prag. Gegenstand seiner Vorlesungen bildeten vor allem die historische Grammatik und die Denkmäler der deutschen Literatur des Mittelalters. Sein eigentliches Fach stellte die germanische Philologie dar, insbesondere die vergleichende Grammatik des Germanischen, die germanische Laut- und Formenlehre aus der Sicht der vergleichenden indoeuropäischen Sprachwissenschaft. Mit seiner Habilitation zum Thema *Soustava dlouhých slabik koncových v staré germánštině* (Das System der langen Endsilben im Althochdeutschen, 1903) machte er sich auch international einen ausgezeichneten Namen. Sein Interesse galt auch der alten Kultur der indoeuropäischen Völker, besonders der Slawen. Der Professor für Bohemistik Jan Gebauer hatte seinen Schüler Josef Janko mit seinen Fragen nach dem Ursprung alttschechischer Wörter an die etymologische Forschung herangeführt. Janko beschäftigte sich hauptsächlich mit Wörtern, die das Tschechische aus den germanischen Sprachen übernommen hat. Er plante später ein umfassendes etymologisches Wörterbuch des Tschechischen, in dem der Ursprung aller Wörter der modernen Schriftsprache, aber auch des Alttschechischen und der Dialekte dargestellt werden sollte. Ab 1916 veröffentlichte er seine breit angelegten *Poznámky a příspěvky k českému slovníku etymologickému* (Bemerkungen und Beiträge zum Etymologischen Wörterbuch des Tschechischen). Janko verstand es, fundierte kulturhistorische Kenntnisse und etymologische Intuition glücklich zu verbinden. Seine bohemistischen und slawistischen Studien bezogen die germanische Welt stets mit ein und griffen Anregungen aus der Germanistik auf. Jener Disziplin im Überschneidungsbereich von Slawistik und Germanistik, mit der Janko und die übrigen Germanisten an ihren Lehrer und Kollegen Arnošt Kraus anknüpften, gab Jankos

Kollege Otokar Fischer den Namen Germanoslawistik. In den Jahren 1931-1938 war Josef Janko Mitherausgeber der Zeitschrift *Germanoslavica*. Diese Revue, die nach 55 Jahren Unterbrechung seit 1994 wieder erscheint, versammelt Studien, die sich den Kontakten zwischen den Slawen und ihren Nachbarvölkern widmen. Dabei kommen nicht nur Themen aus dem Bereich der Philologie zur Darstellung, sondern auch aus Geschichte, Kunstgeschichte, Philosophie, Recht, Musik und Vergleichender Volkskunde. Janko wirkte auch als Mitherausgeber des unter der Leitung von Hugo Siebenschein erstellten *Deutsch-tschechischen Handwörterbuchs*. Eine Reihe von Jahren stand er der Königlichen böhmischen Gesellschaft der Wissenschaften (*Královská česká společnost nauk*) vor, einer der ältesten und bedeutendsten nationalen Institutionen. Seit 1913 war er ihr ordentliches Mitglied gewesen, von 1916-1932 Generalsekretär, bis 1945 dann ihr Vorsitzender. Josef Janko integrierte die tschechische Germanistik in die wichtigsten Entwicklungslinien der internationalen Sprachforschung. Auf die unverzichtbare Bedeutung germanistischer Studien für die tschechische Nation legte er stets großen Nachdruck.

In der literaturwissenschaftlichen Abteilung wirkte neben A.V. Kraus Otokar Fischer (1883-1938), der durch die große Spannweite seiner Interessen herausragte. Er war Germanist, Slawist, Literaturhistoriker, Übersetzer, Dichter, Literatur- und Theaterkritiker, Dramatiker und Publizist. Otokar Fischer verband die wissenschaftliche Aufgabe stets mit seiner Arbeit als Übersetzer, Künstler und Kritiker. Sein Opus umfasst neben germanistischen Studien, Essays und Arbeiten zur tschechischen Literatur und zum tschechischen Theater auch belletristische Werke. Zunächst widmete er sich ausschließlich Problemen und Persönlichkeiten der deutschen Literatur. Für seine wissenschaftliche und übersetzerische Tätigkeit wählte er meist die Werke herausragender Persönlichkeiten. Sein wissenschaftliches Interesse konzentrierte sich vornehmlich auf Heinrich von Kleist, Friedrich Nietzsche und Heinrich Heine. Die Monographien über sie dokumentieren Fischers Beitrag zur tschechischen Germanistik. Er liegt im psychologischen Weg zu den Quellen des dichterischen Schaffens, im Interesse an den widersprüchlichen Aspekten der schöpferischen Persönlichkeit, in der stilistischen Analyse, also jener des künstlerischen Ausdrucks. Literaturpsychologische Fragestellungen, die sich auf das sprachliche

Kunstwerk und auf den Zusammenhang zwischen der Seele des Künstlers und der Sprache seines Werkes beziehen, bestimmen die Schriftensammlung *Duše a slovo* (Seele und Wort, 1929). Ihr Titel bringt Inhalt und Wesen von Fischers Werk auf den Punkt. Fischer widmete auch Johann Wolfgang von Goethe zahlreiche kleinere Studien. Gerade diese Arbeiten zu Goethe bildeten seit 1924 einen der Höhepunkte seiner wissenschaftlichen Tätigkeit. Es waren vor allem die 30er Jahre, in denen Fischer die besten Goethekenner und Goetheübersetzer um sich versammelte und sich um die fünfzehnbändige Ausgabe von Goethes Werken verdient machte. Diese Ausgabe, für die Fischer die meisten Gedichte, einige Dramen und vor allem den gesamten Faust übersetzte, war von weitreichender Bedeutung. Fischers vielseitige Übersetzertätigkeit fand unumstrittene Anerkennung und Resonanz. Seine Fähigkeit, sich umfassend in die Gedankengänge des Autors einzufühlen, wurde ergänzt von dichterischem Gefühl, ausgereifter Wortkultur und vollendeter Sprachkenntnis. Seine literarischen Übersetzungen zeichneten sich durch eine verständliche Sprache aus und hatten daher großen Erfolg. Fischer revolutionierte Theorie und Praxis der tschechischen Übersetzungskunst. Sein Buch *Slovo a svět* (Wort und Welt, 1937), eine Sammlung von wissenschaftlichen Studien und künstlerischen Essays, vermittelt Übersetzern immer noch wertvolle Einsichten und Anregungen. Die tschechische Öffentlichkeit beggnete Fischers vielfältigen Interessen in dessen dichterischem Schaffen, in dem sich die künstlerische und weltanschauliche Entwicklung des Autors dokumentiert. Seine frühen Sammlungen intimer Lyrik wurden in den 30er Jahren von Gedichten abgelöst, die auf die gesellschaftlichen und politischen Veränderungen in Europa reagieren, besonders auf die Gefahr des drohenden Faschismus, vor der Fischer in seinem Zyklus *Evropské žalmy* (Europäische Psalmen) warnte. Abgerundet wird Fischers gesamtes Wirken durch seine umfassenden kulturell-organisatorischen Aktivitäten, besonders in Sachen Theater. Das Nationaltheater verpflichtete Fischer 1911-12 zunächst als Dramaturgen, ab 1937 dann als Schauspielleiter. Seine zahlreichen theaterwissenschaftlichen Arbeiten wurzeln in seinem beständigen Interesse an der tschechischen und der internationalen Dramenkunst. Ihr widmete er sich regelmäßig in Theaterkritiken, in seinen Abhandlungen zur Dramaturgie und Ästhetik der Bühnenkunst und in seinen Dramatiker- und Schauspielerporträts. Als

Theaterkritiker und Theaterhistoriker leistete er mit Arbeiten wie *K dramatu* (Über das Drama, 1919) nicht nur einen Beitrag zur Erforschung der deutsch-tschechischen, sondern auch der internationalen literarischen Beziehungen. Die letzten Schaffensjahre Fischers kamen auch der bohemistischen Literaturwissenschaft zugute, und zwar durch seine Beschäftigung mit den deutsch-tschechischen Literaturbeziehungen. Otokar Fischer wollte nicht nur rein akademischer Wissenschaftler sein, er wollte sowohl als Wissenschaftler wie auch als Kritiker den Kontakt zu einer breiten Öffentlichkeit anknüpfen. Als Tscheche und Germanist befasste er sich mit Themen aus der Germanoslawistik im Bewusstsein der Bedeutung, welche dem Ausbau einer Wissenschaft zukommt, die der Verständigung zwischen der slawischen und der germanischen Welt dienen würde. In der *Prager Presse* berichtete er über Neuigkeiten aus der Germanistik, in *Hlídka času* und *Lidové noviny* informierte er über Interessantes aus der deutschen Wissenschaft und stellte dem Ausland tschechische Kultur vor. In *Goethe a Čechy* (Goethe und Böhmen, 1932) untersuchte er Goethes Beziehung zu Böhmen, in *Klasikův učeň* (Des Klassikers Lehrling, 1932) Goethes Einfluss auf den jungen František Ladislav Čelakovský. Otokar Fischer ist eine der facettenreichsten Persönlichkeiten der tschechischen Wissenschaft und Literatur, die über die Grenzen ihres Faches hinaus von Bedeutung ist - eine Persönlichkeit von universeller Reichweite.

Zu den führenden Vertretern der Germanistik und Bohemistik gehörte in den 30er und 40er Jahren auch der Literaturhistoriker, Kritiker und Essayist Vojtěch Jirát (1902-1945). Unter dem Eindruck von Fischers Faust-Übersetzung verfasste er 1930 als erste Veröffentlichung *Dva překlady Fausta* (Zwei Faust-Übersetzungen), in der er zwei Übersetzungen von Goethes berühmtem Werk verglich: die von Jaroslav Vrchlický, dem Klassiker der tschechischen Übersetzungskunst, und die von Otokar Fischer, dem Repräsentanten einer modernen Übersetzungstechnik. Mit Form und Struktur des Kunstwerks beschäftigen sich die Studien in dem 1946 postum herausgegeben Sammelband *O smyslu formy* (Über den Sinn der Form). Die deutsch-tschechischen Wechselbezüge in der Literatur stellte er in breitere europäische Zusammenhänge. Sein Hauptinteresse galt der Frage nach der Beziehung zwischen dem tschechischen Werk und der deutschen Vorlage sowie dem Tschechenbild in der deutschen Literatur. Aufmerksamkeit schenkte er auch dem Problem der deutsch-slawischen Kulturbeziehungen. Seit 1931 war er zusammen mit seinem deutschen Kollegen Konrad Bittner, einem Dozenten der Prager deutschen Universität, Redaktionssekretär der Zeitschrift *Germanoslavica*. Dieses wissenschaftliche Organ wurde vom Slawischen Institut und der „Prager deutschen Gesellschaft für slawistische Studien" gemeinsam herausgegeben. Jirát veröffentlichte Studien und Beiträge sowohl zur deutschen als auch zur tschechischen Literatur, besonders des 19. Jahrhunderts (J. W. v. Goethe, F. Schiller, F. Hölderlin, A. v. Platen, Th. Storm und K. H. Mácha, K. J. Erben, V. Hálek). Bis zur Mitte der 30er Jahre präsentierte er sich vor allem als Germanist. Gegen Ende der 30er Jahre und vor allem während der Okkupation änderte sich dies plötzlich: nun standen aus gutem - historischen - Grunde bohemistische Fragestellungen im Mittelpunkt. Jirát trug auch als Redakteur der Bibliothek *České obrození* (Tschechische Wiedergeburt) dazu bei, tschechische Literatur in der Öffentlichkeit zu verbreiten. Um seine wissenschaftlich orientierten Essays in Buchform publizieren zu können, begründete er 1941 zusammen mit Karel Jánský die Reihe *Duch a tvar* (Geist und Form), die ein Sammelband mit Mácha-Studien eröffnete. Der Rezeption literarischer Werke im Ausland widmet sich die theoretische Erörterung *Jak se písemnictví stává světovým* (Wie Literatur zur Weltliteratur wird, 1940), die am Beispiel der deutschen Literatur darlegt, wie Literatur die nationalen Grenzen überschreitet. Jiráts letzte Arbeit bestand in Porträts von Dichtern und Schriftstellern aus dem 19. Jahrhundert mit dem Titel *Uprostřed století* (Inmitten des Jahrhunderts, postum 1948). Zum Gesamtbild von Jiráts Tätigkeit gehört die Herausgabe von Werken der deutschen und tschechischen Literatur.

Mit dem Tod Vojtěch Jiráts während des Aufstands in den Maitagen 1945 verlor die tschechische Germanistik ihren herausragenden Literaturhistoriker; das Ende der bewegten Okkupationszeit beschloss ein Kapitel in der Geschichte der tschechischen Germanistik. Die ersten Seiten im Buch der Geschichte dieses Faches hatten Persönlichkeiten geschrieben, denen eines gemeinsam war: sie waren richtungsweisend für die weitere Entwicklung der Forschung und legten die Fundamente, auf denen die tschechischen Germanisten auch heute noch aufbauen.

Übersetzen zwischen Deutsch und Tschechisch

Walter Koschmal

Das Übersetzen dürfte eines der spannendsten und ergiebigsten Themen deutsch-tschechischer Wechselseitigkeit sein. Denn Übersetzen, so wie es Otokar Fischer, einer der führenden tschechischen Germanisten und Übersetzer, verstand, ist eine „Tätigkeit an der Grenze" von Sprachen. Übersetzer sehen sich immer schon an der Grenze.

Die „Grenzbetätigung" des Übersetzens ist für Fischer auch Synthese von Wissenschaft und Kunst. Sie fordere ein taktvolles und bewusstes „Auswählen" und Entscheiden zwischen Über- und Nachgeordnetem. Der Blick auf das Ganze, aus dem zu übersetzen ist, bleibe prägend. Der Übersetzer mit seiner „Andacht zum Unbedeutenden", zum Wort, verstehe sich als Diener: Er leiste in der Übersetzung seinen „Dienst am Wort". Dieser ethischen Dimension des Übersetzens kommt in der tschechischen Kultur ein hoher Stellenwert zu. Fischer postuliert ein Ethos des Übersetzens.

Übersetzen meint zunächst aber nur das Übersetzen zwischen Sprachen: Verbale Zeichen werden mit Mitteln einer anderen Sprache interpretiert. Übersetzen befreit aus der Selbstbeschränkung auf die nationale Sprache. Jaroslav Hilbert beklagt im Jahre 1907, dass er als Schriftsteller „beständig nur auf die Heimat angewiesen, und darein gebannt" sei. Die Musiker könnten sich hingegen „mit Künstlern auf dem Weltboden messen". Als Literat erträumte er sich die Weltgeltung tschechischer Musik für die Literatur.

Übersetzen ist auch ein gänzlich paradoxes Tun. Gerne wurde die Übersetzung - despektierlich - mit einer Frau verglichen: Entweder sei sie schön oder treu! Der Übersetzer reproduziert zum einen das Original möglichst getreu. Darin ist sein Tun fremdbestimmt. Zum anderen versetzt er den Originaltext kreativ und eigenständig in die Zielsprache: Er interpretiert, er verfremdet somit in der Übertragung. Die Verfremdung lässt eine „Sehnsucht" nach „Sprachergänzung" (W. Benjamin) entstehen. Dieses Paradox hält die ästhetisch fruchtbare Spannung zum Original wirksam aufrecht.

Der Übersetzer will damit denen, die der Sprache nicht kundig sind, das Original durch ein Äquivalent ersetzen. Dies lässt sich aber nicht ohne Verlust an Bedeutung erreichen. Der Verlust ist jedoch aus der Zielsprache und deren Kultur zu kompensieren. Das ist deshalb möglich, weil niemals nur der isolierte Text, sondern immer „der Text in seinem Kontext" (H. Turk) übertragen wird. Die eigene Sprache wird so durch die fremde bereichert.

Mag sein, dass die Sehnsucht nach dieser Bereicherung bei den Tschechen immer schon groß war, jedenfalls spielt das Übersetzen und das Reflektieren des Übersetzens in dieser Kultur eine herausragende Rolle. So ist es kein Zufall, dass das Standardwerk schlechthin zur literarischen Übersetzung über Jahrzehnte ein tschechisches war: Jiří Levýs Studie *Die literarische Übersetzung*. Noch kurz vor seinem Tod hatte Levý mit 41 Jahren im Januar 1967 die Adaption und das Vorwort seines Werks für dessen deutsche Übertragung abgeschlossen.

Levý forderte dem Übersetzer vieles ab: Er sollte nicht nur Ausgangs- und Zielsprache sowie den sachlichen Inhalt des Textes beherrschen, sondern letztlich sollte seine Übersetzung wie ein Kunstwerk wirken. Die von Levý so genannte „illusionistische Übersetzung" musste zwar nicht ein mit dem Original identisches Leseerlebnis schaffen, doch die Funktion innerhalb der jeweiligen Kulturen sollte seiner Ansicht nach identisch sein.

Diese - nicht unproblematische - Forderung nach der Konservierung des Werts für den Leser dürfte auf den Begründer des Prager Linguistik-Zirkels und frühen tschechischen Übersetzungstheoretiker Vilém Mathesius zurückgehen: Er spricht nicht von „Übersetzung" (*překlad*), sondern von „Umdichtung" (*přebásnění*): Diese bediene sich zwar anderer Mittel als das Original, erziele aber die gleiche künstlerische Wirkung. Entscheidende Bedeutung gewinnt dabei für Mathesius, Levý und Otokar Fischer der Begriff der Funktion: Fischer setzt sich - anders als viele Übersetzer des 19. Jahrhunderts - nicht mehr Wörtlichkeit (*doslovnost*) als Übertragungsziel: Die Übersetzung sollte in der Zielkultur eine „analoge Funktion" (*obdobná funkce*) zum Original, eine entsprechende Wirkung auf den Rezipienten haben.

Übersetzen unterliegt aber einem diachronen Wandel: Übersetzerische Ästhetik und Methodik verändern sich mit ihren kulturellen und historischen Kontexten. Damit schwankt die Qualität von Übersetzungen nicht nur synchron, sondern auch diachron. Eine systematische Geschichte der Übersetzungen, die dies dokumentieren und problematisieren würde, fehlt jedoch für die deutsche Literatur ebenso wie für die tschechische.

Das Übersetzen ist in West und Ost kulturell und institutionell unterschiedlich eingebunden: einer primär linguistischen Verankerung steht eine stärker literarische und philologische gegenüber. Den Sprach- und Dolmetscherinstituten im Westen entsprechen im Osten eher die Philologen der Universitäten. Der literarischen Übersetzung kommt damit im tschechischen Kontext ein höherer Stellenwert zu. Diese stärkere Einbindung in die Literatur lässt die Übersetzung über Jahrzehnte von deren besonderem Ansehen profitieren.

In der tschechischen Kultur war es aber auch immer ein Anliegen der Übersetzer, „dem Ausland ein Stück bisher unbekannter, unentdeckter slawischer Welt zu zeigen" (O. Fischer). Beide Aspekte, der künstlerische wie der vermittelnde, begründen das Ansehen des Übersetzens gleichermaßen ästhetisch und ethisch. Dennoch beklagen tschechische Kritiker immer wieder das „Missverhältnis" (K. Krejčí) zu Ungunsten der tschechischen Übersetzungen ins Deutsche.

Da mag es fast als Ironie, ja als Zynismus der Übersetzungsgeschichte erscheinen, dass das Übersetzen aus dem Tschechischen ins Deutsche im 19. Jahrhundert mit einem Falsifikat einsetzt, mit einer falschen Selbstdarstellung der literarischen Tradition. Johann Wolfgang von Goethe fiel ihr in ganz besonderer Weise zum Opfer.

Die *Königinhofer Handschrift*, die 1819 gleichzeitig tschechisch und deutsch erscheint, und die *Grünberger Handschrift* wurden als Originale alttschechischer Lyrik propagiert. Später erwiesen sie sich als Fälschungen. Dennoch wurde in der Geschichte des deutschtschechischen Übersetzens selten ein Text so häufig übertragen wie gerade dieser, zwischen 1819 und 1912 immerhin sechsmal. Dabei propagierten die deutschen Übersetzer, aber auch Goethe, der das Gedicht *Sträußchen* in der „Verdeutschung" von Václav Alois Svoboda, einem der Falsifikatoren, nachdichtete, die Echtheit dieser tschechischen „Volksliteratur". Die Vorherrschaft des Volksliterarischen in diesen früheren deutschen Übersetzungen führte dazu, dass die tschechische Literatur gerne in den Bereich des Slawisch-Exotischen verwiesen wurde.

Das Übersetzen lässt die Besonderheit tschechisch-deutscher Beziehungen über die Jahrhunderte an einem neuralgischen Punkt hervortreten. In keine andere Sprache wurde aus dem Tschechischen so viel und so schnell übersetzt wie ins Deutsche. Das gilt bis heute.

Dies ist umso erstaunlicher, als sich die konkrete tschechisch-deutsche Übersetzungssituation höchst widersprüchlich darstellt: Trotz des politischen Gegeneinander sind beide Ethnien literarisch und kulturell immer aufs Engste miteinander verbunden. Ohne die sprachlich-kulturelle und geographische Nähe wäre etwa eine der fruchtbarsten tschechisch-deutschen „Wahlverwandtschaften", jene von Jan Skácel und Reiner Kunze, undenkbar. Schon das Tschechische selbst bietet sich in manchen deutschen Sprachstrukturen zuallererst der deutschen Übersetzung an: *trnokrytý - dornenbedeckt, mrtvotichý - totenstill*.

Doch Übersetzung und Rezeption tschechischen Schrifttums waren immer, besonders in den letzten beiden Jahrhunderten, politisch geprägt, ja beherrscht. Im 19. Jahrhundert stand die Übersetzung im Schatten der Nationalitätenpolitik. Übersetzen bedeutete deshalb mehr, als nur einen Text aus dem Tschechischen ins Deutsche hinüberzubringen: Übersetzen war politisches Bekenntnis und signalisierte Identifikation mit tschechischen Positionen. Der Übersetzer stemmte sich nicht selten gegen den politischen Strom. So verwundert es nicht, dass die Übersetzer ins Deutsche bis in die 90er Jahre des 19. Jahrhunderts vor allem Tschechen waren.

Übersetzen als politische, als ethische Tat praktiziert zu haben, dürfen aber auch viele der Prager deutschen Dichter der 10er Jahre des 20. Jahrhunderts für sich in Anspruch nehmen. Auf einen politisch motivierten Stillstand der Übersetzungstätigkeit nach der Revolution von 1848 hin (nach 1968 kommt es übrigens in der DDR zum Übersetzungsstillstand) und einer Konzentration auf politisch irrelevante ältere Texte blieb zwar die Vermittlerrolle auch im frühen 20. Jahrhundert „odiös" und wurde auch die „Ignoranz gegen čechische Literatur" zu Beginn des Jahrhunderts weiter beklagt, doch wuchs mit dem zunehmenden Gebrauch des Tschechischen in den 10er Jahren auch die Notwendigkeit der Übersetzung. Das Übersetzen, etwa der sozial aufrührerischen Gedichte von Petr Bezruč durch Rudolf Fuchs, bleibt eine „mutige politische Tat" (M. Jähnichen) gegen Deutschnationale. Bezruč wurde von den österreichischen Militärbehörden später des Hochverrats angeklagt: Natürlich wurde in diesem Fall auch der Übersetzer verhört und - zur Strafe - zum Militärdienst eingezogen.

Dies ist nur eine Episode aus der langen Geschichte deutsch-tschechischer Übersetzung. Eine andere schreibt der tschechische Jude Pavel Eisner im Zweiten Weltkrieg: Er übersetzte selbst in dieser Zeit deutsche Literatur ins Tschechische. Nach dem Krieg verläuft die - wegen BRD und DDR - doppelte bzw. gespaltene Rezeption tschechischer Literatur durchaus komplementär: Die „realsozialistische" Literatur wurde in der DDR - nicht aber in der BRD -, in den 50er Jahren vor allem auf Grund der einigenden Ideologie übersetzt. Die tschechische Exil- und Samizdatliteratur stieß dagegen - besonders nach dem Einmarsch der sowjetischen Truppen - in der „alten" BRD auf starkes Interesse. Der DDR-Bevölkerung wiederum blieb diese Literatur vorenthalten. Die tschechoslowakischen Agenturen *ARTIA*, *DILIA* und *DILIZA* übten mit ihrem Monopol bei der Erteilung von Übersetzungslizenzen einen dirigistischen Einfluss auf die in der DDR übersetzte Literatur aus.

Diese auf beiden Seiten - in recht unterschiedlichem Maße - politisch geprägte Rezeption und Übersetzung führte dazu, dass die tschechoslowakische Literatur in einer Breite in deutscher Übersetzung vorlag wie in keiner anderen Sprache. War Julius Fučíks *Reportage am Strang* (1945) auch in der BRD nicht zu bekommen, so lag das in immerhin 90 Sprachen übersetzte Buch - als Schullektüre - in der DDR schon 1975 in der 11. Auflage vor (V. Ulrich). Als kommunistischer Autor des Widerstands war Fučík von den Nazis verhaftet und hingerichtet worden. Die gespaltene Rezeptionssituation führte auch zu Mehrfachübersetzungen, etwa eines so wichtigen Erzählbandes wie der *Kleinseitner Geschichten* von Jan Neruda. Die deutsche politische Teilung spiegelte sich damit in der Übersetzung tschechischer Literatur - vorteilhaft - wider.

Neben der Politik bildet die Psychologie einen, freilich schwerer fassbaren, spezifischen Faktor deutsch-tschechischen Übersetzens. Übersetzung bedeutet als Akt der Kommunikation die Anerkennung des Partners als gleichberechtigt. Arne Novák dürfte hierin Defizite sehen, mahnte er doch in der von Tschechen zur Darstellung ihrer Kultur deutsch herausgegebenen *Čechischen Revue* 1908 an, eine „Psychologie der modernen Übersetzungsliteratur" müsste noch geschrieben werden. Dabei hatte er die tschechisch-deutsche Situation im Auge.

In der *Čechischen Revue* findet sich so manche, über die deutschen Nachbarn hinausgehende diesbezügliche Klage, etwa dass selbst tschechische Literatur von europäischem Rang in Europa niemand wahrnehme. Während dort den jungen Tschechen Anfang des

Jahrhunderts vorgehalten wird, sie bemühten sich „krampfhaft" um Abtrennung vom deutschen Geistesleben, sieht man, wie deutsche Dichter tschechische Schriftsteller mit „viel Energie" übergehen. Ob hier tatsächlich - wie E. Goldstücker viel später mutmaßt - ein deutsches „Gefühl der Überlegenheit" nur Kompensation eines deutschen Minderwertigkeitskomplexes gegenüber den westlichen Nachbarn ist?

Als individualpsychologischer Faktor mag es dabei eine Rolle spielen, dass viele tschechische Dichter frühe ‚Gehversuche' auf Deutsch unternommen hatten: etwa K. H. Mácha oder K. J. Erben. Der weitere literarische Weg musste somit notgedrungen in der Distanz zum Deutschen verlaufen. Die Tradition einer tschechischen Literatur in deutscher Sprache setzt sich dennoch - aus ganz anderen Gründen - bis in die jüngste Gegenwart fort: Viele Emigranten der Zeit nach 1968 vollzogen mit dem Wechsel des Landes auch jenen der Sprache: Gabriel Laub, Jiří Gruša, Ota Filip u. a. Das aber heißt, dass die Präsenz tschechischer Literatur in deutscher Sprache erheblich über die bloß übersetzte Literatur hinausgeht. Die deutsch schreibenden Tschechen sind ein wichtiger Grund dafür. Zugleich hat ein großes tschechisches Lesepublikum deutsche Literatur - in der Vergangenheit - immer auch deutsch rezipiert. Nichts Vergleichbares steht dem auf deutscher Seite gegenüber. Die Zahl der Übersetzungen ist somit kein ausreichender Gradmesser für die Präsenz von Werken deutscher Dichter in der tschechischen Kultur. Der Raum des Deutschen in der wechselseitigen Wahrnehmung ist ungleich größer als jener des Tschechischen.

Diese spezifische Präsenz deutscher Literatur unter den Tschechen und tschechischer Literatur in deutscher Sprache lässt die Übersetzung ins Deutsche nicht als eine unter vielen erscheinen. Das Deutsche wird vielmehr zur Zwischen-, zur Mittlersprache und -literatur zu anderen, vor allem zu westlichen Sprachen und Literaturen. Der Nationaldichter der tschechischen Romantik, K.H. Mácha, hat den Engländer Walter Scott auf Deutsch gelesen. Die deutsche Übersetzung von Jaroslav Hašeks Schwejk war die erste überhaupt. Sie verhalf dem Roman erst zu seiner Anerkennung in der Muttersprache.

Jiří Levý zeigt, dass bei Übersetzungen aus dem oder in das Tschechische der deutsche Text oft als Basis diente, egal ob Jan Neruda ins Französische oder Shakespeare - von Josef K. Tyl - ins

Tschechische übersetzt wurde: Oft lagen im 19. Jahrhundert dabei deutsche Übersetzungen zu Grunde.

Der für die Entwicklung des Tschechischen im 19. Jahrhundert so wichtige Josef Jungmann bereicherte durch seine Übersetzungen aus dem Französischen und Englischen Lexik und Syntax des Tschechischen beträchtlich. Doch als er John Miltons *Paradise Lost* aus dem Englischen übertrug, benützte er zwei deutsche Übersetzungen, um die Bedeutungen zu erkennen, eine polnische, um sich zu Neologismen inspirieren zu lassen. Das englische Original diente ihm nur zur Kontrolle. Levý geht davon aus, dass Jungmann bis zu 99% seiner Übersetzungen an fremdsprachigen Lösungen orientierte.

In der *Čechischen Revue* wird es deutlich ausgesprochen: Das Deutsche ist das Fremde an sich. Über das Deutsche sucht man zu den anderen Fremden zu sprechen. Die besondere Situation des Deutschen ergibt sich in dieser Mittlerfunktion für tschechische Kultur und Literatur mit allen - auch psychologischen - Implikationen.

Die Übersetzungen des 19. Jahrhunderts, insbesondere jene Jungmanns, hatten vor allem die Funktion, die sprachlich-stilistischen Potenziale der tschechischen Sprache auszuloten und zu bereichern. Mit den 70er Jahren erweiterte sich das kulturelle Panorama, insbesondere um Frankreich und England. Schriftsteller wie Josef V. Sládek übersetzen vermehrt, so etwa W. Shakespeares Dramen, freilich noch allzu wörtlich. Der Dichter der Jahrhundertwende, Jaroslav Vrchlický, der neben deutscher vor allem französische und italienische Literatur übertrug - immerhin erschienen 1906-07 seine Übersetzungen in fünf Bänden - versetzte der Übersetzung nicht nur einen quantitativen, sondern auch einen qualitativen Schub.

Otokar Fischer sieht sich in Vrchlickýs Tradition, wenn er den „Geist des Ganzen" eines Textes wiederzugeben sucht. Fischer überträgt - wie so viele tschechische Übersetzer - aus mehreren Sprachen, aus dem Spanischen, Englischen und Französischen. Mit seinen Goethe-Übersetzungen, vor allem aber mit der legendären Übersetzung des *Faust*, in der er seinen Lehrer, den *Faust*-Übersetzer Vrchlický zu überflügeln vermag, stellt er den Tschechen Goethe in einer Fülle - und für diese Zeit wohl auch in einer Qualität - vor, wie sie in den 20er und 30er Jahren kaum ein anderes Volk zur Verfügung hatte.

Die in den letzten Jahrzehnten des 19. Jahrhunderts beginnende

Orientierung an anderen westlichen Literaturen setzten auch Schüler und Mitarbeiter Fischers fort. Erik A. Saudek übersetzte - nach den allzu wörtlichen Übertragungen Sládeks - fünfzehn Dramen Shakespeares neu. Selbst während der deutschen Okkupation übertrug er noch deutsche Barockgedichte. Jaroslav Zaorálek nahm sich vor allem der französischen Literatur an; Otto Babler übertrug vieles aus den südslawischen Literaturen, dürfte aber sein Meisterwerk mit der Übertragung von Dante Alighieris *La Comedia* (Die Göttliche Komödie) geliefert haben.

Die Erweiterung des Übersetzungshorizonts, vor allem nach Russland, Skandinavien, Frankreich und England, war zu Beginn des 20. Jahrhunderts zum Teil auch politisch motiviert und sollte als politische Tat verstanden werden: Die für die Entwicklung der tschechischen Literatur so wichtige Übersetzungsanthologie französischer Lyrik, die Karel Čapek 1920 herausbrachte, deren Übersetzungen aber früher entstanden, war eine bewusste, Partei nehmende Antwort auf kriegerische Ereignisse des Ersten Weltkriegs, etwa auf die ganz Europa erschütternden Kämpfe um Verdun. Die bislang herausragende Rolle des Deutschen als Mittlersprache litt erheblich.

Obgleich die Zahl der Übersetzungen tschechischer Literatur ins Deutsche in den ersten Jahrzehnten des 20. Jahrhunderts hoch war, beschränkte sich deren Verbreitung und Wirkung oft nur auf Böhmen und Mähren. So wurden die 845 besten Übersetzungen von 108 tschechischen Dichtern - zwischen 1921 bis 1938 - nicht in Deutschland, sondern in der *Prager Presse* publiziert. Viele Übersetzungen des 19. Jahrhunderts waren in Periodica Böhmens und Mährens erschienen. Die Verbreitung dieser Übersetzungen in Deutschland selbst oder gar darüber hinaus war oft gering.

Innerhalb dieses meist von Österreich und Deutschland isolierten Diskurses entstanden zahlreiche Übersetzungen tschechischer Literatur, die entweder nie publiziert wurden oder in sehr kleinen Verlagen, im Selbstverlag oder in geringen Auflagen. K.H. Máchas Verspoem *Mai* (*Máj*), ein Hauptwerk tschechischer Romantik, erschien zwar in mindestens einem halben Dutzend Versionen, doch sieben weitere Übersetzungen wurden niemals publiziert, darunter eine der vermeintlich besten.

Jan Nerudas *Balladen und Romanzen* (*Balady a romance*) wurden 1937 in der Übertragung von Ludwig Karpe veröffentlicht.

Doch wie sollten sie ein Echo finden, erschien die Übersetzung doch in einer Auflage von 100 Stück in der Slowakei. Selbst beim Verlagsort Wien, den Ernst Mandler für seine J. S. Machar-Übersetzungen wählte, darf man hinsichtlich der Verbreitung in Deutschland skeptisch sein. In vielen Fällen, etwa bei den Gedichten Otokar Březinas, erschienen Übersetzungen im Selbstverlag der Autoren oder Übersetzer.

In der Zeit nach dem Zweiten Weltkrieg stellten tschechische Verlage deutsche Fassungen tschechischer Literatur für den gesamten deutschsprachigen Markt - gleichsam auf Vorrat - her. Nicht immer wurden diese auch - in der DDR oder auch in der BRD - publiziert. Viele Übersetzungen dürften mittlerweile verloren sein - auch das eine Besonderheit tschechisch-deutscher Übersetzungskultur. Dass es Ende der 60er Jahre und Anfang der 70er Jahre tschechische Werke zunächst nur im deutschen Diskurs gab, etwa L. Vaculíks *Meerschweinchen* (*Morčata*, 1970), mag auf diesem Hintergrund als karnevaleske Verkehrung erscheinen.

Die Besonderheit der Entstehung deutscher Übersetzungen tschechischer Literatur in Böhmen und Mähren brachte schon im 19. Jahrhundert viele Probleme mit sich. Ein Text, der aus tschechischer Perspektive als übersetzenswert gilt, muss dies nicht aus deutscher Sicht sein. Eigene tschechische und fremde deutsche Wertmaßstäbe stehen einander nicht selten kontrastiv gegenüber.

Im 19. Jahrhundert existierte neben den national geprägten Wertungen eine gemeinsame Wertperspektive. Diese vereinte die tschechische mit der böhmisch-territorialen Sicht. Rudolf Glasers bemerkenswerte Zeitschrift *Ost und West* publizierte in den 40er Jahren nicht selten tschechische Artikel lediglich in deutscher Sprache. Sie spiegelte daher - auch in den patriotischeren Beiträgen - in der fremden, der deutschen Sprache eine tschechische Innensicht auf die eigene Kultur wider. Potenzielle Konflikte wurden so nicht ausgetragen. An diese gemeinsame Perspektive ließ sich nach dem Zweiten Weltkrieg in der DDR unter geänderten ideologischen Vorzeichen anknüpfen. Auch die *Čechische Revue* vom Anfang des 20. Jahrhunderts war ein Forum für tschechische Sichtweisen in deutscher Sprache.

In Deutschland selbst aber herrschte bis in das frühe 20. Jahrhundert eine hochgradige Ignoranz gegenüber aktueller tschechischer

Literatur und Kultur. Die aus Böhmen und Mähren gleichsam importierten Wertungen vermochten deshalb das gesamtdeutsche Tschechenbild vorerst wesentlich zu prägen.

In der zweiten Hälfte des 19. Jahrhunderts verdrängen jedoch vermehrt national bestimmte Wertungen die landespatriotischen: Der ausgleichend-versöhnliche Übersetzungsdialog wird zum konflikthaften. Dieser hat eine ideologische, aber auch eine ästhetische Dimension. Die Rezeption des Romantikers Mácha macht dies deutlich: Aus der Sicht tschechischer Patrioten war dieser Ästhet gefährlich. Man übersetzte ihn lieber nicht. Dies übernahm aber der zweisprachige Prager Jude Siegfried Kapper, der Mácha damit in der deutschen Presse zu einer euphorischen Rezeption verhalf. Diese deutsche Hochschätzung des tschechischen Romantikers richtete sich natürlich auch gegen die innertschechische Distanz zum eigenen Dichter.

Insofern war diese Rezeption nicht ohne ideologische Implikationen: Die übersetzte tschechische Literatur wurde mehr und mehr instrumentalisiert, um ein Feindbild zu konstruieren. Die deutsche Presse nutzte die Übersetzungen nun zur Konfrontation und desavouierte viele tschechische Werke als epigonenhaft. Die Vorherrschaft der gemeinsamen landespatriotischen Perspektive der Deutschböhmen fand damit ein jähes Ende. Der Bruch durch eine nunmehr vorwiegend national-politisch bestimmte Rezeption in Deutschland war vollzogen.

Eine Vermittlung von Literatur und Kultur, insbesondere durch Übersetzungen, wurde in Böhmen noch einmal zwischen den beiden Kriegen versucht. Für die Vertreter der Prager deutschen Literatur spielten dabei ästhetische Kriterien wieder eine zentrale Rolle. Die meisten Prager Schriftsteller und Übersetzer mit deutschen und tschechischen Sprachkenntnissen waren Juden. Seit den 40er und 50er Jahren des 19. Jahrhunderts waren sie als Übersetzer in Erscheinung getreten. Die jüdische Bevölkerung Böhmens wendete sich in der zweiten Hälfte des 19. Jahrhunderts verstärkt dem Tschechischen zu. Und gerade die bilingualen jüdischen Übersetzer wie Pavel Eisner, Rudolf Fuchs, Otto Pick, Emil Saudek haben der tschechischen Literatur den Weg in den europäischen Diskurs geebnet.

Die Zweisprachigkeit war bei den Deutschböhmen weitaus seltener verbreitet. Die tschechische Seite beschwor zwar wiederholt, so

Jaroslav Hilbert (1907), dass die Deutschböhmen für die Tschechen „die natürlichsten Einführer in die Welt" seien. Doch diese verweigerten die Initiationsrolle weitestgehend und übersetzten nicht bzw. waren dessen nicht fähig. Rühmliche kompetente Ausnahmen von Anwälten der tschechischen und slowakischen Literatur hat es immer gegeben, von Josef Mühlberger über den Wiener Paul Kruntorad bis zu Franz Peter Künzel. Die deutschböhmische Literatur blieb dagegen überwiegend regional begrenzt und gefiel sich nicht selten in nationalistischem Chauvinismus.

Einer der wichtigsten Vermittler der deutschen und tschechischen Kultur, Otokar Fischer, hat eine fast „lupenreine" binationale Herkunft aufzuweisen: die Mutter deutschstämmig, der Vater ein patriotischer Tscheche, Studium an der böhmischen und an der deutschen Universität in Prag, frühe Gedichte auf Tschechisch und Deutsch. Der Bilinguismus, die Bikulturalität war ihm wahrlich in die Wiege gelegt. Das gilt kaum weniger von Erik Adolf Saudek und Pavel Eisner, der aus dem Deutschen ins Tschechische und aus dem Tschechischen ins Deutsche übersetzte.

Bisweilen fanden in Böhmen und Mähren zweisprachig aufgewachsene Übersetzer auch in Österreich, besonders in Wien ihr Auskommen, so der Dichter und Kritiker Gustav Pawikowski, der Gedichte Jan Nerudas übersetzte. Umgekehrt beschritten nur wenige den Weg der Emigration aus Deutschland nach Böhmen und Mähren. Zu ihnen gehört Fritz (Frederic) Walter Nielsen, ein hervorragender Übersetzer nicht nur K. Havlíček Borovskýs. Die meisten Übersetzer aus dem Tschechischen waren in Böhmen und Mähren beheimatet. Eine Ausnahme bildet in ihrer Zeit die bayerische Übersetzerin der Gedichte Julius Zeyers, Ottilie Malybrok-Stieler, die Tochter des bayerischen Hofmalers Joseph Karl Stieler.

Für ein besonders düsteres Kapitel deutsch-tschechischer Übersetzungsgeschichte stehen die jüdischen Übersetzer Ludwig Karpe und Marie Rix-Meislová. Der in Prag promovierte Karpe, Verfasser eines Deutschlehrbuchs und Neruda-Übersetzer, der im Vorwort seiner Übersetzung das „Verstehen zwischen den Völkern" (*dorozumění mezi národy*) und die Verbreitung von Menschlichkeit einfordert, wird am 8. April 1942 nach Theresienstadt verbracht; umgekommen ist er wohl in Majdanek. Im selben Jahr kommt die Vrchlický-Übersetzerin Rix-Meislová in Theresienstadt zu Tode. Der deutsche Nationalsozialismus vernichtete damit jene, die sich der Vermittlung zwischen tschechischer und deutscher Sprache und Kultur verpflichtet fühlten.

Wegen der ethischen Grundhaltung vieler Übersetzer würde es zu kurz greifen, wollte man das Übersetzen von der Kulturvermittlung abtrennen. Die Übersetzer prägten das Bild von der fremden Kultur. Dies geschah zum einen durch ihre Textauswahl, zum anderen durch ihre Einschätzungen der übersetzten Dichter. Diese Wertungen gewannen dadurch an Gewicht, dass sich viele Übersetzer auf wenige Dichter spezialisierten. So prägte Eduard Albert das Bild des von ihm bevorzugt übertragenen Sládek, indem er ihn als Liederdichter und Sänger der tschechischen Volksseele pries. Friedrich Adler wollte „als Deutscher in Prag" dem deutschen Publikum das bieten, was von „uneingeschränktem Interesse" war. Deshalb mied er politische Gedichte.

Als Kenner der tschechischen Kultur vermitteln die bilingualen Juden in Prag in weit höherem Maße die ihnen wertvoll erscheinende tschechische Kultur der Zwischenkriegszeit. Rudolf Fuchs, der Sohn jüdischer Eltern, der nach der deutschen Schule zum deutschsprachigen Dichter wurde und mit seiner Bezruč-Übertragung eine übersetzerische Großtat vollbrachte, berichtete jahrelang über die tschechische darstellende Kunst. Max Brod erkannte die Bedeutung des tschechischen Komponisten Leoš Janáček so früh wie kein anderer. Otto Pick suchte - wie er an den tschechischen Dichter Viktor Dyk am 7.12.1913 schreibt - Geld aufzutreiben, damit er und andere sich noch intensiver „der Übertragung der bedeutendsten Werke der tschechischen Literatur" widmen konnten. Viele Übersetzer sahen sich in der Pflicht, der Vermittlung tschechischer Kultur zu dienen. Möglicherweise war das Prag der „Prager deutschen Literatur" mit seiner großen Zahl hochqualifizierter Übersetzer eine im Europa des 20. Jahrhunderts einmalige Drehscheibe westeuropäisch-slawischer Kulturvermittlung.

Die Übersetzer tschechischer Literatur sahen sich einer spezifischen Kontrolle ausgesetzt, der ihre deutschen Kollegen nicht unterlagen: Nicht nur die Literaturkritiker unterzogen ihre Übersetzungen kritischer Lektüre, sondern auch die übersetzten Dichter selbst. Führende tschechische Dichter des 19. und 20. Jahrhunderts vermochten die Übertragungen ihrer Werke ins Deutsche kompetent zu beurteilen und waren bisweilen selbst übersetzerisch tätig.

Jaroslav Vrchlický ist einer von ihnen. Seine hohen Ansprüche an den Übersetzer kleidet er in die Forderung, einen Dichter dürfe nur ein Dichter übersetzen. Der Vrchlický-Übersetzer Friedrich Adler wurde diesen Ansprüchen wohl gerecht, nennt Vrchlický ihn in einem Gedicht doch „halb Dichter, halb Weisen". Auch Julius Zeyer fand für seine bayerische Übersetzerin Ottilie Malybrok-Stieler, die sich allein der Übertragung seiner Dichtung verschrieben hatte, Lob. Nachdem sie ihm in ihrer Tegernseer Heimat Übertragungen zu Gehör gebracht hatte, kommentierte er diese im Brief vom 11.1.1891: er finde die Übersetzung „sehr schön und ungewöhnlich treu", er sei ganz entzückt von den schönen Versen (L. Nezdařil). Petr Bezručs genießende Zufriedenheit mit der „Überdichtungskunst", wie er das Übersetzen nennt, von Rudolf Fuchs, lässt sich dem an die Seite stellen. Svatopluk Čech hingegen war mit den beiden Übersetzungen seiner *Sklavenlieder* (*Písně otroka*) ganz und gar nicht zufrieden. Er bewertete sie als viel zu frei und „sehr schlecht".

Im Sinne von Vrchlickýs Forderung dichteten viele Übersetzer auch selbst. Dabei zeigten sie sich oft von den übersetzten Werken beeinflusst, etwa Rudolf Fuchs durch die Gedichte von Bezruč. Doch blieb den Übersetzern der dichterische Erfolg meist versagt.

Dies gilt freilich nicht für jene, die ohnehin als Dichter etabliert und zudem übersetzerisch tätig waren: etwa Franz Werfel, der Březina übertrug, oder der katholische Dichter und Hölderlin-Übersetzer Jan Zahradníček. Ästhetische Impulse vermittelte die Übersetzung dem tschechischen Romanautor Ivan Olbracht: Seine Übersetzung von Thomas Manns Roman *Joseph und seine Brüder*, aber auch von Lion Feuchtwangers *Josephus-Trilogie* aus den 30er Jahren setzte Olbracht in seinem Werk schöpferisch um. Damit bestätigt sich Levýs Behauptung, dass die Übersetzung zu größerer Mannigfaltigkeit in der Nationalliteratur führe. Ihr kommt deshalb seit Jungmanns Übertragungen eine gewaltige gesamtkulturelle Bedeutung zu.

Die Übersetzung eröffnet somit die Möglichkeit, die ästhetische Vielfalt und Differenziertheit einer größeren Nationalliteratur auszugleichen. Vor allem in der Ersten Republik, dann aber erneut in den 60er Jahren des 20. Jahrhunderts, gehört das Übersetzen in den künstlerischen Bereich schöpferischen Tuns.

Im 19. und frühen 20. Jahrhundert sind zwei charakteristische

Epochen des Übersetzens zu unterscheiden: Die Jungmann-Zeit zeigte sich begeistert von der Leistungsfähigkeit der eigenen Sprache auf dem Feld der Übersetzung. Vrchlickýs Faszination und jene der folgenden Jahrzehnte galt hingegen mehr der Ästhetik. Zudem setzte man sich nun die Sprechbarkeit der Übersetzung als Ziel.

In allen Phasen des Übersetzens wurden jedoch literarische Texte bei der Übertragung dadurch verzerrt, dass sie gekürzt wurden. Die Kürzungen fielen schon im 19. Jahrhundert oft willkürlich und drastisch aus: Als J. Wenzig *Der neue Rat* von Smil Flaška z Pardubic (1349-1403) übertrug, kürzte er den Originaltext eigenmächtig von 2090 auf 619 Verse. Aber auch Kürzungen auf ein Fünftel des Originals kamen vor. Selbst ein so verbreiteter und viel gelesener Roman wie J. Hašeks Schwejk blieb von Verzerrungen dieser Art nicht verschont: Die Ausgabe bei Kiepenheuer und Witsch ist um 300 Seiten kürzer als alle anderen, die aber ebenfalls von Grete Reiner übersetzt sind.

Im 19. Jahrhundert bedeutet Übersetzung dennoch etwas anderes als im 20. Jahrhundert. Trotz einer erstaunlichen Fülle von Übersetzungen aus dem Tschechischen ins Deutsche benutzen die Übersetzer die tschechischen Originaltexte oft nur als Inspirationsquelle, als „inhaltliche Anregung" (M. Jähnichen). Siegfried Kapper etwa fügt dem Original einfach eigene Varianten hinzu. Wenzig macht von Beginn an deutlich, dass er sich nicht um eine wörtliche Übersetzung, sondern um eine Bearbeitung des Originals bemühe. Die poetischen Freiheiten der Übersetzer des 19. Jahrhunderts übersteigen jenes Maß bei weitem, das heute als tolerierbar gilt. Deshalb befriedigen diese Übertragungen künstlerisch nur selten. Auf adäquate Übersetzungen, etwa der Sonette Máchas, musste man oft bis zum 20. Jahrhundert warten, bei Mácha auf die Übersetzung Pavel Eisners (1936). Die 20er und 30er Jahre brachten eine erste Blüte, die 60er Jahre eine ästhetisch noch überzeugendere zweite Blüte der tschechisch-deutschen und deutsch-tschechischen Übersetzung.

Der erste Qualitätssprung wurde in der Öffentlichkeit auch deshalb nicht angemessen gewürdigt, weil die Literaturkritik häufig gänzlich unangemessene Wertungen vornahm. Bis zum heutigen Tag wird die Qualität von Übersetzungen nicht oder ungenügend analysiert.

Wiederholt wertete in der Vergangenheit die Kritik ungerechtfertigt schwache Übersetzungen auf: In Fux-Jelenský, dem Übersetzer Svatopluk Čechs, meinten Kritiker einen „Meister der Sprache" vor sich zu haben. Auch Jan Kouteks Übersetzung Čechs wurde völlig unzutreffend als „ausgezeichnet" bewertet. Edmund Grüns Vrchlický-Übertragung wurde hoch gelobt. Doch Grün benötigte dazu vorher eine wörtliche Übersetzungen aus dem Tschechischen. Als schließlich Friedrich Adler Vrchlický erstmals adäquat übertrug, beklagte er sich zu Recht, dass man alle bisherigen, schlechten Übersetzungen „mit übergroßem Dank aufgenommen" habe, seine gute nun aber „wegwerfend behandelt wird". Wenigstens durch Detlev von Liliencron widerfuhr ihm Gerechtigkeit, da dieser seine Übersetzungen lobte: „Man liest sie völlig, als hätte er [Vrchlický, W.K.] sie deutsch gedichtet." (L.Nezdařil)

Nur selten waren Übersetzer so selbstkritisch wie jener der *Kosmischen Lieder* (*Písně kosmické*) Jan Nerudas, Pawikowski: Er lobt das Original, es sei - anders als seine Übertragung - „von tadelloser Formvollendung". Tatsächlich transformiert er Neruda recht pathetisch, wenn er *země* (Erde) als „der Erde Antlitz" oder *myšlenka* (Gedanke) als „des Geistes Denken" wiedergibt.

In Übertragungen dieser Art mag sich der spezifische, eher konservative, ja papierene Stil des Deutschen der Deutschböhmen bzw. der Prager Deutschen niederschlagen. Die von den Übersetzern des 19. Jahrhunderts gewählte Sprache orientierte sich meist an fertigen Mustern, an festen Diskursen: Waldau etwa übersetzt - verspätet - in die Sprache der deutschen Romantik.

Eine überraschend neue ästhetische Potenz wächst dem Deutsch der Prager Kleinbürger mit der Schwejk-Übersetzung Grete Reiners (1926/27) zu, in das sie das Gemeintschechische (*obecná čeština*) Schwejks überträgt. Trotz der Kritik, dass sich darin mündliche und schriftliche Momente ungebührlich mischen, ist diese Übersetzung bis heute konkurrenzlos. Auch wenn von Grete Reiner das Gemeintschechische lediglich in ein - verzerrtes - Böhmisch-Deutsch übertragen wurde, würden doch viele einen neu übersetzten, einen „purgierten, puristischen Schwejk" (V. Polcuch) fürchten. Die Gefahr ist nicht groß, dürften doch die goldenen Zeiten tschechisch-deutscher Übersetzung eher der Vergangenheit angehören. Darüber können auch einzelne aktuelle Gegenbeispiele nicht hinwegtäuschen, etwa die Übertragung des Werks von Bohumil Hrabal, aus dem viermal so viele Titel ins Deutsche (24) als ins Englische (6) übersetzt wurden. Je

14 seiner Werke wurden auch ins Italienische, Französische und Polnische übertragen.

Die tschechische Literatursituation spiegelte sich auf Grund der zahlreichen Übersetzungen - wie auch umgekehrt die deutsche in Böhmen und Mähren - m. E. relativ gut wider, auch wenn manche wichtigen Dichter (V. Hálek, F. Halas) kaum adäquat übertragen wurden. Dieser günstige Befund darf nicht darüber hinweg täuschen, dass die reale Präsenz tschechischer Literatur in deutschen Buchhandlungen und Bibliotheken dem Reichtum der vorhandenen Übersetzungen nicht entspricht. Die deutsch-tschechischen Übersetzer haben schon sehr früh in diesem Jahrhundert die Realisierung einer Vision eingeleitet, die ihnen eine kulturelle Vorreiterrolle zukommen lässt: jene von einem vereinten Europa. Im Jahr 1929 schreibt Otokar Fischer: „Auch auf uns Übersetzer kommt es ein wenig an, ob die Träume von einem neuen Europa in Erfüllung gehen, auch wir sind imstande die Entfernung zwischen den Völkern überwinden zu helfen."

Wahlverwandte: Reiner Kunze und Jan Skácel

Roman Kopřiva

> Wenn ich überhaupt begriffen haben sollte, was Poesie ist, dann verdanke ich es tatsächlich vor allem Autoren des tschechischen Poetismus und Jan Skácel...
>
> Reiner Kunze, 1989

Wohl kaum ein anderer Dichter der deutschen Sprache hat je in solchem Maße aus der tschechischen Poesie geschöpft wie Reiner Kunze. Und auch kaum einer seiner Kollegen begegnete der tschechischen Literatur und der tschechischen Kultur so unvoreingenommen, so ganz ohne Animosität, Ressentiments und mit solcher Offenheit wie gerade er.

Als 1964 die tschechische Ausgabe von Kunzes Gedichtsammlung *widmungen* unter dem Titel *Věnování* erscheint, schreibt Oleg Sus 1964, dass „für sein [Kunzes] Schaffen Deutschtum und Tschechentum nicht etwas ist, was sich gegenseitig bekämpfen und ausschließen muss", im Gegenteil, es sind „mentale und emotionale Prinzipien, die sich in ihrem Wesen berühren und ineinander übergehen". Nach Sus verbindet sich bei Kunze „durchdringender Intellekt [...] mit dem tschechischen Impuls einer schöpferischen Einbildungskraft, mit der Emotivität und Sensibilität der modernen tschechischen Poesie". Ähnlich urteilt auch Kunzes Freund und Kollege Milan Kundera, wenn er anmerkt, dass „es die besondere Tradition der tschechischen Poesie ist - Kunze selbst sieht deren Spezifikum in einer großen konkreten Bildhaftigkeit und Metaphorik -, die Kunzes dichterisches Denken, das bisher vielleicht allzu logisch-rational war, gleichsam mit dem Fleisch, dem Blut und der Wärme der konkreten Vorstellungskraft erfüllt." Böhmen ist für Kunze ein „Brunnen des Poetischen", schließt Kundera. Kunze selbst erinnert sich in Verbindung mit dieser Charakterisierung, dass Kundera ihn den slawischsten Deutschen nannte, den er kenne.

Seit dieser Zeit ist eine ganze Reihe von Jahren vergangen. Die tschechische, genauer gesagt, die böhmische und die mährische Thematik sowie deren spezifische Poetizität ist für immer in Kunzes Lyrik heimisch geworden. Neben seinem eigenen Schaffen blieb Reiner Kunze auch der Übersetzung moderner tschechischer Literatur treu. Wir verdanken ihm Übersetzungen aus dem Werk von mehreren Dutzend tschechischen Autoren, unter denen Milan Kundera, Jaroslav Seifert und Vladimír Holan nicht fehlen. Es handelt sich vor allem um Lyrik, in geringerem Maße aber auch um Prosagedichte, Märchen und Dramen. Oft entstanden diese Übersetzungen als Ausdruck des „Internationalismus der Dichter", das heißt als Übersetzung oder Nachdichtung der Werke von Kollegen, die Kunze den gleichen Dienst erwiesen. So war es zum Beispiel im Fall von Milan Kundera, Ludvík Kundera und Jan Skácel. Und so praktiziert es Reiner Kunze noch heute.

Sein Vorbild ist Karl Dedecius, der aus dem Polnischen übersetzt. Und dann freilich Luther, dessen Bibelübersetzung Kunze gerade durch ihre starke Bildhaftigkeit fasziniert, die er im gegenwärtigen Deutschland eher vermisst. Die tschechische Poesie zieht ihn nicht nur durch ihre imaginative Kraft an, sondern auch weil in ihr „ein Kinderherz schlägt" (František Halas), weil es eine Poesie „von großer menschlicher Wärme" (Kunze) ist, und dies gilt besonders für die Lyrik des tschechischen Poetismus. Gedichte von Jan Skácel übersetzt Reiner Kunze bereits seit mehr als dreißig Jahren. (Als Zeugnis einer Freundschaft über das Grab hinaus erschienen in den 90er Jahren außerdem die zauberhaften Übersetzungen einiger „kleiner Rezensionen" und Feuilletons.) Außer den Übersetzungen, die in Zeitschriften und Anthologien (*Der wind mit namen Jaromír*, 1961; *Die Tür*, 1964), vereinzelt auch in seinen eigenen Büchern erschienen, besorgte Kunze zudem die Herausgabe zweier eigenständiger Bände mit einer Auswahl aus dem lyrischen Schaffen Skácels: *FÄHRGELD FÜR CHARON* (1967, zuletzt 1996) und *wundklee* (1982).

Die Aufmerksamkeit der Übersetzer galt Kunzes Lyrik vor allem in den 60er Jahren; danach - sieht man von einigen Gedichten aus der früheren Sammlung *Věnování* ab -, gelangte sie erst in der 1997 zweisprachig herausgegebenen Auswahl des Autors *JAKO VĚCI Z HLÍNY / WIE DIE DINGE AUS TON* in den tschechischsprachigen Raum. Doch Übersetzungen aus der Feder Jan Skácels suchen wir hier - mit Ausnahme einiger weniger aus früherer Zeit - bereits vergeblich: Jan Skácel war 1989 gestorben.

Reiner Kunze erachtet seine dichterischen Übersetzungen als integralen Bestandteil seines Werks. Das ist, was Skácel betrifft, entschieden mehr als nur ein bloßes Lippenbekenntnis. Wenn wir Kunzes eigene Lyrik, bei der die dialogische Struktur formstiftend ist, verstehen wollen, müssen wir seine Gedichte und Übersetzungen „quer" lesen, keineswegs isoliert, sondern nebeneinander, und zwar systematischer und aufmerksamer, als es bisher der Fall war. Dass Kunze bei seinen eigenen Lesungen Skácel-Verse vorlas, erscheint dann in einem noch anderen Licht: nicht nur als Ausdruck von Freundschaft, Kollegialität oder Unterstützung für einen weniger bekannten Autor und eine weniger bekannte Nationalliteratur, sondern auch als ein Akt wechselseitiger innerer Teilnahme, der es dem Zuhörer ermöglicht, dem stillen Zwiegespräch zweier Dichter zu lauschen und so auch Kunzes „eigenes" Werk besser zu verstehen.

In Kunzes Nachdichtungen kommt die musikalische, malerische und poetische Begabung des Dichters zu Wort. Im Gedicht kann er Metaphern „malen", kann er im Einklang mit seinem Naturell, das unter dem statischen Charakter der Malerei leidet, Abläufe und Geschehen adäquat darstellen, sind doch Skácels vom Verbum dominierte Verse mit Dynamik geradezu aufgeladen:

Na třešních zatím vzlétá krev a zabití
vlaje jak prapor   (*Pravidlo pánských jezdců*)

Auf den kirschbäumen schießt inzwischen das blut in die höhe
                                    und das töten
weht wie eine fahne   (*regel der herrenreiter*)

In der Übersetzung hat im Großen und Ganzen das poetische Bild Vorrang. Es muss möglichst genau erfasst werden, was freilich nicht heißen muss wörtlich:

CESTA
Půjdeme tam a zeptáme se znovu
který to býval hrob a jestli nebe chce
helikoptéru
V hrůze netečnosti
je ticho závit Růže bez konce

WEG
Einmal werden wir hingehn und fragen
was für ein grab das war und ob der himmel
den hubschrauber will
Im grauen der gleichgültigkeit wird stille
windung Endlose rose
(Aus: *wundklee*)

In *helikoptéra* verbergen sich die griechischen Wörter *hélix* Windung, Spirale und *ptéron* Flügel. Das tschechische *vrtulník* ist vom semantisch transparenteren *vrtule* abgeleitet, dem im Deutschen das Wort „Propeller" entspräche. Im deutschen „Hubschrauber" steckt das Wort „Schraube". Der Übersetzer konnte im Deutschen zwischen „Helikopter" und „Hubschrauber" wählen. Kunze zog den expliziteren, geläufigeren Ausdruck, welcher Form, Vertikalität und Aufwärtsbewegung betont, dem hermetischeren „Helikopter" vor. Der Ausdruck „Helikopter" ist demgegenüber für einen kundigen Leser von versteckter Doppelbödigkeit: Er evoziert auf der einen Seite die Verbindung zwischen Himmel und Erde, auf der anderen assoziiert er Flügel (eines Vogels?) in einer gedachten Bewegung zum Himmel und kontrastiert so mit der Bewegungslosigkeit, der „Gleichgültigkeit" (der Rose? bzw. des Grabs?). Im Tschechischen wirkt das heute weniger gebräuchliche Fremdwort exotischer, wie eine Verdeutlichung der technischen Konstruktion.

Der Anspruch, vor allem dem poetischen Bild gerecht zu werden, bestimmte die Art der Übersetzung auch im folgenden Fall. Nach Skácels Auffassung nämlich bewirkt das große *R* im Schlussvers eine Zäsur. „Die Stille ist nicht nur eine Windung der Rose, vielmehr ist die Stille eine Windung und auch eine Rose ohne Ende". Der Übersetzer hat die Zweideutigkeit des grammatischen Falls (formal sowohl Nominativ als auch Genitiv) elegant gemeistert: Das Wort „Endlose" lässt sich nicht nur als Attribut zu „windung" oder „rose" verstehen, sondern auch als Neuschöpfung, die an das Wort „Herbstzeitlose" erinnert. Das großgeschriebene E kann freilich auch der spiralenartigen Form als solcher Nachdruck verleihen. Der Binnenreim „Endlose" - „rose" kompensiert darüber hinaus den Endreim der Vorlage.

Dem poetischen Ausdruck als Dominante des Gedichts opfert Kunze unter Umständen die klangliche Dimension des Gedichts, d. h. vor allem den Reim. Das gilt jedoch nicht für die virtuos übersetzten Vierzeiler Skácels. Hier geht zwar manchmal ein Reimpaar verloren, dafür finden sich in anderen Vierzeilern wiederum mehr Reime als bei Skácel selbst, ohne dass der Übersetzer den Vers „zuschottern" oder „strecken" würde (was bei Kunze ohnehin nur ganz vereinzelt vorkommt). Reimfülle zeichnet die Ballade *der blaue vogel* aus. Kunze ersetzt hier die grammatischen Reime des Originals durch Vollreime. Er bewahrt - wenngleich nicht dogmatisch - den Reim vor allem da, wo auch in Skácels Gedicht mehrere Reimpaare aufeinander folgen. Die Wiedergabe eines Reims durch Assonanz ist eher die Ausnahme. In der Mehrzahl der Fälle verliert sich jedoch der für Skácel so typische versteckte Reim, der über die Grenze der Abschnitte bzw. Strophen hinausgreift, ebenso Skácels raffinierte Balance zwischen Reim und unreinem Reim bis hin zur kaum auffälligen Assonanz bzw. die ursprüngliche sinngebende Hervorhebung des Verses oder Wortes durch ein einziges Reimpaar in kleineren Gedichten. Brillante Eingebungen verraten aber immer wieder den Meister der Übersetzung:

jako krásný modrý kámen	wie ein schöner blauer stein
[...]	[...]
jako z nebe siná hvězda	wie ein blasser blauer stern

Der metaphorische Vergleich wird durch die Alliteration dynamisiert. Sie intensiviert den klanglichen Ausdruck, wahrt jedoch die Bedeutung der Worte. Die Verwandlung des stürzenden Vogels wird abgründiger.

Ein besonderes Kapitel stellt Skácels dichterisch etymologisierende, sinnstiftende Verwendung von Pflanzennamen dar: Blumen und Pflanzen werden zum Spiegel der menschlichen Situation und des menschlichen Schicksals. Die Entstehungsgeschichte der überaus gelungenen Verszeile „Und wund wund ist der wundklee" für *Bojí se bojí se bojínek* ist aus Kunzes Vorlesungen zur Poetik an der Münchner Universität zur Genüge bekannt.

Von Kunzes Meisterschaft zeugt jedoch auch die Übersetzung der übrigen bedeutungskonstituierenden Elemente, so zum Beispiel die Verdichtung der lyrischen Bilder Skácels zu impliziten, häufig „klingenden" Zusammensetzungen (*dna pro pády hvězd* - „sturzgrund der sterne", *kulaté jak drobné zrnko prosa* - „hirserund", *svist švihadla* - „springseilsausen"), im Wechsel der grammatischen Kategorien (*Sněhy* - „Schnee Schnee", *Padal /jako mladý zedník* - „Er fiel, fiel") oder in den Entsprechungen für die bei Skácel eher seltenen Neologismen (*podední* - „taggrund", *kterým odnechce se být* - „die leergewollt sind"). Eine ständige Herausforderung für den Übersetzer ist Skácels intime Eigensprache, die sich die Tendenz des Tschechischen zur Verwendung von Verkleinerungsformen in mehr als üblichem Maß zunutze macht. Das Diminutiv ist dem Dichter Ausdruck von Zärtlichkeit und Zuhause (*Modrý pták* - „Der blaue vogel"), Ausdruck von Kindheitswelt und jungtierhafter Animalität. Das Deutsche, besonders das Binnendeutsche, reagiert auf Verkleinerungsbildungen eher allergisch. Kunze weicht der Gefahr der Manier durch verschiedene, einander abwechselnde Verfahren aus: 1) er übersetzt die Verkleinerung, 2) er ignoriert die Verkleinerung, 3) er gibt die Verkleinerung umschreibend wieder, meist durch ein Attribut, 4) er gibt die Verkleinerung durch die nicht verkleinerte Entsprechung wieder, z. B. *ovečka* - „Lamm", statt wörtlich ‚Schäfchen', 5) ausnahmsweise kompensiert er sie an einer anderen Stelle im Text. Die Verfahren 1-4 lassen sich anhand eines Abschnitts aus dem Gedicht *Cesta k nám / Der weg zu uns* (1967) illustrieren:

Okola potoka,	Am bach entlang,
po kterém *pírko* plave,	auf dem ein *federchen* schwimmt,
přes *zídku* přelézt,	über die kleine *mauer* klettern,
nadejít si humny,	abkürzen über die tenne,
na *mostku* postát,	auf dem *steg* verweilen,
nad hučícím splavem	im rauschen des wehrs
slovíčka hledat vhodná pro pěnu	*wörter* suchen, passend für den schaum

(aus: FÄHRGELD FÜR CHARON, Hervorh. R.K.)

Nur Moravismen und dialektale Ausdrücke umgeht Kunze; darin ist seine Übersetzung „urbaner", weiträumiger.

Kunze folgt dem Grundsatz von Karl Dedecius „Halte deine Übersetzung nie für vollendet" und bleibt in fortwährendem Dialog mit dem übersetzten Gedicht: fast wie unter dem Mikroskop - bis hin zu Änderungen in der Interpunktion - feilt er an der Form und präzisiert sie von einer ersten Zeitschriftenfassung über verschiedene Buchausgaben bis hin zur Vollkommenheit.

Skácel ist aber auch in anderer Weise in Kunzes Werk präsent. Nicht nur in dem dichterischen Porträt Jan Skácels (*besuch aus Mähren*), in dessen Prisma sich die Physiognomie der Persönlichkeit untrennbar mit der Physiognomie des Skácelschen Wortes verbindet. Kunzes Texte sind kapillarisch fein mit dem Organismus der Skácelschen Texte verwoben, besonders in der Metaphorik. (Und das, obwohl die Poetik beider Autoren in vielem diametral auseinandergeht.) An dieser Stelle müssen wir uns auf einige wenige Beispiele beschränken.

Schon in seinen allerersten dichterischen Werken knüpft Kunze an Skácels Leitmotive Rose, Vogel, Himmel und Fluss an. Auch Skácels *pruská modř* (Preußisch Blau), die Spur der geschichtlichen Zeit in einer poetischen Landschaft (gemeint ist die Anwesenheit preußischer Truppen 1866 in Mähren), kehrt bei ihm in indirekter Anspielung immer wieder. Die blaue Blume von Kunzes poetischer mährischer Landschaft ist die unauffällige Wegwarte. Die emblematische Wegwarte versteckt sich jedoch vor der Übermacht der Kornblumen im Feld („wie preußen") und ergraut in den Erschütterungen der geschichtlichen Zeit (eine Anspielung auf die Besetzung der Tschechoslowakei im August 1968). Die Grenzen Mährens, das Chiffre des freien Raums war, schließen sich. Diese Eindrücke werden nicht nur durch einzelne Motive hervorgerufen, sondern auch durch übergeordnete intertextuelle Strukturen: Skácels *Cesta k nám* (*Der weg zu uns*) greift Kunze kontrafaktorisch in seinem Gedicht *Der weg zu euch* auf. Es erinnert an den Einmarsch 1968. Etwas im Menschen zerbrach. In Kunzes poetistischem Gedicht *bei E. in Vřesice* erscheinen die Dichter (Skácel, Kunze, L. Kundera) als kunstvoll erschaffene Gefäße; im Gedicht *wie die dinge aus ton* - dem als Motto ein Zitat aus einem der Normalisierungszeit entstammenden Brief Skácels vorangestellt ist - brechen sie in Scherben und werden dem Absurden ausgeliefert. Und so wird zu einer der wichtigsten gemeinsamen Daseins-Chiffren von Skácel und Kunze immer öfter die Figur des Fisches.

Die intertextuelle Verbindung kann freilich wesentlich verflochtener, verborgener und komplexer sein und sich bis in Texte verzweigen, deren Entstehung Dutzende von Jahren auseinanderliegt. Auf das Motiv von Beethovens Musik, das in Kunzes *bringer Beethovens* (tschechisch 1964) als Werkzeug des Terrors und Ornament der Unmenschlichkeit erscheint, spielt Skácel in seinem Gedicht *Pohřeb konfidenta (das begräbnis des K.,* 1969) an. Beide Gedichte scheinen in Kunzes *prager episode* (1998) wieder auf. Die Initialen K. und Č. sind hier, wenn auch nicht eindeutig, eher typisierende als individualisierende Initialen (Konfident K. aus Kunzes Übersetzung des Skácelschen Gedichts oder aber Kommunist versus Č. für *člověk* - ‚Mensch' aus L. Kunderas Übersetzung von Kunzes *bringern*?). Sie sind darüber hinaus auch Ausdruck der Ernüchterung über die gesellschaftliche Lage nach der Sanften Revolution. Bisweilen ist dieser intertextuelle Dialog offener, vor allem wenn Kunze Zitate als solche kenntlich macht, Widmungen vornimmt, sein Gegenüber anspricht und so als inneren Adressaten in das Gedicht holt. In seinem letzten Gedichtband nehmen solche Dialoge, Dialoge mit dem toten Jan Skácel, einen wichtigen Platz ein. In einem der vier Gedichte erinnert ein Kryptozitat an ein ähnliches Bilanzieren Skácels 1969 in seiner *rede (Řeč)* am Grab von František Halas in Kunštát.

Kunze und Skácel teilen außerdem die Vorliebe für paradoxe Figuren. So lässt Skácel zum Beispiel einen Leichenwagen sterben (*Smrt pohřebního vozu* / Tod eines Leichenwagens, unübersetzt) und Kunze sogar einen ganzen Friedhof (*der alte großstadtfriedhof*). Was Gewalt ist, demonstriert Skácel an der Steinigung von Wasser (*Odvaha k tomu / Mut dazu*), bei Kunze wiederum zeigt sie sich als Einbruch in einen Bach, dem man das Silber entwenden will (*sie wußten, wo der bach sein silber hat*). Unter den Paradoxa können allerdings auch übergeordnete, spiegelbildliche und kontrapunktische Verwandtschaftsverhältnisse bestehen: Skácels Stein, der im Herzen bei sich bleibt, ist barmherzig und steinigt nicht, wirft sich nicht selbst (*a ty jenž nechceš kamenovat / der du nicht steinigen willst*), und Kunzes Dunkel, das steinigt, tritt aus sich heraus und bleibt gleichzeitig in sich selbst und verdichtet sich zum Stein (*meditation über einen torso*). Bisweilen entwickelt Kunze eine ursprünglich Skácelsche Metapher weiter, indem er ihr inneres Gefüge umkehrt:

> oblaka studená jak kropenatí pstruzi
> proletí nad hlavami
> (*Vítr jménem Jaromír*)
>
> wolken, naßkalt wie gesprenkelte forellen,
> schnellen über unsere köpfe
> (*Der wind mit namen Jaromír*)
>
> Im frühjahr regnet's fische in den bach
> Wolken kleiner forellen
> (Kunze: *ein tag auf dieser erde*, unübersetzt)

Auch poetische Verfahren höherer Ordnung und die Art der poetischen Erkenntnis korrespondieren: zum Beispiel das Erkennen der planetarischen Welt, des Universums als Analogie zum menschlichen Mikrokosmos (in Kunzes Gedicht *nachtmahl auf dem acker* aus dem letzen Gedichtband und in Skácels Prosatext *Malá recenze na luny tvář* / Kleine Rezension über des Mondes Antlitz, unübersetzt). Selbst Kunzes einzigartige Metapher des Gedichts als Blindenstock geht auf eine Anregung durch Skácel zurück:

> das gedicht
> ist der blindenstock des dichters
>
> Mit ihm berührt er die dinge,
> um sie zu erkennen
> (Kunze: *ein tag auf dieser erde*, unübersetzt)
>
> A v křivkách dávno rozpadlého letu
> čte [básník] trojúhelník
>
> Jako by berlí dotýkal se panny
> (Skácel: *Portréty dávno vyhynulých ptáků*)
>
> Und in den kurven längst vergangenen flugs
> liest er [der Dichter] das dreieck
>
> Als berühre er eine jungfrau mit der krücke
> (aus: *wundklee: porträts längst ausgestorbener vögel und der wal*)

Diesen „hinkenden" Vergleich der dichterischen Erkenntnis mit dem Eros des „Erkennens" der Jungfrau verwandelt Skácel an anderer Stelle in den „verwundeten Finger" (*poraněný prst*) - mit dem Teiresias „die Abschnitte aus dem Blindenbuch des Lebens" (*úryvky ze slepecké knihy života*, unübersetzt) buchstabiert. Weniger explizit erscheint dieser Vergleich auch im Gedicht *Všechno o slonech* (*alles über elefanten*)...

Für Reiner Kunze ist Poesie eine spezifische Art der Weltaneignung, des Vertrautwerdens, der Weltvergewisserung. Das Da-Sein in der Welt ist, so könnte man sagen, durchdrungen von Stimmen, und auch nach ihnen bestimmt das Subjekt seinen Platz in ihr. Wer dem Autor lauschen will, muss auch bereit sein, diese Mehrstimmigkeit zu hören, ob sie nun aus dem ‚äußeren' Raum des Gedichts vernehmlich wird oder dem ‚inneren', die beide nicht völlig voneinander zu trennen sind. In einem der Gedichte, die auf die letzten Dinge des menschlichen Lebens zielen (aus der Sammlung *ein tag auf dieser erde*), erklingt Skácels Stimme (bzw. die Stimme seiner Gedichte im direkten Zitat) im Vergleich zu den übrigen Texten Kunzes ungewöhnlich oft. Es ist, als würde der lebende Dichter in dieser inneren Gemeinschaft die Stimme des toten Freundes mit seiner Stimme vor dem endgültigen Verstummen bewahren, als wäre ihm die Poesie vor allem ein Weiterführen menschlicher Stimme und somit ein Trotzen gegen den Tod.

Bemerkenswert einfühlsam und bravourös transponiert Reiner Kunze das Volkstümliche der Skácel-Verse in die Sphäre der deutschen Kultur (vgl. den mustergültig nachgebildeten *blauen vogel*). Dabei sollte nicht übersehen werden, dass Skácel auf seine Weise nicht nur ein volkstümlicher tschechischer Lyriker war, sondern ein Dichter von Weltrang, dessen Werk sich mit den Grundfragen der menschlichen Existenz auseinandersetzt. Genau das kann leicht aus dem Blickfeld geraten, wenn Skácels Herkunft, sein Tschechen- bzw. Mährertum, seine ländliche Verwurzelung und die tschechischen Linien seines dichterischen Stammbaums allzu einseitig in den Vordergrund gerückt werden; es wäre kurzsichtig, ihn als Lokal- oder Provinzdichter einzustufen. Der Weg über die Grenzen der Muttersprache hinaus kann ihn uns jedoch paradoxerweise als Dichter der Moderne näherbringen.

Dem aufmerksamen Leser ist vermutlich der fast traumhaft enigmatische Charakter des oben zitierten Gedichts *weg* nicht entgangen. Skácel verwendet darin - übrigens nicht nur hier - die Rose als sepulkralen Topos. Vielleicht ruft das in uns - wie ein fernes, eher wohl nicht vernehmliches Echo - die Erinnerung an Rilkes Grabspruch wach. Wie aber kommt der Helikopter in dieses Gedicht? Ist das womöglich das versteckte Aufbegehren eines zivilisationskritischen Affekts? Werfen wir einen aufmerksamen Blick auf Rilkes als „Grabmal" gesetzte *Sonette an Orpheus*. Beginnen wir mit dem XXIII. Sonett:

> Erst, wenn ein reines Wohin
> wachsender Apparate
> Knabenstolz überwiegt,
>
> wird, überstürzt von Gewinn,
> jener den Fernen Genahte
> *sein*, was er einsam erfliegt.

Skácels Fünfzeiler *Cesta* (*weg*) ist wie ein Prisma, das aus der Tiefe überraschend Rilkesche Reflexe und Reminiszenzen bündelt, insbesondere verschiedene Linien aus den *Sonette[n] an Orpheus*. Als würde Skácel hier unbemerkt mit Rilke polemisieren. (Nicht zufällig tragen Skácels eigene Sonette in einem Heft aus dem Nachlass den Titel *Sonety Neorfeovi* / Sonette an Nicht-Orpheus!) Die Polemik gilt Rilkes sich entfernendem Orpheus: Man soll ihm kein Denkmal errichten, doch soll jedes Jahr eine Rose für ihn erblühen (daher die Suche nach dem Grab; Sonett V, 1. Teil). Mit Skepsis schaut Skácel auf den Höhenflug in Rilkes „Himmelstillen", eine moderne Variation der orphischen Himmelfahrt. Das „reine Wohin" wird ihm eher zu einem Steckenbleiben des Helikopters im Raum zwischen Himmel und Erde, und der Dienst der gehorsamen Rilkeschen Maschine „ohne Leidenschaft" (XVIII. Sonett) verwandelt sich in das Oxymoron „Grauen der Gleichgültigkeit". Genauso wenig wie Skácel glaubte Rilkes Freund Rudolf Kassner, der übrigens auch aus der Mährischen Slowakei stammte, an die Realisierbarkeit eines solchen Flugs außerhalb der poetischen Imagination. Kassner kommentierte Rilkes XXIII. Sonett folgendermaßen:

> „[...] an einem Sommernachmittag [...] flog ein Flugzeug über uns hinweg in der Sonne, dem Abend zu. Rief da nicht Rilke aus ungefähr so: es sollte im Fluge bis in den Himmel gelangen, ins

Unendliche des Himmels, nicht wieder zurückmüssen, nicht wieder atterieren und dann geputzt werden, bis es einmal doch zerschellt und den Piloten mitreißt in den Tod [...] Rilke vergaß dabei, daß so ein konstruierter Apparat nicht über den Begriff hinaus gelangt, weil er von daher, von der Konstruktion, vom Begriff herkommt, daß er, sooft er zerschellt, an seiner Begrifflichkeit und Konstruktion zerschellen muß und nicht am Himmel, an dem wir leiden, den wir in uns leiden, weil und soweit wir nicht bloß konstruiert sind." (Rudolf Kassner: *Zen, Rilke und ich*)

Wenn Rilke die Spannung zwischen der organischen Natur auf der einen Seite und der Technik (verkörpert in Flugzeug und Radiotelegrafie) auf der anderen Seite kennt, jene Uhrzeiger „neben unserm eigentlichen Tag" (XII. Sonett), neben der inneren Zeit, wenn er die dialektischen Momente von Steigen und Fallen betont, so beschwört und bannt Skácel viel stärker die Einheit, Fülle und Schönheit des organischen Seins, Rilkes „volle zahllose Blume,/ de[n] unerschöpfliche[n] Gegenstand" der Rose (VI. Sonett, 2. Teil).

Der Schwindel des Höhenflugs im offenen Raum schlägt um in einen Schwindel der Heimkehr. Das Leiden, die Rückgabe der menschlichen Schwere an die Erde verbindet sich für Skácel nicht so sehr mit der Versuchung des freien Raums (IV. Sonett), sondern eher mit Rilkes Zurücksteigen „in den reinen Bezug" (XIII. Sonett, 2. Teil). Es findet sich bei Skácel in Gestalt der endlosen Windung oder der Spirale, die sich - nach den eigenen Worten des Dichters - auch auf die Rose bezieht (Rilkes zahllose Blume). Beide Dichter verweisen damit auf eine innere, archetypische Ganzheit. Die Ganzheit, die Fülle des Seins lässt sich jedoch nicht, wie auch die beiden Dichter wissen, im schöpferischen Akt erreichen:

> Selbst wenn sich der Bauer sorgt und handelt,
> wo die Saat in Sommer sich verwandelt,
> reicht er niemals hin.
> (Rilke: *Sonette an Orpheus*, XII)

Nikdy se nedostanu tam,
kam přesahuje v červencové noci strom.
(Skácel: *Verše*)

Niemals gelange ich dorthin,
wohin der baum überragt in der julinacht.
(*Verse*, Dt. v. Reiner Kunze)

Grundlage des vorgenommenen Vergleichs sind, wie sich zeigt, nicht etwa nur letzte Rilkesche Nachklänge oder typologische Übereinstimmungen. (Eines von Skácels älteren Gedichten, das Titel und Motto seiner letzten Gedichtsammlung bestimmte, nämlich *A znovu láska* (*Und von neuem die liebe*), lässt Rilke wiederklingen: den zweistrophigen Entwurf zu seinem in der Endfassung einstrophigen Gedicht *Immer wieder, ob wir der Liebe Landschaft kennen*.) Werden wir aufs Neue bereit sein, vom einzelnen Gedicht absehend, ins Innerste vorzudringen und den Eros der dichterischen Erkenntnis bei Skácel zu verstehen, dann kann uns diese „ständige Bewegung vom Menschen zur Natur und umgekehrt, dieses osmotische ‚va-et-vient'" nicht verborgen bleiben, kann der Eindruck „einer inneren Ganzheitlichkeit, einer Einswerdung von Welt und Innerem" (Václav Černý) nicht ausbleiben. Das erinnert an den dynamischen Weltinnenraum Rilkes mit seinem „reine[n] Wachsen der Dinge in uns" (Kassner), wenn sich die Zeit auf einmal in Raum verwandelt:

ich seh hinaus, und *in* mir wächst der Baum.
(Rilke: *Es winkt zu Fühlung fast aus allen Dingen*)

sníh je tak čistý, až jiskří v očích.
(Der schnee ist so rein, dass er [oder auch „es"] in den augen glitzert)
(Skácel: *Nahým a mokrým navrch* / *Mit dem nacktem und nassen nach oben*)

Nur bleibt Skácels Blick, trotz aller Parallelitäten, in diesem Weltinnenraum eher auf die Ebenen der Landschaft und des menschlichen Mitseins gerichtet oder senkt sich in die Tiefen von Sprache, Lied und Mythos, in Rilkes „Reich der Neige" (XIII. Sonett, 2. Teil). Natürlich ist das, was hier über die Grenzen der Nationalliteratur hinweg in den lyrischen Diskurs eintritt, keine rein private Mythologie Skácels. Und Reiner Kunze gebührt der Dank für die erste Reflexion dieser Dimension von Skácels Werk.

Diese flüchtigen Einblicke in Grenzlandschaften der Poesie wollten lediglich auf die Schicksalhaftigkeit einer außergewöhnlichen und glücklichen Begegnung von Dichtern verweisen, wollten die Begegnungen ihrer Texte und die daraus hervorgegangene Polyphonie sichtbar machen. Es ist Sache der sensibel-konzentrierten Leser auf beiden Seiten, weitere, noch verborgene und ungeahnte Zusammenhänge zu entdecken. Eines der Jan Skácel gewidmeten Gedichte aus Kunzes *widmungen* trägt den Titel *Horizonte*. Und Reiner Kunze meint auch: „Einer Literatur, der die Gedichte Jan Skácels fehlen, fehlt ein Stück menschlicher Horizont". Mutatis mutandis ließe sich dasselbe von seinem eigenen Werk behaupten. Sprach- und Landesgrenzen haben sich beiden Dichtern aufgetan. Wenn das Gedicht für den deutschen Lyriker ein „akt der gewinnung von freiheitsgraden nach innen und außen" ist, gilt dann diese Erfahrung nicht auch in gleichem Maße für seine Leser?

Die Autoren

Joachim BAHLCKE (*1963)
arbeitet über Sozial-, Verfassungs-, Religions- und Kirchengeschichte Ostmitteleuropas, vor allem Böhmens und Ungarns, in der Frühen Neuzeit und über die deutsch-tschechischen Beziehungen vom Mittelalter bis zur Gegenwart. Professor für Geschichte Ostmitteleuropas an der Universität Erfurt. Zahlreiche Veröffentlichungen in in- und ausländischen Fachzeitschriften.
Regionalismus und Staatsintegration im Widerstreit (München 1994); *Schlesien und die Schlesier* (München 1996); Mitherausgeber: *Ständefreiheit und Staatsgestaltung in Ostmitteleuropa* (Leipzig 1996); *Handbuch der historischen Stätten - Böhmen und Mähren* (Stuttgart 1998); *Konfessionalisierung in Ostmitteleuropa* (Wiesbaden 1999) u. a.

Christoph BARTMANN (*1955)
studierte Germanistik und Geschichte in Düsseldorf und Wien, arbeitete von 1991 bis 1995 am Goethe-Institut in Prag und ist seit 1999 Leiter des Goethe-Instituts in Kopenhagen. Er ist Literaturkritiker für die *Frankfurter Allgemeine Zeitung* und den *Deutschlandfunk* und interessiert sich besonders für tschechische Literatur.
Suche nach Zusammenhang. Handkes Werk als Prozeß (Wien 1984); *Prag - Das Insider-Lexikon* (München 1994) u. a.

Tilman BERGER (*1956)
ist Slawist mit den Schwerpunkten tschechische und russische Sprachwissenschaft. Im Bereich der Bohemistik beschäftigt er sich insbesondere mit Fragen der Textlinguistik, Soziolinguistik und der Geschichte der tschechischen Standardsprache, vor allem des 17.-19. Jh. Nach dem Studium in Heidelberg, Prag und Konstanz wissenschaftlicher Mitarbeiter in Hamburg, Assistent in München und seit 1994 Professor für slawische Sprachwissenschaft an der Universität Tübingen. Veröffentlichungen zum Tschechischen in Sammelbänden u. ä.
Tschechen und Slowaken: Zum Scheitern einer gemeinsamen, tschechoslowakischen Schriftsprache (*Über Muttersprachen und Vaterländer*, Frankfurt/M. 1997, 151-181); Anmerkungen zur Sprache von Máchas Briefen (*Kapitel zur Poetik K. H. Máchas*, München 2000, 108-132); Užívání češtiny jako úředního jazyka na konci 18. století, na příkladě města Chrudimi [Der Gebrauch des Tschechischen als Amtssprache am Ende des 18. Jh. am Beispiel der Stadt Chrudim] (*Východočeská duchovní a slovesná kultura v 18. století* [Geistliche und literarische Kultur des 18. Jh. in Ostböhmen], Rychnov/K. 1999, 43-78); Nation und Sprache am Beispiel des Tschechischen und des Slowakischen (*Sprache und Nation*, Berlin/New York 2000, 825-864).

Stanislav BIMAN (*1938)
studierte Geschichte und Bohemistik an der Philosophischen Fakultät der Karlsuniversität in Prag, befasst sich mit den deutsch-tschechischen Beziehungen im 19. u. 20. Jh., vor allem mit Blick auf die deutsche Minderheit in der Tschechoslo-

wakei und auf die Geschichte der abgetretenen Gebiete in den Jahren 1938-1945. Angestellter des tschechischen Außenministeriums. Veröffentlichungen in Fachzeitschriften und Sammelbänden.
Vznik tzv. Německého státního ministerstva pro Čechy a Moravu [Die Entstehung des deutschen Staatsministeriums für Böhmen und Mähren] (*Sborník archivních prací* 18, 1968, 237-304); A-Fall [Der Fall A] (*Historie a vojenství*, 1970/4-5, 614-629); Německá bezpečnostní služba v Protektorátě Čechy a Morava [Der deutsche Sicherheitsdienst im Protektorat Böhmen und Mähren] (*Sborník archivních prací* 22, 1972, 297-355); Vojenské obsazení odtržených území... [Die militärische Besetzung der abgetrennten Gebiete...] (*Historie okupovaného pohraničí 1938-1945*, Ústí n.L. 1998, 72-153); *Partie hnědých pěšáků* [Partie der braunen Bauern] (mit R. Cílek, Ústí/L. 1976); *Kariéra učitele tělocviku* [Karriere eines Turnlehrers] (mit J. Malíř, Ústí/L. 1983); *Poslední mrtví - první živí* [Die letzten Toten - die ersten Lebenden] (mit R. Cílek, Ústí/L. 1989) u. a.

Václav BOK (*1939)

ist Professor für deutsche Literatur am Lehrstuhl für Germanistik der Pädagogischen Fakultät der Südböhmischen Universität in České Budějovice (Budweis). Er beschäftigt sich insbesondere mit der deutschen Literatur in den Böhmischen Ländern vom 13. bis 16. Jh. und mit böhmischen Stoffen in der deutschen Literatur des Mittelalters. Er publiziert vor allem in deutschen germanistischen Zeitschriften und Sammelbänden.
Slovník spisovatelů německého jazyka a spisovatelů lužickosrbských [Lexikon deutschsprachiger und sorbischer Schriftsteller] (Leitung des Autorenkollektivs zus. mit V. Macháčková-Riegerová u. J. Veselý, Praha 1987); *Gesners europäische Bibliographie und ihre Beziehung zum Späthumanismus in Böhmen und Mähren* (mit J. Hejnic, Wien/Köln/Graz 1989); *Buch von Troja nach Guido de Columnis. Eine anonyme Übersetzung anhand der Handschrift G XXIX der Bibliothek des Prager Domkapitels* (mit H. Boková, Berlin 1990); *Slovník středověké němčiny pro historiky* [Die deutsche Sprache des Mittelalters - ein Lexikon für Historiker] (České Budějovice 1995); *Moravo, Čechy, radujte se! Němečtí a rakouští básníci v českých zemích za posledních Přemyslovců* [Mähren, Böhmen, freuet Euch! Deutsche und österreichische Dichter in den Böhmischen Ländern zur Zeit der letzten Přemysliden] (mit S. Stanovská u. J. Pokorný, Praha 1998).

Detlef BRANDES (*1941)

befasst sich mit Fragen der neuesten Geschichte der Tschechoslowakei, Polens und Jugoslawiens sowie der Geschichte der Russlanddeutschen. Gastprofessuren in Florenz, New York, Stanford, Sapporo und Nanterres. Seit 1990 Professor und Leiter des Instituts für Kultur und Geschichte der Deutschen im östlichen Europa an der Heinrich-Heine-Universität Düsseldorf, Mitglied der Deutsch-Tschechischen und Deutsch-Slowakischen Historikerkommission. Herausgeber der Veröffentlichungsreihe des Instituts sowie des Jahrbuchs *Forschungen zur Geschichte und Kultur der Rußlanddeutschen*.
Die Tschechen unter deutschem Protektorat 1939-1945. 2 Bde. (München 1969, 1975, tschech. 1999); *Großbritannien und seine osteuropäischen Alliierten 1939-*

1943. Die Regierungen Polens, der Tschechoslowakei und Jugoslawiens im Londoner Exil vom Kriegsausbruch bis zur Konferenz von Teheran (München/Wien 1988); *Von den Zaren adoptiert: Die deutschen Kolonisten und die Balkansiedler in Neurußland und Bessarabien 1751-1914* (München 1993).

Karl BRAUN (*1952)

studierte Empirische Kulturwissenschaft, Germanistik, Völkerkunde und Vergleichende Religionswissenschaft in Tübingen. Er unterrichtete 1985-1990 an der Universität Extremadura in Cáceres und 1992-1997 an der Karlsuniversität in Prag. Privatdozent am Institut für Europäische Ethnologie/Kulturwissenschaft an der Philipps-Universität Marburg. Arbeitsschwerpunkte: Sudetendeutsche Identität, Ghetto Theresienstadt, Kulturgeschichte der Bundesrepublik, Ethnologie Spaniens, Sexualitäts- und Gender-Geschichte.

Toro! Spanien und der Stier (Berlin 2000); *Die Krankheit Onania. Körperangst und die Anfänge moderner Sexualität im 18. Jahrhundert* (Frankfurt/M. 1995); Die Bibliothek in Theresienstadt 1942-1945. Zur Rolle einer Leseinstitution in der „Endlösung der Judenfrage" (*Bohemia* 40, 1999, 367-386); Der 4. März 1919. Zur Herausbildung sudetendeutscher Identität (*Bohemia* 37, 1996, 353-380) u. a.

Christiane BRENNER (*1963)

ist Historikerin mit Schwerpunkt tschechoslowakische Zeitgeschichte sowie Geschichte der DDR. Nach dem Studium in Lyon, Berlin und Prag und der Mitarbeit in verschiedenen Projekten ist sie nun wissenschaftliche Mitarbeiterin am Collegium Carolinum in München und für die Redaktion der Zeitschrift *Bohemia* verantwortlich.

Verordnete Vergangenheitsbewältigung: Nationalsozialismus und antifaschistisches Traditionsverständnis im Geschichtsbild der DDR (*Bohemia* 34/2, 1993, 279-294); Staat, Nation und Minderheiten nach der tschecho-slowakischen Trennung (*Nationalismen im Umbruch. Ethnizität, Staat und Politik im neueren Osteuropa*, Köln 1995, 90-104); Vergangenheitspolitik und Vergangenheitsdiskurs in Tschechien 1989-1998 (*Vergangenheitsbewältigung am Ende des 20. Jahrhunderts*, Opladen 1998, 195-232) u. a.

Wanda BUBRISKI (*1958)

ist Architekturhistorikerin (Schwerpunkte: Tourismus und Städtebau sowie Gesundheitsarchitektur) und lebt in Washington; war tätig für den U.S. National Park Service; beschäftigt sich mit Denkmal- und Naturschutz der amerikanischen Hauptstadt. Sie studierte an der Yale-Universität und arbeitet derzeit an ihrer Dissertation zum Thema *Taking the Waters at Bohemia's Spa Towns; 1870-1914; a source of suburban theme park*. Vorbereitung der Ausstellung *Salubrious Destinations. Zur Geschichte der Architektur des Health Resorts* (Yale University Medical School Library 1996); zahlreiche Vorträge u. a. zur Bäderarchitektur in Böhmen.

Review of „Czech Cubism: Architecture and Design" (*Journal of Society of Architectural Historians* 52, 1993); *Franz Cizek: Pionier der Kunsterziehung* (Wien 1985, mit Hans Bisanz).

Josef ČERMÁK (*1928)
ist Literaturhistoriker, Komparatist (Schüler von Václav Černý), war lange Jahre Chefredakteur im Odeon-Verlag. Von 1956 bis 1969 sowie von 1990 bis 1993 hielt er Vorlesungen an der Prager Karlsuniversität. Sein Spezialgebiet ist die Prager deutsche Literatur (Kafka, Werfel). Studien und Vorträge zur deutschen, österreichischen, französischen, italienischen, spanischen und angelsächsischen Literatur. Literarische Übersetzungen (Kafka, Borchert, Bachmann, Mérimée, Sartre u. a.) sowie Übersetzungen wissenschaftlicher Texte (Brod, Wagenbach, Utitz, Barthes, Le Goff u. a.).
Kafka und Prag (Stuttgart 1971, engl. New York 1971, unter dem Pseudonym J. Bauer); *F. Kafka - Briefe an die Eltern aus den Jahren 1922-1924* (Hrsg., mit M. Svatoš, Frankfurt/M. 1990); *Překlad literárního díla* [Das Übersetzen eines literarischen Werks] (mit B. Ilk u. A. Skoumal, Praha 1979); *Vojtěch Jirát - Portréty a studie* (Hrsg., Praha 1978). Libretto zur Wanderausstellung *Franz Kafka* (1995-1998, tschech., dt., engl. u. span. Version), Libretto auf CD-ROM *Franz Kafka lebte in Prag* (1999, tschech., dt. u. engl. Version).

Christoph DAXELMÜLLER (1948)
ist seit 1985 Professor für Volkskunde an der Universität Freiburg i. Br., 1989 bis 1999 an der Universität Regensburg, seit 1999 an der Universität Würzburg. Mitglied des Wissenschaftsbeirates des Hauses der Bayerischen Geschichte; beschäftigt sich mit der Wissenschaftsgeschichte der jüdischen Volkskunde, der jüdischen Volkskultur und Populärliteratur, Antisemitismus und Häftlingskultur in nationalsozialistischen Konzentrationslagern, ferner mit Frömmigkeit und populärer Religiosität, Sterben und Tod in der historischen und modernen Gesellschaft sowie der Magie- und Zaubertheorie.
Disputationes curiosae (Würzburg 1979); *Jüdische Kultur in Franken* (Würzburg 1988); *Zauberpraktiken* (Zürich 1993); *Tod und Gesellschaft* (Regensburg 1996) u.a.

Jiří DIENSTBIER (*1937)
ist bekannt als Journalist, Politiker und Diplomat. Bis 1970 Redakteur und Auslandskorrespondent des Tschechoslowakischen Rundfunks. Aktive Beteiligung am Demokratisierungsprozess in den 60er Jahren; eine rückblickende Auseinandersetzung mit den damaligen Ereignissen erfolgte in seinem Buch *Rozhlas proti tankům* [Rundfunk gegen Panzer] (mit K. Lánský, Praha 1990). In den 70er und 80er Jahren eine der führenden Persönlichkeiten der Dissidentenbewegung, 1979 und 1985 Sprecher der *Charta 77*. Von 1989 bis 1992 Außenminister.
Ein Bild seiner Vorstellungen und Erfahrungen gibt er in den Büchern *Snění o Evropě* [Europa träumen] (Praha 1990) und *Od snění k realitě* [Vom Traum zur Realität] (Praha 1999). Mitbegründer des *Občanské forum* (Bürgerforum), Vorsitzender des *Občanské hnutí* und der daraus hervorgegangenen *Strana svobodných demokratů* (Partei Freier Demokraten).

Winfried EBERHARD (*1941)
arbeitet in Forschung und Lehre zur Geschichte des Mittelalters und der Frühneuzeit, insbesondere zu Spätmittelalter und Reformation in den Böhmischen

Ländern. Professur für Geschichte Ostmitteleuropas an der Universität Leipzig. Direktor des Geisteswissenschaftlichen Zentrums für Geschichte und Kultur Ostmitteleuropas e.V. in Leipzig.
Konfessionsbildung und Stände in Böhmen 1478-1530 (München/Wien 1981); *Monarchie und Widerstand. Zur ständischen Oppositionsbildung im Herrschaftssystem Ferdinands I. in Böhmen* (München 1985); Mitherausgeber: *Westmitteleuropa - Ostmitteleuropa, Vergleiche und Beziehungen* (München 1992); *Handbuch der historischen Stätten. Böhmen und Mähren* (Stuttgart 1998) u. a.

Klaas-Hinrich EHLERS (*1959)
studierte Germanistik und Philosophie an der Freien Universität Berlin und promovierte dort 1990 mit der Arbeit *Das dynamische System. Zur Entwicklung von Begriff und Metaphorik des Systems bei Jurij N. Tynjanov*. 1990-1992 als Lektor des DAAD an der Karlsuniversität in Prag, anschließend wissenschaftlicher Mitarbeiter an der Freien Universität Berlin; seit 1998 ist er Mitarbeiter am Lehrstuhl für Soziolinguistik der Europa-Universität Frankfurt (Oder).
Er veröffentlichte eine Reihe von Studien zur Geschichte der Sprachwissenschaft und ihrer Nachbardisziplinen sowie zur kontrastiven Pragmatik des Deutschen und Tschechischen. Zur Zeit arbeitet er an einem Forschungsprojekt zur Rezeption des Prager Strukturalismus in der deutschen Sprachwissenschaft der Zwischenkriegszeit.

Petr FIALA (*1964)
ist Direktor des Internationalen Politologischen Instituts der Masaryk-Universität in Brünn (seit 1996) sowie (seit 1993) Leiter des Instituts für Politologie an der Fakultät für Soziale Studien. Sein Spezialgebiet ist die vergleichende Politologie (mit Schwerpunkt demokratische Systeme, politische Parteien und Interessengruppen), die europäische Integration, das politische System in Tschechien sowie die soziale und politische Dimension der Religiosität.
Autor, Koautor und Herausgeber einer Reihe von Büchern, Studien, Artikeln und publizistischen Texten. In Buchform u. a.: *Katolicismus a politika* [Katholizismus und Politik] (Brno 1995); *Německá politologie* [Deutsche Politikwissenschaft] (Brno 1995); *Teorie politických stran* [Theorie der politischen Parteien] (mit M. Strmiska, Brno 1998); *Skrytá církev* [Die verborgene Kirche] (mit J. Hanuš, Brno 1999); *Moderní analýza politiky* [Moderne Politikanalyse] (mit K. Schubert, Brno 2000).

Zbyněk FIŠER (*1959)
beschäftigt sich mit der Interpretation zeitgenössischer tschechischer Literatur, mit Übersetzungstheorie und kreativem Schreiben sowie der Didaktik des Tschechischen als Fremdsprache. In Zeitschriften und im Rundfunk Publikation von Gedichten, Erzählungen sowie Rezensionen zu literarischen Werken, Übersetzungen und zur bildenden Kunst.
Tvůrčí psaní: Malá učebnice technik tvůrčího psaní [Kreatives Schreiben: Kleines Wörterbuch zur Technik des kreativen Schreibens] (Brno 2001); Koautor: *Slovník českého románu* [Lexikon des tschechischen Romans] (Ostrava 1992), *Slovník české prózy* [Lexikon der tschechischen Prosa] (Ostrava 1994) u. a.

Jiří FUKAČ (*1936)
beschäftigt sich mit Musikologie, Ästhetik sowie der Anwendung von Semiotik und Kommunikationstheorie in der Kunst. Seit 1961 tätig an der Philosophischen Fakultät der Masaryk-Universität in Brünn, 1993 Gastprofessor an der Universität Wien. Von 1990 bis 1998 leitete er das Institut für Musikwissenschaft an der Philosophischen Fakultät der Masaryk-Universität, derzeit ist er dort Prorektor. Korrespondierendes Mitglied der Österreichischen Akademie der Wissenschaften und Stifter-Preisträger des Jahres 1998.
O studiu hudební vědy [Das Studium der Musikwissenschaft] (Praha 1964); *Mýtus a skutečnost hudby* [Mythos und Wirklichkeit der Musik] (Praha 1989); *Das Begriffssystem der musikalischen Kommunikation* (Wien/Köln/Weimar 1994); *Hudební estetika jako konkretizace obecné estetiky a muzikologická disciplína* [Musikästhetik als konkrete Form der allgemeinen Ästhetik und musikwissenschaftliche Disziplin] (Brno 1998); Koautor: *Hudba a její pojmoslovný systém* [Die Musik und ihr begriffliches System] (Praha 1981); *Slovník české hudební kultury* [Lexikon der tschechischen Musikkultur] (Praha 1997); *Hudba a média* [Musik und Medien] (Brno 1998) u. a.

Hans-Dietrich GENSCHER (*1927)
ist Jurist, als Mitglied der FDP seit 1965 im Bundestag, Parlamentarischer Geschäftsführer der FDP-Fraktion, war 1969-1974 Bundesinnenminister und 1974-1992 Bundesaußenminister und Vizekanzler. Zu seinen erklärten Zielen zählten die „aktive Entspannungspolitik" und der Ost-West-Dialog mit der sich wandelnden UdSSR sowie das Zusammenwachsen der EG. 1989 Unterstützung der politischen Reformprozesse in Polen und Ungarn und die Ermöglichung der Ausreise der über 4000 DDR-Flüchtlinge nach Deutschland. Im April 1998 Rückzug aus der Politik.

Alexander GÖTZ (*1970)
studierte Slawische Literaturen und Osteuropäische Geschichte an der Universität Bonn. In der Studienzeit organisierte er Tschechisch-Sommerkurse in Jihlava. Nach einem Jahr bei einer Seminar- und Kongressagentur wechselte er als Wissenschaftlicher Mitarbeiter in den Deutschen Bundestag, wo er sich als Assistent eines Abgeordneten vor allem mit Außenpolitik befasst.
Bilder aus der Tiefe der Zeit. Erinnerung und Selbststilisierung als ästhetische Funktionen im Werk Bohumil Hrabals (Frankfurt/M. 1998); Koautor: Die „Dritte Generation" und die deutsche Erinnerungsarbeit - Wider den Schlussstrich unter die Vergangenheit (*Frankfurter Rundschau*, 2000/152, 7) u. a.

Thomas GROSSER (*1957)
ist Historiker am Seminar für Neuere Geschichte der Universität Mannheim und war 1995 DAAD-Lektor an der Prager Karlsuniversität. Er arbeitet u. a. über westdeutsche Nachkriegsgeschichte und die Integration der Vertriebenen.
Mitherausgeber: *Flüchtlingsfrage - das Zeitproblem* (Mannheim 1993); *Die Flüchtlingsfrage in der deutschen Nachkriegsgesellschaft* (Mannheim 1996); *Flüchtlinge und Heimatvertriebene in Württemberg-Baden nach dem Zweiten Weltkrieg. Dokumente und Materialien.* 2 Bde. (Mannheim 1998/2001); Von

der freiwilligen Solidar- zur verordneten Konfliktgemeinschaft. Die Integration der Flüchtlinge und Vertriebenen in der deutschen Nachkriegsgesellschaft im Spiegel neuerer zeitgeschichtlicher Untersuchungen (*Vertriebene in Deutschland. Interdisziplinäre Ergebnisse und Forschungsperspektiven*, München 2000, 65-85).

Yasemin HAACK (*1967)
ist Politikwissenschaftlerin und wissenschaftliche Mitarbeiterin am Lehrstuhl für Volkswirtschaft mit dem Schwerpunkt Finanzwissenschaft an der Universität Passau. Sie befasst sich in ihrer Dissertation mit politischen und wirtschaftlichen Transformationstheorien sowie Strategien zum EU-Beitritt der Tschechischen Republik. In der Türkei und in Deutschland aufgewachsen, sieht sie die türkische Kultur als Bereicherung für ihr Leben in Deutschland.

Jan HAVRÁNEK (*1928)
befasst sich als Historiker mit der Problematik der mitteleuropäischen Geschichte des 19. und 20. Jh., mit Sozialgeschichte, historischer Demographie, politischer Geschichte und seit einigen Jahren auch mit der Geschichte des Schulwesens, des Bildungswesens und der Universitäten. Professor und Stellvertretender Leiter des Instituts für Geschichte an der Karlsuniversität in Prag.
Boj za všeobecné, přímé a rovné hlasovací právo roku 1893 [Der Kampf um das allgemeine, direkte und gleiche Wahlrecht] (Praha 1964); *Dějiny Československa III. 1781-1918* [Die Geschichte der Tschechoslovakei III. 1781-1918] (Praha 1968); *Dějiny Univerzity Karlovy III. (1802-1918)* u. *IV. (1918-1990)* [Geschichte der Karlsuniversität III. (1802-1918) u. IV. 1918-1990] (Praha 1997, 1998) u. a.

Jürgen HERDA (*1966)
studierte Politikwissenschaft, Germanistik und Kunstgeschichte in Regensburg. Im Rahmen des DFG-Graduiertenkollegs „Regionale Identität und politische Integration" setzt er sich in seiner Dissertation mit Fragen der Dezentralisierung des tschechischen politischen Systems nach 1989 auseinander. Zwischen 1995 und 1998 arbeitete er als Redakteur der *Prager Zeitung*; zur Zeit bei der *Mittelbayerischen Zeitung* tätig.
Tschechien, der ferne Nachbar: Politik, Wirtschaft und Kultur seit 1989 (hg. mit A. Trägler, Regensburg 1999); *Tschechien* (Ostfildern 2000).

Steffen HÖHNE (*1958)
studierte Germanistik, Geschichte und Politikwissenschaft an der Universität Düsseldorf. Dissertation über Schweizer Literatur, 1987-1992 wissenschaftlicher Angestellter an der Universität Düsseldorf, 1992-1996 Lektor an der Karlsuniversität Prag, danach wissenschaftlicher Assistent an der Universität Jena. Gastprofessuren in Oxford/Mississippi (1998) und Odense/Dänemark (1999). Habilitation über die deutsch-tchechischen Beziehungen im Zeitalter der Restauration. Seit 2000 Professor für Kulturmanagement an der Hochschule für Musik „Franz Liszt" in Weimar. Publikationen zur Literatur und Kultur des 19. und 20. Jh. und zu den deutsch-tschechischen Beziehungen.
Sprache, Wirtschaft und Kultur. Deutsche und Tschechen in Interaktion. (Hg. mit

M. Nekula, München 1997); *Brücken nach Prag. Deutschsprachige Literatur im kulturellen Kontext der Donaumonarchie und der Tschechoslowakei.* (Hg. mit K.-H. Ehlers, V. Maidl u. M. Nekula, Frankfurt 2000) u. a.

Jörg K. HOENSCH (1935-2001)
wurde nach dem Studium an den Universitäten Marburg/Lahn, Wien, Bristol und Berkeley 1963 in Tübingen mit einer Untersuchung zur slowakischen Autonomiepolitik 1938/1939 promoviert, 1971 habilitiert und im Jahr darauf als Professor für osteuropäische Geschichte an die Universität des Saarlandes nach Saarbrücken berufen. Er ist Mitglied der Deutsch-tschechischen und der Deutsch-slowakischen Historikerkommission.
Geschichte der Tschechoslowakei (3. Aufl. 1992); *Geschichte Böhmens* (3. Aufl. 1997); *Die Luxemburger* (Stuttgart 2000) sowie Biographien über *Přemysl Otakar II.* (Graz 1989); *Kaiser Sigismund* (München 1996) und *Matthias Corvinus* (Graz 1998).

Květoslava HORÁČKOVÁ (*1960)
unterrichtet Deutsch und Tschechisch als Fremdsprache an der Fakultät für Musik der Janáček-Akademie der Musischen Künste, wo sie den Lehrstuhl für Fremdsprachen leitet. 1997/1998 war sie Lektorin für tschechische Sprache und Literatur an der Ruhr-Universität in Bochum. Sie arbeitet an einer Dissertation über das Werk von Libuše Moníková.
Německá spisovatelka s českým srdcem - Libuše Moníková [Deutsche Schriftstellerin mit tschechischem Herzen - Libuše Moníková] (*Host*, 1999/4, 4-5), Dílo Libuše Moníkové na cestě z exilu domů [Das Werk von Libuše Moníková auf dem Weg aus dem Exil nach Hause] (*Host*, 1999/8, 14-16).

Reinhard IBLER (*1952)
studierte Slawistik in Regensburg und Prag; 1984-1994 Lehrtätigkeit an der Universität Regensburg; 1994-1999 Ordinarius für Slawische Literaturwissenschaft an der Universität Magdeburg; seit 1999 Lehrstuhlinhaber für Slawische Philologie (Literaturwissenschaft) an der Universität Marburg. Befasst sich mit Problemen der tschechischen und der russischen Literatur, der vergleichenden Geschichte der slawischen Literaturen, der Literaturtheorie (insbesondere Prager Strukturalismus), der Gattungspoetik und der literarischen Zyklisierung; auf dem Gebiet der tschechischen Literatur u. a. Beiträge zu K.H. Mácha, B. Němcová, K. Hlaváček, K. Toman, R. Weiner, K. Čapek, J. Seifert, V. Havel, M. Kundera.
Textsemiotische Aspekte der Zyklisierung in der Lyrik. Dargestellt am Beispiel ausgewählter Gedichtzyklen Karel Tomans (Neuried 1988); *Genre- und sujettypologische Überlegungen zur Entwicklung der russischen Komödie bis A.P. Čechov* (Regensburg 1992); Herausgeber: *Zyklusdichtung in den slavischen Literaturen* (Frankurt/M. 2000) u. a.

Tomáš KAFKA (*1965)
studierte Russistik und Geschichte an der Philosophischen Fakultät der Karlsuniversität in Prag; seit 1991 Mitarbeiter des Außenministeriums der Tschechi-

schen Republik, 1991-1995 Kulturattaché in der Zweigstelle der Botschaft in Berlin, seit 1998 Leitender Sekretär des Deutsch-Tschechischen Zukunftsfonds.
Übersetzt aus dem Russischen und Deutschen (J.Gruša, B. Schlink, B. Schwab u.a.); veröffentlicht eigene Gedichte in Sammelbänden und Anthologien, u.a. *Kvaše* [Gouachen] (Praha 1994) und *Ze světa* [Aus der Welt] (Praha 1996); schreibt u.a. für die Zeitschriften und Zeitungen *Respekt, Lidové noviny, Týden, Svět a divadlo, Frankfurter Allgemeine Zeitung, Eichholz Brief, Revue d'Études Comparatives Est-Ouest*.

Kristina KALLERT (*1962)
studierte in Regensburg, Petersburg und Brünn; 1992-1997 DAAD-Lektorin für Deutsch am Institut für Germanistik und Nordistik der Philosophischen Fakultät der Masaryk-Universität Brünn. Arbeiten zur Predigtliteratur des 18. Jh. in Böhmen; kultur- und literaturwissenschaftliche Übersetzungen aus dem Tschechischen, literarische Übersetzungen aus dem Slowenischen und Tschechischen (Cankar, Kollár, Honzl).

Miroslav KÁRNÝ (1919-2001)
ist Historiker, stellvertretender Vorsitzender im Verwaltungsrat des Instituts der Theresienstädter Initiative für wissenschaftliche Projekte; er gab 1994-2000 das Jahrbuch *Theresienstädter Studien und Dokumente* heraus, 1996-2000 das Jahrbuch *Terezínské studie a dokumenty,* des weiteren die *Terezínské pamětní knihy* (2 Bde., 1995) sowie im Jahre 2000 das *Theresienstädter Gedenkbuch. Die Opfer der Judentransporte aus Deutschland nach Theresienstadt*.
„*Konečné řešení". Genocida českých židů v německé protektorátní politice* [Die „Endlösung". Der Genozid an den tschechischen Juden in der deutschen Protektoratspolitik] (Praha 1991); *Deutsche Politik im „Protektorat Böhmen und Mähren" unter Reinhard Heydrich 1941-1942* (mit J. Milotová u. M. Kárná, Berlin 1997).

Jan KELLER (*1955)
beschäftigt sich mit Soziologietheorie, Soziologie der Bürokratie und den gesellschaftlichen Zusammenhängen ökologischer Probleme. In den 80er und 90er Jahren tätig an der Philosophischen Fakultät in Brünn, seit dem Jahr 2000 Professor für Soziologie an der Universität in Ostrava (Ostrau).
Nedomyšlená společnost [Die nicht zu Ende gedachte Gesellschaft] (Brno 1992); *Až na dno blahobytu* [Bis auf den Grund des Wohlstands] (Brno 1993); *Dvanáct omylů sociologie* [Zwölf Irrtümer der Soziologie] (Praha 1995); *Sociologie byrokracie a organizace* [Soziologie der Bürokratie und der Organisation] (Praha 1996); *Sociologie a ekologie* [Soziologie und Ökologie] (Praha 1997); *Vzestup a pád středních vrstev* [Aufstieg und Fall der mittleren Schichten] (Praha 2000).

Roman KOPŘIVA (*1964)
ist wissenschaftlicher Assistent am Institut für Germanistik und Nordistik der Philosophischen Fakultät der Masaryk-Universität in Brünn. Er befasst sich mit moderner deutschsprachiger Literatur, insbesondere mit Literatur aus Österreich, mit Germanoslavica sowie der Übersetzung und Interpretation von Tex-

ten. 1991-1994 Lektor für tschechische Sprache und Literatur an der Universität in Wien; 1998-2000 Franz-Werfel-Stipendiat in Wien; publiziert in Zeitschriften (u. a. Übersetzungen aus den Werken von H. U. von Balthasar, M. Buber, G. von Le Fort, Th. Haecker, R. Kassner, E. Voegelin).

Jiří KOŘALKA (*1931)

beschäftigt sich mit der sozialen und politischen Geschichte der Böhmischen Länder, Österreichs und Deutschlands im 19. Jh. sowie mit der Problematik von Nation und Nationalismus. 1955-1974 und 1992/1993 wissenschaftlicher Mitarbeiter am Historischen Institut der Akademie der Wissenschaften in Prag; 1975-1991 leitender Historiker des Hussitischen Museums in Tábor. Gastprofessuren an den Universitäten von Canterbury, Bielefeld, Düsseldorf und Dortmund.

Vznik socialistického hnutí na Liberecku [Die Entstehung der sozialistischen Bewegung im Raum Liberec] (Liberec 1956); *Všeněmecký svaz a česká otázka koncem 19. století* [Der alldeutsche Bund und die tschechische Frage am Ende des 19. Jh.] (Praha 1963); *Co je národ?* [Nation - was ist das?] (Praha 1969); *Tschechen im Habsburgerreich und in Europa 1815-1914* (Wien/München 1991, tschech. 1996); *Zwischen Angst und Vorbild. Das Deutsche Reich 1871-1914 aus der Sicht tschechischer Politiker, Besucher, Studenten und Gastarbeiter* (Braunschweig 1993); *František Palacký 1798-1876. Životopis* [František Palacký 1798-1876. Eine Biographie] (Praha 1998).

Walter KOSCHMAL (*1952)

studierte Slawistik, Germanistik und Geschichte in München; Dissertation zur Dramatik I.S. Turgenevs, 1983; Habilitation 1987/88: *Vom Dialog in der Epik zum epischen Dialog* (1992). Nach Tätigkeit an mehreren deutschen Universitäten seit 1994 Professor an der Universität Regensburg. Herausgeber der Zeitschriften *Zeitschrift für slavische Philologie* und *Balagan. Slavisches Drama, Theater und Kino*.

Monographien und Editionen zur russischen, polnischen und sorbischen Literatur; Aufsätze auch zur tschechischen (Hašek, Nezval u. a.), bulgarischen, ukrainischen und kroatischen Literatur. Schwerpunkte: vergleichende slawische Literaturwissenschaft, historische Poetik, Drama/Theater, Folklore.

Jiří (Heinrich Georg) KOSTA (*1921)

befasst sich mit der Theorie und Praxis von Wirtschaftssystemen sowie mit Wirtschafts- und Sozialgeschichte; sein besonderes Augenmerk gilt der tschechischen Entwicklung. Einer der Protagonisten des Prager Frühlings von 1968, nach seiner Emigration 1970 Professor für sozialistische Wirtschaftssysteme der J.W. Goethe-Universität in Frankfurt/M.

Sozialistische Planwirtschaft (Opladen 1974); *Abriß der sozialökonomischen Entwicklung der Tschechoslowakei 1945-1976* (Frankfurt 1978); *Wirtschaftssysteme des realen Sozialismus* (Köln 1974); *Crisis and Reform in Socialist Economies* (mit P. Gey u. W. Quaisser, Boulder/London 1987); *Výbor z díla Jiřího Kosty* [Auswahl aus dem Werk von Jiří Kosta] (Praha 1991) u. a.

Kurt KROLOP (*1930)
ist Germanist, Literaturhistoriker und Herausgeber (K. Kraus, F. Kafka, R. Musil, G. Meyrink u. a.). 1989-2000 Professor am Lehrstuhl für Germanistik der Philosophischen Fakultät der Karlsuniversität in Prag, Korrespondierendes Mitglied der Österreichischen Akademie der Wissenschaften. Befasst sich mit der Literatur der deutschen Klassik und Romantik sowie der deutschen und österreichischen Literatur am Ende des 19. und zu Beginn des 20. Jh. Seine Schwerpunkte sind das Werk von Karl Kraus, die Prager deutsche Literatur bzw. die deutschböhmische Literatur.
Ludwig Winder (1889-1946). Sein Leben und sein erzählerisches Frühwerk. Ein Beitrag zur Geschichte der Prager deutschen Literatur (Halle 1967); *Geschichte der deutschen Literatur von den Anfängen bis zur Gegenwart* (Koautor, Berlin 1975); *Die Sonderentwicklung der österreichischen Literatur im 19. Jahrhundert: Gestalten und Probleme* (Halle 1983); *Sprachsatire als Zeitsatire bei Karl Kraus. Neun Studien* (Berlin 1987, 1992); *Reflexionen der Fackel. Neue Studien über Karl Kraus* (Wien 1994); *Kafka und Prag* (Hg. mit D. Zimmermann, Berlin /New York 1994) u. a. Bibliographie in der Festschrift *Brücken nach Prag* (Frankfurt /M. 2000).

Josef KROUTVOR (*1942)
ist Kunsthistoriker, Essayist, Kritiker, Dichter. Studium an der Philosophischen Fakultät der Karlsuniversität. 1968 Studienaufenthalt in Besançon, 1970 Mitarbeiter im Kunstgewerblichen Museum Prag. Im Samizdat und im *Svědectví* [Zeugnis] publizierte er unter dem Pseudonym „Josef K." 1991-1998 Leiter der Sammlung angewandter Grafik und Fotografie im Kunstgewerblichen Museum Prag. Autor einer Reihe von Ausstellungen: Das moderne tschechische Plakat, Prager Ecken, Die tschechische fotografische Moderne (alle im Kunstgewerblichen Museum Prag), Das Werk von Ivan Theimer (Prager Burg), Reise in den Süden (Obecní dům) u.a.m. Publikationen in den Zeitungen *Literární noviny, Revue Prostor, Revolver revue* sowie den Zeitschriften *Architekt, Ateliér* u.a.
Hlava Medusy [Das Haupt der Medusa] (Praha 1985); *Pražský chodec* [Prager Flaneur] (Praha 1985); *Jiří Sopko, monografie* (Praha 1990); *Egon Schiele, monografie* (Praha 1991); *Praha, město ostrých hran* [Prag, Stadt der scharfen Kanten] (Praha 1992); *Poselství ulice* [Botschaft der Straße] (Praha 1991); *Dynastie - fotografie Ivana Pinkavy* [Dynastien - Fotografien von Ivan Pinkava] (Praha 1993); *Josef Váchal a Šumava* [Josef Váchal und der Böhmerwald] (Praha 1994); *Pocta Gustavu Klimtovi* [Hommage an Gustav Klimt] (Praha 1996); *Café fatal* (Praha 1998); *Fernety* [Fernets] (Praha 1999); *Dandy & manekýna* [Dandy & Mannequin] (Brno 1999).

František KUBŮ (*1953)
befasst sich mit der deutschen Geschichte des Mittelalters sowie den Beziehungen zwischen den böhmischen und deutschen Teilen des mittelalterlichen Reiches, insbesondere mit der Staufer-Dynastie und der Entwicklung des historischen Egerlandes (staufische Ministerialität und Stadtstaat Eger/Cheb), des weiteren mit dem mittelalterlichen Handelsweg Goldener Steig und der Geschichte der neuzeitlichen Adelssitze im Gebiet der Šumava.

Města ČSSR. Až [Städte der ČSSR. Asch] (mit J. Boháč, Praha 1988); *Die staufische Ministerialität im Egerland* (Pressath 1995, tschech. Cheb 1997); Koautor: *Staufische Pfalzen. Schriften zur staufischen Geschichte und Kunst 14* (Göppingen 1994); *Handbuch der historischen Stätten. Böhmen und Mähren* (Stuttgart 1998) u. a.

Vojtěch LAHODA (*1955)
befasst sich mit der Geschichte der modernen Kunst und der Avantgarde, insbesondere mit der Kunst der Zwischenkriegszeit in der Tschechoslowakei, mit der visuellen Kunst nach dem Zweiten Weltkrieg und dem Verhältnis von Theorie und künstlerischer Praxis. Leiter des Instituts für Kunstgeschichte an der Akademie der Wissenschaften der Tschechischen Republik. Publiziert in den Fachzeitschriften *Umění, Ateliér, Bulletin Moravské galerie* u.a.m.
Dějiny českého výtvarného umění IV., 1890-1938 [Die Geschichte der tschechischen bildenden Kunst IV. 1890-1938] (Leiter des Autorenkollektivs, Praha 1998); *Český kubismus* [Der tschechische Kubismus] (Praha 1996); *Karel Černý* (Praha 1994); *Svět Emila Filly* [Die Welt Emil Fillas] (Praha 1987); Koautor: *K. Teige 1900-1951. E'Enfant Terrible of the Czech Modernism* (Cambridge-Mass./London 1999); *České umění 1900-1990 ze sbírek Galerie hlavního města Prahy* [Tschechische Kunst 1900-1910 aus den Sammlungen der Galerie der Hauptstadt] (Praha 1988); *Das kubistische Prag* (Praha 1996); *České moderní umění 1900-1960* [Moderne tschechische Kunst 1900-1960] (Praha 1996); *1909-1925 Kubismus in Prag* (Düsseldorf 1991).

Carsten LENK (*1963)
beschäftigt sich mit dem deutsch-tschechischen Verhältnis unter historischen und gegenwartsbezogenen Perspektiven, insbesondere unter dem Gesichtspunkt der interkulturellen Kommunikation und Mediation. Kulturwissenschaftler, seit 1997 Leiter des Koordinierungszentrums für den deutsch-tschechischen Jugendaustausch in Regensburg. Veröffentlichungen zur deutsch-tschechischen Interethnik und zu Fragen des deutsch-tschechischen Jugendaustauschs.
Wenzel und Michel. Die Lesbarkeit nationaler Stereotypen am Beispiel deutscher und tschechischer Karikaturen (*Gleiche Bilder - gleiche Worte. Deutsche, Österreicher und Tschechen in der Karikatur 1848-1948*, München 1997, 14-28); Chancen und Probleme des deutsch-tschechischen Jugendaustauschs. Die Koordinierungszentren im ersten Jahr ihrer Tätigkeit (*Forum Jugendarbeit international*, Bonn 1997, 203-210); Was verbindet, was trennt deutsche und tschechische Jugendliche? (*Nachbarschaftsbeziehungen*, München 2000, 34-47) u. a.

Michal LOBKOWICZ (*1964)
ist Abgeordneter des tschechischen Parlaments seit 1992, zur Zeit im parlamentarischen Ausschuss für Europäische Integration. 1992 an der Ausarbeitung des außenpolitischen Konzepts der selbstständigen Tschechischen Republik beteiligt, seit 1993 im Außenministerium tätig, 1998 Verteidigungsminister. Schwerpunkte seiner Tätigkeit sind Außen- und Sicherheitspolitik, Integration der Tschechischen Republik in die Europäische Union sowie Fragen der Informationstechnologien.

Vladimír MACURA (1945-1999)

war Literaturhistoriker und Literaturtheoretiker. Mitarbeiter, von 1993 bis zu seinem Tod Leiter des Instituts für tschechische Literatur an der Akademie der Wissenschaften der Tschechischen Republik. Er beschäftigte sich mit Problemen der tschechischen nationalen Wiedergeburt und mit der Analyse des „newspeak" in der sozialistischen Nachkriegskultur. Autor eines Bandes semiotischer Feuilletons mit dem Titel *Masarykovy boty* [Masaryks Schuhe, 1993]. Er übersetzte über zwanzig Werke aus der estnischen Literatur und schrieb auch selbst: *Něžnými drápky* [Mit zärtlichen Krallen] (Praha 1984), *Občan Monte Christo* [Der Bürger Monte Christo] (Praha 1993). Seine Tetralogie historischer Romane *Ten, který bude* [Der, der sein wird] liegt als Gesamtausgabe vor (Praha 1999). *Znamení zrodu: České národní obrození jako kulturní typ* [Zeichen der Geburt: Die tschechische nationale Wiedergeburt als Kulturtyp] (Praha 1983, 1995); *Šťastný věk* [Das glückliche Zeitalter] (Praha 1992); *Český sen* [Der tschechische Traum] (Praha 1998); Koautor: *Slovník světových literárních děl I - II* [Lexikon der Weltliteratur I-II] (Praha 1988); *Průvodce po světové literární teorii* [Führer durch die Welt der Literaturtheorie] (Praha 1988). Bibliographie seines Werkes in *Bibliografie díla Vladimíra Macury* (Praha 2000).

Václav MAIDL (*1953)

befasst sich mit der Geschichte der deutschsprachigen Literatur in Böhmen, speziell im Raum Šumava/Böhmerwald. Übersetzer; Lehrbeauftragter an der Philosophischen und der Sozialwissenschaftlichen Fakultät der Karlsuniversität in Prag. Veröffentlichungen in verschiedenen Sammelbänden. Von ihm als Herausgeber sind erschienen *Znovuobjevená Šumava* [Der wiederentdeckte Böhmerwald] (Klatovy 1996) und *Aus dem Böhmerwald. Deutschsprachige Erzähler* (Passau 1998).

Eduard MAUR (*1937)

beschäftigt sich mit der tschechischen Geschichte der frühen Neuzeit unter Einbezug des Mittelalters und der Geschichte des 19. und 20. Jh.; vor allem widmet er sich der Agrargeschichte und der historischen Demographie, der Geschichte der radikalen Reformation und der Geschichte des historischen Bewusstseins. Professor am Institut für tschechische Geschichte der Philosophischen Fakultät der Karlsuniversität in Prag. Publikation in den Fachzeitschriften *Acta Universitatis Carolinae, Československý časopis historický, Historická demografie* etc. *Československé dějiny 1648-1781* [Tschechoslowakische Geschichte 1648-1781] (Praha 1976, 1983); *Český komorní velkostatek v 17. století* [Großkammergüter in Böhmen im 17. Jh.] (Praha 1976); *Základy historické demografie* [Grundlagen der historischen Demographie] (Praha 1978, 1983); *Chodové - historie a historická tradice* [Die Choden - Geschichte und geschichtliche Tradition] (Praha 1984); *Kozina a Lomikar* (Praha 1989); *Tomáš Müntzer* (Praha 1993); Koautor: *Přehled dějin Československa I/12* [Die Geschichte der Tschechoslowakei im Überblick] (Praha 1982); *Dětství, rodina a stáří v dějinách Evropy* [Kindheit, Familie und Alter in der europäischen Geschichte] (Praha 1990), *Dějiny obyvatelstva českých zemí* [Geschichte der Bevölkerung der Böhmischen Länder] (Praha 1996); *Histoire des populations de l'Europe I* (Paris 1997).

Zdeněk MĚŘÍNSKÝ (*1948)
ist Mediävist mit Schwerpunkt Archäologie des Mittelalters sowie böhmische, mährische und österreichische Geschichte. Leiter des Instituts für Archäologie und Museologie der Philosophischen Fakultät der Masaryk-Universität in Brünn. Publiziert außerdem in den Fachzeitschriften *Archeologické rozhledy, Památky archeologické, Vlastivědný věstník moravský, Časopis Matice moravské* etc.
Velkomoravské kostrové pohřebiště ve Velkých Bílovicích (K problematice venkovských pohřebišť 9. - 10. stol. na Moravě) [Das großmährische Erdbestattungsfeld in Velké Bílovice (Zur Problematik ländlicher Bestattungsfelder des 9. u. 10. Jh. in Mähren] (Praha 1985); Doba slovanská [Die slawische Zeit] (*Pravěk Třebíčska*, Brno/Třebíč 1986, 147-171); Osídlení regionu od prvých stop člověka do 10. století [Die Besiedlung der Region von den ersten menschlichen Spuren bis ins 10. Jh.] (*Vlastivěda moravská. Moravskobudějovicko-Jemnicko*, Brno/Moravské Budějovice-Jemnice 1997, 73-149); Morava v 10. století ve světle archeologických nálezů [Mähren im 10. Jh. im Lichte archäologischer Funde] (*Památky archeologické* 78, 1986, 18-80) u. a.

Timo MEŠKANK (*1965)
ist Sorabist, beschäftigt sich mit der sorbischen Kultur- und Sprachgeschichte, schwerpunktmäßig mit den tschechisch-sorbischen Beziehungen. Wissenschaftlicher Mitarbeiter am Sorbischen Institut Bautzen. Veröffentlichungen u. a. in den Zeitschriften *Österreichische Osthefte, Práce z dějin slavistiky, Slavia* und *Rozhlad*.
Kultur besteht - Reich vergeht. Tschechen und Sorben (Wenden) 1914-1945 (Berlin 2000) u. a.

František MEZIHORÁK (*1937)
ist Professor an der Palacký-Universität in Olomouc (Olmütz). In Forschung und Lehre ausgerichtet auf neuere Geschichte, Politologie und Europastudien. Insbesondere beschäftigt er sich mit den tschechisch-slowakischen und den tschechisch-deutschen Beziehungen und der Entwicklung des Europagedankens.
Moravský extrémní regionalismus a pokus o Velké Slovensko [Extremer Regionalismus in Mähren und Experiment mit der Großslowakei] (Olomouc 1994); *Malá encyklopedie velkých Evropanů* [Kleine Enzyklopädie großer Europäer] (Olomouc 1995); *Hry o Moravu* [Spiele um Mähren] (Praha 1997); *Deutsche, Polen, Tschechen* (Frankfurt/Main 1998) u. a.

Marek NEKULA (*1965)
war an den Universitäten in Prag und Brünn tätig; seit 1998 Professor für Bohemistik und Westslawistik an der Universität Regensburg, wo er das Bohemicum leitet. Befasst sich mit Text- und Soziolinguistik sowie Kontrastiver Linguistik. Beteiligung an der tschechischen Ausgabe von Franz Kafkas Schriften und an der Edition der Bohemica in Kafkas Briefen (hg. v. H.-G. Koch, 5 Bde., Frankfurt/M., seit 1999). Übersetzungen aus dem Deutschen und Englischen (T. Bernhard, F. Kafka, E. Pedretti u. a.). Kommentierte Editionen von J. Deml (mit J. Olič, Praha 1998), Th. Lessing u. a.

System der Partikeln im Deutschen und Tschechischen (Tübingen 1996); *Text und Kontext* (Brno 1997); als Koautor und Herausgeber: *Příruční mluvnice češtiny* [Handbuch der tschechischen Grammatik] (mit P. Karlík u. Z. Rusínová, Praha 1995, 1996); *Sprache, Wirtschaft und Kultur: Deutsche und Tschechen in Interaktion* (mit S. Höhne, München 1997); *Brücken nach Prag. Deutschsprachige Literatur im kulturellen Kontext der Donaumonarchie und der Tschechoslowakei* (mit K.-H. Ehlers, S. Höhne u. V. Maidl, Frankfurt/M. 2000) u. a.; zum Thema u. a.: Franz Kafka ve škole - Výuka a znalosti češtiny [Franz Kafka in der Schule - Unterricht und Kenntnisse des Tschechischen] (*Kafkova zpráva o světě*, Praha 2000, 59-78); Franz Kafka und die tschechische Sprache (*Brücken nach Prag*, Frankfurt/M. 2000, 243-292); Die Juden in den böhmischen Ländern im 19. u. 20. Jahrhundert und die Familie Kafka (*brücken*) NF8, 2000/2002, 89-128.

Norbert NÜBLER (*1959)

studierte Slawistik in Regensburg und Brünn, war wissenschaftlicher Mitarbeiter in Regensburg, ist heute Professor für Slawische Sprachwissenschaft an der Universität in Kiel. Publikationen vor allem zur russischen und tschechischen Linguistik, Lehrveranstaltungen zur tschechischen Kulturkunde.
Untersuchungen zu Aktionsart und Aspekt im Russischen und Tschechischen (am Beispiel der mit na- präfigierten Verben) (Regensburg 1992); Die Entwicklung der bohemistischen Aspektforschung (*Sborník prací filozofické fakulty brněnské university*, 1993, 23-37); Einiges über Jernej Kopitar und Josef Dobrovský (*Kopitarjev zbornik*, Ljubljana 1996, 463-471).

Jaroslav OPAT (*1924)

ist Historiker, befasst sich mit der Geschichte des 19. und 20. Jh., insbesondere mit der Geschichte Österreich-Ungarns, der Tschechoslowakei und Jugoslawiens als multinationale Staaten in Mittel- und Osteuropa. Seit Ende der 70er Jahre widmet er sich dem Leben und Werk T. G. Masaryks; von 1990-1997 war er Leiter des Masaryk-Instituts.
Filozof a politik Tomáš Garrigue Masaryk 1882-1893 [Der Philosoph und Politiker Thomas Garrigue Masaryk 1882-1893] (Köln 1987); *Masarykiana a jiné studie 1980-1994* [Masarykiana und andere Studien 1980-1994] (Praha 1994); *TGM - Evropan a světoobčan* [TGM - Europäer und Weltbürger] (Praha 1999); *Masaryks Europäertum als Begriff und politisches Programm* (Berlin 1994); *Das Vermächtnis des T. G. Masaryk und die deutsch-tschechische Verantwortung für Europa* (Nürnberg/Praha 1999) u. a.

Lenka POKORNÁ (*1972)

ist Assistentin am Lehrstuhl für Germanistik, Niederlandistik und Nordistik der Philosophischen Fakultät der Karlsuniversität in Prag. Beschäftigt sich mit der Geschichte der Germanistik, insbesondere mit der Geschichte der Prager Germanistik nach der Teilung der Universität im Jahre 1882; mehrfache Auseinandersetzung mit diesem Thema, über das sie derzeit promoviert, in wissenschaftlichen Artikeln. Mitarbeit am Lexikon der Germanisten 1800-1950, das von der Abteilung für Geschichte der Germanistik des Schiller-Museums in Marbach vorbereitet wird.

Joachim ROGALL (*1959)
ist Leiter des Bereichs Völkerverständigung mit Mittel- und Osteuropa der
Robert Bosch Stiftung Stuttgart, Osteuropahistoriker mit den Arbeitsschwerpunkten Polen, Böhmen, Baltikum, deutsch-polnische Beziehungen.
Zahlreiche Veröffentlichungen, darunter als Herausgeber von *Land der großen Ströme - von Polen nach Litauen. Deutsche Geschichte im Osten Europas* (Berlin 1996); Mitarbeiter am *Handbuch der historischen Stätten - Böhmen und Mähren* (Stuttgart 1998).

Jan RYCHLÍK (*1954)
ist Historiker und Ethnologe, befasst sich mit der Geschichte der Slowakei und der Balkanländer sowie den tschechisch-slowakischen Beziehungen. Dozent für tschechische, slowakische und tschechoslowakischen Geschichte an der Philosophischen Fakultät der Karlsuniversität in Prag und wissenschaftlicher Mitarbeiter am Masaryk-Institut der Akademie der Wissenschaften der Tschechischen Republik.
Etnos i folklor (Sofia 1997); *Češi a Slováci ve 20. století* [Tschechen und Slowaken im 20. Jh.] (2 Bde., Bratislava 1997, 1998); *Dějiny Bulharska* [Geschichte Bulgariens] (Praha 2000); *R. W. Seton-Watson and His Relations with the Czechs and Slovaks*. Documents 1906-1951 (Editor, Praha 1995, 1996); Koautor: *The End of Czechoslovakia* (Budapest/London/New York 1995) u. a.

Martin SCHULZE WESSEL (*1962)
beschäftigt sich zur Zeit mit dem Zusammenhang von religiöser und politischer Kultur in Bezug auf die tschechische und russische Geschichte. Hochschulassistent am Institut für Geschichte der Martin-Luther-Universität Halle-Wittenberg.
Rußlands Blick auf Preußen. Die polnische Frage in der Diplomatie und politischen Öffentlichkeit des Zarenreiches und des Sowjetstaates 1697-1947 (Stuttgart 1995); Tschechische Nation und katholische Konfession vor und nach der Gründung des Tschechoslowakischen Nationalstaats (*Bohemia 38*, 1997, 311-327); Die mächtepolitische Raison religiöser Intoleranz. Bismarcks „Kulturkampf" im Kontext der preußisch-russischen Beziehungen (*Churches - States - Nations in the Enlightment and in the Nineteenth Century*, Lublin 2000, 259-269) u. a.

Wolfgang SCHWARZ (*1968)
studierte an der Universität Regensburg Geschichte und Politikwissenschaft sowie am Bohemicum und promovierte anschließend über deutsch-tschechoslowakische Beziehungen in den 60er Jahren. Im Bereich der Neuesten Geschichte/Zeitgeschichte beschäftigte er sich vor allem mit Außenpolitik in Europa nach 1919 und politischen Systemen, insbesondere Diktaturen. Seit 1999 ist er als Kultur- und Wissenschaftsreferent beim Deutsch-Tschechischen Zukunftsfonds in Prag tätig.
Die Beziehungen zwischen der DDR und der ČSSR von 1961-1968. Gemeinsamkeiten und Konflikte (Regensburg 1998) u. a.

Jiřina ŠIKLOVÁ (*1935)

lehrte bis zur ihrer politisch motivierten Entlassung 1969 am Lehrstuhl für Soziologie. Bis 1989 arbeitete sie in den verschiedensten praktischen Berufen, am längsten im Gesundheitswesen; auf Grund ihrer Anschauungen und Tätigkeit wurde sie inhaftiert. Derzeit liest sie an der Philosophischen Fakultät der Karlsuniversität, und zwar zur Problematik des Lebenszyklus, zur sozialen Gerontologie sowie zur sozialen Problematik von Minderheiten, Nationalitäten, Migranten und Asylanten. 1990 gründete sie den Lehrstuhl für Sozialarbeit und angewandte Soziologie an der Philosophischen Fakultät der Karlsuniversität sowie die gemeinnützige Gesellschaft *Gender Studies Praha*; diese verfügt über eine Bibliothek für Gender Studies und ein Vortragszentrum. Darüber hinaus: Tätigkeit in gemeinnützigen Institutionen, so im Verwaltungsrat verschiedener Stiftungen in der Tschechischen Republik: Stiftung für Entwicklung der bürgerlichen Gesellschaft, Stiftung Vision 97, Stiftung Charta 77, Konto Barrieren, Fulbright-Stiftung etc. Publiziert und hält Vorträge zum Themenbereich Feminismus, Gender, Minderheiten, Stellung der Roma in der Tschechischen Republik und im Ausland.

Zdeněk ŠIMEČEK (*1929)

veröffentlichte Studien zur Geschichte der tschechischen Städte, zu den Beziehungen zwischen den Böhmischen Ländern und den slawischen Völkern sowie zur Geschichte des Zeitungswesens und der Buchkultur. Er befasst sich mit der Geschichte der tschechischen Historiografie und ist Koautor von Kompendien über die Geschichte der tschechischen Slawistik.
Veröffentlichungen zur Thematik des Beitrags: Slavista J. Dobrovský a austroslavismus let 1791-1809 [Der Slavist J. Dobrovský und der Austroslawismus in den Jahren 1791-1809] (*Slovanský přehled* 57, 1971, 177-190); Studium českých dějin, slavistika a austroslavismus [Das Studium der böhmischen Geschichte, Slawistik und Austroslawismus] (*Slovanský přehled* 63, 1977, 115-142); Výuka slovanských jazyků a slavistická studia v období českého národního obrození [Der Unterricht slawischer Sprachen und die slawistischen Studien zur Zeit der tschechischen nationalen Wiedergeburt] (*Slovanské historické studie* 12, 1979, 208-245); Z počátků slavistických studií v Královské české společnosti nauk [Aus den Anfängen der slawistischen Studien in der Königl. Böhm. Gesellschaft der Wissenschaften] (*Slavia* 55, 1986, 61-71) u. a.

Dušan ŠLOSAR (*1930)

beschäftigt sich mit der historischen Grammatik des Tschechischen, insbesondere mit der Entwicklung der Wortbildung, mit der tschechischen Dialektologie und der Geschichte der tschechischen Schriftsprache. Bis 1997 Professor an der Philosophischen Fakultät der Masaryk-Universität in Brünn, wo er bis heute Lehraufträge wahrnimmt.
Slovotvorný vývoj českého slovesa [Die Wortbildung des tschechischen Verbums aus diachroner Sicht] (Brno 1982); *Česká kompozita diachronně* [Tschechische Komposita diachron] (Brno 1999); Koautor: *Historická mluvnice češtiny* [Historische Grammatik des Tschechischen] (Praha 1986); *Příruční mluvnice češtiny* [Handbuch der tschechischen Grammatik] (Brno 1995) u.a.m. Autor zweier populärwissenschaftlicher Bücher: *Jazyčník* (Praha 1985), *Tisíciletá* (Praha 1990).

Iva ŠMÍDOVÁ (geb. Křížová, *1973)
promovierte im Fach Soziologie an der sozialwissenschaftlichen Fakultät der Masaryk-Universität in Brünn. Beschäftigt sich mit der Soziologie von Familie und Wertsystemen sowie Gender Studies. Koordinatorin des Bildungsprogramms OSF und des Informationszentrums für gender-Fragen in Brünn. Forscht zum Thema *Die anderen Männer in der Tschechischen Republik* (mit Schwerpunkt auf Familie, Naturschutz, Sozialwesen, Sensibilität).
Men in the Czech Republic (*Czech Sociological Review* 7, 1999/2, 215-222); Ženské hnutí mysli [Die Frauendenkbewegung] (*Nové čtení světa. 1. Feminismus devadesátých let českýma očima*, Praha 1999, 91-96) [Neue Lektüre der Welt. 1. Der Feminismus der 90er Jahre mit tschechischen Augen gesehen].

Olga ŠMÍDOVÁ (*1955)
beschäftigt sich mit interpretatorisch ausgerichteten Untersuchungen zum (post)sozialistischen Alltag, v. a. zur Restitution, zur nichtformalen Ökonomie und interethnischen Beziehungen (insbesondere zwischen Deutschen und Tschechen sowie Tschechen und Roma) sowie mit der Analyse medialer Inhalte. Koautorin: *Otevřená minulost* [Offene Vergangeheit] (Praha 1999); *Obraz Němců, Německa a Rakouska v české společnosti 19. a 20. století* [Das Bild von den Deutschen, Deutschland und Österreich in der tschechischen Gesellschaft des 19. und 20. Jahrhunderts] (Praha 1998); *Jak se rodí výzkum* [Wie Forschung geboren wird] (Praha 1992), *European Youth and New Technologies* (UNESCO 1991).

Bernd STALLHOFER (*1969)
ist Studienreferendar am Albertus-Magnus-Gymnasium in Regensburg und beschäftigt sich wissenschaftlich vorwiegend mit der Regional- und Sozialgeographie des bayerisch-böhmisch-österreichischen Grenzraumes. Mitarbeiter im CD-ROM- und Internet-Projekt „Wald" der ARGE Waldwildnis und des Bayerwald Forums e.V. (www.waldwildnis.de).
Grenzenloser Böhmerwald? Landschaftsnamen, Regionen und regionale Identitäten. Bayerischer Wald, Oberpfälzer Wald, Šumava, Český les und Mühlviertel im geographisch-empirischen Vergleich (Regensburg 2000); *Der Böhmerwald - Landschaftsname, Region und Regionalbewußtsein* (Plzeň 1998).

Tomáš STANĚK (*1952)
befasst sich mit der neuesten tschechoslowakischen und tschechischen Geschichte, mit der Geschichte der politischen Verfolgung in der Nachkriegszeit und nach dem Februar 1948, des weiteren mit den problematischen Beziehungen zwischen den Nationalitäten, mit besonderem Augenmerk auf der Entwicklung und Stellung der deutschen Bevölkerung in Böhmen, Mähren und Schlesien nach 1945. Mitarbeiter am Schlesischen Institut des Schlesischen Landesmuseums in Opava (Troppau).
Odsun Němců z Československa 1945-1947 [Die Abschiebung der Deutschen 1945-1947] (Praha 1991); *Předpoklady, průběh a důsledky vysídlení Němců z Československa (1918-1948)* [Voraussetzungen, Verlauf und Folgen der Aussiedlung der Deutschen aus der Tschechoslovakei (1918-1948)] (Ostrava 1992);

Německá menšina v českých zemích 1948-1989 [Die deutsche Minderheit in den böhmischen Ländern 1948-1989] (Praha 1993); *Perzekuce 1945* [Die Persekution von 1945] (Praha 1996); *Tábory v českých zemích* [Lager in Böhmen und Mähren] (Opava 1996). Publikation von Beiträgen zur Problematik der deutsch-tschechischen Beziehungen in in- und ausländischen Zeitschriften.

Alexandr STICH (*1934)
studierte an der Karlsuniversität in Prag Bohemistik und Russistik mit breiterer slawistischer Ausrichtung. Tätigkeit am Institut für tschechische Sprache der Akademie der Wissenschaften der Tschechischen Republik, in den 80er Jahren Redakteur beim Verlag *Československý spisovatel*, nach 1989 Professor für Bohemistik an der Karlsuniversität in Prag. Er beschäftigt sich mit Theorie und Geschichte der tschechischen Schriftsprache und der Sprachkultur, mit Stilistik und Textologie. Seit den 70er Jahren gilt sein Interesse vor allem dem tschechischen Barock. Herausgabe u. a. von M. Z. Polák, M. D. Rettigová, J. K. Tyl, K. Havlíček Borovský. Publiziert u. a. in den Fachzeitschriften *Naše řeč, Slovo a slovesnost, Slavia*.
Beteiligung als Autor an Buchpublikationen und Sammelbänden: *Kultura česke'ho jazyk* [Kultur und tschechische Sprache] (Praha 1969); *Divadlo v české kultuře 19. století* [Das Theater in der tschechischen Kultur des 19. Jahrhunderts] (Praha 1985); *Mluvnice češtiny I* [Grammatik des Tschechischen I] (Praha 1986), *Legenda, její funkce a zobrazení* [Die Legende, ihre Funktion und Darstellung] (Praha 1992); *Variation in Language* (Amsterdam/Philadelphia 1992), *Studies in Functional Linguistics* (Amsterdam/Philadelphia 1993), *Česká literatura doby baroka* [Die tschechische Literatur in der Zeit des Barock] (Praha 1995); *Bohuslav Balbín a kultura jeho doby* [Bohuslav Balbín und die Kultur seiner Zeit] (Praha 1995). Eine Auswahl seiner linguistisch-literaturwissenschaftlichen Studien erschien unter dem Titel *Od Karla Havlíčka k Františku Halasovi* [Von Karel Havlíček zu František Halas] (Praha 1996), mit einer Bibliographie seiner Arbeiten.

Milan SUCHOMEL (*1928)
beschäftigt sich mit der tschechischen Literatur des 20. Jh., mit Literaturtheorie und Literaturkritik. Er ist Professor für tschechische Literatur an der Philosophischen Fakultät der Masaryk-Universität in Brünn. Vorsitzender des Redaktionsrates einer literaturwissenschaftlichen bohemistischen Reihe (Bohemia litteraria) des *Sborník prací FF brněnské university* (Sammelband der Arbeiten der Phil. Fak. der Brünner Universität) und Mitglied im Redaktionsrat der Zeitschrift *Česká literatura*.
Literatura z času krize [Literatur aus der Zeit der Krise] (Brno 1992); *Co zbylo z recenzenta* [Was vom Rezensenten blieb] (Brno 1995); *Jiné oči Jiřího Mahena* [Die anderen Augen Jiří Mahens] (Brno 1997) u.a.m.

Peter THEINER (*1951)
studierte Germanistik, Romanistik, Soziologie und Philosophie in Düsseldorf, Dijon und Paris. Nach Staatsexamen 1978 wissenschaftlicher Assistent für Neuere Geschichte an der Universität Düsseldorf; Promotion 1982. Ab 1985 Referatsleiter bei der Carl-Duisberg-Gesellschaft, 1995 Programmdirektor und Mitglied der Geschäftsleitung der deutschen Management-Akademie Nieder-

sachsen, die Weiterbildungsprogramme für Führungskräfte aus Mittel- und Osteuropa anbietet. Seit 1995 Bereichsleiter Völkerverständigung/Internationale Beziehungen der Robert Bosch Stiftung, Stuttgart.
Sozialer Liberalismus und deutsche Weltpolitik. Friedrich Naumann im Wilhelminischen Deutschland (1860-1919) (Baden-Baden 1983); „Mitteleuropa"-Pläne im Wilhelminischen Deutschland (*Wirtschaftliche und politische Integration im 19. und 20. Jahrhundert*, Göttingen 1984, 128-148); Friedrich Naumann and Max Weber. Aspects of a political partnership (*Max Weber and his Contemporaries*, London 1987, 299-310); *Fremde Freunde. Deutsche und Franzosen vor dem 21. Jahrhundert* (hg. mit R. Picht, V. Hofmann-Martinot, R. Lasserre, München/ Zürich 1997) u. a.

Wolfgang THIERSE (*1943)
wurde in Breslau geboren. Nach Abitur und Lehre als Schriftsetzer im thüringischen Eisfeld 1964-1975 Studium der Kulturwissenschaften und Germanistik an der Humboldt-Universität Berlin und wissenschaftlicher Assistent im Bereich Kulturtheorie/Ästhetik. 1975-76 Mitarbeiter im Ministerium für Kultur der DDR. 1977-90 wissenschaftlicher Mitarbeiter an der Akademie der Wissenschaften der DDR, im Zentralinstitut für Literaturgeschichte. Bis Ende 1989 parteilos. Anfang Januar 1990 Eintritt in die SPD; Juni bis September 1990 Vorsitzender der SPD/DDR; Mitglied der Volkskammer vom 18. März bis 2. Oktober 1990, stellvertretender Fraktionsvorsitzender, zuletzt Fraktionsvorsitzender der SPD/DDR. Mitglied des Bundestages seit 3. Oktober 1990; 1990-98 stellvertretender Vorsitzender der SPD-Fraktion; seit 26. Oktober 1998 Präsident des Deutschen Bundestages.

Jan TROJAN (*1926)
befasst sich mit Musik- und Theatergeschichte, insbesondere des 18. und 19. Jh. in Mähren, mit der Theorie des mährischen Volkslieds sowie der Chormusik in Mähren und Schlesien.
Moravská lidová píseň [Das mährische Volkslied] (Praha 1980); *České zpěvohry 18. stoletì* [Böhmische Singspiele des 18. Jahrhunderts] (Brno 1981); *Operní slovník věcný* [Sachlexikon der Oper] (Praha 1987); *Úvod do hudební dramaturgie opery* [Einführung in die Musikdramaturgie der Oper] (Praha 1988); *Umění doprovodu moravské lidové písně* [Die Kunst der Begleitung beim mährischen Volkslied] (Brno 1991); *Dějiny opery* [Geschichte der Oper] (Praha 2000); *Kantoři na Moravě a ve Slezsku v 17.- 19. stol.* [Chorleiter in Mähren und Schlesien in der Zeit vom 17. bis zum 19. Jahrhundert] (Brno 2000).

František VENCOVSKÝ (*1923)
befasst sich mit der Geschichte der tschechischen Wirtschaftstheorie, insbesondere mit der Geschichte der tschechischen Währung und generell mit Fragen der Währungstheorie und -politik. Er arbeitete im zentralen Bankwesen und lehrt seit 1993 am Lehrstuhl für Währungstheorie der Ökonomischen Hochschule in Prag. Publikationen in den Fachzeitschriften *Politická ekonomie, Finance a úvěr, Bankovnictví* u. ä.

Dějiny českého ekonomického myšlení - do roku 1948 [Geschichte des tschechischen ökonomischen Denkens - bis zum Jahr 1948] (Brno 1997); *Dějiny bankovnictví v českých zemích* [Geschichte des Bankwesens in den böhmischen Ländern] (Praha 1999); *Karel Engliš - život a dílo* [Karel Engliš - Leben und Werk] (Brno 1993).

Jiří VORÁČ (*1965)

befasst sich mit der Geschichte des Films nach 1945, speziell mit der Zeit ab den 60er Jahren und dem Film im Exil. Er beschäftigt sich auch mit dem Verhältnis von Theater- und Literaturgeschichte zum Film, ist als Filmkritiker tätig und als Herausgeber von Fachliteratur. Leiter des Instituts für Theater- und Filmgeschichte der Masaryk-Universität in Brno. Publikationen in den Fachzeitschriften *Iluminace, Film a doba* u.a.m.
Čeští a slovenští filmoví režiséři v exilu [Tschechische und slowakische Filmregisseure im Exil] (Olomouc 1993); *Český film v exilu* [Der tschechische Film im Exil] (Brno 1998); Koautor: *The Dissident Muse. Critical Theatre in Eastern and Central Europe* (Amsterdam 1995); *K dejinám slovenskej kinematografie* [Zur Geschichte des slowakischen Films] (Bratislava 1996); *Otázky divadla a filmu* [Fragen des Theaters und des Films] (Brno 1998, 1999).

Alexander WÖLL (*1968)

befasst sich mit der interpretatorischen Anwendung von formalistischen, strukturalistischen und poststrukturalistischen Literaturtheorien auf russische, tschechische und polnische Texte der Romantik und der Jahrhundertwende, insbesondere in Bezug auf das Motiv des Doppelgängers in der Literatur. Wissenschaftlicher Assistent am Lehrstuhl für Slawistik (Literaturwissenschaft) der Universität Regensburg.
Doppelgänger. Steinmonument, Spiegelschrift und Usurpation in der russischen Literatur (Frankfurt/M. 1999) u.a.

Ludwig ZEHETNER (*1939)

studierte Germanistik und Anglistik in München, Southampton (England) und Lawrence (USA). Hauptberuflich seit 1968 Gymnasiallehrer in Regensburg, seit 1979 auch Lehrbeauftragter für Dialektologie des Bairischen an der Universität Regensburg, seit 1999 Honorarprofessor für dieses Fachgebiet. Zahlreiche sprachwissenschaftliche und volkskundliche Veröffentlichungen in Fachzeitschriften und Sammelbänden.
Bairisch. Dialekt/Hochsprache - kontrastiv (Düsseldorf 1977); *Das bairische Dialektbuch* (München 1985), *Bairisches Deutsch. Lexikon der deutschen Sprache in Altbayern* (München 1997, 2. Aufl. 1998).

Personenregister

Adalbert (Hl.) s. Vojtěch
Adenauer, Konrad 142, 364, 398 f., 419, 442
Adler, Friedrich 576, 677
– , Hans Günther 132
Agnes (Hl.) 162, 166 f., 176
Albert, Eduard 674
– , Eugen d' 199
Andreotti, Guido 432
Anna von der Pfalz 42
– von Schweidnitz 42
Anton, Karel 283
Apel, August 197
Apollinaire, Guillaume 259 f.
Arnim, Achim von 236
Arnold, Christoph 235
Arnulf, dt. Kaiser 30 f.
Asam, Cosmas Damian 586
Aškenazy, Ludvík 293
Asmodi, Herbert 285
Auerbach, Berthold 240

Baader, Franz von 323
Baar, Hugo 247
– , Jindřich Šimon 609
Babler, Otto 670
Bach, Alexander 95
Bahro, Rudolf 416
Baker, James 428
Balbín, Bohuslav 169 f., 172, 180, 190, 507
Balduin von Trier 41
Barron, Stephanie 255
Bart, Arnošt 618
Bartek, Henrich 311
Bassermann, Albert 229, 232 ff.
Bauer, Felice 229
Bauernfreund, Jakub 253
Baum, Oskar 226, 247
Becker, Henrik 267
Becking, Gustav 272
Beer, Antonín 657 f.
Beethoven, Ludwig van 194, 685
Bel, Matej 71

Belling, Rudolf 255
Benda, Štěpán 284
Benedikti, Jan Blahoslav 639 f.
Bendelmayer, Bedřich 577
Bendl, Jan Jiří 164
Beneš, Edvard 101 ff., 104 f., 107, 142, 493, 495, 533, 623
– , Vincenc 254, 256
Beran, Rudolf 107 f., 110
Bergmann, Juda 236
Bernard, Joseph Karl 196
Bernolák, Anton 94
Bernstein, Elsa 128
Bethmann Hollweg, Theobald von 141
Bezold, Friedrich von 50, 56
Bezruč, Petr 666, 674 f.
Biebl, Konstantin 261, 266
Biermann, Wolf 412, 416
Binder, Hartmut 222 f.
Bismarck, Otto von 51, 135, 144
Bitnar, Vilém 170
Bittner, Konrad 662
Blaho, Pavel 97
Blanca von Valois 41
Blatný, Ivan 293
– , Lev 176
Blau, Josef 588 ff.
Bloch, Chajim 241 f.
Boba, Imre 28
Bocskay, István 61
Bodner, Eckhard 616
Bogatyrev, Petr 269
Boldt, Frank 614
Boleslav, böhm. Fürst 34, 167, 176
Böll, Heinrich 286 ff., 291
Bolzano, Bernard 64, 71 f., 180, 191, 626 ff., 630
Bondy, Egon 292 f.
Borges, Jorge Louis 243 f.
Born, Ignaz Ritter von 67
Bořivoj, böhm. Fürst 29 f., 163, 172 f.
Brahms, Johannes 199, 564
Bratranek, Franz Thomas/František Tomáš 202, 207, 636, 656 f.

715

Brentano, Clemens 236, 630, 643
Bresgen, Cesar 199
Brikcius, Eugen 293
Brod, Max 219 ff., 224, 226, 235, 247 f., 575, 577, 580, 636, 674
Bródy, Andrej 106
Brokoff, Jan 168
Brömse, August 248 ff.
Brousková, Markéta (Margarete-Anna Brousek) 292, 294 f.
Brüll, Ignaz 199
Brunner, Vratislav Hugo 577
Bryl, Jan 618
Brynych, Eduard 180
– , Zbyněk 281, 283
Břetislav I., böhm. Fürst 194, 585, 608
Březina, Otokar 172, 202, 671, 675
Buersted, L. 457
Burian, Emil František 261
– , Vlasta 284

Caprivi, Leo von 137
Celan, Paul 243 f.
Chěžka, Jurij 622
Chmelenský, Josef Krasoslav 640
Chochol, Josef 254
Cosmas, böhm. Chronist 630, 643
Chudožilov, Petr 291
Chvalkovský, František 107, 111, 120
Chytilová, Věra 277, 279 f.
Clemens VI., Papst 41 f.
Clementis, Vladimír 100
Cornova, Ignaz 72
Coudenhove-Kalergi, Richard Nikolaus von 142
Czech, Ludwig 90

Čalfa, Marian 433
Čáp, František 283
Čapek, Josef 254, 256-259
– , Karel 199 f., 242, 578 f., 670
Čatloš, Ferdinand 311, 313
Čech, Ivan 641
– , Svatopluk 675, 677
Čelakovský, František Ladislav 202, 629, 632, 640 f., 647, 661

Čep, Jan 176
Čermák, Josef 222
Čermáková, Marie 350
Černák, Matúš 104
Černý, Václav 207, 690
– , David 361
Čupr, František 647

Daluege, Karl 113
David, Ottla 215, 228 f.
Daxner, Štefan Marko 96
Dedecius, Karl 679, 684
Dejmal, Ivan 373
Demetz, Petr 218 f.
Deml, Jakub 290
Derain, André 578
Dérer, Ivan 97
Devrient, Philipp Eduard 198
Dicker-Brandeis, Friedel 131
Dienstbier, Jiří 425, 449
Dientzenhofer, Christoph u. Kilian Ignaz 70
Dobner, Gelasius 71, 180
Dobrovský, Josef 66, 71, 77 f., 80, 169, 180, 191, 202, 621, 630, 651
Dobrowsky, Josef 250 f.
Doležal, Josef 171
– , Pavel 19
Domaschk, Matthias 416
Dorn, Alfred 250, 259
Dostál-Lutinov, Karel 183
Dostojewski, Fedor M. 256 f.
Dragomira, elbslaw. u. böhm. Fürstin 34
Dryák, Alois 577
Dubček, Alexander 415
Dumas, Roland 428
Dunant, Paul 130
Duras, Mary 249 f.
Durych, Jaroslav 176 f.
– , Václav Fortunát 77, 79
Dušek, Antonín 552
Duvivier, Julien 243
Dvořák, Antonín 192, 384, 564, 567
– , František Xaver 183
Dyk, Viktor 674

Ebert, Karl Egon 630 f.
Ecevit, Bülent 340
Edelstein, Jakob 126, 129
Eggebrecht, Hans Heinrich 562
Eggers, Martin 28
Ehard, Hans 324
Eichmann, Adolf 128, 130, 390
Eilhart von Oberge 162
Einstein, Albert 67
Eisner, Pavel 200, 206 f., 218 ff., 224, 667, 672 f., 676
El Greco 246, 253 ff.
Eleasar von Worms 238
Eliáš, Alois 110, 113, 115, 314
Elisabeth von Pommern 43
Eliška (Elisabeth) Přemyslovna 41, 195
Engels, Friedrich 571
Eppstein, Paul 125, 129
Erben, Karel Jaromír 259 f., 609, 632, 662, 668
Erhard, Ludwig 460
Eucken, Walter 460

Fabricius, Philipp 535, 539
Faktor, Jan 291 f., 300
Feigl, Friedrich/Bedřich 245, 250 f., 253
–, Hugo 251
Ferdinand I., dt. Kaiser 59 ff., 620
– II., dt. Kaiser 93, 619
Fila, Ivan 282, 285
Filip, Ota 175, 177, 291 f., 298, 668
Filla, Emil 245, 253-256
Fischer, Oscar 427, 433
–, Otokar 200 ff., 205 ff., 659 ff., 663 f., 669, 673, 678
Fišer, Václav 581
Fleissner, Richard 248
Florian, Miroslav 553
Flotow, Friedrich von 198
Foltýn, František 256 f.
Fontane, Theodor 323
Forman, Miloš 277-280, 287, 360
Francisci, Ján 96
Frank, Karl Hermann 112 ff., 123, 314
–, Michael 444
Frantz, Constantin 135 f.

Freud, Sigmund 66 f.
Frey, Gerhard 338
Frič, Josef 647 f.
–, Josef Václav 634
–, Martin 243
Friedrich d. Große, König v. Preußen 318
– II., preuß. König 51
– V., böhm. König 63
– von Sunnburg 158
Frisch, Max 333
Frynta, Emanuel 221
Fuchs, Rudolf 247, 666, 672, 674 f.
Fučík, Julius 667
Funke, Jaromír 257
Fux-Jelenský, Zdenko 677

Gagern, Heinrich von 134
Gajda, Radola 108
Gangl, Josef 589
Gans, David 239
Gašpar, Tido J. 311
Gebauer, Jan 658
Gellner, František 577
Genscher, Hans-Dietrich 418, 434 ff., 440, 449
Gercken, Philipp Wilhelm 77
Gerron, Kurt 131
Glaser, Rudolf 631, 671
Gočár, Josef 254, 257 ff.
Goethe, Johann Wolfgang von 50, 200-208, 571, 629, 652, 655, 660 ff., 665, 669
Goldstücker, Eduard 201, 208, 220, 410, 668
Goll, Jaroslav 72
Gomułka, Władysław 415
Gorbatschow, Michail 422 f., 426
Gottfried von Straßburg 157, 160, 162
Gottsched, Johann Christoph 70
Grabe, Herbert 255
Graff, Eberhardt Gottlieb 638
Grebeníčková, Růžena 208
Grillparzer, Franz 194, 630, 632, 643
Grimm, Jakob 236
Gröger, Kurt 252
Grögerová, Bohumila 292

Gross, Josef 182
Grün, Edmund 677
Gruša, Jiří 291 f., 295 f., 668
Guta von Habsburg 159
Gutfreund, Otto 254, 256, 258 f.
Guttmann, Robert 253

Haas, Leo 131, 247
–, Willy 229
Hablik, Wenzel 246
Hácha, Emil 107, 111, 113 f., 121, 314
Hadrian II., Papst 29
Hager, Kurt 411, 423
Hahn, Eva 444
Hájek, Jiří 410
– z Libočan, Václav 71, 608, 630, 643
Halas, František 261, 678 f., 685
Hallegger, Kurt 250 f.
Hanak, Anton 247
Hanka, Václav 621, 637 f., 640
Hartmann, Moritz 632 f.
Hašek, Jaroslav 555-558, 560, 577, 668, 676
Hattala, Martin 621, 648
Hauptmann, Gerhart 81, 128
Havel, Miloš 284
–, Václav 144, 276, 358, 360 f., 425, 427, 429, 433 f., 437 f., 444, 457, 528, 530, 544 ff., 552, 618, 623
Havemann, Robert 411, 416
Havlíček Borovský, Karel 17, 83, 172, 491, 641, 673
Havránek, Bohuslav 267
Heartfield, John 253
Hegel, Georg Wilhelm Friedrich 50, 323
Hegenbarth, Josef 249 ff.
Heine, Heinrich 205, 659
–, Thomas Theodor 515
Heinrich, Herzog von Luxemburg 49
– III., dt. Kaiser 585, 608
– der Klausner 159
– von Freiberg 157, 160, 162
– von Meißen 159
Hejdánek, Ladislav 545
Heller, Otto 283
Helzel, Emil 249

Henlein, Konrad 108
Herder, Johann Gottfried 21, 204, 206, 490, 492, 630, 643 f.
Hermann, Elli 215
Hermsdorf, Klaus 221
Herz, Juraj 277, 284
Herzog, Roman 358, 444, 457
Heřmanský, Bohdan 251
Heydrich, Reinhard 112-116, 125, 314, 553, 622
Heym, Stefan 412
Heyrenbach, J.B. 77
Hilbert, Jaroslav 663, 673
Hildebrand, Klaus 142
Hilf, Rudolf 613
Hille, Augustin 181
Hindemith, Paul 198
Hitler, Adolf 51, 101, 110-113, 115, 120, 200, 253, 314, 437
Hlinka, Andrej 97, 101, 104, 109, 310, 313
Hochsieder, Norbert 248 f.
Hodrová, Daniela 295
Hodža, Milan 99
Hofbauer, Arnošt 576
Hoffmeister, Adolf 131, 261
Höfler, Constantin von 54
Hofman, Oswald 250
–, Vlastislav 254, 257
Holan, Vladimír 679
Hollander, John 243 f.
Holub, Miroslav 550
Holzbauer, Ignaz 195
Hölzl, Adolf 247
Homoláč, Oldřich 577
Honecker, Erich 416, 423
Hora, Josef 261
Horb, Max 245
Horn, Gyula 430
–, Uffo 632
Hořec, Jaromír 175
Hrabal, Bohumil 279, 549, 623, 677
Hromádka, Josef Lukl 185
Hromádková, Alena 552
Hruška, Jan František 609
Hrušovský, František 311
Hurban, Jozef Miloslav 95

Hurd, Douglas 428
Hus, Jan 50-57, 68, 167, 170, 173, 182, 184, 186, 189, 542, 545
Husák, Gustáv 100, 102, 416, 549
Husserl, Edmund 72 f.

Ivanka, Milan 97

Jablonský, Václav 641
Jacobi, Ernst 287
Jakeš, Miloš 416, 431
Jakobeus jr., Jakub 292
Jakobson, Roman 67, 269, 580
Jaksch, Wenzel 91
Jakubica, Mikławš 620
Jakula, Maćij Wjacław 620
Janáček, Leoš 564, 567, 674
Janák, Pavel 254, 258 ff.
Janko, Josef 658 f.
Janouch, Josef 222
Jánský, Karel 662
Jasný, Vojtěch 280 f., 284-290
Jelínek, Hanuš 576
Jenstein, Jan von 169
Jeroným von Prag 172
Jesenská, Milena 227, 579
Jindřich, Jindřich 609
Jirásek, Alois 57, 65, 170, 179, 239, 543, 590, 607, 609
Jirát, Vojtěch 661 f.
Jireš, Jaromil 277
Jirous, Ivan (Magor) 360 f.
Jirsík, Jan Valerián 180
Johann, Herzog von Görlitz 48
– von Luxemburg, böhm. König 34, 41 ff.
– Georg I., sächs. Kurfürst 619
– Heinrich, Markgraf 42, 49
Johannes VIII., Papst 29
– IX., Papst 31
– von Nepomuk (Hl.) 162, 165, 168-172, 177, 600
Jordan, Johann Christoph 75
Joseph II., dt. Kaiser 51, 76, 93, 124, 645
Jungbauer, Gustav 588
Junghans, Carl 283

Jungmann, Josef 21, 93, 187, 202, 626, 638-642, 669
Juráček, Pavel 277, 279 f., 284
Justitz, Alfred 246, 250 f.

Kachyňa, Karel 280 f.
Kádár, Janoš 415
–, Ján 275, 280 f.
Kafka, Franz 209, 212, 215, 217-235, 244, 247, 297, 410 f., 558, 577
–, Hermann 212 f., 214
–, Julie 212-215
–, Tomáš 292
–, Vladimír 203
Kahler, Eugen von 246
Kainar, Josef 543
Kalivoda, L. 75
Kamarýt, Josef Vlastimil 640
Kant, Immanuel 50, 323
Kapper, Siegfried 632, 652, 656, 672, 676
Karasek, Rudolf 248
Karel von Žerotín, d.Ä. 190
Karl d. Große 27, 32, 43
– IV., dt. Kaiser 21, 34, 41-50, 68, 166, 195, 619
– IV., franz. König 41
– V., dt. Kaiser 59
– VI., dt. Kaiser 74, 194
Karpe, Ludwig 670, 673
Kars, Jiří 250 f.
Kassner, Rudolf 688
Kastner, Jan 162, 172
Kausek, Bedřich 250
Kavan, Jan 457
Keiser, Reinhard 193
Keller, Gottfried 236
Kennedy, John F. 420
Kepler, Johannes 240
Kien, Peter 131, 252
Kiesinger, Kurt 415
Kind, Friedrich 197
Kinkel, Klaus 457
Kipphardt, Heiner 285, 287
Kisch, Egon Erwin 245, 261, 577
Klar, Paul Alois 631
Klaus, Václav 375, 444, 463 f., 468

Klee, Paul 253
Klein, Anton 195
Klemm, Walter 246, 249
Kletzl, Otto 247
Klos, Elmar 275, 280 f.
Klostermann, Kar(e)l 589 f
Klutschak, Franz 240
Knoop, Otto 236
Kobelius, Johann August 193
Kohen, Isaak 241
Kohl, Helmut 336, 433 f., 444, 499
Kohout, Pavel 291
Kokoschka, Oskar 251 ff.
Kolig, Anton 250 f.
Kollár, Jan 21, 93, 172, 566 f., 640 ff.
Komenský, Jan Amos (Comenius) 69 f., 172, 437
Komma, Karl Michael 568
Konrad, György 143 f.
Konrád, Kurt 261
Konstantin-Kyrill u. Method 29, 33, 68, 162 f., 169, 177, 183 f.
Kopf, Maxim 249 f.
Kopitar, Bartholomäus 79 f.
Kosík, Karel 545
Kotěra, Jan 579
Kotzebue, August von 195 f.
Koubek, Jan Pravoslav 647
Koutek, Jan 677
Kováč, Michal 457
Kozina, Jan Sladký 607
Kramář, Karel 494
Krása, Hans 131
Kratochvil, Jiří 295
Krattner, Karl 246 ff.
Kraus, Arnošt Vilém 201, 654 ff., 658
–, Ivan 291
–, Karel 208
–, Karl 200, 205, 217, 579
–, Oskar 272
Krejča, Otomar 208
Krejčí, Jaroslav 222
–, Jan/Johann 589, 656 f.
Kreutzer, Conradin 197
Krofta, Kamil 107
Kroha, Jiří 255
Kruntorad, Paul 673

Křen, Jan 457 f.
Křepek, Franz 90
Kříž, Ivan 276
Kuba, Ludvík 609
Kubin, Alfred 246, 250, 253
Kubín, Otakar 245, 256
Kubišta, Bohumil 245, 254, 256
Kukura, Juraj 284
Kundera, Ludvík 293, 679, 684 f.
–, Milan 144, 276, 291, 556, 679
Kunft, Alfred 248, 252
Kunze, Reiner 666, 678-691
Künzel, Franz Peter 673
Kurella, Alfred 412
Kuržak, František 647
Kysela, František 259

Ladislaus V., ungar. König 34
Lamač, Karel 283
–, Miroslav 254
Lamingen zu Albenreuth, Wolf Maximilian von 607
–, Wolf Wilhelm von 607
Landgrebe, Ludwig 272
Lannoy, Eduard von 196
Laroche, Karl 202
Laub, Gabriel 294, 668
Laun, Friedrich 197
Laurin, Arne 251, 577
Le Corbusier 581
Leivick, Halper 242
Lem, Stanisław 243
Leopold I., dt. Kaiser 93
Leppin, Paul 247
Levý, Jiří 664, 668 f., 675
Letzel, Jan 577
Liehm, Antonín Jaroslav 282
Liliencron, Detlev von 656, 677
Linda, Josef 637
Lion, Ferdinand 199
List, Friedrich 133
Liszt, Franz 640
Löbe, Paul 142
Lobkowicz, Diepold von 539
Lodgman-Auen, Robert 89 f.
Loužil, Jaromír 202, 207, 221
Löw, Jehuda 239-244

–, Perl 240
Löwy, Jicchak 227 f.
Ludmila, böhm. Fürstin 29, 33, 162 f., 165 f., 169, 172 f.
Ludwig I., Kaiser 24
– IV. (d. Bayer), dt. Kaiser 42
–, König von Ungarn u. Polen 47
Lukas, Jan 221
Lustig, Arnošt 276
Luther, Igor 284, 289
–, Martin 50 ff., 56 ff., 68, 235, 319, 599, 679

Mach, Alexander 110, 311, 313
Mácha, Karel Hynek 290, 632, 652, 656, 662, 668, 670, 672, 676
Macháčková-Riegerová, Věra 207
Macura, Vladimír 187
Mahler, Gustav 198, 567
Maisel, Mordechai 239
Malybrok-Stieler, Ottilie 673, 675
Malý, Václav 551
Mandler, Ernst 671
Mann, Thomas 200, 206, 675
Maria Theresia, Kaiserin 124, 185
Markovič, Ivan 97
Marschner, Heinrich 198
Martinicz, Jaroslav von 535, 539 f.
Marx, Karl 571
Masaryk, Jan 541
–, Tomáš Garrigue 52 f., 56, 72, 82-91, 97 ff., 170 f., 179, 182 f., 492 f., 543 ff., 580, 618, 621 f., 651
Matern, Hermann 412
Mathesius, Vilém 267 ff., 580, 664
Matthias von Arras 44
–, dt. Kaiser 538 f.
–, österr. Erzherzog 62
Mauric, Jiří 383
Mayer-Harting, Robert 90
Maximilian, dt. Kaiser 43, 328
Meinert, Josef Georg 630
Meißner, Alfred 632
Melzer, Moritz 249
Menzel, Jiří 275, 277, 279, 281
Meßner, Josef 589
Metzner, Franz 246 f.

Meyrink, Gustav 242, 252, 577
Michel, Robert 589
Michnik, Adam 144, 548
Mikeska, Riko 250
Miklosich, Franz 651
Milcová, Pavla 293
Milíč, Jan 47, 170
Milton, John 642, 669
Miškovič, Alois 311
Miłosz, Czesław 144
Mňačko, Ladislav 288 f.
Mock, Alois 430
Mojmír, großmähr. Fürst 28
– II., großmähr. Fürst 30 f.
Moldan, Bedřich 373
Monari, Clemente 193
Moníková, Libuše 291 f., 296 ff.
Morava, Georg J. 301
Moravec, Emanuel 115, 314
Mourek, Václav Emanuel 653 f., 656 ff.
Mudroň, Pavel 97
Mühlberger, Josef 673
Muir, Edwin 218 f.
Mukařovský, Jan 269, 580
Müller, Erwin 248
–, Johann Samuel 194
–, Uwe 379 f.
Multerer, Hans 589
Munch, Edvard 246, 253 f.
Münchmeier, Richard 369
Muratori, Ludovico Antonio 71
Murrer, Ewald 293
Musäus, Johann Karl August 630, 643
Musil, Robert 247
Myslbek, Josef Václav 163-166, 168

Nápravník, Milan 292
Naumann, Friedrich 139 f.
Navarová, Zuzana 293
Nebeský, Václav Bolemír 248 f.
Nejedlý, Zdeněk 65, 186, 543
Nemes, Endre 253
–, Marczell von 253
Neruda, Jan 172, 542, 667 f., 670, 673, 677
Neubauer, Michael 616
Neuhaus, Ulrich von 159 f.

Neumann, Stanislav Kostka 256, 261, 622
Neumarkt, Johann von 45
Neurath, Konstantin von 112, 121
Neuschul, Ernst 248 f.
Nezval, Martin 546
–, Vítězslav 259, 261-265, 267, 622
Němcová, Božena 589, 609
Němec, Jan 277, 279 ff., 284
Nielsen, Fritz Walter 673
Nietzsche, Friedrich 204 f., 208, 657, 659
Nittel, Anton 181
Novák, Arne 667
–, Jan 553
Novomeský, Ladislav 100
Novotný, Antonín 411 ff.
Nowak, Willy 245, 250

Ohmann, Friedrich 575 ff.
Olbracht, Ivan 557, 675
Oliva, Viktor 576, 582
Ondráková (Ondra), Anny 283
Opitz, Ambros 182
–, Josef 247
Oppenheimer, Max 246
Orlik, Emil 248 f.

Palacký, František/Franz 14, 51-56, 72, 80, 82 f., 95, 179, 182, 202, 491, 495, 509 ff., 513 f., 569, 628, 630, 635 f., 640, 646 f.
Pallenberg, Max 229
Pardubitz, Ernst von 45
Parisetti, Flaminio 193
Parler, Peter 44, 70
Pařík, Jan 222
Pascheles, Wolf 239, 241 f.
Passer, Grete 250
–, Ivan 277, 279 f.
Páta, Josef 622
Patočka, Jan 21, 72
Pawikowski, Gustav 673, 677
Pekař, Josef 53, 55
Pelcl/Pelzel, František/Franz Martin 507 f., 646
Peroutka, Ferdinand 201 f., 204

Perutz, Leo 199
Peter, Johann 589
Petr, Václav 219
Petráček, Zdeněk 298
Petrarca, Francesco 45
Pfeiffer, Julius 249
Philippp VI., franz. König 41, 46
Philippson, Alfred 128
Picasso, Pablo 219, 254, 256
Pick, Otto 577, 672, 674
Piscator, Erwin 557
Piter, Bonaventura 71
Pithart, Petr 615
Pittermann-Longen, Emil Artur 245
Playen-Hardegg, Maria von 160
Plechanov, Georgij Valentinovič 88
Pohl, Jan Václav 566
Polišenský, Josef 65
Pollack, Ernst 579
Pollak, Oskar 240
–, Valli 215
Popper, Karl R. 91, 342
Praetorius, Johann Philipp 193
Pražák, Albert 186, 189 f.
Pribina, slaw. Fürst 28
Procházka, Antonín 245, 253-256, 258 f.
–, Jan 276
Projsa, Karel 219
Prokop, Abt (Hl.) 68, 162, 165 ff., 172 ff., 177
Proschko, Franz Isidor 589
Prouza, Petr 379
Přemysl Otakar II., böhm. König 34, 40, 158, 167, 194
Puchmajer, Antonín Jaroslav 508
Purkyně, Jan Evangelista 71 f., 202, 636, 647
Püschel, Ludwig 248, 250

Queri, Georg 320
Quirini, Angelo Maria 70

Raabe, Wilhelm 323
Rádl, Emanuel 21, 188, 545
Radnitz, Charlotta 250
Radok, Alfred 281

Rank, Josef 588, 609
Ranke, Leopold von 50, 56
Rašín, Alois 474
Rathenau, Walter 138
Rau, Johannes 432
Rázus, Martin 99
Reimunt von Lichtenburg 157, 160
Reiner, Grete 676 f.
Reinmar von Zweter 157
Reischl, Václav 284
Ressler, Kamill 219
Rieger, František Ladislav 95, 569, 648
Riegerová, Marie 569 f., 574
Riegl, Alois 255
Rienzo, Cola di 45
Riezler, Kurt 141
Rilke, Rainer Maria 636 f., 688 ff.
Rippl, Eugen 272
Rix-Meislová, Marie 673
Roeder, Emy 255
Rokos, František Alexander 642
Rosenberg, Judah 241 f.
Rossel, Maurice 130
Rostislav/Rastislav, großmähr. Fürst 29, 163
Roters, Eberhard 255
Rothberg, Abraham 242 f.
Rottenhahn, J.F. 79
Rudolf von Habsburg 34, 158, 194
–, II., dt. Kaiser 62, 239, 538
Ryba, Jakub Jan 564, 566
–, Jan 311
Rykr, Zdeněk 257

Saenger, Samuel 90
Salieri, Anton 195 f.
Samo, slaw. Herrscher 25
Sandrich, Elias 169
Sartorio, Giovanni F. 193
Saudek, Erik A. 670, 672 f.
Schachtleitner, Alban 182
Schauenburg, Bruno von 40
Schewardnadse, Edward 422, 426, 428
Schlöndorff, Volker 276, 284, 287
Schlözer, Josef August Ludwig 77
Schmidt, Maximilian
Schnabel, Pavel 284

Schnirch, Bohuslav 167 ff.
Scholem, Gershom 243
Schopenhauer, Arthur 323
Schorm, Evald 277, 279 f.
Schott, Anton 590
Schröder, Gerhard (dt. Außenminister) 414
–, – (dt. Bundeskanzler) 441 f.
Schrötter, Richard 250
Schubart, Christian F. D. 568
Schubert, Franz 567
Schulz, Ferdinand
Schürer, Oskar 252
Schürmann, Georg Caspar 194
Schwarzburg, Günther von 42, 195
Schwarzenberg, Felix zu 134, 648
–, Friedrich zu 181
Scott, Walter 641, 668
Seemann, Herbert 248
Seibt, Ferdinand 458
Seidel, Eugen 272
Seifert, Jaroslav 259, 261, 265, 267, 679
Shakespeare, William 668 ff.
Sidor, Karol 111
Siebenschein, Hugo 201, 207, 218 f., 659
Sigeher 158
Sigismund, dt. Kaiser 47 ff., 537 f.
Sindermann, Horst 411 f.
Skácel, Jan 666, 678-691
Sládek, Josef Václav 669., 674
Slánský, Rudolf 409
Slavata, Wilhelm/Vilém von 535 f., 539 f.
Slotty, Friedrich 272
Smetana, Augustin 635
–, Bedřich 192, 197, 630
Smil Flaška z Pardubic 676
Soběslav, böhm. Herzog 35
Spies, Gerty 131
Spiethoff, Arthur 136 f.
Spina, Franz 90
Spohr, Louis 198
Spott, Jan 647
Stadion-Warthausen, Ruolf von 647
Stael, Nicolas de 248
Stalin, Josif V. 175, 411, 418 f., 544

Stamitz/Stamic, Jan Václav Antonín 195
Starecký, Karel 57
Stefan, Oldřich 581
Steiner-Prag, Hugo 252
Stephan V., Papst 29
Sternberg, Adam von
–, Kaspar Graf 191, 628 f.
Sternhell, Leo 249
Stifter, Adalbert 247, 323, 586, 588 f., 636
Stockar, Rudolf 259
Stoiber, Edmund 526
Stojan, Antonín 183
Stoph, Willi 415
Stránský ze Záp, Pavel 72, 507, 608
Strauß, Franz Josef
Strauss, Leo 131
Streibl, Max 434
Stumpf, Carl 72
Sus, Oleg 678
Sušil, František 183, 632
Svatopluk, großmähr. Herrscher 29 f., 163
– II., großmähr. Herrscher 30
Svoboda, Jaromír 222
–, Václav Alois 665
Swětlik, Jurij Hawštyn 620
Syrový, Jan 107

Šafařík/Šafárik, Pavel Josef 80, 94, 187, 639 f.
Šalda, František Xaver 200, 202-205, 253, 556, 629
Šárecká, Maryša 580
Šedivý, Jaroslav 457
Šíma, Josef 261
Šimánek, Josef 580
Šimon, Jurij Józef u. Měrćin Norbert 621
Široký, Viliam 411, 413
Škvorecký, Josef 276
Špála, Václav 254, 256, 259 f.
Špillar, Jaroslav 609
Špindler, Ervin 197
Špírková, Rozalie 576
Šrobár, Vavro 97

Štefánek, Anton 97
Štefánik, Milan Rastislav 98
Štěkna, Jan 170
Štěpánek, Jan Nepomuk 197
Štulc, Václav 183
Štúr, Ľudovít 95
Švankmajer, Jan 244
Švenk, Karel 131

Taafe, Eduard Franz J. von 182, 649
Taussig, Friedrich 131
Teige, Karel 257, 259, 261 f., 264
Theoderich von Prag 44
Thieberger, Friedrich 226
Thieser, Bernd 616
Thom, Françoise 544
Thuma, Hans 248
Thun, Joseph Mathias von 191, 632, 634
–, Leo von 647 f.
Thurn, Heinrich Matthias von 539 f.
Ticin, Jakub Xaver 620
Tiso, Jozef 105, 109 ff., 312
Tomaschek, Wenzel Johann 629
Tomek, Václav Vladivoj 648
Topol, Jáchym 361
Toyen 261
Trefulka, Jan 276
Trnka, Bohumil 269
Trubetzkoy, Nikolai S. 67
Tschinkel, Augustin 251
Tuka, Vojtech 110, 311, 313
Twain, Mark 570, 573
Tyl, Josef Kajetán 198, 641, 668

Uhde, Wilhelm 209
Uhl, Petr 435
Uhle, Alois 626
Ulbricht, Walter 333, 411, 414 f.
Ullmanns, Victor 131
Ulrich von Etzenbach 158-162
Uprka, Jan 311, 313
–, Joža 311, 313
Urban, V., Papst 46
Urzidil, Johannes 201, 247, 577, 579, 589, 636
Utitz, Emil 128 f., 132, 218 f., 272

Váchal, Josef 580
Václav s. Wenzel
Václavek, Bedřich 261
Vaculík, Ludvík 276, 623
Vančura, Vladislav 261
Váša, Pavel 172
Vavroušek, Josef 373
Verheugen, Günther 458
Vierhaus, R. 458
Vintíř (Günther), Eremit 585
Vláčil, František 280 f.
Vocel, Jan Erazim 641, 648
Vogel, Karel 250
Vojtěch/Adalbert, Bischof (Hl.) 162, 165 ff., 176 f.
Vološin, Augustin 106, 109
Voskovec, Jiří 261
Vrba, Jan 609
Vrchlický, Jaroslav 172 ff., 637, 655, 661, 669, 675 ff.

Wagenbach, Klaus 220-225
Wagner, Siegfried 198
Waigel, Theo 434
Walchen, Friedrich von 158
Waldhauser, Konrad 47
Waldt, Ondřej de 168
Walter von Châtillon 158, 161
Watzlik, Hans 589
Weber von Ebenhof 649
Weber, Carl Marial von 192, 197 f., 588
Wegener, Paul 243 f.
Weinhold, René 382
Weisel, Georg, Leopold 589 f.
Weiskopf, Franz Carl 261
Weiss, Jiří 284
Weizsäcker, Richard von 425, 433 f., 437 f., 444
Weltsch, Felix 226
Wendt, Freiherr von 632
Wenzel, Herzog von Luxemburg 42
–/Václav I., böhm. König (Hl.) 23, 29, 34, 46, 74, 157 f., 162 ff., 166-172, 600, 638
– II., böhm. König 34, 39, 158 f.
– III., böhm. König 34
– IV., böhm. König/Wenzel, dt. König 42 f., 48, 69, 189, 536 f.
Wenzig, Josef 191, 589, 632, 636, 676
Werfel, Franz 229, 247, 577, 580, 636, 675
Werich, Jan 261
Wernisch, Ivan 292 f.
Wiener, Norbert 243
–, Oscar 241
Wilhelm IV, baierischer Herzog 319
Wolfgang, Bischof von Regensburg 585
Wolfram von Eschenbach 157
Wolker, Jiří 259, 261
Worringer, Wilhelm 255
Wühr, Heribert 379
Wurmser, Nikolaus 44

Zahradníček, Jan 176 f., 675
–, Ondřej 546
Zaorálek, Jaroslav 670
Zdrazila, Adolf 247
Zeman, Miloš 441 f.
Zeyer, Julius 673, 675
Zich, Otakar 194
Ziebart 432 f.
Zieleniec, Josef 457
Ziemke, Kurt 122
Zimmermann, Jan 638

Žáček, Jiří 546
Želivský, Jan 536 f.
Žižka (z Trocnova), Jan 167, 542 f.

Die Robert Bosch Stiftung

Die Robert Bosch Stiftung GmbH verkörpert innerhalb der Verfassung des Hauses Bosch die gemeinnützigen und sozialen Bestrebungen des Stifters Robert Bosch (1861-1942) und wurde 1964 gegründet. Die Fördergebiete der Robert Bosch Stiftung sind Gesundheitspflege, Völkerverständigung, Wohlfahrtspflege, Bildung und Erziehung, Kunst und Kultur sowie Geistes-, Sozial- und Naturwissenschaften. Innerhalb dieser Fördergebiete setzt die Stiftung inhaltliche Schwerpunkte, entwickelt innovative Programme und unterstützt modellhafte, praxisbezogene Einzelprojekte, die zeitlich befristet sind. Die internationalen Aktivitäten der Stiftung konzentrieren sich auf Frankreich, die USA, Polen und Tschechien sowie weitere Länder Mittel- und Osteuropas. Von 1964 bis 2001 hat die Stiftung 536,7 Millionen Euro für Fördervorhaben bereitgestellt. Im Jahr 2001 wurden 40,1 Millionen Euro bewilligt.

Seit der politischen Wende in Mittel- und Osteuropa hat die Robert Bosch Stiftung deutsch-tschechische Projekte in ihre Förderung einbezogen. Das Spektrum der Stiftungsinitiativen reicht von der Förderung von Nachwuchsführungskräften über die wissenschaftliche Zusammenarbeit, die Lehrerfortbildung, Schüler- und Jugendbegegnungen bis hin zum Austausch zwischen bürgerschaftlich engagierten Gruppen und Vereinen. Die Stiftungsarbeit ist dabei keine Einbahnstraße, sondern sucht bewußt die Gegenseitigkeit und Partnerschaft. Insgesamt hat die Stiftung für die Förderung der deutsch-tschechischen Beziehungen bislang rund 5,6 Millionen Euro bereitgestellt.

Das derzeit bedeutendste Literaturprojekt der Robert Bosch Stiftung ist die **„Tschechische Bibliothek"**, die für deutschsprachige Leser das Bewußtsein und Interesse für die tschechische Literatur wecken möchte. Herausgeber sind Peter Demetz, Jiøí Grusa, Peter Kosta, Eckhard Thiele und Hans Dieter Zimmermann, die Schirmherrschaft für dieses ehrgeizige Unternehmen haben die Präsidenten Václav Havel und Johannes Rau übernommen. Bis zum Jahr 2007 soll die Tschechische Bibliothek mit 33 Bänden abgeschlossen sein. Bisher sind folgende Bände erschienen: Jaroslav Durych: *Gottes Regenbogen.* Roman; Milada Souéova: *Der unbekannte Mensch.* Roman; Karel Èapek: *Hordubal. Der Meteor. Ein gewöhnliches Leben.* Romantrilogie; Jiøí Weil: *Leben mit dem Stern.* Roman; Vladislav Vanèura: *Der Bäcker Jan Marhou; Gartenfest.* Dramen von Havel, Klíma, Kohout, Topol, Uhde; Karel Èapek: *Gespräch mit Masaryk,* Karel Havlièek: *Polemische Schriften.* Essays; Ivan Olbracht: *Die traurigen Augen.* Drei Novellen; Jaroslav Hašek: *Der Urschwejk und anderes aus dem alten Europa und dem neuen Rußland;* Karel Poláèek: *Wir fünf und Jumbo.* Roman; Karel Hynek Mácha: *„Die Liebe ging mit mir..."* Prosa, Poesie, Tagebücher; *Tschechische Philosophen im 20.* Jahrhundert, I: Klíma, Rádl, - Patoèka, Havel, Kosík, II: von Hus bis Masaryk; Zikmund Winter: *Magister Kampanus.* Ein Historienbild. Roman; Josef Jedlièka: *Blut ist kein Wasser.* Roman.